ZHENGZHOU YEAR BOOK

鄭州年鑑

2005

郑州市人民政府主办

郑州市市区图

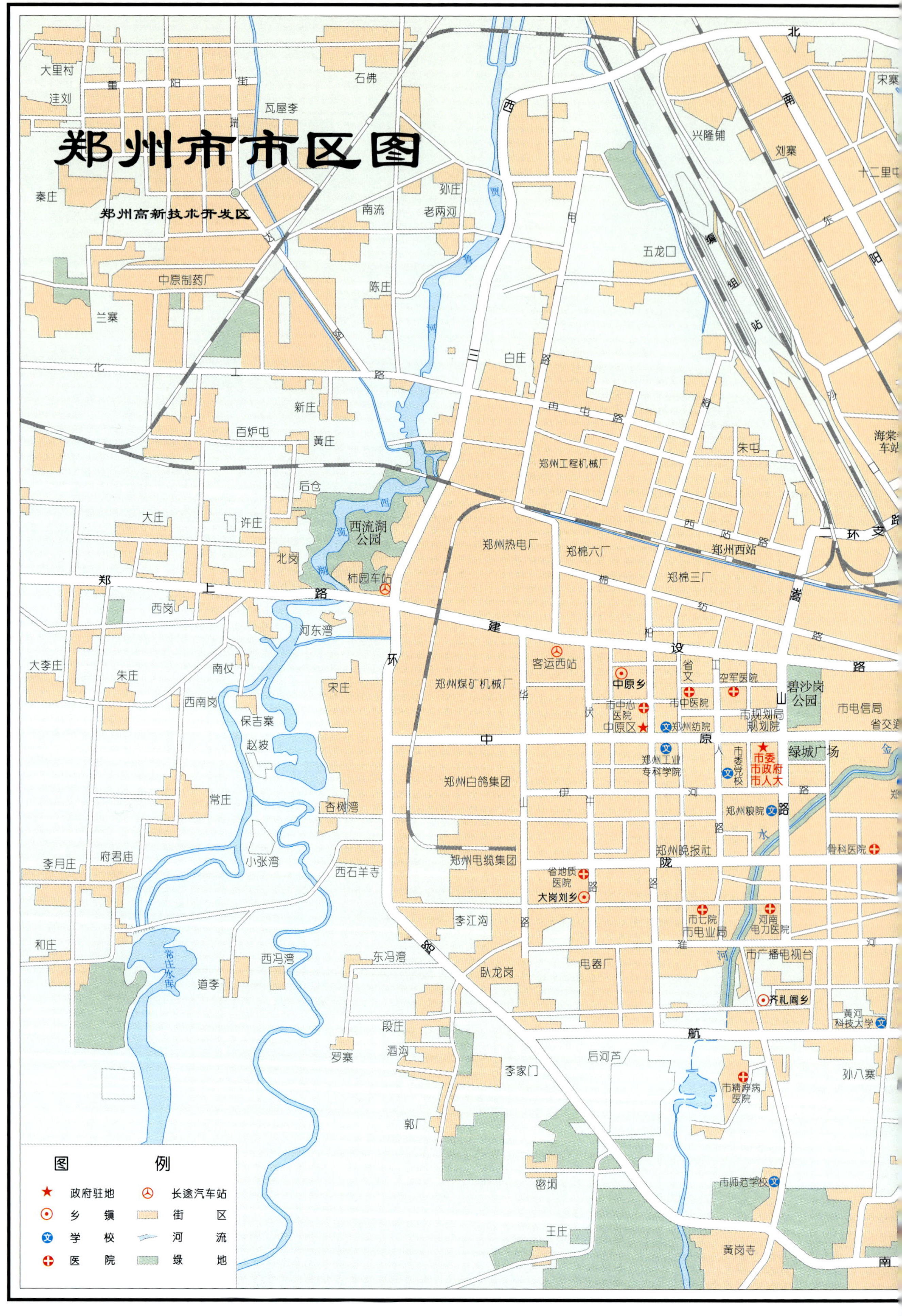

三环路
华北水院
魏庄
省广播电视中心
河南财经学院
省金融干部管理学院
河南中医学院二附院
长途客运北站
郑州轻工业学院
白庙
小营
大铺
省政法干部学院
枣庄
马庄
八里庙
市动物园
押寨
河南博物院
河南报业大厦
张花庄
农业路
河南农大
省新闻出版局
东关虎屯
常寨
郑河
省国税局
郑州工大
省工商局
西韩寨
东韩寨
省畜牧局
邮电学校
省粮食厅
郑纺机医院
姚寨
金水区
市五院
黄河路
省水利厅
省人民医院
省胸科医院
省邮电管理局
省肿瘤医院
省人大
省气象局
未来康年大酒店
未来大道
花园商厦
省政协
省政府
省体育馆
河南中医学院
省民政厅
飞天大酒店
邙山区
省委
河南饭店
省人民大会堂
长途客运东站
金水路
黄委会
人民公园
市公安局
市政协
中医学院一附院
紫荆山公园
国际饭店
省商检局
黄河医院
市百货大楼
丹尼斯百货
西沈庄
崔庄
市二院
市体育馆
管城回族区
城隍庙
电子技术学院
二七塔
华联
十里铺
医大一附院
国际友谊广场
德化街
市一院
长途汽车站
火车站
客运东分站
凤凰台
陇海乡
长途客运南站
白庄
郑州东站
二里岗
魏庄
火车头体育场
五里堡
岔河
芦邢庄
郑客南站
五里堡分站
七里河
长途客运总站
中州大学
冯庄
刘庄
郑州航院
金代李
市六院
高砦
气象台
花寨
十里铺
刘南岗
王胡寨

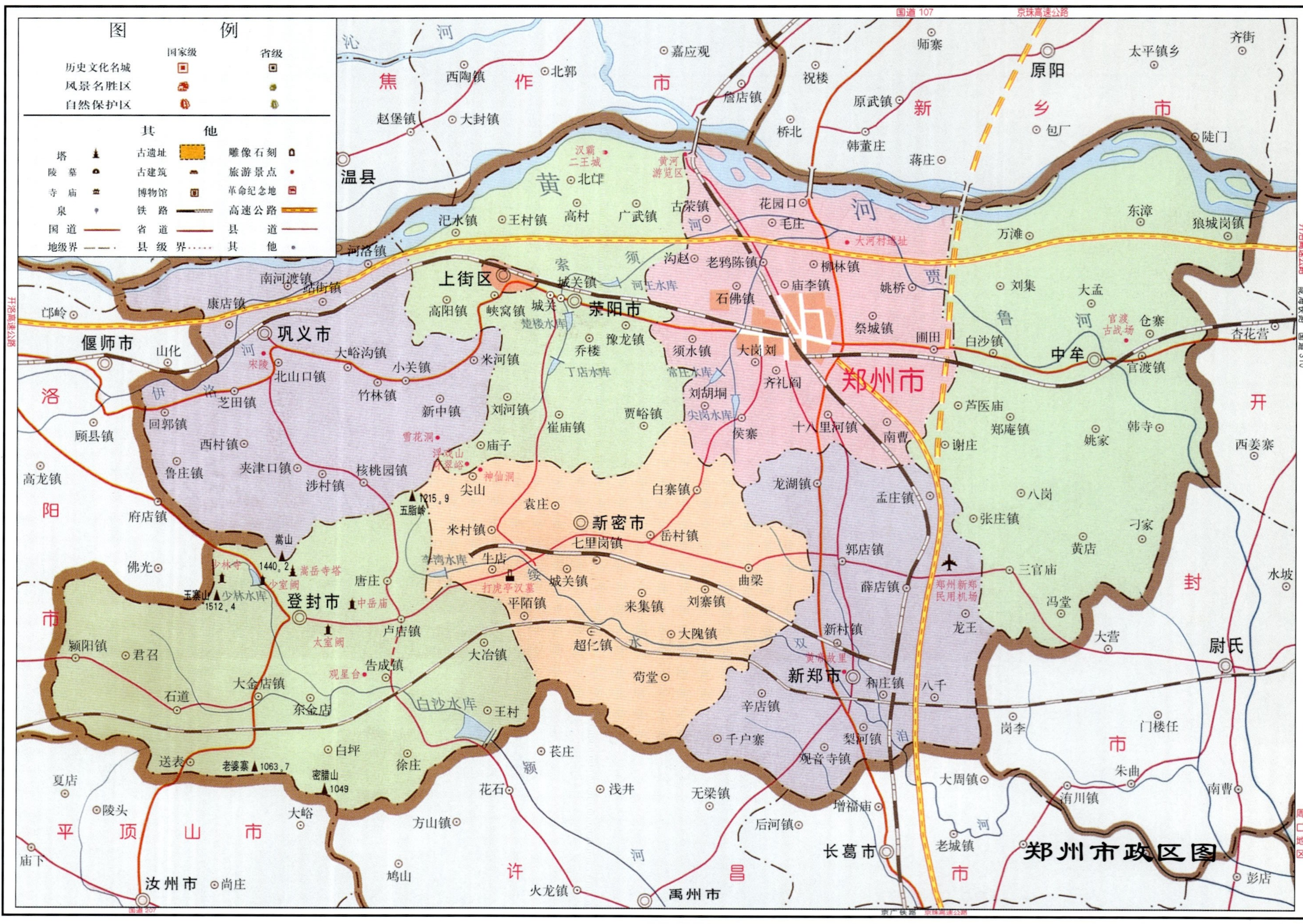
郑州市政区图
图例
国家级
省级
历史文化名城
风景名胜区
自然保护区
其他
塔
陵墓
寺庙
泉
国道
地级界
古遗址
古建筑
博物馆
铁路
省道
县级界
雕像石刻
旅游景点
革命纪念地
高速公路
县道
其他
郑州市
巩义市
荥阳市
新密市
新郑市
登封市
中牟
上街区
温县
原阳
偃师市
汝州市
禹州市
长葛市
尉氏
焦作市
新乡市
开封市
许昌市
平顶山市
洛阳
黄河
国道 107
京珠高速公路
开洛高速公路
陇海铁路
国道 310
国道 207
京广铁路
周口地区
郑州新郑民用机场
嵩山
1440.2
少林寺
少林水库
嵩岳寺塔
少室阙
中岳庙
太室阙
观星台
玉寨山
1512.4
老婆寨
1063.7
密腊山
1049
五脂岭
1215.9
白沙水库
李湾水库
尖岗水库
常庄水库
丁店水库
楚楼水库
河王水库
大河村遗址
官渡古战场
黄帝故里
打虎亭汉墓
神仙洞
雪花洞
浮戏山雪泉峪
汉霸二王城
黄河游览区
宋陵

金水河滨河公园

嵩山路西花园

金博大商业区

建设中的郑东新区商务中心区

南阳路立交桥

紫荆山立交桥

310 互通立交桥——郑州西南绕城高速公路与310国道相交

郑少互通立交桥——郑州西南绕城高速公路与郑少高速公路相交

京珠互通立交桥——郑州西南绕城高速公路与京珠高速公路相交

连霍互通立交桥——郑州西南绕城高速公路与连霍高速公路相交

嵩山三皇寨

少林寺塔林

杜甫陵园

巩义宋陵

巩义石窟寺

嵩山法王寺

三皇寨栈道

嵩山莲花寺

省委书记徐光春在郑东新区视察工作

省长李成玉在荥阳市视察工作

郑州市委书记李克向来访的美国沃尔玛公司代表赠送商鼎

郑州市市长王文超在上街区调研

巩　义　市

市委书记　穆为民

市　长　乔建宏

省委书记徐光春、副书记支树平视察竹林镇

信息产业部领导苟仲文一行莅巩视察

巩义豫联集团工业园夜景

市长乔建宏向杨树沟村学生赠送书包

环境优雅的市区大道

人民政府

郑州市委书记李克视察恒星公司

巩义市区

巩义博物馆

巩义市康百万庄园

市区一角

新密市

省长李成玉在新密视察项目建设

省委副书记陈全国在新密调研非公有制企业党建工作

黄帝古都研讨会在新密召开

黄帝宫景色

人　民　政　府

郑州市委书记李克在新密视察工作

郑州市市长王文超在新密调研

郑州市委副书记祁金立在新密调研党建工作

市区掠影

市委书记　张学军

市　长　陈松林

登电集团夜景

少林入寺口广场

人民政府

首届世界传统武术节登封迎宾表演

少林景区治理后的幽雅环境

嵩阳公园夜景

迎宾公园夜景

市区少林大道

少林停车场

新　郑　市

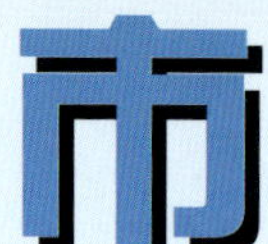

省长李成玉在新郑市委书记赵武安陪同下调研

郑州市委书记李克、市长王文超到新郑视察

拓宽改造新烟大桥

创汇农业生产基地

建设中的王行庄煤矿

人民政府

省委副书记支树平在郑州市委书记李克陪同下调研新郑企业发展情况

河南省新郑煤电有限责任公司挂牌成立

统一企业集团饮料生产车间

中荷花卉示范园

卫华钢结构有限公司生产车间

荥　阳　市

市委书记　丁福浩

市　长　杨福平

省长李成玉在荥阳视察

郑州市委书记李克在荥阳视察

郑州市纪委书记马懿在荥阳视察

市长杨福平向国土资源部汪民副部长汇报工作

崛起中的经济强市——荥阳市

荥阳市实施“东引东进”战略，图为荥东新区新修道路

2004年10月29日至31日，荥阳市举办“中国·荥阳首届郑氏文化节”，经贸洽谈金额40亿元。

河南少林汽车股份有限公司生产的少林牌客车获“中国名牌产品”称号

荥阳市新建体育场

铝电深加工企业——河南辉龙铝业有限公司

高科技药物制造企业——郑州康泰药业有限公司

中　　牟　　县

县委书记崔绍营陪同郑州市委副书记康定军在中牟视察工作

惠及千家万户的农村安全饮水工程

对接郑东新区的白沙镇工业园区

人　民　政　府

位于县城东区与西区结合部的翠鸣湖

新型生态模式——农村户用沼气

黄河滩区绿色奶业示范带万亩优质草场

郑州市民休闲度假的好去处——东湖度假村

日新月异的县城西区

金水区

区委书记　周　建

区　长　王铁良

市委书记李克、市纪委书记马懿到金水区指导园林建设工作

市委副书记祁金立、副市长高建慧到金水区鑫苑名家检查工作

副市长龚立群到金水区检查教育工作

人　民　政　府

全国人大常委会原副委员长、中国红十字会会长彭珮云到金水区社区指导工作

区委书记周建、区长王铁良在郑东新区拆迁现场调研

王铁良区长解决郑东新区拆迁群众安置问题

区四大班子领导深入一线为重点工程搞好服务

昔日的臭水沟，改造为美丽的学样公园

区委书记　张建国

区　长　王贵欣

省长李成玉到中原区须水农村检查指导工作

市委书记李克在中原区调研

国家教育部副部长赵沁平为华山路小学题词

区长王贵欣调研辖区城建规划

人　民　政　府

中原西路世纪联华超市开业

中原区社区一角

社区居民在清爽卫生的环境中晨练

建设中的河南最大的花卉博览园

棉纺路绿色长廊

中国元通纺织城——中西部最大的纺织品交易中心

区人大常委会
主任　毛玉发

会议开幕

代表表决

投票选举

表彰先进

人　　大

中原辖区省、市、区人大代表视察人居环境

市人大常委会主任郝建生为中原区人大街道工委揭牌

人事任免、颁发任命书

省、市人大代表视察西气东输工程

人大代表视察蔬菜市场准入工作

纪念人民代表大会成立50周年书画展

上 街 区

区委书记　库凤霞

区　长　赵书贤

上街区街景——银箭雕塑

市委书记李克视察70万吨氧化铝扩建工地

市长王文超在上街区调研

东马固村搬迁安置房

人 民 政 府

省军区政委祁正祥在上街调研“三个光荣”活动

区领导检查创建工作

区领导调研城建工作

长铝公司与世界500强之一拉法基公司签约

区领导在东柏社村集体楼建设工地调研

郑州国家生态工业示范园区建设情况汇报会

郑 东

省长李成玉在郑州市委书记李克、市人大副主任魏深义、副市长王庆海陪同下视察郑州国际会展中心

省委书记徐光春在郑东新区天津顺弛第一大街视察工作

市长王文超、常务副书记赵建才、人大副主任魏深义、副市长王庆海在郑东新区现场办公

国际会展局主席吴建民在郑东新区参观

CBD内环高层建筑显现规模

郑东新区漂亮的居民安置小区

新 区

副市长兼郑东新区管委会主任王庆海与德国麦德龙公司负责人签订投资协议

郑州市四大班子领导在郑东新区国际会展中心视察工作

外环路绿化带

郑州国际会展中心的会议部分

郑东新区的变迁

黄河路跨熊耳河桥橡胶坝

内环路绿化带

郑州高新技术产业

管委会主任　李建民

郑州高新技术产业开发区发展总体规划

土地利用规划图

DEVELOPMENTAL MASTER PLANNING

发展蓝图

省委书记徐光春与管委会主任李建民亲切握手

省长李成玉在市委书记李克陪同下视察

开发区管理委员会

外语中学高中部

高新区中部软件园

管委会主任李建民陪同市委书记李克视察

市长王文超陪同省长李成玉视察

建设中的高新区新村

郑州经济技术开

管委会主任林建刚陪同市领导考察加州工业城选址

市纪委书记马懿视察开发区公园建设

管委会主任林建刚在南亚郑州硬管厂开工奠基仪式上讲话

省、市领导为南亚郑州硬管厂奠基

开发区鸟瞰图

发区管理委员会

管委会主任林建刚在全区保先教育转段会议上讲话

开展保先教育学习活动

对“五小”饭店进行集中整治

热火朝天的出口加工区建筑工地

取缔燃煤大灶

开发区工业区鸟瞰

二七区人民政府

区委书记　王新生

区　长　史秉锐

省委书记徐光春在二七区视察工作

市委书记李克在二七区视察工作

省委副书记王全书看望残疾人

市长王文超在二七区视察工作

侯寨乡樱桃远近闻名

副省长王菊梅在二七区视察工作

积极创建国家卫生城市

环境优美的街头小游园

管城回族区人民政府

区委书记　魏治功

区　长　法建强

市委书记李克在管城区视察

区领导为“邻居街”揭牌

市长王文超检查指导铁路沿线卫生

小区游园

郑州矿区工作委员会

矿区管委广泛开展安全生产宣传活动

团结务实的工、管委领导班子

矿区工委开展保持共产党员先进性教育活动

开展计划生育政策宣传及咨询活动

举办纪念抗战胜利60周年知识竞赛

工、管委领导深入基层慰问贫困户

郑州年鉴编纂委员会

主　任　王文超

副主任　赵建才　白红战　李保山　龚立群　武国瑞　陈西川

委　员　（以姓氏笔划为序）

王广灿　郑州市发展和改革委员会主任
王济昌　郑州市科学技术局局长
王贵欣　郑州市中原区区长
王铁良　郑州市金水区区长
史秉锐　郑州市二七区区长
司福亭　郑州市教育局局长
乔建宏　巩义市市长
刘本昕　郑州市建设委员会主任
何建生　郑州市人事局局长
吴忠华　新郑市市长
张文田　郑州市经济委员会主任
张曼如　郑州市惠济区区长
李建民　郑州高新技术产业开发区管理委员会主任
李德耀　郑州市统计局局长
杨福平　荥阳市市长
陈书栋　郑州市农业局局长
陈松林　登封市市长
岳增浦　郑州市商务局局长
法建强　郑州市管城回族区区长
经书威　郑州市地方史志办公室主任
姜现钊　郑州市人民政府副秘书长
赵　健　郑州市财政局局长
赵书贤　郑州市上街区区长
赵新中　新密市市长
黄　卿　中牟县县长
戴用堆　郑东新区管理委员会常务副主任

郑州年鉴各县(市)区编辑组

巩义市

组　长　黄红霞(副市长)
副组长　魏建邦(市史志办主任)
组　员　曹淑玮

新密市

组　长　朱河顺(市委办主任)
副组长　吴欣甫(市委史志办主任)
组　员　刘永恩　朱中华　路　源

登封市

组　长　余遂盈(常务副市长)
副组长　张宏伟(市府办主任)
组　员　吕宏军　吴小敏

新郑市

组　长　李书峰(常务副市长)
副组长　秦宏源(市府办主任)
组　员　齐光辉　岳振凯　王　鹏

荥阳市

组　长　姚金领(常务副市长)
副组长　耿元奇(市府办副主任兼区志办主任)
组　员　李建民

中牟县

组　长　周亚民(常务副县长)
副组长　张伍发(县府办副主任)
　　　　张海猷(县府办秘书科长)
组　员　单纪谦

金水区

组　长　李俊超(常务副区长)
副组长　许银欣(区府办副主任兼区志办主任)
组　员　张　戈

二七区

组　长　史秉锐(区长)
副组长　李　刚(区府办主任)
组　员　余淑霞

管城回族区

组　长　刘守斌(副区长)
副组长　陈　兵(区府办主任)
组　员　周遂枝　王　忠

中原区

组　长　李幸福(常务副区长)
副组长　王冬梅(区志办主任)
组　员　白黎政　苑伟平　赵志平

惠济区

组　长　王正轩(常务副区长)
副组长　林玉东(区府办副主任兼区志办主任)
组　员　王玉莲　李　果　段　华

上街区

组　长　朱巨亚(常务副区长)
副组长　赵　敏(区府办主任)
组　员　黄文跃

编辑说明

一、《郑州年鉴》是郑州市人民政府主办、郑州市地方史志办公室承办的重要年刊，是汇集市情信息资料的综合性地方年鉴，全面、系统地逐年记载郑州市经济和社会发展的主要情况，为各级党政机关、研究部门和社会各界人士以及中外投资者了解郑州、研究郑州、建设郑州提供丰富翔实的地情资料。本书是1985年创刊以来连续出版的第21部年鉴。

二、《郑州年鉴》采用分类编辑法，主要内容划分为篇目、类目、条目三个层次，条目是全书的基本单位，其标题用黑体字外加【】表示。

三、2005年刊《郑州年鉴》共设二十六篇，即特载、郑州概况、政治、法制、军事、工业、农业水利、商贸流通、交通邮电、银行保险、旅游业、非公有制经济、城乡建设与管理、经济监督与管理、财政税务、教育事业、科学技术、文化事业、卫生体育、社会生活、开发区建设、县(市)区概况、专题介绍、先进人物及先进单位选介、大事记、附录。除文字内容外，书中还安排了反映领导活动、城市新貌、委局建设、做出重要成绩的企事业单位的彩色图片，力求图文并茂、形象生动。

四、为使读者更加方便检索，正文后设置有综合性主题索引。

五、《郑州年鉴》由市直各部、委、办、局，各县(市)区组织撰稿，并经领导审核，所有内容准确可靠。有些统计数据由于来源和使用的角度不同、统计方法和项目的内涵不同，因而不完全一致。在引用本书的数据时，应以附录中“统计资料”为准。

六、《郑州年鉴》在组稿、编撰、出版、发行过程中，得到各部门、各级领导的大力支持，撰稿人员做了巨大努力，在此一并谢忱。本卷“年鉴”中的疏漏、错误之处，恳请读者批评指正。

目 录

第一篇 特 载

第二篇 郑州概况

行政区划

人口状况

组织机构

经济社会发展

第三篇 政 治

中国共产党郑州市委员会

市委全局工作

组织工作

宣传工作

统战工作

老干部工作

党史工作

党校(行政学院)工作

精神文明建设

中国共产党郑州市纪律检查委员会

郑州市人民代表大会

郑州市人民政府

市政府全局工作

机构与人事管理

信访工作

机关后勤工作

经济信息工作

经济联络工作

政协郑州市委员会

第四篇 法 制

政法工作

公安工作

检察工作

法院工作

司法行政工作

仲裁工作

政法大事及典型案例

第五篇 军 事

郑州警备区

武警郑州市支队

人民防空

第六篇 工 业

工业综述

电力工业

食品工业

煤炭工业

烟草工业

第七篇　农业、水利

农业综述

种植业

畜牧业

林 业

渔 业

农业机械化

气象服务

水利建设

黄河治理

第八篇 商贸流通

商业贸易

供销合作

粮油购销

物资流通

第九篇　交通、邮电

铁　路

公　路

民　航

河南省郑州新郑国际机场管理有限公司

中国南方航空股份有限公司河南分公司

华南蓝天航空油料有限公司河南分公司

邮　政

电　信

中国网通(集团)有限公司郑州市分公司

河南移动通信有限责任公司郑州分公司

中国联通郑州分公司

中国铁通集团有限公司郑州分公司

第十篇　银行、保险

人民银行

工商银行

农业银行

建设银行

交通银行

中国银行

商业银行

中国人寿保险

太平洋财产保险

太平洋人寿保险

泰康人寿

天安保险

第十一篇　旅游业

第十二篇　非公有制经济

综　述

重要企业选介

第十三篇　城乡建设与管理

建设行业管理

城建综述

建筑业管理

建材业管理

勘察设计业管理

房地产开发业管理

城市规划及管理

规划设计

规划管理

市政建设与管理

综 述

市政建设

市政设施养护

城市供热

城市燃气

城市供水

城市客运交通

园林绿化

市容环卫

城区河道管理

污水处理

房地产管理

行政执法管理

国土资源管理

城乡环境保护

第十四篇　经济监督与管理

宏观经济管理

工商行政管理

审计监督

物价管理

质量技术监督管理

安全生产监督管理

国有资产监督管理

食品药品监督管理

统计工作

海关工作

第十五篇 财政、税务

财 政

国家税务

地方税务

第十六篇 教育事业

综 述

基础教育

职业教育

成人教育

地方高等教育

民办教育

师资队伍建设

办学条件

第十七篇　科学技术

科技综述

科技活动

地震工作

社会科学

第十八篇　文化事业

社会文化

新闻出版

新闻宣传

广播电视

市属媒体

文学艺术

档案工作

地方史志工作

图书发行

第十九篇　卫生、体育

卫　生

体　育

第二十篇　社会生活

人口和计划生育

劳动和社会保障

人民生活

民政工作

残疾人事业

登封市

新郑市

荥阳市

中牟县

金水区

二七区

管城回族区

中原区

惠济区

上街区

郑州矿区

第二十三篇 专题介绍

首届世界传统武术节

第十届郑州全国商品交易会

换发第二代居民身份证

城市道路“畅通工程”

查处“三读”公司非法集资案

第二十四篇 先进人物及先进单位选介

先进人物

2004 年全国“五一劳动奖章”获得者

2004 年河南省劳动模范(先进工作者)

第十一届郑州市十大杰出青年

先进单位

第二十五篇 大事记

2004年郑州大事记

第二十六篇 附 录

统计资料

重要文件目录

重要文献

第一篇 特 载

在市委工作会议上的讲话

市委书记 李 克

（2004 年 12 月 28 日）

同志们：

这次市委工作会议的主要任务是，认真学习贯彻中央经济工作会议和省委工作会议精神，全面落实科学发展观，回顾总结2004年的经济工作，安排部署2005年的经济工作。关于明年的经济工作，文超同志还要作具体安排部署。下面，根据市委常委会议研究的意见，我讲几个问题。

一、认真学习、准确把握中央经济工作会议和省委工作会议精神

最近，中央和省委先后召开了中央经济工作会议和省委工作会议，胡锦涛总书记、温家宝总理，徐光春书记、李成玉省长分别作了重要讲话。

中央经济工作会议是十六届四中全会之后中央召开的一次重要会议。胡锦涛总书记的讲话，站在全局和战略的高度，科学分析了当前国际国内形势，深刻总结了今年经济工作的成就和存在的问题，明确提出了明年经济工作的总体要求、指导原则和主要任务。温家宝总理的讲话，系统回顾了今年的经济工作，对明年经济工作作了具体安排部署。温家宝总理在会议总结时把这次会议的指导思想和主要任务概括为一个统领、两个着力、四个重大问题和四项重点工作。就是要坚持以科学发展观统领经济工作全局；着力搞好宏观调控，着力推进改革开放。必须高度重视四个重大问题：一是保持经济平稳较快发展，防止出现大的波动；二是保持物价基本稳定，防止通货膨胀；三是做好关系群众利益的工作，维护社会稳定；四是密切关注国际金融和油价波动，维护我国经济安全。突出抓好“三农”工作、推进改革开放、加强和改善宏观调控、建设社会主义和谐社会四项工作。

省委工作会议指出，认真学习领会、全面贯彻落实中央经济工作会议精神，必须把握大局，抓住关键，做到“四个坚定不移”：坚定不移地坚持科学发展，坚定不移地坚持宏观调控，坚定不移地坚持改革创新，坚定不移地坚持以人为本。重点抓好九个方面的工作：强力推进重大项目建设，进一步加强薄弱环节；进一步加快产业结构调整，推动经济增长方式转变；进一步加强“三农”工作，促进粮食增产和农民增收；推进城镇化进程，加快中心城市和县域经济发展；大力推进各项改革，增强经济发展的动力和活力；积极实施开放带动主战略，加快发展开放型经济；认真做好就业和社会保障工作，解决关系人民群众切身利益的问题；努力做好财政金融工作，大力发展资本市场；统筹兼顾，全面发展各项社会事业。会议要求明年工作要处理好四个方面的关系：正确处理加强宏观调控与发挥市场机制作用的关系，正确处理速度与结构、质

量、效益的关系，正确处理加快经济建设与推进经济社会全面协调可持续发展的关系，正确处理改革、发展、稳定的关系。会议强调，明年我省各项工作任务非常繁重，必须进一步解放思想，进一步开拓进取，进一步真抓实干，进一步反腐倡廉，保持经济社会发展的良好势头。

学习贯彻好中央经济工作会议和省委工作会议精神，是当前全市工作的一件大事，是我们做好明年经济工作和其它各项工作的重要保证。我们要认真学习领会，把思想和行动统一到中央和省委对形势的分析判断上来，统一到全面贯彻落实科学发展观上来，统一到中央和省委加强和改善宏观调控决策上来，统一到省委“四个坚定不移”的指示精神上来。各级各部门要准确把握精神实质，紧密联系实际，结合安排明年任务，认真抓好会议精神的贯彻落实，努力实现我市经济社会全面协调可持续发展。

二、明年经济工作的总体要求和主要任务

(一)关于今年工作和当前形势

今年以来，我们全面落实科学发展观，积极贯彻中央宏观调控政策，紧紧抓住发展这个第一要务，以实施“五个一百”工程为重要举措，全市经济实现了又快又好的发展目标，总体形势是好的。主要表现在：一是保持了较快的增长速度。今年生产总值预计完成 1370 亿元，增长 15%，是亚洲金融危机以来我市经济增速最快的一年。人均生产总值突破 2000 美元，达到 2300 美元。主要经济指标均创历史新高，经济发展进入全面提速、加快转型的新阶段。二是实现了较好的质量和效益。地方财政收入预计完成 112 亿元，增长29.9%。1—11 月规模以上工业销售收入突破 1000 亿元，预计达到 1061 亿元，增长34.3%；工业经济综合效益指数158.8%，比上年提高18.5个百分点。三是城市建设步伐加快。中心城区综合整治全面展开，人居环境明显改观，城市功能进一步完善。郑东新区起步区基础设施建设基本完成，各项建设进展顺利。全市城镇化水平预计达到57.9%。四是人民生活水平明显提高。市区城镇居民人均可支配收入预计 9670 元，增长11.8%；农民人均纯收入预计 4139 元，增长 14%，这是近 7 年来首次实现两位数增长。同时，各项社会事业、党的建设、民主法制建设和精神文明建设都取得了较大成绩。

明年是贯彻落实科学发展观、保持经济社会良好发展态势的关键一年，也是全面实现“十五”计划目标、衔接“十一五”发展的重要一年。我们必须要用科学发展观的理念分析和判断形势，把握经济发展的趋势和走向，研究我们发展中的有利条件和薄弱环节。做好明年的工作，我们面临多方面机遇和有利条件。一是明年世界经济仍将保持较快增长，我国正处于新的经济增长周期，这为我们加快发展创造了良好的外部环境。二是发达国家产业向我国转移、沿海地区产业向中西部转移的势头继续加快，郑州将以独特的交通、区位优势成为吸引投资、承接转移的热点区域。三是中央促进中部地区崛起和省委、省政府加快中原崛起大战略的加快实施，必将直接推动郑州更快发展。四是国家南水北调中线工程、高速客运专线等重大工程的开工建设，将对郑州发展起到积极的促进作用。五是郑州被正式列入中国八大古都，加上世界和全国性重要节会在郑州举办，郑州在国内外的知名度、吸引力和竞争力进一步提升，这些将成为郑州发展弥足珍贵的无形资产。六是经过多年来的发展和积累，我市综合经济实力明显增强，产业结构升级趋势更加明显，经济自主增长机制逐步形成，各方面加快发展的积极性高涨，这些为我们做好明年工作打下了良好的基础。在看到有利条件的同时，也要认识到我们面临的不利因素。一是世界经济存在许多不确定因素，比如国际资本流向出现新变化，吸引外资的难度可能加大；加入世贸组织的后过渡期在一些领域将逐步结束，国际竞争会更加激烈等，这些因素对于我们发展开放型经济将产生一定影响。二是国家继续控制信贷、土地使用规模，这对我们一些领域的发展会带来一定影响和制约。三是就我市来讲，经济社会发展中还存在一些问题和薄弱环节，主要表现在产业结构不尽合理，经济开放度不高，就业再就业压力较大，维护社会稳定任务仍较为繁重等。

特别要强调的是，我们面临着十分严峻的竞争挑战和发展压力。放眼全国，各省市都在抢抓机遇，你追我赶，竞相发展，都在比拼谁的速度更快、谁的质量更高、谁的实力更强。很多地方比我们的发展势头更猛，速度更快，形势更好。发展如

逆水行舟，不进则退，小进也是退，我们的压力很大啊！同全国35个大中城市比，前三季度我市生产总值982亿元，排名第20位，增速15%，有半数以上城市经济总量比我们大，速度比我们快，沿海很多城市增速在15%以上。如广州、深圳、天津、杭州、大连、南京生产总值分别为2934亿元、2414亿元、2090亿元、1790亿元、1435亿元、1410亿元，增速分别达15.6%、17.3%、15.7%、15.6%、16%、18.1%；有些城市总量和我们接近，速度也比我们快，如济南的生产总值为1167亿元，增速达15.8%。同全国27个省会城市比，从1999年后，我市经济总量始终排在第12位，前移一个位次都十分艰难。在省内比，尽管我们总量是第一，但前三季度增速15%，排到了第14位。我多次在会议上强调，要增强省会意识，主要有两层涵义，一个是在省内走在全省前列，一个是在全国省会城市中位次前移。只有牢固树立省会意识，我们才能站得更高、看得更远，才能在省内和全国经济发展大局中找准位置。省委、省政府提出，要建设发展大郑州，构筑以郑州为中心的中原城市群经济隆起带，要求郑州在中原崛起中发挥龙头带动作用。省委书记徐光春同志来河南的第三天就到郑州调研指导工作，并明确指出中原崛起看郑州，这对我们既是鼓舞，更是鞭策，我们深感担子重、责任大。如果不能保持一个较快的经济增长速度，我们同发达地区和先进城市的差距就会越拉越大，解决经济社会生活中的困难和问题就缺乏必要的条件，就不可能在全省发挥应有的辐射带动作用，就会影响中原崛起战略的实现，那样的话，我们就辜负了省委、省政府的信任和期望，就愧对历史，愧对全市和全省人民！我们一定要认清形势，清醒地看到我们面临的挑战和压力，进一步增强加快发展的危机感、紧迫感和责任感，进一步解放思想，锐意进取，奋力拼搏，以时不我待、只争朝夕的精神状态，以敢闯敢干、永立潮头的宏大气魄，在迎接挑战中抢抓机遇，在克服困难中争取主动，努力保持全市经济社会快速健康协调发展的良好势头。

（二）关于明年经济工作的总体要求

根据中央经济工作会议和省委工作会议精神，按照科学发展观的要求，我市明年经济工作的总体要求是：以邓小平理论和“三个代表”重要思想为指导，全面贯彻十六大和十六届三中、四中全会以及中央经济工作会议、省委工作会议精神，全面落实科学发展观，大力调整经济结构，努力扩大对外开放，积极推进改革创新，着力构建和谐社会，做到在转变经济增长方式上有新进展，在实际利用外资上有新突破，在城市建设和管理上有新面貌，在维护社会稳定上有新起色，在为民办实事上有新成效，在人民生活水平上有新提高，在驾驭市场经济能力上有新增强，实现经济发展速度更快、结构更优、质量更高、效益更好，促进经济社会全面协调可持续发展，在中原崛起中更好地发挥龙头带动作用。明年我市经济增长的预期目标为13%左右。这是预测性、指导姓的，保持这样的发展速度是必须的，也是可能的。各地各部门要实事求是地确定预期目标，切不可盲目攀比，只要结构优、质量高、效益好，能快则快；只要项目有市场、有竞争力、符合国家产业政策，能上就上，把各方面加快发展的积极性保护好、引导好、发挥好。

（三）关于明年经济工作的主要任务

根据明年工作的总体要求，要重点做好壮大工业经济、提升现代服务业、带动现代农业、加快城镇化进程、推进改革开放、构建和谐社会等六项主要工作。

第一，拉长工业短腿，着力发展先进制造业。工业化是经济结构调整的核心内容，是我市经济社会发展的关键所在。明年的总体思路是，围绕全市工业大会上提出的“三个一千亿”目标，大力开展“工业项目年”活动，扩张总量，优化结构，加大投入，提升效益，盘活资产，切实加快先进制造业建设步伐，走新型工业化道路。在工作推进中，一要抓技术创新。企业竞争力的关键是科技进步，提高自主创新能力是推进结构调整的中心环节。不管是新兴产业还是传统产业，是大企业还是中小企业，都要重视科技进步，提高技术含量，带动企业提高核心竞争力。要支持企业大力开发具有自主知识产权的关键技术，加强质量建设，打造知名品牌。加快运用高新技术和先进适用技术改造提升传统产业，坚持先进技术引进和消化、吸收、创新相结合，培育自主创新能力，提升产品、产业档次。二要抓信息化。电子信息产业是我们确定要加快培育的重点新兴产业，目前规模还不够大，要积极培育，尽快发展壮大。同时，注意发挥信息化在技术改造中的重要作用。三要抓可持续发展。节约能源、资源是优化结构的重要目标，也是新型工业化的主要内容。要重点依托重大工程项目、重点企业，着力拉长产业链条，淘汰落后生产工艺，推动重要资源向优势企业集中，加快发展循环经济。四要抓重点项目、重点企业。对规模大、效益好、带动作用强的项目，要加强组织领导，力争使项目早开工、早投产、早见效益。要进一步落实扶持大企业、大集团的优惠政策，加快培育一批核心竞争力强、在国内外影响大、市场占有率高的大企业集团。五要抓集群经济。重点加快两个开发区、出口加工区和郑洛产业带的建设，整合工业发展资源，形成集聚效应。六要抓协调服务。加大督导和协调力度，继续坚持行之有效的领导联系重点项目、重点企业制度，继续支持百家重点企业发展，帮助其做大做强，帮助解决项目建设和企业经营中遇到的实际困难和问题。

第二，发挥商贸优势，着力发展现代物流业。中央经济工作会议提出，要不断调整投资和消费的关系，提高城乡居民消费能力，增强消费对经济增长的拉动作用。从发达国家和地区走过的发展路程来看，人均 GDP 达到 1000 美元以后，消费结构将逐渐发生变化。我市人均 GDP 今年已达到 2300 美元，而我们的服务业还大多是传统的一般商贸业，到了需要提升水平、加快转型的发展阶段。徐光春书记在省委工作会议上提出，要利用区位和交通优势，把郑州打造成中国内陆商贸和物流中心。我们要按照省委要求，抓住国家政策和消费结构转型的有利时机，进一步优化结构，提升水平。总的要求是，巩固提升传统服务业，大力发展现代服务业，继续抓好“三老三新”，即改造提升批零餐饮、运输仓储、房地产三个传统优势产业，培育壮大现代物流、会展、旅游三个新兴产业。对商贸流通业，要注意引导群众培育投资观念和消费意识，努力形成自主性增长；引导各商业企业调整经营结构，提高经营水平，刺激需求，促进消费增长。特别要重点抓好现代物流业。郑州拥有明显的区位、交通优势，发展现代物流业具有得天独厚的条件。对这个问题我们认识较早，也做了大量工作，取得了明显成效，但还需要进一步加大工作力度。明年，一定要拓宽视野，大手笔谋划，大动作推进，重点建设物流园区和扶持现代物流企业，大力发展第三方物流，对已引进的物流园区要加快建设步伐，同时再引进一批国内外大的现代物流企业和物流项目，进一步扩大规模，壮大实力。建设或整合公路港、铁路港、航空港和信息港，建立交通运输网络。完善物流信息平台，对全市物流信息系统进行改造升级，实现运输、仓储、配送等相关领域的信息资源共享。充分发挥物流协会的积极作用，加强各物流企业间的联系与合作，集中各方面的优势，形成物流业发展的合力，进一步增强我市现代物流业整体竞争力。同时，重视抓好金融、保险、中介等现代服务业发展。

第三，高度重视“三农”工作，大力发展现代农业。我市全面建设小康社会，重点在农村，难点也在农村，必须更加重视“三农”问题。中央经济工作会议指出，我国现在总体上已到了以工促农、以城带乡的发展阶段。一些工业化国家发展的实践表明，在工业化达到相当程度以后，工业反哺农业、城市支持农村，实现工业与农业、城市与农村协调发展，是普遍的发展趋向。目前，我市工业化、城镇化在全省相对较高，要顺应这一趋势，按照统筹城乡发展的要求，充分发挥城市对农村的辐射带动作用，大力发展现代农业。一是调整农业结构，推动传统农业向现代农业转变。按照我市已出台的推进农业示范区建设的意见，以都市型、近郊型和远郊型三个农业圈层为重点，坚持不懈地调整农业和农村经济结构，搞好优势农作物的区域化布局、专业化生产和产业化经营，努力提高农业效益，增加农民收入。二是加大对龙头企业的扶持力度，促进农产品精深加工和综合利用，进一步拉长产业和产品链条，推动农业整体素质和市场竞争力的提高。三是要以工业理念发展现代农业。主要以工业市场营销理念，提高农产品的商品率和市场占有率；以工业质量标准理念，建设农产品质量标准体系；以工业资本运营理念，增加农业投入；以工业项目运作理念，抓好农业项目的储备、申报、建设和管理。四是积极推进农村税费改革，从明年起全部免征农业税，切实减轻农民负担。五是进一步加大支农力度。要逐步扩大公共财政覆盖农村的范围和领域，推动统筹城乡的劳动力市场、义务教育和公共卫生事业的发展。要从提高农业综合生产能力出发，加强农田水利设施、乡村道路等基础设施建设，重视林业生态建设，加大扶贫开发力度，改善农村生产生活条件，提高农业、农村和农民的发展能力。

第四，加快城镇化进程，努力建设大郑州。推进城镇化健康发展是结构调整的重要内容。我国正处于城镇化加快发展的重要时期，对郑州而言，城镇化水平还比较低，作为省会城市的首位度不高，中心城市的辐射带动作用还不强，中小城镇的产业和特色优势不突出。我们必须继续坚持加快建设郑东新区、保护改造中心城区、抓好中小城市和小城镇建设三头并举，进一步加快推进城镇化进程。根据我们既定的目标，明年是郑东新区建设目标“三年出形象”的第三年，也是中心城区保护改造目标“三年一大变”的第三年，是非常关键的一年，城市建设的任务很多，也很重。这次市委工作会议之后，我们要接着召开创建全国文明城市、国家卫生城市、国家园林城市、国家环保模范城市的动员大会，对城市建设和管理工作进行具体部署。关于郑东新区建设，要在严格按照规划、保证质量、打造精品的前提下，进一步加快进度；要拓宽融资渠道，加大招商力度。要做好拆迁安置工作，落实好对失地农民的各项政策，真正实现“两好”目标。中心城区保护改造要以改善人居环境为重点，对确定的建设和改造工程项目实行工作责任制，加强督促指导，确保年度目标完成。要加强城市管理工作，力求精益求精，使市容市貌有新的、大的改观。同时，抓好中小城市和小城镇建设，重点是6个县(市)城区和省里确定的20个重点镇。要重视规划，量力而行，不能一哄而起。还要强化产业支撑，把中小城镇放在县域经济的发展格局中统盘考虑，立足于城镇功能定位，发挥比较优势，形成合理的产业布局和各具特色的县域经济。

第五，进一步深化改革，扩大开放。改革开放是加快发展的根本动力，着力推进改革、扩大开放，仍是当前的一项重要任务。

关于改革问题。着重强调两个问题。一要继续深化国有企业改革。经过这几年努力，我市国企改革取得了一定成效，但目前全市300多家国有企业改革到位的只有一半，任务还相当繁重。明年国有企业改革总的原则和要求是，既要敢于攻坚、锐意进取，又要兼顾各方、积极稳妥，把握改革措施出台的时机、力度和节奏，在保持稳定的前提下，稳步推进，条件成熟一个，改革一个，力争明年底基本完成国有工业和商业企业改革。在工作中，要认真做好职工的思想政治工作，对涉及职工利益的事，都要和职工一起商量，不能因为方法简单引发问题。对已经完成改制的企业，要进一步优化股权结构，完善法人治理结构，健全经营机制，规范企业运作。要把国企改革与发展非公有制经济、招商引资结合起来，形成良性互动的格局。国有资产管理部门要发挥好职能作用，抓住产权制度改革这个核心，始终坚持规范化操作，达到“进而有为、退而有序”，推进现代企业制度建设。二要加快非公有制经济发展。明年要进一步放宽市场准入，认真贯彻落实各项鼓励、支持和引导非公有制经济发展的政策措施，真正落实好非公有制企业在投融资、税收、土地使用和产业开发、对外贸易等方面的国民待遇。依法保护非公有制企业的合法权益，充分发掘他们兴业创业的潜力。健全服务体系，完善中介机构，为非公有制经济发展提供良好环境。继续扶持百家非公有制企业发展，积极培育成长型中小企业，推进中小企业股份制改造，帮助提高企业竞争力。注重体制创新，要按照现代企业制度的要求，进行产权制度改革，不断提高经营管理水平。要完善激励机制，对为郑州发展做出重要贡献的民营企业家，该表彰的表彰，该重奖的重奖，让他们在政治上有荣誉、社会上有地位、事业上有发展。在抓好以上改革的同时，还要抓好投融资体制改革、社会事业和公用事业体制改革、粮棉流通体制改革、农村信用社改革等，努力使我市各项改革都取得新的进展。

关于对外开放问题。当前，经济全球化进程加快，国内市场日趋国际化，区域和城市之间的竞争日益表现为世界范围内的竞争。特别是2005年，我国将进入加入世贸组织的后过渡期，面临新的市场开放压力。比如，零售、金融、电信、运输等服务行业开放程度将逐渐加大；从1月1日起，我国对汽车、纺织品、造纸等弱势行业的保护将逐步取消；我国承诺取消外贸权审批制，等等，这将对我们的产业结构和企业竞争力带来新的挑战，我们将在更大范围、更宽领域参与国际竞争。就我们现在的对外开放水平看，虽然自身纵向比较，力度在不断加大，但招商引资和进出口总量偏小，根本无法与发达地区和先进城市相比。我们的差距在对外开放，潜力在对外开放，要实现跨越式发展很大程度上也要靠对外开放。我们必须站在国际国内竞争的大背景下，用世界眼光审视我们开放型经济发展，增强对外开放的危机感和紧迫感，采取更加有力的措施，用足内力，广借外力，形成合力，把我市对外开放提高到新水平。一要狠抓招商引资，着力在实际利用外资上取得新突破。牢固树立郑州以外就是外的思想，进一步拓宽招商思路。充分发挥我市驻北京、上海、深圳、海口等地办事处、联络处和聘请的招商顾问、招商大使的作用，采取专业招商、网上招商、委托招商等多种招商形式，发挥统战系统的独特优势，建立和完善招商引资网络和长效机制。进一步强化招商平台，各县(市)区要发挥特色产业、资源、劳动力等优势，积极开展招商；两个开发区和出口加工区要发挥自身优势，明确功能定位，突出产业特色，加快体制和机制创新，不断提高在全市利用外资和出口中的比重，发挥对外开放的示范带动作用；要把企业作为招商的主体，特别要发挥大企业的产业集聚、高新技术集聚和招商引资的平台作用，进行产业招商，增强产业配套能力，壮大优势产业、特色产业和高新技术产业规模；进一步完善招商项目库，举办一批专业性大型招商活动，推介一批符合国家产业政策、有利于调整我市产业结构、科技含量高的项目，吸引国内外知名企业落户我市。强力实施东引西进战略，继续坚持“走出去”、“请进来”，在积极承接世界性产业转移的同时，加强与沿海发达地区的广泛合作，进一步拓展开放型经济的发展空间。要健全和落实好配套政策，真正把客商“引得来、留得住”。二要进一步优化经济发展环境。明年的优化环境工作，认识要深化，措施要加强，成果要巩固。主要是实现两个目标，即公务员廉洁高效、经营者诚信守法；健全两项制度，即市民评议政府部门制度，企业个人诚信红黑名单制度。各有关部门要对今年优化经济发展环境工作进行认真总结，对明年工作进行认真筹划部署，切实把优化发展环境作为一项长期的任务和经常性工作，坚持不懈地抓紧抓好。

第六，坚持以人为本，努力构建和谐社会。构建社会主义和谐社会，是党的十六届四中全会提出的一项重大战略任务，是全面建设小康社会的重要目标之一。各级党委、政府和领导干部要充分认识构建和谐社会的重大意义、深刻内涵和具体要求，把构建和谐社会作为物质文明、政治文明、精神文明建设的重要载体，进一步增强大局意识、政治意识和“兴一方经济、富一方百姓、保一方稳定、求一方和谐”的责任意识。构建和谐社会，必须把解决好事关人民群众切身利益问题作为我们的工作重点，突出抓好以下几项工作：

一是关心群众生活。主要是抓好就业再就业、社会保障和困难群体生活。要切实把扩大就业放在更加突出的位置，大力开发各类就业岗位，特别要注重发展劳动密集型产业、中小企业和服务业，形成更多的就业增长点。加强对农村剩余劳动力就业和技能培训，严厉打击非法职介、非法用工等侵犯农民合法权益的行为。继续落实就业再就业的各项优惠政策，确保新增城镇人员就业再就业。社会保障工作，明年要继续做好“两个确保”、“一个低保”和“三条保障线”的衔接工作，特别是要把符合条件的城镇从业人员逐步纳入社会保险范围，扩大各项社会保险覆盖面。要按照统筹城乡社会保障的要求，把社会保障继续向农村延伸，探索试行农村居民最低生活保障制度，逐步形成覆盖城乡的社会保障体系。要解决好困难群体的生产生活问题，特别是要认真解决困难群体的就业、医疗、保障等实际问题，加大扶贫力度，做好农村受灾地区和困难群众生产生活救济工作，维护好人民群众的根本利益。同时，继续强力推进“食品药品放心工程”，确保群众食品药品安全。近些年来，我们每年都通过广泛征求群众意见，确定一些群众最关心、最迫切需要解决的实事，公开作出承诺，年底兑现，这种做法群众非常满意，明年及今后我们还要继续坚持搞下去。

二是加快各项社会事业发展。大力推进科教兴郑战略。要牢固树立科学技术是第一生产力的理念，进一步深化科技体制改革，加大科技研发投入，培育科技创新主体，重视知识产权保护，促进科技成果产业化，提高科技进步对经济增长的贡献率。要始终把教育摆在优化发展的地位，认真做好教育发展规划，加快城区学校建设步伐，适应城市化进程需要；加大对教育的投入，积极改善办学条件，在市区新建的4所高中和22所中小学，明年全部建成投入使用；深化教育体制改革，重点发展以就业为导向的职业教育，为社会培养更多的实用人才。扎实开展群众性精神文明创建活动，大力发展文化产业，积极稳妥地推进文化体制改革，整合文化产业资源，广泛吸纳社会资本，拉长产业链条，做强做大文化产业；加大郑州列入中国八大古都的宣传力度，继续加强商城遗址保护，加强文化市场管理，重视基层群众文化建设，促进文化事业和文化产业快速发展。同时，要抓好医疗卫生、广播电视、体育、人口与计划生育、资源利用、环境保护等各项事业的协调发展。

三是努力维护社会大局稳定。稳定是经济社会发展的前提,和谐社会的首要标志是稳定和有序。各级党委、政府必须坚持稳定压倒一切的方针,充分认识维护社会稳定的极端重要性,围绕“争创社会治安综合治理先进城市”这个总目标,开展大排查、大检查、大调处,扎实做好维护社会稳定的各项工作。一要坚决遏制重大群体性事件。要正确处理人民内部矛盾,大力开展矛盾纠纷排查调处工作,重点加强对土地征用、房屋拆迁、国企改制、涉法涉诉、企业军转干部等五大类信访问题的督查督办力度,及时化解矛盾、解决问题。要加强对新形势下各种群体性事件的研究和分析,建立和完善群体性事件的预警、处置工作机制,进一步完善处置群体性事件工作预案和措施,形成长效工作机制,做到发现得早、化解得了、控制得住、处置得好。二要坚决遏制重特大安全事故。高度重视安全生产,对重点行业、重点地区、重点部位,一定要加强经常性工作和基础性工作,实行更加严格的安全生产目标责任制,完善重特大事故快速反应机制和应急救援体系,切实把有关安全生产的各项工作落到实处。三要坚决遏制重大刑事案件。加强社会治安综合治理,加强基层基础建设,深入开展“严打”整治斗争,建立和完善社会治安防控体系,努力建设“平安郑州”,保障人民群众安居乐业。这次会议出台了维护社会稳定、推进和谐社会建设的《意见》,各县(市)区、各单位要结合本地、本单位的实际,采取具体有效的措施,把《意见》落实到工作中去,调动方方面面的积极性,共同建设和谐社会。

明年是“十五”规划的最后一年,我们在做好各项工作的同时,还要抓紧做好“十一五”规划的制定工作。要深入调查研究,充分听取各方面意见和建议,制定出符合上级精神和郑州实际的发展规划,更好地推进我市全面建设小康社会的进程。

三、加强和改善党对经济工作的领导

党的十六届四中全会明确指出,提高党的执政能力,首先要提高党领导发展的能力。我们要以邓小平理论和“三个代表”重要思想为指导,按照科学发展观的要求,不断提高领导经济工作的水平。

(一)要以科学发展观统揽经济工作全局。科学发展观是我们党以邓小平理论和“三个代表”重要思想为指导,从新世纪新阶段党和国家事业发展全局出发提出的重大战略思想和指导方针,是对长期发展实践的经验总结和理论升华,是全面建设小康社会和推进现代化建设始终要坚持的重要指导思想。宏观调控是贯彻落实科学发展观,确保经济平稳健康发展的重要手段。要落实好科学发展观,必须坚定不移地实行宏观调控。各级党委、政府和各级领导干部要全面准确地把握科学发展观的深刻内涵,充分认识贯彻落实科学发展观和加强宏观调控的重要意义,坚持用科学发展观统领工作全局,结合本地本部门的发展实际,转变发展观念,调整发展思路,把科学发展观和中央宏观调控政策贯穿到抓住战略机遇期的全过程,贯穿到我市经济社会发展的各个方面,贯穿到改革开放和现代化建设的各个领域,贯穿到全面建设小康社会的各个阶段。

(二)不断提高驾驭市场经济的能力。十六届四中全会《决定》指出,“党领导经济工作,主要是把握方向,谋划全局,提出战略,制定政策,推动立法,营造良好环境”。我们要按照《决定》要求,进一步加强和改善党对经济工作的领导,不断提高驾驭市场经济能力。一要加强学习。各级领导干部要带头学习,按照建设学习型社会的要求,抓好各级干部的学习培训,深入学习社会主义市场经济知识,学习掌握领导现代化建设所需要的各方面知识,提高理论思维和战略思维能力,增强把握市场经济规律和驾驭市场经济的能力。二要改进党委领导经济工作的方式方法。四中全会明确要求,“凡涉及国民经济和社会发展规划、重大方针政策、工作总体部署以及关系国计民生的重要问题,要由党委集体讨论决定,经常性工作由政府及其部门按照职责权限决策和管理”。各级党委要按照这个精神,集中精力想大事、把方向、管全局、抓关键,研究讨论全局性、战略性、前瞻性的重大问题,做到站高一步、看远一步、想深一步,从政治上、思想上、组织上保证党的路线方针政策的贯彻落实。三要进一步改革和完善决策机制。按照科学执政、民主执政、依法执政的要求,进一步规范决策程序,健全决策制度,优化决策环境,强化决策责任,形成有利于广泛集中民智的决策机制。对涉及经济社会发展全局的重大决策,要充分发扬民主，广泛征求各方面意见，各级领导干部要以身作则，在自己的工作领域营造浓厚的民主空气，充分发挥整个班子和各个成员的积极性、主动性和创造性，把决策真正建立在科学、民主的基础之上。四要加强综合协调。要按照总揽全局、协调各方的原则，支持人大、政府、政协按照各自职责积极开展工作，把各方面力量凝聚起来，协调一致，密切配合，团结共事，形成加快发展的强大合力。

（三）坚持执政为民，诚心诚意为人民群众谋利益。胡锦涛总书记指出："各级领导干部都要坚持权为民所用，情为民所系，利为民所谋，为群众诚心诚意办实事，尽心竭力解难事，坚持不懈做好事。"这是我们党立党为公、执政为民的具体要求。我们要按照这一要求，始终坚持群众利益高于一切的观点，坚持全心全意为人民服务的宗旨，努力使广大人民群众都能享受到改革发展的文明成果；始终坚持"群众利益无小事"的观点，对涉及群众切身利益和实际困难的事情，再小也要竭尽全力去办；始终坚持把解决困难群众生产生活问题作为一件大事来抓，深入实际，深入基层，倾听群众呼声，关心群众疾苦，既要锦上添花，更要雪中送炭，努力为困难群众排忧解难。各级党委、政府每年都要尽力解决一批与群众利益相关、群众要求迫切的实际问题，把实事办好，好事办实，真正把人民群众的根本利益维护好、实现好、发展好。

（四）加强基层组织建设。全面加强党的基层组织建设，对发展经济、维护稳定、构建和谐社会至关重要。今年我市发生的几起重大不稳定事件也充分说明了我们工作中存在基层不力、作风不实的问题，使一些平时本可以及时化解的矛盾越积越大，最后酿成事端，不仅牵扯了我们大量的精力，而且严重影响了加快发展的大好局面。明年要把加强基层组织建设的重点放到乡镇、村组和企业，着力抓好三个环节。一是配好班子。明年上半年，全市要进行第五届村民委员会换届选举。我们要以此为契机，精心组织，周密安排，把村组班子进一步选好配强。二是加强教育。以开展党员先进性教育活动为契机，建立健全基层干部经常性培训制度，深入开展各项教育活动，切实提高基层干部群众的思想政治水平。三是重点整顿。在进一步深化农村"三级联创"活动、推进"双强"工程的同时，要对软、散、瘫村继续选派得力干部搞好驻村工作，加强对后进基层党组织的整顿，进一步提高基层党组织的凝聚力、号召力和战斗力。四是建章立制。建立健全村务公开、民主理财、民主议事等一系列制度，进一步完善基层组织建设工作的长效机制，切实提高党在农村的执政能力，为促进全市农村经济社会的全面发展打下坚实的基础。

（五）进一步振奋精神，真抓实干。明年，我们面临的发展形势比较严峻，加快发展、维护稳定的任务艰巨，我们比任何时候都更加需要良好的精神状态。精神状态好了，就会有好的工作思路和推进措施，就有一股子干劲、钻劲和韧劲，就敢于碰硬，敢于攻坚。各级领导干部一定要按照省委提出的"四个坚定不移"、"四个更加重视"和"三要三不要"的要求，进一步解放思想，进一步开拓进取，进一步真抓实干，进一步强化责任意识，以认真负责的态度抓工作，以严谨细致的作风做事情，真正静下心来、扑下身子、下大气力，高标准、严要求，一个环节一个环节地抓，一个步骤一个步骤地推进，一个问题一个问题地解决，坚决克服工作中的大而化之，更不允许敷衍塞责或者弄虚作假，要通过苦干、实干，使各项工作取得实实在在的效果。

（六）坚持不懈地开展党风廉政建设和反腐败斗争。要坚持党要管党、从严治党的方针，认真落实党风廉政建设责任制，按照中央、省委关于廉洁自律的有关规定，坚持做到"一带头、两管住、三严禁、五不许"，即各级领导干部要带头廉洁自律，管住自己的配偶、子女和身边的工作人员，管住班子、带好队伍；严禁超标准配车，严禁在住房上以权谋私，严禁大吃大喝；不许违反规定收送现金、有价证券和其它支付凭证，不许跑官要官，不许放任、纵容配偶、子女和身边工作人员利用领导干部职权和职务影响经商办企业或从事中介活动，谋取非法利益，不许参与赌博，不许借婚丧嫁娶之机收钱敛财。要严肃党纪政纪，继续加大违法乱纪案件的查处力度。以群众反映的突出问题为重点，坚决纠正损害群众利益的不正之风。要继续按照标本兼治、综合治理，惩防并举、注重预防的要求，健全完善教育、制度、监督并重的惩治和预防的长效管理机制，把党风廉政建设和反腐败斗争不断引向深入。刚刚召开的市委八届四次全会审议通过了加强执政能力建设的《实施意见》，各级党组织和各级领导干部要紧密联系思想和工作实际，按照《实施意见》的要求，切实抓好落实。

元旦、春节即将到来，各级领导干部要深入基层，到农村、到街区、到困难群众家中，切实帮助群众解决实际困难，把党和政府的温暖送到群众身边，让全市人民过一个欢乐祥和安宁的节日。

同志们，做好明年经济工作，保持经济社会发展的良好势头，意义重大、任务艰巨。让我们更加紧密地团结在以胡锦涛同志为总书记的党中央周围，高举邓小平理论和“三个代表”重要思想伟大旗帜，认真贯彻十六大、十六届三中、四中全会和中央经济工作会议、省委工作会议精神，坚定信心，开拓进取，同心同德，扎实工作，努力完成明年的各项任务，把郑州改革开放和现代化建设事业不断推向前进。

政府工作报告

——2005年1月18日在郑州市十二届人民代表大会第二次会议上

市 长 王文超

各位代表：

现在，我代表市人民政府，向大会作工作报告，请予审议，并请各位政协委员和列席人员提出意见。

一、2004年工作回顾

过去的一年，全市人民在市委领导下，以邓小平理论和“三个代表”重要思想为指导，认真贯彻党的十六大和十六届三中、四中全会精神，坚持科学发展观，积极落实中央宏观调控政策，切实抓好“五个一百”工程，全市经济发展实现了速度与质量、效益的统一，各项社会事业协调发展，较好地完成了市十二届人大一次会议确定的各项任务。

初步统计，全年实现生产总值1375亿元，增长15.5%，是亚洲金融危机以来增速最高的一年，人均生产总值达到2350美元。地方财政收入114.8亿元，增长32.7%；金融机构年末存款余额达到2724.8亿元，增长11.9%；非公有制经济完成增加值687亿元，增长25%，占全市生产总值的比重达到50%。完成或超额完成了新增就业再就业10万人、工业技改投资100亿元、非公有制经济增加值新增100亿元、地方财政收入100亿元、新设立外资企业100家、规模以上工业销售收入突破1000亿元的“六个一”目标。全市经济进入全面提速、加快转型的新阶段。

（一）农业生产稳定增长，农村经济全面发展。认真贯彻落实“中央一号”文件，“三农”工作取得了明显成效。农林牧渔业完成增加值61亿元，增长5.7%。农民收入显著增加，粮食等农产品产量全面增长，农业现代化水平进一步提高。新建奶牛养殖小区20个，新增无公害农产品基地20万亩，农业综合机械化水平达到53%。农业产业化经营步伐加快，休闲观光农业发展迅速。农村税费体制改革成果得到巩固，农民负担大幅减轻。全市所有贫困村和市辖各区、巩义市免征农业税，其余县（市）农业税税率降低3个百分点，农民人均较上年减负81%。扶贫开发工作取得新成效，全市又有1.5万贫困人口脱贫。改建、新建农村公路297.4公里。建成集雨水窖1.01万个，解决了6万人饮水困难。完成沿黄风沙源生态治理造林16.7万亩，生态环境有所改善。

（二）工业经济快速发展，经济效益大幅提高。全市规模以上工业完成增加值402.7亿元，增长23.7%；实现销售收入1189.6亿元，增长35%；实现利润74.5亿元，增长38.7%；工业经济效益综合指数达到160.2%，提高16.7个百分点。汽车、煤电铝、装备制造业、食品等优势行业完成增加值272.4亿元，占规模以上工业增加值的67.6%。重点技改项目投资突破百亿，技改投入连续3年实现翻番。全年新增电力装机容量99.6万千瓦、铝加工能力20万吨、卷烟2.7万大箱。大企业大集团规模日益壮大，有50户企业销售收入在3亿元以上，宇通集团、中铝河南分公司突破50亿元。一批高技术企业快速发展，技术创新效果显著，信息化带动作用突出，品牌效应不断增强，企业核心竞争力大幅提高。以产权制度改革为重点的国有工业企业改革取得新成果，提前完成企业中小学移交任务；郑州日产和东风股份成功重组，金星集团与百威公司、奥克公司与生力集团合作进入实质性操作。

（三）消费市场繁荣稳定，新型业态发展迅速。

全市社会消费品零售总额558.7亿元，增长16.4%，其中，批零贸易和餐饮业分别完成459.9亿元和80.2亿元，增长13.6%和38.5%。零售业综合竞争力明显增强，天津家世界、德国麦德隆等知名零售企业入驻郑州。圃田建材、东风路科技等交易园区持续发展。开工建设商品房470万平方米，增长34.3%。香江、澳柯玛等物流园区建设进展顺利。会展经济逐步推行市场化运作，成功举办了第十届全国商品交易会。旅游景区建设取得重大进展，旅游总收入达到138.5亿元，增长32%。国有商贸企业改革稳步推进。

（四）固定资产投资持续增长，薄弱环节得到加强。积极贯彻中央宏观调控政策，对在建、拟建项目进行了全面清理。克服不利因素影响，全社会固定资产投资完成650亿元，增长30%。重点工程建设继续保持增长势头，郑州出口加工区标准厂房、农业路穿铁路编组站立交、107国道辅道等项目建成投入使用；郑煤白坪矿井、正大世纪城市广场等项目按计划推进；郑州燃气调峰电站2×35万千瓦机组、郑东新区热电厂2×20万千瓦机组、郑州铝业铝板带箔一期、宇通汽车零部件工业园等项目开工建设。加大薄弱环节的投入力度，交通、环保、农林水、社会事业、旅游等方面的基础设施建设得到加强。

（五）城市建设取得新进展，城市化进程不断加快。中心城区保护改造进展顺利。续建、新修道路28条，改造支路背街小巷126条、积水点49处，改造、新建雨污水管网25.6公里。完成340余幢楼体夜景照明。全年新增绿地面积510万平方米，新建游园34个。熊耳河滨河公园建成开放，东风渠两岸景观绿化即将完工。郑花路、西北环道、科学大道整治绿化任务基本完成，桐柏路、沁河路等30条路段新植了行道树。继续实行“两级政府、三级管理、四级网络”管理体制，城市管理长效机制进一步完善，市容环境不断优化，空气质量二级以上天数达到81.4%。

郑东新区建设全年完成投资60.2亿元。中央商务区形象初现，内、外环60栋高层项目中已有35栋开工建设，其中19栋结顶，楼市销售良好。郑州国际会展中心土建工程基本完工，河南艺术中心地下工程已经结束，中央商务区中心湖破土动工。起步区内基础设施建设基本完成，“三河一渠”绿化工程进展顺利。招商引资成效显著，全年引进项目50个；烟草集团、天津顺驰、上海绿地、澳门宝龙等知名企业纷纷入驻。龙湖南区、商住物流区项目进展顺利。龙子湖区6所高校开工建设。

卫星城市及重点镇建设速度加快。卫星城市规划水平提升，投入力度加大，小城镇建设日趋规范。竹林镇等9个乡镇被确定为国家级重点镇。全市城市化率57.9%。

（六）对外开放步伐加快，利用外资水平有所提高。新设立外商投资企业117家，实际利用外商直接投资2.5亿美元，增长61.6%；出口创汇10.8亿美元，增长23.8%。成功举办首届世界传统武术节，签订对外合作项目20项，合同利用外资3.9亿美元、域外资金29.8亿元人民币。创新招商方式，市场化、专业化招商迈出了可喜步伐。以非洲为重点，进一步开拓国外市场。出口加工区封关运行，高新技术产业开发区、经济技术开发区招商工作取得新成效。区域经济交流与合作明显加强。

（七）就业再就业和社会保障工作成效显著，人民生活明显改善。进一步落实就业再就业政策，减免税费3498万元，支出补贴4256万元，发放国有企业下岗职工生活保障金1.08亿元。实现12.15万城镇求职人员就业再就业，转移农村劳动力就业13.2万人。社会保险覆盖面扩大，社会保险体系进一步完善。养老金按时足额发放率和社会化发放率继续保持100%。全市清理拖欠农民工工资1.46亿元。城市居民最低生活保障标准进一步提高，做到了动态管理下的应保尽保；对符合条件的农村特困户全部实行救助。完善了城市低保户和农村特困户在住房、教育、医疗等方面的配套政策。城市流浪乞讨人员救助管理工作效果明显，与联合国儿童基金会合作开展的流浪少年儿童救助项目，被民政部誉为“郑州模式”。

城乡居民收入稳步提高，群众生活质量进一步改善。城镇居民人均可支配收入达到9667元，增长11.8%；农民人均纯收入达到4183元，增长15.2%，首次超过城镇居民收入增速；城市居民人均住房面积达到22.6平方米，农村人均住房面积达到42.7平方米。免费向社会公众开放公益性文化场馆。向社会承诺办好的“十件实事”，除西流湖公园建设缓建外，其余件件得到落实。经济适用房竣工43万平方米，有398户“双困”家庭入住廉租住房。

（八）科技教育不断发展，社会事业全面进步。围绕高新技术产业化、制造业信息化，优化配置科技资源，突出科技引导带动作用，荣获“全国科技进步先进市”称号。教育投入不断加大，市区4所新建高中开工建设，全国第九届中学生运动会体育场馆开始施工，改造农村中小学危房22.7万平方米。加强商城遗址的保护，光荣跻身“中国八大古都”，并加入“世界历史都市联盟”。文化事业进一步繁荣，现代豫剧《嵩山长霞》引起了社会的强烈反响。郑州歌舞剧院顺利组建，创演的《风中少林》得到好评。全民健身运动深入开展。竞技体育取得新成绩，我市运动员孙甜甜荣获第二十八届奥运会网球双打冠军，实现我国网球运动历史性突破；残奥会获得7枚金牌。疾病控制和医疗救治体系建设进展顺利，覆盖城乡的网络初步形成。加强对艾滋病的监测和预防，重大传染病救治工作有序开展。卫生服务设施建设加快，基层卫生条件得到改善。经济普查工作顺利推进，“信用郑州”建设取得新进展。精神文明建设典型层出不穷，涌现出了任长霞、吴玲等先进人物。

人口和计划生育工作整体水平进一步提高，基层基础工作得到巩固，政策外生育率和出生二孩率明显下降，流动人口计生工作经验在全国推广。大力整治违法排污企业，建设项目环境管理和自然生态保护工作得到加强。市医疗卫生废物集中处理中心投入使用。整顿土地市场秩序，闲置土地处理工作取得进展。国防教育、民兵、征兵、优抚安置工作顺利开展，军政军民关系更加密切。

新闻出版、广播电视、人事、审计、统计、物价、侨务、对台事务、民族宗教、社会科学、地方志、档案管理、气象和地震监测、人防等工作都取得了新的成绩。

（九）民主与法制建设得到加强，社会大局基本稳定。自觉接受人民代表大会及其常委会监督，接受人民政协民主监督，认真听取民主党派、工商联、无党派人士、各人民团体的意见。全年办复人大代表议案、建议和政协委员提案1180件。扩大政务公开范围，政府新闻发言人制度开始实施，政府决策的科学性和透明度提高。坚持依法治市，提请通过地方性法规12件，制订规章8件。贯彻执行《行政许可法》，停止执行68项行政许可项目。加强对规范性文件合法性审查，依法规范政府行政行为。

切实做好信访突出问题及群体性事件集中处理工作。全市抽调2200余名机关干部，深入开展不稳定因素排查调处，处理了900余起多年积压的信访案件，集体上访上升势头得到遏制，群体性事件妥善处置，信访秩序明显好转。严密侦控、严厉打击境内外敌对势力、敌对分子和“法轮功”等邪教组织的破坏活动。强化综合治理，社会治安保持稳定。加强干警队伍建设，完善快速反应机制，以快制快，震慑犯罪。落实安全生产责任制，加强了安全监管网络和应急救援体系建设。开展经常性的安全检查，加大事故隐患整改力度，全市安全生产事故总量大幅度下降。

各位代表，过去的一年，我市经济社会发展成绩的取得，是省委、省政府和市委正确领导的结果，是市人大、市政协支持和监督的结果，是全市人民团结奋斗的结果。在此，我代表市人民政府，向给予政府工作大力支持的人大代表和政协委员，向全市广大工人、农民、知识分子和干部，向驻郑人民解放军、武警官兵、公安政法干警，向各民主党派、工商联、人民团体和各界人士，表示崇高的敬意！向关心和支持郑州发展的港澳台同胞、海外侨胞和国际友人，表示衷心的感谢！

在看到成绩的同时，也要看到经济社会发展中一些不容忽视的困难和问题。一是融资困难、运力紧张、建设用地不足等制约我市经济发展的瓶颈问题更加突出。二是安全生产形势依然严峻，重特大事故时有发生。三是群众关注的热点难点问题还没有得到根本解决，群体性事件偶有发生。四是对外开放水平不高，利用外资规模较小。五是城乡居民收入还有待进一步提高，不少低收入群众生活还比较困难。六是就业岗位不能充分满足需求，就业压力仍然较大。七是一些政府工作人员服务意识不强、效率不高，政府廉政建设有待继续加强。这些问题需要在今后的工作中切实加以改进和解决。

二、2005年政府工作的总体要求和预期目标

2005年是“十五”计划的最后一年，也是进一步巩固和发展宏观调控成果、保持经济社会发展良好态势的关键一年。做好今年的各项工作，对于全面完成“十五”计划，为“十一五”规划实施奠

定良好基础具有十分重要的意义。当前，我们正处在重要的发展战略机遇期。从国际环境看，经济全球化趋势继续发展，世界经济仍处于复苏增长期，发达国家产业向我国转移步伐加快，并由沿海向内地延伸，为我市吸引国外资金、承接产业转移提供了难得的机遇；随着今年世贸组织纺织品配额取消，我国与东盟之间的货物自由贸易开始启动，扩大出口将迎来新的机遇。从国内形势看，我国经济仍处于新一轮增长周期的上升阶段，国家提出并实施促进中部地区崛起、加快区域协调发展的战略，今年中央将继续加强和改善宏观调控、巩固宏观调控成果，这些都为我市经济平稳快速发展提供了良好的环境。省委、省政府实施“中原城市群”发展战略，为我市加快发展、提高首位度提供了契机。今年南水北调中线穿黄工程、郑州至西安客运专线等重大项目开工建设，一大批交通、能源、农林水、生态环保、社会事业项目陆续启动，投资规模继续增长，投资对经济的拉动效应将继续显现。我市经济综合实力明显增强，为加快发展奠定了坚实基础。面对新的国际国内形势，面对周边城市你追我赶的竞争态势，我们必须不断解放思想，开拓创新，扬长避短，发挥优势，努力推动各项工作再上新台阶。

今年政府工作总体要求是：以邓小平理论和“三个代表”重要思想为指导，认真贯彻党的十六大和十六届三中、四中全会精神，坚持以人为本的科学发展观，继续贯彻落实宏观调控政策；解放思想，创新机制，深化改革，扩大开放；调整结构，加快发展，保持稳定，为民谋利；努力建设生态郑州、信用郑州、和谐郑州，促进经济社会全面协调和可持续发展。

经济和社会发展的主要预期目标是：全市生产总值增长13%；地方财政收入增长14%；全社会固定资产投资增长25%；社会消费品零售总额增长13%；外贸出口增长25%，实际利用外资增长30%；居民消费品价格总水平上涨控制在4%左右；城镇居民人均可支配收入增长8%，农民人均纯收入增长7%；人口自然增长率控制在6‰以内；城镇登记失业率控制在4%以下。

实现上述预期目标，必须从省会的实际出发，牢牢把握以下几点：

第一，必须认真贯彻中央加强和改善宏观调控的各项政策措施，充分体现区别对待、有保有压的原则，适度加大关系全局的重大项目和薄弱环节投入力度，增强投资对经济增长的拉动作用。突出结构调整主线，促进传统产业的转型升级，努力实现经济发展速度更快、结构更优、质量更高、效益更好。

第二，必须坚持以人为本的原则，切实加强就业再就业和社会保障工作，认真落实促进农民增收的政策措施，加大扶贫开发力度，千方百计增加城乡居民收入，培育新的消费增长点，增强消费对经济增长的拉动作用。

第三，必须按照标本兼治的原则，推进体制创新，深化关键领域的改革。认真解决经济运行中存在的突出问题，更加注重解决体制性、机制性深层次矛盾，为经济持续快速发展注入活力。

第四，必须进一步解放思想，不断扩大利用外资规模，提高对外开放水平。不断创新招商引资方式，大力提高利用外资质量，推动产业升级和技术创新。加快外贸增长方式转变，推进贸易方式和市场的多元化。

第五，必须统筹城乡、区域和经济社会协调发展，促进人与自然的和谐。努力打破城乡二元结构，形成合理的产业布局，加快工业化、城市化进程。高度重视可持续发展，把控制人口规模、节约资源和保护环境摆在突出位置，努力实现经济效益、社会效益和生态效益相统一。

第六，必须全力实现好、维护好、发展好人民群众的根本利益。牢固树立“群众利益无小事”的观念，把关心和服务群众作为第一职责，把群众的评价作为衡量工作政绩的第一尺度，统筹兼顾，正确处理局部利益和整体利益、眼前利益和长远利益的关系。在推进城市化过程中，维护好农民利益；在推进企业改革过程中，维护好职工利益；在推进城市建设过程中，维护好居民利益。高度关注困难群体，着力解决涉及群众切身利益的突出问题，使广大群众在改革与发展中得到更多的实惠。

三、加快发展，全面完成“十五”计划

在当前区域间、城市间竞争日趋激烈的情况下，我们要增强加快发展的紧迫感和使命感，再鼓干劲，扎实工作，确保全年目标任务和“十五”计划圆满完成。

（一）加快经济结构调整和增长方式转变，确

保工业经济快速发展。紧紧围绕我市确立的今后4年实现规模以上工业增加值、装备制造业销售收入、工业累计投入“三个一千亿”的发展目标,加大结构调整力度,增强工业发展后劲。积极开展“工业项目建设年”活动,明确责任,定期督查,确保全市工业项目顺利推进,工业投入增长20%以上。突出抓好中铝河南分公司70万吨氧化铝、郑煤集团赵家寨300万吨煤矿等一批重点项目。加大对重点企业的扶持力度,集中支持宇通、日产、中铝河南分公司、烟草集团、三全等50户重点企业发展;继续实施名牌战略,努力培育一批核心竞争力强、在国际国内市场占有率高的大企业大集团。力争实现销售收入超百亿元企业1家,超50亿元企业2家,超10亿元企业20家以上。继续加大技术改造投入力度,运用高新技术、先进适用技术改造传统产业。在抓好煤电铝、装备制造业、食品等行业的同时,发展高新技术产业,加大电子信息、生物化工与医药、新材料等行业的发展。坚持不懈地推进工业企业信息化,提高工业领域现代化水平和管理效率。

(二)加强“三农”工作,推动农村经济持续发展。坚持“多予、少取、放活”的方针,加大对“三农”的扶持力度,以城市反哺农村,以工业反哺农业。继续推进农业与农村经济结构战略性调整,按照都市型、近郊型和远郊型农业圈层的划分进行农业区域布局调整。抓好现代农业示范园区建设,推进农业产业化经营。完善农产品质检体系。加大农业基础设施投入,改善农业生产和农民生活条件。全面启动森林生态城市建设,全市新增造林面积22.7万亩。制订水资源利用总体规划,发展节水型农业,重点抓好一批节水灌溉工程建设,解决好缺水地区安全饮水问题。继续加大对农村各项事业投入,统筹城乡经济协调发展。继续实行最严格的耕地保护政策,稳步推进农村土地承包经营权流转。进一步减轻农民负担,继续落实粮食直补政策,在全市免征农业税。搞好第五届村委会换届选举工作,抓好村务管理和民主管理,保持农村社会稳定。

(三)充分发挥商贸优势,大力发展现代服务业。进一步加强城区交易市场建设,利用现代信息手段提升批零贸易层次,加快农贸市场改造升级,逐步形成层次分明、便利市民的市场网络。加大国内外知名商贸企业引进力度,发展连锁经营等新型业态。积极利用外资加快流通企业的改组改造,充分发挥郑州铁路、公路、邮政、航空区位优势,搞好物流规划,整合物流资源,提高信息化水平,逐步形成具有郑州特色的现代大物流体系。依托郑州国际会展中心,承办大规模、高规格的会展活动,努力培育有特色的会展品牌。继续深化住房制度改革,大力发展、完善、规范房地产市场,切实加强对经济适用住房开发建设与销售的管理。整合旅游资源,搞好重点景区的策划工作,完成主要景区环境整治,加大旅游宣传促销力度,规范市场秩序,提升旅游业整体形象和服务水平。围绕建设区域性金融中心城市的目标,做好规划,制定方案,重视和支持金融、证券、信托、期货市场的培育,创新体制,搞活机制,做大做强金融企业。同时积极创造条件,引进外资金融企业,开发新的金融产品,组织更多的资金支持经济社会发展。积极扶持中介、咨询、信息等服务业,推动我市现代服务业快速发展。

(四)积极推进城市建设和城市化进程,促进城乡区域协调发展。以创建国家园林城市、国家卫生城市、国家环保模范城市、全国文明城市为主线,加强中心城区保护改造,确保“三年大变”目标的实现。重点对107国道(黄河路立交—陇海铁路立交)进行综合整治,对金水路东段(107国道—东明路)实施升级改造,打通未来大道金水路至航海路段,完成东风渠综合整治,使之成为郑州市的靓点。抓好商城遗址公园、月季公园等一批公园建设,建成区绿化覆盖率达到35%。继续实施路灯和夜景照明工程。举办首届中国月季展览会,再现市花风采。加大基础设施建设力度,开工建设北三环—文化路立交、西三环—化工路立交、建设路—解放路立交等7座立交桥;续建、新建冉屯路、迎宾路等18条市政道路。重点抓好大气、水、噪音污染治理,改善市区环境空气质量。抓好背街小巷改造、市容街景整治、公园游园建设、环境卫生和环卫设施建设等。坚持建管并重,不断提高城市管理水平。加大市容环境整治力度,重点整治户外广告和小饭店、小理发店、小熟食店、小副食店、小冷饮店,坚决取缔占道经营、露天烧烤和燃煤大灶。加强地名管理,规范地名标牌设置。

按照“三年出形象”的要求,突出重点,加大投入,强力推进郑东新区建设。加大融资力度,拓宽融资渠道,积极争取金融与投资机构的支持。加大重点项目推进力度，中央商务区内外环高层开工总数达到45栋以上，会展中心竣工交付使用，省艺术中心主体工程、中央商务区中心湖基本完成，会展宾馆力争开工。通过上述项目的实施，使中央商务区的景观初步展现，市政设施配套到位，基本具备办公和开展商务活动的条件。龙湖南区建设全面推进，商住物流区项目基本摆满，龙子湖高校区3所高校具备教学条件。

高起点完成城镇体系规划修订工作，不断加大规划引导和政策扶持力度，加快卫星城市和小城镇建设，推进城市化进程。重点加强城镇供水、污水和垃圾处理等基础设施建设，保护生态环境，提高公共服务水平。规划建设好6个县(市)城区，建设各具特色的卫星城市；注重把城镇化与工业化结合起来，加快20个重点镇的规划建设，形成以郑州中心城区为核心、各卫星城和中心镇众星拱月、有序发展的格局。

(五)强力推进各项改革，不断扩大对外开放。鼓励外资、市外优势企业及市内民营企业参与重点国有企业的改组改造，基本完成国有工业和商业企业改制任务。推进粮食流通体制改革，全面放开粮食购销市场，完成国有及国有控股参股粮食购销企业改组改造。加快农村信用社改革，改善农村金融服务，加大金融支农力度。继续推进农村税费改革，规范涉农收费。深入开展投融资体制改革，推行项目核准制和备案制管理，做好代建制试点工作，放宽社会资本投资领域。积极推进社会事业和公用事业体制改革。深化事业单位体制和人事制度改革，继续实施人才强市战略，加快培养、积极引进各类人才，为我市经济发展提供智力和人才保障。

进一步解放思想，更新观念，下大气力优化投资环境，落实招商引资各项优惠政策。创新招商方式，实行专业招商、定向招商、以商招商等，千方百计吸引跨国零售商业巨头、大型物流企业和高科技产品生产企业落户我市。加大教育、文化、旅游、医疗卫生、中介服务等领域的招商力度。做好利用国外贷款工作。继续实施东引西进战略，有针对性地吸引东部地区的产业和资本向我市转移。组织多层次、宽领域的市情和项目推介会，争取更多的项目和资金入驻郑州。大力推广“大通关”制度和“电子口岸”联网建设，建立和完善快速通关机制。突出发展重点，加大招商力度，郑东新区、高新技术产业开发区、经济技术开发区、出口加工区要充分发挥区位和政策优势，努力吸引境内外资金。

(六)加快非公有制经济和县域经济发展，提升整体经济发展水平。完善政策措施，营造良好环境，推动全市非公有制经济发展再上台阶。全面落实促进非公有制经济发展的引导扶持政策，进一步放宽市场准入，健全服务体系。力争非公有制经济增长20%以上，不断提高占全市生产总值的比重。

认真贯彻落实中央、省支持县域经济发展的各项政策措施，继续加大对5个扩权市发展的支持力度。充分发挥各县(市)比较优势，积极争取和用好省政府县域经济发展专项资金，重点支持县(市)基础设施和特色工业项目建设。切实加强城乡市场体系建设，抓好使用国债资金的市场和流通项目建设。完善县域经济发展激励机制，抓住省启动豫东平原县域经济快速发展的战略契机，支持中牟县加快发展。

(七)切实做好财税金融工作，充分发挥财政金融对经济社会发展的支持作用。突出财政支持重点，增加财政涉农投入，支持解决“三农”问题；实施工业重点投入项目奖励贴息，加快工业经济发展；发挥中小企业信用担保机构作用，支持和促进中小企业发展；落实有关财税扶持政策，加快非公有制和外向型经济发展；加大筹资力度，拓宽城市建设投融资渠道，确保城建规划项目的资金需要。坚持依法治税，强化征管稽查。加强银企沟通与合作，争取金融机构不断增加贷款投放。加大上市公司融资力度，扩大企业融资。规范发展各类消费信贷业务，增强对消费需求的信贷支持。

(八)加快发展各项社会事业，促进社会全面进步。加大科技投入，完善科技成果转化机制。实施科技创新、制造业信息化、农村科技富民三大工程。加大教育基础设施投入，新建一批中小学校，改善办学条件；推进市区中学普职分设工作；加快中州大学和郑州师专合并升本步伐；完成市区中学3个体育场和6个体育馆的建设，确保全国第九届中学生运动会顺利举行；继续实施“农村中小学危房改造工程”；整合电教资源，促进现代远程教育。继续推进商城遗址保护及环境整治，注重对古都文化的发掘与研究，加大郑州古都的宣传力度。深化城镇医疗卫生体制改革，加强医疗市场监管;继续完善疾病预防控制和医疗救治体系建设。大力发展慈善事业。进一步做好殡葬改革工作。

切实做好人口和计划生育工作,加快建立利益导向机制,加强计划生育基层基础工作,抓好出生人口性别比控制和流动人口计划生育管理服务工作,稳定低生育水平。发展体育事业,深入开展群众性体育活动。加强老龄工作,解决好离退休人员生活、就医等问题。

继续做好审计、统计、民族、宗教、气象、人防、地震、档案、侨务、民兵等各项工作。

四、保持稳定,努力构建和谐社会

坚持以人为本,正确处理改革、发展、稳定的关系,高度重视精神文明建设和社会稳定工作,为我市加快发展创造和谐的社会环境。

(一)加强社会主义精神文明建设,努力提高社会文明程度和公民整体素质。以创建“全国文明城市”为目标,深入开展群众性精神文明创建活动。广泛开展社会公德、职业道德和家庭美德教育,继续开展“道德规范进万家”活动,在全社会形成良好的道德规范。深入进行爱国主义、集体主义和社会主义教育,大力弘扬时代精神和民族精神。高度重视青少年思想道德教育,引导青少年健康成长。加强民族理论和政策教育,促进各民族的团结和进步。加强科普教育宣传,破除封建迷信,倡导科学精神和文明健康的生活方式。建立健全社会信用体系,深化诚信宣传教育,推动社会信用制度建设。建设学习型社会,努力构建终身教育体系,全面推进素质教育,增强民众的就业能力、创新能力、创业能力。加强国防教育,深入开展双拥活动,再创“全国双拥模范城”。

(二)着力抓好社区建设,完善社区服务功能。以创建“全国社区建设示范市”为目标,加大社区建设投入,完善社区功能,优化、美化居民生活环境,逐步改善社区居委会成员的工作、生活条件。进一步理顺市、区、街道、社区的事权关系,强化社区自我管理、自我教育、自我服务、自我监督功能。加强社区服务信息化、网络化建设,整合社区资源,为居民提供就业、家政、医疗、配送、社会保障服务。繁荣社区文化,加强社区治安,规范社区管理,加快建设管理有序、文明祥和的新型社区。

(三)认真做好信访工作,努力化解影响社会稳定的各种矛盾和问题。正确认识和处理新形势下人民内部矛盾所反映的新情况、新问题,解决好人民群众普遍关注的热点、难点问题。建立信访稳定工作长效机制,变群众上访为领导下访,落实信访工作领导责任制,严格实施责任追究制。明确各级各部门维护稳定工作的职责任务,完善定期排查、归口调处、领导包案、督查督办制度,加强维护稳定的各项基层基础工作。完善公共安全等突发事件应急处置预案,建立健全反应灵敏、运转高效的应急处置工作体系,提高处置突发公共事件的能力。

(四)扎实推进社会治安综合治理,严厉打击各种犯罪。坚持“严打”方针不动摇,始终保持对犯罪分子的高压态势,严厉打击和震慑各类严重刑事犯罪,全面提高现场抓获率、破案率。继续强化社会治安管理服务工作,加强对暂住人口、流动人口、刑释解教人员、吸毒人员、闲散青少年的教育管理。采取有效措施,努力扫除“黄、赌、毒”等社会丑恶现象。重点加强对杂居院、城中村的治安管理和防范工作,继续推广城中村治安防范社区化、出租房屋旅栈化、暂住人口常住化的管理模式,进一步提高城中村流动人口服务管理和治安防范工作水平。深入开展创建安全院、楼、村活动。全面落实社会治安综合治理各项措施,提高治安管理的信息化水平和治安防控能力。

(五)切实抓好安全生产,保护人民群众生命财产安全。深入开展以矿山、建筑施工等高危行业为重点的安全生产专项整治,加强道路交通和消防安全管理,坚决取缔、关闭非法和不具备安全生产条件的小矿小厂、经营网点,集中力量整改一批危及人民群众生命财产安全的重大事故隐患。坚持把专项整治与落实生产经营单位安全保障制度,与开展企业安全生产质量标准化活动紧密结合起来,建立安全生产长效机制。加强市、县、乡三级安全生产监管机构建设,健全监督执法体系,严格实行奖惩制度,遏制重特大安全生产事故的发生。加大食品药品市场监管力度,抓好河道治理和大中型水库除险加固,确保人民生命财产安全。

五、为民谋利,不断提高人民群众生活水平

千方百计为民谋利、维护好群众利益、不断提

高群众生活质量和水平，是政府工作的根本所在，是我们加快发展的最终目标。

（一）完善城乡就业服务体系，努力扩大就业规模。广开就业渠道，大力开发公益性岗位，重点做好下岗失业人员特别是“4050”人员再就业工作。继续落实就业再就业各项优惠政策，加大再就业资金投入。抓好再就业各项补贴资金的落实，切实简化小额担保贷款手续，加快小额担保贷款的发放。继续做好农村劳动力就业培训工作，运用劳动保障就业信息网络，实现城乡互联、信息共享，提供求职登记、职业指导、职业介绍和劳动保障事务代理等“一站式”服务，不断完善城乡就业服务体系，促进农村劳动力转移就业。

（二）健全社会保障制度，搞好城乡社会保障。加大社会保险扩面征缴力度，在职职工参保人数达到59万人。继续扩大医疗保险覆盖面，年底参保人数达到40万人，医疗保险费征缴率达到98%。继续做好失业保险和工伤保险工作。积极推进农村养老、医疗、保险等社会保障体系建设，搞好以大病统筹为主的新型农村合作医疗试点，构筑新型社会保障平台。

（三）千方百计增加城乡居民收入，不断改善城乡居民生活。努力改善农村贫困地区的生产生活条件，完成第二批30个重点扶贫村的整村推进任务，继续抓好新密袁庄综合扶贫开发区和巩义、登封的移民搬迁扶贫工作。继续加大对拖欠农民工工资清欠工作力度，清理对农民工的歧视性政策，切实保障农民工合法权益。严禁违法征用农民土地和截占、挪用土地补偿费用。严格实行最低工资制度，认真落实劳动法规定的保障职工收入的各项政策，采取积极措施，增加城镇居民收入。

（四）做好社会救助工作，解决困难群众实际生活问题。高度关注城乡困难群体，加大财政支持力度，做好城市低保和农村特困户救助工作，做到分类施保、应保尽保。适当补贴困难企业离退休职工生活费和医疗保险费，适时提高城市最低生活保障线，帮助城市特殊困难家庭解决看病难、上学难、住房难等实际困难。做好城市流浪乞讨人员的救助管理工作。完善农村五保户生活保障制度。建立完善资助贫困学生的政策和制度。进一步完善灾害救助体系，落实配套资金，加强对救灾资金发放的监督与管理，确保灾民基本生活。

（五）认真解决群众反映的热点问题，努力办好十件实事。通过广泛征集群众意见，2005年，市政府将集中财力，努力为群众办好以下十件实事：1.全市城镇12万人实现就业再就业，转移农村劳动力12万人，建立专业农民工劳务市场。2.市区新建22所中小学校，解决中小学入学难问题。3.新开工经济适用住房50万平方米，竣工40万平方米，廉租住房覆盖率达到符合条件“双困家庭”100%。4.打通市区断头路9条，新建街头游园30个，改造积水点45处。5.市区新建100座公厕，增加公厕指示标志，解决市民入厕难问题。6.优化、新增公交线路30条，新增公交车300标台。7.投资1500万元，进一步扩大农村合作医疗试点，创建示范乡镇卫生院。8.在农村实施“三个一万”工程，建设沼气池1万个，西部缺水山区新建集雨节灌水窖1万个，贫困地区实现1万人脱贫。9.净化市区大气环境，市区环境空气质量二级以上天数达到75%以上。10.改善城市生态环境，完成森林生态城工程造林10万亩，市区新增绿地500万平方米。

六、建设服务型政府，努力提高政府工作水平

加强政府自身建设，转变政府职能，改进政府工作，努力建设服务型政府，是全面完成各项目标任务的重要保证。

（一）完善民主决策机制，提高科学决策水平。各级政府要坚决贯彻人大及其常委会决议，坚持重大事项报告制度，自觉接受人大及其常委会监督。认真接受政协的民主监督，广泛听取各民主党派、工商联、无党派人士、社会团体的意见和建议。完善人民建议征集、重大事项社会公示、社会听证、专家咨询制度，健全政务信息公开制度，提高决策的透明度和公众参与度，保障人民群众的知情权、参与权和监督权。完善重大问题的议事规则和决策程序，加强调研工作，充分听取各方面意见，民主决策、科学决策。

（二）加强政府法制建设，全面推进依法行政。继续深入贯彻执行《行政许可法》和《国务院全面推进依法行政实施纲要》，不断提高依法行政的能力，加快建设法治政府。全面推进依法治市，建立权责明确、行为规范、监督有效、保障有力的行政执法体制。加强行政监察和执法监督，严格执法，

文明执法，公正执法，提高政府的公信力。健全完善法律援助体系，切实保障弱势群体的合法权益。

（三）改进管理方式，提高政府工作效能。正确履行政府职能，按照履行好经济调节、市场监管、社会管理和公共服务四大职能的要求，注重运用经济和法律手段管理经济，真正把政府经济管理职能转变到主要为市场主体服务和创造良好发展环境上来。更加重视履行社会管理和公共服务职能，把财力、物力更多地用于社会管理和公共服务，把精力更多地放在推进社会发展和解决民生问题上。按照上述基本要求，创新行政方式和运行机制，推广电子政务，加快市、县、乡三级政务信息平台建设，逐步开展网上审批。改革行政审批制度，优化行政流程，逐步推进前置审批向后续监管的转变，确保政府工作效能全面提高。切实加强人事编制工作，严格控制机构和人员编制。组织编制好“十一五”规划。

（四）切实加强勤政廉政建设，不断提高公务员队伍整体素质。坚持标本兼治、综合治理，惩防并举、注重预防，抓紧建立健全与市场经济体制相适应的教育、制度、监督并重的惩治和预防腐败体系。加强政府系统保持共产党员先进性教育，认真落实廉政建设责任制，以解决群众反映的突出问题为重点，坚决纠正损害群众利益的不正之风。加强廉政制度建设，真正形成用制度规范从政行为、按制度办事、靠制度管人的有效机制，保证公务员廉洁从政。推进公共财政体制建设，完善预算编制和执行制度，努力降低行政成本。加强公务员思想道德和纪律教育，营造广大干部学习氛围，在全市政府机关继续深入开展“争当人民满意的公务员”活动。进一步加大行风评议工作力度。

（五）大兴求真务实之风，狠抓各项工作落实。坚持科学的发展观和正确的政绩观，重实践、说实话、办实事、求实效，坚决反对形式主义、官僚主义和弄虚作假。改革会议制度，大力精简各类会议和文件。严格规范和控制各种检查、评比和达标活动。不断完善领导干部联系基层、联系群众制度，深入基层，深入一线，靠前指挥，解决事关经济社会发展的紧迫问题，解决事关千家万户根本利益的具体问题，持之以恒地抓推进、抓落实、抓成效。严格实行责任追究制，对那些因推诿扯皮、欺上瞒下、掩盖矛盾和问题，导致工作棚架、造成严重后果的，要一查到底，严肃处理。

各位代表，实现加快发展，保持稳定，为民谋利的总体要求，任重而道远。需要我们更加昂扬的干事创业激情，需要我们更加求真务实的工作作风。让我们紧密团结在以胡锦涛同志为总书记的党中央周围，坚持以邓小平理论和“三个代表”重要思想为指导，深入贯彻党的十六大和十六届三中、四中全会精神，在市委的领导下，依靠和带领全市人民，同心同德，克难攻坚，脚踏实地，埋头苦干，努力争取提前实现全面建设小康社会的宏伟目标！

第二篇 郑州概况

行政区划

【区划概况】 2004年，郑州市下辖12个县(市)、区，其中，县级市5个、县1个、区6个，全市共有67个街道办事处、32个乡、72个镇、449个社区、2210个村委会。

【邙山区更名为惠济区】 经国务院批准，从2004年5月1日起，郑州市邙山区正式更名为惠济区。经郑州市政府批准，惠济区机关办公地点由南阳路迁至该区天河路与开元路交会处。1987年郑州市行政区划调整时，新成立的邙山区机关办公地点设在金水区辖区内的大石桥附近(老郊区机关大院)，远离所辖区域，工作十分不便。此次借更名之机将区机关办公地点移至本辖区内，不仅有利于郑州市东移北扩战略的实施，而且有利于该区加快城市化进程。

【峡窝镇划归上街区管辖】 2004年，经省人民政府批准，调整郑州市上街区和荥阳市行政区划，即将荥阳市的峡窝镇整建制划归上街区管辖。峡窝镇位于上街区南部，下辖23个行政村，总人口3.19万人，其中非农业人口1.29万人，总面积46.85平方公里。该镇有私营企业和个体工商户1062个，其中规模以上企业13个；高中1所、初中1所、小学6所，在校学生6036人。峡窝镇划归上街区管辖后，镇以下行政管理体制不变，人员编制不变，整建制移交。移交后，该镇原来的债权、债务不变。

区划调整后，上街区总面积由17.85平方公里增加到64.7平方公里；总人口由7.5万人增加到10.69万人，其中非农业人口由6.64万人增加到7.93万人。荥阳市所辖乡(镇)由14个减为13个，总面积由954.83平方公里减为907.98平方公里，总人口由64.66万人减为61.47万人。

【经济开发区新成立两个办事处】 2004年12月，郑州市政府研究决定，成立郑州经济技术开发区明湖、潮河两个办事处，划出管城区南曹乡、圃田乡部分村委会和村民小组归两个办事处管辖。明湖办事处辖西尚岗扬、东沿岗扬、毛庄、螺蛭湖、梁湖、李南岗、赵庄、岔河等8个村委会和东周村第七、第八两个村民小组，面积22平方公里，人口14300人。潮河办事处辖耿庄、曹古寺、司赵、王士明、弓马庄、单庄、二郎庙、营岗等8个村委会，面积34平方公里，人口15000人。

2004年郑州市行政区划情况

区县(市)	街道办事处	乡	镇	社区居委会	村委会
二七区	10	2	1	79	52
管城区	9	2	1	59	23
金水区	12	1	3	144	64
中原区	8	2	1	69	44
惠济区	5		3	4	54
上街区	5		1	24	23
经济开发区	2				16
巩义市	5		16	2	292
登封市	3	6	6		298
新密市	3	3	11	26	303

区县(市)	街道办事处	乡	镇	社区居委会	村委会
荥阳市	2	4	9	15	259
新郑市	3	4	9	27	352
中牟县		8	11		430
合计	67	32	72	449	2210

(殷纪新)

人口状况

【人口总量】 2004年底,郑州市总户数为199.39万户,比上年增加3.2万户,增长1.63%。其中市区户数为91.28万户,比上年增加3.18万户,增长3.6%;6县(市)为108.11万户,比上年增加247户,基本持平。

2004年底,郑州市总人口为708.22万人,比上年增加10.57万人,增长1.5%。其中市区人口为295.09万人,比上年增加12.15万人,增长4.3%,占全市总人口的41.7%;县(市)人口为413.13万人,比上年减少1.58万人,占全市总人口的58.3%。2004年,全市平均人口为702.94万人,其中市区平均人口为290.53万人,县(市)平均人口为412.41万人。

【人口构成】 在总人口中,非农业人口为257.62万人,占36.4%,比上年提高1个百分点。其中市区非农业人口为188.99万人,占市区总人口的64.0%;县(市)非农业人口为68.63万人,占县(市)总人口的16.6%。在总人口中城镇人口为411.11万人,占总人口的58.0%。比上年提高1个百分点。

在总人口中,其中女性人口为343.64万人,占总人口的48.5%;男性人口为364.58万人,占总人口的51.5%。男女性别比例为1.06:1。

【人口增减】 2004年,全市出生人口60887人,比上年减少1307人。人口出生率为8.66‰,比上年降低0.32个千分点。其中市区出生人口为22431人,出生率为7.72‰,比全市平均水平低0.94个千分点;县(市)出生人口为38456人,出生率为9.32‰,比全市平均水平高0.66个千分点。

2004年,全市死亡人口为31419人,比上年减少4482人,死亡率为4.47‰,比上年降低0.71个千分点。其中市区死亡人口9565人,死亡率为3.29‰,比全市平均水平低1.18个千分点;县(市)死亡人口为21854人,死亡率为5.30‰,比全市平均水平高0.83个千分点。

2004年,全市人口自然增长率为4.19‰,比上年增加0.39个千分点。其中市区人口自然增长率为4.43‰,比全市平均水平高0.24个千分点;县(市)人口自然增长率为4.03‰,比全市平均水平低0.16个千分点。

(黄　飞)

2004年末郑州市人口基本情况

县(市)区	总户数(户)	总人口(人)			
		合　计	#女　性	#非农业人口	#城镇人口
总　计	1995116	7082248	3428563	2572021	4104391
1.各区小计	917103	2950879	1426595	1889854	2877038
中原区	208258	676839	327133	483263	676839
二七区	193120	610262	291766	405702	610262
管城区	116495	391422	192629	216809	391422
金水区	307674	984557	472806	663903	984557
上街区	39541	117187	57422	76875	117187
惠济区	52015	170612	84839	43302	96771
2.各县(市)小计	1078013	4115032	2001968	682167	1227353
中牟县	169134	682896	328677	75553	123912
巩义市	204952	791708	393407	138506	284953
荥阳市	168660	595884	293057	104978	177812
新密市	202666	798503	384799	127760	226615

县(市)区	总户数(户)	总人口(人)			
		合 计	#女 性	#非农业人口	#城镇人口
新郑市	170805	614898	296996	156019	253953
登封市	161796	631143	305032	79351	160108

注:1.新密市总人口中含郑州矿区40144人;2.经济技术开发区数据含在管城区;3.高新技术开发区数据含在中原区。

(黄 飞)

组织机构

中共郑州市委

书 记 李 克
副书记 王文超 赵建才 马 懿
祁金立 康定军
常 委 李 克 王文超 赵建才
马 懿 祁金立 康定军
葛合元 李柳身 白红战
王 璋 杨丽萍 姚待献
穆为民
李民庆(3月任,7月免)
李秀奇(3月任)
秘书长 白红战
常务副秘书长 崔 凡
副秘书长 郭小军(4月免)
杨震武
李淑荣(女,5月免)
张 亮(5月免)
冯留卷(5月免)
王瑞桐(5月任)
郑友军(5月任)
谢建国 李玉辉
李建民(6月任)
刘金柱(6月任)
郑冠勤(6月任)
杨传文(6月任)

市委工作部门

办公厅

主 任 白红战
副主任 崔 凡

组织部

部 长 王 璋
常务副部长 马公秀(4月免)
王 薇(女,4月免)
刘全心(5月任)
副部长 周长松(2月任)
张进峰 张国胜(5月任)
正县级组织员 白 云(女,6月任)

宣传部

部 长 杨丽萍(女)
常务副部长 郭在州
副部长 张晓圻 董桂香(女)
李宪敏 王志坚
岳俊华(5月免)
龚首鹏(6月任)
文明办主任 龚首鹏(6月免)
徐大庆(6月任)
文明办副主任 孙德勋 朱晓东
邓智柏

统战部

部 长 李秀奇(2月任)
常务副部长 王杰民
副部长 曹江淮
高静慧(女,5月免)
李祥钟 孙景国(兼)
倪启明 杨二立(6月任)
刘卫光(6月任)

政法委(综治委办公室)

书 记 姚待献
常务副书记 王建平
副书记 付为民 王顺生 曹建华
孙桂林 牛扶劳(6月任)
高春祥(10月任)

政研室

主 任 王建肃
副主任 李赤先 张海亮
吴祖明(博士,7月离任)
汤清典 李志刚(6月任)

市委派出机构

市直属机关工委

书 记 李建民
常务副书记 张金城(10月任)
副书记 钟 明(10月免)
王合生(10月任)
陈官信 李云祥
委 员 姚贵垠 丁春波
王 东(10月任)

部门管理机构

老干部局

局 长 李世英
常务副局长 周世英
副局长 程少华 蔡宗泽
王清芬(女,6月免)
廖周培(7月任)

保密委办公室(国家保密局)

主 任(局长) 郑冠勤(6月免)
黄忠田(6月任)
副主任(副局长) 李伟静(女)
尹宏府(10月任)

市委直属事业单位

党校(行政学院)

校长(院长) 祁金立(兼)
书记、常务副校长(副院长)
马公秀(10月任)
副书记 张胜利(9月免)
副校长(副院长) 赵建春(女)
李立科

李国成(7月免)
肖　玲(女)
丁淑杰
许锦云(女)
教育长　肖　玲(女,兼)

郑州日报社

书记、社长　张晓圻(兼)
晚报总编辑、副书记、副社长　王大顺
副书记、日报总编辑　郑　菡(女)
副社长　李由生　李洪太　黄红雨
王庆亮(10月任)
副总编辑　王家坤　聂　震
杨玉玺(10月任)
张利民(10月任)
王　伟(10月任)

市委办公厅领导的事业单位

档案局

局　长　刘耀新(5月免)
张义德(5月任)
副局长　刘运甫　李雪林
李淑兰(女,4月任)
李国红(挂职,7月离任)

党史研究室

主　任　徐连山
副主任　王保庆　王宗民

中共郑州市纪检委

书　记　马　懿
副书记　张发亮(3月免)
王保明(3月免)
陈军安(3月免)
雷　志(3月任)
楚保国(3月任)
李国辉(女,3月任)
常　委　李喜安(3月免)
李亚忠(3月免)
安　波　李树生(3月任)
高希浩(3月任)
白二增(3月任)
赵国锋(3月任)

(王韦宏)

郑州市十二届人民代表大会

市人大常委会

主　任　郝建生
副主任　李保山　主永道　王福成
刘春年　王　平(女)
栗培青(女)　魏深义
尚有勇
秘书长　赵　英(女)
副秘书长　柴清玉　余　健
委　员　丁爱兰(女)　马伏龙
王中朝　王东升　王旭彤
王志昂　王建亭　王新义
司久贵　邢桂清　刘一来
刘全心　刘国喜　刘桉银
李元法　李文忠
何秋玲(女)　沈世鹏
宋土旺　宋丰年
张桂兰(女)　张淑芬(女)
邵富根　林功顺
虎美玲(女,回族)　岳德常
郭小军　常继红(女)
阎育明(女)　楚保国
甄新阳(女)

市人大法制委员会

主任委员　邢桂清
副主任委员　王新义　司久贵
委　员　王莲峰(女)　王桂堂
岳德常　赵春彩(女)

市人大常委会工作部门

办公厅

主　任　余　健(兼,4月任)
副主任　陈少敏(6月任)
谢四海(10月任)
吴运浦(10月任)
张　辉(10月任)

内务司法工作委员会

主　任　郭小军(4月任)
副主任　王保仁(10月任)

经济工作委员会

主　任　阎育明(女,4月任)
副主任　单根才(10月任)
霍　阳(8月任)

教育科学文化卫生工作委员会

主　任　甄新阳(女,4月任)
副主任　杨仁甫(6月任)

城乡建设环境保护工作委员会

主　任　宋土旺(4月任)
副主任　曹进元(10月任)

农村工作委员会

主　任　张淑芬(女,4月任)
副主任　张胜利(10月任)
刘　华(女,10月任)

选举任免代表联络工作委员会

主　任　丁爱兰(女,4月任)
副主任　张国强(10月任)

民族侨务外事工作委员会

主　任　马伏龙(4月任)
副主任　陈桂兰(女,10月任)

预算工作委员会

主　任　刘国喜(4月任)

研究室

主　任　岳德常(4月任)
副主任　寇　仲(10月任)

法制室

主　任　司久贵(4月任)
副主任　张江涛(10月任)

信访室

主　任　刘桉银(4月任)
副主任　张文随(10月任)

(柴清玉　吴运浦　李永祥　牛志熳)

郑州市人民政府

市　长　王文超
常务副市长　李柳身
副市长　孙新雷　龚立群　丁世显
　　王福成(4月免)
　　胡　荃　王林贺
　　高建慧(女,2月任)
　　王庆海(2月任)
市长助理　刘本昕(3月任)
　　牛西岭(3月任)
秘书长　刘本昕(3月免)
　　陈西川(5月任)
副秘书长　冯万福　王庆堂(5月任)
　　李宪召　马培中(7月免)
　　陈书栋(5月免)　宋柏松
　　贺广勋　张义德(5月免)
　　许福亮　吴福民
　　吴晓君(女,1月任)
　　秦晓辉(3月任)
　　范　强(5月任)
　　姜现钊(5月任)
　　石迎军(6月任)
办公厅主任　刘本昕(3月免)
　　陈西川(5月任)

市政府组成部门

发展和改革委员会

主　任　牛西岭(5月免)
　　王广灿(5月任)
副主任　王少春　程筱平(女)
　　孙　兵　陈　新
　　江世银(博士,未到任)
　　李素坤(女)　于　雷

建设委员会

主　任　魏深义(5月免)
　　刘本昕(5月任)
副主任　郭庆宽　梁惠予(5月任)
　　戴用堆(6月免)
　　刘景义　何平均　朱建国
　　姜　海(6月任)
　　董丽萍(女,挂职,7月离任)
　　贺国富(6月任)冯德平
　　杨双灿(10月任)
　　侯保卫(6月任)
　　潘开名(7月任)

经济委员会

主　任　张文田
副主任　傅文灿　底世德
　　李中正(6月免)　路秀文
　　胡耀林　何　青　吴　峰
　　刘有群(10月任)

教育局

局　长　司福亭
常务副局长　王宵鹏(女,6月任)
副局长　魏诗文(10月免)
　　邓庆洲(5月免)
　　高振岐(7月免)
　　刘鹏利　郭金汉　王海云
　　葛　飞　田保华(6月任)
　　崔秀兰(女,6月任)

科学技术局

局　长　王济昌
常务副局长　蔡建生(7月任)
副局长　郑桂林　李　锋
　　王晓琍(女)
　　李　勇(挂职,7月离任)
　　赵学庆　乔英奎

公安局

局　长　李民庆(7月免)
　　姚待献(兼,7月任)
常务副局长　王恒禄
副局长　刘　凯(12月免)　王胜利
　　武伟邦　关福昌　张战军
　　黄保卫　杨玉章
　　钟志才(挂职)　刘一凡
　　刘玉华(12月任)
　　张书军(12月任)

监察局

局　长　张发亮(3月免)
　　雷　志(5月任)
副局长　楚保国(3月免)
　　李国辉(女,3月免)
　　李亚忠(3月免)
　　安　波(6月任)
　　白二增(6月任)
　　王传美(10月任)

民政局

局　长　苏俊魁
副局长　张继宏　李春雁(女)
　　牛育英(女)　张同亮
　　刘玉华(女)　杨抗军

审计局

局　长　李连渠
常务副局长　孙铁成
副局长　刘安杰(6月任)
　　徐　平(女)
　　朱合顺(6月免)　金振亚
　　王学荣　马志峰(7月任)

司法局

局　长　王瑞新
副局长　徐星原　赵然华　周海林
　　钱跟上　朱专兴
　　牛扶劳(6月免)
　　席现军(6月任)

财政局

局　长　赵　健
副局长　李忠仁
　　王　平(女,4月免)
　　王作勤　李大会(5月免)
　　庞任平

交通局

局　长　党普选
副局长　张桂花(女)
　　李明光(6月任)
　　赵亚峰(6月任)
　　王水洲(7月免)
　　邓建平(5月免)
　　周　晨(女)
　　任　灿　宋保谦

城市规划局

局　长　张保科
副局长　逯　军　张　伟　王　鹏
　　周定友

环境保护局

局　长　程有良(12月免)
　　　　刘炳辰(12月任)
副局长　郑福有　马东海
　　　　张水兰(女,5月免)
　　　　刘喜荣(6月任)
　　　　任旭梅(挂职,7月离任)
　　　　朱嵩山　杨照建
　　　　刘建武(7月任)

农业局

局　长　王瑞桐(5月免)
　　　　陈书栋(5月任)
常务副局长　杨虎臣(5月任)
副局长　柳根轶　孙永献　李新有
　　　　王寒潮　郝光兴(6月免)
　　　　董　锐(6月任)
　　　　尚爱军(7月任)

水利局

局　长　王怀韧
常务副局长　刘西辰
副局长　岳振杰(6月任)　孙元贵
　　　　刘汉亭
　　　　高传昌(挂职,7月离任)
　　　　李留宪　赵佩章　吴耀田
　　　　岳璐璐(7月任)

林业局

局　长　王新义(5月免)
　　　　史广敏(5月任)
常务副局长　袁三军(6月任)
副局长　路拴法　祖学亭
　　　　姚喜民(4月免)　楚万青
　　　　冯长有　李河海(6月任)
　　　　朱选伟(7月任)

文化局

局　长　齐岸青
副局长　张　胜　李秀山　刘宝合
　　　　任　伟

卫生局

局　长　林则田(5月免)
　　　　陈德宇(女,5月任)
副局长　顾建钦　田　涛(5月免)
　　　　李英杰(女)　王万鹏
　　　　马振萍(女,10月任)
　　　　吴予红(女)　封银曼

人事局
(市编委办公室)

局　长　何建生
副局长　刘清华(女)
　　　　姚芸来(5月任)
　　　　郭　强　温润琴(女)
　　　　杨松峰(6月任)
　　　　王连伟(6月任)
编办主任(副局长)　张海震(5月免)
　　　　　　　　　姚芸来(5月任)
编办副主任　王学军　赵景春

劳动和社会保障局

局　长　李元法(5月免)
　　　　王保明(5月任)
副局长　张延明　刘连杰
　　　　崔峤梅(女)
　　　　秦晓辉(3月免)
　　　　李同山(7月免)
　　　　贾宏刚　毛景福(6月任)
　　　　王清芬(女,6月任)
　　　　姜渊胜(7月任)

人口与计划生育委员会

主　任　杨仁甫(5月免)
　　　　李淑荣(女,5月任)
常务副主任　赵福军(6月任)
副主任　刘喜荣(女,6月免)
　　　　杨长松　高春菊(女)
　　　　赵宏伟　毛松旺(10月任)
　　　　马守红　李红乐

商务局(招商局)

局　长　王广灿(5月免)
　　　　岳增浦(5月任)
常务副局长　阎铁成
副局长　邢新甫(6月免)
　　　　顾建广　周松安　王卫平
　　　　赵国强(6月任)
招商局副局长　周金中
　　　　　　　张灵芝(女,6月任)
　　　　　　　李宪德　潘　冰
　　　　　　　陈　彦
　　　　　　　陶军锋(挂职,未到任)

统计局

局　长　姚芸来(5月免)
　　　　李德耀(5月任)
副局长　张向明　张福清
　　　　闻有虎(博士,12月离任)

城市管理行政执法局

局　长　周春辉
副局长　李亚忠(3月任)
　　　　周本用(3月免)　常建民
　　　　牛彦民　张新兴
　　　　陈百川(4月任)
　　　　叶光林(女,7月任)
　　　　张醒民(10月任)

民族事务委员会

主　任　杨二立
副主任　袁留增(10月免)
　　　　丁四方　王玉峰(10月任)
　　　　刘佩伦(10月任)

国土资源局

局　长　马耀杰
副局长　王　军　杨路任　王左军
　　　　李秀珍(女)　刘玉凤(女)
　　　　徐铭杰　常红军
　　　　杨庆华　吕安民
　　　　王东方(6月任)

市政管理局(园林局)

局　长　刘克顺(5月免)
　　　　吴文法(5月任)
副局长　邢建新(6月任)
　　　　许抗美(女,5月免)
　　　　刘光访(6月任)
　　　　王锡政(6月任)
　　　　蒋　超(6月任)
　　　　张运通　赖郑华　曹培林
　　　　刘武军　陈　刚(6月任)
园林局局长　邢建新
副局长　罗信义(6月任)
　　　　李俊杰(6月任)

房地产管理局

局　长　范广军
常务副局长　惠　军(6月任)
副局长　王长兴　李武建(6月任)

孙建生(6月免)
李全云(女) 梁裕民
李葆华 金建新

市政府直属机构

国有资产管理委员会(5月成立)

主 任 李柳身
常务副主任 李大会(5月任)
副主任 郑全良(6月任)
李中正(6月任)
黄名坤(6月任)
赵顺舟(6月任)
史占勇(6月任)
王 皓(7月任)

外事办公室

主 任 张正平
副主任 杜雪萍(女) 韩鹏昱

侨务办公室

主 任 邵国政(5月免)
张水兰(女,5月任)
副主任 孟志杰 李刚毅 刘培林

粮食局

局 长 陈海瑞
副局长 王有祥 于思忠 郑伟业
高新喜 葛巧红 陈复生

信访局

局 长 刘金柱(兼)
副局长 赵兴斌 张文科 李 亚
魏诗昌 李建国
李应旺(10月任)

物价局

局 长 张建国(3月免)
陈军安(3月任)
副局长 王和平 姜 艳(女)
王文强 张金华(女)
袁世臣(6月免) 贺明理
董海军(6月任)
程国平(7月任)

新闻出版局

局 长 马海乾
副局长 李 甦 许凤鸣
董 娣(女) 张晓明

体育局

局 长 刘 东(女)
副局长 李庆山 李伟建
井喜亮 陈来安(10月任)

旅游局

局 长 范 强(5月免)
岳俊华(女,5月任)
副局长 贺炳岱(5月免)
廖民生(未到任)
刘盘光(5月任) 周学增
吴建中 刘荣增
何宏波(6月任)

法制局

局 长 王庆堂 (兼)
副局长 张炎勋 张东安 李文德
郭旭新(10月免)

安全生产监督管理局

局 长 郑金泉
常务副局长 王玉枝
副局长 李喜安 李 敏 李明生
周 静(10月免)
潘建华(6月任)
王彦华(7月任)
朱永红(10月任)

台湾事务办公室

主 任 郭改善
副主任 王留钦 李秀文

广播电视局

局 长 张国胜(5月免)
冯留卷(5月任)
副局长 丁国宇 郭修德 于运强
李福根 宋庆方
舒安娜(女,6月任)
吴安德(7月任)
宋庆海(10月任)

(王韦宏)

省市双重管理机构

工商行政管理局

局 长 赵中祥
副局长 潘公社 王锡建 吴凤军

质量技术监督局

局 长 武长江(11月免)
刘建峰(11月任)
副局长 王俊英(女,8月免)
李长海(11月任)
李建华(10月免)
楚宏斌(11月任)
张新才(11月任)
丁太春(11月免)
毛 选

烟草专卖局(分公司)

局 长(经 理) 王志富(2月离)
徐鸿飞(2月任)
副局长(副经理) 蒋贺清 寇建平

邮政局

局 长 徐茂君
副局长 倪家庄 王彩虹
谢卫星(2月任)
解克建(12月任)
李文亮(12月任)

国家税务局

局 长 李廷廷(4月免)
李和圈(4月任)
副局长 陈传科 刘 召(4月免)
周新敏(4月免)
樊秋宝(10月免) 许新枝
常 磊(4月任)
总经济师 周明山(4月免)
李天义(4月任)
总会计师 王永钦(4月任)

地方税务局

局 长 楚新民
副局长 王 钢 周全德 孙雪群
总会计师 李顺利
总经济师 吴洲成
总会计师 张 锐

电业局

局　长　付迎拴

副局长　郝立人　彭家立(12月免)
李海星　牛建中　刘树德
魏澄宙(女,兼总会计师,3月任)
卢大伟(4月任)

(秦纯一　范鹏飞)

市政府直属事业单位

地震局

局　长　张抗美

副局长　赵景尧　高　峰
杨忠英(挂职)

接待办公室

主　任　袁巧珠(女)

副主任　陈少敏(6月免)　赵荣光
范建勋

仲裁委员会

主　任　张书铭

副主任　董福来　禹殿卿

地产集团

总经理　李俊宇

副总经理　郭　枋(女)　索　虎

中小企业局

局　长　宋加利

副局长　郜献民　张建洲　宋旭光
侯国强　袁留增(10月任)
李聚云(10月任)

地方史志办公室

主　任　经书威

副主任　梁豫生　陈明皞

市场发展局

局　长　杜金满

副局长　朱　庆　田跃平
唐文革　李学文

经济联络办公室

主　任　贾庆贤

副主任　陈新生

建设投资总公司

总经理　陈　新

副总经理　周尚志　秦广远
沈建焜　马建军

供销合作社

主　任　岳增浦(4月免)
韩绍林(5月任)

常务副主任　郭　良

副主任　郑观敏
许晓常(10月免)
高　杰　贾耀刚(10月任)

市直机关事务管理局

局　长　常绪东

副局长　王　刚　高云芳　部金瑞
李天喜　姚希岗
常　利(7月任)

住房公积金管理中心

主　任　丁二勇

副主任　朱蜀辽　薛佩玲(女)

煤炭管理局(7月成立)

局　长　丁三友

副局长　张信磊　秦文理　王少宗

(王韦宏)

议事协调机构的办事机构

人民防空办公室

主　任　赵烈江

副主任　杨殿孝　于　明
刘有群(10月免)　徐巨钊
袁世臣(6月任)
许晓常(10月任)

农业综合开发领导小组(扶贫开发领导小组)办公室

主　任　史广敏(5月免)
周可义(5月任)

副主任　张建玉(女)　周　铭
王　黎　常　青　郑深怀
张海明(7月任)

爱国卫生运动委员会办公室

主　任　余　建(5月免)
许抗美(5月任)

常务副主任　肖国平

副主任　司同义　许傅华　安克新
白雪玲(女,10月任)
李凤芝(女,10月任)

(王韦宏)

市政府派出机构

郑东新区管委会

主　任　王庆海(兼)

副主任　牛西岭(兼)

常务副主任　戴用堆

副主任　王广国　马锁文　胡文杰
陈　哲　张子亮

主任助理　高京燕　苏西刚

郑州高新技术产业开发区管委会

主　任　李建民

副主任　耿光平　贺炳岱　中松智
孟庆平　廖义芝(女)
时连渠　周军营

郑州经济技术开发区管委会

主　任　林建刚

副主任　李东明　李殿卿　张胜利
时云辉　赵长根　黄　楠
向　昀　张士成

郑州出口加工区管委会

主　任　李殿卿(兼)

副主任　师淑君　任永桥　张保成

郑州矿区管委会

主　任　朱希孟

副主任　桑国强

郑州火车站地区管委会

主　任　曲盘根

副主任　郝国军　李国献　冯现朝
韩道俊　张建锋

(袁葆林)

市政府驻外办事机构

驻北京联络处

主　任　张管城
副主任　张党权　常宏瑞

驻广州办事处

主　任　张春喜
副主任　田柱东　刘　刚

驻深圳办事处

主　任　张信生
副主任　王忠文

驻海口办事处

主　任　王铁桩
副主任　胡雪红　巴剑中

驻上海联络处

主　任　王　强

（袁　杰）

政协郑州市第十一届委员会

主　席　杨惠琴（女）
党组书记　祖松臣
副主席　武国瑞　田　涛　薛定海
李西海　岳喜忠
王　薇（女）　张万一
朱专兴
舒安娜（女，土家族）
邓庆洲
秘书长　孙景国
副秘书长　徐惠俐（女）　刘桂英（女）
赵联邦　李新有
常务委员（共74人，按姓氏笔划排序）
王　健　王　锋　王水龙
王志民　王杰民　王明德
王春林　王源海　牛河钧
牛培玲（女）　毛鸿雁（女）
史根周　付为民
白雪玲（女）　印　龙
冯万福　师建军　朱润生
刘　东（女）　刘桂英（女）
汤　燕（女）　买忠祥（回族）
纪东平（女）　孙　黎（女）
李　群　李发臣　李国庆
李国辉（女）　李海波
李海铁　李留宪　李新有
李蝴蝶（女）　杨士海
杨金军　杨惠岭（女）
杨震武　吴予红（女）
吴爱芬（女）　沈开举
张松正　张爱民
武明霞（女）　虎云峰（回族）
周长松　周晓光（女）
周雅洲　郑高飞　赵克罗
赵学庆　赵联邦
荆　超（女）　钟　波
姚旭初　姚喜民　聂　震
钱振良　铁平菊（女，回族）
徐惠俐（女）　翁慈海
高静慧（女）　郭春先（女）
唐　海　曹元增　曹冬冰
曹江淮　崔　平（女）
康玛水　阎书刚
葛　飞　葛合元
董桂香（女）　曾　平
雷从芳　廖义芝（女）

市政协工作机构

办公厅

主　任　徐惠俐（女，兼）
副主任　王松涛　谭　哲

提案委员会

主　任　崔　平（女）
副主任　郭　竞　杨震武（兼）
冯万福（兼）　印　龙（兼）
邢建新（兼）

经济城建委员会

主　任　师建军
副主任　李君瑞（女）　李国庆（兼）
王源海（兼）　王汴征（兼）
付文灿（兼）　郭庆宽（兼）

农业委员会

主　任　姚喜民
副主任　鹿社先　柳根铁（兼）
李留宪（兼）　史广敏（兼）
张建玉（女，兼）

人口资源环境委员会

主　任　吴爱芬（女）
副主任　杨国怀　赵福军（兼）
赵建春（女，兼）
杨照建（兼）　吕安民（兼）

教科文卫体委员会

主　任　史根周
副主任　朱岩冰　刘　东（女，兼）
赵学庆（兼）　葛　飞（兼）
吴予红（女，兼）
丁春萍（女，兼）

社会和法制委员会

主　任　周雅洲
副主任　张西安　付为民（兼）
王衡录（兼）　杨金军（兼）
崔峤梅（女，兼）
白雪玲（女，兼）

民族和宗教委员会

主　任　朱润生
副主任　黄　静（女）　马　龙（兼）
阎书刚（兼）　杨二立（兼）
铁平菊（女，兼）

文史资料委员会

主　任　汤　燕（女）
副主任　孙春杰　任　伟（兼）
董桂香（女，兼）
曹法武（兼）　王海云（女，兼）

港澳台侨和外事委员会

主　任　周晓光（女）
副主任　聂永红（女）　郭改善（兼）
李刚毅（兼）
杜雪萍（女，兼）
奚　亮（女，兼）

（李丽华　丁明星　刘艳秋）

民主党派与工商联

民革郑州市第十一届委员会

名誉主委　张世诚
主任委员　张万一
副主任委员　林功顺　刘　东

张自福　牛培玲(女)
秘书长　牛培玲(女,兼)

民盟郑州市第十届委员会

主任委员　朱专兴
副主任委员　翁慈海　王志昂
白金尧　李蝴蝶(女)
秘书长　王志昂(兼)

民建郑州市第十二届委员会

主任委员　薛定海
副主任委员　何秋玲(女)　张爱民
朱润生　王明德
秘书长　何秋玲(女,兼)

民进郑州市第二届委员会

主任委员　邓庆洲
副主任委员　阎德政　陈汉生
姚旭初　钱振良
王中朝
秘书长　蔡爱芬(女)

农工党郑州市第四届委员会

主任委员　田　涛
副主任委员　荆　超(女)　云　平
李新有(兼)　沈世鹏
秘书长　荆　超(女,兼)

九三学社郑州市第三届委员会

主任委员　舒安娜(女)
副主任委员　刘一来　王水龙
郑高飞
秘书长　刘一来(兼)

(黄改玲　赵　鑫)

工商联郑州市委员会 第十五届执委会

会　长　王　平(女)
党组书记　李祥钟
副会长　李海铁　古国生
郭留章(6月任)　铁宗庆
侯松平　白玉民　韩国森
张春旺　王凤山　李　伟
陈泽民　蒋继明　薛景霞
高建设　郭荣中
秘书长　李清四

(李　翔)

郑州市中级人民法院

院　长　刘春年(4月免)
贾记鑫(4月任)
副院长　李文卿　江金贵(2月免)
付和平　张中强　邢森林
刘　圈　杨士海

(卢新合)

郑州市人民检察院

检察长　李自民
副检察长　谢红星　王天迎(5月免)
刘和平　侯耀生
孙全友(4月任)
尚青霞(4月任)　王志民
张建红(挂职)

(李慧织)

郑州市群众团体组织

总工会

主　席　栗培青(女,2月免)
李元法(2月任)
常务副主席　曹庆元(10月免)
印　龙(10月任)
副主席　姚乃民　陈观壤　顿纪伟
侯振家(10月任)
李建霞(女,10月任)

共青团郑州市委员会

书　记　常继红(女)
副书记　张延廷(女)　杨金军
李　峰　周　锋(挂职)

妇女联合会

主　席　张桂兰(女)
副主席　王合生(女,10月免)
白雪玲(女,10月免)
李建云(女)　于素云(女)
周　静(女,10月任)
薛宝霞(女,10月任)

科学技术协会

主　席　曹法武
副主席　王莲凤(女,7月免)
冯先周　王　新
马国明(10月任)
杜设亮(6月任)

文学艺术界联合会

主　席　彭长胜
副主席　钟海涛　李兴武(3月免)
杨晓敏
姜　阳(女,6月任)
朱耀辉(7月任)

社会科学界联合会

主　席　马成高
副主席　宫银峰(6月任)　李文明
李建伟(6月免)
窦志力(6月任)
庞茂金(10月任)

归国华侨联合会

主　席　沈丕黎(女)
副主席　赵思群
宋宝华(女,6月任)

残疾人联合会

理事长　杨惠春
副理事长　周茂全　耿宏旭

红十字会

会　长　王万鹏
副会长　董彦臣

(王韦宏)

驻郑部属及省属单位

交通通讯机构

郑州铁路分局

局　长　贡海利
副局长　李克勤　纪登阶　陈有祥
刘　秘　刘宝贵(已调离)
叶克寒　李　亮(已调离)
陆彦彬　王衷玉

中国网通(集团)有限公司郑州市分公司(原河南省通信公司郑州市分公司)

总经理　张国贤
副总经理　柳江灿　杨继锋　王　兵
　　杨宇燕　陈建敏

金融机构

中国人民银行郑州中心支行

行　长　杨子强(5月免)
　　计承江(5月任)
副行长　崔新民(9月免)
　　原　敬(9月免)
　　杜迎伟　石金祥(9月免)
　　庞贞燕(女)
　　毛德君(9月任)

中国工商银行河南省分行营业部

总经理　马　迁(7月免)
常务副总经理　李立志(7月主持工作)
副总经理　王振权(7月免)
　　张弘娜(女)
　　姜　林　刘　刚　薛文才
　　王　毅(8月免)
　　夏宗福(8月任)
　　李照明(7月任)
总工程师　岳华峰

中国农业银行河南省分行郑州营业部

总经理　郭　斌
副总经理　王桂珍(女)
　　崔喜成(11月免)
　　宋　耘(10月免)
　　杨　帆(12月任)
　　吴晓萍(9月任)

交通银行郑州分行

行　长　靳继同
副行长　王　锋(5月免)
　　李爱琴(女)　关兴社
　　王景洲

保险机构

中国人寿保险股份有限公司郑州市分公司

总经理　刘　严
副总经理　李金长(6月免)　赵天增
　　刘子德(8月免)

中国太平洋财产保险股份有限公司河南分公司(原中国太平洋财产保险股份有限公司郑州分公司)

总经理　陈文康
副总经理　陈建明　刘增强
　　郁宝玉　张向伟

中国太平洋人寿保险股份有限公司河南分公司(原中国太平洋人寿保险股份有限公司郑州分公司)

总经理　张宏良(11月免)
　　白小明(11月任)
副总经理　丰慧琴(女)　徐　静(女)

其他单位

郑州市黄河河务局

局　长　王金虎(4月调离)
　　边　鹏(4月任)
副局长　董小五　王庆伟(2月任)
　　马水庆　李老虎
　　崔景霞(女)
　　张献春(4月任)

郑州市商业银行(市属)

董事长　刘花果(女)
行　长　焦金荣
监事长　李敬萍(女)
副董事长　张荣顺
副行长　王天宇　李文斌
　　范大路　李建平

(秦纯一　范鹏飞)

中国人民解放军郑州警备区

司令员　李文忠(大校)
政治委员　葛合元(大校,11月免)
　　饶金有(大校,11月任)
副司令员　许书欣(大校)
　　王福学(大校)
　　王金宇(大校,6月任)
副司令员兼参谋长　李建华(大校)
副政委　孟庆林(大校,6月免)
　　黄建德(大校,6月任)
副政委兼政治部主任　董颖生(大校)
后勤部长　刘长富(上校)

(李军安)

中国人民武装警察部队郑州市支队

支队长　翟廷林(上校)
第一政治委员　李民庆(12月免)
　　姚待献(12月任)
政治委员　闫卫平(上校)
副支队长　张松安(中校)
　　陈　波(中校)
　　张培杰(少校,1月任)
副政治委员　张　军(中校)
参　谋　长　乔　玮(中校)
政治处主任　杨　威(中校)
后勤处处长　张军民(正营,少校)

(杨　威　杨学臣　谢正方)

经济社会发展

【经济总量及结构】 2004年,全市国内生产总值达到1375亿元,比上年增长15.5%。其中第一产业增加值61亿元,增长5.7%;第二产业增加值738亿元,增长18.5%;第三产业增加值576亿元,增长14%。三次产业结构由上年的4.5∶51.9∶43.6变化为4.4∶53.7∶41.9。人均生产总值突破2000美元,达到2350美元。非公有制经济蓬勃发展,完成增加值687亿元，增长25%；在经济总量中的份额达50%，比上年提高4.4个百分点。城市化进程进一步加快，年末全市城镇化水平达到58.0%，比上年提高1个百分点。

【劳动就业状况】 2004年末，全市从业人员398.9万人，比上年增长2.6%。第一产业从业人员131.7万人，下降2.1%；第二产业从业人员123.3万人，下降2.7%；第三产业从业人员143.9万人，增长12.7%；三次产业从业结构比例为33.0∶30.9∶36.1。全市城镇人员实现就业再就业12.3万人，比上年增长44.8%；农村劳动力实现转移就业13.2万人。年末下岗失业人员5.8万人，增长25.9%；国有企业下岗职工1.5万人，比上年下降24.4%。年末城镇登记失业率3%。

【农业及农村经济】 2004年，全市耕地面积296.0千公顷，水资源总量11.8亿立方米，全年平均降水量741.2毫米。全市农林牧渔业完成增加值61亿元，比上年增长5.7%。全年粮食总产量148.3万吨，增长3.2%。其中夏粮总产量71.5万吨，下降4.4%；秋粮总产量76.8万吨，增长11.5%。全年棉花总产量0.7万吨，增长4.8%；油料总产量16.9万吨，增长0.1%；水果产量21.7万吨，增长11.2%；蔬菜总产量252.4万吨，增长6.8%

全市农作物播种面积513.6千公顷，比上年下降1.8%；其中粮食作物种植面积352.1千公顷，比上年下降3.2%，优质专用小麦种植面积64千公顷，增长1.5%；经济作物种植面积162.1千公顷，增长1.5%；其中棉花种植面积7.2千公顷，增长17%；油料种植面积58.5千公顷，增长0.4%；蔬菜种植面积77.6千公顷，增长2.2%。粮经比由上年的69.5∶30.5调整为68.5∶31.5。

全市肉类总产量24.9万吨，比上年增长11.4%，其中猪牛羊肉总产量24.2万吨，增长11.0%；禽蛋产量17.8万吨，增长9.2%。奶类总产量15.4万吨，增长26.3%，其中牛奶产量12.1万吨，增长37.4%。水产品产量6.7万吨，增长9.4%。

全市完成造林面积10.1千公顷，其中退耕还林5.3千公顷；防沙治沙等护林工程完成5千公顷，经济林造林完成2.1千公顷；共完成通道绿化620公里；四旁植树1046万株。全年新增农田有效灌溉面积4.3千公顷；新增节水灌溉面积6.1千公顷。年末全市农业机械总动力为411.1万千瓦，比上年末增长1.6%；农用拖拉机11万台，增长1.1%；农用运输车10.9万辆，增长2.3%；化肥施用量（折纯）21.5万吨，增长3.2%。全年农村用电量32.5亿千瓦时，比上年增长0.9%。

【工业和建筑业】 2004年，全市全部工业完成增加值591.6亿元，比上年增长19.4%，其中规模以上工业企业（全部国有工业企业和年产品销售收入500万元及以上的非国有工业企业，下同）增加值402.7亿元，增长23.7%。在规模以上工业企业中，国有及国有控股企业增加值122.9亿元，增长13.3%。分经济类型看，国有企业增加值72.5亿元，增长12.6%；集体企业增加值61.1亿元，增长25.1%；股份制企业增加值178亿元，增长24.1%；外商及港澳台商投资企业增加值39.2亿元，增长18.4%；私营及其他经济类型企业增加值41.7亿元，增长28.3%。分轻重工业看，轻工业增加值90亿元，增长14%；重工业增加值312.7亿元，增长24.5%。工业产品销售率为97.8%，比上年下降0.2个百分点。

全市建材工业完成增加值70.5亿元，比上年增长40.7%；煤炭工业完成增加值51.0亿元，增长17.4%；铝工业完成增加值49.4亿元，增长21.4%；食品工业完成增加值47亿元，增长17.3%；电力工业完成增加值31.3亿元，增长16.3%；汽车工业完成增加值22.9亿元，增长8.3%。以上六大行业共完成增加值272亿元，占规模以上工业增加值的比重为67.5%，比上年提高1.3个百分点。从产品看，全年原煤产量4095.6万吨，比上年增长13.8%；发电量159.8亿千瓦时，增长25.1%；钢材103.8万吨，增长31.0%；铝42.2万吨，增长12.9%；水泥1277万吨，增长16.3%。

全市非公有制工业完成增加值164.2亿元，比上年增长27.4%；高技术产业增加值12.8亿元，增长50.2%。

全市规模以上工业企业经济效益综合指数达160%，比上年提高16.5个百分点，创历史最高水平。实现产品销售收入1189.6亿元，比上年增长35%；实现利税142.5亿元，增长31.5%；实现利润74.5亿元，增长38.7%；其中国有及国有控股企业实现利润30.8亿元，增长69.5%。企业全员劳动生产率77100元/人，增长27%；流动资产周转速度2.19次/年，比上年加快0.32次/年；工业亏损企业亏损额6.9亿元，比上年减少5.0%，其中国有及国有控股企业为2.5亿元，减少47.7%。

全市建筑业完成增加值146.4亿元，比上年增长15.1%；具有建筑业资质的独立核算建筑业企业共完成建安工作量198.9亿元，增长43.7%；施工单位工程个数7423个，其中投标承包工程5491个，增长19.2%，投标承包工程占全部施工工程个数的74%。

【固定资产投资】 2004年，全市全社会固定资产投资完成650.3亿元，比上年增长30%；其中城镇固定资产投资完成485.4亿元，增长33.2%；农村固定资产投资完成151.9亿元，增长19.6%。在城镇固定资产投资中，国有及国有控股单位完成投资243.7亿元，比上年增长18.5%；民间投资完成188.5亿元，增长79.7%。房地产开发完成投资121.8亿元，增长55%。按产业划分，第一产业投资完成12.8亿元，比上年下降28.5%；第二产业投资完成211.2亿元，比上年增长32.9%；第三产业投资完成426.3亿元，增长31.8%。工业投资明显快于其他产业。城镇投资中，工业投资完成136亿元，增长32.5%。其中煤炭投资增长552%，化工投资增长186%，纺织投资增长52.1%。

全市固定资产新开工项目780个，比上年增长29.3%。项目建成投产率49.7%。新增固定资产346.8亿元，比上年增长24.2%，固定资产交付使用率53.3%。全市166项重点工程共完成投资191.1亿元，比上年增长23.4%。其中郑州出口加工区标准厂房、华润集团2×30万千瓦机组、107国道辅道等项目建成投入使用；郑煤白坪矿井、豫密药业中药项目、登电2×21万千瓦机组、正大世纪城市广场等项目按计划推进；中原铝业铝板带箔一期、宇通汽车零部件工业园等项目开工建设。

【国内贸易与对外经济】 2004年，全市社会消费品零售总额558.7亿元，比上年增长16.4%。分城乡看，城市消费品零售额387.5亿元，增长17.0%；县及县以下消费品零售额171.2亿元，增长15.1%。分行业看，批零贸易业零售额459.9亿元，增长13.6%；餐饮业零售额80.2亿元，增长38.5%；其它零售行业零售额18.6亿元，增长8.6%。大型零售商业企业积极调整经营结构，采取多种措施提高市场营销能力。十大零售商场在“春节”黄金周实现零售额2.1亿元，同比增长28.1%；在“五一”黄金周实现零售额1.1亿元，同比增长1.6倍。

年末，全市共有批零贸易餐饮业网点16万个，其中批零贸易餐饮企业10340个，比上年增长15.2%。商品交易市场359个，其中综合市场198个，专业市场149个，其它市场12个。批零贸易企业商品销售总额848.5亿元，增长29.6%；商品交易市场销售总额465.8亿元，增长40.3%。中环百货、天津家世界等国内外知名零售企业入住郑州；香江、澳柯玛等物流园区建设顺利；成功举办世界首届传统武术节和第十届全国商品交易会，会展经济市场化运作步伐加快。

2004年，全市直接进出口总额17.2亿美元，比上年增长21.7%。其中进口6.4亿美元，增长18.3%；出口10.8亿美元，增长23.8%。全年新批外资企业116个，比上年增加18个，增长18.4%；合同外资额6.5亿美元，增长34.3%；实际利用外商直接投资2.8亿美元，增长80.1%。全年承包工程、劳务合作和设计咨询业务完成营业额0.6亿美元，比上年增长60.1%。对外劳务输出7925人次。

【交通、邮电和旅游】 2004年，全市交通、邮电通讯业完成增加值148.8亿元，比上年增长25.1%。交通运输业各种运输方式完成货运周转量270.7亿吨公里，比上年增长7.4%，其中铁路177.9亿吨公里，增长6.3%；公路92.6亿吨公里，增长9.6%；航空0.2亿吨公里，增长38.2%。完成客运周转量165.9亿人公里，增长18.6%，其中铁路74.3亿人公里，增长25.7%；公路78.9亿人公里，增长9.7%；航空12.6亿人公里，增长43.6%。

全市完成邮电业务总量81.8亿元（按2000年不变价计算），比上年增长44.4%，其中邮政业务总量4.7亿元，增长5.0%；电信业务总量77.1亿元，增长47.7%。移动电话用户年末达到287.8万户，新增用户61.4万户，增长27.1%；固定电话用户年末达到206.7万户，全年新增2.1万户，增长1.0%。年末电话交换机总容量369万门，增长37.7%。电话普及率达到70部/百人。计算机互联网络用户45.2万户，增长14.7%。

来郑州市观光、旅游以及从事各项交流活动的境外人员17.4万人次，比上年增长81.3%。其中港澳台同胞7万人次，外国游客10.4万人次。旅游外汇收入5570万美元，增长92.1%。全年接待国内旅游者达1370万人次，比上年增长36%；国内旅游收入134亿元，增长30.7%。全年旅游总收入达138.5亿元，增长32%。

【财政、金融和保险】 2004年，全市地方财政收入完成114.8亿元，比上年增长32.7%；其中一般预算收入104.8亿元，增长31.2%。地方财政支出118.6亿元，增长31.4%，其中教育经费支出13.4亿元，增长19.1%；行政管理费支出14亿元，增长32.0%；基本建设支出11.9亿元，增长31.4%。

年末全市金融机构各项存款2724.8亿元，比年初增加290.6亿元，增长11.9%；金融机构各项贷款余额2231.3亿元，比年初增加229.9亿元，增长11.5%。其中工业贷款455.5亿元，比年初增加36.7亿元，增长8.8%；基本建设贷款369.4亿元，增加61.4亿元，增长19.9%。城乡居民储蓄存款余额1211.1亿元，比年初增加162.6亿元，增长15.5%。

全年保费收入45.4亿元，比上年增长32.6%，其中人寿险收入27.8亿元，增长10.6%；财产险收入14.3亿元，增长92.9%；健康险和意外伤害险收入3.5亿元，增长90.7%。全年赔付额7.8亿元，增长21.6%，其中财产险赔付额5.5亿元，增长20.1%；人寿险赔付额1.1亿元，下降11.9%；健康险和意外伤害险赔付1.2亿元，比上年增长93.9%。

【科学、技术和教育】 2004年，全市科技进步对经济增长的贡献率达到49.2%，比上年提高0.9个百分点。全年共组织完成省级以上科技计划项目立项177项，争取国家、省各类项目资金支持3758.5万元。被省认定高新技术产业化项目14项，有56家高新企业和99项高新产品获得省科技厅评审批准，分别比上年增长154.5%和175%。共有30项成果获省科技进步奖，69项成果被评为市级科技进步奖，其中一等奖5个，二等奖51个，三等奖13个。全年专利申请量达到1550件，授权量1080件，实施率28%。首次跨入“全国科技进步先进城市”行列，12个县（市）区全部通过科技部考核，巩义市被认定为首批全国科技进步示范市。二七区、金水区、新郑市、巩义市、荥阳市被评为全国科技进步先进县（市）区。

全市年末共有研究生培养单位10处，招生3330人，比上年增长36.7%，在校研究生7447人，增长37.2%，毕业1334人，增长40.1%；全市普通高校48所，招生12.5万人，比上年增长43.7%；在校学生32.5万人，增长22.6%，毕业6.2万人，增长26.5%；中等职业技术教育学校116所，招生10.7万人，增长1.9%，在校学生25.8万人，增长12.2%。全市普通高中105所，招生5万人，增长17.0%，在校学生13.1万人，增长14.9%；普通初中343所，招生13.9万人，下降11.5%，在校学生44.4万人，下降2.8%；小学1307所，招生8.9万人，增长3.5%，在校学生57.7万人，下降6.6%；小学适龄儿童入学率达100%，幼儿园在园幼儿13.3万人。

【文化、卫生和体育】 2004年末，全市共有艺术表演团体18个，文化馆17个，公共图书馆8个，博物馆7个，综合档案馆13个，广播电台2座，电视台2座，中波广播发射台2座；全市广播和电视综合覆盖率达100%。全市共有卫生机构(不含门诊部、所)340个，比上年增长4%；床位2.9万张，增长4.1%；卫生技术人员3.1万人，增长1.0%，其中执业医师、执业助理医师1.2万人，增长2.1%、注册护士1.1万人。共有疾病预防控制中心、防疫站18个，卫生技术人员1245人；妇幼卫生机构13个，卫生技术人员996人。专科疾病防治医院5个，卫生院103个。

2004年，我市运动员在雅典奥运会上获得金牌1枚，残奥会上获得金牌7枚。获得世界比赛冠军17个，亚军2个，第三名3个；全国比赛冠军52个，亚军35个，第三名25个。全市拥有各类体育场地4034个，面积740万平方米，其中对外开放的体育场地785个，面积156万平方米。

【城市建设与环境保护】 2004年末，全市总面积7446.2平方公里，市区面积1010.3平方公里，其中建成区面积243.3平方公里。郑东新区全年完成投资60.2亿元，中央商务区形象初现，内、外环60栋高层项目中已有35栋开工建设，其中19栋结顶，郑州国际会展中心完成投资7.9亿元，河南艺术中心地下工程全部结束，起步区内的基础设施建设大部分完成，34条道路、11座桥(涵)具备通车条件，热力、燃气、自来水、雨污水、通信等各种管线铺设基本完成。熊耳河滨河公园建成开放，东风渠两岸景观改造开始施工，郑花路、西北环、科学大道整治绿化任务基本完成。

全年新开公交线路28条，更新、增加公交车辆431台，年末实有公交汽(电)车2727辆，比上年增长14.0%；城市公交客运量达5.5亿人次，增长28.0%，市区主、次干道路路通公交，便利了居民出行。

中心城区全年新铺设城市自来水管道73公里，新铺设城市排水管道25.6公里，新扩建城市道路长度60公里，面积246万平方米。全年售电量128.5亿千瓦时，比上年增长10.9%；日供水能力107万立方米；城市居民燃气化率达90%。年末路灯5383盏，集中供热面积1192万平方米。

全年新增绿地516万平方米，其中新增公共绿地186万平方米；建成区人均公共绿地7.3平方米；建成区绿化覆盖率35%。公园及游园达到167个，其中新增34个，公园及游园面积达到860公顷，新增24.5公顷；水冲式公厕453座，新增43座。

全市建成烟尘控制区13个，比上年增加1个，面积132.7平方公里，增长20%；建成环境噪声达标区14个，比上年增加3个，达标区面积108.8平方公里，增长26%；全年完成环境污染限期治理项目121项，全年市区环境空气质量达到一(优)、二(良)级天数为298天，占全年总天数的81.6%。

【人民生活和社会保障】 2004年，全市在岗职工平均工资15024元，比上年增长11.0%。全市城镇居民人均可支配收入9364元，增长12.2%；居民人均消费性支出6463元，增长8.9%；市区城镇居民人均可支配收入9667元，增长11.8%；居民人均消费性支出6619元，增长8.0%。农村居民人均现金收入5288元，增长16.8%；农村居民人均纯收入4183元，增长15.2%；农民人均生活消费支出2421元，增长6.8%。

城市居民人均住房建筑面积22.6平方米，比上年增加0.2平方米；农村居民人均住房面积42.7平方米，增加3平方米。

全市得到政府最低生活保障的城镇居民4.2万人，比上年增长9.0%，全年发放最低生活保障金4306万元，增长39.9%；救助农村居民特困户7.3万人，救助金额3253万元。参加失业保险的职工78.6万人，比上年增长0.6%；月平均领取失业保险金者1.9万人，增长35.9%。参加基本养老保险的职工72.8万人，比上年增长2.8%。参加基本养老保险的离退休人员22.5万人，比上年增长3.9%；其中企业18.8万人，增长4.9%。职工基本医疗保险、职工最低工资、居民最低生活费保障等社会保障制度进一步完善。

年末全市各类社会福利医院床位5126张，比上年增长5.7%；福利院收养416人；建立起各种城镇社区服务设施436处，比上年增长2.9倍。全年筹集社会福利资金188.4万元。

2004 年郑州市分类市场价格指数表

指数(以上年平均价格为 100)

中心城区居民消费价格	105.7
食品	113.1
粮食	132.7
肉禽及其制品	121.1
鲜菜	108.2
烟酒及用品	101.7
衣着	100.4
家庭设备用品及维修服务	97.9
医疗保健及个人用品	98.7
交通和通讯工具	100.2
娱乐教育文化用品及服务	106.9
居住	104.1

2004 年郑州市工农业主要产品产量

产品名称	2004 年	比上年增减%
一、农产品产量(万吨)		
粮食	148.3	3.2
夏粮	71.5	—4.4
秋粮	76.8	11.5
油料	16.9	0.1
油菜籽	1.8	2.5
花 生	14.9	—0.2
芝 麻	0.2	4.7
棉花	0.7	4.8
烟叶	0.72	11.7
蔬菜	252.4	6.8
水果	21.7	11.2
肉类	24.9	11.4
禽蛋	17.8	9.2
水产品	6.7	9.4
二、主要工业产品产量		
纱	7.7 万吨	— 10.2
布	2.4 亿米	—17.2
饮料	22.1 万吨	12.9
卷烟	4189870 万支	3.5
方便食品	19.2 万吨	—17.6
速冻食品	23.8 万吨	14.9
服装	1784 万件	9.1
耐火材料制品	406.3 万吨	43.9
配混合饲料	62.8 万吨	17.8
钢材	103.8 万吨	31.0
铝	42.2 万吨	12.9
氧化铝	148.1 万吨	7.1
水泥	1277 万吨	16.3
铝材	40.4 万吨	52.9
磨具	4.8 万吨	29.9
汽车	29806 辆	9.1
改装汽车	12799 辆	7.6
原煤	4095.6 万吨	13.8
发电量	159.8 亿千瓦小时	25.1
供热量	3369 万百万千焦	—2.5
自来水生产量	32772 万吨	4.0

(摘自郑州市统计公报)

第三篇 政 治

中国共产党郑州市委员会

市委全局工作

【概况】 2004年，在省委、省政府的正确领导下，郑州市各级党组织以邓小平理论和“三个代表”重要思想为指导，认真贯彻党的十六大和十六届三中、四中全会精神以及省委经济工作会议、省委七届七次全会精神，以科学发展观统领各项工作，团结带领全市广大干部群众，真抓实干，狠抓落实，保持了经济平稳较快增长，社会事业全面进步，社会大局稳定，精神文明建设、民主法制建设和党的建设不断加强。

深入学习贯彻“三个代表”重要思想和党的十六届四中全会精神。各级党组织继续广泛深入学习贯彻“三个代表”重要思想，切实做到武装头脑、指导实践、推动工作。高度重视加强各级党委(党组)中心组和县(处)级以上领导干部的学习，建立和完善党委中心组成员宣讲辅导等项制度。充分发挥基层党校、市民学校、农民夜校等基层教育阵地的作用，扩大理论教育的覆盖面。认真组织纪念邓小平同志诞辰100周年活动。开展创建学习型城市活动，推进学习型社会建设。党的十六届四中全会召开后，市委把学习贯彻十六届四中全会精神作为首要的政治任务来抓，加强领导，精心组织，有计划、有步骤、有重点地推进，提出要在加深学习、加快发展、加强党建三个方面下大工夫，务求实效。同时，制定了贯彻中央《关于加强党的执政能力建设的决定》的实施意见。

积极贯彻中央宏观调控政策，坚持以经济建设为中心，抢抓机遇，采取有力措施，实现经济又快又好的发展。一是坚持走新型工业化道路，加大结构调整力度。实施百项重点技改工程，全年工业技改投入突破百亿元，连续3年实现翻番。大企业大集团规模日益壮大，销售收入超亿元的大型工业企业集团达196户，其中3亿元以上的有50户。二是积极调整服务业结构，大力推进现代服务业发展。引导商业企业调整经营结构，刺激需求，扩大消费。随着天津家世界、德国麦德隆等国内外知名零售企业的入驻，郑州零售业综合竞争力明显增强。新型业态发展迅速，一批现代物流基地相继建成，香江、澳柯玛等物流园区建设进展顺利。会展经济逐步推行市场化运作，成功举办了第十届全国商品交易会。旅游景区建设取得大的进展，旅游总收入达到138.5亿元，增长32%。三是高度重视“三农”工作，农民收入显著增加。认真落实中央1号文件精神，农业和农村经济保持持续稳定发展。积极推进农业经济结构调整，加快现代农业发展，农业产业化水平进一步提高。积极推进农村税费改革，市辖各区、巩义市和全市贫困村当年起全部免征农业税，其余县(市)农业税税率降低3个百分点，全市因减免征农业税及附加、粮食直补使农民受益1.33亿元，比上年负担降低81%。全年粮食总产量148.3万吨，同比增长3.2%，完成年计划的105.9%。农民收入显著增加，近7年来首次实现两位数增长。四是积极稳妥推进各项改革，坚持扩大对外开放。坚持以企业产权制度为核心，稳妥推进国有企业改革，郑州色织印染厂等4户工业企业基本完成改制任务，白鸽集团等8户企业改制取得实质性进展，9户国有企业破产工作按程序顺利进行；郑州市五金交电公司等8户商业企业完成改制任务，华联商厦等12户进入改制程序；郑州日产和东风股份成功重组，金星集团与百威公司、奥克公司与生力集团合作进入实质性操作。坚持实施开放带动战略，对外开放工作取得新的进展。郑州出口加工区实现封关运行。2004年，全市新设立外商投资企业116家，外商投资企业累计达到2621家；实际利用外商直接投资2.8亿美元，增长80.1%；出口创汇10.8亿美元，增长23.8%；又有沃尔玛、正大易初、家乐福、麦德隆等4家世界500强企业落户郑州，在郑州投资的世界500强企业累计达到15家。东引西进成效显著，成功举办首届世界传统武术节，展示了郑州对外开放的良好形象，扩大了知名度。五是非公有制经济发展迅速，发展环境进一步优化。非公有制经济完成增加值687亿元，增长25%，占全市生产总值的比重达到50%。以《行政许可法》实施为契机，推进依法行政，转变政府职能，加快服务型政府建设，发展环境得到进一步优化。2004年，全市生产总值达到1375亿元，同比增长15.5%；全社会固定资产投资650.3亿元，增长30%；地方财政收入114.8亿元，增长32.7%；社会消费品零售总额达到558.7亿元，增长16.4%；金融机构存款余额2724.8亿元，比年初增长11.9%；城乡居民储蓄存款余额1211.1亿元，比年初增长15.5%；城镇居民人均可支配收入达到9667元，增长11.8%；农民人均纯收入达到4183元，增长15.2%。

加快郑东新区建设和中心城区保护改造，强力推进城镇化进程。按照“三年出形象、五年成规模”的要求，在郑东新区建设上克服各种因素的影响，进一步加大力度、加快速度。2004年，郑东新区建设完成投资60.2亿元，中央商务区形象初现，内外环60栋高层项目中已有35栋开工建设，其中19栋结顶，楼盘销售良好。郑州国际会展中心土建工程基本完成，河南艺术中心地下工程全部结束，中央商务区中心湖开挖。起步区内基础设施建设基本完成，“三河一渠”绿化工程进展顺利。招商引资成效显著，全年引进项目50个，天津顺驰、上海绿地、澳门宝龙等知名企业纷纷入驻。龙湖南区、商住物流区项目进展顺利。龙子湖区6所高校开工建设。按照“一年一小变、三年一大变”的要求，进一步加大中心城区保护改造力度。成立河道整治、游园建设等20个指挥部和项目部，多头并举，积极推进。全年共新修、续建道路28条，改造支路背街小巷126条，改造、新建雨污水管网25.6公里。完成340余幢楼体夜景照明。新增绿地面积516万平方米，新建游园34个。熊耳河滨河公园建成开放，东风渠两岸景观建设即将完成。商城遗址公园建设进展顺利。中心城区面貌得到明显改观。重视中小城市和小城镇建设，坚持从当地经济发展水平、资源与环境条件出发，加强规划和政策引导，强化产业支撑，发挥比较优势，六县（市）城市和小城镇建设取得了明显进展。

坚持和落实科学发展观，各项社会事业全面发展。积极实施科教兴郑战略，围绕高新技术产业化、制造业信息化，优化配置科技资源，突出科技引导带动作用，科技进步对经济增长的贡献率达到49.2%。不断加大教育投入，教育事业蓬勃发展。针对市区中小学生入学难问题，确定2004、2005两年在市区建设22所中小学，有18所学校正在进行施工前准备，部分已开工建设。大力发展文化事业和文化产业，在全国率先免费向青少年开放公益文化场馆；通过积极工作，郑州作为中国八大古都之一的地位得以确立，并加入“世界历史都市联盟”；实施文艺“精品工程”，创造了一系列群众文化活动知名品牌，丰富和活跃了城乡群众文化生活；现代豫剧《嵩山长霞》在全省巡回演出，引起强烈反响，第一部原创歌舞剧《风中少林》得到好评。全民健身活动广泛开展，竞技体育取得新突破，体育健儿获得1枚奥运会金牌和7枚残奥会金牌。加强基层医疗卫生工作，新型农村合作医疗试点工作顺利推进，疾病预防控制体系、医疗救治体系建设全面启动，覆盖城乡的紧急救援网络初步形成。加强人口和计划生育工作，全市人口出生率8.7‰，比上年降低0.28‰，自然增长率4.2‰。合理开发利用土地、矿产和水资源，开展土地市场秩序治理整顿，有效保障了经济建设对资源的需求，基本农田保护进一步加强。完成沿黄风沙源生态治理造林1万多公顷，生态建设取得新成效。加大环境执法力度，大力推进城区大气环境综合整治。加强城市基础设施建设，居民生活质量不断改善。新闻出版、广播影视等各项事业都得到了新的发展。

努力构建和谐社会，维护社会大局稳定。认真做好就业再就业和社会保障工作。2004年，全市12.3万名城镇求职人员实现就业再就业，超额完成全年新增10万人就业计划。实现13.2万名农村劳动力转移就业，超额完成年初确定的目标任务。加强社会保障工作，认真抓好“两个确保”和“三条保障线”的衔接工作，社会保险覆盖面进一步扩大，社会保险体系不断完善，下岗职工基本生活保障金、离退休人员养老金、失业人员失业保险金全部足额发放。高度重视困难群体社会保障工作，从2004年1月1日起，城市低保标准由原来的月人均180元提高到200元，向4.1万低保对象发放了低保金，做到了应保尽保；对城市低保对象实行定点医院、优惠就医；坚持实行廉租房制度；建立城市低保家庭和农村特困户子女上学救助制度，义务教育阶段实行“两免一补”，对子女考上高中的贫困家庭一次性补助2000元，并免减缓交学费，对子女考入高等院校的贫困家庭一次性补贴5000元，不让一个贫困家庭子女辍学失学。统筹城乡社会保障，全市各县（市）、区及所辖街道（乡、镇）、社区全部建立基层劳动保障机构，全市就业服务信息网络已建成，对全市城镇就业再就业工作实施网络统计、考核和管理，下岗职工只要不挑不拣，保证一周内上岗，农村实行求职登记，为农村劳动力转移提供服务。在全省率先建立农村特困户救助制度，把符合条件的农村居民全部纳入救助范围，每人每月发放36元救助金。认真办好与群众关系密切的实事，年初向市民公开承诺的“10件实事”已全部完成。高度重视社会稳定工作，围绕“争创全国综合治理先进城市”目标，大力加强社会治安综合治理，推进社会治安防控体系建设，基层基础建设工作明显加强。坚持教育转化、防范打击两手抓，严厉打击和震慑各种刑事犯罪，坚持不懈地开展同“法轮功”等邪教组织的斗争，全市社会治安秩序明显好转，人民群众安全感进一步增强。高度重视、正确处理新形势下的人民内部矛盾，认真做好信访稳定工作，严格落实维护稳定领导责任制。市级领导对47个重大不稳定问题实行包案处理，亲自督办。将132起不稳定问题全部交办到各县（市）、区和市直有关单位，明确单位一把手包案。采取干部集中下访，对农村土地征用、城镇房屋拆迁、国有企业改制、涉法涉诉、企业军转干部等五大类信访问题及其他信访综合问题重点攻坚，加强督查督办，越级信访问题明显减少。坚持不懈抓好安全生产，认真落实安全生产责任制，实行严格的责任追究制，深化安全生产专项整治，严格落实各项监管措施。对112项重大安全事故隐患由市级领导分包整改，成立相应的工作组现场督办，确保隐患在规定时限内整改到位。扎实开展大排查、大检查、大调处工作，坚决遏制减少重大群体性事件、重特大安全事故及重大刑事案件。根据新形势的要求，制定了郑州市构建和谐社会方案，努力构建和谐社会。

加强和改进宣传工作、思想工作，提高精神文明建设水平。一是深入推进思想道德建设，加强和改进思想政治工作。坚持用“三个代表”重要思想武装党员干部，深入推进理论武装工作。以纪念郑州商都3600年为契机，开展系列宣传教育活动，增强全体市民的自豪感和凝聚力。广泛开展向任长霞、吴玲等先进典型学习活动，尤其是组织任长霞事迹报告团到全国15个省、市、自治区作报告50场次，产生了强烈反响，既宣传了长霞精神，又宣传了河南和郑州。坚持以“道德规范进万家、诚实守信万人行”活动为载体，继续在市民中开展“革除十大陋习，倡树文明新风”活动，取得了明显成效。大力加强未成年人思想道德建设，初步构筑了学校、家庭、社会“三位一体”教育网络，提出了着力抓好未成年人思想道德建设的15件实事。二是牢牢把握正确的舆论导向，努力营造良好的舆论环境。坚持唱响加快发展主旋律、打好正面宣传主动仗，建立和完善新闻宣传管理和新闻发言人制度，不断加强和改进新闻宣传工作。高度重视对外宣传工作，明确对外宣传工作的目标和任务。深入开展“三个代表”重要思想、马克思主义新闻观、职业精神职业道德“三项学习教育活动”，加强了宣传队伍思想建设。三是以创建文明城市为龙头，推动精神文明建设扎实开展。重点是改善人居环境工程，从与老百姓生活息息相关的小事做起，在群众生活设施的配套建设和环境美化、绿化、亮化上下工夫，一类社区由年初的27个增加到172个，一类小区(楼院)由年初的96个增加到1496个，一类单位(庭院)由年初的350个增加到1044个，全市人居环境得到明显改善。对照《全国文明测评体系》，系统分析制定了《创建文明城市工作两年规划》，提出了保持创建先进称号、力争跨入首批全国文明城市行列的目标任务。深入开展细胞创建工程，不断深化创建文明社区、文明村镇、文明单位、文明行业和“月评文明市民”等群众性精神文明创建活动。积极开展国防教育，抓好国防后备力量建设，民兵预备役工作得到进一步加强。继续抓好双拥共建工作，第四次获得全国“双拥模范城”，巩固和发展了军政军民团结。

坚持和发展人民民主，政治文明建设得到加强。按照总揽全局、协调各方的原则，支持市人大、市政协履行职责、开展工作。坚持和完善人民代表大会制度，积极支持人大及其常委会做好地方立法和依法开展人事任免工作，支持人大行使监督权和对重大事项的决定权；重视发挥人大代表作用，支持代表依法履行职权，开展专题调研、视察等活动，对人大代表提出的意见和建议，给予高度重视，认真研究，予以采纳；举行人民代表大会制度成立50周年纪念大会，进一步提高全市各级党组织和各级国家机关对人民代表大会制度优越性的认识，努力开创人大工作新局面。坚持和完善共产党领导下的多党合作和政治协商制度，支持和保证人民政协发挥政治协商、民主监督、参政议政的作用。高度重视新形势下统一战线工作，注重发挥民主党派、工商联、无党派人士等各界人士的参政议政作用，积极贯彻党的民族、宗教、侨务政策，统一战线广大成员的积极性得到充分发挥。加强基层民主法制建设，组织开展社区建设示范活动，积极推进政务公开、村务公开和厂务公开，基层民主进一步扩大。加强党对工会、共青团、妇联等人民团体的领导，支持他们依照法律和各自章程开展工作，更好地发挥党联系广大群众的桥梁和纽带作用。

加强和改进党的建设，为经济社会发展提供有力的组织保障。加强思想和作风建设，在全市广泛深入开展“三个代表”重要思想学习教育活动和“牢记两个务必，坚持执政为民”权利观、政绩观主题教育活动。大力弘扬求真务实精神，大兴求真务实之风，出台市级领导干部和市直机关带头真抓实干、狠抓落实的意见；落实“六项责任制”、“六个责任追究制”和“六个减少”，切实加强基层基础工作。加强党政领导班子、干部队伍和人才队伍建设，召开市第八次党代会，对加快推进全面建设小康社会进行研究部署；高度重视换届工作，顺利实现了市级几个班子的新老交替，增强了市级领导班子的整体活力。认真贯彻《党政领导干部选拔任用条例》，深化干部人事制度改革，全面落实党政领导干部公开选拔、竞争上岗、干部交流和票决制等措施，实行干部考察预告制、选拔干部“三票制”，大力选拔政治上靠得住、工作上有本事、作风上过得硬的优秀干部。在市直机关开展以“思想作风好、工作业绩好、廉洁自律好”为主要内容的创建“三好”领导班子活动。重视培养选拔年轻干部、女干部、党外干部和少数民族干部，优化领导班子结构。继续实施干部大培训战略，抓好干部理论培训和业务知识、工作能力培训，提高干部队伍素质。坚持贯彻党管人才原则，召开全市人才工作会议，对实施人才强市战略进行了全面部署，健全人才工作协调领导机制，突出抓好高层次、高技能人才的引进和管理，2004年从国内外高校引进博士21名，已累计引进博士近200名，每个县(市)、区、市直各部门领导班子中至少有一名博士任职，改善了领导班子的知识结构。加强基层组织和党员队伍建设。在农村进一步深化“三级联创”活动，大力实施农村党支部书记“双强”工程，积极开展以“支部联建、党员联户，增加农民收入、增进党群关系”为主要内容的“双联双增”活动和“把党支部建在产业链上”的试点工作，探索和创新农村基层党组织的组织形式和活动方式。2004年全市农村“双强”支部书记达1575名,“双强”干部达7972名,分别占总数的72%和61%。探索总结城市社区党建“三级四方共建”经验,在社区建组织、建阵地、建服务体系。每个社区建立“五个一”,做到党建、联防、社保等“九进社区”,使社区工作集管理、教育、服务于一体,做好与群众工作生活密切相关的具体事情。加强非公有制经济组织和社会组织党建工作,探索“非公有制企业党务工作者专职化”试点,进一步拓展党的工作覆盖面。按照省委部署,抽调机关干部开展“联县驻村帮扶工作”,推动农村经济发展、社会稳定和基层组织建设。对存在严重问题的基层组织进行整顿,基层组织建设得到进一步加强。坚持党要管党、从严治党的方针,认真落实党风廉政建设责任制,以严格执行“四大纪律、八项要求”为重点,狠抓领导干部廉洁自律工作。市委常委公开向全市人民作出廉政承诺,接受社会各界监督,较好地发挥了模范带头作用。加大案件查处力度,积极开展纠风治乱工作,教育乱收费、公路“三乱”、医药购销和医疗服务中的不正之风得到了有效治理。围绕经济建设中心,努力开展行政效能监察、优化经济发展环境和行风评议工作,促进了部门和行业风气的好转,政府机关依法行政意识明显增强。深化反腐倡廉宣传教育,加大《中国共产党党内监督条例(试行)》和《中国共产党纪律处分条例》的学习贯彻力度,积极构建反腐倡廉“大宣教”格局。同时,积极探索建立教育、制度、监督并重的惩治和预防腐败体系,努力从源头上预防和治理腐败,不断把党风廉政建设和反腐败斗争引向深入。

【市八次党代会】 2004年3月18日,市委召开第八次党代会,大会的主题是:高举邓小平理论和“三个代表”重要思想伟大旗帜,认真总结市第七次党代会以来的工作,研究确定2004～2008年的奋斗目标和主要任务,动员全市广大党员干部和人民群众,为建设大郑州、加快全面建设小康社会而努力奋斗。

大会指出,在五年来改革和发展的实践中,探索积累了一些有益的经验。主要是:坚持以经济建设为中心;坚持与时俱进,不断探索完善符合郑州实际的发展新路子;坚持统筹兼顾、突出重点,整体推进社会主义现代化建设;坚持务实为民;坚持积极发挥党委总揽全局、协调各方的领导核心作用。

大会明确提出2004～2008年工作的指导思想是:高举邓小平理论和“三个代表”重要思想伟大旗帜,全面贯彻党的十六大、十六届三中全会精神,坚持以人为本的科学发展观,不断深化改革,扩大开放,创新体制,优化结构,加快先进制造业基地、现代服务业中心、现代农业示范区建设;加强党的建设、民主法制建设和精神文明建设,维护社会大局稳定,促进经济、社会全面协调可持续发展,为加快全面建设小康社会而努力奋斗。

主要奋斗目标是:到2008年,全市生产总值达到2000亿元,人均生产总值达到3000美元,地方财政收入达到180亿元,农民人均纯收入和城镇居民人均可支配收入年均增长8%以上,全市城镇化率达到62%以上;人口素质、城市品位和创新能力不断提升,资源利用更加合理,生态环境明显改善,各项社会事业全面进步,各级党组织的领导水平和执政能力进一步提高。

【市委八届一次全会】 3月21日,市委召开八届一次全会,选举产生了新一届市委常委会,市委书记李克代表新当选的常委讲话。第一,率先垂范,切实加强市委班子的自身建设。要做政治坚定的表率,做开拓创新的表率,做执政为民的表率,做团结奋进的表率,做廉洁自律的表率,做求真务实的表率。第二,真抓实干,认真贯彻落实好八次党代会精神。要抓好学习贯彻,进一步统一思想。要加强领导,把党代会提出的目标任务落到实处。要增强紧迫感、责任感,全力做好全年的各项工作。李克书记最后强调,历史把郑州2004～2008年的发展与八届市委领导集体紧紧联系在一起。让我们紧密团结在以胡锦涛同志为总书记的党中央周围,高举邓小平理论和“三个代表”重要思想伟大旗帜,在省委、省政府的领导下,团结和带领全市人民与时俱进,开拓创新,求真务实,扎实工作,为加快全面建设小康社会进程,实现市八次党代会确定的目标任务而努力奋斗!

【市委八届三次全会】 8月9日,市委召开八届三次全会,主要任务是认真学习贯彻中央大兴求真务实之风要求和省委七届七次全会精神,审议通过《中共郑州市委关于市级领导干部和市直机关带头真抓实干狠抓落实的意见(讨论稿)》,审议市委常委会上半年工作报告,进一步动员全市党员干部群众,积极贯彻中央宏观调控政策,真抓实干,狠抓落实,加快发展,维护稳定,确保完成全年目标任务,加快全面建设小康社会步伐。市委书记李克就如何进一步真抓实干、狠抓落实的问题作了重要讲话。讲话共分三个部分。

(一)充分认识真抓实干、狠抓落实的极端重要性和紧迫性。年初,胡锦涛同志在中纪委三次全会上发表重要讲话,要求全党同志大力弘扬求真务实精神,大兴求真务实之风。这是以胡锦涛同志为总书记的党中央面对新形势向全党提出的新要求,对全面推进党的建设新的伟大工程,确保改革开放和现代化建设顺利进行,具有重大的现实意义和深远的历史意义。前几天,省委召开七届七次全会,深入研究了在全省党员干部中大力弘扬求真务实精神、大兴求真务实之风问题,并就省级领导干部和省直机关带头真抓实干狠抓落实问题作出决定,提出了明确要求。党中央向全党提出的求真务实要求,省委的《决定》,对我们有广泛的指导意义,更有很强的针对性,我们一定要认真学习领会,坚决贯彻落实。

（二）坚持真抓实干、狠抓落实要把握的重点环节。这次提交全会审议的《关于市级领导干部和市直机关带头真抓实干狠抓落实的意见（讨论稿）》，是贯彻中央大兴求真务实之风和省委真抓实干狠抓落实要求的具体措施。《意见（讨论稿）》从市级领导干部和市直机关抓起，本着不求全面、抓住重点、力求突破的原则，制定了“六项责任制”、“六个责任追究制”，明确提出“六个减少”和强化基层基础工作的要求，目的是通过这些有突破性、带动性的措施，进一步促进全市干部作风的转变，着力解决好改革发展稳定中的实际问题、群众生产生活中的紧迫问题、涉及群众切身利益的具体问题，把各项工作扎扎实实地推向前进。希望能够通过《意见》的实施，达到在转变作风上有新起色，在制度建设上有新突破，在工作落实上有新成效。真抓实干，要重点抓好以下几个环节：一是要强化责任。二是要转变作风。三是要一身正气。四是要领导带头。这次提交全会讨论的《意见》，主要是针对市级领导干部和市直机关，但对县（市）、区这一级也有指导意义。各县（市）、区和市直各部门要按照《意见》的要求，结合各自实际，研究制定措施，建立责任制，推动市委决策的贯彻落实，严防出现政策棚架，促进各项工作真正落到实处。

（三）领导干部要带头抓好各项工作。真抓实干、狠抓落实，具体到下半年工作，就是要紧紧围绕加快发展、维护稳定两大任务，突出五项重点工作。一是要紧紧抓住“五个一百”不放松。二是要抓好城市建设。三是要切实加强安全生产。四是要千方百计做好信访稳定工作。五是要强化基层基础工作。在落实好以上重点工作的同时，还要统筹兼顾，对其他各项工作，比如精神文明建设、民主法制建设和党的建设，还有人口与计划生育、劳动就业、社会保障、民政福利、“10件实事”、民兵预备役以及科技、教育、文化、卫生等各项社会事业，也要紧抓不放，狠抓落实，不断开创各项工作新局面。

【市委八届四次全会】 12月28日，市委召开八届四次全会。会议主要任务是认真学习党的十六届四中全会精神和《中共河南省委贯彻〈中共中央关于加强党的执政能力建设的决定〉的意见》，审议市委常委会的工作报告；审议市委的《实施意见》。市委书记李克就如何贯彻落实好全会精神，强调三个问题。

（一）统一思想，充分认识贯彻省委《意见》，加强党的执政能力建设的重要性。首先，深入贯彻省委《意见》，加强党的执政能力建设，是全面落实党的十六届四中全会精神的重大举措。其次，深入贯彻省委《意见》，加强党的执政能力建设，是全面建设小康社会，实现郑州“两提前一率先”目标的迫切需要。再次，深入贯彻省委《意见》，加强党的执政能力建设，是提高全市各级领导班子和领导干部执政水平的客观要求。第四，深入贯彻省委《意见》，加强党的执政能力建设，必须把全市党员干部的思想统一到中央《决定》和省委《意见》上来。

（二）突出重点，全面加强党的执政能力建设。要切实抓好五个关键环节，做到“四个结合”。五个关键环节是：打牢提高执政能力的思想基础；坚持科学执政、民主执政、依法执政；坚持和落实科学发展观；坚持立党为公，执政为民；打牢执政基础。“四个结合”是：要把加强执政能力建设与即将开展的以实践“三个代表”重要思想为主要内容的保持共产党员先进性教育活动紧密结合起来；把实现执政能力的总体目标与现阶段的具体任务结合起来；把加强执政能力建设同提高本地区本部门领导班子与领导干部的执政意识和执政素质结合起来；把加强执政能力建设与切实做好各项工作紧密结合起来。

（三）加强领导，确保中央《决定》、省委《意见》和市委《实施意见》的贯彻落实。要制定加强执政能力建设的具体措施，明确加强执政能力建设的责任，加强执政能力建设要务实重效。

【求真务实加快发展16条】 为了贯彻党的十六大、十六届三中全会、中纪委三次全会精神，落实省、市委经济工作会议和市委七届十三次全会安排部署的各项任务，力争经济有更好更快的发展，在进行深入调查研究、广泛征求各方面意见的基础上，市委、市政府研究出台《关于“求真务实、加快发展”的若干意见（16项）》。《意见》主要内容为：(1)关于抓好百家工业企业增收增效的意见。(2)关于扶优扶强百家重点非公有制企业的意见。(3)关于2004年确保完成新设立100家外商投资企业，努力提高实际利用外资水平的意见。(4)关于抓好百项工业重点技改项目的意见。(5)关于确保2004年百项重点工程建设的意见。(6)关于建立企业及个人信用档案制度的意见。(7)关于明确中心城区综合整治目标任务的意见。(8)关于认真做好城镇房屋拆迁补偿安置工作的意见。(9)关于郑州市闲置土地处置的意见。(10)关于改善人居环境工作的意见。(11)关于统筹完善城市低保和农村特困户救助工作的意见。(12)关于加强农村劳动力转移就业求职登记服务工作的意见。(13)关于切实解决拖欠农民工工资问题保障农民工合法权益的意见。(14)关于进一步加强技能人才和实用人才工作的意见。(15)关于进一步改进领导干部工作作风的意见。(16)关于切实为人民群众办实事办好事的意见。

【市委工作会议】 7月13日，市委召开工作会议，会议的主要任务是总结上半年的工作，分析当前经济形势，安排部署下半年的重点工作，动员全市党员干部群众进一步解放思想，振奋精神，抓住机遇，迎难而上，努力完成全年各项目标任务。会上，12个县（市）、区的负责同志进行了交流发言。市委副书记、市长王文超代表市委总结安排工作。市委书记李克作重要讲话。

李克书记着重讲了三个问题。第一,实现一个目标——即确保既快又好的发展。他指出,上半年,全市总体形势很好,尤其是经济发展速度快、质量高、效益好。但在充分肯定形势很好的同时,也应看到问题突出,任务艰巨。省委对郑州市发展提出了更高更明确的要求,要郑州成为全省"东引西进"的主平台、实现中原崛起的排头兵、中原城市群经济隆起带的龙头。要做好下半年工作,精神状态尤为重要,精神状态好,就可以想方设法克服困难,排除障碍,积极主动贯彻国家宏观调控政策措施,各县(市)、区、各部门、各企事业单位一定要解决好精神状态问题。第二,完成两大任务——即加快发展和维护稳定。加快发展和维护稳定工作是任何一个县(市)、区、部门和单位都必须抓好的最重要、最基本的两项任务。加快发展要按照党中央、国务院的要求,用以人为本的科学发展观来指导工作;社会稳定工作要抓好当前国企改革、征地拆迁、各种经济纠纷、重大案件等引起的信访问题,安全生产中的重大事故等。第三,抓好五个重点——即"五个一百"、人居环境、招商引资、社会稳定、求真务实。"五个一百"是加快发展的重要措施,它虽然是很具体实在的企业、单位和项目,但更重要的是抓工作、抓发展的一种思路和方法,是抓住加快发展的重点、难点、热点、增长点、支撑点和制高点。对"五个一百"要正确理解,紧抓不放,下半年还要花更大精力抓好这项工作的落实。关于人居环境,以人为本的科学发展观具体体现在城市建设、落实在城市建设工作中,要高度重视人居环境。改善人居环境的基本要求是路平、灯明、水通、卫生、安全,要重视人居环境净起来、绿起来、亮起来、美起来,不仅主要街道要漂漂亮亮,小街小巷也要漂漂亮亮。抓好人居环境的改善虽然主要是城区的任务,但其他五市一县也要重视这项工作。此外,郑东新区要继续抓好,老城改造工程要重视,县(市)、区城镇建设也要规划好。招商引资工作是加快发展的最大瓶颈,下半年各县(市)、区、各部门、各企业要把精力花在怎样解决投资、资金的问题上,要在资金来源多元化、投资主体多元化、招商途径多元化上下工夫。社会稳定工作,各县(市)、区一把手要花时间抓这项工作,重点抓好社会治安中的恶性案件、信访工作中的集体上访和安全生产中的重大事故。求真务实是加快发展的重要保证,现在关键是要鼓实劲,用实招,要实效,不浮夸,不虚报,不棚架,作风必须扎实过硬,工作要抓实、抓细、抓紧。要关心群众生活,多办实事、多办好事。要认真学习任长霞同志精神,推动工作。要认真实践"三个代表"重要思想,牢记"两个务必",领导干部要廉洁自律。

王文超市长在讲话中指出,上半年,全市上下在市委、市政府领导下,深入贯彻十六届三中全会和中央、省、市经济工作会议精神,认真执行国家宏观调控政策,围绕市委、市政府年初确定的各项目标任务扎实工作,经济运行中的不稳定、不健康因素已得到有效抑制,全市经济继续保持较快发展势头,经济效益明显提高,财政收入快速增长,人民生活水平显著提高。下半年要着力抓好四个方面的工作。一是认清形势,统一思想,抓住机遇,加快发展。做好下半年工作,全面完成全年的各项目标和任务,面临着许多有利条件,同时面临着许多困难和挑战,必须解放思想,进一步增强责任感和紧迫感,增强信心,振奋精神,克服困难,抢抓机遇,加快发展。二是开阔思路,创新方式,扩大招商引资。要创新招商引资工作思路;创新招商方式,扩大招商规模;注重招商实效,扩大引资成果;强化招商引资体系建设,夯实招商引资基础;完善招商引资激励机制,贯彻落实各项招商引资优惠政策;树立经营城市的理念,把城市优良资产推向市场融资,把城市建设的好项目推向市场运作;充分利用非金融投资机构平台,吸纳更多的民间资本支持经济建设;积极争取国债资金和国家专项投资,引导郑州经济结构调整和基础产业的发展;准备一些国家支持发展的好项目,千方百计争取各家银行的支持;同时还要继续实行招商引资的目标管理,把任务分解到各单位,分解到人,对超额完成者予以奖励。三是突出重点,加强协调,强力推进新区建设和中心城区改造。进一步加快郑东新区建设步伐,确保按规划进度实施;加快中心城区保护改造进度;加强城市规划和管理。四是强化责任,防治并举,确保生产安全和社会稳定。认真做好信访工作,及时解决可能影响社会稳定的问题;坚决遏制重特大事故的发生,努力消除重大安全生产隐患;坚决遏制减少重大治安案件和重大群体性事件;学习任长霞同志精神,推动政法综合治理工作再上台阶。

【全市工业大会】 11 月 27 日,市委、市政府召开全市工业大会。会议主要目的和任务是,总结和回顾党的十六大召开以来郑州的工业经济工作,分析形势,理清思路,明确下一步加快工业发展的战略目标和措施,对加快全市工业经济的发展进行再动员、再部署,进一步统一全市上下的认识,努力实现全市工业经济的新跨越。市委副书记、市长王文超作主题报告,副省长史济春和省委常委、市委书记李克分别作重要讲话。

李克书记着重强调了三个问题。一是充分认识加快工业发展的重要性和紧迫性。加快工业发展是全面建设小康社会的需要,是实现中原崛起的需要,是缩小与沿海发达地区差距的需要。实现省委、省政府提出的建设大郑州、构筑以郑州为中心的中原城市群经济隆起带的目标,充分发挥郑州在全省的龙头带动、辐射和示范作用,就必须加快工业化进程。2020年,全国要基本实现工业化,省委、省政府要求郑州做河南实现工业化的龙头,但与发达地区和省内兄弟城市相比,郑州工业的规模较小、增长较慢、竞争力较弱,所以必须增强紧迫感,抓住当前有利时机,发挥各种优势,下大决心，树立信心，在历届党委政府和企业家打下的良好基础上，加快工业发展。二是必须走新型工业化道路。全市企业要重视科技进步，重视信息化建设，重视可持续发展。三是切实加强对工业发展的领导。狠抓项目投入，只要符合产业政策、有市场、有竞争力，大中小项目都积极鼓励扶持。狠抓改革开放，在维护大局稳定的基础上，积极推进改革，用足内力、广借外力、形成合力，不断加大开放力度，优化经济发展环境。狠抓企业家队伍建设，培养一支敢于创新、具有开拓精神和高度社会责任感的企业家队伍。李克书记号召，全市上下同心同德，群策群力，为发展工业倾注全部精力。在良好的基础之上，郑州工业一定能取得更快更好的发展，从而完成省委、省政府赋予的历史使命，努力发挥郑州在中原崛起中的龙头作用。

副省长史济春要求握紧六个“抓手”加快工业发展。史济春说，郑州要充分利用区位优势、产业优势和商贸优势，走新型工业化道路，成为中原城市群经济隆起带的龙头。要加快工业结构调整，推动产业结构优化升级；大力发展高技术产业，加快高新技术改造传统产业步伐；全力推进重点企业发展，积极培育大型企业集团；推进行业和企业重组整合，实现低成本扩张；建设郑洛工业走廊，加快发展产业集群；提高资源利用效率，缓解资源和环境的瓶颈制约。

王文超市长在报告中指出，郑州市工业经济发展的战略指导思想是：以党的十六大和十六届四中全会精神为指引，坚持科学发展观，拉长工业短腿，发挥商贸优势，以做强做大企业和加快工业项目建设为重点，以提高工业经济的核心竞争力和全省首位度为目标，加大工业投入，拉长产业链条，带动支柱产业优化升级；培育高新技术产业，形成各具特色的工业产业集群；深化企业改革，强力推进招商引资，着力提高工业经济增长的规模、质量和效益，努力建成先进制造业基地和高新技术产业基地。今后一个时期的战略发展目标是：到 2008 年，力争实现“3 个 1000 亿”，即：以 2004 年为基数，规模以上工业增加值达到 1000 亿元，年均增长19.7%；规模以上装备制造业销售收入达到 1000 亿元，年均增长38.1%；全社会工业固定资产投资额累计完成 1000 亿元，年均增长 8.3%。突出抓好以下几项重点工作：一是狠抓工业项目建设，增强经济发展后劲。二是加大政策扶持力度，着力培育“工业航母”。三是优化产业结构布局，构建新的发展格局。四是加大国企改革力度，加强人才队伍建设。

【全市人才工作会议】 2004 年 11 月 25 日，市委、市政府召开全市人才工作会议，会议主要任务是，以邓小平理论和“三个代表”重要思想为指导，认真贯彻全国和全省人才工作会议精神，研究部署今后一个时期全市的人才工作，为加快推进全面建设小康社会提供有力的人才保证和智力支持。会议印发了市委副书记祁金立代表市委、市政府所作的报告。市委书记李克作了重要讲话。

李克指出，人才在经济社会发展中起着基础性、战略性和决定性的作用，实施人才强市战略是新形势发展的必然要求，要在激烈的竞争中抢占先机、赢得主动，就必须走人才强市之路。实施人才强市战略是落实科学发展观的根本要求，加快发展离不开人才这个第一资源的开发和利用。坚持以人为本是科学发展观的本质和核心，就是要在经济发展的基础上，创造人们平等发展、充分发挥聪明才智的社会环境。实施人才强市战略是加快推进全面建设小康社会的现实需要，不仅要热衷于跑项目，还要热心于跑人才，不仅要营造良好的经济发展环境，还要营造良好的人才发展环境，这样，加快全面建设小康社会进程才有保障，才有持久不竭的力量源泉。要充分认识实施人才强市战略的重要性和紧迫性，突出重点，切实抓好实施，加强领导，形成全市抓人才工作的合力，努力开创人才工作新局面，为加快推进全面建设小康社会提供人才保证和智力支持。

李克要求，转变观念，牢固树立科学的人才观。树立人才资源是第一资源的观念，真正把人才作为最大的财富、最大的资本。对各类人才，既要严格要求，又要放手工作，既要大胆使用，又要悉心培养，坚决破除求全责备的思想，注重看本质、看主流、看特长、看发展，看在重大问题和关键时刻的表现，用其所长，避其所短，努力使各类人才都有用武之地；改革创新，不断完善人才的评价、选用、激励机制；要注重能力，切实加强人才资源能力建设，重点培养人的学习能力、实践能力，着力提高人的创新能力。通过实施大教育、大培训、大人才战略，大力加强党政人才、企业经营管理人才、专业技术人才、城乡技能人才等 4 支队伍建设，积极开发各类人才资源；突出重点，加强高层次人才队伍建设，带动整个人才队伍的建设。培养用好了一个高层次人才，就可以带动一个人才群体。培养造就了各级各类高层次人才，就可以带动整个人才队伍建设。

李克要求，加强领导，在全市形成抓人才工作的合力。坚持党管人才原则，保证人才工作的正确方向。坚持党管人才，关键要做到党爱人才、党兴人才、党聚人才，通过制定政策、营造环境、整合力量、提供服务，为一切有志成才的人提供更多发展机遇和更大的发展空间；要优化人才成长的政策环境、舆论环境、创业环境，营造人才成长的良好氛围。在用感情留人、适当的待遇留人的同时，努力做到用事业留人，用良好的创业环境留住人才、吸引人才。

【实行市级领导抓落实责任制度】 对关系“加快发展、维护稳定”全局的有关重大问题，市委、市政府领导同志要包干负责，抓细抓实。

落实六项责任制。(1)市级领导干部联系“五个一百”；(2)市级领导干部联系郑东新区建设和中心城区综合整治 20 项重点工程；(3)市级领导干部分包解决47起重大不稳定问题；(4)市级领导干部分包112起安全生产重大事故隐患整改。(5)市级领导干部实行分工联系责任制，市委常委联系县(市)、区，副市长对分管的工作和部门负领导责任；(6)市级领导干部实行工作责任制。

强化六项责任追究。(1)建设工程特别是重点项目出现严重质量问题，造成重大损失的；(2)一年内发生两次特大事故或一次特别重大事故的；(3)凡群众反映的应该解决且能够解决的问题，因迟迟得不到解决致使大规模越级集体上访或发生恶性上访事件，造成重大政治影响或经济损失的；(4)因工作不力，致使管辖范围内发生重大恶性案件或群体性事件，造成重大损失或恶劣影响的；(5)对重大疫情、灾情，重大不稳定因素、安全隐患以及重大恶性案件、群体性事件失察或故意隐瞒不报，造成工作被动或重大政治影响、经济损失的；(6)挪用、侵占、截留救灾资金、防汛资金、社保资金、扶贫资金、征地补偿资金等，情节严重的。发生上述情况，凡涉及失职、渎职、责任事故的，必须追究有关领导的党政纪责任。该引咎辞职的必须引咎辞职。应引咎辞职而不主动请辞的，责令其辞职。拒不辞职的，免去其职务。触犯法律的，由司法机关追究法律责任。

转变作风，做到“六减少”。(1)减少陪会；(2)减少陪同；(3)减少领导同志应酬及事务性活动；(4)减少临时性领导机构；(5)减少对会议和领导一般性活动的新闻报道；(6)减少检查、评比和表彰活动。

重心下移，强化基层基础工作。高度重视基层基础工作，切实解决目前一些地方和单位存在的基础薄弱、作风飘浮、基层工作不落实和工作落实不到基层等突出问题。

【10件实事】 (1)新增城镇就业岗位10万人，推进农民求职登记工作。(2)郑州市城市居民最低生活保障标准由180元提高到200元，符合低保条件的城市低保对象应保尽保，符合条件的农村特困户每人发放救助金36元。(3)中心城区保护改造投资50亿元，重点对断头路、积水点、街头游园等基础设施进行改造；开工建设西流湖公园。(4)净化市区大气环境，新增燃气用户2.3万户，空气质量二级以上天数达到65%以上。(5)西部缺水山区建设集雨节灌水窖1万个。(6)改造、新建农村公路100公里。(7)完成中小学危房改造10万平方米。(8)建设郑州市医疗紧急救援指挥中心，6县(市)、上街区建立分中心，乡(镇)卫生院设立急诊科，形成覆盖全市的医疗紧急救援网络体系。(9)向社会提供经济适用房40万平方米；廉租住房覆盖率达到符合条件“双困”家庭的95%以上。(10)完成沿黄风沙源生态治理造林10万亩(6666.7公顷)。

（吴志强　李伟革　易　攀）

组织工作

【概况】 2004年，全市各级组织部门坚持以邓小平理论和“三个代表”重要思想为指导，认真贯彻十六大和十六届三中、四中全会精神，按照全省组织工作会议的要求和市委对组织工作的总体部署，围绕提高干部队伍的理论和业务素质，开展大规模的干部教育培训；围绕优化结构增强合力的要求，推进领导班子和干部队伍建设；围绕树立正确的用人导向，加快干部人事制度改革的步伐；围绕贯彻党管人才原则，推进人才强市战略的实施；围绕夯实党的执政根基，加强基层组织建设和党员队伍建设；围绕深化和拓展“树组工干部形象”学习教育活动，切实加强组织部门自身建设。

【干部教育培训】 采取理论与实际、学习与考察、长期与短期、国内与国外相结合的培训方法，开展了大规模的干部教育培训。一方面，将学习贯彻“三个代表”重要思想作为各级各类干部培训的重点内容，狠抓理论培训，另一方面，以提高干部的执政能力和业务素质为目标，狠抓业务培训。一是在香港、新加坡等地，举办了1期县(处)级干部境外培训班，共培训县(处)级干部30名。二是委托清华大学举办了1期县(处)级干部进修班，培训县(处)级干部64名。三是在中组部培训中心举办了1期事业单位领导干部培训班，共培训干部45名。四是举办各类专题培训班。在市委党校举办了2期县(处)级领导干部进修班、1期市直单位处长培训班，共培训干部281名；在苏州干部培训基地举办了2期乡(镇、办)党政正职培训班，共培训干部89名；会同有关部门举办金融中心与资本运营高级研修班，共培训县(处)级干部200名；会同有关部门举办11期《行政许可法》培训班、20期信息化与电子政务培训班，对全市公务员轮训一遍。五是完成了省委组织部和上级有关部门下达的调训任务。全年共选送32名地厅级干部、75名县(处)级干部和16名科级干部参加各种调训。

【领导班子建设】 积极发挥组织部门的职能作用，精心做好市四大班子换届期间的人事安排工作、代表推选工作、大会选举工作等，确保省、市委人事安排大格局的实现，圆满完成了换届各项任务，并以换届工作为契机，大力加强县(处)级领导班子和干部队伍建设。一是选好配强部分县(处)级领导班子。市四大班子换届后，从县(处)级领导班子和干部队伍的实际情况出发，按照《干部任用条例》要求，本着大稳定小调整的原则，对部分县(市)、区、市直单位的领导班子进行调整。先后调整市直单位领导班子成员198人，其中，非领导职务111人，补缺“三总师”10人；调整配备县(市)、区党政正职21人、副职122人，其中，提拔32人。调整中，注重向长期在乡(镇、办)工作的优秀基层干部倾斜，把一批优秀的乡(镇、办)党(工)委书记，充实到县(市)、区党政领导班子中。同时，调整市管事业单位干部114人、市管大型企业干部31人。通过调整，全市各级领导班子年龄配备更加合理，知识层次明显提高。截至年末，县(市)、区党政班子平均年龄43.1岁，大学以上文化程度占83.3%，其中，博士14名；党政一把手平均年龄44.3岁，其中，40岁左右的党政正职9名。市直单位中，党政班子平均年龄46.9岁，大学以上文化程度占56.4%，其中，博士53名；党政一把手平均年龄50.1岁，其中，40岁左右的党政正职5名。二是加强领导班子的思想政治建设。在市直机关开展了以"思想作风好、工作业绩好、廉洁自律好"为主要内容的创建"三好"班子活动；对县(市)、区领导班子建设情况进行了调研，召开了县(市)、区领导班子执政能力建设座谈会；年初，对县(处)级党员领导干部民主生活会作了安排部署，全市各单位民主生活会，共归纳梳理出612条意见和建议，制定整改措施430条。

【培养选拔年轻干部】 在上年实施"双百工程"的基础上，根据市委"一手抓经济发展，一手抓社会稳定"的工作思路，对挂职锻炼工作进行了调整，以选派年轻干部到经济发达地区和社会矛盾集中部门挂职锻炼为重点，继续加大年轻干部实践锻炼的力度。先后选派50名有发展潜力的副县级、正科级干部赴杭州、汕头等沿海经济发达地区挂职锻炼，选派20名优秀科级干部到巩义市挂职锻炼，选派104名年轻干部到政法、信访等部门挂职锻炼；举办2期中青年干部培训班，共培训干部136人。培训期间，组织学员到贫困山区和农村参加社会实践活动，接受群众观点教育。调整充实1000名后备干部，开发了后备干部管理信息系统，对后备干部实行信息化动态管理。按照省委组织部的统一安排，抽调人员参与选调生面试和考察工作，共接收安排省委组织部选调生48名，其中，博士13名。同时，加大选拔配备党外干部、年轻干部、女干部、少数民族干部的力度。

【干部人事制度改革】 一是总结推行了选拔任用干部"三票制"。以登封市为试点，总结完善选拔任用干部制度，实行以群众推荐、素能测评、差额表决为关键环节的"三票制"。7月在登封市召开现场会，要求在全市普遍推行。登封、新密、金水、巩义、管城、荥阳、中原及市委办公厅、市纪委、中州大学、市体校等单位，先后采用"三票制"的办法，共选拔领导干部188名，其中，县(处)级干部25名，科级干部163名。在全省深化干部人事制度改革工作会议上，市委常委、组织部长王璋作了典型发言。此项工作得到省委和省委组织部主要领导同志的充分肯定，并部署在全省市、县两级试行。二是推进《深化干部人事制度改革纲要》的贯彻落实。组织力量对《纲要》的贯彻落实情况进行自查和检查，并接受省委组织部的检查。逐步规范完善公开选拔的办法，市直、县(市)、区都不同程度地加大了公选干部力度，公选干部占新提拔干部的比例明显提高；推行了党政机关中层干部竞争上岗制度。三是研究出台《关于保持党政领导干部队伍相对稳定的意见》。强化干部届期意识，鼓励基层干部在基层安心工作。四是加大事业单位干部制度改革力度。对事业单位行政领导干部聘任制进行整体筹划；规范事业单位领导班子和领导干部管理办法，出台《中共郑州市委组织部关于在市管事业单位实行任期制和任期目标责任制的意见(试行)》，并分批组织实施。五是全面推行考察预告制、任前公示制和廉政谈话制。对拟提拔任职的县(处)级干部实行考察预告和任前公示，并全部进行任前廉政谈话。

【党的基层组织建设】 一是切实加强农村基层组织建设。深化"三级联创"活动，通过严格考评，全市有2个县(市)被省委评为农村基层组织建设先进县(市)，109个乡(镇)党委中，有77个达到"五好"标准，占71%；2268个村党支部中，有1437个达到"五好"标准，占63%。推进"双强"工程，年末，全市"双强"支部书记达到1575名，"双强"两委干部达到7972名，分别占总数的72%和61%。创新农村基层党建活动方式，指导荥阳市开展了"双联双增"活动，这一做法得到了中组部、省委组织部的充分肯定。9月1日，中组部部长贺国强作出批示：郑州市通过"双联双增"的形式，加强农村基层组织建设的做法值得借鉴。中牟县"把支部建在产业链上"的做法，也得到了省委领导的肯定。组织开展了全市后进基层组织集中整顿活动。从8月份开始，通过排查摸底、集中整顿、总结验收3个阶段，对全市161个"软、瘫、散、乱"三类基层组织进行集中整顿和建设，促进基层干部作风的转变，解决了一些群众反映强烈的突出问题，维护了社会大局稳定。二是扎实推进社区党建"三级四方共建"活动。举办全市社区党建研究征文活动，总结交流社区党建工作经验和研究成果。在全市社区党支部开展"五有"达标活动，有3个区被评为社区党建先进区，31个街道达到社区党建先进街道标准，98个驻社区单位被评为社区党建先进单位，114个社区达到社区党建先进社区标准。三是积极做好非公有制经济组织党建工作。通过抓组建、抓管理、抓活动等有效措施，进一步加强非公党建工作。在全省非公有制经济组织党建工作经验交流会上，郑州市作了典型发言。新密市探索推行"非公有制企业党务工作者专职化"，引起省委领导高度重视，省委副书记陈全国，省委常委、组织部长叶冬松调研后，对这一做法给予高度评价。同时，不断加强社会组织党建工作，全市社会团体党建覆盖率87.8%，民办非企业单位党建覆盖率81.5%。

【干部监督】 根据组织部门领导变动较大的实际，召开了全市组工干部《干部任用条例》培训会。对全市新提拔的216名县(处)级以上领导干部建立廉政档案，进行廉政谈话，并及时收集领导干部廉政情况信息。对各县(市)、区落实《干部任用条例》情况进行自查，配合省委组织部完成对郑州市贯彻落实《干部任用条例》检查，对检查组接到的37个举报件分别进行了调查核实。认真执行领导干部经济责任审计、收入申报和个人重大事项报告制度，共对24名领导干部下发了审计通知书，对全市的市管干部和省管干部收入申报和个人重大事项报告进行受理、汇总和上报。对提拔的副厅级、县(处)级领导干部进行了任前公示，公示期间受理群众来信65件，电话217次，对反映的问题均进行了梳理、归纳、汇总，并进行了调查核实。开通全国组织系统12380举报热线电话，接到举报电话548人次，对群众反映的问题，均按要求给予答复和处理，基本做到事事有结果、件件有回音。承办全省干部监督工作会议，市委副书记祁金立在会上作了典型发言。严格把关，做好出国(境)审批工作，共对因公出国(境)人员政审210批次、559人(次)，审批县(处)级领导干部因私出国(境)91人次，对5名不符合条件的出国人员实施了把关。

【党员教育和管理】　下发《关于进一步加强全市农村党员干部“四级培训”的通知》，拟利用两年时间，采取分级培训的方式，把全市农村党员干部轮训一遍，使他们掌握1～2门适用技术或经营管理知识。选调24名村支部书记参加省委组织部举办的全省村支部书记培训班。做好保持共产党员先进性教育活动的准备工作，抽调有关人员组成调研组，有计划、有步骤地对近年来党员队伍建设情况进行专题调研。召开全市发展党员工作会议，下发《关于进一步加强和改进流动党员教育管理的意见》、《关于进一步深化农村党员联户责任制的意见》，在全市农村实行发展党员工作上报备案制度，并把这项工作的落实情况纳入“三级联创”考核内容。按照《郑州市2001～2005年发展党员规划》要求，指导各级党组织制定年度发展计划，重点在农村和企业生产一线，在青年、妇女、知识分子中发展党员，并认真抓好落实。

【人才工作】　认真贯彻落实全国、全省人才工作会议精神，狠抓各级各类人才队伍建设。一是建立健全人才工作领导机构，成立市人才工作领导小组及其办事机构，人才工作领导小组办公室确定为正县级规格，并增加了行政编制。二是抓好高层次人才的引进和管理。2004年从国内知名高校引进21名博士。组织部门通过对引进博士的跟踪考察，加强动态管理，做到能进能出，能上能下。注重对引进博士培养锻炼。先后选派23名博士到市委党校县(处)级领导干部进修班学习，选送5名博士到清华大学进行理论培训，选派11名博士到沿海发达地区挂职锻炼，抽调14名博士参加“联乡驻村帮扶”工作，选派16名博士参加企业和农村维护稳定工作。三是完成拔尖人才和科技副职选派工作。经过基层推荐、专家评审、组织考察、面向社会公示等程序，公开选评第七批专业技术拔尖人才，150人入选；22人经评选获“郑州市青年科技奖”。在做好第五批14名科技副职任职工作的同时，从中科院选派1名科技副职到巩义市任职。

【党员电教工作】　建立电教联系点制度，通过“以点带面”的方法推进基层播放点的建设，在全市农村和城市社区普遍建立电教播放点并形成网络。指导各地采取多种形式积极探索开展远程教育的方法和模式。积极推进农村党员电教科技致富工程“321”的开展，全市共组织科技下乡小分队200多支，下发电教片300多套、2万多张，受益农户达8万多户。制作了一批高质量的电教片，发行《郑州党员电教教材》2500套，制作《共产党人》节目22期，比较全面地宣传了在农村、社区和非公企业党的建设、驻村工作、“学教活动”以及有偿献血普查等中心工作和重点工作中取得的经验和成果。专题片《驻村》，获得2004年中国广播电视学会城市社教节目长纪录片类二等奖；专题片《搬倒井新传》，获得2004年中组部“红星奖”优秀奖。在全国党员电教观摩评比暨工作会议上，郑州市被中组部评为全国党员电教工作先进单位。

【自身建设】　在2003年学习教育活动的基础上，围绕深化下功夫，抓住拓展做文章，依托载体树形象，确保了活动的效果，推动了组织部门自身建设。一是开展“三项教育”。开展政治理论教育，组织机关干部分专题学习邓小平理论、“三个代表”重要思想、十六届四中全会精神；开展革命传统教育，组织机关全体人员分3批赴井冈山接受革命传统教育；开展群众观点教育，组织机关全体人员到巩义市五指岭村和杨树沟村，与群众同吃同住同劳动。省委副书记陈全国对此活动给予充分肯定，并作了重要批示。二是完善规章制度。根据“学教”活动中查摆出来的问题，重新修订《郑州市委组织部机关规章制度》，进一步提高了组织部门工作的规范化管理水平。同时，实行组织工作目标管理，将任务明确到各处室，责任到人，制订奖惩措施，激发机关干部争先创优的热情。三是加强调研宣传。开展“组织工作调研年活动”，市委组织部机关各处室从实际工作出发，确定本处室的重点调研课题，进行深入调研，形成有价值的调研报告10余篇；完成了省委组织部下达的《“三票制”选任干部问题研究》、《高层次人才队伍建设问题研究》和《“双联双增”活动调查报告》等重点课题，有力推动了重点工作的开展。进一步加大组织工作社会宣传力度，在省级以上新闻媒体刊(播)经验文章、宣传报道100余篇；认真办好《郑州组工通讯》、《郑州组工信息》、《郑州组工信访》等刊物，调研、宣传、信息、信访工作继续走在全省前列。四是公开招录人员。根据市委组织部机关人员缺编情况，按照公平、公开、公正的原则，通过报名、资格审查、笔试、面试、体检、考察、组织决定等环节，在全市公务员队伍中公开选拔了10名30岁以下的工作人员，为市委组织部注入了新鲜血液。五是依托各种载体，在推进工作中树形象。深入开展向任长霞同志学习活动，在学习先进中树好形象；深入开展以争创“五型”部门、争做“五好”干部为主要内容的“两争一树”活动，在争先创优中树好形象；积极组织参加“献爱心、救助艾滋病致孤孤儿”活动，在爱民为民中树形象；积极开展创建文明单位先进系统活动，市委组织部机关已连续3年被评为省级文明单位，有8个县(市)、区委组织部被评为县级文明单位，其中5个被评为市级文明单位。

【驻村工作】 根据全省驻村工作的总体部署，结合郑州市实际，经市委研究同意，在全市组织开展了“联乡驻村帮扶”工作。从市直机关抽调184名干部进行培训，同省直5名驻村队员一起，组织成85个驻村工作队，进驻12个县(市)、区的42个乡(镇)、85个村帮助工作，工作队员对所驻村的经济发展和社会稳定发挥了重要作用。

全面总结回顾3年来驻村工作，并表彰第三批驻村工作先进工作队和优秀工作队员。对全市2040名工作队员提出考核等次意见，评选出先进工作队98个，优秀工作队员255名，“五一”劳动奖章获得者10名，优秀共产党员60名，新长征突击手86名，“三八”红旗手50名。

【军转干部安置】 积极协调有关部门做好企业军转干部的稳定和师团职转业干部的安置工作。全年走访慰问企业团职军转干部426人，其中，市级领导走访25人；对403名市属企业军转干部的身份进行审查认定；落实企业军转干部解困政策资金1600万元，为企业军转干部建立医疗保险和养老保险；为6名企业军转干部解决子女就业问题；抽调并组织县(处)级后备干部10人到北京进行信访劝返工作，实现了企业军转干部“无上访”目标。妥善接收安置师团职军转干部97人。

(王延峰 钮平道)

宣传工作

【概况】 2004年，全市宣传思想工作在市委领导下，紧紧围绕学习宣传贯彻党的十六大、十六届三中、四中全会精神和“三个代表”重要思想这条主线，唱响主旋律，打好主动仗，坚持“三贴近”、“三创新”，切实服从服务于市委、市政府的中心工作，广泛深入地开展各项宣传教育活动。宣传思想工作重点突出，基调鲜明，导向正确，为全市的改革开放、经济发展提供了强有力的思想保证、精神动力和舆论支持。

理论工作围绕学习宣传党的十六大和十六届三中、四中全会精神，通过落实党委中心组学习制度、加强副科级以上干部教育培训、开展送理论到基层等各种主题教育活动，把“三个代表”重要思想的学习贯彻向广度拓展、向深度推进。建立和完善了党委中心组“一学一报制度”、“参学制度”、“自学制度”、“中心组成员宣讲辅导制度”等，提高了各级领导用理论武装头脑、指导实践、推动工作的自觉性。组织开展送理论到基层活动，在全市农村党员干部中深入开展“实践‘三个代表’，促进经济发展”主题教育活动，扩大了理论教育的覆盖面。采取座谈会、研讨会、文艺演出、影视展播、新闻报道等多种形式，广泛开展纪念邓小平诞辰100周年系列活动。成立市委宣传部课题组，结合郑州经济社会发展，开展“三个文明”建设、纪念商都3600年、树立和落实科学发展观、建设学习型城市、加快非公有制经济发展、加快城镇化进程等专题研究。各县(市)、区创造性地开展了各具特色的理论学习和宣传工作。登封市广泛开展“领导带头，领导促学”活动，推行“三定三评一测”工作机制；金水区和荥阳市组织了不同形式的培训班加强培训；惠济区组织宣讲团，深入基层巡回宣讲；管城区开展了社区论坛、文化沙龙及星期六全民学习日活动；巩义市开展了主题学习日活动，做强“新巩义讲坛”；上街区开展了“五个一”学习活动；新郑市开展了科级党委中心组学习旁听活动。各级、各部门结合实际，采取自学、外训、宣讲、调研等各种形式，使各级干部提高了素质、拓宽了视野，开阔了思路，增强了信心。

新闻宣传围绕市委、市政府的中心工作，把握导向、加强策划，营造了良好的舆论氛围。坚持新闻管理的各项制度，加强对突发事件报道的管理，牢牢掌握舆论的主动权。组织开展了学习党的十六大、十六届四中全会精神和“三个代表”重要思想、市党代会、人大政协会、“五个一百”等重点系列宣传报道活动，集中宣传全市工业发展、郑东新区建设和中心城区整治、国企改革、非公有制经济发展、推进农村税费改革、优化经济发展环境、创建文明城市等方面的重要工作。精心策划首届世界传统武术节、纪念商都3600年、改善人居环境等系列报道，着力营造全面建设小康社会、加快推进社会主义现代化建设的良好舆论氛围。郑州日报社在搞好新闻宣传的同时，积极改革，创新体制，整合资源，促进了报社社会效益和经济效益的全面提高。市广电局加快广电中心建设，市人民广播电台有1件作品获得中国新闻奖三等奖，取得了历史性的突破，在中央人民广播电台发稿量连续5年居全国省会城市之首。管城区精神文明建设、社区文化活动5次走进中央电视台“新闻联播”；中牟县落实中央1号文件精神的做法上了央视“新闻联播”头条；新密市抓住“风后八阵图记”石碑发现这一重大事件，邀请国内外媒体进行集中采访，催生稿件1000余篇；金水区仅改善人居环境就在《郑州日报》发稿100余篇；新郑在中央、省、市三级媒体仅专版就做了6个。中牟县认真组织“雁鸣湖大闸蟹美食节”新闻采访活动，促进了旅游经济的发展；登封市围绕任长霞先进事迹，邀请全国40多家新闻媒体到登封采访，形成了聚焦登封、盛赞英雄的可喜局面。

思想道德建设坚持以爱国主义为核心，以集体主义为原则，以诚实守信为重点，开展了特色突出的道德实践活动。精心策划开展了郑州商都3600年历史文化宣传教育活动。编写了《古都郑州》成年人、中学生、小学生历史文化知识教育读本，组织了各级各类研讨会、报告会、知识竞赛、主题教育和宣传活动。市新闻出版局精心策划出版了12本《古都·郑州》系列丛书；市文联策划出版了《老郑州——商都遗梦》文学专著；郑州日报社策划举办了“全国晚报感受郑州3600年”大型采访活动；市广电系统策划组织了《探索郑州文明之旅》大型系列报道；管城区按照“月有主题，周有活动”的要求，制发《中华第一都》宣传折页近万份，开辟《古都郑州》读书专柜、商都文化宣传长廊500米、商都文化网站等，极大地推动了商都3600年宣传教育活动向广度和深度发展，为郑州市列入中国八大古都和加入世界古都联盟营造了良好的舆论氛围。以历史文化教育为重点内容的青少年爱国主义读书活动获得全国组织奖。以打造诚信郑州为目标，进一步深化“道德规范进万家，诚实守信万人行”活动，编写了《郑州市公民道德建设教育与实践》一书。积极探索加强外来务工人员的思想道德素质教育，在全市20余万外来建筑职工中组织开展了“革除十大陋习，倡树文明新风”活动，集中开展了交通安全、劳动和社会保障、义诊和健康咨询、文艺演出“四进工地”活动，组织各种宣传小分队深入工地开展各类讲座、文艺演出60余场次，探索建立对建筑民工进行管理、教育的有效机制。全市各级、各部门按照市委宣传部的统一部署开展了丰富多采的道德实践活动。企业文化建设不断深化，中铝河南分公司被评为国内十大企业文化品牌。加强政研会网络建设，市政研会被评为全国大中城市先进学会。加强典型宣传力度，通过中央、省、市媒体，采取新闻报道、组织报告团、拍摄戏剧、音乐剧、建立纪念馆、出版图书、画册等多种形式，多渠道、多角度、多侧面广泛宣传了管城区北下街街道办事处“人民满意公务员”集体和任长霞、吴玲同志的先进事迹，在全国产生了良好影响，形成了学先进、做贡献的热潮。特别是登封市围绕英雄任长霞出版发行了8部图书、画册，组织任长霞先进事迹报告团在全国11个省份巡回演讲26场，邀请央视和河南电视台举办大型主题歌会和戏曲晚会，排练上演大型音乐报告剧《长霞飞歌》，举办“任长霞先进事迹展览”等，既宣传了任长霞，也宣传了登封，在全国产生了巨大反响。

文艺工作坚持“二为”方向，实施精品带动战略，不断丰富人民群众的精神文化生活。创建了郑州歌舞剧院。大型原创舞剧《风中少林》从剧本创作到搬上舞台仅用了1年多的时间，得到专家和省会市民的好评。大型现代豫剧《嵩山长霞》在国内巡回演出，引起社会强烈反响。老年题材的电视剧《越活越明白》、少儿科幻电视剧《快乐星球》相继在中央电视台播出，杂技、综艺、戏曲、书法等一大批文化项目在全国各类评比中获奖。采取市场化运作的绿色周末公益文化活动档次和品位不断提高。首届世界传统武术节开幕式大型文艺晚会、首届“中国河南(郑州)国家大篷动物马戏节”的成功举办，使全市的文化市场亮点不断。巩义市举办了首届“五个一工程”评选活动，对优秀作品重奖10万元，促进了“巩义文学现象”的进一步发展。群众文化蓬勃发展。“郑州俏秧歌”在全市城乡的普及，纪念邓小平诞辰100周年暨第七届青年歌手大赛、庆祝建国55周年群众合唱比赛等主题群众文艺活动，极大地活跃了广大群众的文化生活。举办了首届“绿城读书节”。以绿城广场为龙头的广场文化做到了周有活动，月有主题，全年举办各类活动421场，参与者达100万人次，绿城广场被评为“全国特色广场”。各县(市)、区围绕重大节庆和休假日举办了丰富多采的文化活动。荥阳市承办了河南省首届民间传统优秀戏曲汇演，以首届郑氏文化节为契机，举办了大型综艺晚会和民间文艺汇演；惠济区以大河广场为主阵地，启动了周末广场文化活动；新密市节日文化活动长盛不衰，“青屏周末”广场文艺晚会好戏不断；金水区成立群星艺术团为群众义务演出，极大地丰富了群众的文化生活。加强阵地建设和队伍建设，通过开展大型群众文化调研活动，摸清了全市的文艺家底，通过“三项学习教育”活动，提高了文艺创作骨干的素质。文学创作成效突出，全年共出版长篇小说5部，长篇传记2篇，中篇小说4篇，各种文集6部。坚持一手抓繁荣，一手抓管理，以打击政治性非法出版物和盗版盗印为重点，深入开展“扫黄”、“打非”斗争，全年共开展4次全市性集中行动和8次专项治理活动，有效净化了文化传播渠道和文化市场。

精神文明建设方面，大力加强和改进未成年人思想道德教育，初步构筑了学校教育、家庭教育、社会教育“三位一体”教育网络。出台了《郑州市中小学贫困家庭子女助学实施方案》，筹集资金510.6万元，对全市22000多名特困生实施救援行动。设立未成年人活动阵地、爱心俱乐部，开设“文明市民爱心热线”，解决未成年人活动和教育难题。组织“郑州市爱国主义教育报告团”，免费开放市属爱国主义教育基地，对青少年进行爱国主义教育。举办“郑州市首届青少年青春热舞大赛”、诗词创作大赛，进行健康引导。管城区确定未成人教育“八个一”工作标准，受到中央文明办的肯定。惠济区制定“未成年人思想道德建设五年实施规划”。深入开展细胞创建工程，丰富了群众性精神文明创建的内涵。对照《全国文明测评体系》，制定了郑州市《创建文明城市工作两年规划》，进一步明确了创建工作的着力点、突破口。在社区开展“六有五进”活动。在村镇结合“三下乡”活动和“万村书架工程”继续开展“三进农家”活动。对文明单位进行动态管理，对文明行业进行行风评议，全年共评出190名文明市民。新郑市开展信用公民评选活动；上街区开展“千百十文明家庭”评选活动；登封市率先设置了“精神文明目标奖”；巩义市拿出

18万元对“百里文化长廊”先进进行表彰,极大地调动了创建的积极性。以改善人居环境为重点,出台了《省会改善人居环境工作基本标准》,对全市城区373个社区、3230个小区楼院、1928个单位(庭院)以及村镇进行摸底排查,采取措施,不断完善综合服务功能,使城乡面貌发生了根本改观。中原区实施“六进六心工程”,管城区开展“人人动手、家家动劲、居居动真”活动,惠济区开展卫生日常化管理“八个一”活动,上街区创造性地开展了卷闸门窗改造工作,金水区形成的“三级联创”、“四方联动”的局面,都为改善郑州市的人居环境打下了良好的基础。

对外宣传出台了《中共郑州市委关于加强和改进对外宣传工作的意见》,明确了对外宣传工作的指导思想和主要任务,初步形成了大外宣格局。各县(市)、区以及市直有关委局相继成立组织,配备专职干部,出现了全市加强外宣工作的喜人局面。建立健全了市政府新闻发言人制度,并成功组织多次新闻发布会,理顺了政府新闻发布机制。坚持“请进来”和“走出去”相结合,坚持有重大活动就有重大外宣工作,效果明显。市委外宣办、外事办、侨办、台办、经贸、旅游等涉外部门利用第三届中国河南国际投资贸易洽谈会、首届世界传统武术节、纪念郑州商都3600年活动在郑州举办的有利时机,邀请媒体,开通网站,广泛宣传郑州的悠久历史、灿烂文化以及良好的投资环境,优惠的政策措施,提升了形象,有力地配合了政府的招商引资工作。同时,积极参加外地的商贸活动以及利用郑州在境外、国内设立的16个海外侨务工作代表处,积极主动推介郑州。借助中外文化交流机会,分别在巴西和英国举办“郑州专场演出”,扩大对外文化交流,取得了良好的宣传效果。加强沟通协调,加大对外新闻宣传力度。精心策划中央级、省级主流媒体对郑州市的正面报道选题,据不完全统计,2004年,《人民日报》刊发郑州市正面报道93篇,其中头版头题3篇;央视“新闻联播”共播出55条(次);中央人民广播电台“全国新闻联播”及“新闻和报纸摘要”共播出94条(次);《经济日报》刊发37篇;《光明日报》刊发23篇;《河南日报》头版167篇,头题10篇;河南电视台“新闻联播”共播出232条(次)。积极协调中央对外媒体以及境外媒体到郑州拍摄专题,设置专栏,宣传郑州。加强互联网站管理建设,加大网上宣传力度。《中国·郑州》外宣网、《中原新闻网》、《郑州广播在线》注重发挥网络新闻宣传优势,成为外地了解郑州的新窗口。加强网络舆论信息的分析和管理,实行网上监控,特别是两次突发事件中都实施24小时监控,确保网络信息的正确导向。实施外宣品“精品”工程和“灯下亮”工程,编辑出版《2004中国郑州》、《郑州指南》、《郑州典故》,在全市星级宾馆、饭店、旅游景点设置外宣书架,开创外宣品发放、宣传的新路子。登封市抓住首届世界传统武术节经贸活动和迎宾仪式在登封举办的有利时机,开展立体宣传,现场录播迎宾活动《龙腾少林》,举办“聚焦登封”电视大赛,摄制电视宣传片、专题片,制作VCD光盘,编印《走进登封》大型宣传画册,开通《中国嵩山少林网站》。荥阳以首届郑氏文化节为契机,先后召开两次全国性新闻发布会,制作外宣光盘,编印《魅力荥阳》画册,举办世界郑氏书画展等丰富多采的社会宣传及文化活动,极大地提高了荥阳的知名度。新密市组织编辑了《新密投资指南》一书,有力地促进了招商引资工作。

队伍建设方面,坚持在新闻、文艺、出版战线深入开展“三项学习教育”活动,不断提高宣传文化队伍特别是骨干人员的政治业务素质,加强党管意识形态能力的建设,确保党对意识形态的领导。组织宣传文化系统领导干部到北京、上海以及高校培训学习,开阔视野和思路,不断提高发展宣传文化事业的能力。坚持理论和实际相结合,在全市宣传文化战线开展大型调研活动,提高广大干部发现、解决实际问题的能力。组织开展学习型机关、服务型机关的建设,开展“两创一争”和创建文明系统活动,形成了积极向上的良好风气。

(卫 冰)

【纪念邓小平诞辰100周年】 2004年是邓小平同志诞辰100周年。为了缅怀小平同志的丰功伟绩,根据中央和省、市委的统一部署,郑州市在7、8两个月集中组织了系列纪念活动。其中大的活动主要有:纪念邓小平同志诞辰100周年座谈会、理论研讨会。市社科理论界专家学者和邓小平同志视察过的单位代表以及接见过的人员代表,围绕邓小平同志的生平,邓小平理论的时代意义和时代特征,邓小平的发展观、科学技术价值观,邓小平侨务思想,邓小平与当代中国政治发展,“一国两制”构想与中国的和平崛起发展道路等开展了专题研讨和座谈。纪念邓小平同志诞辰100周年书法、美术、摄影展,共展出100幅书法、美术、摄影作品,2000多名市民参观了展览。纪念邓小平同志诞辰100周年青年歌手大赛和专场文艺晚会,近万名观众观看了大赛和文艺演出。纪念邓小平同志诞辰100周年新闻宣传、影视展播。《郑州日报》、《郑州晚报》开辟了“纪念邓小平同志诞辰100周年”、“红色中原”、“特别报道”等栏目,共发新闻和纪念文章、专访等60余篇。郑州人民广播电台推出大型广播文献节目《伟人邓小平》、访谈节目《走近邓小平》等广播节目。郑州电视台播出了《伟人邓小平》等记录片和影视作品。郑州有线台制作播出了20集电视专题片《邓小平与郑州》,播出了《百色起义》、《大决战——淮海战役》等电影。郑州文艺台播出广播剧《邓小平的故事》和一些纪念文章。广电系统在纪念活动中,共播发新闻100多条,专题30多个。纪念邓小平诞辰100周年送电影进社区活动,从7月初开始,历时两个多月,每周五、周六晚上同时在郑州市10个社区(广场、小区)放映纪念邓小平同志丰功伟绩、具有教育意义的革命、历史题材影片，到8月底共放映200多场。

（卫 冰 方德江）

【深入学习十六届四中全会精神】 2004年9月16日至19日，党的十六届四中全会在北京召开。市委于9月22日召开市委常委(扩大)会议，传达学习四中全会公报，认真领会全会精神，研究全市学习贯彻全会精神的初步意见。9月28日，市委中心组就四中全会精神进行集中学习讨论，并就如何学习贯彻十六届四中全会精神作了进一步动员。为在全市迅速掀起学习贯彻十六届四中全会精神的高潮，市委又专门召开常委(扩大)会议，进一步研究学习贯彻全会精神的意见，下发了《中共郑州市委关于认真学习贯彻党的十六届四中全会精神的通知》。全市各地、各部门迅速行动，多渠道、多层次、多形式组织广大党员干部群众深入学习贯彻四中全会精神。一是举办大型理论报告会，为县级以上领导干部和机关干部做深层次学习辅导。市委宣传部会同市委组织部举办学习贯彻党的十六届四中全会精神报告会，邀请中央党校党建部主任卢先福教授作专题辅导报告。市四大班子领导和机关干部1000余人参加学习。二是开设"中心组学习实录"，推动中心组开展学习。在对全市各级党委中心组学习十六届四中全会精神作出全面安排的基础上，在《郑州日报》开设"中心组学习实录"栏目，摘要发表两个县(处)级中心组学习讨论情况，对全市各级领导班子深入学习十六届四中全会精神起到了极大的推动作用。三是刊发重点文章，加强学习辅导。组织专家学者和各级领导干部撰写学习文章18篇，学习问答6组24篇，在《郑州日报》发表，阐述四中全会《决定》提出的新思想、新观点，回答广大党员干部群众学习中遇到的疑难问题，对全会精神的深入学习起到了积极的作用。四是开展送理论到基层活动。各县(市)、区利用基层党校、市民学校、农民夜校等阵地，采取领导干部下基层讲课、组织宣讲团、周末课堂、社区论坛、文艺演出等各种形式，结合群众关心的生产生活中的热点难点问题，到社区、农村、学校开展宣讲辅导。重点抓好工地、非公有经济组织及流动党员等薄弱环节的学习宣讲工作，各地各部门通过举办各种"论坛"、讲座和辅导班，开展了内容丰富、形式多样的宣讲辅导活动。市直机关利用学习日、党日、报告会等形式认真组织机关人员学习，进一步增强了针对性和感染力。

（方德江）

【郑州商都3600年宣传教育活动】 从年初开始，市委宣传部牵头，组织专家学者及有关部门深入挖掘郑州商都3600年悠久灿烂的历史文化，广泛开展郑州商都3600年历史文化系列宣传教育活动，使全体市民更深入地认知古都历史，热爱祖国、热爱家乡，提高古都保护意识，弘扬民族精神，增强对这座城市的自豪感和凝聚力。

3月11日，召开全市商都3600年系列宣传教育活动动员会。4月3日在汇龙城广场组织开展主题为"爱我郑州、保护商城"集中宣传日活动，商城保护义务监督员代表宣读了倡议书，市领导向23支商城保护志愿服务队授旗，并组织了万人签名和百块郑州历史文化知识展板。

市属各新闻媒体均通过设置专题、专栏等形式，加大对郑州历史文化知识的宣传力度。《郑州晚报》开设《灿烂3600年》专版，定期介绍郑州历史文物景点和历史知识；郑州市电视台《绿城对话——走进直播间》先后多次组织专家学者走入直播间，阐解郑州灿烂辉煌的历史，与市民群众交流开展商都3600年宣传教育活动的重要意义。3月11日，《绿城对话》将直播间搬到商城脚下，请专家学者与市民群众纵论开展商城遗址保护、弘扬郑州历史文化的意义。

为确保活动扎实有效开展，先后编辑出版《古都郑州——郑州历史文化知识教育读本》及中、小学读本。策划组织了"灿烂3600年——郑州历史文化知识报纸知识竞赛"、"灿烂3600年——郑州历史文化知识网上知识竞赛"和"古都郑州——纪念郑州商都3600年电视知识竞赛"，借助报纸、网络、电视等现代传媒，向广大市民传输郑州历史文化知识，在全市迅速掀起学习郑州历史文化知识的热潮。同时，《郑州日报》、《郑州晚报》开辟了《郑州记忆》、《灿烂3600年》系列报道专栏，定期介绍郑州历史知识，深受读者欢迎。郑州有线电视台制作播出了9集《话说郑州商都3600年》专题片，在观众中产生了较大反响。郑州人民广播电台制作的《商都往事》、《商都访古》、《商都寻古》，郑州经济广播电台制作的《认识郑州》、《郑州3600年》、《古都郑州》，郑州文艺广播电台制作的《看郑州》等专题节目，从多角度、多侧面宣传郑州历史文化，成为广大市民喜爱的精品栏目。这些内容丰富的专题节目，拓宽了教育渠道，构筑了向市民群众进行历史文化知识教育的立体网络。

在搞好宣传教育的同时，注重精选载体，吸引市民参与，策划、组织了"青春与古都同行"万名青少年历史文化火炬传递接力赛活动、"商都郑州我的家"郑州历史文化游活动、"商城遗址保护摄影行动"、文学艺术家商都采风活动以及商都3600年演讲比赛等系列活动。全市各县(市)、区也积极行动，结合本地实际，开展了富有特色的系列宣传教育活动。特别是新郑市和荥阳市充分发掘深厚的历史文化底蕴，成功举办了"炎黄文化节"和"国际郑氏文化节"，扩大了城市知名度，促进了地方经济发展。

为配合宣传教育活动，陆续推出了《商都遗梦》、《老郑州》等系列图书。在北京、郑州分别召开郑州商都3600年研讨会、郑州商都殷商国际学术研讨会等重要学术会议。在11月1日至5日召开的郑州商都3600年学术研讨会暨中国古都学会2004年年会上，郑州被正式列入八大古都。

（卫 冰）

【舞剧《风中少林》】 《风中少林》是郑州市组织创作生产的一部大型原创民族舞剧，以弘扬人间正气和少林禅武精神为主旨。全剧既有精湛的少林功夫展示和恢弘的战争场面，又有凄美的爱情和曲折的故事情节。通过优美的肢体语言、雄浑的音乐和新颖的布景照明，将少林文化与舞蹈艺术完美结合，彰显了中原文化的精粹，给人们带来强烈的艺术震撼。该剧从筹划初期，就向全国一流水准看齐，编剧、导演、作曲、舞美、灯光、服装和武术设计等方面，聘请国内一流的艺术家进行创作。2004年10月17日～20日，《风中少林》由新组建的郑州歌舞剧院在河南省人民会堂首演，受到社会各界的一致好评。

【郑州歌舞剧院】 郑州歌舞剧院成立于2004年3月，编制150人，下设办公室、编创部、演员管理部、事务部、舞美工程部等。歌舞剧院通过建章立制，吸纳人才，完善设备，把“追求经典、创造美丽”的理念落实到每一项工作中，力求在中国最古老的文明古都，创作最具活力的歌舞剧院；在民族最丰厚的文化沃土上，打造百年吟唱的经典歌舞。创院伊始，剧院即倾力打造大型原创民族舞剧《风中少林》，首演取得了巨大成功。

【首届世界传统武术节文艺晚会】 2004年10月16日晚，首届世界传统武术节开幕式大型文艺演出在省体育中心隆重举行。晚会分为《少林雄风》、《天地英雄》、《书剑春秋》、《中华武魂》等4个篇章，场面气势磅礴，艺术格调高雅大气，以武术为主要内容的节目和浑然一体的主题音乐贯穿始终。彭丽媛、宋祖英等艺术家的倾情演出、“有山有水”变化多端的舞台设计和优美的舞姿，展示了少林武术、中原文化的博大精深，同时又充分体现了武术和文化的国际性，展现出体育运动的无限魅力。

【郑州市第七届歌手大赛】 7月中旬至8月底，举办了纪念邓小平诞辰100周年暨第七届青少年歌手大赛。大赛吸引了近千名选手参赛，既有专业歌手，也有来自基层和机关院校的文艺爱好者。参赛作品有群众耳熟能详的经典曲目，也有选手自创自编的新作，内容丰富，形式多姿多彩，表演具有一定水准。经过省会音乐界专家的严格评审，13人获一等奖，32人获二等奖，100多人获三等奖和优秀奖，9个单位获组织工作奖。8月20日晚，在绿城广场举办了纪念邓小平诞辰100周年大型文艺晚会。晚会节目既独立成篇又有机相连，歌颂了邓小平同志的不朽业绩，表达了全市人民对世纪伟人的深切缅怀。

【广场文化活动】 2004年，在绿城广场先后举行了迎接首届世界传统武术节大型群众文体活动、百万妇女健身舞蹈大赛、青少年器乐大赛、戏曲票友大赛、歌手大赛、街舞大赛等文艺活动和古都郑州3600年、募捐、世界抗癌日、税法、环保、戒毒、全国拔河赛等各类文化宣传活动共421场，参与人员达100万人次，既有省、市领导，也有机关干部、企事业单位职工、大中专院校师生，还有从郊县赶来的农民、两鬓斑白的老人和天真活泼的儿童。绿城广场文化活动已成为郑州市的群众文化品牌，2004年被评为“全国特色文化广场”。

【庆祝建国55周年群众合唱比赛】 为在全市形成庆祝建国55周年的热烈氛围，在全市机关、企事业单位和大中专院校的70多个单位中开展了合唱比赛。市四大班子领导和各局委班子成员带头参加。通过这次比赛，充分反映了机关干部和广大职工群众的集体主义和团队精神面貌，大大提升了郑州市群众合唱水平的档次，推动了群众艺术的繁荣和发展，在社会各界引起强烈反响。9月27日晚，在市艺术宫举行了颁奖仪式。市领导杨丽萍、李保山、孙新雷、武国瑞等为获奖单位代表颁奖。仪式结束后，8个合唱代表队为现场观众演唱了13首主旋律歌曲，赢得了阵阵掌声。

【郑州俏秧歌】 2004年，在广泛调研、征求意见的基础上，组织省会专家编排了一套具有鲜明现代生活特征和浓郁中原风情的新秧歌——郑州俏秧歌。音乐选用群众熟悉的民歌《游春》、《编花篮》等，服装、道具和套路编排也突出了中原特色和“俏”的艺术特点，将表演性、健身性、娱乐性融为一体，体现了好看、好学、好玩、好健身的群众文化活动特点。一经推出，受到了群众热烈欢迎，得到社会各界的广泛好评。郑州市第三届市直机关运动会根据各单位的要求将其列入比赛项目，选拔人员组队参加全国中老年秧歌大赛获得二等奖，参加全省文艺汇演获得金奖。

【文化科技卫生三下乡活动】 2004年元月，协调13个成员单位及荥阳市有关部门，在荥阳市高阳镇举行了郑州市迎新春文化、科技、卫生“三下乡”大型集中示范活动。活动共安排100多位农业科技、医疗卫生专家和律师等，现场为群众解疑答难，直接服务群众达2万多人，现场发放资料6万多份，带去500多块宣传展版，赠送价值10多万元的医药、计生用品和图书等，并组织书法家义写春联、科技大篷车科普展览、商品展销和豫剧演出。据不完全统计，全年共送图书下乡14.86万册，送戏下乡293场；下乡服务科技人员3886人次，举办科技培训班810场次，培训农民44万多人次；下乡医疗队148支1790人次，诊治病人41万人次。常年坚持开展的“三下乡”活动，对于帮助农民群众转变思想观念，提高文化素质，增强科技意识，普及卫生常识起到了积极推动作用。

（骆鸿祥）

【《宣传工作通讯》】 《宣传工作通讯》由郑州市委宣传部主办，2004年创刊，它秉持宣传方针政策、传播先进文化、交流经验信息、服务中心工作的宗旨，紧紧围绕中央重大方针政策和省、市委重要部署，致力于为宣传思想工作服务，为全市广大宣传干部服务。刊物内设重要言论、要文在线、领导讲话、专家观点、知识讲座和他山之石等栏目，2004 年，分别以十六届四中全会、全国、全省宣传工作会议，向任长霞同志学习，郑州商都 3600 年，建设学习型城市，未成年人思想道德建设，改善人居环境和调查研究等为主要内容，共编刊 12 期，每期印刷 900 份，成稿 40 多万字，免费向各县(市)、区，市直有关单位，市属宣传文化单位和全市舆情信息直报点发放，受到广泛好评。

（王　红）

【宣传干部培训】 为进一步提高宣传思想战线领导干部水平，提高宣传干部队伍素质，解放思想，更新观念、加快社会主义先进文化建设，2004 年，市委宣传部联系宣传工作实际，分层次、多渠道、多形式开展宣传干部培训工作。先后举办 4 期专题培训班。一是围绕提高领导干部执政能力，在上海举办全市宣传干部培训班，共培训部分县(市)、区主管宣传工作的副书记和各县(市)、区委常委、宣传部长以及部机关干部 40 余人。二是按照中央“三项学习教育活动”的要求，在清华大学新闻与传播学院举办新闻策划高级研讨班，共培训市属新闻单位中层以上业务骨干和部机关部分业务干部 40 人；在郑州市委党校举办郑州市文艺创作骨干培训班，共培训文艺创作骨干 60 名。三是为做好郑州商都 3600 年历史文化宣传教育活动，举办了郑州历史文化知识宣传教育骨干培训班，共培训各县(市)、区委宣传部宣传科长、市直委局组宣处处长、部分历史文物旅游景点负责人以及有关单位人员 260 人。

（马素华）

统战工作

【围绕中心服务大局】 2004 年，全市统战系统各单位紧紧围绕市委、市政府的中心工作，把加快经济建设作为重点。一是积极参与招商引资活动。全市统战系统各单位抓住在郑举办第三届中国・河南经贸投资洽谈会、首届世界传统武术节、首届郑氏文化节和海外工商团体来河南考察等契机，积极邀请港澳台、海外和全国工商联知名企业家代表团、商贸考察团、经济文化交流团 142 个，2300 多人来郑参加活动，其中，市委统战部、市台办、市侨办、市侨联在第三届中国・河南经贸投资洽谈会期间，邀请香港、台湾和海外工商界代表团 4 个、60 多人；市委统战部结合首届世界传统武术节邀请香港、澳门、台湾和全国工商联知名企业家代表团 4 个、200 余人；荥阳市委统战部在首届郑氏文化节中，邀请国内外郑氏宗亲团组 113 个、1500 多人；郑氏宗亲为荥阳社会公益事业捐资 500 万，并在荥阳创办郑文友中医肿瘤医院、京城花园、郑氏酒业食品有限公司等 5 个实体，总投资 5000 多万元，实现了文化搭台、经贸唱戏。市台办积极开展对台交流，组织赴台交流团体 11 个、114 人，接待台湾来郑交流团组 21 个、401 人，参与组织对台交流项目 39 个，引进 7 家台资企业入驻。登封市委统战部还积极协助登封市政府发布项目 104 个，签约 13 个，合同资金 60 多亿元。市侨办利用第三届中国・河南经贸投资洽谈会，召开项目对接座谈会，组织 16 家企业，20 多个单位与外商面对面交流，成功对接项目 3 个。通过组织来郑人员参观考察投资环境，宣传投资政策，积极牵线搭桥，全市统战系统引进项目 112 个，合同利用市外资金 51.592 亿元，到位资金 8.625 亿元。二是各级统战部、工商联加强对非公有制经济人士的“团结、帮助、引导、教育”工作。市委统战部深入 100 多家非公企业和商会调研，帮助企业研究发展思路，协调解决企业发展中遇到的困难和问题，与企业负责人和班子成员谈心，教育他们爱国、敬业、诚信、守法，树立符合社会主义市场经济要求的经营理念、价值观念和道德规范，做中国特色社会主义建设者。市工商联积极发展商会会员、建立行业商会、异地商会、组织企业家沙龙活动、选送企业家代表到中央党校学习，进一步提高全市非公经济人士的综合素质。组织全市民营企业家参加孟州市委、市政府举办的招商活动和沈阳市工商联举办的“2004 年全国民交会项目说明招商会”活动，积极为企业发展创造条件。三是全市统战系统各单位，积极为广大非公有制企业服务。深入企业了解情况，围绕非公企业发展中遇到的新情况、新问题撰写多篇调研文章，并及时帮助企业协调解决矛盾、纠纷和各种困难问题 69 个，进一步密切了统战部门与非公有制企业的联系。侨、台部门结合实际，继续贯彻落实《中华人民共和国归侨、侨眷权益保护法》和《台湾同胞投资保护法》，积极维护归侨、侨眷、台胞、台属和侨台企业的合法权益，受到广大归侨、侨眷、台胞台属的好评。四是加强海外统战工作。市委统战部先后接待了老挝中国和平统一访问团一行 18 人，泰国祖国统一联合会访问团一行 40 人和日本、澳洲等国家友好团体，组织参观、座谈，进行工作交流，联络了感情，增进了友谊。五是召开郑州市海外联谊会第三届理事会，邀请港澳台及海外政治上有影响、经济上有实力、社会上有声望、学术上有造诣的代表人士和社团领袖担任荣誉会长、名誉会长和副会长，并积极发挥他们的优势，利用多种渠道招商引资，招贤引智，为加快经济发展做出了新贡献。

【构建和谐社会维护团结稳定】 全市统一战线以构建和谐社会、维护民族、宗教界团结稳定、帮助弱势群体为重点。一是积极宣传党的民族宗教政策。利用开斋节、复活节、圣诞节等民族宗教节日，组织宣传月、宣传周活动，对民族宗教政策广泛进行宣传。二是积极建立健全民族宗教工作网络。在全市 164 个乡(镇)、街道办、811 个村建立民族宗教工作领导小组和村管会，加强对民族宗教工作的领导。三是举办民族宗教干部培训班、少数民族人士实用技术培训班 98 期，培训 5786 人次，为做好民族宗教工作、繁荣少数民族经济、促进各民族共同发展培养了人才。四是为少数民族聚居地区争取扶持项目 28 个，资金 210 万元，给少数民族群众争取小额贷款 1970 万元，为发展少数民族经济创造了条件。五是对 1218 家清真食品生产销售网点和 421 个宗教活动场所进行年检和年审，加强了对民族宗教事务的管理。六是认真协调处理民族宗教方面的突发事件和热点、难点问题。在协调处理惠济区、新郑市、中牟县等涉及到少数民族群众参与的事件中，在市委的统一指挥下，市民委、惠济区、新郑市、中牟县委统战部全力以赴，坚持一线工作，协调关系，化解矛盾，做稳定工作。全市各级统战部门积极配合，为维护团结稳定做出了积极的努力。在处理穆光阿语学校等难点问题时，按照市委的要求，成立领导小组，由市委统战部主要领导负责，深入调查研究，多次找关键人物谈话，使这个各级领导高度重视，长期没有解决的历史遗留问题得到了妥善解决。七是全市统一战线把帮扶弱势群体，当作维护社会稳定的重要内容，积极组织实施"阳光计划"，开展形式多样的帮扶活动，帮扶资金达3530.25万元，并安排大、中专毕业生、下岗工人、城镇失地农民 64242 人到非公有制企业工作。

【凝聚力工程】　全市统一战线凝聚力工程以爱国主义、社会主义为旗帜、以弘扬中华民族文化为纽带、以实现中华民族共同利益为目标。以争取人心、凝聚力量为重点，强化领导，构筑工作网络；强化宣传，开展形式多样、丰富多采的宣传活动；强化调研，创新工作方法，交流工作体会，较好地发挥了黄帝文化、河洛文化、嵩山少林文化、姓氏文化和省会城市统战资源丰富的优势，进一步加强与港澳台及海外在各领域的联系交流与合作。利用社区统战这个有效载体，以金水区为典型，召开现场会，推广经验，制定下发了《中共郑州市委统战部关于加强社区统战工作的意见》，明确社区统战工作领域、工作对象、工作原则和工作职责，建立工作机制，发挥社区统战资源作用，积极开展"双向服务"，进一步推进统战工作向更深层次、更广领域的延伸。金水区、二七区、中原区、管城区加强对社区统战工作的领导，在开展"双向服务"中，充分发挥社区统战资源作用，社区出现事务共管、文明共建、环境共护、稳定共保的新气象，搭建凝心聚力平台，为促进祖国统一争取了人心，为建设郑州、发展郑州凝聚了力量，得到中央统战部的充分肯定。

【统战调研及宣传信息工作】　通过认真谋划，精心组织，狠抓落实，统战调研、宣传、信息工作取得新的进展。一是统战调研工作有突破。全市统一战线围绕党委的中心工作、围绕统战方针、政策的贯彻落实，按照市委统战部下发的《2004 年统一战线理论研究课题计划》，深入开展调查研究，撰写各类调研文章 500 多篇。新密市委统战部撰写的《把握三个强化　抓好四个结合　扎实开展凝聚力工程》、中牟县委统战部撰写的《为中牟县经济快速发展增添力量》被中央统战部《调研参考》采用，在全省统战调研工作评比中，郑州市获优秀组织奖。二是宣传工作有创新。与市委宣传部联合下发《关于加强统一战线宣传工作的意见》，建立统战部、宣传部、新闻单位三位一体的统战宣传工作机制。通过到市委党校、各级党委、各民主党派举办的学习班讲统战知识课，组织举办全市统一战线"迎七一·三增强四热爱"诗歌朗诵会等大型活动，组织参加全省统战知识竞赛答题 17 万份，印制凝聚力工程宣传册和民族宗教政策法规宣传册 20000 多册，组稿在省以上报刊发表文章 68 篇，编印出版了《凝心聚力》、《赞歌献给党》文集，广泛进行宣传，进一步扩大了统一战线的影响。上街区委统战部结合实际，两次给区委讲授统战知识课，受到省委统战部主要领导的表扬。三是信息工作继续保持领先位置。全年对全市统战信息工作人员进行了 3 次培训，提高了大家的工作能力。全市统战信息工作人员，围绕各级党委的中心工作，抓住重点，及时反映统一战线的大事、要事、新事。上报信息被中央统战部《每日汇报》、《统战工作》、《统战信息专报》、《零讯》采用 85 条，同比增长 100%，在全国 60 个统战信息直报点城市评比中，排第 6 位，获二等奖。被《河南统战信息》、《零讯》、《情况反映》采用 235 条，在全省评比中获一等奖。新密市、巩义市、荥阳市和中牟县委统战部结合工作实际，积极撰写统战信息，多次被中央统战部和省委统战部采用，为郑州市统战信息工作在全国、全省取得好的名次做出了贡献。

【统一战线三支队伍建设】　以培养、教育、考察、举荐为重点，进一步加强统一战线三支队伍（统一战线党政领导干部、统战干部、党外干部）建设。一是以提高统战工作水平，创新统战工作方法为重点，结合理论研讨会，对各县（市）、区委统战部长进行 3 次培训。二是以学习党的统战方针政策，提高履行统战工作职责的能力为重点，组织县（市）、区委统战部副部长和部分统战干部到中央统战部杭州培训基地进行培训。三是以增强各级干部统战意识，学习统战知识为重点，到市委党校讲授统战理论、知识课。四是以提高全市统战干部综合素质为目的，作为中央统战部的试点单位，用 5 个月的时间，在全市统战系统开展了"树统战干部形象、建党外人士之家"学习教育活动。按照市委李克书记和马懿副书记的重要批示要求，市委统战部成立了由主要领导同志负责的学教活动领导小组，下设办公室和 7 个指导组，研究制定学教活动计划，并负责全市学教活动的组织协调指导工作。通过一个阶段一动员，一个环节一总结，一个阶段一验收，较好地组织了参观学习和专题讲座，并利用多种渠道，广泛征求意见，结合实际进行整改，修订完善了工作制度，使全市统战干部在学教活动中受到了教育，综合素质得到了提高。各级统战部门为党外人士服务的意识普遍增强，分别建立了党外人士之家。由于各级党委、政府的重视和支持，较好地落实了学教活动计划，探索了路子，总结了经验，受到中央统战部的肯定和省委统战部的表扬。五是积极推动市直统战系统干部交流，进一步调动了大家的积极性。六是加强对党外干部的培养教育，采取以会代训的办法，先后召开4次党外干部座谈会，听取党外干部的工作汇报和建议，培养他们的政治意识、学习意识、团结意识、大局意识、责任意识、创新意识、求实意识、廉洁意识，进一步提高了他们的政治素质和工作水平。

【巩固多党合作和政治协商制度】 从加强政治文明建设的高度出发，进一步加强各民主党派、工商联、无党派人士和党外知识分子工作。一是加强对民主党派的政治引导。经常到各民主党派走访慰问，与党派成员谈心、交心，给各民主党派培训班讲课，教育他们站稳立场，要和中国共产党同心同德，不要离心离德，要精诚团结，不要貌合神离，要一路同行，不要分道扬镳，进一步增强他们坚持和完善中国共产党领导的多党合作政治协商基本政治制度的信念。二是积极推动党外人事的政治安排。结合市人大、政协换届，积极举荐党外人士，6个民主党派的主委和工商联会长进入市级领导班子，使人大、政协党外人士比例比往年有明显提高。三是与市委组织部联合召开全市培养选拔党外干部工作会议，制定工作意见，加强对党外干部的培养选拔工作。四是积极推动党外人士实职安排。在市委组织部的大力支持下，到本年末，全市党外县(处)级以上干部达到100名，在市直23个委局和单位安排了党外副职，进一步推进了同党外人士合作共事，受到了中央组织部和中央统战部的好评。五是建立各民主党派、工商联负责人联合中心组学习制度，并组织他们学习科学发展观和党的十六届四中全会精神，结合实际，对搞好多党合作和政治协商进行研讨。各民主党派、工商联负责人和无党派人士在市委、市政府组织的政治协商会、情况通报会、双月座谈会和列席的党代会、政府工作全会中，积极参政议政、建言献策。大家以会议发言、人大议案、政协提案和视察报告等形式，对改革和建设中的重大问题及人民群众普遍关心的热点问题提出议案、提案300多件，被有关部门立案200多件，受到市委、市政府的高度重视。六是组织对郑州市贯彻落实《中共中央关于坚持和完善中国共产党领导的多党合作和政治协商制度的意见》15年来的情况，进行检查总结，进一步推动多党合作政治协商的规范化、制度化，在省委统战部来郑检查时受到好评。七是积极支持各民主党派坚持各项工作制度，搞好班子团结，协助市民革完成了换届工作，进一步加强了他们的组织建设。八是组织召开各民主党派特约“四大员”工作经验交流会，并组织他们参加检查评议活动，进一步发挥他们的民主监督作用。

(毕和平)

老干部工作

【概况】 2004年，全市老干部工作以与时俱进的精神，强化自身建设，探索研究新形势下做好老干部工作的方法和途径，突出重点，提高水平，全面落实老干部政治、生活待遇，加强老干部思想政治工作，保持老干部队伍稳定，积极组织和引导老干部在改革开放和现代化建设中发挥作用，使老干部工作取得了可喜的成绩。

截至年底，郑州市共有离休干部6618人。其中，行政单位1616人，事业单位2292人，企业2710人；享受单项副省级待遇1人，享受地专级待遇282人，享受县(处)级待遇2862人，一般干部3473人；红军时期15人，抗日战争时期764人，解放战争时期5839人；70～79岁的4986人，80岁以上的1632人。

【为老干部办实事】 一是市委、市政府领导重视老干部工作，关心爱护老干部。市委书记李克对老干部活动中心的建设问题做出重要批示，市委组织部、老干部局按照指示精神，已做好老干部活动中心改扩建的全部准备工作。市长王文超、常务副市长李柳身多次听取老干部工作情况汇报，在市政府各项经费暂缓拨付的情况下，拨出专款清欠离休干部的医疗费。市委副书记祁金立对离休干部的每一封来信，都认真审阅批示，并要求将每封信的处理结果及时向他汇报。市委常委、组织部长王璋，把老干部工作列入重要议事日程，经常召集老干部工作部门的同志，听取汇报，研究解决医疗费的清欠和建立完善“三个机制”等方面的重大问题，有力地促进和支持了老干部工作。二是精心组织春节期间对市级老领导和老红军的慰问和联欢活动。三是为全市2079名老干部进行健康检查，为每一位离休干部建立健康档案。四是全年组织保健讲座3次，有2000余名老同志参加。五是为全市53名红军及红军遗孀发放困难补助金共15900元。为使红军配偶和遗属的生活困难得到根本解决，出台了红军遗属困难补助文件，使每个红军配偶和红军遗属的月工资提高到500元，无工作的老红军配偶门诊费提高到每月100元。六是妥善解决市属部分企业下放区里后离休干部的管理和待遇落实问题。

【落实“两费”工作】 一是认真抓了离休干部“两费”保障机制和财政支持机制的建立和完善。按照“中办厅字[2000]61号”和“豫财社[2003]123号”文件精神，市老干部局、财政局、劳动和社会保障局等部门对困难企业进行了大量深入扎实、艰苦细致的调查研究工作。重点在完善机制和保障运行上下工夫，在抓好2003年出台的《关于建立和完善离休干部离休费、医药费财政支持机制的意见》贯彻落实的基础上，6次召开由财政、劳动、卫生等部门参加的协调会，研究并下发《郑州市市属企事业单位离休干部医疗保障管理暂行办法》，于8月1日起正式在全市实施。全市11个县(市)、区也以不同形式建立离休干部“两费”保障机制和财政支持机制，另1个区的离休干部“两费”保障机制和财政支持机制将于2005年正式实施。二是继续加大医疗费的清欠和管理。为了解决市属部分特困企业医保机制建立前拖欠离休干部医疗费，市政府高度重视，在财政紧张的情况下，特事特办，共清欠离休干部“两费”600余万元。三是根据“豫老[2004]7号”文件精神，加强了改制、破产企业离休干部管理服务工作。各县(市)、区采取减一补一(中牟县、新郑市、新密市、惠济区、金水区)、系统内调整(巩义市、登封市、荥阳市、中原区、二七区、管城区)、收归老干部局成立服务中心(上街区)等方式，使全市改制、破产企业的大部分离休干部得到了较好的安置。

【落实政治待遇】 一是利用有效载体，抓政治理论学习，提高思想素质。以党的十六大和“三个代表”重要思想为重点开展政治理论学习。为了把学习十六大精神的活动引向深入，深刻领会“三个代表”的精神实质，9月份，在全市离退休干部中广泛开展了学习党的十六大精神和“三个代表”知识竞赛活动。各县(市)、区和市直各单位认真组织，动员广大老同志积极参加。经过比赛，巩义市、司法局、金水区分获一、二、三名，上街区、中原区、中牟县、市教育局4个单位获优秀组织奖。各级老干部工作部门还采取举办理论学习班、形势报告会等形式，广泛组织老同志参加政治理论学习，使老同志的思想素质得到进一步提高。二是离退休干部党支部建设得到进一步加强。结合推荐全国、全省老干部先进个人和先进离退休党支部工作，认真抓了老干部党支部建设，进一步增强了老干部党支部的凝聚力和战斗力，全市老干部党员基本做到了组织健全，活动经常。按照具有代表性、先进性和典型性的要求，经过多次筛选，完成全国、全省老干部先进个人和先进离退休干部党支部推选，登封市鹅坡武校的梁以全老人和管城回族区北下街办事处离退休干部党支部受到全国表彰，21名先进个人、7个先进党支部受到省委的表彰。三是离休干部政治待遇落实。2004年，市委在召开党代会、人代会和解决重大问题时，多次召开通报会和座谈会，认真听取老同志的意见和建议，直接体现了市委领导在政治上对老同志的关心和尊重，为落实好老干部的政治待遇做出了榜样。为了让老领导们开阔视野，更好地为改革开放和经济建设服务，市委书记李克动员市级老领导去南方考察，经过半年多的精心准备，11月份，市级老领导考察团赴南方考察，先后参观考察了广州的本田公司、黄埔军校、大学城，深圳的华为集团、园博会，珠海的市容市貌，海南的博鳌会址、天涯海角等地。各级老干部工作部门坚持组织传达文件、通报工作、参观考察工农业生产和重点项目建设等制度，使老干部的政治待遇得到较好的落实。据统计，全年全市各级共召开老干部工作座谈会286次，向老干部通报工作163次，联系老干部21700人次，走访慰问老干部10690人次，看望生病住院的老干部1560人次，组织老同志参观工农业生产和重点项目建设261次。

【思想文化阵地建设】 一是成功举办老干部活动中心成立20周年庆典活动。20年来，老干部活动中心积极顺应社会发展的要求，不断创新，开展丰富多采、具有时代感的文娱活动，使老干部活动中心真正成为老干部之家、老年人的乐园。庆典活动以一个总结大会、一个“夕阳三姊妹”及反映活动中心20年工作的书、专题片、图片展和一个老年人自编、自导、自演、自娱的活动周，把庆典活动推向了高潮；5天时间，前来观摩、学习、活动的同行、老年人达4万多人，省、市电视台、电台、报纸都进行了宣传；通过庆典活动，扩大了郑州市老干部活动中心在省内外的知名度，树立了良好的自身形象，增强了全社会尊老、敬老、爱老的良好风尚。二是注重在提高品位、扩大影响的大型活动上下工夫，为老年人展示自我提供平台。5月份组织老干部参加了中央电视台“激情广场”栏目组在登封组织的“永恒的彩霞”歌会，这场歌会是由中宣部、公安部、全国妇联主办的宣传任长霞精神的大型纪念活动，郑州的100多名老同志参加了7首新歌互动联唱，与中央电视台和演员配合的相当成功，受到市委宣传部的赞扬。5月份老干部合唱团的60余名老同志还参加了由河南省文化厅举办的“河南省第二届合唱节”比赛，参赛的曲目是《怒吼吧！黄河》和新创作歌曲《善哉！少林》，获得了老年合唱金奖第一和指挥金奖第一的好成绩。7月份参加了由省民政厅、省老龄委、省电视台在紫荆山公园举办的纪念一代伟人邓小平诞辰100周年大型歌会“大家唱”。9月份老干部合唱团代表老干部局参加了庆祝建国50周年纪念合唱比赛，参赛曲目《保卫黄河》、《怒吼吧！黄河》，获得金奖，为全市老干部争得了荣誉。三是充分利用老干部大学办学优势，搞好老干部教育。开设政治理论课程，邀请有关专家、学者作形势报告和老年保健知识讲座。同时利用老干部活动中心的桥梁和纽带作用，开展丰富多采、科学、健康的文化健身活动，提高思想政治工作的趣味性。各县(市)、区也组织老同志开展丰富多采的文体活动。据统计，全年全市各级共举办形势报告会91场；老年保健知识讲座136期；组织老干部送戏下乡演出48场；各类文体比赛活动631场。

【宣传调研工作】 一是巩固宣传阵

地，提高信息质量。利用广播、电视、报刊等媒体对涉及老干部重大活动、重要会议和有关重要文件精神作充分的宣传报道。在《老干部工作信息》中增加“同呼吸、共命运、为中原崛起做贡献”活动、“求真务实”、“纪念邓小平诞辰100周年”等专栏，配合不同时期的工作重点，增加有针对性的宣传内容。全年共编发《老干部工作信息》6期，刊发稿件202篇，工作报道92篇，学习体会、敬老活动26篇，调查报告、发挥作用32篇，文体活动52篇。加强与新闻媒体的联系，全年在中央级报刊发稿2篇，在省级报刊发稿5篇，电视、电台宣传报道老干部工作相关内容9次。二是注重理论研讨，提高理论水平。3月份召开全市老干部工作理论研讨会，研讨会得到了《中国老年报》、省委老干部局、老人春秋杂志社、市委政研室、市社科联等单位领导的重视，共收到论文40篇，有29篇在大会上进行了交流，并编辑出版了《老干部工作优秀理论文章汇编》，为各单位开展老干部工作起到了很好的指导、参考作用。三是表彰先进，调动积极性。4月份召开宣传工作会，对2002～2003年度宣传工作突出的4个县(市)、区和16名先进个人进行了表彰。四是调研老干部工作热点问题。安排部署了2004年全市老干部调研课题，全年共完成重点调研课题4个，自选课题12个，完成调研文章15篇。与有关单位共同完成了省局重点调研课题《加强和改进离退休干部党支部工作》的调研任务。

【发挥老干部作用】 紧紧围绕改革、发展、稳定大局，本着自觉自愿、量力而行的原则，充分利用老干部的各种优势，为老干部参与三个文明建设提供政策优惠、政策咨询、技术服务、信息推广等服务，调动了老干部发挥作用的积极性。一是利用巡回报告会的形式，引导和激发老干部积极发挥作用。精选5位有代表性的典型，组织了“保持老共产党员先进性”巡回报告会，在县(市)、区和市直机关巡回报告7场，直接受众6000余人。老同志“位退未敢忘忧国、壮心不已再奉献”的高尚精神，极大鼓舞了全市广大老同志积极投身郑州经济建设的主战场，为早日实现小康社会目标，多做贡献，再创辉煌。二是发挥老同志的政治优势，组织他们开展关心下一代活动。整合各种有益资源，精心搭建有利于未成人年健康成长的活动平台。市关工委与市委宣传部、文明办、文化局、教育局等单位联合在市区建立起以二七纪念塔、二七纪念堂为中心的爱国主义教育基地，以商城遗址为代表的优秀传统历史文化教育基地，以科技馆为重点的科技知识教育基地，在全市建立社区文化广场190个，“红领巾读书会”210个，利用有效载体，为青少年提供广阔的活动空间。老干部局、司法局、教育局等几个部门联合举办大学生、中学生法律知识电视大赛，与团市委、教育局举办“红领巾学英雄、做英雄”演讲比赛。组织思想道德教育报告团，全年共作报告132场，受教育青少年10万余人。通过这些活动，进一步拓展了青少年健康成长的活动空间，使他们远离了“黄、毒、赌”不良影响。抓基层、树典型。分别在登封市和金水区两次召开关心下一代工作经验交流会，全市涌现了一大批先进典型。在全国和全省五老工作会上，对郑州市的工作给予了充分肯定，郑州的经验分别在两个大会上进行了书面交流。

（孙　庆）

党史工作

【党史征编研究】 2004年，全市各级党史部门相继完成了中央、省党史研究室下达的对《历史》第一卷的修订准备工作，上报《历史大辞典》8卷161条。与此同时，及时把党史征集研究的工作重点转向社会主义时期，把《中共郑州党史》第二卷(1949～1978)的研究撰写作为重中之重，进行了资料征集、专题研究。积极推进党史专题研究，做好社会主义时期党史专题的征编工作。年初市委办公厅对征编党史专题下发了文件，党史研究室针对专题的征编工作进行了积极检查和征集。全市有关单位撰写完成27篇党史专题问稿。完成中央、省党史工作论文7篇，上报省2篇。登封市为豫西抗日根据地建立60周年开展了一系列活动。

【党史图书出版】 全市各级党史部门共出版各类党史图书10余本，发行10000多册。其中，《中原地区民族融合》、《党和国家领导人与郑州》、《激情岁月》等具有较高理论价值的图书，为党史走精品之路开了好头。一年来印刷出版了《2003年党史大事年编》、《河南文化产业与对策研究》、《巩义老区回忆录》、《李克同志工作大事记略》、《王文超同志大事记略》等党史图书。

【党史大事记月记年编】 按照省、市委办公厅的通知，全市党史大事记月记年编工作已形成制度。市委党史研究室坚持编辑出版《郑州党史》，《2003年大事记年编》已印刷出版，《2004年大事记年编》预计2005年3月印刷出版。各县(市)、区都编辑出版了2003年党史大事记的年编本。

【党史宣传培训及资政育人】 积极组织开展纪念邓小平同志诞辰100周年活动。根据上级指示，经精心筹备，8月18日，与市委宣传部、社科联等六部门联合召开了郑州市纪念邓小平同志诞辰100周年学术研讨会。市委常委、宣传部长杨丽萍在会上作了重要讲话，部分论文作者在会上作了交流发言。对参加学术征文活动入选的51篇论文进行了表彰，徐连山撰写的《论邓小平理论的发展观与科学发展观》等8篇论文，分别获得一、二等奖。配合新闻部门制作了《邓小平与河南》、《伟人风范　永世不忘》、《小平关爱满郑州》等党史专题电视片，在省、市电视台播放。完成反映邓小平指挥郑州战役《智取黄河桥》一书 30 万字的专题撰稿工作。

继续办好党史刊物。《郑州党史工作通讯》出版 3 期，登封市《嵩岳党史纵横》出版 4 期，《新密春秋》出版 4 期，《荥阳党史》出版 2 期，巩义《党史编研》出版 1 期，新郑《党建工作》出版 2 期，充分利用了党史刊物的宣传窗口和阵地，进一步强化了党史宣传教育作用。

举办党史专题骨干培训班。培训班根据《市委办公厅关于征集郑州市社会主义时期党史专题资料的通知》而举办，是贯彻落实中央领导关于党史工作的一系列重要指示，进一步提高党史专题编写人员的业务能力，继续开创党史工作新局面的重要举措。来自县(市)、区及市直单位的 30 余名干部和党史骨干参加了为期 5 天的党史业务培训。开班会上，市委党史研究室主任徐连山作了动员讲话，并就《党史研究与党史人物评价》作了专题辅导。省委党史研究室研究员马光耀、市委党史研究室副主任王宗民分别就《关于编写党史专题的若干思考》、《关于编写地方党史二卷本的一些要求》进行了辅导。学员们通过听课、自学、小组讨论、大会交流和参观考察等各种培训活动，提高了自身的政治理论素养和党史正本编研的业务知识水平。

完成了党史资政报告的撰写工作。全市各级党史部门共撰写党史资政报告 10 篇。其中，巩义市委党史研究室撰写的《坚持走新型工业化道路，推动巩义市经济跨越式发展》、中牟县党史研究室撰写的《抢抓机遇、加快发展，早日建成豫东平原粮食生产区县域经济桥头堡》被《河南党史》刊用。

启动《郑州市红色旅游指南》丛书的调研和编写工作。2004 年 8 月，根据省委党史研究室工作部署，全省统一编写《河南红色旅游指南》丛书，市党史研究室拟编《郑州市红色旅游指南》，已向各县(市)、区党史研究室下发了文件，提出了编写目的和要求，工作进展顺利。

(王宗民)

党校(行政学院)工作

【教学工作】 积极推进全员培训工程。按照市委提出的"努力构筑大教育大培训工作格局"的精神，加强各级各类干部教育培训。在抓好传统班次县(处)级干部进修班、中青年干部培训班、公务员培训班和军队转业干部培训班的同时，充分发挥党校、行政学院、社会主义学院的功能，首次将市直机关处长、县(市、区)直机关局长、共青团干部和少数民族干部纳入到市委党校的培训格局中。全年共举办主体班次 27 期，培训干部 1913 人。

进一步完善党校教学体系。一是适度调整课程设置，力求"新内容"和"针对性"，提出"新论断、新知识、新实践、新技能"的要求，完善了中央提出的"一个中心、四个方面"的教学新布局，并根据不同班次教学对象的特点，安排一批新专题，突出"三个代表"重要思想在教学中的地位和份量，使之进课堂、进教材、进学员头脑。二是积极推行研究式教学和案例式教学，加大互动式教学的份量，建立了教学案例库。三是注重加强主体班次学员的实践锻炼，在中牟民族纠纷事件中，组织中青班学员在驻地卓有成效地开展思想政治工作，受到市领导的高度赞扬。

着力探索党校体系函授教育规律。在全国函授生源全面下滑的形势下，市委党校 2004 年共招收函授学员 5004 人，比上年多 500 人；占全省招收人数的 1/10，招生总量位居全省第一，比第二名洛阳多出 600 人，比第三名南阳多出 1748 人。在抓好函授招生工作的同时，借鉴高校教学经验，全面强化教学管理，并以提高函授学员学习质量为主题，组织开展了函授备课竞讲交流会、优秀教案展评活动、学员读书笔记展评活动和学员学习经验交流会，市委党校函授教学质量得到了社会广泛认可和省委党校的充分肯定。

围绕大局，创新办学模式，首次举办研讨类主体班次。为提高各级领导干部的综合能力和创新能力，加强郑州市作为中部地区金融中心的能力建设，受市委、市政府委托，郑州市委党校与上海国际金融学院合作，成功举办郑州市金融中心与资本运营高级研修班，共培训干部 238 名。

解放思想，拓宽办学渠道。市委党校在做好与北师大、浙江大学、澳门科技大学联办的在职研究生班的同时，拓宽思路，与黄河科技大学签订联合办学协议，计划在 2005 年招收统招大专生 1000 人。

【科研工作】 2004 年，市委党校获得市级以上科研成果奖 13 项，其中省部级 2 项。论文《论社会主义政治文明》荣获河南省"五个一工程"奖，这是郑州市惟一的"五个一工程"奖。由于科研成绩显著，市委党校获河南省社科联申报课题组织奖。教研人员共发表论著 104 篇(部)，其中，在核心期刊或国家级刊物发表 9 篇，相当于前 3 年的总和，省级 29 篇，地厅级 53 篇，著作 5 部，教材 8 部。2004 年共立项科研课题 49 项，其中，省社科联课题 11 项，省党校系统科研课题 11 项。不仅注重对各级科研课题的申报，而且加强了对申报成功课题后期研究成果质量的管理，市委党校副教育长王培合主持的《入世后我国社会主义趋势发展研究》课题获全国哲学社会科学规划办优秀等级，这是郑州市哲学社会科学研究领域的一次重大突破。

【规范党校教育体制】 对党校体制进行全面论证。根据市委、市政府领导对党校建制问题的一系列指示精神，校党委认真研究部署，分组分期到中央党校、全国各省会城市党校和东南亚公务员培训院校进行全方位的考察调研，撰写了《关于党校体制问题的调研报告》和《关于党校自身建设几个具体问题的调研提纲》，对党校自身建设的5个方面15个具体问题进行了论证，理清了党校建制的工作思路。

加强领导班子建设。在市委的大力支持下，按照省委对郑州市委党校领导班子职数的要求，平稳地配备了校领导班子。

积极稳妥推进人事制度改革。根据省委、市委对郑州市委党校内部机构设置的要求，校党委经过近半年的论证，拟定了《人事制度改革方案》和《内部机构设置方案》，已报市委、市委组织部审批。

【新校园工程建设】 按照工程项目建设用地审批程序的要求。市国土资源局对市委党校选定的土地进行勘察、定界，并报省国土资源厅备案批复。对市委党校新校区建设项目的选址，市规划局组织专家进行论证，批复《郑州市委党校新校区建设项目选址意见书》，并对新校区用地规划设计提出要求，下发了《设计条件通知书》。根据市发改委对市委党校迁建工程的批复精神，市委党校采用邀标的方式对新校区工程进行了平面总体规划设计。经过专家全面论证，对同济大学建筑设计院的设计方案进行了修改和调整。参照调整后的设计方案，完成了市委党校新校区工程项目可行性研究报告，已报市发改委等待审批。积极争取市委、市政府的支持，与多家银行进行长达8个月的商谈，已取得中信实业银行2000万元的贷款资金。

（朱宏民）

精神文明建设

【概况】 2004年，全市精神文明建设紧紧围绕市委、市政府的中心工作，突出“两个重点”（改善人居环境，加强和改进未成年人思想道德建设），开展“一项活动”（群众性精神文明创建活动），真抓实干，勇于创新，取得了一定成效。《人民日报》、《光明日报》、中央电视台等媒体先后进行了报道。中央文明办《精神文明建设》、《未成年人思想道德建设工作简报》先后采用郑州市简报7期，中国精神文明网刊发郑州市信息47条，省文明办《河南精神文明建设》转发郑州市简报30期。中央文明办先后两次来郑就加强未成年人思想道德建设工作和创建工作进行专题调研。11月中旬，郑州市精神文明建设和未成年人思想道德建设工作被省文明办主任会议作为经验推广。

【公民思想道德教育】 全市上下紧紧围绕精神文明建设工作的核心内容，认真落实《公民道德建设实施纲要》，采取切实措施，狠抓市民群众思想道德素质和科技文化素质的提高。

一是开展“三个代表”重要思想教育活动。按照“关键在坚持与时俱进、核心在坚持党的先进性、本质在坚持执政为民”的根本要求，采取专题讲座、读书演讲、知识竞赛等形式，向基层党员干部和广大群众、青年学生广泛宣传党的十六大、十六届三中全会、十六届四中全会精神和“三个代表”重要思想，尤其是抓了县（处）级以上领导干部的学习，有效地扩大了学习覆盖面，在全社会营造了解放思想、实事求是、与时俱进的浓厚氛围，营造了真抓实干、求真务实的浓厚氛围，营造了聚精会神搞建设、一心一意谋发展的浓厚氛围。

二是开展“百万市民看郑州”活动。结合纪念郑州商城建都3600周年系列活动的开展，围绕全面建设小康社会的主题，组织人员编写了《古都郑州》系列丛书，并采取图片展览、知识竞赛等群众喜闻乐见的形式，组织开展了百万市民看郑州、知郑州、爱郑州、建郑州等系列活动，使广大市民充分认识到郑州文明的发展历史，认识到现代郑州的发展前景，增强热爱家乡、立足本职、增辉郑州的热情和建设以郑州为核心的中原城市群经济隆起带的自豪感和责任感。

三是继续开展“自觉遵守‘三德’、争做文明市民”活动。围绕《公民道德建设实施纲要》，在总结上年“道德规范进万家、诚实守信万人行”活动经验的基础上，着重抓了活动成果的巩固、水平的提高、内容的丰富，采取教育、法制、打击等手段，开展以建设“诚信郑州”为主题的宣传教育和多种实践活动，在全社会基本形成了“诚信为本、操守为重”的良好风尚。12月下旬，在河南省“思想道德建设电视知识竞赛”中，郑州市荣获三等奖。同时，以引导市民在社会做一个好公民、在单位做一个好职员、在家庭做一个好成员为目标，继续围绕先进性、代表性、广泛性的原则，开展了“月评文明市民活动”，全年共评出市级文明市民190名，市级文明市民标兵20名。

【未成年人思想道德建设三大环节】 2004年，全市上下紧紧抓住学校、家庭、社会三个环节，在构筑“三位一体”教育网络方面进行了积极探索，形成了良好的健康走势。

一是围绕减轻学生课业负担和加强教师职业道德建设，抓好学校教育。教育行政部门和各中小学校普遍把加强和改进未成年人思想道德建设工作纳入学校教育质量评价体系，贯穿于学校各科教育的全过程，并作为减轻中小学生课业负担的重要措施，与引导学生自觉遵守《中小学生守则》、《中小学生行为规范》相结合，开展了形式多样的公益性活动和丰富多采的课外活动。二七区汝河路小学根据学生爱好，组建了河南省第一支独轮车队，多次参加相关比赛或表演活动，先后荣获河南省独轮车比赛开拓奖、全国独轮车团体技能表演奖等多项省级以上奖项。全市教育系统紧紧抓住吴玲这个先进典型，在全市中小学教师中启动了教师形象建设工程。市委、市政府做出决定，号召全市广大干部群众尤其是中小学教师向吴玲同志学习，学习她热爱教育事业、忠诚履行人民教师神圣职责的敬业精神，锐意进取、无私奉献的高尚情操，克己奉公、宽以待人的优秀品质。围绕加强教师职业道德建设和职业精神教育，在全市广泛深入地开展了以“学吴玲精神，做学生朋友”、“学习吴玲，忠诚党的教育事业”等为主题的系列讨论和宣传活动，制定出台了《郑州市中小学教师职业道德建设十条规范》和《郑州市中小学教师违背职业道德行为十条惩戒》，数千名中小学教师向社会承诺：“先进理念进学校、热情服务进家庭、文明形象进社会”。

二是围绕更新家长教子观念和帮扶贫困学生，抓好家庭教育。依托中小学校和社区市民学校，在全市成立2300余所家长学校，组建了由省会50余名家教专家组成的家教讲师团，围绕居民普遍关心的子女教育问题不定期地举办专题讲座，引导家长更新教子观念，当好孩子成长的第一任老师。同时，围绕“为国教子、以德育人”，开展了以“争当合格父母、培养合格人才”为内容的“双合格”活动。在《郑州日报》、《大河报》等媒体上开辟“家教”专栏，并通过举办广播讲座、拍摄电视小品、在社区建立家教咨询点等，宣传家教新观念，使家长足不出户就接受现代家庭教育知识。针对贫困家庭实际，出台《郑州市中小学贫困家庭子女助学实施方案》，对义务教育阶段的学生因家庭经济困难而未入学或可能辍学的，由市、县(市、区)两级财政安排专项资金给予救助，免除其学杂费、书本费，补助其寄宿生活费。对当年考入高中阶段的城市低保和农村特困家庭子女入学时一次性补助2000元；对户口在郑州、连续享受一年以上低保或半年以上农村特困补助对象的子女，通过高考被国家承认学历的本专科院校录取的，入学前一次性补助5000元。据统计，2004年全市先后对22000多名特困学生实施了救援行动，共发放助学金510.6万元。

三是围绕优化孩子成长的社会环境，抓好社会教育。根据省里部署，以集中整治违法违规网吧、淫秽口袋书和有害卡通画、互联网有害信息为突破口，狠抓未成年人健康成长社会环境的优化。从7月7日开始，市文明办、文化局、工商局、公安局等有关部门先后策划并组织了9次规模比较大的集中整治行动，共出动检查人员13300多人次，车辆3500余台次，检查网吧及图书经营场所8300余处，累计取缔黑网吧235家，暂扣电脑主机3385台，收缴淫秽口袋书、有害卡通画及盗版图书、光碟936900多册(张)。为巩固集中整治成果，市文明办根据网吧市场经营者易受利益驱动而出现反弹等实际，经常组织有关部门进行“回头看”，并通过在金水区抓试点，在全市聘请15000名义务监督员，对全市的文化场所、网吧、书店等进行全方位监督。为保证监督员作用的发挥和正确履行职责，制定了《郑州市未成年人思想道德建设千名义务监督员选聘办法》，明确选聘工作的指导思想、范围、标准、程序和原则，并组织有关人员编印了《未成年人思想道德建设义务监督员参考手册》，组织县(市)、区、乡(镇)、街道办事处对义务监督员进行岗前培训和业务知识考核，合格后颁发聘书和督察证，明确监督范围、职责、办法和相关纪律，在全市形成了对网吧、书店、音像经营场所和未成年人不文明行为进行立体式监督网络。与此同时，从引导广大青少年远离网吧和不健康读物出发，在社区建设了一批未成年人活动阵地。管城区为发挥文明市民在加强未成年人思想道德教育中的作用，设立文明市民“爱心俱乐部”，开设“文明市民爱心热线”，由辖区内110多名市、区两级文明市民和部分青年志愿者轮流接听市民热线，解答未成年人教育难题。2004年，热线共接听群众电话5300多个，接待来访980余人次，解答有关未成年人教育的疑难问题4700余个。二七区建新街小学与学生所在的4个社区取得联系，开展了“学生放学我上课、学生放假我开学”活动，在学生每天下午放学或放假离开校园后，由社区辅导员负责把他们组织起来，按年级分成若干个小组，平时或一起做功课，或一起玩游戏，或观看优秀影视片，避免了学生放学或放假后乱跑现象，解除了家长的后顾之忧。

【未成年人思想道德建设15件实事】

市委、市政府明确要求全市上下紧紧围绕学校、家庭、社会三个环节，着力抓好群众反映强烈、社会影响大、未成年人欢迎的15件实事：(1)组织中小学生开展文明礼仪礼节礼貌教育实践活动。以加强学生心理健康教育、引导学生日常规范养成为重点，加强中小学校德育工作，解决重智育轻德育、学生课业负担过重等问题。(2)组织开展师德建设主题教育活动。进一步完善学校班主任制度，建立中小学师德建设目标考核制度，着力加强教师职业道德建设。(3)加强中小学校团队建设。进一步健全中学生“推优入团”、“推优入党”机制，完善校外辅导员制度，选派优秀教师进社区，选聘一批热心少先队工作、有责任心、有能力的科教工作者、文艺工作者、志愿者等担任校外辅导员。(4)办好家长学校、家庭教育中心和家庭学校。建立完善覆盖全市中小学校和社区的家庭教育网络，并把家庭教育的情况作为评选文明职工、文明市民、文明家庭、文明农户的重要内容。(5)开展慈善捐助活动。对失学、特困生等继续实行“两免一补”办法，每年安排一定资金对贫困学生接受义务教育予以扶持，免除杂费、书本费、补助寄宿生活费。(6)全日制公办中小学校接收进城务工就业农民子女接受义务教育，在收费及评优奖励、入团入队、课外活动等方面要与当地学生一视同仁。(7)组织开展各种道德实践活动。组织学生每学期至少看一场电影、观摩一场艺术演出、参观一次教育场馆、参加一次社会实践公益活动。利用各种重大节日、纪念日和未成年人入学入队入团、升国旗唱国歌等仪式，组织开展丰富多采的主题班会、队会、团日活动。(8)实施“五个一百工程”。组织协调文化、新闻出版等有关部门向学生推荐100首好歌、100本好书、100部好影片、100个好故事、100句好格言。(9)文化场馆免费向未成年人开放。全市各类博物馆、纪念馆、展览馆、烈士陵园等爱国主义教育基地，对未成年人集体参观实行免票，对在校学生个人参观实行半票，家长携未成年子女参观对未成年子女实行免票。机关、高校、企事业单位的科技文化体育场馆要向未成年人免费或低费开放，实现资源共享。(10)加大未成年人活动场所建设力度。“十五”期间建成郑州少儿图书馆、少年儿童主题公园，力争每个县(市)、区3至4年内建成一所综合性、多功能的未成年人活动场所；加强青少年宫、儿童活动中心等未成年人专门活动场所建设和管理，继续推进青少年读者俱乐部、体育俱乐部建设。(11)适时增设少儿频道。市、县(市)广电部门要认真抓好中央电视台少儿频道在全市的落地、覆盖工作。市电视台要创造条件逐步开设少儿频道。(12)集中整治违法违规网吧。严厉查处接纳未成年人进入和超时经营等违法违规行为；坚决取缔黑网吧；严格互联网上网服务营业场所的接入服务监管；建立长效管理机制；做好上网人员的登记工作。(13)集中整治淫秽口袋书和有害卡通画。加大对出版物市场的执法检查力度，摧毁淫秽口袋书、有害卡通画、游戏软件和盗版教材的销售网络；加强对出版、印刷、复制环节的监管，从源头上杜绝；加大对大案要案的查处力度。(14)集中整治互联网有害信息。严厉打击利用网吧等互联网上网服务营业场所传播淫秽色情信息等违法犯罪活动，依法治理利用电子邮件、手机短信等远程通信工具和群发通信传播有害信息、危害未成年人身心健康的违法行为。(15)建立健全“一校一警”机制。选聘公安干警或法律工作者担任学校法制副校长，使法制教育进学校进社区。

【改善人居环境工作】 根据全国文明城市标准，市委、市政府在全面分析创建形势时，决定突出以人为本，以改善人居环境为切入点，着力抓好中心城区的综合整治，专门成立了市容市貌整治、背街小巷整治、城中村改造等20个专项指挥部，并将改善人居环境工作纳入市委“求真务实、加快发展”的16项措施之一。

为使改善人居环境工作有章可循，市委、市政府成立省会改善人居环境工作领导小组，市委副书记赵建才任组长，从市直有关部门抽调专人组成办公室，在广泛调查、充分论证的基础上，制定出台《省会改善人居环境工作基本标准》。

为进一步增强工作的针对性，真正使改善人居环境工作办到群众心坎上，成为名副其实的民心工程，市人居环境办公室设计了省会人居环境工作整治台帐，组织专人对全市城区的373个社区、3230个小区楼院、1928个单位(庭院)进行摸底排查，分三类进行汇总，并分别提出不同的整治思路和目标：对于基础条件好的一类社区、单位(庭院)，要再上一个档次，争创“市级人居环境示范社区、示范单位(庭院)”；条件一般的二类社区要进一步完善功能，提高档次；对于基础条件较差的三类社区和群众反映强烈的重点、难点问题，要加大资金、人力、物力投入力度，治理薄弱环节，实现“路平、灯明、水通、卫生、安全”。

按照这一思路和要求，市内各区和各有关单位围绕“路平、灯明、水通、卫生、安全”的目标，不断加大投入，采取“拆”、刷”、“植”、“建”等措施，对重点部位、重点问题进行了集中整治：一是“拆”。即对社区、小区、单位(庭院)内的违章建筑、低矮建筑、防盗网、小灶台、遮阳棚予以拆除；二是“刷”。即对沿街立面、破旧建筑物、单位(庭院)、居民小区的旧建筑物以及沿街围墙进行粉刷；三是“植”。各社区、小区根据实际，采取阳台垂直绿化、楼顶立体绿化、街道庭院见缝插绿等措施增加绿化面积；四是“建”。即按照省会改善人居环境工作标准，加大居民社区基础建设力度，硬化路面，建设绿地，安装健身器材等，不断完善社区综合服务功能。

随着整治工作的深入，先后在中原、金水、二七、管城、省直、市直召开了不同类型的现场观摩会，推出了鑫苑社区、新鑫花园社区、轻工学院社区、省五建社区、开元社区、嵩山社区、郑飞社区、代书胡同社区、平等街社区等一批新老社区和单位(庭院)典型给予大张旗鼓的宣传，收到了相互学习、相互促进、相互提高的良好效果。

由于领导重视、工作扎实、措施得力，使全市社区面貌，特别是二、三类社区(庭院)、无主管单位的小区(楼院)和大杂院的面貌有了很大的改观。据不完全统计，2004年，全市用于改善人居环境的投资累计达3亿元，一类社区由原来的27个增加到172个，一类小区楼院由原来的96个增加到1496个，一类单位(庭院)由原来的350个增加到1044个，圆满完成了年初制定的一类社区、小区(楼院)、单位(庭院)达到30%以上的目标。

【群众性精神文明创建活动】 一是创建文明城市活动。为加快创建步伐，市文明办与市统计局城市调查队围绕《全国文明城市测评体系》，对全市创建文明城市工作整体情况进行了详细调查和综合分析。从调查情况看，在7个方面测评项目、37条测评指标、119项具体内容中，有71项达到了全国文明城市标准，占全部测评指标的59.78%。9月23日，市政协以“加快我市创建全国文明城市步伐”为主题，召开了十一届三次常委会议，专题听取了市政协教科文卫等委员会和民主党派、工商联的调研报告，随后又组织专人赴成都、广州、厦门考察，全面分析了创建形势。根据调查结果，结合实际，提出了“一保一争”(即：保持全国创建文明城市工作先进城市称号，争取早日跨入全国文明城市行列)的创建目标，并广泛开展了争创“全国卫生城市”、“国家园林城市”、“全国环保模范城市”等活动，使创建全国文明城市工作扎实推进。

二是创建文明社区活动。在全市社区广泛开展了“六有五进”(每个社区有一所文明市民学校、有一个固定宣传栏、有一个居民活动中心、有一个卫生服务站、有一支志愿者服务队伍、有一个警务室和治安巡防队；科教、文体、法律、卫生、道德规范进社区）活动，并组织社区居民、辖区单位与社区签订文明责任书，社区是我家、建设靠大家已成为广大社区居民的共同理念。11月初，中共中央政治局委员、中宣部部长刘云山同志来郑调研，对鑫苑社区的创建工作给予了充分肯定。2004年，全市新创市级文明社区24个。

三是创建文明村镇活动。结合农村卫生集中整治，不断加大投资力度，使乡村道路、给排水、通讯、电力、公共园林等基础设施得到有效改善，群众行路难、吃水难、上学难、看病难等得到有效缓解。继续开展了文化科技卫生“三下乡”和“万村书架工程”等活动，进一步丰富了农民的文化生活。巩义市采取“联片共建”措施，沿310国道巩义段开展了“百里文明长廊”创建活动，呈现出净、亮、绿、通、雅、信的崭新形象。全年新创市级文明村镇10个。

四是创建文明单位活动。以“规范管理、发挥作用”为出发点，组织人员对省、市级文明单位进行了复查和抽查，并根据《文明单位管理条例》，对9家工作滑坡、不具有先进性的省级文明单位提出了处理意见，对新申报省级文明单位的单位进行了考评、公示。同时，完善了《市级文明单位考评办法》，建立了现场考核、群众评议、社会监督的科学评价体系和优胜劣汰的管理机制，保证了文明单位创建工作的生机和活力。2004年，全市新创省级文明单位60个，市级文明单位132个。

五是创建文明行业活动。在窗口行业全面推行了服务承诺制、首问责任制、限时办结制、失职追究制，进一步公开了办事程序。市直机关普遍开展了以“为纳税人服务”为主题的创建活动，提高了办事效率和服务水平。组织、宣传等部门明确提出了争创文明行业的目标，分别对全系统的创建工作提出了明确要求。7月份，在全市组织的对与群众生产生活密切相关的48个部门的行风评议中，群众满意率在85%以上。

（袁文良）

中国共产党郑州市纪律检查委员会

【领导干部廉洁自律】 2004年，全市各级纪委坚持反腐倡廉“大宣教”格局，以两个《条例》学习宣传和权力观教育为重点，通过正反典型教育、邀请专家辅导、开办报纸专栏和广播专题节目、举办知识竞赛和书法展览等形式，深化反腐倡廉宣传教育，增强广大党员干部拒腐防变的意识和廉洁从政的自觉性。市委常委带头向社会作出廉洁自律公开承诺，各县（市）、区、各单位领导班子也相继作出承诺，主动接受监督，并把执行“四大纪律八项要求”和廉洁自律各项规定的情况，作为领导班子民主生活会和述职述廉的重要内容，认真自查自纠。元旦前夕，市委专门召开领导干部廉政集体谈话会，市长王文超主持会议，市委书记李克对全市领导干部进行了廉政谈话。各县（市）、区、各单位也召开廉政集体谈话会，积极营造廉政勤政的浓厚氛围。开展了以“两项治理”和“三项清理”为主要内容的专项治理工作，认真解决领导干部廉洁从政方面存在的突出问题。全市各级领导干部上缴现金、有价证券等折合人民币104.3万元；党员干部参与赌博和用公车旅游歪风得到有效遏制。清理纠正超标、借用、公车入私户等违规车辆1285台；清理拖欠公款725.63万元；清理出用公款为个人购买商业保险188.61万元。对领导干部违规兼职和县（处）级以上领导干部配偶子女违规从业等问题进行了查纠。领导干部职务消费货币化改革取得新进展，市内6区全部进行了通信货币化改革。

【查办案件】 全市各级纪检监察机关坚持把查办案件作为从严治党、惩治腐败的中心环节来抓，不断加大工作力度，重点查办了一批大案要案和基层干部以权谋私、侵害群众利益的案件，并对一些典型案件进行了公开处理。2004年，全市纪检监察机关共受理群众信访举报4541件（次），立案1352件，结案1344件，党政纪处分1503人，其中，县（处）级干部45人，乡（科）级干部140人。同时，通过调查核实，为56名受到失实举报的党员干部澄清了事实，对27名轻微违纪的党员干部进行了组织处理，教育、保护、挽救了一批干部。在查办案件工作中，各级纪检监察机关积极创新方式方法，健全机制制度，强化监督管理，严格依纪依法办案，提高了办案质量和效率，取得了较好的政治、经济和社会效果。

【纠风治乱】 针对土地征用、城镇拆迁、企业重组改制和破产中损害群众利益以及拖欠和克扣农民工工资等问题，认真开展专项治理，严肃查处了一批违纪违法案件。查处违规违纪资金12.09亿元，党政纪处分82人，移送司法机关处理27人。深入开展纠风工作专项治理，查处教育乱收费案件32起，党政纪处分和组织处理25人，教育收费行为进一步规范。加强医德医风建设，医疗服务中“开单提成”、收受“红包”和乱收费问题得到有效治理。县以上公立医院全部实行药品集中招标采购，采购金额占用药金额的92%。加强对农村税费改革政策执行情况的监督检查，认真查处涉农负担案（事）件，维护了农民的切身利益。治理公路“三乱”工作继续保持高压态势。治理党政部门报刊散滥和利用职权发行，治理成果进一步扩大。清理整顿统一着装工作成效明显，全市收回未经国务院批准的违规制服5.2万套，制式标志15.9万副。参与了对重特大事故的调查处理和招生、征兵等工作的监督检查。

【从源头治理腐败】 行政审批制度改革向纵深发展，2004年共取消行政许可项目68项；行政审批事项和服务项目纳入办事大厅或“窗口”办理，办事程序进一步规范，办事效率进一步提高。财政管理体制改革取得新进展，认真落实“收支两条线”规定，对市直行政事业单位银行账户进行了专项清理，清理出有问题账户576个；市本级和8个县(市)、区实现了由会计集中核算制度向国库集中收付制度的过渡。干部人事制度改革稳步推进，积极推行选任领导干部“三票制”，干部选拔任用监督工作得到加强。建设工程招投标、经营性土地使用权出让、产权交易和政府采购四项制度进一步落实。政务公开、村务公开、厂务公开工作不断深化。领导干部经济责任审计工作、国有企业和高等学校反腐倡廉工作深入开展。

【优化经济发展环境】 围绕经济建设中心，进一步优化经济发展环境。把民主评议行风工作与纳税人评议职能部门和争创优质服务单位的“一评一创”活动捆绑运作，增强了评议效果，促进了部门和行业风气好转。积极开展行政效能监察，查处行政不作为、乱作为和干扰破坏经济发展环境案件99起，处理干部83人。经营服务性收费和社团组织收费不断规范，证照清理工作取得阶段性成果。社会信用体系建设步伐加快。市场经济秩序进一步好转。

【党内监督工作】 各级党委、纪委认真贯彻执行《中国共产党党内监督条例(试行)》和《中国共产党纪律处分条例》，健全完善党内监督各项制度，加强对执行情况的监督检查。积极开展以“三谈两述”制度为主要内容的党内监督工作，全市县以上纪委负责同志同下级党政主要领导谈话749人，领导干部任前谈话1415人，诫勉谈话203人，述职述廉6055人。党风廉政建设责任制工作逐步深入，各级领导班子和领导干部“两手抓、两手硬”的意识进一步增强。春节前夕，市委常委带队进行责任制考核，为各级领导班子和领导干部作出了表率。责任追究制度进一步落实，全市共追究乡(科)级以上领导干部120人，其中县(处)级干部10人。

【纪检监察工作能力得到提升】 2004年，市纪委新一届领导班子高度重视自身建设，按照加强党的执政能力和纪律检查工作能力建设的要求，着力提高把握全局、驾驭复杂局面的能力。积极探索新形势下反腐倡廉的特点和规律，不断创新工作思路、工作方法，增强工作的前瞻性、预见性和主动性。严格执行民主集中制，落实民主生活会制度和中心组学习制度，完善常委会议事规则，推动了班子建设和决策的科学化、民主化。市纪委常委坚持党性原则，自觉维护班子团结，严格遵守廉洁自律各项规定，向社会公布了《郑州市纪委常委廉洁自律四项公开承诺》，主动接受广大党员干部和人民群众的监督。在强化班子建设的基础上，加大队伍建设力度。在委机关开展了“学先进，树形象”集中学习教育活动；采取“三票制”选任机关中层干部，树立了正确的用人导向；在全市纪检监察系统颁布了“五条禁令”，加强对纪检监察系统干部职工的教育、管理和监督，增强了纪检监察机关的凝聚力、战斗力和创造力。

(邹 剑)

郑州市人民代表大会

【市十二届人大一次会议】 郑州市第十二届人民代表大会第一次会议于2004年4月15日至4月22日召开。中牟县、巩义市、荥阳市、登封市、新郑市、新密市、二七区、上街区、中原区、邙山区、金水区、管城回族区、解放军和武警部队13个代表团、477名市人大代表出席会议，另有117人列席。

4月15日，郑州市第十二届人民代表大会第一次会议预备会议在嵩山饭店举行。会议表决通过了大会议程；选举产生了大会主席团和大会秘书长；表决通过了计划、财政预算审查委员会和议案审查委员会名单。在主席团第一次会议上，推选了主席团常务主席；通过了大会执行主席分组名单；决定了大会日程和大会副秘书长；通过了代表议案处理规定和选举办法草案。

4月16日上午，大会在青少年宫隆重开幕。会议听取了市长王文超作的《政府工作报告》、市发展计划委员会主任牛西岭作的《关于郑州市2003年国民经济和社会发展计划执行情况与2004年计划草案的报告》、市财政局局长赵健作的《关于郑州市2003年财政预算执行情况和2004年财政预算草案的报告》。16日下午至17日下午，各代表团分别审议了市人民政府的3个报告，并审议了选举办法(草案)和关于市人大法制委员会组成人员办法(草案)；大会秘书处组织召开市人民政府听取市人大代表意见座谈会。

4月18日上午，大会举行第二次全体会议，听取市人大常委会主任岳修武作的《郑州市人民代表大会常务委员会工作报告》、市中级人民法院院长刘春年作的《郑州市中级人民法院工作报告》、市人民检察院检察长李自民作的《郑州市人民检察院工作报告》，并表决通过了选举办法和市人大法制委员会组成人员办法。18日下午至19日上午，各代表团分团审议了《郑州市人民代表大会常务委员会工作报告》、《郑州市中级人民法院工作报告》和《郑州市人民检察院工作报告》。19日下午至20日上午，各代表团审议了各项候选人名单(草案)，酝酿候选人，并审议了市人大法制委员会组成人员名单(草案)。20日下午，各代表团举行会议，审议了大会各项决议(草案)，审议了正式候选人名单，审议了市人大法制委员会组成人员正式名单(草案)，审议了监票人、计票人名单(草案)。

4月21日上午，大会举行第三次全体会议，通过了监票人、计票人名单；选举了郑州市第十二届人民代表大会常务委员会主任、副主任；选举了郑州市人民政府市长、副市长；选举了郑州市中级人民法院院长和郑州市人民检察院检察长。

4月21日下午，大会举行第四次全体会议，宣布了郑州市第十二届人民代表大会常务委员会主任、副主任，郑州市人民政府市长、副市长，郑州市中级人民法院院长和郑州市人民检察院检察长选举结果，并选举了郑州市第十二届人民代表大会常务委员会秘书长、委员。

4月22日上午，大会举行闭幕式，宣布郑州市第十二届人民代表大会常务委员会秘书长、委员选举结果。表决通过了郑州市第十二届人民代表大会法制委员会组成人员名单。

大会以无记名投票表决方式，选举郝建生为郑州市第十二届人民代表大会常务委员会主任，选举李保山、主永道、王福成、刘春年、王平、栗培青、魏深义、尚有勇为郑州市第十二届人民代表大会常务委员会副主任；选举赵英为郑州市第十二届人民代表大会常务委员会秘书长；选举丁爱兰等33人为郑州市第十二届人民代表大会常务委员会委员；选举邢桂清、王新义、司久贵、王莲峰、王桂堂、岳德常、赵春彩为郑州市第十二届人民代表大会法制委员会组成人员；选举王文超为郑州市人民政府市长，选举李柳身、孙新雷、龚立群、丁世显、胡荃、王林贺、高建慧、王庆海为郑州市人民政府副市长；选举贾记鑫为郑州市中级人民法院院长；选举李自民为郑州市人民检察院检察长，并由市人民检察院报省人民检察院检察长提请省人民代表大会常务委员会批准。

大会还表决通过了关于政府工作报告的决议、郑州市2004年国民经济和社会发展计划执行情况与2005年计划草案及其报告的决议、郑州市2004年财政预算执行情况和2005年财政预算草案及其报告的决议、郑州市人民代表大会常务委员会工作报告的决议、郑州市人民检察院工作报告的决议、郑州市中级人民法院工作报告的决议。郑州市人民政府市长王文超作了表态发言，郑州市第十二届人民代表大会常务委员会主任郝建生在会议结束时发表了讲话。

【市人大常委会会议】 2004年，市十一届人大常委会共召开4次常委会，市十二届人大常委会共召开7次常委会。

2004年1月12日下午，市十一届人大常委会第43次会议在常委会会议厅举行。市人大常委会主任岳修武主持会议，副主任郝建生、刘振中、李保山、郑林山、房健、鞠衍行、贾常先、裴允功、主永道，秘书长尚有勇和委员共36人出席会议。

这次会议共有2项议程：(1)审议关于郑州市人民代表大会换届选举时间的决定(草案)；(2)审议人事任免案。

会议听取了市人大常委会人事任免代表联络工作委员会主任丁爱兰作的"郑州市人民代表大会常务委员会关于郑州市人民代表大会换届选举时间的决定(草案)"的说明和郑州市人民检察院检察长李自民关于"提请批准任免高长有等9人法律职务的议案"的说明。经过分组审议，会议以按表决器的方式表决通过了"郑州市人民代表大会常务委员会关于郑州市人民代表大会换届选举时间的决定"和人事任免案。

市人民检察院检察长李自民、市中级人民法院副院长邢森林列席会议。

2月19日，市十一届人大常委会第44次会议在常委会会议厅举行。市人大常委会主任岳修武主持会议，副主任郝建生、刘振中、李保山、房健、鞠衍行、贾常先、裴允功、张立兴、主永道，秘书长尚有勇和委员共42人出席会议。

这次会议共有5项议程：(1)审议《郑州市饲料和饲料添加剂管理条例(草案)》；(2)审议"关于修改《郑州市信访条例》的决定(草案)"；(3)审议"关于郑州市与广州市缔结友好城市的议案"及相应的决定草案；(4)审议"关于接受姚待献辞去郑州市人民政府副市长职务的决定(草案)"；(5)审议人事任免案。

会议听取了市人民政府市长王文超关于人事任免案的说明，听取市政府法制局局长王庆堂关于"郑州市人民政府提请审议《郑州市饲料和饲料添加剂管理条例(草案)》的议案"和"郑州市人民政府关于提请审议《关于修改郑州市信访条例的决定(草案)》的议案"的说明，听取了市政府副秘书长张义德关于"郑州市人民政府关于郑州市与广州市缔结友好城市议案"的说明。

会议审议了市人民政府提请的《郑州市饲料和饲料添加剂管理条例(草案)》和《关于修改郑州市信访条例的决定(草案)》，并提出一些修改意见。经主任会议研究，同意会后由有关工作部门按照会议审议意见修改，提请市人大常委会会议第二次审议。

会议以按表决器的方式表决通过了"关于郑州市与广州市缔结友好城市的决定"，表决通过了有关人事任免案。会议决定，接受姚待献辞去郑州市人民政府副市长职务，决定任命高建慧、王庆海为郑州市人民政府副市长。

市人民政府秘书长刘本昕、市政协副主席武国瑞、市中级人民法院、市人民检察院负责人，市法制局、市农业局、市信访局、市经济联络办公室负责人，市人大常委会各委、厅、室负责人、市人大法制委员会委员、各县(市)、区人大常委会负责人，15位人大代表列席会议，15位郑州市公民旁听会议。

市十一届人大常委会第45次会议于3月25日至26日在常委会会议厅举行。市人大常委会主任岳修武主持会议，副主任郝建生、刘振中、李保山、郑林山、房健、鞠衍行、贾常先、裴允功、张立兴、主永道，秘书长尚有勇和委员共42人出席会议。

这次会议共有13项议程：(1)传达十届全国人大二次会议精神，学习《中华人民共和国宪法修正案》；(2)审议通过"关于深入学习和贯彻实施《中华人民共和国宪法》的决议(草案)”;(3)审议《郑州市饲料和饲料添加剂管理条例(草案修改稿)》;(4)审议《郑州市人民代表大会常务委员会关于修改〈郑州市信访条例〉的决定(草案)》;(5)审议“市人大常委会工作报告(草案)”、“市人大法制委员会工作报告”;(6)听取“关于市十二届人大一次会议筹备工作情况的汇报”;(7)审议“关于召开市十二届人大一次会议的决定(草案)”;(8)审议“市十二届人大一次会议议程(草案)”;(9)听取并审议代表资格审查委员会“关于市十二届人民代表大会代表的代表资格审查报告”;(10)审议“市十二届人大一次会议主席团和秘书长名单(草案)”;(11)审议“市十二届人大一次会议计划、财政预算审查委员会名单(草案)”;(12)审议“市十二届人大一次会议议案审查委员会名单(草案)”;(13)审议“市十二届人大一次会议列席人员名单(草案)”。

会议首先由全国人大代表胡大白传达了十届全国人大二次会议精神。会议听取并审议了市人大法制委员会副主任委员邢桂清作的“关于《郑州市饲料添加剂管理条例(草案)》审议结果的报告”和“关于《郑州市饲料和饲料添加剂管理条例(草案修改稿)》修改情况的汇报”,听取并审议了市人大法制委员会副主任委员杨传高作的“关于修改《郑州市信访条例》的决定(草案)审议结果的报告”,听取并审议了市人大常委会副秘书长柴清玉作的“关于郑州市第十二届人民代表大会第一次会议筹备工作情况的汇报”,听取并审议了市人大常委会代表资格审查委员会副主任委员丁爱兰作的“郑州市第十一届人民代表大会常务委员会代表资格审查委员会关于郑州市十二届人民代表大会代表的代表资格审查报告”。

会议表决通过了“郑州市第十一届人民代表大会常务委员会代表资格审查委员会关于郑州市十二届人民代表大会代表的代表资格审查报告”,477人当选为郑州市第十二届人民代表大会代表。

会议表决通过了“关于召开郑州市第十二届人民代表大会第一次会议的决定”、“郑州市第十二届人民代表大会第一次会议议程(草案)”、“郑州市人民代表大会常务委员会工作报告”、“郑州市人民代表大会法制委员会工作报告”、“郑州市第十二届人民代表大会第一次会议主席团和秘书长名单(草案)”、“郑州市第十二届人民代表大会第一次会议计划、财政预算审查委员会名单(草案)”、“郑州市第十二届人民代表大会第一次会议议案审查委员会名单(草案)”、“郑州市第十二届人民代表大会第一次会议列席人员名单”。会议决定:2004年4月16日召开郑州市第十二届人民代表大会第一次会议,大会将全面总结郑州市第十一届人民代表大会第一次会议5年来的工作;听取和审议政府工作报告;听取关于郑州市2003年国民经济和社会发展计划执行情况与2004年计划草案的报告,审议和批准郑州市2003年国民经济和社会发展计划执行情况的报告与2004年国民经济和社会发展计划;听取关于郑州市2003年财政预算执行情况和2004年财政预算草案的报告,审议和批准郑州市2003年财政预算执行情况的报告和2004年财政预算;听取和审议市人大常委会工作报告;听取和审议市中级人民法院工作报告;听取和审议市人民检察院工作报告;选举市十二届人大常委会主任、副主任、秘书长、委员;选举市人民政府市长、副市长;选举市中级人民法院院长,市人民检察院检察长;审议通过市十二届人民代表大会法制委员会组成人员名单。

会议表决通过了《郑州市饲料和饲料添加剂管理条例》和《郑州市人民代表大会常务委员会关于修改郑州市信访条例的决定》,会后由市人大常委会法制工作委员会按照地方立法程序,报请省人大常委会批准后公布实施。

会议还组织市人大常委会组成人员学习了《中华人民共和国宪法修正案》,表决通过了“关于深入学习和贯彻实施《中华人民共和国宪法》的决议”。

副市长王林贺,市中级人民法院院长刘春年和市人民检察院负责人,市人大常委会各委、厅、室负责人和各县(市)、区人大常委会主任列席会议。

4月8日下午,市十一届人大常委会第46次会议在常委会会议厅举行。市人大常委会主任岳修武主持会议,副主任郝建生、刘振中、郑林山、房健、鞠衍行、贾常先、裴允功、主永道,秘书长尚有勇和委员共40人出席会议。

这次会议共有1项议程:听取并审议代表资格审查委员会关于选举郑州市第十二届人民代表大会代表的代表资格审查报告。

会议听取并审议通过了市人大常委会代表资格审查委员会副主任委员丁爱兰作的“郑州市第十一届人大常委会代表资格审查委员会关于选举郑州市第十二届人民代表大会代表的代表资格审查报告”。

市人大常委会各委、厅、室负责人和各县(市)、区人大常委会主任列席会议。

4月29日,市十二届人大常委会第1次会议在常委会会议厅举行。市人大常委会主任郝建生主持会议,副主任李保山、主永道、刘春年、王平、栗培青、魏深义、尚有勇,秘书长赵英和委员共42人出席会议。

这次会议共有6项议程:(1)学习宪法、地方组织法、市人大常委会议事规则、市人大常委会组成人员守则;(2)审议市人大常委会2004年工作要点草案;(3)审议关于市十二届人大常委会工作机构设置的决定草案;(4)审议市十二届人大常委会代表资格审查委员会组成人员名单草案;(5)审议人事任命案;(6)郝建生主任讲话。

会议听取了市人大常委会副主任李保山关于“提请任命柴清玉等13名市人大常委会机关工作人员职务的议案”的说明、市人大常委会秘书长赵英关于“市十二届人大常委会工作机构设置决定(草案)”的说明和市人大常委会选举任免代表联络工作委员会主任丁爱兰关于“郑州市第十二届人民代表大会常务委员会代表资格审查委员会组成人员(草案)”的说明。

经过分组审议，会议表决通过了“郑州市人民代表大会常务委员会关于郑州市第十二届人大常委会工作机构设置的决定”、“郑州市人大常委会2004年工作要点”和“郑州市第十二届人民代表大会常务委员会代表资格审查委员会名单”。会议表决通过了人事任命案。

市人大常委会主任郝建生在会议结束时作了重要讲话。

市中级人民法院院长贾记鑫和市人民检察院负责人，市人大常委会各委、厅、室和各县(市)、区人大常委会的负责人列席会议。

5月14日，市十二届人大常委会第2次会议在常委会会议厅举行。市人大常委会主任郝建生主持会议，副主任李保山、主永道、王福成、刘春年、王平、栗培青、魏深义、尚有勇，秘书长赵英和委员共43人出席会议。

这次会议共有3项议程：(1)审议市政府“关于提请批准城市基础设施贷款还款承诺的议案”和相应的决议(草案)；(2)审议市人大常委会“关于依法任命的地方国家机关工作人员实行就职宣誓的决定(草案)”；(3)审议人事任命案。

会议听取了王文超市长关于提请人事任命案的说明，常务副市长李柳身关于“郑州市人民政府关于提请批准城市基础设施贷款还款承诺的议案”的说明和市人大常委会副秘书长柴清玉关于“郑州市人民代表大会常务委员会关于依法任命的国家机关工作人员实行就职宣誓的决定(草案)”的说明。市委常委、组织部长王璋向市人大常委会组成人员逐一介绍了拟任命的新一届政府组成人员。

经过分组审议，会议以无记名投票的方式表决通过了新一届市人民政府的人事任命案；以按表决器的方式通过了“郑州市人民代表大会常务委员会关于‘郑州市人民政府关于提请批准城市基础设施建设贷款还款承诺的议案’的决议”和“郑州市人民代表大会常务委员会关于依法任命的国家机关工作人员实行就职宣誓的决定”。

市人大常委会主任郝建生向被任命的30名市人民政府组成人员颁发任命书后，在庄严的国歌声中，新任命的新一届政府组成人员手执《中华人民共和国宪法》，面对国徽，由常务副市长李柳身带领进行了就职宣誓。宣誓仪式结束后，市委副书记祁金立和市人大常委会主任郝建生分别作了讲话，对任命的新一届政府组成人员提出了希望和要求。

市长王文超、常务副市长李柳身、市政协副主席李西海、市中级人民法院院长贾记鑫、市人民检察院院长李自民，市人大常委会各委、厅、室和各县(市)、区人大常委会的负责人，9名郑州市人大代表列席会议，9名郑州市公民旁听会议。

6月28日至30日，市十二届人大常委会第3次会议在常委会会议厅举行。市人大常委会主任郝建生主持会议，副主任李保山、主永道、王福成、刘春年、王平、栗培青、魏深义、尚有勇，秘书长赵英和委员共41人出席会议。

这次会议共有7项议程：(1)审议2004年度述职人员名单草案；(2)听取并审议关于市十二届人大一次会议四项代表议案审理意见的报告；(3)审议关于修改《郑州市农药管理条例》的决定(草案)；(4)听取并审议市政府关于停缓建工程整治工作的情况汇报；(5)听取并审议市政府关于《郑州市政府投资项目管理条例》贯彻执行情况汇报；(6)听取并审议市政府关于《郑州市建设项目审计条例》贯彻执行情况汇报；(7)审议人事任免案。

会议举行市十二届人大常委会首次法制讲座，由市人大常委会法律咨询委员会委员阎嗣岑、宋炉安分别就《宪法》和《宪法》的修改、《行政许可法》的有关内容进行了讲授。市人大常委会将建立法制讲座学习制度，每次常委会会议期间，都要安排一次法制讲座，邀请法律专家、学者讲授法律知识。

会议听取了市人大常委会城建环保工作委员会主任宋土旺关于“市十二届人大一次会议《加快县、乡公路建设资金投入力度，促进城乡经济协调发展》代表议案审理意见的报告”，听取了市人大常委会法制室主任司久贵关于市十二届人大一次会议“关于制定《郑州市城区教育发展规划管理条例》”、“关于制定《郑州市城市社区建设发展规划条例》”和“关于制定《郑州市开发区条例》”代表议案审理意见的报告；听取了市法制局局长王庆堂关于郑州市人民政府提请审议的“修改《郑州市农药管理条例》的决定(草案)”议案所作的说明，听取了市长助理刘本昕作的“郑州市人民政府关于停缓建工程整治工作的情况汇报”、市发展和改革委员会主任王广灿作的“关于《郑州市人民政府投资项目管理条例》执行情况的汇报”和市审计局局长李连渠作的“关于我市贯彻执行《郑州市建设项目审计条例》的情况汇报”；听取了市法院院长贾记鑫关于人事任免案的说明。

会议分组对各项议程进行了审议。在30日下午举行的第二次全体会议上，以无记名投票的方式表决通过了述职人员名单和人事任免案，市中级人民法院副院长傅和平、张中强，审判委员会委员杨清泉、高延安和市人民检察院副检察长谢红星、王天迎，检察委员会委员耿红、检察员田晓保为述职接受评议人，将向市人大常委会述职并接受评议。随后，新任命的36名市中级人民法院工作人员手捧《宪法》，面向国徽，举行了就职宣誓仪式。

会议听取了市人大法制委员会主任委员邢桂清作的关于《修改郑州市农药管理条例的决定(草案)》审议结果的报告，并以按表决器的方式表决通过了“关于修改《郑州市农药管理条例》的决定”，会后由市人大常委会法制室按地方立法程序，报请省人大常委会批准后公布施行；会议还表决通过了市十二届人大一次会议《加快县、乡公路建设资金投入力度，促进城乡经济协调发展》、《关于制定郑州市城区教育发展规划管理条例》、《关于制定郑州市城市社区建设发展规划条例》和《关于制定郑州市开发区条例》四项代表议案审理意见的报告。

副市长丁世显、市政协副主席李西海、市法院院长贾记鑫、市检察院检察长李自民，市政府办公厅、市发展和改革委员会、市建设委员会、市教育局、市民政局、市国土资源局、市交通局、市城市规划局、市农业局、市审计局、市房地产管理局、市城市管理行政执法局、市法制局、高新技术产业开发区的负责人，市人大法制委员会委员，市人大常委会各委、厅、室和各县(市)、区人大常委会负责人以及9名人大代表列席会议，9名郑州市公民旁听会议。

8月13日上午，市十二届人大常委会第4次会议在常委会会议厅举行。市人大常委会主任郝建生主持会议，副主任李保山、主永道、王福成、刘春年、王平、栗培青、魏深义、尚有勇，秘书长赵英和委员共38人出席会议。

这次会议共有3项议程：(1)听取并审议市政府关于对外开放和招商引资工作情况的汇报；(2)审议“关于开展18岁成人仪式教育活动的决议(草案)”；(3)审议人事任免案。

会议听取了常务副市长李柳身关于人事任免案的说明，经过审议，会议以按表决器的方式，通过了该人事任免案。会议决定，免去李民庆的郑州市公安局局长职务，任命姚待献为郑州市公安局局长。

会议还听取并审议了市商务局副局长闫铁城作的关于“我市对外开放和招商引资工作情况的汇报”；听取并审议了市人大常委会教育科学文化卫生工作委员会副主任杨仁甫作的“关于对《郑州市人民代表大会常务委员会关于开展18岁成人仪式教育活动的决议(草案)》的说明”，表决通过了该决议；会议还表决通过了人事任命案。

常务副市长李柳身、市政协副主席李西海、市中级人民法院院长贾记鑫、市人民检察院检察长李自民，团市委、市商务局的负责人，市人大常委会各委、厅、室和各县(市)、区人大负责人列席会议。

9月20日至23日，市十二届人大常委会在常委会会议厅举行第5次会议。市人大常委会主任郝建生主持会议，副主任李保山、主永道、王福成、王平、栗培青、魏深义、尚有勇，秘书长赵英和委员共41人出席会议。

这次会议共有8项议程：(1)审议《郑州市失业保险条例(草案)》；(2)审议《郑州市清真食品管理条例(草案)》；(3)听取并审议关于郑州市2004年上半年国民经济和社会发展计划执行情况的报告；(4)听取并审议关于郑州市2003年财政决算和2004年上半年财政预算执行情况的报告；(5)听取并审议关于郑州市2003年市本级财政预算执行情况和其他财政收支情况的审计报告；(6)听取并审议关于贯彻执行“一法四条例”情况汇报；(7)审议“代表资格审查委员会关于代表变化情况及补选郑州市十二届人民代表大会代表的代表资格审查报告”；(8)审议“关于废止《郑州市商品交易市场监督管理条例》的议案”及相应的决定(草案)。

会议首先进行了法制讲座。由郑州大学商学院副教授范实秋讲授关于预算审查的若干问题。

会议听取了市政府法制局局长王庆堂“关于郑州市人民政府关于提请审议《郑州市失业保险条例(草案)》的议案和建议废止《郑州市商品交易市场监督管理条例》的议案”的说明；听取了市民族事务委员会主任杨二立“关于郑州市人民政府关于提请审议《郑州市清真食品管理条例(草案)》的议案”的起草说明；听取了市发展和改革委员会主任王广灿“关于我市上半年国民经济和社会发展计划执行情况的报告”、市财政局局长赵健“关于我市2003年财政决算和2004年上半年财政预算执行情况的报告”、市审计局局长李连渠“关于2003年度市本级财政预算执行情况和其他财政收支情况的审计工作报告”。

根据市人大常委会2004年工作要点的安排，本次会议听取并审议了市长助理、市建设委员会主任刘本昕关于“贯彻执行‘一法四条例’情况的汇报”、市人大常委会城建环保工作委员会主任宋土旺关于“组织开展‘一法四条例’执法检查情况的汇报”，听取了全国、省人大代表、市人大常委会各审议小组和有关县(市)、区对市人民政府贯彻执行“一法四条例”工作情况的审议发言，市长助理、市建设委员会主任刘本昕作了表态发言。

会议分组对各项议程进行了审议。在23日下午举行的全体会议上，听取了市人大法制委员会副主任委员王新义作的“关于《郑州市人民政府关于废止郑州市商品交易市场监督管理条例的议案》审议结果的报告”，并以按表决器的方式，通过了“关于废止《郑州市商品交易市场监督管理条例》的决定”，会后由市人大常委会法制室按照地方立法程序，报请省人大常委会批准后予以公布。

会议还表决通过了“郑州市人民代表大会常务委员会关于批准郑州市2003年财政决算的决议”和“代表资格审查委员会关于代表变化情况及补选郑州市十二届人大代表的代表资格审查报告”。

常务副市长李柳身、副市长丁世显，市法院院长贾记鑫、市检察院检察长李自民，市政府法制局、市发展和改革委员会、市建设委员会、市民族事务委员会、市财政局、市劳动和社会保障局、市城市规划局、市审计局、市房地产管理局、市工商行政管理局的负责人列席会议；市人大法制委员会委员，市人大常委会各委、厅、室和各县(市)、区人大常委会负责人以及15名人大代表列席会议，15名郑州市公民旁听会议。

10月25日至29日，市十二届人

大常委会第6次会议在常委会会议厅举行。市人大常委会主任郝建生主持会议,副主任李保山、主永道、王福成、刘春年、王平、魏深义、尚有勇、秘书长赵英和委员共39人出席会议。

这次会议共有12项议程:(1)审议《郑州市大气污染防治条例(草案)》;(2)审议《郑州市农村财务管理条例》修正案(草案);(3)审议《郑州市燃气管理条例》修正案(草案);(4)审议《郑州市集会游行示威规定》修正案(草案);(5)听取并评议市人民检察院副检察长谢红星、王天迎、公诉一处处长耿红、公诉二处处长田晓保,市中级人民法院副院长傅和平、张中强、执行局局长杨清泉、民三庭庭长高延安的述职报告;(6)听取并审议市人民政府关于扶优扶强百家重点企业促进非公有制经济快速发展工作情况的汇报;(7)听取并审议市人民政府关于市十二届人大一次会议《加快县、乡公路建设资金投入力度,促进城乡经济协调发展》、《关于制定郑州市城区教育发展规划管理条例》、《关于制定郑州市开发区条例》、《关于制定郑州市社区建设发展规划条例》4项议案办理情况的汇报;(8)听取并审议关于市十二届人大一次会议以来代表建议、批评、意见办理情况的汇报;(9)听取并审议市政府关于贯彻实施《义务教育法》情况的汇报;(10)听取并审议市政府关于农产品市场准入制度实施情况的汇报;(11)听取并审议市政府关于2003年度及2004年1~9月份非税收入收支执行情况的汇报;(12)审议人事任免案。

会议首先进行了法制讲座,由省人大法制委员会副主任委员张勇讲授关于地方立法的几个问题。并举行了郑州市纪念人民代表大会成立50周年知识竞赛抽奖仪式。

在25日下午举行的第二次全体会议上,听取并审议了市政府秘书长陈西川关于郑州市人民政府关于提请审议《郑州市大气污染防治条例(草案)》、《郑州市农村财务管理条例修正案(草案)》、《郑州市燃气管理条例修正案(草案)》、《郑州市集会游行示威规定修正案(草案)》等4项议案的说明,以及市十二届人大一次会议"加大县、乡道路建设资金投入力度,促进城乡经济协调发展"、"关于尽快制定并实施《郑州市城区教育发展规划管理条例》"、"关于制定《郑州市开发区条例》"和"制定并实施《郑州市社区建设发展规划条例》"4项代表议案办理情况的汇报。

会议还听取并审议了市中小企业局局长宋加利作的"关于我市扶优扶强百家重点企业,促进非公有制经济快速发展工作情况的汇报",听取并审议了市政府副秘书长秦晓辉作的"关于市十二届人大一次会议以来代表建议、批评和意见办理工作情况的汇报",市教育局局长司福亭作的"关于我市贯彻实施《义务教育法》情况的汇报",市农业局局长陈书栋作的"郑州市人民政府关于农产品市场准入制度实施情况的汇报"以及市财政局局长赵健作的"关于2003年度及2004年度1~9月份非税收入收支执行情况的报告";听取了市人大常委会秘书长赵英有关人事任命案的说明。

会议还审议了"郑州市中级人民法院关于十二届人大一次会议以来代表建议、批评和意见办理情况的汇报(书面)"、"郑州市人民检察院关于市十二届人大一次会议以来代表建议、批评和意见办理情况的汇报(书面)"、市人大常委会选举任免代表联络工作委员会"关于市十二届人大一次会议以来代表议案和建议办理情况的报告(书面)"。

29日下午举行的全体会议,听取市人大法制委员会副主任委员王新义关于《郑州市农村财务管理条例(修正案草案)》、《郑州市集会游行示威规定(修正案草案)》审议结果的报告和关于《郑州市燃气管理条例(修正案草案)》有关情况的说明,并以按表决器的方式,表决通过了"关于修改《郑州市农村财务管理条例》的决定"和"关于修改《郑州市集会游行示威规定》的决定",会后由市人大常委会法制室按地方立法程序,报请省人大常委会批准后公布施行。会议还表决通过了人事任命案。

根据市人大常委会2004年工作要点的安排,本次会议听取了述职接受评议人市人民检察院副检察长谢红星、王天迎,公诉一处处长耿红、公诉二处处长田晓保,市中级人民法院副院长傅和平、张中强,执行局局长杨清泉、民三庭庭长高延安的述职报告。经过分组审议,3个审议小组的代表分别对述职接受评议人的任职情况进行了评议发言。并以按表决器的方式,分别通过了对述职接受评议人的述职评议表决,8位述职接受人的称职票均超过常委会全体组成人员的半数,符合任职要求。谢红星、王天迎、耿红、田晓保、傅和平、张中强、杨清泉、高延安作了表态发言。会后,市人大常委会有关工作委员会根据本次会议的审议情况对8位述职接受评议人的任职情况分别提出审议意见。

市人民政府常务副市长李柳身、副市长龚立群、丁世显、市政协副主席李西海、市中级人民法院院长贾记鑫、市人民检察院检察长李自民,市政府办公厅、市政府法制局、市民族委员会、市财政局、市教育局、市市政管理局、市交通局、市环境保护局、市农业局、市中小企业局、市公安局、市高新技术产业开发区管委会、市经济技术开发区管委会的负责人,市人大法制委员会委员,市人大常委会各委、厅、室和各县(市)、区人大常委会的负责人以及15名人大代表列席会议,15名郑州市公民旁听会议。

12月21日至22日,市十二届人大常委会在常委会会议厅举行第7次会议。市人大常委会主任郝建生主持会议。副主任李保山、主永道、刘春年、王平、栗培青、魏深义、尚有勇,秘书长赵英和委员共39人出席会议。

这次会议共有5项议程:(1)审议《郑州市失业保险条例(草案修改稿)》;(2)审议市政府关于我市农业扶贫开发工作情况汇报;(3)审议市政府关于贯彻落实市人大常委会"关于停

缓建工程处置工作决议”情况的汇报；(4)审议“关于召开郑州市第十二届人民代表大会第二次会议的决定(草案)”；(5)审议人事任免案。

会议听取了常务副市长李柳身、市人民检察院检察长李自民所作的关于人事任免案的说明，听取了市人大法制委员会副主任委员王新义关于《郑州市失业保险条例》(草案)》审议结果的报告，听取了市政府副秘书长冯万福、吴福民所作的关于扶贫开发工作情况和关于2004年度停缓建工程整治情况的汇报。

会议以按表决器的方式表决通过了《郑州市失业保险条例》和“关于召开郑州市第十二届人民代表大会第二次会议的决定”。

会议以无记名投票的方式，表决通过了有关人事任免案。

市政协副主席李西海、市中级人民法院院长贾记鑫、市人民检察院检察长李自民，市人大常委会各委、室、厅负责人，市政府有关委、局主要负责人列席会议。

【代表议案办理】 郑州市十二届人民代表大会第一次会议期间，市人大代表履行宪法、法律赋予的职责，认真审议市“一府两院”工作报告，围绕郑州市经济建设，规范市场经济秩序，优化经济发展环境，加强城市建设管理，全面繁荣农村经济，完善社会保障制度，维护社会稳定，大力发展各项社会事业，加强社会主义物质文明、政治文明和精神文明建设，以主人翁的精神和认真负责的态度，向大会提出议案84件，其中4件(按内容7件合并为4件)经大会主席团审议通过立案，其余77件，转为代表建议、批评和意见办理。经市人大常委会通过，4件代表议案交由市政府研究办理，办理情况如下：

(一)常兴文等代表提出的《加大县、乡道路建设资金投入力度，促进城乡经济协调发展》的议案。2004年郑州市完成地方公路新改建358.5公里，各县(市)、区政府组织乡村道路建设400多公里。为了加大对县、乡道路建设的力度，一是市交通部门加大征收力度，争取增加建设资金。二是由项目所在地政府提供公路用地，协调组织土源；三是在全市各级财政预算中安排县、乡公路建设专项资金，用于农村公路建设，把地方公路建设列入各级政府年度考核目标。

(二)陈蕾等代表提出的《关于尽快制定并实施颁布〈郑州市城区教育发展规划管理条例〉，解决市区幼儿园、中小学入学难》的议案，崔巍等代表提出的《关于尽快制定并实施〈郑州市城区教育发展规划条例〉》的议案，魏怀昌等代表提出的关于呼吁《郑州市城区教育发展规划条例》尽快出台的议案，属于3案并作1案处理。市政府接到议案后，做了以下工作：

(1)将制订《郑州市城市中小学规划建设管理条例》(以下简称《条例》)列入2005年地方立法项目。2004年11月份，市教育局拟订出《条例》(草稿)，市人大常委会同市法制局召集有关人员召开座谈会。尔后，根据市人大常委会提出的意见，市教育局会同市法制局制订了《条例》起草时间进度表，根据日程安排，市教育局对《条例》进行了修改，并印发12个县(市)、区征求意见，至2004年12月底，征求意见工作已结束。市教育局局长办公会讨论修改后，即报送市法制局。

(2)为解决市区中小学入学难问题，市政府决定2005年新建22所中小学校，其中，金水区3所小学、2所初中，惠济区1所初中，中原区3所小学、2所初中，二七区2所初中，管城区2所小学、3所初中，经济开发区1所小学、1所初中。22所学校均已完成选址工作，各区正在进行立项、征地、设计、资金筹措等前期工作，努力完成2005年秋季招生的工作目标。

(三)李建民等代表提出的关于《制定郑州高新技术产业开发区条例》的议案。市十二届常委会第六次会议后，市政府即要求市法制局和郑州高新区管委会就立法的必要性和可行性再深入的进行调研。郑州高新区管委会按照市政府的要求主要开展了以下调研活动：

(1)查阅北京、石家庄、西安、武汉、无锡、苏州、杭州、吉林、长春等城市制定的高新区条例，并对其文本进行认真分析研究，借鉴其立法经验。(2)解析《河南省开发区条例》，确定高新区迫切需要解决而《河南省开发区条例》未能解决的问题。(3)分析高新区自身的发展现状和管理中存在的一些矛盾问题。

市人大常委会已将此《条例》纳入2005年市人大常委会立法调研项目。

(四)刘敏等代表提出的关于《制定并实施郑州市社区建设发展规划条例》的议案。市政府收到市十二届人大一次会议关于制定《郑州市社区建设发展规划条例》代表议案的通知后，对刘敏代表提出的制定实施《郑州市社区建设发展规划条例》的议案和巩玉梅代表提出的《关于规范社区管理》的议案，召开会议进行认真研究，就制定《郑州市社区建设发展规划条例》的必要性和可行性进行了论证，并且征求了财政局、规划局、建委、房管局等相关部门的意见，2005年初将要提交市政府常务会研究。

【代表建议批评和意见办理】 市十二届人大一次会议期间，人大代表对全市各方面的工作提出建议383件，闭会期间代表依据《代表法》的规定又提出建议48件，截至2004年12月底，作为代表建议处理的共计431件。其中，转交市人大常委会工作部门办理9件(含闭会期间建议2件)；转交市政府受理400件(含闭会期间35件)；转交市法院受理16件(含闭会期间9件)；转交市检察院受理2件；转交党群社团或其它单位办理4件。

8月上旬，市人大常委会选工委向市十二届人大一次会议以来提出建议的165位领衔代表，寄发“代表议案和建议办理情况征询意见函”414份，截至9月20日，收到代表反馈意见163件，其中：代表满意的109件，占66.9%；基本满意的44件，占27%；

不满意的10件，占6.1%。从代表反馈意见看，代表建议办理工作，各承办单位普遍较为重视，办理认真，效果较好，代表满意和基本满意率达到93.7%。对于代表不满意的10件建议，市人大常委会选工委立即通知市政府办公厅转交有关部门重新办理，限期1个月内办理完毕，并答复代表。截至10月15日，代表不满意的10件建议已重新办理完毕，并当面答复了代表，代表们表示满意。

根据市十二届人大常委会工作安排，9月份，市人大常委会各工作部门，组织市人大代表90人分成10个视察组，对市政府承办建议较多的23个委、局和市法院、市检察院办理代表建议工作进行了视察。10月下旬，市十二届人大常委会第六次会议听取并审议了“一府两院”关于办理代表建议情况的汇报。截至12月底，人代会期间代表提出的建议已全部办结，并答复了代表；闭会期间提出的建议已大部分办结，部分建议正在办理之中。其中，代表所提建议已经解决或基本解决的112件，占总件数的26%；代表所提建议正在解决或纳入计划需逐步解决的234件，占总件数的54.3%；代表所提建议因条件不成熟或其它原因，需要以后解决的63件，占总件数的14.6%；代表所提建议因受政策或客观条件限制，暂时不能解决的22件，占总件数的5.1%。

【代表视察】 2月9日至13日，市人大常委会副主任李保山、郑林山、贾常先、裴允功、张立兴、主永道，秘书长尚有勇、副秘书长柴清玉分别带领6个检查组对全市闲置土地情况进行执法大检查。

2月11日，市人大常委会副主任李保山带领法制委、法工委有关人员检查中原区土地闲置情况。

2月15日，市人大常委会副主任李保山带领法制委、法工委有关人员检查高新技术开发区土地闲置情况。

2月18日上午，市人大常委会主任岳修武、副主任裴允功到市防治高致病性禽流感指挥部办公室专题听取了市政府“关于我市防治高致病性禽流感工作情况的汇报”，慰问战斗在防治禽流感第一线的人员。

3～9月份，市人大常委会组织人大代表对本市贯彻执行《中华人民共和国建筑法》、《河南省建筑市场管理条例》、《河南省城市房屋拆迁管理条例》、《郑州市建筑市场管理条例》、《郑州市城市建设拆迁管理条例》情况进行执法检查。

3月24日，市人大常委会副主任房健、秘书长尚有勇带领部分市人大常委会委员视察新密市、新郑市、中牟县水污染防治法贯彻执行情况。

3月31日，市人大常委会主任岳修武陪同全国人大环境与资源保护委员会副主任委员叶如棠、委员刘海荣带领的执法检查组，对郑州市实施水污染防治法和国务院《淮河流域水污染防治暂行条例》情况进行检查，在肯定工作成绩的同时，指出了存在的问题，要求加大执法力度，切实做好工作。

4月23日至24日，市人大常委会主任郝建生、副主任主永道陪同省人大常委会副主任李志斌带领的省人大常委会执法检查组对郑州市贯彻执行《中华人民共和国消防法》、《河南省消防条例》情况进行检查。

5月12日至13日，市人大常委会主任郝建生、副主任主永道、秘书长赵英陪同全国人大环资委副主任徐永青一行到郑州市检查土地管理法贯彻执行情况。

6月3日，市人大常委会主任郝建生、副主任主永道、魏深义带领部分省、市人大代表视察本市城市防汛工作。

6月4日，市人大常委会副主任尚有勇带领部分市人大常委会委员和人大代表对本市贯彻执行《中华人民共和国药品管理法》情况进行执法检查。

6月15日至16日，市人大常委会主任郝建生、副主任王福成、秘书长赵英带领部分市人大常委会委员和人大代表对本市贯彻执行《郑州市政府投资项目管理条例》情况进行视察。

6月16日，市人大常委会副主任尚有勇带领部分市人大代表视察郑州歌舞剧院建设情况。

6月17日，市人大常委会副主任主永道带领部分市人大常委会委员检查本市贯彻实施动物防疫法情况。

6月22日，市人大常委会副主任王平带领部分市人大代表对本市贯彻执行《郑州市建设项目审计条例》情况进行视察。

6月22日至23日，市人大常委会副主任主永道陪同省人大常委会委员、环境与资源保护工作委员会主任宋国华一行8人来郑州市调研土地登记立法工作。

8月4日，市人大常委会副主任王福成带领部分常委会委员和市人大代表对本市对外开放和招商引资情况进行了视察。

8月31日，市人大常委会副主任王福成带领部分市人大代表对本市部分台资企业的投资、经营与发展情况进行了视察。

9月14日至15日，市人大常委会副主任李保山、栗培青陪同省人大常委会副主任李志斌一行9人的省人大执法检查组，对郑州市贯彻执行《中华人民共和国工会法》情况进行了检查。市委副书记祁金立、市政府副市长胡荃、王庆海、市总工会主席李元法、市人大常委会秘书长赵英等陪同检查。

9月27日，市人大常委会副主任王平带领预算工委组织的人大代表视察组视察市财政局、国税局、地税局办理代表议案和建议情况。

9月28日，市人大常委会副主任栗培青带领内司工委组织的市人大代表视察组视察市中级人民法院、人民检察院、公安局、劳动和社会保障局、民政局、司法局、综治办等单位办理人大代表议案、建议情况。

9月29日，市人大常委会副主任王福成带领民侨外工委组织的人大代表视察组视察人大代表议案、建议办理情况。

10月9日至10日，市人大常委会副主任主永道带领部分市人大常委委员、市人大代表对农产品质量安全工作情况进行了视察。代表们察看了二七区高砦农贸市场、市农业局农产品质量检测流通中心、思达买超市、绿金园蔬菜生产基地。

10月12日，市人大常委会副主任王福成带领部分市人大常委会委员和市人大代表对全市非公有制经济发展情况进行了视察。听取汇报并实地察看了郑州正星科技股份有限公司、河南日钢天宇钢构工程有限公司、郑州博雅实业有限公司等非公有制企业。

10月12、14、15日，市人大常委会主任郝建生、副主任李保山、王福成、刘春年，秘书长赵英和部分市人大常委会委员及市人大代表对义务教育法贯彻执行情况进行了视察。召开座谈会、听取了情况汇报，分两组实地察看了市八中、经五路一小、农科路小学、外语中学、棉纺路小学。

10月19日，市人大常委会副主任王平带领部分市人大常委会委员和市人大代表对本市2003年度及2004年～9月份非税收入管理使用情况进行了视察。

11月30日，市人大常委会主任郝建生、副主任主永道、栗培青、魏深义带领全国、省、市三级人大代表视察郑东新区建设。

12月1日，市人大常委会副主任魏深义、尚有勇陪同全国、省、市三级人大代表视察庆丰路市场食品销售摊点。

12月14日，市人大常委会副主任魏深义、秘书长赵英带领部分市人大代表对全市停缓建工程整治工作情况进行了视察。代表们察看了河南省交通厅科技培训楼工程、紫荆山广场地下工程、国税局综合楼工程、金祥大厦工程及鑫港大厦工程现场。

【述职评议工作】 根据《郑州市人民代表大会常务委员会述职评议办法》的规定和《郑州市人大常委会2004年工作要点》安排，2004年6月，市十二届人大常委会第三次会议以无记名投票的方式表决通过了2004年度向市人大常委会述职人员名单，市中级人民法院副院长傅和平、张中强，执行局局长杨清泉，民三庭庭长高延安，市人民检察院副院长谢红星、王天迎，检委会委员耿红，检察员田晓保等8名工作人员为述职接受评议人。

按照要求，市人大常委会组织了由市人大常委会组成人员和市人大代表组成的视察组到中级法院和检察院开展视察工作。视察中采取个别谈话、召开座谈会、查阅资料、听取述职接受评议人上级主管领导和相关单位的意见等方法，全面了解情况，并向市人大常委会会议提交了对8名述职接受评议人的视察报告。

在10月13日召开的市十二届人大常委会第六次会议上，市人大常委会分别听取了述职接受评议人，市中级人民法院副院长傅和平、张中强、执行局局长杨清泉、民三庭庭长高延安和市检察院副检察长谢红星、王天迎、检委会委员耿红、检察员田晓保的述职报告。经过分组审议，常委会组成人员代表分别对8名述职接受评议人的述职情况进行了评议发言并以按表决器的方式，对他们进行了述职评议表决，8名述职接受评议人的称职票均超过常委会全体组成人员的半数，符合任职要求。评议后，8人分别作了表态发言，市人大常委会根据会议的审议情况对8名述职接受评议人分别提出审议意见，并向他们反馈了审议意见。

【纪念人民代表大会成立50周年大会】 郑州市纪念人民代表大会成立50周年大会于9月8日在嵩山饭店新闻发布厅举行。市人大常委会主任郝建生主持大会，市委书记李克在会上作重要讲话。

李克简要回顾郑州市人民代表大会成立50年来走过的历程后，着重指出，要进一步坚持和完善人民代表大会制度，推进政治文明建设，为加快全面建设小康社会步伐提供有力保障，把郑州市人大工作提高到一个新水平；要进一步加强和改善党对人大工作的领导，各级人大及其常委会要紧紧围绕全市改革发展稳定的大局和市委的重大决策开展工作；要进一步发挥人大的职能作用，各级人大及其常委会要围绕全市工作大局，充分行使宪法、法律所赋予的各项职权，保证广大人民群众依法行使当家做主和管理国家事务，管理经济、社会、文化事务的权利；要进一步加强人大及其常委会自身建设，各级人大及其常委会要高度重视自身建设，提高履行职责的能力和水平，更好地适应形势的发展和工作的需要。

市领导赵建才、马懿、祁金立、康定军、杨惠琴、主永道、王福成、王平、栗培青、魏深义、尚有勇、丁世显、高建慧等出席会议，市中级人民法院、市人民检察院的领导，历届市人大常委会的领导，市直各部门和各县(市)、区的负责人，全国及省、市人大代表出席了大会。

【市人大工作研讨会】 9月24日，郑州市纪念人民代表大会成立50周年人大工作研讨会在惠济区举行。市人大常委会主任郝建生、副主任李保山、王平、栗培青、党组成员王旭彤、秘书长赵英及市人大常委会各委(厅)、室负责人，各县(市)、区人大常委会主任、副主任、惠济区委书记刘炳辰、区人大常委会主任龚世学、区长张曼如等出席会议。会议收到论文和经验材料15份，重点围绕地方人大及其常委会认真履行宪法和法律赋予的各项职权，与时俱进，积极推进地方人大工作发展进行了认真研究与探讨。

市人大常委会主任郝建生在会上讲话要求：要以“三个代表”重要思想统领人大工作，把宪法、法律赋予的各项职权行使到位，与时俱进，不断创新，为把人民代表大会制度坚持好和完善好做出更大的贡献。

郝建生在讲话中强调，人大工作

必须以“三个代表”重要思想作统领，要紧紧保持同人民群众的血肉联系，了解群众意见，倾听群众呼声，反映群众意愿，把人大工作置于人民群众的监督之下。

关于人大工作与时俱进，不断开创新局面，郝建生提出4点要求：要把解放生产力作为立法的首要目标，通过立法创新，在提高立法质量上取得新成效；要通过突出重点，完善和改进方式、机制等途径，取得加强监督的新成效；要在正确行使重大事项决定权和人事任免权上取得新成效；要在发挥代表作用上取得新成效。

【宣传人大制度好新闻颁奖会】 8月19日上午，郑州市人大常委会举行宣传人民代表大会制度好新闻颁奖会。市人大常委会副主任尚有勇、秘书长赵英、副秘书长柴清玉，市委宣传部副部长李宪敏，市人大常委会研究室主任岳德常出席会议并为获奖作品的作者颁奖。各县(市)、区人大常委会分管新闻宣传工作的领导，市各新闻单位分管新闻采访工作的负责人，本届好新闻获奖作品的作者，市人大新闻联络员、信息员共60余人参加会议。

郑州市宣传人大制度好新闻评选活动自5月份开始，2家省属新闻单位，6家市属新闻单位，11个县(市)、区人大常委会和市人大常委会的3个工作部门推荐了参评作品，在规定的时间内，市人大常委会办公厅共收到推荐作品74件，经审核全部符合规定要求。经过评委会认真评审，共评选出好新闻奖20件，其中，一等奖3件，二等奖7件，三等奖10件。在本届好新闻评选中，参评作品发表的媒体范围更加广泛，作品质量较往年有新的提高，多数获奖作品选材于本市两级人大常委会依法行使监督权、重大事项决定权和完善人事任免制度等方面的内容，作品的新闻点抓得比较准，体现了“三贴近”的要求，社会影响较大，宣传效果明显。

(柴清玉 吴运浦 李永祥 牛志熳)

郑州市人民政府

市政府全局工作

【概况】 2004年，在市委领导下，以邓小平理论和“三个代表”重要思想为指导，认真贯彻党的十六大和十六届三中、四中全会精神，坚持科学发展观，积极落实中央宏观调控政策，切实抓好“五个一百”工程，全市经济发展实现了速度与质量、效益的统一，各项社会事业协调发展，较好地完成了市十二届人大一次会议确定的各项任务。

全市实现生产总值1375亿元，增长15.5%，是亚洲金融危机以来增速最高的一年，人均生产总值达到2350美元。地方财政收入114.8亿元，增长32.7%；金融机构年末存款余额达到2724.8亿元，增长11.9%；非公有制经济完成增加值687亿元，增长25%，占全市生产总值的比重达到50%。完成或超额完成了新增就业再就业10万人、工业技改投资100亿元、非公有制经济增加值新增100亿元、地方财政收入100亿元、新设立外资企业100家、规模以上工业销售收入突破1000亿元的“六个一”目标。全市经济进入全面提速、加快转型的新阶段。

(一)农业生产稳定增长，农村经济全面发展。认真贯彻落实“中央一号”文件，“三农”工作取得了明显成效。农林牧渔业完成增加值61亿元，增长5.7%。农民收入显著增加，粮食等农产品产量全面增长，农业现代化水平进一步提高。新建奶牛养殖小区20个，新增无公害农产品基地1.27万公顷，农业综合机械化水平达到53%。农业产业化经营步伐加快，休闲观光农业发展迅速。农村税费体制改革成果得到巩固，农民负担大幅减轻。全市所有贫困村和市辖各区、巩义市免征农业税，其余县(市)农业税税率降低3个百分点，农民人均较上年减负81%。扶贫开发工作取得新成效，全市又有1.5万贫困人口脱贫。改建、新建农村公路297.4公里。建成集雨水窖1.01万个，解决了6万人饮水困难。完成沿黄风沙源生态治理造林1.12万公顷，生态环境有所改善。

(二)工业经济快速发展，经济效益大幅提高。全市规模以上工业完成增加值402.7亿元，增长23.7%；实现销售收入1189.6亿元，增长35%；实现利润74.5亿元，增长38.7%；工业经济效益综合指数达到160.2%，提高16.7个百分点。汽车、煤电铝、装备制造业、食品等优势行业完成增加值272.4亿元，占规模以上工业增加值的67.6%。重点技改项目投资突破百亿，技改投入连续3年实现翻番。全年新增电力装机容量99.6万千瓦、铝加工能力20万吨、卷烟2.7万大箱。大企业大集团规模日益壮大，有50户企业销售收入在3亿元以上，宇通集团、中铝河南分公司突破50亿元。一批高技术企业快速发展，技术创新效果显著，信息化带动作用突出，品牌效应不断增强，企业核心竞争力大幅提高。以产权制度改革为重点的国有工业企业改革取得新成果，提前完成企业中小学移交任务；郑州日产和东风股份成功重组，金星集团与百威公司、奥克公司与生力集团合作进入实质性操作。

(三)消费市场繁荣稳定，新型业态发展迅速。全市社会消费品零售总额558.7亿元，增长16.4%，其中，批零贸易和餐饮业分别完成459.9亿元和80.2亿元，增长13.6%和38.5%。零售业综合竞争力明显增强，天津家世界、德国麦德隆等知名零售企业入驻郑州。圃田建材、东风路科技园等交易园区持续发展。开工建设商品房470万平方米，增长34.3%。香江、澳柯玛等物流园区建设进展顺利。会展经济逐步推行市场化运作，成功举办了第十届全国商品交易会。旅游景区建设取得重大进展，旅游总收入达到138.5亿元，增长32%。国有商贸企业改革稳步推进。

（四）固定资产投资持续增长，薄弱环节得到加强。积极贯彻中央宏观调控政策，对在建、拟建项目进行了全面清理。克服不利因素影响，全社会固定资产投资完成650亿元，增长30%。重点工程建设继续保持增长势头，郑州出口加工区标准厂房、农业路穿铁路编组站立交、107国道辅道等项目建成投入使用；郑煤白坪矿井、正大世纪城市广场等项目按计划推进；郑州燃气调峰电站2×35万千瓦机组、郑东新区热电厂2×20万千瓦机组、郑州铝业铝板带箔一期、宇通汽车零部件工业园等项目开工建设。加大薄弱环节的投入力度，交通、环保、农林水、社会事业、旅游等方面的基础设施建设得到加强。

（五）城市建设取得新进展，城市化进程不断加快。中心城区保护改造进展顺利。续建、新修道路28条，改造支路背街小巷126条、积水点49处，改造、新建雨污水管网25.6公里。完成340余幢楼体夜景照明。全年新增绿地面积510万平方米，新建游园34个。熊耳河滨河公园建成开放，东风渠两岸景观绿化即将完工。郑花路、西北环道、科学大道整治绿化任务基本完成，桐柏路、沁河路等30条路段新植了行道树。继续实行“两级政府、三级管理、四级网络”管理体制，城市管理长效机制进一步完善，市容环境不断优化，空气质量二级以上天数达到81.4%。

郑东新区建设全年完成投资60.2亿元。中央商务区形象初现，内、外环60栋高层项目中已有35栋开工建设，其中19栋结顶，楼市销售良好。郑州国际会展中心土建工程基本完工，河南艺术中心地下工程已经结束，中央商务区中心湖破土动工。起步区内基础设施建设基本完成，“三河一渠”绿化工程进展顺利。招商引资成效显著，全年引进项目50个；烟草集团、天津顺驰、上海绿地、澳门宝龙等知名企业纷纷入驻。龙湖南区、商住物流区项目进展顺利。龙子湖区6所高校开工建设。

卫星城市及重点镇建设速度加快。卫星城市规划水平提升，投入力度加大，小城镇建设日趋规范。竹林镇等9个镇被确定为国家级重点镇。全市城市化率57.9%。

（六）对外开放步伐加快，利用外资水平有所提高。新设立外商投资企业117家，实际利用外商直接投资2.5亿美元，增长61.6%；出口创汇10.8亿美元，增长23.8%。成功举办首届世界传统武术节，签订对外合作项目20项，合同利用外资3.9亿美元、域外资金29.8亿元人民币。创新招商方式，市场化、专业化招商迈出了可喜步伐。以非洲为重点，进一步开拓国外市场。出口加工区封关运行，高新技术产业开发区、经济技术开发区招商工作取得新成效。区域经济交流与合作明显加强。

（七）就业再就业和社会保障工作成效显著，人民生活明显改善。进一步落实就业再就业政策，减免税费3498万元，支出补贴4256万元，发放国有企业下岗职工生活保障金1.08亿元。实现12.15万城镇求职人员就业再就业，转移农村劳动力就业13.2万人。社会保险覆盖面扩大，社会保险体系进一步完善。养老金按时足额发放率和社会化发放率继续保持100%。全市清理拖欠农民工工资1.46亿元。城市居民最低生活保障标准进一步提高，做到了动态管理下的应保尽保；对符合条件的农村特困户全部实行救助。完善了城市低保户和农村特困户在住房、教育、医疗等方面的配套政策。城市流浪乞讨人员救助管理工作效果明显，与联合国儿童基金会合作开展的流浪少年儿童救助项目，被民政部誉为“郑州模式”。

城乡居民收入稳步提高，群众生活质量进一步改善。城镇居民人均可支配收入达到9667元，增长11.8%；农民人均纯收入达到4183元，增长15.2%，首次超过城镇居民收入增速；城市居民人均住房面积达到22.6平方米，农村人均住房面积达到42.7平方米。免费向社会公众开放公益性文化场馆。向社会承诺办好的“10件实事”，除西流湖公园建设缓建外，其余件件得到落实。经济适用房竣工43万平方米，有398户“双困”家庭入住廉租住房。

（八）科技教育不断发展，社会事业全面进步。围绕高新技术产业化、制造业信息化，优化配置科技资源，突出科技引导带动作用，荣获“全国科技进步先进市”。教育投入不断加大，市区4所新建高中开工建设，全国第九届中学生运动会体育场馆开始施工，改造农村中小学危房22.7万平方米。文化事业进一步繁荣，现代豫剧《嵩山长霞》引起了社会的强烈反响，郑州歌舞剧院顺利组建，创演的《风中少林》得到好评。加强商城遗址的保护，光荣跻身“中国八大古都”，并加入“世界历史都市联盟”。全民健身运动深入开展，竞技体育取得新成绩，郑州市运动员孙甜甜荣获第二十八届奥运会网球双打冠军，实现我国网球运动历史性突破；残奥会获得7枚金牌。疾病控制和医疗救治体系建设进展顺利，覆盖城乡的网络初步形成。加强对艾滋病的监测和预防，重大传染病救治工作有序开展。卫生服务设施建设加快，基层卫生条件得到改善。经济普查工作顺利推进，“信用郑州”建设取得新进展。精神文明建设典型层出不穷，涌现出了任长霞、吴玲等先进人物。

人口和计划生育工作整体水平进一步提高，基层基础工作得到巩固，政策外生育率和出生二胎率明显下降，流动人口计生工作经验在全国推广。大力整治违法排污企业，建设项目环境管理和自然生态保护工作得到加强。市医疗卫生废物集中处理中心投入使用。整顿土地市场秩序，闲置土地处理工作取得进展。国防教育、民兵、征兵、优抚安置工作顺利开展，军政军民关系更加密切。

（九）民主与法制建设得到加强，社会大局基本稳定。自觉接受人民代表大会及其常委会监督，接受人民政协民主监督，认真听取民主党派、工商联、无党派人士、各人民团体的意见。全年办复人大代表议案、建议和政协委员提案1180件。扩大政务公开范围,政府新闻发言人制度开始实施,政府决策的科学性和透明度提高。坚持依法治市,提请通过地方性法规12件,制订规章8件。贯彻执行《行政许可法》,停止执行68项行政许可项目。加强对规范性文件合法性审查,依法规范政府行政行为。

切实做好信访突出问题及群体性事件集中处理工作。全市抽调2200余名机关干部,深入开展不稳定因素排查调处,处理了900余起多年积压的信访案件,集体上访上升势头得到遏制,群体性事件妥善处置,信访秩序明显好转。严密侦控、严厉打击境内外敌对势力、敌对分子和"法轮功"等邪教组织的破坏活动。强化综合治理,社会治安保持稳定。加强干警队伍建设,完善快速反应机制,以快制快,震慑犯罪。落实安全生产责任制,加强了安全监管网络和应急救援体系建设。开展经常性的安全检查,加大事故隐患整改力度,全市安全生产事故总量大幅度下降。

2004年,虽然各项工作取得了很大的成绩,但经济社会发展中还存在一些不容忽视的困难和问题。一是融资困难、运力紧张、建设用地不足等制约郑州市经济发展的瓶颈问题更加突出。二是安全生产形势依然严峻,重特大事故时有发生。三是群众关注的热点难点问题还没有得到根本解决,群体性事件偶有发生。四是对外开放水平不高,利用外资规模较小。五是城乡居民收入还有待进一步提高,不少低收入群众生活还比较困难。六是就业岗位不能充分满足需求,就业压力仍然较大。七是一些政府工作人员服务意识不强、效率不高,政府廉政建设有待继续加强。

【市政府第一次全体会议】 市十二届人大一次会议选举产生了市政府新一届领导班子后,5月20日,新一届市政府召开了第一次全体会议,主要议题是总结前4个月的工作,认清形势,动员各级、各部门解放思想,正视困难,转变作风,提高效能,确保完成全年各项任务。

会上,王文超市长作了讲话,他指出,前4个月,全市上下深入贯彻党的十六届三中全会和中央、省、市经济工作会议精神,牢固树立和认真落实科学的发展观,认真执行国家宏观调控政策,围绕市委、市政府年初确定的目标任务,采取有效措施,加大工作力度,使全市经济社会保持了良好的发展态势。全市生产总值282.1亿元,增长13.3%,其中第一、二、三产业分别增长6.5%、17.7%和9.9%。王文超市长强调,2004年是实现"十五"计划的关键一年,在国家宏观政策趋紧的形势下,也是郑州市多年来任务最为繁重,面临困难最多的一年。在后几个月,全市上下必须振奋精神,围绕年初确定的各项任务和"六个一"的工作目标,突出"五个一百"、"10件实事"等工作重点,抢抓机遇,因势利导,扎扎实实做好各项工作。特别是要做好农村各项工作,千方百计增加农民收入;继续推进企业改革,全面完成机构改革任务;千方百计融通资金,进一步扩大对外开放;抓紧基础设施项目建设,提高城市管理水平;做好劳动保障和安全生产工作,确保社会大局稳定。

关于政府作风建设问题,王文超市长说,新一届政府必须坚持"两个务必",转变作风,健全制度,提高效能,以勤政、廉洁、务实、高效的良好形象取信于民。要切实加强政府领导班子建设,提高政府工作效能;坚持依法行政,提高依法行政能力和水平;优化经济发展环境,建设服务型政府;加强廉政建设,落实党风廉政建设责任制,努力建设廉洁高效、求真务实的政府和公务员队伍。

【市政府第二次全体会议】 7月23日,市政府召开第二次全体会议,主要议题是贯彻省政府六次全会和市委工作会议精神,认真总结上半年工作,安排部署下半年的工作,确保全年各项目标任务的完成。

会上,王文超市长作了讲话。他指出,上半年,全市上下认真执行中央宏观调控政策,贯彻落实科学发展观,围绕市委、市政府年初确定的各项目标任务,克难攻坚,扎实工作,经济运行中的过热现象得到有效抑制,全市经济继续保持较快发展势头。初步统计,全市上半年完成生产总值626亿元,比上年同期增长15.1%。一、二、三产业完成增加值26.2亿元、320.9亿元和278.9亿元,分别增长4.6%、18.5%和12.6%。具体来看,主要成效表现在:

固定资产投资规模不断扩大,投资增速有所回落;居民消费物价指数逐月降低,原材料价格开始回落;农业经济平稳增长,畜牧业持续快速发展;工业生产快速增长,经济效益稳步攀升;非公有制经济发展迅速,实现时间过半、任务过半;消费市场繁荣发展,国有商业企业改革取得新进展;对外贸易进展迅速,利用外资水平显著提高;财政收入保持快速增长,金融机构存款持续增长;郑东新区建设发展步伐较快,中心城区整治稳步推进;各项社会事业全面发展 ,社会大局保持稳定。

王文超市长在讲到下半年工作时强调,必须突出抓好四项重点工作:一是认清形势,统一思想,抓住机遇,加快发展;二是开拓思路,创新方式,进一步扩大招商引资;三是突出重点,强力推进新区建设和中心城区改造;四是强化责任,防治并举,确保生产安全和社会稳定。

王文超市长强调,在突出抓好上述4项重点工作的同时,还要统筹兼顾,认真抓好以下10个方面的工作:一是调整和优化投资结构,千方百计完成全年固定资产投资目标任务;二是加强工业企业技术改造和管理,提高经济运行的质量和效益;三是加大协调和融通资金力度,大力发展服务业;四是坚定不移地深化改革,增强经济发展的动力和活力;五是落实扶持"三农"的政策措施,促进农村经济健康发展；六是进一步做好财政金融工作，努力超额完成收入预算；七是进一步落实就业和再就业各项政策，继续做好社会保障工作；八是坚持不懈地做好计划生育工作，继续搞好环境保护；九是大力加强精神文明建设，切实抓好“三创”工作；十是进一步改进工作作风，努力建设服务型政府。

【市政府第三次全体会议】 10月27日，市政府召开第三次全体会议，主要议题是总结前三季度工作完成情况，部署下一步工作，确保全年目标任务的完成。

会上，王文超市长作了讲话，他指出，前9个月，全市上下认真贯彻科学发展观，积极落实中央宏观调控政策，围绕年初确定的各项目标任务，采取有效措施，扎实工作，全市经济继续保持较快发展势头，各项社会事业全面发展。初步测算，1～9月份，全市完成生产总值981.8亿元，同比增长15%，其中第一产业增加值51.6亿元，增长5%；第二产业增加值505.5亿元，增长17.7%；第三产业增加值424.7亿元，增长13.2%。城镇固定资产投资完成276.4亿元，增长32.8%。主要成效表现在以下几个方面：农业经济全面发展，农民收入显著增长；工业生产增速较快，经济效益稳步提高；非公有制经济发展迅速，扶植重点非公企业效果良好；消费市场繁荣活跃，国有商业企业改革取得新进展；对外贸易稳步发展，利用外资水平显著提高；财政收入保持高幅增长，金融机构存款稳步增加；郑东新区建设步伐较快，重点项目进展顺利；中心城区综合整治全面展开，各项工程稳步推进；就业再就业工作成效明显，社会保障体系进一步完善；各项社会事业全面发展，人民生活水平稳步提高；10件实事落实较好，部分工作已提前完成。

王文超市长指出，在全市经济总体上保持较好发展态势的同时，经济运行中出现的矛盾和问题也比较突出，需要引起高度重视。主要表现在：一是固定资产投资增幅下滑较快；二是煤炭、运输依然紧张；三是物价上涨对经济发展和人民生活产生了不利影响；四是信贷资金供应不足；五是安全生产形势依然严峻；六是信访形势不容乐观；上述问题我们必须认真面对切实加以解决。

关于第四季度的工作，王文超市长强调要切实做好以下10个方面的工作：(1)千方百计筹措资金，确保重点项目建设和固定资产投资目标的实现；(2)克服瓶颈制约，确保工业高速增长；(3)大力发展商贸流通业，推进旅游产业加快发展；(4)切实做好当前农村的各项工作；(5)加快郑东新区建设和中心城区保护改造步伐；(6)加大对外开放力度，强力推进各项改革；(7)切实加强财政税收工作，加大对经济发展的支持力度；(8)切实做好当前信访稳定和安全生产工作；(9)搞好就业和社会保障工作，促进社会事业发展；(10)进一步改进工作作风，努力建设服务型政府。

(张朝峰)

【建立政府新闻发言人制度】 为进一步推进政府政务公开，使媒体能够通过权威、公开的渠道获取新闻信息，有效地引导舆论，全面、及时、准确地宣传郑州，市政府于2004年7月出台了《郑州市人民政府关于建立政府新闻发言人制度的意见》；10月，组织人员赴广州、南京等地进行考察学习，在总结、吸收兄弟城市经验的基础上，提出了政府新闻发言人制度的具体实施办法。11月11日，市政府新闻发言人制度正式开始实行，并举行了第一次市政府新闻发布会，常务副市长李柳身、秘书长陈西川出席发布会。

市政府新闻发布会由市政府办公厅信息联络处具体承办。2004年，已成功举行5次政府新闻发布会，对群众关心的12345市长热线指挥系统、全市新建22所中小学进展情况、全国第九届中学生运动会筹备情况、全市城市居民低保和农村特困户救助情况、殡葬改革工作情况、市政府为民承诺“10件实事”完成情况、实施企业网上登记、网上年检工作等进行了新闻发布，进一步增强了政府工作的透明度，切实加强了政府与人民群众、政府与新闻媒体之间的沟通与联系，为政府营造了一个良好的舆论环境。

【市政府常务会议新闻报道】 为规范市政府常务会议的新闻报道，从2004年11月30日市政府第16次常务会议起，由市“两台一报”(郑州电视台、郑州市人民广播电台、《郑州日报》)在重要时段和突出版面，对市政府常务会议研究的、适宜向社会公开的重要内容进行报道。此项工作由市政府办公厅信息联络处负责。2004年，市政府第16、17、18、19、20次常务会议的有关内容在郑州电视台的“新闻联播”、郑州人民广播电台的“549早、晚新闻”和《郑州日报》头版进行了报道，取得了较好的效果。

(陈宝玲)

机构与人事管理

【机构改革与编制管理】 2004年，新组建了市国有资产监督管理委员会；撤销市经济贸易委员会，组建了市经济委员会；撤销市对外贸易经济合作局和市商业局，新组建了市商务局；将市公用事业局与市政管理局合并，成立了新的郑州市市政管理局；组建了市煤炭管理局，把市非公有制经济发展局更名为市中小企业局；将市县发展计划委员会改组为发展和改革委员会，将市县计划生育委员会更名为人口与计划生育委员会，将市县两级的药品监督管理局在原有的基础上组建为食品药品监督管理局。

在事业单位机构编制改革中，批准组建了郑州市信息化工作办公室、郑州市农业信息中心、郑州市会展工作管理办公室、郑州市信访局驻京信访工作站、郑州市危险废物和辐射环境监督管理中心、嵩山世界地质公园管委会等事业机构；对部分事业单位的机构编制进行了调整，理顺了管理体制。办理新建事业单位7个,改变经费供给性质2家,增加事业编制291名,收回事业编制99名,使事业单位的机构编制日趋合理规范。完成了全市中小学教职工编制的核定工作,制定下发了《市直中小学教职工编制分配意见》,对各中小学校的教职工进行了定人定岗,将省下达给郑州市的4953名教职工编制合理分配至相关中小学校,并为部分中小学增加教职工编制1163名。对市直500多家事业单位进行了认真调研,根据事业单位的不同性质和担负的职能职责初步进行了分类,其中行政执法类96家,公益事业类76家,生产经营类352家,为今后深化改革奠定了基础。

年初,制定了《2004年行政审批制度改革工作实施方案》。对市直单位保留的317项审批事项进行了进一步清理核对,提出了初步意见。

严格控制财政供养的机构数量,对部分财政全供性质的事业单位,引导其向差供预算管理过渡,对自收自支和企业化管理的事业单位,促使其向企业转制。按照政事分开的原则,将原文化局所属的文物事业管理处承担的文物管理职能收回到文化行政主管部门。建立了文物稽查队,调整了商城遗址保护所的人员编制,建立了郑州歌舞剧院,削减了市艺术宫的人员编制,进一步理顺了文化系统事业单位管理体制。

重新调整了郑州市财经高级技工学校隶属关系。将市财政重点扶持的市第一商业技工学校和市经济贸易技工学校合并为郑州市商业贸易技工学校,重新核定了编制。

6月底,对全市469家事业单位法人中符合年检条件的464家进行了年检,年检率达100%。同时,为23家新建事业单位办理了初始登记,为140多家事业单位法人办理了变更登记,为5家遗失证书的单位重新核发了法人证书,为5家事业单位法人办理了注销登记。对10家不按时年检、不按要求上报年检材料的事业单位法人,下达了催办通知,提出了整改意见。

【国家公务员管理】 切实做好国家公务员(机关工作人员)招录工作,2004年共完成各项招考14次,招录国家公务员、机关事业单位工作人员240余人,选调机关工作人员20人,并将2000年下派到基层工作满3年考核合格的优秀大学生录用为国家公务员。

与市法制局联合开展了《中华人民共和国行政许可法》培训,共举办培训班10期,培训公务员3280人。采取轮训的方式,分20期对市直机关公务员和工作人员开展了信息化与电子政务培训,共培训人员4800余人。与天津大学联合举办了国家公务员MBA班,出台优惠政策鼓励机关工作人员在职攻读公共管理硕士专业学位。继续开展公务员出国培训,2004年共完成出国培训3批,培训人员60人;对2001年以来市直机关新录用人员和晋升科级领导职务的人员分别进行了初任培训和任职培训,共培训403人。

2004年共办理公务员资格登记172人,科级非领导职务备案55人,副科级非领导职务备案39人。完成了提请市人大和市政府任免工作,2004年共提请市人大常委会任免副市长2人,政府组成部门负责人30人,提请市政府任免312人。

制定考核方案,规范了特殊人员的考核办法,实行优秀等次比例申报制度,对获得"全国人民满意的公务员集体"称号的管城区北下街街道办事处首次突破15%,按照20%的优秀比例进行考核。严格按照考核程序实施年度考核,共考核单位3726家,考核人员184431人。其中,优秀等次21157人。对基本称职以下人员按规定进行了相应的处理,增强了考核工作的严肃性。2004年度共执行表彰奖励计划108项,表彰单位8396个,表彰个人15134人。认真开展公务员奖励工作,2004年有258人获嘉奖,有118名人荣记三等功。开展了公务员系统河南省劳动模范(先进工作者)的评选推荐工作,对11名享受省部级劳动模范待遇的人员办理了奖励升级手续。

开展了市公安局推行国家公务员制度工作,2004年底7904人的过渡工作基本结束。

【事业单位人事制度改革】 截至2004年6月底,全市有3984家事业单位完成了推行人员聘用制工作,占应改单位总数的96.2%。除去事业单位领导人员和党群专职工作人员不签订聘用合同外,应签订聘用合同人员142166人,实际签订聘用合同人员135616人,占应签总人数的95.4%。落聘人员1442人,安置1152人,没有出现不安定因素。

事业单位人事制度改革后,全市事业单位中层管理人员年龄平均下降2.9岁,大专以上学历增加23%。事业单位整体布局结构得到优化,机构和人员编制进一步精简。二七区通过改革共撤并事业单位14个。新密市在改革中一次性改制事业单位101个,核减事业编制3670个。市市政工程管理处通过改革,将机关原来的17个科室合并为13个,人员由189人压缩到75人,并将精减下来的人员充实到工作一线。

【综合计划管理】 2004年河南省人事厅下达郑州市机关事业单位新增职工计划4900名。其中,大中专毕业生3900名,复员退伍军人500名,调入人员500名。截至2004年底,市直机关事业单位新增人员3521人。其中,接收大中专毕业生1532人(博士33人,硕士37人),安置复员退伍军人177人,引进人才90人,调入干部553人,调入工人289人。

继市直机关和教育单位实行工资统发以后,继续在财政全额拨款事业单位推行财政统发工资制度。到年底,统发工资单位增加到339个,列入统发工资人员27203人。

严格审核工资基金。2004年新

建工资台账35家，办理增人增资手续4341人次，减人减资手续2896人次，审核工资基金单位8496个次、607498人次，处理各类人员调整工资137400人次。

开展了干部统计和工资统计工作。2004年，根据中央组织部、人事部、劳动和社会保障部等五部委的规定，统计渠道进行了重新分工。中央组织部负责国家公务员的统计，人事部负责国有事业单位管理人才、专业技术人才资源统计和国有经济企业经营管理人才、专业技术人才资源统计及机关事业单位工作人员工资统计。

2004年底，国有事业单位管理人才、专业技术人才共有104356人。国有经济企业经营管理人才、专业技术人才共有18643人。集体所有制企业经营管理人才和专业技术人才共有1287人。

机关、事业单位职工人数和工资情况是：总计单位个数为4272个，职工年末人数188522人。职工年工资总额2798923千元。

【干部调配录用】 2004年，完成了部分县(市)区120名公务员的录用审批工作，办理了2003年招录的548名人民警察的政审和录用手续及2000年到基层工作满3年考核合格的优秀大学生录用为国家公务员手续。组织了郑东新区、郑州出口加工区管委会招考选调工作人员，招考14次，录用240人。

在办理干部正常调配的同时，完成了省质量时报社人员向郑州日报社移交、郑州矿区法院撤销后人员向郑州开发区移交、郑州物产集团人员移交、郑东新区法院人员移交工作。办理了市国资委组建涉及到市经贸委、市商业局、市财政局等单位有关人员移交工作，并参与了地方铁路学校、企业学校人员移交等工作。

2004年，共办理干部调动937人次，从市外调入529人，市内调整调动408人，调出121人。在调动人员中，高级职称117人，中级职称425人，本科以上学历553人，大专学历370人。办理中心学校引进教师调动手续188人，为郑州师专引进副高职称人才9人，为郑纺机、机械部六院引进人才15人。办理随军家属及随调随转转业干部家属36人。办理了郑州市电视台48名专业人才的引进调配手续。办理获得科技成果奖的闲散科技人员聘用干部31人，办理符合录用干部条件人员59人。办理出国政审19人次，办理公务员证书386人。

【军转干部安置】 2004年共接收安置军队(含武警部队)转业干部738名。其中，计划分配551名，占总数的74.66%；自主择业187名，占25.34%。计划分配的军转干部中，分配到市直和垂直管理单位的437人，占79.3%；分配到县(市)区109人，占19.8%；自谋职业5人，占0.9%。从接收单位的性质看，进行政机关单位(含公、检、法单位)的374人，占计划分配总数的67.9%；进事业单位的170名，占30.9%；按照本人意愿分配到企业2人，占0.4%。按照中央规定，对97名师团职干部全部安排了相应职务，其中46人安排了实职，55名随调家属得到了妥善安置。

2004年，郑州市自主择业军转干部管理服务中心制定了《关于做好自主择业军转干部管理服务工作的通知》，以市委、市政府办公厅的名义下发，从机构、人员、编制、经费、目标等各方面进行了规定，为管理服务工作提供了依据。并对2004年度自主择业军队转业干部的退役金进行了审核，保证了退役金的按时发放。按上级规定，落实了自主择业军转干部的档案管理、组织生活、退役金发放、医疗保险和就业指导工作。根据自主择业军转干部居住分散的特点，加强和规范了日常管理。县(市)区服务机构每月与辖区内的军转干部进行一次联系或家访，保证地方基层组织与军转干部不脱节、不断档。

【专业技术人员管理】 2004年，在专业技术人员管理工作中，根据省人事厅豫人专技[2004]19号文件精神，开展了郑州市学术技术带头人的评选推荐工作，下发了《关于做好“555”人才工程市级人选推荐工作的通知》，评选推荐市级学术技术带头人101人，其中有6人被推荐为省级学术技术带头人。开展了2004年享受政府特殊津贴人员选拔推荐工作，下发了《关于开展2004年享受政府特殊津贴人员选拔推荐工作的通知》，选拔4名国务院特贴专家报省人事厅待批。继续开展留学回国人员工作，加强人才工作和人才队伍建设，市人事局被评为“河南省留学回国人员先进工作单位”。

在专家学者协会工作中，坚持发挥会员骨干作用，在各自专业领域利用培训班授课和岗位传帮带等多种形式，培养专业技术骨干12000多人次。同时，建立了会员与社会的联系，先后组织了“预防禽流感专家在线”、为贫困山区群众义诊等活动，向群众发放宣传材料6万余份，救治病人700多人次。

【引进国外专家和智力】 2004年，不断加大引智工作力度，大力支持全市企事业单位引进国外专家和出国培训，共执行国家和省级引进人才计划项目25项，引进国外专家39人次，帮助各行业解决关键技术难题14个，引进国外先进技术和工艺12项，开发新产品10个，引进农业新品种30多个，进一步加快了农业引智成果示范推广步伐。执行出国培训计划项目3项，派出培训60多人次，推动了“人才强市”战略的实施。为全市创造直接经济效益近9000万元，社会效益进一步凸现。

年初，开始筹备成立郑州市国际人才交流协会。8月，召开了郑州市国际人才交流协会成立大会，人事局局长何建生当选为会长。协会已经与10多个国外专家组织和培训机构建立了合作关系，为郑州市蔬菜研究所、河南庆安化工集团公司、郑州豫兴耐火材料公司、郑州东方企业集团翱翔医药包装有限公司、郑州果树研究所、郑州三棉有限公司等单位引进了外国专家。2004年,应省人事厅的要求,郑州市承办了全省引智工作经验交流会,市外专局介绍的引智经验和做法受到了与会代表的好评。

在2004年中国国际人才交流大会上,市外专局面向全市征集专家需求项目,确定了18个项目参加会议洽谈。这些项目全部洽谈成功,分别被来自美国、日本、德国、英国、法国、瑞典、以色列、加拿大、澳大利亚等国家的14位专家组织接受。到年底,这些组织已经为郑州市有关需求单位推荐专家16名。

加大了对非公有制企业的支持力度,2004年改变以往引智工作只为国有企事业单位服务的做法,在项目审批、经费预算和信息服务方面使非公有制企业与国有企业享受同等待遇,郑州市非公有制企业承担的引智计划项目已占全市计划总数的50%以上。

2004年执行国家和省级引进人才计划项目25项,引进国外专家39人次;执行出国培训计划项目3项,派出培训60多人次。

【大中专毕业生就业】 2004年,共接收安置毕业研究生、大中专毕业生16775人(含师范类毕业生2041人)。其中,研究生194人(含博士生9名),占1.2%;本科生5606人,占33.4%;大专生8085人,占48.2%;中专生2890人,占17.2%。毕业生分布更加广泛,配置日趋合理,非公有制单位就业主渠道作用更加明显,占接收总数的68%。在毕业安置中,注重拓宽渠道,创建宽松灵活的就业环境。合理配置毕业生资源,积极鼓励高校毕业生到基层和贫困地区工作,同时做好未就业毕业生的失业登记和就业服务。在实际工作中,主动与用人单位加强联系,搭建用人单位、高校和毕业生沟通桥梁,积极宣传,为毕业生就业创造了良好氛围。

【职称评定】 2004年度,在职称评定工作中共印发高、中级专业技术任职资格文件、执业资格文件、职称政策文件110份,为2003年度评审通过的3180名中级资格人员和903名高级资格的人员、1661名通过国家和省卫生中、初级任职资格的人员及时办理了资格证书和相关手续,为106名人郑专业技术人员办理了换证手续,为事业单位200名考试通过和人郑人员办理了聘任手续。审核各类专业技术资格和执业资格报考人员9120名。其中,审计专业59人,企业法律顾问61人,房地产估价师290人,质量工程师291人,执业药师3908人,卫生资格考试3266人,注册资产评估师102人。审核申报二级建造师认定人员848人。

按照省里统一部署,完成了郑州市22个中级专业技术任职资格评审委员会的评审工作,并对所有评委会专家进行了不少于三分之一的调整。共审查批转3604人参评中级,经过评审,共有3265人取得了中级专业技术职务任职资格,评审通过率为91%;向省高级专业技术资格评委会推荐上报27个系列(专业)1395人。处理信访件26人次,通过调查,建议省职改办取消高级专业技术任职资格1人,取消中级申报、评审资格2人。

【工资福利】 2004年,进行了郑州市晋升规格和统一地方津补贴的考察测算,进一步更新了工资管理系统。对新华书店、郑州电视台、地方公路管理处、公路局、郑州市渔场、市政工程处、市政工程勘测设计院7家试点单位的工效挂钩情况进行了考核验收。其中,郑州市渔场因效益不好,没有完成这两年下达的经济指标,其工效挂钩试点单位资格予以取消。同时,核定了2004年其他单位的工效挂钩基数和指标。

在日常工资、福利业务审批工作中,审批各类日常工资变动68670人次。其中,调动1011人,职务晋升2152人,级别变动1874人,正常晋档18000人,见习期865人,大中专毕业生定级261人,二次定级107人,工人定级201人,退伍军人99人,军转干部270人,录聘干42人,考核奖37000人次,农林水一线浮动转固定2人,政府奖励工资变动38人,其它特殊工资变动6748人。在事业单位2004年3%提前(越级)晋档工作中,下达提前晋档指标5585人,已审批提前晋档指标4410人,越级晋档1人。

提高了市直机关、事业单位工作人员的职务(岗位)津贴标准(人均增资100元),增加了机关工作人员下乡补贴项目,每人每月增加50元。取消原有的住房、能源、生活、误餐补贴项目,设立地区津贴项目。2004年,共办理增加老干部工作人员津贴、密码人员津贴、卫生防疫津贴、警衔津贴等特岗津贴等1000余人次。

【干部离退休服务】 进行了省直和市属机关事业单位医务鉴定工作,2004年共对1011人进行了医务鉴定。2004年,开始机关事业单位统一执行劳动和社会保障部新制定的《职工非因工伤残或因病丧失劳动能力程度鉴定标准(试行)》,和企业统一了标准。3月,经市政府批准,人事局与劳动和社会保障局联合下文,明确了郑州市自1993年工资制度改革以来在专业技术岗位上工作的部分工人(以工代技人员)的范围及退休后增加退休费的办法。对事业单位特殊工种人员进行了摸底核查,全市市属事业单位共有特殊工种人员1565人,分别属于市直5个局、18个单位,为及时审批其提前退休打下了基础。

2004年,共办理退休审批手续935人,更改参加工作时间376人,特殊贡献待遇上报审批34人,审批享受重大贡献待遇18人,审批优秀教师提高待遇1236人。从2004年10月1日开始,对市直机关、事业单位离退休人员的职务岗位津贴标准进行了适当调整。简化补贴项目,并将原有的住房、能源、生活、误餐四项补贴合并为地区津贴。离休人员与在职人员享受同等待遇,退休人员按照比在职人员减少20元的标准执行。

按照市委、市政府安排，对市属原企业中小学835名已离退休教师的退休费，按事业单位同类人员的工资待遇，重新进行了核定。

【人才交流服务】 2004年，新建人才大厦竣工，总建筑面积13549平方米。2004年，“郑州人才网”(天生我才网)总访问量达到3600万次，日均访问量4万人次。2004年4月1日，第三次改版后的8个月里，已登记招聘单位12752个，提供职位95938个，网站日均访问量已超过部分国家级人才网站。作为政府专业人才网站，“郑州人才网”在政府机构招录、选调人才方面起到了一定作用，已步入全国专业人才网站前列。

各项人才交流服务工作均取得新的进展。2004年，新发展人事代理单位144家，人事代理单位累计达1089家，接待40000多人次，人事代理档案总量37000多份。加强人才引进，及时办理人才交流手续，2004年度共引进各类人才360名。其中，中级职称48人，高级职称16人；博士后1人，研究生10人，本科97人，专科146人，中专109人。另外，派遣大中专毕业生71人。积极召开各类人才招聘会，2004年组织召开了4次大型人才交流会，参会单位1000多家次，参会人员达7.2万人次。举办164场日常人才招聘会，参会单位15495家(次)，提供岗位119960个，接待各类人才65万人次。与市人事局大分办联合举办了两次大中专毕业生专场招聘大会，参会单位400家，参会人员4万人。与郑州市房产地交易中心管理委员会共同举办了“郑州市第三届房地产行业专业技术人才招聘会”，参会单位70家，参会个人5000人次，招聘职位800多个，初步达成求职意向的比例达到50%以上。

2004年，审批企业聘干1305人。其中，在职人员817人，待业人员488人。加强人才培训开发，组织计算机应用能力考核627人，计算机应用能力培训67人。审批人才中介38家，2004年度新增人才中介机构8家。对28家人才中介服务机构进行年审，合格25家，停业3家。在全市范围内进行农村人才普查，共登记各类农村实用人才23553名，其中589人经筛选纳入市级农村优秀人才库，库存总数达到864人。开展人才派遣业务，在中原区社保中心和医保中心建立了基本养老统筹、失业保险、工伤保险、基本医疗保险账户，与郑州易初莲花连锁超市有限公司、中全人才中心、神州数码(郑州)公司签订人才派遣协议，已派遣人员698人次，签订劳动合同665人，累计为541人办理了养老保险、工伤失业及医疗保险手续。

(唐伯胜)

信访工作

【概况】 2004年，郑州市信访工作在市委、市政府的高度重视和正确领导下，全市各级各部门紧紧围绕市委、市政府关于“聚精会神抓建设、一心一意谋发展”的总体工作思路，立足服从和服务于加快发展、“建设平安郑州，争创全国综治工作先进市”的总体目标，狠抓领导责任制等各项信访工作制度的落实，多策并举，控源治本，关口前置，重心下移，大力推进领导干部下访，积极开展集中处理信访突出问题及群体性事件工作，进一步畅通了信访渠道，大多数信访问题被解决在基层和当地，为社会稳定和经济发展做出了应有的贡献。省委、省政府对郑州市2004年的信访工作给予高度评价和充分肯定，国家信访局发函对郑州市信访工作提出表扬。

群众来信情况：市本级受理群众向中央、省、市三级来信2126案、3778件，同比分别上升1.8%和11.3%；市长信箱、人民建议征集办公室受理群众来信1019件，其中，批评建议类427件，申诉求决类364件，揭发检举类228件。各县(市)、区共受理群众来信1185案、1887件，同比分别上升11.7%和1.7%。

个人来访情况：市信访局接待群众来市个人上访1827次、2596人，同比分别上升55.2%和3.6%。各县(市)、区信访部门共接待群众个人来访4716次、7178人，同比分别上升15%和16.1%。

集体上访情况：发生来市集体上访839批、21080人，同比分别上升50.1%和31.5%。各县(市)、区发生到本级集体上访1068批、20516人，同比分别上升20.1%和16.3%。

信访案件办结情况：中央和省、市共立案交办信访案件145起(不含省信访局业务处交办案件和市信访局业务处自办案件)，结案135起，结案率93.1%。其中，中央、省立案53起，结案53起，结案率100%；郑州市本级立案92起，到期应结82起，结案81起，按期结案率98.8%。

2004年，群众来信来访反映的主要问题：一是企业改制、兼并和职工生活；二是征地、拆迁、安置补偿；三是村组干部作风不正、财务不清和以权谋私；四是职工资历待遇、企业离退休教师工资待遇、村民待遇、农民工工资等；五是涉法涉诉。

【落实党委及政府信访工作责任制】 市委、市政府认真贯彻落实《省委、省政府关于进一步完善信访工作党委政府责任制的意见》，把信访工作作为事关全市社会稳定的大事来抓。市委办公厅和市政府办公厅联合下发了《认真贯彻落实省委办公厅、省政府办公厅进一步完善信访工作党委政府责任制的意见的通知》(郑办[2004]29号)，对进一步完善信访工作党委政府责任制提出了明确要求。

省委常委、市委书记李克在不同会议上经常强调：“一手抓经济发展，一手抓信访稳定，这是衡量一个领导称不称职、能不能驾驭全局的最基本的一个标准。”为防止领导干部抓信访工作流于形式，积极推行“一岗双责”领导责任制，强化各级领导班子在信访工作中的主体意识、责任意识和整体意识，真正落实“谁主管，谁负责”的原则。市委、市政府主要领导率先垂范，把信访工作列入重要议事日程，坚持定期听取信访工作汇报，了解掌握信访工作的开展情况，带头坚持领导接待日制度、亲自阅批群众来信，认真落实领导下访公开接待群众和领导包案处理信访问题等8项工作制度，主动深入到矛盾多、问题突出、信访工作薄弱的地区和部门，调查研究，指导工作，帮助解决疑难信访问题，对特别重要或典型的案件，亲自包案，着力解决。据不完全统计，2004年市级党政领导共阅批群众来信360件，人均达28件(其中，李克书记35件，王文超市长38件)，且批办意见具体，案案有结果。市级领导对全市排查和上级交办的200起信访案件进行了包案，市领导包案处理的重大疑难信访案件人均达3.45件。

市政府建立了市长信访工作例会制度，规定每月召开一次信访工作例会，专门听取信访工作汇报，专题研究、处理疑难信访案件，并作为长效机制确定下来。该制度建立后，王文超市长7次主持召开市长信访工作例会，先后就50多起重大疑难信访问题进行了专题研究，并形成会议纪要，做到一案一策，限期处理。

【集体上访的预防和处理】 一是认真落实矛盾排查和信息报告制度。坚持市每季度、县(市)、区和乡(镇)每月一次信访工作例会制度，排查不安定因素、交办信访案件。全年共组织4次大规模集中排查活动，共交办重大信访问题478起，处理稳定率达到86%。同时，全市各级各部门坚持定期分析信访热点、难点问题，对可能出现的重大信访问题做到随时上报信息。如新密市在全市以“一个中心、两个层面、三条主线”为框架，形成了横向到边、纵向到底，精干、灵敏、高效的信访信息网络。

二是坚持集体上访领导现场劝返制度。郑州市作为省会城市，群众到省上访十分便利。为此，各县(市)、区和许多市直部门都建立了快速反应机制，凡发生较大规模越级集体上访，主要领导和分管领导能按照市委、市政府的要求，及时到场做劝返疏导工作。为及时处置来市、到省越级集体上访，市委明确由市委、市政府4位副秘书长，分别负责省委、省政府、省信访局和市委、市政府门口的群众上访接待劝返工作，有关领导接到发生集体上访的通知后，及时到场亲自接待群众、处理问题。康定军、白红战、姚待献、高建慧等市领导在发生越级集体上访问题后，经常是在第一时间赶到现场协调解决问题，做群众的工作。

三是坚持集体上访事后跟踪处理制度。对到省、来市的集体上访，多数单位都做到了事前及时报告信息，事中认真接待，事后跟踪处理；对群众集体上访反映的实质性问题认真立案查处，努力减少重复越级集体上访的发生。为了督促各单位尽快解决群众反映的问题，市信访局坚持对越级集体上访及时通报并实施跟踪，促使问题尽快解决；对到省集体上访造成影响较大的，由市委、市政府主要领导包案处理。

如某村群众因村干部工作作风等问题于7月13日到省委上访，围堵省委大门、堵断市区主干道金水路近2个小时。事件发生后，市委、市政府高度重视，省委常委、市委书记李克亲自包案，并派出了由市委副书记康定军为组长，宣传部长杨丽萍、政法委书记姚待献、副市长高建慧为副组长的市现场协调领导小组，吃、住在村开展工作。李克书记先后7次深入该村，了解情况，听取意见，指导工作，理顺群众情绪；并采取一系列措施化解矛盾，使该村群众的生活生产秩序很快恢复正常。

四是狠抓依法信访、维护信访秩序的宣传教育。全年共集中组织开展依法信访宣传教育活动两次，第一次是7月中旬对市政府发布的《关于维护信访秩序的通告》进行集中宣传，第二次是从12月15日起，开展为期30天的全市依法信访集中宣传教育活动。各单位在开展活动时，通过各种形式，送法进社区、普法到农村。如新郑市、荥阳市各乡(镇)、办事处把法律、法规和《信访条例》编成快板书、顺口溜等群众喜闻乐见的文艺节目，利用农闲、假日等闲暇时间，到基层群众当中进行广泛宣传。登封市在宣传活动中共出动宣传车30余台次，发放宣传带40盘，张贴《通告》几千份。中牟县除充分利用电视台、电台、板报、标语、宣传车、文艺汇演等形式进行广泛宣传外，还于12月下旬举办依法信访知识电视公开赛，大造依法信访的舆论氛围；新密市、巩义市、金水区、二七区将市政府《关于维护信访秩序的通告》印制1万多份在市区、农村广泛张贴，使之达到家喻户晓、人人皆知。通过宣传教育，大部分群众在上访时做到了依法有序，有效减少了异常上访和集体上访问题的发生。

由于在集体上访预防和处理工作中，强化制度管理，在事前主动预防、事中积极协调、事后认真追踪3个关键环节上狠下工夫，加之适时开展依法信访宣传教育活动，下半年，群众集体上访大幅上升的势头得到了有效遏制，越级信访问题明显减少，集体上访总量明显下降，信访秩序明显好转。8～12月发生群众来市、到省集体上访与1～7月每月平均93批相比，下降35.5%。特别是群众到省委、省政府集体上访与1～7月份平均每月9批相比，批数下降78%。

【集中处理信访突出问题和群体性事件】 为切实解决群众生产生活中的紧迫问题和涉及群众切身利益的具体问题，维护社会稳定，市委、市政府于8月10日至10月31日，在全市范围内开展了重大不稳定问题集中治理活动，成立了由市委副书记康定军为组长，政法委书记姚待献、副市长高建慧为副组长的“重大不稳定问题集中治理工作领导小组”，负责集中治理活动的组织领导和指挥，对47起重大信访案件全部实行市领导包案，同时对每起案件派出由县级领导带队的工作组，进驻案发单位开展工作。

“8·26”中央和省处理信访突出问题及群体性事件电视电话会议后，及时调整信访工作部署，迅速建立了郑州市处理信访突出问题及群体性事件联席会议制度，成立了市处理信访突出问题及群体性事件联席会议办公室，组建了6个专项问题工作组和14个督导组。在活动中，全市共从市、县两级机关抽调干部2278名，与省下派干部一道，到案件发生地对分包案件进行调查处理。通过各单位和工作组4个多月的共同努力，全市集中处理信访突出问题及群体性事件工作取得了明显成效。截至年底，省联席办分6批交办郑州市的321起信访案件，结案309起，结案率为96%；市本级排查交办的119起信访案件，结案102起，结案率为86%。

【领导干部下访】 为了抓好领导干部下访工作，变群众上访为干部下访，转变工作作风，畅通信访渠道，市委、市政府年初下发了《关于认真落实领导干部下访制度的通知》，决定每月15日为下访日。为增加下访活动的透明度，方便群众反映问题，市委、市政府要求各县(市)、区和市直各单位通过各种形式提前将下访领导名单、接待地点、接待范围等予以公布，主动接受群众对领导下访工作的监督，并要求在下访工作中突出“四带”(即带着问题下访、带着任务下访、带着感情下访、带着责任下访)，在乡、村两级设立信访接待站，把接待窗口前移，提前介入，就地解决问题，使下访工作得到更好地落实。市委办公厅、市政府办公厅专门抽调人员组成多个督查组，对各县(市)、区和市直各单位的领导下访情况进行督查，以推动制度的落实。

下半年，市委在新郑市召开全市领导干部下访现场会，推广、学习新郑干部下访经验，动员各级干部深入基层，深入群众，解决群众实际问题，逐步完善全市领导干部下访制度。新郑市领导干部下访的经验也在全省进行了推广，《人民日报》9月27日还专题报道了该市领导下访工作纪实。据统计，全市共有471位县(处)级领导参与了下访活动，接待处理信访问题1635起，领导接待的问题处理稳定率达到90%以上。

【信访工作基础建设】 一是继续在全市开展“三化”达标和创建“文明接待室”活动，健全基层信访工作网络，努力提高信访工作水平。二是狠抓市委、市政府《关于进一步加强和改进城市信访工作的意见》及其《实施细则》的落实，推动全市各直属部门的信访工作整体上台阶。三是在全市信访系统叫响“建设一支人民群众完全可以信赖、党委政府完全可以依靠的信访工作队伍”的口号，努力提高全市信访干部队伍的整体素质。四是信访部门在党委、政府的重视关心下得到加强。市编委为市信访局增加了5个事业编制；市信访局的办公、接待条件明显改善，增添办公、接待用房19间，共计490平方米，投资20万元改建了信访接待大厅。各县(市)、区党委、政府也非常重视信访部门的基础建设，并从政治上关心信访干部，加大了对信访干部的提拔交流力度。登封市、新密市、巩义市、新郑市、二七区等6个县(市)、区调整了信访局的领导班子，共提拔13人，交流到其他单位16人，增强了信访干部队伍活力。荥阳市、新密市、登封市、中原区选调优秀年轻干部充实信访干部队伍，县(市)、区党政信访部门共增加信访干部22人，新密市、登封市信访局的工作人员已分别达到26人和24人。巩义市、登封市、新密市、中牟县、金水区、中原区等县(市)、区还加大经费投入，为信访局增配车辆，增加办公用房，改善办公条件。

在全市各级党委、政府的关心重视下，市、县(市、区)两级信访工作部门都普遍得到加强。人大、法院、检察院等机关和纪检(监察)、组织、政法、公安、司法、经委、教育、国土资源、劳动保障、建设、商业、粮食等信访工作任务较重的部门，都建立了信访工作领导小组，配备了专职或兼职人员从事信访工作，不少直属部门都设有信访接待室。

(梁光耀)

机关后勤工作

【机关国有资产清查】 2004年，针对市直国有资产管理特别是各单位办公房使用问题，组织开展了市直机关国有资产清查工作，着重对办公用房及所占用土地的数量、面积、使用状况、产权产籍等进行清查，建立了市直机关办公用房软件管理系统，为建立市直机关国有资产管理数据库打下了基础。

【改善机关人居环境】 实施机关统管办公区、住宅区街景整治、人居环境改善和亮化工程。共粉刷外墙3万多平方米，整修地面2300多平方米，完成了部分庭院水电管网改造、健身娱乐场地建设、5处临街楼夜景照明工程和信访大厅整修工程。对部分统管家属院进行了综合改造，完成了地面硬化、绿化、道路扩宽工程，修建了棋牌室、医疗室、警务值班室、图书室和健身场地，基本解决了院内停车、通行和健身活动问题。组织召开省会改善人居环境工作市直机关现场观摩会，市领导及市直机关100多个单位的代表参加现场观摩，市直机关事务管理局局长常绪东对市直机关人居环境改造工作进行了总结，市委常委、宣传部长杨丽萍出席会议，对市直机关改善人居环境工作给予充分肯定。

【接受社会评议】 2004年，市直机关事务管理局首次被列为市直机关、行业社会服务承诺单位。为把服务承诺落到实处，在《郑州日报》上公示服务承诺内容，公开接受社会评议。加大工作力度，督促各服务处室进一步转变工作作风，从细化量化工作标准、规范服务程序入手，严格履行服务承诺，坚持第一受理服务和快速反应。在社会各界民主评议市直单位和行业作风半年初评中，位居48家参评单位的第20位。

【爱岗敬业活动】 活动历时3个多月，着力在提高工作质量、提升服务品位、提高工作效率、树立良好形象上下工夫，干部职工牢固树立责任意识、奉献意识、学习意识、形象意识，立足本职岗位，兢兢业业工作。活动取得了明显成效，干部职工大局观念、凝聚力、创造力进一步增强，部门、职工之间配合默契，协调到位，初步形成了讲团结、讲奉献的干事创业局面，树立了良好的外部形象。经过层层推荐，评出15个先进集体和39名先进个人，对他们进行了通报表扬；对先进个人采取个性化奖励方式，分别给予外出考察、请家属来郑参观座谈、学习电脑、办理驾驶执照等奖励。

【统一行为规范和视觉标识】 在充分把握机关后勤工作内涵的基础上，完成了导入CIS方案制作、方案论证、教育培训及标识和标准组合的设计、修改、试行工作，统一设计日常办公用品、服务用品的规格样式，以塑造统一的外部形象，加强市直机关和社会对机关后勤的认知度。与此同时，挖掘提炼日常工作和活动中形成的工作标准、行为规范、管理理念，并通过宣传册、机关后勤内刊等媒介不断强化，在思想观念上、行为习惯上、工作标准上、视觉标识上，逐步形成切合机关后勤实际的特定风格，为内增凝聚力、外树形象发挥了积极作用。

【创办机关后勤内刊】 为适应机关后勤深化改革、加强政策调研的需要，局办公室与机关后勤协会协作，创办《郑州机关后勤》内刊。内刊立足于机关后勤工作实际，着眼于研究机关后勤政策法规和发展态势，讨论热点难点问题，交流工作动态，形成常态化的宣传效应，为市直机关和社会各界更好地了解机关事务工作提供了媒介。全年共刊出4期，以丰富多彩的栏目设置、别开生面的办刊形式，受到了同行的称赞。

【对话交流活动】 全年，先后举行了4次以“沟通、联谊、发展”为主题的对话交流活动。活动不设主席台，局领导与职工代表围坐在一起，针对大家关心的问题，进行面对面的沟通交流。职工代表所提意见和建议，分别列入局党委会、局长办公会议题，逐项研究，及时反馈。对于需要解决的问题，根据实际条件尽力解决；对于有价值的建议，督促有关处室改进、落实。通过这项活动，先后解决了企业编制职工医疗保险问题、办理天下路职工住宅房产证、建设机关北院南门值班室等重要问题。

【文体活动】 5月，组队参加了市直机关第三届运动会，获得了广播体操比赛、钓鱼比赛团体一等奖；9月，在全市庆祝建国55周年合唱比赛中荣获一等奖。此外，还通过组织优秀党员外出学习考察、团员青年到烈士陵园扫墓、参观郑东新区、组织离退休老职工参观市容等活动，丰富职工的精神文化生活。

【协会活动和读书活动】 机关事务协会积极组织协会成员开展理论研讨和工作交流，做了大量的宣传联系工作。在全协第三次会员代表大会上，市直机关管理局当选为第三届常务理事单位，局长常绪东当选为常务理事。设立职工图书室，开展读书活动，购买了包括业务技能、政治理论、文学传记、科普知识等各种内容的4000多册图书和1000多本杂志。

【驻村帮扶工作】 根据市委、市政府的部署，市直机关事务管理局与荥阳市崔庙镇车厂村结为定点帮扶对子。驻村工作队与所驻村支部共同努力，理思路，想办法，积极为群众办实事、办好事。为村小学教学楼加高护栏，疏通排水沟，铺筑水泥路，为村委配置了电视机、空调、办公桌椅，向特困户、小学生赠送了棉衣棉被、书包、文具等物品，受到市驻村办好评。

【改善基础设施与办公环境】 4月，组织实施了地下停车场消防整改，通过招投标选出施工队伍，经过严格的整改，于5月9日由市消防支队主持消防验收，火灾自动报警、消防栓、自动喷淋等防火系统均一次性验收合格。为给机关干部职工创造一个宽敞、舒适的就餐环境，新建了机关北食堂，该食堂共分4层，总建筑面积2395平方米，可同时容纳上千人就餐。

（马素芳）

经济信息工作

【季度工业景气调查】 市政府高度重视工业企业景气调查工作，专门成立市工业企业景气调查工作领导小组，办公室设在市信息中心，主要负责调查表的分发、收集、汇总、分析、上报等日常工作。自开展这项工作以来，各主管部门及各调查企业极积配合，郑州市始终保持在全省工业景气调查系统的领先地位，并多次被省评为工业景气调查先进单位。

为了更客观、全面、真实地反映全市工业经济现状和走势，2004年，全市被调查企业范围在原有的基础上扩大到150家左右，涉及到全市26个工业行业。这项调查的分析软件主要采用国际上常用的X—11季节调整法和平数分析的方法，从企业的外部环境、总体经营状况、生产销售及效益状况、未来投资打算4个方面对企业的宏观经济环境、约束企业生产经营状况的主要因素排序，围绕企业的增加值增幅、产品订货、产品产量、能源、原材料供应量及购进价格、流动资金状况、短期贷款及货款拖欠差额、产品销售增长、产品销售价格、产销率及盈利状况等21项指标进行调查。通过工业企业景气调查中定性指标的量化描述，对企业的生产、销售经营状况，资金状况及能源原材料供应状况等指标做出科学客观的评价及预期。通过计算机进行数据加工、汇总、计算,结合企业在经营过程中存在的突出问题,分类型、分规模、分行业及时跟踪分析本市工业经济景气动向,定期向省、市委、市政府和综合管理部门提出工业景气分析报告,并将有关信息反馈给调查企业,较好地起到了经济预警作用,为政府宏观调控和企业经营决策提供了重要信息支持。

(王慧茹)

【年度经济展望与信息发布】 《2005年郑州经济展望》一书是郑州市发展和改革委员会、郑州市信息中心依据中国社会科学院、国务院经济发展研究中心、国家信息中心等机构发布的国家年度宏观经济发展报告和郑州市各县(市)、区、市直局委及有关部门对2005年经济发展展望编辑而成的。目的是为了加强对国家宏观经济政策的了解,增强各县(市)、区、市直委局、各企业之间的信息沟通和交流,为全市经济和社会全面发展决策提供参考,是市委、市政府和各县(市)、区、市直委局特别是各级政府经济部门在工作中的指导性用书。

《2005年郑州经济展望》一书,分为政策篇;郑州专辑的宏观篇、产业发展篇、金融篇、社会科教篇、县(市)篇、区级篇、开发区篇;全国专辑的宏观篇、产业发展篇、区域经济篇。在正确评价上年经济形势的基础上,从工业、农业、财政、税收、金融、商业、电力、市政、城建、旅游等方面,对2005年郑州市的产业运行环境、产业动态、区域特征、政策取向、整体经济的综合评判进行前瞻性的分析与预测。"全国专辑"内容由国家信息中心和河南省信息中心提供,"郑州专辑"由郑州市发展和改革委员会、郑州市经济委员会、郑州市统计局、郑州市财政局等48个委局及县(市)、区各单位提供。在编辑成册的同时,还在"郑州市经济信息网"上发布。

(张志强)

【网上征集"十一五"规划意见与建议】

市政府为了提高"十一五"规划编制工作水平,广泛听取社会各界的意见和建议,提高社会参与度,增强社会共识,促进决策科学化,首次通过互联网向社会公开征集郑州市"十一五"规划意见和建议。

根据郑州市国民经济和社会发展的情况以及市政府对"十一五"规划的要求,市信息中心在互联网上开辟了"郑州市'十一五'规划专题"网站,网站设立了"领导讲话"、"规划动态"、"通知公告"、"实施意见"、"课题研究"、"政策法规"、"专项和区域规划"、"十一五规划大家谈"、"网上调查"、"来稿登载"、"文件下载"等14个栏目。多角度、多方位向市民介绍和展示郑州市"十一五"规划的实时动态、新闻报导和各项工作进展情况。其中"领导讲话"、"规划动态"、"通知公告"、"实施意见"、"课题研究"、"政策法规"、"专项和区域规划"等栏目将有关"十一五"规划的新闻、工作进展、专家意见等第一时间在网上发布,供上级领导和广大市民阅览,使大家及时了解"十一五"规划工作的动态。"网上调查"、"来稿登载"、"文件下载"等是在网站上设立的交互式栏目,通过这些栏目可以使市民亲自参与到郑州市"十一五"规划编制工作中来,使规划工作体现出广泛的民主性和参与性。同时市民还可以通过网站设立的"十一五"邮件系统把自己的意见和建议发送到"十一五"电子邮箱,为郑州市"十一五"规划工作献计献策,由网站将优秀的稿件刊登在"来稿登载"栏目。

(李 靖)

经济联络工作

【概况】 2004年,郑州市经济联络办公室在加强新亚欧大陆桥区域经济联络、国内友好城市交流、为外地驻郑办事机构服务、促进招商引资、推进精神文明建设、强化内部管理等方面取得了明显成效,经济联络工作再上新台阶。

积极保持与国务院新亚欧大陆桥协调组的联系与沟通,6月21日,国务院新亚欧大陆桥协调组办公室将国家有关部委对《纪要》及《针对郑州等沿桥城市所提问题和建议的回复及有关工作安排》进行了通报,对有关事项给予了回复。经联办及时向市政府报告了国务院新亚欧大陆桥协调组对《纪要》有关内容的落实情况,整理和编印了《2003年新亚欧大陆桥区域经济合作国际研讨会文件汇编》和《2003年新亚欧大陆桥区域经济合作国际研讨会论文集》,共计46万多字,印刷600多册。利用参加会议、接待来访等时机同沿桥城市进行交流。

【参与陆桥沿线城市领导联谊活动】
3月,乌鲁木齐市政府在北京承办了陆桥沿线部分城市领导第二次联谊活动,参加全国人代会的连云港、郑州、洛阳、西安、宝鸡、兰州、乌鲁木齐和博州等大陆桥沿线城市的主要领导参加了会议。根据市政府领导的要求,郑州市调研、起草了《关于建立新亚欧大陆桥旅游经济共同体的建议》、《关于提请国家加大对沿桥中西部地区出口资金支持力度的建议》、《关于沿桥地区增值税转型问题的建议》等材料,经过与会领导的讨论,一致同意将郑州市提出的建议作为人大代表建议提交全国人代会。

【友好城市联络和缔结工作】 2004年,市经联办积极开展与友好城市的联系和沟通,定期与友好城市进行交流和通报有关信息,并及时在《经济联络信息》上刊登,为市领导和有关部门了解友好城市情况提供资料。

经过与广州市充分协商,2004年9月15日,郑州市与广州市正式签订了友好城市协议书。以市长王文超为团长,市委副书记马懿、市人大主任郝建生、市政协主席杨惠琴为副团长,市直有关部门主要领导组成的党政代表团参加了签约仪式。同时,组织召开了郑州市情说明会，邀请广州市委、市人大、市政府、市政协领导和广东省、广州市知名企业家、行业协会、商会等150多家单位的负责人参加了会议，王文超市长通报了郑州市情及郑州市的投资环境。郑州市与广州市缔结为友好城市，标志着两市之间的交流与合作将向更深层次推进。

在首届世界传统武术节举办期间，市经联办邀请部分国内友好城市和沿桥城市领导参加了武术节开幕式和有关活动。另外，多次接待广州、南京、杭州、温州、南宁、徐州、兰州、昆明等城市协作部门的来访，协助伊犁州党政代表团举行了市情说明会和企业推介会，接待苏宁电气集团总裁孙为民来郑考察，走访了青岛、温州、宁波、杭州等城市。通过接待走访，加强了联络，增进了相互了解。

【筹办陇海兰新经济促进会第十次年会】 2004年10月27日～29日，陇海兰新经济促进会第十次年会在郑州召开。会议代表123人，主要有铁道部、国家民委、中科院等国家部委以及36个沿线城市的领导等，其中，国家部委和沿线城市司市级代表15人（正副市长12人），政府秘书长、副秘书长15人。会议期间，市长王文超、市委副书记赵建才、市人大副主任王福成、副市长孙新雷、王庆海、市政协副主席李西海等领导参加了会议和有关活动。会议宣传了郑州，扩大了郑州在陇海兰新经济带的影响，得到了国家有关部委领导、沿线城市代表的高度赞扬和好评，参会代表普遍认为这次年会出席领导规格高、参会城市范围广、承办城市组织严密，服务周到，是一次圆满成功的会议。

【经济联络和交流】 2004年，市经联办和有关领导参加了武汉首届中部区域创新论坛和在乌鲁木齐召开的“2004年新亚欧大陆桥区域经济合作国际研讨会”，列席了“国务院新亚欧大陆桥协调组第五次工作会议”，市经联办结合每次会议主题，积极准备会议材料和领导讲话，加强了与国内有关区域经济组织的联络和交流；10月，配合市政协认真做好“全国十五城市政协工作研讨会暨政府经济合作第十九届年会”的接待服务工作。

【办事机构备案登记】 2004年，国内一些知名企业纷纷落户郑州，设立办事机构。全年新备案登记外地驻郑办事机构283家，换证228家。其中，派出机构是上市公司的15家，国内500强的5家；注册资本1000万以上的51家，5000万以上的25家，1亿元以上的21家，5亿元以上的3家。据不完全统计，现有外地驻郑办事机构在郑固定资产总值50多亿元，2004年在郑消费近10亿元，达成经济、技术、贸易合作项目30多项，安排就业人员500余人。

【服务驻郑办事机构】 为进一步优化郑州市经济发展环境，1月，市政府出台了《郑州市外地驻郑办事机构联络服务办法》，变注册登记为备案登记，简化办事程序，为外地驻郑办事机构创造了宽松环境。2月，召开了外地驻郑办事机构总结及表彰大会，市政府对35家办事机构进行表彰，向办事机构发放了政府公报、联络服务办法、投资优惠政策等文件资料。7月，召开了外地驻郑办事机构座谈会，孙新雷副市长通报了郑州市经济建设情况，听取了外地驻郑办事机构对郑州的建议和意见，并协调解决了外地驻郑办事机构在工作中遇到的有关问题。

为贯彻落实《郑州市外地驻郑办事机构联络服务办法》，充分发挥外地驻郑办事机构的“窗口”、“桥梁”和“纽带”作用，进一步抓住机遇，发挥资源优势，扩大对外开放，开展招商引资，加强经济交流与合作，7月，制定了《关于外地驻郑办事机构加强经济交流与合作广泛开展招商引资的意见》。外地驻郑办事机构发挥双向服务、双向引进的优势，在郑州开展招商引资，扩大市场，加强信息交流和服务，取得了明显成绩。家世界连锁商业集团驻河南办事处两年来致力于郑州市场开发建设大型超市，南阳路连锁店已开业，嵩山路连锁店即将开业，投资约1.89亿元。德力西集团联合北京物美商业集团和安徽南翔集团在南阳、商丘投资27亿元兴建光彩大市场，2005年拟投资郑州新建中小学校电力、电器设备。海澜集团在郑州设立办事处以来，不断开拓创新，扩展业务，2004年为总公司创收4000多万元，办事处在郑年消费额在300万元以上。柘城县政府驻郑办2004年在郑州协调设立了8个土特产销售点，输入劳务人员1.3万人，联系本县12家私营企业到郑州高新区和郑港新区投资，累计投资2.1亿元。固始县政府驻郑办加强对固始籍在郑10万务工人员和流动党员管理，先后设立10个党支部，累计在郑投资近5亿元。

【精神文明建设】 各外地驻郑办事机构积极参与郑州市精神文明创建活动，提出创建申请，健全组织机构，采取不同形式，开展丰富多彩的创建活动。漯河、信阳、南阳市政府驻郑办和中原油田、河南油田、安钢集团、中石油驻郑办等单位组织职工开展形式多样的文化体育和技能比赛活动；清华同方郑州代表处加强对单位职工思想道德教育，开展文明服务，全面提高职工思想文化素质，并积极申报创建市级文明单位。通过创建活动，促进了外地驻郑办事机构精神文明建设。同时，积极做好2004年郑州市第五届“十佳百优”外来务工青年评选活动的推荐工作，鼓励外来务工青年参加评选活动。在这次活动中，市经联办被评为“优秀组织奖”；漯河市政府驻郑办何明、平煤一矿驻郑办王中强、信阳市政府驻郑办李召玲、张新芳等4名务工青年被评为“百优外来务工青年”，为外来务工青年树立了榜样。

【信息交流】 2004年，市经联办及时收集新亚欧大陆桥、国家有关部委、沿线城市和国内友好城市等方面的资料，掌握基本情况和动态，编发《经济联络信息》23期，共计5700多份，并及时向市领导和有关部门报送，向大陆桥沿桥城市、外地驻郑办事机构发送。为了让外地驻郑办事机构更好地了解郑州的投资环境、经济情况以及郑州市经济发展的新形势、新动向，及时向外地驻郑办事机构发放《郑州市人民政府公报》等资料3000多份。

为进一步加强经济联络，2004年6月开通了郑州市经济联络办公室暨新亚欧大陆桥（郑州）联络办公室网站。网站及时通报有关会议、文件精神，介绍郑州市有关优惠政策及重大经济活动情况，发布新亚欧大陆桥、外地驻郑办事机构、国内友好城市、区域经济组织和郑州市经济联络的最新动态，征询外地驻郑办事机构对郑州市经济发展环境的意见和建议。外地驻郑办事机构可以从网站浏览《郑州市外地驻郑办事机构联络服务办法》、《外地驻郑办事机构备案办理注意事项》等文件资料，下载《外地驻郑办事机构备案登记表》，提高了办事效率。

（陈 丹）

政协郑州市委员会

【市政协十一届一次会议】 政协郑州市第十一届委员会第一次会议于4月14日至20日召开。

4月14日，市政协召开十一届一次会议预备会议。会议由市政协主席祖松臣主持。会议听取了秘书长孙景国关于政协郑州市第十一届委员会第一次会议筹备工作情况的汇报；审议通过了政协郑州市第十一届委员会第一次会议主席团、主席团会议主持人和秘书长名单，通过了政协郑州市第十一届委员会第一次会议议程和日程；审议通过了政协郑州市第十一届委员会第一次会议提案审查委员会主任、副主任和委员名单。市委常委、统战部部长、市政协党组副书记李秀奇，市政协副主席杨惠琴、张世诚、王敬轩、顿启明、王力建、田涛、薛定海、武国瑞、李西海、王平出席了会议。

4月14日，市政协十一届一次会议举行主席团第一次会议。会议由主席团会议主持人杨惠琴主持。会议审议通过了政协郑州市第十一届委员会第一次会议主席团常务主席和常务主席会议主持人名单；审议通过了政协郑州市第十一届委员会第一次会议各次全体会议主持人名单；审议通过了政协郑州市第十一届委员会第一次会议副秘书长名单；审议通过了政协郑州市第十一届委员会第一次会议秘书处工作机构和职责范围、工作机构负责人名单。大会主席团常务主席祖松臣、李秀奇、武国瑞、田涛、薛定海、李西海、岳喜忠、王薇、张万一、朱专兴、舒安娜、邓庆洲，大会秘书长孙景国以及十届市政协副主席张世诚、王敬轩、顿启明、王力建出席了会议。

4月15日，政协郑州市第十一届委员会第一次会议在市青少年宫隆重开幕。

会议由大会主席团常务主席会议主持人杨惠琴主持。大会主席团常务主席武国瑞代表第十届市政协常务委员会作政协郑州市第十届委员会常务委员会工作报告。大会主席团常务主席田涛代表十届市政协常务委员会作政协郑州市第十届委员会常务委员会提案工作情况报告。

市委书记李克在会上作重要讲话。大会主席团常务主席祖松臣、李秀奇、薛定海、李西海、岳喜忠、王薇、张万一、朱专兴、舒安娜、邓庆洲，大会秘书长孙景国在主席台前排就座。市领导王文超、赵建才、马懿、祁金立、康定军、岳修武、邵其政、王治业、白福治、葛合元、李柳身、白红战、王璋、杨丽萍、穆为民、李民庆、郝建生、刘振中、孟繁兴、李保山、郑林山、房健、鞠衍行、贾常先、裴允功、张立兴、主永道、孙新雷、王福成、胡荃、王林贺、高建慧、王庆海、张世诚、王希玲、王敬轩、顿启明、王力建、王平、江武生、谷秀峰，市中级人民法院院长刘春年、党组书记贾记鑫，市人民检察院检察长李自民、市总工会主席栗培青、市委政法委副书记王建平，市委党校、市属大专院校领导王旭彤、魏书彦、马公秀、于向英等在主席台就座。市政协历届老领导应邀出席开幕会。

4月17日，市政协十一届一次会议举行第二次全体会议。会议由大会主席团常务主席李西海主持。大会主席团常务主席杨惠琴、李秀奇、武国瑞、田涛、薛定海、岳喜忠、王薇、张万一、朱专兴、舒安娜、邓庆洲，大会秘书长孙景国以及十届市政协副主席王敬轩、王力建、江武生出席会议。市长王文超、市委常务副书记赵建才到会听取了委员们的发言。8位委员进行大会发言，5位委员的报告做了书面交流。

4月18日，市政协十一届一次会议举行提案现场办理会。市委常委、常务副市长李柳身以及相关部门主要负责人对有关提案作了答复。市政协十一届一次会议主席团常务主席武国瑞、岳喜忠、王薇、张万一、邓庆洲和大会秘书长孙景国参加了提案现场办理会。

4月19日，市政协十一届一次会议举行主席团第二次会议。大会主席团常务主席会议主持人杨惠琴主持会议。会议听取了大会秘书长孙景国汇报各小组讨论情况；听取了市委常委、统战部部长李秀奇关于十一届市政协主席、副主席、秘书长、常务委员候选人建议名单情况的说明；审议了市政协十一届一次会议选举有关事项；审议通过了市政协十一届一次会议选举总计票人、副总计票人、计票人名单；审议了市政协十一届一次会议的有关决议（草案）。

大会主席团常务主席祖松臣、武国瑞、田涛、薛定海、李西海、岳喜忠、王薇、张万一、朱专兴、舒安娜、邓庆洲，十届市政协领导白福治、王敬轩、顿启明、王力建、江武生、谷秀峰出席会议。

4月19日，市政协十一届一次会议举行第三次主席团会议。会议由大会主席团常务主席会议主持人杨惠琴主持。会议听取了大会秘书长孙景国关于各项决议(草案)讨论情况的汇报;听取了大会副秘书长王杰民关于十一届市政协主席、副主席、秘书长、常务委员候选人名单(草案)审议情况的汇报;通过了市政协十一届一次会议选举办法(草案);通过了市政协十一届一次会议选举总监票人、副总监票、监票人名单(草案);通过了十一届市政协主席、副主席、秘书长、常务委员候选人名单(草案);通过了市政协十一届一次会议政治决议(草案),通过了市政协十一届一次会议关于政协郑州市第十届委员会常务委员会工作报告的决议(草案)和提案工作情况报告的决议(草案);通过了市政协十一届一次会议提案审查委员会关于十一届一次会议提案审查情况的报告(草案)。

4月20日,市政协十一届一次会议举行第三次全体会议。会议通过了本次大会选举办法;通过了总监票人、副总监票人、监票人名单。经过投票选举,杨惠琴当选为政协郑州市第十一届委员会主席;武国瑞、田涛、薛定海、李西海、岳喜忠、王薇、张万一、朱专兴、舒安娜、邓庆洲当选为政协郑州市第十一届委员会副主席;孙景国当选为政协郑州市第十一届委员会秘书长;75人当选为政协郑州市第十一届委员会常务委员。

4月20日,政协郑州市第十一届委员会第一次会议圆满完成预定各项议程,胜利闭幕。市政协副主席武国瑞主持闭幕大会。市委书记李克,市政协主席杨惠琴,党组书记祖松臣、副书记李秀奇,副主席田涛、薛定海、李西海、岳喜忠、王薇、张万一、朱专兴、舒安娜、邓庆洲,秘书长孙景国在主席台前排就座。

市领导王文超、赵建才、祁金立、康定军、岳修武、王治业、白福治、葛合元、李柳身、白红战、杨丽萍、姚待献、穆为民、李民庆、郝建生、刘振中、孟繁兴、李保山、郑林山、房健、鞠衍行、贾常先、裴允功、张立兴、主永道、孙新雷、龚立群、丁世显、王福成、胡荃、王林贺、高建慧、王庆海,市中级人民法院院长刘春年、党组书记贾记鑫,市人民检察院检察长李自民、市总工会主席栗培青、市政法委副书记王建平以及市委党校、市属大专院校领导王旭彤、魏书彦、马公秀、于向英在主席台就座。市政协历届老领导应邀出席闭幕会。

会议通过了市政协十一届一次会议政治决议;通过了关于政协郑州市第十届委员会常务委员会工作报告的决议、关于政协郑州市第十届委员会常务委员会提案工作情况报告的决议;通过了提案审查委员会关于十一届一次会议提案审查情况的报告。新当选的十一届市政协主席杨惠琴致闭幕词。

【市政协常委会议】 3月25日至26日,市政协召开十届二十六次常委会议。会议传达了全国"两会"精神;听取了关于市政协十一届一次会议筹备工作情况的汇报、市十一届政协委员推荐提名情况和建议名单的说明;审议并原则通过了政协郑州市第十届委员会常务委员会工作报告(草稿)和提案工作情况报告(草稿),并推举了报告人;审议通过了关于召开市政协十一届一次会议的决定及会议议程(草案)、日程(草案);讨论了《政府工作报告》(征求意见稿)。

会议协商通过了十一届市政协的参加单位和委员名额、人选名单。新一届政协设置了28个界别,共有466名委员。

市政协主席祖松臣,副主席杨惠琴、张世诚、王希玲、王敬轩、顿启明、王力建、田涛、薛定海、武国瑞、李西海、王平,秘书长孙景国出席了会议。

4月20日,市政协召开十一届一次常委会议。会议审议通过了十一届一次常委会议议程、日程;听取了关于政协郑州市第十一届委员会机构设置和人事安排的说明;审议通过了政协郑州市第十一届委员会常务委员会关于设置专门委员会的决定;审议通过了政协郑州市第十一届委员会副秘书长名单;审议通过了政协郑州市第十一届委员会专门委员会主任名单。

市政协主席杨惠琴,党组书记祖松臣,副主席田涛、薛定海、李西海、岳喜忠、王薇、张万一、朱专兴、舒安娜、邓庆洲和秘书长孙景国出席了会议。

6月24日至25日,市政协召开十一届二次常委会议。会议听取了关于郑州经济运行及建设先进制造业基地情况的通报,听取了市政协经济委员会及各民主党派、工商联和部分县(市)、区政协关于加快工业化进程,建设先进制造业基地情况的专题调研报告,并围绕这一主题参政议政,建言献策,提出了许多有价值的意见和建议。会议还通过了各专门委员会副主任名单,审议通过政协郑州市第十一届委员会工作规则和专门委员会工作通则,关于加强市政协常委、委员管理的暂行规定,开展民主评议活动的意见,市民代表旁听市政协常委会议办法和建立"18岁成人节"的建议案。

市政协主席杨惠琴,副主席武国瑞、田涛、薛定海、李西海、岳喜忠、王薇、张万一、朱专兴、舒安娜、邓庆洲,秘书长孙景国出席会议,市人大常委会副主任王平、副市长胡荃应邀出席会议。

9月23日至24日,市政协十一届三次常委会议在新郑召开。会议听取了关于创建文明城市工作情况通报;听取了市政协专委会和各民主党派、工商联关于创建全国文明城市工作情况的调研报告;审议通过了《政协郑州市委员会关于开展民主评议我市对外开放工作的实施方案》。

市政协主席杨惠琴,党组书记祖松臣,副主席武国瑞、田涛、薛定海、李西海、岳喜忠、王薇、张万一、朱专兴、舒安娜、邓庆洲,秘书长孙景国参加会议。

12月27日至29日,市政协召开十一届四次常委会议。会议听取了关于民主评议郑州对外开放工作情况报告;听取了市政协各专题调研组的调研报告;听取了市政协各专门委员会关于2004年工作情况汇报,协商讨论并审议通过了关于召开政协郑州市第十一届委员会第二次会议的决定及会议议程(草案)、日程(草案),政协郑州市第十一届委员会常务委员会工作报告(草稿)和提案工作情况的报告(草稿);推举了报告人,增补了9名委员。讨论了《政府工作报告》(征求意见稿)、政协郑州市第十一届委员会2005年工作要点(征求意见稿)及其他有关事项。

市政协主席杨惠琴,党组书记祖松臣,副主席武国瑞、田涛、薛定海、李西海、岳喜忠、王薇、张万一、舒安娜、邓庆洲,秘书长孙景国参加了会议。市人大副主任王平应邀出席了会议。

【政治协商】 市政协十一届一次会议选举产生了新一届市政协领导班子和常委会组成成员,顺利实现了新老交接。十一届一次会议期间,委员们认真讨论了《政府工作报告》及计划、财政报告和法检两院工作报告。围绕《政府工作报告》和其他报告提出的工作任务和目标,展开热烈讨论,共提交大会发言68份,提出具有建设性的意见和建议316条。全会的组织形式和方法有创新,实现了"五个首次",即首次使用IC卡签到;首次使用同步投影;首次开设政协网站,并在主会场设立计算机中心;首次请政府职能部门设立参政议政咨询台;首次在提案现场办理会上,让政协委员对政府部门提案情况进行打分,提高了工作效率、增强了会议效果。

认真开好常委会议,紧紧围绕市委、市政府的中心工作,选好议题,深入讨论,推动专题议政工作向纵深发展。十一届一次常委会议就加强常委会领导班子建设、充分发挥专委会基础作用、认真开好常委会议和改进常委会工作,作出了总体部署,提出了明确要求。二次常委会议围绕市委、市政府提出的"加快我市工业化进程、建设先进制造业基地"的中心工作,听取了政协经济委员会等撰写的专题调研报告,提出优化调整全市工业布局和发展定位、合理规划和建设特色工业园区,大力发展绿色经济和循环经济等意见和建议,充分体现了以人为本、统筹兼顾的科学发展观,为市委、市政府科学决策起到重要作用,市委常务副书记赵建才批示要求"办公厅将有关建议转有关部门研究",主管工业的副市长胡荃批示"这份调查报告不仅起点高,也符合我市实际,所提意见和建议前瞻性强,在我市打造先进制造业基地,提升产业结构中要一并统筹考虑"。提出的意见建议均在《2004～2010年郑州市先进制造业发展规划纲要》中得到体现。二次常委会议还通过了《关于加强政协常委、委员管理的暂行规定》、《市政协领导走访委员工作制度》等规则、通则。三次常委会议以"创建全国文明城市"为主题,委员们针对郑州创建文明城市工作中存在的问题和差距,从全面建设小康社会、落实科学发展观、构建和谐社会,以及塑造城市形象、提升公民道德素质、增强城市竞争力的角度,形成了13份有价值的建议案与调研报告。四次常委会议切实履行政协民主监督职能,民主评议全市对外开放工作。市政协组织80多名委员和民主党派人士,通过深入细致的调查,认真查找对外开放工作的薄弱环节,针对制约对外开放的"瓶颈"问题,提出建设性的意见和建议,为进一步推动郑州对外开放工作起到了积极作用。

【民主监督】 市政协充分发挥贴近群众、渠道畅通的优势,切实履行民主监督职能,着重抓好4项工作。一是抓提案的征集和办理。把提案作为为民代言、为民立论、为民做事的有效载体,不断加大民主监督工作力度。全年共征集委员和集体提案820件,立案796件,是有史以来最多的一年。市政协通过现场办案、领导分包重点提案、对委员不满意提案进行二次跟踪办理等方法,努力提高提案的办理质量,使建立政府发言人制度、拓宽农民增收渠道、为农民工讨要工资等一大批提案得到落实,委员满意率达到94%。同时还在众多提案中选择60件具有前瞻性、可操作性和群众普遍关心的热点、难点问题的提案,编印成册,供市委、市政府、市政协领导参考。二是抓民主评议。按照政协章程的要求,修订完善了《关于开展民主评议政府职能部门工作的意见》。在市委的领导和政府的支持下,对全市的对外开放工作进行了民主评议。整个活动历时3个多月,先后召开72个座谈会,走访了近百家内外资企业,发放3000份调查问卷,形成4个专题调研报告和1个调查问卷情况报告。在充分肯定成绩的基础上,整理出547个问题,提出274条意见和建议,并向市政府、各县(市)、区及涉及到的32个政府部门进行集中反馈,对促进对外开放工作产生了积极影响。三是抓无陪同视察。市政协选择占道经营、都市村庄中的小锅炉管理、图书城管理、城市街道门牌管理等与群众生活息息相关的问题,开展无陪同视察,进一步提高了视察效果。四是抓政协的民主监督与新闻舆论的结合。市政协与郑州经济广播电台联办的"我为郑州发展献良策"专题广播节目,已达10年之久,在广大市民中产生了良好影响。在认真总结经验的基础上,又与郑州电视台联办大型对话节目"周末面对面",就菜篮子工程、青少年思想教育、大学生就业等热点问题展开讨论,增强了民主监督的实效,促进了社会主义民主政治建设的不断发展。进一步完善市政府领导接待人大代表和政协委员制度、丰富政协网站、畅通反映社情民意的渠道,重视做好委员及社会各界人士社情民意的收集、整理和反映工作。全年共收集社情民意83条,编发《郑州政协信息》58期,使群众关心的问题得以尽快解决,树立了党和政府以及政协为民的良好形象。如关于"预防禽流感,河南农大养鸡场应迅速迁出闹市区"的信息,市委领导作了重要批示,市委办公厅《今日汇报》作了转发。市政协十一届二次常委会议通过了《郑州市市民代表旁听市政协常委会议的办法》,邀请市民代表围绕会议议题发表意见,反映所联系群众的愿望和要求，进一步增强了政协民主监督的广泛性。市政协还积极为市公安局、执法局、旅游局等有关部门，推荐37名政协委员为廉政监督员，充分发挥政协的民主监督作用。

【参政议政】 结合实施《郑州市全面建设小康社会规划纲要》和市委第八次党代会精神，注重发挥政协“人才荟萃、智力密集”的优势，围绕党委、政府重视和人民群众关心的问题，组织委员进行深入细致的调研和视察，增强了调研、视察的针对性和超前性。先后组织委员围绕郑东新区建设、改善城市人居环境、防治高致病性禽流感、黄河及内河防汛、清真食品的生产销售管理、公益文化设施建设、公安110报警工作、商都文化资源的开发保护等方面，进行60多次调研和视察，形成近50份调查报告和2个建议案。其中，为进一步加快郑州旅游产业发展，针对旅游业领导机关设置、投入力度、深层次开发旅游产品等问题形成的《关于我市旅游业发展若干问题的调研报告》受到市委、市政府领导高度重视，并据此成立了旅游发展委员会，王文超市长兼任委员会主任，下发了《关于进一步加快旅游业发展的决定》；为贯彻中共中央、国务院对农村沼气建设的意见，积极推行以沼气建设为核心的生态家园惠民工程计划，提出的《关于大力发展农村沼气，建设生态家园的建议案》，引起市委、市政府高度重视，王文超市长批示：“请市农业局牵头做好推广方案，此事可纳入明年我市十件实事之一”，市财政拟每年投入1800万元，建设农村沼气池6万座，使沼气普及率2010年达到35%；为推动文化事业不断发展，搞好文化资源的保护与合理开发利用，形成的《关于申请将郑州市列为中国八大古都的建议案》，经有关部门努力，郑州已正式成为中国八大古都之一；为进一步加强和改进未成年人思想道德建设，在集中委员们意见的基础上，向市人大常委会提交了《在我市建立“18岁成人节”的建议案》，市人大十二届四次常委会议，正式确定每年10月22日为“郑州市成人节”。按照市委统一部署，市政协领导共联系“五个一百”项目40个。市政协领导经常深入“五个一百”项目工程建设现场和生产企业，听取汇报，督促检查，帮助解决生产经营中的困难和问题。对有不稳定因素和安全隐患的企业和乡村，密切关注，掌握动态，制订防范措施，督促整改到位，为促进郑州经济发展、社会大局稳定做出了积极贡献。

【巩固和扩大爱国统一战线】 牢牢把握团结和民主两大主题，不断巩固和扩大最广泛的爱国统一战线，重视做好大团结大联合工作。通过会议、调查、视察、走访、联谊等活动，市政协与各民主党派、工商联、有关人民团体和无党派人士保持了经常性的密切联系。尤其是注重突出界别的特点，搭建发挥界别作用的舞台，认真组织和联合各民主党派、团体开展参政议政工作。十分重视民主党派提案的办理，专门制定了《进一步做好民主党派、工商联提案工作的暂行办法》，完善了民主党派和工商联集体提案的办理程序。经常与各民主党派、工商联开展联合调研，主动邀请他们参加“加快工业化进程”、“创建文明城市”、“民主评议对外开放工作”等重要调研活动，充分发挥他们的积极作用。先后组织部分政协委员与统战系统、女企业家代表、海外侨胞等举行联谊活动，加深感情，增进团结。注重加强同少数民族和宗教界代表人士的联系，主动参加民族宗教界的重大节日和重要活动，积极宣传党的民族政策和宗教政策，积极反映“三胞”及其眷属委员的意见和要求，帮助解决实际问题。多次组织委员开展“三下乡”活动，捐钱捐物，帮助对口扶贫的登封市君照乡晋爻村解决问题，密切了群众关系。同时认真研究当前社会结构和统一战线工作中出现的新情况、新变化，做好在社会变革中出现的新的社会阶层及其他代表人士的团结工作，巩固和扩大社会多样化条件下的大团结、大联合，努力调动一切积极因素，营造和谐社会。

主动争取全国政协和省政协的指导，加强与各级、各地市政协的联系。一年来，共接待全国政协及兄弟省、市政协来郑考察团组426批，2857人次。通过相互交流，宣传了郑州，学习了经验，推动了政协工作。同时加大了对县(市)、区政协工作的指导力度，定期召开各县(市)、区工作经验交流会，总结探讨履行职能的新经验、新做法。通过市政协领导到县(市)、区政协视察走访、联合开展调研，邀请县(市)、区政协主席出席或列席市政协重要会议和参加活动等形式，加强联系，指导工作。

【提案工作】 市政协十一届一次会议以来，广大政协委员、各民主党派、有关人民团体和政协各专门委员会，切实履行人民政协政治协商、民主监督、参政议政职能，围绕市委、市政府的中心工作和人民群众关心的热点、难点问题，运用提案形式积极建言献策，共提出提案820件。经提案委员会审查，立案796件，其中，委员提案771件，市各民主党派、工商联及有关人民团体提案25件。提案中经济城建方面478件，占总数60.05%；教科文卫体方面147件，占总数18.47%；政法、统战、劳动人事118件，占总数14.82%；其他方面53件，占6.66%，另有24件提案不予立案，作为委员来信转送有关单位处理。截至2004年12月25日，提案已全部办结，办复率100%。提案所提意见和建议得到解决或列入计划解决的664件，采纳率为84%。因条件限制暂时难以解决的问题，承办单位也实事求是地向委员作了认真地说明。根据委员对提案办理情况的反馈意见，满意和基本满意率为94%。

提高委员参政议政水平，促进提案质量提高。在换届前发出了征集提案致委员一封信，并在新委员培训中，详细介绍了政协提案的工作性质、地位、任务和作用及有关撰写提案的重点和方法，使委员认识、了解提案工作的重要意义，明确政协提案是政协委员参政议政的重要形式，从而调动了政协委员参政议政的积极性，写出了大量内容新、质量高的提案，不少提案做到有情况、有分析、有建议，有些提案还具有较强的战略前瞻性、决策参考性和实施针对性，受到党政部门的重视和采纳。雷从芳委员关于“建立政府发言人制度”的提案，被市政府采纳，先后5次就有关重大新闻召开新闻发布会，增加了政府工作的透明度，推进了郑州市民主政治的建设。蔡爱芬委员关于“为农民工讨要工资，劳动监察部门要件件落实”的提案，不仅表达了政协委员为民办实事的决心，也得到了劳动部门的支持，经过不懈努力，解决了一些农民工被拖欠的工资。民进郑州市委员会提出的“关于拓宽我市农民增收渠道的建议”，是市政协十一届一次会议上收到的一号提案，市政府积极采纳，对县(市)、区农业税全部免征，对种粮农民进行生活补贴。市农业局认真落实提案，积极采取有效措施，使畜牧业增加值在农业增加值中的比重提高到42%；对新注册的农产品品牌及获得国家绿色食品认证的，从农业结构调整资金中拿出专项资金给予奖励。据市统计局提供的数字，2004年全市农民人均纯收入4183元，增长15.2%，高于城镇居民可支配收入的增长幅度。

采取措施、加大力度，努力提高提案办理质量。一是召开提案现场办理会。在十一届一次会议期间，召开提案现场办理会。市委常委、常务副市长李柳身带领政府12个委局的负责同志参加现场办理会，围绕拓宽农民增收渠道、搞好郑州市标志性雕塑、建立政府发言人制度、向社会免费开放市内博物院馆等10件提案，与提出提案的民主党派、政协委员面对面沟通情况，交流意见，现场答复提案。二是对重点提案集中办理。按照“以重点提案为载体，全面提升提案工作水平”的工作思路，在796件提案中，筛选出关系全局、关乎群众切身利益、影响较大的13件提案作为重点督办提案。从8月下旬到9月中旬，在市政协杨惠琴主席及各位副主席带领下，各民主党派、工商联领导、政协常委以及提案人采取现场视察、召开座谈会、听取承办单位办理提案情况和面对面交换意见等形式进行督办，使13件重点提案全部办复完毕。其中，市监察局承办的“落实国务院通知要求，清理违规着装的建议”、市农业局承办的“采取有效措施，遏制‘菜篮子’污染的建议”、市市政局承办的“延长公交线路服务时间的建议”和市公安局承办的“进一步加大郑州市消防力度的建议”等提案的办理都取得了明显效果。三是对不满意提案跟踪办理。在提案办理工作中，对于委员反馈有意见的提案答复，坚持二次跟踪督办。分别向市政府呈送《关于市政协重点提案督查情况的报告》，向市政府督查室写出《关于政协委员对承办单位提案办理结果不满意进行协调的意见》的情况反映，市政协副主席武国瑞签署意见，建议相关部门协调办理，市政府领导和政府职能部门对此十分重视，常务副市长李柳身等市领导在报告上批示，要求尽快解决问题。月季公园已在原址扩建，并要求2005年4月份完工。商城遗址公园已被市政府列入2005年第一批城建计划，预计2005年4月底一个全新的铸铜商鼎和商文化艺术柱将呈现在广大市民群众面前。雕塑公园一期工程也被列入2005年中心城区整治方案。四是对热点提案重点办理。选择部分内容重要且亟待办理的提案，采用登门走访、视察调研等方式，努力推进办理工作，使广大群众关注的一些热点、难点问题得到重视和初步解决。药品价格是群众关心的问题，为了了解药品价格方面提案的落实情况，组织委员对部分医药零售商店、市级医院执行国家7月1日公布的24种抗生素类药品调价的情况进行了视察，市民代表首次参加了此项工作。

加大提案宣传力度，拓展提案宣传新领域。一方面大力提高“我为郑州发展献良策”的专题节目水平，另一方面积极拓展提案宣传的新领域。结合社会关注的热点问题，和郑州市电视台“周末面对面”栏目通力合作，制作了“关于大学生就业”专题节目，参与制作了展示提案工作成绩的“参政议政、共谋发展”专题电视片，在社会上产生了良好反响。

积极探索提案工作新途径，与时俱进，不断创新。一是首次组织政协委员参政议政咨询服务台，邀请市政府18个有关委、局、办的负责人和熟悉业务、政策水平高的同志，为委员了解情况、掌握政策提供咨询服务。二是第一次在提案现场办理会上组织政协委员对承办单位办理答复情况进行评议打分，不仅加大了办理力度，而且有力地调动了政协委员参政议政的积极性和责任感。三是精心选择60件具有前瞻性、可操作性和广大群众普遍关心的热点、难点问题的提案编印成册，为市委、市政府了解民意、掌握社情、关注民生、科学决策、开展工作提供参考。四是首次把重要提案转化为建议案，2004年6月市政协十一届二次常委会通过了《关于在我市建立“18岁”成人节的建议案》，并转送市人大，2004年8月，市人大十二届四次常委会通过了《关于开展成人仪式教育活动的决议》，确定每年的10月22日为“郑州市成人节”，为青少年思想道德教育提供了一个有效载体。五是制定了《关于进一步做好民主党派、工商联集体提案工作的意见》、《关于评选表彰优秀提案的办法》。六是围绕市委、市政府中心工作、老百姓关心的热点、难点问题撰写提案参考目录，对优秀提案进行点评，对委员撰写提案起到了示范带动作用。七是从市政协十一届一次会议起将提案全部输入电脑，政协委员可以在互联网上提交、查询提案，初步实现了提案办理工作的信息化。

做好评选表彰优秀提案工作。与市政府办公厅联合召开市政府系统人大建议、政协委员提案办理工作会议，有关民主党派和政协委员撰写的10

件优秀提案受到表彰。

【自身建设】 一是加强常委会建设。建立了市政协常委会学习报告会制度，有计划地邀请专家就《宪法》、《政协章程》、台海形势等重要问题作专题辅导，不断提高政协常委的思想水平。认真贯彻《政协郑州市第十一届委员会常务委员会工作规则》，把《政协章程》赋予常委会的各项职权落到实处，努力把政协常委会建设成团结、务实、廉洁、高效的领导集体。

二是加强委员队伍建设。针对换届后新委员多、政协工作不熟悉的特点，专门举办了新委员培训班，对委员进行政协基本知识和政协理论的系统培训，教育委员把荣誉与责任、权利与义务统一起来，强化委员的责任意识，并建立政协委员政绩档案、制定政协委员参加政协活动及会议的考勤通报制度，用制度引导和规范委员的行为。坚持委员活动日制度和政协领导联系走访委员制度，加强交流，增进友谊，密切联系，增强政协组织的吸引力和凝聚力，充分调动政协委员参政议政的积极性和创造性。

三是加强专委会建设。专委会是政协工作的基础，为充分发挥专委会的基础作用，十一届一次全会上，组建了各专门委员会，任命了各专委会主任、副主任，同时充实了专委会办事机构。在专委会创造性地开展了“五个一”活动，即：每个专委会每年都要开展一次无陪同视察；提一个有深度、高质量的集体提案；写一篇在市级以上报刊发表的好文章；向政协常委会提交一份好的调研报告；通过新闻媒体组织一次有关政协工作的专栏、专题宣传活动，最大限度地激发专委会的工作热情。

四是加强机关建设。市政协认真贯彻中共郑州市委八届三次全会精神，制定了《政协郑州市委员会关于政协领导干部和政协机关带头真抓实干、狠抓落实的意见》，弘扬求真务实精神，进一步改进思想作风和工作作风。在机关干部职工中树立“三种意识”，打造“四种精神”，不断提高队伍的综合素质和整体效能，根据工作目标考核管理，机关有关工作以及机关工会建设和基层党支部建设等各项工作都取得了新的成绩。政协机关代表队参加市直机关“三八”节女子腰鼓比赛、第三届运动会广播操比赛和歌咏比赛均获得集体一等奖，为政协工作增光添彩。结合换届和机构改革，加大干部交流和内部轮岗力度，全年共调整干部 39 人，占机关干部总数的 64%。并通过择优录用，选调充实了一批年轻干部，进一步优化了机关干部的年龄结构和知识结构，增强了机关活力，在机关干部中营造了干事创业的浓厚氛围。

五是加强政协宣传工作。在人民政协成立 55 周年之际，市政协精心筹划组织了纪念人民政协成立 55 周年系列庆祝活动，进一步提高了人民群众对政协历史地位和重要作用的认识，扩大了政协的社会影响。精心组稿、编发 6 期《郑州政协》，完成 20 多万字的《郑州文史资料》，介绍政协工作，宣传委员风采，丰富资政史料，受到了广大政协委员与社会各界的好评。

【新委员培训班】 市十一届政协共有委员 466 人。针对刚刚换届新委员多、政协工作不熟悉的情况，市政协专门举办了新委员培训班，邀请省政协有关领导及老委员代表，分别就人民政协的性质、任务、主要职能及怎样做一名合格的政协委员等方面进行了系统的讲解。对委员进行政协基本知识和政协理论的系统培训，教育委员把荣誉与责任、权利与义务统一起来，强化委员的责任意识。

【驻郑全国和省政协委员视察】 11 月 29 日至 12 月 2 日，市政协组织驻郑的全国、省政协委员就郑州旅游资源开发利用和旅游产业发展情况赴新郑、登封、巩义进行实地考察。委员们呼吁：郑州应抓住被列入中国八大古都的契机，将历史文化资源转化为旅游资源，推进旅游业的快速发展。市政府副市长孙新雷向委员们通报情况并听取反馈意见。市政协党组书记祖松臣，副主席田涛、张万一、舒安娜，秘书长孙景国参加视察活动。

【纪念人民政协成立 55 周年】 在人民政协成立 55 周年之际，市政协开展了纪念人民政协成立 55 周年系列庆祝活动。一是在全市范围内组织开展政协知识竞赛活动，共有 103 名政协委员、政协工作人员、各民主党派和工商联的同志踊跃参加，通过活动宣传了政协章程、普及了政协知识。二是召开郑州市庆祝人民政协成立 55 周年专题座谈会。市四大班子领导、各县(市)、区委、政协和市直各部门负责人，以及社会各界 180 多人参加会议，市委副书记、市长王文超代表市委作了重要讲话。三是举办书画展。市政协领导、省会书画界名流及政协委员的百余幅书画作品参展，用丹青描绘郑州经济社会发展取得的巨大成就。四是组织庆祝人民政协成立 55 周年专题文艺晚会，政协委员和政协机关工作人员与文艺工作者同台演出，讴歌人民政协的丰功伟绩。晚会在社会上引起了积极的反响，受到广泛好评。五是在新闻媒体开辟专栏、专版，全面回顾总结郑州市政协发展变化，以及在各个历史时期为促进郑州发展所做出的积极贡献。

【第十九届 15 城市政协工作年会】 市政协与市政府联合主办了全国 15 城市政协工作研讨暨政府经济合作第十九届年会，取得丰硕的会议成果。一是研讨交流了政协工作；二是共签订 13 项经济技术合同和意向，总金额达13.22亿元；三是宣传推介了郑州。会议期间，精心安排与会代表参观郑州的重点建设项目和著名景点，郑州日新月异的变化和周到细致的服务赢得客人们的赞誉。

【第四届河洛文化研讨会】 按照全国政协和省政协的要求，市政协承办了第四届国际河洛文化研讨会，来自国内外的150多名专家学者聚首郑州，探讨河洛文化的起源和发展，对传承和弘扬中原文化、提高郑州的知名度起到了积极作用。

（李丽华 丁明星 刘艳秋）

民主党派与工商联

民主党派

【概况】 2004年，郑州市民主党派工作坚持中国共产党领导的多党合作和政治协商制度，围绕经济建设这个中心，积极履行政治协商、民主监督、参政议政的职能，不断加强自身建设，在思想建设、组织建设、参政议政、反映社情民意、社会服务等方面取得新的成绩。广大党派成员立足本职建功立业，深入实际调查研究，围绕大局建言立论，积极参加文化、卫生、科技"三下乡"等社会服务活动，做了大量工作。

走访慰问。1月10日至12日春节期间，统战部的主要领导，对各民主党派、工商联的主、副委，会长、副会长，已卸任的主、副委，已过世的主、副委的遗孀以及非中共全国人大代表、全国政协委员、省人大常委、省政协常委、市人大副主任、市政府党外副市长、市政协党外副主席、无党派代表人士及黄埔同学会代表进行走访慰问。

以换届为契机，协助党派搞好自身建设，顺利实现新老交替、政治交接。经过深入细致的工作，民革郑州市委于4月初顺利换届，新一届民革郑州市委领导班子，精干高效、结构合理、充满朝气和活力。

围绕市委中心工作，发动党派成员为优化经济发展环境做贡献。在全市民主党派成员中继续开展"肝胆杯"活动，引导他们在本职岗位和社会服务方面做贡献。继续做好"四大员"工作，采取一系列切实有效的措施，对特约人员进行培训，召开"四大员"及聘请单位负责人系列座谈会，督促"四大员"开展工作。4月，在金水区召开了特约"四大员"现场经验交流会，请市检察院及部分特约人员介绍了经验。协助市监察局、优化办聘请民主党派、工商联成员为廉政纠风员，分赴全市被评议单位检查优化经济发展环境工作落实情况，为优化经济发展环境工作做出贡献。

组织民主党派积极履行参政党职责，参政议政，建言献策。全市各民主党派成员、无党派代表人士通过会议发言、人大议案、政协提案和视察报告等形式，对改革和建设中的重大问题及人民群众普遍关心的热点问题提出议案、提案300多件，被市有关部门立案200多件。两会期间，一半以上优秀提案是由民主党派和无党派代表人士领衔提出的。

协助市委、市政府开好民主协商会、通报会，举办双月座谈会。3月13日和16日，郑州市委统战部分别召集市各民主党派、工商联负责人及无党派代表人士举行座谈会，市委副书记祁金立，市委常委、组织部长王璋通报市委在第八次党代会上的工作报告，就大会筹备情况和人事安排征求意见，民主党派负责人进行了认真的讨论。3月18日，各民主党派、工商联负责人应邀列席中共郑州市第八次代表大会。5月20日、10月27日，各民主党派、工商联负责人应邀列席市政府全体（扩大）会议。3月13日、4月13日、9月29日，市委统战部分别召开各民主党派、工商联负责人、无党派代表人士座谈会，就学习贯彻中共郑州市第八次党代会精神，庆"双节"、学习贯彻十六届四中全会精神进行座谈。

为了深入学习贯彻中共十六大精神，加强各民主党派、市工商联领导班子的思想建设，进一步搞好政治交接。在市委常委、统战部长李秀奇的倡导下，市委统战部经与市各党派、市工商联协商，决定建立由市各民主党派主委、副主委，市工商联会长、副会长（党外人士）参加的民主党派市委、市工商联联合中心组理论学习制度。8月17日、12月23日，联合中心组举行了两次集中学习活动，学习新《宪法》有关内容，纪念《中共中央关于坚持和完善中国共产党领导的多党合作和政治协商制度的意见》发表15周年和纪念《各民主党派中央关于加强自身建设若干问题座谈会纪要》发表5周年。

加强各民主党派、工商联与市政府有关部门对口联系。5月19日至6月2日，市各民主党派负责人应邀参加教育局组织的郑州市"两基"年审，赴各县（市）、区对政府及其主管部门落实教育政策情况进行检查，使政府与民主党派对口联系制度得到很好的落实。

全面回顾郑州市多党合作、政治协商制度落实情况，迎接省委统战部检查。4月30日，省委统战部副部长陶振江一行来郑召开座谈会，就"中发[1989]14号"《中共中央关于坚持和完善中国共产党领导的多党合作和政治协商制度的意见》颁发、实施15年来郑州市贯彻执行情况进行检查。市委常委、统战部长李秀奇作了《郑州市贯彻落实14号文件情况的汇报》，全面、客观的回顾了15年来落实多党合作和政治协商政治制度所取得的成绩、存在的问题及建议。陶振江副部长对郑州市委统战部贯彻、落实"中发[1989]14号"文件所取得的成绩给予了高度肯定。

做好推荐非党知识分子重点联系对象工作。根据省委统战部要求及部领导安排，通过各种渠道对100多名优秀党外知识分子建档立卡、建立联系。在此基础上，重点确定60名具有大学、研究生、博士学历的党外知识分子代表人物，积极向党派推荐。

做好郑州黄埔军校同学会工作。坚持每年召开一次黄埔同学会联络员座谈会。引导郑州市黄埔同学会成员按照"发扬黄埔精神，联络同学感情，促进祖国统一，致力振兴中华"的宗旨，发挥黄埔同学的特有优势，按照"和平统一、一国两制"方针，竭尽全力推动两岸关系发展，为促进祖国和平统一奋斗。

向省委统战部推荐了一批素质较高的民主党派后备干部和非党知识分子代表。协助各民主党派落实好各项制度，组织各民主党派学习贯彻新颁发的《各民主党派中央关于加强自身建设若干问题座谈会纪要》精神，协助各党派开好主委会、民主生活会，组织好中心组学习等，把好新成员发展关及新成员培训关，帮助他们提高参政素质。

（赵 鑫）

【民革郑州市委员会】 2004年，民革郑州市委员会在中共郑州市委和民革河南省委的领导下，坚持以邓小平理论和“三个代表”重要思想为指导，认真贯彻落实中共十六大和十六届三中、四中全会精神，团结全体民革党员开拓进取，扎实工作，较为圆满地完成了各项工作目标。

4月1日至2日，民革郑州市委员会第十一次代表大会召开，选举产生民革郑州市第十一届委员会，王洪涛等20人当选为市委会委员。在民革郑州市第十一届委员会第一次会议上，张万一当选为主任委员，林功顺、刘东、张自福、牛培玲当选为副主任委员，牛培玲兼任秘书长。会议推举张世诚为名誉主委。

市委会下设10个支部和4个专门委员会。全年共发展新党员18名。截至年底，全市民革党员共有363名，中上层人士占68.5%，平均年龄55岁。市委会进行了基层组织换届工作，选举产生了新一届基层支部委员会。

4月，在市政协十一届一次会议上，政协委员中的民革党员共提交提案162件，占提案总数的20.07%，其中有4件作为现场办案提案，占现场办案总数的40%；在市人大十二届一次会议上，民革代表共提交议案8件。市政协对2004年的30件优秀提案进行了表彰，其中，市民革的1件集体提案、民革党员的6件个人提案被评为优秀提案。市委会还先后在市政协常委会上作大会发言2次、书面发言1次，在市政协十一届二次会议上作大会发言1次。

在市委统战部组织的“迎七一·三增强四热爱”大型诗歌朗诵会活动中，市民革组织选送的节目荣获表演一等奖、二等奖各1项，作品二等奖1项，市民革获得了组织奖；一年来，市委会先后组织党员参加了民革章程辅导报告会、台海形势报告会、新党员学习班、信息员培训班、民革章程知识竞答、“邓小平与统一战线理论”征文、纪念全国政协成立55周年书面知识竞赛和电视知识竞答、赴革命圣地西柏坡参观、教师节、中秋节茶话会、参观任长霞事迹展、参观郑东新区、经济技术开发区、黄河二桥等思想教育活动。

市委会还开展智力扶贫和多种公益活动，组织郑州市中山书画研究会的部分书画家为农民义写春联，“八一”建军节前夕为部队官兵义写义画；组织部分党员自带药物赴荥阳市刘河镇反坡村为农民义诊；经多次联系，取得市农业局的支持，为革命老区荥阳市二郎庙村购买15000棵日本优质柿子树苗。

2004年，荥阳支部、学校支部被评为“民革河南省先进支部”，刘阳等人被评为“民革河南省优秀党务工作者”、“民革河南省先进个人”。荥阳支部再次被民革中央评为全国先进支部。民革党员共接待台胞20余人次，互通电话近500人次，向台湾等地寄贺卡40余封。

（李志学）

【民盟郑州市委员会】 2004年，民盟郑州市委在中共郑州市委和民盟河南省委的正确领导以及中共郑州市委统战部精心指导、热情帮助下，组织广大盟员认真学习邓小平理论和“三个代表”重要思想，围绕市委、市政府的中心工作，切实履行参政党职能，大力加强自身建设，努力提高参政能力和水平，积极主动创造性地开展工作，形成了团结协作的良好局面，盟市委的各项工作取得了新的进展。

以开展学习贯彻《宪法》和《政协章程》为重点，大力推进民盟郑州市委的思想建设工作。盟市委组织盟员学习贯彻《宪法》、《政协章程》，学习中共十六届四中全会精神，多次召开主委会，认真学习讨论，交流心得体会。各基层组织都以不同形式开展了学习活动。同时，盟市委组织盟内政协委员和广大盟员参加了市政协开展的政协知识竞赛活动，报送392份试题答卷，参加人数名列全市榜首，获得庆祝人民政协成立55周年知识竞赛组织奖。积极动员全市盟员参加省委统战部组织的统一战线知识竞赛活动，发放并收回答卷300余份。

利用各种平台，充分发挥民盟智力优势，参政议政工作卓有成效。2004年，盟市委向市政协全会提交5件集体提案，其中，“关于我市民办教育的调查与建议”，由主委朱专兴代表盟市委在全会上作了大会发言，并在《河南内参》上发表；另有2件在郑州经济广播电台“我为郑州发展献良策”节目中播出。“两会”期间，盟员人大代表、政协委员共提出提案和建议102件，引起社会的广泛关注。《加快小城镇建设，促进大郑州发展》等3篇调研文章在省、市社科联关于“三农”问题的征文活动中分别荣获二、三等奖。理论文章《发挥比较优势，促进中部地区崛起》和《发展城市雕塑，提升城市文化品位》在“民盟中央网站地方盟务栏目”发表。为纪念邓小平诞辰100周年和“中发[1989]14号”《中共中央关于坚持和完善中国共产党领导的多党合作和政治协商制度的意见》文件颁布实施15周年，盟市委先后向人民政协报社和市委统战部报送了《浅议邓小平民族理论的重大贡献》等4篇和《前进中的民盟郑州华夏中学》等3篇理论文章。《前进中的民盟郑州华夏中学》在中共河南省委统战部《根在中原网站》公开发表。为配合盟中央第十五次高教理论研讨会的召开，向盟省委报送了《谈高等教育大众化趋势下高校就业指导工作的改革与探索》等3篇高教论文。

民盟郑州市委于9月4日至5日

在荥阳市召开参政议政工作座谈会。会上，朱专兴主委以“实施人才兴盟、人才强盟战略，努力建设适应新世纪需要的干部队伍”为题作了重要讲话；王和祥等11位盟支部负责人就如何加强基层组织建设、搞好参政议政作了大会发言。中共郑州市委常委、统战部长李秀奇在会上对盟市委工作成绩给予充分肯定，并希望民盟郑州市委努力加强参政能力建设，不断提高参政议政水平，一如既往地发扬优良传统，发挥自身优势，为郑州实现全面建设小康社会的宏伟目标做出新的贡献。

重视“人才兴盟”工作，组织建设呈现新气象。盟市委从“人才兴盟和人才强市”的战略高度出发，十分重视建设一支素质高、结构合理、能干事创业的干部队伍。一是继续按照“三个为主”的方针和盟章规定，经主委会研究共发展35位政治素质高、业务能力强的新盟员。二是给台阶、压担子，调整和重新配备了郑州师专总支委员会、郑州二十四中支部委员会和郑州外语中学支部委员会等，较好地发挥了新老骨干盟员的作用。三是积极举荐人才担任“两会”代表和委员，全年共有20位盟员担任市政协委员，盟市委主委朱专兴当选市政协副主席，另有5位盟员当选市政协常委；有1位盟员当选市人大常委，3位当选市人大代表。四是重视培训，提高自身素质。盟市委领导分别参加了中央社会主义学院、中共河南省委党校、河南省社会主义学院和中共郑州市委党校举办的地厅级、县处级和中青年后备干部学习班，受到了全面系统的政治和业务素质的培训。另外，盟市委于11月中旬举办了骨干成员和新盟员培训班。全市近百名骨干成员和新盟员参加了培训。五是搞好基层组织的调研工作。根据民盟中央确定2004年为全盟基层组织建设年的要求，先后对10余个盟支部通过问卷调查、现场询问等形式进行调研。

基层组织建设成绩显著。民盟荥阳支部等7个基层盟支部被民盟河南省委授予“活力支部”。在各条战线上，涌现出一批先进盟支部和优秀盟员。在第20个教师节时，周和平等5名盟员教师入选郑州市百名“名教师”。

继续深入开展“五个一”和“六讲”活动，坚持和完善工作目标责任制，盟市委机关建设制度化、规范化和程序化。(1)“五个一”(一张笑脸，一句问好，一个让座，一杯热茶，一声再见)活动和“六讲”(学习讲自觉、工作讲质量、办事讲效率、干事讲奉献、说话讲文明、廉洁讲自律)活动的深入开展，不仅加强了盟机关与广大盟员的联系与沟通，而且增强了盟机关的亲和力、凝聚力，也推进了机关工作人员的思想建设、作风建设和素质建设。(2)盟市委机关进一步加强制度建设，建立和完善了工作目标责任制度、办公会制度、各处室工作月汇报制度、考勤制度、财务管理制度、车辆和印鉴管理制度等，以制度规范行为，使机关工作规范有序。(3)改善办公条件，更新办公设施。盟市委在经费不宽裕的情况下，对机关各个处室进行了装修，安装了空调和超级一线通，通过政府采购配置了数码相机，进一步实现了办公自动化，改善了工作环境，为盟市委搞好各项工作提供了坚实的物质基础。

宣传工作成绩斐然。盟市委在中共郑州市委统战部举办的“迎七一·三增强四热爱”诗歌朗诵竞赛活动中荣获表演评审一等奖，诗歌《党啊，我的母亲》获作品创作三等奖；印发《郑州盟讯》6期、6000多份；在民盟中央网站、根在中原网站、《河南统战信息》、《河南盟讯》、《郑州日报》、《郑州政协》等刊物上发表信息65条；向《人民政协报》、盟省委、市委统战部和市政协等有关部门报送调研文章、理论文章、纪念文章25篇。

盟市委于6月18～20日举办了纪念郑州商都3600年书画作品展，于7月30日慰问了市武警部队官兵；积极实施“阳光计划”，9月初捐款5769元帮扶社会弱势群体，向盟省委对口帮带单位鹤壁职业技术学院捐赠图书1000余册。民盟郑州华夏中学在收入低、资金紧张的情况下，为家庭经济困难学生减免学费30000多元。

积极参与庆祝人民政协成立55周年书画展。9月17日，盟市委领导和盟内著名书画家唐玉润等挥毫泼墨，奉献自己的精品力作，热情讴歌中国共产党领导的多党合作和政治协商制度，表达了广大盟员对祖国的赤子之心和对人民政协的一片深情。

盟务工作交流有新进展。10月10日～13日，苏鲁豫皖十二城市盟务工作会议在江苏泰州市召开。民盟郑州市委副主委翁慈海在会上作了《与时俱进，开拓创新，努力建设适应新时期要求的参政党》的发言，受到了大会的重视和好评。11月23日～28日，盟市委领导和机关工作人员赴闽学习考察，与福州盟市委机关干部座谈交流。双方围绕如何履行新时期参政党职能、如何建设一支高素质的参政党队伍、如何提高参政能力和怎样搞好盟务工作等问题进行了探讨和交流。盟务交流活动加强了民盟郑州市委与其他城市民盟市委的联系与沟通，为盟务工作的开展提供了新经验、新思路。

(王云青)

【民建郑州市委员会】 2004年，民建郑州市委在中共郑州市委和民建河南省委的领导下，在中共郑州市委统战部的支持下，带领全市会员，以邓小平理论为指导，学习实践“三个代表”重要思想，认真贯彻中共十六大精神，深入领会中共十六届三中、四中全会精神，不断加强自身建设，认真履行参政议政职能，各项工作都有新进展。

(一)坚持把思想建设放在首位，大力加强自身建设。

(1)组织会员认真学习“三个代表”重要思想，以学习“三个代表”重要思想、中共十六大和十六届四中全会精神为重点，认真贯彻民建中央八大精神。中共十六届四中全会结束之后，市委会要求各支部把认真学习、深刻领会中共十六届四中全会精神作为重要政治任务加以落实。号召广大会员努力学习，切实加强民主党派成员参政能力建设。通过学习，增强了广大会员的政治意识、大局意识、责任意识，激发了广大会员敬业爱岗、服务社会、奉献社会的积极性。

(2)坚持党的统战理论教育。组织会员深入学习中共市委统战部编印的《统一战线“凝聚力工程”问答》。积极参加市委统战部组织举行的统战系统庆“七一”大型诗歌朗诵会，被评为优秀组织奖。组织会员撰写纪念邓小平同志诞辰100周年征文。组织全市200多名会员参加市政协组织的政协知识竞赛书面答卷活动和电视大赛，其中，4位会员获优胜奖，市委会荣获电视大赛组织奖。组织会员参加河南省统一战线知识竞赛，完成140多份答卷。组织会员开展“多党合作谱新篇”征文活动，纪念“中发［1989］14号”《中共中央关于坚持和完善中国共产党领导的多党合作和政治协商制度的意见》文件颁布15周年。

(3)思想宣传工作深入开展。3月18日，召开宣传工作会议，布置全年思想宣传工作。全年共收到各支部信息反映98条，是历年来会员反映信息最多的一年。市委会及时编印了第一期“议政动态”，并下发各支部及会员中的市人大代表、市政协委员，为2005年“两会”集体提案的提出奠定了良好的基础。利用会刊《郑州民建》积极宣传党的方针政策和民建上级组织精神，及时报道市委会的工作动态和基层支部丰富多采的活动。《郑州民建》全年出版10期。创建并开通了民建网站。

(4)组织丰富多采的活动。1月13日下午，市委会召开了2004年老会员新春茶话会，对20余位原工商业者会员发放了春节慰问金。9月，举办了庆祝中华人民共和国五十五周年文艺演出。10月份，组织骨干会员赴林县红旗渠参观学习。重阳节前夕，组织老会员参观郑东新区，组织全体会员开展了登山活动。

(二)在注重思想建设的同时，切实抓好组织建设。

(1)加强各级领导班子建设。市委会领导班子坚持中心组学习制度，坚持民主集中制原则，认真举行民主生活会，坚持所有重大问题由领导班子集体讨论和决定，从根本上保证了市委会工作的顺利开展。全年共召开8次主、副委会议。选派7名在职支部主任参加民建河南省基层支部主任培训班。

(2)认真做好组织发展工作。市委会继续贯彻《关于民主党派组织发展若干问题座谈会纪要》和《河南省民主党派组织发展规程》的精神，坚持“三个为主”的原则，严把质量关，着力发展高层次、高素质、有代表性的人士。全年发展新会员26人，其中，女11人，男15人；全部为大专以上学历，其中，本科生学历10人，研究生学历2人；平均年龄35.4岁；全年自然减员5人，退会1人，从民建河南省委转入1人。截至年末，全市共有会员379人，其中，男会员259人，女会员120人，平均年龄53.8岁；大专以上文化程度272人，占全体会员的71.8%。

(3)切实加强基层组织建设。召开组织工作会议，举办新会员学习班，7月，成立了企业工作委员会，并开展了一系列活动。努力探索新形势下加强基层组织建设工作的新思路，在6月和8月民建中央和省委基层组织建设工作会议上作专题发言。各支部开展了大量内容丰富、形式多样的活动。会员档案管理电子化，重新印制了通讯录。会员管理工作已基本上实行计算机管理。

(4)做好人大、政协换届的推荐工作。4月，市人大、政协换届，民建积极向有关部门推荐符合条件的会员，共有7名会员当选市人大代表，其中常委1人；共有23名会员当选市政协委员，常委有7名，其中，民建界别15名，常委3名，市政协副主席1名。

(三)认真履行职责，积极发挥参政议政、民主监督作用。

(1)立足“两会”，建言献策。“两会”期间，民建会员提出建议、提案50余件。政协会议上，提交集体提案5份，王明德副主委作了“积极推进城乡一体化建设，拓宽思路解决三农问题”的大会发言，受到与会领导和委员的好评。

(2)深入开展调研工作。3月26日，市委会召开调研委员会全体委员会议，对调研课题进行了深入讨论。据统计，全年市委会组织专题调研1项，以市委会名义提出提案3件。基层支部专题调研8项，以支部名义在区政协提出提案10件，以支部名义提交区委、区政府的调研报告、意见、建议18份。会员中的各级人大代表、政协委员提出建议提案46件，会员提出意见、反映社情民意98份。

(3)做好政治协商，民主监督工作。市委会领导多次参加中共郑州市委、市政府、市政协、市委统战部举行的情况通报会、征求意见会、协商会、座谈会等，就有关问题发表了意见和建议。被聘为特约监察员、特约审计员、特约检察员、特约教育督导员的会员在做好本职工作的同时，积极参加社会活动，认真履行职责，较好地发挥了民主监督的作用。

本着“尽力而为，量力而行”的原则，努力为社会服务。引导会员立足本职，奉献社会，为国出力，为会增光，取得了一定成绩。9月中旬，响应市委统战部“阳光计划”捐款活动，会员共捐款22950元。据6个支部统计，全年安排下岗职工1308人；举办下岗再就业培训班51次，培训人数5960人次；开展扶贫、促进解决“三农”问题投入资金2.5万元，受益人数810人次；救灾、赞助、捐款678000元，捐资助学13300元，助残捐款3400元。

(樊　霞)

【民进郑州市委员会】 民进郑州市委坚持以邓小平理论为指导，带领广大民进会员认真学习实践“三个代表”重要思想，认真学习贯彻中共郑州市第八次党代会精神，圆满完成了各项任务。

(一)加强思想建设，夯实思想基

础。为及时贯彻中共郑州市第八次党代会的精神，民进郑州市委下发了《关于学习中共郑州市委八次党代会精神的通知》。要求基层支部迅速组织本支部会员深入学习八次党代会精神，学习中共郑州市委书记李克所作的七届委员会工作报告，增强机遇意识、忧患意识、责任意识、竞争意识，以更加振作的精神，扎实的工作来实现中共郑州市委提出的建设大郑州，使郑州成为先进制造业基地、现代服务业中心、现代农业示范区的目标。

在做好思想工作的同时，为提高会员为三个文明做贡献的积极性，树立良好的民进形象，达到以情感人，以理服人的目的。年初，市委会对民进52名在本职工作中获得各级荣誉称号的先进会员进行了表彰。

为贯彻民进中央全国宣传思想工作会议精神，落实中共郑州市委统战部、中共郑州市委宣传部《关于加强统一战线宣传工作的意见》的精神，加强民进郑州市委的宣传信息工作及提高信息员和基层支部负责人的写作水平，举办了为期 4 天、60 余人参加的宣传信息工作会议暨写作培训班。邀请中共河南省委政策研究室社会处处长白廷斌、中共郑州市委统战部政策研究室主任张伯东等就总结、经验交流材料的撰写、提高统战信息质量应注意的问题和如何撰写调研报告和论文进行了专题讲座。中共郑州市委常委、统战部长李秀奇出席闭幕式并向与会人员提出加强宣传信息工作的要求。

(二)开展专题调研，提高参政议政新水平。为提高参政议政水平，在市人大和市政协换届中，民进 14 名会员被推荐为十一届市政协委员，邓庆洲当选为市政协副主席，姚旭初、钱振良、葛飞、赵学庆当选为市政协常委。在市人大换届中，副主委王中朝当选为市人大常委。

为确保民进的市政协委员在市政协会上提出高质量、有份量的提案，民进市委对新当选的市政协委员进行了培训。主委邓庆洲要求培训后，每人至少要写出 3～5 件提案。市委会为了在市政协会上提出高质量的集体提案，在 2003 年底，就“三农”问题开展了深入的调研。先后到市农业局等部门，进行座谈和访问。在调研中了解到，影响农民增收的主要因素在于农产品的品质不高，在价格上和销售上难以取得优势，农民的科技文化素质普遍偏低等问题。分析这些问题后，市委会就如何拓宽农民增收渠道提出了建议，提交到市政协十一届一次全会。该提案作为集体提案被列为大会一号提案，并进行现场办案。民进郑州市委在市政协十一届会议上提出集体提案 3 件。其中“大力弘扬郑州市‘名城名山名水名人’文化”被《郑州日报》列为“提案精选”登出。

在市政协十一届一次全会上，民进参会的政协委员共向大会提交提案 73 件，提案总数名列各民主党派、工商联界别第二。提案涉及到农民增收、教育、环保、城建、交通、科技、市容市貌、社会治安等多方面的问题。蔡爱芬委员“建议在火车站、二七广场设立禁讨区”被列为大会现场办案提案之一。

会议期间，民进的政协委员分别接受了多家媒体采访。姚旭初、蔡爱芬、马喆、许睿委员就“关于农民增收”、“打造平安郑州”、“对我市农村劳动力职业技能培训”、“关于郑州市街景整治”、“关于取缔郑州市中小学附近和居民楼、院内网吧等问题”接受了市经济广播电台记者的采访。蔡爱芬、马喆委员就“严管手机虚假短信”、“加大对二手手机销售管理的建议”、“关注早餐工程”接受了《郑州晚报》记者的采访，大会闭幕当天还被邀请到电视台“绿城对话——走进两会”做专题节目，就政协会议中的提案与主持人进行了对话。李颖委员在大会闭幕后，接受了郑州电视台的采访，就作为新一届政协委员如何发挥作用谈了打算。

市委委员、省人大代表孟蕊，在省人大十届二次大会期间，提交了“关于制定严厉法规，对制假售假者从重处罚的议案”，被省人大常委会列为重点议案。在大会期间，受《大河报》“百姓热线栏目”的邀请，与其他 3 位人大代表一起，接听群众热线电话 200 余个，和听众就拖欠农民工资、农药农资制假售假、乡村基层财务公开化等问题进行了热线沟通，表现出了较强的参政议政能力。

按照中共郑州市委、市政府把郑州建成先进制造业基地的目标，走新型工业化道路的要求，市委会参加了市政协组织的调研活动。先后到新郑市、巩义市、荥阳市、市经贸委、科技局、统计局等单位了解情况，在此基础上形成了《关于对我市运用高新技术和先进适用技术改造传统工业产业的调查与建议》，提交市政协常委会。

(三)掌握政策，搞好组织发展。在组织发展中，市委会坚持按照《各民主党派中央关于组织发展若干问题座谈会纪要》、《河南省民主党派组织发展规程》的精神，坚持“三个为主”的原则，注重发展与巩固相结合、有计划地稳步发展。全年共发展会员 14 名，其中，女会员 8 名；中上层人士 12 名；中高级职称 12 名；普通教育界别 7 名；政府机关界别 3 名；从南阳市、新乡市共调入 2 人。

截至年末，民进会员共有 310 人。其中，女会员 179 名；离退休会员 68 名；大专文化以上 286 名，占会员 92%；中高级职称 286 名，占会员 92%。在高等教育界别有 12 人，占会员人数4.1%；普通教育界别 228 人，占 73%；科学技术界别 3 人，占 1%；医药卫生界别 7 人，占2.3%；文化艺术界别 8 人，占2.6%；非公有制经济界别 24 人，占7.7%；法律界别 5 人，占1.6%；政府机关界别 15 人，占4.8%；党派机关界别 2 人，占0.6%；其他界别 6 人，占1.7%。会员平均年龄 48 岁。

2004 年是民进组织建设年，根据民进基层支部已到换届时间和有些支部会员工作变动和区域的调整。市委会在 11 月，对 17 个支部进行了换届和个别重组工作，现有 21 个基层支部和1个小组。

(四)开展教育扶贫,为社会服务。5月,市委会在新郑龙王乡中心学校和乡第一初中进行了教学观摩、送教下乡活动。民进会员张林、翁珊、尹向前、王桂萍采用现代化教学课件和结合实际的投影技术手段,分别就数学、物理、英语、语文4门课程,进行现场教学观摩。师生们一致反映,市委会组织的教学观摩和送教下乡活动,理论联系实际,调动了学生们参与的积极性和热情,教师们普遍感到受益匪浅。

(五)开展丰富多采的活动。“三八”节前夕,市委会组织近百名女会员,在主委邓庆洲的带领下,到邙岭进行义务植树活动,栽下经过嫁接的甜柿树1000余棵。为迎接中国共产党建党83周年,参加了统战系统迎“七一”诗歌朗诵会,市委会组织35名会员,利用周六、周日积极排练,获得比赛一等奖。

为提高民进组织的凝聚力,在教师节到来之际,组织全体会员参观郑东新区和领略新郑枣园风情。在重阳节前夕,组织退休老会员到濮阳参观。参加市政协举办的“庆祝人民政协成立55周年电视知识竞赛”,获得三等奖。参加统战系统合唱队,在郑州市群众大合唱比赛中,获得一等奖。

(蔡爱芬)

【**农工党郑州市委员会**】 2004年,农工党郑州市委在中共郑州市委、农工党河南省委的领导和中共郑州市委统战部的指导帮助下,坚持以邓小平理论和“三个代表”重要思想为指导,认真贯彻中共十六届四中全会精神,贯彻执行农工党十三大精神,进一步加强自身建设,努力建设适应新世纪要求的参政党,积极参政议政,各项工作都取得了新的成绩。农工党郑州市委被农工党河南省委评为社会服务工作先进集体,袁静、纪东平、李锟、陈伟民、王玫玫被评为先进个人。

以“学党章、忆党史、弘扬优良传统”为载体,开展形式多样的思想政治教育活动。通过举办党章党史培训班、赴革命圣地西柏坡参观学习、学习中共十六届四中全会精神座谈会、演讲比赛、知识竞赛等一系列活动,使广大农工党员进一步明确农工党的性质、地位、任务,继承和发扬同共产党亲密合作的优良传统,增强政党意识和大局意识,增强农工党员的责任感和荣誉感,自觉地用党章规范行为,提高素质,为更好地履行参政党的职能奠定了坚实的思想基础。

农工党郑州市委领导积极参加中共郑州市委、市政府、统战部召开的民主协商会、情况通报会、座谈会,提出了一些中肯的意见和建议,沟通了信息,增进了共识,加强了合作,加深了友谊。4月,市人大、政协换届,共有20多位农工党员当选和被推荐为新一届人大代表和政协委员。在省、市人大、政协会议上,农工党员积极建言献策,提出了不少质量较高的提案议案,其中,市人大议案18件,市政协提案56件。市委会提出的“发展生态农业、打造生态郑州”的集体提案在市政协十一届一次会议上作为大会发言并被评为集体优秀提案,以党员王连宇领衔提出的“关于加大对雁鸣湖生态风景区开发建设支持力度”的议案被评为十大优秀议案之一,党员吴予红提出的“关于加强我市公共卫生体系建设的提案”被评为委员个人优秀提案。

继续坚持“三个为主”原则,积极稳妥地做好组织发展工作。全年新发展党员19名,平均年龄39.8岁,有高级职称的11名。党员总人数达到348人,其中具有高级职称的146人,占42%。医药卫生界以外界别的成员数量也明显增加。

积极组织成员参加人民政协成立55周年知识竞赛。为纪念中国共产党成立83周年,中共郑州市委统战部在“七一”前夕举办了“迎七一·三增强四热爱”诗歌朗诵,农工党郑州市委选送的节目《走啊,带领着人民》获得了创作一等奖,汤雁获表演三等奖。在省委统战部举办的“三增强、四热爱”演讲比赛活动中,汤雁获二等奖,其作品《弘扬民族精神,实现中华崛起》同时获得了演讲比赛创作奖。

全年共组织义诊活动6次,“五一”为环卫工人义诊,“六一”为外来务工子女义诊,重阳节为敬老院老年人义诊,为市政协、市委统战部扶贫点进行义诊。根据社会群众的需要,特别是针对边远贫困山区农民缺医少药的实际情况,3次送医下乡,通过专家下乡服务解决他们的实际问题,将党和政府的温暖送到弱势群体之中,通过报纸、电视、电台等媒体宣传,扩大农工党的社会影响。

市委会先后召开了春节和国庆、中秋茶话会,春季组织党员参加义务植树活动,秋季组织全体成员参加登山健身活动,组织“三胞”和离退休成员到中牟和郑东新区参观,重阳节老龄委组织离退休人员赴新郑农业示范园参观游览,感受郑州的发展和变化。在市委统战部组织的保龄球比赛中获团体三等奖。广大农工党员积极响应市委统战部倡导的“阳光计划”活动,踊跃捐款;当得知成员陈永革在12·6案件中全家4口遭受不幸后,党员纷纷伸出援助之手,为陈永革捐款5000余元;12月底为印度洋海啸捐款2000元。

(张亚平)

【**九三学社郑州市委员会**】 2004年,在中共郑州市委和社省委的领导下,全社高举邓小平理论伟大旗帜,以“三个代表”重要思想为行动指南,全面贯彻中共十六大和十六届三中、四中全会精神,把发展作为参政议政第一要务,切实加强自身建设,团结奋斗、开拓创新,圆满完成了各项工作。

(一)以邓小平理论和“三个代表”重要思想为指导,大力加强自身建设。

(1)深入学习,坚持方向,切实加强领导班子建设。社市委主委会班子参加了全市民主党派中心组学习和中共河南省委、郑州市委统战部组织的干部培训班,深入学习“三个代表”重要思想、新《宪法》和中共十六届四中全会精神。

(2)采取多种形式,切实增强思想建设的针对性和有效性。社市委转发了学习韩启德主席在社中央十一届七次常委会开幕和闭幕时的讲话通知,广大社员通过学习,更加坚定了建设中国特色社会主义的信心;组织社员深入学习中共郑州市委统战部编印的《统一战线“凝聚力工程”问答》,进一步加深对统一战线实施“凝聚力工程”重大意义的理解;组织社员参加“邓小平统一战线理论征文”,并从社员上报的文章中挑选出2篇应征论文报送《人民政协报》;召开“双节”座谈会,组织社市委委员及部分基层负责人学习中共十六届四中全会公报。

(3)实施“人才强社”战略,积极稳妥推进组织建设工作。按照“三个为主”、注重质量、保持特色的原则,积极贯彻“人才强社”战略,努力做好组织发展和成员的教育管理工作,并建立了社专业技术人才的电子档案。全年共发展社员12人,并对2002年以来入社的43名社员进行了培训。

(4)切实发挥基层组织作用,积极开展各项活动。为庆祝“三八”妇女节,社市委妇工委组织女社员赴环翠峪踏春,观赏十里杏花。重阳节前夕,社市委老龄委组织离退休老社员参观郑州市的东、西开发区及郑东新区。社市委妇工委被郑州市妇联授予2003年度“郑州市妇联系统目标管理先进妇委会”光荣称号。社管城基层委员会和中原区医卫一支社结合自身的优势,为社的各方面工作做出积极贡献,被社省委评为先进基层组织。

(二)围绕经济社会的全面发展,积极履行参政党职能。

(1)发挥优势,参政议政和民主监督成效显著。社市委重视动员全社力量,凝聚集体智慧,积极参政议政。在市第十二届人大一次会议上,提交建议5件。在市政协十一届一次全会上,提出提案31件;提交大会发言材料4份,占大会发言材料总数的25%;刘本彩委员提出的“关于建设月季公园的建议”被列为重点提案。在全国政协十届二次会议上提交书面发言材料1份,提案4份。在省政协九届二次全会上提交集体提案1份,委员提案11份。市人大、市政府、市政协联合表彰2003年度郑州市十大优秀议案、提案,九三学社共有3件获奖,占总数的15%。副主委刘一来的“依法确保民工工资”被评为优秀建议,社市委集体提案“加大食品质量监督管理力度,实行食品安全市场准入制”(刘崇怀执笔)及文一元委员的“关于在我市建立医疗垃圾焚烧炉集中处理医疗废弃物”被评为优秀提案。

此外,社市委主委舒安娜参加了全国政协委员视察活动,社市委副主委刘一来参加了郑州市教育局“两基”年审活动。社市委委员、市政协常委杨惠岭在郑州经济广播电台“我为郑州发展献良策”节目中,就九三学社在市政协十一届一次会议上的集体提案“重视康复工作,提高残疾人生存质量”与郑州市残联的工作人员进行沟通和交流。第四季度,社市委参加了市政协组织的民主评议郑州市对外开放工作,到高新技术产业开发区的10家外资企业进行调研。社市委科技工作委员会经过周密细致的调查研究,形成了《优化经济发展环境,营造创业氛围》的发言材料,由副主委王水龙代表社市委在市政协十一届二次常委会作大会发言。在市政协十一届三次常委会上,副主委郑高飞代表社市委作《提高环境质量,实现创建全国文明城市目标》的大会发言。

(2)真抓实干,社会服务效果进一步提高。7月,社市委组织20多名专家赴国家级贫困县洛宁县开展科技、文化、医疗三下乡活动,向洛宁县图书馆捐赠价值5000余元的图书,中国农科院郑州果树研究所的农业专家为果农讲授了苹果栽培技术,市三院、中医院、市七院的9名医务人员义诊200余人次。

惠济区古荥镇是郑州市较大的葡萄种植基地。社市委的农业专家为该地区的葡萄种植户提供了全面的技术服务,有力推进了该地区的经济发展。8月16日,社市委古荥科普示范基地授牌仪式举行。

(3)立足本职,建功立业,为经济和社会发展做出贡献。1月11日,社市委举行表彰会,对2003年在参政议政、民主监督、社会服务、社务工作和本职工作等方面做出突出贡献的社员进行表彰,授予石钦周等3名社员为杰出社员,王保成等46名社员为优秀社员,医卫一支社等5个支社为先进支社,中原基层委员会为先进基层委员会,并颁发了奖状和奖金。

2004年,郑高飞、刘本彩被授予“郑州市第七批专业技术拔尖人才”荣誉称号。副主委、教授级高工刘一来主持的科技项目获省级科技进步三等奖、市级科技进步二等奖。副主委郑高飞荣获郑州市科技成果推广先进个人。

(尚秋霞)

工商联

【概况】 2004年,在全市工商联系统和广大非公有制经济人士中广泛兴起继续深入学习贯彻“三个代表”重要思想的新高潮,采取分层次、分专题的形式,通过常委会、执委会、座谈会、报告会、县(市)、区工作会、培训班和交流会等活动载体进行系统的学习。坚持把学习“三个代表”重要思想与贯彻落实党的十六大、十六届三中、四中全会精神有机结合起来,密切联系全市非公有制经济发展和工商联工作的实际,掌握精神实质,把实践“三个代表”重要思想落实到具体工作中,加深对党指导非公有制经济的理论和政策的理解。

按照省委统战部的安排部署,结合市工商联全年的工作计划,组织了一批非公有制经济人士参加中央党校举办的培训班。鉴于国家实施一系列宏观经济调控政策,多次组织企业家参加各种形式的报告会,积极引导广大非公有制经济人士认清形势,增强政治意识和大局意识,树立非公有制经济科学发展观，调整发展思路，采取应对措施，妥善地处理好国家宏观调控与企业自身发展之间的关系，使企业全面、协调、可持续发展。

【调查研究，参政议政】 围绕党委和政府的中心工作，结合当地实际，开展形式多样、扎实有效的调查研究，在郑州的经济建设等方面提出了许多有建设性的建议和方案，得到了市领导的高度重视和称赞。5月，市工商联与市委政研室、市中小企业局等单位组成联合调研组，对全市服装生产加工企业和经营企业进行全面深入的调研，并到江浙服装业发达地区实地考察，在此基础上完成了《关于加快郑州服装业发展的调研报告》，在市委内部刊物《调查研究》上发表，受到了市委主要领导的肯定。为配合此次调研，《郑州日报》还就郑州服装业发展现状进行了连续报道，引起了社会各界的广泛关注，为郑州服装产业做大做强提供了强有力的政策支持和舆论支持。

在政协十一届一次全会上，市工商联作了《关于非公有制企业参与国有企业改革中存在的问题和建议》的大会发言，得到委员们的好评。向市政协十一届一次全会提交了“关于建立市政府有关部门与非公有制经济人士定期联系制度”的集体提案，受到大会重视，市中小企业局就提案具体办理情况向市工商联做了答复。在市政协十一届二次常委会上，提交了《强化企业信用工程建设，营造经济发展良好环境》的调研报告，同时，在新郑市工商联的积极配合下，完成了《做大做强优势企业，发展企业航空母舰》的调研文章。

2004年，在市人大、政协换届时，通过认真考察和积极推荐，有42名会员当选为市十二届人大代表，22名会员当选为市十一届政协委员，为广大非公有制经济代表人士更好地发挥自身优势，出谋献智，建言献策，参政议政提供了组织保证。

【经济服务】 坚持以服务为本，着力构造完善的经济服务体系，把招商引资、经贸活动作为经济服务工作的重要载体和抓手。

加大“引进来”力度。按照省工商联的安排部署，推荐4名会员企业参加“第三届中国河南国际投资贸易洽谈会”，为会员企业充分利用国内外两种资源、两个市场搭建平台。接待了由香港宏新投资有限公司组织的考察团，对郑州汽车配件市场进行了多方面的考察，洽谈合作意向。配合市委、市政府成功举办首届世界传统武术节，大力弘扬武术文化，促进经济发展，市工商联承担了邀请外国驻华商务参赞及全国知名民营企业家的任务，为此做了大量的前期筹备工作，先后到武汉、北京、大连等地进行考察学习，多次与北京有关方面进行协商，并制定出具体可行的实施方案。会议期间，共邀请香港及大陆16个省、市、自治区的与会代表52人，占会议总客商人数的23%，签署合作意向协议7项。由于种种原因，关于邀请外国驻华商务参赞考察一事未能成行。

加快“走出去”步伐。组织40名会员企业参加了沈阳市工商联举办的“2004全国民交会情况说明项目招商会”，鼓励、支持会员企业参与东北老工业基地振兴大业。参与区域经济交流与互补性合作，以企业家沙龙为载体，组织企业家先后到孟州、南阳、社旗、西峡、内乡、遂平、漯河等地进行商务考察，促进地区间经济协调发展。为加快会员企业境外上市步伐，与河南海鑫投资管理有限公司联合举办了“郑州市民营企业新加坡上市知识讲座”，30余名会员企业家到会听讲。由会领导带队赴广州、深圳、东莞、海口等地参加经济项目合作洽谈会及海内外华人友好商会（海口）年会，进一步促进了郑、广两地及海内外友好商会之间的经济交流合作关系。

2004年，市工商联的对外联络工作有了突破性进展，与沈阳、临沂、武汉、杭州、宁波等地工商联缔结为友好商会；在上海举行的首届友好商会（上海·卢湾）会长会议上，与全国28个城市的工商联签订了缔结友好商会协议书；先后接待了沈阳、临沂、汕头、上海卢湾区、武汉、三亚、烟台以及省内各地、市17批近百人次工商联学习考察团，增进了友谊与合作，开创了对外联络工作的新局面。

【组织建设】 全年全市各级工商联组织共发展新会员563家，其中市直属会员12家。在发展会员的同时注意将一些规模大、声誉好、在行业或地区中领先的大中型非公有制企业吸收到会员队伍中，会员结构有了较大的改善。截至年末，全市各级组织共有会员16000余家，基层分会171家。

加强非公有制经济组织党建工作，在积极推进组织建设的同时，注重基层商会、行业商会以及会员企业的党建工作。市工商联温州商会和台州商会经过认真筹备，报经市委组织部和市工商联批准，先后成立党支部，确立了党组织在商会中的领导地位，规范了商会的运作机制和工作模式。据不完全统计，各会员企业中共建党支部18个，登记在册的党员166名。

行业商会等中介组织组建工作加快。先后成立了汽车（摩托）业和冷冻食品业两家行业商会，新成立1家异地商会——福清商会，还有部分行业商会正在积极筹建中。截至12月，市工商联异地商会已达6家，行业商会达到5家。经过与市民政局的积极协调，并报经市政府批准，授权市工商联作为全市非公有制经济领域内成立的商会业务主管单位，同时完成了商会注册。

【机关自身建设】 进一步完善了机关规章管理制度，强化机关工作作风建设和精神文明建设，围绕建立学习型机关这一目标，大兴学习之风，工作效率显著提高。加强与省工商联和基层工商联的联系和工作联动互动，通过调研、考察、会议等形式，使省、市、县（市、区）工商联的联系、沟通制度化、规模化，并在开展各项重大活动中上下联动，进一步加强了各级工商联之间的联系与合作。在市总工会的指导下，拓宽工作领域，成立了郑州市工商联工会联合会，通过工会组织和维权制度建设，深入开展“关爱员工，实现双赢”活动，在非公有制经济领域构建完善和谐的新型劳动关系，充分调动职工的积极性与创造性，增强了企业职工队伍的凝聚力。通过积极组建，共在非公有制企业中发展工会会员5000余人，成立工会组织26家。

强化素质教育，促进人才素质全面发展，积极组织机关工作人员参加形式多样的文体活动。机关两名干部在市委统战部举办的“迎七一·三增强四热爱”诗歌朗诵会上，以自创诗歌双双荣获二等奖；在“庆祝人民政协成立55周年电视知识竞赛”中，市工商联代表队凭借出色发挥，获得第二名，为集体赢得了荣誉。

组织机关全体公务员参加电子政务培训。大力推进信息工作，把信息工作纳入重要的日常性工作中，充分发挥各级工商联畅通、快捷的信息报送渠道作用，全年发表文章、信息70余篇，其中，在国家级刊物发表5篇，省级21篇，市级48篇。编辑《郑州工商》12期，与外地商会交流刊物300余期。

【光彩事业】 坚持把协助政府解决城镇低收入居民和下岗职工再就业问题作为开展光彩事业的有效载体，不断把光彩事业引向深入。2004年“七一”前夕，与市劳动和社会保障局、市总工会密切配合，共同举办了“迎七一、送岗位”大型民营企业招聘下岗失业人员洽谈会，近万名求职者到场，共组织招聘企业近200家，提供就业岗位5000多个，最终达成意向1480个，缓解了社会就业压力，为市委、市政府完成全年下岗职工再就业任务做出了贡献。

根据市委统战部的部署，在市工商联广大会员中开展了“阳光计划”扶贫济困活动，会员捐款46800元，有力地支持了贫困地区的经济发展。全国人大代表、市工商联副会长陈泽民、薛景霞，市总商会副会长曾平、袁小杰、卢天明分别通过不同方式积极参与捐资助残、兴建学校等社会公益事业，通过参与“春蕾行动”救助残疾学生和失学儿童。为援助在印度洋海啸中受灾的国家和地区，积极组织郑州三全食品有限公司、康利达装饰工程有限公司、鞋业商会等单位，通过红十字会踊跃捐款捐物共计50余万元，为灾区民众重建家园贡献了一份力量，弘扬了“双思”精神，展示了非公有制企业家良好的社会形象和高尚的思想品质。

（李　翔）

群众团体

工会工作

【基层组织建设】 2004年，市总工会认真贯彻全总提出的“组织起来、切实维权”和省总“基层组织建设年”的总体工作思路，认真落实市委工会工作会议精神，大力加强工会的基层组织建设和网络体系建设，并摆在工会全局工作重中之重的位置。通过澄清底数，调整思路；抓点带面，整体推进；强化合力，狠抓落实；深入基层，调研督导；积极为基层工会组织的规范化建设提供良好的指导服务，确保工会组织建设落到实处，全面推动工会组织建设的深入发展。实现了“八个新的突破”：一是工会基层组织发展的新突破，全市新建工会组织2867家；二是发展会员的新突破，全年累计发展工会会员122398人；三是社区工会建设的新突破，全市社区工会组建率由原来的33.5%达到100%；四是机关工会组建的新突破，机关单位的建会率由以前的71%达到了现在的100%；五是事业单位工会组建的新突破，符合单独建会条件的市属397个事业单位，建会率由过去的43%提高到96%；六是农民工相对集中的建筑行业工会组建的新突破，省建一公司等4家大型建筑企业成立外来务工人员工会联合会，1万多名农民工有了自己的组织，首开集团化、成建制建会的先河；七是民营工商企业工会组建的新突破，随着郑州工商联工会联合会的成立，使1.6万户民营工商企业员工的维权有了组织保障；八是乡镇、街道工会组织建设的新突破，全市乡镇、街道建会率达到100%，并有相当一部分乡镇、街道工会在工作制度化、活动经常化方面迈出新步伐。与此同时，还大胆探索，与有关部门、单位携手联合在全市开展工会会员持证优惠活动，首批32家景区、宾馆、药店、医院、学校做出承诺，率先挂牌，在全市广大职工和外来务工人员中产生了广泛的反响和吸引力。

【依法维权】 以建立健全维权机制为抓手，以坚持和拓展职工代表大会制度、平等协商集体合同制度和厂务公开制度为基本内容和主要载体，坚持依法维权，靠制度维权，为促进企业建立协调稳定劳动关系，维护职工队伍稳定，构建和谐社会做出了积极努力，取得了良好效果。一是全市国有、集体及控股企业全部建立和坚持了职工代表大会制度，并有1810家非公有制企业建立了员工大会、职工代表联席会、民主议事会等；二是全市国有、集体及其控股企业、事业单位建立集体合同制度的已达4370家，覆盖职工47.86万人。2830家非公有制企业也依法建立了此项制度；三是厂务公开制度正在由国有、集体及其控股企业向事业单位、非公有制企业拓展延伸；四是建立了企业欠薪报告制度，努力遏止企业拖欠职工工资问题；五是强化维权职能，市总工会在本机关增设权益维护部，开通职工维权热线12351，为职工提供法律咨询等服务；六是市及12个县(市)、区全部建立了政府劳动部门、经济部门和同级地方总工会共同参加的劳动关系三方协商制度，将本地区职工反映比较集中的问题，提交会议协商解决；七是国有、集体及其控股企业普遍建立了由企业工会、行政、职工代表三方组成的劳动争议调解组织，依法调处劳动争议纠纷；八是在全市开展了男女平等基本国策和女职工权益法律法规宣传月、企事业单位落实女职工合法权益情况监督抽查等活动，有效促进了女职工特殊权益的维护。

【发挥工会组织作用】 坚持以经济建设为中心，组织和动员全市职工广泛开展以做技术创新能手、创新示范岗、创生产技术新记录、管理创新最佳企业和争当新型劳动者、争当优秀基层劳动保护检查员为主题内容的经济技术创新竞赛，窗口行业“五一杯”优质服务竞赛，重点工程立功竞赛，郑州市首届“宇通杯”职工技术运动会等活动。为调动和发挥好广大职工的积极性、创造性搭建舞台，为郑州经济持续快速健康发展献计出力。参加“安康杯”竞赛的企事业单位达到936家，参赛职工数超过41万人，从数万件职工合理化建议中，评选表彰了创经济效益达7亿多元的100项优秀成果。通过层层技术比武，评选出市级技术状元66名，技术能手226名。

着眼于高素质职工队伍的培养，全市各级工会以多种形式的群众性活动为载体，大力开展理想信念教育和形势政策教育，引导职工认清形势，自觉支持、参与改革；广泛参与“热爱郑州、增辉中原”等精神文明创建活动，参加演讲比赛、文体活动的职工达20多万人次；举办职工歌咏比赛、广场文化活动以及庆祝“五一”、国庆大型文艺演出，展示新时期郑州工人阶级的时代风采，产生了良好的社会反响；在职工中广泛开展学电脑、学外语、学科技知识活动。为营造学习氛围，广开学习渠道，建立了市总工会技工学校和33个职工素质教育培训基地，各级工会举办培训班720期，参加职业技能培训的职工达43860人次；7万名女职工参加了素质教育流动课堂学习。通过多种形式，努力打造适应时代发展需要的高技能蓝领和复合型职工。

【帮扶困难职工】 市总工会努力把开展帮扶活动作为贯彻和践行“三个代表”重要思想，密切党群干群关系和促进改革发展稳定的一件大事来抓。全市上下形成了政策驱动、干部带动、单位互动、社会联动共同帮扶困难职工的新格局。全年全市16682名党员干部与17107名困难职工结成帮扶对子；社会各界累计为困难职工捐助粮油食品106.8万公斤，衣物10.36万件，资助资金876.8万元；通过送岗位，帮助创业或加入“低保”等渠道，使2415名困难职工家庭摆脱困境；坚持日常入户帮扶与节日送温暖集中帮扶相结合，春节期间举办的郑州市“送岗位、送培训、送家教、送温暖”帮扶困难职工活动，上万名党员干部携带粮油、慰问金，把党和政府的关怀送到困难职工心中。全市各级各单位累计发放慰问金及慰问物品价值1372万元，使全市困难职工度过了一个欢乐、祥和的节日。与此同时，市、县(市、区)两级工会，以困难职工帮扶中心为依托，扎扎实实地为困难职工办实事、解难题。全年市、县(市、区)两级帮扶中心累计为16108名困难职工提供了不同方面的帮扶服务；22个下岗职工再就业基地安排下岗职工和困难职工871人；采取日常职业介绍和举办职介洽谈会相结合的方式，提供再就业岗位4828个，帮助1432名困难职工实现再就业；开展小额借款业务，累计发放借款728.9万元，帮扶下岗困难职工4595人自主创业，其中2976人实现脱困；开展小额担保贷款工作，帮助400多名困难职工开创了自己事业；通过日常困难救助和集中困难救助，累计对9698名困难职工提供了资金救助；资助本年度考入大学的困难职工子女422人，其中，市总本级资助198人，资助金额40.6万元。

【机关自身建设】 市总党组以“爱岗敬业比贡献，我为工会添光彩”集中教育活动为载体，以打造学习型机关、服务型机关、高效能机关为目标，在市总领导班子、机关全体干部和直属事业单位中，组织开展了以抓思想观念、抓工作态度、抓精神状态、抓工作作风、抓综合素质、抓廉政建设、抓内部管理为主要内容，旨在强化机关整体能力建设的“七抓”系列活动。着眼于政治素质提高，领导班子成员人人带头上党课，全体干部个个找差距订措施；着眼于经济全球化大趋势，开展了公共关系教育；着眼于办公自动化建设，开展了计算机知识和技能的再培训；着眼于强化机关干部基本功，开展了公文写作能力培训；着眼于依法办会，开展了法律法规知识培训等。相继组织了5次集中督查调研活动，从市总领导班子成员到机关全体同志，人人肩上有责任，每周至少3天工作在基层，真抓实干，工作到位，既督导又服务，市总机关的整体素质和能力明显增强。

(李发海)

共青团工作

【青少年思想政治教育】 2004年，全市各级团组织始终把学习实践“三个代表”重要思想作为首要政治任务，广泛开展以“党在我心中”、“永远跟党走”为主题的系列教育学习活动。自觉将学习实践“三个代表”重要思想与学习贯彻党的十六届四中全会、市八次党代会精神和团省委十二届四次全会精神结合起来，不断提高团的工作思路、工作方式和自身建设创新的能力。在学习对象上，以团干部、大学生、青年骨干为重点，使他们成为学习宣传“三个代表”重要思想、十六大精神的表率。在学习载体上，重点抓好理论读书、研讨会、座谈会等符合青少年特点、形式多样的学习活动，不断把学习贯彻“三个代表”重要思想和党的十六届四中全会精神引向深入。全市各级团组织共举办理论学习宣传30多场次，受教育团员青年4万多人次。

主题教育活动成效显著。全市各级团组织以重大节日、纪念日和重大事件为契机，广泛开展富有实效的主题教育活动。一是以纪念邓小平诞辰100周年、“五四”运动85周年为契机，开展“弘扬五四精神，肩负历史使命”主题教育活动，引导广大青少年树立正确的世界观、人生观和价值观。二是加强团员先进性教育。开展以“缅怀革命先烈，弘扬民族精神”为主题的团日活动。3月5日，请来雷锋生前战友乔安山作专场报告会。在全市团员青年中广泛开展“学长霞，见行动，学理论，比技能，讲服务，树形象”活动。三是组织开展“庆祝建国55周年郑州市少先队员升国旗”活动。抓住中国少年先峰队建队55周年的时机，通过开展庄严肃穆的仪式教育，增强少先队员的爱国情感。新密市、荥阳市、中原区还举行了少先队检阅仪式。

进一步加强和改进未成年人思想道德建设。全市各级团队组织把未成年人理想信念的引领和良好道德品质的培养作为工作的重中之重。全面贯彻落实中共中央、国务院《关于进一步加强和改进未成年人思想道德建设的若干意见》，坚持贴近实际、贴近生活、贴近未成年人开展以爱国、爱党、立德、守法为主题的教育活动。一是不断深化理想信念教育。在全市少先队员中开展“民族精神代代传”、“红领巾爱祖国，讲好故事唱好歌”活动，引导他们从中感受民族精神的伟大力量，坚定热爱祖国，为祖国繁荣富强而奋斗的信念。二是素质教育结出硕果。以体验教育为基本途径，深入开展“雏鹰争章”、“五牢记十养成”、“城乡手拉手，互助共进步”活动，举办了郑州市首届青少年暑期集邮夏令营，吸引34个学校的3000多名中小学生参加。上街区、二七区开展了“绿色小天使”行动。在“放飞希望——郑州市‘庆六一’文艺晚会”上表彰了一批“十佳道德习惯好少年”，在全市青少年中产生了广泛影响。三是开展“红领巾游戏节”、“阳光少年杯”趣味科普活动、“少年儿童书信大赛”畅想2008奥运等活动，寓教于乐，培养未成年人的创新精神和实践能力。四是加强未成年人思想道德工作者队伍建设。举办了“郑州市少先队辅导员风采大赛”，提高辅导员的整体素质。邀请全国少年儿童专家来郑作辅导讲座8场，受到教育的团干部、辅导员达2000多人次。五是探索未成年人思想道德动态预警机制经验。依托社会、学校、家庭三位一体的网络体系，及时了解未成年人思想道德的新动向，开通未成年人心理健康咨询热线，聘请心理专家和专项志愿者为未成年人解答成长困惑。六是深入开展国防教育。利用爱国主义基地、少年军校，帮助青少年牢记民族历史，增强他们的爱国情感和国防意识。大力推进“中国少年儿童平安行动”，提高广大青少年增强自我保护的意识和能力。七是充分发挥青少年宫的作用。积极开展红色经典影片回顾放映、“清风·童趣”扇面绘画展、英语口语大赛、木偶剧节、青少年宫世纪爱乐乐团赴香港参加“管乐缤纷2004”交流等活动，成功地举办2005年郑州市青少年新年音乐会，用健康、文明、高雅的文化陶冶未成年人情操。郑州市青少年宫被授予“全国先进青少年宫”。

【青年创业发展计划】 2004年，围绕“工业兴市”战略，在全市广大团员青年中开展“服务‘五个一百’，青春建功行动”。一是在百项重点工程建设中开展了保质量、保效益、保低耗、保安全，争创优质工程、争创青年文明号、争当优秀青年突击队、争当优秀青年突击手的“四保四争”活动，在郑东新区的建设中成立了22支青年突击队。二是扎实推进企业青工创新创效活动。引导青年积极参与企业重组改制，广泛开展青工岗位大练兵和创建青年安全生产示范岗、青年岗位能手活动，举办“郑纺机杯”青工技术比武活动，为926名青工举行了共青团系统专场职业技能鉴定。在第十一届青工技能月活动中，6000余名青工参加了技能大赛，进一步形成了“学技术，练本领，立足岗位创一流”的良好氛围。三是全面推进用工岗位快递转移就业促进计划。借助社会机构和职业学校，新建了郑州振华职业学校等49家青年培训就业基地。和玫琳凯公司合作，举办“中青奥美培训项目”等活动，为10230名下岗青年提供了有针对性的培训。全年工岗快递转移就业促进计划共组织中介服务16901人次，从110家企业挖掘用工岗位8850个，实现就业、再就业6689人，被评为中国青年创新行动优秀组织单位。四是为海内外青年人才创业行动搭建平台。连续两年举办了“海外学人回国创业郑州行”活动，引导高层次海内外人才成就事业、建功郑州，截至年末，共有8个项目落地，吸引外资5.6亿元。

大力实施青年农民增收成才行动。以促进农业增效、农民增收为重点，围绕农村产业结构调整，有组织、有计划、有步骤地对青年农民进行科技知识定向培训，培养了一大批青年科技致富带头人，提高了农村青年的技能水平。对全市农业产业化调整、经济发展情况和资源优势进行全面摸排，建立信息资源库，积极实施农村剩余劳力转移就业“金桥工程”，全年转移就业7000多名。金水区团委聘请河南农大、郑州牧专的35名大学生志愿者担任“村委会科技副主任”。深入开展防治禽流感及“三夏”助耕扶困活动；组建120个志愿服务队，帮助外出务工青年家庭解决夏收秋种困难。

积极参与生态型园林城市建设。一是开展“改善人居环境，传承生态文明”为主题的“绿色进万家”活动。购置1万盆鲜花，以认养的方式，让绿色走进全市外来务工青年家庭、困难青年职工家庭、大中专院校学生宿舍和千家万户，提升青少年的生态意识、环保意识。二是开展“我心中的郑州”少年儿童绘画竞赛活动。让孩子们用手中画笔描绘出他们心中美好的郑州，带动更多的青少年和家庭携手共造郑州的碧水蓝天。三是扎实推进保护母亲河行动。以工程项目建设为核心、资金筹集为重点，在全市大中专院校开展“保护母亲河行动绿色环保创业巡回演讲会"和"捐赠保护母亲河行动IP公益卡"活动，在贾鲁河源头——樱桃沟营建郑州青年生态经济林，由日本"小渊基金"投资256万元援建的保护林工程落户荥阳，以"安利林"为代表的一批重点项目全面实施，保护母亲河行动全年共植树36000株、61.3公顷，被授予全国保护母亲河行动优秀活动项目、优秀工程荣誉称号。

【青年精神文明建设】 围绕打造"诚信郑州"，以青年志愿者服务为龙头，在全市青年中广泛开展丰富多采的精神文明建设活动。一是开展"1+1"爱心助教，为特困职工子女提供义务家教，共结对500余对。全市80余所大中学校学生和社区青年共30万人次开展"我为文明做贡献，每周奉献两小时"的为老行动、助残行动、绿色行动。中央电视台"新闻联播"节目给予了报道。二是下发《关于加强志愿者组织建设的实施意见》，促进志愿者队伍管理的规范化和制度化，新增注册志愿者5万余名。三是公开招募400名志愿者做义务讲解员，在二七塔、博物馆等场所讲解郑州商都3600年历史文化。在"12·5国际志愿者日"开展了"志愿者在你身边"活动，志愿者与参加过解放郑州战役的革命老人以及贫困家庭孩子举行联谊资助活动，《人民日报》给予了报道。四是联合市红十字会组织600名志愿者参与"捐献造血干细胞"义务献血活动。五是在首届传统武术节期间，组织2000余名志愿者参与服务工作，同时组织1800名中专、技校、中学生团员配合交通部门维持交通秩序。团市委被市委、市政府评为首届世界传统武术节筹备工作先进单位。六是以"弘扬时代精神，争做文明先锋"为主题，在全市青年文明号中开展了"青春·金诺"活动。加大对创建青年文明号的指导和管理力度，邀请市人大代表、政协委员参加了青年文明号10周年巡礼活动，初步探索出青年文明号的动态管理机制，青年文明号以其规范服务、优质服务、特色服务在社会上树立了良好形象，成为职业文明典范。全市共创建国家级青年文明号32个、省级116个。团市委被授予青年文明号活动国家级、省级优秀组织奖。七是开展"科技文化进乡村，创业成才展风采"活动，推广农业科技成果，丰富农村文化生活，在郑州市第七届乡村青年文化节期间，为农村青年提供科技、文化、法律、农牧业咨询5000余人次，医疗服务1000余人次，发放各种宣传材料2000份。八是大力开展以丰富青年文化生活，提高青年文化素质为主要内容的社区青年文化活动。承办3期绿城广场文化活动。全年共创建国家级青年文明社区7个，省级青年文明社区5个。团市委被评为全国社区青年文化节优秀组织单位。

【打造青年文化活动精品】 一是围绕郑州商都3600年组织开展了"青春与古都同行"万名青少年历史文化火炬传递活动，分别从中牟、巩义等7个县(市)、区采集火种，汇集到商城遗址。活动当天邀请射击世界冠军巫兰英、"感动中国十大新闻人物"白云萍传递火炬，中国古都学会会长朱士光教授和团中央、省、市领导出席了由全市3万多名青少年参加的火炬传递活动，并为该活动专门创作了《商都3600年》主题歌。管城区还成立了15支"红领巾护墙小分队"。二是在中央电视台举办《百家讲坛——中原文化篇》系列讲座，宣传千年古都风貌，讲座分中原文化、古都文化、中原书法、少林历史、少林文化、戏曲文化、戏曲历史、民俗文化8期。三是举办首届"郑州晚报杯"青春热舞大赛，丰富全市青少年业余文化生活，并通过中央电视台等媒体展示郑州青少年健康、文明、向上的时代风貌。四是深入开展大中专学生暑期社会实践活动。以"传承五四报国志，落实科学发展观"为主题开展了文化、科技、卫生"三下乡"社会实践活动，全市共组建900余支小分队，10万名青年学生广泛开展农业科技、企业技术、志愿扫盲、卫生保健、环境保护、普法宣传等活动。团市委被评为河南省大中专学生社会实践先进单位。五是倡导文明新风和婚育新风，举办3期共有116对新人参加的"绿城婚典"大型青年集体婚礼。

【表彰青少年成长成才典型】 积极为青年人才脱颖而出搭建平台。围绕人才强市战略，发挥共青团组织育才、聚才、荐才的作用，大力宣传表彰各级各类青年成才典型，在全社会营造鼓励青年干事业、帮助青年干成事业的良好氛围。市青联副主席、中国船舶重工集团公司第七一三研究所所长刘郑国荣获第十五届"中国十大杰出青年"称号，新郑市孟庄镇小石庄村青年农民、奥星实业有限公司董事长石聚彬荣获第九届"中国十大杰出青年农民"称号，田新峰、路光获得全国青年岗位能手，孙甜甜、朱宏艳、张岩、任桂香获得"河南省青年五四奖章"，谢保军、花二军被评为第七届"河南省十大杰出青年"，时喜平在第五届"河南省十大杰出青年农民"评选中榜上有名。

【希望工程】 全年全市希望工程共筹集资金72万元，建成希望学校6所，资助失学儿童603名，贫困大学生138名。组织"放飞梦想——有志中国娃首都行"活动，为51名"有志中国娃"义卖义捐5000余元。8月6日，在全国希望工程农民工子女助学项目扩大试点城市竞标会上，为郑州市800名农民工子女争取到连续5年共计240万元的助学金。并在全市招募培训了两批65名支教志愿者赴偏远的37所希望小学进行义务支教。

【青少年维权工作】 发挥市预防青少年违法犯罪工作领导小组办公室的综合协调职能，承办全省预防青少年违法犯罪现场会，积极探索预防青少年违法犯罪的工作机制。全市新增市级优秀青少年维权岗15个，省级维权岗达到24个，国家级优秀青少年维权岗达到5个，初步形成了覆盖全市的青少年维权网络。以"珍爱生命，远离毒品"为主题开展了青少年拒毒、防毒系列宣传教育活动。启动“青春防火墙”网络文明志愿宣传监督活动，在全市各大网吧安装“网络文明公约”宣传牌1万个。积极维护残疾儿童权益，组织60名残疾儿童参观科技馆、二七塔、博物馆。邀请眼科专家教授联合市内5所医院开展眼健康知识普及活动，为千名少年儿童普及眼保健知识。

【18岁成人仪式教育活动】 市人大通过了《关于开展18岁成人仪式教育活动的决议》，确定郑州解放纪念日10月22日为“郑州市18岁成人节”。成功地举办了首届“郑州市18岁成人节”庆祝活动，中原区、惠济区、登封市分别举行了庆祝活动，全市共有3万名学生参加了集体宣誓。编印了集教育性、指导性、知识性、趣味性为一体的郑州市18岁成人教育读本——《青春序曲》，引导青年学生增强责任意识、奉献意识。中共河南省委书记李克强为步入成人行列的青年学生发来贺信并寄语他们“志存高远，早日成才”。

【大学生素质拓展计划】 年初启动实施了“郑州市大中专就业见习行动”，首批从高校中选择10个团队签署协议，在郑州赛博数码广场正式建立了全省第一家大学生创业园，教育和引导青年学生树立正确的就业观和创业观，为广大在校学生提供见习、实习、就业岗位。

【团建基础工程】 2004年，全市团的组织工作始终坚持党建带团建，不断加强团的自身建设，团建基础工程创出新经验。一是按照党建带团建实施团建基础工程的整体部署，在农村开展团建“三级联创”，在社区开展“三级四方共建”，加强非公企业、民办学校团组织的建设，在海嘉食品公司、圆方物业管理公司等39个非公有制企业建立了团组织。截至年末，全市适宜建团的非公企业建团率达到了88%，社区达64%，民办学校达99%。二是加大培训力度。团市委举办两期培训班，培训团干156人。全市各级团组织共举办团干培训班52期，培训团干2066人。三是完善“推优”机制，团员队伍进一步壮大。全年全市共新增团员3万名，“推优”4万名，有2.5万名团员光荣加入了中国共产党。

【青年中心建设】 按照“联系青年、服务青年、凝聚青年”的工作理念，本着试点先行，面上铺开的原则，建立健全了青年中心的组织、管理、服务和评价保障4项机制。探索出以二十一世纪社区青年中心为代表的依托共建型和以商城花园社区为代表的项目化运作型两种城市青年中心建设模式，全市已成立城市青年中心28家，吸收会员3860名，举办各类培训460次，开展各类活动270次。农村青年中心建成32个，依托农村青年中心培训农村青年11200人。9月，莅郑视察的团中央书记处书记杨岳对郑州市青年中心工作给予了高度评价。巩义市被评为全国农村青年中心建设先进市，新郑市八千乡农村青年中心被选入全国先进青年中心建设100例。

【调研信息和对外宣传】 充分发挥《郑州青年工作》在宣传共青团、传递政策、交流经验、指导工作等方面的作用，全年共编印139期。对外宣传工作全年共上报信息537条，其中251条被上级党团组织采用。《人民日报》、《中国青年报》、《河南日报》报导郑州市团的工作31篇，中央电视台、河南电视台宣传郑州市团的活动97次。对郑州青少年阳光网进行了全新改版升级，全面实施“百团互联”工程。

【团市委机关自身建设】 深入开展创建“学习型、创新型、服务型”机关活动，构建团内重点活动竞标机制，充分调动机关干部谋事创业的热情，营造了机关团结进取、务实向上的工作氛围，《中国青年报》对该项工作进行了报道。机关凝聚力和战斗力有了进一步提高，在市直机关第二届运动会上获广播操比赛一等奖，全市庆祝建国55周年合唱比赛获二等奖。

【青年外事工作及青联学联少先队工作】 接待了日本青年代表民宿活动和韩国南卫山青年会所代表团访郑活动。8月27日，与来访的非洲21个国家的青年代表和非洲国家联盟的国家观察员57人举行联欢活动。与加拿大世界青年组织合作开展了“国际青年结对社区实践项目”，9位郑州青年赴加与9位加籍青年结对进行为期半年的社会实践，促进了中加青年组织的合作，推动了中加文化交流。青联、学联、少先队和其它青年社团组织不断壮大，团的实力和社会影响力进一步增强。

（李　强）

妇联工作

【市妇女第十四次代表大会】 2004年12月3日至4日，郑州市妇女第十四次代表大会在市青少年宫举行。出席大会代表496名。省妇联、市委、市人大、市政府、市政协、郑州警备区及各县(市)、区分管妇女工作的领导出席大会。市委副书记祁金立代表市四大班子在开幕式上作重要讲话，省妇联主席杨云、市总工会主席李元法向大会致贺辞。

大会审议通过了张桂兰代表市妇联第十三届执行委员会所作的题为《以“三个代表”重要思想为指导，树立科学发展观，团结动员全市妇女为全面建设小康社会而奋斗》的工作报告。大会经无记名投票差额选举，选举61人为市妇联十四届执行委员。十四届执委会一次会议选举产生了市妇联十四届常务委员会和主席、副主席，常委会由17人组成，张桂兰为主席，李建云、于素云、周静、薛宝霞为副主席。大会号召全市各族各界妇女认清使命，坚定信心，在参与全面建设小康社会的进程中，“创造新岗位、创造新业绩，创造新生活”，为推动全市物质文明、政治文明、精神文明建设再创新业、再立新功！整个大会团结紧张、严肃活泼，完成了各项预定任务，取得了圆满成功，为开创全市妇女工作新局面奠定了政治基础、组织基础和群众基础。

【“双学双比”活动】 2004 年，全市农村“双学双比”活动紧紧围绕“三农”问题，大力开展“巾帼科技致富工程”、“巾帼扶贫行动”和计划生育三结合工作，把“女性素质教育流动课堂”作为“女性素质工程”的有效载体，与“科技大篷车”有机结合，狠抓科技培训和送科技下乡活动，并有计划地开展劳务输出，转移农村富余女劳力，积极为农业增效、农民增收服务。

深化“科技致富工程”，积极开展科技推广活动，促进科技成果的转化。各级“双协”组织把加强文化科技培训作为突破口，积极发挥协调职能，克服资金短缺、技术力量薄弱等困难，采取妇联搭台、科技人员唱戏的方法，把科技人才、科研成果和妇联组织优势有机结合起来，大力开展群众性的科普活动，着力提高农村妇女科技致富的能力。一是积极开展送科技下乡活动。年初，市妇联组织各方面专家到荥阳市城关镇东史村开展了一场大型“送文化、送科技、送卫生、送法律”下乡活动。邀请农业专家为农民群众讲解种植、养殖知识，并赠送各类科技书籍 2000 多册；郑州市女子书画协会的书法家免费为农民书写春联；郑州市公安局禁毒支队的干警向农民宣传禁毒知识；郑州市第五人民医院的医务人员为群众免费义诊；河南省老干部艺术团表演了精彩的戏曲文艺节目。5 月，市妇联又组织郑州果树研究所和郑州市畜牧局、郑州市农科所、蔬菜研究所等 13 位科技专家到新郑市八千乡君赵村举办了名为“农业科技大集”的农业科技新品种、新项目展示推广及咨询宣传活动，以图文并茂的形式制作近百块版面，将各类瓜果、蔬菜、养殖、种植等近百项科技新品种和新项目向农民群众展示出来。全市各级“双协”小组全年共开展各类送科技下乡活动 145 次，组织专家近 400 人次，发放各类科技资料 9 万余册，推广农业科技项目 100 余项。二是加强农业科技培训，提高农村妇女的科技致富能力。市妇联于 12 月中旬举办农村贫困地区女科技致富带头人实用技术免费培训班，共有 60 名来自各县(市)贫困地区并有养殖项目的农村妇女参加了为期 5 天的培训，重点对她们进行养殖知识、饲料加工、农产品营销以及商务礼仪等方面的培训，并组织实地参观考察和座谈发言。5 月，二七区在侯寨乡敬老院建立了全市第一家农村妇女培训中心——“二七区农村妇女科技培训中心”，该中心成立后已培训农村妇女近 300 人。全年全市各级“双协”小组共开办各类实用技术培训班 470 余期，建立各级科技培训基地 88 个，培训妇女 153000 余人。三是积极培育典型，注重示范带动。2004 年，全市各级“双协”小组共建立以妇女为主的示范基地和园区 93 个，建立各类村级协会或合作组织 238 个，培养女科技致富带头人 976 名，市“双协”小组表彰“科技致富带头人”40 名。巩义市妇联培育扶持的重点“妇字号”龙头项目——芝田镇双百高科技粮果示范基地，占地13.4公顷，已投资 70 余万元。

紧紧围绕市委、市政府关于劳动力转移的总体思路，以提高农村妇女素质为重点，以增加农村妇女收入为目标，积极推动农村妇女富余劳动力合理流动及就业转移。登封市妇联与郑州园方物业公司建立长期合作关系，随时向当地妇女提供家政服务就业岗位，并发挥当地武术学校多的优势，在武校中寻找生活老师、后勤管理等就业岗位；登封市大冶镇妇联利用其在温州设立的办事处，动员推荐妇女劳动力向温州等城市转移，已输出妇女劳力 200 余人。2004 年全市各级妇联及“双协”共组织 57000 余名农村妇女参加劳动力转移培训，帮助 28000 余名农村妇女富余劳动力实现转移就业。

做好计划生育“三结合”及“巾帼扶贫”工作。为落实计划生育工作，市妇联本着拓展形式、注重帮扶效果的原则，于 11 月在管城区南曹乡张华楼村开展了计划生育“三结合”帮扶活动，为该村的 10 户计划生育户购买 20 只小猪，同时邀请郑州市畜牧局高级兽医给他们讲授养殖知识和管理方法，使这些农村困难独生子女户和政策内双女绝育户感受到了党和政府的温暖。荥阳市在当地妇女中开展了“一学二扶三争”活动，即：学习任长霞，扶贫扶弱，争当科技能人、争当致富标兵、争创文明家庭。并在此基础上协调 30 名“巾帼科技致富能手”，对 30 名农村贫困妇女进行一对一的帮带。2004 年，全市各级“双协”小组共建立扶贫联系村 66 个，帮助 2700 余名妇女实现了脱贫。

进一步深化创建“三八绿色工程”活动。市妇联下发了《关于在全市妇女中开展义务植树和深化“三八绿色工程”活动的通知》，要求各级妇联利用“三八”节、植树节等有利时机，发动组织广大妇女积极投入到义务植树和创建“三八绿色工程”活动中，2004 年全市共建立各级“三八绿色工程”66 个。新密市妇联发出以“妇女、生态、环保、家园”为主题的倡议书，在该市掀起“巾帼同造秀林，共建生态家园”的植树种花高潮，完成公路绿化 100 多公里、淮防林工程 420 公顷，嵩山山脉水源涵养林153.4公顷，直接参与妇女达 57000 人。惠济区妇联主动向区政府请命，接下1.2公顷荒山的义务植树任务，全区妇女共植树1444.5公顷，共计 30 万棵。

【“巾帼建功”活动】 2004 年，全市各级妇联在城镇大力开展“巾帼建功”活动，对城镇妇女进行“四自”教育，鼓励引导广大妇女“创造新岗位、创造新业绩、创造新生活”，并配合市政府“当年 10 万”就业计划，重点抓好下岗女工再就业的技能培训和创业带头人的培养工作，为城镇妇女创业和再就业铺路搭桥，创造条件。

面向职业女性开展争创“巾帼文

明岗”和巾帼标兵活动。为鼓励女职工立足岗位，建功成才，优质服务，爱岗敬业，提高她们的应岗能力，市“双协”小组在窗口服务行业和行政事业单位开展了创建“巾帼文明岗”和“巾帼建功”标兵活动，表彰“巾帼文明岗”24个、“巾帼建功”标兵40名。全市共新建各级“巾帼文明岗”51个，为推动全市经济社会发展和三个文明建设做出了积极贡献。

做好下岗(失业)女工再就业及技能培训工作。市妇联根据下岗女工的特点和社区的需要，与市劳动和社会保障局、市妇幼保健院、黄河科技大学联合，先后举办了为期1个月的家政培训班和母婴护理员培训班，培训下岗(失业)女工近200名。培训班主要对她们进行了家庭保健与母婴、老人护理、营养餐的搭配、烹饪等知识和技能的培训，大大提高了下岗女工的再就业能力。市妇联进一步规范了巾帼家政服务中心的管理，巾帼家政全年共接待求职人员480人，帮助382名下岗女工通过培训实现了再就业；对妇联系统的12名优秀家政服务员进行了表彰。2004年全市各级“双协”组织共举办下岗女工再就业培训班72期，培训下岗女工3000余人，培养巾帼创业带头人190余人，巩固创建巾帼家政服务站110余个，巩固发展“妇字号”社区服务实体56个。

【理论研究工作】 近几年来，市妇联高度重视理论研究工作，从建立机构、明确人员、强化领导等方面加强此项工作。市妇联领导站在探索把握规律，用科学的理论指导妇女发展和妇女工作新实践的高度，通过反复细致的工作，于2001年2月，经市委组织部批准，成立了郑州市妇联妇女理论研究室。2002年7月，经市编委定岗定编，定名为妇女工作研究室，并充实人员，明确责任，为开展妇女工作研究创造了良好条件。

妇女工作研究室坚持树立“四个意识”(政治意识、超前意识、大局意识、创新意识)，扮好“三个角色”(理论创新的先锋、现实工作的参谋、妇运历史的见证)，做好“三个服务”(为领导决策服务、为妇女工作服务、为基层妇联服务)，面向全市专兼职妇联干部组织开展理论调研活动。2004年3月2日，举办了郑州市首届妇女发展论坛，首次将分散在省会各大高校的女性研究资源整合起来，为创新发展妇女工作服务。5月编印出版了郑州市第一本妇女理论研究和工作实践方面的专著——《促进妇女发展的实践与探索》，站在全局的理论高度全面审视了郑州市妇女工作实践。通过办论坛，出专著等，在机关兴起了理论研究的风气，提高了妇联干部的理论素养，提升了妇联工作的深度和厚度。

【精神文明建设】 各级妇联坚持用“三个代表”重要思想教育广大妇女，大力宣传“三创”意义和内涵，通过树立典型、倡扬先进，激发她们的主动性和创造性，引导妇女争做“四有”、“四自”新女性。全年全市各级妇联共树立表彰各类先进妇女典型集体356个，先进个人2535个，其中，市妇联表彰“巾帼成才”、“双学双比”、“巾帼建功”、“巾帼科技致富带头人”、杰出女性、文明家庭等各种类型的先进集体99个，先进个人329名。第四届“中国十大女杰”任长霞因公殉职后，市妇联一方面号召全市广大妇女干部群众学习她心怀群众、无私奉献、竭诚为民的优秀品质，以强烈的责任感和事业心做好本职工作；另一方面积极向省妇联、全国妇联汇报任长霞同志的先进事迹，全国人大常委会副委员长、全国妇联主席顾秀莲及党和国家领导人等先后作出批示、并作为全国重大典型推出，迅速在全国掀起向任长霞同志学习的热潮。继王玉荣、胡大白、任长霞之后，市妇联又向全国妇联推荐了第五届“中国十大女杰”候选人陈艳芳，并获得提名奖。

围绕“改善省会人居环境”工作，各级妇联不断丰富家庭文明内涵，弘扬健康文明的时代新风。通过开展群众性的评选家庭及家庭角色典型，举办丰富多采的文体活动、家庭读书活动、家庭绘画书法摄影展、家庭演唱会、趣味运动会及美化居室、家庭烹饪比赛等活动，促使园艺、健康、文化、美德“四进”家庭，大力创建学习型家庭，在广大女性和家庭成员中，倡扬科学健康、文明向上的家风，提高家庭文化品味和家庭成员的素质，营造文明、健康、积极向上的社区文化精神环境。市妇联与市文明办联合下发了评选通知，年终以市委、市政府的名义表彰100户文明家庭。积极参与纪念郑州商都3600年宣传教育活动，动员组织全市广大妇女和家庭参与《灿烂3600年——郑州历史文化知识竞赛试题》答题活动，引导妇女群众了解历史、热爱郑州，传承商都文明。市妇联与市文联、女子书画家协会联合举办了郑州市女子书画展；与市委宣传部、体育局、市直机关党工委联合，成功举办了郑州市第二届百万妇女健身活动展示大赛，展示了巾帼风采，活跃了群众文化体育生活，推动了妇女群众性文体活动蓬勃发展，促进了全市的精神文明建设。

【维护妇女儿童合法权益】 市妇联切实履行维权职能，关注妇女权益方面的热点、难点、重点问题，把全心全意维护妇女儿童合法权益作为工作的出发点和落脚点。一是加强法制宣传教育活动，提高妇女的法律意识和法律素质。通过开展送法下乡、“三八”妇女维权周、广场文化宣传等活动及采取举办维权干部培训班、与媒体合作热线解答等形式，大力宣传有关保护妇女儿童合法权益的法律法规，提高广大妇女的法律意识和依法维权的能力。“三八”节期间，在全市范围内开展了以“法律宣传、法律咨询、法律服务、送法下乡、进社区”为主要内容的“三八”妇女维权周活动。2月28日上午，市妇联与省妇联、公安厅等单位联合在商城遗址广场举行了省会创建“零家庭暴力社区”试点启动仪式，同时拉开了“三八”维权周活动的序幕。各级妇联共开展法律宣传教育活动百余次，受教育人数达10多万。二是整合社会资源，健全社会化维权机制。2月27日，市妇联与市律师协会联合，建立了一支由144名女律师组成的法律志愿者队伍，为妇女群众提供无偿、低偿的法律服务；市人大、政协“两会”期间，再次提出了在郑州市公安系统成立“110家庭暴力报警中心”和“家庭暴力伤残鉴定中心”的建议，并与市公安局联合下发了《关于预防和制止家庭暴力的通知》；继续开展创建“维权示范岗”活动，调动社会各方面的力量，共同维护妇女儿童合法权益，全市各级共创建维权示范岗66个。三是注重日常信访，重视典型个案。对权益受损害妇女做到耐心倾听、热心帮助、积极协调、奉献爱心，努力维护她们的合法权益。全年市妇联共接待妇女来访247人次，来信25件，法律咨询600余人次，结案率100%。全市各级妇联共妥善处理妇女信访1100余件，信访结案率99%以上。在日常信访中注意发现并重视典型案件的处理，起到以一案警示一片的作用。如癌症晚期患者柴代见反映其丈夫两年未尽扶养义务，正起诉离婚，经市妇联积极调解和教育，她丈夫认识到自己的错误愿意承担起扶养义务。经协调处理的典型案件还有周慧英离婚案、谢蕊婴儿在保健院丢失案、丁梦雨被弃午托部案、禹志红惨遭丈夫浓硫酸毁容案等，受到了社会各界的广泛关注和一致好评。四是积极参与打拐、禁赌、禁毒、帮教等社会治安综合治理。5月20日，市妇联组织一台文艺节目，并特邀郑州圆方物业集团公司的薛荣总经理到市公安局强制戒毒所，对学员们进行帮教。6月18日晚，市妇联与市公安局、河南电视台法制频道联合在绿城广场举办以“抵制毒品，参与禁毒，崇尚科学”为主题的“不让毒品进我家”文艺晚会。6月23日上午，市妇联联合省禁毒办、省妇联、管城区妇联等单位在管城区平等街社区举行全省“预防艾滋病，健康全家人”活动启动仪式暨“禁毒与预防艾滋病社区文化沙龙”活动。活动以沙龙的形式举行，形式新颖，防艾专家、志愿者代表、家庭代表、被帮扶的吸毒人员代表、戒毒学员以及社区居民等200余人共同参与。11月29日上午，市妇联、二七区妇联为纪念第五个“消除对妇女的暴力国际日”，在二七区爱馨家政服务中心门前举行二七区家庭暴力庇护中心挂牌仪式暨大型“白丝带”宣传活动。由100余名律师、公安干警、社区群众及其他行业的男性同志组成的“白丝带”活动志愿者在活动现场进行了反家暴宣誓、倡议和签名。

【促进妇女参政议政】 市妇联在促进妇女参政议政方面，加大了源头参与力度，加强妇女人才队伍建设，大力推进“女性素质工程”。一是通过优化舆论环境，加强调研、当好参谋助手，加强培训等措施为女干部的健康成长服务。8月9日至13日，市妇联举办了科级女干部培训班，来自全市的80余名科级女干部参加了为期一周的培训学习。“三八”节前夕开展了第三届巾帼成才奖评选表彰活动，评选出各条战线的优秀妇女典型30名，充实了女干部人才库。5月9日，与河南丹尼斯商务有限公司联合举办全市女干部联谊活动，邀请WTO问题专家何茂春博士举办《经济全球化——政府服务与企业对策》专题讲座，促进了女领导干部沟通交流。二是充分利用人大、政协换届之际，推荐政治素质高、法制观念强的人大代表和政协委员候选人。1月底至2月初，市妇联向郑州市第十二届人民代表大会推荐代表候选人55名，向郑州市政协十一届委员会推荐委员提名人选11名、预备提名人选6名。三是积极向市委、人大、政府、政协以及有关职能部门反映妇女参政议政存在的问题，督促有关妇女参政议政的政策和措施的制定与落实，得到党政领导的重视和支持。全市现有副地级女领导8人，党政群机关正县级以上女性“一把手”18人，副县级以上女领导197人；12个县(市)、区、105个乡(镇)党政领导班子全部配备了女干部，市直63个党政群工作部门领导班子中有46个配备了县(处)级女干部，共计71人，占班子总数的73%；县(处)级以上后备干部中女性比例达到20.74%。

【“男女平等基本国策”宣传活动】 各级妇联牢固树立科学发展观，把促进男女两性的和谐发展与社会的全面、协调、可持续发展紧密联系起来，推动妇女儿童发展环境的进一步优化。为落实全国妇联和市妇联十三届七次执委会议提出的把2004年作为“男女平等基本国策宣传年”的要求，各级妇联上下联动、共同努力，广泛深入地开展男女平等基本国策和马克思主义妇女观宣传活动。妇联主席张桂兰带头到中原区、二七区及市直科级女干部培训班上宣讲男女平等基本国策和马克思主义妇女观基本理论；“三八”节期间，市妇联与省妇联联合在绿城广场举办了男女平等基本国策宣传咨询活动，与新闻媒体联合制作了一组先进女性人物专题节目；组织举办了郑州市首届妇女发展论坛，邀请社会各界热心妇女发展事业的专家、学者共同研讨马克思主义妇女观和男女平等基本国策；抓住郑州市妇女第十四次代表大会召开的有利时机，在《郑州日报》发表了两篇宣传男女平等基本国策和马克思主义妇女观的理论文章，在全社会营造学国策、谈国策、促进男女平等的氛围，促使全社会逐步形成尊重和保护妇女、关心和支持妇女工作的良好局面。

【实施“妇女儿童发展规划”】 为推动郑州市“妇女儿童发展规划”目标的顺利实现，各级妇联充分发挥妇儿工委办公室的作用，扩大宣传，加强培训，分解目标，强化措施，确保目标任务的稳步实现。4月27日下午，市妇儿工委在嵩山饭店新闻发布厅召开郑州市妇女儿童工作暨表彰会。总结2003年度的工作，部署2004年妇女儿童工作，表彰了50个妇女儿童工作先进集体和80名先进个人、30个实施“妇女儿童规划”先进集体和70名先进个人。市四大班子领导、市妇儿工委各成员单位有关领导和联络员、各县(市)、区妇儿工委主任和妇联、统计、教育、卫生部门的180余人参加了会议。为做好"妇女儿童发展规划"中期监测评估工作,下发了"妇女儿童发展规划"中期评估方案。8月3日上午,市妇儿工委举办了"妇女儿童发展规划"监测评估工作培训会,26个有目标任务的成员单位派人参加了培训。会上针对2005年"妇女儿童发展规划"中期评估存在的问题进行了分析、对2003年的监测评估进行了讲解,并对2004年的目标任务进行了分解。会后,各成员单位各负其责,对涉及本单位的目标任务及时制定方案和措施,完成了监测评估,确保了目标任务的稳步实现。郑州市"妇女儿童发展规划"监测评估报告按时完成,并上报省妇儿工委和市有关领导。

【指导和推进家庭教育】 一是健全组织、建立队伍、明确责任。市妇联于5月28日制定和下发了《郑州市妇联关于贯彻中共中央国务院关于进一步加强和改进未成年人思想道德建设若干意见的意见》。把需妇联承担的目标任务进行层层分解,严格实行目标责任制。7月份,市妇儿工委成立了由42名专家、学者组成的家庭教育讲师团,并组织举办家教报告会5场。二是围绕主题强化宣传,开展各项活动。7月15日上午,市妇联在中牟县举行"争做合格父母、培养合格人才"家庭教育宣传实践活动启动仪式,现场发放2000份家长代表和孩子代表向全市广大父母和未成年人发出的"争做合格父母,培养合格人才"、"争做优秀小公民"的倡议书。参加活动的400余名领导、家长、老师在"我参与,我行动,争做合格父母,争做合格小公民"条幅上郑重签名。三是规范和拓展家教阵地。为落实《郑州市家庭教育工作"十五"计划》,市妇联同市教育局对家长学校加强了业务指导和规范管理,2003年11月至2004年5月,对近50所申报示范性的家长学校进行评估和重点抽查,并对符合示范标准的家长学校进行了表彰。11月下发了《关于在全市社区建立家长学校的通知》,全市各社区都已基本建立了社区家长学校。2004年,全市共建立社区家长学校258个、校园家长学校1495个、流动人口家长学校47个,举办家教讲座654场。市妇联依托全市1852所各类家长学校,构建起家庭教育工作组织网络。

【"春蕾计划"及"爱心桥"援助】 市妇联于3月24日下发了《郑州市贫困儿童情况摸底调查的通知》,调查出全市有5000多名贫困儿童等待救助。"六一"期间,对4个春蕾班的学生学习情况进行摸底,发现学习成绩优秀的占20%左右,良好的占65%以上,为进行跟踪服务提供了第一手资料。9月,市妇联和飞利浦公司小家电驻郑办事处为登封市石道乡阮村的22名贫困学生每人发放了价值200元的慰问品;通过省妇联募集资金42900元,资助99名贫困儿童;向636名贫困学生发放救助款63600元。11月,市妇联争取到宋庆龄基金会的20万元善款,在中原区须水镇第五小学建成东浚爱心小学。实施"春蕾计划"、开展"爱心桥"活动5年来,共向社会募集资金310万元,建立3所爱心学校、4个春蕾班,救助了12000多名贫困儿童。

【关爱儿童系列活动】 以庆"六一"为契机,围绕"加强未成年人思想道德建设、增辉商都郑州、深化小公民道德建设计划活动"这一主题,组织开展了关爱儿童,为儿童办实事、办好事的系列活动。一是精心安排布置。4月29日,市妇儿工委下发了《关于开展庆祝"六一"国际儿童节活动的通知》,要求全市各级各界抓住"六一"这一时机,突出重点,以活动促宣传,大力营造节日氛围,为儿童的健康成长创造良好的社会环境。二是组织开展各种慰问活动。5月26日上午,由市四大班子和市教育局、市妇联等领导组成的"六一"慰问团,先后到市伊河路小学、市实验幼儿园、市社会福利院等处进行节日慰问,送去价值30000余元的电视机、DVD、VCD、录音机、生活用品、体育器材等物品。5月19日,市人大、政协、妇联的有关领导到地处贫困山区的新密市尖山乡中学,看望慰问了"春蕾班"的师生,为他们送去价值1万元的学习用品、体育用品和第三学年的学费17760元。三是举办异彩纷呈的庆祝活动。4月29日至5月29日,市妇联、市教育局联合举办了郑州市"加强思想道德建设,增辉商都郑州,争做优秀小公民"演讲比赛,经初赛、预赛和决赛产生出4名一等奖、10名二等奖、21名三等奖;评出10位优秀辅导老师、10篇优秀演讲稿和6个优秀组织奖。5月31日晚,市妇联、关工委和市颖河路幼儿园围绕"提高未成年人思想道德素质"这一主题,在郑州市绿城广场举办了"庆六一暨未成年人思想道德教育文艺晚会"。小朋友们以活泼可爱、精彩生动的表演表达了从小争做文明市民的决心。各县(市)、区也积极开展活动,新郑市妇儿工委开展了"十佳百优"小公民评选活动,并与计生委联合举办了"关爱女孩行动"志愿者宣传教育暨困难救助活动启动仪式,有90名在校特困生领到救助金18000元,将全市"六一"欢庆活动推向了高潮。

(时春红　焦欣园)

外事、侨务及对台工作

外事工作

【友好接待和出访工作】 2004年,市外办共接待来郑考察、访问和进行商贸洽谈、友好交流活动的外宾及港澳人士74批733人次。重要来访团组有:世界跨国企业集团驻京高管人员访郑代表团、美国安海斯——布希公司总裁兼首席执行官帕特里克·斯多克斯先生带领的访郑代表团、以郑永锡市长为团长的韩国晋州市政府友好代表团、美国加州工业园考察团、联合国禁化武国际视察组、中非青年友好交流代表团等。全年共承办市领导出访参访团24批124人次，审批各局委办领导出访110多批次。

【因公出国(境)管理工作】 严格执行中共中央、国务院《关于全国外事管理工作的若干规定》和省委外事工作领导小组《关于进一步加强我省因公出国(境)管理工作的通知》，切实加强因公出国(境)管理。2004年，市外办共办理248批867人次因公出访手续，其中，直接下达任务批件52批400人次，下达确认件37批63人次，办理备案112批173人次，报省外侨办下达任务批件47批231人次。

【友好城市工作】 继续发展和巩固与各国际友城的友好关系，并积极利用友城渠道为郑州的经济建设和社会发展做贡献。(1)加强了与罗马尼亚克鲁日·纳波卡市的经济交流。4月21日～25日，郑州组团参加了在该市举办的"罗马尼亚——中国友好展览会"，福纳尔市长表示对郑州市代表团的到来感到非常高兴，他说纳波卡市与郑州市缔结友好城市9年来，两市在体育方面的交流已取得了良好效果，希望今后能在经济方面做一些事情。双方还就教育、文化、旅游等方面的交流进行了探讨。通过参加此次展览会，参团企业了解了罗马尼亚的市场需求，并与罗马尼亚部分客商建立了联系。(2)与韩国晋州市的友好关系得到进一步巩固和发展。6月21日～24日，晋州市市长郑永锡率团访问郑州，并在郑举办韩国晋州丝绸展，这是两市在经贸领域合作交流的开端。郑永锡市长的来访，进一步加深了两市的了解和友谊，为两市在经贸领域开展合作交流奠定了基础。10月16日～20日，该市再次派代表团来郑出席首届世界传统武术节开幕式活动。(3)增进了与新缔结的国际友城——巴西若茵维莱市的友好关系。6月，市政府代表团访问若茵维莱市，落实了两市关于互换留学生活动的相关事宜。11月，若因维莱市国际交流部主任若米汤因格女士来郑考察互派留学生项目工作，若市首批19名学生于2005年元月来郑学习。(4)加深了与纳米比亚马林塔尔市的友好关系。10月16日～20日，马林塔尔市新任市长卢卡斯·卡图阿尼尼率团访问郑州，并参加了首届世界传统武术节有关活动。卢卡斯·卡图阿尼尼先生被郑州悠久的历史文化和高速发展的经济所吸引，表示愿为两市的友好做出努力。(5)继续保持与其他各国际友城的友好联系，积极加强与西欧、南美、大洋洲有关国家城市的友好关系，谋求缔结新的国际友好城市，拓展郑州对外交往的领域和空间。

【涉外管理工作】 作为外事工作归口管理部门，市外办十分重视加强涉外管理工作，认真协调处理各种涉外事件。(1)搞好申请外教单位资格认定工作。2004年，市外办共受理10余个单位聘请外籍教师和招收留学生的申请，并协同市教育局、市公安局等部门，对这些学校进行了实地考察，初步认定郑州市第九中学、郑州市第十六中学、郑州市中原区外国语小学、登封少林寺武术专科学校等单位符合聘请外籍教师的资格，已报省外侨办审批。(2)认真做好邀请函电的签发和管理，为外专、外教来郑提供方便，搞好服务。全年共签发邀请函电16批45人次。(3)积极协助处理多起涉外事件。10月底，中牟县重大群体性突发事件发生后，市外办以高度的政治敏感性和严格负责的工作态度，积极发挥职能作用，由领导带领得力人员，与公安、安全等部门联合执勤，开展对未经市外事部门批准，违规进入现场采访的境外媒体记者的查处工作，及时有效地遏制了境外媒体的新闻炒作，为顺利平息这一事件提供了有利的外事政策、技术和翻译保障，市外办为此受到省外侨办的通报表彰。另外，还协助处理一起外宾在登封食物中毒事件，协助处理一日本宗教旅行团员因喝酒过量导致死亡事件，协助处理一德国籍男子死亡事件等。

【申请加入世界历史都市联盟】 世界历史都市联盟最初是由日本著名古都京都市倡议发起的，旨在促进人类的和平事业不断发展，共同探讨在古城保护和发展方面所面临的课题，交换信息，促进历史都市的持续发展，开展古城间的交流与合作。该联盟原则上每两年举办一次会议，现有49个国家的65个城市为会员城市，包括巴黎、巴塞罗那、雅典、蒙特利尔等一大批世界知名城市。我国的西安、南京两市也是其会员城市，其中西安市为副会长城市。该联盟与联合国、世界遗产城市机构OWHC(加拿大魁北克市)、国际纪念物遗迹会议ICOMOS、北方城市市长会(日本札幌市)、城市网络(日本横滨)等组织都保持着密切的联系。

为进一步拓宽郑州对外交往的渠道和空间，更好地宣传和保护古都郑州，郑州市从2004年5月开始，就申请事宜多次与设在日本京都市的联盟秘书处进行联系。经市外办积极筹划组织，7月19日～22日，市考察组一行3人就申请加入世界历史都市联盟事宜对日本国京都市和韩国庆州市进行了访问。考察组会见了日本京都市副市长、世界历史都市事务局局长高木寿一先生、国际化推进室室长、世界历史都市联盟事务局次长安井隆先生及韩国庆州市政府文化遗产课南江浩课长等，他们均表示支持郑州市加入该联盟。考察组还向他们赠送了介绍郑州市情和历史遗产保护的有关资料。9月底，孙新雷副市长率有关局委负责人访问了世界历史都市联盟副会长城市——西安市，通报了郑州市申请加入世界历史都市联盟的情况。经过大量工作和对日本京都市、韩国庆州市的访问，以及与西安市的深入交流，增进了他们对郑州的了解和信任，为郑州顺利加入该联盟奠定了基础。

2004年10月，世界历史都市联盟在韩国庆州市召开理事会，正式审议通过郑州市成为该联盟新成员，顺利完成了申请加入世界历史都市联盟的工作。

【参加欧华联会】 8月14日～16日，第十二届欧华联会年会在英国伯明翰召开，共有34个国家的550多名代表参会，包括欧洲各国华人华侨、英国企业代表，我国驻英国大使馆、外交部、国务院侨办的领导和代表，江西省、吉林省、北京市、浙江省等国内代表。中央电视台、BBC电视台、凤凰卫视等一些国内外知名媒体都派记者与会采访报道。郑州市应邀参加了本届年会，代表团团长、副市长孙新雷在开幕式上介绍了郑州市情和首届世界传统武术节筹备情况，讲话引起了与会代表的极大兴趣，赢得了全场的热烈掌声；大会闭幕式上播放了“郑州概况”宣传片，并举办了“郑州之夜”专场文艺演出；商贸洽谈会上，市长助理牛西岭的精彩讲话与“郑东新区”的宣传片相得益彰，使新闻发布会生动而卓有成效，成为整个经贸洽谈会上的一个亮点。会议期间，会场四周布置的介绍郑州历史、文化、改革、发展的大型展览图片和滚动播放的郑州宣传片，图文并茂而富有冲击力，十分醒目和抢眼，宣传效果非常理想，扩大了郑州在欧洲华人华侨社会乃至整个欧洲的影响，为在欧洲招商引资奠定了良好的基础。

【与“芝麻网”网员城市的合作】 6月15日～17日，世界中等城市合作发展网(简称“芝麻网”)第十七届年会暨国际商贸交流大会在意大利帕尔马市召开，郑州代表团借此加强了与各与会城市的交流。常务副市长李柳身介绍了郑州近几年经济建设取得的成就，特别提出了旧城改造和郑东新区的发展给郑州市带来的巨大变化，并就如何改进“芝麻网”工作提出了建议，得到会议秘书组的高度重视。会议期间，常务副市长李柳身会见了加拿大维多利亚市市长和商会主席。维多利亚市对与郑州开展经贸往来表示出极大的兴趣，希望能与郑州市合作。该市具有技术世界领先的循环再利用产业，包括纸张、塑料、油漆等，该市的运输用卡车、机械和家具行业非常有名，在食品工业领域也有着非常明显的优势。郑州市代表团介绍了郑州市主要的工业情况和对外合作领域，特别是汽车工业、食品工业和新材料、电子、生物制药等。通过会谈，维多利亚市表示愿意组团来郑考察访问，以加强了解，寻求合作。

【协助做好加州工业城项目】 美国加州工业城项目在河南省有5个城市竞争，为争取该项目，市外办一方面认真做好美方代表团来访的接待、领导会见等工作，另一方面积极为该项目落户郑州搞好服务，协同有关部门为“河南·美国加州工业城市的项目规划与设计说明会”搞好有关市情和技术参数的咨询问卷准备工作，并通过美国西亚斯集团董事长陈肖纯先生了解多方面的信息等。4月13日～17日，美国加州工业城项目考察团来郑考察投资环境。9月中旬，该项目代表团再次来郑考察，与郑州签订了《加州工业城项目投资意向书》。之后，市外办按市领导意图积极筹划安排市政府代表团访美，就此项目跟踪做工作。11月初，市政府代表团如期访美，市委常务副书记赵建才就在郑建设加州工业园项目问题与美国派森斯公司和美国加州工业城公司决策人进行了进一步的沟通和商谈，取得了突破性进展。在会见派森斯公司总裁麦克·布莱第等人时，赵建才介绍了省、市政府主要领导对该项目的重视和关心，并介绍了郑州的优势。派森斯公司总裁对郑州市所做的前期工作表示满意，并表示建设该项目“与郑州有一样的目标”，明确表态“选址建议在郑州”。在会见加州工业城公司总裁格瑞特·希尔等人时，双方就加州工业园拟采取“自上而下”的报批方式达成了共识。美方人员表示如果该项目做得好，将是一个样板，将有更多事情可以合作，会吸引更多的美国工商界人士到郑州投资兴业。

【参与和组织重大涉外活动】 2004年，市外办根据市政府指示，积极参与、组织了一些重大涉外活动，努力通过各项涉外活动，推介宣传郑州。4月，河南省第三届投资贸易洽谈会在郑州召开。市外办邀请、参与接待境外客商20多批100多人次，并积极做好市领导与部分外商的会见安排、翻译等工作。

6月5日～6日，“踏着马可波罗的足迹——丝绸之路自行车远征”活动远征团抵达郑州并开展郑州段活动，活动内容主要有：在绿城广场举行新闻发布会以及市自行车队陪同该远征团离开郑州首发式；在二七纪念塔南侧举行少林武术表演等活动；在商城遗址举行文艺表演，宣传3600年商都郑州的古今；在黄河风景区举行旅游介绍展示会。通过举办活动，展示了郑州悠久的历史文化，并通过自行车队的远征宣传，向古丝绸之路沿线国内各省、市和沿线各国推介郑州。

10月16日～20日，首届世界传统武术节在郑州隆重举行。市外办邀请和接待了国际友城韩国晋州市、纳米比亚马林塔尔市和日本本吉町日中友好协会等代表16人，完成了开幕式暨大型文艺晚会主席台的布置、领导座席安排等工作。

10月25日～28日，第四届河洛文化国际研讨会在郑州召开。市外办积极协助做好境外代表邀请、接待和资料翻译、会议翻译等各项服务工作。

12月20日晚，2005年郑州市人民政府新年招待会在裕达国贸酒店隆重举行。市长王文超、市委副书记赵建才、康定军、常务副市长李柳身、市政法委书记姚待献、市人大常委会副主任李保山、副市长孙新雷、王庆海、市政协副主席王薇等出席了招待会。省外侨办副主任杨玮斌也应邀参加了招待会。市直有关单位负责人和在郑外专外教、留学生代表、港澳台人士共计130多人欢聚一堂，共叙友谊，喜迎新年。招待会后观看了由黄河科技大学举办的“二十一世纪第四届音乐会”，取得了良好的联谊效果。

（童卫军）

侨务工作

【开展“侨法宣传月”活动】 2004年，新的《〈中华人民共和国归侨侨眷权益保护法〉实施办法》正式颁布实施。市侨办在坚持常年性宣传涉侨法律的基础上，抓住有利时机，8月，在全市广泛、深入地开展了“侨法宣传月”活动。活动期间，副市长孙新雷在郑州电视台发表电视讲话，并在《郑州日报》发表署名文章；召开了“郑州市侨法宣传月座谈会”；在全市开展了侨法知识竞赛。各级侨务部门通过悬挂横幅、张贴标语、制作板报、发送侨法汇编手册、召开座谈会等多种形式，一次次把侨法宣传活动推向高潮，使全社会又一次深入地了解了侨法的重要意义，收到良好的效果。

【归侨及侨眷救助工作】 2004年，市侨办领导陪同省外事侨务办公室赵国成主任、市政府孙新雷副市长深入到企业和归侨、侨眷家中了解他们的生活和工作情况，并看望慰问归侨、侨眷困难户、病号户共40户、44人，向归侨、侨眷发放困难补助费11000多元，把党和政府的关怀及时带给了广大归侨、侨眷。

做好困难归侨补助金发放工作。2003年，市侨办对全市归侨家庭收入状况进行调查，撰写出《郑州市归侨家庭收入状况调查报告》，并向市政府报送了《关于设立郑州市困难归侨专项救济金的请示》。2004年2月23日，市政府办公厅下发了《郑州市困难归侨生活补助金管理发放办法》（郑政办［2004］14号）文件。《办法》规定，对1969年12月31日前回国或回内地定居、月平均收入在郑州市城镇居民最低生活保障线3倍以下的市属归侨及其配偶、港澳同胞及其配偶，按本市城区最低生活保障标准（最新标准为200元/月）的3倍补足。该《办法》出台后，市侨办及时开展了困难归侨补助对象的制表、制证、审批工作，并将补助金及时足额发放到困难归侨手中。该项工作走在全国前列，受到了全市广大归侨、侨眷的一致好评。

2004年，按照省外侨办的要求，在全市范围内对归侨、侨眷下岗职工进行调查，并组织多名下岗的侨眷职工参加了电脑培训。

【侨情普查】 为进一步掌握侨情，依照上级侨务部门的部署，市侨办先后对全市归侨情况、归侨、侨眷下岗待业情况进行了普查，并将普查情况及时向上级侨务部门进行了反馈。根据市政协委员提案，市侨办通过在《郑州晚报》刊登启事、下发通知等多种形式，对全市的新移民状况进行了普查。

【归侨侨眷身份认证】 为维护归侨、侨眷的合法权益，积极做好各方面协调工作，严格认定程序。全年，共接待办证归侨、侨眷2600多人次，为857位归侨、侨眷办理了归侨、侨眷证，办证人数为上年的7.8倍。

【侨务信访】 2004年，按照市里的要求和部署，市侨办与市政府签订了《信访目标责任书》，并根据领导班子变动情况，及时调整了“郑州市侨办信访工作领导小组”，进一步完善了领导接待日、信访日报告、零报告等信访工作的各项制度。按照市信访局的统一要求，进一步完善信访接待室的配套设施，安装空调、购置沙发、将信访条例制版上墙、悬挂“郑州市侨务办公室人民群众来访接待室”牌子等。侨务信访工作全年共接待来信来访2700多人次，信访内容主要集中在咨询升学奖励、办理归侨、侨眷证事宜、医疗费报销、领取困难补助金等方面。凡是来市侨办反映问题的，市侨办都热情接待，能解决的及时解决，不能解决的，做好耐心的解释工作，使所有信访案件都得到了妥善处理，没有一起越级或集体上访事件发生。

【推广社区为侨服务经验】 在上街区社区为侨服务工作取得成功的基础上，市侨办积极帮助巩固已有的成果，进一步完善上街区社区侨务工作机制，在医疗、购物等方面采取更有效措施，为归侨、侨眷提供更优质的服务。同时，稳步扩大试点范围，在省外侨办的大力支持和金水区的积极配合下，筹措专项扶持资金5万元，指导金水区花园路街道办事处水利厅社区完善社区为侨服务的医疗设施，为归侨、侨眷提供优质的医疗服务。

【为侨资企业服务】 针对市侨办在国外建立的侨务工作关系和工作特点，市侨办分期、分批深入到新郑、中牟、金水区、郑东新区、经济技术开发区等县（市）、区以及白鸽集团、电缆集团等大型企业，采取实地考察、召开座谈会、收集相关项目等形式开展调研工作。到中牟县造纸厂，与厂里领导和技术骨干探讨企业长期发展规划以及与美国客商合作事项；到新郑港区、新郑城东开发区考察投资环境和对外合作项目情况。同时市侨办收集、整理了部分重点企业及其重点对外合作项目，为在经贸洽谈活动中组织海外客商与相关企业进行项目对接，促进相互间的合作打下了基础。

【招商引资】 4月，“第三届中国河南国际投资贸易洽谈会”在郑召开。市侨办高度重视海外客商的邀请工作，共邀请到海外客商26名，与有关企业召开了3次项目对接座谈会，和20多家大中型企业进行面对面交流。同时安排外商重点参观了二七区，并就二七区的发展进行了专题座谈。

市侨办在首届世界传统武术节期间，通过13个海外侨务工作联络处开展邀商工作，共邀请到海外客商27人，并于10月9日邀请郑州电视台、《郑州日报》、郑州人民广播电台等主要新闻媒体对他们有意投资的房地产开发、会展经济、文化交流等项目向全社会进行了推介。又于10月15日下午、10月16日上午分别在白鸽集团和三棉公司召开项目对接会，组织客商与50多家企业代表进行洽谈。通过市侨办积极开展工作，共签订4个合作意向。客商任兴亮先生、刘海燕女士、殷铁良女士、江志成先生被市政府聘请为招商大使。由于市侨办在宣传、招商、接待、服务等方面安排周密，组织严谨，责任到人，扎实工作，受到了海外客商和国内相关企业的好评，被市委、市政府评为首届世界传统武术节筹备工作先进单位。

【海外联谊】 欧洲华侨华人社团联合会（"欧华联会"）由欧洲20多个国家的200多个社团组成，是欧洲华人社会中最具影响力的洲际性跨国华人社团组织。欧华联会第十二届年会于8月16日在英国伯明翰隆重举行，欧洲20多个国家的500多名侨领和华商参会。为了更好地开展海外侨务工作，经市政府同意，市侨办领导随团参会。为了达到预期目的，专门为大会制作了宣传介绍郑州的光盘、绘制了多幅具有代表郑州文化、旅游、商贸、企业特色的大型宣传画，收集整理了对外招商项目。通过宣传、展示等形式，收到了良好的效果。会议期间，市侨办领导不但见到了海外的许多老朋友，也结识了一些欧洲工商界的新朋友，为进一步开展联谊工作打下了基础。市侨办领导还代表郑州国际会展有限责任公司与瑞典北欧——中国文化商务总协会签订了"关于在中国郑州举办北欧五国医疗器械和工业品展览会"的合作意向。

【对外宣传】 市侨办在年初提出要明确外宣工作定位，搞好对海外华侨华人及华侨华人社团的宣传，为郑州全面建设小康社会创造良好的国际舆论环境。一是在海外开辟外宣工作"前沿阵地"。借助市侨办驻海外侨务工作联络处和海外顾问，利用境外媒体在当地召开新闻发布会，全方位介绍郑州的经济、文化、教育、科技、旅游、投资环境、人文环境、风土人情等，产生了很大的反响。二是充分利用大型会展活动进行宣传。在首届世界传统武术节举办前，郑州市政府委托市侨办聘请的招商顾问、美国洛杉矶的殷铁良女士，于9月18日在洛杉矶召开新闻发布会，介绍郑州的经济、文化、教育、科技、旅游、投资环境、人文环境、风土人情等情况，发布郑州对外合作招商项目171个。全美最有影响的4家华文日报《洛杉矶时报》、《侨报》、《星岛日报》、《国际时报》及收听率最高的洛杉矶1370华人电台对此进行了全面报道，在当地产生了很大的反响。第三届河南国际投资贸易洽谈会前期，市侨办向美国、香港、澳门、台湾等12个国家和地区的华侨、华人社团、商会、公司及著名侨领、实业家发出《郑州市招商项目》、《今日郑州》等宣传资料。

【精神文明建设】 倡导素质兴办，强化党风廉政建设和精神文明建设。2004年，市侨办先后荣获"市级文明单位"、"郑州市外宣工作先进单位"、"五好支部"等荣誉称号，被国家人事部、国务院侨办评为"全国侨办系统先进集体"。在上半年全市社会各界评议政府部门活动中，市侨办取得了第二名的好成绩。

（杜红可）

对台工作

【对台经贸】 2004年，郑州市对台工作以对台经贸招商为重点，积极推进台资项目的开工建设。全年已完成投资项目4个，完成投资5.6亿元，在建项目6个，总投资4.65亿元。蓝天电脑集团下属的百脑汇电子信息（郑州）有限公司数码港工程，总投资2.5亿元（约3000万美元）、总建筑面积10万平方米，于9月28日建成开业；巩义市新建的集幼儿园、小学、中学、大学为一体的郑州成功学院，一期工程投资1亿元，于9月开始招生；河南畅泰服装有限公司8月注册快乐屋房地产公司，拟投资5000万元向房地产业进军，于10月开工；台塑集团旗下的南亚塑胶公司投资2000万美元的塑料管材生产基地在经济技术开发区开工建设；黄河富景生态游乐园，第一期工程投入6000万元，于5月1日开园迎客。

2004年，将新增7家台资企业，其中，英沃维国际商贸有限公司投资300万美元，生产专供高端电子产品使用的高性能涂料的高科技项目，正在建设之中；将投资1.2亿美元开发巩义青龙山风景区的升阳世界有限公司，正在注册之中；台湾展裕有限公司拟投资1亿元人民币，在中原区保吉寨村兴建台北华城餐饮娱乐休闲广场。

【对台交流】 以做台湾人民工作为中心，以对台经贸、文化、学术交流为契机，积极开展对台交流活动，实现郑台交流多层次、多领域的发展。2004年共进行39个交流项目，直接参加人数达594人。其中，应邀赴台交流计11个团、114人；接待台湾交流团组21个、401人次；接待台湾新闻媒体来郑采访7批、79人。

坚持规范有序操作，确保赴台交流效果。市台办认真抓好赴台交流工作的协调和指导，会同各有关部门严把项目筛选、人员确定、报批立项、政治审查、行前教育、归后总结等环节，使赴台交流工作健康有序进行。针对赴台团组增多的情况，加强对赴台人员的行前教育，专人负责，每团必教，保证了赴台交流的健康发展。2004年2月11日至25日，以全国人大代表、中国佛教协会副会长、河南省佛教协会会长、嵩山少林寺主持释永信为团长，登封少林寺、开封大相国寺、洛阳白马寺等佛教界人士组团一行38人赴台进行佛教交流，在岛内产生了重大影响，受到国台办领导的表扬。

接待台湾媒体来郑采访，主动推介采访内容，宣传入岛有了新进展。

首届世界传统武术节期间，邀请台湾中天电视台、TVBS电视台、东森电视台、《TVBS周刊》、《凤凰周刊》等岛内主流媒体新闻业者来郑采访，计在岛内播发专稿34篇，图片50余幅，从多角度、多层次展示了郑州的城市建设、人文景观、精神风貌以及传统武术的博大精深，进一步扩大了郑州在岛内的知名度和影响力，拉近了岛内民众与郑州的距离。

【对台宣传】 积极撰写稿件，加大对台宣传工作力度。2004年被国家级媒体采用稿件27篇；在省级报刊上发表14篇；在市属各新闻媒体报道涉台稿件55篇。利用接待和交流活动等机会，全年向台湾客人赠送反映郑州市情的图书、光盘、折页、画册、录相带等共490余套，还赠送了有关少林寺、中岳庙、观星台、岳阳书院、巩义青龙山景区、登封妇女艺术品展销馆、郑州少林武术专修学院、郑州商城遗址等方面的书籍、折页、光盘等宣传资料。

全年编辑《对台工作信息》30期，纳入信息108条。其中，被省台办《对台工作信息》采用48条；市委统战部《统战信息》采用7条；市外宣办采用4条。编发的台湾商务机构有关大陆投资环境郑州排序的信息，曾多次被市领导引用，被中央新闻单位和省社科院采用并宣传报道。撰写的《努力搞好服务，吸引台商投资》文章，分析和总结了郑州市近几年对台招商工作的特点、发展情况及经验，并以此文参加了全国20城市对台工作第十七次年会，进行了对台工作交流，受到与会代表称赞。

【涉台教育与涉台事务】 举办宣传对台方针政策、涉台工作知识专题讲座8场，750人受到教育，其中，面向基层为县(市)、区、企业干部培训班讲课6场，听课人数达680余人。以多种形式做好综合宣传工作。组织台胞、台属参加市委统战部主办的“迎七一·三热爱”诗歌朗诵大型演出活动，荣获演出一等奖和组织奖。撰写了《如何充分发挥地方对台工作在反对和遏制台独分裂活动、维护两岸关系稳定中的作用》的调研文章。积极组织征订2004年度涉台刊物，在全国台办系统开展的学刊、用刊中，新密市台办、中原区台办成绩突出，受到国台办的表彰，郑州市台办作为特邀代表出席了表彰大会。11月9日，两岸关系杂志社副总编辑钟和林等一行专程来郑调研，对郑州市台办系统学刊、用刊评价颇高。

认真处理涉台突发事件。在台湾“3·20”选举前后，制订了处理涉台突发事件预案，加强了对台商、台胞的安全保障和服务工作。

【台联工作】 积极引导全市台胞、台属关注台海局势，关心党的对台方针政策，进一步发挥他们在对台“民心工程”中的特殊作用。台湾“3·20”大选后和国台办“5·17”声明发表后，台联会及时组织台胞、台属中的骨干人员进行交流和讨论，进一步认识陈水扁当局的“台独”分裂行径，发挥台胞、台属的亲情优势，提高大家做好岛内亲属工作的自觉性，积极开展对岛内亲属的“六个一”活动，为祖国统一做贡献。做好重点台胞、台属的慰问走访工作，为台胞、台属排忧解难。全年共走访台胞台属32户；受理台胞台属来访8起，帮助他们解决了相关问题，做到件件落实。摸清在郑台籍大学生的底数，组织他们参观黄帝故里，共享轩辕历史文化。首届世界传统武术节期间，在郑台生和部分台胞与全国台联会长杨国庆共同座谈、交流，增加了解，增进共识。认真落实“豫财社[2003]98号”《关于居住在我省的台湾省籍同胞发放生活困难补贴的通知》文件精神，结合郑州市台胞的情况，市台联会已全面落实了困难台胞家庭按月发放生活补助费。

【台资协会】 2004年，郑州市台协为遏制“台独”势力，与有关部门进行协调和沟通，积极创造条件，支持台商60余人回台湾参加选举，以选票支持统一，反对分裂。

发挥台商在岛内和海外的联络优势，促进岛内外客商来郑考察投资。王任生会长引荐的台塑集团在郑州经济技术开发区注册了南亚塑胶郑州有限公司，现已开工建设。陈福林副会长引荐加拿大客商和农业植保专家来郑进行农业方面的考察投资或讲学活动，帮助政府招商引资。首届世界传统武术节期间，市台办、台协迎来岛内各界人士51人，签订经贸投资合作协议1个，达成合作意向5个。11月下旬，市政府在东莞进行大型招商活动，市台办和市台协积极配合，组织百家台商与会。市台协还帮助金水区政府、新密市政府到上海、昆山等地利用台协的优势进行招商引资。

增强服务意识，为台商办实事。一年来，台协为会员企业和台商投资者协调各种矛盾纠纷、用电用水、办理出境手续、工商注册年检等50余件。妥善处理3起3名台商在郑因病死亡的后事。为台湾岛内的多家企业提供资讯服务，避免了部分台商上当受骗或遭受经济损失，维护了台商的利益。

积极开展各种协会活动。年初，会长王任生参加全国台商会长会议，受到国家主席胡锦涛的亲切接见。回郑后，召开会长会议，传达了全国台商会长会议精神和国家主席胡锦涛接见会长们的盛况，使郑州台商备受鼓舞。元月9日，郑州市台资企业新春联谊会在嵩山食府举行，140余人参加，副市长胡荃代表市委、市人大、市政府、市政协向台商们致新年贺辞，密切了台商与政府的关系。

(张社荣)

第四篇 法 制

政法工作

【概况】 2004年，市委政法委深入贯彻中央、全省政法工作会议精神，坚持以"三个代表"重要思想统领政法工作，围绕构建社会主义和谐社会的目标，坚持稳定压倒一切的方针，正确处理改革发展稳定的关系。在维护全市社会稳定工作中，以争创综合治理工作先进市为载体，抓严打、抓防范、抓队伍，加强社会治安综合治理的各项措施；坚定不移地保持严打高压态势；积极防范和处理邪教问题；学习宣传任长霞，全面加强政法队伍和基层基础建设，全面完成了年初全市政法工作会议部署的各项任务。2004年，全市共破获各类刑事案件32929起，抓获各类违法犯罪人员40822人，其中逮捕6761人，劳教734人，收容教育162人，有力地震慑了犯罪。在加强流动人口管理，加强重要部位安全防范，加强对青少年的保护和教育，加强对刑释解教人员的安置帮教方面，也进行了有益的探索，促进了各项综治措施的落实。年末，中央和省里对郑州市的创建工作进行了认真地考核，均给予较高评价。国家统计部门在对省会城市社会治安群众满意率进行抽查时，也对郑州市的工作给予了充分肯定。

【争创全国社会治安综合治理先进城市】 2004年2月，为推动综合治理工作再上台阶，经过充分调查研究，市委政法委、综治办组织起草了《关于建设平安郑州，争创全国社会治安综合治理先进城市的意见》。市委、市政府及时研究下发，并明确提出了"争创全国综治先进市"的目标。在全市动员大会上，省委常委、市委书记李克，市长王文超发表讲话，形成了全市共创的统一认识和工作氛围。各级党委、政府充分发挥统揽、协调作用，把"争创"工作纳入整体工作布局，建立了党政统一领导协调，政法综治部门充分发挥职能，各地各部门各负其责、齐抓共管的"争创"工作机制，并掀起了创建热潮。各部门认真研究制定了本地区创建工作的整体规划、实施方案和具体措施，细化量化工作标准，层层进行目标分解，明确每一项任务的具体指标、完成时限和基本要求。为扩大创建声势，组织开展了综治宣传月、"平安郑州"文艺汇演等活动，加强争创宣传工作，激励社会各界和广大人民群众积极参与争创综治先进市活动。

【组建专职治安巡防队伍】 市委政法委积极发挥职能作用，创造条件，争取编制，加强综治专职队伍建设。全市382个社区，2312个行政村共配置专职综治工作人员3612人。由政府出资组建了492支5394人的专职治安巡防队。与此同时，积极争取综治专项事业经费，落实争创工作各项保障措施。为鼓励先进、激励后进，对2003年度11个综治先进单位各奖励帕拉丁汽车一台，对11名"绿城卫士"各奖励现金一万元。

【推行"三会一查究"制度】 2004年，郑州市人均GDP突破1000美元大关。随着经济的高速发展不正，市直国有企业改制带来的问题、城市扩建拆迁带来的问题、农民失地问题、农村干部作风不正等方面的问题也凸现出来，并引发了许多矛盾和纠纷，且个别纠纷久拖不决，对全市的经济发展和社会稳定造成不利影响。为有效解决上述问题，市委政法委总结深化了维护稳定工作中的"排查、包案、工作组"经验，并在全市重点推广了"三会一查究"制度。具体做法是：乡镇每月至少召开两次基层"五长会"；县(市)、区每月至少召开一次县(市)、区长协调会；市里每月至少召开一次市长办公会，专题研究解决不稳定问题。通过市，县(市)、区，乡(镇)三级党委、政府的三个"会"，采用逐层剥离，分级治理的方式，将大量的矛盾纠纷化解在基层，并消除在萌芽状态。此外，市、县(市)区两级政法部门针对干警执法中存在的问题，召开"五不"查究会13次，查究单位13个，其中县级以上单位2个。查究后，黄牌警告3个单位，查究整改10个单位。

【排查化解不稳定因素】 2004年，市政法机关按照省、市委的统一部署，开展了不稳定因素大排查、大调处活动。活动中，政法部门抽调大批干部，深入排查各类矛盾和纠纷，并落实化解责任。对排查出的矛盾和纠纷，及时予以调处，解决了一批多年来没有解决的疑难问题。按照"人要带回，事要解决"的要求，组织了"赴京带回"和省会清理清查工作，收到明显成效。基层的不稳定因素化解率由过去的50%

上升到70%，最高的达到了90%；在636起不稳定因素中，有400余起通过及时协调得到了有效处置，减少出现大规模不稳定事件122起。

【组织“两严一创”打防战役】 自2004年11月25日起，市委政法委在全市范围内组织开展了以严厉打击刑事犯罪、严密社会治安防范和创建平安郑州为主要内容的“两严一创”冬季打防战役。打防战役开展后仅仅一个月的时间，全市就破获各类刑事案件979起，其中抢劫案件66起，抢夺案件32起，入室盗窃408起，盗窃电动自行车38起。打击处理违法犯罪人员3244人，其中刑事拘留849人，逮捕569人。“两严一创”打防战役的部署和开展，确保了冬季特别是“双节”期间郑州市社会治安大局的平稳，受到人民群众的欢迎和高度评价。

【妥善处置群体性事件】 2004年，针对围堵党政机关、堵断交通、聚众械斗、非法游行示威等各类群体性事件，全市各级、各有关部门都制订了详尽完善的处置工作预案，确保在事件发生的第一时间能够快速应对，妥善处置。年初，针对郑州大酒店、联发公司、“三读”公司引发的纠纷问题，市委政法委、市委维稳办和政法部门分别成立工作组、专案组、专门队伍，积极化解矛盾，靠前处置事件，实现了郑州大酒店兑付工作和年内完成“三读”公司案件处理的工作目标，使上述纠纷没有引发重大群体性事件。2004年发生在省委、省政府门前的集体上访事件，也及时予以妥善处置，得到省委、省政府的充分肯定。2004年10月下旬，中牟县回汉村民因治安纠纷引发大规模械斗。在省、市委和省、市政府的领导下，组织公安干警和武警官兵迅速隔离械斗群众，并抽调机关干部1000余人组成工作队进村入户开展宣传、教育、引导工作，稳定群众情绪，使事态迅速得到有效控制。整个事件的处置工作严密有序，得到中央政法委的肯定。

【积极解决涉法上访问题】 2004年，全市集中排查出的437起涉法上访案件全部结案，办结率为100%。在全国统一开展的处理涉法涉诉问题活动中，共受理上级交办案件165起，其中中央交办案件67起，已办结164起，结案率达99%。全年市委政法委受理、处理群众来信285件，比上年的360件下降21%；接待来访群众600余人次，比上年的1100人次下降45%。

【复转退军人稳定工作】 2004年，召开全市性稳定复转退军人专题会议10余次，督导有关部门落实政策、解决困难，通过各种工作途径做好企业复转军人的思想疏通教育工作，使市复转退军人政策落实工作位居全省前列。

【防范及处理邪教组织】 2004年，在市委领导下，全市公安机关进一步加大深挖打击和防范控制工作力度，严密侦控、严厉打击境内外敌对势力、敌对分子和“法轮功”等邪教组织的破坏活动，连续开展了“天网三号”、“天网四号”、“天鹰计划”等集中行动，先后挫败了邪教组织在“4·25”、“5·13”等敏感日及全国“两会”期间的闹事图谋，成功侦破了“9·9”煽动传单案。全年共查破“法轮功”串联聚会和煽动案等事件45起；摧毁地下团伙12个，抓获顽固分子98人；依法逮捕14人、劳教7人，刑拘16人，治安拘留64人；收缴“法轮功”宣传品500多种24131份。实施教育转化攻坚战，全年共转化顽固人员86名。实现了进京滋事、聚集闹事、电视插播“三零”目标。

【解决干警执法“五不”问题】 2004年初，市委政法委在全市政法系统组织开展了“公正执法树形象，求真务实争先进”活动，着力解决政法干警在执法中的“不公、不严、不廉、不文明、不规范”问题。各县(市)、区委政法委和郑州市公、检、法、司机关都按照活动方案认真组织，并狠抓了动员学习、查摆问题、积极整改、建章立制等工作，收到了预期成效。政法各级班子和广大干警端正了执法为公、为民、清廉的思想，战斗力、凝聚力进一步增强。中央政法委以专题简报形式转载了郑州市开展公正执法树形象活动的经验。

【广泛宣传任长霞先进事迹】 2004年4月14日，登封市公安局局长任长霞因公殉职。任长霞是河南省第一位女公安局长，在登封市任职三年期间，打黑除霸，为民伸冤，稳定一方，保百姓平安，受到人民群众的广泛称赞和爱戴，为党、为公安战线赢得了荣誉。任长霞同志殉职后，胡锦涛总书记和温家宝总理做出重要批示。为学习宣传任长霞同志的先进事迹和宝贵精神，郑州市政法委及时安排部署相关活动。组织人员收集、整理任长霞同志先进事迹材料，起草《市委、市政府关于开展向任长霞同志学习的决定》，在市区设立任长霞事迹展览馆，并协助宣传部门安排了任长霞事迹宣传报道工作。此外，组建了任长霞同志先进事迹报告团，报告团在全国13个省(市)、自治区巡回报告50余场，直接听众7万余人。

【政法系统“学长霞”活动】 全市政法各机关结合学习任长霞事迹，组织开展了创建优秀班子，争当优秀班长、优秀助手、优秀干警活动和建立学习型机关、“争创人民满意的政法干警(单位)”活动，均收到了良好效果。在学习活动中，全市政法干警开展了“学习任长霞，执法为人民，工作争一流，实现新跨越”大讨论。全市公安机关广泛开展“学长霞，铸警魂，促工作，保平安”的大讨论，深入开展岗位大练兵和“从严治警、执法为民”集中教育活动。全市检察机关把学习任长霞活动作为检察系统开展“双教活动”的重要载体，举行了“学长霞、促双教，增辉郑州”的演讲比赛。全市两级法院开展了“假如我是当事人”的大讨论和“心中无群众，不配当法官”的专题教育活动，举办了优秀法官事迹报告会和“向长霞同志学习，司法公正树形象”的演讲比赛。全市司法行政机关结合工作实际，开展了“我的岗位无差错”活动和“加强服务、执法为民”演讲竞赛活动，收到了良好的社会效果。《郑州日报》用三个专版刊发全市各条战线学习任长霞同志的情况，中央电视台也对郑州市学长霞、见行动、求实效的做法给予了专题报道。2004 年，全市政法系统有 14 个基层单位和个人受到国家级表彰，有 300 余名个人、100 个单位立功受奖。

【培训提高政法干警业务素质】 2004 年，郑州市政法各部门根据上级规定和本部门的实际情况，拟定了本部门本系统五年内教育培训总规划和年度教育培训的具体计划。在组织全员轮训的同时，重点组织了对基层人民法庭庭长、公安派出所长、司法所长进行轮训。全市公安机关按照公安部的部署，采取集中强化训练与分散岗位练兵相结合的方法，大力开展岗位练兵活动，对全体民警分期进行了集中强化培训，并在日常工作中坚持“一日一练”、“一周一训”、“一月一评”，使公安队伍的整体素质和战斗力得到了明显提升。据统计，2004 年政法部门举办人民法庭庭长、派出所长、司法所长轮训班 109 期，对 1487 人（含科、队长）进行了轮训。举办各类业务培训班 260 多期，近一半以上的干警都接受了轮训。

【落实经费从优待警】 2004 年，市委、市政府对政法经费保障非常重视，在 2003 年全市政法经费实际拔款8.7亿元的基础上，增加了政法部门年度预算拔款数额和实际拔款数额，并且进一步加大了科技装备投入和专项活动经费。全市广大政法干警的各项工资按时足额发放，基本医疗保险、住房补贴纳入工资项目，并为 72％的一线干警办理了人身意外伤害保险。政法部门的行政经费按照高于本市一般行政机关一倍的标准进行了安排，绝大部分基层一线政法单位办公经费按照本部门人均行政经费予以保障。

【完善管理监督工作机制】 2004 年，围绕贯彻落实市委下发的《关于全市司法人员违法过错责任追究暂行规定》，进一步健全了对政法队伍严格管理、严格监督的工作机制。市委、市政府同意在市委政法委设立纪检、监察室，参与政法部门新进人员的审核把关。政法各部门办理录用手续时，需报市委政法委审核。市委政法委建立了政法机关政治部主任、纪委（纪检组）书记（组长）联席会议制度和政法干警违法违纪大要案及重大情况报告制度，定期召开由市公、检、法、司政治部主任、纪委（纪检）书记（组长）参加，必要时邀请纪委案件审理部门和反贪、法纪部门负责同志参加的联席会议，听取对政法各部门违法违纪干警的查处情况汇报，研究分析、协调处理省委、市委和政法委领导关注、批示交办的重大干警违法违纪典型案件以及其他违法违纪的重大案件线索。政法各部门进一步深化司法公开，凡是能公开的办事制度、办事程序、办事结果一律向社会公开。同时聘请执法、廉政和队伍建设监督员，定期进行走访座谈，听取他们的意见和建议，强化社会监督的作用。严格落实执法责任制和司法过错责任追究制度，对一年中发现和揭露出来的干警违法违纪案件 17 起涉及 26 人进行了严肃处理。对公安机关使用的所有治安员进行了清理，3600 多名非执法主体全部脱警服离岗培训。培训后启动考录程序，合格者予以留用，不合格者予以辞退，进一步纯洁了全市政法队伍。

【命名表彰“绿城卫士”】 为弘扬正气，激励社会各界共同参与、维护全市的社会政治和治安稳定，进一步营造创建“平安郑州”的氛围，在全市政法工作会议上，对 2004 年评选出的 11 名第四届郑州市“绿城卫士”进行了命名表彰，并从郑州市维护稳定奖励基金中拨出专款，奖励每名“绿城卫士”人民币一万元。

【发挥政法委职能作用】 2004 年，市委政法委牵头开展了集中执行行动，大力解决法院判决后“执行难”问题，维护法律权威。为此，市委政法委召开大会进行了专题部署，通过郑州中级人民法院周密组织，政法各部门密切配合，广大执行干警积极行动，使大批积案顺利执结，旧存案件大幅下降。截至 2004 年底，全市法院共执结案件 24773 件，标的达21.3亿元，月结案数量是平常的 3 倍多，存案数量从 7 月的 16229 件下降到 6491 件，使全市执行难的状况得到了一定程度的缓解。最高人民法院在全国执行工作会议上，对郑州市的做法给予肯定，省委政法委和省高级法院准备在全省范围内推广郑州市的经验和做法。市委政法委积极支持检察机关开展打击经济犯罪活动，及时总结推广郑州市检察院创造的预防职务犯罪的经验，取得了实效。积极支持协调郑州市司法局“法律五入”、司法考试、干部学法、狱所建设等项工作，使这些工作得以顺利进行。2004 年，市委政法委组织案件协调活动 30 余次，25 件疑难案事件得以协调解决。在市委政法委多方协调下，基层基础建设得到切实加强。全市 176 个乡镇（街道）配备了专职综治办副主任（享受副科级待遇）和 2 名综治专干。各乡镇设专职维稳办副主任 1 名，专项经费列入当地年度财政预算，各县（市）、区基本落实到位。建制镇派出所人员配置不少于 10 人、建制乡派出所不少于 8 人；司法所编制单列、每所 2 至 3 人；基层法庭至少有 5 名以上审判员、2 名以上书记员的标准大多得以落实。新建派出所由政府征地、由财政出资建房；新建司法所按每所 10 万元由财政拨付；基层法庭基础建设经费由财政拨付、办公用房达到 500 至 1000 平方米的标准，以及派出所长、司法所长和人民法庭庭长按副科级配备的标准，都得到了较好的落实。

（翟国防　赵孝正）

公安工作

【概况】 2004年,郑州市公安局在做好组织领导、宣传舆论、科技导人、工作效率四项保障的基础上,抓严打命案攻坚,抓防范群防群治,抓队伍树立形象,全市公安工作和队伍建设实现突破性、跨越式发展。不仅迎来了国务院总理温家宝、公安部部长周永康等中央领导同志的视察慰问,还推出了全国公安战线先进典型任长霞。此外,实现了市局领导班子调整,参与了陈寨冷库货架坍塌、新密大平煤矿瓦斯爆炸、中牟回汉民群体械斗等重大突发性事件的处置,各项工作取得丰硕成果。2004年,全市共破获各类刑事案件32929起,抓获各类违法犯罪人员40822人,其中逮捕6761人,劳教734人,收容162人。全年共破获各类经济犯罪案件104起,打击处理犯罪嫌疑人221人,其中刑拘178人,逮捕89人,取保候审71人,监视居住21人,挽回经济损失3.5亿元。全市公安机关共有32个集体荣获一、二、三等功,236人荣获个人功;创建了1个国家级青年文明号,1个省级青年文明号,8个市级青年文明号;涌现出10个郑州市杰出民警,2个杰出青年卫士,5名绿城卫士。

【情报信息工作】 围绕重大节日、重要事件和政治敏感时期,加强情报信息工作,提高情报信息工作质量,牢牢掌握对敌斗争的主动权。全年获取内幕性、预警性、深层次情报信息10712条,发现事件苗头825起,为各级党委、政府正确决策提供了可靠依据,有效维护了社会稳定。

【群体性事件处置】 重视社会矛盾纠纷的排查疏导,妥善处置群体性事件。开展涉法上访专项治理活动,采取领导包案、变上访为下访等措施,共接访群众1951人,办理控申案件1064起。其中公安部督办的25起案件,省、市挂牌督办的54起信访难案全部办结。全年处置各类群体性事件956起,配合党委、政府成功处置了陈寨冷库货架坍塌、新密大平煤矿瓦斯爆炸、中牟回汉民群体械斗等重特大治安灾害事故、安全生产责任事故和群体性事件。

【打击邪教组织活动】 严厉打击敌对分子和邪教组织的破坏活动。对重点人员摸底调查,严密控制,掌握动向;对破坏活动严厉打击,妥善处置。共查处"法轮功"串联聚会、煽动闹事45起,抓获60人,收缴非法宣传品200种、2万余件。

【命案攻坚会战】 2004年,公安部在全国部署了为期3年的命案侦破专项斗争,要求对命案力争"发一破一"。7月底,全市命案侦破率仅为78.1%,在全省位居下游,与省会城市的地位极不相符。为打好翻身仗,郑州市公安局对全市命案进行了讲评,调整部署,加大力度,组织开展了声势浩大的命案攻坚会战。实行"一把手负责制",任务分解,挂牌督破。同时,进行全警动员,形成合力。并明确奖惩,建立保障。由于多策并举,措施有力,全局干警顽强拼搏,连续作战,相继侦破金水"11·29"、二七"9·10"、管城"2·13"、中原"2·7"、巩义"5·26"、上街"6·13"等一批危害严重、影响恶劣的杀人案件。7月以后发生的命案基本达到"发一破一",侦破率大幅度提升,由7月份的78.1%提高到年底的93.36%,上升15.26%,命案攻坚取得重大进展。全市有5个分局和县(市)局实现命案全破,2个县级立案单位没有发生命案。2004年,全市共发命案211起,破获197起,破案率为93.36%。破获上网命案积案31起,抓获命案逃犯237名。无论是破案绝对数还是破案率,在郑州公安史上都创造了最高记录,在全国省会城市中名列前茅。

【冬季集中严打行动】 开展"两严一创"活动,减少季节性犯罪。针对历年冬季治安形势严峻、案件高发、重大案件频发的特点,郑州市公安局及时向市委、市政府建议,超前部署,及早动手,在全市开展严厉打击、严密防范、创建平安郑州活动。2004年11月25日,市委、市政府在省人民会堂组织召开3000人动员大会,安排部署冬季严打工作。全市各级公安机关迅速行动,破命案、抓防范、打侵财,多策并举,全民动员,全警参战,迅速掀起活动高潮。截至12月31日,全市共破刑事案件1496起,抓获各类违法犯罪嫌疑人4321人,逮捕766名,劳教98名。同时,进一步整合社会资源,组织公安民警、巡防队员、内保干部6.6万人参与巡逻防范,真正做到主干道有警灯闪烁,次干道、背街小巷有民警巡逻,社区家属院有巡防队员,空中有飞机震慑,形成立体严密的巡逻防范网络,让犯罪分子无可乘之机。"两严一创"活动效果日益明显,案件高发势头得到遏制并有所回落,群众见警率明显上升,安全感大大增强,社会反响普遍良好。

【扫毒及网上扫黄行动】 按照公安部的统一部署,积极开展扫毒行动。采取集中整治公共娱乐场所,严格对易制有毒化学品和精神、麻醉药品的管理,加大强戒力度,压缩毒品消费市场等多种措施,共整顿各类场所3971家,强制戒毒223人,缴获各类毒品共2328.5克。同时,全力开展网上扫黄行动,封堵、删除、关闭了一批黄色网站,收缴了一批淫秽物品,净化了社会环境。

【治安防控体系建设】 进一步加强快速反应机制建设,完善四级巡逻,提高社会面的控制能力。交巡警坚持网格布警,立体巡逻,不断加大防控力度,提高快速反应能力;武警、防暴支队在出入市口和重点要害部位坚持武装巡逻,定点守候,处置暴力突发事件;各分局、县(市)局完善"三级"巡逻,加大金融网点防范力度。尤其是在"两严一创"活动中,基层防范力量得到进一步加强，许多分局、县(市)局组织机关民警开展夜巡，与金融部门签订责任书，对大额现金交易进行武装护送。管城、二七分局在集贸市场开展商户联防，中原分局在社区开展单元一家亲等，使防范工作更加日常化和社会化。

加强居民区的分层次管理，努力营造安居环境。在全市134个都市村庄推行金水“胜岗模式”。对全市7325个居民楼院开展创安活动。对城乡结合部推广中原“须水模式”，实行义务巡逻和有偿服务；农村推广“义务巡逻”，居民轮流当班巡逻。

以争创“安全单位”活动为载体，加强重点要害部门防范。对金融单位实行达标验收，对安全措施不完善的营业网点责令整改。全市1500个金融网点、224座金库全部达标。

【消防及交通安全】 加强消防、交通管理，遏制治安灾害事故的发生。围绕重大节日、重要活动开展安全检查，组织开展了公共场所、大型商场、批发市场等公共聚集场所，易燃易爆单位，网吧专项治理。共查处整改火灾隐患187处，取缔不合格场所78家。不断加大交通管理工作力度，扩大交通宣传，治理交通违章，整顿交通秩序，取得明显成效。火灾、交通事故四项指标都有不同程度的下降。

【重大节庆活动安全保卫】 加强“两会三节”安全保卫工作，圆满完成阶段性中心任务。2004年9月，党的十六届四中全会召开，郑州市举办第十届全国商品交易会和首届世界传统武术节，加上中秋节和国庆节，简称“两会三节”。在此期间，全市共举行大型活动96场次，参与群众80万人次，规格高、规模大、人员多、时间长，安保任务十分艰巨。为确保大型节庆活动的安全，郑州市公安局制定了详细的工作方案，排查不安定因素，召开动员大会，严密部署、严格分工，对106个重点场所逐一搜爆检查，对89个重点部位严格火险监督，共出动民警、保安力量5.2万人次，确保了“两会三节”期间的安全与稳定，展示了郑州公安的风采和形象，受到省、市领导的充分肯定。

【学习宣传任长霞先进事迹】 开展向任长霞同志学习活动，充分发挥先进典型的激励作用。任长霞的先进事迹，引起各级领导高度重视。胡锦涛、温家宝、罗干、李长春、周永康等中央领导同志就学习宣传任长霞做出重要批示。郑州市公安局把学长霞活动作为抓队伍建设的一项重要举措，召开了“学长霞、铸警魂、促工作、保平安”誓师大会，制作了学习光盘，下发了《学习资料汇编》，建立了任长霞事迹展览馆，开展了“做任长霞式好局长”、“做模范科所队长”、“争当执法为民好民警”活动。在抓好内部学习的同时，组织先进事迹报告团到北京、海南、重庆等13个省、自治区、直辖市巡回报告50余场，直接听众7万余人，历时2个多月，行程6万多公里，在全国引起很大的反响。按照省委书记徐光春同志的指示，巡回报告团又给省委全体常委和省各厅、局(委)主要负责同志集中作了一场报告。报告会结束时，省委常委等领导们纷纷表示，任长霞同志的事迹感人至深。结合学习宣传任长霞先进事迹，有针对性的在全市公安系统开展“公正执法树形象，求真务实争先进”活动，认真解决公安队伍中存在的执法不公、执法不严、执法不廉等十个方面的突出问题。

【公安干警大练兵】 开展大练兵活动，提高队伍整体素质。坚持“一日一练、一周一训、一月一评”，使练兵活动制度化和经常化。通过实战演练和技术比武，检验练兵成果。大练兵活动中，全市公安机关举办各类竞赛、演练134次。一年来，练兵活动结出丰硕成果，在全国、全省公安系统比赛中，郑州市公安机关均取得优异成绩。

【公开选拔分局级领导干部】 10月，市公安局邀请市人大代表、政协委员和组织部、政法委的领导同志参与，对所属几个公安分局和县(市)局的领导岗位实行公开选拔制度。经过全局动员、笔试面试、演讲答辩、民主推荐、组织考察、任前公示6道程序，全过程透明及公开公正地选拔了所需岗位的领导干部。选拔后，一批公道正派、群众基础好、工作能力强、工作思路清的年轻干部走上领导岗位，促进了干部管理的科学化、民主化和制度化，激发了广大民警想干事、能干事、千方百计干成事的工作积极性。

【推行等级化管理】 为建立公安队伍管理的长效机制，2004年，公安系统对单位和民警分出一、二、三、四等级，每月一小结，每季一考核，年终总评，每月分数上网公布，增加透明度。等级化管理与民警的政治荣誉及经济利益挂钩，激发了全体民警干事创业的热情，转变了工作作风，提高了工作效率，改善了服务质量，遏制了违法违纪事件的发生。

【廉政及警风警纪建设】 完善监督制约机制，加强各级领导班子的廉政建设。市公安局党委向社会作出关于不收受和赠送现金、有价证券、支付凭证，不参与赌博的公开承诺。进一步完善领导干部廉洁自律制度体系建设，强化内外监督制约机制，加大反腐倡廉力度，对两级班子召开了廉政谈话会。全年共谈话诫勉副科级以上干部130人，任前廉政谈话正科级以上领导干部58人。查处科所队长以上干部24人，追究领导责任12人，责令引咎辞职1人。例行审计、专项审计、离任审计52次。清理领导干部超标用车90余辆。

开展“四项教育”，解决公安队伍思想、作风、法纪、廉洁方面存在的突出问题。针对省厅集中督察发现的问题，开展自查自纠，查处违法违纪违规案件77起132人，其中党政纪处分63人，辞退4人，免职13人，通报批评19人，告诫谈话33人。同时，对照思想、作风、法纪、廉洁问题，查摆剖析，认真整改。

（江 波）

检察工作

【概况】 2004年，全市检察机关充分发挥法律监督职能，与公安、法院等部门密切配合，严厉打击严重刑事犯罪，全力维护社会稳定。共批准逮捕各类刑事犯罪嫌疑人6677人；提起公诉6609人。针对群众反映强烈的黑、恶势力犯罪，杀人、抢劫等严重暴力犯罪，盗窃、抢夺等多发性犯罪，组织精干力量提前介入，快捕快诉。全年共批准逮捕上述三类刑事犯罪嫌疑人4030人，提起公诉4018人。完善多发案件批捕、起诉证据标准，办案质量和效率明显提高。全市两级检察院批捕案件起诉率达99.90%，有罪判决率为99.96%，无超期羁押案件。全年共立案侦查国家工作人员职务犯罪案件245件，同比上升8.47%；其中贪污贿赂156件，渎职侵权89件。全年共查处县处级以上干部24人、行政机关工作人员75人、行政执法人员45人、公安司法人员40人。在查处的案件中，大要案127件，同比上升了44.30%。全年共侦查终结案件229件，提起公诉185人，法院已判决136人，有罪判决率达99.30%。郑州市检察系统人均办案率、侦结率和有罪判决率均位居全省检察系统前列。

【查结一批重特大刑事案件】 成功办理了高检院挂牌督办的胡英杰等20人涉嫌黑社会性质组织案、范景诗等13人敲诈勒索案等一批重特大刑事案件，沉重打击了犯罪分子的嚣张气焰。为维护社会主义市场经济秩序，集中办理了郑州诺华公司涉嫌生产销售假农药、荥阳龙阳公司生产销售假奶粉等一批破坏市场经济秩序犯罪案件，取得了良好的社会效果。针对各级领导关注、社会影响较大的陈砦冷库货架坍塌、大平煤矿特大瓦斯爆炸等重大安全生产事故和惠济区师家河、中牟县“10·28”等群体性事件，市及县(市)、区两级院领导高度重视，亲赴一线，稳妥处置，依法办理，有力地维护了社会稳定。

【保护公民合法权益】 结合“人权入宪”，开展打击侵犯人权专项斗争。重点立案侦查国家机关工作人员涉嫌滥用职权、非法拘禁、刑讯逼供、破坏选举等侵犯公民人身权利、民主权利等方面的犯罪案件，全年共查办此类案件66件。针对安全生产形势严峻，给国家财产和群众生命安全造成重大损失问题，共查处重大安全事故背后的国家工作人员玩忽职守犯罪33人。坚持打击犯罪和保护人权并重的原则，增设“青少年维权岗”、“女性犯罪特别审控组”、“残疾人控告申诉绿色通道”等诉讼渠道，加强对弱势群体合法权益的保护。

【加大系统职务犯罪查办力度】 2004年，全市检察系统密切关注职务犯罪新动向，及时调整工作重心，加大了对系统职务犯罪的查办力度。根据群众举报，在短短4个月内查处了工商系统涉嫌贪污、受贿犯罪的工作人员10人，其中县处级以上干部7人。针对电力等垄断行业易发职务犯罪的特点，集中查办河南省电力公司原副总经理李俊杰(副厅级)涉嫌受贿、贪污及385万元巨额财产来源不明案；郑州市电业局物资公司经理李明学涉嫌贪污、受贿及910万元巨额财产来源不明案等10起有影响的案件。在查处的基础上，对电力等垄断行业发生职务犯罪的原因进行了专题调研。中央办公厅和最高检察院转发郑州市的调研报告后，国务院总理温家宝作了重要批示。

【重视对农村干部职务犯罪的查处】 针对一些农村干部滥用职权，农民群众反映强烈，甚至引发群体性事件的严重情况，检察系统加大了对农村干部职务犯罪的查处力度，全年共组织查办涉嫌职务犯罪的农村基层组织人员28人。其中比较有影响的是惠济区师家河村支部书记刘国照涉嫌贪污343万元、诈骗248万元案。这些案件的查处，对震慑和遏制“村官”职务犯罪，维护农村社会稳定发挥了重要作用。

【探索职务犯罪侦查工作新机制】 努力适应加入世贸、修改宪法、司法改革等形势发展需要，积极探索职务犯罪侦查新机制。改变“传人、突审、搜查”的传统办案模式，基本实现侦查工作“由供到证”向“由证到供”、“供证结合”的转变。通过建立公开奖励举报有功人员等制度，鼓励群众积极同职务犯罪作斗争；牢固树立现代司法理念，增强侦查人员的证据意识、程序意识和人权保护意识，注重办案人员侦查技能的提高和侦查谋略、侦查措施的灵活运用；坚持司法诚信，追求司法文明，兑现刑事政策，体现人文关怀，切实维护犯罪嫌疑人的合法权益；严格案件受理、初查、立案、侦结等工作程序，规范侦查行为；不断完善侦查指挥协作机制，通过交办、督办、参办、提办等办法，整合检察资源，提高办案效率；加强协调，争取上级检察机关支持和纪检监察、公安、法院、审计、税务等部门的配合，发挥整体优势。

【建立职务犯罪预防工作新机制】 继续推行由党委统一领导，有关部门齐抓共管，检察机关充分发挥职能作用的职务犯罪预防工作机制。全市检察机关立足本职，结合办案，开展个案预防188件，系统预防168项，专项预防124项，警示教育113次，提出检察建议275件。巩义市检察院运用“一站、两厅、三基地”预防职务犯罪的做法在当地产生了强烈的社会反响；中牟县检察院、高新区检察院在农村基层组织开展职务犯罪专项预防的做法被高检院在全国推广。在总结预防职务犯罪经验的基础上，郑州市检察院提出了建立全市预防职务犯罪计算机网络的设想，得到市委充分肯定，被高检院列入联合国计划开发署项目。

【刑事诉讼监督稳步发展】 在刑事侦查监督中，着力纠正有案不立、有罪不究、以罚代刑问题。对侦察机关应当立案而未立案的，依法监督立案58件，同比上升48.7%；对不符合法定逮捕、起诉条件的，不批准逮捕640人，不起诉187人。荥阳市检察院对120余起交通事故进行专项立案监督，通知公安机关进行专项立案监督，共通知公安机关立案12件。全市两级检察院加大了追捕、追诉力度，依法追捕101人，追诉70人，其中被判处10年以上有期徒刑的15人，判处无期徒刑、死刑的2人。积极开展存疑不捕案件专项监督活动，对2003年全市存疑不捕案件中的556人实行跟踪监督，督促公安机关重新报捕96人，直接移送起诉23人，撤案或作其它处理的336人。在刑事审判监督中，二审程序提出抗诉13件，法院已改判6件；审判监督程序提出抗诉5件，法院已改判1件；通过检察建议，对6名不具备监外服刑条件的罪犯收监执行，对18名服刑人员的刑期误算问题进行了纠正，纠正不应减刑而呈报减刑的22人。

【民行诉讼监督取得突破】 全年共立案审查不服法院裁判的民行申诉案件175件。向省检察院提请抗诉30件，提出抗诉4件，法院已改判16件，作调解处理72件(含上年留存案件)。向法院提出再审检察建议10件，法院采纳4件。建立“民行一体化”管理机制，在全市民行检察系统内统一考试，选拔17名主办检察官，任命为市院代理检察员，赋予独立办理二审案件的权力。这种办案机制提高了案件质量和效率，得到了最高检察院的充分肯定。为保护社会公共利益，运用检察建议等形式督促有关单位采取措施，挽回经济损失1200万元。如郑州台大集团采取欺骗、串通等手段，兼并了郑州雕刻厂，导致职工多次集体上访，请求解除兼并。二七区检察院审查后，认为台大集团采取欺骗手段兼并郑州雕刻厂不应具有法律效力，通过检察建议使原兼并决定得以撤销，恢复了郑州雕刻厂的法人地位，挽回损失700万元，维护了社会稳定。

【行政执法监督开局良好】 针对群众反映行政执法机关以罚代刑、不移交刑事案件等问题，积极探索行政执法监督工作新途径。全市检察机关与行政执法机关建立了行政执法与刑事执法相衔接的工作机制，建议移送涉嫌犯罪的案件138件，公安机关立案96件。

【重视群众控申工作】 高度重视群众来信来访，积极化解社会矛盾。建立控告申诉便民服务大厅，实行检察长预约接待和领导包案制度，认真解决告状难、申诉难以及案件久拖不决等问题。全年共受理控告申诉997件，审查处理972件。对法院判决、裁定正确的65件刑事申诉案件和174件民事行政申诉案件，认真做好申诉人的服判息诉工作，努力维护司法权威。立案复查刑事申诉案件20件，改变原决定5件。排查处理涉法、涉诉上访案件42件，已全部结案息诉。

【人民监督员制度试点工作】 郑州市检察机关主动引入外部监督，两级院按照相关程序选任114名人民监督员，其中人大代表64名，政协委员31名。通过人民监督员对检察机关自侦案件中犯罪嫌疑人不服逮捕决定、拟作撤案和不起诉处理的三类案件进行监督。实施人民监督员制度后，已有26起案件进入监督程序，促进了检察机关更好地履行法律监督职责，收到了良好的社会效果。

【完善案件管理工作机制】 为防止滥用检察权，违法办案，在总结二七、金水、荥阳检察院案件管理经验的基础上，全市两级院成立了案件管理中心。运用计算机网络对所有案件从进口到出口实行动态流程管理，随时准确掌握案件运行情况，管住程序。建立案件质量跟踪评价机制，对所有办结案件，从定性、量刑到文书、卷宗进行考评，实行办案质量监督与控制，管住实体。继续以“十大精品案件”评选活动为载体，促进干警执法水平和办案质量不断提高。

【改善干警队伍工作作风】 认真开展“公正执法树形象，求真务实争先进”、“强化法律监督、维护公平正义”等教育活动，引导干警牢固树立“立检为公、执法为民”思想，着力解决执法中存在的突出问题。对群众举报检察干警违法违纪的41起线索，快速反应，全部逐案查清，有2名干警受到党政纪处分。通过教育整改，检察人员执法行为更加规范，执法作风明显改进，执法效果得到提高。坚持文化育检，组织举办“周末沙龙”、法学论坛、专家讲座、演讲比赛、文艺晚会等丰富多彩的文化活动，培育健康向上的检察文化，为增强检察队伍的凝聚力，激励干警爱岗敬业，无私奉献。2004年8月，市检察院以“来自军营的检察官”为主题，组织问卷调查、座谈、节日走访等活动，被中央电视台制作成电视专题片，在社会上引起了强烈反响，受到一致好评。采取脱岗培训、岗位练兵、网上课堂、一案一评、专题研讨、业务竞赛等多种形式，在全市检察机关营造崇尚学习、勤于思考、善于总结的良好风气，干警业务素质明显提高，一大批业务尖子脱颖而出。在2004年全国统一司法考试中，市检察院有15人顺利通过，通过率为32.6%，高出全国21个百分点。受最高检察院公诉厅委托，成功举办了全国公诉部门“观摩示范庭”，得到国内同行的高度赞扬。

【基层检察院建设整体推进】 二七区检察院通过不断探索和实践，初步形成了以业务建设为中心、以队伍建设为保障、以信息化建设为手段的“三位一体”工作机制，受到了最高检察院、省检察院的充分肯定和高度评价。市检察院以此为契机狠抓基层院建设，在全市检察机关推广二七区检察院的经验。通过开展“学、帮、赶、超”等活动，后进院迎头赶上，先进院又有新的发展。涌现出了一批基层院建设先进单位，二七、金水、荥阳、管城、登封5个基层检察院被评为“全省先进检察院”，二七、金水两个基层检察院被评为“全国先进检察院”，二七区院被列入“全国十佳检察院”候选院，郑州市院被最高检察院授予“基层院建设组织奖”。

（李慧织）

法院工作

【概况】 2004年，全市法院系统以邓小平理论和“三个代表”重要思想为指导，紧密围绕省会郑州社会稳定和经济发展大局，以开展集中执行、涉诉上访专项治理为突破口，全面落实“司法为民”宗旨，狠抓审判工作的质量和效率，为全市改革开放、社会稳定和经济发展做出了新的贡献。2004年全市法院共受理一、二审和再审刑事、民事、行政、执行等案件93731件，审（执）结80172件，结案率同比上升7.3%。其中市中级法院受理各类案件13630件，审（执）结11072件，结案率同比上升3.7%。

【刑事审判】 依法严惩严重刑事犯罪和严重破坏社会经济秩序的犯罪案件，全力维护社会稳定。一年来紧密围绕建设“平安郑州”的目标，继续深入贯彻“严打”方针。共受理各类刑事案件5941件，判处罪犯6598人，其中判处死刑（含死缓）、无期徒刑162人。主要措施：一是重点打击严重暴力犯罪，有组织犯罪和抢劫、抢夺、盗窃等多发性侵犯财产权的犯罪，共审结此类案件3451件，判处罪犯4713人。依法从重从快惩处了王郑光、张义等一批黑势力犯罪分子，沉重打击了犯罪分子的嚣张气焰。加大对贩毒、组织卖淫犯罪的惩治力度，审结建国以来河南省最大的贩毒案，温东升等7名犯罪分子被判处死刑；审结金佰利酒店组织卖淫、妨害公务一案，18名犯罪分子被依法严惩。加强对重大责任事故、劳动安全事故等犯罪案件的审理，共审结此类案件15件，判处罪犯25人。二是严厉打击严重经济犯罪，加大对非法集资、金融诈骗等危害经济安全和破坏市场经济秩序犯罪的打击力度，共审结此类案件97件170人。特大票据诈骗犯王翔、王利明等3案4人被依法判处死刑，有力震慑了金融犯罪。妥善审结涉案金额5.9亿元、涉及群众2.7万多人的“三读”集团非法吸收公众存款案，主犯张少鸿受到了严惩。依法严惩职务犯罪，审结贪污、贿赂、挪用公款等犯罪案件120件136人。原市电业局物资公司经理李明学利用职务之便、贪污受贿280余万元，另有600多万元财产来源不明，被判处无期徒刑。三是积极参与社会治安综合治理。为弘扬法制、震慑犯罪、鼓舞群众，召开宣判大会36场，旁听群众达32万多人次；为促进罪犯的教育改造，依法办理减刑、假释案件3080件。加强对未成年犯罪人的教育、感化、挽救工作，依法从轻判处未成年犯罪人568名。针对审判工作中发现的治安隐患和管理漏洞，及时向有关部门提出司法建议27份，有效预防和减少了犯罪的发生。

【民事审判】 依法调节民事关系，促进经济发展和社会进步，保护公民、法人和其他组织的合法权益。2004年，全市法院共受理一、二审民事案件45887件，审结42050件。进一步加强对“三农”案件的审理，及时审结土地承包、山林、果园、水利等案件428件，促进农业快速发展。认真审结企业改制，产权转让、破产重组等案件122件。妥善处理了“五彩购物广场破产案件”遗留问题，保障国企改革稳步前进。依法保护金融债权，努力防范和化解金融风险，审结各类金融纠纷案件2790件，结案标的24.6亿元。依法审结各类合同纠纷案件20899件，制裁违约、失信行为，维护诚实信用的商业道德。加大知识产权司法保护力度，及时审结侵犯专利权、商标权等各类知识产权案件151件，制裁侵犯知识产权的行为。依法审结全省涉外、涉港澳台案件17件，为全省对外开放创造良好的法制环境。积极贯彻保护妇女、老人、未成年人合法权益的原则，妥善处理婚姻、家庭、继承案件9590件。及时受理、审结拖欠民工工资、劳动争议案件1818件。认真审理劳动争议案件，妥善审理了影响社会稳定的原告李学成等144人与工商实业公司劳动争议纠纷案，坚决维护劳动者的合法权益。认真审理因医疗事故、产品质量、环境污染等引发的人身及财产损害赔偿纠纷案件4013件，依法追究侵权人的民事责任，及时补偿受害人的损失。大力加强诉讼调解，全年调解结案达15670件，使双方当事人“化干戈为玉帛”，取得了较好的法律效果和社会效果。

【行政审判】 加强行政审判工作，依法维护合法的行政行为。全市法院共受理各类行政案件1252件，审结1164件，执结非诉行政执行案件2595件。认真履行行政审判职责，依法调节了大量的涉及城市规划、拆迁、治安、农民负担等行政管理关系，在保护行政相对人合法权益的同时，维护和监督行政机关依法行政。在行政审判中，二七区法院锐意进取，敢审敢判，办理了任国胜诉郑州市规划局案、樊兴华诉航院讨要学位案等几件在全省、全国有一定影响的案件，中央电视台《今日说法》做了专门报道。市中级法院依法顺利审结登封少林景区273名原告诉登封市政府拆迁安置协议及行政赔偿案，收到了良好的社会效果。

【审判监督和管理】 为提高审判质量和效率，全市法院系统对申诉和申请再审的案件进行认真审查，对确有问题和出现新证据的106起案件，按照法定程序予以改判。审结检察机关抗诉案件199件，其中依法改判40件。维持当事人自愿达成调解协议和作其它处理的159件。认真接受人大代表和政协委员的监督。一是针对人大代表和政协委员反映的裁判文书质量不高的问题，在全市法院组织开展裁判文书检查评比活动，对3万多起案件的裁判文书进行了评查，制定整改措施，促进了裁判文书质量的提高。二是认真办理人大代表和政协委员提出的建议和提案，市中院对市人大常委会、市政协转来的22件建议和提案，对市人大常委会督办及要结果的案件，均按期办复。进一步加强与人大代表、政协委员的联系，广泛征求代表、委员对法院工作的意见和建议。全市法院共走访人大代表、政协委员109人次；邀请人大代表、政协委员583人次到法院座谈或视察工作；邀请人大代表、政协委员338人次旁听案件。为提高审判效率，解决案件久拖不结问题，全市法院系统放弃星期天休息时间，集中三个月加班加点，清理积存案件17957件，同时建立了案件超期预警和定期通报机制，防止案件积压。开展减刑、假释案件大检查活动，对2000年以来办理的11957起案件逐案进行检查，进一步完善了办理减刑、假释案件公示和听证制度，使减刑、假释工作更加规范、公开、透明。

【集中执行行动】　近年来，法院执行案件积压严重、人民群众反映强烈。为全力解决“执行难”问题，维护生效法律文书的严肃性、权威性和强制力，在市委、市政法委的领导和协调下，在公安、检察机关的积极配合下，全市两级法院自2004年7月底开始，开展了声势浩大的集中执行行动。在集中执行行动中，全市法院系统共组织干警500余名，统一指挥、统一协调、包案到人、限期执结，并加大执行力度，用足用够法律手段，先后对200余名拒不履行生效裁判的被执行人依法采取拘留等强制措施。还与公安、检察、司法等部门联合制定下发了《关于如何办理涉执犯罪案件若干问题的意见》，对23名抗拒执行、涉嫌犯罪的人员依法启动刑事诉讼程序。在各级党委、人大、政府、政协以及新闻媒体和社会各界的关心、支持下，全市形成了执行工作的强大声势，一批长期得不到解决的“骨头案”、“钉子案”得以执结。通过这次行动，全市法院共执结各类案件16189件、执结标的13.4亿元，执行积案从16269件降至5560件，圆满完成了预定目标。据统计，2004年全市法院共受理各类执行案件35380件，其中执结26193件、执结标的21.3亿元，同比分别上升34.5%和187.8%，执行压力大大缓解。

郑州市法院系统探索新形势下解决执行难问题的做法引起了上级机关的密切关注。在全国执行工作会议上，最高人民法院对郑州的做法给予肯定，《人民法院报》对此做法进行了介绍并加了编者按；省委政法委和省法院将在全省范围内推广郑州市的经验和做法。

【涉诉上访专项治理】　2004年，全市法院系统从维护社会稳定、践行司法为民宗旨高度出发，组织开展涉诉上访专项治理活动，积极化解社会矛盾。在专项治理活动中，强化责任，完善领导包案制和责任追究制，明确责任人，限定结案期限；健全制度，制定实施了首问责任制，院长接待日、公开听证、信访工作流程管理，案件回访等工作制度，使接访、处访更加规范有序。为促进各法院落实上述措施，市中院组织了六个督察组，一是深入基层督导上访案件办理进度，确保各项工作落到实处。二是加强调查研究，深入实地了解上访群众的困难和要求，增强工作针对性。对上级交办的上访老户案件逐案甄别，一户一档，一案一策。对处理不当，裁判错误的6起案件，坚决依法予以纠正。对裁判正确但群众确有实际困难的16起案件、300余名当事人，主动争取党委、政府的支持，积极帮助解决问题。对上访理由不能成立的，经过深入细致的教育和疏导，息访122起。与当地党委、政府协调配合，稳定45起。通过专项治理活动，上级交办的189起涉诉上访老户案件得到妥善处理，有力地维护了省会郑州的社会稳定，受到中央督察组的充分肯定。

【司法改革】　2004年，全市法院系统继续深化各项改革，一是在人事制度和审判组织上推行了法官、法官助理、书记员的考核和分类管理制度，进一步推进了法官职业化进程。市中级法院组织召开了法官助理制度理论研讨会，并在新郑市法院开展了法官助理制度试点。在试点过程中，该院广泛征求意见，深入调查研究，对岗位目标百分制量化考核与奖惩制度进行认真修订，使全院的审判管理和行政管理进一步走向规范化、制度化、经常化，使司法体制创新迈进了一大步。巩义市法院在全院设立了各种模式的审判单元，使审判长、审判员、法官助理、书记员合理分工，使审判资源得到了优化。管城回族区法院民二庭实施法官助理制度，规范办案流程后，办案效率明显提高。该庭5个审判员人均年结案超过130件，个人结案最高达171件，比上年度办案能手多结一倍；全庭结案930件，比上年同期增加106%。此项制度的实施，在全省法院系统引起了较大的反响。二是规范审判制度，深化审判方式。继续推行刑、民事案件普通程序简化审理。各法院适用这一程序后，刑、民事案件简化审理的案件数量大大增加。惠济区法院在规范审判制度中，结合本院实际制定了《刑事审判工作指导意见》，把经常审理的12种犯罪分节进行规范，在法定刑期内对不同的犯罪情节、危害程度、危害结果等划定量刑格次，制定量刑标准，指导刑事审判工作。该院自2004年2月1日试行后，审结的刑事案件平均审限22天，比上年同期的33天减少了11天，做到了无超审限和超期羁押案件；上诉4件，上诉率8.1%，比上年同期的22.7%下降14个百分点；当庭宣判案件22件，比上年同期增多17件，当庭宣判率较上年提高16个百分点。该院在审理民商事案件中，适用简易程序审结781件，占全部结案数的81%，提高了诉讼效率，减轻了当事人讼累。

【队伍建设】 根据省高院和市政法委提出的“司法公正树形象”、“公正执法树形象，求真务实争先进”的要求，全市法院结合自身实际，制订了实施方案，着重抓了以下工作：

一是加强思想教育，进一步解决“为谁掌权，为谁服务”的问题。深入开展向任长霞同志学习活动，组织干警听取任长霞同志事迹报告会并参观了任长霞同志事迹展览。先后举办“公正司法树形象”演讲会和优秀法官事迹报告会，用身边人、身边事教育大家。市中院组织领导班子成员、各支部书记到西柏坡参观学习，重温“两个务必”和入党誓词，接受西柏坡精神再教育。在全市法院开展“为谁掌权，为谁服务”、“假如我是一个当事人”、“心中无群众，不配做法官”等教育活动，要求干警进一步增强群众意识，树立群众观念，引导教育干警树立宗旨意识，恪守职业道德。通过教育活动，极大地激发了干警的工作积极性。金水区法院干警无私奉献，自愿放弃双休日和节假日，加班加点，超负荷工作，比办案数量，比办案质量，比办案效率，比审判作风蔚成风气，全院上至院长下至一般干警在没有任何经济补偿的情况下，无一人休假，带病坚持工作，婚假不休息的法官不胜枚举。2004年1～11月份全院审判人员平均加班40个工作日，执行人员平均加班80个工作日。审判人员结案均在131件以上。民二庭审判员孙红英、崔雷急当事人所急，想当事人所想，几次带病赴西藏、青海等环境恶劣地区进行财产保全，为当事人挽回巨额经济损失。据不完全统计，当事人和人民群众为该院赠送锦旗和表扬信40余封(面)，在法院内外墙壁上随处可见当事人自发张贴的感谢信，充分彰显了法院法官良好的精神风貌和廉洁司法的职业形象。

二是加强业务培训，提高法官素质。采取不同形式加大对法官的教育培训力度。建立法官学习档案，将法官培训和考试成绩作为任职、晋级的重要依据。邀请全国著名法学专家来院授课，对全市法院600多名法官进行理论培训，更新司法理念。通过举办理论与实践研讨会、法官论坛、庭审观摩等，提高了法官业务技能。市中院推行法官年度业务闭卷考试制度，考试成绩与审判岗位挂钩，增强了法官学习业务的自觉性。一年来，共选派147名业务骨干离岗参加培训，组织240余名干警参加本科以上学历教育。

三是试行无违法违纪保证金制度，进一步加强队伍廉政建设。为了确保法官队伍清正廉洁，试行“无违法违纪保证金制度”。全市法院各级领导干部、一般干警以及各基层法院院长层层签订党风廉政建设及无违法违纪责任书，且每年度交纳一定数额的保证金，年终根据该年度内本人以及主管工作范围内有无违法违纪事件，按照有关实施办法给予相应奖惩。

四是抓好从优待警，为干警工作生活创造良好条件。首先，提请郑州市人大任命了38名审判员，缓解了审判力量不足的问题。其次，制订了《关于加强市法院培训工作管理、干警参加学历学位教育及规范学费报销制度的规定》，鼓励支持干警参加国家承认的高等教育学习，在学习时间上予以保证，结业后报销一定比例的学费，极大地调动了干警学习深造的积极性。第三，搞好市中院迁址新建工程。面对建筑材料价格大幅上涨带来的困难和压力，市法院领导多次到有关部门协调工作，跑资金、找款项，并经常到工地检查工作，对工程质量、进度和施工安全提出要求，及时研究解决工程建设中存在的困难和问题。第四，组织干警集体购买商品住宅楼，积极解决迁址后干警上班不便等后顾之忧。

【机关管理和服务保障】 一年来，全市各法院全力做好机关管理和服务保障工作，确保各项审判任务的顺利进行。一是认真做好司法鉴定工作。2004年，全市法院共完成各类技术鉴定案件1478件，其中市中院完成301件(对外委托案件77件，自身鉴定法医和文检案件224件)，有力地支持了审判工作。按照最高法院的要求，司法技术鉴定部门不仅承担着法医和文检鉴定任务，而且担负着本院所有司法鉴定的对外委托和组织工作。为了做好这两项工作，充分发挥技术工作为审判工作服务的职能，市法院以法医和文检鉴定为基础，以对外委托鉴定为重点，积极开展司法鉴定工作。实行对外委托鉴定工作以来，市法院将与临床联系较为紧密的医疗费用审查、预测等鉴定工作，交由加入法院鉴定机构名册的医院完成。但在实践中发现，由于专业和认识上的差异，医院鉴定存在使用标准不准，鉴定结论缺乏针对性、实用性的问题。为此，法院及时与医院鉴定机构进行了沟通，力争使每个鉴定结论都做到准确实用。针对个别鉴定时间过长、质量不高等问题及时研究制定了《对外委托鉴定质量和效率监控办法(试行)》和《对外委托鉴定鉴定费管理暂行办法》，从制度上对当事人、主办法官、鉴定机构和鉴定委托承办人进行约束，使鉴定质量有了进一步保证。在认真做好法医、文检鉴定和对外委托工作的同时，充分发挥专业优势，积极为全院干警服务，圆满完成院里交办的其他各项工作。如多次担负院内大型活动的医疗保健任务，常年为全院干警提供测血压、量体温等医疗服务，全年参加宣判执行大会摄影、验尸13场次，配合刑庭组织专家论证会4场次，配合公安、检察、卫生等部门完成尸体解剖、重大疑难案件研究和医疗事故鉴定80余次。二是搞好宣传工作，为法院各项工作的开展创造良好的舆论氛围。2004年以来，全市法院围绕“上大报、上头题”，面向基层，突出整体工作报道和辅助案件报道，树立法院和法官形象这一思路，不断加大宣传力度。仅市中级法院就在中央级媒体刊发各类文章680篇，在省级媒体刊发341篇，在地市级媒体刊发196篇。其中在《人民法院报》刊发5条头版头题，在《人民日报》发表7篇。《郑州法院网》共发稿1000余篇(条)，每月点击量达43万次。与郑州广播电台联办的《法官说法》栏目每周一期，共播出53期。全市法院宣传工作受到最高法院的表彰和兄弟法院的称赞。三是深入调查研究，促进基层法院建设。为进一步加强对基层法院的指导，市中级法院先后深入到13个基层法院进行调研，查找基层工作中存在的问题，研究制定对策。为使这项工作长期化、制度化，进一步完善了院领导定点联系基层法院制度。市法院领导定期深入基层了解情况，指导工作。7月下旬，市中院领导班子成员分别抽出3天时间，带领其他工作人员到各自的联系点，围绕加强基层法院班子建设、队伍管理长效机制建设、实践"公正与效率"等3个方面的17个问题深入开展调研，并抽查了审判"公正司法树形象"等各项活动开展情况。通过调研，发现了不少行之有效、有推广借鉴价值的工作制度和方法，摸清了当前基层法院工作中存在的问题，为加强全市基层法院建设打下了基础。结合调研情况，出台了《基层法院年度工作考评办法》，从审判、执行、队伍建设、行政管理、宣传调研信息等5个方面对基层法院的工作进行细化、量化，实行百分制考试，强化了竞争激励机制，促进了全市法院各项工作全面发展。法院其他后勤工作，如：司法警察、档案管理、财务管理、车辆管理、文秘、文印等各项工作都较好地完成了任务。

(卢新合)

司法行政工作

【概况】 2004年，全市司法行政系统紧紧围绕年初制定的"三服务、四深化、两加强"的目标任务，团结一致，开拓创新，扎实工作，各项工作都取得了显著成效。市局被省司法厅考核评比为年度完成责任目标优秀单位。金水区马头岗村被司法部、民政部评为"全国民主法治示范村"。市局党委中心组被市委宣传部评为中心组学习先进单位。局信息调研工作被司法部评为先进单位。市局被评为省市综治工作先进集体和全省劳教工作管理先进单位。老干部党支部被省评为先进离退休干部党支部。信访稳定工作和离退休工作分别被市委、市政府评为先进工作单位。市法律援助中心荣获省助残先进集体。全市司法行政系统共有2个单位荣记集体三等功，46个单位荣获依法治市工作先进集体和人民调解工作先进集体。123人分别被荣记三等功和评为"绿城卫士"、政法系统先进个人。

【普法工作】 采取多种形式，大力开展宪法、《行政许可法》为重点的法制宣传活动。继续深化了"法律五入"和"法律进万家"活动。有针对性地开展了领导干部、国家公职人员、农村基层干部以及青少年等重点普法对象学法用法活动。全市938名县处级领导干部到基层为群众讲授法制课；2万多名行政机关工作人员进行了行政许可法集中学习培训；8万名干部参加了统一的法律知识考试；1万余名村组干部参加了法律知识学习培训。在全市大学生和中学生中开展了法制征文和法律知识竞赛宣传活动。对农民工进行了形式多样的宣传培训活动，免费发放了5000册《农民进城务工法律知识问答》。"法律进社区"和"民主法治示范村"活动取得初步成效。区域、行业、基层依法治理活动扎实开展。各级行政机关和领导干部依法行政、依法办事能力进一步增强，人民群众的法律意识进一步提高。

【监狱劳教工作】 各狱所正确处理监管改造与企业发展的关系，对狱所企业的功能定位和发展规律认识达到了一个新的水平，推进了监狱"三化"建设和劳教办特色工作。认真抓好安全监管责任体系建设，实行层层承包责任制和责任追究制，积极推行"阳光工程"、狱务公开和所务公开。深入开展打击狱霸、所霸专项治理活动和"三清"政治攻势，严查"三假"人员。加大了对"法轮功"劳教人员和其他邪教类人员的教育转化工作力度，所内教育转化率达到100%。认真组织了"三课"教育，针对性、实用性和科学性不断提高，全年共完成"三课"教育3405课时。狱所企业改革进一步深化，企业良性运转，干警职工思想稳定。基础设施建设不断改善，市监狱电子监控系统全部建成，白庙劳教所"法轮功"教育转化基地即将投入使用。市监狱、白庙劳教所通过了部级现代化文明狱所复验。石佛劳教所通过了省级现代化文明所复验。市监狱和3个劳教所全部实现安全"四无"目标。

【律师工作】 全市律师积极为各类经济活动提供法律服务，促进了国有企业改革的顺利进行，有效预防和减少了经济纠纷；帮助解决拖欠农民工工资，维护了农民工合法权益。加强律师党员队伍组织建设，在律师事务所新成立了13个党支部。积极组织律师参与信访接待工作，并形成了区、乡(镇)网络。全市律师共参与接待涉法信访案件227起，接待来访群众523人次。聘请了25名人大代表、政协委员担任法律服务行风监督员。组织律师参与社会公益活动，向慈善总会、涉艾儿童基金会、灾区捐款4.5万元。全市律师共完成非诉讼案件1.4万件，诉讼案件5201件，并完成1701家单位的法律顾问工作。

【公证工作】 公证机构认真抓好公证人员的服务质量，深入基层、深入社区、深入市场，积极为重大经济活动、对外贸易及重要民事、商事活动提供公证法律服务。认真汲取"西安宝马彩票事件"的教训，积极开展现场监督类公证的专项治理活动，不断加强公证质量监管力度，规范公证内部管理，拓展业务领域，全市共办理各类公证文书5.2万件。

【司法鉴定工作】 司法鉴定工作步入法制化、规范化管理轨道。全市司法鉴定人队伍发展迅速，从业机构逐步形成网络，执业领域不断得到拓展，全年共办理各类鉴定案件560件。

【司法考试及教学】 国家司法考试按照“最权威、最规范、最严格、最廉洁”的要求，加强领导，严肃纪律，于9月18日、19日顺利进行，全市2458人报名参加考试，304人通过了国家司法考试。市政法干校继续与省政法学院联合办学，依托小中专和“3+2”5年分段制中专，全年共招收注册生382名。

【基层司法所建设】 按照市委、市政府下发的《关于进一步加强公安派出所、司法所和人民法庭建设的意见》，市司法局与市发改委共同编制了郑州市乡(镇)司法所建设规划方案，召开了全市基层司法所建设工作会议，大力加强基层司法所建设。全市16个司法所获准使用国债资金91万元，用于办公用房建设。荥阳、惠济、新密、管城、金水、新郑、中牟七个县(市)、区为司法所增加编制162人，全部将司法所确定为副科级机构，其他县(市)区司法所建设也取得了新的进展。

【基层法律服务】 发挥面向基层、贴近群众的优势，努力为基层群众提供法律帮助。各级党委、政府高度重视法律援助工作，加强队伍建设，积极筹措资金，主动降低援助门槛，法律援助覆盖面扩大延伸到乡镇，进一步加强了法律援助网络建设。全市办理各类援助案件1350件。

【调解及帮教工作】 召开了全市人民调解工作会议，对人民调解员进行了岗前和在岗培训，推进了人民调解员持证上岗制度，人民调解工作扎实开展。全市各级调委会共调解各类民间纠纷2.7万起，调解成功率达98%。加强刑释解教人员安置帮教工作，全市1008名刑释解教人员得到了妥善安置。

【司法队伍建设】 2004年，全市司法系统认真学习党的十六大、十六届四中全会和市第八次党代会精神，在公务员队伍和监狱劳教人民警察中深入开展“向英模任长霞学习”、“公正执法树形象，求真务实争先进”活动，进一步提高司法工作者的政治素质、业务技能和执法水平。加强领导干部作风纪律建设，坚持实行竞争激励机制和过错责任追究制。对律师队伍以及公证员、司法鉴定人和基层法律服务工作者进行全面集中教育整顿，使法律服务从业人员的政治意识、诚信意识、执业纪律明显增强。加强对监狱劳教人民警察的教育培训和管理，对300余名中层以上干警和150名新警进行了业务技能培训，成功组织了监狱劳教所近200名中层干部竞争上岗。按照两个《条例》的要求，加强了党风廉政建设和信访稳定工作，积极开展了纠风工作和优化经济发展环境工作。积极开展学习型机关和精神文明创建活动，市级文明系统和省级文明单位届满重创工作顺利通过了验收。

(毕 娜)

仲裁工作

【概况】 2004年，郑州市仲裁委在市委、市政府和省、市法制办的领导及支持下，认真贯彻邓小平理论和“三个代表”重要思想，深化改革、强化管理，内强素质、外塑形象，开拓进取、务实高效，取得了较好的业绩。全年共受理仲裁案件333件，标的2.05亿元，案件数量是前四年的总和，标的额是上年的两倍。全年共办理案件315件，除一集团案件因特殊情况暂时无法审结外，其他基本审结完毕。和解调解自动履行的案件占30.5%，平均结案天数为45天。

【修订完善各项规章制度】 2004年，修订了《郑州仲裁委员会章程》、《仲裁员办案规范》、《仲裁暂行规则》和《仲裁员守则》等规范性文件和办公室的各项工作制度，起草了《办事处工作规则及管理办法》、《仲裁员管理和考评制度》、《郑州仲裁委员会调解规则》、《调解书制作规范》等，同时，实行了考勤奖罚制度和目标管理责任制。强化目标责任管理，明确工作任务，责任到人，充分调动了工作人员的积极性和创造性。各项工作日趋制度化、程序化和规范化。

【圆满完成仲裁机构换届】 2004年2月，郑州仲裁委员会圆满完成换届工作，组成了以常务副市长李柳身为主任的新一届仲裁委员会。在上届委员会的基础上，充分利用省会城市法律、经贸人才资源充裕的优势，高标准严要求，精心筛选了83名仲裁员，其中具有法学硕士以上学历的30人，占仲裁员总数的36%。新任仲裁员精通法律或熟悉经济贸易等专业，结构合理，具有丰富的实践经验和良好的职业道德，是仲裁事业发展的中坚力量。

【设立专家咨询委员会和监督委员会】 第一届仲裁委员会专家咨询委员会到届后，根据修改后的《郑州仲裁委员会章程》，重新选聘一批专家，组成了第二届仲裁委员会专家咨询委员会。同时，根据工作需要，设立仲裁员监督委员会，为仲裁实践中重大疑难问题的解决和仲裁员的监督提供了组织上的保障。

【优化设置仲裁委内部机构】 2004年初，根据全年仲裁工作重点及仲裁工作实际需要，调整优化了仲裁委内部处室设置。将财务处并入秘书处，增设了外联处和调解处。外联处在对外宣传和网络铺设方面做了大量的工作，调解处在完成处室的软硬件建设的同时，在郑州商品交易所、郑大律所、金学苑律所开展试点，建立仲裁调解室，方便了当事人就近速调纠纷，并适时引导当事人采用调解方式调处纠纷，提高了仲裁委的调解和解率和自动履行率。另外，招聘了一批年轻、热心仲裁事业的工作人员充实到相应的处室中去，为仲裁委的发展注入了新鲜的血液。

【成立考核、宣传和仲裁员队伍建设小组】 为保证仲裁工作总体目标的实现和重点工作的有效开展，加大仲裁委对外宣传和对目标责任的落实、考核力度，加强对仲裁员队伍的管理，2004年初，在办公室领导的酝酿下，打破处室界限成立了目标考核、对外宣传和仲裁员队伍建设领导小组。另外，装修美化了受案大厅和仲裁庭，更换了陈旧的办公桌椅和仲裁庭配置，购置了电脑、打印机，局域网初步建成，完成了政府网的升级，重塑了郑州仲裁委的形象。

【积极“开门”办仲裁】 2004年，郑州仲裁委在为当事人提供仲裁服务时，切实改变过去等案上门的观念和服务方式，走“开门办仲裁”之路。全体工作人员“放下架子”，“走出去，请进来”，每个工作人员人主动联系3～5家律师事务所，5～10个律师，引进了一批案子。在接待当事人时，始终坚持使用文明用语，做到“四个一”，即“一张笑脸相迎、一把椅子请座、一杯热茶相待、一声再见相送。”热情周到的服务拉近了当事人与仲裁的距离。

【延伸仲裁服务流程】 仲裁人员主动上门，为一些单位提供法律咨询和服务，帮助企业签订合同，为企业减少经济纠纷的发生提供事前服务。当纠纷发生后，坚持仲裁与调解相结合，先调后裁的原则，帮助当事人及时化解纠纷。同时，针对有些案件“执行难”的问题，与法院等相关部门协调，帮助当事人顺利实现裁决的履行。2004年仲裁委金融中心受理交行借款案，就是郑州仲裁委提供全程服务的一个典范。

【努力为政府和当事人解难】 2004年，仲裁委受理几起集团纠纷案件后，设身处地为政府排忧解难，为当事人送去温暖，通过有效工作，及时制止了一些恶性事件的发生，维护了市场经济的健康发展和社会的稳定。东升公司骗农案件发生后，农民采用堵铁路、静坐等过激行为，要求政府解决此事。仲裁委了解到农民的实际情况后，主动上门，提供免费的仲裁服务，受到农民的好评。同时，在某置业公司兼并国营厂等案件中，仲裁委也都积极介入，为政府分忧解难，为市场主体提供咨询帮助。这些工作进一步提高了仲裁委的声誉，扩大了仲裁委的知名度。

【提高办案质量和办案效率】 为保证仲裁案件的质量，采取了如下措施：一是加强“两支队伍”的建设和管理。除对仲裁员和工作人员进行政治思想教育外，定期进行业务培训，对新聘用的仲裁员进行全面培训，提高了仲裁员和工作人员的思想修养和业务水平。二是加强监督。对仲裁员和工作人员实行调查意见征询卡措施，利用仲裁员监督委员会进行监督。三是进一步完善了仲裁服务规范，重新修订了一些规范性文件，通过制度建设对仲裁员提出了更高的要求。四是启用专家咨询委员会，召集专家对一些疑难案件和有争议案件进行讨论商定，提高了案件的质量。

在提高“三率”方面，首先是规范受案程序和庭审工作，承办人制度进一步成熟，在受理阶段和仲裁阶段实行承办责任制度和错案追究制，增强了办案人员的责任心，提高了办案效率。其次，坚持普通程序4个月，简易程序2个月的办案期限。处理案件不超期限，并采取多种方法尽可能减少仲裁时间，例如采取“月报制度”对一些案件定期催办督促，保证案件快速结案；提高办公自动化程度，设计制作计算机裁决文书格式，实现了仲裁业务的计算机管理，缩短了办案时间，提高了效率。在提高和解调解率和自动履行率方面，积极作好和解调解工作，消除当事人双方的对抗情绪，营造良好的和解调解氛围，并坚持裁决、调解与自动履行相结合，利用恰当的方法和时机积极争取对方当事人配合，促使当事人自动履行生效的裁决书和调解书。

【建立专业仲裁中心和仲裁网点】 2004年初，郑州仲裁委金融仲裁中心挂牌成立。该中心是郑州仲裁委第一个专业性的仲裁中心，也是全国首家金融仲裁中心。随后，郑州仲裁委依托省工商局系统，成立了合同仲裁中心。2004年11月，郑州仲裁委建筑仲裁中心、涉外及商事仲裁中心、保险仲裁中心同时成立。在此基础上，东区案件受理部、濮阳办事处、新乡办事处也相继设立。这些仲裁中心和办事处克服资金及办公条件等方面的困难，充分发挥各自的优势，虽在事业初创阶段，却取得了令人欣喜的成绩。其中金融仲裁中心受理和引进案件10个，标的额6800万元；濮阳办事处受理和引进案件22个，标的额127万元；东区案件受理部受理和引进案件22个，标的额1681万元。专业及快捷的仲裁服务为仲裁委赢得了良好的声誉。另外，医疗、证券期货、房产等行业仲裁中心正在进一步的筹划之中。

【加大仲裁工作宣传力度】 一是策划组织了《大河报》“面对面”宣传活动，直接与百姓对话，拉近了仲裁与大众的距离。在《郑州日报》创刊55周年特刊上对仲裁委进行了全面介绍；在《工人日报》、《金融时报》、《河南法制报》、《郑州晚报》等新闻媒体和《法律年鉴》、《郑州年鉴》等书刊上发表多篇介绍仲裁工作的文章。二是以换届大会、仲裁员培训会和《仲裁法》颁布十周年庆祝会为切入点，联络电视台和报社进行了相关新闻报道。三是突出报道典型案件，如及时报道了荥阳农民和东升公司集团仲裁案。四是积极参加省电视台的节目，在“挑战60”节目中进行了一期《仲裁法》专场知识竞赛。

此外,举办了仲裁员茶话会、律师事务所主任座谈会、金融行业座谈会和建筑企业仲裁培训会等大型活动,并利用这些活动开展仲裁工作宣传。利用《仲裁法》颁布十周年之机,召集省会律师和企业界代表600多人参加了庆祝大会,有力地推动了《仲裁法》的宣传。充分发挥了律师、仲裁员、行业主管和企业法务人员作用,多次组织工作人员参与房展会、医疗器械订货会、"3·15"消费者权益保护日和《行政许可法》颁布等宣传活动,积极进行仲裁方面的宣传。

【规范企业合同中的仲裁条款】 2004年上半年,仲裁办全体工作人员分10个小组,两人一组,分行业进行重点宣传推广,先后走访了郑州市一些较大的公司、企业、商场、商会和行业主管部门。通过深入基层,服务企业,引导企业正确签定合同,反馈仲裁信息,认真听取企业对仲裁工作的合理化建议和意见,真正将仲裁融入市场经济。经过努力,许多单位如省建一公司、河南人寿保险公司、郑州商品交易所等单位,都在合同中签订了以郑州仲裁委为仲裁机构的条款。

【丰富仲裁网站栏目和内容】 2004年,郑州仲裁委组织力量对2002年建立的郑州仲裁网站进行栏目和内容更新,重点是解决网站栏目少、内容少、信息陈旧的问题。经努力,重新设置了网站结构,新增了仲裁指南、仲裁之窗、仲裁天地等栏目。特别是通过建立仲裁论坛,增加了仲裁网络的互动性。使郑州仲裁网成为对外宣传交流郑州仲裁工作的有效窗口。另外,还将郑州仲裁网链接到中国仲裁专业网,并在仲裁网上发表多篇文章,扩大了郑州仲裁委的知名度和影响力。

【编印仲裁期刊和相关书籍】 2004年,启编了《郑州仲裁》期刊,编印15期《仲裁快讯》,在全国仲裁机构进行交流,并发至市直各机关、企事业单位和仲裁员。及时交流郑州仲裁及国内仲裁界的信息动态。成为宣传仲裁法律制度,展示郑州仲裁风貌的窗口,并印制《仲裁指南》和宣传彩页3万余份,在社会各界广泛传递。

【参与仲裁横向交流活动】 2004年7月,郑州仲裁委首次承办了全国中小城市仲裁发展工作讨论会并取得了圆满的成功。全国20多家仲裁机构到会交流经验,共同探讨仲裁发展大计。这次会议的成功召开,为郑州市申请举办仲裁年会做好了铺垫,国务院法制办领导到专门与会进行了参观调研,对郑州仲裁委取得的成绩作出了高度评价。此外,还参加了在上海举行的全国仲裁发展工作研讨会;参加了在北京、西安举行的仲裁法颁布十周年庆祝活动和2004年仲裁工作年会。这些会议确定的在全国证券期货行业以及非公有制企业推广仲裁法律制度的主题,有力地促进了郑州仲裁事业的快速发展。参加了在长沙举行的中南地区仲裁工作发展会,作为协调人讨论研究中南地区仲裁工作的全面协调发展。另外,先后组织仲裁人员到武汉、太原仲裁委进行考察,借鉴吸取外地先进的管理方法和成功经验。

(薛自坤)

政法大事及典型案件

【全国开展向任长霞同志学习活动】 登封市公安局原局长任长霞因公牺牲,其生前先进事迹感人至深。胡锦涛、温家宝等中央领导同志就学习任长霞同志做出重要批示。市委、市政府下发了《关于向立警为公执法为民的任长霞同志学习的决定》,全市政法系统率先开展了向任长霞学习活动,并在全国迅速掀起高潮。市委政法委、市委宣传部、市公安局组织的任长霞事迹报告团在全国十多个省、市作报告52场,直接听众达7万余人。

【全市社会治安综合治理工作成效显著】 围绕争创全国综合治理工作先进城市,全面提高"打控防建"能力。以开展创建"无毒社区"、"无毒乡村"活动和楼院"封闭管理"活动为载体,进一步加强了社区治安防范。全市已成立专职巡防队510支,配备专职巡防队员5821人,提高了城乡治安防范能力;加强对流动人口的管理,加大对重要部位的安全防范,加深对青少年的保护和教育,加快对刑释解教人员的安置帮教,有力地促进了社会治安综合治理各项措施的落实。充分发挥公安队伍主力军作用,改革公安警力运行模式,建立"三快一方便"的快速反应机制,运用高新技术成果构建"一一五"技术防控系统,实现"千点、百片、四道包围圈"社会面控制;把"命案必破,挂牌全破"作为目标任务,相继在全市开展了"狂飙行动"、禁毒行动、严厉打击黑、恶势力的"春雷"行动等。全年共破获各类刑事案件起32929起,抓获犯罪嫌疑人40822人。其中逮捕6761人,劳教734人,收容教育162人,追缴赃款赃物折合现金4500余万元。检察、审判机关坚持快捕、快诉、快审,严把案件质量关,有力地打击震慑了犯罪,刑事案件大幅度上升势头得到遏制,爆炸、抢劫、绑架、杀人等严重暴力犯罪大幅度下降,省会城市治安秩序明显好转,人民群众安全感进一步增强,社会治安取得显著成效。

【"公正执法树形象、求真务实争先进"初见成效】 政法各部门广泛开展承诺服务、征求意见、查摆整改问题活动,使各级领导班子建设、队伍建设得到进一步加强,战斗力、凝聚力进一步增强,政法队伍的业务素质和执法水平得到了进一步提高,群众对政法队伍的满意率有明显提升。涌现出了以中原区人民法院、二七区人民检察院为代表的一批全国先进集体,有14名个人受到国家级表彰,300多名个人、近100个单位立功受奖。

【全市稳定工作取得新成绩】 以全面推广实施“三会一查究”工作机制为主线,进一步落实维稳工作领导责任制,加强基层维稳机构建设,建立健全基础保障体系,各项措施制度在全市各部门得以有效落实,大量不稳定因素在基层得到控制和化解。在各种社会矛盾频繁发生的情况下,没有发生造成不良社会影响的不稳定事件,没有发生企业军转干部集体进京聚集事件,没有发生“法轮功”人员进京、聚集、电视插播事件。中央维稳办对郑州市维稳工作取得的成绩给予高度评价。

【圆满完成“两会三节”安全保卫任务】 2004年9月之后,党的十六届四中全会召开,郑州市举办第十届全国商品交易会和首届传统武术节,加上中秋节、国庆节,大型节庆活动多,安全保卫任务重。在此期间,全市共举行大型活动96场次,参与群众80万人次,规格高、规模大,参会人员多,活动时间集中,保卫任务艰巨。为确保节庆活动安全,市公安局严密部署、严格分工,对106个重点场所进行搜暴检查,对89个重点部位严格火险监管,对71个代表驻地、活动现场进行临时交通管制。共出动警力、保安力量5.2万余人次,确保了“两会三节”期间没有发生一起重大刑事案件、治安案件和火灾、交通事故。

【“严厉打击、严密防范,创建平安郑州”初战告捷】 根据岁末年初工作特点,在全市开展“两严一创”活动,向各类违法犯罪活动发动凌厉攻势,一批严重刑事犯罪分子依法受到严惩,一批重特大刑事案件胜利告破,一批在逃案犯落入法网,一批治安乱点得到整治,一系列治安防控措施得到加强,群众安全感普遍增强。11月25日至12月31日,全市共破刑事案件1496起,抓获各类违法犯罪嫌疑人4321人,逮捕766人,劳教98人。

【涉法上访专项治理和依法整治信访秩序初见成效】 在全市集中处理涉法上访问题工作中,共排查437起涉法上访案件,已全部结案,办结率为100%;在全市集中处理涉法涉诉问题工作中,完成上级交办165件涉法涉诉问题,办结率为99%,工作效果明显。全市上访上升势头得到有效遏制,受到中央政法委、省委政法委领导的肯定。

【集中执行行动扎实有效】 为维护司法权威,解决长期困扰政法部门的执行难问题,市委政法委组织实施了全市政法各部门共同参与的集中执行行动。自2004年7月份开展集中执行行动后,在社会各界积极配合下,取得了明显成效。截止12月31日,全市两级法院共执结新收和存案16024件,执结标的13.4亿元。存案数由7月初的16000余件,下降至12月底的5701件,执行难问题已初步得到扭转。最高人民法院、省委政法委推广了郑州市的经验。

【加大职务犯罪查办和预防力度】 2004年全市检察机关共立案侦查国家工作人员职务犯罪案件245件,同比上升8.47%;侦查终结229件,提起公诉185人,法院已判决136人,有罪判决率达99.3%,同比上升2.9个百分点;人均办案率、侦结率和有罪判决率均位居全省检察系统前列。在打击的同时,积极开展预防职务犯罪工作,从源头上遏制腐败。全市检察机关结合办案,立足本职,开展个案预防182件,系统预防164件,专项预防124项,警示教育111次,提出检察建议66件。中牟县检察院、高新区检察院在农村基层组织开展职务犯罪专项预防的做法,被最高人民检察院在全国推广。

【基层派出所、司法所、人民法庭建设得到加强】 全市各乡(镇)、街道办事处配备了专职综治办副主任和维稳办副主任,享受副科级待遇,专项经费列入财政预算。市委、市政府联合下发《关于加强基层派出所、司法所、人民法庭建设的意见》,要求各县(市)区和政法部门加大对“两所一庭”的投入。全市先后投资1800多万元,新建、改建了60多个派出所、司法所、基层法庭的办公场所。各基层单位大部分已经按副科级配备了派出所长、司法所长和人民法庭庭长。基层基础工作得到突破性进展,进一步夯实了政法综治工作基础。

(翟国防 赵孝正)

【“10·28”中牟回汉民群体械斗事件】 2004年10月28日,中牟县狼城岗镇韦滩村、南仁村两位村民在韦滩村西街口因会车发生纠纷,引发两村群众集体械斗。闻讯后,省、市领导李清林、李克、张世军、刘新民、秦玉海、王文超、康定军、姚待献等赶赴现场,指挥协调处置工作,并成立了省、市两级处置指挥部。郑州市公安局防暴支队接警后,紧急抽调警力2000人增援,并会同省武警总队1000名武警在械斗回汉民之间设立隔离带,展开说服教育工作。郑州市委、市政府从市、县两级机关紧急抽调5000名干部(其中回族干部100余人)组成工作队,进村入户进行法制宣传教育。进驻每个自然村的工作队都由一名市领导带队。公安机关在中牟县各主要路口设卡盘查,严防外地回民增援。在南仁村和东狼村布置大量警力,划出警戒线,24小时严防死守。并抽调200名警力成立专案组,开展专案侦查。专案组3天内即查明案情,并抓获所有涉案人员。经过大量艰苦细致的工作,11月2日,回回寨村与东狼村签订“共建友好团结和谐村”协议。11月5日,南仁村与周围的辛庄村、韦滩村、南北街村等十几个村签订“共建友好团结和谐村”协议,全部农户签订了不参与械斗《保证书》。群众情绪稳定,生产生活秩序恢复正常,处置工作取得圆满成功。

【“2·13”特大持枪抢劫杀人案】 2004年2月11日晚11时50分,受害人曹文昌在管城区“江海大酒店”附近驾驶其丰田佳美2.4型轿车失踪。2月13日下午4时30分，其尸体在中牟县刘集乡贺庄村被发现。经现场勘查和尸体检验，确定为他杀，系被枪击死亡，曹文昌随身物品及驾驶的丰田佳美轿车被抢走。案发后，相关领导高度重视，组织开展专案侦破工作。按照各级领导的安排部署，专案组参战民警克服案件现场痕迹物证少、认定和排除的依据不充分、犯罪嫌疑人反侦查能力较强等客观困难，积极发挥主观能动性，齐心协力，顽强攻坚，于9月7日凌晨将涉案犯罪嫌疑人赵志军、贺新军、余惠军、赵建民等人成功抓获，同时缴获被盗的“长安之星”面包车一辆，仿“六四”枪1支和“六四”子弹数发。9月8日，专案组进一步扩大战果，顺线抓获犯罪嫌疑人姜郑喜、王凤玲、陈利恒、陈利敏、李留根等5名涉案人员。经强力突审，该犯罪团伙如实供述了以下犯罪事实：2004年2月11日，赵志军、贺新军两人持枪杀害曹文昌后抛尸中牟，同时抢劫走曹文昌驾驶的“丰田佳美”轿车。1992年以来，赵志军、贺新军、余惠军、赵建民等4人相互勾结，盗、抢各类机动车20余辆。此案还带破1988年发生在郑州市二马路的一起盗窃军用枪支案，缴获炸药3公斤、雷管7枚、军用“五四”手枪1支、仿“六四”枪3支、双管猎枪1支、转轮手枪2支、子弹500余发，追回被盗、抢机动车5辆。

【“9·10”特大入室杀人案】 2004年9月10日16时30分，二七区中原路101号郑州机械研究所家属院11号楼2单元2号住宅发生一起杀人案，犯罪分子杀死3人(1男2女)。接报后，郑州市委常委、市委政法委书记兼市公安局局长姚待献，郑州市公安局常务副局长王恒禄、副局长刘凯、武伟邦、关福昌、黄保卫带领刑侦支队、二七分局、技侦支队技侦人员赶赴现场，组织开展侦破工作。郑州市委副书记康定军，省公安厅副厅长杨德胜，副市长高建慧等领导分别赶到现场，慰问参战民警，对此案侦破工作做出重要指示。郑州市公安局迅速成立专案组，刑侦支队、技侦支队、二七分局全力以赴，协同作战。经过大量排查工作，与受害人同住一院且两家关系密切的田凛寒被纳入侦查视线。进一步侦查得知，田凛寒案发后表现十分反常，一直打探公安机关侦破进展情况，尤其是田凛寒曾向受害人借过大量现金等等。9月16日，几经周折，侦查员将田凛寒成功抓获。在强大攻势面前，田凛寒最终交代：2004年5月25日，田凛寒向受害人家借款10万元，商定借期为2个月、利息为5%。借款到期后，受害人一直催要，田无钱偿还，遂于9月5日在郑州商业大厦买了一把“十八子”牌菜刀，并专门购买了一双男式黑皮鞋。9月10日上午9时许敲门进入受害人家中，以商谈还钱为由，将其一家3人杀死。

（江　波）

【冉纲才受贿案】 该案是郑州市检察机关立案查处的公路系统行政级别和技术职称最高、作案周期最长、涉案金额最大的一起典型的官员腐败案例。反贪干警从外围入手，全面收集证据，及时固定相关人证、书证和物证900余份，对犯罪嫌疑人施以人文关怀，一举突破全案。办案中积极探索符合现代诉讼理念的由证到供、供证相印的办案模式，为侦破此类案件提供了成功范例。

该案的基本案情是：1995年至2001年七年时间内，冉纲才(男，1945年9月出生，汉族，河南省中牟县人，大学文化，教授级高级工程师，中共党员，原任郑州市交通局副局长、郑州市公路局局长，正处级，住郑州市交通路140号楼36号)利用职务之便，在310国道改线工程与配套拆迁补偿费、绿化费及修路补助款等拨付中，给予有关乡镇多方照顾，先后多次收受这些乡镇的“感谢费”人民币320万元、美金3.8万元。在巩义市伊洛河大桥施工、107国道＋北三环立交桥项目招标等活动中，三次接受“感谢费”人民币80万元。

该案立案后，侦查人员针对冉纲才系专家型领导干部以及身患多种疾病、思想压力大的特点，对其施以人文关怀，生活上予以关照，审理上指明出路，并采取迂回包抄、外围突破、由证到供、供证相印的侦查方案，全面收集间接证据，及时整合证据资源，固定了全部证据。在政策感召下，冉纲才坦白交待了所犯罪行，写下了深刻的悔罪书。冉前半生清白做人，年近退休萌发贪念，案发时适逢59岁。“59现象”给专家型干部在内的所有政府官员敲响了警钟。

冉纲才受贿一案，郑州市人民检察院于2004年5月8日向市中级人民法院提起公诉。8月10日，市中级法院做出一审判决，被告人冉纲才以受贿罪被判处死刑缓期二年执行，剥夺政治权利终身。

【许力、仇锦春票据诈骗案】 该案由郑州市人民检察院公诉部门办理。由于诈骗数额巨大，社会影响极其恶劣，被最高检察院公诉厅列为全国经济犯罪案件观摩庭。开庭时，最高人民检察院公诉厅及全国17个省、市检察机关公诉部门的优秀公诉人参加了旁听。由于整个庭审进展顺利，过程流畅，指控的犯罪事实全部被法庭采纳，最高检察院公诉厅及其他省市的旁听同行对该案给予了充分肯定和高度评价。

该案的基本案情是：2003年1月至9月，被告人许力(男，汉族，现年41岁，河南省商水县人，高中毕业，无业，住郑州市新郑里118号附1号)和仇锦春(男，汉族，现年41岁，上海市人，初中毕业，无业，住郑州市绿化东街49号楼附14号)以融资、揽储为借口，以支付高息为条件，先后通过中间人诱使郑州佳丰物资贸易有限公司、河南博浩贸易有限公司、郑州盛达电子技术有限公司、郑州信诚道合投资咨询有限公司、信阳市明港北区农村信用合作社等单位在工商银行郑州华信支行、广发银行郑州嵩山路支行、农业银行郑州市商都支行开户存款。后二被告人利用伪造的存款单位印鉴，到银行骗购并伪造转帐支票，用伪造的转帐支票将存款单位帐户上的款项转出，共计2180万元，其中以后次诈骗款项归还前次诈骗款项1180万元，案发后仅追回赃款赃物400余万元，造成经济损失599万余元。

郑州市人民检察院公诉部门受理此案后，面对扑朔迷离的案件情况，细心审查，查微析疑，引导侦查部门补充大量证据，形成了完整的证据体系。庭审时公诉人举止沉静、反应机敏、示证结构分明、逻辑严谨、辨论观点明确、反驳有力，并用多媒体配合证据演示，受到了最高人民检察院和全国其他省市同行及群众的充分肯定和高度评价，所控事实和证据全部被法庭采信。

2004年10月27日，郑州市中级人民法院开庭公开审理此案，当庭判决二被告人死刑，缓期两年执行。两名金融巨骗当庭认罪，表示服判不再上诉。

【李明学贪污、受贿、巨额财产来源不明案】 该案是2004年河南省检察系统查处的职务犯罪案件中数额最大的案件之一。此案成功侦破与检察机关灵活运用侦查谋略和侦查方法，发挥大兵团作战优势，以及参战干警顽强拼搏、连续作战的侦查作风密不可分。

该案的基本案情是：自1994年至2004年1月期间，被告人李明学（男，1967年9月出生，汉族，原系郑州市电业局物资公司经理）利用其担任郑州市电业局物资公司采购专职、副经理、经理职务之便，在物资需求计划的审批及组织物资招标、采购过程中，贪污公款1997490元；受贿818802元；另有人民币5860697.03元、美金22231.79元、欧元7600元不能说明其合法来源。其妻张海（女，1968年10月出生，汉族，高中毕业，郑州市电业局信息中心办事员）在明知其家中大部分存款系李明学犯罪所得，仍将共计5940396元人民币、22231.79美元、7600欧元的存单转移。

2004年元月，郑州市中原区人民检察院接到一封仅有4行字的匿名举报信，信中举报郑州市电业局物资公司经理李明学在采购物资当中收礼吃回扣以及贪污公款的线索。办案干警对线索进行了认真审查分析，认为举报线索具有可信性和可查性。根据线索反映的问题，安排专人研究制定了初查方案，展开秘密初查，并在获取重要证据后迅速立案。案件进入审讯阶段后，李明学自认为敛财手段隐蔽，拒不供认犯罪事实，且对抗情绪强烈，两次将供述笔录撕毁。面对这种情况，审讯人员认真分析判断其心理状态，辩证地运用讯问策略，采取攻心与感化、迂回与突击、加压与释压相结合的方法，消除了犯罪嫌疑人李明学的抵触对抗情绪，成功地突破了其心理防线。后在省、市两级检察院及中原区委等各级领导的大力支持下，侦查人员辗转9省市，行程万余公里，获取案件材料22卷，终以铁的证据锁定了李明学贪污、受贿的犯罪事实。

2004年11月30日，郑州市中级人民法院一审以贪污罪判处被告人李明学无期徒刑，并处没收个人全部财产；以受贿罪判处被告人李明学有期徒刑12年、并处没收财产100000元；以巨额财产来源不明罪判处被告人李明学有期徒刑4年。并最终决定执行无期徒刑，剥夺政治权利终身，并处没收个人全部财产。以转移赃物罪判处被告人张海英有期徒刑2年，缓期执行3年，并处罚金5万元。二被告人均未提出上诉。

（李慧织）

第五篇 军 事

郑州警备区

【概况】 2004年，郑州警备区各级坚持以“三个代表”重要思想为指导，认真贯彻党的十六届四中全会和军委扩大会议精神，坚持抓龙头谋发展，抓班子强素质，抓基层打基础，抓重点求突破，圆满完成了以反“台独”军事斗争准备为龙头的各项任务，部队和民兵预备役全面建设呈现出稳步推进、协调发展的良好局面。先后组织官兵深入学习领会江泽民国防和军队建设思想、党的十六届四中全会和军委扩大会议精神，加深了对“三个代表”重要思想精神实质的理解。开展了反“台独”军事斗争准备、积极投身中国特色军事变革、预防政治性问题等教育，增强了职能使命意识和政治意识。认真落实年度训练任务，组织了警备区、人武部首长机关军事理论集训和维稳指挥演习，提高了干部队伍的军事素质和组织指挥能力。积极探索民兵分队成建制集中施训、分层次训练、应用性训练和对口挂钩联训的方法路子，成功组织了黄河防汛抢险实兵演练，提高了训练层次和质量。圆满完成了从地方非军事部门招收士官、征集在校大学生、廉洁征兵试点任务，兵员质量有新的提高。中牟县人武部廉洁征兵试点工作受到上级充分肯定。广泛开展以“坚定政治信念、强化纪律观念、带头敬业奉献、注重廉洁自律”为主要内容的思想作风纪律教育和保持党员先进性教育，采取集中培训、以会代训、代职锻炼等形式提高干部队伍能力素质，认真落实编制体制调整改革任务，积极稳妥地做好干部调整安置工作，干部队伍教育管理进一步规范，综合素质有新的提高。

【思想政治建设】 郑州警备区各级坚持把深入学习贯彻“三个代表”重要思想作为首要政治任务，普遍采取党委中心组学习、集中培训、专题教育等形式，深入学习领会江泽民国防和军队建设思想、党的十六届四中全会和军委扩大会议精神，加深了对“三个代表”重要思想精神实质的理解。党委中心组学习进一步规范，领导干部个人自学得到落实。总结推广了管城区人武部课题研究式学习的经验和做法，增强了学用结合能力。举办了一期师团职干部读书班，团以上干部轮训率达到95%。坚持督学查学，对全区理论学习情况进行了检查讲评，促进了理论学习的有效落实。开展了反“台独”军事斗争准备、积极投身中国特色军事变革、预防政治性问题等教育，增强了职能使命意识和政治意识。广大官兵政治上清醒坚定，执行指示命令坚决，全区部队保持了高度稳定和集中统一。

【军事斗争准备】 认真贯彻中发6号文件精神，召开了国防动员委员会全体会议，研究了加强新形势下全市国防动员和民兵预备役工作的思路和对策。进一步深化民兵工作改革，承担全省民兵整组先行试点任务，按照细化任务、整合力量、规范建设和提高科技含量的思路，合理调整了民兵组织结构，组建了民兵高科技分队，开展了大规模的集结点验，民兵组织更加巩固。认真落实年度训练任务，组织了警备区、人武部首长机关军事理论集训和维稳指挥演习，提高了干部队伍的军事素质和组织指挥能力。积极探索民兵分队成建制集中施训、分层次训练、应用性训练和对口挂钩联训的方法、路子，成功组织了黄河防汛抢险实兵演练，提高了训练层次和质量。扎实开展国防动员潜力调查，认真抓好国防动员三期网建设和国防工程维护管理工作，研究修订了郑州市防空作战预案，战备工作进一步落实。圆满完成了从地方非军事部门招收士官、征集在校大学生、廉洁征兵试点任务，兵员质量有新的提高。中牟县人武部廉洁征兵试点工作受到上级充分肯定。重视对战时政治工作的研究探索，开展了“三战”潜力调查，建立了资源数据库。接受总部对预备役军官登记工作的检查验收，警备区机关和金水区人武部分别受到总政治部通报表彰。

【党委班子和干部队伍建设】 坚持以提高能力、健全制度、改进作风为重点，紧紧围绕中心任务抓党建，党委核心领导作用发挥明显。深入学习贯彻《政治工作条例》和《党委工作条例》，积极参加民主集中制专题演习培训，党委议事决策机制进一步完善。坚持对团级党委班子考核帮抓，做到考帮结合，以考促建，党委班子整体建设水平有新的提高。管城区人武部党委被省军区表彰为先进团级党委。认真执行干部工作政策规定，坚持干部任用标准，营造了好的选人用人氛围。广泛开展以“坚定政治信念、强化纪律观念、带头敬业奉献、注重廉洁自律”为主要内容的思想作风纪律教育和保持党员先进性教育。采取集中培训、以会代训、代职锻炼等形式提高干部队伍的能力和素质。认真落实编制体制调整改革任务，积极稳妥地做好干部调整安置工作。干部队伍教育管理进一步规范，综合素质有新的提高。认真学习贯彻《党内监督条例》和《党纪处分条例》，对军地交往问题进行了专项治理，严厉查处违纪违规行为，促进了党风廉政建设。老干部教育管理和服务保障工作进一步加强，移交工作进展顺利。

【贯彻从严治军方针】　郑州警备区认真贯彻从严治军方针和省军区军事主官集训精神，条令条例和法规制度学习广泛深入，作风纪律教育整顿扎实有效，官兵的法规意识和组织纪律观念明显增强。积极探索建立从严治军的长效机制，修订完善了《关于进一步加强机关自身建设的意见》等规章制度，建立健全了抓落实的责任制。扎实抓好警备区机关和人武部正规化建设，迎接四总部联合工作组对从严治军工作的检查，部队“四个秩序”进一步走上正规。隆重召开了警备区组建大会，编制体制调整改革进展顺利。在全区广泛开展“三无活动”，突出抓了人员、车辆和武器装备仓库的安全管理，完成了全区库存军械维修器材及装护具检查清理，安全收缴、调运了全区待报废武器装备，全区实现了“三无”目标，确保了部队的安全稳定。警备区和登封市人武部被省军区表彰为“三无”活动先进单位。

【民兵基层建设】　在深入调研的基础上，与郑州市委、市政府联合制定下发了《关于进一步加强新形势下民兵基层建设的意见》，在荥阳召开了全市民兵基层建设现场观摩暨经验交流会，明确了标准，部署了任务。各级认真落实会议精神，普遍深入基层，抓点带面，推动了民兵基层建设深入发展。认真贯彻党管武装的方针，组织了人武部党委第一书记主管武装工作述职活动。各级普遍采取召开议军会、武委会、现场办公会等形式，研究解决国防后备力量建设中的重大问题。专武干部队伍教育管理进一步加强，基层武装部组织建设更加巩固。坚持将国防教育纳入全民教育体系，在全市广泛开展了“爱中华、奔小康、强国防”系列国防教育活动，评选了郑州市第三届“关心支持国防建设‘十佳’人物”，增强了全民国防观念。郑州市被评为全国国防教育系列活动先进单位，中原区、巩义市人武部被评为全省先进单位。民兵政治教育有新的发展，新闻报道工作取得明显成效，双拥共建工作继续保持了好的形势。民兵队伍作用得到较好发挥，特别是在处置突发事件、协助公安机关维护社会稳定中发挥了积极作用。

【后勤综合保障】　郑州警备区认真贯彻落实省军区后勤战备工作会议精神，进一步修订了各类后勤保障方案，更新了后勤动员潜力数据资料，后勤战备保障水平有新的提高。加强经费物资管理，坚持党委集体理财，严格落实“陪审会签”和军政主官“双签”制度，加大审计监督力度，对12名团职干部进行了经济责任审计，会同省军区对13个团级单位的家底经费进行了清查，规范了财务管理秩序，提高了经费使用效益。重视营房管理与开发，严格按规定招投标，圆满完成了训练基地配套设施、征兵综合楼和老修械所工程建设，经济适用房前期准备工作已基本就绪。认真抓好车辆和油料管理，完成了车辆环保检测、年度审验、号牌清理整治工作。不断加大对职工的教育管理力度，积极搞好卫生勤务保障，严格有偿服务管理，加大增收节支，后勤正规化建设水平和综合保障效能明显提高。

【黄河防汛抢险演练】　2004年5月29日，郑州警备区在中牟县境赵口控导工程地段成功组织了一场黄河防汛抢险演练。20多个党、政、军机关和企事业单位，8个防汛抢险分队的1100名民兵参加了演练。演练中，分别进行了解救被洪水围困群众、柳石搂厢抢险、捆柳石枕、推铅丝笼、人机配合拓子堤、机械抛散石等6个防汛抢险专业课目的演示汇报。这次演练活动先后出动参演人员2600人余次；动用水上气垫船、冲锋舟21次；动用抢险、运输等各类车辆850台次；动用大型工程机械装备50台次。是一次规模大、范围广、动用装备多、演练课目多、科技含量高的防汛抢险演练。河南省军区政委祁正祥、省军区副司令员刘孟合、参谋长李其明、副参谋长段京进，郑州市委书记李克、市长王文超等省、市党政军领导和地方有关部门的负责同志共130余人到现场观摩指导，并对活动的成功举办给予了高度评价。这次演练，实现了黄河防汛“专群结合、优势互补、技战合一”的目标。为黄河“急、难、险、重”抢险任务的完成和防洪工程建设奠定了坚实基础。

【“维稳”指挥演习】　2004年8月下旬，组织了警备区、人武部两级首长机关维稳指挥演习。演习紧紧围绕可能破坏社会稳定的恐怖袭击、武装暴乱、非法集会、敌特破坏、谣言惑众、信息摧毁等六大类型事件，着重演练了民兵维稳行动中的组织指挥及情况处置，有效提高了两级首长机关处置突发事件及完成平战时维稳任务的组织指挥能力。

警备区党委对搞好这次演习高度重视，将演习作为年度军事工作的重中之重，在党委议训会议上，进行专题研究部署。在全区范围内挑选业务熟练、经验丰富的人员组成演习筹备小组，具体负责演习的组织实施。在演习的前期筹备阶段，警备区领导带队多次到兄弟单位考察学习、搜集资料，并结合郑州实际，邀请武警、公安、院校等部门的有关专家，对演习内容的确定和情况设置，进行反复研究论证，拟制了演习方案。警备区司令员、政委多次听取演习准备工作专题汇报，适时召开全区人武部主官会议，研究部署演习的具体任务，提出了高标准抓好落实的要求。这次演习，警备区党委领导和人武部主官全部参演，两级机关干部参演率达到94%，6名人武部主官主动中止休假，积极参加演习。为搞好演习保障，全区共投入经费85万余元，进一步完善了指挥自动化系统，购置了电子地图、军事理论学习及参谋业务训练器(教)材，为演习的顺利完成奠定了良好基础。

为打牢两级首长机关组织指挥演习的理论基础，警备区围绕演习课题，采取灵活可行的措施，抓好军事理论学习。一是组织集中培训。演习前，利用4天时间，组织全区干部集中进行了军事理论培训和学习。由警备区首长亲自备课施教，并聘请武警指挥学院、公安高等专科学校、解放军信息工程大学、防空兵指挥学院的专家、教授对国际反恐怖斗争、维护社会稳定、我国周边安全形势、信息化作战等相关知识进行了授课辅导。二是组织专业学习。在集中培训的基础上，警备区统一计划、统一内容、统一标准，利用6天时间，按警备区司、政、后(人武部军、政、后)及机关各业务部门职责，区分专业、区分层次、区分重点，并紧密结合演习内容和课题进行了专业学习。尤其是对首长机关组织指挥程序、基本战法、文书拟制、图上作业、网上推演等内容进行了专题研究探讨。三是组织设定作业。8月初，根据维稳演习重点难点问题的研究攻关计划，围绕"民兵在城市维稳行动中兵力运用"、"维稳斗争中心理战战法"、"维稳行动中各类支援保障"等12个研究课题，分类拟制了若干套设定作业题，下发机关和基层组织作业，增强了理论学习的实效性，达到了理论学习与课题研究相结合的目的。四是组织检查考核。警备区组成考核组，对全区军事理论学习和设定作业落实情况进行综合检查验收，组织了军事理论、战术标图、网上作业等学习内容的考核评比。对于一些重点难点问题特别是考核中存在的问题，采取"个别问题单独解决，普遍问题集中解决"的方法，组织研究补课，克服了学的不深、不透、不到位的问题，达到了以考核验收强化学习效果的目的。

为了确保演习能够真正演深、演透、演实、演活，从未来军事斗争中民兵担负维护社会稳定的实际任务出发，着眼省会地区平战时可能出现的突发事件，区分层次，突出重点，选准主攻方向，着力解决重点难点问题，合理确定演习内容。一是突出针对性。根据平战时省会郑州所担负的维护社会稳定、保卫重要目标安全、保障战役军团机动和战略物资前运等任务，充分考虑警备区、人武部在平战时维稳行动中所处的地位作用，体现军地多种力量联合作战的特点，设置了配合武警、公安部门制乱平暴，民兵直接担负重要目标守护，组织民兵执行"生命线"工程和交通枢纽抢险、抢修等演练内容。二是突出复杂性。针对敌特分子破坏社会稳定可能采用的手段、方法和形式，设置了围攻党政军机关、制造暴乱、干扰卫星信号、攻击通信网络，散发传单、制造谣言、煽动不明真相的群众械斗游行，利用爆炸、纵火、投毒、化学袭击等手段破坏重要目标和"生命线"工程等多种维稳演练科目，并针对高技术条件下信息化战争的特点，突出了信息战、心理战、舆论战等演练内容的设置。三是突出合理性。在假定情况的设置上，注重克服"一厢情愿"设置演练情况，着力在研究演练具体化、实战化上下功夫。力求使演练既复杂多变，又客观真实;既注重体现现代条件下维稳任务的一般特点，又突出郑州地区所处地理位置的特殊性;既考虑到多种维稳力量协同作战，又充分体现民兵独立执行维稳任务的需要。努力做到把敌情研究透，把我情分析够，使演习内容设置和情况构成，符合任务需要，符合郑州实际，符合民兵特色。四是突出系统性。依据《陆军军事训练与考核大纲》，围绕演习课题和总体目标，对演习内容分层次、分专题、分阶段有重点地进行了研究梳理。结合遂行任务的地形、水文、天气环境、任务及对象状态，高技术战场环境及相关条件与背景，重点研练了指挥控制、情报信息、通信联络、作战协同、行动支援、政治工作和各类保障，使演练内容形成了横向配套，纵向衔接，系统完整。

为使演习收到好的效果，注重研究演练方法。一是科学演习编组。针对警备区、人武部两级机关人员少的实际，既注重司、政、后(军、政、后)各部门的专业分工，同时，打破编制界限，根据演习需要，对各级各类人员采取身兼数职、一专多职的办法，确定演习角色和身份，合理实施演习编组，保证了演习。二是实施网上演兵。充分利用警备区、人武部两级机关现有的指挥自动化局域网构建演习平台，研制购置了多媒体资料和电子地图，采取仿真手段，对演习的基本设定、情况诱导、分析判断、决心处置、文书拟制、兵力使用等组织指挥程序与内容，在计算机网络提供的虚拟战场环境中，开展网上练兵。通过网络实现战场信息和资源共享，达成演习中信息的适时需求，使各级指挥员在模拟环境中完成战术、技术和指挥控制等内容的演练，得到实战条件的锻炼。三是灵活导调作业。组织成立了演习导演部，采取上导下演与自导自演相结合的方法，警备区统一派调理员实行一线导调。同时，不仅警备区实际指挥12个县(市)、区人武部演练，而且在重点演练内容上，让各县(市)、区人武部以警备区首长机关的身份施演，提高一级锻炼指挥能力。在演习关键环节上，除按计划导调外，临时设置复杂情况，锻炼指挥中的快速反应和果断处置能力。采取进入情况搞演习，退出情况搞研究的方法，逐个科目、阶段推演，提高了演习效果。四是全时演习监控。为保证演习质量，采取了有效的督导措施，对各县(市)、区人武部的重点参演现场，实施有重点的全程录像监控，并将录像资料作为对各单位进行演习评审的重要依据。同时，制定了演习评分细则，由导调人员按评比内容对各单位演习全过程情况进行记录，由导演组最后进行综合计分评审，从而促进了各单位参演动作严肃认真，一丝不苟，更具有真实性和实战气氛。

【组建郑州警备区】 2004年11月17日，根据中央军委的命令，郑州警备区组建大会隆重举行。参加大会的有河南省军区司令员袁家新，参谋长李其明，中共河南省委常委、郑州市市委书记李克，市委副书记、市长王文超，市人大副主任栗培青，市政府副市长高建慧，市政协副主席杜专兴，郑州市国防动员委员会全体成员单位、各县（市）区委、政府，人武部、干休所的负责人和驻郑部队团以上单位领导，曾在郑州警备区工作过的老领导、老同志，部分民兵预备役人员等共计1100余人。在省会城市组建警备区，是党中央、中央军委根据世界新军事变革的发展和现实军事斗争准备的需要做出的重大决策部署，是加强和改进城市民兵预备役工作的重要举措，对加快省会城市民兵预备役建设的步伐，全面提升省会城市国防后备力量建设的质量和层次，具有十分重要的现实意义和深远的历史意义。

（李军安）

武警郑州市支队

【概况】 2004年，武警郑州市支队坚持以“三个代表”重要思想和十六届四中全会精神为指导，认真贯彻军委和总部、总队党委扩大会议精神，紧紧围绕支队党委总体工作思路，团结和带领广大官兵开拓进取，扎实工作，圆满完成了以执勤和“处突”为中心的各项任务。

【党委班子建设】 坚持把提高党委班子能力作为关键环节来抓，认真贯彻落实《党委工作条例》和总部《建设“四型”党委的决定》，深入开展“提高能力素质，保持优良作风”教育活动。研究制定了《加强支队党委建设措施》，不断强化班子成员按原则办事、按程序运行的意识，党委科学决策、民主决策的能力不断提高，领导和指导部队建设的能力进一步提升。

【部队思想政治建设】 深入学习贯彻“三个代表”重要思想，扎实开展“积极适应中国特色军事变革，努力争做党和人民忠诚卫士”教育活动，及时在“三支队伍”中进行了“端正思想作风、强化纪律观念”教育整顿，系统开展了“树‘三观’矫正人生追求，纠偏差争做忠诚卫士”为主题的明辨是非大讨论、揭批“法轮功”教育和非法出版物的收缴清查工作，在部队中广泛开展了兵写兵、兵演兵和以“扬知识风帆，谱忠诚篇章”为主题的群众性读好书、荐好书活动，确保了部队政治坚定和思想道德纯洁。积极开展拥政爱民活动，进一步密切了警民关系，树立了武警部队的良好形象。

【完成各项中心任务】 认真贯彻总部执勤工作网上培训和两级参谋长集训精神，扎实开展了执勤“三个一遍”、“三共”活动和执勤等级评定，较好地治理了执勤中的“常见病”和“多发病”，提高了执勤安全系数，促进了执勤工作落实；加强了对重大临时性勤务的组织领导，较好地完成了省、市大型会议和大项活动的警卫以及押解、堵截、城市武装巡逻等临时性勤务，出动兵力6000余人次。特别是在“5·5”郑州市陈砦冷库坍塌抢险和处置中牟县回汉民群体械斗事件中表现出色，受到了地方党委、政府和人民群众的高度评价；坚持以军事训练大纲为依据，采取比武活动拉动、奖惩机制驱动、综合保障推动的方法，促进部队的军事训练工作，新兵训练被总队评为先进单位，“两排”比武取得总评第一的好成绩，郑州市中队专勤专训的做法被总队推广；认真贯彻建设信息化武警部队的要求，加大了对信息化建设的研究和投入，实现了执勤检查“一点通”。开设电视电话远程传输系统，拓宽“三级网”功能，受到了基层官兵的欢迎，总队现场会代表和总部机关检查考核时都给予了充分肯定。

【基层组织建设】 制定了《落实〈纲要〉评估机制》，《落实〈蹲点、调研、帮建工作规定〉细则》，增强了依法规范工作的意识，促进了《纲要》全面落实；加强了基层党组织建设，制定了《基层党支部议事规则》，配齐配强了基层支部班子，分三期对基层党委、支部书记、副书记、委员进行培训；按照“三治”要求，对七个连续三年未评先的单位进行了重点帮扶；加大了干部教育管理力度，修订和完善了《干部管理若干规定》，认真落实了干部点名、休假等制度；广泛开展了“双争”活动，坚持双向讲评制度，使基层经常性基础性工作不断得到加强。郑州市中队被总队树为标兵中队；一大队二中队、新密市中队、二大队五中队、中牟县中队被总队评为先进中队。

【部队正规化建设】 认真落实“三会一线”规定，规范工作秩序，确保了各项工作有序运行；抓好一日生活制度的落实，基本达到生活条令化、工作制度化、举止规范化的要求；狠抓“五个重点问题”和总队强调的12个方面内容的治理，及时化解矛盾，消除隐患，有效防范了重大问题的发生。扎实抓好新兵教育管理，防止打骂体罚和收受新兵钱物等问题的发生。认真做好补选退工作，实现了“退伍保安全、选改保公正、补兵保质量”的目标。

【综合保障】 狠抓“四配套”建设，积极推进机动大队、教导队营房建设，协调了四中队、六中队郑州市中队营房搬迁工作，投资50万元为部队解决了洗澡、取暖等实际困难；认真落实《经费标准化管理细则》，进一步规范了基层财务管理秩序，全年预算经费实现了收支平衡，财务考核及审计时被总队评为先进单位；组织开展了“伙食指导周”活动，开通服务直通车，坚持送服装、巡诊、送药服务上门;严格车辆和枪弹安全管理,安装指纹锁,健全安全责任制,支队被总队评为车辆管理先进单位。

【支队党委扩大会议】 2004年2月7日至8日,支队党委扩大会议在郑州召开。支队部门以上领导、机关股长、基层大、中队军政主官参加了会议。会议传达了总队党委扩大会议精神,总结了2003年度工作,确定了“四个坚持,四个突出”的总体工作思路。党委副书记、支队长翟廷林代表党委作了《统一思想,振奋精神,狠抓落实,全力推进部队建设向更高层次跃进》的工作报告;党委书记、政委闫卫平作了题为《保持清醒认识,努力夯实基础,确保部队持续稳定发展》的讲话;司、政、后分别部署了2004年工作。会议期间,市委副书记、市长王文超,市委副书记康定军看望了与会代表并作了重要讲话;市委常委、市政法委书记姚待献,省公安厅副厅长兼市公安局局长李民庆等领导到会进行指导。会上还表彰了2003年度基层建设先进单位和个人。

【圆满完成执勤和“处突”任务】 全年共出动兵力6000余人次,主要完成以下几项任务:一是郑州市人大、政协“两会”警卫;二是五次大型文艺晚会现场安全保卫;三是调犯专列警戒;四是城市武装巡逻;五是担负押解、处决勤务130余次,成功押解罪犯3600余人,处决罪犯22人;六是执行“5·5”郑州市陈砦冷库货架倒塌抢险任务;七是参与处置中牟地区回汉民群体性械斗事件。

【部队领导莅临检查和调研】 2004年,武警总部副司令员陈传阔中将、副参谋长王建平少将、武警河南总队总队长王尊民少将、政委马炳泰少将,以及全军计生办、武警总部司令部训练部、后勤部计生办等领导同志先后到支队调研、检查。为迎接上级首长领导的莅临指导,支队高标准、高质量、全方位准备,以优异的成绩获得了首长领导们的好评。

【荣获全军先进司令部称号】 近年来,支队司令部建设坚持以“三个代表”重要思想为指导,以新一代《司令部工作条例》和总部司令部建设“两个五年规划”为依据,积极适应新军事变革,加强人才队伍和指挥自动化建设,谋划指导军事建设和组织指挥现代条件下执勤、处突的能力得到不断提高,逐步实现了政治坚强、业务精通、作风过硬、反应灵敏、指挥高效的建设目标。2004年12月,被评为全军先进司令部。

【举办基层党组织成员培训班】 为提高基层党委(支部)“三个能力”,进一步强化“一线堡垒”作用,支队举办了三期基层党委(支部)正、副书记和委员培训班。培训期间,在组织参训人员认真学习理论的基础上,还通过难题会诊、课题研究、大会交流等形式,给全体参训人员传经验、理思路、寻对策,并将研讨成果汇编成册,供他们学习借鉴。支队长翟廷林、政委闫卫平分别在培训班上作了《明确地位作用,切实增强加强党支部建设的紧迫感》和《适应形势任务需要,努力提高支部领导部队全面建设的能力》的专题辅导。通过培训,有效地提高了基层党组织驾驭部队全面建设的能力。

【举办春季运动会】 为活跃基层官兵文化活动,推动基层文化建设蓬勃发展,营造健康向上的警营文化氛围,2004年5月4日,在支队机关驻地举办了春季运动会。这次运动会共设置了球类、田径类、趣味类等13个项目,来自机关和17基层单位的102名选手参加了比赛。比赛中,全体参赛队员保持良好的体育道德风尚,严格遵守比赛规则,自觉服从裁判裁决,敢于拼搏、勇于夺魁,充分展示了官兵良好的文明素养和作风,充分发挥了团结协作、奋力拼搏的团队精神。通过举办运动会,推动了基层文化活动的开展,提高了官兵身体素质,发现培养了文体骨干,调动了官兵搞好业余文体活动的积极性和创造性,增强了警营的凝聚力和吸引力,为支队文化建设的全面发展奠定了坚实的基础。

【计划生育工作连年先进】 近年来,支队计划生育工作在支队党委和上级业务部门的正确领导下,坚持以“三个代表”重要思想和科学发展观为指导,以规范化管理和信息化建设为重点,加强了组织领导,深化了宣传教育,拓宽了服务范围,提高了队伍素质,为部队建设发展、官兵成长进步、个人家庭幸福创造了良好环境。支队计划生育工作连续两年被总队表彰为先进单位,2004年被武警总部评为计划生育优质服务先进支队。

【迁入新营房】 2004年8月,在地方政府和用兵单位的大力支持下,四中队、郑州市中队新营房落成并顺利入驻。在搬迁过程中,支队领导高度重视,周密制定方案、认真选配执勤人员、科学部署执勤兵力、积极协调运输车辆,为搬迁的顺利完成提供了可靠的保障。

(杨 威 杨学臣 谢正方)

人民防空

【概况】 2004年,郑州市人民防空工作在市委、市政府、郑州警备区的正确领导和上级人防部门的精心指导下,坚持以邓小平理论和“三个代表”重要思想为指导,深入贯彻十六届四中全会精神,按照市委八届三次会议要求,突出重点,整体推进,真抓实干,狠抓落实,特别是狠抓人防各级领导班子执政能力建设,充分发挥各级领导班子在工作中的核心领导作用;严格落实“四大纪律、八项要求”,出台了廉政建设五项公开承诺制度;大力加强机关“准军事化”建设,严格战备制度,确保执行上级指示要求迅速坚决，各项任务落实到岗到位；机关工作作风进一步转变，人防机关过硬素质和良好形象进一步提升；超额完成了2004年各项工作责任目标，全市人防建设获得新的发展。

【人防工程普查】 2004年，根据省政府、省军区指示精神和省人防办具体要求，市人防办组织了全市人防工程及地下空间工程普查建档工作。经过五个多月的普查，如期按标准完成了普查建档工程总面积3122704.09平方米，占全省普查建档总面积的三分之一。此次普查，促进了郑州市人防工程信息管理系统进一步升级，是本市50多年来人防建设史上范围最广、规模最大、数据最翔实、信息化程度最高的一次工程普查建档工作。同时，也为郑州经济社会发展、城市及城镇建设规划、未来反空袭作战等提供了重要依据。

【人防工程维护】 进一步加大人防工程维护管理力度。全市全年共完成20多万平方米维护管理任务，工程良好率保持在90%以上。人防防汛工作扎实有效。各级人防部门动手早、行动快，制订防汛方案，完善责任制度，落实防汛器材，强化防汛值班，训练防汛队伍，开展"拉网式"大检查，防大汛、抢大险、除隐患，拉得出、用得上、经受住了各种考验，有效地确保了地面设施和人员安全，汛期没有发生一起责任事故。

【人防工程规划建设及利用】 顺利开展了郑东新区人防专项规划和地下空间开发利用规划编制工作并被评为2004年度郑东新区建设先进单位。加大人防执法力度，完善人防法律体系。出台了相关文件，严把审批关，坚决杜绝政策外减免。全年按照规定审批新建了一批防空地下室，应建应收率均达95%以上，各项工程建设指标均创历史新高。解放思想，深化改革，加大人防工程开发利用工作力度。对新建平战结合重点工程成功实现了有偿使用，创造了良好的经济效益和社会效益；狠抓人防工程使用中消防等安全管理责任制的落实，全年没有发生安全责任事故。

【防空警报设施及队伍建设】 2004年，市人防部门狠抓防空警报设施的建设与管理，新增警报器21台，使全市各类防空警报器达到157台，实现了电动与电声、固定与机动、广播、电视、信息等同步发放警报信号，鸣响率达100%，音域覆盖率达85%以上。结合城市民兵三支力量调整改革，对8600人的人防专业队伍全方位开展岗位练兵，对营、团职干部和骨干力量进行集中培训，举行了隆重的专业队点验授旗仪式，有效改善了郑州市人防专业队伍的素质和作风。

【修订城市防空袭预案】 2004年，根据省政府、省军区和省人防办下达的重要任务，市人防办在充分调研论证的基础上，于6月11日召开了全市城市防空袭预案修订工作动员部署会议。并成立了以丁世显副市长为组长的预案修订工作领导小组，明确指导思想，划分工作任务。经过五个多月的艰苦工作，如期完成了城市防空袭预案修订任务。新修订的城市防空袭预案符合中央军委新时期军事战略方针要求，符合做好反台独军事斗争人民防空应急准备要求，符合全省人民防空袭预案要求，符合郑州市战略地位要求，体现了人防组织指挥与政府社会公共安全应急机制的有机结合，突出了科学性、先进性、实用性和可操作性，被评为全省优秀防空袭预案。

【人防教育及宣传】 人民防空教育持续深入。全市74所初级中学防空教育基础进一步巩固，县(市)中学防空教育学校由1所扩大到2所，开课率、参训率均达100%。市委党校、市行政学院和中州大学等高校相继开设防空教育课；郑州四中等防空教育示范学校和全市防空教育基地进一步发展。人防社会宣传力度进一步加大，全年在国家级刊物上发表宣传稿件11篇，发表学术论文9篇，省级刊物上发表宣传稿件49篇。

【人防行政执法】 以全市宣传贯彻《行政许可法》为契机，在绿城广场组织开展了人防普法宣传活动。制作宣传展板，多次向社会宣传公示人防法律、法规、办事程序及人防基本知识。分组分批组织机关全体人员参加《行政许可法》培训并全部通过考试，优秀率达100%。积极参加河南省干部法律知识考试，全员达标，全办人员特别是执法人员素质明显提高。进一步清理人防执法程序，市人防行政许可程序已获政府市法制局批准。在规范执法程序的基础上，健全执法责任，认真执行重大案件备案、报告和统计制度，全年共依法执行人防案件17起，无一起提起诉讼和上诉，通过执法，维护了人防法的权威。

【人防财务管理】 严格执行《人民防空预算管理规定》、《人民防空支出标准》和年度预算；严格执行收支两条线规定，专款专用，层层把关，杜绝无预算支出现象。财务管理和会计核算更加严格、规范，全年无违法、违规、违纪问题；积极依法落实地方财政安排的人防专项经费，全年落实地方财政安排经费80万元，争取地方财政追加人防建设事业经费15万元；自觉接受同级财政审计和上级主管部门监督，圆满完成了市审计局对"2001人防工程"的审计；按有关规定圆满完成了应上缴省人防的有关经费，为全省人防建设做出了积极贡献。

【人防学术研究】 2004年，市人防系统学术交流活动活跃，学术研究成果丰硕。与预备役高炮师联合举办了学术研讨会。在国家人防办人防应用理论研究评比中获论文一等奖1篇、二等奖2篇、三等奖2篇。郑州市人防办被授予全国人防工程情报网先进单位，主任赵烈江被评为全国人防工程情报网先进个人。在河南省人防学会工作经验交流会上,郑州市人防学会被评为河南省先进学会。在全国大中城市社科联第十五次工作会议上,郑州市人防学会被评为全国先进学会,是全国人防系统惟一获此殊荣的单位。

【省军区首长视察郑州市人防工作】 2月25日,河南省军区司令员袁家新、副司令员曹建新、参谋长李其明到郑州市人防办视察工作。陪同视察的领导有省人防办主任王林功、副主任于法典,郑州市委副书记赵建才,郑州市委常委、郑州警备区政委葛合元,郑州市委常委、市政法委书记姚待献,郑州警备区司令员李文忠、副司令员兼参谋长李建华。参加全省人防工作会议的全省十八个地市的分区首长、主管人防工作的市领导、人防主任也一同参观了郑州市人防机关"准军事化"建设和人防指挥所工程。

【济南军区人防工作调研组莅郑调研】 4月13日,济南军区人防工作调研组一行三人在徐起零副部长带领下,来到郑州进行人防工作专题调研。陪同调研的省、市领导有河南省军区副参谋长段京进、省人防办主任王林功,郑州警备区副司令员兼参谋长李建华等。

【省市人大代表视察人防工程】 6月3日,省、市人大代表一行20余人在市人大副主任魏深义、市人大城建环保工委主任宋土旺带领下由市人防办副主任于明等人防办领导陪同,视察了郑州市人防防汛准备工作,并实地视察了管城区乔家门服装城人防工程。

【省政府及省军区领导检查郑州人防工作】 9月18日上午,副省长刘新民、省军区副司令员刘孟合、司令部副参谋长段京进、省人防办副主任张太学一行带领省政府、省军区、省人防办相关部门领导同志在郑州市副市长丁世显、郑州警备区副司令员兼参谋长李建华等领导同志陪同下,检查指导郑州市人防工作。刘副省长一行首先出席了郑州市防空警报鸣放仪式并视察了郑州市人防办警报发射控制中心和郑州市人防指挥所工程。

【国家人防办领导莅郑调研指导工作】 10月18日下午,国家人防办一行5人在副局长李杨的带领下,到郑州市调研指导工作。陪同调研的领导有济南军区作战部副部长徐起零、处长丁峰,省人防办副主任于法典,郑州市副市长丁世显,郑州警备区副司令员兼参谋长李建华,市政府副秘书长吴福民等。调研组参观了郑州市人防指挥所工程,听取了郑州市人防办对《2020年前发展纲要和第十一个五年计划》(调研稿)的修改建议,并对郑州市人防事业的发展提出殷切希望。

【联合举办防空作战体系研讨会】 为认真贯彻落实军委曹刚川副主席重要讲话精神(国人防办字[2004]第246号文件)及济南军区人防办有关要求,扎实做好城市防空袭斗争准备,12月21日,郑州市人防办与河南省陆军预备役高炮师司令部联合举办了《建立城市现代化的联合防空作战体系》研讨会。河南省人防办副主任张太学、郑州市人大内司委主任郭小军、郑州市政府副秘书长许福亮、预备役高炮师师长陈为如等领导出席研讨会,预备役高炮师部门以上领导和部分预任首长、郑州市人防办机关处以上领导、高炮师司令部科以上现役干部和部分预任干部骨干以及郑州防空兵学院、郑州大学、电子27研究所、713研究所等特邀单位的有关专家、学者共150多人参加了会议。

【驻村工作】 2004年,市人防办抽调人员组成工作队,深入登封市石道乡老庄沟村开展扶贫维稳工作。工作队帮助村"两委会"制订发展计划,投资16万元建成了两委会办公室和村卫生所。由于驻村工作成绩突出,被确定为石道乡阵地建设模范示范点,市人防办被市委、市政府评为扶贫开发先进单位;中牟事件后,市人防办迅速抽调精干人员组成驻中牟工作队,队员们不畏严寒,克服重重困难,战斗在第一线,为确保社会稳定做出了积极贡献。

(薛 伟 王 玮)

第六篇 工 业

工业综述

【概况】 2004年,郑州市工业战线全体职工在中共郑州市委、郑州市人民政府的领导下,以邓小平理论和“三个代表”重要思想为指导,认真贯彻党的十六大和十六届三中、四中全会精神,全面落实科学发展观,按照“拉长工业短腿,发挥商贸优势”的总体思路,努力克服能源紧张、运力不足、资金短缺、原材料价格上涨等不利因素影响,扎扎实实开展工作,使全市工业经济在2003年增长的基础上快速发展,实现了速度、质量和效益的统一。2004年,郑州市对原有商业、外经贸部门及计委、经贸委的部分机构进行全面整合,4月,撤销市经济贸易委员会,组建了市经济委员会。

工业经济运行增速加快,效益大幅度提高。在上年工业生产总值突破千亿元的基础上,2004年实现生产总值1375亿元,增长15.5%,第一、二、三产业分别比上年增长5.5%、18%和13%。人均生产总值达到2350美元,全市地方财政收入完成114.8亿元,比上年增长32.7%。

2004年,郑州市完成和超额完成了市委、市政府在年初提出的全年实现“六个一”目标:新增就业、再就业10万人(全年有12.15万城镇求职人员实现就业、再就业,转移农村劳动力13.2万人就业)、工业技改投资100亿元(重点技改项目投资全年突破百亿元达112亿元,技改投入连续3年实现翻番)、非公有制经济增加值新增100亿元(全年实际完成增加值687亿元,增长25%)、地方财政收入100亿元(实际收入全年达114.8亿元,增长32.7%)、新设立外资企业100家(全年新设立外商投资企业117家,实际利用外商直接投资2.5亿美元,增长61.6%)、规模以上工业销售收入突破1000亿元(全年实现销售收入1189.6亿元,增长35%)。2004年增速达23.7%,工业生产连续两年的高速增长,表明郑州市经济发展进入全面提速、加快转型的新阶段。

(一)工业经济快速增长

2004年郑州市规模以上工业完成增加值402.7亿元,比上年增长23.7%,净增额突破100亿元,达105.3亿元,创历史新高。其中12月份实现增加值突破40亿元大关,达40.4亿元,月度完成生产增加值创历史新高。全年月平均完成生产增加值达到33.6亿元,比上年月平均完成数增加8.8亿元,月平均完成生产增加值创历史新高。全年工业经济运行呈现以下几个特点:

(1)轻工业增速较慢,重工业主导快速增长。规模以上重工业完成工业增加值312.7亿元,比上年增长24.5%,拉动全市工业增长19.9个百分点;轻工业增加值完成90.0亿元,比上年增长14.0%,拉动全市工业增长3.8个百分点。重工业增速比轻工业增速快10.5个百分点,规模以上重工业占全市规模企业的比重达77.7%,比上年提高1.2个百分点,表明郑州市工业结构在今后一个时期将进一步重型化,也表明重工业已成为郑州市工业经济增长的主要支撑。

(2)非公有制工业经济发展不断加速,对全市工业增长的贡献率近50%。近年来,郑州市针对非公有制经济的发展采取了一系列扶持政策和措施。2004年郑州市委、市政府提出要抓好100家重点非公有制企业,非公有制经济增加值新增100亿元的目标。为此郑州市着力优化经济发展环境,四大班子领导成员实行重点企业联系制度,及时为企业排忧解难,使企业正常生产得以保证,良好的发展环境和积极的措施,促进了非公有制经济的快速发展。全年非公有制经济完成增加值687亿元,比上年增长25%。其中,规模以上非公有制工业增加值完成164.2亿元,比上年增长27.4%,比全市工业平均增速高3.7个百分点。非公有制经济对全市工业增长的贡献率达49.4%,非公有制工业占全市工业经济的比重也由上年的39.3%上升到40.8%,提高1.5个百分点。

(3)股份制成为郑州市工业企业的主要形式。随着企业改制力度的不断加大,股份制已成为郑州市工业企业的主要经济形式,股份制企业成为拉动全市工业增长的主要力量。规模以上股份制工业企业前3个季度完成增加值125.1亿元,同比增长24.7%,比全市平均增速高出3个百分点,拉动工业生产增长10.5个百分点。第四季度尽管国家的宏观调控力度加大,但股份制企业受其影响并不明显,快速发展的势头不减。前11个月,全市规模以上股份制企业累计完成工业增加值158.9亿元,占全市工业增加值总量的43.9%,比上年同期提高5.6个百分点。至年末，规模以上股份制工业企业增加值完成178亿元，比上年增长24.1%，占全市工业增加值的44.2%，拉动全市工业增长10.4个百分点。

(4)六大行业领跑郑州工业经济，优势行业继续领先增长。从全市36个工业行业大类生产总量看，建材工业、煤炭工业、铝工业、食品工业(包括食品加工、食品制造、饮料、烟草)、电力工业和汽车工业等六大行业普遍呈现良好的发展态势，继续领跑全市工业发展。其中，建材工业完成增加值70.5亿元，比上年增长40.7%，拉动全市工业增长6.7个百分点；煤炭工业完成增加值51.0亿元，比上年增长17.4%，拉动全市工业增长1.8个百分点；铝工业完成增加值49.4亿元，比上年增长21.4%，拉动全市工业增长2.4个百分点；食品工业完成增加值47.0亿元，比上年增长17.3%，拉动全市工业增长2.1个百分点；电力工业完成增加值31.3亿元，比上年增长16.3%，拉动全市工业增长1.4个百分点；汽车工业完成增加值22.9亿元，比上年增长8.3%，拉动全市工业增长0.6个百分点。以上六个行业共完成增加值272.1亿元，占全市工业经济总量的67.5%，拉动全市工业增长15.1个百分点。

(5)重点产品产量保持较快增长。其中：食品行业中卷烟生产4189870万支，同比增长3.5%；饮料生产22.1万吨，增长12.9%；速冻食品生产23.8万吨，增长14.9%；啤酒生产39.1万吨，增长17.5%；食用植物油生产4.3万吨，增长52.9%。汽车工业中汽车生产29806辆，增长9.1%；改装汽车生产12799辆，增长7.6%。非金属矿物制品业中耐火材料制品生产406.3万吨，增长43.9%；磨料磨具生产4.8万吨，增长29.9%；水泥制品生产1277万吨，增长16.3%。医药工业中化学原料药生产1880吨，增长31.3%。电子工业中激光盘生产3694.7万片，增长29.9%；彩色显象管玻壳生产966万只，增长98.8%。钢铁工业中钢材生产103.8万吨，同比增长31.0%。煤炭工业中原煤生产4095.6万吨，增长13.8%。电力工业中发电量159.8亿千瓦时，增长25.1%。铝工业中氧化铝生产148.1万吨，增长7.1%；铝锭生产42.2万吨，增长12.9%；铝材生产40.4万吨，增长52.9%。

(二)工业经济效益实现四大突破

(1)工业经济效益指数突破160%。一季度为144.66%，二季度达到155.1%，三季度达到158.62%，到年底实现160.1%，比上年提高16.7个百分点，比全省平均水平高11.4个百分点。主要经济效益指标总资产贡献率为14.3%，同比提高1.4个百分点；成本利润率为6.8%，同比提高0.2个百分点；流动资金周转率达2.2次/年，同比加快0.3次/年；劳动生产率达77100元/人，同比增长27.0%。

(2)规模以上工业企业销售收入突破千亿元。全年郑州市规模以上工业企业产品销售收入首次突破千亿元，完成1189.6亿元，净增314.6亿元，比上年增长35.0%。规模以上企业个数由上年的1569家增加到1802家，增加233家。其中销售收入上亿元企业由上年的145家增加到196家，销售收入达10亿元的企业由9家增加到12家。宇通公司、中铝河南分公司、郑州日产、金苑面业位居全市工业销售收入前列，特别是中铝河南分公司成为国家在郑首个销售收入超50亿元的企业(全年完成销售收入52.9亿元，同比增长31.6%)。

(3)利税、利润总额大幅增长，双双突破年度历史新高。全年郑州市规模以上工业实现利税142.5亿元，实现利润总额74.5亿元，分别比上年增长31.5%和38.7%，双双突破历史新高。年初，市委、市政府定下目标，重点抓好中铝公司河南分公司、郑煤集团、郑州铝业公司、登电集团、豫联能源、宇通公司、少林汽车厂、河南红宇、新郑烟厂、郑州烟厂、郑州纺织机械厂、郑州煤矿机械厂、“三全”、“思念”等100家重点工业企业的增收增效。同时，对安飞玻璃电子有限公司、增奇新钢铁公司、白鸽集团公司、郑州电缆集团、水工机械厂、中原制药厂、金星啤酒厂、嵩岳集团等少数亏损企业也给予高度关注，想方设法帮助这部分企业减亏扭亏。2004年郑州市亏损企业的亏损额为6.9亿元，同比下降5%。

(4)重点行业盈利水平突破历史新高。工业企业年实现利润在2亿元以上的有8个行业，共实现利润64.5亿元，占全市工业利润总额的86.6%。除汽车工业外，其余7个行业盈利水平均突破历史新高。

重点行业实现利润情况表

行　业	铝工业	建材工业	煤炭工业	造纸工业	汽车工业	专用设备制造业	钢铁工业	食品工业
实现利润(亿元)	21.7	13.1	12.7	5.1	4.3	2.3	3.0	2.3
增长(%)	53.1	49.7	79.8	20.5	−21.9	39.0	170	110

(三)工业经济综合实力明显增强

(1)高新技术产业发展迅猛。2004年经省认定的郑州市高新技术企业572家，占全省的44%，其中，年销售收入超亿元的高新技术企业32家；高新技术产品1074个，占全省的35%。高新技术产业增加值完成12.8亿元，比上年增长50.2%，增速比全市平均增速高26.5个百分点。其中，中信税控机、威科姆IPTV系列产品、雪城科技公司的智能型汽车电子产品及思达高科智能电表等电子设备制造业完成增加值5.5亿元，比上年增长1.4倍，成为郑州市工业经济发展的新亮点。

(2)百项重点工业技改投入突破百亿元。全年郑州市安排重点工业技改项目112项。其中，续建48项，新开工64项，安排总投资299亿元。百项重点工业技改项目中有14个电力投资项目，包括河南盛润电力投资"建设2台5万千瓦机组"、郑州铝业三期技改、郑州日产第三代车型开发、少林汽车扩能、奥克啤酒扩能迁建、郑州卷烟厂投资"建设6000kg/h制丝车间生产线改造"等项目。本年已建成投产的项目使郑州市新增电力装机容量99.6万千瓦，新增铝加工能力20万吨，新增卷烟2.7万大箱。百项重点工业技改项目全部完成后，预计年新增销售收入265亿元，年新增利润32.3亿元。百项重点工业技改项目累计完成投资112亿元，是全年预期目标100亿元的112%，是上年全年投资45亿元的2.2倍。

重点工程项目投资拉动作用明显。2004年郑州市抓住中央继续实施宏观调控的机遇，实行有保有压政策，积极发展国家鼓励产业，不失时机地提出要重点抓好百项重点工程项目，以项目建设为载体，新建和技改一起上，以增强郑州市工业经济发展的后劲。全年郑州市全社会固定资产投资完成650亿元，比上年增长30%。重点工程建设继续保持增长势头，百项重点工程中的中铝河南分公司70万吨氧化铝项目、中美铝业项目、威科姆建设项目、华润集团2×30万千瓦机组、豫密药业中药项目、登电2×21万千瓦机组、郑煤集团赵家砦年产300万吨煤矿项目、郑煤白坪矿井、郑州燃气调峰电站2×35万千瓦机组、郑东新区热电厂2×20万千瓦机组、郑州铝业铝板带箔一期、宇通汽车零部件工业园等项目开工建设。

(3)销售收入超亿元企业达到196家，比上年增加51家。其中，宇通集团、中铝河南分公司两家企业年销售收入均突破50亿元大关；年销售额超10亿元以上企业达到13家，比上年增加4家；年销售额在3～10亿元的企业有56家，比上年净增23家。在国家统计局公布的全国1948家大型企业名单中，列入郑州市19家企业，净增8家；宇通公司、新郑烟厂、郑州日产公司等4家企业入选"中国企业500强"名单；宇通公司、郑州日产公司两家企业携手进入"中国机械100强"企业名单；中铝河南分公司等6家企业入选"中国冶金1000大制造商"名单。

(4)拥有"中国名牌"的产品达到10个。2004年，宇通公司生产的"宇通客车"、少林公司生产的"少林汽车"、正星公司生产的"正星加油机"、金苑面业生产的"金苑小麦粉"、海嘉食品生产的"神象小麦粉"首次荣获"中国名牌"称号，加上此前已获得"中国名牌"产品称号的"金星啤酒"、"三全水饺"、"三全汤圆"、"思念水饺"、"思念汤圆"等5个产品，郑州市"中国名牌"产品增至10个。"宇通"、"思念"、"三全"成为"中国500最具价值品牌"。郑州日产公司生产的高档皮卡汽车荣获"中国高级皮卡汽车市场产品质量用户满意第一品牌"称号。金芒果卷烟等31种产品成为河南名牌。

确保实现"五个一百"，14个县(市)、区(含郑州高新技术产业开发区和郑州经济技术开发区)经济实现快速健康协调发展，13个县(市)、区工业增加值增速累计超过20%。其中，中原区完成工业增加值4.17亿元，增长29.2%；二七区完成工业增加值9.96亿元，增长21.0%；管城区完成工业增加值5.29亿元，增长20.0%；金水区完成工业增加值10.71亿元，增长27.8%；上街区完成工业增加值26.47亿元，增长23.8%；惠济区完成工业增加值4.88亿元，增长22.2%；巩义市完成工业增加值88.41亿元，增长30.6%；荥阳市完成工业增加值35.36亿元，增长25.4%；新密市完成工业增加值42.46亿元，增长26.5%；新郑市完成工业增加值37.24亿元，增长20.7%；登封市完成工业增加值38.43亿元，增长30.6%；中牟县完成工业增加值13.13亿元，增长9.3%；经济技术开发区完成工业增加值8.68亿元，增长47.0%；高新技术开发区完成工业增加值14.11亿元，增长23.2%。

【确立工业发展目标】 2004年，市委、市政府高度重视工业经济发展，把加快郑州市工业发展作为全市工作的重中之重。年初，市委、市政府根据国家实施宏观调控措施带来的新形势和新变化，确定了以工业为主导的"五个一百"工作重点(即重点抓好100家工业企业的增收增效；重点抓好100个工业技改项目；重点抓好100家非公有制企业；重点抓好100家新设外商投资企业；重点抓好100个重点工程项目)。为落实"五个一百"工作，市委、市政府相继成立了市企业改革与发展领导小组，市汽车产业发展领导小组和电子信息产业发展领导小组，建立了由四大班子领导成员分工联系"五个一百"制度，开辟重点企业与市领导直接联系的"绿色通道"，向重点企业派驻副县级联络员。建立了由主管副市长牵头的工业经济运行重大问题预警协调机制，通过联席会议、现场办公等形式，着力解决工业经济运行中的"瓶颈"问题。市委、市政府主要领导身体力行，抽出大量时间，深入企业调查研究，现场办公解决问题。按照分工，深入各自联系的"五个一百"重点企业和重点项目，为企业排忧解难，解决重点、难点和热点问题，对全市工业快速发展起到了有力地推动作用。

11月底，市委、市政府召开郑州市工业大会，出台了《关于进一步加快工业化进程的决定》，确定了今后4年的工业发展思路和"三个一千亿"的战略目标(即：到2008年，郑州市规模以上工业增加值达到1000亿元，装备制造业销售收入达到1000亿元，工业投入累计完成1000亿元)。为加快郑州市工业化进程，市委、市政府对2004年为郑州市经济发展做出重大贡献并荣获"中国名牌产品"称号的金苑面业有限公司、宇通客车股份有限公司、少林客车股份有限公司、海嘉食品股份有限公司、正星科技股份有限公司等5家企业各重奖50万元;对郑州市工业战线领军人物——郑纺机董事长刘海涛、新郑卷烟厂厂长杨志忠、三全公司董事长陈泽民、郑煤机董事长焦承尧、豫联能源董事长张鸿恩、登电集团董事长程国贤等6名企业家各奖"帕拉丁"汽车1辆;对新郑烟草公司、奥克啤酒公司、七里岗水泥厂等13家获得"河南省名牌产品"称号的企业以及19家获得"河南省优质产品"称号的企业给予通报表彰。这些举措使全市干群对加快工业发展的认识高度统一,各县(市)、区及市直各部门纷纷制订规划,强势奋进,呈现出竞相发展的态势。

【经济运行监测分析和预警预测】 努力实现监测分析和预警预测方式的新突破。一是抓好经济运行监测分析。在对全市工业经济运行变化进行监测分析时,主要围绕"四个重点"(即重点地区、重点行业、重点产品、重点企业)和"三个层次"(即省部属企业、40家增量大户企业、百户销售收入超亿元企业)进行调度和调查研究,分析各个重点和层面企业对工业经济增长的影响,监测工业经济运行,把握全市经济运行态势。二是改进经济运行月报制度。建立了重点产品和原材料调度系统,对6个行业、30种重点产品销售价格进行监测,及时掌握市场信息动态。加强和深化季度分析,由原来侧重于经济运行的事后分析,逐步转向对有关问题发展趋势和可能出现的问题进行前瞻性分析,为领导决策和企业决策提供重要参考。三是加强对经济运行重点问题的调研。2004年,围绕工业现状、生产运行、重点工业行业发展、民间借贷、两项资金占用对生产的影响,以及禽流感疫情和信贷政策、土地政策、出口退税政策的调整对郑州市工业生产可能带来的影响等问题开展了多次重点调研,形成了有情况、有分析、有对策的调研报告,对全市工业经济运行发挥了一定的指导作用。部分调研结果受到了省、市领导的高度重视,成为市委、市政府领导决策的重要参考。

【着力解决经济运行中的热点难点问题】 扶优扶强,坚持资源向重点企业倾斜。2004年初,郑州市在国家宏观政策调控范围之内,确定向40家重点工业企业、30个重点产品生产单位和6个重点县(市)、区实行政策倾斜。这些企业中既有优势产品汽车、煤、电、铝、食品生产企业,也有电子信息、新医药、新材料等新兴行业的产品。对重点企业、重点地区提出的问题,特别是煤、电资源以及资金供应等问题,市政府以及相关领导主动出面,积极联系,在政策范围之内,优先安排,做好有限资源向重点企业倾斜工作。搞好服务协调,统筹解决电力供应和运输需求。研究制定了《郑州市2004年电力运行方案》和《2004年郑州市电力度夏方案》,在保证发电企业满负荷安全运行的前提下,加强调度,既满足企业生产需要,又较好地解决了群众生活日益增长的电力需要。全年社会用电量207.62亿千瓦时,同比增长13.2%,其中工业用电量149.42亿千瓦时,增长13.32%。基本上做到了不拉闸,不限电。在银企之间搭建桥梁,方便企业与金融部门的联系,让金融部门了解企业,先后向各金融机构推介符合国家产业政策、市场潜力大、经济效益好且急需资金支持的重点企业近百家,重点项目223个。银企之间通过相互了解,郑州市所推荐的大部分项目和相关企业得到了金融部门的资金支持。

【支持百项重点技改项目】 2004年,在国家加强宏观调控、压缩固定资产投资规模的形势下,郑州市坚持"依法循规、有保有压"的原则,采取一系列有力措施,确保百项工业技改项目建设落实。

抓项目,建立重点技改项目目标责任制,确保项目资金投入,早建成,早投产。年初,郑州市为做好重点项目的收集工作,深入重点企业调研,对每个技改项目的可行性都进行了仔细审议、认真筛选,广泛听取县(市)、区和市直有关部门对重点项目的意见。对列入2004年重点技改的项目,积极帮助搞好立项等工作,主动向有关金融部门通报情况,做好项目评估,争取专项贷款和配套流动资金。配合有关部门,为企业排忧解难,解决重点工业技改项目建设用地指标,优先安排生产所需原材料、电力供应和交通运输等。将全市百项重点工业技改项目和投资100亿元的任务,按企业属地,分解到各县(市)、区、开发区,列入各县(市)、区2004年度责任目标,并进行年度考核。

抓重点,实行领导分工联系重点项目制度。对列入全市百项重点的技改项目,市四大班子领导成员实行分工联系制度,重点协调解决企业在项目进展过程中遇到的困难和问题。市经贸委领导班子成员和处室也建立了相应的重点项目分包联系和责任制度,及时掌握项目进展情况,发现问题,及时解决,确保了重点项目顺利进行。

抓实施,建立项目进度月报制度。每月10日前,由各县(市)、区经委把辖区重点技改项目进度情况统一汇总,报市经委,由市经委综合全市项目进展情况后向市委、市政府汇报。先后在郑州铝业、登电集团、登封市等企业和县(市)、区召开100项重点技改项目实施情况现场会,交流经验,通报进度,督促指导项目实施工作。

【加快国有企业重组步伐】 2004年,郑州市国有企业改革,坚持以产权制度改革为重点,加快企业重组步伐,以搞活国有企业为目标,精心组织,因企施策,配套推进,规范运作,取得了较好成效。

明确任务,落实责任。为加快企业改革、改组、改制的步伐,郑州市制定了《国有企业改革工作意见》,明确了全年的工作任务和目标。在对未改制企业进行调研的基础上，针对企业的具体情况和特点，提出企业改革、改组、改制进度要求，与有关部门一起，向企业派驻改制工作指导组，加大企业改革推进力度，加快企业改革步伐。及时编发《企业改革工作动态》，指导全市企业改制工作。对委属8家企业性公司和12家经委系统国有企业改革，先后4次召开协调会议，研究、解决国有企业改革过程中存在的突出问题，以加快企业改革的进度。

加强协调，规范运作。郑州市成立了由经委领导、重组方和企业三方共同参加的"改制协调小组"，及时研究解决郑州拖拉机厂改制过程中出现的矛盾和问题。先后帮助郑州炼油厂、郑州毛纺厂等10家企业解决了改制过程中遇到的股份制构建、工商注册、资产过户等具体问题。郑州电磁线厂、郑州化工厂、郑州内衣厂、郑州照相机厂等4家破产企业，经法院立案，正在按法律程序进行破产终结工作。对前几年改革中遗留的原郑州塑料二厂破产后企业终结问题和郑州海燕搪瓷公司、第一木器厂在破产清算中的净资产处理问题，以及郑州丝织厂破产后国有土地不能解除抵押情况下如何支付职工安置费用等问题，也在逐步解决。

年内，东风汽车股份有限公司已完成对中信集团持有的郑州日产股份收购，实现东风与郑州日产的成功重组；菲律宾生力集团与郑州奥克集团结为合作伙伴；荷兰帝斯曼公司与天津药业新郑公司合作，共同投资开发维生素系列产品。

年末，市属12家国有(包括国有控股)工业企业中，有4家企业基本完成了改制任务；白鸽集团等8家企业已制订了改革预案，并取得实质性进展。二砂小学移交地方工作已经完成；全市企业办中小学校移交社会的比例达到90%，提前完成了省定的任务。

【加强工业行业管理】 2004年，郑州市经委分管的轻纺、化工、电力、医药、机械冶金、民爆器材、汽车等行业各自结合行业特点，分别开展了各种形式的调查研究和行业规划工作。先后完成了《郑州市加快工业发展调研报告》系列报导14期、《国家出台的宏观经济政策和产业政策对我市工业经济的影响》等调研报告。在此基础上，进一步研究制订了汽车、装备制造、煤电铝、电子信息、食品医药化工和纺织服装等六大行业的发展规划，为促进工业行业发展奠定基础。

【安全生产】 郑州市针对机电、冶金、轻纺、化工医药、民爆器材、国有非煤矿山等行业生产特点，以安全生产"双基"工作为重点，制定出郑州市工业系统《安全生产重大事故隐患预警机制》。组织开展了"双节"、危险化学品、"五防"、"安全生产月"、"三集中"和冬季消防等6次安全生产大检查和专项整治，共查出各类事故隐患1936条，发出限期整改通知书217份，整改率达97.8%。全年工业企业因工伤亡事故千人死亡率和千人重伤率分别控制在0.05和0.02以下，没有发生重、特大事故，事故隐患整改率在95%以上，监控率达到100%。

【信访稳定工作】 2004年，郑州市通过实行领导包案负责制，向企业派驻稳定工作组，对全市重点企业组织开展群众重复上访、越级上访、集体上访和积案的排查调处工作，实施"解、疏、堵、处"并举等措施，确保了工业系统大局稳定。全年系统内集访率同比下降29%，重访率10%以下，缠访稳定率98%以上，上三级交办案件结案率100%，重要敏感时期重大集访率为"零"，为郑州市工业经济发展提供了一个良好的社会环境。

【开展"两高一满意"活动】 2004年，郑州市经委为确保"五个一百"目标任务的完成，深入开展了"高质量服务、高效率办事，让企业满意"的"两高一满意"活动。实施了"首问负责制"等一系列行为规范和制度，建立了共计260多项考核内容的目标责任考核机制，明确办公环境、办事程序、办结时限、服务质量等方面的工作标准。并以《工作督查》和《每周工作动态》进行督促落实。在深入开展"两高一满意"活动的基础上，市经委还在机关开展"为企业办实事"活动，把解决企业现实困难作为全部工作的重点，把"为企业办实事"纳入处室的工作日程，每周通报一次，以推动机关转变作风，工作重心下移。围绕为企业办实事，实施了及时服务、主动服务、超前服务和全程服务等措施。

【宣传报道和信息工作】 全年共编发《郑州工业经济》简报308期、《领导参阅》38期、《领导同志批示》22期，向省、市信息部门上报信息稿件近800余篇，有500余篇分别被省、市政府以《政府工作快报》、《领导参阅》、《郑州工作》、《信息专报》等形式采用；有关稿件分别被国务院、省、市办公厅采用。党务、政务信息工作采用量在市直单位中名列第一位。200余篇稿件被市级以上各类媒体采用，其中有100余篇被新华网、经济网、人民网等多家网络媒体转载。

（谢桂林）

电力工业

【发电概况】 截至年底，郑州新力电力有限公司共完成发电量34.41亿千瓦时，为年计划的101.5%，同比增加2.09亿万千瓦时；供热量完成533万吉焦，为年计划的93.5%，同比减少61万吉焦；供电煤耗362.8克/千瓦时，同比增长6.6克/千瓦时。

【安全生产】 2004年，郑新公司深入开展"百日安全生产劳动竞赛"活动，抓好安全大检查工作，从安全意识、规章制度、安全管理、设备缺陷、事故隐患及防范措施等多方面进行自查和整改，消除了大量的设备缺陷和事故隐患，提高了员工的安全生产意识和法制观念，规范和完善了安全管理。通过强化安全监督管理，坚持不懈地开展反习惯性违章和“三不伤害”活动，将事故隐患消灭在萌芽状态，维持了长周期的安全生产局面。

截至年底，郑新公司实现安全生产1211天。全年未发生人身重伤及以上伤亡事故；未发生全厂停电事故；未发生重大及以上设备事故；未发生误操作事故；未发生负同等及以上责任的重大交通事故；未发生火灾事故。

各项生产技术指标完成情况表

指　标	单　位	完成值	上年同期	同比增减
发电量	万千瓦时	344121	323207	+20914
供热量	万吉焦	533	594	−61
供电煤耗	克/千瓦时	362.8	356.2	+6.6
供热煤耗	千克吉焦	41.5	41.7	−0.2
发电厂用电率	%	7.62	7.59	+0.03
供热厂用电率	千瓦时/吉焦	9.10	9.14	+0.04

【郑新公司整体接收郑州热电厂】 在省、市政府的高度关注和协调下，投资方与中国电力投资集团公司通过谈判协商，最终达成一致意见，郑新公司整体接收郑州热电厂，两种体制并存的问题得到妥善解决。郑新公司实现了全方位自营自管，理顺了企业的管理体制，实现了企业的平稳过渡，解决了困扰企业成长、影响企业发展的历史遗留问题。

9月30日，河南省建设投资总公司和中电投河南分公司签署了关于郑州热电厂资产和人员整体接收协议。10月25日，省建投与郑新公司签订了关于郑州热电厂资产和人员整体划转的协议。

【生产管理】 截至年底，郑新公司共发生一类障碍4次，同比下降43%；二类障碍11次，下降31%；异常20次，人身轻伤零次，均与上年持平；全年机组临停5次，下降55%。

为抓好机组检修工作，确保机组经济可靠，郑新公司严格执行规程制度，不断加强技术监督的管理工作，全面实施了《设备可靠性管理竞赛办法》，认真搞好设备缺陷管理工作，使机组的技术性能不断得到改观与提升。2004年，共完成＃3、＃4、＃5机组小修各1台次、＃4机组大修1台次，按计划全面完成了辅机检修，全年主机消缺率91.5%、辅机消缺率98.8%。＃4机组大修实现了机组一次启动、一次冲转、一次并网成功，热工自动投入率100%，保护投入率100%。通过大修，对＃4炉实施了布袋除尘器改造工程，使布袋除尘器系统的自动检测及自动化程序控制实现了DCS控制。＃4炉布袋除尘器改造后，除尘室的各个压差保持在规定范围之内，除尘器出口烟气含尘在20～25mg/N m^3，排烟温度150℃左右，低负荷含氧量控制在10%左右。

【经营管理】 由于电煤价格不断上涨、煤质严重下降等客观因素的影响，郑新公司在保障各项生产任务完成的情况下，遭遇了成立以来的第一次巨额亏损，全年共计亏损5563万元。

面对煤炭价格大幅上涨、外部经营环境日趋严峻的形势，为了控制成本，降低亏损，郑新公司努力做好燃煤管理工作。成立了燃煤管理领导小组和燃煤管理监督小组，定期召开燃煤工作会议，认真分析燃煤管理环节中存在的问题，研究燃煤采购中煤质、煤价的控制，燃煤采制化的改进与控制，新煤源的调研和开发等燃煤管理的措施。组织多个部门联合工作，建立相互监督制约机制，不定期地对燃煤采样、制样、计量、化验等环节进行监督检查，严把入厂煤质量关。通过规范燃煤检验程序，提高了煤质检验的科学性和真实性，加强了入厂煤的煤质管理，有效地提高了燃煤质量，较大幅度地降低了燃料成本。

【“贯标”工作】 根据公司的实际情况，全面修订管理手册和程序文件，使这些基础文件符合标准要求，为实际工作提供指导和帮助。2004年12月，郑新公司第二次顺利通过了英联邦认证公司的ISO9001（质量）、ISO14001（环境）、OHSAS18001（职业安全卫生）监督审核。

【节能环保】 郑新公司重视抓好节能工作，充分发挥三级节能网的作用，继续深入开展节能分析活动，不断完善经济运行措施。坚持压红线运行和小指标竞赛考核管理工作，认真执行《机组滑参数运行规定》、《合理调整循环水运行方式》以及《用电系统倒换》等节能技术措施，较好地完成各项经济指标。

切实抓好环保工作。广泛进行环保宣传和培训，提高广大员工的环保意识。认真进行环境监测和统计，根据烟气在线监测的数据显示，公司的烟尘、二氧化硫都能够达标排放。“电改袋”后，＃4 炉除尘效率由原来的不到 99％提高到99.99％，烟尘排放浓度由原来的 300mg/Nm³ 降低到30mg/Nm³ 以下，每年减少烟尘排放量 2000 吨左右，极大地改善了郑新公司的环保形象，得到了省、市环保部门的高度评价，取得了良好的社会效益和经济效益，使郑新公司向环保型发电企业迈进了一大步。

【新机扩建】 作为省、市重点建设项目，郑新三期工程 2×200MW 供热机组的建设，可以满足郑州地区供热需求，缓解地区用电紧张局面，同时可以节约能源、保护环境、改善人民生活条件，对郑州市的经济发展和改善西区居民供热供电具有重要作用。

2004 年，郑新三期扩建工程有组织、有计划、按程序推进。三大主机设备订货已经完成，工程建设资金基本落实，接入系统设计审查完成，主厂房开挖等基础工程建设在按计划进行，预计两台机组将分别于 2006 年 7 月和 12 月投产发电。郑新三期工程建设项目动态总投资为17.73亿元人民币。

【精神文明建设】 郑新公司认真贯彻党的十六届三中、四中全会精神，坚持用“三个代表”重要思想作指导，积极做好党建工作、群团工作和思想政治工作。先后举办了十六届三中全会精神网上征文和十六届四中全会专题讲座等活动，收到网上征文 83 篇，邀请中央党校著名教授主持了十六届四中全会专题讲座，使公司全体党员和中层管理人员 520 多人受到了一次深刻的理论教育。

认真开展党风廉政宣传教育，切实抓好党风廉政建设落实工作。组织党员干部学习贯彻中纪委三次全会精神，观看了两个《条例》起草过程的辅导报告录像，邀请中央党校教授就两个《条例》颁布实施的重要意义进行专题讲解。建立健全规章制度，从源头上预防和治理腐败，先后制定了《郑新三期扩建内部审计管理办法》和《招标监督管理办法》等制度。

（张战洪）

【供电概况】 2004 年，市电业局全体干部职工牢牢把握改革、发展、稳定大局，按照年初确定的工作思路和 22 项主要目标，真抓实干，各项工作开创了新局面，取得了新突破，较好地满足了省会经济发展和人民群众的用电需求，做到了让群众满意，让政府放心。

全年全社会用电量达到207.62亿千瓦时，比上年增长13.25％。市电业局各项主要经济技术指标完成较好：供电量完成134.56亿千瓦时，比 2003 年增长10.9％；售电量完成128.55亿千瓦时，增长 10.97％；供电线损率 4.47％，下降0.06％；局供最大供电负荷 243 万千瓦，增长 23 万千瓦；电压合格率99.15％，其中 A 类99.43％；配电供电可靠率 RS－1 为99.941％、RS－3 为99.954％；营业总户数48.73万户，增加2.31万户；实现 4 个安全生产 100 天（含 1 个跨年度 100 天），完成了省公司下达的安全责任目标。六县（市）电业局完成供电量56.97亿千瓦时，比上年增长 16.24％；售电量 53.41亿千瓦时，增长 15％。

（徐　利）

【用电分析】 郑州地区全社会供用电情况：2004 年全社会用电量207.6亿千瓦时，同比增长13.2％。其中，局供电量134.5亿千瓦时，增长10.9％；地方小电厂供电量 73 亿千瓦时，增长 17.9％；局市场占有率64.8％，降低 1.4个百分点。主要原因是巩义市豫联电厂（自备）和登封市启迪电厂（公用）投运。

2004 年郑州供电区供电量饼图

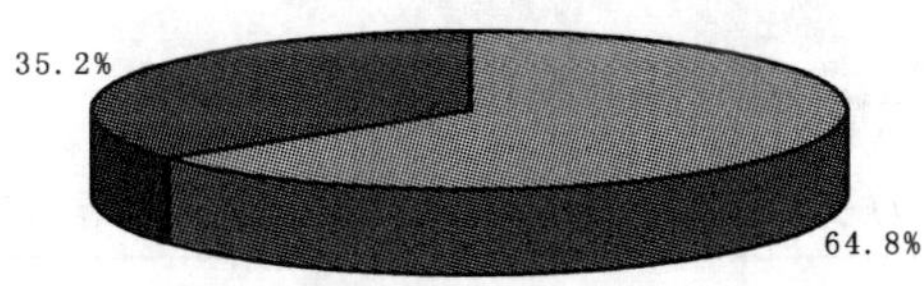

2004 年郑州供电区供电量发展速度图

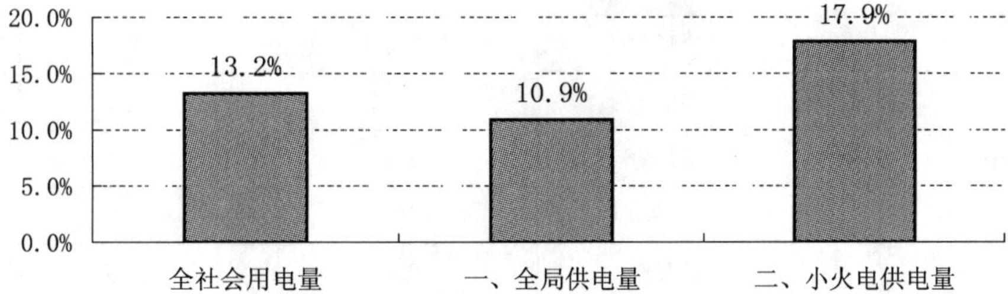

郑州市电业局供电区供用电情况：2004 年全局累计售电量完成 127.7亿千瓦时，同比增长10.2%；2004 年全局网供累计平均负荷率 83.73%，增长1.3个百分点。

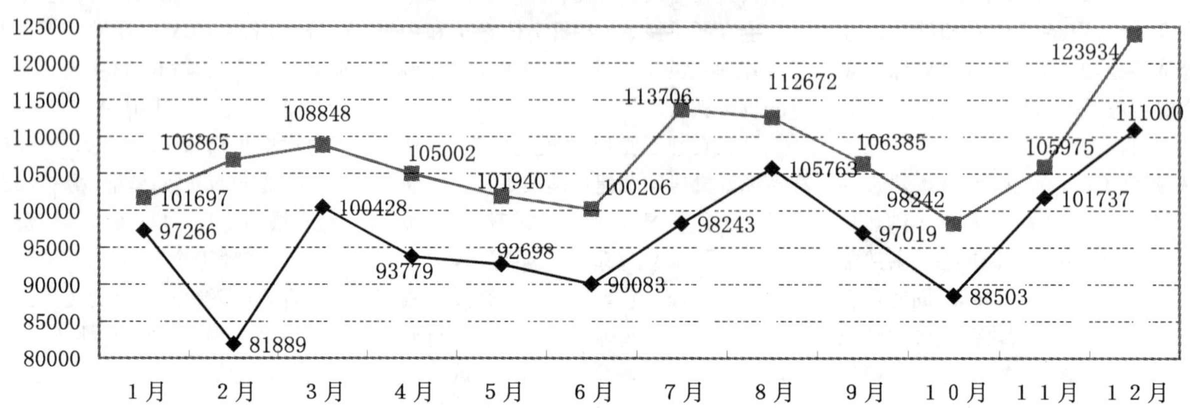

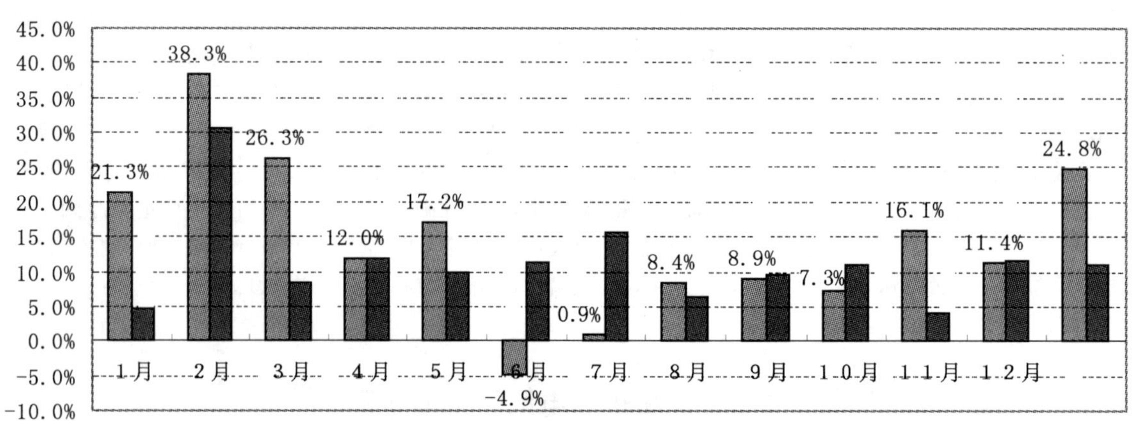

分类售电量情况：各大行业用电量及构成情况：

2004 年分类售电量情况及结构表（电量：千瓦时）

类别	全年			
	售电量	同期比%	贡献率%	售电量结构%
一、工业用电：	521555	3.3	13.6	40.9
二、非工业、普通工业用电：	100543	9.4	6.9	7.9
三、农业用电：	21828	20.3	3.0	1.7
四、居民生活用电：	133047	12.7	12.1	10.4
五、非居民照明用电：	77426	13.4	7.4	6.1
六、商业用电：	65902	26.1	11.0	5.2
七、趸售：	357693	20.9	49.6	28.0

2004 年全局分类售电量结构图

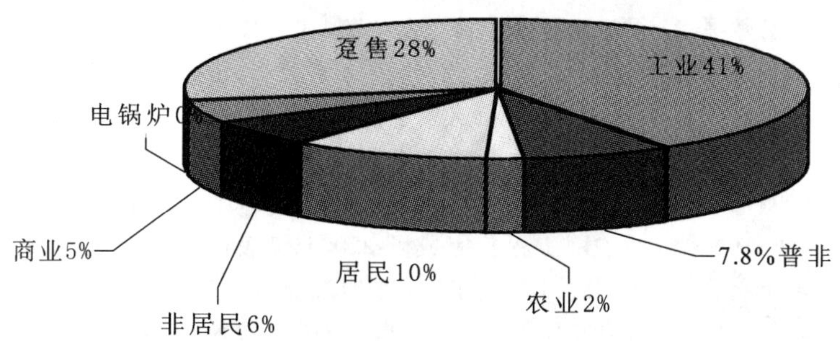

分类售电量简要分析：(1)趸售电量。2004 年全局趸售电量35.8亿千瓦时，占全局售电量比重的 28%，比上年增加2.5个百分点；趸售电量同比增长20.9%，新增电量占全局新增电量的49.6%。本年度增长速度最大的县(市)局是登封(＋65.4%)、荥阳(＋40.1%)和新密局(31.4%)；趸售电量幅度最大的是新密(＋2.3亿千瓦时)、荥阳(＋2.0亿千瓦时)，分别占全局新增趸售电量的40.2%、34.8%。六县(市)趸售电量的快速发展，主要得益于六县(市)经济的高速发展，实质是小火电自供和外供快速扩张。从行业看主要反映在高耗能产业的发展上；从行政区域看主要集中在巩义的煤炭、水泥、电解铝业，登封的煤炭、水泥、电解铝业，荥阳的钢铁、水泥、电解铝业，新密的耐火材料、造纸、煤炭、建材业。

各(县)、市局趸售电量完成情况表

县(市)局	本月趸售	本月同比增长%	全年趸售	年度同期增长比%	全年贡献率%
荥阳局	6805	51.1	70202	39.1	31.9
巩义局	7488	4.7	110556	6.2	10.4
新密局	8492	12.1	97777	31.4	37.8
新郑局	4483	23.4	40312	7.9	4.8
登封局	1116	5.0	16522	65.4	10.6
中牟局	1557	－16	21823	11.5	3.6

(2)居民用电。2004 年居民用电量13.3亿千瓦时，比上年增长12.7%，新增电量1.5亿千瓦时，占全局新增售电量的12.1%。其中，不满 1 千伏增长13.4%，1～10 千伏增长12.1%。

(3)非居民用电。2004 年非居民用电量 7.7 亿千瓦时，比上年增长 13.4%，新增电量 9164 万千瓦时，占全局新增售电量的7.4%。其中，不满 1 千伏增长－1.1%，1～10 千伏增长 16.1%。

(4)商业用电。2004 年商业用电增长26.1%，新增电量1.36亿千瓦时，占全局新增售电量的 11%。其中，不满 1 千伏同比增长18.3%，1～10 千伏增长28.3%。

(5)工业用电。本年度大工业用电量 52.16 亿千瓦时，比上年增长 3.3%，新增电量占全局新增电量的 13.6%。按用电类别整体上分析，售电量的增长主要反映在一般大工业(8.1%)和矿务局的用电量上；售电量的减少主要反映在 5 万吨电解铝和 3 万吨氯碱的用电量上。

2004 年全市工业售电量的发展受 6 月份出台的新电价政策和国家调控政策影响，上半年售电量形势明显好于下半年。上半年工业用电量同比增长8.5%，新增电量2.05亿千瓦时，增长点主要反映在一般大工业和煤炭采选业。下半年由于电价因素影响，中原铝厂电解槽全部停产退出，年用电量减少1.13亿千瓦时；鑫旺铝厂电解槽停产退出 60%，12 月全停，全年用电量减少 8500 万千瓦时；郑州水泥厂停产，全年用电量减少 950 万千瓦时；郑州特钢厂减产，全年用电量减少 1780 万千瓦时；郑州矿务局因大平矿事故用电量增速剧减。部分企业因原材料价格上涨，流动资金短缺，产量受到限制，如省开普化工公司、郑州电缆厂、郑州工程机械厂等，造成用电量大幅减少。

(6)“普非”工业用电。2004 年“普非”工业用电增长9.4%，新增电量 8609 万千瓦时，占全局新增售电量的 6.9%。电量的增长反映在 1～10 千伏用户，同比增长 11%。

(7)农业用电。2004 年农业用电量同比增长20.3%，新增售电量 3687 万千瓦时，占全局新增售电量的 3.3%。

(陈幼华)

【安全生产】 坚持以人为本的安全理念和“安全第一，预防为主”的指导思想，广泛开展安全教育和培训，有效提高了干部职工的安全意识和安全能力。强化各级人员的安全生产责任制，不断加大安全生产工作的监督和考核力度，奖优罚劣，赏罚分明，充分调动了各级人员抓安全、促安全、保安全的积极性。全局20个安全生产考核单位，有18个单位实现了安全生产长周期。省电力公司对市电业局安全生产工作，尤其是对500千伏郑州变电站自建站以来从未中断的连续安全生产记录，给予高度评价。

2004年不断加大反违章工作力度。9～10月份，市电业局开展了反违章集中整治活动，对全局查找出的1126项违章行为，分别制定预防控制措施，推进了“创建无违章企业”系列活动的深入开展。全局共有超高压工程处、试验所等18个生产单位，500千伏郑州变电站、变电检修工程处检修二班等164个班组达到了无违章考核标准。

加大资金投入，提高装备水平。安排专项资金，集中购置了一批安全生产仪器和安全生产用车，加强了试验、检修、运行、通信等部门的基础建设，提高了全局安全生产工作的工艺、技术和装备水平。

【电网规划】 主网方面，完成了220千伏荥东、祭城变的审查立项工作；完成了220千伏巩东、巩西、登封、中牟及110千伏胡庄变的初步设计工作；完成了110千伏园丁、焦砦、碧水、南岗变的前期准备和县城电网改造第二批110千伏项目的可研编制、上报工作。配网方面，完成了2005年城市配电网建设项目的可行性研究和220千伏凤凰、110千伏杨君柳、瑞达、东环变送出工程的前期工作。完成了郑州城市电网和六县(市)电网的“十一五”规划编制和初审；认真开展了2004年夏季电网负荷分析，制订了2005年电网建设改造方案(含度夏方案)；完成了郑州城网后评估报告。

【电网建设】 迎峰度夏工作圆满完成。面对2004年夏季严峻的缺电形势和迅猛增长的用电负荷，在省公司的大力支持下，综合运用各种经济、技术手段，不断加大资金投入，优化电网运行方式，加强电力需求侧管理，确保了电网的平稳度夏。投资1.4亿元(不含农网工程)，完成了220千伏大桥变、110千伏白庙变的增容改造和110千伏Ⅰ民东输变电工程及220千伏鹅湾1#变的缺陷处理，完成了贺庄、黄河、卧龙变的10千伏送出；对108台过负荷配电变压器、110条10千伏过负荷线路和71个台区的下户线进行了改造，切实提高了电网的供电能力，实现了郑州地区基本没有限电。市电业局被命名为“河南电力系统迎峰度夏工作先进集体”。

大修、技改工作力度加大。尝试性地开展了对大桥、石佛、鹅湾、白庙、西沙口、月季、秦岭等7座变电站的整体设备大修；全年完成47项技改工程。在调度中心搬迁、升级改造，大桥变、白庙变增容改造，西沙口变电站10千伏开关柜更换、35千伏小关变改造，郑州市二环道电缆入地等工程中，调度中心、超高压工程处、试验所、变电检修工程处、配电工程处、上街供电局、安装公司、工程公司等单位，为确保电网迎峰度夏，加快郑州城市化进程，做出了积极贡献。

重点工程加快建设步伐。220千伏陈庄变、鹅陈线增容扩建，Ⅰ首峡Ⅱ进常庄、丁香变进线改造等工程已经完工；220千伏凤凰变配套工程、110千伏王寨、东环输变电工程，郑东新区电力排管等工程正在紧张施工中。

【电力营销】 进一步规范供用电市场管理，提高市场占有率。成立新的客户服务中心，改革机制，完善管理，加快报装速度，规范电力安装维修市场管理，受到了广大客户的好评。2004年，市局共受理客户报装28959户，报装容量217.53万千伏安。积极开拓电力市场，严格按照电网规划指导电厂并网，完成了郑州热电厂扩建2×200兆瓦机组、中铝公司河南分公司70万吨氧化铝项目等16项接入系统审查和部分方案编制。

增供扩销，增收节支，不断加大线损和电费回收的管理力度。内部完善制度，细化指标分解，加强经济考核；外部加大电费分次划拨力度，积极开展营业普查，加大打击违章用电和窃电工作力度，实现了堵漏降损和企业经济效益的稳步提高。2004年，仅线损率下降就挽回经济损失1249.9万元。全年共查处违章用电、窃电251户，追补电量149万千瓦时，追补电费107万元，收取违约使用电费178万元。

【基础管理】 企业规范化、制度化、标准化管理进一步加强。顺利通过ISO9001:2000质量管理体系的认证审核，OHSAS18000认证工作已经正式启动。新设立科技开发部、郑东新区分局和客户服务中心3个部门(单位)，完善了机构体系。

资产经营管理水平进一步提高。全面推行财务预算管理，实行分层管理和统一计划相结合，资金切块安排与统筹协调相结合，使有限的资金在生产经营工作中发挥了最大效用。开展清产核资，对多年来因种种原因已完工但无资金来源的项目进行梳理，解决了大量的历史遗留问题和挂帐项目；集中力量清理企业内部“三角债”，为全局发展开辟了广阔的空间。作为省公司财务管理信息系统的试点单位，F－MIS的部分功能已经开始投入使用。

【队伍建设】 建立求真务实、狠抓落实的工作机制，各级党员干部以身作则，全局职工的凝聚力和战斗力显著提高。强化干部职工的大局意识，推动了生产经营正常开展。加强教育培训，职工综合素质、业务技能明显提高，在省公司举办的各项技能竞赛和技术比武中，均取得优异成绩。输电线路带电检修技术比武获团体、个人第一；继电保护技术比武获团体、个人第一;电能表修校比武获团体第一。

10月底到11月初,对全局中层干部进行了考核、评议和换届。整个换届过程中,认真执行《党政领导干部选拔任用工作条例》,严格执行政治纪律和组织工作纪律,考核任用程序严、民主推荐范围广、考察谈话人数多、干部素质把关紧,确保了换届工作的公平、公正、公开进行,凝聚了人心,鼓舞了士气,进一步调动了广大干部职工聚精会神搞建设、一心一意谋发展的积极性和创造性。

【科技进步】 积极开展科技项目的开发利用。制订、修编了一系列科技管理制度,极大地提高了广大职工投身科技开发的积极性。2004年,在市电业局向省电力公司申报的科技项目中,有7项在省公司立项、4项在全省推广;在省电力公司组织的首届科技成果展示会上,市电业局的展示受到了与会领导的高度评价。组织开展了全局QC成果发布,推荐的QC成果先后获得国家电网公司、华中电网公司、河南省电力公司的优秀QC成果奖。

【行风建设】 不断强化省会意识、形象意识,完善保电快速反应机制,圆满完成了"双节"、"两会"、第三届中国河南贸易洽谈会、首届世界传统武术节等重要保电任务。2004年,市局共对全市380多个单位和地点、累计800多条次电力线路开展了保电工作,累计保电1280余天,出动用电检查及应急抢修人员4100余人次,出动车辆1710余台次,出动应急发电车105天台次。在夏季的多次暴风雨灾害天气中,市电业局迅速启动应对突发情况的快速反应机制,在最短的时间内恢复了正常供电,受到了有关领导和社会各界的一致好评。

积极参加行风评议,深入开展行风自查自纠活动。在12月份的"优质服务月"活动中,深入大街小巷、城市乡村,走访千家万户,认真听取社会各界的意见和建议,客户投诉率比上年下降55.86%,越级投诉率下降59.49%。不断加强营业窗口建设,规范服务程序,提高服务水平,市电业局共创国家级示范窗口19个,省级示范窗口73个,所有乡镇供电所均达到省级规范化管理标准。

【农电工作】 六县(市)局强化经营管理,严格控制线损,认真开展营业普查,调整电价执行范围,电量指标超额完成,同比增长15%。县城电网建设(改造)工作积极推进。110千伏杨君柳、瑞达,荥阳贾峪、乔楼,新郑胡庄工程,预计2005年上半年将全部投人运行;35千伏第一批7项工程中的6项都已投入运行,剩余1项将于2005年3月底投运;10千伏及以下工程第一批安排资金9988万元,已经完工。

实施机制创新,加大对县(市)局的管理力度。登封局机构整合、人员"四定"和工资套改的试点工作已经基本结束,将逐步在其它县(市)局推广;年薪制的执行,充分调动了县(市)局经营者的积极性。

(徐　利)

食品工业

【概况】 截至2004年底,郑州市规模以上食品工业企业135家。其中,农副产品加工业69家,食品制造业43家,饮料制造业18家,烟草工业5家。全年共计完成增加值47亿元,实现销售收入133亿元,利税22亿元,分别比上年增长17.6%、26%、22.2%。在全市规模以上工业中分别占11.6%、11.1%、30%。主要产品产量中,方便主食品完成19.2万吨,同比下降17.4%;速冻食品完成23.8万吨,增长14.9%,啤酒完成39万千升,增长17.5%;软饮料完成22.7万吨,增长12.9%;乳制品完成8.4万吨,增长49%;小麦粉完成97.2万吨,增长7.6%;卷烟完成419亿支,增长3.5%。

主要食品企业(集团)呈现快速发展态势,且保持满负荷生产。金苑面业克服粮食涨价的不利因素,销售收入完成8.7亿元,比上年增长40%,面粉、方便面产能产量均大幅提高。啤酒行业为了提高产品档次和进一步占领市场,主要企业在合资、市场整合方面加大力度,其中金星集团销售收入完成12亿元,增长48%,新建的3个分厂投人生产,2个分厂已在建设。奥克公司销售收入完成4.6亿元,增长50%,易地迁建和合资事宜正快速推进。乳品行业花花牛乳业销售收入2.07亿元,增长49%,花花牛与三鹿、山盟与光明的合资进一步显现优势。三全食品(集团)实现销售收入12亿元,思念股份实现8.3亿元,增长均超过40%。卷烟行业重组后完成销售收入较上年有了较大的提高,产品结构进一步调整,产量向高中档畅销品牌倾斜。

名牌产品逐年增多,2003年"三全"、"思念"的4个产品获"中国名牌"称号,2004年金苑、海嘉的面粉又获"中国名牌"称号,食品行业已有5个品牌7个品种获此殊荣,郑州卷烟总厂、三全、金苑等企业荣获全国质量效益奖。一批中小企业迅速发展壮大,食品行业的产品结构进一步优化。

【运行特点及制约因素】 2004年食品工业企业扩展速度加快、产能产量大幅提高,合资、重组成为发展的主流,品牌的重要性进一步显现,但在资金、原料、运输、能源等方面受到制约。一是国家放开粮食购销价格,小麦、面粉、粮油、副食品价格大幅上升,直接导致相关的面粉加工、方便面、速冻食品等食品行业成本上升,在销售中需不断的调整售价,影响了企业的产量和利润;二是煤、电、运成本的大幅上升进一步压缩了食品行业的利润空间;三是资金相对紧张。这三方面的不利因素制约了食品行业的更快发展。

【行业发展研究活动】 为了规范市

场，指导行业发展，2004年先后召开了桶装水行业、面制品行业、啤酒行业、面粉加工行业的专项会议，分析有关问题，协调企业关系，提出了食品行业发展规划和行业发展的方向、目标；开展了针对食品加工密集区薛店镇、马寨镇的专项调研，推动了区域经济发展，对调整和优化产业布局、培育企业集群、形成产业规模优势、提升企业竞争力等起到了积极作用。

郑州市作为全国重要的面粉加工基地，产品覆盖全国并极具竞争力，面粉加工行业规模以上企业的年加工量已突破100万吨，金苑、海嘉的面粉获得“中国名牌”产品称号，受到了广大消费者的喜爱。2004年，主要面粉加工企业克服困难，均保持了满负荷生产，呈现出稳步增长的态势。12月1日，食品行业管理部门召集全市面粉行业的龙头企业金苑面业、海嘉面业、布姆雪燕、天地人面业、博大面业等召开了面粉行业发展座谈会，围绕全市工业大会关于发展工业的精神和食品行业发展规划，共同探讨行业发展和企业发展的问题，企业老总从面粉行业的原料、资金、运输、产品结构、产品质量等方面发表意见，相互交流，会议取得了良好的效果。

【协会工作】 食品工业协会在组织企业活动、协调有关问题等方面发挥积极作用，多次组织《中国食品报》、《郑州晚报》、《东方家庭报》等媒体对郑州市食品企业进行报道，宣传郑州食品行业的发展和成就。为了给企业创造良好的营销平台，提供开拓外地市场的机会，协会组织企业统一参加了第二届漯河中原食品节、第十一届中国食品博览会、中国中西部博览会等食品行业的专业会议，为扩大交流、开拓市场创造了良好的条件。为了更好地宣传本地食品企业，协会组织并召开了中秋节月饼展销会等活动，丰富了市场，树立了郑州食品企业的整体形象。

（房志伟 刘红梅）

煤炭工业

【概况】 2004年8月，重新组建设置了郑州市煤炭管理局，确定了8项职责，内设4个职能处（室），即办公室、行业管理处、安全生产处、教育培训处。在郑州市煤炭行业发展史上，市煤炭管理局第一次被单列。煤炭局的设立及煤炭行业管理的加强，有效促进了郑州市煤炭工业的健康发展，各项工作取得了明显成效。

截至2004年底，全市有各类煤矿497家。其中，国有重点煤矿12家（郑煤集团11家，国家司法部1家），地方国有煤矿28家，乡镇煤矿457家。2004年，全市地方煤矿产量3087.9万吨，比上年增长1033.9万吨，增长66.5%。其中，地方国有煤矿产量474.4万吨，降低4.29%；乡镇煤矿产量2613.5万吨，同比增长147%。全市煤矿产值现行价达到39.5亿元，增长94%，全市煤矿销售现行价38亿元，增长94%。

【煤炭行业基础管理】 积极推动矿井安全质量标准化建设，进一步提高管理水平。把矿井安全质量标准化工作纳入对各县（市）、区煤炭管理部门的年度工作目标考核内容，明确了创建安全质量标准化矿井的目标和任务，2004年，全市共有182家矿井实现了矿井安全质量标准化达标。组织新技术、新工艺、新设备的鉴定、推广和技术改进工作，登封市新登煤矿采用了综合机械化采煤技术。对全市42家煤矿进行了技术改造，乡镇煤矿新增26个单体液压支柱、π型钢梁支护采煤工作面；对168台提升绞车进行了改造和更换，全市煤矿取消直径0.8m以下绞车提升。

在全市选聘22名煤炭技术专家成立专家组，加强煤炭生产许可监管，全市135家煤矿办理了变更、延续申报手续，有372家煤矿通过了煤炭生产许可证年检。对申报煤炭生产许可证延续、变更和补办的煤矿进行了现场审查，对办理煤矿提升运行许可证的煤矿进行了现场审核。

资源整合工作按照“豫政〔2004〕41号”文件要求，结合郑州市煤炭资源存量情况和煤矿开发情况，经过反复研究、论证，制定了《郑州市煤炭资源整合规划方案》，并经市政府同意上报省煤炭铝土矿资源整合领导小组。资源整合后，郑州市的煤矿数量将大幅度减少，单井生产能力将超过15万吨/年，煤矿基础设施将有明显改善，煤矿文明生产水平得到显著提高。

加强煤炭经营资格的管理工作，新办煤炭经营资格证60家，全市74家批发企业、75家零售企业、141家型煤加工企业通过了年审，维护了煤炭市场经营秩序。全年共签订重点电煤合同277.5万吨，煤炭交易合同100万吨，合同量居全省第一。

【煤矿安全生产】 2004年，认真贯彻落实“安全第一，预防为主”的方针，坚持管理、装备、培训并重的原则，以煤矿安全生产专项治理整顿工作为中心，强化安全监督管理。以“消除大隐患，严防大事故”为目标，采用多种形式，全方位地加强煤矿安全管理。特别是8月份重新组建郑州市煤炭管理局以后，从各县（市）、区抽调25名经验丰富、业务精湛的专业人员，配合9月份全省煤矿“安全生产无事故月”活动，对郑州市煤矿进行了全面安全大检查，共检查各类煤矿258个，查出隐患3108条，对其中43个煤矿实施停产整顿、整改，有效遏制事故的发生。

加大安全投入，夯实煤矿安全基础。2004年，全市煤矿累计安全投入9800多万元，用于解决“一通三防”、探放水及提升运输等方面的安全欠帐，提高矿井抗灾能力。编制了《郑州市煤炭救灾应急预案》，开展了“一通三防”、机电运输、“夏季三防”、探放水专项检查以及煤矿“安全生产无事故月”、百日安全竞赛等活动。对省、市检查出存在重大安全隐患的27家煤矿，实行市四大班子领导包矿制，督促矿井隐患措施的整改落实，取得了显著成效。全年煤矿共发生死亡事故27起，死亡55人，与上年相比，事故起数上升125%，死亡人数下降5.2%；百万吨煤死亡率为1.78，与上年相比下降45%。一次死亡3～9人重大事故4起，死亡25人，与上年相比，起数持平，死亡人数下降47.9%，全年无死亡10人以上的事故发生。

【教育培训】 2004年，全市共培训煤矿工人80000人次，全年培训矿长3期420名，培训、轮训特殊工种作业人员3000余人次，送省直院校培训工程技术人员300名。煤矿企业通过班前会、黑板报、宣传栏和集中教育等多种形式，对职工进行安全知识培训教育。

开展煤矿"五职"矿长任职资格年审工作，对2000余名"五职"矿长进行了年审考试。组织40名矿长和安全矿长到平顶山观摩瓦斯抽放工作，组织全市煤矿有关负责人召开安全警示教育会议，全市10多名发生事故煤矿的矿长公开作出检查，500多名矿长和管理人员受到了教育。同时适时开展《矿山安全法》、《煤炭生产许可证管理条例》等法律法规的宣传教育。

【煤炭行业协会】 2004年12月26日，郑州市煤炭行业协会成立大会在嵩山饭店举行，参加会议的360名会员选举产生了协会理事、常务理事、副会长、秘书长、会长和名誉会长。协会内部办事机构设"一处五部"，即秘书处、专家技术服务部、法律咨询服务部、经济运行服务部、信息工程服务部、煤炭运销服务部。协会在企业和政府间起桥梁和纽带作用，为政府、行业、企业服务，将对郑州市煤炭行业的健康持续发展产生积极的促进作用。

（翟红文）

烟草工业

【概况】 2004年，全市烟草系统广大干部职工在省局（公司）党组和市委、市政府的正确领导下，坚持以"千方百计大幅提升盈利水平"为工作主线，解放思想，更新观念，求真务实，埋头苦干，较好地完成了各项目标任务。全年共销售卷烟23.42万箱，同比增长5%；实现利润2.3亿元，同比增长139.57%。创下卷烟销量增幅、单箱收入、利润总额等"9个全省第一"；卷烟销量增幅、名优卷烟销量增量、单箱销售收入、卷烟经营利润在全国36个重点城市商业企业中的排序分别前移了5位、23位、2位、11位。郑州烟草经济继续保持了快速、健康的发展势头。

【卷烟销售】 打造网络品牌，卷烟盈利水平大幅攀升。按照网建要求，建立健全制度，制订标准体系，稳步推进客户关系管理，网络功能进一步发挥。三类以上卷烟销售比重61.4%，同比增加14.7个百分点；二类以上卷烟销售比重13.9%，增加3.7个百分点；行优卷烟销售10.6万箱，增长65.2%；单箱销售收入7488元，增加1680元；单箱利润1063元，同比增加638元；卷烟销售收入17.55亿元，增长35.36%；卷烟经营毛利3.74亿元，增长71.28%；卷烟经营利润3.21亿元，同比增加1.47亿元。

【专卖管理】 建立长效机制，市场控制能力不断增强。建立健全政府牵头，烟草、公安、工商等部门配合的打私打假长效机制，将烟草110与公安110并网，开展多种形式的市场整顿活动。全年共查处违法案件5014起，查获违规卷烟1.59万件，其中假烟9654件；捣毁制假窝点3个，查获制假烟机5台；对烟草违法分子追究刑事责任55人，其中，判刑13人、逮捕11人、拘留31人。有力打击了烟草违法犯罪行为，为卷烟经营创造了良好的环境。

【烟叶生产】 加大生产投入，生产经营质量逐步改善。坚持"大县做大、小县做强，面上做大、点上做强"的基本思路，建立合作机制，调整生产布局，提高烟叶生产集中度。共种植烟叶2.53千公顷。其中，发展种烟农场28个，面积220公顷；2公顷以上连片方128个，面积698公顷。共建集约化育苗棚1124个，育托盘苗4万余畦，漂浮苗402畦，位居全省第一。收购烟叶6.7万石，同比下降51.59%；销售烟叶4.6万石，同比下降61.21%；单石利润15元，同比持平。加大清欠力度，回收陈烟货款6653万元。

【企业管理】 坚持以财务管理为核心，完善制度，健全组织，强化内控，"两烟"销售费用率同比下降1.51个百分点。开展企业经济责任审计、财务状况审计和基建工程审计，共审计基建（维修）项目24个，工程总造价327万元，审减金额45万元，审减率14%。发挥资金管理中心作用，压缩贷款额度，减少资金占用，资产负债率同比下降16.26个百分点。开展财经秩序专项整顿和卷烟体外循环整顿工作，实施目标管理，注重过程监督，强化督查问责机制，有效调动了各方面的积极性，确保了各项目标任务的完成，综合经济效益创历史最好水平。

【精神文明建设】 始终以邓小平理论和"三个代表"重要思想为指导，认真贯彻落实党的十六大精神，坚持"两手抓、两手都要硬"的方针，在抓好"两烟"生产经营任务的同时，深入开展精神文明创建活动。一是加强领导，建立健全运行机制。成立精神文明建设领导小组，制订《文明单位创建三年规划》实施方案，形成"单位一把手负责，党组统一领导，党政工团齐抓共管"的工作机制和运行机制，为创建工作的开展提供可靠的组织保证。二是深化教育，提高职工队伍素质。积极营造"以勤奋学习为乐、以知识更新为荣"的学习氛围，制订学习的长远规划和近期目标，建立相应的约束和奖惩机制，充分调动职工学习的主观能动性和自觉性，全力打造学习型企业。深化“三德”(社会公德、职业道德、家族美德)教育,全面提高职工的思想道德和科学文明素质,努力培养和造就一支“有理想、有道德、有文化、有纪律”的职工队伍,为烟草行业的全面发展提供强大的智力支持。三是拓展载体,推进精神文明创建工作。为优化经济环境,全面改革卷烟经营体制,建立卷烟营销网络,变“坐商”为“行商”,密切批零关系,最大限度地满足零售户和消费者的需求。倡导“全心全意为零售户服务”的理念,深入开展“道德规范进部所、优质服务到万家”等优质服务竞赛活动,聘请廉政监督员,向全社会公开服务承诺,最终实现批零“双赢”。

随着创建工作的深入开展,郑州烟草系统各项工作取得了长足进步。郑州烟草专卖局(分公司)被河南省委、省政府命名为“省级文明单位”;被郑州市委、市政府命名为“市级文明系统”。

(王泽平)

【新郑卷烟厂】 2004年,新郑卷烟厂共生产卷烟40.5万箱(含出口264箱),高端品牌金芒果(盛世金典)保持较快的发展势头,销量突破3000箱,成为河南省同档次卷烟第一品牌。全年上缴各项税收9.45亿元,同比增长50.41%,其中地税8300万元,增长幅度为30.9%。

加强企业创牌工作。2004年,新郑卷烟厂结构烟比例上升,达到39.8%,比上年提高13.7个百分点。在全国市场抽查的182个牌号中,金芒果(绿硬)外观得分100,综合质量排名第五,同档次排名第二。

深化企业改革。2004年各项制度改革不断深入,二级机构由26个减为17个,中层管理人员由98人减少到60人,一般管理人员分流79人,减少43%。职工食堂、机修公司、薄片车间、选叶工段等主辅分离工作顺利推进。全年实物劳动生产率达343箱/人,超额完成集团下达的337箱/人的工作目标。出台的10多项改革措施在逐步推进。

加强民主管理。健全厂务公开工作机制,加大厂务工作的透明度。实施职工代表提案现场办理会,提高工作效率。推行职工代表常任制度,保证职工代表在闭会期间行使权利。每月对机关处室的工作满意度进行调查,作为对机关处室效益工资分配的考核依据。坚持干部联系点工作制度,拉近了与职工群众的距离。

(张培华)

第七篇 农业、水利

农业综述

【概况】 2004年，郑州市农业系统以“三个代表”重要思想统揽农村工作全局，紧紧围绕发展农村经济、增加农民收入的目标，全面贯彻落实2004年中央1号文件精神，积极推进农村城镇化和农业现代化进程，农业综合效益不断提高，农业经济结构逐步优化，农民收入稳步增加，各项工作都取得显著成绩，全市农业与农村经济呈现良好的发展态势。

农业和农村经济全面发展，农民收入快速增长。2004年全市农林牧渔业总产值达107.7亿元，同比增长5.7%；完成农业增加值61亿元，增长5.7%。主要农产品产量全面增加。全市农民人均纯收入达到4183元，较上年增加552元，增长15.2%，增幅首次超过城镇居民收入增幅，是近7年来首次实现两位数增长，绝对值居全省首位。

农业结构调整成效显著，现代农业示范区建设取得突破性进展。现代农业示范园区建设步伐加快，初步建成13个设施先进的现代农业示范园区。畜牧养殖业快速发展，全年畜牧业总产值达到45.6亿元，占农业总产值的比重达到42%。农业产业化经营水平进一步提高，市级以上的重点龙头企业达到82家，实现销售收入90亿元。农机购机补贴力度加大，农业综合机械化水平提高到53%。农产品质量安全水平不断提高，新认证无公害农产品基地13.3千公顷，总面积达到61.1千公顷，全市“两级三层”农产品质量安全监测体系初步形成，猪肉市场准入制度顺利启动和实施。

森林生态城建设工程全面启动，生态环境得到不断改善。围绕把郑州市建设成为森林生态城市这一目标，上年制定了《郑州森林生态城建设总体规划》，以实施风沙源生态治理、嵩山山脉水源涵养林建设、退耕还林、通道绿化、黄河水土保持生态工程、平原高标准林网建设等六大林业生态工程为重点，全年完成大面积造林19.97千公顷。全市森林覆盖率达到21.4%，生态环境得到不断改善。

农业基础设施建设得到加强，防汛抗旱能力提高。全年新增有效灌溉面积3.9千公顷，新增旱涝保收田3.9千公顷，发展节水灌溉面积7千公顷，建成集雨水窖1.01万个，解决人畜饮水困难6万人，郑州市再次夺得省“红旗渠精神杯”，实现五连冠。全长71.422公里的黄河标准化堤防建设率先在全河全线完工。气象预测预报现代化水平进一步提高。全市新建沼气池7500余座，同比增长151%，累计达到1.6万余座。

农业综合开发和扶贫开发成效显著，贫困地区群众的生产生活条件明显改善。全年农业综合开发总投资3573.57万元，项目区农业生产条件进一步改善。各级财政投入扶贫资金2755万元，比上年净增605万元，全年巩固和解决温饱贫困人口1.5万人。

农村各项改革稳步推进，各项社会事业取得进展。粮食流通体制改革取得阶段性成效。粮食收购市场全面放开，多元化、多渠道的粮食市场格局初步形成。以产权制度改革和人员分流安置为重点的国有粮食购销企业改革、重组已经展开，超额完成了30%人员分流安置任务。农村税费体制改革成果得到巩固，全市所有贫困村和市辖各区、巩义市免征农业税，其余县(市)农业税税率降低3个百分点，农民负担较上年减轻81%。农村信用社改革进展顺利。供销社改革成绩突出，全系统105个企业已有58个进行了改制。农村人口与计划生育工作整体水平有了进一步提高。农村教育、文化、卫生等各项社会事业都取得新发展。

(魏银普)

【确定农业综合开发项目】 郑州市2003年度(2003.6～2004.6)农业综合开发项目区确定在荥阳市广武镇、巩义市南河渡镇、登封市卢店镇及君召乡、新密市袁庄乡及超化镇、新郑市辛店镇、中牟县八岗乡、金水区姚桥乡、管城区十八里河镇、惠济区花园口镇、二七区侯寨乡、中原区大岗刘乡。项目区耕地面积6.67千公顷，37个行政村，农业人口8.27万人，有效灌溉面积3.24千公顷。

【开发项目土地治理】 农业综合开发土地治理任务6千公顷，扶持多种经营项目5个，总投资3572万元。其中，中央财政资金1548万元，其中，有偿495.2万元，无偿1052.8万元；省财政547万元，其中，有偿178.6万元，无偿368.4万元；市财政配套258万元，其中，有偿80.3万元，无偿177.7万元；县(市)、区配套277万元。

土地治理开发项目：改造中低产田2千公顷，优质粮食基地建设3.33千公顷，节水农业示范项目0.27千公顷，农业生态工程0.4千公顷，共投资2335万元。其中，中央财政资金1062万元(有偿106.2万元，无偿955.8万元)，省财政370万元(有偿37万元，无偿333万元)，市财政配套178万元(有偿16.3万元，无偿161.7万元)，县(市)、区配套194万元，群众集资531万元。主要工程：(1)水利设施。开挖疏浚渠道30公里，硬化渠道19公里，建桥、涵、闸等建筑物37座，新打配机电井170眼，修复配套机电井99眼，埋设地下管道138.5公里，新建蓄水池60座，集雨节灌池100个，5000立方米，架设农电线路34.3公里。(2)良种基地。建小麦良种繁育基地3千公顷，仓库3320平方米，晒场5800平方米，新修、整修农用道路91公里，购农用动力机械76台，植保机械5台。(3)林网工程。完善补植农田林网，使项目区的林网规范化，造林0.3千公顷，真正起到防风固沙涵养水源的作用。建苗圃3.3公顷，植树造林0.45千公顷。(4)科技推广。开展技术培训，提高农民科学种田水平。培训农民技术员和农民18700人次。推广农业新技术10项。

【多种经营项目】 在充分发挥当地农业资源比较优势的前提下，以市场为导向，以菜篮子工程建设为中心，以满足城市需要为目标，因地制宜发展多种经营项目，培植支柱产业，逐步形成以项目为载体，以基地建设和支柱产业为基础，以多种经营为主体的大农业发展之路，带动全市农业产业化和农业生产结构的调整，促进农村经济全面发展，加快项目区农民奔小康的步伐。投入开发资金1237万元。其中，中央财政486万元(有偿389万元，无偿97万元)，省财政177万元(有偿141.6万元，无偿35.4万元)，市财政80万元(有偿64万元，无偿16万元)，县财政83万元，企业自筹411万元。(1)畜禽养殖项目2个，总投资255万元(财政投资170万元，企业自筹85万元)。登封市波尔山羊养殖项目：年出栏羊0.6万只，投资127.5万元(财政投资85万元，企业自筹42.5万元)；新郑市芦家桥肉牛养殖项目：年出栏牛1000头，投资127.5万元(财政投资85万元，企业自筹42.5万元)。(2)农副产品加工项目：巩义市乳制品加工项目，投资143万元，年加工酸奶80万公斤。其中，财政投资95万元，企业自筹48万元。(3)种植项目2个，总投资839万元(财政投资561万元，自筹278万元)。郑州市金水区名优花木生产基地种植项目：年提供种苗50万株，投资635万元(财政投资425万元，企业自筹210万元)；惠济区老鸦陈镇名优无公害蔬菜种植项目：年提供蔬菜45万公斤，投资204万元(财政投资136万元，企业自筹68万元)。

【农业综合开发效益显著】 项目区综合面貌大为改观，项目区初步建成田成方、林成网、沟相通、路相连、地平坦、品种优、高质量、高标准、高科技、高效益、高导向、旱能浇、涝能排、服务设施完备、整体功能较全的现代化农业示范区。农业生产条件大大改善，抗御自然灾害的能力大大增强，综合生产能力进一步提高。开发任务完成后，可新增有效灌溉面积1.37千公顷，改善灌溉面积0.43千公顷，新增除涝面积0.2千公顷，新增节水灌溉面积0.97千公顷，年节水310万立方米，新增机耕面积0.32千公顷，增加农用林网防护面积1.51千公顷，良种普及率达到95%以上。项目区每年新增粮食985万公斤。多种经营项目完成后，年加工奶制品80万公斤，加工肉类35万公斤，新增现价产值2345万元，实现利润591万元，安排农村劳动力2940人。

通过农业综合开发，大幅度增加粮、棉、油、肉、瓜、菜、果品等的社会有效供给，为进一步优化农村产业结构和农业生产结构提供了条件，为农业综合生产能力的进一步提高打下了基础；科技的培训和推广，加速了农业科技成果的转化，提高了农民科学种田水平；农业综合开发的实施，进一步密切了党群、干群关系，对社会主义精神文明建设将起到积极的推动作用。

(陈　超　时　旭)

【扶贫开发】 扶贫开发工作以推进“三个转变”(由间接扶贫向直接扶贫转变、由分散扶贫向集中扶贫转变、由单一式扶贫向多元化扶贫转变)为手段，以搬迁移民、整村推进、培训转移为重点，加大工作力度和投入力度，取得了明显成效。经过广大干部群众的不懈努力，贫困地区经济社会取得了较快发展，全年巩固和解决温饱贫困人口1.5万人，超省定目标26个百分点；完成35个重点村的整村推进任务，占目标任务的100%。贫困地区教育、科技、文化、卫生等各项社会事业明显进步。全年共完成贫困村中小学D级危房改造4所、4522平方米，新建中学礼堂1处、700平方米，解决3428名学生上学难问题；新建乡村卫生院(所)4所，解决5271人就医难问题；新建电视发射塔1处、架设有线电视线路1.5公里，解决2.5万人收看电视节目难问题。全年共推广良种面积0.47千公顷。

积极引导贫困地区农民调整结构，增加收入。在改善贫困地区基本生产生活条件的基础上，以市场为导向，因地制宜，调整农业和农村经济结构。登封市君召、石道两个重点乡39个重点村集中连片发展烟叶种植2.4千公顷，石道乡闫坡村扶贫开发结构调整示范园新建蔬菜大棚100座。荥阳、新郑两市积极推广果园饲养柴鸡的立体种养业试点，规模进一步扩大，新发展经济林0.07千公顷，新增柴鸡养殖10万只。巩义、新密两市的畜牧养殖业、中牟县的蔬菜种植业也都在稳步向前发展。随着农业结构的不断调整优化，部分重点村还逐渐发展成为特色专业村。荥阳市北邙乡官峪村发展香菇种植4.5万平方米，年产香菇

550吨，收入44万元，户均600多元；荥阳市北邙乡刘沟村，种植石榴0.36千公顷，年产石榴60万公斤，收入240万元，户均2000元；荥阳市庙子乡二郎庙村依托环翠峪风景区的旅游资源优势，有40多户农民建起了农家宾馆，年户均接待游客2000人次。

【财政扶贫】 为改善贫困地区基本生产生活条件，全年实施财政扶贫项目116项，新修乡村道路88.76公里，新打配机电井36眼，新修蓄水池12座，清淤水库、治理河道、加固塘堰坝各1处，共解决2.9万人行路难和5926人、2850头大牲畜饮水难问题。为使每一个项目从立项、实施到最后验收都保持科学、实用、公开、透明，尽可能发挥最大效益，主要采取了以下几个方面的措施：一是建立健全了扶贫开发项目库，所有项目都从项目库中产生；二是全面推行项目法人制、招投标制和公告公示制，30万元以上大中项目全部实行招投标，所有项目在实施前都向群众进行公示；三是实行项目标志牌管理制度，所有项目都设立永久固定标志牌，并以县为单位进行编号，广泛接受社会监督。

扶贫投入进一步加大。全年共投入财政扶贫资金2755万元，比上年净增605万元，增长28%。其中，争取省级财政扶贫资金1055万元，比上年的930万元增长13.4%；争取市本级财政扶贫资金1000万元，比上年的800万元增长25%；县（市）、区配套700万元，比上年的420万元增长67%。争取扶贫贴息贷款10500万元，分别是郑州三全食品有限公司4500万元，河南思念速冻食品股份有限公司3000万元，金苑面业3000万元（其中，“三全”、“思念”已全部到位，“金苑”面业到位2000万元）。为切实管好、用好各类扶贫资金，尤其是财政扶贫资金，严格实行了财政扶贫资金县级报账制度，并经常联合财政、纪检、监察等部门开展检查和审计，确保资金使用到项目、支出到项目、核算到项目。在增加投入的同时，率先在全市减免了140个重点村的农业税。

【搬迁扶贫】 全市3个移民扶贫点已完成移民搬迁390户、1610余人，其中，巩义市桃园镇完成移民搬迁178户、710人，新中镇温塘村完成移民搬迁50户、200人；新密市袁庄综合扶贫开发区完成移民搬迁162户、700人。为确保移民户搬得出、稳得住、能致富，各级抓住培训就业不放松，采取政府牵线搭桥、扶贫部门组织培训、企业定向招工、鼓励搬迁群众自谋职业等多种形式，3个搬迁扶贫点已搬迁入住的劳动力80%实现了平稳就业。

【扶贫培训】 全市举办各类扶贫培训班47期，共培训3806人次。其中：劳务输出培训班15期，培训1144人，输出劳动力420人；实用技术培训班25期，培训2412人；扶贫系统干部培训班7期，培训250人，均超额完成了省下达的培训目标任务。

【社会化扶贫】 一是根据市四大班子领导的人事变动情况，及时对领导扶贫联系点进行调整，使全市46名副市级以上领导干部都有扶贫联系点。二是实施党政机关、企事业单位定点帮扶重点村制度。选定100个市级单位定点帮扶100个重点村，剩余40个重点村由各有关县（市）、区选派帮扶单位，确保全市140个重点村都有单位定点帮扶。“联乡驻村”活动开展后，又将“联乡驻村”工作和定点帮扶工作有机结合起来，进一步充实和加强了帮扶力量。这些定点帮扶单位（联乡驻村工作队）严格按照市委、市政府的统一部署，自带行李，自起炉灶，积极帮助被帮扶村理思路，谋发展，跑项目，引资金，办了大量好事、实事。据不完全统计，全市100个定点帮扶单位共完成投资1217.63万元，其中，直接投资485.83万元，协调资金731.8万元，帮助被帮扶村上项目259个。三是积极组织其它社会团体和个人参与扶贫开发工作。郑州市红十字会、郑州市残疾人联合会从2003年4月份开始在贫困地区开展“为贫困山区农民送光明”活动，免费为220名白内障患者进行手术治疗，按每例手术1900元计算，贫困农民直接受益近42万元。

（宋长利）

【减轻农民负担】 2004年，通过全面落实中央1号文件，深化农村税费改革和对种粮农民直接补贴，郑州市农民负担大幅减轻，农民年人均负担由过去的40.37元减至7.78元，为人均纯收入4183元的0.19%，人均减少32.59元，减幅80.7%。重点采取了6项措施：一是减免农业税和粮食直接补贴。在税率降低3个百分点的基础上，市内8区（含郑东新区和高新区）、巩义市以及140个省级重点扶贫村免征农业税，减收农业税及附加9315万元；对种粮农民直接补贴3921万元。二是加强农民负担监督管理。每户发放一份监督卡，每村选聘一名监督员，市、县（市）两级都设立信访室、开通热线电话，完善了农民负担监督体系，畅通了信访渠道，并定期开展明察暗访，加强执法检查。三是开展农民负担专项治理。要求涉农部门强化服务，规范管理。四是进行农民负担专项审计。对存在的截留村级补贴资金、村级零招待费制度执行不严格及村级报刊征订费用超标等违规行为，及时纠正。五是做好信访案件查办工作，严防恶性案件发生。六是完善考核制度，启动重点监控机制。市农业、纪检部门对在明察暗访和审计中发现严重问题，造成群众群体性上访，或经常出现越级赴省进京上访的乡（镇），实行重点监控，严格执行一票否决制。

（王小红）

【农民负担监督管理】 全面深化农村税费改革政策，认真落实中央1号文件精神。严格按照省委、省政府的要求，推进对种粮农民直接补贴工作，及时将3921.16万元直接补贴资金发放到农民手中，人均补贴9.66元，亩均补贴9.91元。积极进行农业税减免工作，人均减少22.92元，亩均减少23.56元。继续全面推行农民负担监督卡和农民负担群众监督员制度，发放105万份监督卡。对全市三分之一的乡(镇)和110个村的农业税附加、村级财政转移资金使用等情况进行了专题审计。

【农村土地承包法规及政策落实】 采取各种措施推动《农村土地承包法》和党的各项农村土地承包政策的进一步贯彻落实。截至年底，全市实行农村土地承包的总户数101万户，占总户数的95.3%，涉及225.6千公顷耕地，占耕地总数256.7千公顷的87.9%。农户家庭承包耕地流转面积8.3千公顷，占3.7%。实行适度规模经营的耕地面积1.73千公顷，颁发土地承包经营权证90.4万份，签订家庭承包合同89.8万份。全市各级调查处理农村土地承包纠纷159起。

【农村财务管理】 自1996年《郑州市农村财务管理条例》实施以来，全市农村财务管理工作已逐步纳入到依法管财、依法理财、依法用财的轨道。全市5803名农村会计人员，村会计2597人，组会计3206人，其中2260人领取了《会计证》，持证上岗率达39%。全市共有2217个村实行了财务公开，占总村数的95.8%。全市有77个乡(镇)、1130个行政村实行集中办公制度，分别占总乡(镇)、村数的53.1%、56.2%。12个县(市)、区的104个乡(镇)成立了审计机构，共配备审计人员337人。县(市)、乡(镇)经管部门对2270个单位进行了审计，审计总金额达256473万元，查出违纪金额236万元。2004年共培训财会人员5893人次。金水区、邙山区、中原区、上街区的130个村已开展了农村财务的电算化管理工作。

【清理整顿农村合作基金会】 全市纳入清理整顿的农村合作基金会有97个。其中，乡级会65个，村级会29个，县级会3个。资产总额8.9亿元，其中放款6.78亿元；负债总额7.8亿元，其中股金6.98亿元；所有者权益1.1亿元。截至年底，全市已累计兑付个人资金5.82亿元，占需兑付个人资金总额的83.4%，已消化掉66817户，还有1.07亿元个人存款本金兑付任务。全市累计清欠3.03亿元，占放款总额的44.7%，还有3.75亿元的放款尚未收回。

（王小红　纪灿离）

【农民专业经济合作组织】 郑州市农民专业经济合作组织在稳定农村家庭联产承包责任制的基础上，进行组织制度和经营机制的创新，有效地促进生产要素的优化整合，较好地解决了农户的分散经营和社会化大市场的对接难题。农民专业经济合作组织发展的基本类型有：股份合作型，专业生产合作社、协会带动型，龙头企业带动型，农业技术推广部门领办型，农民经纪人牵动型等。全市已建立农民专业经济合作组织532个、会员59万户，会员户年均收入6299.6元，以经营蔬菜、大枣、莲藕、花生、优质麦以及食用菌、肉、蛋、奶为主。农民经纪人6万余人，其中营业额在10万元以上或带动农户50户以上的农民经纪人有1000多人。合计年营销额10亿多元，带动农户44.91万户，主要经营蔬菜、果品、畜产品、水产品、粮油、苗木、中药材等。农民经济合作组织、农民经纪人队伍随着农业产业化深入而不断发展壮大，已逐步成为推动农村经济发展的重要力量。

（王小红）

【农业科技成果转化】 2004年，市农业局组织系统单位申报农业科技项目84个，争取中央、省、市各类专业项目资金274.87万元。加强对项目的全程服务和跟踪管理，做好项目的检查、监督、评估、考核验收工作，通过项目带动，促进成果转化和技术应用。2004年共发表科技论文93篇，出版科技专著2部，“郑花5号”通过省审，“郑农16”小麦通过国审，选育“豫麦34—6”，各项品质指标优于“豫麦34”，湿面筋含量高4个百分点，产量比“豫麦34”高5%。有4项成果通过鉴定，有5项成果获奖，其中，蔬菜研究所《豫马铃薯系列品种脱毒快繁及产业化应用研究》获市科技进步一等奖，省科技进步二等奖；农科所《蝴蝶兰胚培养及工厂化栽培技术研究》获省农科系统科技进步一等奖。其余3项均获市科技进步二等奖。

【农业新技术推广应用】 2004年，加强成熟技术的集成、组装配套，强力推广能够加快提高郑州市农牧产品竞争力的新品种、新技术。在种植业方面，按照农业厅《2004年四大农作物综合生产能力科技提升行动方案》的要求，在荥阳推广国审小麦品种“豫麦34”、“郑麦9023”，试种“郑麦9405”、“郑麦005”等新品种，建立0.07千公顷中心示范田，3.3千公顷示范区，示范推广小麦精量半精量播种、氮肥后移、化肥农药减施和节水等4项核心技术。通过新品种、新技术的推广应用，实现小麦产量和品质的同步提高，示范区亩增效益60元。新郑市主推高产优质抗病玉米新品种“郑单958”、“郑单18”、“郑单21”、“农大108”等品种及其综合配套技术，建立核心示范田0.2千公顷，示范区10千公顷，辐射带动80千公顷，取得较大成效。大核心示范田玉米产量与前3年平均产量相比增产10%，亩增收玉米50公斤；示范区玉米产量与前3年平均产量相比增产8%，亩增产玉米40公斤；辐射区玉米产量与前3年平均产量相比增产5%，亩增收玉米25公斤。优质专用麦“豫麦34”、“郑麦9023”，优质专用玉米“郑单958”、“农大108”、“豫玉22”、“沈单16”、“浚单16”、“浚单20”等优良品种，得到普及和推广，全市杂交种子应用达到100%，优质高产良种达89.6%，抗虫棉占全市棉田面积的三分之一，优质高产花生新品种“豫花15”、“豫花7号”等占70%以上。在养殖业方面，根据区域优化布局，重点在中牟发展波尔、杜泊羊，荥阳推广三元杂交瘦肉型猪，新郑普及黄羽肉鸡，沿黄县(市)、区发展奶牛生产。先后引进高产肉牛、奶牛细管冻精9.5万支(粒)，全市改良牛达到12.6万头，改良羊5万只，分别完成年计划的100.4%和100%。在技术改良中，重点推广人工授精和胚胎移植技术。全年进行奶牛胚胎移植140例，成功60例。对310头奶牛进行了线型鉴定，对660头牛进行了生产性能登记。牛的人工授精率达到65%，猪达到15%。《郑州市无公害商品猪标准化技术研究与开发》成果应用获省2004年度科技进步三等奖。

【绿色证书培训】 为了让群众吃上安全放心菜，从源头抓起，以农产品质量安全、标准、品牌和种植技术操作规程为核心，组织农业专家对全市的95个无公害农产品生产基地的菜农进行了技术骨干培训。自元月起，全市农业系统有组织的开展培训达300多场次，培训技术骨干3万余人次，发放绿色证书教材6600册，使菜农增强了农产品安全生产意识，并掌握了一些生产无公害蔬菜的技术知识。在此基础上，积极推进标准化生产，加大无公害农产品生产技术标准和规范的实施力度，从而确保了市场农产品的安全系数。市农产品检测中心一年来的检测数据证明，全市无公害农产品生产基地生产的蔬菜合格率均达到99%以上。

【科技入户培训】 因小麦播种期间雨水偏多，播期推迟10～15天。进入冬季后，又因低温寡照，致使2004年小麦个体发育较差，苗情不如往年。为弥补这些缺失，各级农业部门及时组织农技人员包村入户，开展小麦苗田管理技术培训，共培训6000户。在病虫害防治工作中，坚持预防为主综合防治，根据生产中出现的问题迅速采取应变措施，为全年夏粮丰收提供了可靠保证。

【阳光工程项目培训】 组织开展农村劳动力转移阳光工程项目培训。(1)建立项目管理制度。在市、县(市、区)两级实行领导责任制，与县(市)、区主管领导签订目标责任书，明确职责，做到一级向一级负责，逐级抓落实。(2)培训机构认定坚持公平、公正、公开的制度，按照认定原则、认定条件向社会公开招标，经过申请，分两批认定了84个培训单位为郑州市阳光工程项目培训基地，并向社会公布，然后通过竞争择优确定49个培训单位为阳光工程项目培训单位。(3)建立资金管理制度。按照《河南省农村劳动力转移培训财政补助资金管理实施细则》的要求，根据实际情况，市财政局、农业局研究决定，郑州市采取降低收费的补助形式，在市、县级财政建立阳光工程项目补助资金和工作经费台帐，按照中央、省、市、县的比例，增加投入，安排各项配套补助资金。市财政局、市农业局以“郑财预[2004]227号”下达了2004年郑州市农村劳动力转移培训补助经费。中央、省级补助83.16万元，市级补助17.71万元，县(市)级配套53.13万元，累计154万元。该项资金专款专用，全部用于农村劳动力转移培训。(4)建立项目检查验收制度，按照《农村劳动力转移培训阳光工程项目检查验收办法》的要求，成立检查组，坚持每月到各县(市)、区督导检查一次。(5)签订培训合同，建立培训台账和转移台账。从抽查培训单位的情况看，各县(市)、区阳光工程办公室都与确定的培训单位签订有培训合同，培训单位建立有培训台账和转移台账。(6)建立月报制度，规定每月的5号由各县(市)、区阳光工程办公室用文字材料向市阳光工程办公室汇报。有关情况统计及时上报，并不断在全市通报各县(市)、区的进展情况，达到互相交流，相互促进的效果。一年来，完成省下达的农村劳动力转移阳光工程项目培训8000人。通过项目带动，全市完成农村劳动力转移培训13.2万人。

【科技下乡】 认真贯彻落实中央、省、市关于深入开展文化、科技、卫生“三下乡”活动的通知精神，结合行业实际，以农业增效、农民增收为目的，有计划、有组织地开展了农业科技下乡活动。据统计，2004年度开展大的活动4次，全市农业系统组织科技下乡活动166次，举办各类技术培训班300余场次，实用技术培训24万人次。其中，无公害农产品知识培训3万余人次，农作物病虫害防治培训6万余人次，畜禽疫病防治培训4.5万人次，农机培训5万人次。发放各类技术资料30多万份，帮助农民解决技术难题近百个，取得了很好的社会效益。

【生态农业建设】 2004年，坚持“因地制宜、多能互补、综合利用、讲究效益”和“开发与节约并重”的农村能源建设方针，把发展农村沼气同农业结构调整，特别是同发展养殖业，同农村改厕、改圈、改路、改水，同退耕还林保护生态环境结合起来，通过艰苦努力，全年新建沼气池500座，为改善农民的生活条件，提高农民的生活质量，全面建设小康社会做出了努力。紧紧抓住夏秋两季有利时机，大力推广农作物秸秆机械粉碎还田、青贮氨化、快速堆沤腐熟、沼气池利用、食用菌开发等农作物秸秆综合利用技术，收到了较好的生态、经济、社会效益，从源头上解决了大面积焚烧秸秆现象，完成了全年责任目标任务。据统计，2004年度，全市秸秆产生量271.2万吨，其中，机械粉碎还田209.6千公顷，折合110.4万吨；开发食用菌利用6.8万吨；青微贮、氨化利用73.9万吨；快速堆沤腐熟利用54.1万吨；秸秆气化、沼气利用1.1万吨；其它利用量8.6万吨。全年秸秆综合利用率达到94%，重点区域内综合利用率达到100%。

(孟宪贵)

【农产品质量安全】 市委、市政府把农产品质量安全作为农业的重点工作来抓，加强领导，增加投入。市农业局与各有关部门通力合作，狠抓各项措施落实，全市农产品质量安全水平明显提高，真正让消费者吃上了“放心菜”、“放心肉”。国家农业部4月份公布的对全国37个省会城市及计划单列市农产品安全质量定点监测结果表明：郑州市蔬菜中农药残留超标率低于全国平均水平，居全国第五位。猪肉中“瘦肉精”和磺胺类药物检出率为零，并列全国第一位，受到农业部的通报表扬。

【无公害农产品生产基地建设】 为从源头上保障农产品质量安全，加强了无公害农产品生产基地建设。2004年全市有24个无公害农产品基地、13.4千公顷通过了省级认定，无公害农产品生产基地总数达到139个，面积61.1千公顷；无公害畜产品生产基地养殖规模达到生猪15万头、奶牛1000头、家禽1500万只。新郑市2千公顷莲藕被国家绿色食品发展中心认定为绿色食品基地，中牟县被农业部确定为全国第一批创建无公害农产品（种植业）生产示范基地达标县。全市有9个农产品获得国家绿色食品认证，11个农产品获得国家无公害农产品认证。

【农产品质量检测检验体系建设】 以郑州市农产品质量检测流通中心建设为重点，建立完善“两级三层”农产品质量检测检验体系。截至年底，市政府已为农产品质量检测流通中心投资750万元，市采购办对所急需的仪器进行了招标采购。4月26日，市农产品质量检测流通中心挂牌启动并顺利运行。各县（市）、区农产品质量检测中心均已按要求建立，达到了有机构、有人员、有经费、有仪器设备，工作正常开展。市区55家农产品批发、农贸市场，72家农产品超市、连锁店自检体系已全部建立，为加强全市农产品质量安全管理提供了有力保障。

【农业投入品管理】 加强农业投入品管理，净化生产源头，保障农产品质量安全。2004年检查农药经营户1600多家，立案258起，结案206起，没收假劣、违禁农药17.8吨。组织对大型兽药饲料行业检查4次，抽查企业2340个（次），捣毁造假窝点3个，立案98起，查处假劣兽药饲料3.3吨。

【市场农产品质量安全监管】 强化农产品质量安全检测，实行农产品质量日报制度。市农业局每天派出124名农产品质量安全检测、执法人员，进驻市内蔬菜批发、农贸市场及超市、连锁店、专卖店，依照农产品质量安全管理法规进行检测、执法。2004年12月1日猪肉市场准入制实行后，市检测中心每日对上市猪肉进行“瘦肉精”、磺胺类药物、激素残留抽检。每天将上市蔬菜、肉品检测结果在省、市新闻媒体上公布，在市区55个农产品批发、农贸市场和各个超市设置蔬菜检测结果公示栏，把每日自检结果和农业局派驻人员抽检结果进行公示，让群众买菜明白、放心。2004年，全市农产品质量安检人员依照蔬菜中有机磷和氨基甲酸脂类农药残量的快速检测标准（GB/T5009.199—2003），共抽检蔬菜样品71万个，合格率99%；抽检水果样品792个，合格率100%；抽检肉品样品7166个，合格率99.8%。全市全年共销毁检测出农药残留超标蔬菜4.2万公斤，净化了蔬菜市场。

【农产品质量安全管理法制化建设】 郑州市在出台《郑州市农药管理条例》、《郑州市饲料、饲料添加剂管理条例》、《郑州市无公害农产品管理办法》、《郑州市生猪屠宰管理条例》、《郑州市农产品市场准入工作实施方案》的基础上，2004年出台了《郑州市猪肉市场准入工作实施方案》、《郑州市食品放心工程实施方案》、《郑州市食品安全专项整治工作方案》等规章，进一步规范了农产品质量安全管理工作。

【农产品质量安全宣传】 积极开展农产品质量安全宣传，营造农产品质量安全管理的良好氛围。2004年4月23日，市政府与省农业厅联合举行“省会郑州农产品质量安全宣传周活动启动仪式”，在全市掀起了宣传高潮。省电视台“中原焦点”、市电视台“周末面对面”及“今日视点”等栏目制播节目12期，省、市报纸及电视、电台等新闻媒体报道郑州市农产品质量安全管理和市场准入工作信息100余次，使农产品质量安全工作成为全社会关注的热点。

（杨万友　符建伟）

【创汇农业发展迅速】 （1）出口创汇额快速增长。全市农业出口创汇总额3983万美元，其中19家农业企业出口创汇总额达到2603万美元，比上年的1783万美元增长46%。（2）产业结构不断改善，出口创汇呈多元化趋势。从2001年到2004年，出口创汇农产品由3类5种增加到10类20余种。2001年出口深加工农产品1035吨，2004年达到10497吨。郑州市农业出口创汇产品已由东南亚国家和地区扩展到欧美等国家，有10多个国家和地区与郑州市外向型农业企业建立了业务关系。（3）出口创汇企业规模扩大，产品层次提高。农产品出口创汇企业由2001年的6家发展到2004年的19家，出口创汇产品档次、质量和附加值、国际市场竞争力等都在逐步提高。初步建成了中牟大蒜、蔬菜、花生、生猪；新郑大枣、蔬菜、花卉、生猪；以“三全”、“思念”食品有限公司为依托的冷冻食品；以郑州增保食品有限公司为依托的芦笋（罐头）等农业出口创汇基地。（4）重点扶持培育农业产业化龙头企业，带动农业出口创汇。对28家市级重点农业龙头企业贷款贴息480多万元，对8家重点现代农业示范园区奖励500万元，在全市82家农业龙头企业中已有19家实现出口创汇。其中，中牟恒大实业有限公司实现销售收入1.5亿元，出口额达156万美元；郑州增保食品有限公司销售收入2000万元，出口创汇181万美元；河南思念食品有限公司销售收入8亿元，出口额500万美元。

（徐群堂）

【优化经济环境】 根据市委、市政府优化经济发展环境工作会议的部署，结合农业局实际，制定了《2004年优化经济发展环境工作意见》，把开展优化经济发展环境工作作为实践"三个代表"重要思想的一项政治任务来抓。针对上年和上半年社会各界对农业局民主评议提出的意见和建议，局里制定了整改措施，加大了工作力度。(1)认真贯彻落实中央农村工作会议精神、中央1号文件及省委4号文件精神，按照《中共郑州市委 郑州市人民政府关于促进农民增加收入的意见》和《中共郑州市委 郑州市人民政府关于加快现代农业示范区建设的意见》提出的29条促进农民增收的措施和要求，加强全市农业基础设施建设，改善农业和农村经济发展环境，调整优化农业产业结构和布局，加快现代化农业发展步伐。(2)深化农村税费改革，加大对涉及农民负担收费项目的治理力度，建立和完善新形势下农民负担监督管理工作的各项规章制度，全面实行农民负担监督卡制度和专项审计制度，加强监管，强化责任，严格落实关于减轻农民负担的各项政策和规定，巩固和扩大减轻农民负担工作成果，切实维护农民权益。(3)以促进农民增收为目标，深化农村改革，扩大农民就业，加快科技进步，加大科技下乡和科技推广工作力度，提高农业科技创新能力和农产品科技含量，加大对农业的扶持，增加农业投入，实现农民收入增长，促进农业经济的发展。(4)加强对农业投入品市场的监督管理，建立健全行政执法管理体系，特别是加大对农业生产影响较大的种子、农药等重要农业生产资料的监督检查，严格证照管理，严把质量监管和市场准入关，严厉打击生产经营假冒伪劣种子、农药等坑农害农行为，切实维护农民群众的利益。(5)全面提高农产品质量安全水平，采取扩大无公害基地、强化质量检测和严格市场准入三项措施，严把生产、监测和市场准入关，推动郑州市农业走高产、优质、高效、安全、生态的发展之路，在已建立的"两级三层"农产品质量监测检验体系的基础上，严格执行《郑州市无公害农产品管理办法》，加快无公害农产品生产基地建设步伐，加强基地认定和产品认证工作，严格按标准化和无公害农产品生产操作规程，加大检测管理力度，让市民吃上安全无公害农产品。(6)依法行政，严格执法。加强执法队伍作风建设，强化对行政执法人员的学习教育和培训，牢固树立全心全意为人民服务的公仆意识，改进工作作风，改善服务态度，提高服务质量，提高依法行政和管理水平，严格执法纪律，切实为"纳税人"和农民群众搞好服务。(7)严格责任追究制。对不履行职责、不依法办事或有违纪行为的单位和个人，依据有关规定，对当事人给予严肃查处，调离工作岗位，并追究有关领导责任。按照领导分工和部门职能，实行岗位责任制，把整改措施逐项落实到每个领导干部和职能部门，一级抓一级，层层抓落实，使各项整改措施落在实处，为促进农业和农村经济发展服务。

（王　煜）

【农业广播电视教育】 围绕"三农"中心工作，改革和创新教育培训思路，把握三个定位：把教育培训工作定位在提高农民综合素质和致富能力上、定位在"三农"工作大局上、定位在全面建设小康社会的目标上，强化大局意识、责任意识、质量意识、服务意识，为"三农"工作提供多层次、全方位的科技培训服务。全年开展各类教育培训83165人。其中，"绿色证书"工程培训8100人，"四个一"科技提升工程培训20000人，新型农民培训14500人，农村劳动力转岗培训39565人，大、中专学历教育新招生400余人，在校生600余人。开设课程20余门次，完成教学时数20000余学时，征订落实各类教材、培训资料30000余册，按教学计划组织各类考试30余场次。学历教育学员考试及格率和毕业率达95%以上，各类农业实用技术培训考核合格率达100%，农民工转岗培训转移就业率达80%。

农广校正确认识和处理公益服务与经济效益的关系，集中精力抓好农民科技教育培训这项公益性服务事业。(1)贯彻落实中央1号文件精神和市委、市政府《关于促进农民增加收入的意见》，积极开展农民工转岗培训和输出工作。年初制定了农民工转岗培训方案和农民工转移输出工作规程，建立了以校长为主任的农民工就业指导中心。全市7所农广分校均向当地政府申报了培训基地资质认证项目，实行了属地管理。农广校系统培训农民工39565人，转移就业率达80%以上，市校承担的100名农民工转岗培训工作圆满完成。按照农业部要求，农广校积极探索"一个岗位、一个基地、一本教材、一张光盘、一本证书"的培训模式，为开展培训工作积累了经验。(2)组织实施"致富早班车"下乡进村试点工程。市农广校从2003年1月开始立项申报，组织实施。一是精心组织，建章立制，规范管理。市、县(市)两级成立"致富早班车"下乡进村工程试点工作领导小组，试点乡(镇)成立指导小组，试点村成立工作站，制定具体实施方案，明确播出计划和工作目标。二是丰富内容，服务到位。全年，各试点村共播出各类实用技术1000余项，各类致富信息4000余条，收听、受益农民累计达400余万人次。三是普及科学知识，带动相关产业，创造经济效益。登封市交河口村播出实用技术指导果树生产，新增桃树面积0.03千公顷，推广"套袋"科学施肥技术，增加产值180万元。荥阳市两个试点村在上年基础上又增加20余座大棚，两村村民人均收入由上年的3000多元增加到5000多元。(3)积极贯彻落实中组部《关于印发农村党员现代远程教育试点工作方案的通知》和市委组织部《关于进一步加强全市农村党员干部"四级培训"工作的通知》精神，主动与组织部门联合，利用农广校网络体系优势，采取远程教育与常规教育相结合、理论教学与实践教学相结合、课堂讲授与现场观摩相结合的方式，开展流动式教学，直接把先进实用的农业技术知识和现代管理经验送到农村基层党员活动室，收到良好效果。

【农民科技教育培训中心成立】 经郑州市编制委员会"郑编(2003)6号"文批复，"郑州市农民科技教育培训中心"正式在郑州市农业广播电视学校挂牌成立。中共郑州市农业局委员会以"郑农党字[2004]19号"文任命培训中心的领导班子成员，教育培训工作进入正常运行阶段。中心依托农广校，利用有限条件，自筹资金30余万元购置了办学交通、通讯工具；添置了计算机、打印机、复印机、投影机、电视机、DVD机、数码相机等网络教学设施；维修了办学场所、更新了办公设备，办学条件有了较大改善，初具开展农民科技教育培训的功能。

（陈书明　翁鸿燕）

【农民健身活动】 认真贯彻实施《全民健身计划纲要》，市农业局和市体育局、市农民体协联合下发文件，广泛发动，开展农民健身活动，丰富了农村文化生活，促进了农村精神文明建设，取得了很好的社会效果。新郑市的龙湖镇、荥阳市的城郊乡被评为全省亿万农民健身活动先进乡(镇)，龙湖镇还被评为全国亿万农民健身活动先进乡(镇)，分别受到国家和省的表彰。10月18日～24日，全国第五届农民运动会在江西省宜春市举行，郑州市选派35名运动员参加了田径、自行车载重、钓鱼3个项目的比赛，获原地抛掷秧苗比赛银牌。

（孟宪贵）

种植业

【概况】 2004年，郑州市种植业生产在各级党委和政府领导下，在中央政策推动和市场粮价上涨拉动的双重作用下，紧紧围绕提高农产品市场竞争和增加农民收入这两个重点，进一步加大种植业内部结构调整力度，优化农业布局，大力发展优质、高效、特色农业，取得了较好成绩。全市农作物播种总面积513.6千公顷，复种指数173.5%。其中，粮食作物播种面积352.1千公顷，比上年减少3.2%，总产148.3万吨，增长3.2%；油料作物播种面积58.5千公顷，比上年增长0.5%，总产16.9万吨，与上年持平；蔬菜播种面积77.6千公顷，总产252.4万吨。

【现代农业示范园建设】 按照市委11号文件要求，狠抓现代农业示范园建设，印发了《关于加快郑州市现代农业示范园建设的意见》和《郑州市现代农业示范园区建设工作考核奖励办法》，市财政拨出500万元用于示范园建设的奖励和补贴。市政府于5月中旬和9月上旬分别召开全市现代农业示范园区建设工作会议和郑州市农业对外开放暨现代农业示范区建设工作会议，明确了示范园建设的任务、重点和措施。市有关部门多次组织专家深入各重点园区督促、检查和指导，帮助协调解决建设过程中遇到的问题。经过各级的共同努力，现代农业示范园区建设取得突破性进展，初步建成一批规模大、水平高的现代农业示范园，丰乐农庄、郑州(中荷)农业高科技示范园等已步入全省一流行列。

【发展品牌农业】 围绕现代农业示范区建设，全市以优质专用、无公害、品牌农业为重点，结合各地不同生态条件，加强分类指导，促进种植结构进一步优化。全年粮经比为68.5∶31.5，粮食作物比上年下降1.1个百分点。优质专用粮食作物种植面积达到160千公顷，占粮食作物播种面积的45%；新增花卉生产面积0.65千公顷，花卉总种植面积达到4千公顷，比上年增长19.5%。有25种农产品通过了绿色、无公害或商标注册认证，全市名优农产品达到8大类77个品牌，其中获国家绿色食品认证的达到8个。

【粮食生产恢复性发展】 一是加大对中央关于支持粮食生产的相关政策的宣传力度。转发了《农业部关于切实抓好粮食生产的紧急通知》，组织人员把3000余份宣传资料发送到县、乡、村。二是针对生产中的突出问题，组织技术人员深入县(市)、区开展调查和指导。有针对性地制定下发了《郑州市2004年春季田间管理意见》、《关于切实搞好小麦条锈病防治工作的紧急通知》、《2004年秋作物管理意见》、《强对流天气对农业生产的危害及应对措施》、《农业防汛救灾应急预案》、《受涝作物的减灾措施》、《关于做好防灾减灾工作的通知》等。三是充分利用报纸、电台等新闻媒体加强对农民宣传和实用技术培训。全市共培训农民105.6万人次，建立各种示范基地146.7千公顷。在中央政策的有力推动和粮价上扬的拉动下，郑州市扭转了粮食生产连年下滑的局面，使其得到恢复性发展。2004年全市粮食播种面积352.1千公顷，比上年减少11.4千公顷；总产达到148.3万吨，较上年增长3.2%。其中，优质专用粮食作物面积达到169.1千公顷，比上年增加7.7千公顷，增4.9%。蔬菜播种面积77.6千公顷，与上年相比持平略增，总产252.4万吨，比上年增加6万吨。油料播种面积58.5千公顷，与上年基本持平，总产16.9万吨，与上年持平。

【引进和推广新技术】 一是围绕全面提高农产品品质、质量安全水平和农产品市场竞争力，狠抓新技术、新品种的引进示范。全年共从省内外有关单位引进各种农作物新品种160多个，安排新品种试验示范25项；引进各种园艺作物新品种40多个、新技术36项；使用频振式杀虫灯建立13.3公顷果树无公害生产技术示范区，诱杀果树害虫；开展了麦播期用辛硫磷、乙酰甲胺磷低毒农药拌种防治地下害虫试验和适乐时防治小麦全蚀病试验；引进推广新农药品种霉能灵、百可得、特富灵、丁硫克百威等6个品种10余吨。二是大力推广适用技术。共推广各项农业新技术 226 千公顷次，其中，旱地小麦“四水一旱”技术 80 千公顷，优质小麦配套技术 100 千公顷，棉田高产高效技术 6 千公顷，专用玉米高产高效技术93.3千公顷。三是加强病虫草害防治。共发出小麦条锈病、水稻稻瘟病等重大病虫发生趋势预报 20 期 1000 份，防治大田农作物病虫害890.1千公顷次，占发生面积1003.3千公顷次的88.7%；夏、秋蝗虫防治 15.8千公顷次，占达标面积18.4千公顷次的85.9%，平均防效达 83%，有效地控制了蝗虫为害。

（李　炼　常国胜）

【夏粮生产概况】 2004 年全市夏粮收获面积172.1千公顷，总产量71.5万吨，平均单产4153.5公斤/公顷，与上年相比，面积减少9.1千公顷，总产减少3.3万吨，减幅4.4%，单产增加25.5公斤/公顷。

【夏粮产量构成因素】 全市各类型麦区平均亩成穗30.5万穗，平均穗粒数 29.4粒，平均千粒重36.3克，分别比上年减少1.2万穗，增加0.7粒，增加0.3克。其中，水浇地平均亩成穗35.2万穗，平均穗粒数32.1粒，千粒重38.0克，分别较上年增加0.3万穗，增加1.1粒，增加1.0克。旱地平均亩成穗26.3万穗，平均穗粒数27.6粒，千粒重35.0克，分别较上年减少2.6万穗，增加0.2粒，减少0.5克。稻茬麦平均亩成穗 37.9万穗，穗粒数28.2粒，千粒重37.5克，分别较上年增加0.2万穗，增加1.2粒，增加1.0克。

【夏粮生产气象条件】 气象条件对夏粮生产的影响。(1)底墒充足，播期偏晚。2003 年 7～9 月，各县(市)、区降水量为470.3～596.4毫米，比常年偏多110.7～225.7毫米。特别是 10 月上、中旬降水量多达156.4毫米，这是多年来少见的。充沛的降水量，一方面为小麦提供了良好的底墒，另一方面，由于阴雨连绵造成秋作物贪青晚熟，部分农田积水，影响了小麦适期播种，全市大部分麦田播期偏晚 7～10 天。(2)冬前低温寡照，越冬苗情较差。其中 11 月份平均气温7.0℃～8.0℃，比常年同期偏低 0.2℃～1.8℃，月日照时数69.3～118.8小时，比常年同期少45.2～89.0小时。低温寡照天气使冬前苗情明显不如往年。据 12 月中旬统计，全市一类苗面积占 27.7%，二类苗占47.8%，三类苗占 24.5%。分别较上年同期减少 16.5%、增加5.4%、增加10.6%。(3)冬春光温条件良好，有利于弱苗转化。其中，12 月份平均气温 2.5℃～3.6℃，较常年偏高 0.0℃～1.3℃；1 月上旬至 2 月上旬平均气温1.4℃～2.6℃，较常年同期偏高 0.6℃～2.1℃，月日照时数 187.3～218.1小时，与常年持平。良好的光温条件加上科学管理，小麦苗情迅速好转，接近常年水平。据 2 月中旬统计，全市一类苗面积较年前增加5.9%，二类苗增加1.3%，三类苗减少7.2%。小麦进入起身、拔节以后，光温条件依然较好，有利于小麦穗分化和提高分蘖成穗率。(4)冬春降水量偏少。2003 年 11 月～2004 年 4 月，降水量为86.4毫米，较常年少55.2毫米，小麦到拔节抽穗期，全市麦田相继出现旱象。其中，严重干旱面积占小麦面积的 6%，轻度干旱占65.2%。5 月上、中旬的两次降雨，有利于小麦灌浆。

针对小麦生产前期阴雨连绵、低温寡照，不利于小麦冬前分蘖，中后期干旱、病虫危害等不利因素，市委、市政府及时组织广大科技人员和群众克服种种困难，力争抗灾夺丰收。在小麦生产的各个关键环节，主要领导亲自带队到基层指导工作，发现问题及时组织专家研究对策，指导农民开展科学管理。

【提高优质小麦种植比重】 针对近年来优质小麦质量不稳、效益低等问题，在 2004 年的夏粮生产中，各县(市)、区以农业增效、农民增收为目标，进一步优化种植结构，小麦面积由上年的 181.2千公顷调减为172.1千公顷，减少9.1千公顷。在优质小麦生产中，各级党委、政府和有关部门千方百计帮助农民联系订单、大力推广前氮后移技术、实行规模化种植。尽管夏粮面积有所减少，优质专用小麦面积仍达到63.7千公顷，占夏粮面积的 37%。

【夏粮新品种及新技术推广】 一是广大农业科技人员大力开展实用技术培训，并多次组织送科技下乡活动，共印发技术资料 70 万份，培训农民 50 万人次。二是因地制宜、推广优良品种 160.9千公顷，占麦播面积的93.4%。其中，优质强筋小麦主导品种“豫麦 34 号”19.1千公顷，“郑麦 9023”18.9千公顷，“豫麦 47 号”8.5千公顷；普通小麦主导品种“豫麦 49 号”39.2千公顷，“豫麦 41(温麦 4 号)”22.9千公顷，“豫麦 69 号(新麦 9 号)”13.3千公顷，“豫麦 18 号”10.5千公顷，“豫麦 70 号(内乡 188)”9.1千公顷，“豫麦 58 号(温麦 8 号)”5.7千公顷。三是抓好关键技术的落实。全市机耕面积 170 千公顷。其中，深耕105.7千公顷，推广精量播种70.1千公顷，半精播88.4千公顷，秸秆还田74.7千公顷，畦田面积70.8千公顷，小麦间套预留行面积 13.1千公顷，旱地小麦“四水一旱”综合配套技术 46 千公顷，配方施肥92.9千公顷，土壤处理75.9千公顷，药剂拌种117.3千公顷，统一供种53.2千公顷，种子包衣36.3千公顷，优质专用小麦推广前氮后移技术 60 千公顷。

（孙国生）

【秋粮生产概况】 2004 年郑州市秋粮面积179.97千公顷，总产76.8万吨，平均单产4268.2公斤/公顷，与上年相比，面积基本持平，总产增加 79579 吨，增幅11.6%，单产增加 492.9 公斤/公顷，增幅1.3%。

【大宗秋作物生产】 2004 年秋粮大宗作物增减不一。(1)玉米播种面积 132.97千公顷，较上年增加2.86千公顷；总产59.8万吨，增加7.9万吨；平均单产 4514.0公斤/公顷，增加 405 公斤/公顷。(2)水稻面积3.98千公顷,较上年减少0.57千公顷;总产247万吨,减少4126吨;平均单产6228.9公斤/公顷,与上年持平。(3)红薯面积19.98千公顷,较上年减少0.38千公顷;总产10万吨,增加3560吨;平均单产5008.4公斤/公顷,增加268.3公斤/公顷。(4)大豆面积15.67千公顷,较上年减少0.9千公顷;总产3.02万吨,增加0.15万吨;平均单产1924.6公斤/公顷,增加195.2公斤/公顷。

【秋粮生产特点】 一是优质粮种植面积增加,全市179.97千公顷秋粮中,优质粮种植面积105.4千公顷,占秋粮面积的61%;比上年增加7.73千公顷,增长7.9%。玉米优质、高效新品种“郑单958”,“农大108”,“沈单16、17”,“浚单20”,“郑单21”等得到了普及、示范与推广。二是优质特色专用品种示范面积扩大。全市共引进饲用玉米品种60多个,最高亩产鲜重达13687公斤,玉米“科多4号”、“饲宝1号”亩产分别为8473公斤、8387公斤,分别比“郑单958”亩增136%和135%。引进的饲用高粱新品种“哈尼格林”干物质含量每亩高达2080公斤,饲用玉米品种“饲宝1号”、“云优78”、“华农1号”干物质含量也分别达亩产1577公斤、1501公斤、1349公斤。示范种植的甜玉米“X61”实行定单收购,最高亩产685公斤,平均亩收益808元,比种植普通玉米亩增收150元。三是示范种植的小杂粮、薏米、谷子、高粱等稀有品种呈现出价格上的优势,使农民从中尝到了甜头。四是气象因素利大于弊。适播期降雨,秋苗长势好。5月下旬,郑州市降雨17.8~33.8毫米,降水偏多且及时、集中,对秋作物播种、出苗极为有利。6月上、中、下旬降水都比较及时,基本能满足秋作物苗期正常生长。6月和7月上旬总降水量为175.1毫米,为秋作物生长奠定了良好基础。日照时数较常年偏少,6月份郑州市局部地区出现了暴雨、冰雹,7月10日~11日的大面积降水使部分秋苗受损,但7月份的高温天气使受灾后的秋苗迅速恢复生机。五是7月中旬至8月初的连续阴雨、低温影响了以玉米为主的秋作物授粉和后期干物质积累。7月25日~8月7日,在夏玉米授粉的关键时期,由于连续的阴雨天气,虽使秋作物土壤水分充足,但对玉米开花授粉造成严重影响。据气象部门报告:7月25日~8月7日平均气温25.6℃~27.0℃,比常年偏低0.4℃~1.2℃,降水不匀,光照不足,降水量为11.1~140毫米,月日照时数较常年同期偏少32.1~51.8小时,对夏玉米后期产量的形成不利。据中牟县8月份农情调查:玉米突尖率较往年严重,高达30%,玉米缺粒普遍;水稻千粒重不同程度降低,红薯膨大受到影响,不利于豆类结实率。

(刘东菊)

【水稻生产】 2004年,全市水稻种植面积3.98千公顷,比上年降14%;总产2.48万吨,减少4216吨,单产与上年持平。水稻生产的主要特点:水稻产量三要素呈现“一增两平”的趋势,即亩穗数增加,穗粒数和千粒重基本持平。据各县(市)、区大田测产,平均亩穗数18.7万,比上年亩增0.8万穗,穗粒数109粒,千粒重24克,均与上年基本持平。

推广先进实用技术。2004年种植的“豫粳6号”占播种面积的80%以上,“豫粳6号”高产、稳产,优质抗逆性强,已成为近年来郑州市水稻生产的当家品种,同时搭配种植优质早熟的“水晶3号”、“黄金晴”、“白香糯”等。通过中牟县狼城岗乡、大孟乡多点多次试验,示范选择出高产、早熟、抗病新品种“92—6”、“95284系”,为中牟县发展“一稻一蒜、一粮一经”生产栽培模式奠定了基础。同时,中牟县在水稻生产中深入稻乡巡回宣传补施微肥等配方施肥技术,减少群众投入,降低生产成本,推广面积1.5千公顷,占中牟县水稻面积的68.8%以上,深受稻农欢迎。

加强田间管理,适时早播,优化栽培方式。抢时早播延长水稻生育期是提高精米率的一项关键技术,为此要求全市3.98千公顷水稻在6月25日前栽插完毕,实际完成时间比计划提前了6天。在全市稻区全面铺开栽插宽行、近穴、小丛密植栽培技术。合理的密度营造了良好的群体结构,田间通风透光,光能利用充分,达到蘖足、秆壮、籽粒饱满。在追肥方法上坚持“前促、中控、后补”的原则,于栽插后10天施入分蘖肥、碳铵40~50公斤,7月底、8月初施穗肥尿素3~4公斤,灌浆期叶面喷磷酸二氢钾+绿风95或水稻粒粒饱等,养根护叶增加粒重,提高米质。

(樊树平)

【棉花生产】 农业技术人员深入重点棉区积极开展工作,及时向棉农传递市场信息、科学规划,调整作物布局,大搞棉田“一优双高”综合开发项目,优化棉花高产、高效间作套种栽培模式;以科技为先导,以市场为导向,以提高整体效益为中心,大力推广优良品种和两膜栽培、增密减枝、系列化调、配方施肥等先进实用技术,充分发挥科技户、高产块、试验田、示范方的带动作用,使棉花生产在重灾之年夺得了较好收成。据统计局统计,全市棉田收获面积7.16千公顷(其中,春棉6.68千公顷,占植棉面积的93.35%;夏棉0.48千公顷,占植棉面积的6.65%),较上年增加1.04千公顷,是1998年以来面积最大年份;总产皮棉7600吨,较上年增加1988吨,是1997年以来的最高记录;平均单产皮棉1064.45公斤/公顷,较上年增加13.08公斤/公顷。中牟县棉田收获面积4.3千公顷,占全市的近60%;产皮棉5442吨,占全市的64.5%;平均单产皮棉1272.4公斤/公顷。

【气候条件对棉花生产的影响】 2004年气候条件对棉花生产的影响属重灾之年。棉花苗期低温、阴雨、大风天气多,使棉花多死苗、病苗、弱苗。6~8月份棉花进入现蕾、开花结铃盛期,连续出现低温，阴雨寡照天气造成棉花蕾铃大量脱落，生育期推迟10多天，严重影响了棉花的产量和品质。6～8月中旬，总降雨量达492.8毫米，较常年多181.5毫米；总日照时数405.8小时，较常年减少184.5小时，特别是7月中旬至8月中旬，棉花正值座优质伏桃的关键时期，需要充足的光和热，却出现持续长时间的阴雨寡照天气，对棉花的生殖生长极为不利，此期的花铃脱落在70%以上。

【棉花病虫草害】 棉花病虫草害发生面积27.67千公顷次。其中，病害发生3.21千公顷次，虫害发生19.8千公顷次，草害发生4.67千公顷次，防治23.72千公顷次，挽回棉花损失1353.4吨。棉花病虫草害总体中度发生。其中，苗病轻发生，棉铃虫、草害中度发生，其它病虫偏轻发生。4月下旬～5月中旬平均气温偏高，降水偏少，使棉花苗病轻发生。5月下旬以后，棉蚜虫量有所上升。7～8月份平均气温偏低，降水偏多，日照偏少，棉铃虫、伏蚜、叶螨有发生。

【棉花生产技术培训和推广】 针对棉花生产中出现的不利因素，积极采取应对措施，搞好宣传发动，扩大高产开发规模。为了稳定棉花生产面积，有关部门抽出大批人员深入重点乡村，大力宣传植棉新技术和有关植棉致富信息，优化作物布局。荥阳市利用农业信息网站为农民架起了产、供、销一条龙服务桥梁。中牟县、荥阳市等县(市)着重在一些土壤肥力高，大蒜、西瓜、蔬菜面积大而集中，群众具有一定植棉经验和植棉积极性的乡(镇)，大搞棉田综合开发，集中发展以棉花为主的集约种植。采用举办培训班，农业专家坐诊，召开群众会、广播会、田间地头会，印发有关宣传资料，优先供应良种、农药等生产资料，并对示范区内进行免费测土化验等服务措施，有效地调动了广大棉农的植棉积极性，为扩大棉田“一优双高”开发面积创造了条件。仅中牟县官渡、韩寺、姚家3乡(镇)就开发“一优双高”棉田面积达2.28千公顷，产皮棉3134.79吨，平均单产皮棉1372.5公斤/公顷，比全市平均单产高16.46%。推广地膜覆盖加营养钵育苗移栽两膜栽培促早技术，地膜覆盖及营养钵育苗栽培面积达6.66千公顷。其中，营养钵育苗3.34千公顷，地膜覆盖3.32千公顷。加大科技培训力度，市及各县(市)棉办齐心协力，集中人力、物力举办各种类型的培训班及技术讲座64场次，培训人员5万余人，印发技术资料、培训教材、简报等各种技术资料7万余份，培养科技示范户260户，种植科技示范样板田26块，以点带面，取得良好成效，带动了全市棉花生产。依据多年的试验、示范、生产实践，科学规划，优化栽培模式，总结筛选并推广4—1式蒜棉间作和6—2—1式的蒜、棉、瓜及秋冬菜高产、高效间作套种栽培模式。

(易国强)

【油料生产】 2004年油料面积58.46千公顷，比上年增加0.25千公顷；总产16.9万吨，增加126吨；单产2891.9公斤/公顷，减少10.2公斤/公顷。其中，花生面积43.05千公顷，比上年减少1.17千公顷；总产14.9万吨，减少309吨；单产3461.7公斤/公顷，增加84.6公斤/公顷。油菜籽面积12.85千公顷，比上年增加1.1千公顷；总产18.22万吨，增加418吨；单产1417.4公斤/公顷，减少97.2公斤/公顷。芝麻面积2.56千公顷，比上年增加0.32千公顷；总产1817吨，增加17吨；单产709.8公斤/公顷，减少93.8公斤/公顷。

【油料新品种及新技术推广】 在油料生产中，把良种繁育工作作为一项富民工程来抓，围绕优质高产开发，采取“抓好一个点，带动一大片，指导整个面”的办法，大力推广新品种、新技术和新成果。大力推广丰产性强、品质优的新品种。全市共种植“豫花7号”花生34.43千公顷，“豫花11号”11.75千公顷，“豫花15号”10.23千公顷，“鲁花13号”4.05千公顷，“8130”2.78千公顷，“白沙1016号”1.32千公顷。油菜“华杂4号”4.05千公顷，“豫油4号”3.45千公顷，“秦油2号”2.87千公顷。芝麻“豫芝4号”0.9千公顷，“豫芝10”号0.56千公顷，“豫芝8号”0.49千公顷。

推广应用综合配套增产技术。针对生产中存在的问题，全市各级农业科技人员深入乡村、田间，采用“常流水，不断线、关键时期驻一段”的方法，把优质高产综合配套技术传送到千家万户，如在花生生产中推广地膜覆盖、配方施肥、间作套种、轮作倒茬、化学除草、化学调控、增产增收机械化等技术。

(王勤波)

【蔬菜生产】 蔬菜生产紧紧围绕无公害农产品基地建设这一中心，狠抓产品质量，确保食用安全；坚持以市场为导向，以科技为动力，调整优化产业结构，全面提高综合效益；大力推进基地化、产业化、品牌化蔬菜生产。同时，加大检测力度，认真搞好市场、信息服务和示范工程，取得了较好成绩。全市蔬菜生产面积83.8千公顷，总产量255.3万吨。其中，保护地生产面积9.07千公顷，地膜覆盖29.33千公顷；新认证无公害基地3个，面积0.6千公顷。西甜瓜生产面积12.23千公顷，产量555.8万吨。食用菌总产量3.0万吨。全市累计引进推广蔬菜新品种、新技术150余项，进行技术培训和指导150场次，培训人员8万人次，较好地推动了全市蔬菜生产，满足了城市市场供应。

(赵建波)

【花卉生产】 2004年，花卉产业持续稳步发展，大型花卉企业快速发展，规模不断壮大，出口前景看好。全市花卉(含绿化苗木)种植面积4.01千公顷，比上年增长19%，年销售额达7834.79万元。其中，切花切叶生产面积0.09千公顷，年销售1050万枝；盆栽植物生产面积0.56千公顷，年销售687.59万盆；绿化苗木生产面积1.2千公顷，年销售975.9万株；药用花卉生产面积1.83千公顷；草坪生产面积0.28千公顷，年销售28.5万平方米；花卉种苗0.04千公顷，年销售337.5万株。

【观光农业】 2004年，观光旅游农业园区已增至20多个，全年接待游客累计89.63万人次，实现门票收入737万元，带动其它相关产业收入2474.8万元，与上年相比稳中有升。“十一”黄金周期间，为市民所熟悉和喜爱的金鹭鸵鸟园、中牟雁鸣湖、丰乐农庄等一批有特点、有内容、发展相对成熟的观光园区持续火暴，游人如织，吸引了郑州市及周边地市的大批游客，成为观光农业景区中的亮点。

（周　华）

【水果生产】 2004年，全市水果生产主要以质量和效益为目标，重点围绕农业结构调整，注重产品质量和品牌，狠抓无公害基地建设。全市已获得无公害基地认证水果生产面积3.64千公顷，果树生产面积26.2千公顷，分别比上年增长11%、36%，产量达40.7万吨。积极开展水果新品种、新技术引进与推广，努力探索无公害果品套袋技术，搞好试验示范。全年共累计引进推广新品种、新技术40余项，水果套袋面积1.53千公顷。无公害生产水平有了很大提高，较好地推动全市水果种植的区域化、产品的优质化、经营的产业化。

（王　峰）

【农作物病虫草害防治】 2004年，全市农作物病虫草害为中度发生年份，发生面积1003.25千公顷次，开展防治面积890.16千公顷次，占发生面积的88.73%，挽回粮食损失17.17万吨，挽回油料损失7772.8吨，挽回棉花损失1353.4吨，挽回蔬菜损失13万吨，挽回水果损失2.13万吨。

主要农作物病虫草害发生情况：(1)小麦病虫草害中度偏重发生，发生面积495.07千公顷次。其中，麦蚜发生面积146.58千公顷，苗蚜中度偏轻发生，麦穗蚜偏重发生；麦蜘蛛中度发生，发生面积66.87千公顷；小麦潜叶蝇轻度发生，发生面积14.87千公顷；小麦纹枯病中度偏重发生，发生面积74.00千公顷；小麦白粉病中度发生，发生面积40.77千公顷；小麦条锈病轻度发生，发生面积2.15千公顷；小麦叶锈病中偏轻度发生，发生面积13.93千公顷；小麦赤霉病轻度发生，发生面积1.53千公顷。(2)玉米病虫草害中度发生，发生面积195.63千公顷次。苗期主要有：玉米蓟马、瑞典蝇、玉米螟、粘虫等，中度偏轻发生。成株期主要有：粘虫、玉米螟、玉米大小斑病、玉米病毒病等，玉米病毒病中度发生，较常年重，其它病虫害中度偏轻发生。(3)水稻病虫草害中度发生，发生面积9.03千公顷次。水稻条纹叶枯病、稻瘟病中度偏重发生，稻纹枯病、稻胡麻斑病、二化螟、稻纵卷叶螟中度发生。(4)棉花病虫草害中度发生，发生面积27.67千公顷次。棉铃虫中度发生，一代轻度发生，二、三、四代中度发生；棉蚜中度偏轻发生，棉叶螨、白粉虱、枯萎病、黄萎病、棉花苗病轻度发生。(5)花生病虫草害中度发生，发生面积96.87千公顷次。花生叶斑病中度发生，局部偏重，其它病虫害偏轻发生。(6)蔬菜病虫害中度偏重发生，发生面积127.50千公顷次。黄瓜霜霉病中度发生，局部重度发生；番茄早疫病、晚疫病中度发生，局部偏重；蔬菜病毒病中度偏重发生；甜菜夜蛾、小菜蛾、大蒜根蛆中度发生，局部偏重发生。(7)果树病虫害中度发生，发生面积33.97千公顷次。苹果轮纹烂果病、炭疽病、斑点落叶病、桃小食心虫中度发生，局部偏重，金纹细蛾、葡萄穗轴褐腐病、黑痘病、白腐病中度偏轻发生。

【小麦病虫草害防治】 一是搞好技术宣传，普及防治技术。充分利用广播、电视、报纸等媒体，宣传推广小麦病虫草害防治技术，并通过各种途径发放技术资料和小麦病虫害防治明白卡。二是因地制宜，科学开展防治。注重搞好麦播期病虫害防治。麦播前组织人员对地下害虫进行查挖，根据虫口密度和分布情况制订防治对策，大力推广种子包衣和药剂拌种技术，有效控制了地下害虫的危害，并根据全蚀病的发生情况，推广了适乐时拌种防治小麦全蚀病技术。三是分类指导，科学防治。鉴于条锈病有流行的可能，郑州市政府于4月14日下午召开了全市小麦条锈病监测防治工作电视电话会议。4月18日市财政拨专款20万元用于小麦条锈病防治。4月21日，市农业局下发了《关于切实搞好小麦条锈病防治工作的紧急通知》，并成立了联合督查组，分头到各县(市)、区督促检查小麦条锈病的防治工作。5月8日发现发病中心后，又及时用药进行扑灭防治，成功地控制了条锈病暴发为害。2004年麦蚜为害盛期提前，且持续时间长，发生较重，市农业局及时发出病虫情报，并组织人员分头到各县(市)、区督促防治工作开展，将麦蚜虫为害控制在最低限度。市植保站同荥阳植保站联合开展了小麦病虫害万亩综合防治示范方，平均防效达95%，亩挽回小麦损失60多公斤。全市小麦病虫草害发生面积495.07千公顷次，开展防治面积427.47千公顷次，挽回小麦损失13.8万吨。

【秋作物病虫草害防治】 鉴于玉米病毒病在巩义、新密部分地块发生较重，全市发生面积8.67千公顷，市局及时组织技术干部奔赴发生地调查病情，制定防治方案，有效控制了该病为害。针对稻瘟病发生较重情况，及时向市政府进行汇报，市植保站及中牟县农业局抽调技术人员深入发病严重的乡村进行技术培训，以村组为单位开展统防统治，及时有效地控制稻瘟病为害。全市秋作物病虫草害发生面积346.7千公顷次，开展防治面积288.45千公顷次，挽回损失4.29万吨。

（胡　锐　邢彩云）

【东亚飞蝗防治】 2004年郑州市东

亚飞蝗适生面积40千公顷，夏蝗偏重发生，发生面积19.4千公顷，达标面积11.24千公顷，平均密度为0.82头/m^2，最高密度达16头/m^2；秋蝗中度发生，局部偏重发生，发生面积13.8千公顷，达标面积7.13千公顷，平均密度0.6头/m^2，最高密度14头/m^2。各级对蝗虫防治工作非常重视，各蝗区相继成立了蝗虫防治指挥部。夏蝗防治10.8千公顷，其中，人工防治5.6千公顷，飞机作业8架次，作业面积5.2千公顷，平均防效85%以上；秋蝗防治5千公顷，平均防效78%。有效控制了蝗虫起飞成灾。

（沙广乐　柴　升）

【植物检疫】 切实加强《植物检疫条例》及有关法规的宣传。按照植物检疫规程，开展了产地检疫和调运检疫。全市共实施产地检疫4.36千公顷，生产合格种子2.34万吨；开展调运检疫3216批次，调出种子1.79万吨。为尽快控制小麦全蚀病的蔓延危害，保护小麦生产安全，主要采取了以下措施：一是强化对小麦种子繁育和经营单位的管理，做好小麦种子产地检疫和调运检疫；二是小麦种子繁育田用种全部进行了药剂（适乐时）拌种；三是强化防治，逐步压缩了小麦全蚀病发病面积，减少该病造成的危害。5月份发现荥阳发生小麦腥黑穗病疫情后，立即向市政府汇报，并制定扑灭方案。在荥阳市政府和广武镇政府的大力支持下，共焚烧小麦1.69公顷，阻止了该病的传播蔓延。

（徐国强　李丽霞）

【农药监督管理】 结合农资打假专项治理行动，严厉打击各种违法、违规行为。全市举办农药知识和农药法规培训班3期，培训2000多人次；检查农药经营户1600多家，共抽样送检样品267个，抽查标签632个，没收假劣农药1.79吨，货值31万元，立案258起，结案206起；抽查郑州市农药生产企业16家，抽样送检19个品种，16个合格，对不合格的厂家进行了处理，并对生产企业在质量管理上提出了新的要求。

（柴义深　张玉勇）

【土壤肥料】 土壤肥料工作紧紧围绕结构调整这个中心，继续实施“沃土工程”，大力推广平衡配套施肥等新技术。全市共积造有机肥1700万方，推广小麦高留茬、麦糠麦秸覆盖170千公顷，玉米秸秆直接还田73.33千公顷，增施微肥233.33千公顷，补施钾肥186.67千公顷。全市农业系统共生产配方肥1.5万吨，平衡配套施肥面积达到66.67千公顷。

经省质量技术监督局授权，郑州市农业局土壤肥料监测中心可以承担1个肥料品种、土壤方面15个参数、农用水方面17个参数的监测化验工作。全市土肥系统共取土样1200多个，化验7000多项次，为郑州市平衡施肥提供了科学依据。

土壤肥料工作站配合市国土局顺利完成了基本农田调查工作。据统计，全市上年末现有耕地330.5千公顷。其中，高产田97.14千公顷，占耕地面积的29.4%；中产田133.57千公顷，占耕地面积的40.4%；低产田99.84千公顷，占耕地面积的30.2%。基本农田面积283.6千公顷。

为配合落实农产品市场准入制度，促进农产品安全生产再上一个新台阶，大力推广生态有机肥、微生物肥料和氨基酸类叶面肥等无公害肥料，有力地推动了新型肥在郑州市的推广应用。

（康　超）

【农村能源环保】 2004年全市新建沼气池7500余座，累计达到16000余座；新建大中型能源环境工程3处，累计达到10处；秸秆气化集中供气站累计24处，其中10处秸秆气化集中供气系统改造工作进展顺利，已通过省、市专家组验收。亚行贷款农村能源生态建设项目在新郑市继续实施，亚行提供278.721万元，省、市配套资金各20万元全部到位。2004年项目任务为“四位一体”模式50户，“三位一体”模式100户，项目年度建设任务顺利完成。

（马怀志）

畜牧业

【概况】 2004年，郑州市畜牧业围绕省、市委建设大郑州的总体要求，以农民增收为目标，坚持“稳定猪鸡生产，加快牛羊等草食畜生产，突出奶业发展”的方针，以品种改良、规模化生产、产业化经营、发展饲草饲料和黄河滩区绿色奶业示范带开发为重点，规避禽流感的影响，全市畜牧业经济保持平稳运行、健康发展的良好态势。全市肉、蛋、奶产量分别为24.85万吨、17.8万吨、15.36万吨，其中牛奶产量12.1万吨，分别比上年增长11.39%、9.2%、26.3%和40.5%，分别完成年计划的112%、111%、114%和100%；生猪、牛、羊和家禽出栏分别为215.92万头、17.88万头、106.02万只、3282.28万只，同比分别增长9.43%、5.86%、8.73%和14.93%；奶牛存栏3.68万头，同比增长28.7%，完成年计划的102%。养殖小区121个，完成年计划的112%，其中奶牛小区达到80个，完成年计划的100%。

畜牧业发展对农民增收作用加大。畜牧业依托自身的特点和优势，通过直接作用、变现作用和拉动作用，有效地增加了农民收入。2004年全市牧业产值45.2亿元（现行价），同比增长34.9%，占农业总产值的41.1%，较上年增加2.2个百分点；牧业增加值24.5亿元，同比增长36%，占农业增加值的38.83%；农民人均纯收入4183元，其中第一产业收入1229元，在第一产业收入中牧业收入361元，同比增22.8%，占第一产业收入的29.3%。

【养殖小区建设】 全市养殖小区121个，其中奶牛养殖小区80个，同比增长33%。配备进口大型挤奶机的奶牛养殖小区发展到50个。养殖小区存栏奶牛1.88万头,占全市奶牛存栏总数的51.1%。以养殖小区建设为特色,带动规模养殖的发展,全市万只以上养禽场发展到204个,蛋鸡存栏500只以上规模场户3142个,同比增长6%,蛋禽规模养殖比例达到66%,肉禽规模养殖比例达到91%;万头以上养猪场11座,年出栏50头以上规模场户3047个,同比增长43%,规模养猪达到46%。

【畜牧产业化经营】 全市具有一定规模和辐射带动能力的畜牧业龙头企业有花花牛、山盟等30个,其中,国家级农业产业化重点龙头企业3家(三鹿花花牛、郑州三全、河南思念),省级农业产业化重点龙头企业5家(三鹿花花牛、郑州三全、河南思念、郑州广安、郑荣集团),市级农业产业化重点龙头企业21家。龙头企业从运行机制上有5种联结农户的形式。(1)龙头加工带动型。三鹿花花牛、山盟两个企业,通过建立收奶站、签订产品购销合同等措施,带动全市1500多个奶牛养殖户养奶牛1.2万头,占全市奶牛存栏总量的32.6%。(2)中介组织带动型。荥阳市养猪专业协会,入会会员已由当初的43家增加到300家。2004年为会员组织外销商品猪24万头,其中协会直销13万头,同比分别增长20%和25%。协会所出售的三元杂交猪的价格,一般比土种及二元猪每公斤高出1元左右。(3)饲料生产带动型。巩义市大东方饲料有限公司采用"五统一"(统一良种供应、统一饲料供应、统一技术服务、统一疫病防治、统一产品销售)+基地的运作方式,实现公司和农户双赢,为农民增收致富开创了一条新路子。该公司建立12个生猪养殖基地,与1695户养殖户签订了生猪饲养回收合同,年出栏猪12万头,同比增长25%;实现利润3000万元,户均收入1.77万元。(4)养殖辐射带动型。新郑市薛店雏鹰集团在实施"公司+农户"养禽产业化经营的基础上,又拓展发展领域,同双汇集团签订了20万头生猪生产供应项目。该项目总投资1.2亿元,占地53.3公顷,规划3年内建成存栏1.5万头的种猪场,带动商品猪养猪户3000~8000户,年出栏商品猪达到20万头。第一期工程投资1340万元,已完工,第二期工程正在进行中,预计2005年10月结束。已与742户签订了"雏鹰富民工程"加盟协议,种猪场已初具规模,存栏种猪1960头,其中,祖代种猪870头,二元父母代种猪1090头。薛店雏鹰集团所带农户遍及新郑市,并涉及中牟、新密和尉氏3个周边县级市,农户生猪存栏达到9000头,已出栏商品猪9300头,带动养禽户627户,年出栏商品肉鸡600万只,年创产值7200万元,实现利润720万元,户均纯收入1.15万元。(5)牧草开发带动型。中原草业股份有限公司与新郑农户签订种草合同,计划种草2.7千公顷,已种草0.53千公顷。山东横店草业畜牧有限公司在中牟县设立草业分公司,与农户签订苜蓿种植合同,种草1.8千公顷。同时,该公司投资770万元建立中牟苜蓿精品示范园330公顷,建立占地14.67公顷的草产品加工厂1座。

【畜牧科技】 全市推广秸杆"过腹还田"综合利用、牛细管冷配、畜禽科学饲养管理等多项畜牧业先进实用技术,畜牧业生产水平有了很大提高。2004年猪、牛、羊的出栏率分别达到129.8%、52.9%和106%;全市生猪、禽、牛、羊的良种覆盖率分别达到95%、95%、90%和88%。全市申报无公害畜产品产地认证企业达到19家,已审批通过12家。以荥阳、巩义、新郑、中牟为主的无公害生猪基地年发展生猪80万头。按照市委、市政府的总体部署,郑州市无公害猪肉市场准入制12月1日开始启动。

【畜产品出口创汇】 各县(市)、区共引进涉农项目20多个,吸引外来资金5000多万元,全市畜产品加工、养殖出口企业由5家增至7家,2004年出口创汇达到880万美元,是上年的2.93倍,其中"三全"、"思念"出口速冻食品580万美元。年出口活猪2.35万头,其中郑中牧业有限公司年出口生猪1.2万头;出口牛800头;出口速冻食品4930吨。

(柳根轶　杨东宽　张玉香)

【饲草饲料开发】 年初全市畜牧工作会议强调饲草饲料开发是当年乃至近几年畜牧工作中的重点,要求各县(市)、区政府及业务主管部门抓好青贮、人工种草工作,努力调整畜牧业结构,增加收入,提高效益。会上还层层签订了目标责任书。为了加大黄河滩区种草开发力度,中牟县委、县政府制定了《关于大力发展优质牧草生产工作意见》,力争通过2~3年时间把滩区建设成全省优质牧草生产基地。在青贮和牧草播种季节,市畜牧局、各县(市)、区业务主管部门积极行动,层层成立由业务骨干组成的督查组,开展全面的技术培训及督查。督促挖造青贮池、检修铡草机、了解青贮原料来源、帮助新建场解决电力供应,开展青贮、氨化、人工种草技术培训。督查组每5天报告一次青贮进度,每10天报告一次人工种草进度。编制《郑州畜牧信息》,及时通报全市青贮工作情况,对出现的问题及时解决。新密市为了促进青贮氨化池建设,对建成50立方米以上青贮池的乡、村给予不低于总造价20~30%的补贴;对示范小区或专业户购置铡草机也进行适当补贴。

为做好饲草饲料工作,把秸秆青贮、"过腹还田"、人工种草放在突出位置常抓不懈,同时加大宣传培训力度,配合秸秆禁烧积极开展农作物秸秆青贮、氨化综合利用工作;依托草原保护项目,制订政策,积极开发沿黄县(市)牧草种植,引导农民种草开发,较好完成了全年饲草饲料工作目标。全年完成秸秆青贮91.53万吨,同比增长21%;人工种草5.987千公顷,同比增长47.1%,其中黄河滩区种草5.15千公顷；氨化秸秆20.06万吨，同比增长0.25%，全面完成了年度目标任务。新建永久青贮氨化池35.67万立方米，青贮池总容积累计达130.47万立方米。新购铡草机320台，秸秆处理机械累计达2622台。

【种草及青贮技术培训】 市畜牧局组织专业人员，收集编写了实用青贮、人工种草技术知识册子，组织从业人员认真学习，并与实践相结合掌握操作要领。深入基层加强技术指导与培训，力争青贮一池，成功一池，种植一亩，丰收一亩。中牟、荥阳、登封畜牧局将青贮、种草技术知识编辑成册，开展自身队伍业务培训，收到了很好的效果。全年在荥阳、登封、中牟举办有关秸秆青贮氨化、人工种草培训班共4期，培训人员500余人次，印发培训资料1000余份。经过培训，使养殖场、户技术人员较好地掌握了秸秆青贮氨化、人工种草养畜技术，激发了养殖户对秸秆综合利用和种草养畜的积极性。

【饲草开发利用项目】 中牟利用国家草原保护项目资金优势，与横店草业集团联手，建立了27公顷紫花苜蓿精品园；利用国家秸秆养羊示范县项目，通过专家论证设计出标准化的青贮设施，开展标准化青贮，辐射带动群众性饲草开发。惠济区利用国家草原保护项目资金，由黄河滩区管理办公室统一管理滩区种草招商，实行垫资开发，项目验收合格后拨付资金，集中开发滩区种草。

（张玉香　赵全成）

【安全畜产品生产】 2004年，按照省局抓千区、带万户，促进农民增收的总体要求，采取政府引导、政策驱动、项目促动、龙头带动，以产业化经营为纽带，实施一带一区一个基地的“三个一”（即：黄河滩绿色奶业示范带、养殖小区、无公害生猪基地示范工程），不断加快优质畜产品生产和加工基地建设步伐，促进畜牧业发展，促进农民增收，取得了较好效果。全市养殖小区发展到121个，同比增长77.9%，完成年计划的112%。申报无公害畜产品产地认证企业19家，已认定通过12家，无公害生猪规模发展达到80万头。

【畜产品质量监督】 为强化监督管理，2004年市编委审议通过，成立了“郑州市畜产品质量检测检验中心”，市政府投资近100万元，为检测中心购置农产品质量安全流动检测车2台。为实施“瘦肉精”、磺胺类药及激素药检测投入600万元，完善了畜产品质量检测手段。

实行畜产品质量安全检测日报制度。自2003年元月1日起，市局把每日对集贸市场、超市、连锁店、专卖店的肉品检测结果在《郑州晚报》、河南电视台、河南人民广播电台、河南经济广播电台、河南农业信息网、郑州人民广播电台和商都农网固定栏目（节目）公布，接受群众监督。

【无公害畜产品基地建设】 市局多次召开各县（市）、区农（牧）业部门负责人会议，要求增强对基地认定工作重要性和紧迫性的认识，研究、安排、督促全市无公害畜产品基地建设和产地认定工作。经过努力，全市已通过省畜牧局认定的无公害畜产品生产基地12个，已组织验收的6个，还有十几个生产基地的申报材料正在准备中，内容涉及到生猪（15万头）、奶牛（1000头）、家禽（1500万只）等。鼓励龙头企业走“公司＋基地＋养殖户”的路子，扩大无公害生产规模。市农业局分别在巩义和荥阳市召开现场会和动员会，推广巩义大东方饲料公司和荥阳养猪协会的经验。郑州市规划在3年内依托龙头企业、协会等，在巩义、荥阳、新郑、中牟发展4大养猪基地，规模达到300万头；在基地内实行统一标准、统一品牌、专业化生产、市场化运作，打造郑州市的养猪业品牌。

【实行猪肉市场准入制度】 猪肉市场准入的宗旨是以提高产品质量、保障消费安全为核心，以猪肉质量安全检测检验为重点，从生猪饲养、屠宰加工和猪肉销售3个环节入手，对在郑州市交易的猪肉，实行“从产地到餐桌”的全过程质量监控，确保全市人民吃上“放心肉”。猪肉市场实行准入制度后的基本目标是：从生猪饲养、屠宰、猪肉销售到餐桌供应全过程实现标准化、规范化、无公害化，在各个环节建立和完善质量安全管理制度，加强无公害生猪产地和无公害肉类加工定点屠宰厂建设，建立完善猪肉质量安全检测检验体系，实行严格的质量保障措施和切实可行的长效工作机制。

自2004年12月1日起，进入郑州市区销售的猪肉必须达到4条基本要求：一是由政府批准的定点屠宰场（厂）屠宰；二是按照国家无公害质量标准对猪肉的感官指标、理化指标以及“瘦肉精”、磺胺类药物、激素等项目进行检疫、检验、检测合格；三是“两证两章”齐全，即在市场销售的猪肉必须随肉携带动检部门和屠宰场（厂）分别开具的“动物产品检疫合格证明”和“肉品检验合格证明”，猪肉胴体上必须盖有“验讫印章”和“肉品检验合格”印章；四是食用安全。

（张玉香　王俊杰　黄春生）

【畜禽改良】 一年来，郑州市畜禽改良工作紧紧围绕畜牧业结构调整，以市场需求为导向，以草食畜牧业发展为主线，以奶牛发展为重点，认真贯彻落实《种畜禽管理条例》及《河南省畜牧条例》等法规，加大科技培训力度，加强种畜禽场管理，为畜牧业发展做好服务，促进了全市畜牧业的快速发展。

积极推广优良品种。加快黄、奶牛改良步伐，建立黄、奶牛改良服务体系；积极推广猪的二元及三元杂交，在大型猪场推广人工授精技术，扩大良种猪的改良范围；引进罗曼等优良蛋鸡品种，提高鸡的良种率；用波尔山羊鲜精改良本地山羊，提高山羊的产肉性能。先后引进高产肉牛、奶牛细管冻精9.5万支(粒),全市改良牛达到12.8万头,改良羊5.2万只,分别完成年计划的102%和105%,同比分别增长4%和40%。根据品种的区域分布,重点在中牟发展波尔、杜泊羊,在荥阳推广三元杂交瘦肉型猪,在新郑普及黄羽肉鸡,在沿黄县(市)、区发展奶牛生产。

普及应用先进技术,重点推广人工授精和胚胎移植等技术,加快改良速度。全年开展奶牛胚胎移植140例,成功60例。对310头奶牛进行了线性鉴定,对660头牛进行了生产性能登记。全市牛人工授精率达到65%、猪人工授精率达到15%。由市农业局牵头的"郑州市无公害商品猪标准化生产技术研究与开发"获2004年度省科技成果三等奖。

开展各种形式的技术培训。全年组织各种畜牧兽医技术培训班30多期,培训人员5000人次。

(张玉香　蔡仲友)

【种畜禽管理】 进一步规范了种畜禽生产经营秩序。全市种畜禽场29个,其中,祖代场9个,父母代场20个。种禽场7个,种鸽厂2个,种猪场10个,种牛场2个,种羊场8个。全市审核验收种畜禽场5个,年审7个;取缔无证生产经营种畜禽场6个,使种畜禽生产经营管理活动逐步规范化、制度化、法制化。为贯彻河南省畜牧局"豫畜牧[2004]13号"文件精神,郑州市畜牧局下发了《关于开展整顿和规范种畜禽生产经营秩序活动的通知》(郑畜牧[2004]87号),在专项治理工作中,共调查种畜禽场34家,孵化厂14家;查处无证生产经营的孵化厂7家,种畜禽场6家,个体经营户7家,立案查处2起,移交司法机关1起。

(张玉香　蔡仲友　齐惠贤)

【兽药药政管理】 认真贯彻《兽药管理条例》,按照省、市兽药药政管理工作意见,在各相关部门通力合作下,坚持"一个基础,三个重点",即坚持以兽药抽样检验为基础,以加强兽用生物制品管理、深入开展违禁药品的查处、强化兽药标签和说明书管理为重点,加强市场的治理整顿,严厉打击制售假劣兽药以及销售和使用盐酸克伦特罗等违禁药品的违法行为,进一步规范兽药市场秩序,取得了阶段性成效。截止到11月底,兽药抽检137个批次,配合农业部无公害行动计划抽检畜产品500个批次。在抓好日常市场监督检查的同时,组织了6次大型专项检查,共出动执法人员2200人次,检查兽药生产企业37家、兽药经营商户1209家、养殖(场)户500多家,发放宣传材料1400余份,兽药监督立案74起,结案72起,没收销毁假劣兽药货值约170多万元。通过一系列措施,有力地打击了制售假劣禽流感疫苗和非法生产销售使用"瘦肉精"等违禁药品的违法行为,进一步净化了兽药市场经营秩序。

深入宣传发动,努力营造良好的社会舆论氛围。采取悬挂过街横幅、张贴标语、办宣传板报、出动宣传车下乡、制作电视专题片和发布专项整治行动通告等方式对兽药法律、法规进行宣传。结合相关案例现场说法,争取最大范围地对广大群众进行宣传教育。积极争取工商、公安、新闻等部门在工作上的配合和支持,使社会各界充分认识到经营假冒伪劣兽药、非法销售和使用违禁药品应承担法律责任,提高了广大群众的法律意识,增强了兽药生产、经营者的守法意识。

【兽用生物制品管理】 为了确保兽药市场上兽用生物制品的安全、有效、合法,坚持兽用生物制品的主渠道经营,按照农业部2号令的要求,对预防类兽用生物制品由各级动物防疫机构组织供应。定期不定期组织执法人员对兽药市场进行检查,特别是在预防禽流感期间,转发了《河南省畜牧局关于转发农业部办公厅开展打击非法制售假劣禽流感疫苗活动的紧急通知》(郑畜牧[2004]12号),全年共组织6次大型专项检查,主要检查各兽用生物制品经营单位是否持有省局核发的有效兽用生物制品经营许可证,是否具备完整的进货和销售记录,产品是否有批准文号,区域试验的兽用生物制品是否经省局批准,是否贴有省局统一印制的防伪标志。禽流感疫情期间联合金水区刑侦中队,查处非法生产假禽流感疫苗窝点1个,查获非法疫苗80箱,计1500余瓶,货值约50万元。加强兽用生物制品使用单位的管理,全年深入500多户养殖场(户),重点检查其进货记录、产品的合法性,要求各养殖场(户)必须在兽医指导下,严格按照标签和说明书的内容及农业部发布的有关规定使用兽用生物制品。

【兽药管理】 贯彻农业部22号令及其配套法规,加强兽药管理。根据国家及省的有关要求,在日常监督检查和大型突击检查中,加大查处力度,同时随着新《兽药管理条例》11月1日的实施,一边查假打非,一边宣传教育。市局专门下发文件,要求各县(市)、区将标签、说明书的检查工作和新《兽药管理条例》的宣传作为兽药市场整顿的重点。各县(市)、区均对辖区内兽药市场进行了一次标签和说明书大检查,新标签和说明书产品上架率达到100%。

【兽药违禁药品管理】 强化组织领导,建立违禁药品专项整治责任制。为切实保障"瘦肉精"等违禁药品专项整治工作的顺利开展,市畜牧局下发《2004年兽药药政管理工作意见》(郑畜牧[2004]33号),并制定《郑州市畜牧局"瘦肉精"等违禁药品中毒事件应急预案》(郑畜牧[2004]80号),成立了郑州市"瘦肉精"中毒突发事件防范领导小组。同时要求各县(市)、区加强领导,成立相应组织,全面建立专项整治工作责任制,畜牧局长为第一责任人,各相关主要负责人为主要责任人。通过强化组织领导和整治责任制的建立,专项整治工作得以顺利开展。

重拳出击,开展严厉打击销售和使用违禁药品专项斗争,坚持以外调生猪为重点，遏止违禁药品的销售和使用；以生猪屠宰场为终端，切断含违禁药品残留的生猪进入市场渠道；以查处违法生猪收购商贩和违禁饲料、兽药经销户为主线，剪断违禁药品销售的链条，严厉打击了销售和使用盐酸克伦特罗等违禁药品的违法行为。

（张玉香　李文波　刘　炜）

【畜禽防疫】 认真宣传贯彻落实国家《动物防疫法》、农业部《动物免疫标识管理办法》，结合郑州市畜牧工作的实际情况，制订了动物疫病防治工作计划，即“以预防、控制和扑灭动物疫病，促进畜牧业发展，保护人民健康为宗旨，按照预防为主，防检结合，全面控制、重点扑灭的方针，继续推行动物防疫双轨目标管理责任制和防疫承包责任制”，大力推行免疫标识制度，强制免疫重大疫病，全面落实农村计划免疫工作，同时加强了队伍建设和疫情测报体系建设。在重大动物疫病防治、动物疫情测报、动物防疫资源化管理和动物防疫监督等方面实现了新突破。经过全市动物防疫人员的共同努力，圆满完成了全年的动物疫病防治目标任务，取得了显著成绩。全市购疫苗681万ml(其中，猪高效疫苗439万ml，普通疫苗20万ml；牛羊高效疫苗80万ml，普通疫苗142万ml)，已免疫生猪313.38万头、牛62.41万头、羊180.4万只，免疫率达到100%。高温季节查源和消毒灭源共普查偶蹄动物养殖场405个、养殖户29万户，普查生猪166.44万头、牛33.77万头、羊100.21万只。拔除外来疫点两个，扑杀销毁病猪及同群猪596头。防猪瘟255.26万头，防疫密度95%；免疫鸡新城疫3512.55万羽，防疫密度92%；防羊布病12.5万只；防羊痘5.22万只。

按照《动物防疫法》和《动物防疫条件审核管理办法》要求，对规模饲养场的防疫条件逐个审查，合格的发放《动物防疫合格证》，不合格的限期整改，整改后经验收合格的发证。2004年全市10个父母代种畜禽场、孵化场申报《动物防疫合格证》，5个场申请换证，审验结果全部合格，并发给新的《动物防疫合格证》。合格单位《用药记录卡》的填写都较为规范。全年猪、牛、羊耳标使用量：猪165万套，标识率96%；牛33.5万套，标识率93%；羊98万套，标识率98%。

【高致病性禽流感防治】 面对禽流感疫情的爆发，各级政府高度重视，果断决策，采取有力措施，一手抓防治，一手抓发展。经过上下共同努力，达到了组织领导、资金落实、消毒灭源、疫情监测、免疫接种和检疫监督六到位，实现了无一起疫情、无一人感染发病的“双零”目标。至5月15日禽流感专控结束，市、县两级筹措防治资金522万元，其中市财政110万元。共购消毒药478吨，消毒面积72788万平方米；购防护服2700套，组织防疫队2126个；防疫家禽2070万只，防疫密度规模场为100%，散养户为86%。在认真做好禽流感防治工作的同时，市政府通过出台养禽业帮扶政策，召开“郑州市禽产品产销帮扶推介会”，有效地维护了养禽业的稳定健康发展。全市共协助存栏5000只以上规模养禽场户销售活禽8.6万只，白条禽0.92万只，禽蛋816吨，实现销售额381.7万元，协助签订意向书订购禽产品539.8吨。

【动物防疫资源化管理】 荥阳市作为全市动物防疫资源化管理的试点县，在探索和尝试中取得了一定成绩：(1)实行动物防疫资格准入制和竞争上岗制；(2)整合资源，优化配置，实行多员一体化，市场区域化；(3)防检结合，以检促防；(4)建立目标责任制，加强监督管理。

【疫情测报体系建设】 加强疫情测报体系建设，实现防疫网络化管理。根据《河南省全面推行动物防疫网络化管理实施方案》(豫畜牧[2003]27号)的要求，各县(市)、区于4月20日前各自购置电脑，并派专人到省局学习网络化管理知识，县(市)、区网络传输数据、上报疫情均已正常进行，真正做到了专人、专机、专线的网络管理要求。

【重点疫病的防治和检测】 采用临床调查与技术检测相结合的动物疫情测报网络体系，定期开展以重大动物疫情为重点的疫情检测，做到对动物疫病及时发现、及时控制净化。全年共检测牛布病5000多份，羊布病1200份，马传贫200份，马鼻疽200份。经流行病学调查和实验室监测结果表明：2004年发生羊布病67只，奶牛布病5头，全部扑杀、深埋且无害化处理，同时对羊场、奶牛场进行了彻底消毒。

【牛流行热疫情防治】 自8月底至9月初发生牛流行热疫情后，为切实搞好该病的防治工作，市局精心组织，措施得力，有效控制了疫情。首先是组织动物防疫监督人员，分组开展牛流行热疫情普查，共调查养殖场户257户，养殖小区26个，调查奶牛6500头，黄牛1800头；其次是组成专业技术服务队赴奶牛养殖场(户)、小区举办培训班5期，培训人员600余人次；其三是组织兽医技术人员开展技术服务，日夜工作在防治第一线。由于领导重视，措施得力，该病在郑州市得到了有效防治。

（张玉香　蔡仲友）

【兽医医政】 动物检疫及动物防疫监督工作坚持“立检为公，执法为民”的工作方针，按照“讲政治、打基础、强素质、树形象”的指导思想，紧紧围绕“放心肉、安全肉”生产、供应这一中心，狠抓各项制度和措施的落实。强化执法队伍建设，加大以流通环节监督检查为重点的执法工作力度，确保群众的食肉安全。全年全市共检疫大牲畜5.99万头、生猪155.52万头、羊33.451万只、禽1088.44万只，检出病死畜禽2.055万头(只)；检疫肉类7.49万吨，检出病害肉350吨，全部依法实施了无害化处理；检疫种蛋2397万枚，生皮5.92万张；消毒车辆7.42万辆(次)，核发《动物防疫合格证》3448份；组织大规模监督检查活动4次，查处各类违法案件544起。其中，立案247起，结案241起，结案率97.6%。

【兽医医政执法宣传】 强化舆论宣传，努力营造执法环境。(1)坚持“三个面向”做好宣传。一是面向领导。紧密结合各级政府高度重视食品安全的有利时机，及时把工作开展情况和存在问题向人大、政府领导做汇报，争取工作的主动。二是面向管理相对人。市动检站在市区生猪定点屠宰厂设立宣传橱窗，把《屠宰检疫岗位责任制》、《郑州市动物检疫管理制度》和举报投诉电话装裱上墙。新密、荥阳、巩义等地建立了定期培训制度，每季度召开屠宰户、交易行户会议，以会代训。三是面向群众。新郑、中牟、新密等县(市)、区共出动宣传车215辆(次)，荥阳、新密、新郑、巩义等县(市)、区共制作条幅50多条，张贴标语2700多条，印刷宣传材料25000多份，深入乡村、集贸市场、屠宰场、养殖场进行宣传，努力增强社会各界动物防疫法律意识。(2)公开曝光一批大案要案，增强威慑力和社会认知度。元月9日、5月12日、9月11日，通过省、市电视、报纸等新闻媒介对市监督所查处的加工制售病害肉、伪造验讫印章等案件进行了报道；9月12日，《郑州日报》、《郑州晚报》等7家媒体同时报道了市监督所在公安部门的配合下，查处开封通许商户贩运到郑州准备伺机销售的400多公斤病猪肉恶性案件。中牟、荥阳等地电视台也报道了当地监督所查处的典型违法案件。据统计，市、县两级监督机构通过新闻媒体曝光典型违法案件10余次。

【动物检疫】 坚持做好规模饲养场、基地管理工作。新郑、新密、荥阳、巩义等县(市)、区切实按照全市的统一部署和要求，落实规模场(户)档案管理制度，建立存出栏档案，每月核对存出栏情况，实行责任目标管理。同时紧密结合沪、京、深产销联建基地建设，强化监管措施的落实，确保了规模饲养场出栏动物产地检疫率达到100%。

狠抓报检制度的落实。新郑对原设置的畜禽报检点进一步规范，做到有固定地点、固定人员，在醒目位置公布报检点及检疫员、助检员的姓名和联系方式，并统一印制报检传单和报检卡，发放到每个规模场和养殖户手中。荥阳市成立5个检疫分所，辐射该市17个乡(镇)，明确规定检疫员在接到报检后必须在最短时间内赶到现场(市区内半个小时、乡镇不超过1个小时)。巩义市在养殖集中的4镇5办设立4个检疫分所，并公开招聘10名大专毕业生，通过上门服务和到场到户检疫，使产地检疫动物数量大幅增加。中牟县进一步深化“三位一体”工作模式，出栏动物产地检疫率稳中有升。登封对活畜交易市场实行严格的管理和监督，巩义、荥阳强化动物交易行户的管理，制定《管理办法》，健全约束机制，提高散养动物产地检疫率。

严格检疫操作规程，规范检疫行为。为切实提高产地检疫工作质量，市监督所先后两次召开会议，并下发文件重申《动物检疫管理办法》和产地检疫操作规程的有关规定。针对生猪注水现象，严禁检疫人员为注水生猪实施检疫和出具检疫证明，有力地扼制了非法经营现象。荥阳市针对产地检疫工作质量制定了相应的奖惩措施。

【屠宰检疫】 完善屠宰检疫，努力实现“三化”管理。(1)抓动物防疫条件的审核、整改，实现标准化管理。荥阳市按照农业部15号令的要求，对该市13个生猪定点屠宰场的动物防疫条件进行了审查；中牟县对全县所有定点屠宰场的动物防疫条件进行了一次集中验收整顿，对7个条件不合格的定点屠宰场下发了整改通知，并对其中的1个定点屠宰厂进行停业整顿。(2)抓检疫技术操作，实现程序化管理。一是完善入宰生猪把关措施。从4月开始，在对入厂(场)生猪严格落实查证验物的同时，把注水生猪作为宰前检疫的一项重要内容，凡发现注水的生猪坚决禁止入厂，有效地扼制了屠宰厂生产注水猪肉侵害消费者权益的违法行为。二是强化宰前检疫管理。配合商务等部门强力推行宰前待宰制度，经过半年的治理，屠宰生产注水猪肉现象得以纠正。三是进一步落实岗位责任制和责任追究制。8月份，针对一屠宰厂检疫人员失职行为被新闻媒体曝光的情况，迅速在全市开展屠宰检疫整改工作。一方面进一步明确了检疫人员岗位职责，另一方面在落实漏检、误检、错判责任追究制度的基础上，建立了从基层到领导层层负责的五级连带责任追究制度。(3)抓屠宰厂“瘦肉精”等违禁物质检测的监督，实现规范化管理。为进一步提高市区屠宰生猪肉品质量，让群众吃上放心、安全肉，12月1日起，市动检站组成3个监督组，对市区3个生猪屠宰厂实施“瘦肉精”等违禁物质检测工作，实行全程跟班监督，并按入宰总量的1%抽检监测，使市区屠宰厂生产的生猪肉品基本达到无公害安全食用的标准。

【肉品检疫监督检查】 强化监督检查，保证检疫和经营秩序的规范化运转。(1)开展定期大规模监督检查活动。全年共组织开展4次大规模的监督检查活动。一是“双节”期间开展的流通环节全方位多层次大规模监督检查，共查处各类违法违规案件59起，查获病害动物产品1322公斤，查获未经检疫的肉品2843公斤。二是防治高致病性禽流感期间，为防止可疑禽类产品进入市区，市监督所协同监督机构，在市内五区开展了以禽类及禽类产品市场为重点的检查活动，对禽类产品加工、储藏场所进行拉网式排查。三是4月份针对未检生猪肉品上市的情况开展专项治理活动。市、县两级动物检疫监督机构共出动车辆580辆(次)，执法人员3060人次，检查各类集贸市场264个，肉品超市、连锁店、专卖店261个，集体伙食单位99家，大型宾馆饭店360余家，共查处各类违法案件88起，查获违规经营肉品7209公斤。四是9月份为确保中秋、国庆期间肉品安全，开展了为期1个月的生鲜肉专项集中整治活动，共检查集贸市场7802个次，专卖店、连锁店等8249个次，商场、超市4486个次，查处违法案件89起，查获逃避检疫肉品2829公斤，病害肉品2009公斤，腐败变质肉品38公斤。(2)实施不定期巡回检查。市监督所监督中队坚持每天对市区市场巡回督察，先后查处违法行为97起，查获不符合规定的肉品5.95吨。中牟、新郑、新密、荥阳、巩义、二七等县(市)、区监督人员，长期监督在辖区经营动物和动物产品场所，查处了一批违法经营的不法行为，对保障检疫秩序的大局稳定和经营秩序的规范发挥了积极作用。(3)切实履行法定职责，开展病害肉品的追缴工作。6月23日，市监督中队发现一商户经营的产自河南双汇投资发展股份有限公司的半头囊虫生猪肉，并有部分已售出。为消除危害，迅速在全市范围内组织开展了收缴已售出囊虫肉和另半头囊虫肉的工作。由于措施得力、果断，售出的囊虫肉品被及时追回。7月2日，获知新郑市薛店镇常刘村个体养羊户荆国颜擅自将15只疑似中毒死亡羊尸出售的情况后，市、县两级监督机构采取果断措施，迅速组织开展了追缴中毒死亡羊尸的工作。在该市公安机关的大力配合下，于当晚23时30分，将畜主售出的15只死亡羊尸全部追回并依法进行了无害化处理，及时消除了隐患，避免了重大恶性食品安全事故的发生。

(张玉香　王　琦)

【饲料工业】 全市饲料生产企业共计337家，比上年增长14.24%，占全省896家的37.6%。其中，取得饲料添加剂和饲料预混料生产许可证的80家，占全省149家的53.7%；取得饲料生产登记证的257家，比上年增加36家，占全省747家的34.4%。全年实际生产饲料265.59万吨，比上年增长30.5%，占全省688万吨的38.6%。其中，添加剂预混料5.9万吨，浓缩配合饲料179.85万吨；年创产值55.2亿元，利润1.93亿元，分别比上年增长44.1%和67.8%。

【规范饲料市场秩序】 在积极开展郑州市饲料兽药监察所计量认证的同时，起草了《郑州市饲料管理条例》，经郑州市人大和河南省人大审议通过，于2004年12月1日开始实施。饲料工业管理部门深入贯彻执行《饲料管理条例》，按照农业部《关于做好2004年农资打假工作的意见》要求，把郑州市农资市场作为全国农资打假的重点，在全市范围内开展了对饲料行业的专项打假斗争，严厉打击了制售假劣饲料及销售和使用盐酸克伦特罗等违禁药品的违法行为，进一步规范了饲料市场秩序，取得了阶段性成效。截至11月，共组织大型饲料行业打假监督检查6次，检查企业1096个(次)、市场5个，捣毁造假窝点3个，立案21起，查处假劣饲料1880公斤，货值2.51万元。(1)严把办证关。利用经营商户办证、换证和年审的机会，严格证照的审批和审验，对年审存在问题的企业，按照规定及时提出整改意见，限期改正，规范企业的管理，从源头上严把产品质量关。对要求申办的生产企业，严格审批程序，坚持实地审验，对不符合规定的不予审核通过，对不符合条件的坚决予以取缔。全市共计295家生产企业办理饲料生产许可证和饲料生产企业登记证，均进行了年审，对不符合经营条件的5家企业依法注销了生产许可证。全年新办饲料生产登记证34家，全市已登记的从事饲料生产企业达到255家，同比增长15.4%。(2)严把生产环节关。加强对各饲料生产企业产品标签和包装的监督管理，要求企业严格按照《饲料标签标准》进行生产、包装，对不符合标准的将按有关规定进行查处。

为加大对违法生产经营者的威慑力，全市饲料监督执法工作坚持“三公开”原则，即对性质恶劣、公开抗法、影响较大的违法案件公开曝光；对没收的伪劣产品公开销毁；对抽检不合格的产品公开通报。通过这些活动的开展，为全市饲料专项打假营造一个良好的氛围。

【制售及使用违禁药品专项整治】 深入开展打击非法销售和使用盐酸克伦特罗等违禁药品专项斗争。为提高饲料产品质量，维护饲料行业市场经济秩序，进一步提高畜产品的安全质量，保障人体健康，开展了严厉打击制售、使用违禁药品的违法行为。根据农业部2·18电视电话会议要求，制定了2004年“瘦肉精”等违禁药品专项整治方案，同时根据《关于2003年“无公害食品行动计划”蔬菜和畜产品例行监测结果通报》(农业部2004年1号)，对饲料市场、养殖场、屠宰场和畜产品市场加强了监督管理。一是教育屠宰户严把收猪关，对可疑猪拒绝收购、屠宰。二是制定《2004年畜牧业生产资料打假工作意见》，严厉打击非法生产、销售、使用“瘦肉精”的违法行为，确保人民群众的食肉安全。三是突击开展大型监督检查。全年先后6次集中对桑园市场进行拉网式突击检查。检查饲料生产企业300多家、饲料经营商户500多家、规模养殖场(户)200多家、兽药137个批次；配合农业部无公害行动计划抽检畜产品500个批次，治理效果十分明显。

【饲料行业法规宣传培训】 加大法规宣传力度，完善监督管理手段。采取请进来走出去，运用舆论监督及以会代训方式方法大力宣传饲料生产经营法律、法规。先后举办全市饲料生产、经营企业及饲料管理人员法律、法规培训班3期，受训人员共500多人次，印发饲料相关资料14000余份。

(张玉香　李文波)

【奶业发展】 认真贯彻“中发[2004]1号”文件，围绕农民增收这一总体目标，大力发展奶业生产。年末奶牛存栏达到3.68万头，同比增长28.67%；奶类总产达到15.36万吨，增长26.32%，其中牛奶12.1万吨，增长40.5%。

郑州市以打造奶业强市为目标，以黄河滩区绿色奶业示范带建设为契机，以奶牛养殖小区建设、乳品加工龙头企业和奶业科技进步为重点，按照“生产集约化、环境生态化、技术现代化、管理科学化、效益最大化”的要求，狠抓各项措施的落实。一是黄河滩区绿色奶业示范带建设稳步推进。按照黄河滩区绿色奶业示范带建设总体规划，中牟县和惠济区分别利用国债资金500万元，进行黄河滩区草场开发和保护，滩区人工种草0.53千公顷，奶牛存栏达到2.52万头，占全市奶牛存栏的68.48%，有力推动了沿黄地区奶业的发展。二是奶牛养殖小区建设快速发展。全市奶牛养殖小区发展到80个，入区奶农1200户，存栏奶牛2.04万头，全市奶牛入区饲养率达到55.43%；奶牛养殖小区机械化挤奶设备达到51套，原料奶质量明显提高；80个奶牛小区中，存栏千头以上的3个，500～1000头的8个，200～500头的17个，规模化饲养程度明显提高。三是乳品加工龙头企业进一步发展壮大。河南三鹿花花牛公司在完成与河北三鹿集团合资的基础上，稳步发展，2004年实现销售收入2.5亿元，同比增长78.57%。郑州山盟乳业公司顺利实现与上海光明乳业公司的合资，投资1700万元对原有设备进行改扩建，日加工能力由40吨上升到140吨，年销售收入突破4000万元，同比增长37.9%。四是奶业服务体系进一步完善。成立了郑州市奶业协会，组织培训班2期，培训400余人次；编辑出版《郑州奶业通讯》10期，印发给奶牛养殖大户；新建奶牛养殖小区综合服务站5个，总数达到7个；改良奶牛2万余头，服务内容由改良配种逐步向新技术推广、疫病防治、饲料供应及产品购销方面延伸。五是奶业发展项目稳步推进。在做好欧盟援华奶业项目管理的基础上，实施了新密、荥阳两县(市)的世行贷款奶牛项目，并顺利通过项目验收。

(赵书峰　王选顺)

【奶业项目管理】 中欧奶类项目郑州项目区累计完成投资3649万元，欧盟援款1215万元，市、县(市、区)配套资金2434万元，超额完成项目计划目标。

新密、荥阳两县(市)世行贷款奶牛项目完成投资2319.4万元，其中世行回补1164万元。发展项目农户280户，建成奶牛养殖小区6个，新建牛舍11700平方米，青贮窖15300平方米，购进奶牛1436头。

中牟县、惠济区申请国债资金，进行国家草原保护建设项目，2004年国家资金1000万元全部到位，省、市配套资金250万元到位50%。

(张玉香　赵书峰)

林　业

【概况】 2004年，郑州市林业局在市委、市政府的领导和省林业厅的指导下，以“三个代表”重要思想和十六大精神为指针，全面贯彻落实《中共郑州市委 郑州市人民政府关于加快林业发展的决定》，紧紧围绕全市国土绿化和生态环境建设大局，积极推进森林生态城市建设，以退耕还林、风沙源生态治理和嵩山山脉水源涵养林等国家、省、市重点工程建设为突破口，大力造林和依法治林并重，使造林绿化和林业产业持续快速发展，林业各项工作取得了良好成绩。全年共完成国家及省重点造林任务10.3千公顷，是年度任务的100%。其中，完成退耕还林5.27千公顷(退耕地造林1.13千公顷，荒山荒地造林4.13千公顷)；防沙治沙等护林工程5.01千公顷(水保林工程0.63千公顷，淮防林工程0.67千公顷，外资造林1.35千公顷，防沙治沙1.53千公顷，速生丰产林工程0.3千公顷，其它造林0.53千公顷)。新建、完善农田林网53.33千公顷，是年度任务46.67千公顷的114%；完成封山育林1.33千公顷，是年度任务的100%；完成通道绿化620公里，是年度任务323公里的192%；完成市级重点工程造林14.71千公顷，是年度任务的100%(其中，风沙源治理工程完成11.13千公顷，嵩山水源涵养林工程完成3.57千公顷)；完成经济林造林4.17千公顷，是目标任务2千公顷的208.5%；完成义务植树1151万株，是年度任务1000万株的115%；完成大田育苗2.41千公顷，是目标任务0.67千公顷的362.8%；完成容器育苗1050万袋，是目标任务800万袋的131.3%。发放林木采伐许可证524份、木材运输证14352份、木材经营加工许可证354份；发放林权证面积14.05千公顷、46232份，发放率100%。森林病虫害成灾率为8‰，防治率为83.6%，监测覆盖率85%，林木种苗产地检疫率75%，均高于或达到省林业厅下达目标(成灾率13‰，防治率72%，监测覆盖率80%，林木种苗产地检疫率75%)；发生森林火情36起，森林火警5起，过火面积12.7公顷，森林火灾受害率0.1‰，远远低于0.5‰的省定目标，有效保障了林区的安全与社会稳定。

【风沙源生态治理工程】 该工程为郑州市确定并实施的市级生态建设工程，于上年启动建设。它以防沙治沙为重点，在郑州北部营造三道绿色屏障，同时在郑州市区周边启动7项辅助工程，最终达到“以绿治沙”。

从2004年起，郑州市财政确定连续3年每年投入5000万元进行风沙源生态治理，并投入400万元专门用于打井配套。2004年共造林11.13千公顷，其中沿黄6.67千公顷林带建设是市政府向市民承诺的10件实事之一。工程建设以群众挖坑、专业队栽植为主，林木的后期管护由林权单位负责。土地补偿和苗木费补助实行报账制，即“先建设、后补偿”。工程所使用的常青树苗木费由市财政承担，其栽植、管护费及落叶树苗木费由各县(市)、区承担,市财政每亩一次性补助100元。土地补偿和生活补助费按照市政府"郑政文[2003]149号文"规定,每亩补助170元。其中,市财政承担补偿费的2/3,县(市)、区财政承担1/3。

【嵩山山脉水源涵养林工程】 该工程为郑州市确定并实施的市级生态建设工程,旨在减少水土流失,净化水质,增加绿量。工程建设参照国家退耕还林政策和标准实施,补偿办法及范围、标准与风沙源生态治理工程相同。工程于上年开始试点建设,2004年全面实施,主要分布在巩义市、登封市、新密市、荥阳市、二七区,共造林3.57千公顷。市林业局会同市发改委、市财政局等部门对各地风沙源治理工程和嵩山山脉水源涵养林工程的林木保存情况、土地面积和应配套资金的到位情况及补偿资金的管理使用情况进行全面检查验收后,及时为被占地农户在银行建立个人帐户,直接向个人帐户上拨付补偿资金。农户凭存折到银行领取,不允许以乡(镇)或村为单位集体领取,也不得截留、挪用补偿资金。

【全民义务植树】 为促进义务植树规范化、制度化、法制化管理,提高义务植树尽责率,主要采取以下措施:一是以提高植树成活率和保存率为重点,加大对《郑州市全民义务植树实施办法》的宣传力度,组织举办了郑州市首届"郑交·纺机杯"绿化知识有奖竞赛。共收到来自河南、安徽、湖北、湖南等地的答题卡6400多份,抽出特等奖1名(奖金5000元)、一等奖3名(奖金各1500元)、二等奖6名(奖金各800元)、三等奖50名(奖金各200元)。二是统一制作了全市绿委办执法法律文书式样,并对全市执法骨干进行了培训和闭卷考试。三是充实、完善了一套严谨、规范的义务植树执法程序。四是加强义务植树管理。全市参加义务植树活动人数达440余万人次,新植幼树1151多万株。从严把栽植关入手,通过实行划片包干、签订林木管护责任书、定期检查管护情况和年终验收等一系列措施,使植树成活率均在85%以上,取得了良好的社会效益和生态效益。

【退耕还林】 自2002年实施退耕还林工程以来,争取国家对退耕农户补助资金1.09亿元,共造林27.87千公顷(其中,退耕地造林12.27千公顷,荒山荒地造林15.6千公顷),成林后,郑州市的森林覆盖率将增加3.7个百分点。由于国家对退耕还林工程建设进行了结构性和适应性调整,因此2004年度的工程建设任务大幅度减少,共完成退耕还林5.27千公顷。(1)建立健全退耕还林工程档案,规范管理,进一步完善各种手续,认真做好2002年以来实施的退耕还林工程的验收、政策兑现、建档、管护等工作,严格执行国家退耕还林粮食补助改为现金支付、以存折形式发放给农户的制度。按照8月份省政府会议精神,粮食补助改为直补现金(1公斤原粮折合现金1.4元,黄河和海河流域每亩补助210元,长江和淮河流域每亩补助280元)。9月4日起,向100多个乡(镇)的10万名退耕农户发放3100万元补助资金。9月28日,市林业局召开了全市退耕还林直补工作会议,成立了由局长任组长的退耕还林粮款兑付工作督查组,下设7个小组。(2)明确责任,及时为退耕户确权发证。(3)认真办理信访案件,严厉查处各类违反退耕还林政策的案件,以维护退耕户的合法权益。(4)大力培育后续产业,巩固退耕还林建设成果。各地在编制规划和进行作业设计时,注重扬长避短,科学选择和发展一些生态、经济效益兼优的树木品种,实施多模式配置,实行林药、林草套种和立体经营;大力调整产业结构,用优势产业置换传统产业,建立有地方特色、有市场前景的资源基地,带动林果业、林产品加工业、畜牧业、森林旅游业等相关产业的发展,形成生态经济协调发展的特色经济,使农民在退耕地上有一定的收益。

【森林生态城规划】 2003年,市委、市政府作出了《关于加快林业发展的决定》,明确提出用10年时间把郑州建设成为山川秀美的森林生态城市的奋斗目标。年初,市政府聘请国家林业局华东规划设计院开始编制"郑州森林生态城总体规划"。其规划范围是以郑州市建成区为中心,东至雁鸣湖湿地及中牟部分乡(镇),西至荥阳北邙及西南贾峪、白寨一带的水源地,北到标准化堤防为界,南至龙湖、薛店一带。其中包括:市内5区及中牟县、新密市、荥阳市、新郑市的部分乡(镇),共计9个县(市)、区的43个乡(镇、场),884个行政村,总区域面积为2896.31平方公里。总体目标任务为:到2005年新增森林面积19.06千公顷,森林覆盖率达到25%,到2010年新增森林面积28.96千公顷,2013年新增森林面积14.47千公顷,使规划区森林面积达到115.85千公顷,森林覆盖率稳定在40%以上。整个规划建设将投资36亿元,建设期限为10年。

【野生动植物保护】 为预防禽流感,2月10日,市林业局野生动植物保护处、市森林公安分局联合对郑州市动物园、鸿鹭百鸟园、河南省太昊生态有限公司等禽鸟类驯养繁殖单位进行了检查。4月18日,省林业厅、市林业局、市教育局在市动物园联合举办了省会第二十三届"爱鸟周"活动,郑州市21所大中小学校1000余名学生、野生动物保护志愿者参加了仪式。本届"爱鸟周"的主题是"关注候鸟,爱护鸟类"。有关部门向市动物园授予"郑州市野生动物保护宣传教育基地"牌匾,向参加活动的学校赠送了《关爱生灵 爱护鸟类》一书,授予郑州三中等5所学校"郑州市爱鸟护鸟文明学校"称号,授予崔玉枝等5名市民"爱鸟护鸟先进个人"称号。10月10日,市林业局与省林业厅联合以野生动物保护图片展出的形式,在紫荆山公园举行了

"野生动物保护宣传月"活动启动仪式,共设30块展板,表彰了王喜刚等10名市民。12月13日,郑州市林业局、新密市林业局与10余家省、市新闻媒体记者一起对新密市大隗镇北沟村果子狸养殖户王寿涛的286只果子狸进行监督放生;全年对20多家野生动物驯养繁殖单位进行了年审、发证,建立健全了驯养档案;共救护国家级保护野生动物猕猴、绿孔雀、猫头鹰等56只(头),省级保护野生动物鹭鸟、山鸡、果子狸、刺猬等300多只。

【资源林政管理】 为促进森林资源的快速增长,市政府将《郑州市封山育林管理办法》列入2004年立法计划。2月27日,市政府印发了《郑州市人民政府关于封山育林的通告》;10月11日,以政府令形式印发了《郑州市封山育林管理办法》。全市共区划界定国家重点公益林53.46千公顷。其中,水源涵养林28.2千公顷,水土保持林19.81千公顷,防风固沙林4.3千公顷,护岸林1.14千公顷。林政执法人员加强森林采伐限额管理,加大对盗伐滥伐林木、非法占用林地、乱采滥挖野生植物和非法收购、经营木材等行为的查处力度。全年共查处各类林业行政案件313起,查结290起,查结率93%;发放林木采伐许可证524份,木材运输证14352份,木材经营加工许可证354份。发放林权证面积14.05千公顷、46232份,其中,退耕还林面积11.07千公顷、45290份,其他造林项目2.98千公顷、942份,发放率100%。

【森林公安】 森林公安机关完成由行政管理型向管理实战型的转变,健全了组织机构,积极开展"候鸟二号行动"、"绿色风暴行动"等林业严打专项整治活动。全年共查处刑事、治安等案件612起,查结584起;清查酒店、宾馆、饭店100多家,排查农贸市场、动物交易市场3个,共查获野兔、斑鸠、鹌鹑等野生动物死体300多公斤,野兔、蓝孔雀等活体野生动物3000多只(头);打击处理违法犯罪分子332人,挽回经济损失380万元,有效地遏制了破坏森林资源案件数量上升的势头。按照国家林业局、公安部《关于加强森林公安队伍建设的意见》,市森林公安分局于5月22日召开了全市森林公安机关更名大会,理顺了执法关系,向正规化、规范化迈进了一大步。

【森林防火】 认真贯彻《国务院办公厅关于进一步加强森林防火工作的通知》(国办发[2004]33号),做到森林防火工作常抓不懈。严格火源管理,减少火灾隐患。在森林火险等级居高不下的严峻形势下,各地加强防火专业队伍建设,按照职责分工,加大了巡查和防火监查力度,对国有林区、风景名胜区等重点地段明确了防火戒严区,重兵布防,死看死守,停止一切野外生产和生活用火。认真做好值班调度和扑火的各项准备工作,严阵以待,做到了打早、打小、打了。全年共发生火情36起,火警5起,过火面积12.7公顷,受害率0.1‰,低于0.5‰的省定目标。

【森林病虫害防治】 强化森林病虫害预测预报,为适时开展防治提供依据。全年发布病虫害情报、信息25期,先后组织了中牟"春尺蠖"、荥阳"草履蚧"、登封"舞毒蛾"等3次较大的灭虫攻坚战。7月6日～12日,对辖区内的连霍高速、京珠高速等主要道路林,索须河、贾鲁河、黄河大堤风沙源防护林以及国有林场等地的杨树片林进行了灭幼脲Ⅲ号和阿维菌素超低容量飞机喷雾防治,防治面积8千公顷。在黄河大堤、京珠高速、开洛高速等重点地段的杨树、刺槐、枣树病虫害高发区增设10个市级固定标准地,森防人员定期巡查,严密监测,积极防治,有效地防止了森林病虫害大面积发生。建立健全了森林病虫害监测预警体系、检疫御灾体系和防治减灾服务体系,以推进工程治理为突破口,坚持限期除治制度,集中力量做好林业有害生物的普查和重大病虫害的防治工作。采取切实措施,把病虫害防治工作贯穿于林业建设的全过程,变被动救灾为主动防灾。严格苗木的现场检疫和检疫执法,杜绝重大疫情的人为传播和外来有害生物的入侵。

【经济林与种苗】 2004年全市完成经济林造林4.17千公顷,完成大田育苗2.43千公顷,容器育苗1050万袋,林木良种使用率达70%。严把种苗质量关,大力繁育、引进、推广名优品种,共引进无核甜柿、彩叶银杏等新品种20多个,推广了抗蒸腾剂造林、集水整地等优良造林育苗方法,启动了退耕还林林药间种配套技术推广研究项目。实施无公害绿色食品生产,提高果品套袋率,大力提倡使用生物农药。抓特色苗木基地和骨干苗圃建设,使林木种苗向产业化、基地化、规模化发展。全市6.68公顷以上的苗圃有80多个,金水区鸿宝园林公司、惠济区生态园的苗木规模达到200公顷。制定了《郑州市林木种苗质量年活动方案》,依法办理林木种子生产、经营许可证20多份,发放林木种子标签10000多份,并加大对种苗生产、流通环节的质量监督和检验工作力度。4月份,经国家林业局抽检,郑州市国家重点工程用苗均达到国家用苗标准。

【林业产业】 市林业局破除传统的林业经营观念,遵循"林业资源、环境和产业协调发展"的现代林业思想和理念。并确定了郑州市林业产业建设的总体思路:以速生丰产林、特色林果、林木种苗、花卉、森林旅游等五大有利于保护生态环境的绿色主导产业为重点,发挥地域特色,创新机制,逐步调整巩固第一产业、壮大振兴第二产业、培育发展第三产业,逐步扶持一批龙头企业和名牌产品,不断完善社会化服务体系,提高林业产业的规模和效益,拉长产业链条,形成新的林业经济增长点。2004年,全市林业总产值达9.8亿元。一是领导重视。成立了林业产业管理办公室,为林业产业的快速发展奠定了组织保证。二是加强培训。8月份召开了林业产业工作会议，以会代训，邀请有关专家授课，提高全市林业产业工作干部的认识和业务水平。三是下发了《郑州市人民政府批转林业局等部门关于加快林业产业发展的通知》(郑政[2004]73号)、《郑州市人民政府办公厅关于加快苗木产业发展的意见》(郑政办[2004]74号)等文件，为林业产业发展制定了切实可行的政策和措施。四是扩大招商。组织有关人员参加了在上海举办的首届国际林业产业博览暨科技经贸洽谈会，郑州市10余种林产品参展，发布招商项目10个，开阔了思路，提高了产品知名度，获得了良好的招商机会。

【党风廉政建设】 结合林业工作实际，坚持"党组统一领导，强化预防教育，完善监督机制，提高反腐拒变能力"的工作方针，广泛开展廉政警示教育。认真落实中纪委廉政建设"五不许"的要求，局领导带头制作了廉洁自律警示卡。利用多种形式开展思想教育，提高广大干部职工的廉政意识。经常不断地开展思想纪律作风整顿和执法检查，及时发现和解决问题。狠抓精神文明建设，创建省级文明单位工作顺利通过验收。狠抓治理公路"三乱"，优化林业发展环境，使全市木材检查站建设纳入规范化轨道。

(胡　国)

渔　业

【概况】 2004年，市水产办坚持"多予、少取、放活"的基本思路，狠抓产业结构调整，加快科技进步。以调控总量、调活布局、调优品质、调高效益为基本方针，以建设渔业大市、强市为工作目标，为农村稳定、农业增收、农民富裕和全面建设小康社会做出了新的贡献。全市共投放养殖水面66.7千公顷，是目标任务的105%；完成水产品产量6.73万吨，是目标任务的112%；实现渔业增加值3.5亿元，是目标任务的140%；已认证无公害养殖面积3.57千公顷，是水产养殖总面积的53%，是目标任务的107%。产值达到6.1亿元，是上年的138%。

【渔业技术培训】 加强水产技术培训，全方位提升从业人员素质。市水产办组织技术人员在荥阳、金水、惠济、中牟等县(市)、区举办技术培训班6期，重点传授无公害养殖技术。针对渔民关心的鱼病问题，在夏季鱼病多发季节，深入渔区进行鱼病义诊、鱼病防治技术宣传及免费发放防疫药物等活动，有效抑制了鱼病的发生。4月8日～10日，水产办组织举办首期渔业管理人员无公害养殖技术培训班，邀请省水产研究所专家为六县(市)五区及有关重点乡(镇)的渔业管理人员讲授无公害水产养殖的基础知识和技术要点，使水产业一线工作人员对无公害养殖有了更深刻的了解。同时，对重点渔区的渔农，按照就近方便的原则，采取分散和集中相结合的方式进行了培训，内容侧重于水产新知识、新技能和鱼病防治、新技术推广应用等，累计培训渔农2230人次。

【水产业宣传推介】 为推动水产产业化和休闲渔业的快速发展，促进农民增收，活跃都市人民生活，树立水产业新形象，4月23日，市水产产业化经营领导小组在嵩山饭店召开郑州市休闲渔业新闻发布会，对郑州市水产业现状和休闲渔业发展情况进行了发布。24日又举办郑州首届休闲渔业"正红杯"垂钓邀请赛，近200名选手应邀参加比赛。9月30日至10月2日，市水产办与省水产局联合在绿城广场举办了首届河南郑州水产博览会，内容包括名优水产品种、观赏水族、水产科普知识及休闲渔业图片展、风味水产品现场加工制作品尝和水产知识有奖竞答等，全省18个地、市派团参加。水产博览会共展出105块宣传板、40种观赏鱼、46种风味水产品、70多个名特优新食用鱼品种，参展品种达261个，参观者达15万人。

【渔业市场信息工作】 2004年，除做好每季度的渔业生产报表外，还与广播电台合作，每月发布两次水产品价格信息及走势分析，使广大渔农及时了解渔业生产与销售的市场行情，及时对养殖及销售进行调整。组织金水区、中牟县、惠济区、市渔场、黄河渔场等县(市)、区和单位，到荥阳市王村镇学习渔业协会工作经验，为在全市开展渔业协会工作打下了基础。

【渔政执法】 全年先后6次组织渔政执法人员到新郑机场进行水产苗种检查，把好外来苗种质量关；狠抓水生野生动物保护，严厉打击非法经营水生野生动物行为，分别对黄羊大酒店贩卖鲟鱼、纬三路水产市场无证经营水生野生动物、陈寨花卉市场无证经营国家二级保护动物胭脂鱼进行了查处；积极推进水域滩涂养殖使用证的发放工作，并在中牟县、荥阳市、登封市进行了试点；按要求完成了《郑州市水生野生动物保护办法》和《郑州市渔业船舶检验状况报告》的起草工作，完成了上报行政执法程序示范文本；协助省水产技术推广站完成了对伊洛河的水质监测以及黄河鲤鱼种质资源保护的前期工作。

(张　魁　赵　雷)

农业机械化

【概况】 2004年，全市农机管理部门根据郑州市农业和农村经济发展的新形势以及对农机化发展的新要求，以"三个代表"重要思想为指导，以农业结构调整为主线，以促进农业增效、农民增收为目标，深入贯彻中央1号文件和《中华人民共和国农业机械化促进法》，狠抓科技和管理创新，立足大农业，发展大农机，不断增强服务功能，提高服务水平。在巩固提高粮食生产机械化的同时，引导经济作物、设施农业、农产品初加工采取先进的机械化技术，推进了全市农业现代化的发展步伐，为农村经济的发展做出了积极贡献。

全市农机经营总收入14.64亿元，比上年增长19.1%。其中农户经营总收入14.37亿元，增长20.65%，占农机经营总收入的98.2%。农机经营纯收入6.3亿元，比上年增长16.7%；单位或个体户所得5.8亿元，比上年增长18.3%。（本年度数字不含郑州高新技术开发区、郑州经济技术开发区。）

【农机装备】 农业机械原值持续增长，农机装备水平、机械化作业水平、经营效益稳步提高。主要农业机械拖拉机稳步增长，农用运输车保持较高增长速度，拖拉机配套比的发展与拖拉机的发展速度同步；收获机械联合收割机、脱粒机继续保持增长，联合收割机趋向大型化发展；排灌机械、植保机械加速发展；设施农业设备有了新的发展且向系统化管理方向迈进；农副产品加工作业机械、畜牧业机械、农田基本建设机械进一步扩大服务领域，推动了农村经济的繁荣。年末全市农业机械原值25.37亿元，比上年增长5.93%。全市农机总动力达411.12万千瓦，比上年增加6.65万千瓦，增长1.6%。其中，柴油机动力318.12万千瓦，比上年增加6.61万千瓦，增长2.1%；汽油发动机动力17.89万千瓦，比上年增加0.25万千瓦，增长1.4%；电动机动力75.11万千瓦，比上年减少0.21万千瓦。平均每百亩耕地拥有农机动力93千瓦，比上年提高3个百分点。各种农用拖拉机拥有量达11.03万台，比上年增加0.15万台，增长1.4%，平均每万亩耕地拥有拖拉机248台。全市大中型拖拉机拥有量达6000台，比上年增加100台，增长1.7%，其中轮式拖拉机增长8.3%。小型拖拉机发展势头不减，拥有量达10.43万台，比上年增加0.14万台，增长1.4%。大中型拖拉机配套农具1.41万部，配套比1∶2.35；小型拖拉机配套农具17.69万部，配套比1∶1.7。农用运输机械拥有量达10.88万辆，比上年增加0.23万辆，增长2.2%。其中，三轮拥有量9.5万辆，比上年增长1%；四轮拥有量1.38万辆，比上年增长14%。联合收割机趋向大型化，发展速度加快，保有量达2700台。其中，自走式联合收割机2300台，占联合收割机总量的85.2%，收获机械化科技含量逐年提高。脱粒机3.84万台，比上年增长3.2%，割晒机总量合理下降。农用排灌动力机械达8.59万台(57.46万千瓦)，农用水泵、节水灌溉机械分别为10.81万台、0.36万套。设施农业设备有了新的发展且向系统化管理方向迈进，改变了以往只有温室，没有控制设施的局面，温室面积3485.9万平方米，田园管理机近百台，滴灌机157台，控温湿机械54台，其它设施农业机械52台，形成了一条龙服务管理模式。农产品加工作业机械已向食品加工及家庭作坊方向延伸，畜牧业机械、林业机械、渔业机械都得到了不同程度的发展。

【农机作业】 2004年全市机耕面积225.57千公顷，占总耕地面积的76.2%；机播面积208.59千公顷，占总播种面积的40.6%；机收面积152.72千公顷，占收获总面积的30%；机械脱粒粮食90.54万吨；免耕播种面积11.53千公顷；机械铺膜面积3.6千公顷。农机化新技术在农业生产中的广泛应用收到实效，推广效果明显，全年完成精播面积132.09千公顷，化肥深施面积103.54千公顷，秸秆粉碎还田面积201.18千公顷。

（闫　强　李绍英）

【三夏农机生产】 农机部门按照市委、市政府的统一部署，把增加农民收入贯穿于三夏工作的各个环节。3月25日，市政府召开郑州市三夏农机工作会，下发了《2004年三夏农机工作意见》，各县(市)、区在三夏工作中突出抓好一个“早”字，实现了农机准备工作“六到位”：一是机械检修到位，使机械设备以最佳技术状态投入三夏；二是配件供应到位，对于机械设备的各种易损件，市农机部门及早安排人员到有关厂家组织货源，确保机械设备需要；三是技术培训工作到位，努力提高各类机手特别是小麦联合收割机手的技术操作水平；四是“三包”服务到位，解除机手后顾之忧；五是跨区作业组织到位，为机手增收牵线搭桥；六是安全管理到位，为机收创造好环境。2004年三夏期间，全市共投入农机具30万台(件)，投入总动力360万千瓦，其中联合收割机3400台，加快了机收进度，提高了机收质量，三夏机收比往年提前了5天左右。

【小麦跨区机收服务】 为进一步做好小麦跨区机收组织工作，市政府成立了郑州市小麦跨区机收领导小组，在市政府领导下，农机、公安、交通、石油等部门各负其责，密切配合，为跨区机收创造了良好环境。为了提高单车作业面积，增加机手收入，农机部门结合自身优势，完善服务措施。市农机局成立三夏生产指挥部，全面协调、监督、管理、服务全市三夏机收会战工作，各县(市)、区农机部门也建立了相应组织，为三夏机收会战提供组织保障。县、乡两级农机管理部门组织农机公司和农机销售维修厂(网)点，购置充足的机具和零配件，满足三夏期间的市场需求。增设128个销售维修厂(网)点，覆盖全市各乡村及主要交通要道，随时为机手提供服务。三夏生产期间，为确保每台机车以良好技术状态投入生产，提高作业效率，全市共抽调技术人员481人，组建45个应急服务小分队，开通15部农机110应急服务热线，一队一车流动在三夏生产一线，随时为机手提供咨询、维修等多项服务，受到社会一致好评。全市抽调198名监理人员，组建30个安检小分队深入田间地头进行安全教育和安全检查，确保每台机车以良好状态运行，安全防火装置齐全有效，共纠正违章1089次，有效地保障了机手安全作业，从源头上杜绝事故发生。全市组织2000台联合收割机出省或县域外作业，参加全国跨区机收，各县(市)、区农机部门组织得力干部、技术人员跟踪服务，协调处理相关事宜，保证外出机手安全作业增加效益。市农机局被农业部评为全国跨区机收先进单位。

【农机帮扶服务】 三夏期间，全市常年外出务工农民10万余人，季节性务工农民33万余人，离土不离乡务工农民24万余人。市农机局党委及时分析形势，把农机帮扶工作列为重要工作之一，各级农机部门积极行动，全市以村为单位，依托农机中介服务组织，建立县、乡、村三级帮扶网络，成立240个农机帮扶队，出动人员6000余人、联合收割机1200余台，帮扶务工农民、军烈属、困难户等家庭65800户，帮扶面积0.67千公顷。三夏期间由于农机部门采取帮扶服务，使8万名常年务工农民在农忙季节没有返乡，有57万离土不离乡和季节性务工农民没有停止正常务工或营业，取得了良好的经济效益和社会效益。

【三秋农机生产】 市农机局对三秋工作进行专题研究部署，下发了《2004年三秋农机工作意见》，对三秋工作的开展提出了具体措施和要求。农机部门始终围绕农业结构调整，促进农业增效、农民增收的目标，落实各项技术服务措施。各级农机部门统一指挥，统一行动，分级建立领导组织，整体部署安排工作，做到了有组织、有分工、有落实。三秋前全市共检修保养大、中、小型拖拉机10.2万台，各类配套农具得到全面维护，技术状态完好。农机产品、油料供应货源充足。全市农机管理、科技人员深入一线服务的有457人，有37609名农机操作人员得到了专业技术培训。农机人员素质提高的同时，也提升了经营服务能力，机械出勤率和使用效率明显提高，所有投入作业的机械最大限度地发挥了作用。

三秋生产期间，全市共完成机耕面积190.5千公顷，其中深耕69.3千公顷；机播小麦163.6千公顷，90%实行了精播；玉米收获面积130千公顷，其中联合机收0.59千公顷；玉米秸秆还田96.67千公顷。共出动10多万台拖拉机，高效能多方位机械化作业，较好地服务了农业、农村和农民。

【政府购机补贴】 为贯彻落实中央1号文件精神，提高粮食作物和经济作物的机械化生产能力，市政府从市长储备金中拿出100万元，对郑州市行政辖区内的农民个人、农场职工、从事农机经营服务的农机专业户和直接从事农业生产的农机服务组织新购和更新的大型农机具给予补贴。此次补贴采取资金规模分配到县(市)、区的形式，各县(市)、区根据当地实际情况进行项目申报。各县(市)、区农机主管部门通过媒体宣传、乡村张榜等形式向农民公布补贴机具种类、型号、补贴数量、补贴金额、优先补贴条件等。为充分体现公正、公平、公开的原则，最大限度地满足农民意愿，使农民购买到真正质优价适的农机产品，市农机局邀请河南省不同领域农机专家5人组成专家组，于7月30日至8月2日对山东、天津、河北农机生产厂家进行实地考察，对意向购买产品进行询价和用户调查。考察结束后，专家组写出考察报告，并按优先、一般、慎重3个层次推荐，市农机局第一时间召开各县(市)、区农机局负责人会议，把专家意见进行反馈，强调了三条原则：一是最大限度尊重群众意愿原则。二是充分尊重专家组意见。三是各部门不取利原则。严格执行四项制度，即阳光采购制，民主公开制，补贴资金集中支付制，科学管理制。在优惠政策的引导下，广大农民购机热情高涨。全市各级财政投入补贴资金310万元，吸引社会投入发展农机资金3000多万元，全市共新增50马力以上大中拖756台，小拖1591台，秸秆还田机337台，大型进口秸秆加工有机肥机械1台，播种机1077台，旋耕机188台，小麦联合收割机200台，玉米联合收割机18台，农机装备水平进一步提高。

【秸秆综合利用】 市农机局始终坚持“积极引导、综合利用、堵疏结合”的原则，不断探索秸秆利用的新途径，扩大秸秆还田面积，从源头上杜绝焚烧秸秆现象的发生，巩固秸秆禁烧成果，为郑州市生态环境建设做出了积极贡献。一是大力推广玉米免耕贴茬播种面积93.3千公顷，占全市夏玉米播种面积的70%。二是坚持农机与农艺相结合，认真研究探索小麦秸秆还田新技术、新方法。经过几年的试验示范，2004年全市普遍推广了小麦秸秆就地归垄全量还田新技术，实现小麦秸秆还田106.7千公顷，为三夏抢收抢种，夺取秋季丰收提供了新技术，为三夏禁烧工作提供了治本措施。三是加大秋季玉米秸秆还田和综合利用的工作力度，巩固玉米秸秆还田成果，探索扩大玉米秸秆综合利用新途径。全市新增秸秆还田机337台，玉米秸秆青贮设备26台套，玉米秸秆还田面积达到96.7千公顷，玉米秸秆青贮91.5万吨。四是投资140余万元，引进了美国新型农业机械“圣甲虫”，该机械具备粉碎、搅拌、喷洒菌种和翻抛多项功能，利用作物秸秆生产制造有机生物肥料，已进入试生产阶段。

【农机新技术推广】 紧紧围绕“农业增效、农民增收、农村稳定”这一中心，按照全市农业现代化建设的要求，根据都市型、近郊型、远郊型农业圈层不同的发展内容与目标，围绕农业结构调整，重点以发展“大、新、缺、少、精”农业机械为突破口，继续搞好生态农业和环保农业机械化新技术新机具的引进、试验、示范推广工作。积极推广玉米、花生、大蒜、水稻等农作物种植、收获机械化新技术，取得了可喜成绩。引进示范、推广新机具36种，其中，设施农业机械10种，引进示范推广新技术20项。全市新增玉米免耕播种机260台(其中贴茬播种机190台、灭茬播种机70台)，总量达到4200台；新增玉米免耕播种面积13.3千公顷，达到86.7千公顷；机械化旱作农业实施面积达到43.3千公顷，新增实施面积

6.67千公顷。新增旱田沟播面积44千公顷，新增铺膜播种面积22.7千公顷，新增旱田沟播机250台，小麦铺膜播种机350台，机械化旱作农业技术显示出巨大的效能。郑州市农机推广站被评为2003～2004年度全国农机科普先进集体。

5月10日，市农机推广站在中牟县官渡镇召开“大蒜机械化收获演示会”，有5个厂家的7种机型参加了现场收获演示；6月13日在惠济区毛庄镇新庄村召开了土豆机械化收获演示会，市农机推广站与郑州农具厂联合开发研制的4GJ－500型根茎收获机填补了郑州市根茎收获机具产品的空白，为研制花生、萝卜收获机具打下了良好基础；9月2日市农机局在荥阳市豫龙镇召开“郑州市三秋农机现场演示会”，来自山东、天津、河北及省内10个厂家的16台新型农机具进行了现场演示。

【农机科教培训】 农机科教工作围绕农业结构调整和农村经济发展战略，加强人才培养，不断提高农机干部职工的业务能力和管理水平，提高广大农机手的文化素质及实际操作能力，大力开展各种实用技术人才培训、农机大户培训和农村劳动力转移培训。全年共培训各类农机人员50212人。其中，培训拖拉机、农用运输车驾驶员5892人、联合收割机手4200人，培训农机管理人员120人；组织送教下乡近百期，投入车辆百余辆次，出动工程技术人员500人次，培训各类农机具操作手5万人次。

针对近年来政府加大购机补贴，联合收割机迅速增加的新形势，各级农机部门组织各农机校教师和工程技术人员深入乡村、田间地头开展技术服务，帮助机手解决技术难题，提供作业信息。各农机校及时、主动和当地“阳光工程办公室”或农业部门联系，争取通过认定，建立农村劳动力转移培训基地，开展农村劳动力转移培训。截至年底，中牟、新郑、登封、荥阳、市农机校等5所农机校首批通过省农业厅资格认定，挂上了农村劳动力转移培训基地的牌子，培训各类农民技工6890人。在做好人员培训的同时，市农机系统坚持组织农机专家、工程技术人员深入乡村开展技术咨询，送教下乡，发放资料3万余份、拖拉机安全驾驶技术图书1000多份，解答群众技术难题，深受广大农民群众欢迎。

【农机安全监理】 2004年是农机监理工作发生重大变化的一年。“三法一条例”相继出台实施，给监理工作提出了新的规范和要求，业务工作范围也做了较大调整。各级监理部门及时调整工作思路，转变工作职能，变管理为服务，制定切实可行的工作方法和措施，以实现农机安全生产为目的，牢固树立全心全意为人民服务的思想，在工作中取得了可喜成绩。全年全市新车入户13500台，新办驾驶证9983本，补换、过户各类证件7810本。

市农机监理所按照依法行政的要求，坚持以人为本，把工作的出发点和落脚点放在广大人民群众的生命财产安全上，为农民着想，为机手着想，保护广大农民的利益；以法律法规和规章为依据，为民服务，创新适应新形势的理性思维和管理机构；大力推行政务公开，开展便民优质服务，实行首问负责制和责任追究制，为农机手提供公开、透明、高效的优质服务。在农机安全工作方面，本着“预防为主”的原则，加大宣传教育力度，利用广播、电视、报纸、标语、宣传车、宣传单等形式，大力宣传农机安全生产知识，宣传“文明监理、优质服务”和农机安全监理在农村经济中所发挥的作用，增强广大农机驾驶操作人员的安全生产意识，减少和预防农机事故的发生。2月23日、26日，市农机安全监理所分别到中牟、新郑两地开展农机安全教育，结合“农机安全村”建设，向小学生发放“农机安全”小黄帽50000个，并进行安全知识教育，让孩子从小树立安全意识，通过“小手拉大手”方式，对家长进行农机安全再宣传，督促家长学习农机安全知识，遵章行车，安全行车，取得了显著成效。一年来，农机监理部门出动宣传车45台，抽调198名工作人员深入一线检查安全生产，乡村主要道路悬挂大型安全生产横幅257条，张贴安全生产警示标语65000条，培训各类农机操作人员29765人、专业维修人员1857人，发放各类资料及安全防火小常识50400份。

《中华人民共和国道路交通安全法》的颁布和实施，对年度检、审验工作提出了更高的要求。为了使年度检、审验工作落实到位，市农机监理所一是加强检、审验工作的领导，及时召开县(市)、区农机监理站站长会议，部署工作，确保年度检、审验工作的顺利开展。二是加大农机检、审验工作的宣传，利用电视、电台、报刊等媒体，向农机手传达检、审验文件；各乡(镇)积极配合，采用通告、板报、传单等形式，向社会和机手进行宣传。三是开展便民优质服务，简化检、审验程序。送检、审验到村组院户，缩短办理时间，一次性完成，减少机手的往返次数，深受广大机手的欢迎。一年来，共检验机车26709台，审验农机驾驶员22110人，促进了全市的农机安全生产。

6月至8月，全市开展了为期3个月的拖拉机和驾驶员集中清理整顿工作，重点对拖拉机进行清理整顿。加强田间、场院、农贸市场、乡村道路等拖拉机作业场所的安全检查，严肃查处拖拉机载客、客货混装等违章行为，做到发现一起纠正一起；加强对存在安全事故隐患以及无牌、无证拖拉机的整顿，对制动、转向和操纵系统有严重隐患的拖拉机，坚决制止上路行驶和作业；进一步规范拖拉机登记制度，严把初检关，实检不合格的不准办理牌证；建立健全岗位责任制及农机事故责任倒查制度，严把驾驶员考核发证关。通过整顿，全市农机操作人员素质明显提高，驾驶员培训考核质量有了很大改善，规范了监理工作的各项业务，为全年农机安全生产打下了坚实基础。

农业机械作业量

项目 单位	机耕面积	机播面积	机械植保面积	机收(千公顷)			机械脱粒量	机械节水面积	机械加工农副产品数量	农机运输作业量
				合计	其中					
					机收小麦面积	机收水稻面积				
	千公顷	千公顷	千公顷	千公顷			万吨	千公顷	万吨	万吨/公里
合　计	225.57	208.59	90.04	152.72	151.25	0.1	90.54	41.92	206.18	179386
中原区	2.23	1.88	2.97	1.91	1.91		1.43	2.19	0.08	1446
二七区	2.13	2.15	2.2	1.63	1.6		0.56	0.22	1.62	6600
管城区	2.29	2.66	0.47	1.94	1.94		0.55		12.51	7630
金水区	3.30	3.33	0.67	2.67	2		1.5	0.67	0.09	3000
上街区	2.8	1.89	4.33	2.22	2.08		1.24	1.3		98
惠济区	6.64	2.23	2.98	3.6	3.5	0.1	1.6	0.5	1.43	18338
荥阳市	28.88	40.1	0.55	27.2	27.1		24.26	6.35	79.98	15942
中牟县	61.21	28.38	14.23	24.51	24.36		14.63	0.03	26.22	19548
新郑市	37.14	31.27	28.27	24.88	24.82		14.64	14	31.36	6000
巩义市	28.4	29.34	16.28	20.85	20.8		11.07	16	13.93	32775
登封市	22.67	21.89	0.53	18.26	18.13		7.26	0.66	2.49	51936
新密市	27.88	43.47	16.56	23.05	23.01		11.8		36.47	16073

农业机械年末拥有量

项目 单位	农业机械总动力(万千瓦)				其中:耕作机械								其中:收获机械					
	合计	柴油发动机动力	汽油发动机动力	电动机动力	大中型拖拉机		其中轮式拖拉机		小型拖拉机		其中小四轮拖拉机		联合收割机		机动割晒机		机动脱粒机	种子精选机
					万台	万千瓦	万台	万千瓦	万台	万千瓦	万台	万千瓦	万台	万千瓦	万台	万千瓦	万台	台
合　计	411.12	318.12	17.89	75.11	0.6	20.22	0.52	17.26	10.43	97.59	4.14	49.97	0.27	11.75	0.46	2.28	3.46	214
中原区	2.57	1.52	…	1.05	0.01	0.31	0.01	0.31	0.01	0.06	0.01	0.06	0.01	0.26	…		0.01	7
二七区	9.5	7.84	0.15	1.51	…	0.15	…	0.11	0.17	2.1	0.17	2.1	…	0.17	…	…	0.04	
管城区	9.92	6.43	0.05	3.44	0.02	0.63	0.02	0.63	0.05	0.6	0.05	0.6	…	0.2	…	0.09	…	3
金水区	9.36	7.4	0.01	1.95	0.02	0.37	0.02	0.37	0.01	0.09	…	…	0.01	0.25			0.02	
上街区	4.92	3.97	0.01	0.94	0.01	0.33	0.01	0.33	0.05	0.57	0.04	0.51	…	0.22			0.01	
惠济区	20.88	9.78	8.66	2.44	0.03	1.02	0.02	0.9	0.02	0.35	0.02	0.3	0.01	0.3			…	
荥阳市	72.32	58.03	0.12	14.17	0.14	5.18	0.13	4.95	0.41	4.79	0.31	3.84	0.06	2.96	0.01	0.04	0.13	
中牟县	87.11	80.50	0.09	6.52	0.16	4.89	0.16	4.83	5.26	46.3	1.53	18.09	0.04	1.29	0.2		0.15	
新郑市	58.99	48.42	2.31	8.26	0.09	3.25	0.04	1.28	1.32	11.33	0.56	6.95	0.06	3.05	0.06	0.56	0.14	
巩义市	50.06	38.7	0.06	11.3	0.06	1.89	0.06	1.77	1.4	11.49	0.71	7.53	0.04	1.2	…	0.04	1.2	
登封市	43.49	30.93	0.25	12.31	0.02	0.74	0.01	0.37	1.48	17.26	0.58	8.13	…	0.36	0.16	1.25	1.06	4
新密市	42	24.6	6.18	11.22	0.04	1.46	0.04	1.41	0.25	2.65	0.16	1.86	0.04	1.49	0.03	0.3	0.7	200

【农机宣传】 2004年是实施郑州市全面建设小康社会规划的开局之年，也是深入贯彻落实中央1号文件，促进农民增收，发展粮食生产的关键之年。年初市农机局下发了《2004年宣传思想工作意见》，对全市农机宣传工作提出了总体要求；通过电视、电台、报纸等媒体，突出宣传依靠农机提高劳动生产率，增收、增效、脱贫致富的典型；围绕社会关注、政府重视、生产需要的热点、难点、亮点问题，加大宣传力度，全面推进农机化事业的快速发展。《中华人民共和国农业机械化促进法》实施前夕，市农机局下发通知，要求各县(市)、区农机局(站)认真做好宣传工作。全年的宣传报道工作呈现出报道及时、宣传面扩大、宣传手段多样、介入媒体增加、宣传层次提高、宣传次数多及质量高的特点。中央电视台1套新闻报道3次，《人民日报》报道2次，中央人民广播电台报道4次；省电视台报道18次，省报报道7次，省广播电台报道5次；市电视台新闻报道26次，专题报道3次，电台报道29次，《郑州日报》报道16次(其中头版4次)；市农机局编发简报86期，网上发送信息297条，各县(市)、区发简报278期。农业部三夏值班室、省农机局对郑州市宣传报道工作给予通报表扬。

(闫　强　臧伟锋　任士莉)

气象服务

【基本气候特征】 郑州市区：2004年气温严重偏高，降水正常，日照偏少。年平均气温15.5度，较历年平均值偏高1.2度；年降水量767.4毫米，较历年平均值偏多135.0毫米；年日照时数1764.2小时，较历年平均值偏少417.9小时。

郑州地区：气温偏高，降水正常，日照正常。年平均气温14.8～15.8度，较常年平均值偏高0.4～1.5度。市区、荥阳、新密严重偏高，中牟、巩义、新郑偏高，登封属正常。年降水量602.9～828.3毫米，较历年平均值偏多4.3～159.4毫米，均属正常。其中，新郑年降水量最多，为826.8毫米；巩义降水量最少，为602.9毫米。年日照时数1891.3～2190.2小时，与常年同期值相比，荥阳偏多45.8小时，其余偏少38.5～417.9小时，距平百分率在－19～2%，市区偏少，其余均属正常。

【市区主要气象要素】 气压：年平均气压1003.7百帕，年最高平均气压1006.2百帕，年最低平均气压1000.8百帕。年极端最高气压1029.3百帕，出现在10月25日；年极端最低气压980.2百帕，出现在5月19日。

气温：年平均气温15.5度，年最高平均气温20.9度，年最低平均气温10.7度。年极端最高气温39.3度，出现在7月5日；年极端最低气温－8.2度，出现在12月30日。

降水：年降水量767.4毫米，其中6～8月492.8毫米。一日最大降水量为73.7毫米，出现在7月12日。全年0.1毫米以上降水日数85天，1.0毫米以上降水日数59天，5.0毫米以上降水日数32天，10.0毫米以上降水日数20天，25.0毫米以上降水日数10天，50.0毫米以上降水日数2天。

风速：年平均风速为2.2米/秒，年最大平均风速为12.4米/秒，年主导风向为东北风。

湿度：年平均相对湿度为62%，年极端最小相对湿度为2%，出现在2月13日。

日照：年日照时数为1764.2小时。5月日照时数最多，为237.5小时；12月日照时数最少，为74.9小时。

主要天气日数。

大风：全年8级以上大风日数9天。

雨日：全年雨日106天。7月雨日最多，为21天。

雪日：全年降雪日为15天。

雾日：全年雾日为14天。

雷暴日：全年出现雷暴日34天。

霜日：全年出现霜日58天。

扬沙日：全年出现扬沙日11天。

【主要气象灾害】 暴雪：受强冷空气和中低层西南暖湿气流的共同影响，12月21～22日，全区出现一次大到暴雪天气过程。其中，21日新郑、荥阳降雪量分别为12.1毫米、11.3毫米，新郑积雪深度达21厘米。此次天气过程，降雪强度大，气温下降明显，积雪深且日数长，达11天，严重影响交通，市区蔬菜价格上涨。

暖冬(2003年12月～2004年2月)：冬季全区气温普遍偏高，9旬当中，除上年12月上、中旬和2004年1月下旬气温偏低外，其余6旬均偏高。市区1月上旬和2月中、下旬的平均气温分别为3.8度和9.4度、10.3度，创近30年来的同期最高值和次高值，暖冬现象极为明显。

寒潮：3月16～17日，全区24小时日平均气温均下降10度以上，出现寒潮天气，其中市区和新郑、巩义、新密、登封24小时日平均气温下降12.1～15.1度，达到强寒潮天气标准。3月15日～17日，市区和中牟、登封48小时日平均气温下降10.2～11.6度，达寒潮天气标准。3月16～18日，全区48小时日平均气温下降12.2～16.8度，达到强寒潮天气标准，给大棚蔬菜和正处于开花期的果树带来严重影响。

大雾：全区共出现3～36天大雾天气。其中，中牟36天，市区5天，大雾主要出现在冬季和秋季末。11月9日和30日的大雾天气，能见度只有20米，造成新郑薛店机场有19个航班延误，2800多名旅客滞留机场；郑州境内高速公路被封闭；汽车客运站发车次数减少。

春旱：自3月1日到4月20日气温持续偏高，降水严重偏少，连续50天降水量只有5.9～16.0毫米，土壤水分急剧下降，10～30厘米平均土壤重量含水率仅为4.0～9.7%。据4月20日卫星遥感墒情资料分析：全区严重干旱面积为6.0%(市区为23.6%)，轻度干旱面积为65.2%(巩义、登封、荥阳等无灌溉条件的丘陵山区墒情差,轻旱面积达77.8%以上),干旱严重影响小麦灌浆和春播。

大风:全区共出现17个大风日,其中,冬季4个、春季8个、夏季4个、秋季1个。特别是夏季的短时雷雨大风,风力很大,中牟6月21日出现年极大风速30米/秒,6月24日,郑州极大风速达27.7米/秒,刷新了郑州有气象记录以来的最高值。

雷雨大风、冰雹:汛期共出现12次以大风、短时冰雹、暴雨为主的强对流天气,均造成一定灾害。6月16日19时35分～22时,出现狂风、雷雨灾害性天气,涉及巩义、荥阳、中牟和惠济、金水的19个乡(镇),农作物受灾5.9千公顷,直接经济损失达882万元,其中农业损失185万元。6月21日21时02分到21时39分,市区和中牟、荥阳、新密、新郑相继出现8级以上大风。全市有300多处电力设施损坏。6月24日下午17时11分至17时49分,全区突遭狂风、暴雨、冰雹袭击,市区风力达10级(27.7米/秒),荥阳、新郑风力达8级以上;郑州基准站17时14分～17时49分,仅半小时降雨量就达45.1毫米,同时,北郊降冰雹近20分钟,最大冰雹直径1厘米。此次灾害性天气造成市区道路多处积水,水深50～70厘米,交通严重堵塞,意外伤者急剧增多,电力损失严重。全市58条11千伏电线断电,10条35千伏以上高压线路跳闸。新郑市和惠济、金水、管城3区的12个乡(镇)的农作物受灾1.2千公顷,经济作物受灾0.12千公顷,倒损树木40632棵,倒损线杆372根,倒塌房屋138间,损坏房屋999间,紧急转移安置灾民140人,死亡4人,轻伤20人,直接经济损失2500.5万元,其中农业经济损失1007.5万元。7月7日17时～17时26分,新密、登封、荥阳出现短时冰雹天气,冰雹最大直径3厘米。登封市宣化镇的两个行政村的760户计2859人受灾,农作物受灾面积0.2千公顷,绝收面积0.12千公顷,直接经济损失91万元。

暴雨:共出现10个暴雨日,夏季9个、秋季1个。汛期全区连续多次遭受暴雨、大风袭击,造成9个县(市)、区的60多个乡(镇)、办事处受灾,受灾人口45.63万人,7人死亡,26人受伤,倒塌房屋1379间,倒损树木99319棵、线杆1007根。农作物受灾面积8.8千公顷、绝收面积0.45千公顷,造成直接经济损失6848万元。

连阴雨:7～8月市区和登封、新密共出现5次连阴雨天气过程。市区7月10日～18日过程降水量223.5毫米;登封7月12日～21日过程降水量66.2毫米,8月9日～17日过程降水量60.2毫米;新密7月14日～18日过程降水量115.0毫米,7月27日～8月3日过程降水量94.1毫米。阴雨连绵,使晚秋作物生长缓慢。

【气象服务】 一是制定突发性天气预报方案及服务预案,全面做好汛期气象服务。汛期出现的12次以大风、短时冰雹、暴雨为主的强对流天气和6次暴雨天气过程都提供了及时、准确的预报,有效地减轻了灾害造成的损失,保障了全市安全度汛。二是认真做好重大社会活动气象保障服务。在首届世界传统武术节、市八次党代会、新密"大平矿难"救援等重大活动期间,积极开展全过程的跟踪气象服务,为各项活动的顺利进行提供气象保障。特别在首届世界传统武术节筹备及活动期间,共提供15期"首届世界传统武术节专题气象预报",并为武术节开幕式和登封迎宾活动提供逐时次、精细化预报服务,保障了各项活动的如期进行,受到省、市领导的高度评价和社会各界的广泛好评。三是强化"三农"服务。全年不间断及时提供《郑州农业气象周报》和专题提供主要农作物产量预报,增强了服务的时效性和针对性。2004年,市局被评为"支持'三农'工作先进单位",其他县(市)局的气象服务均受到当地党委、政府的通报表彰。

【人工影响天气】 制定《郑州市人工影响天气工作发展规划和实施方案》,继续加强"人影"基础设施建设,完善制度,强化"人影"作业安全,在春季小麦处于返青期、灌浆期旱情严重之际,抓住有利天气条件,成功进行4次人工增雨作业,有效地缓解了小麦旱情,为农业增产、农民增收做出了积极贡献。《郑州日报》两次在头版进行宣传报道。

【雷达站建设】 由于雷达站建设原设计方案技术和施工难度大、投资和不可预见因素多,根据国家局和省局建议,经专家论证,市政府于6月份同意进行方案变更。市局超常规组织协调有甲级资质的4家设计院重新设计6种方案,在广泛征求有关部门意见后,于8月份最终确定设计方案,并于10月底完成了初步设计。年底前完成了雷达站址围墙建设、地质文物钻探、水电安装、工程监理招标、初步设计审批、抗震超限论证、施工队招标、桩基规划、施工许可证办理等。2004年雷达建设资金共到位1290万元,累计完成投资790万元。

【业务系统现代化建设】 完善市局基准站和六县(市)局自动气象站业务系统建设并保证业务运行,完成26个乡(镇)自动雨量站建设任务,开通了省——市电视会商系统,完善了局域网和郑州综合气象信息网站,实现了市、县(市)广域网使用X.25和因特网宽带互为备份,完成政府信息网络升级切换,全面提高了办公自动化建设水平。加快大气监测自动化系统建设步伐,申请建设郑州L波段测风雷达项目,被国家局批准并正式启动。

【基层台站建设】 基础设施得到综合改善。新郑、中牟局已正式迁入新址,新郑局业务楼以其独特的仿古韵味和浓厚的中原文化底蕴受到各级领导高度评价,中牟局则以其欧式生态型、园林式的建筑风格而获称赞。巩义局办公楼主体已竣工,新密局已正式实施搬迁前的各项准备工作,其他县(市)

局的台站综合改善也正在积极进行。

【科技进步】 一是积极实施科技兴气象战略。紧密围绕业务和拓展工作领域需求，加大科研开发力度，在省局、市科技局立课题2项，共获得经费15万元，自立科研开发项目2项。完成省局立项“郑州自动站资料查询系统”的鉴定，进行省局“重大天气过程电子信息平台”项目开发，参与中科院、国家局2项课题研究，承担国家局新地面测报程序的业务考核任务；引进运用“河南省短期气候预测系统”；与市国土局联合开发了“郑州市地质灾害气象预警预报系统”，提高了气象科技水平和自主创新能力。二是大力推进拓展领域战略。积极组织开展“郑州市秸杆焚烧监测与空气污染预报”，圆满完成市政府环保目标。与市国土资源局联合举行汛期地质灾害气象预警预报合作签字仪式。汛期共发布3级以上地质灾害气象预警预报9次，有效地防御和减轻了地质灾害损失。加强气候资源的开发利用，为《2004年郑州市农业发展大纲》、郑州森林生态城总体规划、郑州风沙源治理等提供专题专项气象服务。继续做好小麦苗情、土壤墒情、森林火情等多项监测服务。积极筹备“郑州市灾害性天气监测预警系统”建设。三是深化人才强局战略。采取积极有效措施，吸引、培养、稳定、用好人才。鼓励和支持职工再教育，年内又有5名职工参加研究生课程学习，11名职工参加本科及大专课程学习；加强科级领导干部队伍建设和管理，为3个县(市)局配备了副局长，2名县(市)局长进行交流，充实加强了基层台站的干部队伍。组织和参加各类业务技术培训班20期156人(次)，有3人分别被评为郑州市优秀青年科技专家、河南省优秀中青年科技管理人才和郑州市“金桥工程”先进个人。

【法制建设】 一是以政府名义或与有关局委联合下发《郑州市人民政府关于加强防雷减灾工作的通知》(郑政文[2004]67号)等文件5个，为发展气象事业营造良好的政策环境。二是以落实《河南省防雷减灾实施办法》(省长81号令)为契机，加大工作力度，召开相关单位座谈会及协调会，使郑州市防雷设计审核和验收工作取得突破性进展，市局成立了气象行政审批服务中心，已正式开展防雷施工图审查、防雷工程竣工验收、施放系留气球审批等工作。三是加强气象行政执法检查。与空军、民航、安监、执法局等部门和单位联合开展防雷和施放气球安全生产专项大检查、专项整治活动5次，下达隐患限期整改、停业整改通知书9份，查处违规施放气球活动31起，消除和减少了安全隐患。省、市媒体进行了6次全方位报道，引起社会广泛反响。巩义局常年聘请法律顾问，执法成效显著。

【文化建设】 继续创建学习型部门。全市各单位均建立学习室、阅览室，政治学习、业务学习风气浓厚。深入学习贯彻中国气象事业发展战略研究成果，树立“公共气象、安全气象和资源气象”的全新发展理念。开展气象法律法规知识学习、宣传活动及考试12次；组织参加或举办学术讲座和交流活动12次，参加学术交流60余人次，提交论文70余篇。

积极参加全省“学习实践三个代表、弘扬气象人精神”先进事迹报告会。购买体育活动器械、统一服装，首次参加市直机关运动会，展示了气象人良好的精神风貌。作为“河南省青少年科技教育基地”和“郑州气象科普基地”，全年接待学生参观5批500余人次；进行学会换届，加强气象科普宣传和学术交流，市气象学会被评为郑州市十佳自然科学学会、郑州市“金桥工程”先进单位。地方媒体对气象工作的宣传报道大幅度增加，提高了气象的社会影响力。

【党风廉政建设】 切实抓好党建工作。对党支部进行换届改选，组织开好市局党组民主生活会，市局党组会议议定事项基本得到贯彻落实。积极向地方纪委汇报党风廉政建设工作，主动请求接受地方纪委的指导和监督，并作出自觉接受廉政监督5项公开承诺，认真加以执行。认真落实“一岗双责”制度，市局党组与各科(室)、所辖六县(市)局以及全体中层干部签订了党风廉政建设承诺书。7月份认真组织开展了以学习“三个代表”重要思想和“两个条例”为内容的党风廉政建设宣传月活动，并以“如何当一名称职的基层领导”为题展开广泛讨论。组织120人参加省局、地方政府“两个条例”知识竞赛，32人参加全市气象部门自行开展的“两个条例”知识竞赛，取得较好成绩。进一步加强“政务公开”，坚持全市中层以上领导干部年底在市局集中述职、述廉、述学制度。

(阎惠芳)

水利建设

【概况】 2004年，全市水利系统在市委、市政府的正确领导和上级水利部门指导帮助下，按照年初提出的：“围绕一个中心，强化二项服务，突出三个重点，干好六大工程，确立一个目标”的总体要求，除水害，兴水利，保平安，增效益，使水利更好地为郑州经济发展服务，为农业增产、农民增收、农村稳定服务，全面完成了各项水利建设任务。全市新增有效灌溉面积3.9千公顷，是目标任务的106%，累计达到179.7千公顷；新增旱涝保收田面积3.88千公顷，是目标任务的106%，累计达到163.8千公顷；发展节水灌溉面积7千公顷，是目标任务的105%，累计达到97.8千公顷；新治理水土流失面积97平方公里，是目标任务的121%，累计达到2963.7平方公里；解决吃水困难6万人，是目标任务的120%；完成坡改梯2.1千公顷，是目标任务的107%；全市水产品产量6.73万吨，是目标任务的110%。通过扎实有效的工作，再次夺取了河南省“红旗渠精神杯”,实现了五连冠。

【防汛工作】 一是早布置、早安排,做好汛前准备工作。从3月份开始,全市防汛准备已全面展开,通过下发文件、召开会议、督促检查、签订责任书等形式,对防汛责任制、防汛队伍、防汛料物、度汛工程建设进行了认真落实。同时,各县(市)、区对辖区内的重点度汛工程、重点部位、病险隐患也进行了拉网式检查。对查出的问题分类排队,按照“分级管理、分级负责”的原则,明确责任,落实措施,限期整改。5月19日,全市防汛工作会议结束后,市水利局立即组织班子成员和机关各处室到分包县(市)、区认真督查防汛准备工作,并对全市水库、河道进行了详细排查。二是修订防洪预案,明确防汛任务。针对近年来防汛工作情况和工程、河势发生的一些变化,分别对黄河、内河、城市及水库防洪预案进行了修订和完善,对各项任务进行了落实。改造和完善了防汛指挥系统,为提高雨水情测报精度、科学调度洪水奠定了良好基础。三是组建抢险队伍,落实防汛料物。组建了以民兵为骨干的群众性防汛抢险队伍,落实了驻郑部队、军事院校、武警部队防守责任段。同时,搞好防汛培训,对防汛指挥长、技术责任人、防汛抢险队伍、雨水情测报人员以及河道、水库管理人员等进行了全面培训,做到熟悉情况、了解方案。另外对防汛物资进行了认真储备。四是扎实搞好督查,确保措施到位。市水利局建立了局领导、机关处室分包县(市)、区防汛工作督查责任制,定期对县(市)、区防汛准备工作进行督查,发现问题及时解决。市防办还组织对防汛物资储备、防汛队伍落实以及水库、河道防汛准备等项工作进行了专项督查,确保各项防汛措施落到实处。

【水利工程建设】 以大中型水库除险加固和骨干河道治理为重点,加快防洪排涝体系建设。重点做好中型水库的除险加固工作。总投资4885万元的纸坊水库、五星水库除险加固主体工程已经完成,水库面貌焕然一新;常庄水库大坝翻修一期工程已经完成,尖岗水库大坝翻修工程已经开工建设。对小型水库,各县(市)、区按照“分级负责,分级管理”的原则,对部分病险水库进行了除险加固。加大郑州市区及周边河道治理力度。完成了熊耳河市区段干流西支、东支(除金星碑酒厂拆迁不到位外)河道疏挖、护砌工程及6座橡胶坝补源和桥梁工程,投资5600万元,对七里河下游段12公里进行了疏挖及部分建筑物配套,疏浚工程已基本完成,大大提高了市区及郑东新区的防洪能力。东风渠综合治理工程为2004年城市建设的重点工程,市水利局负责的河道疏挖、护砌、清淤及橡胶坝等建设工程已基本完成。另外,中牟县贾鲁河段、七里河段,登封市书院河、颍河,荥阳市索须河的部分险工险段也得到了有效整治。

【农村水利】 以建集雨水窖工程为重点,促进抗旱水源工程建设。在郑州市西部山丘区建设集雨水窖1.01万个,95%以上蓄上了水。发展节水灌溉面积1.3千公顷,作为市政府向全市人民承诺的“10件实事”之一,现已全部完成。2004年集雨水窖工程建设有5个特点:(1)领导重视成为完成集雨水窖工程建设的关键。(2)及早动手,为全面完成集雨水窖工程打下了良好基础。(3)多策并举,加快集雨水窖工程建设步伐。(4)创新措施,精心施工,全面提高工程质量。(5)集雨水窖工程效果与效益显著,做到当年建设当年见效,并涌现一批产业结构调整大户。

以安全饮水工程为重点,搞好人畜饮水的扫尾工作。按照2003年中央预算内专项资金农村饮水解困项目计划解决巩义、登封、新密5万人的饮水困难,已解决6万人饮水困难。同时完成了屋顶接水自来水工程2500户。总投资7997万元的巩义市竹林东五镇供水主体工程基本完成,水已到乡(镇)所在地,入户工程正在建设。农村安全饮水工程项目总投资507万元,工程资金全部到位,荥阳市已有5处工程动工,其余县(市)、区正在进行前期准备工作。

【水土保持】 水土保持工作坚持以小流域为单元,突出抓好黄河流域邙岭水保生态园建设。共完成治理面积97平方公里,其中,坡改梯2.13千公顷,水保造林6.35千公顷(其中经济林1.6千公顷),修建沟坝地0.3千公顷,封山育林0.77千公顷,完成风景园林区建设0.05千公顷,兴建、续建治沟骨干工程4座,建设淤地坝40座,建设谷坊201座,兴建塘堰坝22座,建造水窖245个,完成土方406.6万立方米。加大水土保持执法力度,组织培训执法人员30余人,查处各类水保案件30起,强制执行11起,征收“两费”125万元,执法环境大为改善。

【节水灌溉】 节水灌溉工作紧紧围绕发展“万元田、吨粮田”、着力调整农业种植结构、增加农民收入这一目标狠抓落实。在项目实施过程中,严格按照《节水灌溉增效示范项目建设管理办法》,认真落实项目法人责任制、招投标制和工程建设监理制、合同制,切实加强质量管理,较好地完成了项目区建设任务,并发挥效益。一是对2001年新密超化、2002年中牟韩寺两处国家节水增效项目进行了验收,中牟节水增效项目被评为优良工程。二是加强项目建设管理工作。对巩义回郭镇节水增效项目,登封徐庄、荥阳广武省级节水灌溉项目及市级节水灌溉项目建设管理进行督查。为进一步加强郑州市重点节水灌溉项目的管理,使其充分发挥效益,还下发了《关于进一步加强我市重点节水灌溉项目管理的通知》,项目区通过贯彻实施,群众较为满意,各项工作均达到设计标准。三是确定2004年省级节水灌溉项目。经过认真调查研究、论证,最后确定4处节水灌溉省级项目,正在实施中。

【南水北调工程前期准备】 南水北调总干渠占地实物指标调查是该工程建设的基础，此次调查涉及面广、点多、任务繁重，为了统一协调，保质保量完成调查任务，市政府成立了“郑州市南水北调工程总干渠占地实物指标调查工作领导小组”，确保了调查工作顺利进行。为了更好地配合调查组的工作，客观、真实、准确地反映总干渠沿线涉及区域内的占地实物情况，调用郑州市公安局空中巡逻直升机对总干渠区域内占地实物实施空中拍摄。同时接受丹江口大坝加高库区外迁移民17500人，安置规划已经完成，任务已分解到相关乡(镇)、行政村及安置点，安置方案已上报水利部。

【水政水资源】 加强水资源统一管理，理顺水资源管理体制。郑州市供水节水办公室于2004年6月3日移交市水利局，并已在新的体制下开始运转，初步显现出水资源统一管理的良好前景。(1)依照《行政许可法》要求，进行“三清理、两规范”工作，进一步规范行政行为。水资源综合规划正在抓紧编报，完成了市人大《2004～2008立法建议项目》的上报工作。(2)加强计划用水、节约用水管理工作。根据《郑州市城市节约用水管理条例》，将全市用水大户分期分批纳入计划用水管理，全年新纳入计划管理单位119个，调查用水单位450个，计划用水率达到77.78%。加强汽车冲洗行业的用水管理，建立洗车行管理档案，已有86个洗车行建立了循环用水设施。全市工业企业水平衡测试率已达69%，有18个企业达到了节水型企业标准。(3)加强地下水管理。依照年度用水计划及地下水开采方案，严格控制地下水开采量。全年计划管理范围内的地下水开采量2092万立方米，较上年下降12.8%。做好回灌补源地下水工作，全年回灌地下水133万立方米。继续做好封停收购自备井工作，共回填封停各类自备井635眼。其中，回填485眼，封停150眼。经过不懈努力，郑州市浅层地下水大幅度回升，以碧沙岗周围区域为例，浅层地下水平均回升2.4米，中深层地下水多年持续下降的趋势得到遏制。(4)加大调查统计工作力度，完善建设项目的水资源论证。按照省发改委《关于对城市污水处理费、水资源费征收工作进行督查的通知》要求，完成了全市城市污水处理费、水资源费征收工作调查，完成了东风渠引黄补源建设项目水资源论证报告和熊耳河景观用水水资源论证报告。对市政府安排的建设项目，都依法对水资源管理方面的问题提出审查意见，进一步完善了取水许可制度和建设项目水资源论证制度。(5)开展“水行政执法百日大行动”，有力地打击了水事违法行为，规范了水事秩序。

(张　魁　赵　雷)

2004年郑州市汛期雨情统计

单位：毫米

县名	站名	月份				累计雨量	县名	站名	月份				累计雨量
		6月	7月	8月	9月				6月	7月	8月	9月	
郑州	常庄	127	230	146	105	608	登封	少林	125	167	65	126	483
	尖岗	96	274	112	102	584		券门	126	135	83	116	460
	金水	70	171	192	66	499		大金店	57	153	93	130	433
	管城	144	170	139	64	517		登封	117	204	77	126	524
	中原	71	280	142	83	576		芦店	102	315	174	131	722
	二七	88	156	118	66	428		告成	101	247	124	127	599
	惠济	93	158	130	55	436		井湾	151	214	158	119	642
	上街	130	246	75	89	540		纸坊	133	227	145	114	619
巩义	坞罗	59	128	100	123	410	新郑	后胡	79	327	87	123	616
	五指岭	156	349	130	147	782		薛店	99	285	184	101	669
	米河							老观寨	76	281	97	133	587
	站街	65	93	98	120	376		新郑	132	313	182	126	753

县名	站名	月份				累计雨量	县名	站名	月份				累计雨量
		6月	7月	8月	9月				6月	7月	8月	9月	
荥阳	丁店	70	249	109	109	573	新密	李湾	100	192	168	140	600
	荥阳	75	176	195	113	559		新密	133	282	106	110	631
	河王	83	184	141	113	521		曲梁	67	302	114	122	605
	唐岗	62	137	104	95	398		大潭咀	162	240	139	122	663
	楚楼	59	161	128	98	446		五星	76	301	138	94	609
中牟	中牟	89	255	212	119	675	中牟	狼城岗	81	236	186	107	610
	坡东李	60	321	175	98	654		八岗	77	305	128	114	624

（张魁 赵雷）

黄河治理

【概况】 2004年郑州黄河治理工作，继续遵照国家防总、黄河防总关于“防御郑州花园口站22000立方米/秒洪水大堤不决口，遇超标准洪水尽最大努力，采取一切措施把灾害缩小到最低限度”的要求，在市委、市政府和上级业务主管部门的领导下，经过沿黄各级党政军民和郑州河务局全体治黄职工的共同努力，较好地完成了年度目标任务。尤其是在黄委会、河南河务局的领导、支持和沿黄各级地方政府的积极配合下，全局治黄职工齐心协力、奋力拼搏，克服重重困难，按时完成了时间紧、任务重、难度大的黄河标准化堤防建设。同时，从大局出发，积极筹措人力、物力和资金，全力支援开封、兰考黄河标准化堤防建设。2004年在黄河标准化堤防建设中，郑州河务局分别受到了黄委会通令嘉奖和河南河务局特别嘉奖。

【防汛准备】 一是早安排、早部署、早落实各项防汛责任制，及时召开黄河防汛会议，层层签订目标责任书。二是认真开展工程拉网式普查，提高工程整体抗洪能力。三是广泛宣传动员，克服麻痹思想。四是从实战出发，进一步修订、完善防汛预案和工程抢险方案。五是开展防汛料物的清仓普查落实，加大防汛物资管理力度，积极储备防汛料物。六是加强军民联防，积极参加防汛技能竞赛，提高抢险实战水平，共筑黄河安澜。七是重申防汛工作纪律，加强防汛值班。八是周密部署、精心安排，完成了第三次调水调沙试验和生产运行。

积极部署，及早着手，认真开展工程拉网式普查。3月初，对郑州辖区的防洪工程及非防洪工程进行了全面、细致的徒步拉网式大普查，对查出的72处堤身残缺、244处水沟浪窝、106处鼠蛇洞穴、4处陷坑天井等，分别进行了处理或制定了应急度汛措施。组织对靠河工程231道坝垛进行根石探测，探测断面605个；对防汛常备料物进行了清查、核实，对抢险机具和设备进行了维护保养；通信部门对程控交换机，通信设施、设备重点进行了检修和测试，保证了汛期各种设施正常运行。

【完善防汛预案和工程抢险方案】 从实战出发，进一步修订、完善防汛预案和工程抢险方案。为进一步提高各类预案的科学性、实用性，对上年防洪预案在执行期间暴露出的不足进行了认真分析；同时对2004年汛期可能出现的新情况、新问题进行预估，从实战出发，制定相应的防护措施，并制定了非常情况下的抢险组织、物资调运、通信保障及后勤保障措施，以及大型抢险设备和抢险新技术、新材料、新工艺在抢险中的应用方案。进一步修订、完善郑州黄河防洪预案，特别注重对中小洪水的工程抢护预案和后勤保障预案的修订。

【防汛料物清仓普查】 黄河防汛料物储备，实行“国家、社会、群众三方备料、各有侧重”的原则。由于上年国家防洪物资消耗较多，2004年汛前对国家储备的防汛物资进行了“表、帐、卡、物”对照检查落实。普查统计结果：石料储备定额21.94万立方米，实际库存11.61万立方米，差额10.33万立方米；铅丝储备定额108吨，实际库存87.2吨，差额20.8吨；麻料储备定额107吨，实际库存68.1吨，差额38.9吨。对差额较大的备防石提出了补充意见，汛前，上级安排备防石3.15万立方米，截至10月底已全部完成。

【防汛值班】 为保证防汛工作的连续性、严肃性和规范性，重申了防汛工作纪律，下发了《关于重申防汛工作纪律的通知》(郑黄防[2004]13号)；修订了防汛工作制度和防汛工作人员纪律，下发了《关于重申防汛值班制度和防汛工作人员纪律的通知》(郑黄防[2004]14号)；安排领导带班、防汛人员值班；绘制了防汛业务流程图，规范了水情、工情、来文来电处理和值班记录登记表格，严格防汛值班交接班制度，确保24小时防汛值班，保证上情下达，下情上传，及时准确。加强巡堤查险责任制，特别对一线班组巡坝查险多次进行督促检查，对没有严格执行防汛责任制的人员，按照防汛纪律进行严肃处理。

【防汛宣传】 广泛宣传动员，克服麻痹思想。针对沿黄干群滋生出的不同程度厌战情绪、麻痹思想和水患意识淡薄，结合上年小水出大险的典型事例，利用“中国水周”、“世界水日”，先后出动宣传车20余辆次，制作宣传横幅35条，张贴各类宣传标语300余条，开展了防汛宣传教育活动，进一步增强了沿黄干群的水患意识，使广大干部群众对黄河防洪的长期性、复杂性和艰巨性有了较清醒的认识，为各项防汛工作顺利开展创造了良好的社会氛围。

【汛期军民联防】 加强军民联防，共筑黄河安澜。积极参加防汛技能竞赛，提高抢险实战水平。河务部门与参与黄河防守任务的野战部队共同分析黄河防汛形势，商讨防汛方案中存在的不足，进一步修订完善了“三位一体”方案，使方案更加实用、更趋完善。6月17日，郑州市防汛指挥部在惠金河务局召开了“三位一体”军民联防会议，部队、地方、河务局共60多人参加会议。会后，部队连以上干部及地方县(市)、区、乡防指领导、河务部门领导，按照“三位一体”军民联防方案，共同实地勘察责任段，由河务部门负责介绍工程情况和防守任务。

【黄河防洪工程建设】 2004年，郑州防洪工程在建项目计划安排总土方1988.23万立方米、石方45.05万立方米、投资54173.63万元(其中，国债投资29076.05万元、水利基金18471.68万元、非经营资金7085.11万元、外资150万元)。截至年底，在建项目实际累计完成土方2130.44万立方米、石方27.84万立方米、投资49145.88万元，累计植树59.47万棵(其中，防浪林12.88万棵、行道林6.46万棵、柳荫地植树6.238万棵、护堤地植树0.782万棵、适生林33.11万棵)，植花草70.31万平方米，修堤顶排水沟112.46公里。其中，当年完成土方1042.14万立方米、石方15.85万立方米，完成投资21197.23万元。植树59.47万棵，修堤顶排水沟54.4公里，植花草69.41万平方米。

【标准化堤防建设】 郑州黄河标准化堤防建设任务为71.422公里，计划土方1917.44万立方米，石方19.78万立方米，总投资4.9亿元，2001年动工。2004年是黄河标准化堤防工程建设的重要时期，市政府把其列为“百项重点工程”。在黄委会、河南河务局的大力支持和各级地方政府的配合下，全局职工齐心协力、克服重重困难，经过一年来昼夜不息的奋战，郑州段集防洪保障线、抢险交通线和生态景观线为一体的标准化堤防在全河率先完工，共完成土方2213万立方米，石方19.98万立方米，投资5.57亿元，按照上级要求已全面完成任务。其中38公里以上标准化堤防建设已通过黄委会领导、专家的检查，郑州市黄河防洪工程建设管理局受到黄委会的嘉奖。

郑州河务局始终把黄河标准化堤防工程作为一项政治任务来对待，变压力为动力，全局职工实行“零休息日制”，层层签订责任状，克服重重困难，积极协调与地方的关系，克服前期迁占赔偿难关，精心部署，科学组织，多策并举，强力推进。在工程建设中，领导班子成员实行分段包干责任制和奖惩制，一把手总揽全局，不分昼夜深入一线工地，详细了解工程全面情况，研究施工方案，上下协调，保证了标准化堤防工程建设顺利进行。沿黄惠济区、金水区和中牟县各级政府均成立了标准化堤防建设指挥部以及前期工作小组，深入有关村庄，与河务部门的前期工作小组密切配合，全力处理工程占地、迁占赔偿等问题。同时在施工过程中，加强治安管理，协调好电力、林业、交通等部门，为标准化堤防建设的顺利进行赢得了良好的施工环境。

【防洪调水调沙试验及生产运行】 2004年调水调沙试验与前两次不同，是基于人工扰动方式、更大空间尺度上的试验。此次试验充分借助自然力量，与中游水库联合调度，塑造人工异重流，形成连续的泄流动力，对小浪底水库的淤积泥沙进行冲刷，同时在下游淤积严重的河段进行人工扰动加沙，增加入海洪水的挟沙含量，从而最大限度地实现减淤冲沙的目的。为做好此项工作，编写了《2004年黄河调水调沙人工扰动试验预案》，制定了《2004年调水调沙期间郑州河道工程抢险预案》，调整了《2004年调水调沙期间郑州河务局领导责任分工及相关工作组职责与人员组成》，编制了《2004年调水调沙期间郑州河道监测预案》。6月15日，按照省防指调水调沙电视电话会议精神要求，及时安排部署了第三次调水调沙工作，筹备了郑州市政府召开的黄河干流水库预泄防汛工作会议。

水情。6月19日9时～7月13日9时进行了黄河第三次调水调沙试验，历时24天，计576小时。设计放水流量控制花园口站流量2700立方米/秒左右，实际小浪底水库下泄最大流量2940立方米/秒，最高含沙量16.9千克/立方米，平均流量2588立方米/秒；花园口站最大流量2970立方米/秒，最高含沙量13千克/立方米，平均流量2693立方米/秒。8月23日～8月30日黄河实施了调水调沙生产运行，小浪底水库下泄流量按2500立方米/秒控制，由于黄河中游降雨偏多，形成高含沙水流，在下游河段演进较慢，沿程水位表现较高，8月23日2时54分小浪底站最大流量2590立方米/秒，8月24日凌晨2时花园口站最大流量3550立方米/秒，处于93.31米的高水位，8月24日22时花园口站最大含沙量394千克/立方米。

险情。2004年郑州黄河险情主要出在调水调沙试验期间，出险8处工程、30道坝、102次，累计抢险用石料1.11万立方米、铅丝5561公斤、木桩81根，装载机449.96台时，自卸车940台时，技工504人，民工1375人，抢险投资124.07万元。全年郑州河段出险8处河道工程、46个坝垛、132次,累计抢险用石料1.65万立方米、铅丝7022公斤,总投资156.75万元。

【防汛岁修】 郑州河务局所辖黄河堤防全长71.422公里,南岸大堤公里桩号—1—172～70+250,属黄河防汛确保堤段。2004年由于雨水较多,完成土方多为平垫水沟浪窝。截至年底,郑州河务局防汛岁修完成土方13.91万方,石方3.78万方(其中新石2.59万方),植树12.73万株,根石探摸115道坝、54个垛、9段护岸740米长,断面446个、锥孔3015眼、累计进深18660米,抢险46坝148次,用工3.07万个(其中生产工2.38万个)。完成投资781.23万元。

【中央水利基金应急度汛项目】 郑州河务局中央水利基金应急度汛项目计划下达后,各县局按基本建设程序实行了项目管理,各个项目都明确了项目责任人。在项目实施过程中,各方都自觉遵守各项财务制度,严格按照《中央水利建设基金财务管理暂行办法》执行,专款专用,抢险人工费优先解决民工工资。两项应急度汛项目是:(1)对2003年黄河防汛抢险料物的补充。该项目计划投资721.49万元,完成投资721.49万元,完成计划补充石料65100方。(2)防洪工程应急除险加固。该项目计划投资230.00万元,实际完成投资230.00万元,计划土方1.57万方,实际完成土方1.57万方。

郑州黄河防洪工程应急除险加固项目有4处工程,由郑州河务局防汛部门监督县局按基建程序进行邀标,至年底已完工。4处工程分别是:(1)裴峪工程。该工程由焦作市安澜工程有限责任公司中标施工,2004年10月22日开工,11月26日完工。(2)神堤工程。该工程由焦作市安澜工程有限责任公司中标施工,10月22日开工,11月26日完工。(3)枣树沟控导工程。该工程由郑州黄河工程建设有限公司施工,10月29日开工,11月21日完工。(4)赵沟控导工程。该工程由河南牟山黄河水电工程有限公司施工,10月26日开工,11月21日完工。

【水政水资源管理】 进一步强化水行政职能,做好水资源管理和调度。一是加大新《水法》的宣传力度,分别于“世界水日”、“中国水周”和新《水法》颁布实施两周年及“全国法制宣传日”之际开展形式多样的宣传活动。在辖区堤防道路两侧竖立了80块依法管理河道的劝诫性、说明性、警示性标牌,起到了普法和警示的双重作用。二是加大水行政执法力度,结合辖区水事活动点多、面广的特点,郑州河务局水政监察支队建立起严密、完整的巡查组织体系,从防范入手,每月至少两次对辖区内的黄河河道进行认真细致地巡查,并做好巡查登记和上报工作。由于巡查力度不断加大和快速反应工作做得到位,水事案件发案率相对减少。截至年底,共查处水事违法案件12起,现场处理案件9起,立案3起,结案11起。全年水事案件查处率100%,结案率92%。加大采砂管理力度,年底前对采砂场进行了全部清理。三是加强河道内建设项目管理,严把审核关。共完成管理范围内河南中孚实业股份有限公司黄河滩区地下水源工程、河南职业艺术学校、丰乐农庄二期等7个建设项目的审核上报工作。四是强化水资源管理。换发了2000年到2004年底已满5年的取水许可证,恢复办理了荥阳市李村电力提灌管理处取水许可证,圆满完成2005年的取水许可证换证工作,申请批准2005年至2009年的取水总量81240万立方米。五是加强水量调度,严格执行上级水调指令,合理分配用水指标,完善水量调度规章制度,做好水量计量稽查,全年无一例超放、瞒放引水指标情况发生。在保证城市生活及工业用水的情况下兼顾农业用水,在做好监督管理的同时搞好服务。

【工程管理】 深化“管养分离”改革,开展运作模式研究。4月份全面完成巩义、惠金、中牟河务局养护公司注册工作,实施了工程养护内部招投标制度,积极探索工程养护市场化管理经验,迈出了黄河水利工程市场化管理的关键一步。在堤防日常维护中,养护职工及时整修堤肩、堤坡,处理隐患,做到堤肩平顺无坑洼,边口顺直,各种标志醒目、齐全、规范,工程面貌焕然一新,顺利通过河南河务局工程管理检查。惠金河务局3月获得国家一级水利工程管理单位称号。

【科技治黄】 科技管理与“数字黄河”工程建设取得新突破。进一步加大治黄科技管理力度,促进郑州黄河治理开发与管理现代化。全年投入治黄科研经费9.7万元,完成科技项目论证3项,通过科技成果评审3项,荣获河南河务局科技进步奖一、二、三等奖各一项。

全面推动“数字黄河”工程建设进程。在深入调研的基础上,配合上级完成全局电子政务系统建设与推广,为实现无纸化办公建立了平台;积极升级郑州黄河防汛会商系统,成功与上级防汛会商系统互联互通,在郑州黄河防汛指挥决策中发挥了重要作用;完成了马渡、三刘寨两座涵闸的远程监控系统建设任务;编制上报了《“数字黄河”工程市级河务局信息系统设计试点项目——郑州河务局信息化总体设计》报告,8月份正式上报黄委会审批;推广IP网络管理系统和病毒查杀软件应用成果,实现24小时实时在线监控和动态管理,提高了网络的稳定性和安全性。2004年2月郑州河务局被评为河南河务局“数字黄河”工程建设先进单位。

【经济工作】 经济工作坚持以人为本,树立全面、协调、可持续发展观,强化施工项目部管理,促进各项经济工作的有序开展。一是加强领导,全面贯彻落实经营工作责任制。二是对各企业中标承揽的工程项目,加强施工管理。三是加大引黄供水监测力度,在邙山提灌站首次安装测流设施，对其实施连续性水量监测，结束了该站30多年没有测流装置的历史，为足额收取水费提供了依据。四是落实土地开发任务，加大景区建设力度。投资260万元，完成了枇杷、大叶女贞、百日红、红叶李、松树、栾树等20公顷绿化苗木种植任务，6月对上年的苗木进行了验收，成活率达95%以上。全年景区实现门票收入123万元。五是完成年薪制试点单位考核，按规定对试点单位郑州黄河水电工程局领导班子成员兑现了上年度年薪。六是积极作好资质升级工作。郑州河务局工程公司、中牟河务局牟山公司分别晋升为水利水电施工总承包一级和二级企业。2004年全局共承揽工程14项，总计合同金额7743.8万元，实现经济总收入21510万元，是上级下达目标任务18000万元的120%。其中，社会工程收入6319万元，是上级下达目标任务6200万元的102%；全年共引水17900万立方米，其中，农业引水6100万立方米，工业引水11800万立方米，应收水费300万元，实收水费300万元，水费征收率100%。

【安全生产】 坚持安全生产"一票否决"制，狠抓安全生产责任制的落实。郑州河务局层层签订安全生产目标责任书，继续实行安全生产目标管理和安全生产风险抵押金制度，逐级落实到各个部门和岗位的每一位职工，将控限指标层层分解，做到人人头上有指标，使责任落到实处。2004年共有8名安全管理人员参加了郑州市安全生产监督管理局举办的安全培训，有36名特种作业人员参加了安全技术培训，特种岗位作业人员持证上岗率达100%。大力开展安全竞赛活动。5月1日～8月8日，全局开展交通安全百日竞赛暨"安全行车万里行"活动，评选出"交通安全百日竞赛"一等奖88人、二等奖110人，"安全行车30万公里标兵"5名，向河南河务局推荐"安全行车50万公里标兵"4名。全年没有发生安全生产重大责任事故。

【政务公开】 2004年，郑州河务局按照上级要求强力推进政务公开工作，确立了"立足实际、注重实效、不断创新、与时俱进"的指导思想；及时向局属基层单位下发了《关于印发2004年政务公开实施意见的通知》和《关于印发2004年市局机关政务公开实施意见的通知》；明确了局机关各部门和局属单位一把手为本部门、本单位政务公开工作的第一责任人，把实施政务公开的实效业绩列入任期目标管理；制定了政务公开工作责任追究制，同时在局属范围内认真按照"四到位"(思想到位、组织到位、制度到位、措施到位)的原则，有组织、有制度、有措施、分步骤地深入实施政务公开；强调局属各单位，要健全本单位职工代表大会制度，完善政务公开机制，进一步把政务公开工作抓实、抓出成效。

一是调整并加强了对政务公开工作的领导。局属各级都成立了由一把手负责的政务公开领导小组和政务公开监督小组，健全了领导机制；二是全局各级各单位领导思想到位。对政务公开工作给予了足够重视，各单位都结合自己的实际，以强化健全职代会效能为重点，努力抓好实施政务公开的规范工作，做到政务公开工作领导机制健全、规章制度完善、措施扎实有力；三是各单位进一步建立起"党组领导、行政负责、部门承办、纪检监督、工会协调、职工参与"的运作机制；四是局属各级各单位努力针对职工群众最关心的热点、难点问题，有侧重、讲实效地实施政务公开。

【综合管理】 认真开展办公室标准化建设，办公室的工作质量、效率和水平有了明显提高，郑州河务局以98分的优异成绩顺利通过河南河务局标准化办公室建设验收；加强目标管理，成立目标管理督查组，每月对各部门目标任务完成情况进行督查，确保各项工作的落实，促进了机关工作作风的转变；加大治黄宣传工作力度，全局在各类新闻媒体发稿1500余篇，郑州河务局3月份被河南河务局评为宣传工作先进单位；严格公文处理程序，未出现退文现象；全面完成2003年度文件材料的立卷归档，郑州河务局3月份被评为郑州市档案管理先进单位；加强机关财务管理，制定了《郑州河务局机关财务报销规范》，力求增收节支；加强社会治安综合治理和计划生育工作，计划生育率100%，郑州河务局3月份被金水区评为社会治安综合治理先进单位和计划生育工作先进单位；加强后勤管理，做好车辆调度、物业管理、医疗服务和文印等工作；强化水行政职能，做好水资源管理和调度，加大各项规费的征收力度；科技管理与"数字黄河"工程建设取得新进展；进一步完善与健全民主管理、民主参与、民主监督机制，全面推行政务厂务公开；按照国家《公务员管理条例》，郑州河务局首批119人已过渡为依照国家公务员管理；加强党风廉政建设，做好精神文明和思想政治工作，为郑州治黄事业的发展提供坚强有力的政治保证。惠金河务局被黄委会评为水政工作先进集体，中牟河务局防汛工作进入省局十佳，通信管理工作被评为全河先进单位，中牟河务局机关及赵口闸管理处、水电工程局通过省级文明单位复验。

【党风廉政建设】 进一步完善党风廉政建设制度。2004年郑州河务局在上年党风廉政建设责任分解、考核办法、廉政谈话具体办法、检查制度、廉政承诺制度"五项"制度的基础上，制订并在全局推行了领导干部廉政"六卡"制(廉政谈话卡、廉政承诺卡、廉政自我评价卡、廉政民主评价卡、接受廉政教育统计卡、廉政警示卡)，印发了《郑州市黄河河务局在领导干部中推行领导干部廉政"六卡"制通知》(郑黄党[2004]24号)，并进行了落实。按照"六卡"制的要求，副科级以上领导干部填写了领导干部廉政承诺卡，做出了廉政承诺并进行公示，接受监督。按照郑州局党风廉政建设责任制的分工，逐级进行了廉政谈话。通过廉政谈话，加强了对领导干部的监督管理，提高了领导干部廉洁从政的自觉性，促进了廉洁自律各项规定的落实。

不断提高贯彻执行党风廉政建设责任制的自觉性。局党组把修订党风廉政建设责任制的过程，作为学习、宣传责任制和提高认识的过程，通过责任分解、下达文件、张贴公示、在局域网上发布等形式进行宣传；此外，还利用理论学习日、办宣传栏、召开座谈会及讨论会等形式，认真学习领会党中央和国务院关于党风廉政建设和反腐败斗争的政策、法规，深入调查研究，使广大干部对党风廉政建设责任制的重要意义加深理解，进一步明确了自己在党风廉政建设中的领导责任，提高了贯彻落实党风廉政建设责任制的自觉性。

领导干部表率作用带动党风廉政建设责任制的落实。强调各单位领导班子和领导干部要把抓党风廉政建设与抓治黄工作、其它工作结合起来，一起部署、一起落实、一起检查、一起考核。要求市局党组全体成员及局属单位一把手在认真落实党风廉政建设工作中做到：首先要管好自己，管好配偶、子女和身边工作人员，抓好班子，带好队伍。要言传身教，带头贯彻执行党风廉政建设责任制；带头落实《廉政准则》和上级关于领导干部廉洁自律的各项规定，给职工群众起表率作用，自觉从自身做起，从小事做起；带头抓党风廉政建设，不断增强廉洁自律意识。要不断研究职责范围内的党风廉政建设工作状况，提出具体要求、解决突出问题。

【创建文明施工工地】 落实市局“一线班组建设年”主题活动，开展创建文明施工工地活动。首先，对市局现有施工工地情况进行调查摸底，并以此为基础制定出创建文明施工工地规划，为开展文明工地创建活动打好基础。其次，深入施工工地进行创建“文明施工工地”宣传发动工作，检查创建活动落实情况。并按要求向省局推荐两个文明施工工地——郑州黄河工程有限公司新乡红旗闸改建工程、郑州黄河水电工程局太平庄滚河防护工程10—12坝。郑州黄河工程有限公司新乡红旗闸改建工程首批被省局评为文明施工工地。

（沈淑萍　毛彦宇）

第八篇 商贸流通

商业贸易

【概况】 2004年，郑州市商务系统认真贯彻十六届三中、四中全会精神，树立和落实科学发展观，着眼于利用“两个市场、两种资源”和“引进来”、“走出去”相结合的对外开放战略，求真务实、开拓创新，抢抓机遇、克服困难，全面完成了市委、市政府确定的各项主要商务指标，全市商务工作实现了开门红。

外资方面：全市新批准设立外商投资企业116家，同比增长18.4%，完成年度目标的116%；合同利用外资63211万美元，同比增长30.5%，完成年度目标的158%；实际利用外资24202万美元，同比增长58.5%，完成年度目标的118.6%(按老口径统计，合同利用外资65048万美元，同比增长34.3%，完成年度目标的162.6%；实际使用外资27510万美元，同比增长80.1%，完成年度目标的134.9%)。

外贸方面：全市进出口总额78029万美元，同比增长83.8%。其中，出口46084万美元，同比增长90%，完成年度目标的169.7%，在全省的位次由2003年的第四位上升到2004年的第二位。

外经方面：全市新签国外经济合作合同额5232万美元，完成年度目标的104.6%；营业额6414万美元，完成年度目标的256.6%；劳务输出人数1925人，完成年度目标的171.1%。

商贸流通方面：全市社会消费品零售总额完成558.7亿元，同比增长16.4%，其中，批发零售业和餐饮业分别完成459.9亿元和80.2亿元，同比分别增长13.6%和38.5%。

【整合建立新型商务管理机构】 一是快速稳妥的建立商务机构。面对“入世”带来的新挑战和新机遇，郑州市对原有商业、外经贸部门及计委、经贸委的部分机构进行全面整合，于5月18日组建成立市商务局。同时，稳步推进基层商务机构建设，郑东新区、荥阳市、巩义市、上街区、二七区、中牟县等已成立商务局。二是统一认识，理清思路。在全局范围内形成了全力以赴抓招商，认认真真搞规范，满腔热情做服务，一心一意谋发展的共识。三是盯紧目标，建立机制，齐抓共管，狠抓落实。市商务局对市委、市政府确立的招商引资、外贸、外经、商品销售、稳定、改制等工作进行认真梳理，与市直有关部门、各县(市)、区建立联动机制，并成立目标推进小组，将目标量化到各个班子成员和处室，一月一督查，月月搞通报，切实将各项目标落到实处。四是建章立制，规范程序。先后制定《商务局暂行工作制度》、《2004年利用外资、外贸出口、外经合作主要目标任务分解落实暂行办法》、《商务局稳定信访工作领导定点联系企业工作制度》等一系列工作制度，确保各项工作顺利开展。

【构建对外开放目标及政策体系】 一是确定科学的发展目标。制订下发了《2004年郑州市对外开放主要工作责任目标》，将利用外资任务分解至各县(市)、区、部分市直机关及郑州驻北京、广州、深圳、海口办事处；将出口任务分解至各县(市)、区；将外经目标分解至重点外经企业。做到人人肩上有责任，处处发展有目标。二是完善对外开放政策体系。在2003年出台16项对外开放优惠政策的基础上，又制定下发《发展开放型经济的考核办法》，将开放型经济的考核纳入科学的管理体系；制定颁布《郑州市招商引资资金认定及奖励办法》、《郑州市招商引资专项资金管理办法(试行)》、《郑州市外经贸发展基金管理办法(试行)》、《郑州市出口商品奖励实施细则(试行)》、《郑州市委托招商办法》等配套政策，全面搭建对外开放政策平台，形成较为完善的对外开放政策体系。三是建立对外开放工作推动机制。根据《中共郑州市委关于市级领导干部和市直机关带头真抓实干狠抓落实的意见》，对包括“百家新引进外资企业”在内的“五个一百”项目实行领导干部联系制；制订下发了《关于进一步加强对外开放主要指标和重点项目推进督查工作的通知》，对各县(市)、区对外开放工作实施市领导定点联系、市商务局分包督导、各责任单位一把手亲自负责的三级联动推进督导机制。此外，对重点外来投资项目实施“六制”推进办法，有效提高了外来投资项目的履约率和资金的到位率。重点在谈、在建及第三届省投洽会签约项目整体推进顺利。金水区的百脑汇电子信息项目、巩义市的郑州绿科源电力有限公司项目、荥阳市的郑州龙泰电力有限公司2×6万千瓦煤矸石电厂项目等已顺利投产，高新技术产业开发区的蛋白质组学产业生产中心已实际到位资金1000万美元,金水区的易初莲花正大世纪广场项目2004年已累计投资3900万元人民币,新密市的2×30万千瓦发电机组已实际到位资金1.8亿元人民币。台塑集团建设医疗机构项目,省卫生厅、商务厅已将材料上报国家卫生部和商务部待批。

【创新招商引资方式】 一是不断创新招商方式,实现招商引资新突破。坚持政府招商与市场化招商相结合,重点突出市场化招商,积极利用郑州市举办首届世界传统武术节、参加第三届河南国际投资贸易洽谈会及豫港经贸洽谈会、厦洽会等经贸洽谈活动,开展节会招商,推介优惠政策、宣传城市文化、树立城市形象,使国内外客商深入了解郑州市优良的投资环境和广阔的发展前景,培养了一批有长久合作意向的客商资源,取得了显著的引资成果。特别是首届世界传统武术节期间,全市共签订境外合作项目10个,合同利用外资3.9亿美元;国内合作项目10个,利用域外资金29.8亿元人民币。此外,郑州市还赴广州、深圳、东莞等地开展了集中招商,吸引东部资本梯度转移迈出实质性步伐。积极开展专业招商,以世界500强企业及国内外优势企业为重点,通过定期拜访、及时跟踪,吸引他们来郑投资。沃尔玛、正大易初、家乐福、麦德隆等项目正在加紧推进实施;美国加州工业城、台湾长庚医院、菲律宾生力公司收购奥克啤酒项目也已基本确定。积极推动市场化招商,2004年全市共聘请38位招商大使和高级招商顾问,与10余家中介机构签订合作协议。二是以现代制造业为招商重点领域,以外资推动全市产业结构优化。2004年,全市投资制造业的外商投资企业共65家,合同利用外资37537万美元,实际使用外资12162万美元,同比分别增长25%、156.3%和63.8%,分别占全市总量的55.56%、59.38%和49.27%。投资计算机及其他电子设备制造业的外资增速迅猛,累计合同利用外资15619万美元,是2003年的12.5倍,实际使用外资4079万美元,是2003年的6.3倍。三是以县(市)及开发区为招商平台,培育对外开放新载体。针对国家宏观调控政策的客观形势,依托县(市)及开发区生产要素成本低廉、产业体系较为完善的优势,将县(市)和开发区作为扩大开放的主要载体。2004年,全市5个省级对外开放重点县(市)共新设立外商投资企业28家,占全市的24.1%,合同使用外资20840万美元,占全市的33%,实际使用外资13406万美元,占全市的55.4%。经济技术开发区和高新技术产业开发区的对外开放工作形势回暖,新设立外商投资企业43家,占全市的37.1%,合同利用外资26520万美元,占全市的41.9%,实际使用外资6532万美元,占全市的27%。

【提高出口创汇能力】 一是继续壮大出口队伍。2004年全市获权及备案登记的外贸经营者共398家,同比增长14.4%;全市获权及备案登记的外贸经营者累计达到1200家。其中,民营企业898家,占74.83%;国有及集体企业298家,占24.83%。全市有出口实绩的企业372家,较2003年增加139家。二是优化出口结构,提升高新技术产品、机电产品占全市出口的比重。2004年全市高新技术产品、机电产品出口分别达到4178万美元、9989万美元,同比分别增长66.9%、105.5%,占全市出口总额的30.7%,特别是醒狮高科、郑州麦迪亚、瑞祥电子等高新技术企业在开拓国际市场方面迈出可喜步伐,表现出良好的发展前景。三是扶持培育出口龙头企业和拳头产品。2004年全市出口额超百万美元的企业98家,其中超千万美元的企业6家,较2003年增加3家;全市出口额超百万美元的商品有79种,其中出口在千万美元以上的商品有人造刚玉、非合金铝、碳电极等。四是兑现政策,鼓励出口。根据《郑州市出口商品奖励实施细则(试行)》,对2004年上半年市区企业出口商品奖励资金进行了兑现,共兑现奖金79.7万元,涉及102家企业。

【实施"走出去"战略】 一是以非洲市场为重点,积极开展对外投资。经过多年努力,塞拉利昂国基工贸园区即将开园,已有多家适合塞国国情的企业进驻。二是依托重点企业,开展国外经济技术合作。组织中亚八国的外经贸官员对郑州少林汽车股份有限公司进行考察,并签署了合作意向。巩义仓西实业公司与尼日利亚签署了电子电气、木工机械等项目的投资意向,总金额5000万美元。郑州利源粮油机械设备制造有限公司与厄立特里亚达成了厄方购置日加工240吨面粉全套设备、购买年产1400万桶方便面整套设备的意向,总金额1600万元人民币。三是积极开展劳务输出,提升劳务输出档次。全年输出人数1925人,涉及护士、渔工、研修生、厨师等职业。

【超额完成外贸出口任务】 据海关统计数据显示:2004年1～9月份,全市外贸进出口完成50381万美元,其中出口30775万美元,占全省出口总额的10.8%,同比增长85.4%,高于全国(35.3%)、全省(34.4%)平均增幅。9月份当月出口额达4846万美元,创历年来的最高记录,已提前3个月超额完成全年目标任务,全市外贸出口呈现出强劲的高速增长势头。

【兑现出口商品奖励政策】 为鼓励企业扩大出口,切实将全市对外开放工作会议精神落到实处,市商务局根据《郑州市出口商品奖励实施细则(试行)》有关规定,积极组织出口企业申报奖励资金。为方便企业查询,将高科技出口产品目录在郑州商务网上发布,引导企业正确填列申报表。经过一个月的细致工作,最终确认102家企业符合出口创汇奖励条件,共需奖励资金159.39万元,其中由市财政承担50%共计79.7万元。

依据企业出口产品类别和实绩,对高新技术商品、机电商品和一般商品,按出口收汇核销额每美元分别给予0.04元、0.02元、0.01元人民币的奖励。奖励资金由受益财政承担。按现行税收分配体制，市区企业(各区，高新技术产业开发区、经济技术开发区、郑东新区、出口加工区，不含上街区)的奖励资金由市、区两级财政各承担50%，各县(市)、上街区辖区内企业的奖励资金均由其财政全额承担。为及早向企业兑现奖励资金，市商务局积极与市财政局协商，由商务局直接向企业进行兑付，大大方便了企业，受到了企业的广泛好评。经市商务局和郑州市财政局共同努力，由郑州市市级财政承担的奖励资金已全部兑现，但县(市)、区承担部分尚未完全兑现。

【协助企业申报国际市场开拓资金】 2004年，郑州市积极为企业申报“中小企业国际市场开拓资金”，有效提高了郑州市企业开拓国际市场的积极性和能力。全年共向省里申报41家企业、111个项目，申请支持金额604万元。省实际批准郑州市31家、38个项目，批准支持金额116万元，占全省总指标的11.6%。此外，市政府还决定拨出配套资金支持企业开拓国际市场，商务局与市财政局共同确认23家、37个项目，批准支持110万元。与此同时，对列入省计划的郑州市高新技术和机电产品项目，增加20%的资助，补差金额4万元。

在省、市批准的75个项目中，以高新产品出口为主的企业项目占22个；以机电产品出口为主的企业项目占19个，其它34个。企业开拓市场的重点地域，仍以欧美发达国家和东南亚地区为主，占总项目的41%；非洲和拉美市场项目占11%，呈增加趋势；中东地区尽管局势不稳，郑州市企业仍看重该市场，开拓市场项目占总项目的8%。省、市批准项目中有32个项目执行完毕；31个项目正在执行中；12个项目因故无法执行，占16%。对郑州市企业无法实施而落空的项目，采取了申请调整项目的措施，已筛选28个项目向省申报调整增加。

【并网监控全市外资数据信息库】 从2004年12月起，高新技术产业开发区、经济技术开发区、郑东新区的外资数据库正式并入市商务局的外资数据信息库，扭转了长期以来县(市)、区与开发区外资数据分别统计的不利局面。市商务局将通过数据库对全市最新的利用外资情况进行掌握，及时分析全市利用外资的特点，为全市利用外资的科学化提供更加全面的资料。

【参加河南·上海经济技术合作洽谈会】 2004年7月，以孙新雷副市长为团长的郑州市代表团参加了由河南省组织的河南·上海经济技术合作及签约仪式。郑州市共签约5个项目，总投资额达19.6亿元人民币，其中利用市外资金18.1亿元人民币。这些项目分别是：郑东新区和上海绿地集团房地产开发项目，总投资6亿元人民币；上海荣欣家庭装潢有限公司入驻郑州经济技术开发区生产装饰品并承接装饰工程项目，总投资2.8亿元人民币；宁波佳兴科技有限公司和郑州兴财计算机系统开发有限公司合资生产液晶显示器和建立集成电路研发中心项目，总投资1亿美元；上海纽科路桥工程咨询有限公司入驻郑州高新技术开发区兴建交通工程管理系统基地项目，总投资2.3亿元人民币；永恩国际集团有限公司入驻郑州高新技术开发区建设皮革研发展示中心项目，总投资2000万元人民币。

为与上海经济界、企业界深入接触，力争本次活动获得实质性成果，郑州市代表团于7月30日下午在上海东亚大厦举行了郑州(上海)经济技术合作恳谈会。上海市经济界专家和跨国公司、大型企业及行业协会的高层领导，上海市委政研室和上海市流动经济研究所两位高级研究员，联合利华(中国)有限公司、海虹企业(投资)股份有限公司等6家跨国公司和大型集团的高层领导，上海国际商会铝业分会和汽车配件行业分会秘书长等要员应邀出席恳谈会。恳谈会上，孙新雷副市长首先向客人介绍了郑州市社会经济发展状况、区位优势及优先发展产业领域等。上海的经济专家向郑州市代表介绍了上海市经济发展情况及未来规划，探讨了基础加工业向中西部转移的可能性。跨国公司及大型企业集团的代表向郑州市代表介绍了他们的投资决策程序及对郑州投资条件的要求和评估，行业协会代表团探讨了如何与郑州市的铝电业、汽车工业等优势产业合作发展等问题。

孙新雷副市长率郑州市各参会单位领导重点拜访了德国麦德龙、法国家乐福、泰国正大易初莲花、上海绿地集团等上海总部的企业高层领导，就这些企业在谈或在建项目进行了交谈，了解了这些项目在合作洽谈中存在的问题。同时，还与这些企业讨论了郑州市的经济发展和投资环境，增强了他们在郑投资的信心，促进了麦德龙等在谈项目的进展，取得了好的效果。

本次赴沪洽谈会，郑州市共有郑东新区、高新区、经济技术开发区、出口加工区、中牟县、二七区、惠济区、巩义市8家单位组织参加。这些单位除了参加省、市组织的各项活动之外，还拜访接洽了50多家上海企业，谈成合作意向16个，其中，中牟县7个，经济技术开发区3个，郑东新区3个，惠济区3个，并就这些项目安排了下步洽谈计划。

【参加第八届中国投资贸易洽谈会】 第八届中国投资贸易洽谈会(以下简称投洽会)于2004年9月8日至11日在厦门国际会展中心举行，这是由国家商务部举办的全国性国际投资促进活动。本届投洽会吸引了来自全球118个国家和地区的境外客商参会，境外团组超过300个，参会外商逾万人。郑州市成立了以孙新雷副市长为团长，市直有关委局、金水等9个县(市)、区、郑东新区、高新技术开发区、经济技术开发区、出口加工区、有关项目企业和新闻宣传部门共86人的代表团参加本届投洽会。市商务局招商处具体负责组织实施工作。

郑州市代表团于9月8日在厦门会展酒店组织了“郑州市人民政府、日中投资促进机构交流恳谈会”，于9月9日在厦门宏都大饭店组织了“郑州市市情说明暨项目推介会”。两次会议邀请到日本松下电工、丰田、丸红等世界知名企业和海外科技人才代表团、菲律宾拉布拉布市代表团、菲律宾电器商联总会、加拿大华联总会等多个国家和地区的百余名客商参加。会上，全面介绍了郑州市市情，突出推介了郑州市重点招商项目，播放了郑州2004DVD光盘和郑州市情说明幻灯片。孙新雷副市长对郑州市城市概况、区位优势、投资环境、产业基础等作了全面介绍并回答了外商的提问。中外双方就投资政策环境、合作项目等进行了面对面交流。

为达到广交客商、全面洽谈的目的，郑州市代表团充分发掘本届投洽会提供的各种机会，参加了河南省投资环境说明会暨投资贸易洽谈会、投洽会项目对接会、“宝龙城市生活广场”项目投资说明会、中新投资项目对接会、加拿大豪港牧业发展有限公司“加拿大村”项目投资说明会等专场投资会，广泛开展对接洽谈。

为加大对外推介力度，郑州市代表团在9月8日《厦门日报》第三版上刊登了郑州宣传专版，并送发各大宾馆、酒店、机场、车站及会展中心各参展单位，充分宣传了郑州的市情市貌、外商投资优惠政策和重点招商项目。还推出了一批新版招商资料，新版招商项目库分《工业》、《农业》、《基础设施、第三产业》、《文化、卫生、教育、旅游》4个分册，共有对外经济合作项目127个，广泛收录了郑州市各县(市)、区重点项目。

参加本届投洽会的主要收获有：

一是扩大了宣传。利用本次投洽会河南省代表团展台重点宣传郑州作为中原经济圈龙头城市的机会，通过前期的精心策划、整体布局和大量的图片收集、文字斟酌工作，精心布展。展区共分区位优势、交通优势、城市新貌、居民生活、文化旅游、支柱产业、现代物流、郑东新区、重点开放县(市)、区九大板块，总面积120平方米。充分展示了郑州的形象，扩大了郑州的知名度。

二是结识了客商。通过参加投洽会举办活动和省、市自办活动，郑州市代表团以投资指南、项目库、VCD光盘等形式对外发放各种招商资料10000余份，交换名片1000余张。结识了以松下电工(中国)有限公司、丸红株式会社、YKK株式会社、丰田通商(中国)投资有限公司、日中投资促进机构、菲律宾电器商联总会、加拿大华联总会、厦门外商协会、台商协会部分会员企业等一大批有意投资郑州的客商。此外，各县(市)、区还通过各种方式与外商对接。金水区先后与福建漳州百花村有限公司、厦门湖里区政府及区商会、福建泉州丰泽区政府和博兴公司进行了座谈；管城区与8家中介公司，4家网站建立了联系，以便为政府代理、委托招商做准备；二七区与漳州新明欣管桩有限公司、厦门中富海房地产开发有限公司进行项目洽谈；荥阳市与福建福州乔丹鞋业中国有限公司进行了深入接触。

三是达成了意向。通过广泛联系、重点对接，郑州市代表团与菲律宾电器商联总会、美国布里奇波特大学驻中国代表处等多家单位达成了60多个初步意向。这些意向主要是：中原区与浙江金秋投资集团达成了西流湖商务、休闲、观光项目合作意向，与深圳华商投资集团达成了拟投资1500万元人民币的麦佳啤酒项目合作意向；上街区与美国桑尼克国际洁净能源技术公司达成了引进治理二氧化硫环保技术合作意向、与富士岛食品有限公司达成了建设胶水蔬菜合作意向；荥阳市与福建长乐华亚纺织有限公司达成了30万只纱锭合作意向；郑东新区与汇津国际公司达成了供水合作意向、与宝特公司达成了“宝特城市广场”合作意向；管城区与光华集团公司达成了“城镇改造”合作意向、与漳州明欣集团达成了新型建材开发合作意向、与日本代表团达成了进口汽车配件合作意向、与东方集团达成了食品开发合作意向；二七区郑州新增奇钢铁有限公司与漳州永大集团达成了拟投资1亿元人民币合作生产热轧板合作意向；经济技术开发区与福州开发区达成了中西部经济合作3个合作意向；巩义市与中华两岸经贸投资发展协会达成了总投资1亿美元的2×10万千瓦发电机组项目合作意向，与福建龙岩市永定县广信实业达成了30万吨水泥项目合作意向，并签订了初步框架协议；金水区与美国金海湾国际集团、厦门软件产业投资发展有限公司、亚太投资集团等38个企业达成了初步合作意向，其中15家企业将应邀前往金水区考察访问。

通过重点洽谈，已确定回访的单位主要是：宝龙集团发展有限公司已与郑东新区对接好将到郑考察筹建“宝龙城市生活广场”相关事宜；菲律宾电器商联总会理事长黄明顶先生明确表示将于近期带领菲律宾客商到郑考察；美国布里奇波特大学驻中国首席代表翁心龙博士表示将到中原区、郑东新区、上街区考察办学事宜。

四是签订了协议。本届投洽会郑州市代表团共签订了4项协议，总投资额4.5亿元人民币。分别是荥阳市人民政府与康泰制药公司合作投资1.5亿元人民币的河南康泰制药公司(二期工程)项目；荥阳市人民政府与中国现代农业集团有限公司(香港)总投资3亿元人民币的郑州现代商务大酒店项目；上街区郑州银丰铝业有限公司与厦门高特高新材料有限公司的700吨铝箔的订货协议，上街区与厦门台商协会签订了关于建立“郑州市上街区驻厦门市经济联络处”的协议。

【参加第六届中国国际高新技术成果交易会】 第六届中国国际高新技术成果交易会(以下简称高交会)于2004年10月12日至17日在深圳会议展览中心举行。高交会是经国务院批准，由商务部、科学技术部、信息产业部、国家发展改革委员会、教育部等部委与深圳市人民政府共同主办的国家级、国际性的高新技术成果交易会。本届高交会在新落成的具有国际先进水准的大型专业会展中心举办，采取新展馆与老展馆、主会场与分会场相结合的方式，共设9个展馆，在往届IT、生物、新材料、现代农业4个专业展的基础上，增设了先进制造技术与产品展和光电子及平面显示技术与产品展。首次组织了相配套的高新技术人才与智力交流会，并邀请了驻各国大使、参赞参会。同时增设了联合国采购洽谈。展区面积创国内同类展会面积之最，吸引了来自多个国家和地区的境内外参会客商45万余人，参加展览、交易的机构3500家，国务院副总理吴仪出席了大会开幕式。

郑州市代表团以市人大副主任尚有勇为团长，代表40人。市商务局、市科技局、荥阳市、金水区、中原区、经济技术开发区和高新技术开发区等20多个单位派员参加活动。在本届高交会上，郑州市共组织了4家企业参展，8家企业参会。会议期间，代表团不仅参观了展会，而且组织相关企业参加了世界科技与经济高层论坛及高新技术项目投资配对洽谈会。本着求真务实、突出重点的原则，代表团各成员单位抓住商机，主动出击，广泛接触，深入洽谈，基本实现了预定的目标。本届高交会郑州市共有2家企业达成了一些初步的合作意向，河南辰雨信息科技有限责任公司与湛江新德力化工有限公司达成了关于代理经销产品的意向；郑州海创科技有限公司与新加坡中新投资公司初步达成了投资500万元人民币在郑设立办事处的意向，与海尔集团就技术合作问题进行了深入探讨，2家公司均表示近期来郑做进一步的考察，以尽快确定合作方案。此外，郑州三磨研究所、河南辉瑞医疗器械有限公司等多家企业也分别与参会客商建立了多方面的联系，一些项目还须在会后进行深入地探讨。

【参加第九十五届广交会】 第九十五届广交会分两期举办，每期6天。第一期展出时间为4月15日～20日，第二期展出时间为4月25日～30日。在市商贸主管部门的组织下，郑州市白鸽(集团)股份有限公司、椿长仪表仪器有限公司、东昌印染有限公司、盛捷服装有限公司、泰立达贸易有限公司、瑞祥电子有限公司、欧丽电子集团有限公司、荥阳机绣总厂、三全食品有限公司、拓洋生物工程有限公司、泰莱科贸有限公司、天圆针织服饰有限公司、鸿宾木艺有限公司、河南青木机械进出口有限公司、河南上蝶阀门股份有限公司、河南汉威电子有限公司、河南太可思服饰有限公司、河南优普纺织有限公司、河南卓尔实业发展有限公司、河南蒙特玩具有限公司、河南同庆实业有限公司、河南时代陶瓷工业有限公司等22家企业的86位正式代表参加了第九十五届广交会。

在第九十五届广交会上，郑州市参展的商品有纺织服装、面料、机械电子、五金工具、建材、化工、食品、工艺、家具等9大类1300余种。交易会期间，郑州市参展代表团共接待70多个国家和地区的客商1400余人次(上届广交会接待客商1200余人次)，并分别与美国、英国、德国、俄罗斯、厄瓜多尔、巴拿马、泰国、马来西亚、越南、香港、菲律宾、印尼、阿联酋、加拿大、新加坡等63个国家和地区的客商签订出口合同158笔，成交金额2773万美元，比上届广交会成交金额2470万美元增长12.3%。参展企业成交情况分别为：白鸽(集团)股份有限公司430万美元、椿长仪表仪器有限公司143万美元、东昌印染有限公司361万美元、盛捷服装有限公司213万美元、泰立达贸易有限公司80万美元、瑞祥电子有限公司185万美元、欧丽电子集团有限公司10万美元、荥阳机绣总厂110万美元、三全食品有限公司40万美元、拓洋生物工程有限公司223万美元、泰莱科贸有限公司18万美元、天圆针织服饰有限公司90万美元、鸿宾木艺有限公司45万美元、河南青木机械进出口有限公司181万美元、河南上蝶阀门股份有限公司75万美元、河南汉威电子有限公司105万美元、河南太可思服饰有限公司38万美元、河南优普纺织有限公司65万美元、河南卓尔实业发展有限公司121万美元、河南蒙特玩具有限公司30万美元、河南同庆实业有限公司80万美元、河南时代陶瓷工业有限公司130万美元。

【参加第九十六届广交会】 2004年10月15日至10月30日，市商务局组织郑州市白鸽(集团)股份有限公司、椿长仪表仪器有限公司、卧龙游乐设备有限公司、东昌印染有限公司、泰立达贸易有限公司、瑞祥电子有限公司、荥阳机绣总厂、三全食品有限公司、拓洋生物工程有限公司、鸿宾木艺有限公司、河南上蝶阀门股份有限公司、河南汉威电子有限公司、河南太可思服饰有限公司等36家企业的正式代表107人参加了第九十六届广交会。宇通重工股份有限公司、力威管道设备有限公司等32家企业的61人观摩了广交会。

本届广交会上，郑州市的参展商品有磨料磨具、机械工具、电子电器、纺织服装、纺织面料、化工、医药保健品、食品、陶瓷、工艺、玩具、木艺12大类近1200余种产品。交易会期间，郑州市共接待70多个国家和地区的客商3000余人次，并分别与美国、英国、德国、俄罗斯、厄瓜多尔、巴拿马、泰国、马来西亚、越南、香港、菲律宾、印尼、阿联酋、加拿大、新加坡等65个国家和地区的客商签订出口合同181笔，成交金额6150万美元，比上届广交会成交金额2773万美元增长222%。参展企业成交情况分别为：白鸽(集团)股份有限公司687万美元、椿长仪表仪器有限公司108万美元、卧龙游乐设备有限公司9万美元、东昌印染有限公司286万美元、盛捷服装有限公司298万美元、明洋纺织品有限公司55万美元、汇欣贸易有限公司196万美元、瑞天贸易有限公司19万美元、泰立达贸易有限公司130万美元、瑞祥电子有限公司367万美元、永佳电子有限公司260万美元、瑞科电子有限公司180万美元、欧丽电子集团有限公司80万美元、荥阳机绣总厂58万美元、三全食品有限公司10万美元、拓洋生物工程有限公司80万美元、鸿宾木艺有限公司140万美元、河南青木机械进出口有限公司260万美元、河南恒生国际贸易有限公司30万美元、河南大成国际贸易有限公司100万美元、河南鹏升实业发展有限公司172万美元、河南耕生高温材料有限公司41万美元、河南上蝶阀门股份有限公司260万美元、河南汉威电子有限公司140万美元、河南太可思服饰有限公司90万美元、河南优普纺织有限公司128万美元、河南杜柏实业有限公司89万美元、河南卓尔实业发展有限公司21万美元、河南蒙特玩具有限公司14万美元、河南锐龙经贸发展有限公司160万美元、河南同庆实业有限公司150万美元、河南纺织工业总公司300万美元、河南鑫雅贸易有限公司236万美元、河南隆达食品有限公司112万美元、河南威龙纺织有限公司140万美元、河南时代陶瓷工业有限公司105万美元。

市商务局在广交会上向外商发放《郑州市进出口企业名录》及光盘500余套。由于参展企业地方特色突出且商品质量提高，吸引了众多客户洽谈签约，其中机械电子、磨料磨具、纺织服装成为参展商品中洽谈成交的主力军。企业在洽谈中也改变了以往有订单就接的做法，选择客户、选择市场和规避风险成为部分参展企业进行贸易的新亮点。本届广交会上郑州市企业与欧美客户的成交额占总成交额的四分之一，成交范围正由传统的中东等不发达市场向欧美发达市场转移。虽然本届广交会取得可喜成绩，但也存在许多不足，如：高新技术产品、机电产品和高附加值产品所占比例较低、竞价较低；“跨国采购区”和“三网合一”的中国国际电子商务平台没有很好利用等。

【第十届郑交会开幕】 10月15日，第十届郑交会在中原国际博览中心隆重开幕，省长李成玉、省委副书记支树平，省委常委、市委书记李克，省人大副主任张以祥，副省长史济春，省政协副主席张洪华，国家商务部副司长门晓伟，市长王文超等领导参加开幕式。孙新雷副市长主持开幕式。本届郑交会，首次尝试以市场化运作方式筹办，参展企业达到1000多家，其中，省外参展企业占35%，参会客商16万人次。

【首届武术节期间经济技术合作活动】

2004年10月16日至20日，首届世界传统武术节在郑州市成功举行。郑州市充分利用此次盛会，以武为媒，经贸相随，有效推动国内外客商与郑州市开展经济技术合作与交流，取得了显著效果。

（一）认真筹备、活动丰富

（1）领导高度重视。首届世界传统武术节是郑州市承办的规模最大、规格最高的一次国际赛事。此届盛会的成功举办，对提高郑州市的国际知名度，扩大国际影响力，促进郑州市的社会经济发展，都具有不可估量的价值。市委、市人大、市政府及市政协对做好首届世界传统武术节期间的经济技术合作与交流工作都给予了高度重视。市委书记李克、市长王文超、市委常务副书记赵建才、市委副书记祁金立、副市长孙新雷等领导多次对办好首届世界传统武术节期间的经济合作活动作出指示，要求将此届盛会作为借助外部力量推动郑州经济发展的重要抓手和重要载体，将世界各地的优势资源，通过此届盛会，与郑州市的有利因素实现有机结合，形成合力，推动郑州的发展。为此，大会组委会及市直有关部门，及早行动，大会组委会组织成立了商务部，制定了详细的工作方案，具体负责各项经济技术合作活动的筹备工作，确保了大会期间各项经济技术合作活动的圆满举行。

（2）做好邀商工作。市商务局、侨办、台办、侨联及工商联等部门，根据市政府的总体安排，发挥各自优势，通过海内外华人华侨组织、招商顾问和招商大使、在郑投资的国际知名企业等途径，以制作专题节目、举行新闻发布会等形式，广泛宣传，积极邀请。经过3个月的紧张筹备，首届世界传统武术节期间，来郑参会的国内外知名客商共有280人，其中包括日本丸红株式会社、三菱银行安达公司、泰国正大集团等世界500强企业的高层人士，上海赛洋集团、德力西集团、大印象集团、法派西服等国内500强企业的负责人，世界各地主要华人、华侨联合会、知名商会、知名企业的负责人等，国外客商分别来自美国、德国、荷兰、瑞典、比利时、匈牙利、日本、韩国、新加坡、泰国、澳大利亚、台湾、香港等国家和地区。

（3）做好项目推介、对接工作。郑州市对《对外经济技术合作项目库》进行了适度调整，将一批符合产业结构调整方向、科技含量和附加值高的项目充实进项目库，调整后的项目库共收录项目125个，投资领域涉及工业、农业、基础设施、第三产业、教育、文化、卫生、科技等，武术节期间，累计向国内外客商赠送项目库及光盘250套，有效推介了郑州市的合作项目。同时，对各县（市）、区、开发区的有合作意向的项目进行认真收集，多次召开县（市）、区、开发区项目征集会，推动有合作意向的项目进行前期对接，筛选了一批规模大、质量高的项目在武术节期间签约。

（4）安排专项商务活动。郑州市及部分县（市）、区先后组织了“各县（市）、区、开发区项目洽谈对接会”、“郑州市市情说明暨项目签约仪式”、“境内企业海外融资洽谈说明会、“资源整合经贸洽谈会暨项目发布会”、“外商参观考察郑东新区”等专题商务活动。通过举办上述活动，对郑州市的各种优势进行了集中宣传，对合作项目进行了集中发布，使国内外客商对郑州市的情况进行了集中了解，取得了明显成效。

（二）精心组织、成果丰硕

（1）结识一批重要客商，提高了城

市知名度。武术节期间，市领导王文超、赵建才、祁金立、王福成、孙新雷、龚立群、李西海等先后会见了日本大信株式会社董事长中泽俊夫、日本住友集团明电舍(郑州)电器工程有限公司总经理依藤雄一、泰国正大集团资深执行副总裁郑武樾、中华中山(香港)国际集团总经理苏泽宁、上海祥龙国际投资集团董事长孙赓祥等国内外重要客商，向他们介绍了郑州市良好的投资环境和发展前景，其中部分客商还被聘请为郑州市高级招商顾问和招商大使。王文超市长在市情说明会上向广大客商介绍了郑州市在区位、资源、产业等方面的优势，引起了国内外客商的广泛关注；部分在郑投资的客商通过亲身经历，介绍了郑州良好的投资环境和广阔的发展潜力，进一步增强了国内外客商来郑州投资的信心。通过这些活动，进一步加深了国内外客商对郑州的了解，增强了他们投资郑州的信心，为郑州市下一步更好地开展招商引资、扩大经济技术合作与交流创造了有利条件。

(2)引进了一批高质量的经济合作项目。通过前期对接和后期洽谈，武术节期间，全市共签订对外合作项目20项，其中，境外合作项目10个，项目总投资9.3亿美元，合同利用外资3.9亿美元，投资者来自美国、法国、日本、新加坡及台湾和香港地区；国内合作项目10个，项目总投资额40.4亿元人民币，利用域外资金29.8亿元人民币，投资者来自北京、上海、天津、厦门、温州等地。项目投资领域涉及制造业、电力、科技、教育、房地产开发及商贸流通等行业。

这些经济合作项目主要有以下特点：一是项目规模大。境外合作项目的总投资额均在1000万美元以上，总投资额超1亿美元的项目有2个，其中，登电集团与香港华润电力合作兴建的2×600兆瓦电厂项目，总投资额6亿美元，引进外资额2亿美元；国内合作项目总投资额均在5000万元人民币以上，投资额超1亿元人民币的项目7个，其中，郑州新登企业集团有限公司与国投煤炭开发有限公司合作的2×135兆瓦电厂项目，总投资额20亿元人民币，引进资金额10.2亿元人民币。二是制造业、能源工业和房地产是外商投资的主要领域。签约项目中，房地产开发项目7个，制造业项目5个，其中，高档冷轧薄板项目、高密度DVD—R光盘项目、精密仪器生产项目等对郑州市调整产业结构，将起到积极作用。电力行业仍受投资商的青睐，登封的2×600兆瓦的电厂项目和2×135兆瓦电厂项目，投资额分别达到6亿美元和20亿元人民币。三是行业投资区域化趋势凸显。各区、开发区签约项目中，有10个房地产开发、商业及其它服务业项目，占签约数的83%；县(市)签约项目中，有5个能源、制造业项目，占签约项目数的71.4%。

(3)壮大了招商队伍。郑州市继聘请首批高级招商顾问和招商大使后，首届世界传统武术节期间，又聘请德国MCG管理集团总裁克劳斯·格吕茨马赫、郑州市侨办驻洛杉矶招商顾问殷铁良等两位知名人士为高级招商顾问，聘请世界侨联总会秘书长任兴亮、美国亚裔联盟总会主席江志成、泰国工商总会顾问付学军等8位知名人士为郑州市招商大使。

【壮大流通服务业】 一是积极引进国内外优势流通服务企业。2004年，正大易初莲花超市、中环百货、天津家世界等国内外知名零售企业在郑投资项目已顺利开业，有力推动了郑州市商贸流通业的产业升级，同时，世界500强企业麦德隆在郑投资项目已确定，沃尔玛、家乐福项目正在加紧推进。二是加强规划引导，建立完善的市场流通体系。根据《郑州市商贸网络建设发展规划纲要》，以九大专业商品交易园区为重点，大力培育专业批发市场。全市各类商品交易市场已达360多个，成交额超亿元的市场达52个；以通利家电、八方电器、国美电器、思达超市、九头崖超市、双汇超市等企业为重点，大力发展连锁超市。三是大力发展现代物流业。香江物流园区自2004年5月开工建设以来，已累计完成投资4亿元，完成建筑面积20万平方米；澳柯玛国际物流园区2004年11月28日开工建设，郑州亨哈国际商贸城、中博物流俱乐部也于2004年12月15日开工建设。适时组建成立了郑州市物流协会，以加强行业管理，规范行业行为。四是积极探索发展现代会展业。首次尝试以市场化运作方式筹办了第十届全国商品交易会，参展企业达到1000多家，其中省外参展企业占35%，参会客商16万人次。五是以民为本，整顿和规范市场秩序。严厉打击私屠乱宰，对市属3家定点生猪屠宰厂实行专人值守，确保市民吃上放心肉；对全市拍卖、典当、旧机动车交易等特殊行业市场的运行情况进行了全面摸底，加强规范和监管；不断加强成品油市场管理，正式启动了乙醇汽油的推广工作，效果良好。

【改善投资环境】 一是主动接受各方监督。2004年，郑州市对外开放和商务工作自觉接受市人大、市政协及社会各界的监督，市商务局向市人大汇报了全市对外开放和商务工作情况，接受了市政协的民主集中评议，针对存在的问题进行了认真及时地整改。二是规范服务。充分发挥郑州市投资办事大厅的窗口作用，按照“工商受理、抄告相关、并联审批、限时完成”的要求办理企业登记手续，提高审批效率，减少审批环节，简化审批程序，缩短审批时限，受到了外来投资者的好评。三是认真做好外商投诉处理工作。2004年共受理外商投诉案件42起，结案38起，结案率90.5%。

【推进国有商业企业改革】 一是积极推动国有商业和外贸企业改革。郑州医药股份有限公司、郑州医药供应公司完成改制，完成改制的局属商业企业累计达到7户，涉及总资产4.3亿元，总负债3.1亿元，职工7908人；已经市改革办审核批准立项进入改制程序的企业13户；国有外贸企业已有9

家企业申报破产。二是积极推进局属企业人事制度改革，加强企业领导班子建设。出台《关于建立和实施企业经营管理者选拔任用机制的意见》，对百货大楼的总经理职位实施公开竞争上岗。市商务局党委对局属企业的领导班子成员进行了年度考核，深入了解企业经营情况及领导班子建设情况，确保局属企业领导班子团结、务实、廉洁、高效。三是做好稳定工作，确保局属企业大局稳定。将稳定工作摆在党委工作的重要位置，制订下发《稳定信访工作领导定点联系企业制度》和《稳定信访工作评比奖励意见》，及时解决省、市政府交办的重大不稳定案件，全市商务系统整体稳定。

【消费品市场】 2004年，全市社会消费品零售总额完成558.7亿元，同比增长16.4%，其中，批发零售业和餐饮业分别完成459.9亿元和80.2亿元，同比分别增长13.6%和38.5%。主要有以下特点：

(一)零售市场的服务功能不断完善，流通现代化步伐明显加快。零售市场以完善功能，提升档次，方便生活为目标，经过结构调整，业态更新，市区已初步形成了以二七、碧沙两个市级商业中心为龙头，十几个相对集中的区域性商业中心和同类门店集中形成的十几条各具特色的商业街为骨干，遍布全市的社区便民商业为基础，购物中心、百货店、大型综合超市、超市、便利店、专业店、专卖店等业态较为齐全的零售商业服务网络。

(二)大力发展连锁经营，推进流通现代化。近年来，郑州市把发展连锁经营作为推进流通现代化工作的重点，市政府先后3次出台文件，对连锁企业实行简化行政审批手续、实行统一纳税、保证配送车辆市内通行等一系列扶持政策，使连锁经营得到迅速发展，成为郑州商业经济发展中最活跃的新经济增长点。2004年全市10家重点连锁企业的销售额达85亿元，占全市社会消费品零售总额558.7亿元的15.2%。郑州市连锁经营正在向多领域和深层次发展，连锁经营的行业范围不断拓宽。从经营方式上讲，由以发展直营连锁为主，向直营和特许加盟并举方向发展；从业态上讲，已由初期的超市连锁拓展到百货店、大型综合超市、专业店、专卖店、便利店等多种业态；从行业上讲，已从初期的零售和餐饮扩展到医药、音像、电讯、石化、汽车销售、干洗、家政服务等20多个行业；从企业性质上讲，已由国有经济为主演变为股份制、私营、外资、国有并存，民营经济占主导的新格局，出现了一批经营理念先进、服务管理规范、经济效益较好、市场竞争力较强的连锁企业。郑州丹尼斯百货有限公司从1997年11月16日第一家店开业到2004年底，已先后在郑州、洛阳、济源、新乡、安阳等市发展百货店、量贩店、便利店22家，2004年销售额达172555万元。河南通利家电公司在郑州和全省各地、市开设家电专业店20多家，2004年销售总额达227879万元。河南思达连锁商业有限公司，经过10年的发展，到2004年底已拥有220家门店，一座22000平方米的大型现代化商品配送中心，经营面积7万多平方米，职工3000人，成为郑州市和河南省最具规模、最为规范的连锁超市企业，2001年至2004年连续4年进入中国连锁百强。郑州仟禧堂医药有限责任公司到2004年底已发展连锁店206家，成为全省规模最大、管理最规范的医药连锁企业。河南九头崖集团左右间便利实业有限公司2003年10月开第一家店，现已发展连锁便利店60多家，成为郑州市最规范的便利店连锁公司。郑州康洁洗涤有限公司已在郑州和河南各地市以及济南、天津、南京、杭州、太原等城市发展干洗店380多家，成为集干洗、水洗、洗染和洗涤设备销售、洗涤材料销售为一体的全国性专业洗涤连锁品牌。

(三)实施外向带动战略，全面提升商业档次。郑州市对流通业对外开放工作非常重视，1997年11月16日经国务院批准的首家台资零售企业丹尼斯百货建成开业，郑州零售业利用外资实现了零的突破。之后，郑州零售业对外开放的深度和广度不断深化拓展，逐步形成了全方位、宽领域的对外开放格局。已落户郑州的国内外商业巨头有世界500强企业美国沃尔玛、法国家乐福、德国麦德龙、泰国正大集团易初莲花以及马来西亚百盛、台湾丹尼斯、百脑汇、赛博等外资零售企业，有上海世纪联华、北京华联、北京国美、天津家世界、江苏苏宁、上海永乐、江苏五星等国内知名商业企业。随着国内外商业巨头的进入，郑州零售业进入新一轮快速发展期，效果非常明显。一是促进了全市商业设施建设，郑州市在建和签约的1万平方米以上的20多个大型商业项目全部是引进项目，这些项目建成开业，将对优化商业网点布局、完善城市综合服务功能、改变城市面貌做出重大贡献。二是促进了郑州商业整体水平的提高。郑州市商业企业通过与外来企业的合资合作，学习竞争，在企业的经营理念、运行机制、经营方式和管理模式等方面都发生了深刻的变化，经营理念不断更新，管理水平不断提高，加快了与国内国际接轨的进程，企业整体素质明显提高，不但经受住了冲击，而且增强了企业的适应能力和承受力，得以发展壮大。三是业态结构趋向合理，过去郑州商业以单一的百货业态为主，通过对外开放，引进了大型购物中心、大型综合超市、超市、便利店、专业店、专卖店等新型业态，使商业的业态结构趋向合理，商业氛围更加浓厚。四是方便了市民生活，提升了城市形象。特别是大型综合超市和超市、便利店的快速发展，以其优美的环境、优质的商品、优惠的价格、优良的服务引导消费，改变了市民的消费习惯，把过去习惯去农贸市场、批发市场购买日常生活必需品的消费者吸引过来，既方便了市民生活，提高了居民的生活质量，也美化了市容，提升了城市形象。

(四)调整结构，错位经营，促进零售业健康发展。郑州零售商业在上世纪90年代初曾经创出骄人的业绩，名噪全国，一度有4家企业进入全国零售商业百强。之后随着大型零售商场数量的增加，竞争越来越激烈，加之结构雷同、千店一面、经营无特色、竞争不规范，导致大型零售企业经营形势急转直下，销售连年大幅下降，单店年销售由最高时的近5亿元，降到不足1亿元；效益更是一落千丈，亏损额急剧增长，多数商场陷入困境，先后有3家商场关门歇业，郑州大型零售业遇到了前所未有的困难。2000年，在借鉴上海经验，充分征求企业意见的基础上，出台了《郑州市大型零售商场错位经营试行方案》，引导企业调整结构，发挥优势，合理定位，突出特色，科学营销，形成自己的经营特色和消费群体。通过良性竞争，优势互补，资源共享，实现零售业的共同繁荣。通过几年来的不断调整，丹尼斯百货的流行时尚主题，金博大购物中心的流行百货特色，正道花园商厦的精品百货形象，正弘的高档精品定位，国际友谊广场的电器和IT产品优势，商城大厦的家电专卖特色等日益突出，郑州零售业进入新一轮快速发展期。2004年河南通利量贩有限公司、郑州丹尼斯百货有限公司、河南八方电器有限公司和河南金博大购物中心有限公司分别以22.8亿元、17.3亿元、12.8亿元和12.6亿元的销售额位列中国零售百强第55名、70名、88名和91名。

（五）发挥商贸城市的强吸纳、远辐射功能，商品批发交易活跃。近几年，郑州市商品市场的建设发展，以控制总量，优化布局，提高档次，培育龙头市场为指导原则，经过持续的整顿规范，使市场经营主体、商品交易秩序不断规范，场容场貌、商品质量和档次不断提高，规模不断扩大，商品集散能力不断增强。形成了以全国性市场为龙头，区域性市场为骨干，地方性市场为基础的不同层次、不同类别的专业市场体系。在布局上，由市区逐步向市郊发展，形成了9个易于商品交易集散的市场集中园区；交易功能上由为当地服务向跨区域、远辐射方向发展，形成了区域性商品集散中心；经营结构上由综合性向专业化方向发展，形成了一批在全国有一定影响的大市场；投资主体上由单一的国有向多元化方向发展，形成一批生机勃勃的市场建设主体。2004年市区150多个批发市场，年交易额超过600亿元，其中24个市场年交易额均超过10亿元，银基商贸城以50亿元的交易额位居全国同类市场榜首，凤凰建材城、中博集团、郑州鞋城、刘庄蔬菜、水产大世界等10多个市场在全国同类市场中名列前茅。

（六）发展现代物流业迈出新步伐。为加快现代物流业发展，完成了《郑州现代物流业发展规划》的编制工作，明确了郑州市物流业发展的指导思想、基本原则、战略目标、发展模式等。印发了《郑州市现代物流业建设发展规划纲要》，进一步明确加快物流业发展的政策措施。初步搭建郑州现代物流信息平台。中邮物流、豫鑫物流、河南长通物流、河南公路港、万通汽配等企业已初具现代物流功能。以思达商业配送中心为代表的八大连锁企业配送中心，已经具备了面向社会配送的功能。香江集团、澳柯玛、哼哈集团、长通物流等国内外知名企业已经或即将入驻圃田物流园区，工程投资将超过50亿元。

【“十一”黄金周商品销售】 2004年“十一”黄金周，郑州消费品市场货源丰富、价格稳定，商品销售较旺。据对丹尼斯、金博大、北京华联、河南通利、思达商业等大型零售商场、连锁超市统计。10月1日～7日共实现商品零售额22348万元，比上年同期增长15.7%。市场呈现以下特点：一是节日市场商品供应充足、价格稳定，居民挑选余地大；二是家用电器、通讯产品、服装成为节日市场三大亮点。三是餐饮市场持续火爆。四是各大商场商品促销活动高潮迭起。五是中环百货、家世界、易初莲花3家商场商品销售开局良好。

【生猪屠宰及生鲜肉市场专项整治】 2004年10月26日上午，市畜禽屠宰管理领导小组召开会议，认真贯彻省生猪屠宰及生鲜肉市场专项整治工作会议精神，研究部署郑州市的专项整治工作，领导小组成员单位的有关负责同志参加了会议。

会上，印发了《国务院关于进一步加强食品安全工作的决定》、《河南省生猪屠宰及生鲜肉市场专项整治工作方案》。领导小组办公室主任高克杰传达了省厅会议精神，回顾分析了2004年以来生猪屠宰及生鲜肉市场管理情况，并就下步专项整治活动做了工作安排。到会的领导小组成员对前段工作情况及这次专项整治活动进行了讨论。

孙新雷副市长要求大家：一是要高度重视这次集中整治活动。食品安全是关系到人民生命安全和身心健康的大事。搞好肉品安全，确保全市人民吃上放心肉是政府工作的一项重要职责。二是各单位要各司其职，联合作战，共同完成任务。市屠宰办要统一协调安排整治活动。商务局要做好市内3个定点屠宰厂的监管工作，组织打击私屠滥宰。工商局依法加强对肉品流通市场的管理。农业局负责生猪及其产品的检疫。卫生局负责宾馆、饭店及集体伙食单位肉品进货渠道的管理。公安局要积极配合，派足警力，依法打击暴力抗法人员。财政局要在经费上给予保证。这次集中整治活动，省安排到12月底，郑州市要坚持整治到来年春节。集中整治期间，各成员单位要相对固定人员，按照方案要求，以高度的事业心和责任感搞好这次生猪屠宰和生鲜肉市场专项整治工作。

【查处生猪屠宰违规厂家】 8月13日，《大河报》报道市鸿发屠宰厂屠宰注水生猪事件。经调查取证，《大河报》报道问题基本属实，出现问题的主要原因是屠宰厂生猪入厂检验人员把关不严，玩忽职守，屠宰人员未能认真对屠宰生猪实施肉品检验所致，屠宰厂负有不可推卸的直接责任。为遏制事态发展,防止类似事件再次发生,市商务局当即做出了三条处理决定。一是鸿发屠宰厂立即停业整顿,建章立制,进一步加强对厂内管理人员的培训教育,学习国家有关规章制度和操作规程,完善各个环节的管理。二是依据《生猪屠宰管理条例》,对鸿发屠宰厂从重进行处罚。按违规最高额罚款5万元。三是责令鸿发屠宰厂做出书面检查,制定整改措施;对有关责任人进行处理,对直接责任人予以清退。尔后检查组又到郑荣和东海屠宰厂对待宰生猪、屠宰车间、清毒设施、厂内卫生等进行了全面认真检查,未发现注水猪等同类问题,但卫生条件和清毒设施也不尽人意。在检查时针对厂内存在的问题,要求屠宰厂立即整改,要严格按照国家有关规定实施屠宰和肉品检疫检验,切实保证出厂肉品安全卫生,对广大人民群众的身体健康负责,坚决杜绝类似事件再次发生。

【易初莲花和家世界建成开业】 泰国正大集团易初莲花紫荆山店经过一年多的建设,于2004年9月16日开业迎宾。该店位于紫荆山路与商城路交叉口,总建筑面积39000多平方米,总投资近2亿元。开业前10天销售额达1534万元,最高日销售额232万元。

天津家世界集团在郑州投资建设的首个大型商业项目——郑州南阳路家世界购物广场,总建筑面积17240平方米,总投资近1亿元,2003年底开工,2004年9月24日建成开业,前3天销售额分别达185万元、169万元和164万元。易初莲花和家世界建成开业,并取得良好的销售业绩,标志着国内外商业巨头抢摊郑州零售市场,国际、国内和本地零售企业同台竞争,共同发展进入了一个新阶段。

【郑州百盛购物广场开业】 郑州百盛购物广场位于东太康路72号汇龙城原址,总面积5万多平方米。百盛百货隶属马来西亚金狮集团。金狮集团是马来西亚名声卓著的企业集团,20世纪30年代在东南亚创立,目前已发展成为以马来西亚为基地,分布于亚欧美等十几个国家和地区的跨国企业。旗下200余家公司及关系企业的经营及投资领域有轻重工业、电脑通讯业、商品流通业、房地产等行业,并取得了良好的市场业绩。金狮集团自1992年进入中国拓展业务,涉及行业主要有汽车及摩托车、啤酒、百货零售等行业,至今已在华建立了80多家合资或合作企业。百盛百货创立于1987年,连锁百货商店遍布马来西亚各主要城市,至今已开设了40多家购物中心和超级市场,以及百余家便利店和精品专卖连锁店,成为全马百货店兼超级市场最大、最成功的零售连锁集团。自1992年以来,已在中国30多个城市开设了40多家连锁店,年销售额超百亿元。

【上海绿地集团入驻郑东新区】 11月28日上午,绿地世纪大厦主体工程破土动工仪式暨老街·郑东新苑开盘庆典活动在郑东新区隆重举行,国内房地产行业综合实力排名第四位的上海绿地集团正式落户郑东新区。

上海绿地集团是中国综合实力500强企业之一、中国房地产行业综合实力排名第四、上海房地产行业综合实力排名第一的全国知名企业。其项目开发辐射城市跨越上海、南京、成都、合肥、南昌、西安、长春等地,在东南、东北、西南、西北、中原等区域中心城市重点突破,并以此为基地向附近城市延伸发展。此次在郑东新区开发建设的项目分别是老街·郑东新苑住宅项目和绿地世纪大厦商务楼项目。住宅项目总投资12亿元,总建筑面积45万平方米。位于郑东新区CBD外环的商务楼项目——绿地世纪大厦总投资3亿元,建筑面积3.8万平方米。

【台湾长庚医院来郑考察选址】 9月13日,台湾长庚医院王瑞慧女士及有关人员来郑考察医院选址,考察组在副市长胡荃等有关领导陪同下,先后考察了郑东新区、惠济区、高新技术产业开发区所提供的院址。三区对台湾长庚医院的入驻都给予了高度重视,分别提供了地理位置优越、交通便利、具有发展潜力的区域供长庚医院使用。王瑞慧女士对上述备选区域进行了详细查看,并提出了一些相关问题,就此,相关部门负责人都给予了全面的解答。

【加拿大客商来郑投资生物医药项目】 11月20日~11月30日,加拿大克兰环球集团执行董事、凤凰药业公司董事张仕尧,凤凰药业副总裁李开朗、凤凰药业特别助理刘鑫等来到郑州考察投资环境,并与中原区就投资兴建生物制药厂项目签订了合作意向书。市委副书记祁金立会见了考察团一行。

加拿大凤凰科技公司是特别为在中国生产生化药物,于2004年在加拿大新成立的高科技企业。该公司在郑州市投资兴建的生物制药厂项目总投资额3亿美元,主要生产用于治疗贫血、癌症、糖尿病等疾病的生化药品。其目标是生产当地民众能负担起的药物,同时出口欧美和加拿大市场。

凤凰科技公司董事局主席计划于2005年1月率团来郑,进行项目的最后落实,并签订投资合同。

【大连大商集团来郑考察】 12月2日上午,市委书记李克在市委接待室会见了大连大商集团董事局主席牛钢先生一行。李克书记向客人介绍了郑州市经济社会发展、郑东新区规划建设以及商贸流通业改革发展的有关情况,并欢迎大商集团来郑投资发展。市政府副市长孙新雷、市商务局局长岳增浦一同参加了会见。

大商集团是中国著名商业集团之一,大连市首家上市公司。集团总资产近150亿元,营业面积超过150万平方米。网点已经辐射东北、华北广大地区,在大连、北京、沈阳、长春、哈尔滨、石家庄、太原等35个大中城市开设大中型商场100余家。2003年实现销售额182亿元，列全国零售企业销售总额第二位，百货业排名第一位，实现利税近5亿元。大商集团作为全国著名的百货连锁企业，对郑州市场非常重视，希望早日在郑州开店。牛钢先生一行此次来郑的主要目的就是为了进一步考察了解郑州投资市场发展情况，商议有关合作事宜。

【苏宁电器集团来郑考察】 12月12日，苏宁电器集团总裁孙为民一行来郑考察投资事宜，孙新雷副市长会见了考察团一行。苏宁电器始创于1990年，自1995年起，苏宁电器率先在中国家电流通领域尝试连锁经营，其连锁店已遍及24个省、市，2004年7月，公司在深交所挂牌上市。

市商务局根据郑州市的商业网点发展规划，为其在二七、碧沙岗、花园路等商业圈初步筛选了经营场所。并将在发展模式、投资形式等方面加强与苏宁电器的沟通，使苏宁电器早日落户郑州。

【郑州市物流协会成立】 12月16日，作为郑州市加强物流行业管理，规范行业行为，提升物流产业整体竞争力的一项重要举措，郑州市物流协会正式成立。市委副书记祁金立、市人大副主任王平、副市长孙新雷、市政协副主席李西海等领导，市直有关局委、全市重点物流企业共200余人参加了成立大会。中国物流与采购联合会常务副会长丁俊发、香港物流协会会长梁智敏等到会祝贺。中国物流与采购联合会专门发来贺信。

成立大会上，孙新雷副市长作了重要讲话。他指出，郑州发展现代物流业具有得天独厚的优势，市委、市政府对此高度重视，制订了《郑州现代物流业发展规划》和《郑州市现代物流业建设发展规划纲要》。伴随我国加入WTO进入后过渡期，物流行业的壁垒将逐步减少，为郑州市发展现代物流业提供了机遇，也提出了挑战。要加快郑州现代物流业的发展，就必须加强学习，提高物流从业人员的专业素质；必须实施“内联外引”，运用市场化手段整合、配置、优化物流资源，实现物流企业规模化经营；必须加快企业战略性结构调整，建立满足需求的专业化物流服务体系；必须提升服务质量，提高管理水平，增强物流企业的核心竞争力；必须积极融入生产与流通企业的供应链管理体系中，拓展服务网络；必须加快企业信息化建设和技术装备的更新，实现企业高效运营。此外，市商务局局长、郑州市物流协会会长岳增浦结合行业管理的要求，对协会的工作做了具体安排。市物流协会2005年将重点做好三件事，一是搭建物流信息平台，使会员通过中心平台相互交流、发布信息、扩大影响。二是举办高层论坛，邀请知名专家来郑讲学，提高广大经营者和管理者业务能力，开阔视野；三是开展对外交流活动，加强郑州市企业与国内外知名物流企业间的沟通与合作。

市商务局副局长、市物流协会副会长王卫平作了郑州市物流协会筹备工作报告，大会表决通过了《郑州市物流协会章程》(草案)和《郑州市物流协会行规公约》(草案)、《郑州市物流协会会费交纳办法》(草案)、物流协会第一届第一次会议组成人员名单。

在随后召开的现代物流业研讨会上，中国物流与采购联合会常务副会长丁俊发、香港物流协会会长梁智敏等，就当前中国及国际现代物流业的发展形势及趋势、郑州现代物流业的发展重点等问题和与会人员进行了深入探讨。

【参加第十四届全国对外开放城市网络年会】 为期4天的第十四届全国对外开放城市网络年会10月26日在郑州召开。孙新雷副市长在年会上对郑州悠久的历史、特色产业及良好的投资环境向来自成都、福州、兰州、宁波、吉林、合肥、唐山、无锡、秦皇岛、淮北、开封、南阳等城市的代表作了全面介绍，希望各参会城市通过对外开放城市网络年会这一平台，加强对外开放领域的协作和交流，推动城市间经济合作再上新台阶。

【举办招商引资专业人员培训班】 为更好地适应内外贸融合和招商引资工作发展的要求，提高全市招商引资工作人员的专业素质和综合素质，市商务局于12月10日至11日举办了“郑州市招商引资专业人员培训班”。各县(市)、区负责招商引资工作的副县(市)、区长，各县(市)、区商务局(招商局、外资办)局长(主任)、主管副局长(副主任)、招商科科长等110人参加了培训。

培训班上，孙新雷副市长讲授了《宏观形势与招商引资》，联合利华(中国)有限公司对外事务专家曾锡文讲授了《如何吸引跨国公司的投资》，河南财经学院教授讲授了《招商引资实务》和《商务谈判的礼仪、语言与技巧》等。通过集中强化培训，各县(市)、区商务机构和招商引资部门的主要管理和业务人员对招商引资工作的基本概念、基础知识、基本规则和操作程序等有了完整、准确、清晰的把握，为造就一支知识化、专业化的招商引资工作队伍，推动全市招商引资工作快速发展奠定了基础。

【徐光春书记视察郑州市节日市场】 12月29日上午，省委书记徐光春在省委常委、省委秘书长李柏拴，省委常委、郑州市委书记李克，郑州市长王文超、副市长孙新雷等省、市领导的陪同下，对郑州市的节日市场情况进行调研。

徐光春书记先后对纬四路农贸市场、金博大购物中心等进行视察。在纬四路农贸市场，徐光春书记对市场内销售的蔬菜、肉类的价格、产地、质量等情况进行了详细地询问，与市场内的商贩进行了亲切的交谈。当了解到市场内销售的产品种类丰富、价格合理、质量有保证时，徐书记非常高兴。在金博大购物中心，徐书记对金博大的发展情况表示满意，希望金博大继续努力，进一步做大做强。

为做好节日期间市场供应等项工

作，郑州市积极安排商家准备货源，丰富产品种类，延长营业时间；设立绿色通道，确保果菜市场供应；加大产品质量监管力度，对肉品市场进行集中清理、清查，确保市民吃上放心肉；加强商情监测，对主要商品进行适时监测，确保节日市场供应和价格稳定。徐光春书记对郑州市节日市场总体情况表示满意，并强调四个“不要忘记”，即各级政府过节不要忘了群众，不要忘了廉洁，不要忘了稳定，不要忘了安全。要组织充足的货源，保障供应，确保广大群众过一个欢乐祥和的新年。

【省政协对郑州市开放型经济进行调研】 7月21日，省政协经济委员会副主任方刚带领省政协调研组一行6人，对郑州市开放型经济发展情况进行调研。市政协薛定海副主席、赵联邦秘书长等领导陪同参加了调研工作。市商务局常务副局长阎铁成、副局长张灵芝按照市政府的要求，向调研组汇报了郑州市有关情况，并召集部分外资、外贸企业代表与调研组座谈，反映企业生产经营的情况、问题和困难。

省政协调研组首先听取了郑州市的工作汇报，随后又对河南中孚实业有限公司、郑州拓洋生物有限公司等外经贸企业的生产经营情况进行了了解。赴经济技术开发区，对郑州猛狮客车有限公司和郑州安飞电子玻璃有限公司进行了现场考察。从本次调研情况看，郑州市开放型经济发展的总体形势是好的，大部分外经贸企业保持了快速的增长势头，但也存在一些问题。主要有以下几个方面：一是国家宏观调控政策的实施，部分行业投资受到限制，郑州市的土地资源日趋紧张，为扩大招商引资带来一定困难。二是银行抽紧银根，紧缩信贷规模，以及出口退税、出口贴息的返还速度较慢，使部分企业资金周转出现困难。三是郑州市企业异地出口现象较为严重，应进一步加大对全市外贸出口的工作协调力度，加强对出口企业的扶持和服务。

【市政协调研国有企业改革情况】 7月27日上午，市政协副主席李西海带领部分市政协委员，对市商务局国有企业改革改制情况进行视察调研。

在岳增浦局长等领导陪同下，市政协委员们先后视察了市辐照中心辐照站、京广路鞋城、市国际友谊广场，分别听取了市商务局王卫平副局长和李宪德副局长关于国有商业企业和外贸企业改革进展情况及郑州友谊商业集团和市辐照中心改制情况的汇报。李西海副主席认为，市商务局在市委、市政府的领导下，带领干部职工，扎实工作，勇于创新，在国企改革改制和对外开放方面的工作是卓有成效的。李西海副主席听取市商务局工作汇报后，提出了几点要求：一是统一思想、深化认识；二是深入指导、稳步推动；三是执行政策、规范操作；四是搞好协调、争取政策。

（曹宏伟　裴东升）

供销合作

【概况】 2004年，郑州市供销合作社认真贯彻中央一号文件和十六届三中、四中全会精神，紧紧围绕年初制定的工作目标，团结奋进，开拓创新，求真务实，把握重点，改革、发展、稳定等各项工作都取得了新的成效。2004年全系统实现报表利润471万元，为年计划412万元的114.3%，同比增长16.8%；商品销售总额完成31亿元，为年目标28亿元的107%，扣除不可比因素，同比实际增长3.2%；化肥供应量完成47.8万吨，为年计划34万吨的140.5%；新建、规范农村专业合作社15个，为年目标12个的125%；市本级兑付社员股金918万元，对比年初减少36.4%，股金余额下降到1470万元；全系统社员股金余额由1998年的12.3亿元下降到3.5亿元，下降幅度为71.5%。

【完善各类涉农服务组织】 一是认真贯彻落实《河南省人民政府办公厅转发省供销合作总社关于积极领办农村合作经济组织提高农民进入市场组织化程度实施意见的通知》（豫政办[2004]38号）文件精神，积极领办各类农村合作经济组织，努力实现千家万户的农民与千变万化的市场的有效对接，促进农业增收，农民致富。截至年底，全市供销社系统已领办农产品行业协会7个，入会会员达900多人，建立各类专业合作社112个，入社户数近2万户，发展村级综合服务社共计824个。二是大力兴办乡村超市，培育农村市场流通主体。全系统累计发展乡村超市69个，连锁店37个。同时，超市、连锁店的规模也不断发展壮大，经营品种更加齐全，为农服务设施更加完备，最大的乡镇超市面积达到了2000平方米以上。三是组建各类配送中心。市社系统首先从自身的优势商品做起，尝试组建一类或某个品种的配送中心，并呈现良好的发展势头，现已发展各类配送中心12个。其中，荥阳市社发展的家电配送中心，为20多个销售点配送家电，在当地家电销售市场上独树一帜。新郑市社的副食品配送中心取得了几十种副食品代理权之后，每天都为全市13个乡镇的137个网点进行上门配送服务。另外，部分县（市）社利用自身业务优势组建了农资配送或烟花爆竹配送中心，市场份额不断扩大。四是加大力度，继续推进田园情便利店建设。2004年，市供销社在认真总结以往经验和教训的基础上，重新确立了工作指导思想，对田园情农产品网络建设工作方案做了进一步的修订和完善，为顺利推进此项工作提供了保障。全市田园情便利店已建成260个左右，新的、更加规范的便利店正在积极筹建之中。同时，市供销社还利用自身资金、人员、信息、资源等优势，多方联系，招商引资，力争把田园情网络建设成为知名品牌，更好地发挥农产品流通主渠道作用。五是做好西瓜有序进城销售工作。根据市政府安排，供销社协调相关部门，统一规划，精心组织,在市区80多条背街小巷设立了300多个西瓜零售网点,并与4个蔬菜、水果批发市场达成协议,允许中牟西瓜进场批量交易。同时,供销社还组织社属10个企业的30多名干部深入到各机关、大中专院校和企事业单位联系团购,促进了中牟西瓜在郑州市区的有序销售。据统计,2004年郑州市区销售中牟西瓜18万吨,占其总产量34万吨的53%。整个销售过程中,西瓜定单销量较上年增长67%,通过协会(经纪人)的销量比上年翻了一番,进城瓜农的违章现象较上年下降24%。

【社属企业改革与管理】 在社属企业改制方面,2004年5月,市供销社调整充实了企业改革领导小组成员,小组成员全部由市社领导和机关各处室处长组成。全系统105个企业已有58个进行了改制。市直属企业中依法实施破产的有8家,已经终结的有4家(信托贸易公司、工业品公司、农资公司、物资经贸公司),进入程序的4家(果品公司、土产公司、供销贸易、商达房地产公司),其它社属企业都已按市服务业改革办的要求,在调查摸底的基础上,制定出了整体改制方案。

在提升企业管理水平方面,一是制定各类岗位目标责任制并狠抓落实,确保了各项工作有序运行。二是加强社有资产管理,对企业的社有资产情况进行全面调查,初步摸清家底,为企业改革改制打下了基础。三是强化企业财务管理,坚持和巩固直属企业财务人员委派制,有效规范了各单位的财务管理。四是鉴于其它系统频频发生安全事故,市社制定了《安全应急救援预案》,层层签定安全生产经营责任书,并对烟花爆竹经营进行重点专项整顿,确保了全系统没有发生重大安全事故。五是为充分利用资源,促进城市再生资源经营的可持续发展,从根本上规范再生资源的经营行为,市供销社借鉴北京、上海、石家庄、武汉、海口、洛阳等地经验,结合郑州市实际,按照不违背《行政许可法》、有利于再生资源回收利用市场化运作、有利于再生资源有序管理的原则,代政府草拟了《郑州市再生资源回收利用管理办法》,该《办法》以政府令下发工作正在按法定程序进行之中。六是加强信用体系建设,坚持诚信经营,树立了供销社良好形象。

【稳定工作】 近几年来,由于兑付社员股金和对企业进行产权制度改革,造成了一些企业下岗职工增多、存量资产骤减、债务负担过重等问题,积淀的各种内部矛盾日益显现。一些企业缺乏改革成本,职工思想不稳,队伍不稳,人心不稳,稳定工作任务艰巨。2004年,供销社系统信访稳定工作较为严峻。对此,市社党委一方面高度重视,正确对待,把信访稳定工作作为各单位目标考核的一项重要内容,采取"一把手"负责制,定期召开稳定工作会议,逢会必讲稳定。针对具体问题,区分不同情况,采取领导包案、特事特办、个案处理等措施,切实解决群众关心的热点、难点问题,努力把各种不稳定因素解决在基层,处理在萌芽状态。另一方面,理清思路抓发展,用发展的办法逐步解决前进中的各种问题和矛盾,保证了系统大局稳定。

【党建工作】 一是通过在全系统认真开展"一讲两评"活动,并结合召开民主生活会,将基层组织的集中整顿工作方案和措施通过召开座谈会、走访、发放征求意见表、设立征求意见箱等形式向群众讲述,接受党员、群众的评议,并根据群众所提意见及自身查找出的差距与不足制定出整改措施。通过努力,各基层组织的党员和群众满意率达到了80%以上。经市委组织部认定,供销社系统一类基层组织由整顿前的6个上升到11个,二类基层组织由整顿前的11个下降到5个。二是按照"坚持标准、确保质量、改善结构、慎重发展"的原则,对申请入党的同志成熟一个发展一个。一年来,全系统直属支部(总支)共有4人被发展为中共预备党员,3人经过预备期的培养与考察已转为正式党员,为党组织增添了新鲜血液。三是根据市纪委、市委组织部《关于开好2004年县处级党员领导干部民主生活会的通知》精神,市供销社专门下发了《关于开好2004年市社直属单位党员领导干部民主生活会的通知》,对各单位召开民主生活会的时间、主题、具体要求等作出了明确规定,为全系统民主生活会的顺利召开打下了坚实的基础。

(宋红军　郭云英)

粮油购销

【概况】 2004年,全市粮食收购完成4.6亿公斤,其中,夏粮收购2.4亿公斤,订单收购1.36亿公斤;粮食销售6.03亿公斤,其中,减库2.4亿公斤;粮油销售收入109832万元,其中,"粮办"工业销售收入71578万元;工业增加值完成17000万元;国有粮食购销企业亏损9066万元;多种经营利润1935万元;"四无"粮油99.5%;储备粮"一符三专四落实"达到100%。

【粮食流通体制改革】 郑州市按照国务院、省政府确定的"放开收购市场,直接补贴农民,转换企业机制,维护市场秩序,加强宏观调控"的粮食流通体制改革总体部署,进一步深化粮食流通体制改革并取得了阶段性成效。(1)放开粮食购销市场。市政府制定印发了《关于全面推行粮食购销市场化改革的实施意见》,在郑州市全面放开粮食购销市场,鼓励各类粮食经营者进入粮食购销市场,初步形成了以国有粮食购销企业为主体,其他所有制共同参与的多元化粮食市场格局。同时建立和完善对农民的直补机制,完成了对全粮农的直接补贴工作,促进了粮食生产,增加了农民收入。(2)转换企业机制,实施国有粮食企业改革。市政府制定印发了《郑州市关于进一步加快国有粮食企业改革与发展的意见》。各县(市)、区结合本地实际，制定改革方案，筹措改革资金，落实配套措施。以分流安置人员和企业整合改制为重点的国有粮食购销企业重组改造全面铺开。全市已有3192名国有粮食购销企业职工进行了身份置换，占购销企业职工总数的35%。通过企业改制、创办实体、四退一保、职工自主择业和办理失业保险等，分流安置粮食购销企业职工2690人，占省分任务的45%。登封、新密、巩义、上街、管城、二七、惠济等7个县(市)、区提前完成了人员分流任务；市直国有粮食企业改革按照“整体推进，先易后难，分类指导，一企一策”的原则，22家国有粮食企业中，已有19家企业进入改制程序，2家企业改制工作已经结束，13家企业正在进行资产审计和评估。(3)建立地方储备，增强了宏观调控能力。在粮食供求关系变化，粮价大幅度波动的情况下，加大了市场监测力度，采取了有力的调控措施，确保了市场的稳定。建立和充实了市级粮食储备2亿公斤，县(市)、区指导性粮食储备规模2.896亿公斤，并拟定了《郑州市粮食应急保障预案》，制定了《郑州市市级储备粮管理暂行办法》，将储备粮的管理纳入到规范化管理的轨道。

【粮食购销工作】 在粮食收购市场和价格全面放开的新形势下，全市粮食部门积极发挥主渠道作用，做好粮食购销工作。各县(市)、区解放思想，更新观念，发挥优势，把握机遇，积极参与市场竞争，尽可能多掌握粮源。各粮食购销企业，积极筹措收购资金，改进创新收购方式，变坐等收购为上门入户收粮，大力开展订单收购、预约收购。全年粮食总收购近5亿公斤，其中，夏粮收购2.4亿公斤，订单收购1.3亿公斤，超额完成了指导性收购计划，保持了粮食部门主渠道作用。同时，按照保证粮源，适度调控市场，维持粮价基本稳定的原则，超额完成了粮食销售工作任务。全年总销售6亿公斤，其中，销售和减库“老粮”2.2亿公斤。

【储粮管理和军粮供应】 全市粮食部门继续抓好行业基础管理等工作。认真贯彻“预防为主、综合防治”的保粮方针，坚持“安全、卫生、经济、有效”的原则，搞好库存粮食的保管工作。严格执行粮情检测制度，做好推陈储新，不断提高科学保粮技术，开展了3次粮油安全大普查和购销企业粮食库存检查工作。经检查鉴定，“粮油四无率”、“四无粮仓率”达到国家标准，各级储备粮达到“一符三专四落实”。同时，认真执行政策，做好军粮供应工作。各军粮供应单位把军粮供应作为政治任务，认真执行政策，定期走访部队，不断提高服务水平，保质保量地完成了军粮供应任务。

【信访稳定】 市粮食局把信访稳定工作作为压到一切的政治任务，以稳定促改革，以改革保稳定。(1)进一步加强了对信访稳定工作的领导。成立了以党委书记、局长陈海瑞为组长，各分管领导为副组长的“郑州市粮食局应付突发性事件工作领导小组”，制定了“应付突发性事件工作预案”，严格落实“谁主管，谁负责”的原则。(2)坚持领导接待日制度。对集体上访和突发性事件落实“四定责任制”，即：定包案领导，定包案单位，定包案责任人，定解决期限。(3)加强粮改政策的宣传，增加政策透明度。特别是按照无情改革，有情操作的原则，把分流安置职工，维护职工利益放在突出的位置，减少和避免了上访事件的发生。(4)建立信息网络，自下而上地建立了信访稳定信息网络，定期不定期排查矛盾，使一些不稳定问题得到及时研究，把问题解决在基层，同时，集中精力，专题化解重大不稳定因素，有效解决集体上访和越级上访事件。

【党建及精神文明建设】 全市粮食系统各级党组织以邓小平理论和“三个代表”重要思想为指导，深入学习十六届三中、四中全会精神，开展党的基本理论、“三个代表”重要思想和“两个务必”重要论述的学习教育活动；按照围绕经济抓党建的指导思想，开展了创建“三好”领导班子和基层党组织整顿活动，继续开展争创“五好”基层党组织达标活动，健全党的组织生活，充分发挥基层党组织的战斗堡垒作用；加强精神文明建设，开展了多种形式的精神文明创建活动，组织开展了健康有益的文体活动。在市直机关第三届运动会上，取得了金牌总数第二、团体总分第三和优秀组织奖的可喜成绩，展示了广大干部职工良好的精神面貌；加强党风廉政建设和反腐败斗争，认真落实党风廉政建设责任制，严格执行“四大纪律，八项要求”。组织领导干部以权力观教育为重点，做好源头防治工作，牢筑拒腐防变的思想防线，增加反腐倡廉的自觉性和主动性；转变政府职能，加强行风建设，为深化企业改革和发展创造了良好的环境。

(龙洲洋)

物资流通

【概况】 2004年，物产集团认真贯彻党的十六大和十六届三中、四中全会精神，坚持“抓改革，促发展，保稳定”的工作指导思想，克服了种种困难，付出了艰苦努力，各项工作取得了新的进展。国有物资企业改革步伐进一步加快，产权制度改革取得重大突破；企业经营形势进一步好转，亏损数额大幅度减少；同时，妥善解决了一系列稳定工作面临的错综复杂的矛盾和问题，保持了集团大局的基本稳定。2004年物产集团实现销售收入66671万元，比上年下降5381万元，下降幅度为7.47%；亏损491万元，比上年减亏418万元，减亏幅度为46%，基本实现了年度经营目标。

【改革工作】 2004年，集团进入了改革的攻坚阶段，年初，集团党委提出了“全面推进并基本完成所属企业产权制度改革”的目标任务，把改革当作全年各项工作的重中之重，采取一切措施坚定不移地推进企业产权制度改革。集团调整充实了改革领导小组和办公室,进一步加强对改革工作的组织领导。建立了改革领导小组、经理班子、分管领导和督导组“四级组织督导体系”。完善了经理班子办公例会制度和改革督导工作机制。集团机关全体工作人员都充实到了各个督导组、综合组。分管领导和督导组分包企业,各负其责。集团经理办公会议和集团改革与发展工作领导小组定期听取督导组工作汇报,研究解决改制中存在的问题,论证审批企业改革预(方)案,提出改革工作目标和工作要求,为集团改革提供了强有力的组织保障。各单位按照集团的安排部署,建立健全了相应的组织机构和工作机制,广泛组织广大职工学习政策,积极引导职工参与企业改制,统一了思想,形成了浓厚的改制氛围,倒排改制时间表,制定改制工作计划和改制方案,上下全力以赴,强力推进,企业改制工作取得了突破性进展。

2004年,列入集团改制范围内的15家国有及国有控股企业,除物华公司之外,全部进入了改制程序。郑州市建筑材料总公司、郑州市化轻总公司和郑州市汇中化轻有限公司顺利完成了企业改制任务,全部退出了国有资本,职工身份全部转变。改制成立的郑州市建筑材料有限公司和郑州市化轻有限公司已挂牌运营。金港汽车出租有限公司顺利实现了股权转让。郑州市金属回收总公司通过外部收购彻底解决了企业破产遗留问题,185名职工安置费全部发放到位,其劳动关系和人事档案移交有关部门,103名离退休职工移交郑州财经技校。截至年底,集团完成改制任务的企业已达6家。市木材总公司在利用自身条件难以实施改制的情况下,及时调整改制思路,认真调查研究,反复论证,在广泛征求职工意见后,引进河南通利房地产发展公司对市木材总公司实施兼并,企业兼并协议框架已经形成。市生服总公司破产遗留问题处置意见已由市国企办批复实施,新公司股本募集工作已经结束,职工补偿金全部筹集到位,人员补偿分流工作已经启动。市燃料总公司和郑州光华燃料有限公司、市金属总公司和郑州市金泰达贸易有限公司、市煤建总公司等5家企业审计评估工作正在加紧进行。市机电设备总公司和郑州市郑通机电设备有限公司、郑州市物利金属回收有限公司等3家企业进入审计评估准备阶段。

【经营工作】 2004年,受宏观经济形势的影响,国内生产资料市场保持了快速增长态势。集团各单位紧紧抓住有利时机,把经营放在突出位置来抓,以巩固和发展企业主营业务为重点,千方百计扩大经营规模,提升企业经营能力,提高经济效益,经营工作出现了可喜的局面。

主营业务得到巩固和发展。河南昌河公司在不利的形势下,及时调整经营策略,加强网络建设,加大市场宣传力度,提升服务质量,巩固了企业销售阵地。全年销售各种车辆9690台,销售量占生产厂家生产量的十分之一,全年实现销售收入33185万元。

郑州光华燃料有限公司把油品仓储业务当作企业发展的主业,进一步完善服务措施,健全管理制度,致力于创建品牌油库,油库管理逐步走向规范化、制度化。新罐区的投入使用,使油库仓储规模扩大到3万吨,创效能力提高20%,进一步巩固了光华公司油库在郑州西区的龙头地位,全年实现仓储收入544万元。

金泰达公司仓储业务成为集团的新亮点。金泰达公司提出了“以仓储带动经营”的经营指导思想,把业务重点放在扩大仓储优势,提高仓储创效能力上来。他们投资25万元,改造仓储基本设施,采取各种优惠措施,广泛吸引储户,仓储业务取得了较快增长。在“安钢现货市场”的带动下,2004年新增储户22家,总数达52家,仓储量达24万吨,全年实现仓储收入430万元,比上年增长195万元,仓储量和仓储收入创历史最高水平。

现代物流业务初具雏形。中集公司作为郑州市十大现代物流业试点企业之一,利用集装箱业务和中集品牌优势,大力发展现代物流业务。中集公司同福建鸿达运输公司合作,建立了郑州中转站,以此为契机,开展公路货物配载业务,初步形成了公路、铁路运输网络。中集公司全年货物吞吐量达5万吨,实现销售收入2017万元,实现利润44.8万元。

郑通公司和煤建公司经营工作也取得了较好成绩,分别实现销售收入7740万元和5110万元。物华公司圆满完成了南阳路孟砦北街0.485公顷土地的拆迁安置任务,已实现土地摘牌。

【精神文明建设】 2004年,集团党委坚持以“三个代表”重要思想为指导,认真学习宣传贯彻党的十六大和十六届三中、四中全会精神,紧紧围绕集团的中心工作,不断加强党的组织建设、思想建设和作风建设,充分发挥党组织的战斗堡垒作用和党员的先锋模范作用。认真贯彻党委中心组学习制度,强化了党员干部尤其是党员领导干部的理论学习教育工作,广泛开展了领导带头学、集中培训学、党员自觉学活动,促进了党员干部队伍理论水平的提高。抓好改制企业的党建工作,对建材、汇中等改制企业党组织设置与隶属关系进行了调整和理顺,指导302库进行了党委换届工作。加强基层党组织建设,8至11月开展了基层组织整顿工作,5个一类、3个二类党组织思想作风建设明显加强。认真落实军转干部政策,申请解困资金97.7万元,并为294名军转干部办理了医保手续。

纪检监察部门把查处违法违纪案件作为党员干部教育、惩治腐败的中心环节来抓,进一步加大监督检查工作力度,严厉查处违法违纪行为。2004年,集团纪委共收到群众举报8件5起,经调查处理,对6名当事人进行了诫勉谈话,对1名领导干部给予了开除党籍、解除劳动合同的处分,警示和教育了广大党员干部。2004 年，集团纪检监察部门被市委评为先进单位。

工会组织进一步强化民主管理和民主监督职能。切实维护好职工合法权益，指导企业做好召开职代会的各项工作，积极引导职工参政议政，为企业改制顺利进行发挥了桥梁纽带作用。集团工会针对工会工作面临的新形势，及时下发文件，指导改制企业建立工会组织，确保了工会工作的延续性。积极开展送温暖活动，全年共走访慰问困难职工 374 人次，发放救助物资和现金 12 万元。组织广大职工开展多姿多彩的文娱活动，丰富了职工的精神生活。

【稳定工作】 集团高度重视稳定工作，把稳定工作当作压倒一切的大事来抓，创建和谐的稳定环境，为企业改制创造有利条件。建立了一把手负总责，分管领导具体负责，其他领导成员分工负责，督导组一岗双责的稳定工作机制。坚持每月定期排查不安定因素，及时采取有效措施，把不安定因素消灭在萌芽状态。妥善处理群众来信来访。2004 年，集团共受理群众来信 67 封，接待来访群众 28 起 54 批 516 人次。针对集团信访问题突出的现状，集团建立了稳定工作紧急处置机制，由集团领导牵头，抽调机关骨干人员成立了专门的组织机构，深入企业调查情况，及时反馈信息，缓解了职工的思想情绪。妥善处理了金属回收总公司、机电公司和物华公司职工群体性上访事件。集团被市委、市政府评为“2004 年度维护稳定工作先进单位”。

【民用煤市场管理】 民煤办认真贯彻《煤炭法》及有关法律法规，进一步加强了民用煤市场管理。全年两次组织开展了民用煤市场专项质量检查，对民用煤生产经营企业负责人开展 8 期质量标准知识培训，取得了较好效果。联合市工商、质监等部门开展了民用煤专项整治活动，查处、取缔无证企业 25 家，有力地打击了市场违法行为。组织开展郑州市第一次大规模的民用煤市场调查，为市政府决策提供了重要依据。组织实施“爱心煤”工程，协调市政府有关部门拨款 300 多万元，解决了部分困难家庭“烧煤难”，赢得了广大市民的赞誉。

【扶贫工作】 扶贫工作取得了较大成果。集团成立了专门的扶贫工作组，经过考察论证，为扶贫对象巩义市涉村镇郭裕村投资建设了存栏生猪 300 头的养猪小区。光华公司、金泰达公司和物华公司在扶贫项目建设上给予了大力支持。由于集团领导高度重视，措施有力，2004 年，集团被市委评为“扶贫开发工作先进集体”。

（张全力）

第九篇 交通、邮电

铁　路

【概况】 郑州铁路分局隶属于郑州铁路局，地处全国路网中心，与石家庄、太原、济南、徐州、蚌埠、武汉、洛阳等7个铁路分局相毗邻。京广、陇海、京九、太焦等13条干支线分布管内，其中京广、京九两大干线分别与陇海干线交汇于郑州、商丘，构成纵连南北、横贯东西的两大铁路网络，奠定了郑州铁路分局在全国路网中的交通枢纽地位。分局所辖郑州车站为全路特等客运站，日均接发客车218列，其旅客及行包中转量居全路前列；郑州东站年货物吞吐量达700多万吨，为全路特等货运站和最大的零担中转站，新亚欧大陆桥国内最大的集装箱货场和国际集装箱联运货场之一，是国内内陆省份首家铁路货运一类口岸，为中原地区陆路“出海口”。郑州北站为亚洲最大的路网性编组站，全路日均量七分之一的货物列车须在此进行技术作业，其解编能力的正常发挥与否对全国路网的畅通起着至关重要的作用。

2004年郑州铁路分局管辖营业线路13条，营业长度总计1177.5公里，涉及豫、晋、鲁3省。其中，河南境内958.9公里；山西境内175.9公里；山东境内42.7公里。管界里程：京广线321.2公里(北起柏庄、安阳间，与北京铁路局分界，南止小商桥、孟庙间，与武汉铁路分局分界)。陇海线229公里(东起虞城、张阁庄间，与济南铁路局分界，西止铁炉、关帝庙间，与洛阳分局分界)。太焦线190.70公里(北起大平、夏店间，与北京铁路局分界，南止月山站中心)。焦柳线5公里(北起月山站中心，南止沁阳、九府坟间)。邯长线4.0公里(东起北舍、长治北间，与北京铁路局分界，西止长治北站)。安李线32.40公里(东起安阳站，西止李珍站)。石林线19.806公里(北起石涧站，南止林县站)。汤鹤线19.20公里(东起汤阴站，西止鹤壁北站)。新焦线78.20公里(东起新乡南站，西止月山站中心)。新密线40.80公里(东起新郑站，西止密县站)。新兖线149.10公里(西起新乡南站，东止算王庄、菏泽南间，与济南铁路局分界)，京九线68公里(北起曹县、梁堤头间，与济南铁路局分界，东止木兰、王楼间，与上海局分界)。另有朱李矿线3公里。

2004年郑州铁路分局管辖线路延展长度3988.062公里。其中：正线2344.367公里；站、段、岔、特线路1643.695公里。在正线中：单线346.431公里，复线1997.126公里，其中无缝线路1854.645公里。道口404个，其中有人看守34个。桥梁1229座/78914延长米，隧道53座/19451米，涵渠2953座/64272米。

郑州铁路分局管辖车站133个。其中，特等站3个，一等站12个，二等站1个，三等站41个，四等站68个，五等站4个，线路所4个。

全分局电务设备1385.020公里。其中，自动闭塞946.649公里，半自动闭塞352.635公里。联锁车站143站，其中，电气集中106站，计算机25站，非电气集中12站。配属机车599台，其中，电力机车298台，内燃机车301台，配属客车1513辆。

2004年，郑州铁路分局计划日均装车4300辆，其中省煤3200辆。日均交接货物列车400对以上，工作量占全局三分之一。

2004年末，郑州铁路分局除行政、党委及群众组织外，政法系统有公安处、运输检察院、运输法院；分局管辖基层独立核算单位50个，其中交通运输业36个。职工总数87217人，固定资产总额179.15亿元。

【国务院总理温家宝视察郑州北站】 2004年1月21日15时(农历大年三十)，国务院总理温家宝在河南省委书记李克强、省长李成玉、铁道部副部长孙永福以及路局、分局主要领导的陪同下，到郑州北站视察并慰问节日期间工作在运输一线的铁路干部职工。温总理首先步入郑州北站职工教育楼，观看了郑州北站460平方米站场沙盘模型室，详细询问了站场整体情况和作业流程。之后，温总理来到繁忙的下行编组场，仔细察看驼峰解体作业，并对一线干部职工进行节日问候。在视察结束时，温总理指出：“铁路工作总体是好的，特别是有三件事干得很好。第一，随着我国国民经济的快速发展，在煤、电、油等能源物资供应相对较紧张的情况下，铁道部采取各种有效措施，加强重点物资运输，使能源物资的运量大幅增长，保障了国民经济持续快速发展。第二，今年春运来得早，客流量大。铁道部早作准备，精心部署，科学调度，加强管理，保证了春运工作平稳有序。第三，铁道部非常重视安全工作，在全路干部职工的共同努力下，铁路运输安全总体情况比较好。希望你们再接再厉，争取更大的成绩。”

【运输指标全面完成】 2004年，郑州分局充分利用第五次大面积提速调图的有利时机，不断优化运输组织，客货周转量实现了大幅增长。(1)提高服务质量。根据客运市场需求，大力组织开行城际、夕发朝至等品牌列车，为旅客提供快速、舒适、周到的服务；在春节及黄金周期间，及时加开旅游专列、加挂客车车体，充分满足旅客出行需要。(2)提高运输效率。在保证各方向车流均衡的前提下，大力组织开行高质量的跨局、跨分局直达列车，增加技术作业站的无调中转列车比重；优化部分编组、区段站的作业程序，特别是对车辆技检作业进行大范围调整，减少重复劳动，提高作业效率。(3)优化生产力布局。分别在新乡——侯马北、郑州北——月山、郑州北——安阳等区段推行了机车长交路轮乘制，并将郑州北——徐州北间的长交路列车由7对增加至20对。(4)提升运输能力。先后对新乡——月山、新乡——商丘北、新乡——侯马北间等多条线路进行扩能改造，提高区段通过能力，积极开行5000吨重载列车。至12月6日，提前25天完成全年计划周转量，位居全局第一。至年末多项指标刷新历史纪录。换算周转量完成953.5亿吨公里，日均2.60亿吨公里，累计超年计划7.1%，同比超10.9%；旅客发送人完成3608万人，日均9.85万人，累计超年计划12.7%，同比超23.86%；货物发送吨完成9598.56万吨，日均26.23万吨，累计超年计划0.51%，同比超7.12%，运输进款完成66.81亿元，日均1825万元，累计超年计划5.7%，同比超15.1%。

郑州市主要货物发送量对比表

	2003年	2004年
货物发送量(万吨)	1825.6	2050.9
其中：煤(万吨)	1173.9	1413.87
焦炭(万吨)	74	14.5
钢铁(万吨)	92.9	92.2
非金属矿石(万吨)	47.9	55.16
矿建筑材料(万吨)	70	90.19
水泥(万吨)	24.5	26.87
粮食(万吨)	93.9	88.79
化肥农药(万吨)	38.5	48.54
鲜活货物(万吨)	14.5	15.68
零担(万吨)	8	9.8
集装箱(万吨)	90.6	85.69
其他(万吨)	40	83.8
货物到达(万吨)	779.3	917.5
其中：煤(万吨)	135.8	191

【春节旅客运输】 2004年铁路春运自元月7日起，2月15日止，共计40天。是年春运的特点为：(1)春节早于上年，节前客流高峰提前出现。春运开始之前，元月2日至6日分局旅客发送连续5天保持在11万人左右；元月2日郑州站创日发送7.3万人的节前高峰纪录；元月24日(农历初三)豫东地区出现节后第一个高峰。(2)方向集中、流量大。春运初、中期，客流主要集中在东、南方向的上海、杭州、东莞、广州等经济发达地区，东莞方向最多日开临客4趟，共计开行16列；上海方向日开临客3趟，共计开行26列。春运后期，客流逐步转向西、北方向的北京、太原、乌鲁木齐等城市。其中北京方向开行12列。(3)流量平稳峰值高。春运期间分局日均旅客发送达11.1万人，其中有17天发送人数持续在12万人的高位线以上。元月27日、30日创造了旅客发送15万人纪录；元月30日商丘旅客发送首次突破4万人大关；安阳、新乡、许昌、开封站和开封车务段的旅客发送也突破1万人大关。(4)提速施工任务重。为迎接第五次大提速，春运期间提速施工正常进行，在临客开行多、列车密度大、施工任务重、标准要求高、环境条件差的情况下，施工难度和安全压力相应增大。

为应对持续高峰，郑州分局采取4项措施：(1)科学配置运力。在综合分析客流流量、流向和各车次、车站实际运能的基础上，准确把握客流变化的趋势性、阶段性、突发性等特点，准确预测客流高峰，超前调配运能，及时组织开行上海、东莞、广州等跨局直通、高收入、长距离热门列车，特别是采取“梯次开车”，实现了科学均衡的运力配置。(2)超前储备运力。坚持“停短开长、灵活调整”的原则，合理减少冷门列车编组，扩大热门方向运力。加强临客开行准备工作，提前准备车底37组和1370人的临客乘务队伍，储备充足运力、人力，时刻处于待命状态。(3)挖潜通过能力。加强站车联系，充分挖掘通过列车能力，合理分散客流，做到化整为零，分批组织旅客上车。春运期间利用通过列车发送旅客近20万人、日均5000人，相当于每日增开两趟临时客车，从一定程度上缓解了运力紧张的局面。(4)灵活调整运力。实行客流4小时预报制度，根据各站客流波动情况和客票收入率，灵活调整票额分配计划。在票额计划管理上，分局克服了以往“死计划”对“活运能”的弊端，除分阶段调整票额计划外，对始发列车实行“梯次开车”方案，使多数临客平均上座率达到120%～140%，提高了客票收入率。采取“长短分开、限售区段、合理分流”的措施，使直通旅客保持大幅度增长。

2004年春运，郑州分局创“四最”纪录：一是旅客发送最高。旅客发送累计完成445万人。二是临客开行最多。共组织开行临客355列。三是客运收入增幅最大。客票收入累计完成29615万元，增长16.8%。四是路风投诉最少。

【“五一”、“十一”黄金周旅客运输】 4月28日～5月7日“五一”黄金周，累计发送旅客118.1万人，同比增加12.4万人，增长11.7%；发送直通旅客45.6万人，同比增加22.5万人，增长97.4%；客票进款5533.6万元，同比增加451.7万元，增长8.9%。2004年“五一”黄金周为非典后的第一个黄金周，分局领导高度重视，亲自审定开车方案和客运组织方案，按照定点包线安排，深入现场指挥协调；有关业务处室每天安排专职负责人和技术人员24小时值班，及时进行客流统计、流向分析、适时监控和协调联动。为充分做好准备工作，分局组成10个客流调查组，对客流调查摸底，分析走向、特点、成份，合理编排临客方案；对图定始发列车和通过列车及时加挂车辆，合理调整票额分配，整合有限运力资源；提前准备7组车底和300名临客乘务人员。根据客流流量、流向和各车次、车站实际运能，超前调配运能，稳住往东方向客流，确保中、长途客流。对北京、福州、东莞、广州等跨局直通、高收入、长距离热门列车，从软件上限制长票短售，提高收入率；灵活调整票额分配计划，调整票额4万余张，实现运输效益最大化。为保证客运组织有序，实行客运组织五分开、六把关，即：分区候车、分流削峰、分段放行、分节登乘、分批疏导的客运组织措施，把好购票、进站、放行、出口、对流、车门六关，确保乘降有序。6个客运站和35个联网售票站组织休班职工，增开45个售票窗口，采取提前订票、滚动售票的方式，满足客流高峰需要。以道口安全、乘降安全、食品安全、人身安全为重点，对客运安全进行专项检查督促。明确节日期间路风工作的目标措施，从严管理，规范行为，杜绝路风事件。

9月28日～10月7日“十一”黄金周，分局共组织开行临客40列，平均上座率达119.5%；开行旅游专列3对，加挂扩编208辆次。累计发送旅客121万人，同比增加7.1万人，增长6.3%；发送直通旅客51.4人，同比增加7万人，增长15.6%；客票进款5517.1万元，同比增加585.9万元，增长16.6%。其中，商丘、开封、许昌、安阳、新乡五大车站旅客发送人数同比分别增长18.4%、4.7%、5.4%、11.9%、6.7%。

【“迎峰度夏”煤炭突运】 2004年7月18日铁道部“电煤抢运紧急电话会议”结束后，郑州分局领导高度重视，迅速召开专题会议，研究抢运方案，制定抢运措施，并及时将抢运任务合理分配到相关站段，强化督促指导，确保计划兑现。

分局主要领导亲自组织制定电煤抢运措施，重点强调“三个明确”，即：明确当前电煤供应的严峻形势、明确抢运电煤的重要意义、明确铁路在电煤抢运中肩负的重要责任，切实增强干部职工保电煤的责任意识、抢电煤的紧迫意识。分局班子成员按照分片分线包保的原则，带领货运、运输、调度等相关人员，到每个煤炭装运站检查督导煤炭装运情况。

在突击抢运电煤期间，对国家重点煤炭特别是电煤订货合同，郑州分局坚持做到随到随批，优先安排计划、优先安排装车、优先安排挂运、优先安排放行，千方百计满足煤炭抢运需要。分局要求长治北车站指派营销人员深入管内潞安矿业集团的各大矿区，了解电煤主要去向，对发往湖南电厂、湖北汉川电厂、上海石洞口电厂、南京电厂、九江电厂等重点单位的电煤，实施政策倾斜、重点保证，力争100%满足装车请求。

分局根据日均装煤3250车的运输计划，对有关站段的装煤计划进行重新调整并重点做好对各主要煤矿、电厂以及装煤站的日产量、装煤量、耗煤量等运输生产指标进行统计分析，重点做好货运工作计划、机车工作计划、列车工作计划和运输能力的紧密衔接，使不同作业环节相互提供可靠保证，严防出现“煤等车、车等煤”的现象。同时组织3个卸车督导组分片包干深入各大电厂，重点落实货场装卸作业的劳力、机具和短途运力，强化卸车组织，确保工作车及时输送到位。

为营造抢运电煤的良好运输环境，车辆部门在确保安全的前提下，严禁休息日扣修定检车，特别是要求密县、鹤壁、晋北列检所和管内技术交接所不准扣修回送定检车，做到以修定扣，力争将现有的检修车指标压缩20%。在技检列车作业时，严格掌握摘车修范围与倒装车扣修标准，确保在规定时间内完成作业。机务部门要求乘务员树立大局意识，在抢运电煤期间绝对服从调度指挥，严格按图行车，加强途中瞭望，确保高坡地段行车安全。针对晋煤外运关键区段机车负荷大、制动频率高，容易造成机车疲劳损伤的特点，大力开展“会战七八九、内电机车大整修活动”，围歼机车“小而广”活件，组织技术人员对轮乘机车进行全面整修，进一步提高机车设备质量。自7月18日18点至8月8日18点，郑州分局共抢运煤炭36141车，日均1807车，增幅达31.8%，累计向华东、华北等地区输送电煤22.5万吨，提前4.4天完成煤炭抢运任务，为缓解部分省、市电煤供应紧张的局面做出贡献。

【第五次提速施工改造全面完成】 2004年3月5日9时50分，随着京广线K489－490＋300处安阳河大桥下行线的顺利开通，标志着占全路六分之一、占全局三分之一的郑州分局第五次提速施工改造工程全面完成。自2003年6月10日以来，郑州分局历时279天，共计施工1206次，累计完成新建线路78.90公里，改造既有线路124.45公里；新建大桥3座，新建、改建、加固桥涵245座；改造站场10个；新铺道岔15组，迁移道岔71组；改造曲线404条；完成土石方181万立方米，铺设道碴30万立方米；新立接触网支柱3101根，更换接触网导线338.05公里；迁移电缆491公里，新立信号机336架。

【第五次提速调图顺利实施】 4月17日23点36分，北京至西安T55次列车顺利通过郑州西北环线欢河车站，直达西安；4月18日凌晨1时20分，武昌至北京西Z38次直达旅客列车安全通过郑州车站三站台四道，至此，全路第五次提速调图在郑州分局正式实施。新图实施后，郑州分局担当旅客列车30对，计直通特快3对、直通快速4对、直通普快13对、管内特快1对、管内快速1对、管内普快5对、管内普客3对，新图实施集中体现7个特点：(1)开行对数增加；(2)运行区段延长；(3)列车等级提升；(4)列车速度提高；(5)运行时间压缩；(6)开行直达列车。(7)总体运能扩大。

【郑州铁路枢纽西北环线全线贯通】 2004年4月18日，全路实施第五次提速调图，开行北京至西安点对点直达列车。为使点对点列车不经郑州站调头换向，铁道部决定启用郑州铁路枢纽西北环线(京广线东双桥至欢河铁炉相连接)。郑州工务段承担郑州铁路枢纽中心西北环线工程恢复建设，按照部局要求，必须在2003年12月25日至2004年3月20日完成西北环线5.1公里线路和28组提速道岔铺设、25座桥涵改建，以确保4月18日新运行图的实施。

西北环线初建于1964年，建成后始终未开通使用，经过40多年的风雨侵蚀和人为破坏，线路已变得面目全非。2003年12月25日，郑州工务段千余名职工正式实施线路恢复工程。施工人员克服重重困难，2月7日在京广线东双桥车站再次更换1/18可动心轨重型提速道岔，2月27日陇海线铁炉车站22♯可动心轨重型提速铁道岔顺利拨接成功。至此，郑州分局经过65天的艰苦努力，比铁路局要求全线贯通时间提前22天完成任务，将一条废弃40年的旧线路高标准建成了一条长5.1公里、满足时速80公里要求的电气化快速通道，结束了百年来西、北方向折角运行列车必须在郑州站调头转向的历史，使点对点直达列车通过郑州枢纽的时间缩短了整整17分钟，西北环线如同连结在“路网心脏”上的一条纽带，为京广、陇海大动脉开辟了新的快速通道。

【京广提速安全标准线建设】 2004年6月18日，铁道部在广州召开会议明确提出，到2005年底，将京哈、京沪、京广、京九、陇海、浙赣六大干线建成提速安全标准线，其中京广、京九、陇海三大干线部分区段为郑州分局所辖。会后，铁路局提出“2004年11月底在京广线安阳至信阳间率先建成提速安全标准线”的目标。

用短短5个月时间，将管内321公里京广线建成提速安全标准线，其时间之紧、任务之重前所未有，为确保京九标准线建设，郑州分局首先对加深安全标准线建设的重大意义进行了深刻的学习认识，在经历5次提速后，列车高速、重载大密度运行对管内京广、京九、陇海三大干线的冲击破坏程度不容忽视：一是行车设备基础需要进一步巩固强化。404条新拨改曲线基础不够稳定、栅栏封闭不规范、信号制式不统一、机车低频信息码不统一等问题需要尽快解决。二是管内三大干线每天开行客车114对，保证旅客列车绝对安全的压力较大。三是侯兖亿吨运输通道将于12月底建成，陇海线郑徐段时速200公里提速改造工程全面展开，对确保运输安全提出了新的考验。通过对实际情况的客观分析，郑州分局干部职工认识到，全面推进六大干线提速安全标准线建设，是实现提速持续安全、巩固发展第五次大面积提速成果、为第六次大面积提速奠定可靠基础的治本之策，必须以坚定不移、积极主动的态度认真实施。

2004年7月，京广安全标准线建设全面展开，在深入搞好宣传发动，统一干部职工思想认识的基础上，将“十全”标准细化为90项具体内容，分解到7个专业系统、25个单位，明确责任部门、责任单位、完成时间和质量标准。为强化组织实施，分局实行主要领导亲自抓、其他领导分工抓、专业部门具体抓，分片包点，紧盯现场，加强追踪检查落实，及时解决施工中存在的困难和问题。各单位迅速把任务分解到岗，进度细化到天，实行单项承包，建立日历进度档案，每日逐项销号。为加大激励力度，确保提速安全标准线建设进度和质量，分局拿出专项资金1000万元，对参建单位按工作量、建设进度、工程质量进行考核奖惩。

经过5个月的艰苦奋战，京广线基本达到“十全”标准：线路设备质量全面提升，管内321公里正线、110公里到发线，全部采用无缝钢轨，全部更换Ⅱ型或Ⅲ型轨枕，全部采用一级道砟，全部采用Ⅰ型或Ⅱ型道岔，全面消除桥隧路基病害，全面实现道口立交化，全部实现线路两侧栅栏封闭，设置封闭栅栏686公里，种植乔、灌木1373万株，建成“内灌外乔”林带，实现了跨区间无缝线路、轨道结构重型化和全线有效封闭，提高了线路平顺性、稳定性和安全可靠性。牵引供电设备质量全面提升，调整改造接触网656条公里，更换导线56公里、吊弦73519个、腕臂8775个、定位器9374个。信号设备质量显著提高，完成郑州至郑州南间“三显示改四显示”工程，全线实现自动闭塞四显示；完成22个站地面发码设备改造、99台机车信号主机改造，安阳至郑州间全部统一机车信号低频信息码，消除了机车信号设备制式转换带来的安全隐患。行车指挥信息化建设取得重要进展，完成分局调度所3个行车调度台和沿线48个站点的DMIS建设任务，实现了行车计划自动编制下达、阶段计划自动调整、列车运行图自动生成、车次追踪与无线车次号自动校验、调度命令无线传输。“地对地、地对车、车对地”安全监控体系初步建成，车辆安全监控“5T”系统基本建成，实现了对货车、25T客车车辆运行状态的实时监测、智能跟踪、图像分析、故障预警；全线加装1502组、1987台道岔缺口报警装置。提速安全标准线建设的全面推进，有力促进了安全基础的加强，为实现提速、重载条件下持续安全提供了保障。铁道部对郑州分局京广提速安全标准线建设予以高度评价：郑州分局在京广线所承担的运量，客货列车的密度名列全路前茅，能够实现提速安全标准线建设的标准，对全路安全标准线建设将起到良好的示范作用。12月1日全路安全工作会议在郑州分局召开，铁道部部长刘志军带领全体与会人员现场参观了京广线安阳至信阳间安全标准线建设成果。

【生产布局调整】 2004年，郑州分局进行了建局以来涉及范围最广、力度最大、操作最有序的生产力布局调整。5月1日，撤销分局林业管理所，5月11日撤销安阳工务段。11月下旬，郑州分局实施生产力布局大调整，共撤并站段21个，新组建站段2个，净减少站段19个，调整领导干部217人，为精干、高效推进分局跨越发展奠定了坚实的基础。在分局大面积优化调整生产力布局过程中，管内相关单位认真落实分局有关队伍稳定、安全管理、资产移交的具体要求，以“确保队伍稳定和安全稳定”为核心任务，采取多项措施确保平稳过渡。

【省长李成玉视察郑州车站和郑州机务段】 2004年9月30日，河南省省长李成玉到郑州车站、郑州机务段检查十一“黄金周”运输的各项准备工作，慰问运输一线干部职工。

李成玉首先代表省委、省政府向铁路系统广大干部职工表示节日的慰问，并指出铁路在服务地方经济建设方面发挥了重要作用。2004年，河南省经济形势非常好，是改革开放以来最好的时期，这也得益于铁路系统的大力支持。正在规划的铁路客运专线建设对河南省是极好的机会，是新的发展机遇，省委、省政府将给予大力支持；涉及的征地、施工环境等问题，地方政府将给予大力配合。新客站要认真规划，按铁道部要求搞好配合，这对塑造郑州乃至河南新形象非常重要。最后，李成玉希望铁路给予最大限度的运力支持，确保河南全年各项经济目标的全面实现。

在郑州车站贵宾室，路局领导向省领导汇报了郑州铁路局1至9月份在客货运输、安全生产、改革发展等方面的情况，通报了正在规划施工中的郑州至西安、郑州至武汉、郑州至北京客运专线建设情况。李成玉对郑州铁路局各项工作给予充分肯定，对郑州铁路局长期以来在运力十分紧张的情况下，为河南省工业运输做出的巨大贡献表示感谢，向郑州铁路局全体干部职工表示亲切的节日慰问，希望铁路局在今后一如既往地支持省委、省政府的工作，特别是在电、煤、粮食、工业品等物资运输方面给予支持和帮助，为河南省的经济发展做出更大的贡献。随后，李成玉一行又来到进站口、候车大厅等处，详细察看了“三品”检查情况和旅客客流情况，与值班职工和候车旅客亲切交谈，并致以节日问候。李成玉要求车站在日常工作中，特别是在“黄金周”期间，一定要严把“三品”检查关，确保旅客的安全出行。在郑州机务段，李成玉一行先后到机车调度室、机车整备场察看了乘务员出退勤情况和机车设备情况，并登上新型的“天梭号”交流传动机车，详细了解了机车性能，对郑州机务段“十一”黄金周运输组织的准备工作给予高度评价。

【省市领导视察郑州东站】 2004年12月31日，河南省省长李成玉、副省长史济春，郑州市市长王文超、副市长孙新雷等省、市领导到郑州东站视察。

李成玉一行先后到郑州东站营业大厅、零担中转货棚、集装箱货场和海关监管区进行视察。在营业大厅，李成玉了解了郑州东站的货运整体情况和进出口货物运输情况，询问了集装箱场地设施的发展规划。在零担中转货棚，李成玉查看了中转作业性质及零担货物物流情况，赞扬郑州东站一切为货主所想，运输既做大又做小的做法。之后又在海关监管区，详细询问了郑州东站国际集装箱出口创汇情况。最后，李成玉勉励铁路部门利用好一类口岸优势，精心组织、扩大运量，为河南省经济发展多做贡献。

【省春运现场办公会在郑州车站召开】

继2003年后，2004年1月7日，河南省政府再次在郑州车站召开春运现场办公会，河南省副省长史济春首先听取了郑州车站、郑州长途汽车客运总站的春运工作汇报，之后实地察看了两站的春运组织工作，现场协调解决春运中的有关问题。史济春对春运工作提出3点要求：一是真正把安全放在春运工作的头等位置来抓。要严格落实安全生产责任制，各级领导干部必须深入一线，靠前指挥，检查督导，及时发现和解决问题；要加大对违规违章行为的查处力度，狠抓客运超载及“三品”查堵等重点工作；加大宣传教育力度，强化运输纪律，使每一名工作人员自觉遵守规章制度，做到令行禁止、规范操作。二是把春运作为展示企业良好形象的契机，切实做好各项服务工作。要在购票、候车、卫生、餐饮等环节上精心组织，为旅客提供方便；要组织开展站、车文明服务活动，开展多种形式的优质服务竞赛，提高客运服务水平。要提前考虑天气等各项因素的影响，防止出现大量客流积压现象。三是密切配合，加强协作。有关部门要按照各自的分工，各司其职、各负其责，密切配合、加强协作，多管齐下、形成合力，确保春运任务圆满完成。

【认真落实10件实事】 2004年，郑州分局坚持“以人为本”的经营管理理念，坚持把解决职工生产、生活中的困难作为头等大事来抓，积极为职工办实事、谋福利。(1)职工工资同比增长。上半年，分局工资总额实际支出79747万元，职工工资水平9142元，同比分别增加8.38%和9.1%。(2)职工居住条件不断改善。郑州石化路等住宅小区902套经济实用型住房主体工程年内完工；焦作站前路、开封陇海新村南区住宅和新乡新菏小区二期工程年内开工。投资1171万元，对铁工里、和平南村等住宅小区实施采暖续建工程；投资300万元为许昌解放路等9处住宅小区的1994户居民安装天然气管道。(3)职工生产生活环境不断优化。投资1846万元，对京广、新菏、太焦和安李线部分单位生产用房进行改造；为新乡、古固寨等地区修建29处工务生产房及配套设施；对开封、郑州电务段部分修配所生产房进行修缮。(4)沿线用水问题基本缓解。投资486万元，对民权、许昌等7个站区进行水源改造和水质净化，有效解决了职工吃水难问题。(5)沿线站区浴室、食堂、站道设施不断改善。投资38万元对长北、汤阴、新郑部分单位的浴池、食堂设施进行改造；为方便货物上站，投资66万元对广武、箅王庄、陉山采石场道路进行整修。(6)投资335.8万元，对新乡西变电所等5个单位进行电源改造；对王里堡等18处电力设备实施增容，生产用电情况有所好转。(7)职工劳动环境得到净化。投资50.5万元对7个单位的9个有毒有害作业点进行治理。(8)文化线建设进展迅速。投资719万元用于文化线建设，为基层文化室配置彩电150台、乒乓球案90台、DVD影碟机90台；改造、充实了64个基层单位的文化活动设施和图书；新建卫星地面站110座，与地方有线电视联网15处，进一步解决了太焦、新月线职工看电视难、电视频道少和图像质量差的问题。(9)生活线建设发展良好。按照分局“十五”生活线建设规划，投资298.7万元，完成晋城车站职工食堂等16项“六小”设施的建设；为42个站段解决太阳能热水器、冰箱等生活设施226台。(10)职工住宅小区生活配套工程逐步完善。郑州春晖小区已基本建设完成；郑州三北街、焦作沁阳路、安阳安鑫住宅小区已完成前期规划设计。

【铁路中小学移交工作】 2004年8月14日，河南省人民政府办公厅正式下发《关于做好郑州铁路局在豫中小学校接收工作的通知》(豫政办[2004]86号)。文件明确了各地、市政府对郑州铁路局在豫55所中小学校成建制整体接收方式和经费补助的商定形式，同时要求各地、市人民政府高度重视铁路中小学校的接收工作，要成立由相关部门组成的专门班子，切实加强工作指导，落实工作责任，主动与铁路部门配合，力争9月底前完成移交。10月底郑州分局与相关地方政府签署了中小学移交协议。

【积极防治禽流感】 2004年一季度，东南亚地区相继发生禽流感疫情，为防止疫情传播、蔓延，国家启动紧急防治预案。郑州分局认真落实国家及部、局有关规定，采取严格措施加强进出口货物检疫，切断禽流感传播途径。要求有关站段迅速成立由党政主要领导为组长的防控领导小组和办公室，实行24小时值班，加强与分局及地方政府有关部门的信息沟通，及时收集、掌握有关信息，一旦发现疫情，立即上报并迅速启动紧急预案。结合自身特点，制订高致病性禽流感的防控措施，特别是细化疫区进出口货物的防控措施。利用各种宣传方式，加强对干部职工相关防疫知识的宣传教育，特别是对到达、发送货运员等重点岗位人员的教育，强化自身防控工作。积极配合检疫部门，加大对重点地区可疑物品的查验力度，对疫区来的货物列车、集装箱做到100%消毒，严格进行无害化处理，经检疫检验合格后方可出站，严防疫情传播。2月2日，郑州东站对泰国、韩国运来的52个集装箱进行集中消毒处理。对运输禽流感防疫物资开辟“绿色通道”，随到随批，优先受理，优先装车，及时挂运，确保防疫物资在最短的时间内送达目的地。

【K179/180次列车荣获高规格奖项】 2004年7月28日，全国青年文明号活动10周年表彰大会在北京召开，郑铁分局郑州客运段K179/180次列车获得“全国青年文明号十年成就奖”，郑州客运段T501/2次列车、郑铁公安处K179/180次列车乘警组同时被授予“全国青年文明号”称号。郑州分局“青年文明号”创建活动始于1994年，随着创建管理制度不断完善、活动范围不断扩大，由最初的从窗口服务单位形成试点，逐步延伸到车、机、工、电、辆、后勤系统的各个单位。至年末共有郑州客运段K179/180次列车、郑州机务段京武快车队、郑州车站供水车间、郑州北站 YIS 系统室、郑州客运段 T501/2 次列车、郑州公安处 K179/180 次列车乘警组等全国级"青年文明号"6 个，并有省部级"青年文明号"7 个，路局级"青年文明号"11 个，分局级"青年文明号"24 个，成为路局拥有全国"青年文明号"集体最多的分局。

【郑州分局荣获"全国五一劳动奖状"】 2004 年 4 月 28 日，郑州分局荣获"全国五一劳动奖状"，此为郑州分局建局以来获得的最高荣誉。

多年来，郑州分局干部职工发扬二七光荣革命传统，牢记人民铁路为人民的服务宗旨，坚持安全第一毫不动摇的指导思想，积极探索安全管理规律，运用规律指导安全生产，使安全生产经受多次提速调图和各种自然灾害的考验，安全周期不断延长。通过内涵扩大生产，运输指标连创新高。1999 年至 2003 年的 5 年间，郑州分局完成换算周转量由 656 亿吨公里增至 855 亿吨公里，增长 30%；运输进款由39.6亿元增至59.5亿元，增长50%；年旅客发送达 3200 万人次，货物发送达 8815 万吨。

【郑州分局荣膺"国家技能人才培育突出贡献奖"】 2004 年 12 月 17 日，在北京召开的中华技能大奖和全国技术能手表彰大会上，郑州分局荣膺"国家技能人才培育突出贡献奖"，是全路惟一获此殊荣的分局。"国家技能人才培育突出贡献奖"是劳动和社会保障部设立的国家级奖项，每两年评选一次，奖励在培养高技能人才方面做出突出贡献的单位，郑州分局在第三届"国家技能人才培育突出贡献奖"评选中受到表彰。

为适应铁路跨越式发展，郑州分局大力实施人才强局战略，不断加快技能人才队伍建设步伐，加大培训力度，更新培训手段，扩大培训规模，提高培训实效，多层次、多渠道、多形式培养高技能人才。建立了以能力为导向、业绩为重点的技能人才评价体系和使用机制，全面提升技术工人职业素质和技能水平，充分发挥技能人才的高端带动作用，不断提高技能人才的待遇，在全分局形成崇尚技能、岗位成才的良好氛围。至年末，分局拥有中华技能大奖获得者 1 人，全路技术能手 9 人，技师、高级技师 610 人，高级工 23891 人。高技能人才队伍的壮大，为分局的安全运输生产和经营目标的实现提供了强有力的人才保障。

【郑州分局荣获"全国科技创新成果奖"】 2004 年 9 月 28 日，中华全国总工会、国家科技部、劳动保障部在北京人民大会堂联合召开"全国科技创新成果表彰大会"，隆重表彰 34 项杰出科技创新成果，郑州分局新乡车辆段技协研制的"斜契式侧架立柱磨耗板铆钉机"荣获三等奖，这也是郑州铁路局及河南省惟一获奖的科技创新项目。

（刘长利）

公　　路

【概况】 2004 年，全市交通系统广大干部职工以邓小平理论、"三个代表"重要思想为指导，以党的十六大和十六届三中、四中全会精神为指针，紧紧围绕交通经济建设，树立和落实科学发展观，求真务实，扎实工作，取得了令人瞩目的好成绩。公路建设再创佳绩，公路工程质量稳步提升，公路养护理念逐步更新，公路主枢纽场站建设迈出实质性步伐，公路运输生产能力显著提高；交通安全生产形势持续稳定，交通费税征收再创历史新高，道路运输市场管理进一步加强；交通法制建设进展加快，精神文明建设取得丰硕成果，党风廉政建设不断加强，"治超"工作取得明显成效，郑州交通进入了持续、健康、快速发展的轨道。

【公路建设】 在国家进行宏观调控，资金非常紧张的情况下，全年仍然完成公路建设投资20.7亿元，为年计划的101.17%。其中，郑少高速公路建设完成投资3.4亿元，干线公路建设完成投资14.4亿元，地方公路建设完成投资 2.9 亿元。新改建公路里程579.37公里，新增公路里程107.6公里。到 2004 年底，全市公路通车总里程达到6164.456公里，公路网密度达到每百平方公里82.79公里，比上年增长1.45公里。G107 新道工程等 8 条219.77公里干线公路和359.6公里地方公路新改建、改善工程相继完工。全年新建、改造农村公路297.4公里，超任务数的197.4%。

【G107 新道建成通车】 省、市公路重点工程——G107 新建工程在省、市领导的关心支持下，在沿线各级政府和群众的通力配合下，工程于 2003 年 12 月 1 日开工建设。经过广大参建干部职工 8 个月的艰苦努力，共完成投资 11 亿元，于 8 月 1 日建成通车。该工程起于 107 国道与郑花路交叉口处，向东呈环状穿过郑东新区，止于 107 国道与西南绕城高等级公路对接处，全长39.6公里，为一级公路等级标准，路基宽33.5米，路面宽 24 米，计算行车速度每小时 80 公里。全线共建有大桥 7 座，下穿立交 3 座。该工程的建成对于拉大郑州城市框架，加快郑东新区建设，改善省会郑州形象，建设国家区域性中心城市均具有非常重要的意义。

【工程质量管理】 在工程建设中，始终把工程建设质量摆在突出的位置来抓，通过严格质量标准，强化监督检查，加大惩处力度，优化工程设计和加强养护管理，工程建设质量有了明显提高。2004 年，全市新建工程质量合格率达到 100%，干线公路工程优良率达到 90%以上，县道和重要地方公路建设工程优良率达到 81%以上，杜绝了重大质量责任事故。

【公路养护管理】 积极实施以"消除

隐患，关爱生命”为主题的公路交通安全保障工程，投资数十万元对国道310线K672—K674等20多处陡坡、急弯、视线不良等行车危险路段进行了整治。同时把公路绿化与公路景观设计结合起来，积极开展公路“亮、绿、美”工程，巩固已建成的绿化美化示范路段和文明样板路段。国道310、107、207和省道102等线已建成具有一定规模的绿化平台。

【场站建设】 在有关局委、郑东新区管委会和有关区委、区政府的支持下，客运东站的初步设计方案已经批复；客运北站的设计方案已经评审，初步设计正在编制；客运西站的工程可行性研究报告已经批复；客运南站工程可行性研究报告已上报待批。

【运输生产】 全年共完成客运量1.02亿人次，比上年增长12.3%；客运周转量47.6亿人公里，增长13%；货运量0.6亿吨，增长10.3%；货物周转量43.6亿吨公里，增长6.7%；有力地支持了省会经济和社会的发展。

【道路运输市场监管】 客运方面：一是积极推进农村客运网络化建设。通过强制旧车更新、提高客车档次和调整运力结构、推行集约化管理等有效手段，逐步实现城乡客运一体化。全市农村客运村村通班车率已达95%以上。二是加强对旅游车辆的管理。通过积极有效的协调与组织，全市现有的500余台旅游车辆已有200余台纳入运政管理，其余正在办理中。

货运方面：一是加强对危险化学品运输车辆的管理。坚持对全市21家危险品运输公司、376台危运车辆每月检查一到二次，督促其落实各项安全制度。二是整顿搬家运输市场，提高行业整体形象。对达不到条件的搬家公司，进行重新整合，对旧车型和报废车辆进行更新，对更新车辆实行“四统一”，即“统一颜色、统一标志、统一培训上岗、统一服务标准”。三是集中治理“厢货”运输市场。严厉打击无证经营行为，对破旧、报废车辆，坚决清除出厢货市场。

运输服务业方面：一是加强行业管理，针对托运业户携款逃跑现象，广泛开展“诚信服务进托运”活动，有效地遏制了携款逃跑事件的发生。二是进一步规范汽车租赁市场，通过媒体公布行业参考价，增强了汽车租赁业经营的透明度，方便了市民。

机动车维修市场管理方面：一是严格新开业户的审批，对不符合开业条件的坚决不予审批。二是加大维修市场监管力度。重点对无证经营、越级修理、超范围经营和占道作业等违章行为进行了查处。

【交通工业】 2004年，国内客车行业受国家宏观经济调控、银根紧缩、原材料涨价等诸多不利因素影响，宇通企业集团不断加大科技、管理创新力度，全年销售大中型客车、工程机械、专用车21185台，比上年增长29%，实现销售收入74.9亿元，比上年增长51.9%，超额完成了全年目标任务。

【安全生产】 全市公路运输行车总里程4.33亿车公里，百万车公里责任事故率、责任亡人率、责任受伤率、经济损失率分别为0.19次、0.10人、0.19人、1.46万元。4项指标中，责任亡人率比市政府下达0.3人的目标低67%。劳动安全千人亡人率控制在市政府下达的目标0.25以内，无重大以上伤亡事故和重大火灾事故的发生。春运、“十一”旅游黄金周期间，道路、水路运输安全、平稳、有序。

【治理超限超载】 全市全年共出动执法人员8945人次，检查车辆25909台次，查出超限车辆6091台次，卸载车辆2636台次，共卸载货物16131吨，更改“大吨小标”车辆6057台，超限超载现象得到有效遏制。“治超”期间，全市公路交通畅通，道路运输市场秩序良好，干线公路交通流量平稳，鲜活农产品和粮油等重点物资运输正常，社会生产和群众生活没有因“治超”而出现大的波动。

【费税征收】 全年共完成各项交通费税征收13.3亿元（其中车辆购置税4.82亿元），比上年多征2.1亿元，增长19.8%，创历史最好水平。其中，拖拉机养路费、摩托车养路费、车辆通行费、客货运附加费、水路运输管理费、车辆购置税均有较大幅度增长。交通费税的快速增长，为加快郑州市交通事业发展提供了可靠的资金保障。

【创建工作】 按照市委、市政府创建国家卫生城市的部署和要求，在抓紧抓好日常工作的同时，进一步加大创建工作力度。按照健康、卫生工作标准，对全市8个汽车客运站进行了综合整治。经过整治，各客运站空气标准、卫生状况等全部达标。加强对城市出入口道路、过境路、旅游路的路容路貌的管养力度，确保道路畅、洁、绿、美。对市区内机动车车身清洁养护（洗车）行业进行专项治理，有效遏制了占道洗车、污水乱流的现象。投资4万余元对局机关进行了美化亮化，改善了机关办公环境。

【优化经济环境】 按照行为规范、运转协调、公正透明、廉洁高效的要求，针对全市民主评议中反馈出来的问题，以规范管理、提高素质、优化环境为目标，通过开展权力观教育、优良服务、文明执法、文明窗口创建、“一三五”等活动和“三个一”工程，有效地解决了执法不公，吃、拿、卡、要以及工作方法简单粗暴等有损群众利益的问题，进一步提高了为纳税人服务意识和服务水平。

【党风廉政建设】 按照胡锦涛总书记提出的“为民、务实、清廉”的要求和省、市纪委全会的总体部署，紧紧围绕交通建设中心工作，认真落实党风廉政建设责任制，严格执行《河南省交通系统五条禁令》和“六个禁止”、“四不放过”规定，强化交通基础设施建设领域廉政建设，实施了向重点项目派驻纪检监察员制度，努力实现廉政建设关口前移，全市交通系统党风廉政建设和反腐败工作正朝着健康方向推进。

【建议提案办理工作】 全年共收到省人大代表建议1件、市人大代表建议22件(其中，公路建设21件，场站建设2件)；省政协委员提案4件、市政协委员提案25件(其中，公路建设22件，运政管理6件，场站建设1件)。以上建议和提案均按要求、按规范、按程序提前完成了办理任务，办结率100％。

(李其林　陈剑锋)

民　航

河南省郑州新郑国际机场管理有限公司

【安全生产】 2004年，新郑国际机场共保障本场飞机安全飞行31567架次，同比增长29.7％，其中运输飞行30940架次，增长30.3％。全年未发生航空安全严重差错以上的安全事件，成功处置1起非法干扰航空器事件，实现了航空安全年。航空运输量的大幅增长，安全保障设施设备的日益老化，使机场的安全工作面临着前所未有的压力和考验。面对严峻形势，公司全面加强了安全管理。一是健全制度，落实责任，建立安全管理的长效机制。公司对各项安全保障规章制度进行了修改和补充，进一步健全了安全生产责任制；细化了《航空安全奖惩规定和考核办法》，制定基层单位兼职安全员管理规定，健全三级安全监督网络，对安全工作进行全方位、全过程的监督。二是加大安全监督和检查力度，确保安全工作落到实处。公司严格按照“五严”要求和“四不放过”原则，对安全工作进行持续监督和重点检查，有效地保证各项安全措施的落实。三是统筹兼顾，协调发展，机场安全综合保障能力进一步提高。在狠抓安全管理的同时，针对机场投入使用多年，安全设施设备老化的情况，筹集资金220多万元更新3台进口安检X光机；投入300万元对候机楼变电站进行了改造。修复道肩破损70多处，对跑道中心线和客机坪重新喷划，对跑道进行除胶，增设4台用于鸟害防治的遥控煤气炮，添置安全保障专用车辆，扩建急救医疗场地，添置大量应急救援物资。全年用于安全设施设备更新改造的资金累计达1600多万元。四是积极做好机场突发公共事件的应急处置工作。结合应急处置工作的实际，修改完善应急救援预案，并组织了专项演练和综合应急演练。7月26日，国航1343航班有一名旅客声称带有硫酸，要求机组飞往韩国，飞机备降郑州机场后，公司紧急启动应急预案，成功制服了犯罪嫌疑人。

【航空运输】 2004年，共完成旅客吞吐量257.3万人次，同比增长37.7％；货邮行吞吐量3.79万吨，增长26.7％。2004年是机场移交河南省管理的第一年，为更好地服务于河南经济和社会的发展，机场公司全面加强了航空运输市场的开发。(1)加强对河南航空市场的研究，积极探索航空市场的规律，努力提高市场开发的计划性和针对性。(2)主动出击，开发市场。公司领导多次带队，到东航、国航等航空公司，争取开辟航线和增加航班；到民航总局、中南管理局争取政策支持。(3)积极帮助航空公司解决航班运行中存在的问题和困难，为航空公司提供良好的经营环境。(4)充分发挥自身客货销售网络的作用，努力扩大非基地航空公司的市场份额。(5)配合政府有关部门，积极开拓国际和地区航班。机场每周航班已达600多班，较上年有较大增长。引进深航开通了郑州——广州航线，该航线长期被垄断的局面得以打破。引进东航在郑州新郑机场停放过夜飞机。郑州至广州、上海、北京等主要航线的航班密度明显加大。在国际航线开发方面，就开通郑州经上海到欧美的国际航班问题同东航已达成共识，并上报民航总局。

【服务质量】 2004年，全面加强了服务工作。重视对员工的教育和培训，增强员工对做好服务工作的认识，提高做好服务工作的技能；修改、完善和细化了各种服务标准，服务工作更加规范；健全服务质量监督体系，对服务质量实行多级监督检查；密切各服务保障单位的沟通协调，努力减少因机场原因造成的航班延误，提高航班正常率，在民航总局进行的各次航班正常率统计中，郑州机场均名列前茅；积极创新服务形式和内容，在值机推行了半开放柜台，减少旅客排队办理手续的时间；客货中心在坚持24小时免费送票等服务项目的同时，推出了异地订座机场取票业务，极大地方便了旅客乘机。以不正常航班和无人陪伴儿童、老人等特殊旅客为重点，为旅客提供个性化服务。在民航总局出台《不正常航班旅客赔偿指导性意见》后，就旅客服务工作出现的新情况，及时修改了《不正常航班保障预案》，重点加强不正常航班的服务保障工作。加大投入，机场服务设施设备得到一定改善，其中，投资400多万元购置了旅客班车。

【基本建设】 2004年，省政府决定对郑州新郑国际机场航站楼进行改扩建，要求年底前开工，两年完成。为贯彻落实省政府的决定，确保工程如期开工建设，公司成立航站楼改扩建领导小组，抽调业务骨干成立了改扩建办公室。组织人员对武汉机场、济南机场、广州新白云机场的航站楼进行考察。会同设计单位完成了机场总体规划、航站楼改扩建可研报告、航站楼改扩建工程项目核准、航站楼改扩建初步设计、站坪扩建工程设计、地质勘探、地形测量、环保审批、临时围界建设等前期工作，航站楼改扩建工程于12月20日正式奠基。

(孟立新)

中国南方航空股份有限公司河南分公司

【概况】 2004年,中国南方航空股份有限公司河南分公司以"三个代表"重要思想为指导,认真贯彻落实总局、南航两级工作会议精神,紧紧围绕安全和效益,扎实工作,保证了飞行、空防和地面安全,实现了较好的经济和社会效益,各项工作都呈现出良好的发展势头。

全年共完成运输总周转量2.57亿吨公里,运送旅客217.9万人次,运送货邮2.43亿吨,正班载运率为75.3%,正班客座率为72.4%,飞机平均日利用率为9小时,各项指标均比上年有大幅度增长。

【安全工作】 做好常规安全管理和教育。加强安全工作组织领导,调整成立新一届安委会,制定2004年安全工作目标和具体措施,组织安委会大检查10次,及时解决安全生产中的问题。认真执行年度安全教育计划,抓好"安全教育日"制度落实,充分利用"百日安全"、"安康杯"竞赛等活动,开展多样化的安全教育,积极开展有针对性的安全整顿,使"安全第一"的观念深入人心。

调整充实安全运行管理队伍,完善管理网络。在运行安全方面将各项管理职能细化,设立运行标准管理室、安全监察室、技术管理室,从基层选拔业务骨干充实其中。为适应机队扩大的变化,公司调整27名飞行干部充实到基层管理岗位;组建了飞行三中队,重新调整了运行模式,使飞行人力资源得到充分有效的利用;充实飞行部运行协调室、航务室管理人员,确保安全生产组织协调高效运转。聘请10名兼职运行检查员,为构建公司运行标准监控网络提供了基础。建立《运行标准管理程序》、《空地协调会组织规定》等制度,为开展运行标准管理工作提供了制度保证。

搞好机务和航务保障。飞机维修厂改进维修作风,提高维修质量,力争航班正常,努力降低成本,实现了年初签定的安全责任目标。紧紧围绕安全生产,加强业务培训,努力提高机务人员技术素质,举办各类培训班58期,772人次参训。共完成各类定检103架次,排除重复性、重大故障33起,完成飞机普查90架次,较好地为安全生产提供了运力保障。积极推进机务系统职位改革,做到生产改革两不误。航务部充分发挥组织协调作用,积极开展规范化服务活动,在保证安全的同时,把航班正常性作为工作重点,加强管理和考核,共保障航班19184架次。其中,正班17865个,加班944班,包机279班,航班正常率为82.89%,取得南航排名第一的好成绩。

抓好空防安全。认真贯彻落实民航总局和南航股份公司两级空防安全工作会议精神,不断增强员工的空防安全意识,重点做好货运、机上供应品的安全检查。组建了空警中队,进行了任前教育和体能训练。先后在郑州和南阳组织"反劫机演练"和"应急救援演练",提高人员特情处置能力。南阳基地安检站查获违禁物品629件,保证了空防安全。

严格地面安全管理。年初,车管部门就对车辆的安全管理、使用管理、行驶速度、检查制度作出明确规定,3月份,针对"2·28"机组车事故开展了安全教育活动,5月份开展了《道路交通安全法》学习宣传活动。截至年底,已对公司车辆进行检查12次,共检查车辆354台次,对发现的问题及时整改,堵塞了漏洞,确保车辆安全行驶27万公里无事故。保卫部注重做好消防和治安的监督检查工作,开展"消防安全管理人员培训",进行了"人员密集场所消防安全专项治理",坚持每月对消防器材和设备进行定期检查,确保了地面安全。

【生产组织及运输管理】 以市场为导向,合理进行航线网络规划。面对新增的3架飞机运力,公司合理调配航线航班,增加了郑州——广州、郑州——北京、郑州——海口等重点航班,开通郑州——大连——汉城国际航线。9月份新疆空运市场旺盛,公司调1架飞机到新疆飞行1个月,不但满足了新疆市场的需求,而且提高了公司整体收益。由于航线合理布局,使公司生产量突飞猛进,截至10月初,公司始发乘运旅客比上年同期增长57.34%,始发收入增长57.98%,座公里收入增长14.29%;货邮运量增加44.07%,货邮收入1325.05万元,较上年同期增加27.16%。

积极推进航线经理制和客户经理制。根据总部要求,公司积极进行"两制"改革,选拔客货航线经理8名、客户经理1名,将所有任务结合市场实际和预期情况分解到各航线区域,并适时根据经营情况进行调整,力争做到预测准确、指标合理。航线、客户经理在舱位监控、信息反馈、市场分析、销售渠道管理等方面起到了较好作用。

抓好旺季生产。紧紧抓住春运、"五一"及"十一"黄金周、河南国际投洽会、洛阳牡丹花会、郑州国际武术节等有利商机,在热点航线上积极组织加班包机,大力组织客货源,实现了增产增收。

淡季加强市场营销,提高航线竞争力。一是尽量稳定票价,避免价格战,同时压低促销支出。二是推进南航客户伙伴计划。三是认真落实总部营销措施,积极推行"南航行——真情关爱"8项优惠措施,大力推进Q自动分流、自动K票等系统的实施,完善营销措施,提高工作效率。四是推行新的促销手段,降低代理人销售成本,缩短代理费提取时间,有效调动销售代理人的积极性。

做好客源组织工作。积极落实"南航客户伙伴计划",定期对销售代理人、旅行社及重点客户进行有针对性的走访,并加强了与公司大客户的联系。为提升高端客户服务档次,筹建北京首都机场贵宾服务接待站,得到了河南各地、市公务旅客的肯定。

紧密与境外南航营业部联系，共同设计开发航线产品，为组织客源探索新经验。如通过南龙在郑州——香港航线解决二次签证问题，有效克服香港航班单向性问题。

加强货运市场营销工作。货运部加强市场开发力度，先后开发了多种新的批量货源。借助总部中转工作会议在郑州召开的契机，加大了中转开发力度，开辟了新的中转市场，1～9月份中转运输量467.3吨，中转运输占货物总运输量的7.6%；中转运输收入57.6万元，占货物运输总收入的4.92%。狠抓邮件运输，与邮政部门建立定期工作碰头制，互通信息，使各条航线邮件运输量均有不同比例增长。1～9月份邮件运量162.6吨，邮件收入155.3万元，实现连续8个月持续增长。邮件运输较上年同期运量增加93.6%，收入增加95.6%。

【努力提高服务水平】 提高航班正常率。公司成立专门领导小组，制定措施，将所有保障工作量化，并将责任落实到具体部门，极大地促进了航班正常率的提高。值班经理室加大生产现场的组织指挥和监督检查力度，延长现场工作时间，严格履行职责，落实奖罚措施；签派室充分发挥生产组织的协调作用；机务、营运、客舱、飞行机组积极配合，按规程操作，使航班正常率明显提高，圆满完成了总部的考核指标。

努力提高空中和地面服务质量。客舱部增设质检办和运行室，加强管理力度，理顺运行模式，从运行制度、运行管理、质量检查等各方面都进行详细规定，大力推行量化考核，积极开展旅客满意度调查。乘务员在元旦、春节、“十一”等节假日精心策划，布置客舱，举办活动，赢得旅客赞誉，实现服务零投诉。营运部开展了以“创建客户营销服务标兵团队，争当客户服务之星”为主题的“客户服务月”劳动竞赛，对排名前20位的大客户和省内排名前200名的明珠会员进行回访，拉近了与客户的距离，促进了服务质量的提高。积极推行服务承诺制，分学习动员、宣传承诺、考试检验、巩固提高4个阶段进行，制定了详细的工作计划，并要求各单位严格落实，建立相关台帐，定期抽查评估，加强监督管理和信息反馈，使承诺落到实处。

做好高端客户服务，扩大南航影响。修订了《专机保障预案》和《要客航班处理程序》，逐步形成了一整套严密科学的保障程序。圆满完成蒙古国总统专机保障任务，为国务院副总理吴仪等98名要客提供了优质服务，受到高度赞誉。另外建立VIP资料档案，以更好地服务高端客户。

【加强企业内部管理】 公司积极推行ISO9000质量管理体系，全面提高管理水平。2003年10月公司开始与广州友君管理顾问公司合作，目的是在公司建立一个职责明确、责任到位的管理系统，为公司持续发展构筑管理平台。2004年以来，组织对编写的体系文件进行会签，收集修改意见，编写了公司的质量手册。经过讨论，对组织体系进行试运行，跟踪检查，对文件的符合性进行验证、修改并签字下发，进行两次内审工作，并对各部门的改进事项及不合格项的整改情况进行跟踪。ISO9000质量管理体系已在公司正式运行，并于9月底顺利通过德国莱茵公司的认证。

推行团队绩效考核。在南航范围内，河南分公司率先推行团队绩效考核工作。1月份，为不断深入实施绩效管理，进一步建立以团队绩效带动个人绩效的全局性绩效管理模式，在全员绩效考核工作的基础上，开始对各部门整体工作绩效进行考核，考核达到了预期目的。从前3个季度考核结果看，基本反映了有关单位总体工作状况，考核结果的运用也对各部门工作起到积极的指导和改进作用。

加强财务管理。一是加强收入管理，增加了对航线始发收入的预测、分析和销售收入的监控，保证收入结算的及时、准确、完整。二是严格报销制度，实行收支两条线管理。规范会计人员行为。控制成本费用，建立一套定额指标管理体系，实行跟踪控制制度，有效完成了公司下达的费用控制目标。三是严格执行《全面预算管理规定》，将成本费用指标进行细化分解，继续实行归口分级管理，截至年底，节支2542万元。同时加强日常单据审核，拒付各机场不合理收费140万，为公司节约了开支。

做好物资设备管理工作。把节约航油作为节支工作的重点，严格执行节油措施，收效甚好。加强车辆用油现场检查和加油单据的审核登记工作，及时调整淡季旺季的用油指标，采取集中管理、集中加油等措施，减少中间环节的漏洞。在航班调整时精打细算，慎重选择，尽量把成本降低到最小程度。严格执行公司物资采购管理规定，对各项基建工程、设备材料以及办公用品的采购进行全程监督，在采购过程中实行比质比价管理，有效降低了各项采购成本。继续加强设备管理，合理安排现有设备的有效利用，对上年新增设备进行普查，共普查维修设备400多台，节约资金3万多元。

（郑伯珍）

华南蓝天航空油料有限公司河南分公司

【概况】 华南蓝天航空油料有限公司河南分公司位于郑州新郑机场，下设机关、航空加油站、使用油库、地面加油站等4个二级机构，共有员工44名。河南分公司独立承担新郑机场进出港航班的航油供应，2004年供油量达到7.2万吨，实现利润792万元，供应民航系统内各种车辆油品1100吨，实现了安全与效益的双丰收，为郑州新郑机场的建设与发展做出了应有贡献。

【安全生产】 2004年，河南航空油料分公司总体安全形势平稳，共安全销售航油7.2万吨，加注航班15676架次，分别比上年增长30%和29.3%，大大超出分公司转场6年(1997年8月28日,郑州新郑机场开航,河南分公司从郑州东郊老机场搬迁至郑州新郑机场)以来平均每年增长6%的幅度,达到了历史最高水平。2004年,全面实现了上级公司下达的各项安全指标:提供100%合格的航空燃料,杜绝责任等级事故,万吨油责任差错为零,万架次责任差错为零,设备完好率达到99.5%以上,杜绝发生妨碍空防安全的等级事故,责任航班延误率为零,客户满意率为100%,杜绝了地面交通责任事故。

提高各类安全隐患整改率。坚持蓝天公司安全管理工作四级安全检查制度(一级为总部和股东方的检查、二级为分公司自身检查、三级为分公司下属库站检查、四级为每天值班员的日检查),加大对安全隐患的查处力度。2月份开展了为期一周的安全大整顿,并将安全整顿工作贯穿整个年度。安全整顿中,发现存在的17项问题或隐患全部得到整改。通过不间断的安全隐患查找和整改,使公司的安全管理工作迈上了一个新台阶,在11月份蓝天公司总部组织的全系统安全检查整顿验收工作中,河南分公司的安全管理工作得到充分肯定。

加大设备、设施检查整改力度。2004年是河南航空油料分公司历史上设备、设施检查整改投入力度最大的一年,先后更换了加油自控系统变频器、航加站过滤分离器、油系统和水系统44个大型阀门,修复了使用油库及卸油站油罐高液位自动报警停泵装置,安装了油罐高液位检测平台,增加了卸油站至使用油库管线保压监控装置,改造了卸油站栈桥照明装置等。同时,在办理"危化品经营许可证"期间,按照省安全管理局对分公司所作的安全评价整改要求,全部进行了整改。通过设备更换和整改,大大增强了供油系统的安全性与可靠性,有力提升了分公司安全管理水平。

突发事件风险控制。5月,加油自控系统变频器突然出现故障,为了保证操作的安全,分公司制订了手动加油的处置预案,改自动加油方式为手动加油方式,在近20多天的手动加油过程中未出现一次工作差错。另外,油源供应紧张处置预案使分公司从上年开始至2004年不断出现的油源供应"危机"中一次次度过了难关。

【经营管理】 河南航空油料分公司全年实现利润792万元,创造了有史以来最好的经营业绩。一是业务量大幅增长带来了规模效应;二是由于油品价格不断上涨,库存创造了更大的差价;三是分公司在落实全面预算管理和降本增效方面做出了一定的努力。在费用控制方面,积极落实上级公司下达的各项费用指标。

办理危险化学品经营许可证。按照国家2002年11月15日颁布的《危险化学品经营许可证管理办法》,河南分公司8月取得了由河南省安全生产监督管理局颁发的《危险化学品经营许可证》,进一步完善了经营手续。办证前由中介机构对公司作出安全评价,评价范围包括使用油库、卸油站、航加站、特种车加油站、铁路专用线、地下管线等,涉及到管理制度、设备设施、人员技能、消防、应急反应、周边环境等各个层面和环节,一共提出整改建议32项;省安全管理局对分公司所使用油库、卸油站、航加站、地油站4个场所的全部油、水、电系统及安全管理方面作出安全评价,提出整改要求,公司按要求全部进行了整改。通过整改,使安全管理工作在"软、硬"件两方面都得到不同程度的提高。

业务拓展补充效益。2004年,公司在非主营业务拓展方面做出了一定成绩,主要有:(1)对特种车辆加油站进行改造,将原位于航空隔离区内的特种车辆加油站进出口挪至机场隔离区外,重新投入使用,一年实现利润10万元;(2)将公司经营的地油站外租给中石化,一方面规避经营、安全风险,另一方面降低成本,全年收取租金30万元;(3)卸油站开展对外租赁业务,5个月创造效益40余万元。(4)汽修厂及加油站办公楼、门面房对外租赁,全年收回租金10余万元。

【人力资源管理】 2004年,河南蓝天分公司按照总公司要求,全面实施了BPR(业务流程重组),一方面优化了作业流程、减少了操作环节,提高了工作效率,另一方面精简了人员,提升了岗位竞争力。各岗位人员配备得当,业务结构、人力结构较为合理。实施BPR后,分公司的员工由原来62人减到44人(分流人员自愿选择公司的3项分流政策,即内退、有偿离职和停薪留职)。2004年后期,由于航班量增加较快(同比达到30%的增量),一线人员缺乏,按BPR动态调整的原则,又从内退人员中选用5人充实到一线岗位。加强业务培训,全年共组织各种培训707人次,合计8459小时,人均54小时。

(董　健)

邮　政

【概况】 郑州市邮政局设有8个职能部室、15个专业局和1个多经公司,辖5市1县1区(县级)邮政局和市内7个区级邮政局。年末全局(含5市1县1区)从业人员4098人,其中在岗职工1955人;郑州市局本身从业人员2639人,其中在岗职工1393人。2004年郑州市邮政局业务收入完成4.39亿元,比上年增长6.86%;业务总量完成4.67亿元,增长5.01%;实现收支差额757.2万元。全员劳动生产率完成10.7万元,其中在岗职工(年平均人数)劳动生产率22.43万元。市局本身完成邮政业务总量3.11亿元,增长5%;完成业务收入2.82亿元,增长8.97%;收支差额完成-172.3万元;全员劳动生产率20.22万元(以上数据测算含中邮物流收入)。

【邮政业务全面发展】 通过做大做强核心业务,提升传统业务,壮大新型业务,促进各项业务全面发展。按照年初提出的“突出重点，突破难点，抓大促小，强化营销”的经营思路，郑州市邮政局立足于通过创新营销模式，强化专职专业营销，提升项目管理水平，促进了整体经营上水平、单项业务求突破、各项邮政业务全面协调发展。邮储业务全年净增余额9.15亿元，总余额达到75.02亿元，继续保持全省第一；新增发卡32万张，卡均余额1120元；新增代收付4.9万户；活期比例27.06%，较上年提高3.7个百分点。全区累计净增超千万的局、所达到36个，净增余额6.2亿元，占全区的69.14%。函件业务以名址商函、邮资封片和中邮专送为重点，全年发寄名址商函604.87万封，实现收入422万元，占全省的42%；发布中邮广告1205期2297万份，实现收入637.89万元；开发邮资封片793万枚，实现收入710万元。速递业务在实现专网运作的基础上，大力发展省内物品型特快业务，逐步扩大了生存空间。狠抓单证照邮递项目，陆续开发邮政速递驾照、代码邮寄、护照特快邮寄业务，实现收入260万元，较上年增长45.25%；突出发展国际业务，加大了对外贸行业的派驻力度，巩固了国际业务市场，全年实现国际特快收入572万元；集邮业务围绕“两节两册一盘活”，全年完成收入7098.14万元，较上年增长11.18%。全年实现邮品盘活2424万元，开发专题册2.57万册、个性化邮票22.23万版，揽收企业年册3.87万册，4项指标均居全省第一。报刊订阅在严峻形势下，加强与新华社、《郑州晚报》等报刊社的合作，实现了党报党刊和重点报刊订阅稳中有升。

节日、会展经济凸显效益。春节期间，茅台“福禄寿禧”酒和河南系列名酒实现销售15333件，收入117万元，“祝福”邮品和年册销售突破千万；“情人节”鲜花礼仪配送市区联动；“五一”黄金周开展了进社区、进学校、进军营、进商厦营销活动，营销高潮此起彼伏，邮储、集邮、报刊、物流、代办电信等业务营销成效显著；8月份销售《邓小平手迹选》124万码洋；中秋“思乡月”月饼寄递突破300万元。在拓展会展经济方面，成功组织了红十字会成立100周年邮票首发式活动；策划设计了郑州市第八届党代会纪念邮折；以国家经济技术开发区成立20周年为契机开发个性化邮票1万版；为首届世界传统武术节制作个性化邮票7000版，收入23.8万元；尤其是借全省劳模大会召开之机，开发劳模个性化邮票30000版，收入110万元，填补了国内劳模个性化邮票的空白，打响了个性化邮票的品牌。

物流业务立足市场、依托网络，挖潜城乡节日、团购市场，实现了乡乡有网络、县县有特色、全年无淡季、收入上规模。代办电信业务加强了专厅、专区、专柜建设，先后在全区建成13处国邮手机卖场、移动专营店、话吧和电信营业厅，形成了手机终端产品的连锁经营，依托网点资源拓宽了市场领域。积极开展以移动SIM卡和中国电信190、17968、17969卡及卫通IP卡为主的“卡品销售超亿元”活动，累计实现卡品收入202.74万元。中国电信固话装机和宽带、值守公话等业务在市区和巩义、新郑、上街取得重大突破，为进一步做大固话运营市场奠定了基础。

【专项营销】 2004年，郑州市邮政局狠抓重点业务、重点市场的开发培育，取得显著成效。速递中高招录取通知书、中秋邮品营销和企业拜年卡3项业务连续3年居全国省会局之首。与95所大中专院校进行业务合作，开展中高招录取通知书速递业务，收寄特快邮件21万件，实现收入203万元。依靠市、县、乡一体化的营销网络体系，实现中秋邮品营销收入1653.39万元，逐步探索出一条立足礼品市场、紧抓节日经济拉动收入增长的新的发展途径。开发企业拜年卡382.08万枚，涉及单位519家，实现收入1115.58万元，人均使用贺卡1.53元，市区达到2.27元。

【业务推介】 2004年年初，郑州市邮政局和中国人寿保险公司郑州分公司合作在全区接连举办12场保险产品推介会，实现代收保费7000万元。3月份，利用省局对集邮专业盘活库存的政策机遇，举办了数场邮品展示会，盘活邮品超千万。5月份举办了函件业务推介会，进一步把名址商函推向社会。三大推介会的成功举办，不仅为各专业的整体营销提供了经验借鉴，而且进一步树立了邮政的品牌和信誉，积聚了客户资源，拉大了邮政业务的市场框架。

【通过网点形象建设提升服务质量】 出台了《邮政营业网点服务形象操作规范》，进一步完善了《郑州市邮政局服务工作考核办法》等规章制度，以市区花园路、经八路、经三路、丰产路等14个“样板网点”为试点，开展了网点服务形象标准化、规范化活动。完善社会监督体系，畅通用户投诉渠道。聘请18名离退休老干部义务担任社会监督员，有效开展服务监督工作，全年共提出各类建议和意见300条，促进了服务质量不断提高。在全区250余个营业窗口公示邮政资费、监督电话、传递时限，在1907个村庄建立了投递信息反馈点。全年媒体对省会邮政的正面宣传报道达160余篇；11185服务电话顺利通过省会多家媒体的检验测试，成为郑州市市长电话的示范点；在2004年上半年的全市行风评议活动中，郑州市邮政局以88.31%的用户满意率居全市11家服务行业之首，在国家局进行的用户满意度测评中，以98.08分名列前茅。

【基础建设和信息化建设】 工程建设方面，郑州邮政大厦在国庆节期间顺利实现入驻；绿苑住宅小区主体工程已接近完工；郑东新区起步区局、所建设纳入市政府规划；新增网点8处，改造扩建网点30处。网络建设方面，按照国家局“全夜航”的总体要求，重点对速递邮件实行专网运作，对市区五大区局的速递揽收邮件进行集中处理、出口，减少了中间环节，加快了邮件传递速度，提高了妥投率和及时率，速递信息上网率和及时率达到95%以上。信息技术方面，圆满完成了绿卡统一版本工作；对46个网点的绿卡传输数据网络和35个网点的电子汇兑切屏进行技术设备改造，完善了特快专递系统和邮政票品系统；完成了11185升位工作，增强了对客户的综合服务能力，话务量较上年增长60%；圆满完成了新大楼综合布线系统，并利用中国电信和网通的电信网络组建虚拟网，减少了话费开支；办公自动化进一步升级，网上营销查询、车辆查询、部分公文流转、短信提醒等功能的开发和应用为实行无纸化办公铺平了道路。

【提升企业经营管理水平】 进一步规范专业收入计列方式，加大收入欠费管理力度，压缩高成本业务，提高了收入质量；开展财务收支真实性和禁止类财务行为检查，加强专业化经营的财务管理工作，规范收入成本费用核算行为和企业财务行为，并加大对悬记帐款的清理、存货和资产的盘活，2004年用户欠费、存货、应付帐款分别下降460万元、1392万元、3643万元；全年固定资产投资4113.45万元，对86个工程项目进行审计，净审减额为305.11万元。深入开展邮政经营秩序和服务质量专项整治活动，通过自查、复查、整改、处理4个阶段的整治工作，达到了标本兼治、纠建并举，有力维护了全网的利益。加强业务检查和行业管理，全年共组织开展8次专项和专题检查，出检2491人次，处罚违规单位和责任人556人次，整改率为87%。顺利通过了ISO9001：2000质量体系认证，获得了中国方圆标志认证中心颁发的证书，并通过了第一次年度监督审核，标志着企业依照国际标准建立的质量管理体系运行有效，进一步提升了企业现代化管理水平。

【专业改革稳步推进】 2004年12月中旬，按照省局“加快省会城市业务发展，充分发挥省会局的龙头作用，尽快做大做强省会郑州局的函件、集邮、邮政广告、速递报刊发行和零售业务市场”的要求，郑州市邮政局以深化专业经营和完善专业专职营销体系为重点，对函件、集邮、发行、速递四大专业板块的资源进行内部整合和改革，建立了面向市场的专业化经营机制，突出了省会局的主导功能和市场开发能力，为四大专业的强势发展奠定了基础。

【构筑特色邮政文化】 加强精神文明建设，先后在全局开展了“解放思想、创新观念、求真务实”大讨论和两个“条例”学习活动，并在省局组织的两个“条例”知识竞赛中荣获第一名；举办了中层干部经理人资格认证培训，全年共举办各类培训班35期，培训2175人次；组织开展了“风雨五年话邮政”征文、“普通话演讲比赛”和“庆祝第三十五届世界邮政日广场文化活动”等，并在“首届全省邮政职工男子篮球赛”中荣获第一名；参加了郑州市“第三届市直机关运动会”、“庆祝建国55周年文艺汇演”和“河南省职工技术运动会”等社会文体活动，先后有7人分获“郑州市技术标兵”、郑州市“五一”劳动奖章和“省技术能手”称号，企业文化氛围日趋浓厚。

【举办青少年集邮夏令营】 为了丰富青少年的暑期生活，让他们在放松身心的同时开阔眼界、陶冶情操，度过一个有意义的假期，郑州市共青团暑期青少年教育活动办公室联合郑州市邮政局、郑州市集邮协会等单位特别推出了“青少年集邮夏令营”活动。活动对象主要面向市区小学三年级至初中三年级的中小学生，活动内容主要包括集邮知识讲座、邮集制作培训班、营员自制邮集选评、参观现代化邮政作业现场、参观邮票设计室和邮票印制厂、“少年邮局”亲身体验、夏令营征文等。来自全市的3000多名青少年踊跃参与。

【郑州邮政大厦顺利启用】 2004年国庆节期间，郑州市邮政局自火车站邮政综合大楼，迁入位于紫荆山路61号的郑州邮政大厦，标志着郑州邮政的发展史掀开了崭新的一页。郑州邮政大厦共计29层，高近百米，总面积5.4万平方米，是郑州市的标志性建筑之一。

（李洪涛）

邮政通信一览表(市区)

项　　目	单位	2003 年	2004 年	增减%
年末职工总数	人	1452	2639	81.7%
邮政业务收入	万元	25440.61	27245.12	7.1%
其中：函件收入	万元	4383.07	4059.65	-7.4%
包件收入	万元	1117.1	1310.04	17.3%
邮政汇兑收入	万元	744.14	655.1	-12.0%
报刊发行收入	万元	3163.29	2414.95	-23.7%
特快专递收入	万元	3396.64	3886.89	14.4%
物流收入	万元	595.22	2024.97	240.2%
生产用固定资产	万元	市县财务核算一体化后，市区固定资产不再单列。		
其中：房屋及建筑物	万元			
邮政机械设备	万元			
电子计算机设备	万元			
电源设备	万元			
邮政运输设备	万元			
其他	万元			
非生产用固定资产	万元			
其中：房屋及建筑物	万元			
自有房屋建筑面积	平方米	137300	191522	39.5%
1.生产用房	平方米	89683	89891	0.2%
2.非生产用房	平方米	47617	101631	113.4%
邮政局所总计	处	114	120	5.3%
自办局所总计	处	97	97	0.0%
代办所	处	17	16	-5.9%
邮政储蓄点	处	53	61	15.1%
集邮点	处	7	7	0.0%
邮路条数	条	66	64	-3.0%
市内	条	61	55	-9.8%
农村	条	5	5	0.0%
邮路单程总长度	公里	3244	2989	-7.9%
其中:自办汽车邮路	公里	3244	2989	-7.9%
农村投递路线总长度	公里	2960	2961	0.0%
计算机总数	台	445	503	13.0%
邮政汽车	辆	201	250	24.4%
商业信函制作系统	套	1	0	-100.0%
ATM 自动柜员机	台	66	69	4.5%

邮政通信一览表(全区)

项　　目	单位	2003年	2004年	增减%
年末职工总数	人	2041	4098	100.78
邮政业务收入	万元	40627.87	43119.37	6.13
其中：函件收入	万元	5337.39	4983.17	－6.64
包件收入	万元	1351.27	1556.53	15.19
邮政汇兑收入	万元	1019.62	906.26	－11.12
报刊发行收入	万元	4570.45	3316.63	－27.43
特快专递收入	万元	3828.63	4418.04	15.39
物流收入	万元	1024.47	2296.06	124.12
生产用固定资产	万元	44081.09	56820.15	28.90
其中：房屋及建筑物	万元	27923.59	39689.47	42.14
邮政机械设备	万元	1129.79	1388.97	22.94
电子计算机设备	万元	1570.48	1792.36	14.13
电源设备	万元	1926.5	1891.96	－1.79
邮政运输设备	万元	4891.5	5200.01	6.31
其他	万元	6639.27	6857.38	3.29
非生产用固定资产	万元	2122.64	1980.22	－6.71
其中:房屋及建筑物	万元	1246.59	1231.15	－1.24
自有房屋建筑面积	平方米	232382	287153	23.57
1.生产用房	平方米	147839	148206	0.25
2.非生产用房	平方米	84543	138947	64.35
邮政局所总计	处	238	252	5.88
自办局所总计	处	215	220	2.33
代办所	处	23	20	－13.04
邮政储蓄点	处	136	146	7.35
集邮点	处	34	17	－50.00
报刊图书销售点	处	224	209	－6.70
邮路条数	条	80	78	－2.50
市内	条	63	56	－11.11
农村	条	17	18	5.88
邮路单程总长度	公里	4530	4313	－4.79
其中:自办汽车邮路	公里	4236	4019	－5.12
农村投递路线总长度	公里	12626	12781	1.23
计算机总数	台	838	869	3.70
邮政汽车	辆	288	333	15.63
商函自动处理系统	套	1	0	－100.00
ATM自动柜员机	台	75	79	5.33

(李洪涛)

电　　信

中国网通(集团)有限公司郑州市分公司

【概况】 2004年,中国网通(集团)有限公司郑州市分公司在激烈的通信市场竞争中,面对空前的通信市场发展压力和严格的资本市场考核等困难,全体员工团结一致,务实创新,克服了各种不利因素影响,确保了企业各项任务的完成。全年完成业务收入比上年累计增长7.07%,成本费用累计完成比上年下降8.83个百分点。全年固定电话装机22万部,推出了适用于不同类型客户的"绿城通、居宜通"等品牌,共6类11种产品。宽带业务加强了网络应用建设,加速了宽带业务的发展。小灵通业务针对不同用户群,策划实施了"灵通伴侣"和"校园先锋"、"任我行"等品牌,并与固定电话、宽带等业务组合营销。2004年,公司小灵通ARPU值在北方10个省会公司中保持最高水平。截至年底,郑州市网通分公司交换机总容量达到252万门。完成中继光缆工程16项,完成了驻地网改造、小灵通优化扩容、有人值守公话系统扩容、郑州市本地高清晰电视会议网等一批重点工程。

公司注重企业文化建设,企业的服务水平和服务质量有所提高。强化了党风廉政建设,为企业的健康发展提供了保障。2004年,公司先后获得"河南省五一劳动奖状"、"郑州市思想政治工作优秀企业"等荣誉称号。

【网通郑州市分公司成功上市】 2004年,中国网通(集团)有限公司郑州市分公司依照国家对通信行业的总体规划和要求,成功地完成了上市工作。2004年1月,公司成立了上市工作组织机构,对上市进行周密部署,做了大量工作,高效地完成上市申报任务。根据集团公司、省公司有关文件精神,实施了机构重组和中层竞岗,实现了企业用工管理社会化,进一步完善了薪酬体系。同时有计划、有步骤、有控制地推进了全面预算管理工作,有力地促进了公司上市工作。

【公司更名】 2004年11月23日,根据《中国网通(集团)有限公司河南省分公司关于中国网通(集团)有限公司河南省分支机构设立的通知》(豫网人力[2004]11号)精神,河南省通信公司郑州市分公司更名为中国网通(集团)有限公司郑州市分公司。

【开通多媒体公话网上银行系统】 郑州通信分公司与交通银行郑州分行合作,于2004年2月15日推出了多媒体公话网上银行系统。该系统通过遍布郑州的多媒体信息公话就可以办理网上银行业务,网上银行业务系统包括:交行公告、行情、牌价和理财4个版块。客户在办理业务时,无须申请和下载证书,只须输入卡号、密码以及校验码就可以办理帐务查询、卡内转帐、提醒服务、代缴费业务等网上银行业务;实时的外汇行情、汇率牌价以及专业的理财服务和即时的公告信息,为客户提供了全方位、多层次的金融服务。整个交易过程采用128位的SSL(双重)协议加密,符合银行电子化建设3A(Anytime Anywhere Anyway最快捷、最安全、最方便)的标准,客户退出网银系统自动清除客户信息,服务实时便捷、安全可靠。

【推出预付费电话】 为提升固定电话的品牌形象,郑州通信分公司2004年2月推出固定电话新产品——预付费固定电话。在使用时和原有普通电话相同,用户只需购买固定电话预付费充值卡,在郑州通信的固定电话话机上拨打96202将话费充值到指定的预付费话机上,在预付费话机上拨打电话时同以前一样直接输入被叫号码,呼叫发生的费用从预付费帐号上扣除。当预付费帐号中的金额用完后,通话自动终止,用户不需到营业厅交费,只要继续购买充值卡充值后就可以继续使用原有帐号。固定电话预付费业务分为绿城通、商宜通、居宜通和都市通等品种。

【郑州——北京视频骨干网投入应用】 2002年12月,中国网通集团公司建成连接全国各地的国家视频骨干网电路,该网络依托中国网通现有的微波和光缆、卫星等数字传输网,在郑州市等省会城市安装有数字视频传输设备和相应的接口转换设备。网络传送信号质量优良,时效性强,其中下行固定传送一路CCTV－1节目。北京、上海、广东、四川、深圳、珠海等多家电视台及其它节目制作公司利用该网络进行节目交换和现场直播。2004年2月1日,中央电视台"东方时空"栏目通过郑州——北京视频骨干网电路传送了一组"时空连线"节目,方便及时,图象清晰,效果良好,郑州通信公司——北京视频骨干网正式投入应用。

【郑州本地网电路首次应用微波传输】 2004年7月13日,郑州市通信分公司首次应用微波通信作为本地网电路传输手段,开通了郑州市姚桥乡微波传输公话超市。微波通信具有投资少、施工方便、抗自然灾害等特点,它克服地形不便对架线、埋线的影响,能快速架通电路。对许多光纤和电缆暂时没有铺设到的地方,微波通信将能起到较好的替补作用,满足群众的通信需求。

【小灵通新品牌——校园先锋】 2004年3月1日,郑州通信分公司面向校园市场,结合小灵通话费低廉、绿色环保的特点,正式推出小灵通新品牌"校园先锋",受到郑州大中院校学生的欢迎。"校园先锋"资费政策借鉴201电话的计费标准,0.15元/分钟,实行无月租,设置功能使用费15元(含来电显示,网内短信发送),可设置5个长途亲情号码,全时段开放IP业务。

【小灵通短时灾害性天气警报系统启

动】 2004年5月12日，由河南省通信公司和河南省气象局华云公司共同合作建立的“河南省小灵通短时灾害性天气警报系统”正式启动，这标志着小灵通作为新兴的通信工具开始迈入数据应用的时代，也为气象部门开辟了一条新的灾害性天气预警的发布渠道。该系统投入运行后，气象部门将灾害性天气预警信息在最短的时间免费发送给小灵通用户，增强群众的防灾减灾意识，使天气灾害造成的危害和损失降到最低程度。

【开通灵通秘书业务】 灵通秘书业务于2004年5月17日试运行，8月2日，郑州市通信分公司正式开通无线市话(小灵通)增值新业务——灵通秘书。灵通秘书融高科技和人性化服务为一体，具有代接来电、呼叫转接、语音信箱、人工短信、个性化问候语等功能，确保客户来电不丢失，能随意转接，并可进行人工代接来电、发送短信等。

【开通“市长小灵通短信受理热线”】 2004年11月11日，郑州市“市长小灵通短信受理热线”开通，号码为123450371。郑州小灵通客户只需编辑短信发送至123450371，即可随时反映自己在日常生活中遇到的困难、问题以及对郑州市政府工作的意见或建议。

郑州市政府在保持以固定电话为主要渠道的“市长热线”的同时，为找到一种更加直接、便于管理、易于回复的热线接入方式，向多家通信企业征集信息化解决方案。河南省分公司充分发挥自身业务优势，向市政府提交了以“短信方式”解决“市长热线”与群众联系的新途径，得到了市政府的认可。在现有的短信平台上，河南省分公司为市政府分配了专用短信端口“123450371”。郑州市政府对原“市长电话”平台进行了拓展和升级，升级后的“市长电话”成为一套融合先进信息化技术的电话受理指挥系统。该系统采用先进的计算机网络技术，具有受理指挥、三方通话、同步录音、智能传真、语音合成、电子地图查询、综合统计分析等多种功能。市民除了直接拨打“12345”的市长电话外，还可以通过发送手机短信、电子邮件或登陆市长电话网站反映问题。其中“12345”电话接听系统拥有4进4出共8条中继线，4个接听坐席，彻底改变了以往市长电话难以拨通的局面。

【提供政府网络平台通信服务】 2004年10月，河南省电子政务建设领导小组与河南省通信公司签署了河南省电子政务网络建设协议，电子政务网络将覆盖省、市、县三级党委、政府及其各部门。河南通信提出的《河南省电子政务骨干传输网及省直城域网建设方案》，反映了河南省电子政务建设总体规划和指导意见的要求。郑州市通信分公司作为网络服务提供商，为政府、金融机构、企事业单位等提供了大量切实可行的网络建设方案，并积极配合各级政府、企事业单位成功实施。郑州市通信分公司配合河南省人民政府实施了省政府专网建设工程，2004年实现省政府与各地市政府和各委、厅、办的网络连接。配合郑州市人民政府，实现了市政府与市属各县(市)、区政府和各委、局、办的网络连接，并完成了郑州市党政机关办公业务专网(即郑州市人民政府机关信息宽带网)的网络建设。

【商都信息港开通武术节专题网站】 2004年10月16日，首届世界传统武术节在郑州正式拉开帷幕。中国郑州网和商都信息港联合推出的“首届世界传统武术节专题网站”对大会进行全程实况报道。“首届世界传统武术节专题网站”设有大会新闻、大会花絮、郑州风情和武术节手册等栏目，对武术节期间的新闻包括图片新闻、比赛结果、大会花絮等进行全程实时报道，让更多的人了解中国武术，向全世界展示开放、文明的中原风貌。

【互联网过滤服务】 郑州市通信分公司针对学生市场推出互联网过滤服务——“父子密码”，即同一个宽带登陆账号有两个密码，分为父密码和子密码，使用父密码访问互联网不受任何限制；使用子密码访问互联网只能在指定的时间和指定的范围内访问。通过互联网过滤服务，家长可以通过父密码限制和规定子密码访问互联网的时间和范围，同时，父密码还可以限制子密码浏览的网站或网页，也可以通过过滤功能过滤掉违法犯罪、色情、赌博、毒品等不良网址分类或自定制分类的内容，当其子女使用子密码浏览互联网时，就可以远离互联网的不良内容，确保上网安全。这项绿色上网服务是郑州通信为家庭宽带用户量身定做的一项全新互联网应用服务。宽带老用户及“金色俱乐部”的客户只需登陆 http://green. shangdu. com:8000 即可办理该业务。

【郑东新区龙子湖区域通信规划衔接会】 2004年2月13日，郑州市通信分公司在黄河饭店召开“郑东新区龙子湖区域通信规划衔接会”。郑州市通信分公司、郑东新区管委会、郑东新区龙子湖建设指挥部、邮电部设计院、华北水院等相关部门负责人参加了会议。郑东新区管委会负责人强调了郑州通信公司在建设“数字化郑州”中所起的重要作用，并提出郑东新区高校园区信息化建设将成为新区建设的亮点工程。郑州通信分公司在会上全面介绍了郑州通信的综合优势及下一步在高校园区的发展构想，双方就郑东新区的通信发展进行了全面协商。

【中原首届网络投资理财博览会】 2004年10月12日，在中共河南省委宣传部大力支持下，由商都信息港、大河网、《东方今报》、《经济视点报》联合主办的“中原首届网络投资理财博览会”招商新闻发布会暨网站开通仪式在郑州市通信分公司多功能报告厅举行。河南省委宣传部、郑州市通信分公司、《东方今报》、《经济视点报》等单位领导和来自新闻界、金融界、科技界的嘉宾、记者出席开通仪式。在郑州举行的网络互动博览会涉及银行、保险、证券、期货等各大金融行业，以网络和现场互动的全新形式全面展示中国财经领域前卫的投资理财服务和顶尖的投资应用产品。

【市人大代表视察郑州通信分公司】 2004年4月21日，参加郑州市十二届人大一次会议的40余名新一届市人大代表在会议期间到郑州市通信分公司进行视察。代表们参观了郑州通信分公司的商都信息港、多媒体演示厅、本地网交换中心机房。详细了解了从IP电话到网络可视会议等各种通信新业务。通过参观“新业务演示厅”、“商都论坛”、网上“视频点播”及“网上看房”等栏目，代表们对郑州通信在推动郑州市国民经济和社会信息化发展方面所做的努力给予了充分肯定和高度评价。

（曹兴建）

河南移动通信有限责任公司郑州分公司

【概况】 河南移动通信有限责任公司郑州分公司成立于1999年9月8日，为外商投资企业，下辖郑州5市1县1区分公司。2004年，郑州分公司坚持“以客户为中心，以市场为导向，以效益为目的”的工作主线，强化精细管理，打造优质网络，深化服务内涵，开展业务创新，积极参与竞争，努力拓展市场。经过全体员工的共同努力，在业务发展、客户服务、基础建设、内部管理和精神文明创建等方面都取得了可喜成绩，顺利完成了既定工作目标，受到省、市政府的表彰。

郑州移动分公司GSM现网容量310万，网上客户200余万户。网络覆盖郑州全区所有乡（镇）、旅游景点、交通干线，与166个国家和地区的237个运营商开通了国际漫游业务。

通过6年来大规模网络建设，郑州移动业务提供能力不断增强。新业务门类繁多，移动秘书、短消息、手机呼满足了客户的个性化需求；GPRS上网、MMS手机彩信、随E行引领了客户消费新时尚；业务品牌齐全，全球通、神州行、动感地带为客户提供了选择的空间；跨行业合作深受青睐，市长短信热线、移动警务、天然气查询系统、交通银行无线ATM等系统的开发，构筑了新的企业价值链，彰显了业务领先优势。郑州分公司始终坚持诚信经营，树立企业形象，积极推进个性化亲情服务，努力营造温馨舒适的服务环境。营业网点布局合理、配备时尚，现有社会专营店67家、代办点589家、自建营业厅115家，先后与交通银行、工商银行、建设银行、农业银行、光大银行等9家银行及邮局建立了合作伙伴关系，3000多个收费网点遍布全区。

【业务发展】 2004年，郑州移动分公司净增客户65万，累计客户超过220万。短信、彩铃、彩信等新业务普及率进一步提高。新开通了全球通VIP服务专区、动感地带营业厅、神州行服务专柜，品牌价值和内涵得到深化和提升。集团客户信息开发应用取得新成果，成功开发了“市长短信热线”、“夜景照明路灯监控系统”、“燃气查询系统”、“交通银行无线ATM”等行业产品18个，受到客户的青睐。其中“移动警务”系统受到国家公安部的表彰，并在全国进行推广。“市长短信热线”为市政府与市民之间开辟了一条新的沟通途径，短信方式不但拓宽了老百姓反映问题的渠道，实现了市长和市民之间随时随地的沟通，直面的文字表述形式更能准确详实的表达百姓的意愿，受到政府和广大市民的赞誉。同时，郑州移动以其个性化、专业化的服务手段，为集团客户量身定做了VPMN、企业彩铃、移动总机等多种业务。2004年，在《大河报》组织的“72行行业移动应用大赛”评比活动中，郑州移动分公司囊括了10个奖项中的其中5项。通过业务创新，郑州移动的核心竞争力日益增强，社会美誉度不断提升。

【客户服务】 2004年，郑州移动服务手段不断创新，全员服务意识日益增强，各项服务流程得到优化，差异化、个性化服务取得新突破，服务形象深入人心。服务渠道进一步拓展，开通了短信营业厅、电话营业厅、品牌营业厅、网上营业厅等，自建营业厅增至115家，社会专营店增至67家，代办店增至589家，3000多个收费网点遍布全区，最大限度地方便了客户办理各种业务。先后举办了“我与郑州移动共同成长”征文等互动活动，实施了聋哑人爱心服务、1860授权呼转业务、贴心服务每一天、机场贵宾温馨服务体验、“话费误差、双倍返还”等服务举措，有效提高了服务质量。新建开通了火车站全球通VIP俱乐部，先后组织了VIP健康之旅、高尔夫俱乐部、高考专题报告会等各具特色的全球通VIP系列活动，再次强化了全球通品牌的尊崇地位，丰富了品牌价值。

【网络工程】 2004年，郑州移动分公司积极开展横向技术交流，技术维护水平大幅提升，网络服务平台不断完善，加强重点地区的网络优化，掉话率明显下降，网络优势凸现。经过GSM八期和九期扩容，全年共新建交换机5台，扩容7台，交换机总容量达到310万，新建开通基站303个，新增载频4902个，全区的网络质量得到进一步提升。

在做好网络建设的同时，郑州移动积极配合市委、市政府做好社会应急通信的保障工作，为郑州市信息化建设做出贡献，树立了良好的企业形象。2004年，郑州市相继举办了“首届世界传统武术节”等大型商务、会务活动，活动期间，郑州移动应急小组提前勘测现场，制定应急通信方案，对周边基站进行紧急扩容，确保了各项活动的通信畅通。在“新密煤矿抢险”等社会救助服务工作中，郑州移动分公司反应迅速，服务到位，确保了救助工作的顺利开展，受到各级政府的表彰。

【基础管理】 郑州移动分公司三项制度改革不断深化，按照精细管理、科学决策的工作思路，通过弘扬企业文化，加快学习型企业建设，全面开展职位优化，改进内部评估体系，完善财务、物流、合同谈判等制度，使公司基础管理工作取得新的进展。为快速提高全体员工整体素质及专业技能，打造学习型企业，公司建立了内部培训体系，邀请业内专家，结合郑州移动行业需求，针对普通员工、班组长及管理干部等不同岗位，开发了20多项培训项目，内容包含网络技术、服务技能、市场营销、绩效管理、企业文化等。

（魏 辉）

中国联通郑州分公司

【概况】 2004年，中国联通郑州分公司全体员工突出效益经营，克服重重困难，摆脱困扰公司经营发展的各种羁绊，全力打造网络与服务品牌，开拓新思路、开创新模式，进行创新与改革。郑州联通面对市场发展变化快、经营建设任务重，竞争日益激烈的严峻形势，团结一致，奋力拼博，以省分公司"盘资源、择制度、树品牌、酿文化，为提高河南联通核心竞争力而奋斗"的工作思路为指导，严格落实"七讲七要"和"勤政治懒、勤事治散"的工作方针，加强管理，狠抓业务，使公司各项考核逐步到位，渠道建设日趋完善，直销及数据库营销开始启动，代理代办关系日渐理顺，整体综合实力和核心竞争力明显提高，实现了阶段性跨越式发展的良好开局，朝着创建先进电信企业的方向迈出了坚实一步。

【网络建设】 2004年，公司进行了大规模的网络基本建设，完成固定资产投资约5亿元，投资强度超过以往任何时期，网络建设步伐的加快以及基础传输网的迅速扩大使整体网络通信能力跨上一个新台阶：GSM网络无线容量由66万增加至83万，交换容量由57.2万增加至68.6万；CDMA网络无线容量由27万增加至52万；交换容量由16万增加至21.6万。网络覆盖和质量得到根本改善，尤其是C网，大部分地区在网络覆盖水平上已经实现了与竞争对手的"旗鼓相当"，县级以下地区的网络覆盖也较以前有了大幅提高，市场竞争的网络基础更加扎实。

【营销渠道建设】 为培植多重营销渠道，拓宽渠道领域，形成与竞争对手的差异化经营，公司分别在1月、5月成立集团客户部和销售部，作为自建营业厅、合作营业厅等社会化渠道的一个有益补充，针对集团单位以及社会散户全面拉开面对面、人盯人的直销工作。截至年底，直销队伍中的集团攻坚队伍骨干力量达到200人，散户直销队伍在郑州城区已达到5000多人。各项业务，特别是移动业务交叉渗透于市区各个用户消费层面，经营业绩取得了实质性效果，集团营销与散户直销的总体收入份额在公司整体收入比例中迅速攀升。

【通过竞合工作规范市场秩序】 2004年初，通信市场竞争激烈，市场秩序不够规范。9月，在省管局的大力支持下，联通公司与移动公司相互配合，圆满完成了与移动公司的竞合工作，通信市场秩序得到规范。同时，联通公司着力完成了对原有资费套餐的全面整合，市场秩序步入良性循环，各项资费得到规范，公司经营情况出现拐点，各项指标呈现出稳步增长的回升态势，经营颓势得到有效遏制，为公司的经营发展奠定了扎实的基础。

【人事改革】 公司在进行刚性制度化体系建设与管理的同时，以尊重员工、理解员工为出发点，积极倡导人性化管理方式，激发员工的潜在积极性、主动性和创造性。配合人性化管理的特点，公司在人员聘用方面取得重大突破，于12月底全面完成了公司部门副经理以下共计500余人的业务技术岗位调整规范工作，切实打破员工身份界限，实现同岗同酬，形成了业务一岗到业务七岗的科学岗位体系，这在全省首开先河，在公司内部也反响强烈。公司3名落聘员工进入公司待岗中心，14名短期员工步入高岗位工作。公司人事制度改革进程进一步深化，员工能进能出、薪酬能高能低的新机制，使公司内部管理队伍和员工队伍充满生机与活力。

【基础管理】 公司以管理制度完善、各种流程顺畅、业绩考核到位为管理目标，推进制度化建设进程。整章立制、从严考核、规范管理，对以往制度进行重新审理与修订，建立健全了三重制度体系（分别为上级文件制度，公司内部文件制度，部门文件制度），并汇编成册，实现了纵向到底、横向到边、责任明确、奖罚分明的制度管理体系，使公司执行制度的透明度增强，各个岗位工作得到量化，员工工作有章可循，真正体现了制度的约束性、监督性、统一性和公平性。此外，在制度化建设进程中，为落实省分公司"业务管理工程"与"客户满意服务工程"的顺利开展，公司全面实施了业务流程的整合与再造。经过研讨与修订，12月份下发了《中国联通郑州分公司业务流程与规范汇编》，要求各部门贯彻执行，工作流程更加顺畅，内容更加制度化、人性化和客户化。

【优质服务】 公司抢抓先机，把竞争焦点引向服务，强化公司"一对一服务"等服务品牌的落实与推广力度。同时，根据省分公司的统一部署，推广"总经理服务日"、"联通支援"、"联通便利行"三大服务品牌以及阳光服务、业务跨区服务等一系列创新服务举措。通过广告、回访、营业厅内公布等形式进行对外宣传与路演宣讲，突出亮点，在社会上迅速形成强有力的服务品牌。同时，针对行风评议中用户反映的各类问题，公司迅速传达到各个部门并进行整改落实，得到了各级政府和社会各界的一致好评。

（王媛媛）

中国铁通集团有限公司郑州分公司

【概况】 2004年，铁通集团有限公司郑州分公司在省公司的领导下，紧紧围绕既定的“三大”奋斗目标(市场经营目标、安全生产目标和服务质量年目标)，进一步解放思想，开拓创新，锐意进取，积极参与市场竞争。尤其在下半年，面对激烈的市场竞争，公司及时采取措施，调整经营策略，不失时机地捕捉市场机遇，通过强化管理、安全生产、科学经营、优质服务和“大干90天”的全员营销活动，全面促进了各项业务的发展，较好地完成了全年的各项经营任务。公司市场收入实现9227万元，利润1000万元，净增固话60089部、智能公话15580部、201公话17648部，豫富通净增820部，净增宽带用户8571个、公话超市93所，共建交换局点71个，新增容量64040线。

【主要业务】 (1)积极拓展它网新业务。公司加大它网新业务(068)的开发力度，使它网业务成为新的利润增长点。为更好地开展该项业务，满足市场需求，实行了新业务(068)代理制，进一步促进了它网业务的推广。全年共发展代理商19家，每月增加用户1454户左右，月收入超过80万元。(2)努力开展豫富通业务。在推广它网业务的同时，积极推广豫富通业务，全年共发展到820部。(3)大力建造3.5G机站。为解决自身网络覆盖不足，不能满足用户接入需求的困难，铁通郑州分公司按照省公司的统一部署，建立了3个3.5G基站和50个远端站，解决了部分接入条件差的问题。(4)努力做好市场营销工作。策划推出了生动活泼的促销活动，公司全年共举办大小促销活动20余次，在扩大公司知名度，树立铁通服务新形象的同时，促进本网用户的快速增长，收到很好的效果。(5)完成了郑州市营业厅的整体布局，充分发挥营业厅的功能，方便用户就近办理各项业务，避免用户因来不及交费造成停机而发生的投诉。(6)为大力发展互联网业务，公司制定了详细的工作计划，加快了机房建设，及时对网络结构进行改造，适时的调整资费标准，不断加大营销宣传，建立和完善了规章制度。共新建局点70个，共计6464线，扩容57个，共计5568线，装机9517部，实现收入1276万元。(7)积极开发代理业务。公司实行分类管理后，针对营销人员明显不足的情况，及时开发代理工作，充实开发市场力量，共同推动了公司业务的发展。共发展大客户代理31家，联建局代理2家，它网长途业务代理19家，销卡代理2家，散户代理5家。(8)认真做好交换局点的建设工作。在固定电话网扩容改造和城域网建设上，公司本着小局所、多局点、投资少和见效快的原则，谨慎投资行为，保证资产的高效利用，提高了装机率，避免了扩张的盲目性。共新建交换局点71个(含端局、模块局)，共计64040线。(9)大力完善管线设施。在管线建设方面，公司始终坚持三个有利于的原则，即有利于市场的发展、有利于设备的维护和有利于网络安全。同时将建设管理权限下移，给各业务部更多的建设自主权，有效压缩了建设周期，提高了装机能力，对市场发展起到了积极的促进作用。全年共新建干线管道58孔公里，敷设各种型号电缆786千米，光缆200千米。

【安全管理】 加强安全管理，着重克服安全工作中存在的管理不严、管理不到位问题。认真抓好安全质量综合考核，做好春秋两季设备大检查、大整治工作。把春运、暑运、专运的安全工作以及防洪抢险、设备防寒过冬作为衡量安全工作的重要内容，确保安全生产形势稳定。夯实安全基础，巩固安全生产的稳定局面，公司先后制定了各中心管理实施细则、班组管理实施细则、大通道安全维护和考核办法等管理制度，增强了员工的责任感和危机感，将安全隐患降至最低，从而强化了安全基础，保证了安全形势的持续稳定。2004年，全面消灭了通信责任事故、通信一般事故，无通信一类责任障碍，压缩了二类故障件数和平均延时，无通信大通道中断、无职工轻伤及以上事故，消除了火灾隐患。认真做好“两防”工作。按照《应急抢险通信系统的管理及组织措施》等文件要求，注重抓好应急通信系统设备、电路、备用器材的维护管理工作，组织抢险演习多次，做到了有备无患，由于对抢险工作足够重视，并且有完整的抢险预案，所以顺利完成每一次线路抢修及抢险发电等工作。全年共完成光电缆抢险工作159次，抢险发电40次。

【优质服务】 2004年，铁通郑州分公司积极开展客户满意年活动，以实际行动落实铁通总部的精神要求。结合“三大目标”，联系实际，更新理念，探索服务新途径；结合总部5个满意活动的要求，逐步完善和建立起质量监督、稽查考核、奖罚措施的管理办法，丰富了管理体制的内容，使客户服务工作焕然一新。(1)铁通郑州分公司全年接受用户咨询2万件，受理化解客户投诉2500件，受理电话故障11000件。障碍修复及时率达到99.9%，用户满意率接近100%。共回访用户34000次，售后服务满意率100%。(2)完善客户服务质量监督、稽查和考核体系的管理，加大监督考核力度，制定了《客服稽查队工作管理办法》、《客户满意度调查表》，编写了《客户服务业务知识手册》。为了强化服务理念，公司成功举办了“我与服务”演讲比赛，并组织了7场巡回演讲，参加人数500余人，收到了很好的效果。(3)为规范装、移、修流程环节的工作行为，制作了“服务监督牌”，要求员工明示客户，保证了对用户的服务质量。公司继续在窗口单位开展“服务从第一声开始”规范服务用语专项整治活动，受到了广大用户的好评。

(谢　瑜)

第十篇 银行、保险

人民银行

【概况】 2004年，人民银行郑州中心支行努力实践“三个代表”重要思想，强化工作基础，狠抓工作重点，坚持以人为本，求真务实，开拓创新，认真履行各项职责，在加强金融宏观调控、提供金融服务、维护金融稳定等方面，圆满完成了全年工作任务。围绕上半年贷款增速大幅下滑的问题，认真贯彻有保有压的宏观调控政策，把增加有效信贷投入作为货币信贷工作的重点，取得明显成效。围绕农村信用社改革资金支持工作，积极参与河南省农村信用社改革，确保实现“花钱买机制”的目标。围绕深化外汇管理体制改革，进一步提高对企业的外汇服务水平，支持河南省涉外经济发展。寓管理于服务之中，加大对商业银行有关金融业务的监督管理。既有效防范了金融风险，又强化了人民银行的监督管理职能。积极营造全行大调研的工作氛围，调研工作成绩斐然。围绕重点环节，狠抓安全管理，建立了大安全的工作体系，狠抓制度落实，确保了国家财产和职工生命的安全。以建设学习型领导班子为重点，切实抓好领导班子建设，全面提高领导班子的政治素质和理论水平。落实制度，丰富创建载体，文明建设取得明显成效。坚持实行“一岗双责”，狠抓了党风廉政建设责任制的落实，党风廉政建设深入开展。切实做好干部培养、选拔、使用、管理工作，职工队伍建设进一步加强。

【金融体制改革】 2003年12月27日，全国人大常委会通过了新修改的《中华人民共和国中国人民银行法》，经国务院批准并由中编办制发的中国人民银行“三定”方案中明确规定，“中国人民银行为国务院组成部门，是中华人民共和国的中央银行，在国务院的领导下制定和执行货币政策、维护金融稳定，提供金融服务的宏观调控部门。”2004年，中国人民银行总行依据法律规定和中编办要求，对分支机构的主要职责等情况进行了调整。调整后的人民银行郑州中心支行作为中国人民银行的派出机构，为正局级单位，主要负责在河南省贯彻执行中央银行资金、再贷款、再贴现、存款准备金、利率、金融市场监测及有关监管等货币信贷政策，监督管理金融市场；防范化解系统性金融风险，维护河南省金融稳定；及时向河南省委、河南省人民政府、郑州市委、郑州市人民政府汇报货币信贷政策执行和金融运行情况；负责管理河南省金融业综合统计工作及信贷征信业务，推动建立社会信用体系；管理河南省货币发行、现金管理和反假人民币业务；维护支付、清算系统的正常运行；管理河南省外汇、外债和国际收支业务；经理河南省、郑州市国家金库；承办中国人民银行总行交办的其他事项。调整后的中国人民银行郑州中心支行内设办公室、货币信贷管理处、金融稳定处、调查统计处、会计财务处、支付结算处、科技处、货币金银处、国库处、内审处、人事处、金融研究处、征信管理处、国际收支处、经常项目管理处、资本项目管理处、事后监督中心、保卫处、离退休干部处、纪委监察室、工会办公室、宣传群工部、营业部(清算分中心)、后勤服务中心、钞票处理中心。

【金融运行状况】 2004年，郑州市金融机构认真贯彻国家的一系列宏观调控政策，在保持信贷适度增长的同时，根据经济形势的发展变化，适时调整信贷投向，优化信贷结构，进一步加大了对郑州市经济的支持力度，促进了郑州市经济结构的调整和经济建设的快速发展。至年底，全市金融机构人民币(下同)各项存款余额2724.8亿元，同比增长11.9%，较年初增加290.6亿元，同比少增172.4亿元；各项贷款余额2231.3亿元，同比增长11.5%，较年初增加229.9亿元，同比少增196.6亿元；存贷(不含人民银行、政策性银行)余额比83.9%，增量比为78.1%。2004年底，郑州市各项存款余额占全省存款余额的31.6%，新增额占28.7%；贷款余额占全省贷款余额的31.5%，新增额占31.8%。金融运行呈现以下特点：

(一)各项存款增势平缓，同比少增较多。从存款增量季度间分布看，一、四季度增加较多，分别增加109.9亿元、95.7亿元，两个季度共计增加205.7亿元，占全年增量的70.8%，二、三季度分别增加23.4亿元、61.5亿元。

储蓄存款分流态势明显，增量结构在10月底加息之后出现明显变化。2004年底，储蓄存款余额1211.1亿元，同比增长15.5%，同比增幅回落7.9个百分点；较年初增加162.6亿元，同比少增36.3亿元，分流态势明显。据调查，储蓄存款分流的主要原因是由于基金、国债、保险的热销。2003年下半年以来，通货膨胀一直高于银行利率，实际利率是负数，致使居民投资、消费习惯有所改变，投资渠道趋于多元化，基金和国债持有数量增多。据不完全统计，上半年郑州市金融机构共代理发行基金、保险、国债30.2亿元，同比多增13.3亿元。10月29日加息之后，储蓄存款增量结构出现明显变化。前3个季度储蓄存款增量中活期与定期的比值分别为0.6、1.3、0.9，而第四季度为0.2，定期存款增量比重明显上升。据人民银行郑州中心支行2004年第4季度城镇储户问卷调查统计显示：10月29日上调利率以来，办理储蓄存款人数占被调查储户的比重为50.8%，较上季增加8.3个百分点，较上年同期增加6.8个百分点，为最近7个调查季度的最高值；定期储蓄存款比重大幅度上升，较上季增长129.6%，较上年同期增长90.6%。

企业存款同比增速大幅回落，全年走势波动较大。2004年底，企业存款余额897.6亿元，同比增长2.6%，增幅较上年同期回落15.9个百分点；较年初仅增加23.2亿元，同比少增113.5亿元。全年走势起伏波动幅度较大，其中1月、4月、5月、7月、10月5个月都比上月下降，净下降100亿元。企业存款同比少增的主要原因：一是为缓解流动资金紧张的状况，企业加快了自有资金的使用频度；二是企业间拖欠资金有所上升，1～11月规模以上工业企业应收账款净额增长19.1%；三是电信、铁路、石油等大型企业集团总部加强内部资金管理，各省分部加快了资金集中上划频率，造成滞留各分部的资金大量减少。

保证金存款同比多增。为缓解部分企业流动资金的紧张状况，郑州市金融机构2004年以来签发银行承兑汇票较多。截至年底，累计签发银行承兑汇票1109.8亿元，同比增加133.5亿元，同比增长13.7%。商业银行签发承兑汇票的快速增加，拉动了承兑保证金的增长。2004年底，郑州市金融机构保证金存款余额为333.7亿元，较年初增加90.3亿元，同比多增23.1亿元。

（二）各项贷款全年呈前抑后扬走势，信贷结构调整明显。在国家宏观政策的影响下，郑州市金融机构各项贷款3～7月份持续下降，净下降49.7亿元。针对这种情况，人民银行郑州中心支行采取多种措施，积极引导金融机构树立科学的发展观，督促落实“区别对待，有保有压”的方针，调整优化信贷结构，以增加信贷有效投入。8月份以后，金融机构各项贷款止跌回升，11、12月份加速上扬，增量分别达43亿元、68.5亿元，8～12月共计增加198亿元，是前7个月增量的6.2倍，占全年新增量的86.1%。从增加的贷款项目看，8～12月票据融资、中长期贷款增加较多，两项增量占全部增量的84.3%。全年贷款运行主要有以下几个特点：一是从贷款投向看，投放重点较为突出。2004年，郑州市金融机构在保持贷款总量适度增长的前提下，积极调整优化信贷结构，突出投放重点，加强对农业、电力、交通、运输等基础、瓶颈行业的有效投入。截至2004年底，农业贷款、技术改造贷款同比分别多增0.8亿元、13.2亿元，继续保持良好增长势头；基本建设等中长期贷款新增124.76亿元，占全部贷款新增额的54.27%。二是分机构看，除了农村信用社贷款同比多增外，其余均同比少增，其中股份制商业银行同比少增较多。股份制商业银行贷款比年初增加66.49亿元，同比少增149.9亿元，占全部贷款少增额的76.2%；国有独资商业银行贷款增加134.6亿元，同比少增33.1亿元；郑州市商业银行贷款增加8.7亿元，同比少增16亿元；农村信用社贷款增加16.6亿元，同比多增1.91亿元。三是票据融资呈现恢复性增长。截至年底，郑州市金融机构票据融资余额223.8亿元，较年初增加42.1亿元。1～4月票据融资持续下降，净下降52.5亿元，5～7月止跌盘整，8月份以后呈现恢复性增长，8～12月净增加92.56亿元。

郑州市金融机构贷款虽然8月份以后持续快速增长，但从全年总体形势看，贷款仍比上年少增196.6亿元，全年增速比上年同期下降16.2个百分点，同比增速回落幅度明显高于全省平均水平。原因主要有以下两个方面：一是郑州作为省会城市，金融机构的省级分行都聚集于此，一些大型项目往往集中通过郑州市金融机构投放贷款。在此次宏观调控中，郑州市的一些主要贷款投放行业如钢铁、电解铝、汽车、城市建设受到限制，直接影响了贷款的增加，造成郑州市金融机构贷款同比增速回落幅度明显高于全省平均水平。二是金融机构特别是股份制商业银行存款增势大幅减缓，制约了信贷增长。股份制商业银行都对存贷比有严格的规定，如光大银行总行对郑州分行核定的存贷比为39%，广东发展银行总行对郑州分行核定的存贷比为75%。2004年，郑州市股份制商业银行存款同比少增123亿元。存款的大量少增直接导致了当年郑州市股份制商业银行贷款同比少增149.9亿元，占全市金融机构贷款少增额的76.2%。

【货币信贷管理】 2004年是人民银行职能转换后的第一年，面对新的工作环境、新的工作职责，人民银行郑州中心支行紧紧围绕“监测、分析、引导、管理、服务”的货币信贷工作思路，按照“提高金融调控的科学性、前瞻性、有效性”的工作要求，认真采取措施，抓紧“两个转变”，努力提高货币信贷管理水平，发挥中央银行窗口指导作用，疏通货币政策传导渠道，提高货币政策实施效果，努力开创工作新局面，支持地方经济平稳快速发展。

（一）以监测分析为重点，实现“两个转变”，为上级行和地方政府决策提供服务。根据人民银行转换职能、强化货币政策调控的相关要求，明确提出各级货币信贷部门要实现“两个转变”，即由权力管理向分析管理转变，由微观操作向宏观管理转变，保障货币政策的有效实施，充分发挥基层人民银行在经济调控中的作用。建立了监测分析工作制度和机制，成立了郑州中心支行货币信贷政策分析小组，在全省人民银行系统建立了监测分析工作制度、监测分析联系制度，建立了外部咨询分析制度，与金融机构、金融监管部门、政府经济管理部门加强沟通，不定期征求相关部门对央行货币信贷政策和金融调控的意见和建议，共同分析判断经济金融形势，研究经济金融协调发展的对策。

（二）以窗口指导为着力点，引导金融机构正确贯彻执行宏观调控政策，保持贷款的适度、稳定增长。

（1）在强化监测分析的基础上，及时对金融机构进行有针对性的窗口指导。7月15日召开全省货币信贷工作会议，之后又多次组织召开了各金融机构负责人参加的货币信贷形势分析会，专题研究贷款增长大幅下滑的情况及可能产生的影响，督促引导商业银行正确认识和积极贯彻国家有压有保、有收有放，不搞一刀切的宏观调控政策。在严格控制低水平、盲目建设项目贷款的同时，切实加大有效信贷投入，加大对煤电油运、农业、高新技术产业、装备制造业等方面贷款支持，积极为有市场、有效益、有信用、有利于增加就业的中小企业提供正常流动资金贷款，确保贷款稳定适度增加，与国家宏观调控意图保持一致，促进经济的平稳健康发展。

（2）努力疏通货币政策传导渠道，提高货币政策的有效性。一是与经济管理部门建立工作协作机制，搭建银政、银企信息沟通的平台，促进资金供求的有效衔接。与河南省发展改革委员会达成了工作协作意见书，在项目信息、政策信息发布及经济金融协调发展的政策建议等方面加强合作。通过网上信息发布、刊物信息发布等多种形式，促进银企信息沟通与合作。在郑州中心支行建成的河南省金融公共信息网上，及时发布有关信贷政策、产业政策、项目建设等信息。二是推动信贷服务产品创新，解决中小企业融资难的问题。支持部分市中心支行向金融机构推介了“三包一挂钩小额贷款、个体工商户额度授信贷款、股东生产经营贷款”等10个贷款品种，引导金融机构在支持大企业、大项目的同时，不断加大对中小企业、民营企业的支持力度。

（3）积极配合，推动政策性贷款业务的有效发展。一是与省教育、劳动与社会保障、财政部门加强联系，及时转发国家及省有关推进下岗失业人员小额担保贷款和国家助学贷款工作的意见和安排，积极宣传贯彻有关政策。二是建立下岗失业人员小额担保贷款统计制度，加强业务考核；组织快速调查，积极反映政策落实情况。经过努力，商业银行承诺发放下岗失业人员小额担保贷款4亿元，截至12月末，全省金融机构累计发放下岗失业人员小额贷款7879笔，累计发放金额12932万元，余额为15767亿元。三是会同省教育厅制定印发了《河南省国家助学贷款风险准备金管理暂行办法》、《河南省国家助学贷款违约情况通报办法》等推动国家助学贷款业务开展的制度、办法；及时跟踪反馈国家助学贷款新政策实施情况；协助有关部门做好助学贷款承办行的招投标工作；在充分调研的基础上草拟了《河南省生源地国家助学贷款实施办法》，以配合河南省国家助学贷款业务的进一步开展。截至12月末，金融机构为30616名贫困学生累计发放助学贷款11650万元。

（三）加强货币政策工具的运用管理，提高货币政策执行效果。一是加强再贷款、再贴现管理。通过对支农再贷款的严格使用与管理，引导农村信用社改进服务，优化信贷结构、防范信贷风险。通过建立金融稳定再贷款定期报告制度，及时了解辖内金融机构占用的金融稳定再贷款管理、使用及有关债权保全清收情况。二是加强对法人金融机构缴存存款准备金管理。制定了动用存款准备金审批流程，严格动用存款准备金审批与管理，对已动用存款准备金的金融机构加强监督和检查。三是稳步推进利率市场化改革，并做好日常利率咨询和利率政策的宣传、解释等工作。

（四）规范发展货币市场业务，加强货币市场监管。一是建立了货币市场业务监测制度、定期检查制度等，要求各市中心支行切实加强对辖区货币市场动态变化的监测分析，监测各市场主体的市场融资行为和流动性头寸变化，按时报告辖区金融市场运行情况。二是加强对银行间同业拆借市场和银行间债券市场成员的管理，及时转发总行有关调整商业银行拆借资金限额和金融机构加入市场的批复等文件。三是强化了网外拆借业务的备案管理。四是建立了金融机构票据业务、再贴现及相关业务月报制度，密切监测辖内票据市场的发展变化。

【农村信用社改革】 围绕农村信用社改革资金支持工作，积极参与河南省农村信用社改革，确保实现“花钱买机制”的目标。一是建立组织，明确各级行的工作职责。成立了河南省深化农村信用社改革试点资金支持领导小组和资金支持方案实施与考核工作组。制定下发了《河南省农村信用社改革试点资金支持方案实施与考核细则》，把农村信用社改革的资金支持工作作为重点，切实抓好落实。二是组织资金支持方案的培训，明确资金支持工作的流程和要求。三是加强与省政府、河南银监局及省农村信用联社筹备组的工作联系和协作，促进农村信用社改革工作的顺利推进。与河南银监局联合下文，明确专项票据发行、兑付的审核要求及工作安排；配合做好清产核资工作，按照省政府统一部署，代表省政府对安阳、新乡、平顶山及南阳市农村信用社改革情况进行督导。四是积极参与河南省农村信用社改革试点实施方案的制定，就2002年末河南省农村信用社实际资不抵债数额与国务院批准锁定数据不一致问题，与银监局加强协商，并多次向总行汇报有关情况，得到总行的支持。四是做好资金支持方案实施的基础准备工作。制定了增资扩股计划审核要点参考文本，对地市中心支行工作给予指导，督促农村信用社按规定要求制定增资扩股计划。截至年底，《河南省深化农村信用社改革试点实施方案》已上报国务院审批，农村信用社清产核资工作已全面结束，完善法人治理结构、增资扩股、清收不良贷款等工作正在积极开展。

【金融稳定】 积极探索履行维护全省金融稳定职责的工作手段，确保全省金融体系基本稳定。一是建立组织体系，明确工作职责。根据总行金融稳定工作会议精神，出台《2004 年河南省金融稳定工作意见》，及时建立全省工作组织体系，指定专职工作人员，明确指导思想、工作职责和主要任务，对金融稳定工作的扎实进行起到了积极的推动作用。二是建章立制，保证各项工作规范开展。先后制定了《金融稳定处岗位职责》、《河南省人民银行系统 2004 年金融稳定工作绩效考核评比办法》等工作制度，确保金融稳定各项工作的制度化、规范化。三是注重业务学习和调查研究，强化自身素质，增强分析和处置问题的综合能力。组织开展了对《中国人民银行分支行金融稳定工作指引》、《区域金融稳定报告撰写指引》的学习、讨论，在全省范围内组织开展了专题调研活动。四是积极关注全省金融体制改革工作。围绕国家关于国有独资商业银行的改革工作，密切关注辖内中行、建行股份制改革进展情况。根据全省农村信用社改革工作的要求和整体进度，提出了处置农村信用社风险的意见措施，切实履行“最后贷款人”职责。五是积极关注辖区风险状况并做好风险处置工作。六是加强对法人金融机构的监测工作。七是强化资产管理，做好人民银行资产的维权工作。

【金融服务】 寓管理于服务之中，加大对商业银行有关金融业务的监督管理。2004 年，人民银行郑州中心支行相继在全省银行系统中开展了金融统计、人民币结算账户管理、现金管理、人民币管理、国库会计业务和国库代理业务办理、银行信贷登记咨询管理等的专项检查，督促商业银行认真落实人民银行的各项制度规定，规范开展各项金融服务业务。实施了新的账户管理办法，实现了所有单位银行账户的全部监控，保证了基本户的惟一性，增强了单位银行资金的安全。在全省顺利推广了同城清算新系统，进一步扩大了银行卡联网通用覆盖面，提高了银行卡跨行交易处理的效率和质量。按照国务院部署，开展了河南省打击和整治假币犯罪集中行动，将河南省打击假币集中犯罪活动进一步向纵深推进。深入推进财税单一账户体制改革和财税库联网工作，提高了财政资金集中使用效率。银行信贷登记咨询系统平稳运行，新增贷款入库率达到 100%，在金融风险防范方面发挥了积极作用。

【调查研究】 积极营造全行大调研的工作氛围，在加大对全省经济金融运行情况的监测基础上，紧紧围绕金融改革和人民银行的中心工作，深入实际，深入基层，在总结经验、探索规律、指导工作、解决问题上下工夫，完成了大量具有较高参考价值的调研成果，及时向地方政府和上级行报送金融运行情况，提供信息服务和决策参考。大量的调研文章被总行办公厅《送阅信息》选用，至 12 月末，郑州中心支行信息被总行采用得分在全国省会中支中排第二名。调查统计工作在 2004 年度总行业务考核中，囊括了金融统计、货币监测等 6 项一等奖，两篇调查报告获优秀调查报告奖。在给省委、省政府提供的金融运行报告中，多篇被省委、省政府有关领导批示。(1)认真加强金融统计工作，规范统计操作行为，有效提高金融统计数据质量，为上级行和有关部门提供了大量的金融统计和经济监测信息。5 至 6 月，组织了对全省 32 家金融机构网点统计业务的检查，先后向 31 家机构下发了《稽核检查意见书》。9 至 10 月，对上半年检查中存在问题较多的机构进行了复查。全年及时、准确、完整地编制河南省、郑州市金融机构货币信贷月报和河南省金融机构货币统计简表。开发出《河南省、郑州市本外币金融统计快报》、《中小金融机构主要监测指标情况表》，增加了《重点行业贷款及最大三家贷款月报》和《郑州市金融机构省内异地贷款情况统计表》等，丰富了报表内容。做好经济监测制度性调查工作，按时完成工业景气、企业商品价格、银行家问卷、城镇居民储蓄问卷等 4 项调查工作的报表收集、数据汇总及分析上报工作。(2)认真做好经济金融形势综合分析、专题调查的全面研究工作，为各级领导提供决策参考。一是密切关注经济金融运行态势，加强与各经济部门的信息交流，努力提高宏观分析的质量。全年共组织召开河南省金融形势分析座谈会 4 次，经济形势分析会议 1 次，完成河南省、郑州市年度、季度、月度经济金融分析报告及各类专题调研报告 30 多篇。其中《2004 年一季度河南省金融运行状况分析报告》被省委书记李克强批示。二是紧紧围绕经济金融运行中的难点、热点问题，及时组织全省人民银行系统开展多种形式的调研活动。完成了总行研究局 2004 年重点研究课题“政策性金融支农效应调研”、“宏观调控带给河南省的反思”和“对河南省 2003 年 4 月～2004 年 7 月 CPI 走势分析及未来走势预测”等多项研究报告。根据省政府要求，撰写并及时上报了“河南省银行业‘十五’发展回顾及‘十一五’规划思路”。(3)积极组织河南省金融学会的学术活动并参加学术交流活动，有效地发挥学会的社科团体作用。组织召开了金融学会五届七次常务理事会议，举办了当前经济金融形势与货币政策学术报告会及农村金融问题学术研讨会，积极参加了省社科联、省改革发展研究院联合举办的“河南改革发展高层论坛”。2004 年，河南省金融学会被省社科联授予 2002～2003 年度优秀学会。

（周玉敏）

【支付结算】 进一步强化金融服务，顺利推广了全省统一的同城票据清算新系统，认真准备大额支付系统的推广，加强银行账户管理，积极防范电子联行风险，不断提高支付结算管理水平，加快社会资金周转速度，提高了资金使用效益。(1)强化金融服务，推广安全高效的同城票据清算新系统。对全省人民银行系统各市中心支行历年来自建的支付清算系统进行了摸底调查，在充分掌握全省情况的基础上，经过反复探讨和论证，制定了同城清算系统运行方案及切实可行的推广计划，并采取了分批次进行和举办培训班的方式，年底在全省顺利推广了统一的同城清算新系统。新系统的运行极大的减少了票据交换量，缩短了资金在途时间，提高了资金的使用效率。(2)按照总行部署做好大额支付系统推广的前期准备工作。10月份，组织举办了由人民银行各市中心支行、县支行及城市商业银行、城乡信用社会计等业务部门共260多人参加的“河南省大额支付系统业务培训班”，为大额支付系统在河南的顺利推广打下基础。(3)加强会计联行业务管理，防范会计联行风险发生。制定了《河南省人民银行系统会计内部控制管理办法》，并下发了《关于统一规范河南省人民银行系统会计工作登记簿的通知》，加强了制度建设。11月底、12月初，抽调各市中心支行会计部门32人，组织对6个市中心支行2003年度的会计联行进行了大检查，进一步规范了业务操作，防范了联行风险。(4)加强银行结算账户管理，规范银行结算账户的开立使用。与郑州市清理整顿行政事业单位银行账户联席办公室配合，对市直机关和各行政事业单位的银行账户进行清理整顿，共清理400多家单位，为郑州市财政国库集中支付奠定了坚实基础。(5)进一步做好银行卡联网通用工作，河南省联网通用受理市场快速扩大，银行卡网络运行质量和联网通用效果不断提高。2004年，全省新增银行卡特约商户2357家，新安装POS机具3565台，实现ATM跨行清算交易544万笔，清算金额23.6亿元，分别比2003年增长151%和169%；实现POS跨行清算交易579万笔，清算金额207.7亿元，分别比2003年增长124%和219%，跨行交易成功率达到87.15%。

【反洗钱工作】 2004年，人行郑州中心支行积极开展了反洗钱工作。(1)加大对反洗钱工作人员业务知识、工作技能的培训力度，建立了大额和可疑资金交易监测报告制度，加强了对全省金融系统反洗钱工作的指导、协调。(2)开展了反洗钱工作专项检查。按照总行统一部署，结合河南省反洗钱工作实际，制定并下发了检查方案，并专门组织检查人员进行业务知识和技能培训。7月5日～21日，在商业银行自查的基础上，抽调有关人员进行重点检查，并对检查出的问题提出了整改意见。检查结束后，下发了《关于对河南省金融机构反洗钱现场检查情况的通报》，进一步推动了河南省金融机构反洗钱工作的开展。

【货币金银管理】 结合河南省货币投放回笼趋势，加强市场货币需求的分析预测，坚持“适当集中，合理布局，灵活调度”的调拨方针，合理编报了发行基金调拨计划，保证了现金供应，有力地支持了地方经济的发展。(1)加大现金业务现场检查，进一步规范现金管理工作。开展了对河南省金融机构存取现金业务的专项检查工作。通过检查，进一步规范了开户单位的现金收支行为，增强了遵守现金管理制度的自觉性。(2)加强发行库管理，确保库房安全。开展了对全省发行库的全面检查工作和人民币发行库达标升级工作。成立了河南省人民币发行库达标升级考核领导小组，制定了详细的考核细则和程序，举办了培训班并实地观摩了商丘市中心支行发行库达标升级工作。通过对发行库全面检查和达标升级考核工作，加强了发行库的规范化、科学化管理，确保了库房库款安全。(3)深入开展打击和整治假币犯罪集中行动，将全省打击假币集中犯罪活动进一步向纵深推进。在全省范围内开展了反假货币宣传周活动，采取集中宣传、流动宣传和通过新闻媒体宣传相结合的方式，印制了3万套反假币明信片，设立宣传咨询点8200个，宣传板报6500余块，分发宣传资料700余万份，出动宣传车1800余辆次，广泛宣传了反假币知识，提高了群众识别假币、防范假币犯罪的意识和能力。按照国务院的部署，在全省开展了打击和整治假币犯罪集中行动。召开了河南省反假币工作联席会议第三次会议和全省打击和整治假币犯罪集中行动电视电话会议，开展了打击和整治假币犯罪的“秋风行动”。国务院反假币工作联席会议检查组来河南省对该行动进行了检查督导，并给予充分肯定。(4)加强黄金专项贷款的清收管理工作。根据总行要求，对有金银专项贷款的企业进行了摸底调查，将贷款形成的主要原因、对违规贷款责任人的处理意见上报总行。积极采取多种措施，落实专项贷款合同的有效性和时效性，对金银专项贷款进行维权，减少贷款的损失。(5)进一步做好钞票处理工作。完善了各项规范化管理制度和措施，建立健全了内控机制，加强了职工业务技能培训，顺利完成了总行新配备的CDS600LSH型销毁机的安装调试工作，10月11日正式通过了总行验收。在总行组织的年终钞票处理“制度建设与管理情况”考核评比中获得了“全优级”，并在总行“2004年钞票处理中心业务工作交流会”上介绍了郑州中心支行的经验。

【经理国库】 认真履行经理国库职能，积极配合财税部门做好财税管理体制改革，进一步强化国库会计基础工作，提高国库会计核算质量，加强对国库资金的监督和管理，保证了国库资金的安全。在总行国库局2004年度国库业务评比考核中，郑州中心支行取得了国库会计核算业务一等奖，国库综合业务和国库报表业务均为二等奖的好成绩。(1)强化服务意识，积极配合财税部门做好财税管理体制改革。积极推动财政国库管理体制改革。配合省、市两级财政新增加1610家一、二级预算单位参加集中支付，并实现了支付清算信息和支付额度信息的网络传输，完善了财政、代理银行的对账手续。督促全省各市中心支库积极配合地方财政部门推进财政国库管理体制改革；积极配合财税部门做好财税体制改革；认真部署财税库横向联网工作。7月1日，省、市两级财税库横向联网系统正式运行，实现了与财税部门的信息共享。(2)努力提高国库会计核算质量，积极推动国库会计规范化管理工作。在8个实行会计四集中的市顺利开通了国库内部往来业务，为加入大额支付系统、提高国库资金汇划速度打下了基础。组织人员先后对全省国库会计核算系统、国库收支分析系统及国库综合业务系统进行了升级，大大提高了国库会计核算的运行速度和质量。(3)进一步加强国库监督管理，确保国库资金安全。一是在全省组织开展了国债兑付业务、国库会计实地检查，以及国库统计分析业务检查工作。二是加大了对商业银行、信用社代理国库业务的监督力度。在2004年度年审中，对130家业务量小的乡镇国库予以撤并；对22家存在问题的乡镇代理国库要求其限期整改。对全省1227家商业银行、信用社代理国库业务使用会计科目情况进行了一次全面检查。三是加强柜面监督，严格审查各种凭证要素和手续。四是严格国库与财政、税务部门的对账工作，消除对账工作中存在的国库资金风险隐患。(4)积极做好国债的发行、兑付和实物券的销毁工作。

【安全保卫】 进一步加大对全省人民银行系统安全保卫工作规范化管理力度，制定和完善了保卫工作各项规章制度，配合公安机关开展了金融业务技能大练兵比武活动，加大了安全检查监督力度和金融案件的防范工作，有效地促进了金融安全保卫工作的全面开展。(1)继续推进人民币发行库区封闭式管理，确保发行库安全。积极探索发行库区标准化管理办法，下发了《河南省人民银行系统人民币发行库区安全管理暨安全设施达标标准》。(2)加强业务技能培训和实践训练演习，提高全省人行系统整体应付危机事件及处置能力。配合总行保卫局、货币金银局圆满完成处置公共突发事件的联合演练工作，受到总行领导高度评价。(3)加强对货币押运暨枪支弹药安全管理，确保发行基金安全。制定下发了《河南省人民银行系统货币押运安全管理暨武器安全达标标准》，对全省人民银行系统开展货币押运管理暨武器安全管理工作进行了专项检查。制定下发了《运钞护卫警车管理使用规定》，对警用车辆的使用进行了规范。2004年共执行跨省长途押运任务32次，省内押运任务22次，行程54350公里，未发生任何事故，确保了发行基金的安全。

【外汇管理】 2004年，外汇局河南省分局认真贯彻落实总局制定的各项外汇管理政策规定，牢固树立外汇管理工作支持和服务于全省对外经济发展的思想，认真履行职责，为全省对外经济贸易发展，涉外市场经济秩序稳定发挥了积极作用。河南省银行结汇收入全年累计408708万美元，同比增长41.88%；银行售汇支出累计234285万美元，同比增长45.96%；结售汇顺差达到174423万美元，同比增长36.74%。全年河南省银行结汇收入、售汇支出及结售汇差额较上年都有大幅度增长。河南省对公涉外收入申报75452笔，金额464044万美元；对私涉外收入申报47128笔，金额24694万美元；贸易进口付汇申报10776笔，金额257218万美元；非贸易(含资本)对外付款申报3667笔，金额23212万美元；对外付款(对私)15103笔，金额8337万美元。各项同比都有大幅度上升。(1)强化内部管理和政策法规学习，提高整体综合服务水平。根据总局下发的相关文件，结合河南省实际情况，先后下发了外汇检查、国际收支统计等工作的考核办法，对岗位职责进行了细化，并明确各项工作的业务流程、操作规程和审批权限。(2)强化服务意识，支持辖区对外经济发展。一是在全省出口项下推广和完善了“出口收汇核报系统”，对出口企业实行了分类管理。进口项下推广了货到付款结算方式实行自动核销，落实了进口项下历史数据备查制度，简化了审核手续，推进了贸易便利化。二是推出了“远程核销、代转核销”新模式，将外汇局出口核销服务延伸至县，收到了明显的社会效益，得到了地方各级政府的充分肯定，省委常委、常务副省长王明义对此专门作出批示。三是全力支持省重点进出口企业发展。先后到各级外汇指定银行及新飞集团、安彩集团等10多家重点企业现场办公，为企业解决核销、结售汇问题。同时，还为郑州市有关部门提供企业出口贴息数据，办理贴息9200万美元，加速了企业资金周转，缓解了部分企业资金困难。四是积极推动实施“走出去”、“引进来”战略。支持和鼓励各种所有制企业在境外投资办厂和开展工程承包，带动全省技术、商品、设备出口。继续退还境外投资企业汇回利润保证金。推进省内各商业银行与中国进出口银行建立代理关系，争取利用国家各种援外资金，支持河南省企业境外投资项目进行债务置换和调整，调整金额2.33亿美元，为企业减轻财务负担0.6亿元人民币。(3)加强外汇信用体系建设，加大管理力度，维护河南省良好的外汇市场秩序。借助税务、海关等部门已经运行的信用等级制度以及银行信贷登记咨询系统等，建立外汇信用制度，提高了企事业单位和个人的信用意识，改善市场运行秩序，降低外汇管理成本，提高了管理成效。提高国际收支申报统计非现场核查频率，并于1～11月份组织全省对115家外汇指定银行进行现场核查。加大统计监管力度，有效推进国际收支统计工作开展，促进了国际收支统计工作质量和水平的不断提高。

(4)大力整顿和规范外汇市场经济秩序。在全省范围内与当地公安等有关部门密切配合,严厉打击逃汇、骗购汇、非法买卖外汇等各种形式的外汇违规行为,重点开展了打击外汇非法交易的“黑窝点”和利用银行营业场所进行非法外汇买卖的专项活动。

(金艳平)

工商银行

【概况】 2004年,工行河南省分行营业部面对宏观经济政策调控等新形势、新情况,突出质量和管理,狠抓效益和发展,克服重重困难,化解巨大压力,负重奋进,较好地完成了全年各项目标任务,开创了业务发展快、质量基础实、内控管理严、经营效益好的良好局面。

经营效益大幅提升。2004年,全行实现帐面利润8.28亿元,同比增盈4144万元;实现经营利润9.61亿元,同比增盈6581万元。经营利润和帐面利润均圆满完成年度计划,其中帐面利润位居全国一级分行营业部第5位。全年实现利息净收入19.1亿元,非贴现贷款利息收入同比增收1.6亿元。经营绩效考评等级继续保持B+十水平,并被总行授予“营业部经营10强”荣誉称号。

存贷款业务持续增长。人民币各项存款余额(不含同业)新增51.9亿元,同比多增13.2亿元,其中,储蓄存款新增41.7亿元(含牡丹灵通卡存款上划总行2.2亿元),同比多增0.3亿元;对公存款新增12.5亿元,同比多增15.2亿元。本外币各项存款余额突破500亿元,达505亿元,其中,储蓄存款余额310亿元,突破300亿元大关。人民币非贴现贷款余额新增32亿元,其中,公司贷款增加21亿元,住房贷款增加8.1亿元,个人消费贷款增加3.4亿元。

不良资产清收处置成效显著。全年累计清收处置不良贷款7.2亿元,其中,核销呆帐2.9亿元,现金清收3.6亿元,占全省现金清收总额的41%,创历史最好水平。全行非信贷风险资产较年初减少0.78亿元。1999年以来发放的法人客户人民币贷款和个人消费贷款不良率分别为0.98%、0.62%,均控制在总行监控目标内。

中间业务和新兴业务发展迅速。全行实现中间业务收入9270万元,同比多收2124万元,增幅29.7%。人民币资金业务创造收入1.5亿元,同比多收1亿元,增幅近两倍。办理国际结算2.38亿美元,同比增长15.6%。代理销售基金14只,销售额2.43亿元。银行卡业务收入1771万元,完成计划的104.3%。投资银行业务收入598万元,同比增长69.4%。电子银行交易5892亿元,同比增长46%。自助服务交易量1546万笔,单台日均242笔,超过总行规定的一类地区考核标准22笔。

【贷款营销】 一是加强市场调研,做好市场定位。按照总行的信贷准入政策,在行业的选择上重点支持铁路、高速公路、电力项目的建设。在客户的选择上,重点营销省行及营业部确定的AA级以上优质客户。在贷款品种的选择上,充分运用联合贷款进行跨地区项目的争揽工作。二是充分利用郑州地区集团客户的优势,创新业务品种,积极参与交通等重点项目竞争。借助河南高速发展公司贷款统贷统还之机,强力营销,并首次运用行内银团贷款的方式,成功地与信阳、南阳、驻马店等分行签订了贷款协议,取得了主办行地位。三是铁路行业营销实现突破,项目储备充实。在总行的牵头营销下,营业部积极参与营销,郑州铁路局汉康铁路项目已确定工行为主办行。另外,还加大了对郑州至西安铁路项目、武汉至广州铁路项目的营销力度。四是开辟了新的营销渠道,营销、认购开行担保债权初见成效。在营销中,通过加强与国家开发银行的合作,成功地营销了开行担保债权5.5亿元。五是完善项目营销小组工作机制,充实营销人员,加强营销力量,为做好营销工作打下了基础。六是贷款结构进一步调整。2004年,营业部中长期贷款占比较年初增长1.8个百分点,短期贷款占比则下降1.8个百分点。结构调整效果显著。其中,全行住房贷款余额66.63亿元,较年初增加8.12亿元;个人住房贷款余额53.86亿元,较年初增加9.03亿元,个人住房贷款存量和增量同业市场占比分别为41.16%和32.68%,居郑州市同业第一位,个人住房贷款存量和增量在全省工行系统占比分别为58.09%和39.77%。

【资产质量】 一是会诊分析项目预案管理制度全面推行。通过摸底调查,逐一弄清了企业的资产状况,并建立了管理项目库。根据企业情况,按照上门清收、风险代理、诉讼、减免息、以物抵债等处置手段和方式,制定处置预案。二是因企施策,多种清收手段并举,清收效果明显。全年完成还款免息项目27个,收回贷款8656万元。其中,收回现金5774万元,以物抵债2882万元。操作诉讼了断项目7个,收回现金4694.8万元。实现以物抵债项目9个,抵入金额8341万元,处置抵债资产10987.5万元,收回现金2914.1万元。核销呆帐203户,消化历史包袱29008万元。三是按照不良贷款精细化管理的要求,完成了全辖581户不良贷款客户的调查、估值测算等工作,进一步摸清了不良贷款客户情况,为制定处置预案、维护银行债权、加快不良贷款处置打下了坚实基础。四是加强对不良贷款的管理,切实做好不良贷款手续完善和确权工作。五是强化职能,切实发挥风险委核心决策作用。一年来,风险委在研究贷款风险防范、审议重大处置事项、制定风险管理政策等方面发挥了很大作用。

【存款工作】 在对公存款方面,一是对公存款工作机制逐步完善。营业部制定了《客户经理绩效工资考评办法》，成立了营业部对公存款业务工作委员会，重新修订了《营业部对公存款新开户管理考核办法》，实施了《公存大额资金汇划日上报制度》。二是营销政府机构客户效果显著。借总行与海关总署签订合作协议的契机，营业部在省行的支持下，与郑州海关和电子口岸中心签订三方协议，打破了工行长期以来和海关系统无业务往来的坚冰。三是加强工行与财政系统的合作，着力做好代理工商系统、质量技术监督系统行政事业性收费集中汇缴工作，取得了很好的社会和经济效益。四是与军队客户的合作关系日益稳固。针对军队客户财务制度改革的情况，营业部大力开展对军队客户的走访慰问活动，进一步促进了双方的合作关系；成功举办了“八一”军民联谊会，密切了与部队的联系，银军合作关系日益稳固，使工行的部队客户在同业市场上，存款占有量一直保持在90%以上。

在储蓄存款方面，一是人民币储蓄存款实现快速增长，市场占比优势扩大。全行储蓄存款较年初净增41.7亿元，新增存款在4家国有商业银行中占比高达45%，位居第一，在全国一级分行营业部中，郑州工行营业部储蓄存款增长幅度和同业占比均名列榜首，净增额排在广州行之后位居第二，较上年底上升了3个位次，取得了历史性突破。二是新兴业务全面发展，创效能力迅速提高。在巩固和扩大传统业务的同时，营业部大力拓展牡丹灵通卡·e时代、开放式基金、银保通等新兴业务，确保了各项业务的协调、同步发展。三是加大了对优质客户的服务力度，理财金账户营销工作取得明显成效。2004年，营业部始终把拓展个人理财业务作为工作重点来抓，以推广个人理财中心核心竞争力项目为契机，严格落实客户经理“一对一”客户服务制度；建立和完善了理财金账户档案和管理工作，提高了客户的注册率；在全行范围内开展了“理财方案设计大赛活动”，提高了客户经理的理财能力和水平。同时，利用推出的新一代网上银行、银保通、汇财通等业务品牌，有针对性地对优质客户进行推介，取得了较好的效果。

【中间业务】 一是制定《营业部中间业务管理办法》，规范中间业务工作程序，促进了中间业务持续快速发展。二是认真落实总省行下发的中间业务收费制度，对总行的收费标准进行细化，制定了《营业部中间业务收费标准实施细则(暂行)》。三是建立中间业务收费台帐，保证中间业务收入按规定入账入户。四是制定对公客户中间业务手续费减免依据，下发中间业务减免申请表，明确减免收费标准，规范了中间业务减免申请程序。五是建立激励机制，加大奖励力度，最大限度地调动全行员工营销中间业务产品的积极性和主动性。六是制定《营业部中间业务产品经理实施细则》，推行中间业务产品经理制，形成中间业务市场开拓和后续支持良性互动机制，增强对客户的综合服务水平。七是全面推动营业部代理保险工作。与中国人寿、太平人寿、太平洋人寿、新华人寿、泰康人寿等5家保险公司开展代理保险业务竞赛活动，加强与保险公司的深层次业务合作，全面推动保险代理工作。八是加大中间业务收费检查力度。将中间业务收费纳入定期检查与稽核范围，做到应收尽收，颗粒归仓，严禁截留、挪用中间业务收入，确保了中间业务收入的规范性、合规性，有效地制止了“跑、冒、滴、漏”现象。

【改革创新】 一是管理人员管理体制改革不断深化。不断加大公开选拔中层管理人员的层面和力度，进一步拓宽选人用人视野。全年先后组织开展4次大型公开选拔中层管理人员工作，面向全行对74个空缺职位进行了公开竞聘。同时，进一步加强管理人员任期履职考核，不断探索管理人员“退出”渠道。全年因工作目标未完成被免职的支行行长1人、副行长1人，总会计、监察员各2人，机关部室副总经理1人，因工作能力弱被免职副行长1人，形成了“岗位靠竞争、晋升靠业绩”的良性竞争氛围。二是进一步深化薪酬改革。成立了薪酬管理委员会，不断扩大薪酬改革的覆盖面，细化薪酬考核体系，基本实现薪酬制度全员化和考核制度系统化，为营业部稳健快速发展奠定了激励机制。三是坚持以人为本，队伍建设取得新的成效。建立了部务会制度，试行机关部室总经理尽职评议制度，有效地提高了管理人员的尽职尽责能力。制订了高管人员监督管理办法和问责制，队伍建设全面加强。四是积极构建营业部绩效价值型的考评新体系。努力推进“风险价值化”的管理思路，修订完善了支行5等25级经营绩效考评体系，提高了资产质量考核权重，构建了以基本指标与修正指标相结合、定基指标与零基指标相结合的绩效考评指标新体系。五是引入价值管理理念，修订完善了营业部经营费用配置管理办法。出台了营业部2004年度经营性费用分配办法，在发展类挂钩指标上兼顾营销规模和创效能力，在风险控制类挂钩指标上引入“风险价值化”理念，进一步压缩了全行基础费用分配比例，加大了经营绩效挂钩力度，并在专项费用投入方面引入了营业部与支行按比例共担的管理方法，强化了各行依靠自身绩效提升来“挣”费用的观念，较好地发挥了财务费用配置手段的激励导向作用。六是不断深化财务集中改革，加强固定资产管理，规范了营业部集团采购行为。运用科技手段，改造费用限额台帐，强化了财务限额管理“硬约束”，实现了集中核算模式下财务授权应用的突破。

【内控管理】 一是党风廉政建设工作再上新台阶。制定了一系列加强党风廉政的工作意见和措施，出台了各级领导干部党风廉政建设责任制实施办法，组织各级领导签定了《加强党风廉政建设防范违法违纪案件责任书》，制定了《支行高管人员廉洁自律依法合规经营监督管理实施办法》。二是加强内控管理，认真组织开展“扫雷工程”活动、内控评价工作，认真落实案件防范责任制，扎实做好每年一次的内控评价工作。同时，加大监督检查和整改处罚力度，确保依法合规经营，合规操作。三是深化稽核体制改革，加强内部管理，提高人员素质和工作效率。四是全面完成守押社会化改革，成功防范“5·9”抢劫案，全年实现安全营运。

（王东伟）

农业银行

【业务经营】 2004年，农行营业部主要经营指标均超额完成省行下达的全年工作计划。其中，本、外币存款、同业存款、卡手续费收入、利润等五项指标任务占比在全省农行排名第一，基金和代理信托资金计划实现跨越式发展。

一是各项存款持续稳定增长。本、外币存款余额194.7亿元，较年初净增24.96亿元，同比多增4.36亿元。其中，对公存款较年初净增4.68亿元，储蓄存款较年初净增19.8亿元，外汇存款较年初净增530.1万美元，存款净增28.3亿元，完成目标计划的111.4%；同业存款较年初净增3.38亿元，同比多增3.7亿元，完成全年任务的250.4%。由于存款的有效增长，在省行上存及准备金余额较年初增加28.2亿元，在系统内利率下调的情况下，实现金融机构往来收入1.38亿元，同比增加3216万元。

二是清收盘活工作深入推进。累计清收不良贷款本息4.49亿元（本金3.89亿元、利息5975万元），同比多清收3亿元，完成全年清收任务的194%。其中，实际清收2.32亿元、预淘汰退出清收2.17亿元；盘活3230万元，处置抵债资产2918万元，不良贷款余额控制在省行下达计划以内。

三是信贷结构继续向好。各项贷款余额128.15亿元，全年新投放贷款35笔，金额7.05亿元，其中，总分行审批的工程学院、华北水院、郑州煤电、三全食品等高等级客户贷款6.2亿元，同时对河南网通公司、郑州宇通客车股份有限公司公开统一授信13亿元，信贷结构进一步优化，客户退出工作受到总分行肯定。

四是中间业务发展迅猛。大力推广应用了银证通、银税通、银保通、“汇利丰”，开发了校园卡、代理信托基金计划等新产品，带动了中间业务迅猛发展。全年实现中间业务收入4679万元，同比多收3785万元，完成全年任务的161%。其中，国际结算量3268万美元，同比增加1869万美元，完成全年任务的82%；代理保险手续费收入367万元，同比多收211万元，完成全年任务的107.9%；银行卡手续费收入3047万元，完成全年任务的162%。

五是经营效益稳步攀升。全年实现实际利润1.37亿元、账面盈利4670万元，同比增盈783万元，完成全年任务的130.8%。全辖20个经营单位中有18个盈利，同比增加3个。

六是安全稳定工作平稳推进。精神文明建设成绩突出，党风廉政建设扎实有效，网点撤并和人员分流达到预期目标，全年实现安全经营无事故。

【存款工作】 营业部站在“存款的总量决定着实力，增量决定着优势，份额决定着地位，增存决定着增效”的战略高度，把存款作为壮大实力、提高效益的主渠道和彰显省会城市行龙头地位的必选途径，始终如一地抓实、抓好。一是突出对公存款重点，努力克服公存“腿短”局面。针对近年来对公存款持续徘徊不前的局面，把对公存款作为全年存款工作的突破口，调整存款考评机制，对对公存款实行刚性考核，对公存款没有完成任务的，存款任务不算完成，按季对对公存款进度落后的支行进行问责。定期开展走访客户活动，“双节”期间，营业部党委成员对34个直管重点客户进行了走访，各支行也对辖内重点客户进行了走访，共走访客户105户；“教师节”期间，对郑州工程学院、华北水利水电学院等重点机构业务客户进行了慰问。加强对对公存款的监测管理，按旬监测支行的对公存款，对全辖200万元以上的存款客户实行按周监测，要求支行按周上报大户存款变动情况并说明变动原因，对因银行方面造成存款流失的，严格追究相关人责任。认真做好以贷引存工作，在对已营销项目实施贷款的同时，加强对客户贷款使用的管理，跟踪服务其上下游企业，尽可能实现贷款资金行内循环。积极拓展100%保证金银行承兑、100%保证金履约保函等低风险业务，以此带动负债业务的发展。加大产品创新力度，通过推广应用网上银行、代收代付、批量代扣、现金管理平台等金融产品，吸引了中国网通河南分公司、郑煤集团等系统性、集团性客户。二是确保储蓄存款持续稳定增长。强化柜台优质服务，制定了《营业部规范化服务实施细则》，制作了规范化服务教学光盘，对柜台服务标准进行了统一规范；成立了优质服务执法大队，按月对基层优质服务情况进行明察暗访，发现问题及时进行整改，对态度恶劣，造成客户投诉或被新闻媒体曝光的单位和个人给予严肃处理。加强“亿元所”和精品网点建设，经过调研论证，制定了营业部网点建设三年规划，对精品网点的硬件建设、外部包装、服务设施等进行了规划和统一，向精品网点实行政策倾斜，调动了各网点争创“亿元所”的积极性，全年新增“亿元所”12个，总量达55个，“亿元所”存款增量占全辖增量的58.2%。三是加强与信用社、民生证券、中原证券、百瑞信托公司、中原信托公司等同业的联系和深度合作，特别是开发了百瑞信托和郑州市城市基础设施项目贷款资金代理发行计划，共代理两项计划资金2.8亿元。未来支行抓住棉花期货合约在郑州商品交易所上市的有利时机，加强与期货经纪公司的合作，吸收资金近2亿元。

【营销工作】 一是细分市场，锁定高等级优良客户目标。年初营业部紧紧围绕总分行鼓励营销的产业、行业客户，把石油、石化、网通、移动、电信、路桥、优质高等院校、特大型煤田、煤矿、电厂等基础型、能源性项目作为营销重点，在对辖内客户情况进行认真调查摸底的基础上，明确了“保、抢、挖、争、夺”目标，选择规划了25个重点营销项目。对营销成功的项目，及时落实资金，确保投放到位，先后向郑州工学院、华北水利水电学院、郑州煤电股份有限公司、郑州三全食品有限公司、济焦新高速公路等单位或项目发放贷款7.05亿元。二是创新营销方式，因企施策。营业部成立市场营销工作委员会，实行营销责任制，对锁定目标客户逐户指定营销服务小组，逐户制定客户金融服务方案，因地制宜，一企一策。在营销过程中，实行直接营销、联合营销、综合营销等多种方式相结合，明确主办行、协办行的责任和利益分配机制，纵向上下联动、横向部门互动，收到良好效果。三是创新业务产品，满足客户需求。针对高端客户对金融产品要求较高的实际，营业部注重研究分析，前瞻性发现客户的各种潜在需求，主动将新产品、新业务推荐给客户，充分挖掘与每个客户的合作潜能。先后向郑州日产公司、郑州宇通客车等客户推荐了现金管理系统业务，对中国网通河南分公司进行了10亿元公开统一授信。四是认真做好现有优良客户的巩固、维护工作。在全行实行客户维护责任制，将所有存量法人客户，分包到客户经理，与客户经理签订包户维护责任书，要求管户客户经理定期走访客户，及时掌握客户业务经营动态，及时了解客户金融需求，尽可能为客户提供便利，增强客户对农行的亲和力和依存度。

【中间业务】 一是认真做好保险代理工作。大力开发“稳得福”、“养老无忧”、“望子成龙”、“健康医疗”、“安居理财”等回报率高、收益稳定、顾客容易接受的险种；积极开展宣传、营销，与郑州人寿保险公司联合举办了“保险产品推介会”和“营销座谈会”，以现场抽奖、产品介绍、现场咨询等形式，推介营销保险，收到良好效果。二是大力发展银行卡业务。充分发挥现有技术优势和网点优势开展金穗卡宣传营销活动，在所有网点张贴了卡产品广告、设立了咨询台，开展强势宣传。二七、管城、郊区等支行在营业网点开设了业务专柜，为优良客户提供方便。大力开展综合营销，重点与系统性、集团性客户及大专院校开展联合营销活动，为郑州工程学院、华北水院等大专院校开发了“银校通”、“校园卡”等业务产品，发卡3.5万张；启动了代缴国税、地税税款业务项目，新发展纳税户5万个，代收税款3亿多元。进行了贷记卡系统改造、金穗卡高抗测试、制卡机的技术改造等，使金穗卡功能更完善、使用更方便。实行了卡消费资金清算专人负责制，及时解决资金清算中存在的问题，提高了达账速度和交易成功率，促进了消费额增长。全年共发展有效特约商户30个，卡消费额达10亿元，卡手续费收入达3047万元，占全行中间业务收入的65%。三是认真开展基金代理销售工作，共代理销售大成、长盛、长信、长盛精选等基金2.58亿元，完成全年任务6800万元的379%。四是大力抢占外汇市场份额。把外汇业务作为对内在省行争费用、争位次，对外树形象的一个重要砝码，在全行强化国际业务的经营责任意识，坚持外汇业务的“两个提升”，即由补充性业务提升到全局业务、由功能性业务提升到战略性业务，实行本外币一体化营销。利用中国河南第三届国际投资贸易洽谈会召开之际，设置了惟一一家银行展台，在宣传农行国际化功能的同时，随时获取外商在郑投资的第一手信息，为外汇营销奠定了基础；利用省分行推出第一期、第二期“汇利丰”个人外汇结构性存款业务之机，强化宣传和营销，共募集673万美元，占全省农行销售总额的25.7%，使全行外汇存款提前超额完成全年任务。积极向外向型高端客户营销西联汇款、国际结算等服务产品，全年共办理西联汇款1161笔，金额209.48万美元，实现手续费收入1.104万美元。

【清收盘活不良资产】 2004年，营业部在不良清收方面坚持五个转变和一项制度，即转变思想观念，变包袱为资源；转变工作重心，把全行的工作重心转移到清收盘活上来；转变经营机制，进一步完善“四专体制”；转变清收途径，不断创新清收盘活手段；转变考核激励机制，加大考核力度；实行严格的不良资产行长问责制度，在全行形成了人人关心、人人支持、人人参与不良贷款清收盘活工作的良好局面。一是实行不良贷款分账经营和精细化管理。严格落实“集中管理，分账经营”的要求，对市区支行的不良贷款进行了再划转，对县(市)支行不良贷款进行了集中，实现了彻底的分账经营。分账后，严格按照“三大区间”信贷管理模式要求，制定了《营业部不良资产精细化管理方案》，对不良贷款进行了分类认定，并按照分类逐户制定清收盘活方案和考核目标，落实管户经理，签订管户责任书。二是严格不良贷款责任追究。建立了“不良贷款上，行长必须下”的资产质量责任追究机制。三是出台了清收不良资产的配套机制和办法，对清收人员实行绩效工资制，员工收入完全与工作成效挂钩，调动了员工清收盘活积极性。四是多策并举抓清收。继续采取依法清收、责任清收、公开拍卖、对外招标等多种行之有效的手段进行清收盘活。在各行班子成员当中实行了分包大户制度，每个班子成员分包2～3个欠贷欠息大户，与其效益工资挂钩，按月统计、按季排名、通报考核。五是开展专项清收活动。从8月份开始，在全辖开展了清收盘活百日竞赛活动，各行措施得力，形式多样，收到良好效果，活动期间共清收不良贷款本息7366万元，其中，本金5962万元，利息1404万元。同时借助百日竞赛活动的开展，在全辖开展了内部员工责任贷款清收和1000元以下小额不良贷款清收活动，通过公开曝光、政策攻心、责任追究、自发捐款、呆账核销等多种手段，清收内部员工责任贷款87.6万元，清收小额不良贷款852笔、159万元。

【规避金融风险】 信贷管理方面，进一步强化了信贷转授权和评级授信管理；组建营业部贷审中心，实行了专业化的贷款审查和新增贷款联合调查制度；实行客户经理管户责任制和周例会制度，对27个重点客户提升到本部实行穿透式管理；组建风险经理队伍，配备33名风险经理，建立了风险监管制度和风险预警机制；加强到期贷款收回管理，出台了《营业部全面加强贷款到期管理的意见》和《营业部贷款逾期责任追究办法》；成立了营业部“追究办”，实行严格的资产质量责任追究制度，“不良贷款上，行长必须下”要求得到很好落实，全行信贷管理水平得到提升。

财会管理方面，制作推广了一线柜员业务操作流程，建立了财会监管“三级联包责任制”，对支行费用列支实行了报账制，上收了固定资产及部分会计科目的管理权限，强化了“36条高压线”管理，财务会计的管理更加规范。

计划管理方面，建立了“收支两条线”的规模管理模式，理清了规模控制与转授权相衔接的管理思路。

内控建设方面，严格坚持坐班主任委派制，加强了部门自律监管，对历次内外部检查中发现的问题及时进行了整改，对相关管理制度进行了完善，落实了内控管理的“三大责任追究体系”，严肃查处了一批违法违规违纪案件，警示教育了全行员工，增强了全员依法合规经营的自觉性，有效避免了经营风险。

【产品和业务创新】 营业部成立了新产品开发委员会，负责全辖新产品的推广应用工作。与郑州地税局联合开发了税款代缴系统，成功代理了郑州百瑞信托计划、郑州市城市基础设施建设项目贷款资金信托计划。其中发售百瑞信托计划11681万元，实现代理手续费收入80万元，通过代理发售该计划，有效维护了郑州市预算外资金管理局这一高等级优良大客户。适应郑州工程学院、华北水院等客户需求，开发了“银校通”产品。积极推广应用“汇利丰”个人结构性外汇存款产品，抓住该产品收益高、市场竞争能力强的特点，强化宣传、营销，一举扭转了外汇业务的落后局面。营业部办公室积极利用新闻媒体、户外广告、宣传折页等开展新产品强势宣传，对新产品的开发利用起到了推动作用。

【体系再造和机制创新】 完成了市区支行的模式改造和功能调整，将市区支行整合为单点支行和综合支行，初步实现了扁平化管理；大力加强精品网点和“亿元所”建设，对精品网点和“亿元所”实施政策倾斜，调动了各行争创“亿元所”的积极性，全年系统内新增“亿元所”11个，总量达37个，“亿元所”存款总量占全辖总量的43.3%，增量占41%；积极实施内部降格和低效网点撤并，对上街支行实行了内部降格，对30个低效网点进行了撤并；出台了《经营业绩考评办法》、《2004年薪酬改革实施方案》等符合商业银行要求的资源配置办法，严格按业绩匹配资源。在工资分配上融入“宽带”薪酬理念，对支行班子成员、清收人员、机关人员、客户经理实行不同的考核形式和工资分配办法，形成了岗位与绩效相结合的多元化激励格局，工资费用“靠挣不靠发”已成为员工共识。推行干部员工公开选拔任用制度改革，先后组织了贷审中心、资产经营部、财会处、法人客户中心等部门缺编人员和科级后备干部、支行后备行长公开选拔，对科级干部进行了首次年度集中述职，初步建立并完善了制度化的干部退出和员工管理机制，内部经营活力有效激发。

【整肃行风行纪】 按照总分行部署，将整肃行风行纪活动与“两教三整”活动密切配合，互为推进，以机关和领导干部为重点，查摆和纠正了思想作风、经营作风和工作作风方面存在的问题，求真务实、积极向上、干事创业的浓厚氛围在全行上下初步形成。以活动开展为契机，组织全员学习了省分行赵忠世行长的《办好河南农行的两大支柱》、《牢固树立正确的政绩观，抓实抓好河南农行的五件基础性大事》，开展了“如何提高执行力”等专题大讨论，建立了首问负责制等20余项工作制度。通过学习、讨论和落实各项制度的管理要求，全行员工思想观念发生重大变化，对省分行和营业部党委提出的经营理念、治行方略和管理要求进一步认同，省分行、分行营业部党委提出的“一心一意办商业银行的理念，一级法人理念，审慎、规范、稳健的理念，利益服从风险控制、发展服从规则制约的理念，精细化、主动型、动态型管理理念，自觉接受监管的理念”在员工中牢固树立，忧患意识、竞争意识、改革意识、发展意识、风险意识、责任意识明显增强。全行各级领导干部都能够以科学的发展观、正确的业绩观指导业务经营和管理工作，保证了全行业务持续稳健发展。

（毛维静　张建伟）

建设银行

【概况】 2004年，建行郑州市金水支行(郑州城区管辖行)按照年初制定的工作方针和工作思路，以股份制改造为契机，以加强风险管理与内部控制，提高资产质量为重点，牢固树立价值最大化的经营理念，积极拓展和服务市场，不断提高综合竞争力和价值创造能力，各项业务呈现出良好的发展势头，实现了与地方经济的协调发展。

存贷款业务稳定发展。截至12月底，各项存款余额224亿元，比年初新增6.3亿元，其中，外汇存款余额2190万美元，比年初新增613万美元；各项贷款余额103亿元，比年初增加17亿元，其中，个人消费贷款余额

10.5亿元,个人住房贷款余额15.7亿元。贷款不良率为0.95%。

【公司业务】 加大营销力度,促进公司业务发展。一是积极探索对公负债业务管理机制,适时调整经营策略和经营重心,增加产品营销和服务营销在营销策略中的占比,开辟新的存款来源,扩大对公存款客户群体;二是建立市场调研机制,收集市场信息,了解客户需求,完善重点客户信息档案库,综合掌握客户信息资料,制订科学有效的服务方案;三是调整信贷业务结构,优化信贷资源配置,做好做大资产业务。对符合国家产业政策、总行信贷政策的重点行业、重点客户加大信贷资金的投放,全年累计投放26亿元,主要投放在交通、电力、燃气、教育、医疗卫生等基础性行业,进一步优化了信贷结构,有效促进了建行信贷资金的合理布局。

【个人业务】 个人银行业务发展迅速,客户结构不断得到改善,优质客户群体不断壮大。2004年建行个人银行业务以理财业务产品为主线,以优质客户营销为重点,不断扩大VIP客户规模,全力打造精良产品,努力建设精品网点。组织开展了"个人银行业务百日竞赛"等一系列营销竞赛活动,并制定了个人优质客户营销实施方案,进一步明确了VIP客户优先优惠服务措施,重点争夺高端客户、VIP客户资源,巩固扩大中端客户群体。同时,加强了个人信贷业务管理,细化流程,规范运作,先后出台了《个人存单和凭证式国债质押贷款标准化操作流程》、《个人住房装修贷款标准化操作流程》等操作细则,对个贷品种进行规范化运作,严格控制贷款风险,保证了业务的稳健发展。加大银行卡业务市场拓展力度,拓宽批发类行业服务领域,着重选择了一些涉及面广、影响力较大、资金结算量大的行业为目标群体,以行业龙头企业为重点对象进行突破,针对物流、烟草等行业结算流动性较强的特点,积极推广移动POS,满足企业资金流动的需要。

【中间业务】 中间业务收入水平显著提高,收入渠道明显拓宽,盈利能力得到增强。2004年建行适时将中间业务作为新的业务增长点和拓宽收入渠道的重要手段,提出了"因地制宜,把握重点,突出亮点"的中间业务发展思路,将造价咨询、财务顾问、房地产金融、国际结算、代理基金、国债销售、代理保险、代征税、"速汇通"、"商家通宝"、贷记卡等产品作为发展的重点,与10余家单位签订了财务顾问协议,与15家证券公司营业部达成资金结算等合作事宜,与12家保险公司合作,代理保险业务40余种等,促进了中间业务的发展。

全年完成国际结算量10444万美元,结售汇业务量达到10801万美元;全年龙卡累计发卡量198万张,累计交易额920亿元,其中购物消费额41.45亿元;网上银行客户数量达到59304户,交易额411亿元,比上年增长261亿元,电话银行签约客户56150户;全年实现中间业务收入5640万元,同比增长2889万元。

【压缩不良信贷】 大力压缩不良,盘活呆滞资产,消化历史包袱,减轻经营压力,为实现快节奏发展奠定了基础。一是加强不良贷款管理,把盘活不良作为主要经营指标,从有利于经营、有利于资产盘活、有利于不良贷款回收的角度考虑,对不同的贷款进行了明确分工,大力盘活不良贷款。二是认真做好信贷资产日常管理,严格信贷资产风险分类管理,建立完善不良贷款监管台帐,对不良贷款进行实时监控,及时准确反映不良贷款变化情况。三是认真落实经营主责任人制度,建立信贷经营和审批责任认定季报制度,严格实施责任认定工作。四是做好不良贷款剥离工作,共剥离可疑类贷款20415万元。

【人力资源管理】 坚持以人为本,加大人力资源开发培训力度,全面提升队伍素质。一是建立内训讲师队伍、外部培训信息网和培训工作队伍,形成有力的培训支持保障体系。注重培训效果测评,建立培训的信息反馈系统、培训评价系统。探索培训工作的考核机制,培训与干部考核、晋级、选拔任用,激励培训挂钩,强化培训的激励约束作用。二是大力推进人才战略的实施,加强对核心人才的培训。组织核心人才参加野外穿行训练、"赢在诚信"外出考察学习等活动,组织"股份制改造"、"发散型营销"、"市场细分与目标市场"、"伙伴营销与策划执行"等专题讲座66场,参训人员达2245人次,为建行的可持续发展储备了人才,增强了发展后劲。三是加强操作层的培训工作,组织了操作层员工执业素养培训班20期,1200余人参加了学习,提高了员工的执业素养和操作水平。四是加强员工基础操作技能培训,组织了1000多名前台员工参加公司、个人银行、信用卡等综合业务培训,分7期组织988人参加DCC系统上线培训,组织300名劳务人员和新入行大学生进行岗前培训。通过培训,员工的综合素质和技术水平得到了显著提高。

【内控建设】 深化依法治行,完善内部控制体系,防范各类风险发生。一是强化警示教育,有效防范和化解了各类案件风险。实行案件防范工作责任制,与全辖所有单位负责人签订案件防范工作目标责任书,明确各单位负责人是本单位风险防范第一责任人,对所属的风险防范工作负总责。继续推行案件防范联动机制、联保互保制度,业务要害部位的员工、业务骨干、负责人三级之间签订联保互保责任书,相互监督,相互制约。二是强化会计基础管理工作,坚决遏制违规操作行为。深入开展"强化内部管理、遏制违规操作"专项治理、"会计业务风险点排查和员工行为排查"等活动,制定并下发了《金水支行会计稽核检查实施细则(试行)》、《凭证整理装订有关要求的通知》等内控规程,并对全行员工开展内控专题培训，建立和强化了与DCC上线后业务处理流程相适应的内控工作体系。三是加强安全保卫工作，消灭风险隐患。强化安全管理责任制，坚持“谁主管，谁负责”的原则，行领导与所辖网点、本部部门签订《安全管理责任书》、《消防安全责任书》，使安全工作事事有人管，时时有人问。参与全省金融安全技能防范练兵比武活动，组织本部员工参与消防演练，大大提高了员工安防技能。

【党风廉政建设】 加强廉政教育，强化监督机制，努力推进全行党风廉政建设。一是注重抓好领导班子和管理人员的廉洁自律，要求中层干部学习规定，并多次进行考核检查，了解群众满意程度。同时加强廉洁自律、廉洁从业宣传教育。二是组织编发《纪检监察工作专刊》等教育宣传材料，开展《管理人员廉洁从业若干规定》手册的学习和知识测试。组织收看录像，剖析案例，开展常规性的法规、法纪教育培训，重点开展了学习《警示教育手册》和建总行《中国建设银行工作人员违规行为处理办法》。三是不断强化监督制约机制，从源头上预防各种腐败苗头的滋生。认真落实诫勉谈话等制度，对新任、交流干部进行廉政、诫勉谈话，编发廉政短信，鼓励、要求中层干部认真履行职责，自觉拒腐防变。坚持开好基层支部廉洁自律专题民主生活会，落实行长信箱、行长接待日、行领导联系网点调研等制度和领导干部诫勉谈话制度，充实完善中层干部廉政档案。开展了全行党风廉政建设责任制的执法监察和考核。

【企业文化建设】 及时导入先进企业理念，建设特色企业文化。一是坚持企业核心价值观和主理念，统一思想，全面推进企业文化建设。紧紧围绕“实现价值最大化”的企业核心价值观和“中国建设银行，与您共创美好家园”、“中国建设银行，建设现代生活”的主理念及“服务大众，争创一流”的企业精神，全面推进企业文化建设。深入开展“爱家园、建家业、谋家策、学家规、正家风”等活动，使“家园文化”深入人心，统一员工的思想，提高员工的认识。二是坚持以客户为中心，以市场为向导，以效益为目标，倡导服务文化，狠抓市场营销，提出了“服务增效益”的营销理念和“主动竞争、主动营销、主动创新”的营销战略，实施“整体营销、联动营销、重点营销、上门营销、窗口营销、科技营销”等多轮营销策略。三是坚持以先进文化为主导，狠抓优质服务，服务水平不断提高。牢牢把握先进文化的发展方向，在全行推行“一切为客户满意”的“大服务”理念，开展以“环境好、态度好、仪表好、服务水平高”为内容的“三好一提高”评比活动。四是以“素质立身、业绩进步”八字理念要求全行中层管理人员，作为全行行为准则，倡导“四讲”、“四懂”、“四会”，即讲团结协作、讲开拓创新、讲清正廉洁、讲以身作则；懂金融、懂法律、懂经济、懂经营；会沟通、会学习、会营销、会操作。以此打造一支懂管理、善经营、战斗力强的效率型管理队伍。

（葛　鑫）

交通银行

【概况】 2004年是交通银行改革发展取得重大突破的一年，也是交通银行郑州分行第四个三年规划顺利实施的第二年。郑州分行党委带领全行员工，突出文化管理，强化执行力度，增加速度规模，提高质量效益，园满完成了目标任务，再次创出了重组以来的最好经营业绩。为河南省和郑州市经济和社会事业的发展做出了应有的贡献。

资产规模显著增长。分行本部资产规模达到414.08亿元，较上年增长51.16亿元，增幅为14.09%，完成“四三规划”目标的83.33%。

人民币存款再创佳绩。分行本部人民币存款较上年净增53.82亿元，增幅16.38%，增量在本地同业中居第一位，余额达382.39亿元，完成“四三规划”目标的82.76%，其中，对公存款较上年净增26.44亿元，居本地同业之首，余额达194.14亿元；储蓄存款较上年净增27.38亿元，余额达188.23亿元，存量和增量在郑州市继续保持第二位，余额在系统内居第三位，增量居第四位。

人民币贷款稳步增长。分行本部人民币贷款较上年净增22.56亿元，增幅为10.88%，余额达229.92亿元，完成“四三规划”目标的69.05%。其中个贷较上年净增4.2亿元，余额达22.39亿元。

外汇业务发展良好。分行本部外汇存款较上年净增1293万美元，余额达17156万美元，居本地同业第二位，完成“四三规划”的65.80%，其中，对公外汇存款增量居本地同业第一位；外汇贷款较上年净增453万美元，余额达7796万美元；外汇宝交易量达12.89亿美元，居本地同业第一位；国际结算量达34210万美元。

资产质量大幅提高。分行本部本外币利息回收率达112.41%，同比提高11.82个百分点；按五级分类不良贷款余额为2.06亿元，占比为0.87%，同比降低2.23个百分点。

经济效益继续攀升。分行本部实现考核利润6.14亿元，较上年增长1.19亿元，增幅达24%，完成三年规划的75.86%；人均创利51.17万元，较上年增长6.85万元。

金融科技水平又上新的台阶。推出新的网上办公系统，基本上在全行取消了纸质文件；推出中原第一台汽车ATM，增设一批设备先进的自助银行，升级网上银行，增强了整体服务功能，为河南企事业单位和个人提供了更加优质高效的金融服务。

积极开展反腐倡廉、纠正行业不正之风和保持共产党员先进性教育工作。安全保卫工作，取得显著成效，避免了经济、刑事案件和其它事故的发生，实现了全年安全经营无事故的目标。

【改革完善营销体制】 在市场竞争日趋激烈的情况下，交行郑州分行深化机制改革，加快创新步伐，完善营销体制，保持了整体业务的持续、健康、快速发展。

公司业务方面：进一步完善营销体制，加强市场调查，筛选重点项目，通过分行领导班子带头营销，签订经营者目标责任书，加强客户经理培训，开展公司业务百日竞赛，开通了营销精英网；加强外国政府转贷项目营销，培养了团队意识和协作精神。

私金业务方面：开展持卡消费有奖活动和“揽储创优，季季有奖”业务竞赛，人民币喜庆存单等项新业务；开发贷记卡、个性化照片卡、理财学子卡、太平洋中环百货联名卡、CBA联名卡等新品种；开通了银行卡跨行转帐业务，不断优化服务功能，稳步壮大优质客户群体。

国际业务方面：大力发展外汇负债业务，彻底扭转了外汇存款下滑局面；开办了福费廷、离岸业务和因私购汇业务，实现国际结算业务稳步发展；“外汇宝”品牌优势进一步增强，创造利润是上年的2.6倍。

中间业务方面：成功代理发行两期城市建设信托计划和代收汽车养路费，扩大基金和保险代销品种，推出“得利宝”外汇理财产品，太平洋借记卡开始收取年费。中间业务的收入进一步提高，实现收入5428万元，较上年增加2506万元，占比为3.54%，同比提高1.38个百分点。

【内控管理】 在加快业务发展的同时，狠抓内部管理和风险防范，实现了全年安全经营无事故、无经济案件、无重大违纪问题的目标。

全面业务质量管理顺利通过国际认证，建立了全过程的监督约束机制；进一步完善内部管理规章制度，在全行上下开展“四查”活动，在前台开展“三比一树”活动，规范了操作管理。加强专项稽核、效益稽核和后续稽核，促进规范经营，杜绝了业务漏洞。进一步落实安全保卫目标责任制，做好“四防两保”及计算机安全、金融诈骗和抢劫作案的预防工作，实现了押运社会化、专业化。

控制资产质量，把握信贷投向，实现了利润多元化增长。做好贷款行业、区域调查，调整信贷结构，优化信贷投向，选择优质客户，拓展贷款新户71户，贷款余额28亿元；严格额度管理和业务手续及授信条件审查；成立授后监控领导小组，制定《授后三级监控管理办法》，建立提款质量定期通报制度，加强贷款授后监控。前移风险管理关口，加强不良贷款清收力度，共收回不良贷款现金6590万元，完成计划任务的14.4%。设立个贷管理中心，规范流程，创新产品，促进了个贷业务稳健发展。

加强资产负债管理，强化头寸预测和管理，灵活运用资金，实现考核利润1.1亿元，完成计划的19.1%。成立报帐中心，完善财务管理，加强成本核算，实现了增收节支。

【人力资源建设和机构扁平化管理】 人力资源建设稳步推进，不断加大员工培训力度，完善激励机制。对客户经理进行营销案例讲解，贴近实战操练，针对前台柜员、理财经理和外汇从业人员，开展了形式多样的培训；开展信贷人员队伍整顿，提高了客户经理素质；改革薪酬分配制度，提高了基层员工的收入水平。

稳步推进机构扁平化，分行本部分理处全部升格为支行，新设了7家直属支行。按照交通银行总行机构调整统一部署，顺利完成了洛阳分行各项交接工作。

【企业文化建设】 加大十六大、十六届三中、四中全会精神宣传贯彻力度，开展“双凝聚”活动，深入落实党风廉政建设责任制，党组织的凝聚力进一步增强。企业文化再造步伐加快，先进文化引导氛围初显；开展“质量效益”大讨论，进行前台规范化服务考核验收和客户满意度调查；开展“四个一”活动，机关服务质量明显增强。开展“爱行爱岗，自信自强”主题教育和“私金条线”普法教育，获得交通银行总行普法教育优秀组织奖。

【创新整合服务手段】 加大科技开发力度，整合服务手段，为业务的持续、健康、快速发展搭建坚实的平台，经营活力逐步增强。

创新服务手段，拓宽服务空间。开发使用授信业务处理系统和公司客户管理系统，开通营销精英网，推出视频会议，中原第一台ATM、贷记卡、个性化照片卡、理财学子卡、太平洋中环百货联名卡、CBA联名卡、报关“一点通”等新产品成功上线，新一代网上银行、手机银行、外汇国际结算系统、银企财务通、财政国库集中系统逐步完善并投入运行。

加强管理信息系统建设，提高工作效率。推出新一代计划指标统计分析系统，多媒体远程监控系统；完成ATM、CRS、日立等设备的远程分发系统。加强安全管理，确保核心系统、网络和安全系统的正常运行。自助设备日均业务量8万余笔，设备运转率有所提高，网上银行日均交易量2.5亿元～3亿元。

（胡文杰）

中国银行

【概况】 2004年，中国银行郑州六城区支行全面贯彻省分行工作会议精神，发挥中心城市龙头作用，以人为本，处理好改革、发展、稳定和风险控制的关系，加大核呆、核损和清收抓降工作力度，不断健全内控机制，加强领导班子建设、员工队伍建设、企业文化建设，强化执行力、提高执行效率，圆满完成了年度经营目标，为郑州地区经济的发展做出了贡献。

营业利润超额完成年度计划任务，各项收入和盈利能力进一步提升。实现本外币营业利润2.4亿元，完成净收入4.18亿元。

负债业务增势良好，人民币储蓄存款取得较大突破。人民币一般性存款余额17.49亿元，较年初新增2.26亿元，其中，人民币企业存款较年初新增9636万元；人民币储蓄存款较年初新增2.16亿元，完成省行下达计划的109.22%；外汇各项存款余额40510万美元；金融机构存款余额172367万元，较年初新增6233万元，完成省行计划的148.4%。

资产结构逐步调整，各项贷款继续保持强劲增势。人民币各项贷款余额19.10亿元，较年初新增1.68亿元，其中，人民币公司贷款余额16.63亿元、较年初新增1.43亿元，零售贷款余额2.46亿元、较年初新增24881万元；外汇贷款余额78658万美元；票据贴现额累计办理3.43亿元，实现收益7732万元。

中间业务平稳发展，收益水平显著提高。揽收国际结算业务1897笔，累计8980.32万美元；开通网上银行83户，累计业务量121.8亿元，完成省行计划的127%；个人实盘外汇买卖3712.46万美元；代售基金4611万元；国际卡发卡1761张；代理保险业务3875万元。

核呆划转工作有序进行，资产质量根本改善。六城区支行按照省行要求，认真做好不良资产划转核销工作。五级分类口径不良率1.77%，较年初下降8.72个百分点；清收现金9002万元，完成省行计划的739.6%。

【资产业务】 根据总分行党委确定的将郑州作为中行重点城市发展规划，以省行重点城市“开好历史新时期大局”动员大会会议精神为指导，充分发挥重点地区的龙头带动作用，以资产、负债、中间三大业务为重点，制定和认真落实增加净收入的各项举措，促进了净收入的有效增长。公司授信业务按照总分行要求和行业政策，制定了客户、产品、服务、科技发展规划和重点项目的储备工作，从根本上调整资产结构，形成多点支撑，改善过分依赖少数客户贷款业务状况。及时调整行业授信结构，上下联动，加强优质客户营销，重点支持了郑州烟厂、中原汽贸、猛狮客车公司、华晶材料、郑州科氏沥青股份公司、河南新能开发有限公司、金星、正龙、思念等企业，与河南天诚棉麻有限公司建立合作关系，另外有长飞信息技术公司（制造电缆企业）、郑州统一集团、河南顺驰地产集团与中国银行建立了合作关系，为下一年的业务发展打下了良好的基础。

积极稳健发展零售贷款业务，特别重点发展住房按揭贷款业务，围绕“项目库”、“客户库”和“信息库”开展强力营销。实施重点突破，重点支持符合国家产业政策、有市场、有效益、有信誉、有发展前景的好企业、好项目，提高零售贷款业务在整个资产中的占比。经过加大营销、主动攻关，2004年与思达置业、上海绿地置业、汉飞、顺弛、思念、英协、21世纪房地产等建立合作关系。除批量性的楼盘等传统行业和品种外，树立超前意识，积极关注有潜力的客户，加强营销，发展了郑商置业、荣光置业、太阳城房地产、新长城置业等一批新按揭户，经省行批准对金城发放5000万元授信额度贷款，成功营销了郑东置业，与信昌、天邦房介等密切接触，达成合作意向。全年新发放个人住房贷款50264万元，支持了郑州地区房地产业的健康发展。

【负债业务】 发挥重点城市的龙头作用，加大对公存款的营销力度，以无贷户、上市公司、省市重点企业和“五个一百”企业作为公司客户的营销目标，努力扩大负债业务规模，积极实施客户战略。针对公司客户需求，提供优质服务，不断巩固郑州日产、联通公司、安玻、省福彩等老客户，同时加大市场营销，新发展洛三高速、金火铝电等企业；针对零售客户特点，对个人客户群体进行追踪营销，提供个性化理财服务。在网点增设柜台服务窗口，并主动深入到居民社区营销，服务储户，收到了良好的效果。继续推进激励约束机制，制定和实施综合目标考核、人民币企业存款和人民币储蓄存款专项考核和个人吸存考核办法，调动了全行发展业务的积极性。开展“淡季不淡，旺季更旺，淡季攻紧，旺季高攀”全员劳动竞赛活动，树立员工的主人翁意识，增强员工的责任心，为存款20万元以上私人客户搭建理财平台，充分把握和利用好省行对系统内部拆借利率实行优惠的政策机遇，在保证支付的前提下，及时安排调配辖内资金，扩大上存。全年成功营销了河南力嘉实业公司、河南辉煌科技股份有限公司、河南金生电碳、省国税局等客户。做好总行级重点客户中国网通河南分公司的维护工作，为其提供多层面、全方位的服务，既保证了现有存量又争取了新的增量。抓住新推出“汇聚宝”业务契机，制订详细切实可行的措施，不断促进外汇存款业务的发展。

【中间业务】 因势利导，努力推进中间业务发展。公司业务继续保持人民币远期售汇、银行承兑、国际结算揽收等业务的快速发展。根据郑州日产汽车公司不断变化的服务需求，以传统强势金融产品为载体，全年为郑州日产办理远期结售汇业务总计28笔、金额108亿日元，实现中间业务总收入180万元；零售业务在做好银行卡业务的同时，努力开拓个人外汇实盘买卖、代理基金、保险等业务，针对外卡收单业务加强涉外饭店营销，提高收单量。积极开展与保险及基金公司的业务合作，进一步提高了中间业务收益水平。积极稳妥地开展网上银行的推广营销工作，为河南中原物流、河南家世界等83家企业开通了网上银行业务，提高了中行新产品知名度，增强了企业理财服务功能，巩固了客户在中行的存、贷款和结算份额，推动了公司业务的发展。正确把握和执行总、分行的服务收费政策和要求，明确中间业务的收费范围和服务收费标准，开展了对中间业务收费情况的监督审查，促进了中间业务收入的增长。

大力拓展国际结算、代理、信用卡

等业务，认真做好代收代付工作，树立先入为主、及时抢占发展要点的观念，努力拓展服务时间和空间，抓好“银券通”、个人实盘外汇买卖等业务新品种的宣传推广，促进中间业务品种的多样化，服务的大众化，拉动了中间业务收入的不断增长。

【风险控制和资产质量】 面对新的监管形势和中行股份制改革工作的逐步深入，郑州六城区支行按照总、分行提出的“树立全程的风险管理理念”、“坚持风险管理不动摇”的工作要求，正确处理业务发展和风险控制的关系，认真履行稳健发展、合规经营的原则，注意在发展的前提下重视内控，以严密扎实的内控工作促进业务更好更快地发展。

加强贷款营销和风险管理，完善授信决策机制。积极开展尽职调查、风险评审、行业分析和后评价工作，进一步完善授信决策机制，强化风险约束，确保授信风险关口前移。严格操作程序，严禁反程序操作，对风险部位、风险环节加强管理，杜绝管理漏洞。进一步加强了对全辖机构的检查和监控，对违规违纪现象从严查处，从重处罚。在授信业务管理中，建立完善责任追究制度，明确责任，细化处罚标准，规范处罚程序。重点加强了贷中贷后管理工作，对授信客户进行全程风险管理。进一步完善了风险管理办法，特别是完善初审初评、授信决策、贷中贷后管理、资产处置及责任人追究等 4 个环节的风险控制，做到业务发展到哪里，风险控制就跟踪到哪里，把风险控制在最低限度，杜绝违规经营。以省行的常规稽核、执法监察和总行股改法律、股改资产尽职调查为契机，针对稽核和检查出来的问题，认真分析原因，逐项制定整改措施，明确具体整改时间，及时督促整改落实。

【财务管理】 坚持以效益为中心，进一步转变财务管理的观念和职能，建立财务管理、管理会计和成本会计紧密结合的新的财会体制，切实发挥财会工作在预算、控制、反映、监督、分析、考核中的作用。加强财务收支分析、利润、费用预测工作，利用财务杠杆，改革费用分配方式，优化资源配置。完善经营成本核算和控制制度，算细帐，算好帐，认真做好收入变化情况的预测工作，搞好业务经营的量、本、利分析。根据省行下达的净收入目标，测算出各网点的存款、贷款增长量及费用等指标，逐项分解下达，确保完成。严格执行财务纪律和分行完全净收入费用率机制。厉行节约，大力压缩非业务开支，把有限的费用用在业务发展和绩效奖励上，从而促进业务的全面发展。

【自身建设】 改革人力资源管理。按照省行党委对班子和队伍建设的整体要求，郑州各城区支行把抓好班子自身建设和干部员工队伍建设作为兴行立业的根本，把抓好企业文化建设作为振奋精神昂扬斗志的重要载体，实行“能者上、庸者下”和“不惟资历、不惟学历”的用人理念和用人制度，推动了各项业务的快速、协调、持续发展。

积极推进学习型组织和新型文化建设。倡导创优文化，推进经营绩效考核工作，考核结果与干部员工收入分配结合，奖励向贡献大的单位倾斜；对员工实行月考评制度，考评结果作为年终评定该员工绩效和推先评优的重要依据，激励广大干部员工拼搏发展，创造业绩。各单位争先进，创佳绩，确保了各项目标的实现，体现了绩效挂钩、差别管理、约束激励新机制的优越性。倡导危机文化，针对股改的紧迫形势，加强宣传引导，扩大宣讲内涵，全行干部员工努力转变观念，紧跟股改进程，逐步树立起中行必须进行股改的“改革观”、发展是永恒的主题的“发展观”和不断更新自我、提升自我的“素质观”，自觉成为股改工作的支持者、实践者和推动者。倡导团队文化，发挥党工团群作用，开展了文艺晚会、银企球赛、学习“锦霞”等活动；继续开展全行性精神文明建设创建活动，各单位努力创造条件，积极争创“青年文明号”。通过这些活动的开展，增强了全行员工团结向上、积极进取的工作热情。举办新金融企业会计制度、反洗钱、基金、保险等业务培训，重点在解决问题、防范风险能力方面进行引导；按照省行“加强文明优质服务、树立良好形象”的服务工作要求，开展服务技能培训、技能达标测评、业务知识测试、星级柜员评定等工作，一线柜员学知识、学业务、学技能蔚然成风，操作技能和服务水平有较大改善，促进了各项业务的发展。

（李孝华）

商业银行

【概况】 2004 年，是郑州市商业银行实施第一个三年发展规划的最后一年，全行上下团结一致，开拓创新，务实奋进，努力拼搏，较为圆满地完成了三年发展规划的各项任务目标，为实施第二个三年发展规划，实现全面、持续、协调发展奠定了基础。主要业务指标进一步优化，经营形势进一步好转。

各项存款进一步扩大。年末全行各项存款余额130.88亿元，剔除同业3.82亿元，同比增长16.94亿元，增幅为15.38%；其中，对公存款余额97.28亿元，同比增长10.05亿元，增幅为11.5%；储蓄存款余额29.79亿元，同比增长6.89亿元，增幅为30.1%。全行日均存款达到109.66亿元，同比增加14.05亿元，增幅达到14.7%。

新增贷款投向优化，综合收息率大幅度提高。年末各项贷款余额88.75亿元(不含贴现贷款6.19亿元)，同比增加 8.49 亿元，增长幅度为10.6%，存贷比例为69.84%。贷款主要投向市政工程建设、科教文卫、优秀民营企业等单位，投向房地产业贷款有所压缩，严格控制钢铁、水泥、电解铝等行业贷款，优化了贷款投向。全年新贷款到期收回率达97.7%，收息率为97.13%；综合收息率65.77%，较上年上升10.64个百分点。

不良贷款持续“双降”,清收盘活成效显著。年末各项不良贷款余额39.25亿元,同比下降3716万元;不良贷款率为41.3%,同比下降4.6个百分点。在公、检、法等部门的大力帮助下,全年共计清收、盘活、查封、扣押不良资产8.7亿元,其中,清收3.1亿元,盘活1.8亿元,变现资产1.4亿元。

世纪卡发行继续保持旺盛势头。年末发卡总量达到61.6万张,同比增长16.1万张,卡内余额14.6亿元,同比增长1.32亿元。全年跨行业务手续费收入165万元,同比增长94万元。2004年11月份,还发行了银联标准卡。

货币市场及票据业务发展迅速。2004年,办理货币市场业务达386亿元,办理票据贴现业务量达18.7亿元,分别实现收入5255万元和2181万元,共实现利润2094万元。全年办理差额银行承兑汇票31.7亿元,吸收保证金16.8亿元。

财务状况明显好转,实现账面扭亏为盈。2004年实现盈利8138万元(此为决算数,待中介机构核实后为真实利润),同比增加3658万元,增幅达81.65%;解决历史遗留问题和政策性因素冲减后,账面盈利557万元,实现账面利润扭亏为盈。

【市场营销】 一是在激烈的市场竞争中确立“以客户为中心”的营销理念,坚持“服务地方经济、服务中小企业、服务城市居民”的市场定位,进一步细分市场,明确“地方基础设施建设、中小企业、市民”三大目标市场和客户群体。

二是培养了一批优质的客户群体。通过细分市场,着力培养、发展和巩固适合商行定位的优质客户群体,大力开发公用事业、机关团体、新闻出版、学校、医院、电力、财政、交通等单位客户,并对市预算外资金管理局、中原区拆迁办、金冠电力、市环卫清洁公司、东湖实业、燃气集团等优质客户进行全程跟踪服务,培育和发展了一大批基本客户群。分别与各区政府签订合作协议,建立合作伙伴关系,实现银政双赢;加强了同周边地区信用社的合作,促进了业务的发展;以资产业务为切入点,对支行进行小额贷款授权,吸引了一大批优质的市场商户;开办了城市商业银行汇票业务,拓宽了企业融资渠道。同时,以方便居民理财、提高市民生活质量为出发点,集中精力发展零售业务,大力开发与市民生活息息相关的中间业务,先后推出代理保险业务等代理业务,进一步完善了个人业务服务功能,为建立个人银行业务体系奠定了基础。

三是积极营销优质贷款,全力支持地方经济建设。在“三个倾斜”的信贷政策指导下,克服国家宏观经济调控政策的影响,积极营销优质贷款,当年累计发放贷款22.6亿元,重点支持城市基础建设、地方财政、科教文卫事业以及优秀民营企业。同时,自2003年9月独家承办下岗失业人员再就业小额担保贷款业务,共发放该项贷款378笔,金额371.7万元,并得到了中央检查组的认可。

【建立现代企业经营管理体制】 法人治理结构进一步完善。根据《公司法》、《商业银行公司治理结构指引》以及商行《章程》的规定和要求,制定了“三会一层”的议事制度和议事规则,进行了董、监事会的换届选举,优化了董、监事会成员结构,按照银监局的要求进一步完善了独立董事和外部监事制度,成立了董事会下的关联交易委员会和风险控制委员会,使法人治理结构得到了进一步完善。

组织体系得到进一步优化。一是领导班子力量得到充实和加强;二是以快速应对市场为目的,对总部机构进行了适当调整,将公司业务部改为市场业务部,个人业务部改为信用卡部,同时,调整部门职能,突出业务发展。2004年底,又酝酿出台了《总部机构、人事改革方案》,广泛进行动员,为2005年总部的全面改革做好充分的准备工作。

经营运作机制进一步科学、高效。一是在“集中审批、适度授权、分级管理、落实责任”的信贷管理体制下,对经营管理水平高、综合绩效好的支行,在小额贷款的发放上给予一定的授权,调动支行的积极性,提高应对市场的能力;完善了贷款第一责任人制度和不良贷款责任追究制度,积极推行贷款质量五级分类,信贷管理进一步加强,有效防范了信贷风险。二是完成了全辖清算体制改革,将68个清算号归类为6个,成立了4个清算中心,不仅节约了费用,而且有效提高了工作效率,并被人民银行在金融系统中全面推广。三是确立了“集中管理、统一调度、有偿使用”的资金管理体制,改变了内部资金调剂制度,建立了大额资金支付备案制,实行了资金买卖制度,合理调节资金利率,引导支行自求平衡,增强了全行资金的使用效率。四是确立了“收支两条线”的财务核算体系,全面推行财务费用预算管理,改指标管理制为指标拨付制,总量上控制费用支出;继续坚持大额开支集体审批制度和财务集中报账制度,使费用监督与管理的关口前移;根据支行财务管理规范程度,逐步对支行财务列支进行授权,减少核算环节;在全行范围内实行车辆改革,降低费用支出;健全了对总部业务拓展部门及客户经理的费用核算办法,使核算体系进一步完善,核算逐步由存费率向利费率转变。2004年,全行资产利润率为0.43%,较上年上升了0.14个百分点;成本费用率为37.04%,较上年下降了3.7个百分点;存款费用率为1.53%,较上年也有所下降。

【内控管理】 一是依法健全和完善各项规章制度和操作规程,先后修订、完善内部规章制度100余条次。二是在总部建立了月工作汇报制度,行领导定期深入支行现场办公,检查督促工作的落实;在全行开展了“解放思想、更新观念”大讨论活动,转变观念,改进工作作风。三是加强稽核监督,依法合规经营意识增强,经营行为更加规范，存在问题的整改率不断提高，业务差错率不断降低，经济案件发案率严格控制在较低水平。截至年底，全行业务差错率为0.12‰，较2001年底降低了0.05个百分点；开展各类稽核项目79个，提出整改建议285条，问题整改率达99.6%。四是实施了信贷、营业部主任、综合柜员等重要岗位及人员的上岗准入制度。五是召开首届职工代表大会二次全会，推进了民主管理进程。六是“三防一保”工作得到进一步加强，圆满完成了守库、押运等任务，全年未发生重大安全保卫事故，并荣获2004年度市内保系统先进集体、金水区综合治理先进单位等称号。

【完善竞争激励机制】 一是完善用人机制，激发人的活力。对支行行长、总部部门正副经理(主任)全面实行公开竞聘制；强化支行和总部部室的目标管理，以目标完成情况作为淘汰的依据，实现干部“能上能下”。二是改革绩效考核办法，建立和完善绩效考核体系。对支行的考核逐步实现向以效益为中心、兼顾存款转变，实现由等级行管理向利润工资制转变；同时修订了包括资产保全部、资金营运中心、客户经理、综合柜员在内的绩效考核办法，初步建立起一套较为完善的绩效考核体系，真正体现了“贡献大、收入高，同岗同酬、多劳多得”。三是人力资源配置进一步优化，全面推行客户经理制，积极推进综合柜员制，建立星级柜员评价体系，人员内部流动和交流的速度加快。四是实施人才培训战略，积极创建学习型银行。总部坚持每周五的“中心组”学习制度，加强与专业培训机构的合作，通过脱产培训、业余集中学习等方式，不断加大员工教育和培训力度。2004年，商行共举办各类培训班40余期，受训员工达2200多人次，其中，脱产培训4期，受训人员达200人次。在全市金融系统比赛中，商行选手荣获1个第一名和1个第五名，3人获得点钞专业技能比赛优秀选手；在市首届“宇通杯”职工技术比武中，商行1名选手获得“技术状元”，2名选手获得“技术标兵”；会计结算部获郑州同城票据交换工作一等奖；在全省金融安全防范技术练兵比武知识竞赛中，商行取得了一等奖的好成绩；李雪获2004年度郑州市“五一”劳动奖章，姜涛被评为2004年度河南省劳动模范。

【科技兴行】 一是对综合业务系统进行升级改造，实现了全行一本账，使商行计算机综合业务系统在河南银行界和全国同行业中保持领先地位。二是完成了电子验印系统的开发和应用，在省会第二家实现了对公存款结算账户通存通兑，增强了网点的辐射能力，提高了业务办理效率。三是不断完善世纪卡、电话银行功能，新开通ATM、自助银行、多媒体机等自助设备29台。2004年，世纪卡在加入银联网的基础上，实现了港澳地区的跨行ATM取款和POS消费；开发了代理保险费、自来水费等代理业务；开通了世纪卡自助交费功能，并开通联通、燃气、地税等代缴业务。四是开发了信贷业务综合管理、绩效考核等管理应用系统，逐步实现全行信息资源共享、提升管理层次和管理水平方面服务和应用。

(黄丛璜)

中国人寿保险

【概况】 2004年，中国人寿郑州市分公司以海外上市为契机，坚持以业务发展为中心，创新思路，在班子队伍建设、业务发展、经营管理等方面都有长足进步，继续巩固了郑州寿险市场的龙头地位。全年共实现保费收入15.14亿元，各项赔款支出及给付2.19亿元，为安定人民群众生活，支持地方经济发展，完善社会保障体系做出了积极努力。

【增强公司执行力】 随着保险市场主体逐渐增多，面对日益激烈的竞争格局，系统上下转变思想，更新观念，共促发展，在2003年作为“学习年”的基础上，明确提出2004年是“执行年”，就是要加大各项规章制度的执行力度，保证政令畅通，把执行落实到工作的每个环节，把各项制度落到实处。为了确保全年各项任务指标的圆满完成，市公司党委、总经理室及时组织全体员工进行爱司敬业教育，同时提出“三个坚持”不动摇，即坚持公司发展与郑州市本地经济发展相适应；坚持公司发展与省会城市地位相适应；坚持公司发展要求与上级公司发展要求相适应。全系统各展业单位自我加压、奋勇争先，创造了喜人业绩。公司内部凝聚力得到进一步增强，在市场竞争中产生了坚强的战斗力。

【业务发展】 从业务发展的总体情况看，呈现出以下特点：一是险种结构调整明显；二是效益型险种发展势头良好；三是农村市场得到进一步开发，逐步摸索出一条农村乡站区域化发展的新路子。

面对激烈的市场竞争，着力加强团队建设，从架构、人员管理、业务培训、考核办法等方面进一步理顺和完善，增强团队的竞争能力，促进业务在保持规范健康的基础上快速发展。

加大企划案的推动作用。在制定企划案的过程中，更加注重公司的文化内涵和精神激励的因素，同时注意加强业务结构调整、优先发展效益型和风险型业务，着重培育公司的可持续发展能力，先后推出一系列企划方案，调动了全员工作积极性，对业务蓬勃发展起到了持续推动作用。

加大农村寿险市场的开拓。根据农村市场的特点，进一步完善出台了《农村站(所)管理办法》，并结合当前农村经济形势寻找保险与“三农”问题的结合点，提出了农村寿险业务区域化发展的战略构想，并选择一些乡镇为试点，进行了积极、大胆的探索，使农村寿险市场的开拓更具有方向性，进一步促进了中国人寿在农村市场整体能量的释放。

中介业务从技术创新上加大力度，在工行“银保通”的基础上，又陆续开通邮政“邮保通”和中行“银保通”，不断创新销售模式，进一步提升了公司竞争能力。

为了进一步做好补充医疗保险，结合郑州市参保群体的特点，建立了相应的管理架构，整章建制，强化理赔管理和服务，使城镇职工补充医疗保险得到了健康持续发展。

【业务管理】 注重借鉴大企业、本行业内先进的管理经验，加大创新力度，努力完善公司经营管理运行机制。通过整合资源，继续打造八大平台，以此保障公司整体良性运作，全面提高市场竞争力和抗风险能力。

一是建立健全各项规章制度，搭建规范运作平台。按照严格管理、稳健发展的原则，在制定规章制度时讲求科学、实事求是、运用合理，提高工作效率和风险控制能力。通过重新检查和梳理各项管理制度，废除旧的不合时宜的规定，对新的业务和以往管理中的空白点整章建制，补充完善，建立起了一整套涵盖内部管理、业务操作、服务规范等在内的管理制度，把各项业务操作和管理工作、服务工作纳入制度化、规范化的轨道。同时，进一步加大各项规章制度的执行力度、监督力度和处置力度，做到责任明确、奖罚分明，确保制度执行的严肃性。

二是保质保量地完成了业务、财务数据的测试和清理工作，准备金精算和网络升级工作，进一步规范了业务处理流程，加强了对核保、核赔人员的素质教育和技能的培训，实行“两核”人员持证上岗，对单证管理全面进行检查，有效地防范了风险。同时，在各分理处开展了“开门评店”活动，加强内外监督，有力地促进了服务网点工作的开展。

三是进一步完善经营目标考核办法，增强核算意识。为了正确引导基层单位有效经营、科学发展，多次召开基层单位一把手、班子和财务人员参加的经营形势分析会，进一步转变观念，走健康、科学发展的路子。同时，在全系统实行《工作计划申报、备案制度》，把工作计划管理纳入全员参与、全面覆盖和全程跟踪控制的过程中，较好地解决了预算管理在实际操作中的空壳现象。通过全员参与、全过程控制和全面评价考核等多方位的预算管理手段，对公司经营和管理产生了积极促进作用。

【客户服务】 把客户服务的基础管理作为一项重要工作来抓，加强客户服务人员队伍建设，把咨询、投诉、回访和续期工作纳入规范化管理。同时，利用95519客户服务专线提供全天候的综合性一站式服务。为进一步提升公司服务品质，建立了VIP客户服务体系、业务员预警系统和移动95519短信系统，把大众化的服务与优质客户的个性服务有机结合起来，创新服务内容，为公司内、外部客户提供更加宽泛的保险服务。

【理念传播】 为了充分发挥企业文化在公司建设和发展中的巨大推动作用，加大公司“双成”文化理念传播，使“成已为人，成人达已”的理念深入人心，并成为员工的一种自觉行为。在广大营销员中开展“诚信·服务”活动，提高从业人员职业道德素质。不断丰富产品内容，向大众提供多样化保险选择，先后推出国寿鸿鑫两全保险、国寿鸿裕两全保险等险种，在郑州寿险市场上，国寿保险产品达到100多种。同时积极与各大媒体合作，推出人性化保险理财计划，对有关保险方面知识宣传普及，提升大众保险意识。10月20日，郑煤集团大平煤矿发生特大瓦斯爆炸事故，中国人寿郑州市分公司高度重视，在第一时间与相关部门联系，派专人关注此事的进展，并在事故发生第二天由省公司陈凤玨总经理、市公司刘严总经理亲自把10万元捐款交到郑煤集团领导手中，对大平煤矿“10·20”事故抢险救助和善后处理给予了大力支持，得到了郑煤集团和政府的高度评价。

【深化改革】 注重吸收现代人力资源管理理论的精髓，不断深化改革，致力于建立起与国际接轨，具有市场竞争力的人力资源管理体系，努力锻造出一支敬业、拼搏、奉献、能征善战的干部员工队伍。为保持活力，公司不断健全有效的激励约束机制，从责权利相一致的原则出发，对所辖经营单位的经营业绩进行考核，与支公司、营销部经理签定目标管理责任书，把考核结果与经营者的薪酬和晋升直接挂钩，员工与岗位工作质量挂钩，从而有效发挥绩效考核的激励作用，有效激发干部员工的工作热情。不断深化用人制度改革，努力营造一种吸引人才、培养人才、留住人才、用好人才的内部环境。在树立人才观念上下工夫，制定人力资源开发规划，优化人力资源配置，把用待遇留人、用事业留人和用真情留人有机地结合起来。在用人上，实行“能者上、平者让、庸者下”的管理机制，把引入竞争机制作为干部管理制度改革的切入点，通过竞争上岗，公开招聘，岗位交流，合理优化等，实现员工与岗位，能力与需要的最佳结合。通过竞聘上岗的形式从基层单位选拔了一批人员进入管理岗位，从而使员工队伍整体呈现出年轻化、知识化和专业化的特点，为公司的长久发展注入了强有力的活力。

【队伍建设】 2004年是公司上市的第一年，也是公司组织形式发生重大转变的一年，在新的形势、新的体制下，公司领导班子统一思想，深入学习贯彻十六届四中全会精神，充分认识班子队伍建设的重要性和紧迫性，把加强班子建设贯穿到公司改革发展的全过程，同时进一步加大党风廉政建设力度，坚持基层经理经济责任任期审计。在日常的工作中和节假日，市公司总经理室、工会和各基层班子，从多方面对员工给予关心、照顾，开展了多种形式的“送温暖”活动。公司总经理室成员深入基层，靠前指挥，公司机关部门分片包点，加大帮扶力度，不断增强服务意识，加强对基层的指导和调研，以实际行动为基层做出表率。通过进一步加大班子队伍建设和精神文明建设，提高了公司的凝聚力和战斗力。年初，郑州公司获中国人寿保险股份有限公司总公司授予的2003年度“综合优秀奖”，被市政府评为郑州市医疗保险工作先进单位，黄河路分理处荣获全国系统“女职工双文明示范岗”称号，公司连续五年荣获省级文明单位荣誉称号。

（李小萍 张 莉）

太平洋财产保险

【概况】 2004年，是太平洋产险河南分公司业务经营压力最大的一年，也是经营业绩最好的一年。2月，陈文康被任命为太平洋产险河南分公司党委书记、总经理。新一届党委、总经理室成立后，带领广大干部员工万众一心，恪尽职守，敢为人先，勇于拼博，打品牌、树形象，各项工作步入健康、科学发展的轨道。

全年承保金额共计868.18亿元，完成保费27936万元，完成年度任务的107.45%，其中，车险保费收入19985万元，非车险保费收入7951万元。各项准备金提取在正常指数内，实现考核利润1562万元，同比增长11.81%，完成年度任务的101%。

2004年，全辖共受理新案件27635起，另有往年遗留赔案8765起；已决案件22313起，结案率82.72%，综合赔付率48.87%，较上年下降16.22个百分点。

【建设与发展】 2004年，太平洋产险河南分公司一方面坚持科学的发展观，促进业务快速发展，另一方面注重提高管理水平，提高执政能力，构筑日益规范和科学的管理体系。

分公司计财部和电脑部紧密配合，团结协作，积极围绕总公司“以效益为中心”这条经营主线，推进ABB全面预算管理和ABC分险种成本核算，加强财务队伍、资金、单证及应收保费管理，控制成本费用，全面推广财务SOP的实施，推动P07项目的上线等，为公司的经营预测和决策做了大量卓有成效的工作。

3月份，分公司总经理陈文康同10家中心支公司、3家市区支公司、4个业务部门分别签订了目标责任书，把目标任务进行细化、分解，并制订了严格的奖惩方案。

为规范和加强印章管理，维护印章的法定性和权威性，3月份，总经理室决定，把各单位的公章集中到分公司办公室进行集中管理，实行用印申请制度，并制定了用印程序，在操作中严格执行。印章集中管理有效地防止了个别人擅自用印而引起的风险和不必要纠纷。

为适应新的形势，有效控制风险，分公司对中心支公司、支公司重要岗位实行统一管理和委派制。各单位业管部、计财部经理通过统一考核，由分公司统一委派到各个中心支公司，这些人的薪酬、福利待遇全部由分公司发放，不与当地发生关系。建立委派工作报告制度，规定委派人员定期向分公司报告本职工作和所在中心支公司的经营状况，保证分公司及时了解各支公司的情况，及时给予监督指导。

稽核监察室在做好稽核相关工作及配合总公司检查的同时，坚持以防范风险为主，对全辖业务、财务的管理情况和内控制度的落实情况进行了稽核。对于个性问题，指出不足，提出合理化建议；共性问题，形成报告上报总经理室和总公司稽核部，要求支公司限期整改。对10家支公司进行了常规稽核和领导班子任期经济责任稽核；本着加强内部管理、提高防范风险的能力，对市区3家支公司及以下经营机构和离任的5人进行了专项稽核。稽核监察室全年共为支公司提出合理化建议70余条，查处各类信访举报及案件5起，结案率100%。收回不良资产250万元。

为有效地利用好资金，杜绝跑、冒、滴、漏现象发生，分公司对全辖大宗物品实行了集中采购，每季度都由各中心支公司、支公司以及分公司各部门预算管理员上报需要的物品和数量，分公司办公室指定专人负责统一采购和发放。

【机构建设】 2004年12月15日，总公司批准（太保产发[2004]271号文）中国太平洋财产保险股份有限公司郑州分公司更名为中国太平洋财产保险股份有限公司河南分公司，并顺利通过河南保监局、河南省工商管理局、河南省技术监督局核准，领取了“经营许可证”、“工商营业执照”和“组织机构代码证”。2005年元月12日正式挂牌和启用新的印鉴，对外开始统一使用中国太平洋财产保险股份有限公司河南分公司称号。

2004年8月26号，经总公司（太保产复[2004]151号）和河南保监局（豫保监复[2004]194号）批准，该公司在商丘、周口、济源、鹤壁4地市设立营销服务部，9月底开始筹建，到年底，经营许可证和工商营业执照等各项准备工作已全部就绪，开业条件已成熟。

【企业文化】 3月份，分公司工会牵头，由业管、计财、电脑、稽核、理赔、办公室配合成立“非车险劳动竞赛”小组，制订了切实可行的竞赛方案。劳动竞赛仅开展1个多月，濮阳、焦作2家支公司提前2个月超额完成半年任务，其余参赛单位也都取得了优异的成绩。下半年又在全辖开展了人身意外险劳动竞赛，得到了广大员工的积极响应。劳动竞赛的适时开展，为业务快速发展奠定了坚实的基础。

为更好地促进党员在业务发展中的先锋模范作用，4月上旬，召开了由分公司本部4个业务部门的全体党员、入党积极分子以及业务骨干参加的座谈会。会议针对在业务发展中如何发挥党组织的战斗堡垒作用和党员的先锋模范作用进行了有益的探索。

6月份，分公司党委、组织部组织全辖党员、入党积极分子召开党务知识培训班，使他们进一步明确了新时期党员的目标任务如何同业务发展相结合。

根据形势的发展和需要，为给分公司可持续发展提供理论和技术支持，2月份，分公司总经理室明确提出创建学习型企业的目标，要求全辖人员加强学习，学习内容包括业务、时事、法务、管理等方面的知识，以及销售手段、销售技术、服务手段等。全辖初步形成相互推荐学习书目、交流学习方法和心得体会的良好风气。分公司在内部简报开辟“读书感悟”和“好书推介”栏目。

7月初，公司设立了培训中心，专门负责对员工的培训工作，一年来，共培训人员1000人次。通过培训，提高了广大员工的向心力和凝聚力，以及员工的忠诚度和大局意识。

11月底在全辖开展了“我为公司发展献良策”有奖征集活动。

12月初，围绕“发展、改革、创新”这一主题，在新乡召开了历时两天的“2005年发展战略研讨会”。会上，与会人员以高度的责任感和热情为公司发展建言献策。

为增强广大员工的凝聚力，分公司先后两次开展劳动竞赛活动，并组织劳动竞赛获奖人员去海南旅游；10月份组织全辖召开趣味运动会。这些活动的开展，既丰富了职工的文化生活，又培养了员工集体荣誉感和大局意识。

（魏黄河）

太平洋人寿保险

【概况】 2004年，中国太平洋人寿保险股份有限公司河南分公司始终坚持“稳健经营，以效益为中心”的经营指导思想，继续保持了业务持续、稳定、健康发展的良好态势，全年共实现人身险保费收入22亿元，同比增长23%，年度预算达成率109.26%。其中，营销保费收入9.6亿元，同比增长48.41%；团体业务保费收入2.7亿元；银行邮政保险保费收入9.78亿元。在全面、协调发展的同时，调整业务结构，加大个人传统寿险和短期意外险发展力度，全年个人传统寿险和短期意外险实现保费收入分别为7.4亿和4783.7万元，个人传统寿险新保收入3.86亿元，期缴率98.34%，同比增长72.38%，分公司预算目标达成率114.56%。河南分公司2004年人身险总体保费收入在全国太保寿险系统32家分公司中排名第四，企业内部考核等级为AAA级。

【业务发展】 2004年，河南分公司抓住机遇，树立科学的发展观，围绕集团公司“稳健经营，以效益为中心”的经营指导思想，加强对市场战略、发展定位、业务规划、资源配置的研究，综合考虑投入与产出、成本与效益、发展与管理的关系，推进了公司业务全面、协调、可持续发展。

个险方面：进一步加强营销员品质管理，出台了《郑州分公司营销员品质管理规定》，促进个人营销队伍整体素质的提高，通过规范化、专业化的销售来提高公司效益；制订人力规划，引导有效人力发展，提倡有效增员，提升有效和绩优人力，并对县区网点和标准化团队建设提出了基本设想；追踪A类县级营销服务部达标和营业部标准化建设。

银保方面：一是完善和落实了A、B、C三类基本法的功能，尽量在业务拓展成本及人力成本上寻求较为平衡的结合点；二是重点扶持潜力机构，根据各机构每月业务发展态势、人员活动、网点活动情况进行评估，对较好的机构实施费用倾斜政策；三是狠抓人员活动率和网点活动率，极大地促进了业绩平台的提升，同时对队伍的整体建设也起到了促进作用。

团险方面：一是抓好重点渠道的意外险开拓；二是开拓优质的企业年金业务；三是完善提高后援支持能力。通过划分片区督导、专项调研分析、行销工具制作等帮助辅导措施，为中支公司提供市场分析、信息传递及相关政策，有效地促进中支公司业务的发展。

续期方面：在全辖试行客服专员制度。建立全辖客服专员的考评体系，加强客服专员技能培训，强化服务意识；建立对中支公司的服务式督导制度，着力于务实性帮辅中支公司，收到了良好的效果；提高续收成本的管控意识，对续期收费模式进行积极探索；初步建立全省续期业务督导体系，形成了较为完善的续期业务会报机制；强化续期业务的过程管理和运作风险管控。

加强内部管理和制度化建设，提升专业化管理水平，保证公司各项业务的持续健康发展。分公司先后出台了《银行保险业务系列人员管理规定》、《客户服务专员制度实施细则》、《团体业务人员管理暂行办法》和《县（市）级营销服务部管理办法（指导意见）》等对机构和队伍的管理办法，明确和规范机构和业务队伍的组织架构、人员定位、工作职责、考核和薪酬待遇等事项，进一步从制度上加强了对机构和队伍的管理。

（马惠琪）

泰康人寿

【概况】 2004年，泰康人寿郑州分公司在积极整合资源的基础上成立了郑州本部。郑州本部始终坚持“专业化、规范化、国际化”的发展战略和稳健经营、开拓创新的发展方针，致力于为郑州父老乡亲提供专业化、高品质的寿险服务。郑州本部现有中原、金源、登封、新密等9家营销服务部，建立了一个覆盖郑州市市区、郊县的泰康寿险服务网络。公司积极发展保险业务，全面推行ISO9001质量认证，从制度建设到风险管控，从人才培养到品质管理，各项工作都取得了长足的进步，经营与管理再上新台阶，为未来的大发展打下了坚实的基础。

2004 年，郑州本部实现保费收入3.75亿元，同比增长30.5%，处在分公司系统第一位。其中，营销保费收入1.06亿元，团体保险保费收入1.91亿元，银行保险保费收入0.78亿元。各项业务齐头并进、协调发展，经营指标均处在分公司系统前列，逐步建立了稳定的业务平台。占有市场份额11.65%，暂居郑州寿险市场第三。全年共承保保单6.75万件，承保总金额达48.35亿元，各项赔款和给付 2425 万元，充分发挥了保险保障功能。

【推行 ISO9001】 为了深入将 ISO9001 推广到基层单位，郑州本部积极在郑州市区、郊县各营销服务部组织全面推广，成立了领导小组和文件编写小组，并专门抽调有关人员成立专项小组，结合具体岗位和工作实际，编写并建立了质量管理文件体系，对各级管理人员进行了质量管理知识培训，全员逐步建立了质量管理意识和行为。同时以推广 ISO9001 为契机，将 ISO9001 推进工作与公司转型、文化建设有机结合起来，有效地促进了 ISO9001 的推动工作。11 月 15 日至 16 日，顺利通过英国标准协会(BSI)审核专家组现场审核，获得认证资格推荐。通过 ISO9001 认证，对制度、流程以及岗位进行了全面的梳理，有效地促进了流程改造，提高了工作效率，完善了公司风险监控体系。

【财务管理】 2004 年，公司制定、修订了《理赔调查费用管理暂行规定》、《关于调整资金划拨流程的通知》、《营销服务部负责人考核管理办法》、《资产配备管理暂行规定》，各项会计基础管理工作不断完善。同时，针对全面预算要求，制订了《2004 年费用预算执行管理办法》、《2004 年度业务费用管理细则》等一系列文件规定，加大了预算管理推行力度，并结合具体情况采用不同的管控办法，最大限度地满足了业务发展需要，有效地发挥了成本控制和风险管控的作用。

【培训教育】 公司将员工队伍建设放在发展的大局上考虑。根据不同层次需要，组织受训人数近万人次。培训内容上包括：公司企业文化宣导、电脑知识培训、工作技能培训、ISO9001 系列培训、营销基础管理培训、《基本法》学习讲座、学习型组织系列讲座及讨论，同时还开展了 MBA 系列课程、潜能开发、财务管理、风险管控等方面的培训。

【产品创新】 自 2002 年以来在郑州寿险市场率先推出“家庭保障计划”，实现了“一张保单保全家”全新产品组合，又先后推出《爱家之约》及其升级版，将传统的一对一的营销模式变为一张保单保全家的对整个家庭的保障，充分考虑到不同家庭的保障、教育、大病、理财、养老等需求，提供多种组合套餐以供选择，在服务品种和营销模式上实现全面创新。2004 年，针对客户不同的保障需求，公司在河南市场上又陆续推出了多种险种，包括千里马 C 款、安享人生、“康寿保”老年意外保险计划等一系列新险种，进一步丰富了人们选择的寿险产品，为广大市民提供了更为周到的寿险服务。

【客户服务】 2004 年，公司进一步完善“两核”制度，巩固和充实“两核”队伍，逐步改造了理赔流程，完善了理赔业务的集中管理，提高了理赔的速度和准确性。同时，为改善郊县理赔服务相对滞后的情况，加强了对理赔人员的培训和考核，有效地提高了郊县理赔人员素质和理赔服务。

“新生活广场”是泰康差异化经营的亮点。2004 年，公司开展了“新生活广场”达标升级工作，强化了客户服务的标准化管理。在系统“新生活广场”达标评级中被评为“二级新生活广场”和“新生活俱乐部优秀试点分公司”。

积极开展客户服务节，在全市范围举办了“泰康杯”保龄球大赛、“泰康杯”少儿手工艺大赛、品牌监督员座谈会、各类知识讲座等系列活动，加强了客户与公司的交流沟通，得到了社会各界的广泛认同和好评。

【企业文化】 秉承公司核心价值观，郑州本部积极倡导学习力、执行力、领导力“三力”文化建设，弘扬“罗文”精神。2004 年，充分利用各种培训和会议宣导，在新人培训和各种进阶培训中作为一门必修课程，并制作了全省统一的企业文化展板，促使公司在思想解放、观念更新、业务推动、管理到位等方面发生了明显变化，广大员工思想认识和价值观进一步统一，在工作中以罗文职业精神来要求自己，更加坚定了对行业、公司、团队未来发展的信心。

（武小根）

天安保险

【概况】 2004 年 9 月，经中国保监会批准，天安保险股份有限公司郑州分公司正式更名为天安保险股份有限公司河南省分公司。

2004 年，分公司围绕“全省化、专业化、品牌化”的战略目标，树立和落实科学发展观，积极贯彻“规模、品牌、效益”协调发展的基本方针，各项经营管理工作呈现出快速、稳健发展的良好态势。业务健康协调发展，经营管理不断规范，员工队伍稳定，全省化建设稳步推进。继三门峡、南阳、开封 3 家中心支公司开业后，又有洛阳、新乡、安阳、许昌、平顶山、信阳、周口、濮阳和焦作 9 家中心支公司顺利开业，省辖市机构达到 12 家，商丘、驻马店、鹤壁、济源等机构正在积极筹建之中，全省化的服务网络逐步健全。截至年底，公司保费收入突破“双亿”大关，顺利实现任务翻番目标。天安客户已达 70600 多家，为社会承担各类风险达 220 多亿元。全年共受理各类赔案

14700多起，结案率在91%以上，综合赔付率为17%。全年共向地方财政上缴利税1200多万元。呈现出经济效益和社会效益双丰收的可喜局面，年度整体工作以综合考评第二名的成绩被总公司评为2004年度优胜单位。

【业务发展】 坚持以发展为第一要务，紧跟市场，制定并适时调整业务发展政策，有计划地慎重推行"一地一策、一事一策"的管理制度，强化业务指导，加大险种结构调整力度，适时组织业务劳动竞赛活动，业务发展后劲不断增大。全年系统净保费和实收保费分别完成年计划的210%和218%，和上年相比，分别增长554.91%和552.08%。市场份额不断扩大，占比较上年增长近5个百分点，在河南8家财险经营主体中，位居第三位。先后承保了河南豫光金铅集团公司、河南登电集团公司、三门峡天元铝业集团公司、郑州金龙水泥股份公司、洛阳热电厂、黄河水利委员会、许平南高速公路等一批省属重点企业和重点工程，为中原经济建设提供了有力的保障。

【经营管理】 在建立健全经营管理规程的基础上，逐步加大从粗放型经营管理向集约化管理过渡的力度。以强化"两核"管理为重点，不断加强保单、批单的核保专业化水平，狠抓应收保费的清收，加强单证使用的考核力度，形成了有效的管理机制。以"全面提升车险理赔品质"为切入点，系统上下齐抓共管客户服务工作，有效地提高了第一现场率、结案率和快速理赔率，赔付、未决赔付和投诉率逐步降低。全面规范业务操作，强化基础管理，严格基层管控。不断加强财务制度建设，完善收支两条线管理和费用管控、报销等制度，制定了《财务工作质量考核办法》，强化了对财务工作质量的全面评价和监督力度。规范机关工作管理操作流程，试行出台了《机关工作流程手册》。规范劳动用工管理，健全了劳动合同管理制度。同时，创新管理模式，实施差异化管理。在搞好试点的基础上，按照"充分放权、重点控制"的原则，对所属机构逐步下放了五级核保权和适度扩大的理赔权，并制定了差异化管理实施办法，经营管理工作迈向了规范化、标准化的发展轨道。

【内控建设】 在内部管控方面，公司各职能部门严格基层考核，加大对基层机构的管控力度，对基层单位实行了分点包干管理制度，机关管理部门定期深入基层开展工作调研，帮扶、指导工作。结合"整顿和规范保险市场秩序"活动，组织开展了自查、整改等阶段的工作，强化了对全体员工的法律法规和规章制度教育。及时启用新的风险预警系统，开展了对经营指标的风险预警工作，适时做好预警提示。严格合同和印章管理，规范审核、审批程序，专人负责，从严要求，防范、化解了经营风险。

【品牌建设】 以创建河南天安优秀品牌为目标，强化全员服务意识，不断提高天安保险在中原市场的知名度。在做好规范服务的基础上，积极尝试特色服务。突出抓好快速查勘理赔工作，认真抓好"小案现场赔付制度"和"即时赔付制度"的落实和推广工作，下大力气抓好未决赔案的清理工作，把快捷的服务贯穿到理赔工作的各个环节。引导员工人人树立服务意识，对保险产品的售前、售中和售后服务进行全程跟踪和渗透服务，全员关心、参与、支持客户服务工作，努力实践"领导为员工服务、机关为基层服务、全员为客户服务"的服务宗旨。系统上下还深入开展了以防灾防汛走访、为客户送温馨和征求客户意见为主要内容的"客户温馨服务月"活动，强化理赔服务管理，确保理赔服务质量，取得了较好成效。此外，还集中开展了客服理赔品质整顿改革工作，提高了客户服务技能，客服理赔整体品质得到了提升。

【企业文化】 不断丰富企业文化建设的内涵，以文化建设凝聚队伍。在全系统广泛开展了"科学发展观主题教育"学习活动，树立正确发展理念。以增强员工服从意识、敬业奉献思想为目的，组织开展了《服从》一书学习研读和演讲活动。成功筹办了总公司中南区11省2004年"贯彻落实十六大精神、天安之道教育活动汇报会"，河南省分公司的党建工作经验在会议上进行了推介和交流。以庆祝天安公司成立10周年为主题，积极配合总公司组织开展了"司庆"系列活动。其中，司庆征文、演讲比赛、"十佳"评选和文艺汇演等活动均取得了优异的成绩，公司有8人入选全国天安系统"十佳"创业先进个人，为河南天安增添了光彩。企业文化建设的开展，增强了队伍凝聚力，提升了公司形象。

（崔海英　孙树旗）

第十一篇 旅游业

【概况】 2004年,郑州市摆脱了非典对旅游业的重大影响,进入了一个新的发展时期,旅游经济呈现出强劲的发展势头,各项经济指标和行业建设再创历史最好水平。2004年共接待入境人数17.4万人次,比上年增长81.3%;接待国内旅游人数1370万人次,比上年增长36%。旅游外汇收入5570万美元,比上年增长92.1%;旅游总收入138.5亿元人民币,比上年增长32%。2004年新增旅行社15家、星级酒店5家。

【景区景点建设】 市委、市政府召开了进一步加快旅游业发展大会,成立了郑州市旅游发展委员会,制定了加快旅游业发展的决定和实施办法,批复了《郑州市旅游发展总体规划》。2004年,全市旅游开发建设项目40个,旅游景区(点)和旅游基础设施建设投资超过20亿元,其中景区(点)开发建设直接投资达6亿元。投资3.5亿元对少林景区、嵩阳书院、中岳庙等景区的旅游道路、登山步道、供水供电、环境卫生进行了大规模整治,受到国家旅游局的高度评价。积极推进炎黄二帝巨塑工程建设,多次组织专家论证,严密组织施工,已投入工程资金9000多万元,预计2005年底可竣工。投资2300万元,对康百万庄园和杜甫故里进行修复、改造、布展、扩建。荥阳市投资6000余万元,建成了郑氏三公像旅游景区,投资2000多万元完成了郑氏宗祠前期工程;投资300万元,进一步改善了桃花峪风景名胜区服务配套设施及周边环境。新密市投资1100万元,对黄帝宫进行了扩建,丰富了黄帝文化旅游区的内容。中牟县投资3470万元,加大以雁鸣湖为龙头的景区建设力度,雁鸣湖环湖道路、大门景区以及东湖庄园等已初具规模,在郑州东部形成了一个较大的旅游亮点。积极实施创A工程,环翠峪风景名胜区通过改造荣膺国家2A级景区。先后完成了河南省高效农业示范区、金鹭鸵鸟观赏园、宇通股份有限公司、金星啤酒厂、三全食品有限公司首批全国工农业旅游示范点验收工作,并一次性通过国家旅游局验收。

【旅游招商引资】 在旅游招商引资工作方面,也取得了突出成绩,已达成或初步达成数亿元的签约项目。其中,在长三角地区就签约了9个项目45亿元;郑州海洋馆二期工程极地海洋馆工程签约1亿元。同时,郑州市旅行商与18家境内外旅行商签订旅游合作意向,达成了互送客源、实现共赢的合作共识。

【旅游市场整顿】 按照国家旅游局的统一部署,在全市范围内开展了旅游市场秩序整顿“春蕾”活动,处理了一批违规违纪旅游经营单位,14家旅行社受到暂缓通过年审处理,9家旅行社的经营资格被注销;对非法出入境旅游活动进行了清理整顿;全面整顿了旅游市场存在的违规广告行为,对200余家旅游企业建立了诚信档案;建立健全了24小时旅游投诉值班制度,加大了对旅游违规查处力度,“十一”黄金周期间实现了零立案投诉,全市旅游行业管理日趋规范。

【服务技能大赛】 认真开展行业创优评先工作,组织了郑州星级饭店服务技能大赛、导游大赛、烹饪大赛及十佳名厨、十佳服务员评选等活动。开展了在全国范围内招聘郑州市形象导游员工作;对全市近2000名导游员进行了全员培训。在全省导游大赛中,郑州选手朱娜、汪洋分获普通话语种第一、二名,郑州市代表团获团体总分第一名。

【春节旅游黄金周】 在市政府政策支持、旅游管理部门多方努力、社会各界广泛参与下,2004年春节黄金周郑州市旅游市场旅游经营收入、接待人数都好于上年同期。

(一)旅行社经营情况。(1)经营业绩好于上年。参加抽样调查的34家旅行社,旅游收入共926万元,组团人数4361人,组团人天数29597人天;接待人数10059人,接待人天数13507人天,接待人数高于组团人数5698人,增长1.2%。郑州海外旅游公司、河南五岳旅行社、河南天之涯旅行社、郑州山水假期旅行社、登封国旅、巩义贝克旅行社组织接待人数位居前列,营业额均在36万元以上。(2)出国游火爆,大社、名社顾客盈门。郑州几家主要国际旅行社联手开通了郑州——汉城、郑州——香港、郑州——曼谷3条国际直航旅游包机航线,节前一个月出境游航班已被订购一空,香港、澳门、东南亚、韩国为主要目的地。郑州海外旅游公司经营业绩显著,共组织出境游客403人。(3)国内长线游持续升温。报名到海南、云南、华东、厦门、桂林等国内旅游热点地区的游客居多,"候鸟"式的旅游方式是市民出游的首选,春节期间这些线路的航班机票和火车票十分抢手,春节经营上述线路的旅行社经营业绩十分突出。

(二)星级饭店经营特点。从对市属17家星级饭店调查情况看,2004年春节黄金周全市星级饭店多项经营指标均比上年同期有所增长。如:营业收入增长16.97%,餐饮收入增长6.33%,康乐收入增长57.4%,客房出租率增长2.79%,平均房价上涨18%。具体体现在:家宴火爆,餐饮收入仍居主导;客房出租率、房价均高于上年;县(市)客房出租率、餐饮收入好于郑州市市区;市民生活水平提高,到饭店过年成为新方式。

【"五一"旅游黄金周】 2004年"五一"黄金周,郑州市旅游市场情况如下:

(一)旅行社经营特点。(1)经营效益和前年基本持平。受4月初旅游高峰早至影响,2004年"五一"黄金周旅行社经营总体情况基本和2002年同期持平,部分旅行社取得较好经营业绩。

(2)旅游接待人数大幅增长。2004年"五一"黄金周郑州市旅游接待人数比2002年大幅增长,参加抽样调查的20家旅行社接待人数为31360人,比2002年29家旅行社接待17401人多出13959人,增长80.22%。原因是:郑州市城市环境、旅游环境明显改观;旅游宣传促销力度加大;市旅游局强化旅行社地接工作,提高了导游员接待能力等;旅行社对加强郑州接待工作认识提高,并积极开展地接工作。河南天之涯旅行社有限公司打出"豫之旅"品牌,在中国旅游报、省内各大报刊上做宣传,地接数量明显增加。

(3)省内游火爆。2004年"五一"期间,多家旅行社看好省内游市场,省内游经营火爆,开封一日游、栾川两日游、云台山一日游、八里沟两日游等省内游线路都非常受欢迎,"五一"期间报名参团者络绎不绝。如:郑州嵩山少林旅行社、河南天之涯旅行社、郑州金辉旅行社、郑州翔云旅行社经营短线游人数都在400人以上。

(4)游客以散客为主,团队量大为减少。2004年"五一"黄金周,散客来郑、出游人数大幅增加,团队量大为减少,多家旅行社基本上无团队经营。原因是:旅游设施改善为游客自行出游来郑创造了良好条件;非典疫情出现和安全因素导致单位放弃统一组织出游;游客出游追求个性化,更多的选择自行出游或自助游。

(二)星级饭店经营特点。2004年"五一"黄金周,星级饭店总体情况好于往年。营业收入、客房收入、餐饮收入、康乐收入、客房出租率、平均房价都比2002年同期有所增长。其中,客房出租率、平均房价增长幅度较大,客房平均出租率达66.13%,增长11.35%,平均房价增长5.28%。

(1)外省客人较多,以散客消费为主。2004年外省游客自驾车出游住店增多,主要来自河北、天津、山东、陕西、山西。团队大量减少,而且黄金周前还有部分旅行社经营团队预订房取消。

(2)餐饮情况较好。2004年黄金周家宴、婚宴、朋友聚餐和散客出游就餐较多,餐饮经营情况良好。

(3)多种经营取得显著成绩。一些饭店除了经营主业外,还发展多种经营。如:郑州丰乐园大酒店开发的丰乐葵园,"五一"期间接待人数每日达7000多人,营业收入达30多万元。

【"十一"旅游黄金周】 "十一"黄金周,是市委、市政府召开加快旅游业发展大会和出台有关政策后的第一个黄金周。市假日旅游协调领导小组各成员单位相互配合,各旅游经营单位积极备战,全市旅游经营指标全线攀升,与往年同期相比均有较大幅度提高,无重大旅游安全和投诉事件发生,实现了"健康、安全、秩序、质量"四统一。根据对旅游市场的重点统计和抽样调查,全市共接待游客310.5万人次,比上年同期增长51.3%;实现旅游收入17.15亿元人民币,比上年同期增长40.7%。全市共接待过夜旅游者30万人次,同比增长58.9%,人均停留3.5天;一日游游客280.5万人次,同比增长50.56%。全市客房平均出租率65%,比上年增长5.2个百分点。

(一)景点接待情况。纳入全市统计范围的59家旅游区(点),累计共接待游客109.05万人次,同比增长65.95%;门票收入1518.66万元,同比增长54.42%。接待人数和门票收入较多的景区主要有少林景区、金鹭鸵鸟园、黄河风景名胜区等;增长幅度较大的景区(点)依次为黄帝故里、金鹭鸵鸟园、黄河风景名胜区、丰乐农庄等。

(二)旅行社经营情况。全市旅行社接待和经营情况比上年同期均有不同程度增长,旅行社共接待11万人,比上年同期增长5.6%;组团13万人,比上年同期增长3.5%;营业收入3584万元,比上年同期增长18.27%。

(三)宾馆饭店经营情况。宾馆饭店经营业绩好于上年同期,平均客房出租率为65%,比上年同期增长5个百分点。营业收入9700万元,增长9.26%;客房收入增长11.43%,餐饮收入增长6.71%,康乐收入增长25.54%,平均房价下降1.12%。

【十大旅游新闻】 2004年1月2日,市政协、市旅游局的领导及来自省会主要媒体的近20名旅游记者以投票方式,评选产生了"2003郑州十大旅游新闻"。即:(1)郑少高速公路建成通车,全市旅游环境大大改善。(2)世界客属第十八届恳亲大会在郑州市举行,轩辕黄帝纪念馆建成并开始迎宾。(3)"郑州一日"大型摄影活动成功举办。(4)《少林寺》电影主题曲音乐碑揭碑。(5)少林景区建设再上新台阶。(6)第八届北方旅游交易会成功举办。(7)《郑州市旅游发展总体规划》通过评审。(8)"十一"旅游黄金周再创新高,全市国内旅游市场全面复苏。(9)郑州市旅游局开展随团暗访活动。

(10)全国近50家媒体参加“郑州之旅”采访活动。

【赴长江三角洲旅游推介】 2004年6月13日～20日，孙新雷副市长带领由市旅游局、4个县(市)区、市商务局以及重点景区主要领导15人组成的代表团，随省代表团一起赴浙江省杭州市、温州市，广泛接触社会各界人士，展示郑州市交通、区位、资源和投资环境优势，进行旅游招商引资和宣传推介。

此次招商引资活动中，郑州市准备充分，携带各种项目资料和旅游宣传品资料50多种近千余份，对郑州市旅游产品和城市形象进行了广泛的宣传和推介，取得了良好效果，受到省旅游局高度赞扬。签约项目包括郑州会展中心二期工程、大上海演艺购物活动中心、康百万庄园整修工程、荥阳黄河古战场生态文化景区、海洋馆二期工程等9个，签约资金达45亿元，占全省此次招商引资全部项目金额的三分之一，位居全省18个地市之首。

此次旅游招商引资和宣传促销活动，取得了历年最好成绩，为全市旅游发展引入了大量建设资金，为郑州旅游景区建设上档次、上台阶打下了基础。

【远程旅游促销】 2004年9月，由副市长孙新雷、市政协副主席张万一、市旅游局长岳俊华带队的郑州旅游促销团，赴武汉、长沙、广州开展旅游促销活动，推介独具特色的郑州旅游产品，收到了预期效果。促销团成员包括各县(市)区旅游局负责人，各主要旅游区(点)、旅行社负责人及部分省会媒体的跑线记者。

三地的推介会由市政协副主席张万一主持，副市长孙新雷对郑州市总体情况进行了综合介绍，特邀河南省旅游局巡视员方洪莲作“古都市、民族根、少林功、黄河魂、活力城”的主串讲。

推介会后，郑州市旅游推介团成员和当地旅游界人士进行了初步交流和洽谈。有2家郑州旅行社与武汉旅行社签订了旅游合作意向书，有4家郑州旅行社代表与长沙市旅游协会旅行社分会会长签订了合作意向书。河南省假日旅游公司与广东广梅汕铁路旅行社签订了10月下旬开行赴郑500人以上旅游专列合作协议书。

本次推介会是郑州市旅游局首次组团赴南方城市宣传旅游资源，推介旅游产品。这次促销活动，不仅考察了市场，锻炼了队伍，而且在南方几个城市树立了郑州城市的新形象。

【赴北京旅游促销】 2004年10月14日～17日，河南省旅游局组织各省辖市旅游局、重点旅游景区、旅行社参加了由河南省委宣传部、河南省发展和改革委员会、河南省旅游局共同主办的“情系首都·感知河南——中原文化北京行”魅力河南宣传周活动。郑州市旅游局及有关旅游企业参加了此次活动。

在旅游宣传促销周开幕式上和广场文艺表演中，少林武术表演尽展少林雄风和神奇魅力，十八般兵器一一亮相，硬气功等少林绝技博得阵阵掌声。三天的广场活动中，共发放《缘聚郑州》画册、《郑州旅游》折页、《登封旅游》导游图、《新郑旅游》画册等各类宣传品近3万份，接受北京市民咨询2万多人次。北京之行，进一步加强了郑州市旅游资源和旅游产品的宣传和推广力度，巩固了北京地区的客源市场，为拉长“黄金周”至“黄金月”，保持来郑游客的持续稳定增长发挥了重要作用。

【利用武术节开展旅游促销】 2004年，市旅游局充分利用首届世界传统武术节这一盛会，积极开展旅游宣传，推介旅游产品，宣传城市形象，进一步提高了郑州市旅游产品的知名度，在旅游宣传、旅游项目开发等方面取得丰硕成果。

在首届传统武术节期间，市旅游局邀请国内外著名旅行商到郑州市参加武术节的各项活动，考察旅游路线。此次活动，邀请了来自美国、韩国、泰国、马来西亚、香港等11位境外旅行商和来自北京、广州、西安、福州、厦门、武夷山等地的52位国内旅行商。国家旅游局有关部门领导和《中国旅游报》的负责人也专程前来参加了活动。

首届世界传统武术节期间，郑州市、广州市旅游局举行了缔结友好局签约仪式，为建立两地长期友好合作与发展奠定了基础。在这次活动中，共有18家境内外旅行商与郑州市的旅行商签订了近50项旅游合作意向，达成了互送客源、实现共赢的合作共识。

市旅游局专门制作了中英文对照的《缘聚郑州》宣传画册、《郑州旅游》宣传折页各2万余册及《郑州旅游产品》易拉宝宣传品100余幅，发放到武术节代表和客商下榻的酒店及机场等旅客集散地，受到海内外游客的普遍欢迎。市旅游局还精心设计了郑州一日游、二日游、三日游诸条线路，供来宾参观考察。

首届世界传统武术节旅游宣传活动，为郑州市招引客流，推进境内外旅游市场的开发，拓宽入境游渠道，打下了良好的基础。

【“百姓生活游”启动】 2004年1月18日，2004郑州“百姓生活游”主题旅游年开游式在黄河风景名胜区举行。市人大副主任郑林山、市政协副主席武国瑞、市旅游局负责人和省会各大媒体记者、旅游经营单位代表以及近200位游客参加了开游式。

郑州及其周边地区文化灿烂、民风淳朴，“百姓生活游”资源相当丰富，郑州环城游憩旅游带已经形成，新的旅游产品层出不穷，具有巨大的市场潜力。开游仪式结束后，有关人员和游客们先睹为快，观看了黄河风景名胜区将于春节期间推出的民间婚庆、群猴闹春、趣味赛马等表演活动。

【全国旅游工作会议在郑召开】 2004年1月8日～12日，全国旅游工作会议在郑州市召开。中共中央政治局委员、国务院副总理吴仪到会并作重要讲话,国家旅游局局长何光韦、副局长孙钢、顾朝曦,中共河南省委书记李克强、省长李成玉、副省长贾连朝,中共郑州市委书记李克、市长王文超、副市长孙新雷,以及来自全国各省、自治区、直辖市、45 个中国优秀旅游城市、57 个 4A 级旅游区的 300 余人参加了会议。

会议期间,吴仪副总理参观考察了河南博物院、少林寺等景区建设。各级领导和与会代表参观考察了郑、汴、洛三点一线黄金旅游景点,并对郑州市旅游产业的建设与发展给予高度评价。

全国旅游系统最高规格的会议在内陆城市召开还是首次,这是国家旅游局对河南省和郑州市近年来旅游工作的肯定。

【"商都郑州我的家"主题旅游活动】 2004 年 4 月 2 日,由市委宣传部、市旅游局联合主办的"商都郑州我的家"主题旅游活动动员大会在市旅游局举行,市委宣传部和市旅游局领导、各县(市)、区旅游局及有关旅游经营单位代表 100 多人参加了会议。

2004 年是郑州建都 3600 周年,为弘扬民族精神,增强全市人民的自豪感和凝聚力,调动全市人民建设大郑州的自觉性,根据全市开展的"纪念郑州建都 3600 年宣传教育"系列活动安排,市旅游局号召全市旅游行业行动起来,共同开展"商都郑州我的家"主题旅游活动,并整合全市旅游资源,推出 17 条旅游线路供市民出游选择。旨在借郑州建都 3600 周年之机,通过旅游行业的积极宣传和工作,努力打造古都品牌,塑造郑州鲜明的古都形象。

"郑州商都我的家"主题旅游活动,打开了市民和广大游客认知郑州的新窗口,是全市旅游行业以实际行动响应纪念郑州建都 3600 年宣传教育系列活动的具体体现,又是整合历史文化旅游资源、开发主题旅游产品的新尝试、新探索。

【炎黄文化旅游节开幕】 2004 年 4 月 21 日是农历三月三,新郑黄帝故里举行了甲申年公拜始祖轩辕黄帝大典,来自海内外的炎黄子孙 1000 多人陈设香案,缅怀始祖功德,弘扬黄帝文化,祝福祖国永远繁荣富强。中央国家机关工委原常务副书记刘正威、省人大副主任吴全智、省政协副主席陈义初参加了活动,并向轩辕黄帝塑像敬献了花篮。郑州市委常委、宣传部长杨丽萍和市直有关单位领导及新郑市四大班子领导、中华炎黄文化研究会、中国艺术研究院、华夏文化促进会等单位的嘉宾和海内外知名企业家、客商参加了拜祖大典。

新郑是中华人文始祖轩辕黄帝的出生地和建都地。5000 年前,黄帝在这里定天文、创文字、造舟车、养蚕丝、建宫室、播五谷,创造了辉煌灿烂的中华古代文明。后人为表达对轩辕黄帝的敬仰之情,从春秋时期就兴起了盛大的拜祖活动,一直延续至今。炎黄文化旅游节已经成为郑州市重要的旅游文化活动。

(程忠民 江青举)

第十二篇 非公有制经济

综 述

【概况】 2004年，郑州市非公有制经济工作按照市委、市政府年初提出的“五个一百”和“六个一”的工作部署，以“扶优百家企业”、“完成百亿目标”、“扩大民间投资”三大工作为重点，以“提前实现半壁江山”为奋斗目标，以建立健全组织机构，科学制定发展目标，坚持领导分包企业，出台相关支持政策，强化各种服务措施，加大宣传，营造氛围，组建民促会搭建服务新平台为主要措施，促进全市非公有制经济迅猛发展。

全年非公有制经济完成增加值687亿元，占全市GDP比重50%；完成税收101.2亿元，占全市税收比重67%；创造财政收入48.6亿元，占全市财政一般预算收入比重46.3%；固定资产投资完成208亿元，占全市城镇固定资产投资总额的42.6%；社会消费品零售总额完成443亿元，占全部社会消费品零售总额比重79.3%；非公有制经济组织达到29.8万户，新注册2.9万户；从业人员126万人，新增就业人员16万人。其中，城镇7.3万人，占46%；农村8.7万人，占54%。非公有制企业全年为社会公益事业捐赠钱、物累计折合人民币273万元。2004年非公有制经济成为近几年来发展最快、增长最迅猛的一年，提前一年实现非公有制经济占全市经济总量“半壁江山”的奋斗目标。

【组织机构建设】 2004年初，市委根据工作需要，及时充实、调整和加强了市非公有制经济工作领导小组，由市四大班子领导为正、副组长，市直28个相关职能部门一把手为成员，领导小组下设办公室，负责组织、协调和指导全市非公有制经济发展工作。

2003年12月，成立郑州市非公有制经济发展局，2004年6月更名为郑州市中小企业局，具体主管全市非公有制经济发展工作。各县(市)、区也成立了相应的工作部门，配备了工作人员，从而使全市非公有制经济工作形成了统一领导、横向协作、上下贯通、齐抓共管的新格局。

【发展特点】 一是经济增长速度加快。全市非公有制经济完成增加值687亿元，占全市GDP比重50%，提前一年实现占全市经济总量“半壁江山”的奋斗目标；比上年增长25%，高出全省非公有制经济增幅5个百分点；高出全国经济增长速度15.5个百分点，高出全省经济增长速度11.3个百分点，高出全市经济增长速度9.5个百分点。二是从业人员增多，经营领域明显拓宽。非公有制经济从业人数达到126万人，比上年增加16万人。其中，安置城镇公有制企业下岗、失业、破产、改制、低保人员52952人，安置“4050”人员13502人，安置学生15521人，占全市新增城镇就业人员的60%，比上年提高5.7个百分点；安置农村就业人数87596人，主要是个体工商户经营人员。非公有制经济成为郑州市扩大就业、增加城镇居民收入和维护社会稳定的主渠道和中坚力量。非公有制经济经营领域扩展到农、林、牧、渔、种养业，农产品加工业，电子和机械制造业以及采掘、建筑、交通、仓储、贸易、餐饮等一、二、三产业的20多种行业，其中以工业企业、批零贸易餐饮业、社会服务业的数量最多，占总人数的80%以上。三是百家重点龙头企业带动作用明显。百家重点非公有制企业共完成增加值72亿元，占全市非公有制经济增加值的10.5%。涌现出宇通、三全、思念、正星科技、豫联能源、少林汽车等一批龙头骨干企业，其中宇通汽车实现年销售额59.4亿元。四是几大支柱产业形成规模。规模以上非公有制企业中建材、铝、食品三大行业完成增加值76.7亿元，占规模以上非公有制工业增加值46.7%。目前全市企业拥有的10个“中国名牌”全部为非公有制企业创造，“三全”、“思念”系列产品占据全国50%的市场份额，形成一大支柱产业。全市11家上市公司中非公有制企业达到5家，在完成上市辅导的14家企业中，基本符合上市条件的11家企业全部为非公有制企业。五是民间投资增长迅速。共完成民间投资153.3亿元，占全市城镇固定资产投资总额的31.6%，增长速度比全市城镇固定资产投资高27.8个百分点。受国家宏观调控政策的影响，2004年郑州市银行压缩贷款300亿元，但全市经济增长仍达到15%的速度，民间资本的投资增长起到很大的补充作用。六是县域经济发展迅猛。14个县(市)、区(含高新技术产业开发区和经济技术开发区)中，新密市、登封市非公有制经济增加值比重超过55%，巩义市、新郑市、荥阳市、二七区、管城区超过

60%，金水区、中原区、高新区、经开区高达70%。非公有制经济已成为县(市)、区膨胀经济总量、加快经济发展的重要支撑。

【扶优扶强重点企业】 年初，按照“抓点带面，整体推进”的工作思路，依据企业规模大、市场前景好、科技含量高和行业特色明显的原则，经过充分调查研究和广泛征求意见，选择确定了100家重点企业，实行市领导联系重点企业制度，进行扶优扶强，以充分发挥其在全市非公有制经济发展中的典型辐射、示范带动作用。百家重点企业中，按产值划分，年销售收入超亿元的有93家，超10亿元的有12家，超30亿元的有3家；按产业划分，第一产业2家，第二产业80家，第三产业产18家；按产品划分，食品企业13家，铝业企业7家，汽车企业5家，耐火材料企业9家，房地产企业7家，医药企业5家，其它如电力、建材、冶炼、机械、商贸、包装、电子等类企业54家。百家企业中科技型企业占有63家。全市现有33个“河南名牌”中有28个来自非公有制企业，10个“中国名牌”全部来自百家重点非公有制企业。百家重点企业中的董事长、总经理有87名是中共党员，有68名为各级人大代表、政协委员，有29名为全国、省、市、县劳模和“五一”奖章获得者，有41名为省、市专业技术拔尖人才。

【加强目标管理】 2004年，郑州市制定了非公有制经济增加值新增超百亿、提前一年实现占全市经济总量“半壁江山”的奋斗目标。为确保这一目标顺利实现，将新增百亿目标进行三级分解，从市到县(市)、区，从县(市)、区到乡(镇)、街道办事处，从乡(镇)、街道办事处到各个企业等，使各级目标明确，责任到位。为抓好百亿目标的监测落实，实施月例会、季通报、半年考评和年终总评的工作制度，坚持每月巡回召开经济运行分析会，及时编发运行动态供领导参阅，每季度将完成目标的进度在《郑州日报》上排序通报。8月份，根据上半年非公有制经济运行情况，及时召开全市非公有制经济工作大会，在全面总结上半年工作的同时，对下半年的工作进行了再部署、再动员。第四季度，郑州市又组织人员及时对各县(市)、区非公有制经济目标进度和市直21个部门的99条支持措施落实情况进行全面督查，确保了全年目标任务的圆满完成。

【建立领导联系企业制度】 为切实把扶优扶强工作落到实处，促进非公有制经济健康、快速发展，市委、市政府建立了市四大班子领导联系分包企业制度，市局建立了局领导每周二下访企业制度。同时，每月召开一次经济运行分析会，及时掌握情况、发现问题，抓好运行监测；每月写出一篇运行分析报告，送交领导参阅。对于企业生产经营中出现的困难和问题，随时汇总写出情况反映，及时送交分包领导手中，并组织协调予以解决。各县(市)、区普遍建立了领导联系重点企业制度，帮助企业解决了一些实际困难。

【优化经济发展环境】 市委、市政府继上年出台《关于加快发展非公有制经济的若干意见》之后，2004年又制定了《关于扶优扶强百家重点非公有制企业的意见》，对鼓励、支持、引导非公有制经济发展提供了强有力的政策支持。市直21个部门围绕扶优扶强百家企业、促进非公有制经济快速发展出台了99条具体支持政策和措施。同时，33个市直部门和12个县(市)、区设立办事大厅和行政审批服务中心，开展一站式服务，实行阳光作业，提高办事效率。各县(市)、区也都先后出台了一系列相关扶持政策，为非公有制经济的快速发展提供了新的机遇，创造了良好的法制环境、政策环境和生产经营环境。

为进一步优化非公有制企业经营环境，2004年减少和取消了多项行政审批及收费项目。为使企业家政治上有荣誉、社会上有地位、经济上有实惠、事业上有帮助、权益上有保障，各级政府制定相关激励政策，对发展较快、贡献较大的企业实施重奖。2004年，郑州市对做出突出贡献的非公有制企业进行了各种奖励，奖金总额达1353万元，奖励200余人。近三年来共拿出4350万元重奖有关企业，有力地增强了他们干事创业的积极性，推动了全市非公有制经济的发展。

【强化服务措施】 针对非公有制企业融资难的瓶颈问题，市政府专门成立中小企业担保公司和社会信用服务中心，帮助企业解决贷款难、担保难问题。帮助10多家企业享受河南省首批中小企业贷款项目；支持9家企业申请首批省级财政贷款贴息；组织40多家重点企业参加广州、青岛、大连、酒泉、驻马店等地共计7次各类产品展销和经贸洽谈会。邀请中国证监会河南监管局专家举办中小企业改制上市辅导讲座。为全面提高企业经营管理者素质，推进实施了“银河培训工程”，分期分批对百家重点企业负责人及各县(市)、区非公有制经济管理部门工作人员进行免费培训，已培训3批60余人次，取得了满意效果。

【加大宣传力度】 2004年以来，充分利用各种宣传手段，为加快非公有制经济发展造局造势。7月份，按照统一组织、统一行动、统一宣传口径、统一栏目标题的“四统一”要求，组织《郑州日报》、《郑州晚报》、郑州电视台、郑州有线电视台、郑州人民广播电台、郑州经济广播电台、郑州文艺广播电台和《河南工人日报》等8家新闻单位共同组成“确保五个一百，走进非公经济”采访团，分赴县(市)、区和企业，开展了一次主题鲜明、时间较长、声势浩大的系列宣传报道活动，共采访非公有制经济工作负责人和企业代表200余人次，涉及20多个行业、50多家企业，刊发各类报道150多篇，在全社会引起了强烈反响，营造了鼓励、支持非公有制经济加快发展的浓厚氛围。

【成立民营经济发展促进会】 2004年9月12日成立了以百家重点非公有制企业为主体的“郑州民营经济发展促进会”，围绕“增强联谊、相互交流、信息共享、资源互补、共同发展”的目标，开展经验交流、联谊合作、参政议政、献计献策、维护权益、促进发展等活动，激发他们的创业热情，保护他们的合法权益，为企业发展搭建一个崭新平台，架起政府与企业之间沟通联系和企业相互之间合作共进、加快发展的桥梁。

（黄宏志）

重要企业选介

【河南少林汽车股份有限公司】 河南少林汽车股份有限公司位于荥阳市京城路中段。前身是个濒临倒闭的乡办印刷机械厂，1983年改产“少林”牌汽车，1997年改制为股份制有限公司，已发展成为中国汽车工业产品公告目录内生产企业、河南省一级先进企业、河南省科技新星企业、全国先进企业。初步形成了以汽车、农用车及其零部件制造业为主，农牧水产业、汽车维修服务业为副，多业并举的中型集团企业。公司下设4个生产厂区（轻型客车厂、专用车及农用车厂、汽车模具厂、中型客车厂）、4个子公司（郑州市金根汽车饰件有限公司、郑州市少林汽车特种玻璃有限公司、郑州市少林汽车维修服务有限公司、河南鑫龙综合开发有限公司）、1个分公司（少林汽车销售公司）。公司现有员工1658人，厂区面积30.3万平方米，拥有总资产3.6亿元。2000年，公司通过了ISO9001国际质量体系认证；2003年，公司产品通过国家产品强制性“3C”认证。公司现有“少林牌”中、轻型客车、厢式汽车及农用运输四大系列75个品种152个规格产品的产销能力，主导产品“少林牌”中、轻型客车年产可达8000辆以上，产品综合工艺技术水平居国内同行业领先水平。公司拥有1个省级技术中心，现有工程技术人员278人。多年来，“少林牌”汽车系列产品以可靠的质量和优质的售后服务行销全国31个省、市、自治区（即除台湾、香港、澳门以外的所有省区），并从1992年开始，先后出口到朝鲜、越南、南非、尼泊尔、蒙古等国家和地区。2003年，公司实现销售收入5.3亿元，完成增加值1.5亿元，利润900万元，上缴税金1000万元。2004年，公司实现销售收入72130万元，完成工业增加值20467万元，上缴税款2030万元，新上项目1个，技改项目1个，完成投资额2400万元。

【河南康泰制药集团公司】 河南康泰制药集团公司坐落在荥阳市汜水镇康泰路338号。公司前身系河南省荥阳市汜水精细化工厂，始建于1985年，1993年组建河南康泰制药集团公司。拥有河南省精细化工厂、荥阳市化学合成研究所、荥阳市康泰药用厂等经济实体。注册资本5223万元，占地10万平方米，现有职工365人。集团公司是河南省高新技术企业、河南省技术创新工程示范企业、河南省科技进步先进企业、河南省环境治理保护先进单位，企业信誉等级AA级的现代化制药集团。2000年1月，获自营进出口权。集团公司主导产品有诺氟沙星（氟哌酸）原料药，年设计生产能力1000吨。诺氟沙星（氟哌酸）原料药获河南省科技进步二等奖，被列为河南省高新技术产业重点项目。产品畅销国内并大量出口，以规模大、质量高享誉国内外。2003年9月顺利通过河南省食品药品监督管理局的GMP认证，并获得GMP认证证书，成为河南省第一家通过GMP认证的原料药生产企业。2003年，公司研制开发的国家一类新药甲磺酸加替沙星原料药、针剂、片剂、胶囊剂等4种剂型已获取新药证书，准备全面投产，正式投产后年产值可达10亿元，可创利税3.2亿元。集团公司2003年度创产值13865万元；实现销售收入15168万元，完成增加值6990万元，实现利润1820万元，上缴税金550万元。2004年，实现销售收入12639万元，完成工业增加值4579万元，上缴税金168万元，新上项目1个，技改项目1个，完成投资额15320万元。

【河南金博大购物中心有限公司】 河南金博大购物中心有限公司位于郑州市二七路200号，公司主要经营有1家6万平方米的大型购物中心，并与上海联华合资经营二七路店、碧波园店、经三路店3个面积均在8000平方米以上的大型连锁超市。公司经营品种涉及男女服装、珠宝名表、皮具化妆、家电床品、食品百货等10万种商品，并引入了麦当劳、必胜客等国际餐饮品牌。金博大已成为郑州市及省内消费者广泛认可的最具现代气息、最具吸引力、人气最旺的购物、休闲场所。同时，公司还解决了4000多名下岗、失业人员的就业问题，每年都新增400多个就业岗位安置下岗职工，取得了经济效益和社会效益的双赢。商场为全国百城万店无假货活动示范店、郑州市放心购物商场、郑州市商品“三包”服务先进单位、河南省质量管理先进企业、省商贸流通先进企业、河南省地税纳税百强企业，是郑州市两届“振兴杯”金杯得主，在由河南商业协会举办的全省消费者心中最满意的商场评选中，金博大购物中心荣获第一名。2003年销售额达到11亿元，比上年增长26%以上，上缴税金7000万元，比上年增长52%，经营业绩位居郑州商业前茅。2004年，实现销售收入126304万元，完成工业增加值18882万元，上缴税金5083万元，新上项目1个，完成投资额2000万元。

【河南思念食品股份有限公司】 河南思念食品股份有限公司是一家大型专业速冻食品生产企业，思念工业园区位于郑州市金水区，占地近26.7公顷，拥有员工2万余人，具备速冻食品年生产能力20万吨，资产总规模6亿元，国内市场占有率达到20%以上。思念公司品牌影响力、生产能力、销售总量均位居全国同行业前列，是全国速冻类三大畅销品牌之一。曾荣获“河南省速冻食品重点大型企业”、“省重点扶持粮食加工转化龙头企业”、“全国食品生产基地”、“河南省乡镇企业出口基地”、“河南省出口创汇基地”、“农业产业化经营优秀龙头企业”等称号，2002年12月被农业部、财政部等国家九部委确定为“农业产业化国家重点龙头企业”。思念公司已获得ISO9001－2000国际质量体系认证，获得HACCP认证；获得出口食品卫生注册证书；获得进出口自主经营资格；汤圆类产品被认定为绿色食品，“思念牌”汤圆、水饺荣获“中国名牌产品”称号。思念公司经销网络遍布全国，并已在香港成立了销售分公司。思念公司把开拓国际市场作为拉动企业再上台阶的动力，产品已经大批量进入美国、加拿大、法国、意大利、日本、新加坡、泰国、马来西亚、香港、澳门等国家和地区。思念公司的水饺产品销售在全国名列第一，2003年春节，思念汤圆、水饺在全国市场出现了供不应求的局面，断货时间长达半个月。2003年度实现产量近10万吨，销售收入近6亿元。2004年，实现销售收入7.99亿元，完成工业增加值6297万元，上缴税金2004万元，新上项目1个，完成投资额8000万元。

【建业住宅集团(中国)有限公司】 建业住宅集团(中国)有限公司位于郑州市建业路建业城市花园88号，是香港建业住宅集团有限公司于1992年5月在国内创办的独资企业。公司以房地产为主营业务，总资产逾10亿元人民币，拥有员工1261名，全资及关联公司20家，是国家城市房地产开发一级资质企业。从1992年到2001年十年间，公司累计完成投资逾3亿美元，成功开发了金水花园、建业广场、建业城市花园等多个商品住宅小区，开发销售商品房总面积百余万平方米，1995年～2002年，公司商品房销售额连续8年居全省同行业第一名，1997年建业物业管理公司在河南率先通过ISO9002国际质量体系认证。“建业住宅”成为河南省房地产市场的住宅名牌。同时，公司在体育、教育、信息产业领域也取得了显著成绩。1994年至2003年，建业为河南足球事业累计投入1.2亿元人民币，河南建业足球俱乐部缔造了闻名全国的中原“金牌球市”；1996年至2003年，公司投资教育累计达1.5亿元人民币，建业各级学校在校学生达2300余名，建业精品教育已成为河南省社会办学的一面旗帜。建业房地产开发业务已由郑州进入濮阳、新乡、商丘、南阳、驻马店、三门峡、安阳、许昌、洛阳等10个城市，房地产开发用地储备面积超过100万平方米。公司继2003年推出了总投资超过1亿美元的大型综合性房地产项目——“建业新天地”外，2004年陆续推出东风路“建业森林半岛”和郑东新区龙湖南畔国际化样板社区——郑州“联盟新城”等大型房地产项目，3个项目累计总投资超过30亿元人民币，极大地推动了郑州市城市建设和房地产市场的进一步发展。经过多年的努力，建业已发展成为一家以房地产开发经营为主业，并成功涉足教育、体育、信息等产业领域的综合性企业集团。“河南建业”已成为享誉全国的知名企业品牌。2003年，公司(包括全资及控股子公司)销售总收入为4.1亿元，比2002年增长32%，上缴税金345万元，实现利润3307万元人民币。2004年，实现销售收入2145万元，完成工业增加值2908万元，上缴税金2465万元，新上项目1个，完成投资额1769万元。

【郑州宇通客车股份有限公司】 郑州宇通客车股份有限公司是1993年在郑州客车厂的基础上成立的一家股份制公司，1997年在上海证券交易所上市，是国内客车行业第一家上市公司。现有员工2880余人，其中，大专以上学历1038人，拥有专业技术职称的员工600多人，占公司员工总数的20%。公司总资产21亿元，净资产10亿元。主要经济指标连续9年平均以超过50%的速度增长，连续7年获得郑州市“振兴杯”金奖，连续8年获得中国工商银行AAA级信用等级，并被世界客车联盟授予2002年度最佳客车制造商称号。宇通已成为亚洲规模最大、工艺技术先进的客车基地，也是国内惟一一家进入中国500强的客车制造企业，大、中型客车在国内市场的占有率达到20%，企业综合实力居国内同行业之首。曾荣获“2002年度河南工业综合实力百强企业”、“全省交通系统先进集体”、河南省“五一劳动奖状”、“2002年度郑州市工业企业综合实力100强”、“2002年中国最大500家企业集团第416名”、“河南省民营科技50强”、“河南省非公有制经济企业综合实力百强”等荣誉称号。2003年全年客车板块销售客车整车15500台，包括客车、工程机械、汽车零部件等业务在内，累计实现销售收入超过48.6亿元，稳居行业首位。2004年，实现销售收入594246万元，完成工业增加值90105万元，上缴税金18000万元，新上项目2个，技改项目5个，完成投资额20000万元。

【郑州三全食品股份有限公司】 郑州三全食品股份有限公司创建于1992年，占地8万多平方米，拥有员工20000多人，是一家以生产速冻食品为主的股份制企业。公司的主要产品是以汤圆、水饺、粽子、面点、米饭、火锅料为主的中式速冻及常温食品，共有数百个品种，年产量数十万吨。已在全国26个省、市建立了分公司，产品出口到北美、欧洲、澳洲和亚洲的一些国家和地区，已连续数年雄居市场占有率之榜首。凭借先进的生产设备、一流的生产技术、规范科学的管理、过硬的产品质量，公司被国家工商总局评为“全国500家最大私营企业”、“全国520家重合同、守信用单位”、金融系统“AAA信用等级企业”。2003年被国家九部委联合认定为“农业产业化国家级重点龙头企业”，三全汤圆、水饺被国家质量监督检验检疫总局认定为“中国名牌产品”。2004年，实现销售收入54225万元，完成工业增加值18454万元，上缴税金482万元，新上项目1个，技改项目1个，完成投资额6497万元。

【河南思达高科技股份有限公司】 河南思达高科技股份有限公司位于郑州高新技术产业开发区金梭路38号，公司成立于1996年12月，已在深圳证券交易所挂牌交易，是一家公众持股的上市公司。思达高科主营业务为设计、生产、销售电力仪器仪表和电力自动化设备，并进行信息技术产品的开发及应用，是国内较大的电力仪器仪表和电力自动化设备生产基地之一。公司拥有员工1078人，各类专业技术人员783人，其中专职开发人员358人，占员工总数的33%。公司注册资金3.15亿元，每年向市场推出多个新产品，每年的新产品产值率约占30%，其中标准电能表及电能表校验装置约占国内市场的20%，是国内电子式电能表的第一出口大户，2003年度出口1.4亿元人民币。公司生产的变电站综合自动化系统是原电力部定点生产产品，是国内同类产品的主要供应商之一。公司在设计生产电力系统二次设备的基础上，又在IT应用领域、锂离子电池、数字化医疗电子领域取得了广泛发展。思达高科是国家火炬计划重点高新技术企业、河南省优秀高新技术企业、河南省火炬计划先进企业、河南省专利工作示范企业、郑州市重点保护企业之一。公司设有省级企业技术中心，是郑州市“产学研”基地之一，承担了5项国家火炬计划项目及十几项省火炬计划项目、两项省高新技术产业化重点项目，公司高新技术产品的产值率达98%以上，年申报专利近20项。2003年底拥有总资产10.30亿元，全年实现销售收入3.82亿元，净利润3196万元，上缴税金2815万元。2004年，实现销售收入14028万元，完成工业增加值42028万元，上缴税金436万元。

【百家非公有制企业名录】 1.河南豫联能源集团有限责任公司

2.郑州永通特钢有限责任公司

3.河南明泰铝业有限公司

4.河南鑫旺集团有限公司

5.河南耕生实业(集团)有限公司

6.巩义市恒星金属制品有限公司

7.河南省巩义市天久冶金有限公司

8.巩义市第五耐火材料总厂

9.郑州华德永佳地毯(集团)公司

10.河南金驹实业有限公司

11.河南中州凯辉化纤工业有限公司

12.河南省有色金属工业公司站街联营碳素厂

13.河南顺源铝业有限公司

14.巩义市碱业有限公司

15.新郑正龙食品有限公司

16.河南庆安化工高科技股份有限公司

17.河南建喜建筑材料有限公司

18.河南新郑热电股份有限公司

19.天津药业集团新郑股份有限公司

20.新郑市韩春化工有限公司

21.郑州市羚锐制药有限公司

22.新郑市双龙机制瓦厂

23.河南省大河筑路有限公司

24.河南鸽瑞复合材料股份有限公司

25.河南四季胖哥实业有限公司

26.郑州东方企业集团股份有限公司

27.郑州豫华企业集团股份有限公司

28.郑州振中实业集团股份有限公司

29.郑州振东耐磨材料有限公司

30.郑州中兴耐火材料有限公司

31.郑州市才华耐火材料有限公司

32.郑州国华食品有限公司

33.郑州中岳电力有限公司

34.郑州市登封熔料有限公司

35.登封市春胜耐火材料有限公司

36.郑州龙祥铝电有限公司

37.河南少林汽车股份有限公司

38.郑州市鑫宇机械制造有限公司

39.郑州市长城机器制造有限公司

40.郑州天地人面粉实业有限公司

41.河南康泰制药集团公司

42.郑州高压阀门厂

43.郑州康立制药有限公司

44.郑州铝业股份有限公司

45.郑州博雅实业有限公司

46.郑州布瑞克房地产开发有限公司

47.郑州华盛医疗电器有限责任公司

48.中原商贸城有限公司

49.郑州市予炉热轧带钢有限公司

50.郑州增奇新钢铁有限责任公司

51.郑州食品机械制造总公司

52.郑州天方集团有限公司

53.河南省瑞光印务股份有限公司

54.河南金博大购物中心有限公司

55.郑州金泰成实业有限公司

56.郑州雪洋绿色食品有限公司

57.河南省国美电器有限公司

58.郑州金苑面业有限公司

59.河南思念食品股份有限公司

60.河南商都科技发展有限公司

61.河南广安生物科技股份有限公司

62.河南思达连锁商业有限公司

63.郑州丹尼斯百货

64.河南新纪元汽车销售服务有限公司

65.建业住宅集团(中国)有限公司

66.河南通利量贩有限公司

67.河南中艺进出口有限公司

68.河南国基建筑安装工程有限公司

69.郑州融元企业发展有限公司

70.河南鸿宝园林集团公司

71.河南开祥天城置业股份有限公司

72.河南万通投资有限公司

73.郑州宇通客车股份有限公司

74.郑州海嘉食品有限公司

75.河南宏展实业有限公司

76.河南正商置业有限公司

77.郑州银基商贸城

78.河南爱生医药有限公司

79.河南省江海集团投资有限公司

80.郑州三全食品股份有限公司

81.河南金谷实业发展有限公司

82.郑州毛庄绿园实业有限公司

83.郑州宏达汽车工业有限公司

84.郑州清华园房地产开发公司

85.郑州市蝶阀厂

86.河南上蝶阀门股份有限公司

87.河南郑州蝶阀厂股份有限公司

88.郑州太古可口可乐饮料有限公司

89.郑州正星科技股份有限公司

90.河南思达高科技股份有限公司

91.恒运集团石油股份有限公司

92.郑州威科姆电子科技有限公司

93.河南雪城科技股份有限公司

94.郑州锅炉有限责任公司

95.郑州中原应用技术研究开发有限公司

96.河南辉煌科技股份有限公司

97.河南思维自动化设备有限公司

98.郑州卫华包装有限公司

99.河南省天冰冷饮公司

100.河南金芒果印刷有限公司

（郭松涛）

第十三篇　城乡建设与管理

建设行业管理

城建综述

【概况】 2004年是郑州市中心城区实施"三年大变"规划的第二年，也是郑东新区"三年出形象，五年成规模"的第二年。一年来，全市建设系统广大干部职工在市委、市政府的领导下，按照"保护改造中心城区、规划建设郑东新区"的工作思路，积极落实国家宏观经济调控政策，突出重点、统筹兼顾、克难攻坚、开拓创新，中心城区的改造保护、郑东新区的建设都取得了显著成效，国家园林城市和卫生城市的创建也分别接受了专家组的调研、暗访，城市面貌发生了新的变化，国民经济持续稳定发展。

根据中心城区实施"三年大变"规划，市委、市政府对2004年的城市建设和综合整治工作做出了安排，召开动员会，印发工作方案，确定了20项综合整治措施。在工作中由于遇到国家宏观经济政策的调整，市委、市政府及时调整思路，果断决策，提出了：压缩战线、保证重点、多方引资、加快发展的新思路，把最能体现改善人居环境、提升城市品味、完善城市功能的7项工程确定为重点整治工程，工程包括二环路打通、郑花路综合整治、西北环综合整治、东风渠综合治理、夜景照明、10条精品街综合整治、创建优美庭院等。同时抓好市民关心的背街小巷、游园绿地建设、积水点改造等工程。2004年调整后的综合整治任务共完成投资50亿元，拆迁各类建筑物193.4万平方米，新增绿地161.5万平方米，新修、整治道路31条、长度129公里，为郑州市再添靓丽风景。

市政重点工程进展顺利。以桐柏路、经三路、农业路改造和打通农业路铁路立交为内容的二环路打通工程10月15日正式通车，工人路、秦岭路、商贸路、黄河路、纬五路等27条道路的打通改造工程如期完工，进一步改善了沿线居民的出行条件。全长39.6公里的107国道辅道工程在工期短、地质条件差、施工难度大等重重困难下，抓工期、保质量，6个月时间建成通车。完成垃圾处理场主体工程。雨污水管网改造25.57公里，改造积水点47处，治理明沟2308米。

人居环境得到较大改善。郑花路综合整治工程、西北环综合整治工程年度任务圆满完成，仅这两项工程新增绿地100多万平方米。东风渠综合整治，完成疏挖护砌工程和沿渠4条道路的修建。夜景照明完成107国道沿线金水路、北环路、航海路立交及8座人行天桥，北环与郑花路立交、大石桥至高架桥等路桥设施。完成人民公园摩天轮、过山车等游乐设施以及二七纪念塔、10条精品街343幢建筑等亮化工程。

10条精品街综合整治。拆除有碍观瞻的建筑41762个，粉饰建筑323万平方米，整治门头装饰63万平方米，硬化、绿化地面5.5万平方米，整治公交停车亭655个，更新垃圾箱3167个，设置出租车停靠站215个，拆除各类广告1973块、各类亭子93个。支路背街小巷改造完成133条，建成游园绿地34个、面积24.5万平方米。

商城遗址保护改造正式启动。城隍庙整治工程已经完成，文庙复建工程完成了前期工作。商城城墙的保护规划通过论证，2005年即可实施。

郑东新区建设。2004年新开工项目35个；续建和新建道路59条(段)、138.3公里；新开工建设桥梁12座；"三河一渠"工程基本完工，治理长度19.6公里；房屋建成面积286万平方米；完成投资58亿元。CBD建设进展顺利，中央商务区形象初现。CBD引进项目43个，其中已开工项目40个。内、外环60栋高层项目中有36栋开工建设。其中，19栋结顶，7栋正在进行内外装修。国际会展中心主体工程基本完工，累计完成投资13亿元。河南艺术中心地下工程全部完成，2004年完成投资2.6亿元。CBD中心湖及南北运河工程已经开挖。郑州47中二期土建工程已全部完工。CBD主要道路绿化亮化工程基本完工。连接CBD的金水路立交桥竣工通车。

城市建设管理工作运行有序。为了更好地服务于城市建设和经济发展，市委、市政府对郑州市城市管理体制进行了改革。设立中共郑州建设工委，建管统一、高效便捷的工作运行机制初步建立，城市建设一盘棋的局面正在逐步形成，城建工作职能交叉、部门扯皮现象明显改变，规划、建设、市政、环保、执法、交通、房地产管理等各项工作有序发展。

城市基础设施建设进展顺利，市政公用事业稳步发展。邙山输水干渠改造工程已投入生产运行；郑东新区热源厂、兴隆铺热电厂二期扩建工程正在按计划实施；五龙口污水处理厂工程建设正在进行；马头岗污水泵站和干管工程已完成了规划选址和征地拆迁；建成5个公交场站。燃气、热力、自来水供应质量进一步提高。

创建国家卫生城市、园林城市、环保模范城市活动相辅相成，取得可喜成绩。巩义市、荥阳市、新密市、中牟县通过了省级卫生城市（县城）复核。全年新增绿地面积510万平方米，新建游园34个，新建花园式单位50个。9月份，郑州市通过省级园林城市复查；组织开展了创建园林城市调研工作。创建国家环保模范城市工作已经启动，向国家环保总局提出“创模”申请，并对排污工业企业、机动车尾气治理及城市环境基础设施建设、林网覆盖等有关情况进行了调查摸底。

建筑业、房地产业稳步发展。建筑业保持了快速平稳的发展态势，全市完成施工产值170亿元，比上年增长4%；行业管理整顿有所加强，全年解决拖欠工程款20亿元左右。房地产业完成开发产值85亿元，施工面积1100万平方米，竣工面积245万平方米；郑东新区房地产开发快速增长，实现销售额8.3亿元；全市房地产市场发育良好，房改工作进一步深入；廉租住房建设进展较快，廉租住房保障率达到95%以上。

小城镇建设以点带面稳步推进。省政府确定的郑州4个重点县（市）和郑州市重点镇的建设工作取得进展。城镇基础设施投资力度大大加强，4个重点县（市）遵循“谁投资、谁受益”的原则，推进投资行为社会化，筹资主体多元化，融资渠道多样化，积极吸引更多的外资和社会资金参与城镇基础设施的建设和管理，全年累计完成投资13亿元。25个重点镇完成国内生产总值130亿元，固定资产投资25亿元。随着重点镇建设速度的进一步加快、城市功能的不断完善，农村劳动力向小城镇转移13万人，发展势头良好。

【城市建设立法】 2004年市建委列入市政府立法计划的项目共有3个，分别是《郑州市建设工程质量管理条例》、《郑州市房屋装饰装修管理规定》和《郑州市建设工程质量监理管理规定》。《郑州市房屋装饰装修管理规定》和《郑州市建设工程质量监理管理规定》起草工作已经完成。《郑州市建设工程质量管理条例》的起草、征求意见及修改工作进行完毕，以“郑建法[2004]9号”上报市政府法制局。

积极上报地方法规立法项目。根据市人大的要求，结合建设工作实际，在广泛征求意见的基础上，提出并上报《郑州市建设工程质量监督管理条例》、《郑州市房屋装饰装修管理条例》、《郑州市建筑材料使用管理条例》等10件立法项目，建议列入市人大2004～2008年地方性法规立法项目，为依法行政工作创造条件。

向市人大上报2005年地方立法项目。根据郑州市建筑市场管理的实际需要，经研究，市建委提出《郑州市建设工程材料及施工设备使用管理条例》和《郑州市装饰装修管理条例》两个亟待以地方性法规出台的立法项目，并以“郑建[2004]79号”上报市人大，列入下年立法计划。

进一步规范地方性法规、政府规章、规范性文件的起草、上报、合法性审查、备案审查以及协调出台工作程序。起草制定了“郑建法[2004]13号”《郑州市建设委员会关于加强立法工作程序的通知》，为起草地方性法规、规章，出台规范性文件提供了具体的操作步骤和程序。

加强对市建委规范性文件的依法审核、备案工作。2004年共审核、备案了《郑州市建委关于加强装饰装修工程竣工备案工作的通知》等15个规范性文件，为规范性文件的出台起到了依法审核把关作用。由于规范性文件备案及时、规范，受到市政府办公厅的通报表扬。

【城建行政执法】 2004年，在巩固以往规范和整顿建筑市场成果的基础上，进一步加大城市建设监察执法查处力度，拓宽城市建设领域执法覆盖面，维护和促进了统一的建筑市场。在对工程建设中规避招投标的虚假行为、违反法定建设程序及不执行强制性技术标准等违法、违规行为进行打击的同时，重点对长期游离于行业管理之外的房屋建筑（如近期出现的打着“军安工程”牌子的民用住宅工程）、市政设施及配套管线工程行使管理权和执法权；对铁路工程全面开展执法监督管理；加大对建成房屋质量验收、建设工程勘察设计市场及装饰装修工程违法、违规行为的查处力度。一年来，共审核立案违法建设工程案件174项，参与研究处罚违法案件125项，涉及建筑面积196.6万平方米，涉及处罚金额1730.96万元。同时，应相关单位对市建委做出的行政处罚不服而要求举行听证的要求，组织举行听证会，进一步明确了违法行为以及相应的处罚，维护了法律的尊严。通过以上工作，有力地打击了建筑市场中的违法违规行为，净化了建筑市场。为了解在工程建设中对《建筑法》等法律法规的落实、执行情况，按照省建设厅的要求，在时间紧、工作量大、协调任务重的情况下，圆满完成了对郑州市2002年以来建设工程项目及执行法定建设程序情况的统计工作。

按照“郑政办[2003]152号”文件要求，对市建委行使的行政许可、行政处罚、行政征收等各类行政执法主体资格、执法依据和具体行政行为进行了系统整理，对每一具体行政行为的执法程序、文书进行严格具体的规范。每一具体执法行为均制定出相对应的程序和执法文书，行政执法程序中载明权力行使的法定条件、规则、步骤、期限及工作人员违法违纪行为应承担的责任，当事人享有的陈述、申辩、提起行政复议、行政诉讼等权利。“三清理二规范”的工作结果已报市政府法制局等待验收。

为进一步配合《行政许可法》的贯彻实施，推进依法行政，加强了规范执法文书工作。6月份，依照《行政许可法》对使用中的建设行政执法文书进行了认真的审核和修改，起草制订了一套新的建设执法文书，已交付使用。通过以上工作，(1)澄清了建设行政所有执法主体及执法权来源，并由市政府确认后向社会公布，接受社会监督；(2)澄清了每个执法活动所依据的法律、法规、规章或规范性文件，使每个执法人员都能够牢固掌握和熟练运用，以便在执法活动中准确适用；(3)澄清了执法行为有哪些，并根据执法行为的不同，合理分解执法责任，建立错案责任追究制度；(4)针对不同的执法行为，分类规范执法程序，使每类执法行为的依据、条件、办理权限、办理时限、具体程序以及办理人员的责任和当事人的权利都法定化，有效监督、控制执法人员的执法行为，坚持查处分离；(5)统一执法文书，在执法过程中必须向当事人出具内容齐备、形式规范的执法文书，保护当事人的合法权益，并将执法活动置于被管理人的有效监督之下。

【普法宣传教育】 4月4日，在绿城广场开展《行政诉讼法》颁布15周年庆祝活动。为迎接省、市人大对郑州市“一法四条例”贯彻实施情况检查评议，4月25日在绿城广场举办了“一法四条例”集中宣传和咨询活动。同时，组织机关全体人员举行了“一法四条例”法律知识考试，并到新郑市、中牟县和经济技术开发区督促检查“一法四条例”迎检活动开展情况。按照郑州市依法治市办的部署，积极组织干部参加“千场基层法制讲座”活动。为增强外来务工人员的法律意识，决定在全市建筑行业外来务工人员中开展学法用法活动。9月24日、26日，分别组织机关科级以下干部和县(处)级干部参加了全市统一组织的干部法律知识考试。

【维护重组改制企业职工权益】 圆满完成国有企业重组改制中开展维护职工合法权益专项治理工作。按照《市政府办公厅转发国务院国资委关于在国有企业重组改制和关闭破产中开展维护职工合法权益专项治理工作通知的通知》(郑政办[2004]66号)精神，及时召集相关企业传达文件精神，积极开展自查工作，并依照要求写出了自查自纠工作报告。

【建设系统及委属企业产权改革】 一年来，按照省建设厅和市委、市政府有关企业改革工作部署，全面推进了建设系统及委属企业的产权制度改革工作。(1)经过大量的艰苦细致的指导、协调工作，完成了省第一建筑安装工程有限公司、省第五建筑工程有限责任公司、郑州市第二建筑工程公司、郑州市第三建筑工程公司和郑州市诚建建设工程有限公司5家企业的改制预案制订，获市政府批复同意，这5家企业已完成资产审计和评估工作面，进入了实施方案的制订阶段。(2)完成郑州市第一建筑工程公司改制为郑州市第一建筑工程有限责任公司、郑州市建设工程质量检测站改制为郑州广源建设工程检测有限公司。其中，市第一建筑工程公司作为具有一级资质的国有建筑企业，首家通过股份制改造实现职工身份置换、国有资产全部退出，新公司郑州市第一建筑工程有限责任公司于2004年7月1日正式挂牌成立。(3)积极做好河南省建材厂、郑州水泥厂、郑州加气混凝土厂、城乡建设物资设备公司和郑州基础工程总公司等企业的改革指导推进工作。河南省建材厂、郑州加气混凝土厂的改制预案和郑州水泥厂的破产预案已经制订出来，并上报市政府审批。(4)为加快委属勘察设计单位产权制度改革进程，进一步推动勘察设计单位向科技型企业转变，根据《郑州市人民政府办公厅关于转发豫政办[2003]110号文件切实做好工程勘察设计单位体制改革工作的通知》(郑政办[2004]38号)精神，成立了以委主任为组长的勘察设计单位体制改革领导机构，起草了《郑州市勘察设计单位改制审批程序》、《郑州市勘察设计单位改制预案要点》和《郑州市勘察设计单位改制实施方案要点》等文件，为顺利推进勘察设计单位改革创造条件。(5)积极做好已改制企业移交属地管理工作。根据《郑州市人民政府关于市属企业改制后实行属地管理的通知》(郑政文[2004]200号)精神，一是按照要求，核准确认了移交企业名单；二是及时召集拟下放企业中房、正岩和市一建公司传达市委、市政府移交工作精神，做好宣传发动工作；三是根据市国资委要求，对移交企业的组织情况、资产情况进行调查摸底；四是11月份成立了委属改制企业移交属地管理工作领导小组；五是制定了《市建委关于委属改制企业移交属地管理工作方案》。该项工作依照方案要求正在稳步进行。

(翟国辉　王智华)

建筑业管理

【概况】 2004年，建筑业生产快速增长。全市建筑业完成增加值146.4亿元，比上年增长15.1%；具有建筑业资质的独立核算建筑业企业共完成建安工作量198.9亿元，增长43.7%；施工单位工程个数7423个，其中投标承包工程5491个，增长19.2%，投标承包工程占全部施工工程个数的74%。全市建筑业企业已达773家，行业结构更趋合理。施工总承包企业204家，在行业所占比例下降到26.4%。专业承包企业507家，类别发展到35类，覆盖领域更加广泛。以地基基础工程、装饰装修、建筑智能化、钢结构等为主的专业特色正在形成。建筑劳务分包企业从无到有，总数已达62家。工程监理企业已达107家。其中，甲级16家，乙级39家，丙级42家。招标代理企业31家，其中甲级3家，乙级28家。造价咨询企业26家，其中，乙级16家，丙级10家。

全年新成立建筑业企业150家，招标代理机构20家，造价咨询企业2家，均已受理申报，并初审完毕上报省建设厅。组织开展郑州市773家建筑企业、96家监理企业的年检工作，完成了甲级招标代理机构资质复审以及暂定乙级招标代理机构的资质定级工作。装饰企业管理体制逐步理顺，由轻工厅转来的129家装饰企业资质换证工作已完成，完成了一二级建造师的考核认定工作。

【建筑企业改制全面铺开】 2004年，全市国有及集体所有制建筑业企业改制工作全面铺开。47家国有和集体所有制企业已全部制定了改制方案，有的方案已获批准并进入具体实施阶段。委属5家建筑施工企业的改制工作有序进行。郑州市第一建筑工程公司的改制工作基本完成，已挂牌成为民营企业，其余4家委属企业改制工作已进入具体实施阶段。

【建筑企业信用体系建设】 完成建设部建设监督信息录入工作，共录入郑州市500多家建筑业企业基本信息，顺利实现了与建设部建设监管系统的对接。在建筑业企业中开展了信誉等级评定工作，按照《郑州市建筑业企业信誉等级评定办法（试行）》，完成90余家参评单位的资料初审和专家评定工作，共评出AAA级企业29家，AA级企业42家，A级企业20家。

【建筑工程及建筑企业监理】 3月份，召开了“完善监管机制，深化专项治理，开创郑州市工程建设监理新局面”的监理工作专题会议，总结了近年来建设监理工作情况，分析了监理工作中存在的问题，研究部署2004年监理管理工作。监理企业年检和资质就位工作已顺利完成。纳入属地管理的监理企业104家，实际参加年检的监理企业97家，其中，甲级企业16家，乙级企业39家，丙级企业42家。合格企业71家，占年检企业的73.9%，其中，甲级15家，合格率93.75%；乙级22家，合格率56.4%；丙级34家，合格率82.9%。基本合格企业19家，占年检企业的19.8%，其中，甲级1家，乙级13家，丙级5家。不合格企业7家，占年检企业的6.25%。对部分年检不合格的丙级企业，敦促其进行整改，或进行合并、重组，使企业逐步走上健康发展的道路。

【规范招投标及建筑市场秩序】 充实评标专家队伍，完善与《招投标法》相配套的监督程序，修订招标工程备案须知等告知性文书，充分体现公开、公正、公平的工作原则。同时，进一步加大打击违法违规招投标案件的力度，查处违法串标案件1起。多次组织对在建工程的检查工作，实行了现场与市场两场联动。对于在执法过程中发现的问题，定期将工程参建各方主体及执业人员整理列表，停办有关手续，并在资质年检时对有关企业资质等级予以处理。经过近几年来的整顿和规范建筑市场工作，未办理施工手续擅自开工的工程有所减少。

加强有形市场建设，完善信息网络管理，推行清单计价。在整顿规范建筑市场秩序工作中，充分发挥有形建筑市场的作用，按照建设部有形市场运行和管理示范文本的具体要求，加强了行政审批与工程交易各个环节的衔接，强化了工程进场交易各个环节的服务见证工作，净化了有形建筑市场环境。同时利用工程监督信息网这一新的工作手段，加强对施工、监理、检测等单位的合同履约情况监督，定期公布履约情况，实现资源共享。起草了《关于加强建设项目招投标后监督管理的意见》，要求建立郑州市建设工程招标后管理信息平台，凡在郑州市依法招标的工程，均在信息平台建立管理档案。建设、施工、监理等单位要对工程的进展、变更、履约情况，通过郑州建设信息网，在信息平台上按要求进行填报，接受监督。该《意见》正在进行网络操作中的技术处理。全力推进工程量清单的配套实施工作，出台了《郑州市工程量清单计价规范实施细则》等相关政策措施，进一步推进了计价模式改革。

【建设工程质量监督】 全年新办理工程1184项，面积557万平方米。在建工程2687项，面积1459万平方米；竣工备案工程527项，面积311万平方米，受监工程合格率100%。创26项优质结构、18项“商鼎杯”工程奖、9项“中州杯”工程奖，约占全省获奖总数的10%。联合研制开发的《建设工程质量信息管理系统》、《建筑工程资料管理系统》分别获得省建设科技进步一、二等奖。郑州质量监督站再次荣获“全国先进工程质量监督站”称号。

【建设工程安全管理】 2004年共监督工程1229项，其中新办理安全监督手续工程845项。查出施工现场事故隐患11652条，共下发事故隐患整改通知书1529份，对存在严重隐患的17个单位（工程）下发了处罚通知书，对存在问题较多，整改不及时的89个施工现场下发局部停工整改通知，并有重点地进行整改情况核查落实，增大监督频率，保证整改效果。全年创省级文明工地65项，市级安全文明标准化工地112项，市级文明工地102项。下发各类安全管理文件30余份，组织开展集中大检查6次，参与召开3次大型现场会。建筑施工现场创建工作在市政府创建检查中受到好评。

【建设工程造价及建筑企业参保】 2004年，共收缴定额测定费460万余元，受理定额疑难问题咨询来访来电2800余人次，编制补充缺项子目和批复计价办法共23项；测算并发布4期工程造价指数和材料价格信息，发布12期主材价格信息；组织了对全市5716名概预算编审人员的年检、2564人的概预算人员报名工作；办理了1234名造价工程师考试人员的报名工作和近100名造价工程师合格人员的发证、注册工作；转发标准25项；实施7项跟踪服务工程；完成10项司法鉴定业务。

2004年，共收缴建设劳保费15240.6万元，比上年有所增长；共办理收缴工程394个，拨付建设劳保费9552.7万元；督促103家施工企业完成2003年参保任务，新增参保人数

2500 人,企业参保率达到 98%。

(翟国辉　王智华)

建材业管理

【建材备案】 全年办理建材备案近300家,比上年减少将近100家。主要原因是有些已备案的建材产品向某一建设项目供材结束后,没有新的业务而不再进行备案;有些建材生产企业或从事某一建材产品经销的单位和个人,由于经营不善而不再从事此项业务。由于设备建材备案制度的建立和实施,全市建材生产和销售企业正在逐步纳入建设行政主管部门的管理,对进一步加强建材行业管理奠定了坚实基础。

【建材"四新"技术推广】 为推进建材新设备、新材料、新技术、新工艺的推广应用工作,召开了由建筑、开发、设计、监理200多家单位参加的建材"四新"技术推介会。对十几家具有国内代表性和发展前景的先进产品进行了推荐,并以协会的名义下发推荐文件、发给推荐证书。

【建材使用跟踪监督】 为贯彻政府124号令,落实禁止现场搅拌、禁止使用粘土实心砖以及制止使用假冒伪劣、淘汰落后建材产品的目标任务,共跟踪监督施工项目40多个,纠正现场搅拌5家,查处1家。

【建材打假】 根据省、市打假治劣工作部署,市建委负责建设工地和使用环节的建材打假治劣工作,为此成立了打假领导小组,制定了打假方案,并按方案要求严密组织实施。由于宣传到位、管理到位,在上级抽查和市建委组织的检查中,没有发现有使用地条钢等假冒伪劣建材现象。

【散装水泥推广】 2004年全市推广使用散装水泥286万吨,比上年净增58万吨,完成年度计划的110%,创社会经济综合效益1.43亿元,提前一年实现发展散装水泥"十五"计划目标。散装量占全省的20%以上,名列全省第一,在国家中西部城市中"推散"量位居前茅,同时跻身全国省会以上城市"推散"量前十名。

【"禁现"工作】 按照国家"四部"、省"四厅"《关于限期禁止在城市城区现场搅拌混凝土的通知》要求,郑州市2004年起被列为全国"禁现"城市。根据市政府领导的批示和委领导的要求,协调市公安、交通等部门,联合下发《预拌混凝土运输车辆市区通行有关问题的通知》,每月为企业办理入市通行证200多张,初步解决了混凝土搅拌车、散装水泥运输车入市难的问题。

【"禁实"工作】 巩固"禁实"成果,城区内全面实现"禁实",新型墙材应用量比上年增加近100万平方米。新型墙材生产企业发展迅速,产品基本满足市场需求。由于"禁实"工作力度不断加大,新型墙材市场优势明显,大批新型墙材生产企业相继投产。2004年新材产量24.27亿块标砖,其中承重23.13亿标块,与上年相比,新材产量提高56.5%。"禁实"工作向县(市)扩展。按照省墙改办的计划,结合各县(市)的实际情况,对各县(市)2005年"禁实"工作进行具体的安排,并对目标进行分解。各县(市)采取不同形式对"禁实"工作进行大量宣传。新密、荥阳相继出台政府通告,其他县(市)也为"禁实"做好了各项准备工作。

【墙改基金】 2004年墙改基金的征收、返退和使用情况。应征收墙改基金5944万元,实际征收5233万元,返退2781万元,征收率88%,比上年多征收633万元,征收率提高了8个百分点,达到了历史最高水平。

(翟国辉　王智华)

勘察设计业管理

【概况】 2004年,勘察设计业紧紧围绕市委、市政府确定的城市建设中心工作,以规范市场为主线,以提高勘察设计质量和水平为目的,大胆探索,加强管理,促进了全行业的健康发展。截至年底,纳入郑州市属地化管理的勘察设计、装饰装修设计企业有161家,其中,甲级资质企业45家,乙级63家,丙级53家,共有从业人员20900人;施工图设计文件审查机构3家,均为甲级资质。中讯邮电咨询设计院、河南省地矿建设工程(集团)有限公司、黄河勘测规划设计有限公司、河南省电力勘测设计院4家大型企业,进入全国勘察设计综合实力100强。全年完成工程勘察合同1438项,合同金额3.85亿元,分别是上年的77.4%和95.8%;完成工程设计合同3586项,合同金额9.8亿元,建筑面积1390m²,分别是上年的96%、89.8%和90%。完成营业收入25.8亿元,其中勘察设计收入14.55亿元,分别是上年的120.6%和102.6%。上缴税金1.25亿元,实现利润2.86亿元,分别是上年的90.6%和91.4%;科技活动和人才培训投入达0.46亿元,是上年的85.2%。

【行业管理】 加大监管力度,规范市场行为。召开了郑州市勘察设计工作会议,全市120多家勘察设计企业,部分施工企业、房地产开发企业的领导、总工参加了会议。会议布置了勘察设计单位体制改革工作,发布了4个有关勘察设计管理和施工图审查的规范性文件,为构建依法守信的诚信市场大造声势。

认真贯彻宣传"一法四条例"。组织勘察设计企业在绿城广场展出"一法四条例"展板40余块、发放宣传材料2000余份;配合有关部门开展了"一法四条例"大检查工作。

加强资质管理,强化行业自律。一是完成了勘察设计企业资质年检工作,通过资质年检,检查企业执行法律、法规及遵守职业道德等市场行为,对不讲诚信、违反法律法规的企业,除责令改正外,同时记入企业信用档案。对2家企业分别作出认定基本合格、吊销资质处理。二是完成了39家新设立企业的资质初审、上报及16家企业的资质升级、资质增项、资质转正的审核、上报工作。

规范执业人员的从业行为。完成230多名注册建筑师、结构师的继续再教育、再注册及变更注册、换发证章工作;完成235名参加注册建筑师、结构师、岩土师考试报名工作。利用微机加强对注册执业人员的管理,及时掌握全市注册执业人员的流动情况,为规范市场行为发挥了积极作用。

近年来,个别县(市)、区违反国务院《建设工程质量管理条例》和《建设工程勘察设计管理条例》等有关法律、法规规定,擅自组织部分技术人员开展施工图设计文件审查,或在施工图设计中未经审查即办理施工许可等手续,这些现象严重扰乱了勘察设计市场秩序,为此,郑州市勘察设计主管部门制定下发了《关于加强县(市)、区勘察设计质量及施工图设计文件审查管理的通知》,并召开了县(市)、区勘察设计及施工图审查管理工作研讨会,加强县(市)、区勘察设计质量及施工图审查方面的监督管理。

规范市场行为,制定不良行为纪录计分办法。为进一步规范勘察设计企业、施工图审查机构及执业人员的市场行为,根据建设部《建设工程质量责任主体和有关机构不良纪录管理办法》(试行)和有关法律法规,结合郑州市实际,制定出《郑州市勘察设计企业、施工图审查机构及执业人员不良行为纪录计分办法》,努力打造竞争有序的诚信市场。

开展全市建筑节能检查工作。配合河南省建筑节能大检查,组织召开了有设计、施工、监理、房地产开发、节能产品生产厂家参加的建筑节能座谈会;抽查了部分设计企业、施工图审查机构执行建筑节能法律法规及规范情况;写出《以政策为导向,以科技为支撑,认真搞好城市建筑节能工作》经验材料,在全省交流。

【勘察设计单位体制改革】 根据省政府对全省勘察设计行业体制改革时间进度要求,把抓好市属勘察设计单位的体制改革,作为行业管理的一项重要任务。(1)召开市属勘察设计单位体制改革座谈会,发放了《郑州市勘察设计行业体制改革调查问卷》;深入基层,调查研究企业对改制的认识和看法,并向省改革联合办公室报送了《郑州市市属勘察设计单位体制改革情况汇报》。(2)为市政府代拟《关于转发豫政办[2003]110号文件切实做好工程勘察设计单位体制改革工作的通知》,市政府办公厅于6月20日颁发。(3)成立郑州市和委属勘察设计单位体制改革领导小组。(4)召开联席工作会议。领导小组办公室启动后,制定下发了《郑州市勘察设计单位体制改革审批程序》、《郑州市勘察设计单位体制改革预案要点》和《郑州市勘察设计单位体制改革实施方案要点》,召开了领导小组成员、需改制勘察设计单位参加的联席工作会议。(5)深入基层,调查研究。对14家需改制勘察设计单位逐一进行调查研究,了解各单位的改制进度和对改制工作的态度,帮助其克服畏难情绪、制定改制方案。

【施工图审查管理】 进一步规范施工图设计文件审查。3月,依据国务院《建设工程质量管理条例》、《建设工程勘察设计管理条例》等法律、法规,制定下发了《关于进一步加强建筑工程施工图设计文件审查管理工作的通知》、《关于进一步加强施工图审查机构管理和完善季度质量通报制度的通知》、《关于加强建设工程施工图审查批准后的勘察设计变更管理工作的通知》、《关于对违法违规建设工程项目施工图设计文件实施技术评价报审制度的通知》等规范性文件。对未经施工图审查就施工、擅自修改审查批准的施工图进行施工的工程建设项目加大监管力度,并对相关责任单位和个人提出警告和内部通报。组织专家,对46项违法违规工程提出技术评价意见。

抓好施工图审查改变管理方式后的监管工作。在国务院第三批取消和调整的495项行政审批项目中,施工图设计文件审查被列为改变管理方式,不再作为行政许可项目,施工图审查由批准制改为备案制。根据建设部《房屋建筑和市政基础设施工程施工图设计文件审查管理办法》和《河南省房屋建筑和市政基础设施工程施工图设计文件审查管理实施办法》,制订发布了《关于加强我市施工图设计文件审查备案管理工作的通知》,以进一步规范施工图审查,加强施工图审查改变管理方式后的监督管理工作。

2004年,全市3家施工图审查机构审查勘察成果报告突破1000份,比上年增加43%;审查建筑工程项目1460项,建筑面积1100万平方米,总投资额95亿元,分别比上年增加31%、27%和9%;审查市政建设项目60项,总投资额10亿元。截至11月30日,已审查出违反强制性条文问题1200多条,违反非强制性条文问题17000余条,均要求送审单位做了改正,并在季度通报中进行通报,最大限度地遏制了违规勘察设计行为,对促进提高全市勘察设计质量发挥了重要作用。

(翟国辉　王智华)

房地产开发业管理

【概况】 2004年,以房地产开发项目管理为重点,以行业管理的科学化、规范化为目标,加强房地产开发行业的宏观调控,积极推进国家康居示范工程和住宅性能认定试点工作,扎扎实实地抓好房地产开发目标管理工作的落实,取得了一定成效。

截至2004年底,全市房地产开发企业624家(其中,一级企业4家,二级企业42家,三级企业202家,四级企业19家,暂定企业357家),报送统计报表及年报的283家,有项目的企业181家。新开工项目66个,在建项目232个,当年竣工项目43个。全年共完成房地产开发投资量103.3亿元,首次突破百亿元大关，比上年74.3亿元增加39%；施工面积1317.4万平方米，比上年1017万平方米增加29.5%，其中住宅1097万平方米，比上年868万平方米增加26.3%；新开工面积554.1万平方米，比上年354万平方米增加56.1%，其中住宅484.7万平方米，比上年316万平方米增加53.4%；竣工面积348万平方米，比上年增加1.64%，其中住宅318.1万平方米，比上年288.4万平方米增加10.3%；销售面积339.4万平方米，比上年281.4万平方米增加20.6%，其中住宅324.9万平方米，比上年270.9万平方米增加19.9%；销售额72.1亿元，比上年56.6亿元增加27.6%。

【房地产开发项目管理】 为加强房地产开发项目的管理力度，根据国家、省、市房地产开发方面的法律、法规及市政府关于批准市建委实施行政许可审批事项的有关精神，在广泛征求各有关部门及开发企业意见的基础上，出台郑州市建设委员会《关于印发房地产开发项目建设条件意见书备案程序规定的通知》和《房地产开发项目竣工综合验收合格证核准程序规定的通知》，使开发企业在办理房地产开发项目手续时做到有章可循，从而规范了办事程序，增加了透明度，提高了办事效率。

全面落实由资质管理向项目管理转变，由管理型向服务型转变的基本工作思路，围绕开发项目全方位搞好服务。开工前到项目现场依据规划批准的设计方案对开发项目的基本建设条件提出具体要求；建设过程中到施工工地对开发项目手册中填报的内容进行核准，对每个项目进行跟踪检查和指导，随时掌握在建开发项目的工程进度情况；项目后期对已经竣工备案的小区，及时通知督促开发企业申请综合验收，并按月对新建项目和续建项目分类登记汇总，掌握准确的开工面积和投资数据，开发项目日常管理日趋规范。全年深入开发项目施工现场150余次，为73个开发项目办理了《房地产开发项目建设条件意见书》和《房地产开发项目手册》。其中，办理新开工项目56个，补办开发项目17个。

【开发项目竣工综合验收】 加强宣传，提高认识，为开发项目竣工综合验收营造良好舆论氛围。2004年，加大了宣传工作力度，以各职能部门参加的开发项目竣工综合验收会议为切入点，在河南电视台经济生活频道、公共频道和都市频道以及《河南日报》“大地产”、《大河报》“楼市焦点”、《河南商报》“新家园”、《郑州晚报》“地产时代”等栏目中，连续跟踪报道竣工综合验收工作。紧紧围绕房地产开发的“诚信”和住宅小区的“质量”，从不同角度对房地产开发项目竣工综合验收的重要性、必要性及验收的作用、内容和程序进行全方位、大力度的宣传报道，从而提高了开发商对开发项目竣工后申请进行综合验收的自觉性，也使社会各界对住宅竣工后必须通过综合验收有了一定认识，促使广大消费者更好地利用法律武器保护自己的合法权益。

制定政策，完善程序，使综合验收工作有章可循。为更好地为开发企业搞好服务，提高综合验收工作的质量和水平，年初及时下发了《关于印发房地产开发项目竣工综合验收合格证核准程序规定的通知》（郑建开[2004]4号），《通知》对竣工综合验收的申请、受理、初验、召开验收会议、整改以及验收标准、内容和程序都做了详细的规定，使房地产开发项目综合验收走上了规范化、制度化的道路。

精心组织，协调得力，综合验收工作取得好成绩。2004年深入工地现场132次，初验已经竣工备案的项目56个，提出书面整改意见438条。在28个开发项目经反复初验，基本具备条件后，组织召开由土地、规划、市政、园林、房管、消防、电业、广电、电信等成员单位参加的验收会议，进行综合验收。28个项目总建筑面积368万平方米，总投资22.1亿元，楼房227栋，共11314户。经过整改，13个开发项目获得了竣工综合验收合格证，其余15个项目正在整改过程中，超额完成了年初制定的房地产开发项目竣工综合验收的工作目标。

【商品住宅性能认定试点工作】 根据国家建设部《商品住宅性能认定管理办法》（试行）的规定和《关于开展住宅性能认定试点工作的通知》（建住中心[2003]16号）的文件精神，以郑州市被建设部批准为全国住宅性能认定11个试点城市之一为契机，结合实际情况，下发了《郑州市建设委员会关于开展商品住宅性能认定试点工作的通知》（郑建开[2004]5号），要求各房地产开发公司申报试点项目，积极参与此项工作，促进住宅产业现代化水平的提高。为了推进商品住宅性能认定试点工作顺利开展，及时制定出台了《郑州市建设委员会关于印发＜郑州市商品住宅性能认定试点工作实施方案＞的通知》（郑建开[2004]6号），为住宅性能认定试点工作的开展打下了良好基础。

与河南省建筑科学研究院合作，共同选择建筑设计科研领域里各类专业的资深专家、教授，组成郑州市商品住宅性能认定专家库，并以河南省建筑科学研究院为载体，成立了郑州市商品住宅性能评定中心。

选择了一批有一定实力且楼盘做得较好的开发小区作为郑州市首批住宅性能试点项目。经过企业申报、建委筛选，初步确定郑州清华园、德亿时代城、丰乐广场、金色港湾二期、天泰艺墅世家二期及滨水带·圣菲城6个项目为第一批试点项目。太极公司开发的“滨水带·圣菲城”项目已通过国家建设部的专家预审，被列入郑州首批国家住宅性能认定试点项目计划，标志着郑州市商品住宅性能认定试点工作正式启动。

【装饰装修企业资质管理】 截至年底，郑州市共有建筑装饰企业399家（不含20家未参加年检），其中，原主项装饰151家，增项装饰42家，外地在郑8家(不含省属)，新批准69家，换证129家。

加强企业资质年检。制定严格工作标准，确定合理的办事程序，按照集体研究、政务公开的原则，认真开展年检工作。全市已有98家建筑装饰装修企业通过年检审核。

加快企业资质就位。为把好市场准入关，使新设立的企业能够及时取得行业从业资格，2004年，在认真处理上一年度遗留问题的基础上，受理新设立及申请升级、增项企业90余家，完成78家的资质初审工作，报省厅审核批准68家。受理资质证书换证申请137家，上报省建设厅审核批准129家。

【装饰装修行业管理】 为加强建筑装饰装修行业管理，规范市场行为，提高工程质量，维护公共安全和公众利益，根据国家相关法律、法规，结合郑州市实际，起草了《郑州市建筑装饰装修管理条例(草案)》，已纳入下一年度人大立法规划。为了强化市场监管，起草并印发了《郑州市建设委员会关于开展建筑装饰装修市场专项治理检查的通知》。为进一步实施行业归口管理，起草并印发了《关于转发<河南省建设厅关于全省室内建筑装饰装修施工企业资质换证工作的通知>的通知》。为加大建筑装饰装修行业科技含量，推动科技成果转化，提高建筑装饰装修行业科技贡献率，根据建设部《科技进步若干意见》，起草了《关于加强建筑装饰装修行业十项科技推广意见》。一系列规章的制定，为形成有效的管理机制，创造公平、公正、公开的市场环境，保障双方的合法权益，规范行业发展和维护市场秩序起到了积极的推动作用。

【装饰装修市场专项治理】 为做好专项治理检查工作，年初下发了《郑州市建设委员会关于开展建筑装饰装修市场专项治理检查的通知》，对2004年进一步整治和规范建筑装饰装修业市场秩序进行了部署和安排，并按照“通知”要求，采取不定期检查的方式对市场进行了专项治理检查。通过整治和规范，较好地维护了市场秩序。

【拆迁工作概况】 2004年，以优化经济发展环境，为纳税人排忧解难办实事，迎接省、市人大对“一法四条例”检查评议，集中解决信访突出问题及群体性事件等项工作为切入口，一手抓拆迁管理，一手抓信访稳定，加大依法治拆力度，狠抓各项制度落实，切实保护被拆迁群众利益，维护社会稳定。同时，加强精神文明建设和廉政建设，保证社会效益和经济发展持续提高，较好地完成了全年工作任务。全年共拆迁各类房屋239.74万平方米；收取拆迁管理费176万元，是计划目标80万元的220%；补偿安置居民2930户，是目标任务2000户的147%；共查处违法拆迁50起，追缴拆迁管理费和罚没款35.66万元，是目标计划20万元的178%。举行听证调解会2次，行政应诉4起。全年上报信息6篇，是目标任务的100%。集中解决赴京、到省、来市关于城镇房屋拆迁信访问题49起，圆满完成上级领导交办的工作任务。

【支持重点工程建设】 2004年，是郑州市中心城区综合整治实现“三年大变”的关键一年，全市成立各类建设项目部、指挥部22个，其中牵涉拆迁工作的有12个。在认真贯彻实施国务院新《条例》的基础上，进一步完善《郑州市城市建设拆迁管理条例》相关配套政策。加大依法行政力度，有力地支持了城市建设和省、市重点工程及郑东新区的建设。全年共拆迁各类房屋239.74万平方米，其中重点工程指挥部拆迁各类建筑物197.55万平方米。核发房屋拆迁许可证51项，拆迁住户2747户，拆迁房屋建筑面积42.19万平方米，腾地面积99.91公顷，促进了旧城改造步伐。

【制订拆迁法规和政策】 2004年，全力以赴做好《郑州市城市建设拆迁管理条例》相关配套政策的出台工作。为了使拆迁工作公正、公开、透明，做到有法可依，根据国务院《城市房屋拆迁管理条例》、《河南省城市房屋拆迁管理条例》和《郑州市城市建设拆迁管理条例》的要求，在上年制定配套政策的基础上，按照建设部出台的《城市房屋拆迁评估价指导意见》和《城市房屋拆迁行政裁决工作规程》，结合实际，出台了《郑州市房屋拆迁补偿安置评估规则(试行)》、《城市建设拆迁组织实施操作规程》。

【依法行政】 强化管理，依法行政，促进拆迁管理工作上台阶。2004年，在拆迁管理工作中，严格拆迁许可证制度，进一步加强对拆迁安置资金的监管，加大了拆迁项目跟踪管理力度。管理人员按照行政规划区域分片包干，责任到人，做到有职、有责，在全年51项拆迁许可证发放中，没有出现问题。加强为企业、为拆迁单位、为纳税人服务的教育，实行窗口服务、一站式办公、首问责任制和承诺服务，受到了拆迁当事人的好评。

【拆迁计划宏观调控】 为贯彻国务院办公厅《关于控制城镇房屋拆迁规模，严格拆迁管理的通知》(国办发[2004]46号)、《河南省人民政府办公厅关于进一步严格拆迁管理的紧急通知》(豫政办[2004]67号)和《郑州市人民政府办公厅关于控制城镇房屋拆迁规模严格拆迁管理的通知》(郑政办[2004]46号)精神，认真落实中央宏观调控政策措施，根据郑州市的经济发展水平、社会承受能力和居民的收入状况等因素，按照城市总体规划，结合各区和有关单位的申报情况，研究制订了2004年9～12月份房屋拆迁计划和2005年房屋拆迁计划规模，报省建设厅和市政府，为领导决策提供参考。2004年与上年相比，拆迁面积压缩40%。

【“一法四条例”宣传及检查评议】 年

初，省人大安排了为期一年的对《中华人民共和国建筑法》、《河南省建筑市场管理条例》、《河南省城市房屋拆迁管理条例》"一法两条例"执法情况检查评议，市人大对"一法两条例"及《郑州市建筑市场管理条例》、《郑州市城市建设拆迁管理条例》"一法四条例"的执法情况进行检查。为了迎接省、市人大对"一法四条例"的检查评议，3～4月份，开展了"一法四条例"宣传月活动，并结合实际工作组织各有关单位进行讨论、短期培训、专家讲座等多种形式的学习活动。同时设立专门的宣传区，摆放宣传板报，集中宣传拆迁法律、法规及相关政策，向社会宣传"条例"，接受群众质询，听取群众意见。两次组织和参加广场集中宣传活动，利用广播、电视、报纸广泛宣传。同时还制作板报10块、印制宣传单600份进行强势宣传。向251名人大代表发出了"致市人大代表的一封信"，请人大代表对郑州市的拆迁管理工作和廉政建设情况进行评议及监督。

【集中处理拆迁信访突出问题】 2004年9月，市建委成立了郑州市城镇房屋拆迁问题工作小组，经过3个多月的工作，取得阶段性的成果，一些久拖未决的问题得到解决，一些处理起来难度较大的问题引起了省、市、区各级领导的高度重视。在由省交办的28起案件中，赴京案件15起，赴省案件13起，已结案件和暂结案件27起，结案率97%；市交办案件15起，已结案件15起，结案率达100%。

（翟国辉　王智华）

城市规划及管理

规划设计

【郑东新区规划及实施】 围绕"三年出形象，五年成规模"的目标，实行"三加快，三引导"的方针，进一步深化郑东新区规划，并做好新区各专项规划与中心城区的协调衔接工作。加快实施郑东新区近期规划，高标准建设中央商务区和基础设施，严格按规划实施监督管理。近期规划要求加快实施中央商务区规划，加快实施龙子湖科教园区规划，加快实施龙湖生态圈的规划；引导新型产业进郑东新区发展，引导房地产公司进郑东新区开发，引导商务建筑、公共建筑和高层建筑进入中央商务区，强力推进郑东新区规划顺利实施。

中央商务区建设：中央商务区内外环规划60栋高层，31栋已开工建设，其中10栋主体已经结顶。公益性建设项目中，郑州国际会展中心土建工程主体已基本完工，累计完成投资10.7亿元。河南省艺术中心正在进行桩基施工。四十七中一期工程已经完工并投入使用，二期工程已经开工。景观绿化工作有序推进，道路绿化工作已全线铺开。

基础设施建设：起步区开工建设道路38条，其中26条具备通车条件；15座桥（涵）开工建设，总投资约4.8亿元，其中7座具备通车条件；七里河治理工程基本竣工，东风渠、金水河治理工程大部分完成。

安置小区建设：33km^{2}范围内规划安置小区3个，总占地278.33公顷，规划建筑面积323万平方米。

招商引资：前三季度引进外来投资项目43个，其中天津顺驰、上海绿地、杭州广裕等项目已开工建设，部分项目正在进行方案设计并将陆续开工。龙湖南区、商住物流区项目已全面铺开。

城市生态水系工程：城市生态水系工程（龙湖区）可行性研究报告已经完成，并经省发改委批准；环境保护影响评价已完成；控制性详细规划已经市政府审批。

【中州大道环境景观规划】 中州大道北起黄河大桥，南至新郑机场高速公路收费站，全长约26公里。规划道路红线宽100米，道路及道路两侧规划用地面积约1500～2000公顷。为将中州大道建成郑州市的一条景观道路，进行道路规划设计时，要求根据道路两侧不同地段的不同功能特征，在"建设景观大道"总体目标下，对道路景观提出合理的划分，同时注意保持道路景观的统一性和连续性。对道路两侧200～500米进深地块景观控制带的建筑物提出景观控制指引，包括主体建筑的界面、体量、高度、材料和色彩建议、裙房和屋顶形式建议、天际轮廓线、夜景照明建议等。

按照市委、市政府的部署，郑州市中州大道景观规划设计方案进行国际征集。2003年12月，市规划部门开始全方位收集国际知名景观设计机构的信息，初步遴选出名单后，向其发函征求意见。根据这些设计机构反馈的情况和进一步的沟通、谈判，最终决定邀请8家具有相应规划设计经验和资质的国内外机构（或联合体）参加中州大道景观规划方案的设计。

参加征集方案公开招标活动的德国、美国、英国、澳大利亚、日本等国家的设计机构均是由知名规划设计大师领衔的世界100强大型设计单位。其中有德国阿尔伯特·施佩尔城市规划建筑设计联合公司、北京土人景观规划设计研究所、美国Beltcollins（贝尔高林）公司、英国BroadwayMalyan、澳大利亚丹尼斯城市设计规划与咨询公司、美国RHM国际设计集团、美国SOM公司、日本株式会社昭和设计。

应征单位拿出规划设计方案后，郑州市邀请国内外规划界知名专家，组织召开了中州大道景观规划设计方案国际征集评审会，对参加方案征集的德国、英国、澳大利亚、日本、美国、中国等国内外7家知名设计公司的方案进行评审。经严格评审，并按照《方案国际征集技术文件》和《招投标法》的有关要求，决定邀请德国阿尔伯特·施佩尔（AS&P）城市规划建筑设计联合公司、北京北林地景园林规划设计院、日本株式会社昭和设计3家获奖单位承担中州大道景观工程的初步设计。并要求以德国阿尔伯特·施佩尔(AS&P)城市规划建筑设计联合公司的方案为基础,结合其他两个方案的优点进行道路断面和管线综合设计,组织验收后,提交最终成果。

【10条景观道路设计方案评审】 紫荆山路、东西大街、嵩山路、中原路、郑汴路、金水路、花园路、建设路、未来大道、郑上路是郑州市中心城区的主要干道,是城市形象的重要组成部分。依据"三年大变"规划,这10条道路将建设成迎宾路和景观大道。11月27日～28日,郑州市规划局邀请邹时萌等7位国内著名规划、建筑专家对10条景观大道规划设计方案进行咨询评审。

10条道路的规划方案分别由法国夏邦杰设计事务所(前5条)和日本日建设计公司(后5条)承担。夏邦杰设计事物所把所设计的道路分为5个区,每个区域都提出了近、中、远规划。商都遗址设计是其中一个重点。日建设计公司以"郑州建筑博物馆"为主题,将"风"、"水"、"花"、"光"、"空"、"宇"的设计理念贯穿于规划方案。

市领导李克、王文超、丁世显等参加了咨询评审会。在听取了设计单位的方案汇报后,王文超市长从城市品位、主要节点和小品设计、景观协调性、规划统一性、绿化、交通组织、广告整治等7个方面提出了具体要求。专家组对方案一一评议后,形成专家评审意见,并提出技术咨询建议。

【风景名胜区规划】 为加快旅游产业发展,郑州市以嵩山风景名胜区为重点,依照保护生态环境和永续利用的原则,对全市的风景名胜资源进行科学规划,合理开发。

嵩山风景名胜区以中岳嵩山国家森林公园为主体,围绕"一线两环"(一线:卢店——观星台——中岳庙——嵩阳书院——少林寺,两环:太室山上下为东环,少室山上下为西环),做好"一山一寺"(嵩山、少林寺)文章,重点改善旅游服务设施,提高景观品位质量。2004年,编制完成少林寺景区核心地区详细规划。按照恢复少林寺"深山藏古寺、碧溪锁少林"的规划主旨,少林寺景区基本完成整治,景区环境得到了很大的改善,新貌已经显现。

黄河风景名胜区是省级风景名胜区,是国家旅游专线"黄河之旅"的龙头。总规划范围108平方公里,由十大景区组成,黄河游览区处于核心地位,景区范围17平方公里。2004年,对五龙峰景区的详细规划进行了研究和批复。黄河游览区已建成五龙峰、岳山寺、大禹山三大景区近40处景点,绿化覆盖率达85%以上。

为逐步将风景名胜区规划管理纳入规范化的轨道,根据省建设厅的安排,对郑州市的4个国家级、省级风景名胜区,包括嵩山风景名胜区、环翠峪风景名胜区、浮戏山雪花洞和黄河风景名胜区,及时下发了开展综合整治检查工作的通知,按要求上报自查材料,加强风景名胜区规划管理。

【规划项目】 游园绿地建设规划。30个游园规划选址和规划设计方案评审全部完成,其中5个已基本建成。

郑花路综合整治规划。已完成全长8.5公里的景观规划方案,并通过评审,完成绿化方案和施工图设计。

支路背街小巷改造规划。57条道路规划全部完成。改造宽度为15米以下的小巷47条。

市政重点工程规划。完成2004年市政重点工程的36条道路、15座立交桥的规划方案征集、设计、评审、深化工作。

107国道辅道建设规划。完成道路管线综合规划、测量及3座立交桥的规划方案征集工作。107国道辅道已于8月1日通车。

西流湖公园建设规划。近远期规划控制范围已确定,提交指挥部展开摸底工作,并通过西流湖地区景观设计规划评审。

河道整治规划。完成东风渠、熊耳河、金水河河道整治及截污规划方案,并通过了评审。

环道综合整治规划。实施对西、北环全长20公里综合整治规划,绿化面积198公顷,完成环境景观规划方案评审。

垃圾处理场、马头岗污水处理厂已完成相关规划审批。

【综合交通规划及实施】 依据郑州市城市总体规划、城市综合交通规划、轨道交通线网规划,市规划局和建设投资公司共同委托中国城市规划研究院编制了《郑州市城市快速轨道交通建设规划》,规划方案已基本编制完成,同时完成轻轨一号线建设规划。

配合铁道第四设计院完善铁路客运专线郑州铁路枢纽总图规划和新的郑州客运站选址工作,并将有关成果形成报告向省、市政府进行了汇报。

完成文化路——北三环、建设路——桐柏路、紫荆山路——南三环、农业路——花园路、农业路——文化路、化工路——西三环6座立交规划方案审查。完成西三环——科学大道、南三环——机场高速立交规划方案,并根据专家评审意见完成优化方案。

根据郑州市综合交通规划,对郑州市道路网络规划及道路红线图(1∶1000)进行了审查,形成审查意见。根据审查意见,市规划院正在进行完善与修改。

【中心城区综合整治规划】 2004年是实施中心城区"三年大变"目标的关键一年,继续严格控制土地一级市场,强化强制性标准,加强和提高城市详细规划的约束力,充分发挥城市详细规划对优化利用城市土地和空间资源配置的调控作用。继续坚持"三控制,三增加"的原则(即控制土地一级市场、控制插建高层建筑、控制商品房投放总量;增加公共绿地、增加公共广场空间、增加服务设施),加强中心城区保护和改造,完成20项综合整治规划任务,使新老城区进一步协调发展。

【商城遗址整治保护规划】 与文物部门共同确定保护改造拆迁红线,组织文物、考古、建筑、规划专家对商城遗址保护展示环境景观规划进行评审，方案完善后按程序报国家文物局审批。

【市容设施综合整治规划】 完成金水路、花园路、建设路、中原路等29条主干道、景观路的市容设施规划方案。重点是对道路两侧的公交站牌、阅报栏、书报亭、路牌、广告及环卫设施进行规范整治或升级改造。

【街景市容综合整治规划】 完成金水路等9条精品示范街的综合整治规划，委托14家设计单位编制了黄河路等58条主次干道全长160公里的街景市容综合整治规划方案，确定200幢位于重要地段或具有特色的建筑物作为整治规划的重点，规划方案已全部完成，并通过了专家评审。

【雨污水管网改造规划】 完成商城路、伊河路、金水路、陇海路、沙口路等8个积水区的改造规划，改造完工金水路民航大酒店、沙口路(金水路——黄河路)、金水路(防疫路——健康路)、金水路郑百文等40余处积水点。完成姜砦明沟改造规划。支路背街小巷涉及雨污水管网改造的有28条，已完成27条。

【夜景照明工程规划】 突出标志性景观区(二七广场、绿城广场、紫荆广场、文博广场)和精品街(金水路、花园路、紫荆山路、中原路、嵩山路、东西大街、郑汴路、未来大道)的夜景照明，完成精品街夜景照明规划方案、107国道沿线重点建筑及立交桥夜景照明规划方案评审。

【国道沿线及立交桥夜景照明规划】 2004年3月18日，市城市规划局在黄河饭店组织召开了郑州市107国道沿线重点建筑及立交桥夜景照明规划设计方案评审会。会议成立了由11位国内知名专家所组成的评审委员会，北京照明学会理事长肖辉乾为主任委员，清华大学建筑学院教授詹庆旋为副主任委员。

北京东芝照明设计中心有限责任公司对规划方案进行了详尽介绍，与会专家对提交的规划成果给予了高度评价，认为该规划方案内容丰富，构思新颖，具有创新精神，体现了以人为本的理念，符合郑州市夜景照明总体规划的要求，对进一步提高城市文化品位、改善城市环境，促进城市发展具有积极而深远的意义。同时，专家们也针对该规划成果提出了修改意见，对下一阶段规划设计工作的完善和提高提出了建议：(1)对107国道7座立交桥与7座人行天桥各自的关系应做深入研究，既要统一协调，有连续性，又要主次分明，各具特色。(2)立交桥方案应强调桥的功能照明，在灯光照度、色彩、图案的变化方面，要充分考虑灯光对人、车及交通的影响，避免眩光。柱列照明的方式需做进一步的推敲。(3)对107国道西侧要进一步明确和强调建筑的轮廓线；对107国道绿化景观照明及跨路3条河道的水景照明需提出设计导则。(4)摩天轮A方案色彩丰富，操作性强，可在此方案基础上，结合B方案的轿厢内透光方案，进一步深化设计。(5)在优化方案时注意节能，防止光污染。

【精品街夜景照明规划设计评审会】 2004年3月11日，市城市规划局在嵩山饭店组织召开了郑州市精品街夜景照明规划设计评审会。会议成立了由11位国内知名专家所组成的评审委员会，北京照明学会理事长肖辉乾为主任委员，北京照明学会副理事长王大有为副主任委员。

清华大学建筑学院、北京远瞻照明有限公司对规划方案进行了详尽介绍，与会专家对提交的规划成果给予了高度评价，认为该规划方案内容丰富，构思新颖，具有创新精神，体现了以人为本的理念，凸现了郑州的历史文化特征，达到了精品街的景观要求，对进一步提高城市文化品位、改善城市环境、促进城市发展具有积极而深远的意义。同时，专家们也针对该规划成果提出了修改意见，对下一阶段规划设计工作的完善和提高提出了建议：(1)在照明的亮度方面，要综合考虑景观效果、用电量、环保、节能、控制光污染等因素，增加按区域功能性质给出总体亮度分布的数值控制范围，使其具有可操作性，以便下一步的实施。(2)设计中采用的增加照明主体的方法非常好，可在广场、绿地、小游园中进一步增加雕塑、小品等内容，丰富夜景照明的内涵。(3)进一步突出规划特色，提高精品意识，重点做好绿城广场、二七广场、商城遗址以及人民公园摩天轮等重点地区和标志性建(构)筑物的规划设计，特别是二七塔夜景照明设计，要处理好与周围环境的协调，突出其标志性景观特征。(4)在精品街夜景照明的表现手法上应多元化，注重色彩搭配、光影变化，增加动感设计，对不同的街区给出具体设计的基本导则。(5)对平时、节日、重大节日控制夜景照明系统提出要求。(6)根据需要列出分期、分批实施的计划，指导中期、远期夜景照明工程。

【出入市口环境景观规划设计方案评审】 出入市口综合整治主要包括郑少路与西四环、郑上路与西四环、郑邙路与天河路、107国道与南三环等4个出入市口，总规划面积182.29万平方米，其中绿化面积116.29万平方米。景观规划设计方案已通过评审。

2004年3月13日，郑州市出入市口环境景观规划设计方案评审会在嵩山饭店举行。会议分别听取了建设部城市建设研究院风景园林所、郑州市环境艺术设计事务所、郑州市规划勘测设计研究院的方案汇报。来自规划、建筑、园林等行业的9位国内知名专家、学者组成的，以上海园林设计研究院原总工梁友松为主任委员、现代集团环境设计院院长沈立东和深圳大学教授王鲁民为副主任委员的评审委员会经过认真讨论后认为：建设部城市建设研究院风景园林所等3家设计单位完成的方案指导思想明确、构思较新颖、特色较鲜明，符合郑州市城市总体规划和城市绿地系统规划的要求，达到了设计任务书要求的深度。同时，专家们就方案中存在的不足提出以下建议：(1)出入市口是城市的大门，规划方案应突出城市出入市口的引导性和标识性。(2)设计方案应充分考虑立交桥的形式特征，并与周围环境相协调，同时还应充分重视规划范围内需保留的建筑物和构筑物，并加以有机整合。(3)绿化种植应符合行车安全的要求；游园广场的出入口位置应满足道路交通设计规范，避免人流、车流交叉。(4)方案应充分重视并进一步深化夜景照明设计。(5)绿化方案应考虑树种的搭配，兼顾四季效果，适当增加常绿树种的比例。规划内容不仅应该有工程造价概算，还应该考虑后续管理、维护的支出，尽可能降低建设与管理成本。(6)郑上路——西四环出入市口景观规划方案的立意过多，应在设计内容和表现手法上简洁一些，并应考虑与远期立交桥建设相结合。(7)天河路——郑邙路出入市口景观规划方案应与天河路的道路景观相结合，并处理好与高压走廊的关系，近期硬化铺装面积应适当减少。

【西北环环境景观规划设计方案评审】 2004年3月19日，郑州市西北环环境景观规划设计方案评审会在黄河饭店举行。会议成立了由11位国内知名专家所组成的评审委员会，澳大利亚柏涛建筑设计公司董事沈翼任主任委员，清华大学教授、中国风景园林学会顾问朱钧珍、北林地景园林规划设计院副院长徐波任副主任委员。

上海现代建筑设计集团现代建筑装饰与环境设计研究院有限公司对郑州市西北环环境景观规划设计方案分3个板块、9个节点进行了详尽的介绍。设计方案以“塑造大郑州，大生态”为设计目标，因地制宜地以“城市绿色交响乐”为设计理念，以“功能叠加理论”为基本理论，体现出传统与现代、理想与现实、总体与局部、延续与创新四方面的结合。

评委会专家对提交的规划成果给予了高度评价，认为该方案思路清晰，内容丰富，逻辑严密，主题明确，重点突出，提出了许多切实有效的对策和有价值、有特色的概念与创意，对进一步提高城市文化品位、改善人居环境、增强城市综合服务功能、促进城市有序协调发展具有积极而深远的意义。同时专家们也针对规划成果提出了修改意见，对下一阶段规划设计工作的完善和提高提出了建议：(1)以城市、建筑、园林三位一体的园林景观设计概念处理好与城市总体规划的关系，尤其是城市绿地系统的关系。(2)考虑邻近城市建设用地交通的便捷性，进一步研究各种交通流线及人行天桥等交通设施的设置，以满足功能需求及安全性要求。(3)结合现状进一步推敲植物群落的设置，树种搭配方式，乔、灌、地被植物的比例关系。(4)对环境景观节点设计需考虑在实施过程中的弹性。(5)从合理性、经济性方面考虑，进一步论证西北环与科学大道节点的主体雕塑，建议进行多方案比较，增强节点的识别性。(6)统一考虑公共交通站点、公共电话亭、公厕、人行出入口等设置及夜景照明，并结合周围环境进一步推敲小品的位置、形状。(7)应补充投入产出方面的经济分析与测算，增加方案的可行性。(8)根据城市总体规划以及城市的发展趋势，对土地利用作进一步的考虑，以提高土地利用的价值。

【铁路沿线环境景观规划设计方案评审】 实施中心城区京广、陇海铁路沿线30公里城市空间的综合整治改造规划，按照“两线五点”(京广、陇海铁路沿线，北三环与客运线节点、北三环与货运线节点、南三环节点、西三环节点、金水路节点)思路，改善铁路沿线环境景观，已完成规划设计方案评审，并根据评审会专家组意见对方案进行了修改完善。

2004年3月14日，郑州市铁路沿线环境景观规划设计方案评审会在嵩山饭店举行。会议听取了郑州市环境艺术设计事务所的方案汇报。来自规划、建筑、园林等行业的11位国内知名专家、学者组成评审委员会，上海园林设计研究院原总工梁友松为主任委员、现代集团环境设计院院长沈立东和深圳大学教授王鲁民为副主任委员，评审委员会经过认真讨论后认为：郑州市环境艺术设计事务所完成的方案指导思想明确，符合郑州市城市总体规划和城市绿地系统规划的要求，达到了设计任务书要求的深度。同时，专家们就方案中存在的不足提出以下建议：(1)郑州是全国重要的铁路交通枢纽，景观规划方案应符合铁路的使用功能要求，并考虑隔音、降尘。(2)铁路沿线景观规划应充分考虑铁路自身的特点，体现铁路两侧动态景观的特殊性，发掘和提升铁路文化，营造铁路沿线的景观视廊。客运与货运铁路两侧景观的处理手法应有所区别。(3)规划方案应考虑远、近期结合，充分考虑铁路沿线两侧的现状情况，确定合理拆迁方案，注重近期实施的可操作性和降低投资成本。(4)景观设计上应以绿为主，采用大尺度、大色块，风格宜豪放、粗犷。(5)在树种选择时，应以适地适树为原则，注重树种在铁路两侧的适生性。

【城中村改造规划】 市政府印发《城中村改造规划管理实施办法(试行)》，对城中村改造作了规范，确定了城中村的改造范围，提出了城中村改造总体规划设计要点，列出了进度时间表。2004年列入城中村改造的18个村，已完成管城区的安徐庄村，惠济区的小杜庄村、刘寨村，中原区的朱屯村、董寨村，金水区的西史赵村，中原区的岗坡村、岗杜村等8个城中村的详细规划。同时严格城市市区内个人建房的审批制度，加强对个人建房的审批管理，共办理个人建房许可证3户，面积623平方米。

(陈　燕)

规划管理

【城镇规划建设和管理】 加强县(市)城市规划工作。深入基层,督促各县(市)完善新一轮总体规划的编制和报批,各县(市)新一轮城市总体规划修编已全部完成。其中,巩义市、新郑市总体规划已被省政府批准,中牟县城市总体规划已被市政府批准。对已经批准的总体规划,要求对新的规划用地编制控制性详细规划,扩大城市规划建设用地范围内详细规划的覆盖面,突出城市特色,提高规划审批的科学性。

加大小城镇及重点镇规划的编制工作力度。根据省建设厅的安排,全面启动新一轮村镇规划工作,及时传达有关文件精神,要求各县(市)按照要求开展工作,实现村镇规划编制的两个转变。国家和省级重点镇建设规划 2004 年要完成 80%,主要街区、重点地段都要编制详细规划。对郑州市马寨镇、新密市刘寨镇、巩义市芝田镇及米河镇、中牟县谢庄镇及雁鸣湖乡等小城镇的规划进行指导,和基层领导干部积极探讨小城镇规划建设发展的路子,帮助理清思路,提出修改意见,增强规划的可操作性和规范性。

积极对省重点镇规划实施进行指导。明确要求规划的调整必须按法定程序办理,任何单位和个人都无权随意变更。各项建设项目要严格按照规划要求办理"一书两证",不符合规划要求的项目,严禁开工建设,使小城镇规划建设走上规范化、法制化的道路。按照《郑州市城市规划管理条例》的要求,加强对小城镇建设项目的规划管理。为河南华润电力(登封)开发有限公司建设等 14 个用地项目办理用地规划许可证,面积共约 181 公顷。

【市内五区规划分局挂牌成立】 随着城市化进程步伐的加快,郑州市城市规模不断扩大,人口不断增长,城市框架逐步拉大,城市规划原有的工作机构和人员显得相对薄弱,为进一步加强城市规划管理工作,加大城市规划对土地和空间资源的调控力度,适应城市新的发展需求,适应把郑州建设成为中原隆起带核心城市、国家区域性中心城市、全国重要的商贸城市和枢纽城市的需要,在市内各区成立了规划分局。2004 年 7 月 1 日,郑州市城市规划局市内五区分局正式挂牌运作。规划局直属分局作为市局的派出机构,实行垂直领导和管理。分局主要负责组织辖区内详细规划的编制和上报;负责辖区内城镇个人建房;按规定权限范围受理建设工程的申请、审批和管理;参与建设项目的前期可行性研究和方案的审查;负责辖区内建设工程的批后管理。

成立金水、管城、二七、中原、惠济五区规划分局是郑州市规划管理工作中一项重要改革,从组织机构上落实规划的集中统一领导、管理、监督、指导等职能,加大对城市规划的调控作用,实现了规划管理工作重心前移,赋予了规划管理工作新的内涵,使规划工作得以延伸到全市的各个角落,为各项规划的依法实施提供了更有力的保证。分局的成立,改变了以前各区城建部门分散管理、各自为政的状况,在市局的统一领导下,优化服务质量,完善建设工程的批前技术服务和批后监督管理。各分局重心下移,深入各社区现场办公,为基层和纳税人解决规划实施中的实际问题,增强规划工作的先导性和权威性,使规划工作深入民心,体现出规划工作"执政为民"的本质,确保了城市健康有序的发展。

【重点工程项目规划管理】 贯彻落实市委、市政府"郑发[2004]7 号"文件精神,倡导求真务实作风,促进加快发展,切实服务好市里确定的"五个一百"项目,实行局领导联系"五个一百"项目工作制度,提升服务,强化责任,依法行政。坚持强制性标准的同时,简化审批程序,提前介入,现场办公,跟踪服务,特事特办。在资料齐全时,建设项目选址意见书、建设工程规划许可证在 15 个工作日内办结,建设用地规划许可证在 25 个工作日内办结,比原规定时限至少缩短一半时间办结。已审批发放世贸商城、郑州一中迁建、正大世纪城市广场等重点项目的建筑规划许可证。

【修订城市规划管理条例】 为进一步加强城市规划工作,优化经济发展环境,2004 年结合行政执法体制的改革,对《郑州市城市规划管理条例》进行了修订,于 8 月 1 日起施行。《条例》进一步明确城市规划必须贯彻的原则、管理部门及职责、城市规划的编制和审批、建设工程选址规划管理、建设用地规划管理、建设工程规划管理、城市规划行政主管部门的权限和责任等,使规划部门的监督权、执法部门的处罚权、"一书两证"的核发、项目批后的监督管理等关键环节、规划审批与行政处罚的衔接依法得到落实。

【法律法规宣传培训】 市规划局结合《行政许可法》的贯彻实施,在绿城广场、紫荆山广场等多次举办大型城市规划知识和法律法规宣传活动,大力宣传《行政许可法》、《城市规划法》和修订后的《郑州市城市规划管理条例》,解答群众咨询和关注的问题,取得良好的效果。同时,组织编印了《郑州市城市规划管理工作手册》,汇集中央和地方的有关规划管理的法律法规和政策,既方便内部干部职工学习,又加强对外宣传。同时,为进一步提高依法行政水平,积极组织全员《行政许可法》培训,并组织进行法律知识考试,提高公务员的依法行政水平。成立法制工作领导小组,加强法制监督,确保各项法律法规的顺利实施,切实做到依法行政,依法管理。

【推行听证制度和公示制度】 按照《行政许可法》精神,依据郑州市规划管理工作的特点,重新规范规划许可格式文书,严格制定相关配套制度,并在实际工作中,按照省建设厅的要求,进一步加大了推行行政许可听证制度和规划公示制度的力度。

针对行政许可听证的特点，按照申请、组织听证、通知有关事项、举行听证、决定等程序举行听证，明确行政相对人或其他利害关系人权利，让其充分阐述自己的意见。2004年，举行多次大型听证会，收到良好的效果，引起媒体的广泛关注，充分体现了行政许可的公正、公开原则。同时，建立城市规划展示馆，继续推行公示制度，实施阳光规划，推进公众参与城市规划管理工作。实行政务公开，将办事制度、工作程序、审批时限、投诉渠道等向社会公开，并本着有利于宣传郑州、有利于提高广大市民城市意识和规划意识、有利于推进城市规划民主决策的原则，公开展示郑州市的城市发展历史、规划、实施成就及重大城市规划方案。通过省、市主流媒体及时公布城市规划和重大规划评审论证进程及审批成果，明确控制指标，有效地保护全社会的规划知情权与监督权。

【城市发展与市域城镇体系规划专题研究】 随着城市化步伐的加快，根据省、市政府关于全面建设小康社会的规划和加快城镇化的决定，2004年着手进行了郑州城市发展战略研究和市域城镇体系规划。通过发展战略研究，对一些影响地区未来发展的有利条件和重大制约因素进行深入调研，围绕郑州市作为国家区域性中心城市，陇海——兰新地带重要的中心城市等发展目标与功能定位，提出解决问题的方法与思路；制定科学可行的城市发展战略，为郑州未来城市发展提出有指导意义的政策大纲和操作步骤；以宏观战略的选择方法，构思未来郑州空间发展的基本框架。为做好该项工作，组成调研考察组，对已经或正在开展城市总体规划修编工作的成都、重庆、苏州、南京等4个城市进行相关调研。市委、市政府主要领导与委托单位举行座谈会，就总体规划修编所要达到的目标、修编工作方法与思路、各阶段组织形式、相关专题研究的范围和深度等重大问题进行讨论。在向省、市领导作了专题汇报后，形成六个结合等新思路，即城市发展战略研究应与中共中央、国务院关于加快城镇化、工业化、五个统筹发展和全面建设小康社会等指示精神相结合；与国务院1998年关于郑州城市总体规划（远景规划部分）的批复精神相结合；贯彻省委、省政府关于加快城镇化进程的决定，与中原城市群、经济隆起带的建设相结合；与郑州市近年来迅猛发展的实际情况相结合；与中原城市群发展战略研究相结合；与国内外发展战略规划做得比较好的城市进行结合。同时，积极开展市域城镇体系规划。按照要求，完成城镇体系规划的立项、调研，并列出任务完成进度时间表，细化任务书，目标明确，步骤清晰。

城市发展战略研究、市域城镇体系规划及相关的专题研究等工作进展顺利，已完成中期方案。10月25日～26日，举行了研讨会，邀请省建设厅等省直单位领导、郑州市主要领导、国内外知名规划专家在听取中期方案汇报的同时，对郑州城市发展战略、市域城镇体系规划进行了深入研讨，取得良好效果。

【服务“五个一百”】 为贯彻落实市委、市政府“郑发[2004]7号”文件精神，倡导求真务实作风，促进加快发展，扎实推进各项规划工作，市规划局专题研究部署服务“五个一百”（100个重点工程、100项技改投资项目、100家重点企业、100家重点非公有制企业和新引进100家外资企业）工作。

加强组织领导。为保证“五个一百”项目的顺利实施，规划局成立了局长张保科任组长，党组其他成员任副组长的领导小组，领导小组下设办公室，由专人负责协调和处理日常工作。

充分发挥城市规划的宏观指导作用。“五个一百”项目工作量大，涉及面广，为确保服务到位，组织全体干部职工认真学习了市委、市政府有关文件精神，根据16项措施的内容，明确各处室、各单位负责的项目，根据不同建设项目，量化目标，责任到人，要求精心组织规划编制工作，用规划指导建设，发挥规划的龙头作用，保证各项工作落实到位。

转变职能，建设服务型机关。结合城市规划的实际情况进一步转变职能，首先是由微观管理向宏观调控的转变。充分发挥城市规划在优化城市土地和空间资源配置、合理调整城市布局、完善城市功能、整合不同利益主体关系的作用，从而维护城市整体利益的实现。其次是由传统管理向依法管理的转变。改变传统规划管理中人格化的决策方式，依法建立起科学民主的管理体系，保证规划管理的科学性、合理性、可行性、连续性。最终是由被动管理向主动服务转变。在管理中坚持以人为本，贯彻激励、协调、民主、弹性的管理控制原则，主动引导被管理者自觉实现规划管理目标，在保证整体利益的前提下，兼顾投资者的局部利益。

依法行政，提升服务水平。进一步贯彻落实《行政许可法》，坚持依法行政，加强规划工作指导性，继续实行政务公开、服务承诺、限时办结、首问负责、一条龙服务、一站式办公等制度，坚持公开、公正、公平、便民的原则，优化环境，实施阳光规划，重点项目优先受理，优先解决建设用地指标，做到原则性和灵活性相统一，努力从政策、服务、法制等方面为企业创造有利的环境，解决规划管理和审批的实际问题，积极为建设项目提供优质服务，确保项目按规划健康落实。

简化程序，提高办事效率。开辟绿色通道，提高工作效率，对“五个一百”工程建设项目，在坚持强制性标准条件下，简化审批程序，提前介入，现场办公，跟踪服务，特事特办，在资料齐全时，做到在原规定时限内至少缩短一半时间办结，即建设项目选址意见书、建设工程规划许可证在15个工作日内办结，建设用地规划许可证在25个工作日内办结。

强化监督约束，实施责任追究。认真落实党风廉政建设岗位责任制，加强管理，强化监督，禁止“四乱”行为，杜绝“四难”现象。凡出现玩忽职守，办事拖拉，态度冷漠，工作不细心，责任心不强等人为因素造成严重后果的，给予严肃处理。凡发生利用职权拿卡要或出现“四乱”行为、“四难”现象的，一经查实，对责任单位给予黄牌警告，对责任人调离岗位，情节严重的，将给予党纪、政纪处分。同时，对目标任务完成好的处室、单位及个人给予奖励和表彰。

【城市规划展示馆正式开放】 城市规划展示是郑州市城市规划局实施阳光规划，提高城市规划工作透明度，加大政务公开工作力度，优化经济发展环境，引入公众参与城市规划的一项重要举措。2004 年 12 月 28 日，郑州市城市规划展示馆正式向社会开放。

此次城市规划展示对近年来郑州市城市规划工作做了一次全面的回顾、展示和总结，展厅面积近 400 平方米，全部免费向公众开放。主要内容包括：郑州城市总体规划（1995～2010 年）、郑州市综合交通体系规划及模型，郑州市中心城区总体概念性城市设计及相关分项规划设计，郑东新区总体发展概念规划方案，郑州市中州大道景观规划设计方案及中州大道重点地区规划模型等。除展示大量的图板、照片之外，还利用声光电合一的立体模型、多媒体动画、电脑触摸屏等先进技术，充分展示了郑州市城市规划建设的辉煌成果。

（陈　燕）

市政建设与管理

综　述

【概况】 2004 年 5 月，市委、市政府决定将原市政管理局和公用事业局合并为新的市政管理局。新组建的局党委带领广大干部职工，统一思想，团结一致，顺利完成了机构改革，保证了各项工作平稳过渡。全局上下紧紧围绕《政府工作报告》确定的工作重点，始终以积极主动、负重奋进的工作姿态，切实履行职责，克难攻坚，真抓实干，公用事业供给保障有力，市政建设稳步推进，管理和服务水平得到提高，经济运行状况良好，为郑州市的经济和社会发展做出了积极的贡献。

公用事业持续发展。客运交通运营能力进一步增强。新开通公交线路 28 条，运营线路达 143 条，线路总长度 2153 公里；新增公交车辆 431 台，运营车辆达 2727 台；运营里程完成 1.5亿公里，同比增长11.42%；实现客运量5.5亿人次，同比增长 27%。出租汽车行业加大稽查力度，规范客运市场，行业规模和管理达到了国内一流水平。自来水供应优质稳定。完成供水量2.16亿立方米，售水量1.73亿立方米，工业增加值完成 6903 万元；出厂水质综合合格率达 100%，管网水质综合合格率97.6%；全年维修漏点 1325 处，及时抢修率为 99%。燃气供应安全充足。外购天然气2.14亿立方米，销售1.99亿立方米；完成销售收入6.21亿元，实现利税总额 7200 万元，较上年增长 8%；市区所有煤制气已置换成天然气，新增天然气用户4.5 万户；管网及时抢修率 100%。集中供热稳步发展。完成供热量 483 万吉焦，实现销售收入1.76亿元；建立和完善远程监测调控系统，加强设备维护和技术改造，供热质量得到提高，室温合格率97.7%；供热检修、抢修及时率达到 100%。污水处理运行正常。王新庄污水处理厂全年处理污水1.07亿吨，污水处理率达到55.1%；设备完好率 95%，设施运转率 90%，出水水质达到国家二级排放标准；桥南新区污水泵站运行正常。王新庄污水处理厂荣获“全国十佳污水处理厂”称号。

市政重点工程建设进展顺利。2004年市政府对城市建设投入力度继续加大，全年续建、新建市政道路、桥梁 28 项，总投资约12.42亿元，建设道路总长度 60 公里。为了推动工程建设顺利进行，市政重点工程项目部坚持质量和工期并重，规范建设程序，完善工程监理和质量监控体系；按照施工方案，严密组织，科学安排，有步骤地稳步快速推进；在施工现场采取了洒水降尘、分段封闭等措施，努力做到安全文明施工。农业路铁路立交、桐柏路、工人路、英才街等 28 项工程已基本完工，二环路竣工通车，圆满完成了市政府下达的建设计划。这些道路、桥梁工程的建成，在完善城市路网结构、方便市民出行、促进经济发展等方面发挥出积极的作用。随着市政建设步伐的持续加快，市政企业和设计单位的综合实力进一步增强。郑州市市政工程总公司全年完成建安工作量 3.75亿元，全员劳动生产率达到27.2 万元/人·年，2004 年再度成为“全国市政公用工程优秀施工企业”。第二市政工程公司完成建安产值1.94亿元，比上年增加32.7%，连续 4 年进入河南建筑施工企业综合实力 50 强。市政工程勘测设计研究院通过了 ISO9001 认证，超额完成了勘测设计任务，南阳路立交和长江路两项工程设计荣获中国市政工程金杯奖。

基础设施建设稳步推进。邙山输水干渠改造工程已完工并投入生产运行，石佛水厂“九五滩”主体工程取得了新的进展，东周水厂未完工程基本完工，即将进行调试。新建、改造供水管网48.8公里，完成投资 5200 万元。郑东新区热电厂工程完成投资3.36亿元，敷设配套供热管网 35 公里；郑州颐和医院建设完成了总体设计方案和初步设计论证，基本实现四通一平，完成投资 5800 万元；兴隆铺热电厂二期扩建工程完成了主厂房地下工程；郑东新区热源厂征地工作已经结束，设备招投标正在进行。新建、改造了 11 条路段 17 公里的供热管网，完成投资 4861 万元。五龙口污水处理厂于 2004 年 12 月 28 日通水试运行；马头岗污水泵站和干管工程完成了规划选址、征地拆迁，部分项目开始施工，全年完成投资约 2100 万元；马头岗污水处理厂项目已进入可研阶段。新建天然气加气站 3 座，龙湖开发区天然气工程已投入使用，铺设市区管网 52 公里。公交场站建设进展有序，建成 5

个公交场站，完成投资1.05亿元。垃圾处理场建设完成了部分手续的报批工作，部分标段已经开工，进场道路工程基本竣工，完成投资7200万元。

市政设施改造成效显著。对金水路中段、丰产路、东风路、丰乐路等26条道路上的49处积水点进行了改造；新建、改造污雨水管网25.57公里；完成明沟改造2308米，市区部分路段积水严重的状况得到明显改善。各区对133条支路背街小巷实施了快车道复浇、人行道板铺装、管网改造和道路绿化，基本实现了路平、灯明、排水畅通。107沿线金水路、北环路、航海路立交，北环与郑花路立交，二七纪念塔夜景照明等工程项目全部竣工；十条精品示范街共有336幢楼体实施了夜景照明。本市已初步形成了片状观赏区域与带状观赏区域相结合的夜景照明体系，城市品位进一步提高。市政设施管养更加及时。完成道路路面维修14万平方米，大修复浇19万平方米，人行道维修11万平方米，疏挖下水管网911公里，泵站污水抽升8601万吨，道路病害率仅为0.5处/万平方米。新建、改造路灯道路173条，路灯维修时效性得到提高，照明管理步入正规。107国道、环城快速路、二七广场管理到位，规范有序。城市防汛工作扎实有效。市城市防汛办认真制定防汛工作方案和抢险预案，督促各责任单位做好防汛物料、保障器材和抢险队伍的落实，对防洪除涝设施进行了全面排查维护。进入汛期以后，精心组织调度，及时抢险排险，确保了郑州市城区安全度汛。

园林绿化建设再上新台阶。全年新增绿地面积516万平方米，新植乔木22万株、灌木247万株，新建游园34个；创建省级园林单位、园林小区10个，市级花园式单位、园林式居住区45个，省、市级绿化达标道路33条(段)；代表郑州市参加了第五届中国国际园林花卉博览会，取得1金3银5铜的优异成绩，为郑州市争得了荣誉；通过了省级园林城市复查，国家园林城市创建工作正在有序进行。各区积极筹措资金，合理选址，全年建成游园绿地34个，面积24.5公顷。熊耳河整治绿化基本完成，建成3个景区12个景点，绿地面积32.6公顷；熊耳河滨河公园已向社会开放。东风渠两岸绿化景观工程即将完成。实施了金水河上下游延伸整治工程。郑花路、西北环整治绿化任务已基本完成，科学大道整治绿化正在进行。按照色彩丰富、树种多样、因地制宜、突出特色的原则，完成了桐柏路、天下路等17条(段)主次干道的行道树新植，补植道路43条(段)，对中原东路、经七路的行道树进行了更新改造。黄河风景名胜区供水、旅游协调发展。全年完成提水量1.1亿立方米，圆满完成了城市供水任务；接待游客43.7万人次，比上年增加43.51%；炎黄二帝塑像工程正在按计划实施；邙山黄河引水枢纽改造工程可研报告已经省发改委批准。市园林处、绿化工程管理处、城区河道管理处、绿文广场管理处、世纪游乐园管理处、省工人文化宫、动物园，加强管理，突出市花月季在园林绿化中的应用，大量栽植常绿树木，充实、改造景区景点，园林景观更加完善；植物养护严、精、细、实，园容园貌干净整洁，服务意识不断增强；重大活动和重要节日期间，在市区摆放草花120万盆，美化了城市环境。园林设计施工所圆满完成了各项规划设计、施工管理及工程监理任务，同时积极参与市场竞争，市场份额逐步扩大。雕塑公园建设取得新的进展，举办了首次雕塑公园及城区雕塑总体规划建设预选作品展，城区雕塑总体规划调研工作正在积极开展。

市容环境卫生保持了较高水平。进一步完善长效管理机制，坚持检查通报制度，全市道路均实现了"双班制"作业；继续开通"711新闻环卫快车"，组建应急队伍，及时解决群众反映的热点问题；全面开展定时上门收集垃圾活动，规范城市垃圾的收集、清运和处理；严格管理建筑垃圾运输车辆，有效遏制了私拉乱倒现象；洒水降尘范围逐步扩大，市区空气质量得到改善。全年新建公厕33座，全市453座公厕免费向社会开放，公厕管理进一步规范；在30条景观路设置了新型果皮箱；垃圾中转站改造步伐不断加快。着力做好首届世界传统武术节等重大活动、重要节日期间的市容管理工作，坚持不间断地督促检查，净化、美化了市容市貌。户外广告和限制养犬工作规范有序。

市政公用事业改革逐步深化。把握"改革、稳定并重，社会效益与经济效益兼顾"的原则，积极稳妥地推进公用事业的发展和改革。一是结合企业生产经营的实际情况，加快人事、用工和收入分配三项制度改革，在管理思想、管理办法和管理手段上逐步与市场经济接轨，服务效率和营运效益稳步提高。供水、供气、供热、公交、污水处理等企业的产权制度改革正在积极推进。二是采取多种形式，引进民营资本和国外资金，引入新的经营管理模式，逐步实现投资主体多元化，拓宽企业的生存和发展空间，减轻政府的负担。污水净化公司与美国MTI公司、燃气集团与香港华润集团的合作已进入实质阶段，郑东新区热电厂合作、合资项目也在谈判之中。三是探索建立与新形势相适应的行业管理制度，建立公开、公平、公正的市场环境。严格市场准入制度，加强了公用企业、市政和园林绿化设计、施工企业的资质管理，行业管理更加规范。

行业管理法规逐步完善，依法行政力度加大。一是制定完善行业管理法规。为使行业法规更为科学、符合实际，先后拟定了《郑州市燃气管理条例》修正案、《郑州市户外广告设置管理条例》修正案，已形成征求意见稿；适应市政公用事业改革和发展的需要，完成了《郑州市市政公用事业特许经营办法》、《郑州市户外广告有偿使用管理办法》的调研、论证和修改工作。二是贯彻落实《行政许可法》，全面推进依法行政。认真清理了一批行政许可项目；对现行法规中的执法主体、执法依据等进行了清理整顿，规范了行政执法程序和执法文书。各行业行政执法队伍健全制度，完善程序，加大了对各种违法行为的处罚力度，规范了行业秩序；加强对执法行为的监督检查，执法能力和水平得到提高。重视科技工作，鼓励科技创新。依据科技创新与实际工作紧密结合的原则，整合科技力量，完善科研体系，注重推广应用，组织申报了一批科技含量高、开发前景好，能够促进行业发展的科研项目。全年安全生产形势良好，没有重大伤亡责任事故发生。坚持“安全第一，预防为主”的工作方针，层层落实责任制；组织开展了“安全生产月”、“安康杯”等竞赛活动，强化安全意识；坚持重大事故隐患登记、报告和销案制度，整改燃气管道占压396处，维修消火栓210个，新建172个；全面细致地开展安全生产大检查，消除事故隐患。

各县(市)、区市政管理工作取得长足发展。市内五区努力克服资金紧张、拆迁量大等困难，积极参与中心城区综合整治工作，圆满完成了创建优美庭院和舒适小区、街景市容综合整治、游园绿地建设、支路背街小巷改造等整治项目，中心城区面貌发生了显著变化。六县(市)和上街区围绕创建卫生城市、园林城市，加快基础设施建设步伐，强化市政管理，市政、环卫、园林绿化等各项管理工作都上了新台阶，人居环境明显改善。

【机构改革】 2004年7月13日，中共郑州市委办公厅、市政府办公厅印发《郑州市市县人民政府机构改革实施意见》(郑办[2004]31号)，根据该实施意见，市公用事业局与市市政管理局合并，合并后的名称为郑州市市政管理局，为市政府工作部门。2004年8月6日，郑州市人民政府办公厅印发了《郑州市市政管理局(市园林局)职能配置内设机构和人员编制规定》，确定郑州市市政管理局(市园林局)是主管城市市政、公用事业、市容环境卫生、园林绿化、户外广告管理的市人民政府工作部门，负责城市市政、公用事业、市容环卫、园林绿化、户外广告、风景名胜区、夜景照明、城市防汛、限制养犬等项管理工作。

郑州市市政管理局内设办公室、组织人事处、宣传教育处、计划财务处、政策法规处、安全生产管理处(郑州市燃气管理处)、工程建设管理处、综合督查服务处、道路桥梁管理处、城市绿化管理处(郑州市城市绿化办公室)、公园及风景名胜区管理处、城区河渠管理处、户外广告管理处、照明灯饰管理处、市容环卫管理处、城市客运交通管理处、科技处(总工室)17个职能处室。下属郑州市市政工程管理处、郑州市公共交通总公司、郑州市自来水总公司、郑州市燃气集团有限公司、郑州市热力总公司、郑州市市政工程总公司、郑州市黄河风景名胜区管理处、郑州市污水净化有限公司、郑州市市政工程勘测设计院、郑州市园林处、郑州市绿化工程管理处、郑州市环境卫生处、郑州市城市公共交通客运管理处、郑州市城区河道管理处、郑州市绿文广场管理处、郑州市世纪游乐园管理处、省工人文化宫、郑州市高等级公路管理处、郑州市照明灯饰管理处、郑州市环城快速路管理处、郑州市园林设计施工所、郑州市动物园、郑州市环卫洒水车队、郑州市二七广场管理处、郑州市第二市政工程公司、郑州市市政公用基础设施综合开发公司、郑州市豫通市政公用工程监理有限公司、郑州市公用事业劳动服务公司、郑州市环境雕塑建设研究所、郑州市市政工程质量监督专业站30个企、事业单位。

【行风建设】 深入开展“增强服务意识，加强行风建设”活动。局机关进一步完善了行风建设的规章制度，整顿工作作风，按照《行政许可法》的要求，规范机关服务行为，加强办事大厅建设，修订和完善办事程序，为市民提供方便。注重行风建设宣传，12月17日、18日，局系统分别在绿城广场、紫荆山广场举办了大型宣传服务活动，加强与市民的沟通，取得市民的支持和理解。公交总公司推出“爱心巴士”流动服务车，深入社区为市民服务；开通公交网站，拓宽了市民与公交的沟通渠道；出资500多万元，为老年人办理免费乘车卡15万余张；在市区开展优化公交线路“听民声、纳民意、为民谋”活动；根据季节变化和市民的乘车需求，及时调整线路、车辆和发车时间，104路电车服务班组荣获“全国用户满意服务明星班组”称号；为解决上街区市民乘车难问题，公交公司在上街区投资成立分公司。自来水总公司为用户印制《供水服务指南》10万份，发放征求意见问卷6000份；大力推进“一户一表”改造，全年完成约5万户；自来水总公司营业处被评为市职业道德建设“十佳”单位。燃气集团公司为让用户能安全方便地使用天然气，印制、发放20万份《天然气用户使用手册》；承建的郑州环城快速路燃气管网工程荣获全国燃气行业首个市政示范工程奖。热力总公司从各供热区聘请60名市民代表作为供暖监督员，并通过新闻单位就供暖事项大力宣传。各公园、广场及绿化处、黄河风景名胜区，在重大节日、首届国际武术节等重要活动期间，以大局为重，克服自身困难，圆满完成了上级交办的接待游览、美化环境等任务。市政总公司、第二市政公司、市政工程管理处、照明灯饰处加强对施工现场的管理，以人为本，认真落实文明施工措施，尽量减少对周围居民的影响。对破路施工现场实行全过程跟踪管理，对施工单位严格要求，施工人员统一挂牌上岗，统一作业标志服装，现场设置公示牌，公布监督电话，自觉接受市民监督。环卫处狠抓道路清扫保洁工作，进一步规范城市垃圾的收集、清运和处理，加大了环卫设施、设备的投资力度，市容市貌明显得到改善。继续发挥“立刻办”的快速反应能力，为群众解决实际问题，及时处理突发事件。全年“立刻办”网络共接收电话154131个，市民反映的热点、难点问题得到了及时、妥善处理，受到各级领导和广大市民的好评。

【精神文明建设】 各级党组织重视精

神文明建设工作，成立机构，列入重要议事日程，组织开展多种活动，并在人员、时间、经费上给予保证。组织了“增强服务意识，加强行风建设”大型广场宣传活动。继续开展“道德规范进万家”活动。与市委宣传部、市公安局联合在出租车行业开展了“做商都文明使者，树郑州出租形象”优质服务活动，组织了“郑州市出租车行业商都3600年”知识竞赛活动，并选出优秀团队参加全市竞赛。为发挥出租车司机中党员的先锋模范作用，在部分出租车公司建立了党组织。认真开展争创文明单位、文明岗位和“月评文明市民”活动，涌现出了一批文明单位、文明班组和文明个人。组织局系统园林绿化工、下水道养护工、道路清扫工技能竞赛活动，200多人参加竞赛，在竞赛的基础上选拔4人参加全省职业技能竞赛，取得较好成绩，获优秀组织奖。在市直机关运动会中，市政局取得团体第二名，获优秀组织奖。加强了对工、青、妇群团组织的协调指导。组建局机关工会，召开了局机关职工大会，选举机关工会主席、副主席。各级工、青、妇组织活动丰富多采，较好地调动了广大职工和团员青年的工作积极性。

（赵 杰）

市政建设

【市政设计】 2004年，郑州市市政工程勘测设计研究院共完成设计项目310个，计1580个专业工程，全年设计建安产值36亿元。其中，市重点工程项目部完成56条道路设计、郑东新区123条道路设计及高新技术开发区、经济技术开发区和外地市道路设计，并完成燃气热力工程、路灯照明、汽车加气站、公交场站等项目的设计任务。已完成的设计项目折合工作量为：勘察线路235公里，测量长度246公里，道路工程197公里（共503万平方米），雨水工程215公里，污水工程179公里，给水工程16公里，燃气工程85公里（共40项），热力工程80公里，道路照明工程215公里，通信工程154公里，桥梁10座，共3.4万平方米；雨污水泵站4座；CNG汽车加气站1座；公交场站6座。设计优良率达95%以上。

设计项目主要有：郑东新区龙子湖纵贯一路及纵贯三路、龙子湖外环路、中央大道、金水东路、扬子路、庐山路、CBD地区照明、市二环道路系统、未来大道、西环路上跨化工路立交、新柳路东风渠桥、汽车加气站工程、市公交汽车场站、高新技术开发区和经济技术开发区市政工程以及承接外地的路桥等工程。

（李新亚 刘 纲）

【市政重点工程建设】 2004年市政府对城市建设投入力度继续加大，全年续建、新建市政道路、桥梁28项，总投资约12.42亿元，建设道路总长度60公里。为了推动市政重点工程建设的顺利实施，市政重点工程建设项目部坚持质量和工期并重，规范建设程序，完善工程监理和质量监控体系；按照施工组织方案，严密组织，科学安排，有步骤地稳步快速推进；在施工现场采取洒水降尘、分段封闭等措施，努力做到安全文明施工。至年底，农业路铁路立交、桐柏路、工人路、英才街等28项工程基本完工，圆满完成了市政府下达的建设计划。

【农业路下穿铁路编组站立交桥工程】 农业路穿越铁路编组站立交工程全长1600米，主要建设内容包括桐柏路至朱屯东路道路工程，立交西引坡、东引坡工程，沙口路跨农业路立交、人行天桥及铁路立交主体工程。其中：铁路立交主体工程全长490米，为两孔16米箱涵，包括7座箱形框架桥及3座公路桥，道路、引坡及立交主体部分红线宽60米，其道路断面布置为：60米（红线）—5米（人行道）—10米（非机动车道）—4米（隔离带）—22米（机动车道）；沙口路上跨农业路半苜蓿叶型立交，全长662米，其中立交主体为184米，桥宽16米，匝道总长1958米；岳砦跨农业路人行天桥1座，总长度47.2米，桥宽3.5米。

【桐柏路工程】 南起航海路，北至冉屯路，全长6019米，规划红线宽45米，断面为45米（红线）—5.5米（人行道）—3.5米（自行车道）—2米（花坛）—23米（机动车道）。同期配套建设的有给水、燃气、热力、电力、照明、有线电视等各种地下管线工程。

【秦岭路道路及立交工程】 南起棉纺路，北至冉屯路，全长1690米，道路红线宽45米，断面为：45米（红线）—4.5米（人行道）—5米（非机动车道）—2米（绿化带）—22米（快车道）；铁路立交段红线宽60米，断面为：8米（非机动车道）—16（机动车道）—8米（非机动车道），三孔钢筋砼箱涵。同步建设有污水、雨水、给水、燃气、热力及其他管线。

【工人路工程】 工人路南起长江路，北至光明路，全长760米，规划断面为25米（红线）—5米（人行道）—15米（车行道）—5米（人行道）。同期配套建设污水、雨水、给水、照明、交通设施、绿化、供热、供电、电信、有线电视等管线。

工人路南起航海路，北至天下路，全长272米，红线25米，规划断面为：25米（红线）—5米（人行道）—15米（车行道）—5米（人行道）。与道路同步施工的有雨水、污水、给水、热力、燃气、电讯、有线电视、绿化、照明及交通设施等工程。

【英才街工程】 西起田园路，东至107国道，全长2700米，规划红线30米，断面布置为：30（红线）—3.5米（人行道）—1.5米（花坛）—20米（车行道）。同期配套建设污水、雨水、给水、照明、交通设施、绿化、供热、供电、电信、有线电视、宽带网络。

【桑园路工程】 鑫苑路至畜牧路，全长661米，红线宽20米。道路断面布置为：20米—4.5米（人行道）—11米（车行道）—4.5米（人行道）。与道路同步施工的有给水、热力、燃气、电讯、有线电视、宽带网络、绿化、照明及交通设施等工程。

【兑周路工程】 北起航海路，南至南三环，全长 2343 米，红线宽 20 米，断面布置为 20 米—4.5米(人行道)—11米(车行道)—4.5米(人行道)。与道路同步施工的有雨水、污水、五龙口回水干管、给水、热力、燃气、电讯、有线电视、宽带网络、绿化、照明及交通设施等工程。

【天下路工程】 西起桐柏路，东至郑密路，道路全长 1013 米，道路规划红线 20 米。一幅路形式，规划断面布置形式:20 米—4.5米(人行道)—11 米(机动车道)—4.5米(人行道)。桥梁工程:在天下路跨金水河处，需修建长 22 米、宽17.5米钢筋砼桥 1 座。与道路同步施工的有污水、雨水、桥梁、给水、燃气、热力、电力、照明及其他管线等。

【城东路工程】 南起航海路，北至陇海路，全长 2035 米，道路规划红线 35 米。道路断面分两部分。其中第一部分:陇海路至货栈街段，长 203 米，规划断面为 35 米—3 米(人行道)—29 米(机动车道)—3 米(人行道)；第二部分:货栈街至航海路段，长 1828 米，规划断面为 35 米—3 米(人行道)—2.5米(非机动车道)—1.5米(花坛)—21 米(机动车道)—1.5米(花坛)—2.5米—(非机动车道)—3 米(人行道)。与道路同步施工的有给水、热力、燃气、电讯、有线电视、宽带网络、绿化、照明及交通设施等工程。

【桐柏北路工程】 南起冉屯路，北至五龙口南路，全长 806 米，红线宽 45 米，断面布置为:45 米—5.5米(人行道)—3.5米(非机动车道)—2 米(绿化带)—23 米(机动车道)—3.5米(非机动车道)—5.5米(人行道)。与道路同步施工的有雨水、污水、五龙口回水干管、给水、热力、燃气、电讯、有线电视、宽带网络、绿化、照明及交通设施等工程。

【沙口路工程】 北起刘砦路，南至农业路，全长 1925 米，道路规划红线宽 30 米，断面布置为:30 米(红线)—4 米(人行道)—9 米(机动车道)—4 米(中间花坛)—9 米(机动车道)—4 米(人行道)。与道路同步施工的有污水、雨水、给水、天然气、热力及其他管线等。

【五龙口南路工程】 西起电厂西路，东至桐柏北路，全长 1943 米，道路规划红线 45 米，两幅路形式，断面布置:45 米—3 米(人行道)—3.5米(非机动车道)—2 米(绿化带)—11.5米(机动车道)—5 米(绿化带)—11.5米(机动车道)—2 米(绿化带)—3.5米(非机动车道)—3 米(人行道)。与道路同步施工的有给水、热力、燃气、电讯、有线电视、宽带网络、绿化、照明及交通设施等工程。

【农业路工程】 西起京广铁路，东至经三路，全长 4957 米。规划道路红线宽度 41 米，一幅路形式，设计断面:41 米—5.5米(人行道)—30 米(车行道)—5.5米(人行道)。与道路同步施工的有给水、热力、燃气、电讯、有线电视、宽带网络、绿化、照明及交通设施等工程。

【经三路工程】 南起金水路，北至农业路，全长2564.48米，规划道路红线宽度 35 米，设计断面 35 米—3.5(人行道)—2 米(绿化带)—5 米(非机动车道)—14 米(机动车道)—5 米(非机动车道)—2 米(绿化带)—3.5米(人行道)。与道路同步施工的有给水、热力、燃气、电讯、有线电视、宽带网络、绿化、照明及交通设施等工程。

【长江东路工程】 西起京广南路，东至客技路，全长2379.96米。规划道路红线宽度 55 米，设计断面 55 米—4.5 米(人行道)—6 米(非机动车道)—5.5米(绿化带)—23 米(机动车道)—5.5米(绿化带)—6 米(非机动车道)—4.5米(人行道)。

【商贸北路工程】 南起商城东路，北至金水路，全长1083.41米。规划红线宽度 45 米，设计断面:45 米—5.5米(人行道)—6 米(慢车道)—3.5米(绿化带)—15 米(快车道)—3.5米(绿化带)—6 米(慢车道)—5.5米(人行道)。

【未来大道(货栈街——航海路)工程】 南起航海路，北至金水路，全长4734.73米，规划道路红线宽度 50 米，三幅路形式，设计断面:50 米—3.5米(人行道)—4 米(非机动车道)—6 米(绿化带)—23 米(机动车道)—6 米(绿化带)—4 米(非机动车道)—3.5米(人行道)。其中未来大道与东编组站相交处为下穿式立交桥，钢筋砼框架结构，与石化路相交为跨线桥梁，跨熊耳河架桥。

【文化北路工程】 南起北三环路，北至北绕城公路，全长约 8000 米，红线宽 60 米，断面为:60(红线)—4 米(人行道)—4 米(绿化带)—16 米(车行道)—12 米(绿化带)。同期配套建设污水、雨水、给水、照明、桥梁等项工程。桥梁工程包括:新建穿越连霍高速公路立交桥 1 座，新建跨贾鲁河与贾鲁河支河桥各 1 座。

【朱屯东路工程】 西起桐柏路，东至嵩山路，全长1997.59米。规划道路红线宽度 45 米，两幅路形式，设计断面 45 米—3 米(人行道)—3.5米(慢车道)—2 米(绿化带)—11.5米(机动车道)—5 米(绿化带)—11.5米(机动车道)—2 米(绿化带)—3.5米(慢车道)—3 米(人行道)。

【纬五路工程】 西起经八路，东至未来大道，全长3453.26米，规划道路红线宽 30 米，设计断面 30 米—3.5米(人行道)—3.5米(非机动车道)—2 米(绿化带)—12 米(机动车道)—2 米(绿化带)—3.5米(非机动车道)—3.5米(人行道)。与道路同步建设的有污水、雨水、给水、燃气、热力、电力、照明、交通等工程。

【黄河路工程】 西起南阳路，东至东明路，全长4627.33米。规划道路红线宽度35米，设计断面35米—3米（人行道）—4米（非机动车道）—3米（绿化带）—15米（机动车道）—3米（绿化带）—4米（非机动车道）—3米（人行道）。与道路同步建设的有污水、雨水、给水、燃气、热力、电力、照明、交通等工程。

【鑫苑路工程】 为东风渠两侧的景观道路，西起鑫苑名家，东至107国道，全长260米，规划红线30米，一幅路形式，规划断面布置为：30米—4.5（人行道）—21米（机动车道）—4.5米（人行道）。与道路同步建设的有污水、雨水、给水、燃气、热力、电力、照明、交通等工程。

【东风东路工程】 西起经三路，东至107国道，北邻东风渠，全长1300米，规划红线30米，一幅路形式，规划断面布置为：30米—5米（人行道）—20米（机动车道）—5米（人行道）。与道路同步建设的有雨水、给水、燃气、热力、电力、照明、交通等工程。

【渠东（北）路工程】 东风渠两侧的景观道路，北起北三环路，南至花园路，全长1860米，规划红线20米，一幅路形式，规划断面布置为：20米—4.5米（人行道）—11米（机动车道）—4.5米（人行道）。与道路同步建设的有雨水、给水、燃气、热力、电力、照明、交通等工程。

【渠西路工程】 东风渠两侧的景观道路，北起北三环路，南至东风路，全长1600米，规划红线15米，一幅路形式，单侧布置人行道。规划断面布置为：15米—4米（人行道）—11米（机动车道）。与道路同步建设的有污水、雨水、给水、燃气、热力、电力、照明、交通等工程。

【长江西路工程】 全长1461米，规划道路红线宽55米，为三幅路形式，断面布置为：55米—4.5米（人行道）—6米（非机动车道）—5.5米（绿化带）—23米（机动车道）；长江路跨金水河处设计为简支梁桥，跨径为20米，宽度与道路一致。与道路同步施工的有给水、热力、燃气、电讯、有线电视、宽带网络、绿化、照明及交通设施等工程。

【燕凤路工程】 南起郑汴路，北至商城东路，全长586.78米，红线宽35米，为一幅路型式，断面为：35米—5米（人行道）—25米（车行道）—5米（人行道）。该工程上跨熊耳河，设计为三跨简支桥梁结构。2004年只对桥梁工程进行修建。

（刘 俊）

市政设施养护

【市政设施管理养护】 2004年，郑州市市政工程管理处完成年度工作量1.51亿元，比上年增长17.4%，为年计划的168%。其中，养护维修工作量3082万元，为市下达城建计划的131%；大修新建工作量1.05亿元，为年度计划的182%。全年新增固定资产（包括设备）投资505.9万元，年底固定资产原值达到6818万元，比上年增加8%。

全年共完成道路设施维修58.7万平方米。其中，道路路面零修14万平方米，路面大修复浇19.16万平方米，稀浆封层施工面积11.6万平方米，人行道板维修10.78万平方米，路名牌更新及杆牌周边人行道板专项整修4.2万平方米，市管道路维修率达7%。市区10条精品街基本实现路面主要病害达到零病害率的养护工作目标。

城市排水维护作业方面，疏挖下水道911千米，改造积水点49处，泵站污水抽升8601万吨。下水道疏挖合格率达到92.93%，实现了市区主、次干道排水疏挖污泥不落地，其他路段随挖随清，污泥积存不过夜，污水排水干管基本消除冒溢现象，汛期道路积水状况有较大好转。

按照"突出重点，兼顾全面"的指导思想，集中财力和维护力量对市区金水路、郑花路等"10条精品街"和人民路、紫荆山路等市区30条重要道路的各类设施病害开展整治工作，加大桥梁设施维修力度，更换、维修桥梁栏杆4066米；粉刷、清洗桥体近3万平方米；积极开展路名牌改造工作，组织实施路名牌更新改造后杆牌周边道路整治。市政设施重点整治工作的实施，使市中心城区道路设施完好状况得到明显提高，各项社会效益指标均达到市主管局下达的年度指标要求和标准，道路完好率达到93%，超过建设部规定的"优良"等级标准，其外观形象、设施品位都有较大改观和提升。

市政工程管理处由于工作成绩突出，顺利通过了"省级文明单位"的审验。分别被省建设厅、省市政工程协会授予"河南省市政工程质量工作优秀企业"、"河南省市政行业管理先进单位"。

【中心城区雨污水管网（积水点）改造】 按照郑州市人民政府颁发的《郑州市2004年中心城区综合整治工作方案》要求，郑州市城区开展了雨污水管网（积水点）改造工程，并计划用2年（2004年～2005年）时间基本解决市区积水问题。

雨污水管网（积水点）改造工程自2004年2月底动工，共计完成积水点改造工程51处，雨污水管网改造工程25.57公里。其中，明沟改造2308米，完成产值5200万元。在已完成积水点改造工程项目的城市道路路段，汛期积水现象得到明显改观，效果显著。

在6月12日、6月24日、7月9日等几场大雨后，道路积水状况与往年情况对比，排水效果十分明显。以实施改造前积水最严重的丰产路（东明路至姚砦路）积水点为例，7月9日大雨降水量达68.5mm，改造前，此降水量退水时间需要18小时，实施改造后退水时间不足半小时，且在暴雨中没有发生交通中断情况。另外，丰乐路、金水路与东明路交叉口、淮河路与京广路交叉口等原积水严重地带都出现显著的排水效果。

【主要积水点改造工程】 按照工程计划安排，2004年2月10日开始对金水路中段、丰产路、东风路、丰乐路等26条道路上的51处积水点实施改造，2004年11月份全部完工。主要积水点改造工程：

沙口路积水点改造工程：该工程南起金水路，北至二环支路，由郑州市市政实业公司负责施工。工程于3月9日开工，5月28日竣工。共铺设d300mm砼管400米，d500mmPE管80米，增设雨水收水井28座。

丰乐路积水点改造工程：该工程南起劳动路，北至南丰街，工程于3月10日开工，5月15日竣工。由河南省建筑工程总公司和省第五建筑安装工程有限公司共同施工。共铺设D300mm砼管282米，D500mm砼管30米，D700mm砼管774米，新增雨水检查井24座、收水井60座。

经一路丰产路积水点改造工程：该工程分为丰产路(东明路——姚砦明沟)、经一路(丰产路——农业路)两部分，于3月6日正式开工，5月23日完工。由郑州市市政维修建设公司施工。改造工程共铺设D300mm砼管645米，D600mm砼管100米，D700mm砼管18米，D800mm砼管861米，D900mm砼管346米，新增雨水检查井37座、收水井100座。

金水路七中积水点改造工程：该工程西起防疫路，东至健康路，于3月18日开工，5月29日完工。由郑州市市政实业公司负责施工。改造工程共铺设D400mm砼管730米，新增雨水检查井1座、收水井21座。

金水路积水点改造工程：该工程东起未来大道，西至燕凤路，全长2080.4米。2月12日正式开工，6月24日竣工。由河南世通建设工程有限公司、市政工程管理处维修建设公司等4家单位联合施工。工程共铺设D200mm砼管15米，D300mm砼管450米，D500mm砼管30米，D600mm砼管1212米，D600mmPE管200米，D700mm砼管143.4米，D1100mm砼管30米，新增雨水检查井51座、收水井117座、出水口1个。

经七路积水点改造工程：该工程南起金水路，北至黄河路，于3月10日开工，6月28日竣工。由省矿业建设有限责任公司和省建筑水利工程有限公司施工。改造工程共铺设D300mm雨水砼管456.5米，D400mm雨水砼管172.2米，D500mm雨水砼管425米，D600mm雨水砼管353米，D700mm雨水砼管50米，新增检查井78座、收水井20座。

【主要雨污水管网改造工程】 按照工程计划安排，排水管道改造工程经七路雨水、东明路污水、未来大道污水等61项改造工程项目于2004年3月11日起相继动工建设，共完成雨污水管道改造工程22.01千米。与市重点工程同步施工的雨污水管网改造工程先后在农业路、黄河路、纬五路实施排水管道改造和建设。在农业路增加埋设污水干管3100米(管径D1200mm～D1500mm)，在黄河路的健康路口、黄河北街路口、经五路口同步施工，在纬五路的经七路口、经六路口、经四路口、经二路口、东明路口实施了同步施工，预埋各类管径的排水管道18条，合计长度约460米。主要污水改造工程：

二环支路污水工程：该工程西起沙口路，南至二环支路立交桥，由郑州市市政工程管理处和辉县市市政工程处负责施工。工程于3月18日开工，5月15日完工。共铺设D400mm砼管72.8米，D500mm砼管202米，新增雨水检查井18座。

东明路污水改造工程：该工程北起红专路，南至红旗路，于3月18日开工，5月29日完工。由郑州市市政维修建设公司负责施工。改造工程共铺设D300mm砼管48米，D500砼管25米，D800砼管12米，D1100mm砼管337.5米，新增检查井9座。

【明沟改造工程】 共完成市区明沟改造2308米。完成姜砦明沟下游段(园田路至东风渠)改造工程1558米；完成纬五路(姚寨)明沟改造工程380米；完成丰庆路北段明沟改造工程160米；完成健康路明沟下游段改造工程210米。

主要明沟改造工程：

姜砦明沟(劳动路——东风渠)改暗涵工程：该工程于元月底开工，6月30日完工。由郑州市市政维修建设公司承建。工程全长3.2公里，将原敞开式的明沟全部改为暗涵。主要工程量为：3.6米×2.8米×2方涵450米，3.6米×2.8米×3方涵1135米，检查井16座。工程完工后，极大增强了郑州市北部地区的泄洪能力，同时有效改善了沿沟居民的生活环境。

【纬五路拓宽改造工程】 该工程是郑州市道路改造重点工程。工程西起经八路、东至未来大道，全长3453.26米，规划红线宽30米。自9月12日开工，11月30日全部完工。由郑州市市政维修建设公司承建。主要工程为：新铺设污水管道1300米、雨水管道3373米，铺设机动车道路面56808平方米、非机动车道路面11969平方米、人行道板41000平方米。

【市区主、次干道稀浆封层养护】 为认真贯彻"养早养好"的市政设施养护维修方针，郑州市市政工程管理处积极开展道路稀浆封层养护作业，以早期预防处置道路病害。2004年共组织完成20条市区主、次干道40余个路段的稀浆封层施工，合计面积达11.6万平方米。主要路段有：沙口路(军供站西侧——金水路交口)2212m^2、西站路(铁路线西侧)1974m^2、南阳路(兴隆铺路——富田丽景门前)12070m^2、伊河路(工人路——桐柏路)7194m^2、工人路(建设路——颍河路)11488m^2、中原路(郑州大学——绿城广场)1486m^2、淮河路(兴华南街交口、郑州电视台门口、京广路交口、大学路交口)8905m^2、人民路(金水河桥——太康路)5818m^2、伏牛路(中原路——淮河路)10100m^2、兴华北街(金水河桥——中原路)1963m^2、天明路(农业路交口北、群英路交口北)2878m^2、秦岭路(棉纺路——建设路)3505m^2、棉纺路(河医立交桥下、嵩山路交口、国棉一及六厂门前)5675m^2、陇海路(大学路交口、京广路交口、紫荆山路交口、城东路交口)6800m^2、建设路(桐柏路——秦岭路)8181m^2、京广路(航海路——陇海路慢车道)10979m^2、西环路(科学大道交口)3352.9m^2、东明路(陇海路——货栈街)1468m^2、新郑路(陇海路向南)2067m^2。

(许 磊)

【环城快速路养护管理】 建立了全面养护、及时发现、及时维修、突击抢修相结合的道路养护管理工作机制,全年维修车行道1.6万平方米,补栽树池侧石7500米,更换人行道板1000平方米,更换各类井盖框209套(件),基本消除了因井盖丢失所造成的安全隐患。处理环城快速路冒水20余起,处理道路塌方8起。对南三环大学路明沟、南三环花寨路明沟、南三环长江路口污水管道、西环淮河路口污水管道进行了改造,共铺设直径500毫米砼管120米、直径300毫米砼管40米,恢复人行道板160平方米。实施了北环铁路跨线大桥防腐工程,彻底消除了各种安全隐患;抢修伸缩缝129米;加强对照明灯饰的养护维修,明灯率达100%。保质保量完成了176.8万平方米路面的清扫保洁任务。为提高道路绿化美化水平,全年修剪草坪、绿篱12次,累计修剪面积1080万平方米;清理花坛、花带内垃圾600车;新植乔木1158株,灌木8570株,补栽麦冬4万余平方米。

【107国道市区段养护管理】 按照城市道路的管理标准,推行了人力养护、机械养护和机动养护三位一体的养护模式,加强桥梁、道路设施的检查、维护及更换工作,共挖补坑槽1089平方米,更换维修井盖110套,修复栏杆310米,治理立交桥沉陷350平方米。加强了泵站管理,及时排除道路积水,泵站泵机完好率为100%。严格破路管理,规范破路施工,杜绝了随意破路现象,道路完好率为98%。加强道路绿化管理,修剪绿篱110万平方米,修剪树木31400株,清除杂草3000余立方米。完成清扫面积累计10亿多平方米,清运垃圾10900立方米,清洗隔离墩105000余块,保持了国道干净整洁。认真开展路政巡查工作,查处较大路政案件24起,索赔13.9万元;拆除各种非公路广告牌、标牌、条幅1168个;清理违章占道经营4946处(次);查处、制止在公路用地内非法埋设管线146处,清除立交桥桥体及路灯杆广告3800余处(次)。

(赵 杰)

【城市防汛】 立足于防大汛、抢大险,积极做好各项防汛准备工作。一是进一步健全防汛指挥网络,强化以行政首长负责制为核心的各级防汛责任制,对全市主要积水路段实行市政工程管理处领导成员责任点制度,使各级领导在防汛工作上做到了思想到位,指挥到位。二是狠抓汛前准备工作。在大汛到来之前,对全市雨水管道、明沟出水口进行彻底疏挖,对泵站设施进行全面检修,对近两年来投入使用的积水点改造工程进行全面复查,同时对部分道路积水区进行排水设施改造,完成东明路经一路交口、金水路(七中门前)、金水路东段(民航大酒店)等26条道路上的51处积水点治理改造工作,敷设管道累计总长17000米。完成市区主要泄洪通道姜砦明沟的封闭改造,累计改造长度2308米。三是加强防汛一线队伍建设,实行定领导、定任务、定人员、定工具,进行人员培训的"四定一训"制度,切实做好防汛抢险队伍的组织、培训、演练。四是做好防汛物资的储备工作。五是严格防汛值班制度和工作纪律,做好通讯联络、汛情通报、信息传递等方面的工作。保证抢险队伍迅速到位。在汛期做到了全天候、全方位保持预警状态,一旦险情出现,迅速出动,奋力抢险。此外,为保证雨天行人车辆的安全,设计生产了300套具有警示标志的井盖挡污框,在全市广泛使用,收效良好。

2004年汛期郑州市经历的10场大(暴)雨中,市政工程管理处共出动防汛抢险人员5000余人(次),各类抢险车辆800余辆,其中高压射水车、发电机、运输车辆等专业机械近160辆(台),安设窨井防护网1300余套(次)。全处职工冒雨排除道路积水,及时处置路面塌方,认真履行岗位职责。

(许 磊)

【路灯建设及改造工程】 2004年路灯建设和改造工程共完成投资5970.1万元,施工道路173条,实现亮灯150条(段)。其中,路灯改造工程完成投资2097.6万元,施工道路129条,长度65.3千米;共敷设高压电缆16.2千米,低压电缆71.5千米;组立灯杆2008基;安装灯具1952套;亮灯道路129条。新建和扩宽道路的路灯建设完成投资3872.53万元,施工道路44条,长度161千米;敷设高压电缆53.8千米,低压电缆67.1千米;组立灯杆1822基;安装灯具2611套;亮灯道路21条。

2004年已实现亮灯改造的道路有:北庆里(福庆里——熊耳河)、北下街西街、博爱街(书院街——东大街)、布厂街(陇海路——铁路)、柴火市街(东太平里——东太康路)、大象路(文化路——大象出版社)、代书胡同(黄殿坑——管城街)、德成街(陇海路——东三马路)、丁新街(南大街——紫荆山路)、鼎新街(鼎新街——书院街)、东豆腐寨(南关街——张家门)、兑周南路(航海路——政通路)、二里岗(豫筑路——管城分局家属院)、二里岗街、二里岗南街(城东南路——二里岗)、福庆里(陇海路——新民路)、岗杜街(卫生路——南阳路)、工农路(后牛庄内)、弓庄南街(城东南路——西)、管城东街(商城路——北)、管城后街(清真寺小区——工三街)、管城西街(商城路——管城后街)、合作路(金水路——棉纺路)、华丰里(菜市街——上元街)、黄家门(铁路——印刷厂街)、建新北街(建新街——建新东街)、建新街(金水路——建新北街)、建新中街(金水河——建新北街)、刘家胡同(维新街——砖牌坊街)、陇海北一街(新郑路——紫荆山路)、绿化街(黄河路——红旗路)、马寨街(京广北路——火车站)、民乐北里(南关街——熊耳河)、民乐东里(民乐北里——陇海路)、民东南里(民乐东里——熊耳河)、民乐中里(民乐南里——民乐东里)、南关北街(新郑路——家属院)、南关菜场(东三马路——民乐北里)、南乾元街(菜市街——东三马路)、南学街(管城南大街——南顺城街)、潘张街(京广路——材料厂)、仁寿里(东三马路——家属院)、瑞光路(二环支路——铁路)、三官庙街(郑上路——华山路)、商城东里(商城东路——熊耳河桥)、书院街(紫荆山路——南大街)、宋家门(豫丰街——铁路边)、塔湾51号胡同(塔湾路——家属院)、唐子巷(南大街——主事胡同)、桃源南街2号院(桃源路——兴华南街)、铁工里(和平路——沿河路)、王立砦北街(合作路——铁路)、维新街(砖牌坊街——西大街)、维新里、纬二路(东明路——未来大道)、纬四路(东明路——未来大道)、文物研究所门前路、西陈庄中路(铭功路——煤厂北拐)、西中和路(中原立交——沿河路)、西中和路前街(京广北路——西中和路)、西中和前街(中原立交——马寨街)、小赵砦街(陇海中路——永安东街)、小赵砦中街(永安东街——家属院)、新圃南街(新圃街——航海路)、徐砦北二路(北环——徐砦)、豫丰街(布厂街——铁路边)、张家门(东豆腐寨——布厂街)、纸袋厂小巷、砖牌坊街(西门南拐——平等街)、自由路(农业路——家属院)、自由路(解放路——二道街)、政七街(农业路——东风路)、宋砦北街(南阳路——丰乐路)、徐砦北路(徐砦东路——北环路)、延陵街(西大街——德化胡同)、洛阳路(信阳路——北环)、红专一街(政七街——家属院)、红专二街(政七街——家属院)、红专三街(政七街——家属院)、畜牧路(经三路——107国道)、群众路(天明路——丰庆路)、园丁路(俭学街——家属院)、徐砦东路(花园路——徐砦北路)、农科路(花园路——经三路)、俭学街(文化路——园丁路)、红专路(文化路——丰乐路)、经二路(农业路——德亿路)、金水路高压(南阳路——健康路)、宋砦南街(天明路——丰乐路)、赵庄街(桐柏路——欧丽路)、群众路(南阳路——开元小区)、宋砦北街高压(南阳路——索凌路)、丰乐东路(丰乐路——北环路)、宋砦北街(丰乐路——丰乐东路)、和平西路(和平路——西中和路)、朱屯西路(西站北街——朱屯路)、交通路南街(航海北街——淮河路)、经一路(金水路——纬二路)、卫生路(优胜南路——优胜北路)、老郑密路(大学路——交通路)、杨庄街(城东路——杨庄街)、和平路(中原立交桥北路————铁工里)、丰产路(文化路——东三街)、冉屯南路(秦岭路——冉屯路)、南丰街(丰乐路——天明路)、姚寨路(纬五路——丰产路)、沙口路(兴隆铺路——刘砦路)、热力路(东明路——铁路)、畜牧路(花园路——黄家庵)、索凌路(宋砦南街——北环)、健康路(金水路——黄河路)、黄河路(东明路——107国道)、东风路(花园路——经三路)、兴南街(南阳路——储备仓库)、兴隆铺路(南阳路——沙口路)、法院西街(管城街——顺城街)、金苑路(丰乐路——索凌路)、南乾元街(菜市街——东三马路)、新圃街(京广路——新圃南街)、公安干校(西四环——公安干校)、石化路(城东路——107国道)、中原立交桥北路(京广路——和平路)、颍河西路(华山路——洛达庙)、代庄南街(京广路——石柱路)、商城东路(东明路——建业路)、西山路(江山路——执法局)、信阳路(索凌路——文化路)、丰乐路(群众路——宋砦北街)、建业路(金水路——郑汴路)。

已实现亮灯的新建、拓宽道路有:英才东路(花园路——田园路)、英才西路(木马西街——张三公路)、英才中路(张三公路——田园路)、开元路(郑邙路——文化路)、开元东路(文化路——香山路)、郑上路(云台路——西流湖)、货栈街(城东路——未来大道)、秦岭路(棉纺路——冉屯路)、秦岭路立交(棉纺路——钢铁路)、桐柏路(中原路——冉屯路)、桐柏路(中原路——淮河路)、桐柏路(航海路——淮河路)、桑园路(畜牧路——鑫苑路)、工人路(长江路——天下路)、桂园街(开元路——滨河路)、民主路(解放路——太康路)、天河路(郑邙路——绕城公路)、天下路(郑密路——桐柏路)、兑周路(航海路——南三环)、经三路(农业路——金水路)、农业立交(桐柏路——沙口路)

正在施工新建、拓宽道路有:朱屯东路(桐柏北路——嵩山路)、渠东北路(北三环——花园路)、东风东路(经三路——107国道)、渠西路(东风路——北三环)、商贸路(商城东路——金水路)、经三路(农业路——北三环)、纬五路(经八路——未来大道)、未来大道(航海路——金水路)、新柳路(金杯路——花园路)。

(赵　杰)

【创建巾帼文明岗】 2004年,郑州市市政工程管理处排水泵站公司张花庄泵站荣获全国“巾帼文明岗”荣誉称号。张花庄泵站位于郑州市老107国道以东城郊结合部,始建于1964年,是郑州市现有的第一大污水泵站,流域面积18.52平方公里,日抽升量15万吨。城市东部工业污水和家属区生活废水源源不断流入泵站蓄水池,再经此泵站提升排放出去。站上11名女工担负着郑州市东北部的污雨水抽升排放任务,由于污水量大、杂物多,泵站女工承担着繁重的格栅清理任务，她们以“宁愿一人脏，换来万人洁”的精神，在自己的工作岗位上做出了突出的贡献。

（许　磊）

城市供热

【概况】 2004年是热力总公司在市委、市政府、市政管理局的正确领导和大力支持下从小格局向大格局迈进的一年，同时也是郑州市集中供热遭遇前所未有的困难和压力的一年。由于国家加大对小煤矿的整治力度，供热主要原材料煤的价格持续大幅上涨，加之煤炭质量下降，煤炭运输紧张，致使供热成本急剧上升；随着社会各界对集中供热认可程度的提高，对集中供热质量的要求越来越高；同时，郑州市2004年冬季异常寒冷，供热价格却保持不变；供热发展不均衡，部分区域满负荷运营，许多供热设备超期服役等诸多不利因素影响着供热的安全和经济运行，致使集中供热出现严重亏损。加上2004年热力总公司大项目全面开工建设，3月份国家开始实施宏观调控政策，严格控制信贷规模和土地征用，各大银行压缩投资，原本承诺的项目资金不能兑现，项目建设困难重重。面对困境，公司全体员工坚持以邓小平理论和“三个代表”重要思想为指导，以“统一思想、凝聚力量、内强素质、外树形象、促进发展、保持稳定”为总体目标，团结一致，攻坚克难，奋力拼搏，开拓创新，全面完成了各项工作任务，集中供热继续保持良好发展态势，工程建设项目稳步推进，竞争激励机制不断完善，企业文化建设得到进一步加强。

【生产和经营】 面对煤价飞涨、煤源紧张等不利因素和困难，为确保供热质量，热力总公司积极应对，重点加强煤炭管理，提出“合理定煤价、严把进煤关、确保煤质量、搞好煤配比、抓好煤燃烧”的总体要求。同时在夏季就高标准、严要求地着手布置冬季运行工作，明确提出“高度重视、扎实工作、规范服务、安全运营、提高水平”的目标。由于着手早、准备充分，郑州市集中供热所覆盖的东区、西区、北区均提前达到供热条件，从11月13日可根据合同随时供热。冬运开始后，公司供热部门按照总公司的部署，发扬拼搏精神，通过提高管理效率、深挖内部潜力等有效措施，努力降低煤炭价格上涨带来的压力；狠抓各项规章制度的落实，进行制度化管理、量化管理；深化内部改革，推行绩效挂钩的分配制度，充分调动员工工作积极性；加大资金和技术投入，全年投资320万元完成大修技改项目28项；全面推广热网平衡调度经验，加强交流，共同探讨煤的配比、燃烧技术，努力提高热源产出率和热网运行效益；开展技术比武、劳动竞赛等活动，进一步提高员工队伍的整体业务技能；加强对外宣传，规范供热服务，从社会各界聘请60名代表对供热服务进行监督。通过落实一系列有效措施，确保了供热质量，保证了供热的安全、平稳，得到社会各界的认可。

2004年热力总公司在郑州市东区、西区和北区共投入6个热源、7个供热单位的供热设施，共完成供热量483万吉焦，完成产值16665万元，实现销售收入17634万元，上缴国家利税495万元。各项经济技术指标均按要求超额完成任务：设备完好率100%，服务态度良好率100%，报修及时率100%，供热质量良好率98%，室温合格率达99.9%，用户满意率98%，热费收缴率97.7%，努力节能降耗增加产出，东区蒸汽出口压力、末压力分别为7Kg和3Kg，室温合格率、热费收缴率、供热面积增长率连续9年名列全国同行业前茅。

经营管理方面，由于郑州市集中供热补贴“暗补改明补”，加之供热发展的不均衡，供热负荷趋于饱和，部分区域满负荷运营及许多供热设备超期服役等不利因素，给供热收费和经营管理带来一系列困难和挑战。面对严峻形势，热力总公司经营部门以“四个确保”作为发展供热用户的指导思想，积极稳妥、有的放矢地发展供热面积，新增供热面积54.43万平方米，使集中供热继续保持稳定的发展速度；针对物业公司代收热费过程中出现的新问题，及时制定相关政策，加大热费收缴力度，取得一期热费收缴超过1.2亿元的好成绩。

【工程建设】 2004年，热力总公司根据《郑州市国民经济和社会发展“十五”计划纲要》和郑州市城区总体热力规划，各大项目全面开工建设。3月份国家开始实施宏观调控政策，严格控制信贷规模和土地征用，各大银行原本承诺的项目资金不能兑现，项目建设举步维艰。面对困难，公司领导认真研究国家宏观调控政策，及时调整工作思路，经过半年的艰苦工作，公司建设项目全部达到了国家审批条件，郑东新区热电厂项目得到国家发改委的批复。项目建设方面，工程办和各项目筹建部门克服重重困难，不断探索、总结、完善、提高，从办理手续、组织招投标、签订合同、协调内外关系到现场监督、工程节点把关、控制工程投资等严格控制各个环节，保证了项目建设健康有序地发展。

【郑东新区热电厂工程】 该工程位于中牟县白沙镇，是省、市重点工程，也是郑州东区的主要集中供热热源。2001年11月8日经国家计委批准立项，设计年发电量1949GWH，年供热量4.32×10^{12} KJ。总装机容量1000MW，整个工程分两期进行，一期工程为2×200MW，二期工程为2×300MW。2004年5月21日至23日，可行性研究报告通过专家组论证；2004年，经过努力，该工程顺利完成了选址征地、环境影响评估、主机订购等工作，完成了“五通一平”、烟囱桩基、两个冷却塔桩基及主厂房的场地平整和打桩准备工作。

【兴隆铺热电厂扩建工程】 兴隆铺热电厂工程是郑州市热力总公司兴建的第一个热电工程项目，位于郑州市北郑，占地16.13公顷，一期工程总投资5.1亿元，建设规模2×2.5万KW发电机组，2003年12月18日顺利竣工。二期工程是根据《郑州市国民经济和社会发展“十五”计划纲要》和郑州市城区总体热力规划在原有基础上扩建的热电工程，建设规模为2×5万KW发电机组，配3×220t/h煤粉锅炉。兴隆热电厂扩建工程已完成烟囱及2＃冷却塔的基础工程，1＃冷却塔已施工至上环梁阶段，主厂房施工至24米。

【郑东新区热源厂工程】 郑东新区热源厂位于郑东新区龙子湖区，占地7公顷，是郑东新区重要的集中供热热源，建设规模为8×58MW热水锅炉，总投资23250万元。工程共分二期建设，一期工程拟建58MW热水锅炉4台，供热能力为232MW，可供采暖面积425.57万平方米。一期工程可行性研究报告已审批通过，基本具备开工条件。

【供热管网扩建工程】 为满足全市集中供热发展的需要，2004年热力总公司工程部门克服工程量大、工期紧、地下情况复杂等困难，按时完成了热力管网敷设和热交换站的建设任务，全年敷设管网12条路段、17.64公里，完成热交换站17座。

【颐和医院工程】 颐和医院工程位于郑东新区，省重点工程，占地24.5公顷，总投资4.9亿元。已完成总体设计方案和初步设计工作，完成投资5800万元。

【多种经营】 2004年，多种经营作为公司运作格局的一部分，始终按照“统筹兼顾、协调发展”的要求，紧紧围绕总公司的中心任务，充分调动一切积极因素，积极探索新的经营管理模式，不断提高驾驭市场经济和应对复杂局面的能力，确保了各项工作顺利进展，多种经营正常运作。

沃力饮品有限公司。2004年，面对纯水市场的激烈竞争，该公司创新机制、规范管理，成功完成水站经营机制的改革；强化营销队伍建设，加强成本控制，努力化解原材料上涨的压力；主动回避恶性竞争，争夺大品牌市场份额。全年实现销售收入574万元，同比增长13％，减亏46万元，实现利润4.3万元，彻底摘掉亏损的帽子，实现了历史性的突破。

金光塑胶制品有限公司是郑州市热力总公司与韩国合作的一家中外合资企业，总投资规模5000万元，主要产品是PP—C管材、管件及配套附件，年产3500吨。2004年金光公司进一步完善内部管理，以市场为龙头，以生产为中心，以质量为准绳，实现效益管理。

万力酒店和万力商务进行了一系列制度改革，积极适应市场需求，增强服务观念，拓宽经营领域，以规范化、人性化服务理念引导消费，不断增加新的经济增长点。

【深化公司内部改革与管理】 随着热力总公司大格局实质性运作的全面展开，公司工程项目增多，投资大，涉及面广，项目包干、分散管理的体制已不能适应公司发展的需要，为此，针对实际情况，2004年积极推行工程体制改革，不断完善竞争激励机制，使管理进一步由粗放型转向集约型。首先，成立工程建设领导小组，设立工程管理办公室，下设15个职能处室，对工程项目实行专业化、集约化管理；其次，将工程管理控制权上移，管理权下放，真正实现规范化运作、规避风险、权责明确、各负其责、提高效率、保证质量、合理投资、计划用钱、强化监督、流转顺畅。同时，在干部选拔上，打破常规，首次拿出新设置的工程项目管理部门的10个处室负责人岗位在全公司范围内进行公开招聘，坚持以“公开、公平、公正”的原则选拔人才，极大地调动了全体干部职工干事创业的积极性，也使一批政治素质好、有能力、能干事的年轻人走上管理岗位，给企业发展注入了新的活力。

强化财务管理、提高融资水平。2004年是热力总公司基本建设强力推进的一年，工程项目多、投资大，年初各项工程刚刚全面启动，3月份国家开始实施宏观调控政策，为保障公司建设发展的需要，财务部门一方面规范支出，加强监管，一方面理顺关系，积极融资。公司财务部门积极与国家开发银行进行接触沟通，经过艰苦的工作，终于争取到国家开发银行对郑东新区热电厂全部贷款的承诺，并在12月份一次投放贷款3亿元，使工程项目得以顺利进行。在此基础上，又初步达成未来5年内郑州热力发展项目所需资金计划均由国家开发行全部授信长期贷款的意向，为公司发展打下了良好基础。

【依靠科技振兴热力】 2004年加大资金和技术投入，全年投资320万元完成大修技改项目28项，提高了供热质量和供热效率。在东区、西区、北区全面推广热网平衡调度经验，实现流量的平衡调节，努力提高热网运行效益和管网输送效率；加强经验与技术交流，共同探讨煤的配比、煤的燃烧技术新方法，做好“合理定煤价、严把进煤关、确保煤质量、搞好煤配比、抓好煤燃烧”工作，发挥现有供热设施的设计能力，扩大吨汽供热面积，提高热源产出率；大力开展技术比武、劳动竞赛等活动，进一步提高了员工队伍的整体业务技能；同时，学习、引入现代先进的管理思想和管理方法，努力降低供热成本，提高了热能利用率和投入产出比。

【供热优质服务】 为了提高应对供热突发事件的能力，建立有效的供热服务保障体系，确保供热服务质量，成立了突发事件领导小组，制订了《供热突发事件处理预案》，设立11支排除故障、服务用户的“供热服务小分队”，并设置9部24小时不间断服务热线电话和1部服务监督电话，随时接受用户咨询和投诉，大型抢险设备“热力工程抢险车”全面投入使用，真正做到了应急有预案、指挥有机构、抢修有队伍、设备有保障。2004年共接热线电话2523个，其中表扬电话210次。热线服务态度良好率100%，报修及时率100%，用户满意率98%，被评为2004年度市政局热线服务工作先进集体。

【企业文化建设】 2004年认真开展“三讲一树”和“三优杯”竞赛活动，加大社会公德的宣传，推动基本道德规范的学习，增强员工的文明意识和道德素质；开展《观念》、《执行力》、《没有任何借口》3本书学习教育活动，倡导员工爱岗敬业，引导职工转变观念，增强竞争意识、责任意识和进取意识，营造了团结进取，共谋发展的良好企业文化氛围；努力办好《热力报》，统一思想、鼓舞士气，全年共编辑出版18期；加强对外宣传和交流，分别同各大媒体联合制作“711热线·热力专题”、“《大河报》面对面专版访谈”等一系列供热专题栏目，全年发表稿件334篇，多渠道、多角度充分展示了热力员工昂扬向上的精神风貌，树立了热力总公司良好的社会形象。

【党群工作】 公司党委突出重点，紧紧围绕“三个代表”重要思想和中央经济工作会议精神等主题，采取灵活多样的学习方式抓好党员的思想教育工作，提升党员思想素质，激发党员工作热情；以基层组织集中整顿为契机，加强党组织建设，增强党组织的战斗力和凝聚力；坚持不懈地抓好党风廉政建设和行风建设，努力增强党员干部拒腐防变能力。

工会认真落实企业民主管理制度，利用召开职工大会及出版墙报、简报等多种形式，推进企务公开和职工合理化建议活动，真正让职工知情参政；围绕公司生产建设，深入开展职工技术比武等群众性活动，在全公司范围内掀起学知识、练技能的新高潮；重视女工工作，引导和帮助女职工增强“四自”精神，提高女职工综合素质；通过举办歌咏比赛等文体活动，丰富职工的文化生活。

团委加强组织建设，积极开展创建“青年文明号”活动，组织了热力、电缆、白鸽3家单位千名青年广场宣誓活动和首届“青春风采大赛”，从不同侧面展现团员青年的青春风采，激发奋发向上的工作热情，充分发挥团员青年在三个文明建设中的生力军和突击队的作用。

2004年争优创先取得丰硕成果：公司荣获全国信息化工作先进集体、省市政公用行业先进集体、省“安康杯”竞赛优胜企业、市保密工作先进单位、市劳动和社会保障工作先进单位、市优秀思想政治工作先进单位、市共青团系统先进集体等荣誉称号，连续9年获得市政公用系统完成年度责任目标先进单位。

（王力艰）

城市燃气

【概况】 2004年，郑州燃气集团保持了强劲的发展势头，经济效益再创新高。全年外购天然气2.135亿立方米，同比增长36.86%；销售天然气1.986亿立方米，同比增长37.92%；新增天然气用户4.5万户。2004年度公司新增市区管网、汽车加气站等基础建设投资1.26亿元，新建天然气汽车加气站3座，销售车用天然气2660万立方米；铺设天然气市区管网52公里。年初完成了龙湖开发区天然气工程并正式供气。2004年8月8日，将郑州市区所有煤制气置换成天然气。全年设备完好率100%，表具更换103%，管网抢险、抢修及时率100%，8855777热线服务合格率、及时率100%。2004年，郑州燃气集团按照市委、市政府经济工作部署，最终确定引进华润集团为战略投资者。5月，华润集团高层访郑，并与市政府签订了双方合作的框架协议。合作的实质性工作逐步开展。

【工程建设】 2004年，集团按照“面向市场、强化管理、提升能力、重点突破”指导思想，以外环燃气管网工程和郑东新区天然气项目建设为重点，不断完善配套工程建设。多次组织和协调有关部门，共同确定郑东新区供气路线图，加紧工程施工，努力保证金水安置小区、管城安置小区等几个重要安置小区的通气，对整理出具备验收条件的约40公里管线，组织进行了联合验收。同时，组织有关部门和下属单位提前介入，熟悉具体情况，模拟运行管理。东区管网已全面置换通气，管城、金水安置小区用户已如愿使用上天然气，二期管线建设正逐步展开。

【主营业务】 2004年度，重点开拓天然气工商业用户和车用燃气市场，健全市场开发和客户服务体系，超额完成了各项经济责任目标。全年新增天然气用户4.5万，民用户总数达到50.8万户，新发展工业用户20户，总户数为38户；新发展商业用户190户，总户数已近1000户；改装燃气汽车2551辆，燃气汽车总数达到4079辆。郑州市燃气用户中，民用、工业、商业、车用气比例为38.1∶23.4∶22.8∶15.7，用气结构更加均衡和科学。燃气股份公司2004年总销气量1.986亿立方米，比上年增长5460万立方。新建成天然气加气站3座，加气站总数达到7座；全年销售车用天然气2660万立方米，仅此单项业务的销量就接近1998年郑州市天然气总公司、郑州市煤气公司合并时全年销气量的二分之一。

【市场开发】 登封郑燃燃气有限公司是燃气股份公司正式对外开发的第一个燃气项目，已于2004年2月完成工商注册手续，并完成10公里的管线敷设，供气场站的征地拆迁和工程建设正在推进，第一批用户的庭院管网设计已初步完成。同时，公司还参与了西安燃气市场合作开发的有关工作，完成了对南阳市燃气市场投资的前期调研和投资荥阳燃气项目的可行性分析报告。公司其它业务的市场开发也取得了显著成绩：防腐公司对外加工量已占总加工量的三分之一；调控公司的产品除保证郑州市场需要外，已销往省内其它区域的市场和山东、河北、山西、宁夏等省，最大的合同订单额达百万元；工程公司取得了工程承包一级资质，设计公司取得了设计甲级资质，为公司的工程建设和设计业务走向市场，增强竞争力，实现做大做强打下了良好的基础。

【安全管理】 一是重新调整并完善内部安全管理体系，建立了从领导层到班组的三级安全管理网络机构，完善了管理制度，健全了各类抢险预案，逐级签订《安全消防责任目标书》。二是增加安全管理投入，扩充技术和安全管理人员编制，投资购置配备了抢险专用车辆、工具、仪器等，实行抢险 24 小时值班制度。三是加强对燃气地下管网和地面重要设施的安全巡护和检测，加快实施阴极保护工程，全年实施调压箱绝缘 3000 余台，调压柜 200 余台。四是提高巡查频率和质量，全年修复漏铁点 3992 处，进行有效抢险 122 次，出动抢险人员近 3000 人次。五是清理违章占压工作扎实有效。全年共清理违章占压 428 处，违章整改率71.5%，清理总数已达 2197 处。聂庄集贸市场占压燃气管线问题于 4 月份得到妥善解决。

【优质服务】 开展了“提升服务水平，打造企业核心竞争力”大讨论活动，以服务促效益，由经营产品变为经营服务的理念深入人心，员工服务意识进一步增强。增设了服务工作职能处室，投资改造和完善了热线服务系统，向社会公开了承诺服务内容，全面落实服务约束制度、一次性告知制度和首问负责制。启动了用户报装微机管理系统，用户报装用气更加方便快捷。坚持开展“规范服务、春暖万家”活动，深入居民小区为群众提供更多的业务服务和便利服务。定期召开行风建设分析会，对服务监督、回访和行风评议中反馈的意见进行分析整理，逐条落实。

2004 年，集团和股份公司共有 17 个窗口单位被继续认定为“2004 年度郑州市青年文明号”。股份公司工程公司第一项目部被授予河南省“青年文明号”，抄表员吴倩被评为郑州市遵守职业道德“十佳标兵”称号，巡线员高存军、管线所张青岩被评为“郑州市文明市民”。股份公司第五营业所被团中央和国家建设部授予全国“青年文明号”荣誉称号。

（郑秀杰）

城市供水

【概况】 2004 年，郑州市供水首次遏制了自 1996 年以来售水量下滑的趋势，全年售水量完成17266.86万立方米，同比增加 0.77%；供水量完成 21639.53万立方米，同比增加1.69%；尽管遭遇到“物业罢收”这一极为困难的情况，水费回收率仍达 98%，全年亏损3368.53万元，同比减亏109.91万元。2004 年管网水质综合合格率为 99.692%，管网压力合格率为 99.97%，管网修漏及时率为97.59%，160 热线服务合格率达到 99%。全年新增供水管道72.66千米。

2004 年总公司全面推行“一法三卡”等安全生产管理制度，坚持安全优质供水，全年未发生任何安全责任事故，未出现人员轻伤以上事故。获得全国总工会、国家安全生产监督管理局颁发的全国“安康杯”竞赛优胜单位奖牌。

在生产中，不断探索研究水质处理新方法，进行了“曝气池遮光除藻试验”、“聚合铁和聚合铝对比试验”、“直饮水试验”等解决藻类、有机物污染的新途径，其中“直饮水试验”已经申报省科技攻关项目。

【邙山输水干渠改造工程】 邙山输水干渠第二期工程石佛沉沙池至枯河分水井输水管道于 10 月 29 日进入生产运行管理，邙山输水干渠明渠改暗管17.4公里管道工程全部完成。

【柿园水厂综合改造】 自来水总公司投资对所属柿园水厂进行工艺及环境改造。改造后的柿园水厂经过半年的运行，各项生产工艺的技术水平都有很大提高，出厂水水质有了明显提高，浊度由改造前的0.5—0.6NTU 降到 0.2—0.3NTU；制水成本仅反冲洗耗水量一项每天节约 6000 多立方米；药耗指标降低 10%；清水池调节能力也有所提高。同时对厂区进行了整体规划，增加了绿化面积，2004 年底获得首批省级“园林绿化单位”荣誉称号，成为一座设备先进、运行安全、水质优良、环境优美的现代化水厂。

2004 年新增(改造)管道统计表

序号	名称	起止地点	管径(DN)	长度(M)	材质	造价(万元)	完成日期
1	六冶公司家属楼	庭院管网改造	300	870	球铁	51.27	2004.12
2	CBD 内环路	郑东新区 CBD 内环路	500	3300	球铁	550.51	2004.12
3	电力机械家属院	庭院管网改造	300	890	球铁	53.62	2004.12
4	白庙村	文化路——小铺路	300	920	球铁	67.00	2004.12
5	代庄西街	航海路——张魏寨小学	300	918	球铁	67.39	2004.12
6	兴华南街	航海路——长江路	400	680	球铁	84.54	2004.12

序号	名称	起止地点	管径(DN)	长度(M)	材质	造价(万元)	完成日期
7	环城路	环城路与黄河路交叉口	400	720	球铁	95.12	2004.12
8	郑花路	开洛高速——贾鲁河	400	1320	球铁	169.68	2004.12
9	淮河路	桐柏路——西三环	500	1625	球铁	259.94	2004.12
10	金水路	107 国道——新 107 辅道	800	5100	球铁	118.16	2004.12
11	郑汴路	庐山三路——新 107 辅道	500	241	球铁	28.90	2004.03
12	太行路	金水东路——珠江三路	300	79	球铁	5.60	2004.30
13	衡山路	郑汴路——经北六路	400	460	球铁	39.10	2004.05
14	泰山路	金水东路——珠江三路	400	347	球铁	29.51	2004.12
15	泰山路	金水东路——珠江三路	600	234	球铁	35.09	2004.12
16	东风路	107 国道——扬子路	400	858	球铁	72.93	2004.12
17	农业东路	金水河——金水东路	300	450	球铁	31.50	2004.12
18	农业东路	金水河——金水东路	500	482	球铁	58.30	2004.12
19	东风路	经三路——107 国道	300	1244	球铁	87.00	2004.12
20	工人路	航海路——光明路	400	106	球铁	9.35	2004.12
21	第三城市轴线	CBD 内环——东风路	400	220	球铁	18.70	2004.12
22	第四城市轴线	CBD 内环——东风路	500	98	球铁	11.80	2004.11
23	农业路	桐柏路——沙口路	600	1400	球铁	522.45	2004.11
24	英才路	田园路——花园口路	400	209	球铁	17.20	2004.02
25	郑东新区	CBD 外环	300	635	球铁	45.10	2004.12
26	扬子二路	扬子三路——扬子路	300	141	球铁	10.00	2004.02
27	扬子三路	扬子路——黄山路	300	148	PE	10.50	2004.11
28	扬子六路	衡山路——黄山一路	300	338	球铁	24.92	2004.11
29	扬子五路	扬子路——黄山路	300	150	球铁	11.00	2004.11
30	CBD 第一大街	CBD 内环——CBD 外环	300	23	球铁	1.63	2004.04
31	CBD 第二大街	CBD 内环——CBD 外环	300	164	球铁	12.00	
32	CBD 第六大街	CBD 内环——CBD 外环	300	308	球铁	21.90	2004.12
33	CBD 第七大街	CBD 内环——CBD 外环	300	164	球铁	11.48	2004.11
34	CBD 第八大街	CBD 内环——CBD 外环	300	158	球铁	11.06	2004.02
35	CBD 第九大街	CBD 内环——CBD 外环	300	171	球铁	11.95	2004.11
36	CBD 第十大街	CBD 内环——CBD 外环	300	165	球铁	11.55	2004.02
37	CBD 第十一大街	CBD 内环——CBD 外环	300	162	球铁	11.38	2004.04
38	CBD 第十二大街	CBD 内环——CBD 外环	300	157	球铁	10.99	2004.11
39	CBD 第十八大街	CBD 内环——CBD 外环	300	164	球铁	11.52	2004.11
40	沙口路	农业路——刘寨路	300	1650	球铁	115.50	2004.12
41	桐柏北路	开元小区——五龙口南路	400	638	球铁	52.39	2004.12
42	五龙口南路	电厂西路——桐柏北路	300	1758	球铁	123.06	2004.12
43	桑园路	畜牧路——鑫苑路	300	659	球铁	46.13	2004.03

序号	名称	起止地点	管径(DN)	长度(M)	材质	造价(万元)	完成日期
44	英才路	木马西街——文化路	400	167	球铁	14.20	2004.04
45	长江路	嵩山路——南三环	400	1429	球铁	121.53	2004.12
46	金水东路	商贸路——熊耳河	800	588	铸铁	147.00	2004.03
47	工人路	光明路——长江路	400	717	球铁	60.95	2004.12
48	工人路	航海路——天下路	400	547	球铁	93.65	2004.03
49	黄山路	金水东路——扬子三路	300	1345	球铁	94.10	2004.12
50	黄山一路	扬子七路——扬子四路	200	221	球铁	15.47	2004.06
51	黄山二路	金水东路——扬子三路	300	966	球铁	68.60	2004.06
52	黄山三路	扬子五路——扬子三路	200	351	球铁	21.00	2004.12
53	扬子七路	衡山路——黄山路	300	220	球铁	15.60	2004.11
54	渭水五路	庐山一路——庐山三路	300	781	球铁	54.67	2004.11
55	庐山二路	渭水五路——中央大道	300	486	球铁	34.02	2004.11
56	庐山路	郑汴路——中央大道	400	473	球铁	40.20	2004.02
57	珠江一路	泰山路——太行路	300	248	球铁	17.60	2004.11
58	珠江一路	泰山路——太行路	300	272	球铁	19.30	2004.11
59	金水东路立交辅道	金水东路——CBD内环	600	162	球铁	24.30	2004.11
60	庐山一路	珠江路——中央大道	200	1582	球铁	98.51	2004.11
61	商贸路	金水东路——商城东路	400	1083	球铁	148.59	2004.11
62	南乾元街	东三马路——菜市街	300	294	球铁	20.58	2004.11
63	法院西街	北顺城街——管城街	300	272	球铁	19.04	2004.11
64	长江路	京广南路——客枝站	400	2347	球铁	199.80	2004.12
65	兑周路	航海路——南三环	300	1976	球铁	138.30	2004.03
66	崂山二路	珠江三路——郑汴路	200	1082	球铁	67.19	2004.11
67	崂山三路	珠江三路——郑汴路	200	1126	球铁	70.80	2004.11
68	文化路	北三环——北绕城公路	400	913	球铁	77.56	2004.12
69	文化路	北三环——北绕城公路	400	6622	球铁	1328.06	2004.12
70	黄河路	南阳路——花园路	400	2075	球铁	763.00	2004.11
71	朱屯东路	桐柏北路——嵩山路	300	1966	球铁	242.30	2004.12
72	金水东路	东三环——东四环	600	1745	球铁	261.75	2004.12
73	未来大道	金水路——航海路	400	908	球铁	77.18	2004.12
74	纵贯一路	第一东西横贯——安置区外环	300	562	球铁	39.34	2004.12
75	姚桥路	东三环——贾鲁河南路	400	1110	球铁	94.35	2004.12
	合计			65160		7527.23	
76	用户报装			7500		203.19	
	总计			72660		7730.42	

（朱　林）

城市客运交通

【城市公交】 2004年，郑州市公共交通总公司全体职工以“三个代表”重要思想为指导，开拓创新，全面发展，取得了较好的经济效益和社会效益，完成了全年的各项任务，进一步巩固了公交总公司在城市客运中的主导地位。截至年底，总公司在册职工人数6893人，离退休职工1115人，拥有运营车辆2727台，运营线路143条，线路长度2152.75公里，企业资产总值7.35亿元。全年客运总量5.5亿人次，同比增长27.02%；运营里程1.5亿公里，同比增长11.54%；运营收入36064.1万元，同比增长24.13%；车厢服务合格率96.37%；车辆整洁合格率95.99%；车辆(设备)完好率98.60%；工作车率96.23%；行车责任事故频率0.66次/百万公里；新开线路28条；新增车辆431台；改造天然气车辆414台；IC卡发卡总量112万张。

加大公交投入，改善市民乘车环境，全面提升公交服务能力。全年投资1.2亿元购置新颖、美观、舒适的公交车431台，投入到运营生产一线。新开线路28条，调整、整合城区公交线路38条，延长20条公交线路的早晚收发车时间。与此同时，整顿线路运营秩序，通过实行早晚高峰时间车辆加密，检查车辆间隔等措施，降低车辆满载率，进一步改善市民乘车环境。加快场站设施建设速度，确保运营高效快捷。在市政府的高度重视和市政管理局等局委的大力支持下，公交场站建设项目部积极开展工作，场站建设取得重大进展，开工建设12个公交场站，其中位于高新技术开发区腊梅路和石化路等5个停车场站已交付使用，其他公交场站已陆续开工建设。

2004年郑州公交作为全国惟一的一家公交企业被授予“中国用户满意鼎”，104路线荣获“全国用户满意服务明星班组”，公司荣获“中国诚信企业示范单位”、“河南省春运工作先进单位”、河南省“道德规范进万家，诚实守信树新风”活动先进单位、河南省“安全营运文明服务”竞赛先进单位、“郑州市职工素质教育培训基地”、“郑州市重点工程建设先进单位”等荣誉。

【合理调整线路布局】 2004年，公交总公司加大投入，全年新购车辆431台，新开线路28条，调整、整合城区公交线路38条，保持规范服务优秀线路8条。新开设的线路：30路(郑上路西环路——经三路农科路站)、45路(河南工业大学——碧沙岗)、50路(电厂路西环路站——医学院)、56路(沟赵——建设路国棉六厂)、91路(毛庄蔬菜批发市场——火车站)、93路(海洋路索凌路站——火车站)、61路(老鸦陈花园新村——集美家俬城)、91路区间(毛庄蔬菜批发市场——古荥镇政府)、14路(郑汴路商品大世界——圃田)、89路(宇通公司——二七广场)、94路(公交二公司——大河路东赵)、98路(畜牧路东环路——西大街北下街站)、T5路(陈砦——华山路淮河路站)、49路(公交三公司——医学院)、T3路(帝湖花园——火车站)、43路(紫荆山——郑东新区管委会)、48路(公交电车公司——祭城)、65路(德亿时代城——火车站)、96路(淮河路伏牛路站——公交电车公司)、315路(医学院——门楼村)、319路(弓庄——市第三人民医院)、17路(大学城北区——医学院)、216路(美景天城——纺织大世界)、旅游一号线(医学院——丰乐葵园)、旅游2号线(医学院——黄河富景生态园)，上街区3条：401路(世纪广场——长铝中专)、402路(峡窝镇——朱寨村)、403路(效段村——上街区飞机场)。

【郑州公交成立50周年】 2004年7月21日，郑州市公交总公司在市青少年宫举行了隆重的司庆盛典。1954年2月1日，第一辆公交车从二七广场始发站驶出，开始了郑州公共交通的新纪元，当时郑州公交有17名员工、3辆车、3条线。改革开放以来，公交事业发展进一步加快。1979年，开通无轨电车线路，丰富了公交的服务形式，增强了公交的服务能力。1984年7月，汽、电车两种运营形式并为一体，为统一规划、合理布局公交线路提供了有利条件。1995年，为适应改革发展的需要，郑州市公交公司更名为郑州市公共交通总公司。进入新世纪，郑州公交坚持改革、创新、发展之路，以新思维、新思路重构企业发展模式，实现了跨越式发展。经过50年的艰苦创业，郑州公交的企业规模和综合实力从小到大，由弱到强，已发展为以城市客运主业为依托，集公共汽车、电车、出租车、汽车修理、汽车销售、汽车租赁、旅游、广告、信息服务为一体的大型公交企业，成为城市客运的主导力量。

【内部运行机制改革】 总公司内部经营机制改革进一步深化。按照法人管理形式，授予基层单位经营者法人管理权限；不断完善以运营为核算中心的运、修、供、后勤保障等单位间的相互独立、业务关联的内部市场经济关系，使各基层单位成为企业内部的独立经营主体和经济核算主体。基层各单位独立经营、自主核算的主体地位已经确立，单位相互间的市场关系、结算关系已经形成，正朝着完善、协调、健康的方向发展。

【信息化建设】 组建办公自动化网络，实现重要数据短信化发送；提高报表查询速度，实现公司内部的互联互通；公交网站的开设，成为宣传企业文化、了解企业理念的窗口，增进了市民与公交的相互交流；完成了IC卡系统的软、硬件和运营报表结构升级，电子车票发售量增至112万张，流动量95万张；实现了网上线路查询，方便了乘客出行。

【职工教育和培训】 相继开办了各种职业技能培训班11个，培训人员1339名，并全部参加职业资格鉴定，合格率在95%以上。近几年郑州公交处于高速发展时期，由于车辆增加，对驾驶人员的需求相应增加，为此，2004年度开办新训、增驾驾驶员培训3期，储备驾驶员630人。

【郑州公交上街公司开业】 为方便群众出行、完善城市功能、加强城乡交流、促进社会经济发展，郑州公交在上街区政府的大力支持下，投资1000万元组建了“郑州上街区腾达公共交通有限公司”。公司于2004年11月13日注册成立，12月1日正式运营。腾达公司先期投入无人售票车30台，在上街市区开通3条公交线路：401路世纪广场——长铝中专，单程7.5公里，单程运行25分钟，平均间隔10分钟；402路峡窝镇——朱寨村，单程8.4公里，单程运行25分钟，平均间隔8～10分钟；403路效段村——上街区飞机场，单程9.6公里，单程运行34分钟，平均间隔10～12分钟。3条线路首末班时间均为6:30—17:30。上街区腾达公共交通有限公司按照规范的公交运营管理模式进行经营，为上街区群众提供方便、安全、快捷、舒适、经济的公交服务。

【多种经营】 2004年，郑州公交在依托主业、快步发展的前提下，第三产业和多种经营取得了显著的成绩：公交广告公司已参股开拓焦作、洛阳市场。富达丰田汽车年终完成整车销售639台，位列河南区域第一名，在客户满意度综合评比中名列全国第一名。投资近500万元与卢氏县合作，开发了豫西大峡谷风景区，4月份开始营业，公交旅行社已成为河南旅游市场上惟一有自己的团社、车队和景区的国际社。与省公安厅合作，建成了须水驾驶员训考基地，占地6.67公顷，成为省内惟一具有大型客运资格考试的机构。

【规范化服务】 郑州公交把服务作为企业经营行为的核心，围绕这一主题，新开、调整、整合城区线路，采取增加车辆、延长早晚收发车时间、整顿线路运营秩序、早晚高峰车辆加密等手段方便群众乘车。召开了“整顿秩序、创造满意”行业整改誓师大会，制定了管理人员线路联系点制度，实行首站站立迎宾问候、停站靠边、车辆保洁“三达标”，为群众乘车创造了舒适环境。2004年创规范服务优质线路8条，品牌车组24个。推出了“爱心巴士”流动服务车，进入社区倾听群众意见和建议，为市民服务到家。发布“公交线路怎么走？请您支招”的听民声、纳民意、为民谋活动方案，诚邀广大市民广泛参与，就线路的调整、优化、设置出谋划策。为全市60岁以上老人免费办理15万张乘车卡。在为民服务活动中，广大职工的服务意识进一步提高，形成了诚信为本、乘客至上的良好道德风尚和精神风貌。全年共受到新闻媒体表扬1883件(次)，拾金不昧、拾物还主1627件(次)，折合人民币76085元，收到锦旗12面，涌现好人好事2321件(次)，在郑州市组织的社会满意度调查中，公交总公司位列第三名，被市纠风办推荐为“郑州市行风建设先进单位”。104路荣获“全国用户满意服务明星班组”称号。同时，郑州公交作为全国惟一的一家公交企业被授予“中国用户满意鼎”。

(窦晓君)

【出租汽车管理】 深化改革，建章立制，行业管理进一步规范。岗前培训得到加强，培训质量大幅度提高。全年培训学员4268人，培训合格人数达4156人，不合格为112人，培训率达100%，合格率为97%。企业标准化管理工作再上新台阶。对《出租汽车企业资质等级达标》进行了修订。不断完善企业资质管理，在列入审验的53家公司中一级达标的有49家，一级企业达标率81.1%，超目标任务11.1%。单车达标工作进一步规范，对出租汽车的尾气排放、车容、车貌、车内卫生、经营设施、驾驶员资格认证从严把关，每辆出租车严格按照标准审验，不符合要求的必须在规定时间内达标。

提高行业管理科技含量，电调中心建设迈上新台阶。一是针对出租汽车司机多次反映电台信号差、服务不健全等问题，电调中心从元月开始，投入大量的人力、物力，对整个服务系统和近万辆车载电台、GPS定位终端进行了大规模的升级改造。二是扩宽服务通道。在原有的21个服务信道基础上又新增开通16个话务信道，话务服务人员由原来的80人增加到120人，从根本上解决了司机上线难、排队时间长的问题。三是全部招回服务终端。电调中心用5个月的时间，对近万套车载电台和卫星定位系统逐一进行检测，彻底解决了入网车辆不定位和定位不准的问题。四是对系统进行升级。在电台改造过程中，增加了定位助手功能、屏蔽司机之间讲话干扰功能，大大净化了车内语言环境。五是增加服务内容，完善服务体系。免费为每辆出租车配发一本《郑州指南》，同时新增配流动服务车，并印刷2万册《车载电台日常使用维护须知》免费发放给司机。六是为进一步方便广大市民，年底成立了电话调车车队，由电调中心对加入车队的300辆车近600名司机进行了专业培训考核。

加强宣传教育，打击违法经营，强化市场管理。进一步规范执法程序，坚持依法行政，并采取灵活机动的稽查方式，抓住重点，交换时间，消除空档开展稽查。全年共出动稽查人员8500余人次，稽查营运车辆32560台(次)，纠章2484台(次)；受理举报517件，查处及时率和完结率均为100%；查处黑车92台(次)，保证了客运出租汽车市场正常运营，有效地震慑了违法经营。进一步加强投诉查处工作。建立投诉举报查处程序，坚持投诉电话24小时值班制度，准确适用法律，打击违法经营，维护了行业形象和乘客合法权益。

强化“两站”管理，塑造“窗口”形象。为净化环境，维护窗口形象，由稽查队、火车站出租汽车管理站、火车站公安分局、交警三大队联合执法，对火车站地区出租车乱停乱放、违章拉客、“特权车”、宰客等现象进行为期5个月的专项治理，查处各种违章车辆

500多台(次),注销11名多次违章司机的服务资格证。每天在河南交通广播电台上公布违章车号,有效地规范了火车站地区的正常营运秩序,为出租车营运创造了良好的经营环境,维护了郑州市的窗口形象。

深入开展安全优质服务竞赛活动,服务质量进一步提高。3月份,由市委宣传部、市市政局、市公安局联合召开了"做商都文明使者,树郑州出租形象"优质服务活动动员大会暨"品牌车"发车仪式。3月15日,郑州市出租汽车行业开展了"3·15"豪华出租车免费乘坐活动;4月份,开展了郑州商都3600年宣传教育活动,发放商都3600年知识竞赛答卷20000份;6月份,200名司机免费接送高考学子;10月份,首届世界传统武术节期间,出租汽车行业以良好的精神面貌和优质服务迎接来自世界各国的宾朋和运动员,受到了各级领导和国内外宾客的广泛赞誉。优质服务活动的开展,有力地推动了三个文明建设,规范了行业的经营管理行为。

(赵　杰)

园林绿化

【概况】 2004年,郑州市城市园林绿化工作以"三个代表"重要思想和科学发展观为指导,深入贯彻落实国务院、省政府《关于加强城市绿化建设的通知》,按照市委、市政府的统一部署,以创建国家园林城市为目标,坚持"政府组织、群众参与,植物造景、以人为本"的原则,以增加绿地面积为重点,抓住中心城区综合整治的契机,围绕建设大面积、高品位公共绿地大做文章,营造健康舒适、清新宜人的小气候条件,加大园林绿化建设管理力度,树立精品意识,积极开展园林绿化建设,改善生态环境,取得了显著成绩。全年市区(三环路内)计划建设游园绿地30个,新增绿地面积500万平方米,植乔木20万株、灌木200万株,创建花园式单位(绿化达标生活区)45个,新创建省、市级绿化达标道路37条。截至年底,市区建成游园绿地34个,新增绿地面积516万平方米,栽植乔木22.37万株、灌木247万株,创建花园式单位(绿化达标生活区)45个,新创建的省、市级绿化达标道路已通过验收。

【公共绿地建设】 游园绿地建设。2004年计划市区(三环路内)建设小游园30个,总面积22.65公顷。全年实际建成小游园34个,面积24.5公顷。其中,金水区8个,面积6.08公顷;中原区7个,面积6.87公顷;二七区9个,面积7.44公顷;管城区8个,面积2.03公顷;惠济区2个,面积2.09公顷。

河道整治绿化。包括3项内容:熊耳河绿化、配套设施建设;东风渠绿化升级、延伸疏挖护砌;金水河滨河公园上下延伸。熊耳河市区段长11.24公里,总占地面积59.5公顷,建成3个景区12个景点,种植乔木0.8万株、草坪13公顷,形成了融地方特色、历史文化、园林观赏为一体的滨河公园,绿地总面积25.1公顷。8月1日,熊耳河滨河公园已向社会开放。东风渠两岸绿化景观按照"以人为本"的原则,定位于城市滨河生态景观带,融防洪、生态、景观、文化、游览于一体,结构布局采用以线带面、以线穿点的项链状自然式布局形式,绿地总面积58公顷。河道疏挖已于9月份开工,绿化景观工程正在实施。金水河滨河公园上下延伸各项前期筹备工作基本就绪,计划2005年初进场开工。

郑花路整治绿化。郑花路是郑州市的主要迎宾道路,全长7.84公里,沿线密布汽修厂、汽车经销店及沿街门店,建筑、门头杂乱,景观极差。2004年对郑花路进行全线整治绿化,拆除违章、临时建筑物,规划道路红线两侧30～50米宽的绿化带,并在迎宾路等处大面积辟设绿地,完成征地拆迁、景观道路工程、明线入地工程,新增绿地52公顷。

西、北环整治绿化。西、北环路东起107北环节点,西至航海路节点,全长21.5公里,2004年开始对道路两侧按30～50米进行拆迁绿化,新增绿地110公顷。其中,北环49公顷已全部完成,西环61公顷已完成20余公顷,栽植各种苗木近百种,数十万株。

科学大道整治绿化。科学大道是郑州市的出市道路,全长6公里。两侧各控制30米实施绿化,并在绕城公路、西环路等节点处辟建大面积绿地,新增绿地近56公顷,正在实施建设,下年春季完成。

商城遗址治理绿化。为保护和展示历史文化名城核心区,2004年开始实施商城遗址治理绿化,主要内容是拆除南、东城墙两侧20～25米的建(构)筑物,建设古城墙绿地,整修城隍庙、文庙,建设夕阳楼、商城博物苑等。城隍庙整修已经完成,文庙整修正在实施。

月季公园建设。原市园林科研所改建月季公园正在实施,面积7.3公顷。已启动拆迁工程,计划2005年4月1日前建成开放。

【道路绿化】 城市道路按照色彩丰富、树种多样、突出特色、景观整洁优美、栽植大规格苗木的原则,因地制宜,绿化美化。完成了桐柏路、天下路、工人路、经七路、杜岭街、东三街、桂圆南街、英才路、开元路、天河路、兴华南街、中原东路、大同路、民主路、货栈街、桑园路、兑周路等17条(段)新修或改造道路的绿化种植任务,共新植法桐、国槐、大叶女贞等树木6049株,栽植金叶女贞、龙柏等花灌木14.6万株,栽植丹麦草2500平方米。完成了工人路、郑汴路等43条路段的行道树补植,补栽法桐、枫杨、黄山栾等乔木1183株。补植充实了郑花路、迎宾路、商城游园等21处道路、游园,共补植花灌木68527株,补植草坪冷型草1886平方米、酢浆草2300墩。完成了中原路、嵩山路、花园路、工人路等道路的行道树树穴绿化工作,绿化面积6225平方米。完成了中原路、桐柏路、建设路等道路的公交站点硬化工作,硬化公交站点4500平方米;完成了郑汴路、桐柏路、淮河路等道路的行道树树穴硬化工作，硬化行道树树穴3260平方米。完成了郑东新区CBD中心一期绿化工作任务。各区新植道路19条(段)，新植乔木1.32万株；补植道路28条(段)，补植乔木0.4万株；更新改造道路11条(段)，新植乔木0.1万株。

推行文明施工，规范作业方式。发布了《郑州市道路绿化安全、文明施工保障措施及规程》试行稿，从绿化建设、绿化植物更新、伐除以及设施拆除和日常管理等方面，对处理施工时出现的垃圾、扬尘进行了严格规定，要求挖出的垃圾日产日清，不能过夜，清运垃圾的车辆必须加以覆盖，防止扬尘或沿途洒落，清运后，必须及时把装车现场的路面清扫干净；在绿化种植施工后，要经常进行喷水湿润，防止大风扬尘。

加大花坛、花带及游园的管理力度。制定了《花坛、花带、游园及行道树管理标准与检查评比办法》，并按照标准采取检查与督察相结合的方式加强管理，使绿化管理向严、精、细、实方向发展。督察人员根据日常工作的重点、市民关心的热点、新闻报道的焦点，全天候、全日制对所管辖的地区采取重点路段反复查，一般地段天天查，发现问题跟踪查等方法，保证管理工作的高效性、科学性、有效性。及时清理行道树干枯枝、死树和裸露树桩，清理树穴杂物，全年共清理危死树1153株，清理干枯枝及整形修剪行道树36054株，清理树穴杂物70561株。对花坛、花带、游园植物进行整形修剪，及时浇水、施肥，清除死株、枯草，全年共修剪花灌木123万株，绿篱239万米，草坪388万平方米。搞好病虫害的预测预报与防治，确保植物健康生长，防治树木病虫害21386株，防治花坛、花带、游园病虫害43.8万平方米，病虫害防治率达到99.5%。及时浇水、施肥确保植物生长旺盛，全年共浇灌各种树木4.1万株，灌溉花坛437万平方米，施肥12090公斤。

【单位及居住区绿化】 2004年，在广泛开展绿化达标建设和创建花园式单位(绿化达标生活区)的同时，在全市范围内开展了创建活动，最大限度地增加城市绿量，提高人居环境质量。居住小区创建活动以绿化、美化、安全、方便、居住舒适为主要内容，机关、单位创建活动以绿地达标、环境优美为主要内容。对新建单位、居住区绿化建设实行一步到位；对老单位进行改造完善、提高品位；大力开展拆违建绿、见缝插绿、立体造绿等活动，使全市单位、居住区绿化水平在原有基础上有所提高。鑫苑社区、金色港湾、帝湖花园等一大批高品位居住区都在环境绿化方面取得显著成绩。各区共增加单位、居住区绿地面积159.9公顷。其中，金水区新增55.86公顷，二七区新增18.19公顷，中原区新增43.63公顷，管城区新增6.2公顷，惠济区新增19.19公顷，高新区新增7.54公顷，经济技术开发区新增9.28公顷。新创建花园式单位(绿化达标生活区)45个。

【园林绿化管理】 以"严、精、细、实"为管理原则，各公园、动物园、广场、游园等严格搞好园林绿化管理，充实、改造、完善景区景点，大量栽植常绿树，突出市花月季在绿化中的应用，引进优良植物，景点品位逐步提高；加大管养力度，对各类绿化植物及时进行养护管理、防治病虫害；加强园内免费公厕卫生保洁，做到园容园貌整洁；坚持实行禁止车辆、宠物入园制度，加强优质服务，公园、动物园、广场、游园景观水平逐步提高。道路绿化强化植物修剪，更新老化树种，美化绿化街道树树穴，完善配套设施，主次干道绿化保持较好景观效果。出台了《郑州市游园绿地管理标准与检查评比办法》，加大了对新建游园的检查、督促。严格按照《城市绿化条例》等有关规定，办理城市树木砍伐(移植)、绿地临时占用许可手续，保护绿化成果。在重大活动和节日期间，组织在各公园、广场、游园和主要道路等处摆放鲜花，做到了平时鲜花不断，重大活动和节日期间百花争艳。尤其是国庆节、首届世界传统武术节期间，在市区主要道路及节点、各公园、动物园、滨河公园、广场、游园、重要路口、重点地区，比赛场馆、代表驻地周围及其它窗口地区共摆放(栽植)各类鲜花120万盆(株)，制作立体花坛18个，摆放花钵280个、组团500余个，形成大型鲜花景区近60处，营造出各种各样的意境和良好景观。组织参加第五届中国国际园林花卉博览会，获得了城市人民政府优秀组织钻石奖，室外造园综合奖金奖、单项奖设计奖，室内展项1金、3银、5铜共计12个奖牌，受到了园博会组委会和中外园林专家的高度评价，展示了郑州园林风采。

【黄河风景名胜区建设】 坚持供水与旅游同步发展，全年完成提水7538.0166万立方米，供水7993.3478万立方米。加快景区绿化、美化进程。共栽植草坪1.6176万平方米，培育各种花草4.256万棵，爬藤8.734万株，栽种树木2.7794万棵，展出盆景400盆，栽植菊花200余种共10万盆，绿化成活率达97.67%。基础设施建设步伐进一步加快。完成了迎涛广场环境改造，星海湖环湖照明设施改造，毛主席视察黄河纪念地景点改造，桂圆度假村装饰、装修及绿化工程，星海湖二期改造工程，泵房改造等项目。同时，强化了对旅游经营秩序的治理和管理力度，重点加大了对乱搭乱建、噪音扰民、破坏园林绿化等违法行为的查处力度，打击无证经营，为景区营造了一个优良、安全、文明、有序的旅游环境。重点工程加速推进。中华炎黄坛工程取得了重大进展，顺利实现项目移交，完成塑像放大及翻制，主体工程的框架建设已完成85%。宣传营销取得突出成绩。成功举办了河南省第四届菊花展暨"黄河杯"第二届菊花大赛和河南省第二届盆景展，并与《郑州晚报》等媒体联合举办了"宇通杯"感受河南3600年等大型活动，被评为河南省2004年度"十佳山水景观"和"2004年度河南省旅游业最具魅力十佳景区”之一。在宣传报道方面，各种媒体共报道572篇(其中，电台59篇，电视台92篇，报纸421篇)，营造了良好的舆论氛围，取得了较好的社会效益。申报地质公园工作取得成功。在省级地质公园专家评审会上，郑州黄河第四纪地质公园得分位列榜首，省国土资源厅以“豫国土资[2005]2号”文予以批复，为进一步提升景区知名度，增强景区经济活力和继续申报国家地质公园奠定了坚实的基础。

(史 红)

【创建国家园林城市】 2004年9月，郑州市通过了省级园林城市的复查，并得到了复查专家组的高度评价。制订、修改并向市政府呈报了《郑州市创建国家园林城市工作方案》，市政府已印发各区、各部门、各有关单位执行。11月，组织了创建国家园林城市调研活动，城市园林绿化建设管理工作得到了国家建设部风景园林专家委员会专家小组的肯定。市政府召开了“四城联创”动员大会，印发了《郑州市创建国家园林城市各责任单位责任意见》，推动创建国家园林城市工作得到进一步发展。

【县(市)城区园林绿化】 巩义市、荥阳市、登封市、新密市、新郑市、中牟县积极开展城区园林绿化建设，改善生态环境，争创园林城市(县城)。登封市、新郑市在巩固省级园林城市(县城)基础上，园林绿化建设取得新的进展；巩义市正在创建省级园林城市(县城)。据统计，2004年市属六县(市)城区共新增绿地面积147.47万平方米，新植乔木13万株。其中，巩义市城区新增绿地90.14万平方米，新植乔木6.68万株，新建了石河道生态公园、高速路东西入市口绿地、陇海路大桥护坡绿地和孝沙园、杜甫文化园两个街心游园；荥阳市城区新增绿地4.1万平方米，新植乔木0.24万株；登封市城区新增绿地14.6万平方米，新植乔木1.72万株，新建了少林小区、东入市口、滨河路游园、怡中园、丰乐园等5处大面积绿地；新密市城区新增绿地4万平方米，新植乔木3.8万株，新建游园两个；新郑市城区新增绿地1.3万平方米，新植乔木0.2万株；中牟县城区新增绿地33.33万平方米，新植乔木0.36万株，新建翠鸣湖、尼桑大道西入市口三角花园两处游园绿地。

(赵 杰)

市容环卫

【道路清扫保洁】 郑州市进行清扫保洁的道路共计540条。其中，主次干道132条，一般道路(支路)130条，背街小巷278条，总长度586.8千米，总面积1514.3万平方米(其中，金水区614.42万平方米、二七区337.97万平方米、中原区261.52万平方米、管城区232.53万平方米、惠济区67.88万平方米)，有清扫保洁员6305名，基本实现了人均4000平方米、“两班制”作业。现有垃圾运输车166台，扫地机42台，压缩车32台，除雪车13台。

为了维护环卫体制改革成果，把市区道路清扫保洁水平提升到一个新的高度，环卫部门一是深入开展环境卫生业务管理单项竞赛检查评比活动，进一步修订完善了道路卫生标准，对各区道路清扫保洁情况进行经常性的监督检查，严格落实清扫作业时间，坚持一天两扫、全天保洁，进一步稳定了主次干道和背街小巷的卫生保洁质量。全年，共出动检查车辆620台次，人员1520人次，检查市区道路3560条次，每月编写简报，通报检查情况，并报市创建办和各区主管副区长及各区市政局，每季度组织各区进行综合互查，公布检查成绩，督促整改。通过市区联查、区区互查、明查与暗查相结合的方式，提高了各区的积极性和竞争意识，形成了各区互相学习、互相赶超的工作氛围，促进了市区环卫长效管理机制的建立。二是继续开通“711新闻环卫快车”，及时解决群众反映的热点难点问题。会同市经济广播电台开通711新闻环卫检查车热线，每周二7时至9时，现场报道检查情况，同时接听市民群众的热线电话，针对市民群众提出的环卫问题，逐条整改落实，并将落实情况通过电台、报纸等媒体向市民回复。三是坚持市区联合检查、各区对口互查、明查和暗查相结合等多种方法，对道路清扫保洁情况进行检查。对发现的问题，以“市容和环境卫生检查情况反馈单”形式反馈各区。每半月编发一次检查通报，每月进行一次综合评比，每次简报和评比结果都上报市四大班子成员和各区四大班子主要领导。四是各区都建立了“四级督查机制”，坚持区委、区政府主要领导每周查、主管副区长每天查、环卫督查大队和环卫清洁公司人员跟班查，发现问题现场整改。五是加大宣传力度。市、区市政局各配备两辆市容环卫宣传车，每天分3个时段在道路上巡回宣传，提醒市民自觉维护市容环境卫生。六是指导各区组建环卫工作应急队。每个应急队配备3至4人、1台小型客货车和必要的清扫工具，每天在道路上不间断地巡回检查，遇有突发问题现场解决处理。七是细化环卫综合评比项目。将综合评比的4项内容(道路清扫保洁、公厕管理、垃圾管理和果皮箱管理)细化为5大项14小项，既便于合理公正地评比操作，又便于区分责任。

【垃圾管理】 全面开展定时上门收集沿街门店垃圾服务活动，每天两次由专人在早晨7时至9时、晚上20时至22时收集沿街门店垃圾。为使该活动长期有效地开展下去，市市政局主要采取了以下措施：一是将定时上门收集垃圾的时间、要求、法规依据等内容印制成宣传单发放到沿街门店。二是利用市容环卫宣传车、行政执法车联合宣传，在宣传过程中对乱倒垃圾的单位给予批评教育和处罚。三是协调各区购置小型垃圾收集车，在全区范围内进行机械化收集，并对垃圾二转工和单位垃圾运输车辆进行密闭式改造，做到了颜色、式样、编号“三统一”。中原区购置了13辆小型垃圾收集车，金水区购置了5辆小型垃圾收集车，用于辖区主要道路上的垃圾收集。通过上述几项措施，沿街门店乱倒垃圾的现象已基本遏制。全年共清运垃圾88万多吨，清运率达到100%，确保了垃圾日产日清不积存。

高起点规范建筑垃圾清运处置管理行为。一是加强了对建筑垃圾运输车辆的管理，按要求对车辆进行年度审检，统一了工程渣土运输车辆“双向登记卡”，有效地遏制了工程渣土运输车辆的私拉乱倒现象。二是进一步规范建筑垃圾清运公司。对公司的办公场所、机械设备、经营实力都提出了明确要求，各区都成立了较为规范的建筑垃圾清运公司。三是召开建筑垃圾治理动员会和现场会，拉开了综合治理建筑垃圾的序幕。四是与市公安局、市建委、市行政执法局联合下发《关于综合治理“垃圾黑车”的工作方案》、《关于加强建筑垃圾管理的意见》，为彻底取缔垃圾“黑车”和“特权车”，规范建筑垃圾管理提供了政策支持。

【公厕建设与管理】 郑州市现有公厕453座(一类公厕106座、二类公厕276座、三类公厕46座、环保公厕25座)。其中，金水区有104座、二七区有127座、中原区有54座、管城区有106座、惠济区有23座、市管39座，2004年新增公厕33座。

公厕建设取得新进展。市市政局针对公厕建设中出现的布局不合理、通风采光不畅等问题进行指导，在聘请专家讲课、组织基层管理人员座谈、认真总结往年公厕建设经验教训的基础上，编写了《郑州市公厕建设68问》下发各区，用以指导公厕建设工作。各区政府克服选址、资金等困难，想方设法新建公厕33座，市民如厕难的问题得到进一步缓解。

公厕管理保持了较高水平。2004年1月1日，全市453座公厕免费对外开放，在为市民提供方便的同时，也给公厕管理带来了很大困难。为把好事办好，环卫部门一是组织专人会同各区有关部门，对全市453座公厕进行摸底调查，对公厕的位置、类别、面积逐一进行核查，掌握第一手资料，在此基础上，制定了《公厕检查评比细则》，做到每周抽查、每月评比、常年坚持。二是各区市政局加大宣传力度，在每个公厕悬挂宣传条幅，张贴免费标志，设置“温馨提示”，公布举报电话，告知市民入厕注意事项。三是积极探索新的管理模式。管城区推行“家庭式承包管理”模式，有效解决了交接班空档期卫生质量问题；二七区开展“流动红旗”竞赛活动，每月评出10名优秀公厕管理员，调动了职工积极性。

【垃圾中转站改造】 郑州市共有垃圾中转站95座，2004年垃圾中转站改造步伐不断加快。会同各区市政局和环卫机械修配中心，对垃圾中转站的设备运转和管理情况进行了全面调查摸底。调查显示，各区现有的垃圾中转站多数超期服役，设施设备老化，存有严重的安全隐患。为解决这一问题，各区进一步加大了垃圾中转站改造力度。金水区投资360万元，改造垃圾中转站17座，对墙体和顶部进行了全面整修，配备了作业更衣柜、饮水机和消防器材，并对部分有安全隐患的设施进行了更换；管城区投资170万元，对18座中转站进行全面改造，中转站的内外墙体及各种设施焕然一新；中原区投资265万元，改造中转站6座，均安装了压缩设备；惠济区投资8万元，改造中转站3座；二七区改造中转站15座。

【无害化综合处理垃圾场建设】 为实现城市生活垃圾处理的无害化、减量化、资源化，满足城市环境保护的需求，2003年市政府决定建设无害化综合处理垃圾场，该项目选址在二七区侯寨乡张李垌村附近。2003年12月，垃圾处理场建设项目完成了工程勘察、设计招标工作，2004年该项目被列入郑州市重点城建项目，进入实质性建设阶段。至年底，建设用地确界、赔偿工作已结束；工程勘察、工程设计已经审定；施工监理、进厂道路、建筑工程、建筑材料、机械设备、污水处理施工等标段的招标工作已经完成；一期工程中标单位已进驻现场，完成了进场道路铺设工程，砌筑围墙4000延长米，管理区建筑工程、场区防渗工程也已开工，规划、土地手续正在协调办理之中，共完成投资7200万元。预计到2005年7月，一期工程将全部建成并投入使用。

【垃圾场运行管理】 按照国家建设部制订的《城市生活垃圾填埋技术标准》，垃圾场拉运覆盖黄土12.6万立方米，安装导气石笼659延长米，抽运渗漏液7.5万吨，同时认真抓好对进场生活垃圾的单元分层填埋，规范对垃圾的填埋处理，垃圾处理工作基本达到规范化要求。全年共处理市区生活垃圾88万多吨，填埋率达到100%，无害化处理率达到80.5%以上。为确保汛期垃圾车正常进场，在垃圾场修筑截污坝，设置防洪沟，储备建筑渣土3万立方米铺垫进场通道。落实季节性消毒灭蝇，在填埋场作业区下游修建截污坝，及时组织人员拾拣飘散的塑料袋，减少白色污染，将垃圾场对周围环境的影响降低到最低限度。同时对垃圾场垃圾填埋专用设备的安全作业情况进行拉网式排查，对存在的安全隐患进行及时整改。

【环卫队伍建设】 针对环卫工人反映的福利待遇、工作环境等问题，组织机关人员深入环卫作业一线，与环卫工人面对面进行交流，全面掌握环卫工人现实思想状况，有针对性地指导各区做好环卫工人的稳定工作。为进一步提高环卫工人业务技能，8月份，在全市范围内组织了一次环卫工人业务技能大比武，促进了各参赛队伍之间的技术交流，有效提高了环卫工人的技术水平。搞好专题调研，邀请班组长、环卫工人代表座谈，倾听一线工人心声，总结环卫工作经验，吸收好的工作建议。以河南省第七届环卫工人节为依托，继续开展以争创环卫优胜杯、优秀城市美容师为主题的环卫“双竞赛评比活动”。按照自下而上的原则，经民主评议、各区推荐、市环卫双竞赛领导小组讨论批准，授予二七区、中原区、新郑市“环卫优胜杯”，同时以市政府名义表彰了23个环卫单项先进集体、74名优秀城市美容师、38名环卫先进工作者。

【环卫科研】 2004年重点开展了“粪便无害化处理”项目的研究工作。市环境卫生处与华东科技大学共同成立了项目可研编制组，在完成了项目调研、数据收集及筛选工作的基础上，同华东科技大学的专家学者进行了多次分析论证，总结编写了《郑州市粪便无害化处理工程可研报告》，为郑州市创建国家卫生城市提供了必需的技术支持。积极申报城建科研课题，完成了“郑州市生活垃圾调查数据库系统”和“郑州市垃圾渗滤液水质因素影响及预测”两个城建科研课题。重视新产品开发研究，新型双桶分类回收式果皮箱的研制工作已经完成，已进入样品制作阶段。继续改进完善一级垃圾清运车设计，并与洛阳第一拖拉机厂进行多次洽谈，达成了联合生产一级垃圾清运车的合作意向。

（赵 杰）

城区河道管理

【金水河管理】 加强河区园林绿化建设与管理。对光大广场、城东路闸前进行园林植物配置，共种植乔灌木648株。对隋河宋肆、东风渠等处的植物进行调整，使植物配置更加合理，共调整乔灌木6117株。对河区草坪进行更新改造，种植耐践踏、抗性强的马尼拉草坪和适应性强、常绿开花的地被植物麦冬，共改造草坪5.46万平方米；为丰富马尼拉草源，对9.2万平方米马尼拉草坪分次进行覆土增植。在金水河重点桥头、地段以及东风渠花园路节点种植时令花卉，并根据生长情况及时更换草花，共种植草花19.75万株，实现了四季常绿、三季有花。对园林植物适时修剪，确保草坪平整美观，绿篱整齐划一，树木旺盛生长。及时浇水、施肥、松土，确保植物生长健壮。全年对河区草坪打孔10.4万平方米、疏草10.1万平方米。做好病虫害防治工作，根据病虫害发生情况及时调整防治方法，全年无大面积病虫害发生。

全力做好城市防汛工作，确保城区安全度汛。金水河是城区主要泄洪河道，直接关系到城市的安危和人民群众生命财产的安全。城区河道管理处坚持“安全第一，常备不懈，以防为主，全力抢险”的指导思想，制定防汛工作方案，建立完善的防汛机构，组建了近200人的防汛抢险队伍。对沿河防汛设施进行了全面检修，做好防汛资料整理归档工作。对河道淤泥进行及时清挖，确保雨季排水畅通。落实闸坝操作、检修责任人，每周对闸、坝及重要防汛设施进行检查、维修，使闸、坝启闭自如，泄洪畅通。坚持实行24小时值班制度，不管有雨还是无雨，都能坚守岗位，时刻监视汛情。在几次较大的汛情中，城区河道管理处干部职工以雨声为命令，在第一时间奔赴防汛现场，严阵以待，全力抢险，城区河道得以安全度汛，确保了国家和人民生命财产的安全。

加强河道水质管理。及时打捞漂浮物，保持水面清洁，做到随脏随捞，垃圾日产日清。对河道中的杂草和水草做到及时清除，彻底清理河道内石块等阻水物，确保河道畅通。全年共清理河道内碎石、砖块、漂浮物等杂物3255立方米。加强水质保护，及时排查河区污水源，全年投放清水70万吨，共查处沿河雨水管口排放污水22处。郑州市环保局检测水质4次，均达到景观娱乐用水标准。

继续完善金水河河区配套设施。完成了金水河上游1500米水管工程和1600米电缆工程；在汝河路桥、耿河路桥安装曲形门3处、铁护栏60余米。为了丰富滨河公园的服务功能，体现“以人为本、为民服务”的宗旨，在金水河上游新建公厕1座，在汝河路桥西侧建成健身园1处，安装健身器材60套。积极协调有关单位对沙口路北岸河区进行改造，建成2000多平方米小游园1座，并增添了健身器材，为市民提供了休闲娱乐的场所。金水河上伸下延综合整治工程和部分沿河路改造工程的规划、设计工作已经完成，并将于2005年实施。在搞好建设的同时，加强河区设施管理，刷新河区所有的曲形门和护栏，更新破损马道栏杆，增设果皮箱50个，更新路灯86盏，改造隋河宋肆轮廓灯2300米，维修灯饰、电路、灯具7490件（次），并按要求正常开启，确保明灯率达到100%。

【熊耳河及东风渠综合整治】 熊耳河、东风渠是流经郑州市城区的两大主要河流。熊耳河自南郊入市区，经二七区、管城区，在金水区祭城镇陈岗村汇入东风渠。市区段自航海路分东、西两条支流于东豆腐寨交汇，形成干流，至107国道出市区。东支段长1.95公里，西支段长2.31公里，干流段长6.98公里。治理之前主要承担市区泄洪排涝功能。由于郑州市污水没有分流且处理系统极不完善，沿河两岸工业和生活污水大都排入熊耳河和东风渠，导致熊耳河和东风渠逐渐变成了郑州市的“龙须沟”，给下游及周边区域内的生态环境造成很大破坏。为改变上述状况，使熊耳河更好地发挥泄洪排涝功能，给沿岸居民提供一个休闲、娱乐的活动场所，市委、市政府决心下大力气对熊耳河、东风渠进行治理改造。自2001年至2003年，先后安排相关区政府和有关部门对这两条河流进行规划、拆迁、截污和河道疏浚护砌治理。2004年，又专门成立河道整治指挥部，对熊耳河两岸进行绿化及配套设施建设，对东风渠进行绿化升级改造。

【熊耳河景观绿化工程】 依据《熊耳河滨河公园总体规划》，熊耳河景观绿化工程以植物造景为主，在节点处适当点缀园林小品，植物选择依据适地适树原则，乔灌草复层混交，力求提高生态效益，并符合功能上的综合性，生态上的科学性，配置上的艺术性，经济上的合理性，风格上的地方性。结合熊耳河所处的地理位置和周围环境的关系，规划建成3个景区、12个景点，总面积(不含河道)39.16万平方米。

熊耳河景观绿化工程自元月中旬开工，7月底基本完工。8月1日，熊耳河滨河公园向市民开放。整个工程共清运垃圾31万余立方米，绿化换土6万余立方米，铺装游路广场8万余平方米，安装侧石5万余米，护坡施工6万余平方米，修建亲水平台27座及各种花架、亭榭等小品建筑若干；种植乔木8000余棵、灌木1万余棵、绿篱3万余平方米、草坪13万余平方米；安装各类水电管线8万余米、灯具800余套，筑取水栓井近500座，建箱变6座、公厕7座，完成水、电、公厕土建工程量计7万余立方米。

【东风渠景观建设】 东风渠原为1958年人工兴建的引黄灌溉渠道，从渠首惠济区枭村闸处开始自北郊入市区至107国道经郑东新区汇入七里河，市区段全长5.6公里。根据东风渠滨河公园景观建设规划设计方案，东风渠滨河公园定位为城市滨河生态景观带，融防洪、生态、景观、文化、游览于一体，景观结构布局采用以线带面，以线穿点的链状自然式布局形式，以“蓝”、“绿”景观特色为主题，并把原有的铁路修复改造成景，突出铁路文化这一独特的景观特色。2004年元月，河道综合整治指挥部组织完成了东风渠滨河公园景观规划设计方案的招投标；2月上旬，中标单位完成了规划方案的设计；9月上旬完成了最终方案规划设计，并通过评审。在充分准备的基础上，9月10日，东风渠河道治理工程开工，入河实施疏挖护砌；10月20日，东风渠景观建设工程完成招投标工作；10月25日，部分绿化施工队伍入场建设。至2004年底，工程建设仍在紧张进行。

（赵　杰）

污水处理

【工程建设】 五龙口污水处理厂工程。五龙口污水处理厂是郑州市“十五”期间重点工程之一，该项目一期建设规模为日处理污水10万吨，日处理回用水5万吨，配套建设厂外管网工程7433米(其中，污水干管5328米，回用水干管2105米)。污水处理工艺采用改良氧化沟工艺，出水水质满足省环保局环评报告批复要求。回用水工艺采用常规处理工艺，近期作为金水河、熊耳河的景观用水。截至2004年底，累计完成投资19980.51万元(其中2004年完成投资11007万元)；完成了厂内水区及回用水土建工程和厂外12633米管网工程；完成厂区建筑物3830平方米，构筑物38座，建筑面积33273.32平方米；耗用钢材5860吨、水泥14800吨；安装电器、自控设备和机械设备300台套；铺设厂内管线5500米、电缆12000米。该工程于12月28日开始进行通水调试，圆满完成了市政府下达的目标任务。五龙口污水处理厂水区正在进行培菌工作，全年计划处理污水1100万立方米，2005年6月底实现二级处理水达标排放。回用水工程月底竣工投运，将清水注入金水河，出水水质达到设计标准，出水达标率达到100%，计划2005年年底完成全部工程建设任务。

马头岗污水泵站及干管工程。马头岗污水泵站及干管工程主要目的在于解决郑州市城市北部和郑东新区龙湖西区的污水排放问题。北绕城公路至马头岗污水泵站3.1km、φ2800mm污水管道工程在2004年6月份开工建设，截至年底共完成沉井工程20座，累计完成投资2100万元。原由郑东新区负责实施的丰产路至北绕城公路5.73km、φ1800mm污水管道工程，市政府明确由污水净化公司统一组织实施，在完成管材、监理和施工招标工作基础上，顶管工程已开始施工。

【生产管理】 2004年，郑州市王新庄污水处理厂处理水量10703.26万吨，城市污水处理率达到55.1%，比计划目标50%提高5.1%，年单位运行成本为0.210元/m³，同比下降了6.66%。王新庄污水处理厂工程建成运行后，累计处理水量40696万吨，有效削减了郑州市市政污水污染负荷，对缓解郑州市郊区、贾鲁河及淮河中下游的水环境污染起到了积极作用，使郑州市环境质量得到改善。

王新庄污水处理厂运行3年多来，大多数设备运行时间均超过2万小时，陆续进入大中修期，按照设备年度维修计划，主要对17项设备进行了检修。为提高出水水质，增加污泥处理能力，使之适应水质变化要求，2004年共开展4项技改项目，分别为：四系列曝气头改造、吸砂桥改造、沼气脱硫技术攻关和脱水机房改造。

注重加强企业科学管理，制定了《王新庄污水处理厂管理制度标准》、《王新庄污水处理厂工艺操作规程》、《王新庄污水处理厂设备操作规程》等36项工艺操作规程、40项设备操作规程，使全厂各生产环节做到了规范有序，有章可循。在全面推行ISO9001：2000质量体系的基础上，进一步强化内部管理力度，编制完善《应知应会》手册，认真落实考核奖惩制度，保证了安全稳定运行和出水达标排放。4月份，国家建设部及全国市政工程协会组织对全国城市污水处理厂进行先进单位评选，全国有600多家污水处理厂参评，王新庄污水处理厂被评为“全国十佳城市污水处理厂”，与北京、上海、天津等城市的污水处理厂一起进入先进行列。

【改制工作】 按照国家有关市政公用事业改革开放的精神和市政府对污水处理厂重组的要求，市污水净化公司以积极务实的态度，多方寻求合作伙伴，先后与法国威望迪公司、中信华东公司、美国MTI公司等多家企业进行了合作洽谈。通过深入考察和对比，与美国MTI公司就五龙口污水处理厂建设达成合作意向，通过多次洽谈和技术性谈判，双方拟组建合作项目公司，有关法律文件已编制完成，已呈报国资委、市政府审批。王新庄污水处理厂与中信华东公司合作事宜的洽谈也在积极进行。

(1)设计进出水水质及 2001 年—2004 年实际进出水水质

指标水质	BOD(mg/1)		COD(mg/1)		SS(mg/1)	
	进水	出水	进水	出水	进水	出水
设计水质	150	20	350	80	220	30
01 年水质	156.82	12.53	412.56	67.01	282.77	16.33
02 年水质	195.20	8.48	493.95	63.46	338.54	13.51
03 年水质	204.22	6.16	521.51	42.51	380.77	13.79
04 年水质	217.62	10.81	476.00	51.68	321.12	13.70

(2)2001 年—2004 年环境改善状况对比表

指标年份	污水处理量(万 m^3)	污泥处理量(m^3)	BOD 削减量(吨)	COD 削减量(吨)	SS 削减量(吨)
2001 年	8645	78150	12474	29873	23034
2002 年	10263	73170	19161	44177	33355
2003 年	11085	76654	21955	53097	40680
2004 年	10703	83262	22135	45416	32904
合　计	40696	314536	75725	172536	129976

（陈元华）

房地产管理

【概况】 2004 年郑州市房地产管理局认真贯彻落实省、市委经济工作会议精神，紧紧围绕全面建设小康社会的总体目标，结合全市总体发展规划，按照年初确定的 3 条工作主线和 11 项重点工作狠抓落实，特别是自国家加大宏观经济调控力度以来，坚决贯彻落实上级的有关政策，进一步加强房地产市场的宏观调控，整顿和规范房地产市场秩序，努力搞活住房二级市场，全面启动住房分配货币化，积极为加快郑东新区建设服务，开创了各项工作新局面。

主要经济指标快速增长，圆满完成年度目标任务。2004 年，全市房地产行业运行平稳，各项经济指标持续稳步增长。(1)房地产业投资和增加值等综合指标继续快速增长。全年完成房地产开发投资 106 亿元，同比增长48.3%；完成房地产增加值55.4亿元，同比增长14.9%，占全市 GDP 总量的 4%；全年共协征契税、房产税、土地收益金、价格调节基金等合计1.99亿元，较上年增长 4%。(2)房地产开发更加有序，规模调控成效显著。全年累计完成商品房开工 539.3万 m^2，竣工273.1万 m^2，完成商品房投放量645.61万 m^2，商品房预销售合同备案面积551.74万 m^2，商品房办理交易面积240.72万 m^2，商品房空置面积为79.9万 m^2，空置率为22.6%，同比下降2.1个百分点，保持在 15%～30% 的合理范围内。(3)公房出售继续推进，房改房上市数量激增。全年公有住房出售 16549 套，118.07万 m^2；集资建经济适用住房 5598 套，45.69万 m^2。已售公房上市交易日趋活跃，全年房改房上市 8954 套，同比增长 47%。(4)房改资金归集力度加大，公积金个人贷款增长迅速。随着住房公积金管理机构的健全和职能的加强、制度的规范，房改资金的归集和使用迅速增长。全年归集房改资金7.51亿元，同比增长 9%，其中住房公积金5.26亿元，同比增长 25%。全年住房公积金支取 1.30 亿元，同比下降 10%；发放职工住房公积金贷款2.44亿元，同比增长 114%。

住房货币化分配继续深化，补贴金额全部到位。2004 年财政全供行政事业单位货币化补贴累计申报单位达 73 个，全年完成 157 个单位、2321 人的住房货币补贴审批，已经补贴到位的有 2021 人，补贴金额2425.27万元，累计补贴到位的有 3631 人，补贴金额5097.42万元。

经济适用住房建设稳定发展，销售管理进一步规范。全年经济适用住房投资累计完成4.31亿元，同比增长 49%；新开工 55.18万 m^2，同比增长 66%；竣工43.04万 m^2，同比增长 5%。完成销售 2700 套、33.95万 m^2，同比分别增长 72%和 66%。

廉租住房工作进一步规范，住房保障制度基本建立。全年共完成廉租住房保障 408 户，其中租金配租 334 户，租金核减 74 户；2001 年以来累计共完成 895 户，符合“双困”家庭条件的覆盖率达到 100%，基本实现了应保尽保。

房地产市场日趋完善，租赁管理进一步加强。全年完成交易面积 504.50万 m^2(不包括房改售房)，同比增长 11%；交易额76.34亿元，同比增长 8%。其中，商品房共完成交易面积240.72万 m^2，同比下降 11%，交易额50.43亿元，同比下降 1%。商品房合同备案面积完成551.74万 m^2，同比增长 38%；房地产抵押登记面积达到 720.86万 m^2，同比增长 9%，抵押金额达到239.35亿元，同比下降 25%；二手房交易累计完成 13420 套、114.95万 m^2，分别比上年增长 53%和 58%。

完成非住宅租赁管理面积达到424.50万 m^2，同比增长 81%，私房租赁管理达到3.89万户，同比增长 10%。

物业管理健康发展，维修资金归集稳步增长。郑州市新成立物业管理公司 119 家，新增物业管理面积 400万 m^2，全市物业管理企业已发展到近500 家，从业人员已突破 20000 人，管理面积达到 2000 万 m^2。全年归集物业维修基金2.92万户、1.62亿元，同比分别增长 16%和 42%。物业管理规模不断扩大，一个社会化、专业化、市场化的物业管理新体制初步建立。

产权产籍管理更加规范，房改房发证质量进一步提高。全年共完成新建房屋登记确权455.59万 m^2，同比下降 25%；核发权证9.08万本，同比减少 3%，其中房改房发证3.70万本，同比减少 7%(房改房累计发证26.41万套，2261.33万 m^2，以上不含省直)。

直属分局工作逐步规范，全力服务郑东新区发展。郑东新区直属分局各项业务全面展开，已完成资质审批累计 5 起；办理开发规模审批91.92万 m^2(其中住宅41.78万 m^2)；对 21 个开发项目发放预售许可证 20 个，批准预售面积98.87万 m^2；办理在建工程抵押29.62万 m^2；物业维修基金归集528.73万元。

各项重点工程进展顺利，按时完成计划进度。市委北家属院综合楼已完成了主体结构施工，设备、装修工程进度过半；回迁楼完成工程量的95%；房地产博览中心施工已至 13 层；郑东新区“国际社区”项目开工建设前的各项准备工作正在加紧进行。

局属企业改革不断深入，生产经营效益提高。国谊住宅集团完成投资8665 万元，同比增长 17%，销售收入完成 6940 万元，同比下降 27%，企业改制预案已向市改制办上报并获得批复；旧城改造开发公司完成投资 1800万元，实现销售收入 2400 万元，同比分别下降 22%和 8%；材料厂、建材厂完成经济收入 146 万元，同比增长4%。

【住房制度改革】 坚持“完善政策，全面铺开，不断深化，稳妥推进”的总体思路，切实做好住房货币分配工作。积极开展申请单位的审批和办理，并筹集资金为职工落实补贴。为方便广大职工群众及时查询，积极协调银行建立职工个人住房货币补贴资金语音查询系统。同时对 56 个差供事业单位和 161 个自收自支事业单位 65%部分的售房款余额进行了清理，清理出可用于住房货币补贴的资金 1909万元。对 11 个差供、自收自支事业单位以及联通公司、商业银行等部分效益相对较好的企业进行了住房货币化分配工作试点，部分单位已进入具体实施阶段。

加快公房出售速度。加强了房改售房的督促检查，对全市公有住房的出售及办证发证情况进行了调查分析，研制开发了“郑州市房改信息管理系统”，并已开始试运行；同时还进一步降低门槛、简化程序，及时协调解决窗口直接办理上市交易中出现的问题，从而加快了房改房上市速度。

认真落实市政府关于特困企业利用自有土地建设经济适用房的有关政策。深入企业进行政策宣传，对困难企业的认定、申报所需资料进行了严格的审查审批，建立了统计月报制度，加强了对建设情况的监督检查，全年审批集资建经济适用房 5598 套，45.69万 m^2。

【加强管理和服务】 加大房地产市场专项整治力度，加强对房地产开发、物业管理、中介企业等的监督检查，进一步完善企业资质和信用档案系统，并实行了网上公示制度；进行开发企业、物业管理企业资质年检和中介市场清理检查，并认真受理群众投诉；全年新增开发企业 83 家，对不合格或未参加年检的 89 家开发企业、47 家中介机构予以注销，对 4 家开发企业、10 家中介机构予以降级或令其限期整改，对 17 家开发企业晋升或核定资质等级，并对全市房地产估价行业进行了专项检查，进一步规范了房地产市场秩序；积极解决房地产开发企业拖欠工程款问题，完成清欠工程款1.49亿元；严格执行《房地产开发项目手册》、《商品住宅质量保证书》和《商品住宅使用说明书》制度，商品房预售联机打印制度已进入试运行阶段；针对央行收紧银根造成贷款抵押额下降的情况，加强同金融机构的联系，不断改进服务，使抵押登记面积与上年基本持平；加强对住房置业担保机构的监管，按收入 15%的比例建立担保风险基金，促进了担保贷款业务的开展。

积极搞好市场服务。成功举办了“2004 郑州房地产展示展销会”，参展单位达百余家。展会期间，商品房意向成交 644 套，现场实际成交 271 套，成交金额近 7000 万元；全年组织 4 次二手房交易会，有力地带动了二手房交易量的大幅度上升，交易量突破13000 套；指导住宅与房地产业研究会成功组织了 2003 年郑州房地产市场分析报告会、金融与房地产投资专题报告会、2004 年房地产发展与人才战略研讨会等一系列会议，较好发挥了研讨发展战略和热点问题、指导行业发展的作用。为提高房产租赁管理水平，进一步强化执法力度，报请市政府修订了《郑州市城市房屋租赁管理办法》，并于 9 月 1 日开始施行；租赁管理工作继续开展以“上门、代理、陪同”为内容的“三服务”活动，对办事群众安排专人全程陪同和代办，做到送证上门、接款到家，受到群众的一致好评；加大对违法出租行为的处罚力度，并依法举行了听证会，积极参加对相关处罚的行政复议和应诉，增强执法的规范性。

【宏观调控和预警预报系统建设】 根据国家的宏观调控政策，进一步加强了宏观调控工作和预警预报系统建设，一是上报市政府印发了《郑州市2004 年市区内房地产开发建设规模实施方案》(郑政办[2004]18 号)，合理安排下达了市区及郑东新区的开发建设规模；为 28 家房地产企业落实了107 国道以西 100 万 m^2 规模调增工作;进行了“郑州市2005年房地产开发建设规模预测”及其实施方案的调研工作。二是初步完成了房地产预警预报体系建设方案编制和硬件建设,报请市政府转发了《市房地产管理局、市统计局关于加强本市房地产预警预报信息数据统计工作有关问题的实施意见》(郑政办[2004]19号);会同市统计局对房地产运行有关数据的统计范围、方法、标准、时间等进行了协调统一;协调有关部门设计完成了预警预报信息统计软件并投入使用,对全市660余名预警预报信息统计人员进行培训,并对上报数据不准确、不及时的房地产开发企业督促补报,保证了此项工作的顺利进行。三是加强与周边省会城市的横向交流与协作,市局发起成立了“十省会城市房管局信息工作协作网络”组织,得到武汉、济南、太原等9个省会城市的积极响应和参与。经过精心筹备,10月27日成功召开了“十省会城市房管局信息工作协作网络成立暨中西部地区房地产发展战略研讨会”,进行了信息和工作经验交流,建设部、省建设厅和市政府领导到会祝贺。

【建设经济适用住房】 2004年是郑州市由政府直接委托开发企业承建经济适用住房项目的最后一年。为此,依据有关政策,严格审查,确定了一批信誉高、实力较强的开发企业,由市政府正式下达承建计划;强化了销售公示制度,要求所有销售场所必须做到土地使用证、土地规划证、建设规划证、施工许可证、预(销)售许可证和销售价格批文等“五证一文”张贴上墙;开展销售情况普查,积极参与由市政府组织的全市经济适用住房小区建设和销售情况综合检查,保证了销售对象、销售价格严格按政策落实。此外,还起草了《郑州市经济适用住房开发建设与管理暂行办法》,正在进行出台前的准备工作。

【落实廉租住房制度】 根据《城镇最低收入家庭廉租住房管理办法》(建设部120号令),上报市政府出台了《郑州市城镇最低收入家庭廉租住房管理办法》(郑政[2004]47号),并据此推动廉租住房制度的落实,使廉租房保障率保持在95%以上。在惠济区进行试点,将该区部分长期领取特困补助的优抚、残疾及危房家庭纳入保障范围,已有32户特困群众入住廉租住房,为进一步扩大廉租住房保障范围探索了路子。

【物业管理】 结合落实市委、市政府关于改善人居环境的工作部署,努力推动市内小区物业管理水平的提高。一是进一步加强与物业管理相关配套文件的制定工作,出台了《住宅小区物业管理服务等级标准(试行)》、《前期物业服务合同》示范文本等一系列物业管理配套文件,制定出台了物业维修基金归集及使用、档案管理等一系列细则、办法,与市物价局共同出台了《郑州市物业服务收费管理实施办法》等,为建立“分等定级、质价相符”的物业管理服务收费机制,规范物业管理企业的收费行为奠定了基础。二是建立郑州市物业管理评标专家库,全市共有25个物业管理小区通过招标方式选聘了物业管理企业,促进了公平竞争,加快了物业管理市场化进程。三是为提高业主自治水平,相关部门主动深入社区,指导业主成立业主大会和组建业主委员会,全年各区新成立业主委员会备案24个,累计备案业主委员会78个,并指导物业管理协会对全市的物业管理从业人员600余人分4期进行了岗位培训;全年新增市级物业管理示范项目15个,省级物业管理示范(优秀)项目4个,国家级物业管理示范项目1个。针对物业公司提出停止为“水电气暖”代收费问题,积极协助市政府进行协调,较好地发挥了指导、沟通和调解作用,控制了事态发展。

【权属登记管理】 围绕4月1日颁布施行的《郑州市城市房屋权属管理条例》,组织开展深入学习和贯彻执行活动。利用双休日开展广泛的宣传活动。在登封市开办了房地产开发企业及县(市)、区房管部门房屋权属条例培训班,并编辑出版了《郑州市房产产权监理处权属登记规范化管理工作手册》,提高了权属管理规范化水平。完成了测绘前置工作。制定出台了《房产测绘前置实施方案》,于4月1日开始运转,并完成了10.2平方公里修测补绘任务。狠抓测绘队伍建设,通过人员调整、建章立制,加强教育、改进内部管理和用工待遇等措施,使测绘队自身建设得到明显加强。加大房改房发证力度,着力解决房改房发证的实际问题,积极做好房改房办证的催办、督办工作,对21家已审批而未办理房改房登记的省直单位逐一发放了催办通知书,开展了政策宣传和业务咨询,收到了良好的效果。

【依法行政】 法制工作得到进一步加强。努力做好立法工作,修订完成了《郑州市城市房地产市场管理条例》,并已经市长办公会研究通过,交付人大审议;起草了《郑州市城市房地产拍卖管理办法(草案)》,修改后将报市法制局审批。为配合《行政许可法》的出台,积极组织机关公务员和局属机构有行政许可职能的人员参加全市组织的培训,并参加了市政府组织的《行政许可法》宣传活动。同时,根据《行政许可法》要求,对郑州市有关房地产的4部地方法规和《郑州市房地产开发经营管理条例》进行了清理、修改,对7部地方政府规章提出了清理、修改意见,经政府法制部门清理确认,保留了3项行政许可项目:(1)商品房预售许可;(2)三级以下物业管理企业资质证书核发;(3)物业管理人员职业资格证书核发。进一步规范了局机关规范性文件的制定程序。制定下发了《郑州市房地产管理局规范性文件制定程序》,对市局下发的规范性文件、联合发文和代政府起草的规范性文件进行了审核,有效地保证了规范性文件的质量。

【行业系统住房公积金管理机构调整】 1月，各县(市)、区公积金管理部正式挂牌，标志着郑州住房公积金管理机构撤并调整工作取得了阶段性成果。为加强各管理部建设，市房改部门组织专业培训，完善有关管理制度，同时积极推进省会行业系统住房公积金管理机构调整工作，拟定了《省会行业系统住房公积金管理机构调整方案》，完成了省会行业系统4个分中心、2个管理部的机构调整准备工作，并配合郑州市政府信息中心，完成了与郑州市政府电子政务系统的对接。

在《河南省住房公积金管理条例》10月1日正式实施之际，组织市区和各县(市)、区分别举行了大型宣传活动，扩大了《条例》的影响，并加大了催缴检查力度，协调社保、工商、执法等多方力量，督促各单位及时足额缴存；制定了《郑州市住房公积金提取使用管理暂行办法》，深入社区加大住房个贷政策的宣传力度，简化审批程序，缩短审批时间，从而有效提高了住房公积金的覆盖面，进一步加强和规范了住房公积金的使用管理，提高了住房公积金的使用率。

【服务郑东新区建设】 2004年是郑东新区建设“三年出形象”的第二年，随着第一批房地产开发项目开始进入市场销售，更多的房地产开发商正在进入东区。为配合市委、市政府的工作部署，做好郑东新区房地产业的服务工作，市房地产管理部门采取了以下措施：一是建立健全了郑州市房地产管理局郑东新区直属分局工作制度和办事程序，办公网络与市局完成连接，实现了规范化管理；二是积极推进东区建设，着力优化工作环境，做到管理到位，服务到位，坚持经常性的上门服务和现场办公，实现了办理房地产有关事宜“足不出区”，并组织召开了郑东新区房地产工作座谈会和郑东新区CBD房地产首开项目推介会，调研起草并报请市政府出台了郑东新区房地产业相关优惠政策，为企业开发经营铺路搭桥，受到了开发企业的赞扬；三是在较短时间内完成了“郑州国际社区”建设有关项目、土地、规划、设计以及投资主体选择等前期准备工作；四是克服困难，加快郑东新区经济适用住房建设，郑东新区经济适用住房2003年计划已全面开工，2004年计划已经开始地探工作；五是在规定时间内落实230个郑东新区被征地劳动力就业工作岗位，超额完成了市政府分配的任务。

【各项基础工作】 按照局属单位和机关处室的主要职能，确定了各部门需要抓好的基础性工作，并发文纳入全年考核目标，从而提高了各处室、各单位抓落实的积极性，取得了显著的成果。市局自主开展的郑州市城区(三环以内)房屋基础数字调查及数据评估工作顺利完成，得到了郑州市统计局和评审专家的认可，并正式公告。三环以外房屋基本情况的调查统计和数字录入工作也已经完成。直管公房管理取得突破，开发了管理软件，完成了直管公房基础数据的调查摸底工作，并追回了拆迁后长期未偿还的直管公房共计152户、7548m^2。基本摸清了全市市属单位公有住房底数及出售情况底数，并起草了对有关疑难问题的处理意见，为进一步做好公房出售工作奠定了基础。制定了《郑州市房地产管理局借聘用人员管理办法》，为加强人员管理提供了依据。

【行风建设】 以实现优化环境新突破为目标，加大了行风建设工作力度。一是调整、充实了局优化经济发展环境工作的办事机构，加强了工作力量，提高了办事效率。二是实行市局和区局优化工作联动，将各区局纳入全市房管系统优化经济发展环境的检查、考核、考评范围，并作为考核评先的重要依据，有力地推动了各区房管局服务质量的改进和工作效率的提高。三是建立健全了奖惩考评机制，制定下发了《郑州市房地产管理局优化经济发展环境管理工作若干规定》及具体考评办法，完善了内部监督及社会监督机制，强化了管理。四是重点突破，着力解决疑难问题和历史遗留问题。特别是针对铁路局等单位房改中存在的产权不明、管理混乱、办证困难问题，中国工商银行等十几家单位资料不全无法办证问题，以及人民路回迁安置楼267户产权办证的历史遗留问题等，分别组织了专项工作组，局领导深入现场办公，历时数月，较好地解决了问题，并将产权证发到了居民手中，受到了单位和群众的称赞。在上半年全市行风评议中，市房地产管理局取得了较好的名次。

【基层组织建设】 始终把加强思想政治教育、提高干部职工的思想觉悟作为搞好各项工作的根本保证，有计划地组织干部职工认真学习“三个代表”重要思想和十六届四中全会精神，在局属党组织和党员中深入开展以“学习《中国共产党章程》、《中国共产党纪律处分条例》、《中国共产党党内监督条例》，争创先进基层党组织、争创优秀党务工作者、争创优秀共产党员”为内容的“三学三创”活动，组织进行了以“学习党的方针、政策和党纪党规，讲纪律、讲道德，正确对待组织、正确对待他人、正确对待自己”为内容的“一学两讲三对待”集中教育活动和争创“五好”基层党组织活动及基层党组织集中整顿活动；认真落实党风廉政建设责任制，进一步明确了各级领导干部党风廉政建设岗位职责，落实了各项廉政规定，并以学习《中国共产党纪律处分条例》和《中国共产党党内监督条例》为重点，开展了经常化、制度化的党风廉政教育。局团委与团市委联合开展了争创郑州市及房地产行业青年文明号、青年岗位能手活动，促进了各项工作的开展。通过一系列活动，基层党团组织自身建设得到了进一步加强，凝聚力、战斗力、号召力得到了进一步增强。

(孟　虎　郭世昌)

行政执法管理

【概况】 2004 年，郑州市市、区两级城市管理行政执法局认真实践“三个代表”重要思想，贯彻落实十六届三、四中全会精神，围绕经济发展，坚持“以人为本，文明执法”，全面、深入地开展相对集中行政处罚权工作。年初，市执法局党委根据市政府中心工作，结合自身职能，研究确定执法队伍建设、集中整治市容环保、违法建设工程查处、行政执法进社区改善人居环境、专项治理沿街门店夜间倾倒垃圾、优化经济发展环境、宣传工作、行政执法政策法规调研及创新等年度八项重点，并成立了八项重点工作领导小组，通过制订方案，明确目标，划清职责，加强协调，各项工作进展顺利；根据市委、市政府工作部署，行政执法系统提出了“加强管理，确保稳定”的整体工作思路，将市容管理、队伍管理和保持稳定有机地结合起来，确保了全年各项目标任务的圆满完成。

【队伍建设】 2004 年，执法队伍建设取得显著成绩。郑东新区执法分局挂牌成立，进一步完善了执法网络；全市行政执法人员培训基地投人运行，并以人员培训为重点，着重提高执法人员素质，采取政治思想教育、纪律作风整顿和业务学习并举的方法，分 9 期培训 900 多名执法队员，通过培训，广大执法队员进一步端正了文明执法思想，强化了依法行政意识，增强了亲民爱民、为民服务的自觉性，思想素质、政治素质和业务素质都有不同程度的提高；经过努力，市政府转发了市局提出的加强基层执法中队硬件建设的意见，统一了基层执法中队硬件建设的标准；市、区两级执法局分别开展了机关工作作风整顿，并本着精简、高效的原则进行了机关“三定”，把精简下来的机关工作人员及时充实到一线岗位上，加强了一线执法力量。

【执法业务】 2004 年，全市城市管理行政执法系统各单位共纠正市容违章近 20 万起，其中，清理各种违章占道经营摊点 93270 余起，摊群 500 余处，取缔露天烧烤 1500 余处，夜市大棚 28 处，有效管理和纠正突出店外经营 15668 家，暂扣违章经营工具 24550 余件，查处违章使用燃煤大灶的中小饭店 680 多家，销毁燃煤灶具 7505 个，改用清洁能源 4154 个，清理乱贴乱画小广告 2 万余处、软体广告条幅 13120 余条，拆除违章户外广告 4154 块，查处商业和工业噪音 6500 余起，查处无证养犬 600 余只，疏导瓜车上万辆；对沿街门店夜间倾倒垃圾的违章商户下达责令改正通知书 539 份，纠正违章 6735 起，查处或暂扣违章清运垃圾车 300 多台；在全市 372 个社区初步建立了城市管理行政执法工作联系机制；对新建的违法建设、新修的道路两侧违法建设查处率达 100%，依法强制拆除违法建设381398.8平方米。在迎接国家创建卫生城市检查团、首届世界传统武术节及中央领导多次来郑视察等重大活动期间，市、区两级执法机关密切配合，组织开展了全市性的市容集中整治活动，保证了市容市貌的整洁有序，维护了郑州崭新的城市形象，受到了社会各界的好评。

【优化经济发展环境】 2004 年，全市行政执法系统开展了“亲民、爱民、为民服务思想教育活动”，举办了“行政执法与群众心连心文艺汇演”。通过这些活动的组织开展，切实增强了执法人员亲民、爱民、为民服务的思想意识，进一步密切了党群、干群关系，加强了沟通，增进了理解。针对执法工作中存在的一些问题，市执法局聘请 31 名人大代表、政协委员和民主人士为行政执法监督员，聘请社区主任、离退休干部职工为行政执法信息员，有效地完善了行政执法监督机制，增强执法队员的自我约束意识，避免执法过程中可能存在的摩擦，确保了社会稳定。同时，行政执法由管理为主逐步向服务至上转变，为广大商户提供了宽松的发展环境。为保障非公有制经济的健康发展，市执法局公布了加强对百家重点非公有制企业的服务措施，主动向建成区的 57 家重点非公有制企业征求意见，受到了企业的欢迎。

【法制建设】 2004 年，开展了对废旧物品收购管理、非机动车辆管理、行政执法突发事件处置办法、完善内部管理机制等方面的调研工作；起草了《违章停放机动车辆行为查处办法》、《违章停放非机动车辆行为查处办法》、《废旧物品收购违法行为查处办法》、《郑州市城市管理行政执法突发事件处置办法》4 个法规草案，并参与了《郑州市大气污染防治条例》的立法工作和《郑州市户外广告设置管理条例》的修订工作；全年受理不服区执法局具体行政行为的行政复议 15 起，共召开听证会 16 次。

【信访与政务督查】 整合信访办、指挥中心、行政执法投诉车，成立行政执法投诉中心，提高了快速反应能力。全年共接待来访群众 2339 人次，受理群众电话咨询、举报 24351 起；自立信访案件 118 起，办结 31 起；集访、重访 20 起，356 人次，重大信访案件 5 起，均在规定时间内办结。共办理市人大十二届一次会议期间及会后建议 11 件、市政协十一届一次会议期间提案 33 件，主要涉及违章建筑、市容卫生、环境保护、道路交通、城市管理立法等 5 个方面问题。对市委、市人大、市政府、市长电话室、市长信箱转来的领导批示、市民来信 115 件进行了认真办理，并全部办结回复。

（陈　巍　何宇峰）

国土资源管理

【概况】 2004 年，郑州市国土资源局认真贯彻落实市委、市政府的部署和要求，会同监察、计划、建设、农业、审计等部门，从维护群众利益入手，顺利完成了土地市场治理整顿工作。一是认真清理开发区用地。全市范围共清查8个开发区，撤销整合4个，占开发区总数的50%。退回土地528.9公顷，核减规划面积2300公顷，占开发区总规划面积的41%。二是开展新上建设项目的清理，共清理新上项目1078宗，有57宗被暂停整顿或取消立项。三是严肃查处国土资源违法案件，全年共立案1067宗，结案1031宗，结案率97%。“6·25”全国土地日前夕，市政府召开新闻发布会，对14起土地违法案件公开曝光。同时，对一批重大土地违法案件进行了严肃处理，并依法追究了有关人员的责任。其中，党政纪处分15人，刑事移送9人，刑事处罚7人。四是经营性用地招标、拍卖、挂牌出让制度全面落实。全年组织实施经营性用地招标、拍卖、挂牌30宗，面积197.5公顷，土地总收益突破20亿元，是预算收入的200%，创历史最好水平。五是注重维护人民群众切身利益。土地市场治理整顿以来，联同有关部门清理并纠正拖欠、截留、挪用征地补偿费1.7亿元，已全部兑现给了农民。

认真贯彻“以人为本，预防为主，防治结合，重点治理”的方针，于2004年8月颁布实施《郑州市地质灾害防治规划》。和市气象局联合启动全市汛期地质灾害气象预警预报机制，投入380多万元，治理地质灾害隐患点8个，全年共发生地质灾害4起，同比下降94.6%，财产损失200多万元，同比下降90%。同时加强了地质遗迹保护工作，“嵩山世界地质公园”申报成功，于6月30日揭碑开园；成功申报《郑州黄河第四纪省级地质公园》。

为解决群众上访问题，按照市处理信访突出问题及群体性事件联席会议的要求，市局牵头成立了农村土地征用问题专项工作小组，由局长分片包干，抽调骨干力量和省下访小组一起实地进行督查，解决83起中央、省、市交办的土地信访重点案件，使一批长期得不到解决的上访积案得到了解决，被省联席办评为先进单位。全年共受理信访案件679起，处理率为91%，为历年最多。其中，中央交办33件，结案32件，结案率97%；省、市领导批示及新闻媒体关注的94件，全部得到处理。

从保护资源就是最好的保护群众利益入手，坚持科学发展观，完善制度，强化廉政，从源头上加大防腐力度，有效地保护了群众利益，保护了资源，保障了全市经济建设对资源的需求。一是认真实行党风廉政建设责任制，抓好廉洁自律工作。通过贯彻落实国土资源行政为民“十项措施”和工作人员“五条禁令”，严格执行廉政建设“四大纪律八项要求”。从建章立制入手，抓防范，从源头防止腐败。完善了领导干部任前廉政谈话制度，诫勉谈话制度，落实领导干部民主生活会制度和定期述职述廉制度。同时，把廉政建设与业务管理紧密结合起来，对土地出让转让、建设用地审批报批等各类行政审批实行会审制度，进行全程监督，重大问题集体决策。二是管好资源，保障经济发展，从根本上维护群众利益。为解决郑州市人多地少，经济发展势头快，用地大量增加的矛盾，克服各种困难，全年上报建设用地35批次，面积1178公顷，其中市本级用地13个批次，面积630公顷。通过大力推进“空心村”和对砖瓦窑场、工矿弃地的整治，申请折抵置换用地指标1207公顷，使用417公顷；清查出闲置土地105宗，面积480.5公顷，其中政府收回20宗，面积108.3公顷，督促开工33宗，面积164.3公顷，有效缓解了全市建设用地的紧张状况。全国人大《土地管理法》检查组、国务院土地问题专项督查组、基本农田检查验收组和国务院7部委治理整顿验收组都对郑州集约用地的做法给予充分肯定。由于各项工作成绩显著，2004年底，郑州市国土资源局被国家人事部、国土资源部授予全国国土资源管理系统先进集体。

【地籍与测绘管理】 2004年市内五区城镇住房用地登记发证工作全面开展，共发放住房用地土地证书11万多册；全面开展了集体土地所有权登记发证工作，巩义市已完成80%，其它各县(市)、区外业调查已全部结束，发证超过50%；年度土地变更调查统计工作按时完成；万分之一土地利用现状数据库建设基本完成。各县(市)、区的土地利用现状数据库成果均已通过预审；建立完善了土地登记结果公开查询制度，市局已进入全面实施阶段，各县(市)、区也按要求初步建立完善了此项制度；日常地籍管理工作通过土地市场秩序治理整顿检查和土地登记上岗资格考前培训，管理水平得到了提升，土地登记趋于规范，依法行政在地籍管理工作中得到充分体现。各县(市)、区通过建立万分之一数据库，初步形成了现代化的土地管理体系，为住房上市交易的土地变更登记打下了坚实基础；加大了测绘管理力度，认真开展《测绘法》宣传，进一步开展地图市场的整顿和规范，配合上级测绘部门，开展了测绘资质年检和测量标志的保护、维修工作，使测绘管理进入正常化管理轨道。

【土地利用】 全年共办理各类土地交易265宗。其中，划拨土地补办出让手续68宗，面积218.74公顷，涉及土地出让金36654.7893万元；企业改制30宗，涉及土地面积50.46公顷，显化土地资产39229.4682万元；严格按照《划拨用地目录》规定，划拨土地38宗，面积350.7公顷，转让79宗，土地面积105.62公顷，涉及补缴土地出让金9431.304万元，租赁1宗，面积1.25公顷，租金14.9818万元/年。

【土地规划】 土地规划修编工作全面展开，安排布置了全市土地开发整理规划、土地置换规划和矿产资源规划等34个规划的编制、评审及审批备案，2005年将进入实施阶段。为搞好规划修编工作，年初举办了各县(市)、区国土资源局局长、主管副局长、规划科长及业务骨干共50余人参加的培训班和专题讲座，提升了各县(市)、区土地规划编修工作水平。

全年共上报建设用地30个批次，涉及土地1178.45公顷(农用地561.5公顷，耕地437.9公顷)。其中，市属五区上报13个批次，面积686.5公顷(农用地134.17公顷，耕地48.9公顷)；市属各县(市)及上街区共上报17个批次，面积492.3公顷(农用地427.3公顷，耕地388.9公顷)。组织协调完成了郑州市垃圾处理厂、郑东新区热电厂、郑州热电厂扩建及连霍高速公路扩建和河南省消防训练基地、“107国道”辅道、郑州七中、南水北调中线一期穿黄工程建设等国家、省、市重点项目用地预审及报批准备工作，完成了南水北调资料详查工作。

对砖瓦窑、工矿废弃地和“空心村”整治工作取得了阶段性成果。各县(市)、区积极开展砖瓦窑、工矿废弃地和“空心村”整治、普查，进行分门别类，统计汇总。对1996年～2003年之间已用于占补平衡的复垦的砖瓦窑、工矿废弃地和宅基地统计成册，申请转换指标，用作年度建设用地指标，已申请折抵转换指标1207.0833公顷，使用416.5521公顷，有效地缓解了建设用地指标缺口较大的压力，满足了郑州市经济发展和城镇化进程中建设用地的需求。

【耕地保护】 2004年加大了对基本农田的保护力度，成立了以副市长丁世显为组长、农林水及财政部门领导参加的基本农田保护工作领导小组，召开了各县(市)、区及乡(镇)主管领导参加的工作会议，对全市基本农田进行了检查验收。全市基本农田共283632.1757公顷，稳定在省下达的保护指标之上。圆满完成了省国土资源厅下达给郑州市的耕地开发复垦指标1100公顷，实际开发复垦新增耕地1200公顷，超额9.9%。完成了国家、省、市投资土地开发整理项目，其中，市投资土地开发整理项目8个，建设规模102.75公顷，新增耕地75.02公顷；省投资项目1个，建设规模127.82公顷，新增耕地14.07公顷；国家投资项目1个，建设规模612.44公顷，新增耕地67.74公顷。加大了耕地开垦费的收缴力度，2004年共收缴耕地开垦费3984.4856万元。

【土地交易】 2004年土地交易全部实行规范招标、拍卖、挂牌出让，公开挂牌出让18期，成交29宗，面积1601785平方米(160.1785公顷)；成交金额152318万元。其中，郑东新区6宗，面积817318.04平方米(81.7318公顷)，成交金额78741万元；市区23宗，面积784466.96平方米(78.4467公顷)，成交金额73577万元。

【矿业监察】 根据部、省的统一部署，郑州市认真开展了整顿和规范矿产资源勘查开采秩序工作，坚持以治理促矿业秩序稳定，以整顿促矿业经济发展，以取缔非法、查处违法、维护合法为中心，着重搞好无证勘采矿、超层越界采矿、以采代探、非法转让、越权发证等5项专项治理整顿活动。建立健全了对无证采矿的巡查、对超层越界煤矿检查实测、对矿业违法案件立案查处及移交移送、责任追究等十几项规章制度。治理中共投入人员20000多人次、各种车辆5000余辆次、资金近400万元。先后取缔无证非煤矿山420个、无证煤矿3个，关闭证照不全的非法小煤矿38个。共拉倒井架360个，充填井筒180个，拆除地面建筑230余间，拆除没收各种设备近千台(件)，清理采矿证1325个、勘查证64个，吊(注)销采矿许可证8个，上报省厅吊(注)销采矿许可证20个。查处各类矿业违法案件204起(立案204起，结案181起)。申请法院强制执行6起，拘留违法矿主和妨碍执行公务人员4人。通过治理整顿，无证煤矿全部消灭，各类违法矿业活动得到有效制止和查处；采矿许可证、勘查许可证全部检查和清理一遍，乱采滥挖、破坏浪费资源的现象得到有效制止。

【地质勘查与储量管理】 依照《矿产资源法》的要求，2004年对全市已登记的64家地质勘查项目进行检查，实地抽查10家，年检率达100%。通过检查，规范了地质勘查市场，有效遏制了以采代探、无证勘查现象。组织完成了对5家勘查项目立项；24家已登记勘查项目转让、延续、变更、保留会审；7家新立勘查项目设置前期现场复核。积极参与矿业秩序治理整顿工作，加强勘查许可证管理，为探矿权人在郑州市找矿提供优良工作环境。完成了全市455家已验收合格小煤矿有偿出让所需储量数字复核工作；组织对全市581个矿山占用资源储量，16家查明资源储量，12家压覆资源储量，5家残留资源储量进行登记；组织完成了978家矿山资源储量填报和统计汇总上报；完成了20家地质资料欠交单位催报工作。按照省、市政府对矿产资源整合的要求，完成了全市铝土矿资源分布状况说明、图纸制作及15个铝土矿区资源储量核查，摸清了铝土矿资源家底。通过加强地质勘查与储量管理工作，为全市矿业经济发展决策提供了科学依据。

【矿产开发管理】 2004年全市经审理合格的小煤矿455家(其中，新密市203家、登封市174家、巩义市37家、荥阳市29家、新郑市5家、二七区7家)，市国土资源局分13批将煤矿换证认证资料上报省厅，并对332家煤矿井下采掘工程布置情况进行了实际测量，对煤矿有无超层行为逐矿进行了鉴别，已确认合格216家。

2004年应参加年审的矿山企业1113个，实际参加年审的1066个，年审率达95.7%；实地审查矿山745个，实地审查率达69%(规定为30%)；合格矿山1029个，合格率96.5%。保护矿产资源15万吨，价值2700万元；多回收资源20余万吨，价值3600万元。注销采矿许可证24家，责令停产整顿12家，经济处罚16.8万元，追缴矿产资源补偿费45.55万元。督察矿山199个，铝(粘)土矿区6个。其中，国家级督察员督察矿山20个，地方级督察员督察矿山179个，促进多回收资源52万吨，保护资源100万吨；追缴矿产资源补偿费126.9万元，追缴采矿权价款100万元，查处无证开采矿13个，越界开采矿17个，查处非法转承包21起，注销许可证5个，罚没款6.95万元，没收矿石81吨。

【地质灾害】 郑州市2004年共发生地质灾害4起。1月1日巩义市站街镇南窑湾村五组发生黄土崩塌灾害，3人死亡，毁窑3孔、房屋9间；7月13日荥阳市汜水镇虎牢关村八组发生黄土崩塌灾害，毁窑两孔、塌平房3间；8月17日登封市大金店镇陈楼村五组发生黄土崩塌灾害，4间房屋受损；10月16日荥阳市汜水镇西邢村五组发生黄土崩塌，造成5孔连体窑洞坍塌，11间房屋被摧毁，1人死亡、4人受伤。由于《郑州市地质灾害防治应急预案》得到落实，措施得力，地质灾害比2003年的75起下降94.6%，人员伤亡由2003年的12人，降到2004年的4亡4伤，财产损失由上年的3000多万元下降到2004年的200多万元。通过多种方式与气象部门联合向外界发布郑州市地质灾害气象预报（3级以上等级）信息19次，成功预报2次，有效地避免了人民生命和财产的损失，取得显著的社会效益和经济效益。

（王玉学）

城乡环境保护

【概况】 2004年，全市环境保护系统以改善城乡环境质量为目标，以"1125"环保工程为主线，以开展整治违法排污企业保障群众健康环保专项行动为重点，严格依法管理环境，严厉打击环境违法行为，创造性地开展工作，圆满完成了省、市政府下达的各项目标任务。

2004年，在郑州市社会经济快速发展的情况下，全市环境质量得到了明显改善。其中出境河流4个省控断面监测合计92次，达标70次，平均达标率为76.1%，比上年提高5.8个百分点，特别是下半年4条省控出境河流断面连续6个月全部达标，达标率100%。城区大气环境稳定达到功能区标准，郑州市城区空气质量达到一、二级标准以上的天数为298天，二级率达到81.4%，超省定目标8.88个百分点。饮用水源地水质达标率均为100%。

【环保专项行动】 积极开展环保专项行动，推动工业污染源的稳定达标排放。市政府将"整治违法排污企业保障群众健康环保专项行动"和"清查放射源让百姓放心专项行动"作为2004年环保工作的重中之重，列入市政府重点督办内容，精心组织、周密安排，治污工作成效显著。及时召开全市整治违法排污企业暨清查放射源专项行动工作会议，下发了《实施方案》，将全市整治违法排污企业专项行动纳入2004年县（市）、区政府环保责任目标，实行一票否决。市环保局专门抽调相关业务处室的业务骨干成立专项行动办公室，精心组织，积极协调，加强督查，实行领导和处室分包责任制和环境违法案件包案制度，组成局领导带队、分管部门参加的督查小组，按照"检查、督促、协调、服务"八字方针，下现场督促污染治理工作。要求各个督察组每周下基层不少于3次，每周召开例会通报进展情况，及时掌握工作进度，研究下一步的对策。在专项行动中，各级环保部门共计出动人员34925人（次），检查企业18561家（次），立案查处违法企业445家，已结案368家。217家"十五小"、"新五小"和采用落后生产工艺的生产企业全部关闭到位；下达停产治理、停产整顿企业20家，限期治理78家，已治理到位82家，正在治理16家。郑州市挂牌督办的5个典型违法案件基本得到处理，其中市环保局会同监察局对王新庄污水处理厂等典型违法案件进行了细致周密的调查，环保局领导带领污控、监察、监测等部门有关人员连续几昼夜守候在现场，直至查清事实真相，为正确决策提供了有力的依据。中牟县彻底关闭了多次偷排造纸废水的中牟银沙纸业有限公司，所有蒸球全部落地，并对有关责任人进行了严肃处理。为进一步提高生活污水处理率，新郑市投入数十万元对污水处理厂进行整改、扩建。新密市切实加大造纸行业废水污染的综合整治力度，采取关闭违法企业、停产治理、限产限排等一系列措施，为实现双洎河河水连续6个月达标做出了贡献。巩义市着重对水泥、炭素、耐火材料、净水剂等重点行业和地区进行深度治理，有效地改善了区域环境质量。市、县（市）两级环境监察部门加强对环保重点排污企业的监督检查力度，监测部门实施加密监测，督促企业加强环保管理和投入力度，把治污设施的运行和维护纳入生产工作的重要内容，使全市污染防治设施正常运行率达到97.25%，有效削减了污染负荷。全市专项行动措施得力，开展扎实，取得了显著成效并顺利通过省里的验收。

【城市环境综合治理】 大力推进大气环境综合整治，使城区环境空气质量持续改善。市环保部门发挥统一监督管理职能，强化环保责任目标管理，协调市内五区政府和相关部门共同做好城区大气环境综合整治工作。一是继续加大城区燃煤污染治理工作力度。金水、管城、二七、中原四区克服重重困难，圆满完成70台10蒸吨大锅炉的拆除改制任务，其中金水区拆除改制燃煤大锅炉37台，超额完成年度任务目标。市环境监察支队通过12369环保热线开展有奖举报，充分发挥社会监督的力量，严厉打击燃煤小锅炉死灰复燃。在市区开展了冬季大气环境综合整治，市环境监察支队所属各大队和各区环保局掀起小锅炉取缔整治的高潮，仅集中整治期间就取缔整治小锅炉27台，超额完成预定的目标。市内五区环保局严格按照无燃煤区、烟尘控制区和噪声达标区的标准认真组织摸底调查，制定切实可行的建设方案，狠抓实干，圆满完成"三区"建设任务。其中市区新增2平方公里无燃煤区，使全市建成区内无燃煤区总面积累计达到8平方公里。二是机动车污染治理取得新成绩。市机动车污染监察支队全年共监测机动车辆60200辆，治理超标车辆12000台，有效遏制了机动车尾气对城市空气的污染。同时支队还积极推出“上门服务直通车”和义务监测活动，重点对一些车辆大户进行上门服务性抽测，受到企业好评。三是启动创建国家环保模范城市工作。市政府组建了创建国家环保模范城市指挥部，制定切实可行的实施方案，多次向国家、省环保部门汇报，争取支持，并取得了重要进展。“创模”工作已被市委、市政府纳入四城联创的整体部署，市政府正式下发了实施方案。省会四城联创工作动员大会隆重召开，各项工作已经全面展开。

城市环境综合整治力度不断加大，“城考”工作取得重大突破。在全国“城考”排名中，郑州市首次进入全国前十名。在47个国家环境保护重点城市中，郑州市在城市环境管理和综合整治工作5个方面取得突出成绩，受到国家环保总局的肯定和表扬。在全省18个地级市“城考”中，郑州市连续10年蝉联第一；全省20个县级市“城考”排名中，郑州市5个县级市“城考”分别获得了一、二、三、五、六名，是历年来“城考”成绩最好的一年。

【危险废物和辐射环境监督管理】 理顺管理体制，危险废物和辐射环境监督管理工作初见成效。2004年7月，郑州市编办正式下文批准成立郑州市危险废物和辐射环境监督管理中心，从而结束了危险废物和辐射环境多头管理的局面。市环保、卫生部门联合下发集中处置医疗废物的相关规定，并在全市召开了“省会医疗废物集中处置动员大会”，推动医疗废物集中处置工作全面铺开。日处理能力24吨的郑州市医疗废物集中处置中心克服资金、土地等方面的困难，如期建成并顺利点火投入使用，基本满足了全市医疗废物集中处置的需要。组织环保、卫生、公安等部门联合开展了“清查放射源让百姓放心专项行动”，共清查出涉源单位123家，1240枚放射源；拥有射线装置单位251家，498台(套)射线装置。有441枚废弃源(含闲置源)已按计划进行妥善处置。对123家拥有放射源单位和8家拥有非密封源的单位进行了申报登记。

【建设项目环境管理】 加强建设项目环境管理，使建设项目“环评”和“三同时”制度得到落实。按照国家产业政策、环保法律法规和总量控制的要求，紧密围绕工业经济结构调整，坚持“上大关小”的原则，认真做好新、改、扩建项目的环保审批工作，全年共审查、审批建设项目969家。其中，建设项目审批环境影响登记表手续804家，审批、审查报告表项目151家(含省批46家)，报告书14家(含省批13家)。加强建设项目竣工环境保护验收工作，全市市级以上验收项目38家(含省局验收17家)，全部执行了“三同时”制度，污染物排放全部达标。市、县(市)两级环保部门还对1998年至2003年全市审批的建设项目环境保护“三同时”执行情况进行了全面的检查和清理，加大新、扩、改建设项目环境违法行为的查处力度，全市共查处违法建设项目134家，已整改到位109家。登封市环保局依法取缔了东金店乡非法小炼焦厂等违反国家产业政策的项目，新郑市环保局依法查处了爱厨植物油厂等未批擅建项目，新密市环保局重点对新建耐火材料企业进行了严肃处理。

【自然生态保护】 狠抓秸秆禁烧，生态保护工作稳步推进。郑州市环保局在夏、秋两季独立承担了两次全市农作物秸秆禁烧暨综合利用工作会议的筹备工作，对全市农作物秸秆禁烧工作进行大力度督查。各县(市)、区坚持党政一把手亲自抓，负总责，当地环保部门发挥积极作用，使秸秆禁烧工作取得了自禁烧工作开展以来的最好成绩：全市夏季焚烧面积0.93公顷，秋季焚烧面积不足0.5公顷，未发生大面积焚烧现象。市环保局按照上级要求开展了畜禽养殖业污染和矿山企业调查与监察工作，调查规模以上养殖场20多家，检查矿山企业100多家，对10家规模以上养殖场进行了限期治理。登封市、惠济区完成了生态示范区向国家、省环保局申报试点任务。新郑市、巩义市环境优美城镇建设规划编制如期完成，其中新郑市环境优美城镇规划已通过省局评审，为下一步全面开展创建工作奠定了良好的基础。

【环境科技】 环保科研与“双推广”并重，科技标准工作取得新成效。2004年，市环保部门组织指导全市相关单位开展环保实用技术研发工作，推动环保技术的推广应用。积极牵头申报省、市科技成果奖，2004年郑州市环保局系统获省环保局科技进步奖8项。其中，一等奖1项，二等奖4项，三等奖3项。清洁生产审核工作取得实质性进展，第一批清洁生产试点企业审核工作正在进行，并确定了第二批26家清洁生产审核试点企业。省清洁生产试点企业新密市郑煤集团华鑫铝厂等3家企业清洁生产审核工作已经完成，其中中铝河南分公司运输部在全国清洁生产工作现场会上作了典型发言，受到国家环保总局领导的表扬。开展了ISO14000认证工作，指导协调郑州天城物业管理有限公司等8家企业进行ISO14000认证环保审核，进一步提高了企业的环保管理水平。

【环境法制】 强化环保地方立法，环境法制、信访工作得到加强。组织起草的《郑州市大气污染防治条例》(草案)几经修改酝酿，经市政府常务会议通过并报市人大审议。《郑州市危险废物污染防治办法》(草案)报送市政府第九次常务会议于2004年8月10日审议通过，9月1日以郑州市人民政府第138号令公布，10月1日正式实施，为郑州市危险废物的处置提供了法律依据。环保执法工作进一步加强，组织开展了为时2个多月的全市性环保执法大检查活动，共立案查处各类环境违法案件500多起。全市环保行政处罚案件共666件，未发生一起行政复议案件。积极做好“三清理、两规范”、行政许可清理和规范性文件备案工作，与环保有关的6件人大建议和8件政协提案全部办结，并上报上级有关部门。重视信访办理工作，市本级受理上级转办件20件，群众来信来访89件，按照“分级负责、归口办理”的原则，均已按时办理完毕。

【行风建设】 切实加强环保系统行风建设，使全市环保系统干部职工的工作作风明显好转。市环保局党组抓住2004年环保系统被国家确定为重点行风评议对象的时机，把行风评议和环保业务作为全市环保系统两大工作重点。一是加强领导班子建设，认真执行民主集中制和各项廉政建设制度，组织开展“牢记两个务必坚持执政为民”的权利观教育等行动，进一步强化立党为公、执政为民的观念，加强和改进各级领导干部的党风、政风和作风建设，增强领导集体的凝聚力和战斗力。制订了局党组成员党风廉政建设岗位职责，局领导班子向全局干部职工作出廉洁自律四项承诺，落实各项廉政措施。二是进一步完善制度建设，建立健全行风建设的长效机制。深化细化首问责任制、承诺服务制和限时办结制，进一步完善环保办事大厅建设，推行持证执法、制度上墙、佩证上岗等措施，规范行政行为，提高服务质量和工作效率。三是在全系统开展民主评议行风活动。与市纠风办联合下发年度民主评议行风方案，两次召开全市系统行风会议，安排部署民主评议工作。从人大、政协和企业中选聘20人作为环保行风监督员，向48家市重点企业发放调查问卷，与新闻部门联办两次热线联动节目，在半年和年终时，两次向全市479名人大代表、576名政协委员寄发了《环保工作汇报信》，广泛征求社会各界的意见和建议。认真组织内部行风暗访工作，同时积极整改，市局系统共解决社会各界反映意见和建议160条，精心设计印制11000份《致市民的一封信》宣传彩页，发放到厂矿、社区，加强了与社会各界的沟通。两级环保部门切实加强对行风建设中存在问题的整改查处工作，特别是对“不作为”、“乱作为”等行为进行认真查处，做到问题不查清不放过、责任人不处理不放过、整改不到位不放过。共有14名人员因对排污企业监管不力而受到通报批评、行政记过等处理。

【环保宣传教育】 不断加大环保宣传教育工作力度，有效增强了市民的环保意识。市环保信息中心紧紧围绕环保中心工作，认真组织开展丰富多彩的宣传教育活动。“六・五”世界环境日期间，在郑州市科技馆举行《郑州环境保护志》发行暨郑州环境网开通仪式，该网站完全对社会开放，成为宣传郑州市环保事业的新亮点。举办郑州市环境保护新闻发布会，向新闻媒体通报全市环境质量及环保重点工作进展情况。在紫荆山公园广场举行“郑州市绿色系列创建工作表彰暨环保卫士、形象大使授牌大会”，省、市领导及环保志愿者约3000人参加活动。在绿城广场举办中小学生环保文艺晚会，使市民从中得到了生动形象的环境保护教育。组织举办的郑州市中小学生环保绘画摄影大赛共收到参赛作品3000余幅，优秀作品在市科技馆进行公开展出。继续开展“绿色”系列创建活动，2004年共有34所“绿色学校”和10个“绿色社区”通过验收，7家企业成为郑州市首批“绿色企业”。环保新闻宣传报道紧紧围绕环保中心工作，全年市级以上新闻媒体发稿量达到800余篇。

【各项基础工作】 狠抓各项基础工作，为环保工作的顺利开展提供了保障。一是环境监控能力建设进一步提高。实现对重点污染源排放情况的实时监控。在环境监察支队与环保技术开发中心密切配合下，市环保局对19个大气污染源下达限期治理意见，督促安装高效脱硫除尘设施和在线监测系统。二是环境监测工作有序开展。截至11月底，市环境监测中心站圆满完成地表水、地下水、饮用水源、土壤、粮食、蔬菜、底泥样品监测及污染源监测、应急监测、环境空气质量监测、“城考”监测等任务，上报监测数据15.81万个。按时完成《环境质量月报》、《城区饮用水源地水质公报》等近10种监测报告的上报工作，监测工作质量管理和信息技术水平稳步提高。三是环境监察工作得到加强。进一步理顺环境监察体制，环境监察支队驻市内7区监察大队正式挂牌成立，编制由64人增加到106人，大大充实加强了一线环保执法力量。依法、全面、足额征收排污费，全年征收排污费3230万元。完成市本级254家重点行业的排污申报工作，并对所辖淮河流域五个县(市)的457家排污单位进行了审核。

【精神文明建设】 以巩固省级文明单位成果为载体，积极推进系统精神文明建设活动。为全面贯彻落实《公民道德建设实施纲要》，市环保局广泛开展了“在社会做个好公民、在单位做个好职工、在家庭做个好成员”和“道德规范进万家、进处室”等活动，使职业道德在工作实践中得到发扬。机关党委积极开展工会、妇女儿童和困难职工的帮扶工作，先后为贫困学生、困难职工和西藏捐款共计17000余元，向结对帮扶困难职工帮扶12000元。大力开展文化体育活动，极大丰富了干部职工业余生活。先后组织参加了全市妇女运动会和第三届市直机关运动会，在5个项目竞赛中，获得团体男子拔河、个人乒乓球两项冠军和3个二等奖。局办公室按照文明单位各项工作要求，加强了社会治安、健康教育、计划生育等工作，均得到了所在辖区、街道等有关部门的肯定。2004年市环保局、金水区环保局继续保持省级文明单位称号，巩义市、新郑市、惠济区环保局荣膺市级文明单位，高新技术开发区环保局被评为区级文明单位。

（王纪军）

第十四篇 经济监督与管理

宏观经济管理

【国民经济和社会发展计划执行情况】 2004年，在市委、市政府的领导下，在市人大、市政协的支持下，全市上下以邓小平理论和“三个代表”重要思想为指导，深入贯彻落实党的十六大和十六届三中、四中全会精神，着力调整经济结构，深化体制改革，转变经济增长方式，加强薄弱环节，国民经济保持平稳快速发展态势，社会事业全面进步。全市生产总值达到1375亿元，比上年增长15.5%，比计划高出2.5个百分点。其中，第一、二、三产业增加值分别增长5.7%、18.5%和14%，分别比计划高2.2、3.8和2个百分点，三次产业比重为4.4∶53.7∶41.9。地方财政收入达到114.8亿元，增长32.7%，比计划高18.2个百分点；全市金融机构存款余额2724.8亿元，比年初增长11.9%；贷款余额2231.3亿元，比年初增长11.5%；城镇化率57.9%，比上年提高0.9个百分点。

工业结构调整力度加大，经济效益不断提高。全市工业增加值完成591.6亿元，增长19.4%，比计划高7.4个百分点。百项重点技改工程完成111.7亿元。宇通汽车零部件产业园、恒星公司年产2万吨钢帘线、顺源铝业年产5万吨金属彩钢瓦等一批项目开工建设，威科姆公司VDSL宽带网络接入系统、竹林众生中药标准提取物石杉碱甲、中牧公司禽流感灭活疫苗等一批结构调整项目竣工投产，为工业发展增添了活力和后劲。规模以上工业企业销售收入1189.6亿元，增长35%；实现利润74.5亿元，增长38.7%；工业经济综合效益指数达到160.2%，提高16.7个百分点。

农村经济全面发展，农民收入大幅增长。全市农业增加值完成61亿元。粮食产量达148.3万吨，增产3.1%。畜牧业完成增加值23.4亿元，占第一产业增加值的38.4%，肉类、禽蛋和奶类产量分别增长7.5%、10%和35%。休闲观光农业发展势头良好，金鹭鸵鸟园、万山农家游等一批农业观光园区迅速成长。农业产业化进程步伐加快，全市市级以上农业重点龙头企业达到82家，比上年增加28家。农村基础设施投入力度加大，丁店水库除险加固工程全面完工并通过省级验收，新增有效灌溉面积3666.7公顷、积雨节灌水窖1.01万个。积极推进农村税费体制改革，农民得到更多实惠。全市农民人均纯收入达到4183元，同比增长15.2%，比计划高8.2个百分点，是1998年以来第一次实现两位数增长。

商贸城建设取得新成效，服务业发展势头强劲。全社会消费品零售总额558.7亿元，增长16.4%，比计划高5.4个百分点。香江现代物流商贸园区、商业步行街二期工程等一批项目开工建设，易初莲花紫荆山店、世纪联华汝河路店等一批大型零售商场相继开业。居民消费价格水平上涨5.5%。旅游基础设施建设力度加大，全市旅游景区(点)和旅游基础设施投资达到20亿元，重点对嵩山风景名胜区、黄河风景名胜区等一批景区进行了环境综合整治。全年共接待国内游客1370万人次，增长36%，接待入境游客17.4万人次，增长81.3%，旅游总收入138.5亿元，增长32%，其中旅游创汇5570万美元，增长92.1%。房地产竣工面积272万平方米，商品房实际销售面积535万平方米，增长31.3%。

固定资产投资稳步增长，重点工程进展顺利。全社会固定资产投资完成650亿元，比上年增长30%，比计划低5个百分点。重点项目进展顺利，全年完成投资172.8亿元。其中能源项目完成43.2亿元。华润集团2×30万千瓦机组、登电集团2×21万千瓦1号机组等项目竣工投产。全年新增电力装机容量99.6万千瓦。交通项目完成投资47亿元。新增公路里程140公里。107辅道、东西出入市口、新乡至郑州高速建成通车。房地产项目完成投资96亿元。开工建设商品房470万平方米，增长34.3%。中心城区整治力度加大，城市面貌发生显著变化。秦岭立交及道路等15项工程已完工或基本完工。农业路铁路立交建成通车，市区二环路全线贯通。新增游园绿地34个。支路背街小巷改造完成126条、积水点49处。郑花路、西北环综合整治效果初步显现。郑东新区建设强力推进，完成投资60.2亿元，形象进度初见端倪。基础设施建设基本完成，34条道路、11座桥(涵)具备通车条件；CBD内外环60栋高层项目开工35栋，19栋基本结顶；国际会展中心土建工程主体基本完工；中央商务区中心湖开挖，河南艺术中心地下工程全部完工；龙子湖地区6所高校开工建设，累计完成投资5.2亿元。

对外开放步伐加快，东引西进取得新进展。市属进出口完成7.8亿美元，增长85.7%，其中，出口完成4.4亿美元，增长81.4%，比计划高69.4个百分点；进口3.4亿美元，增长88.9%。全年新批外商投资企业117个，增长19.4%；合同外资额6.3亿美元，增长30.5%；实际利用外资2.5亿美元，增长161.6%，比计划高31.6个百分点。东引西进取得新进展，全年多次赴东部地区组织市情介绍暨项目推介会，共签约项目23个，合同引进资金40亿元；大力开展节会招商，首届世界传统武术节、河南投资贸易洽谈会共签约项目49个，签约引进市外资金129亿元，成为全年招商引资工作的亮点。

经济体制改革不断深入，县域经济和非公有制经济快速增长。国有企业改革稳步推进，色织印染厂、五金交电公司等12户企业基本完成改制任务，白鸽集团、华联商厦等20户企业进入改制程序。粮食流通体制和国有粮食购销企业改革进展顺利，分流职工2309人，占全部分流任务的38%。投融资体制改革和农村信用社改革取得实质性进展。县域经济实力不断增强，巩义、新郑、荥阳、新密和登封5个市被列入全省35个扩权县(市)，荥阳、新密生产总值突破百亿，全市生产总值超过百亿元的县(市)达到4个，县域经济占全市的比重达到51%左右。认真落实促进非公有制经济发展的各项政策，为非公有制经济创造了平等、宽松的发展环境，非公有制经济完成增加值687亿元，增长25%，占全市生产总值比重达50%。

社会事业全面进步，可持续发展能力不断增强。就业再就业工作成效明显，全市城镇新增就业人员12.15万人，城镇登记失业率3%。两个确保得到了较好落实，社会保障体系进一步完善。全市组织实施攻关、火炬、星火等科技项目321项，其中，国家级20项、省级205项、市级96项，科技进步贡献率达到49.1%，荣获全国科技进步先进城市。教育基础设施建设力度加大。市区4所高中开工建设；外语学校体育馆投入使用；消除农村中小学危房22.7万平方米；解决农民工子弟入学7.46万人。疾病预防控制体系、医疗救治体系建设全面启动。郑州120紧急救援中心基本建成。市突发公共卫生事件后备医院病房楼、5个县级疾病预防控制中心开工建设，其中3个建成投入使用。新型农村合作医疗试点工作顺利推进，全年共有161.1万人次得到补助，补助资金达1702.5万元。生态环境质量继续改善，共完成造林面积22466.7公顷；查处违法排污企业445家，其中关闭、取缔污染严重的“十五小”和“新五小”企业218家；城市生活污水集中处理率达到55.1%；城市生活垃圾无害化处理率和工业固体废物综合利用率分别达到80.3%和64.4%；城市空气质量二级以上天数达到81.4%。体育、文化、新闻出版、计划生育等各项工作均取得较大进展。人民生活继续改善，市区城镇居民人均可支配收入9667元，比上年增长11.8%。

总的看，2004年郑州市国民经济和社会发展计划执行情况是好的，但在经济发展中还存在一些突出矛盾和问题，主要是：农民增收的基础还不稳固，信贷资金供应不足，能源、资源、运力、环境约束矛盾突出，建设用地紧张，价格上涨压力增大，就业再就业任务艰巨，安全生产形势不容乐观。

（李福科　范　磊）

【重点项目建设情况】 2004年，按照市委、市政府《关于确保2004年百项重点工程建设的意见》要求，面对宏观调控带来的机遇和挑战，郑州市有关部门坚持以科学发展观为指导，及时调整重点项目结构，以推进建设进度为中心，以完成年度建设目标为主线，以搞好协调服务为重点，以促进融资为突破口，以优化建设环境为保障，积极采取有利于项目建设的各种有效措施，明确目标，分解任务，强化责任，迎难而上，抓环境、抓进度、抓质量、抓安全，千方百计加快建设进度，确保重点项目建设目标任务落到实处。

2004年，郑州市重点项目建设在积极贯彻落实国家宏观调控政策的同时，继续保持增长势头，全年完成投资191.1亿元，占年计划234.3亿元的81.6%，同比增长23.44%。全年新开工建设57个项目，占计划新开工59个项目的96.6%。全年竣工投产13个项目，占计划竣工14个项目的92.8%。

安全生产监督工作不断加强。全年共新增安全监督项目95项，下发各种安全管理文件10份，开展全面大检查3次，专项检查3次，对98个项目、177个项目部进行安全检查，下工地2730人次，下发整改通知1436份，发现安全隐患3082条，已全部整改到位。项目数同比增加17项，下工地人次增加828人次，事故隐患率下降27.5%，保证了重点项目建设全年无特大安全事故发生。

重点工程质量稳中有升。全年共监督重点工程161项，单位工程961个，面积542万平方米。其中，新增单位工程371个，面积257.39万平方米，竣工单位工程126个，面积133.94万平方米。质量监督人员下工地2768人次，下发整改通知书948份、整改意见3226条，已整改3141条，其余85条正在整改中。通过对所有在监重点工程各责任主体的质量行为、实体质量、资料管理、质量保证体系建立健全情况的全面监督，带动整体质量水平提高，使在监工程全部合格，合格率为100%。

招标、投标行为进一步规范。加强招标活动程序的监督，强化对监督工作的把握，做到既不越位也不缺位。对招标、投标活动程序的监督，保证了整个招标、投标活动按照有关法律规定顺利实施。全年共监督重点项目招、投标活动72项、106个标段，招标项目中标价10.1617亿元，办理中标通知书116份，土建招标率和公开招标率均达到100%，节约资金7253万多元。

稽查工作初见成效。全年专项稽查项目共32个，涉及国债项目12个，总投资9.7044亿元；财政投资项目20个，总投资18.795亿元，稽查出各类问题67项，能整改的已全部整改到位。同时，圆满地完成省发改委对六县(市)农村“六小工程”18个项目实施情况进行专项稽查的任务，及时发现、协调和纠正了项目建设中存在的问题。

【加强重点项目建设的服务与管理】(一)市领导高度重视，为重点项目建设提供保证。年初，市委、市政府为使郑州市经济保持上年好的发展势头，力争本年有更好更快的发展，一是新出台了《求真务实，加快发展的16项政策举措》，下发了《关于确保2004年百项重点工程建设的意见》和《2004年百项重点工程建设目标考核办法》，成立了百项重点工程建设目标考核领导小组，市政府与各县(市)、区和市直有关委局签订了重点工程建设目标责任书。二是实行了市级领导联系重点项目制度。联系项目的市级领导多次主动进行现场调研，现场办公，及时协调解决重大问题，督促检查建设进度。三是市、县、乡相继建立了三级联动网络管理体系，逐级分解责任，层层分包项目，协调解决项目建设中出现的困难和问题。四是强化政、银、企联系交流，为项目争取信贷资金提供平台。根据重点项目建设投资增幅从2月份以来呈逐月下降的趋势，市领导带领有关市直部门，带着项目资料，走访了驻郑金融部门和单位。同时，组织了两次规模较大、层次较高的政府、银行、企业三方见面座谈会，通报全市经济社会发展情况，推介项目情况，使各金融机构对郑州市的发展和项目情况有了更全面、更深入的了解，为项目融资提供了平台。

(二)加强基础工作，为重点项目建设提供服务。一是细化目标任务，跟踪督促检查。按照各个项目所处的不同阶段，制定出严密的施工网络计划，实行计划与施工同步的管理方法，确保开工一批，竣工一批，形成施工高潮一批；二是实行重大问题报告制度，对有重大问题的项目以专报形式及时上报，对市领导协调过的项目，采取督促落实周周报；三是对项目建设过程中出现突发问题协调不过夜。全年共协调解决项目建设中出现的各种问题200余次，为项目建设排忧解难，赢得了建设时间。四是建立“两会三报”制度，准确掌握建设动态。通过月例会和职能部门联席办公制度，主要解决项目建设过程中出现的夜间连续施工、工程车辆通行、占道破路，砍树、伐树等具体问题。对项目建设过程中出现的重大问题实行旬报制度、月报制度和季报制度，对发现的问题及时上报，及时督促落实，为重点项目建设的顺利实施提供了有力保证。五是加大宣传力度，营造建设氛围。重点项目建设涉及的征地、拆迁、安置、补偿等工作，都要触及人民的切身利益，为了既要加快项目建设进度，又要维护广大人民群众的利益，维护社会大局的稳定，在抓紧、抓实、抓细各项工作的同时，十分重视加强重点项目建设动态宣传工作。全年开展了两次重点项目建设系列报道活动，大力宣传有关政策，大力宣传重点项目建设的作用，大力宣传重点项目建设为老百姓带来的实惠，通过宣传教育，使全社会关注重点建设，理解重点建设，支持重点建设的氛围更加浓厚。

(三)建立督查制度，为加快项目建设提供保证。一是督促项目单位切实加强组织领导，严格按计划组织施工，确保开工、竣工目标和投资计划的完成；二是对重点项目建立动态跟踪网络，每旬报告协调问题落实情况，每月通报建设进度，每季进行动态分析，对出现缓慢的问题，及时帮助项目单位分析原因，制定措施，加快建设进度，力争完成任务与时间同步；三是认真督促检查年度目标执行情况，做到每月检查一次，每季通报一次，半年总结一次，并将检查情况向全市通报，从而促使项目建设进度的加快。

(四)加强质量监督，为保证工程质量夯实基础。在质量监督过程中，一是切实落实工程质量责任制和终身追究制，重点监督检查五大责任主体，即建设单位、勘察单位、设计单位、施工单位和工程监理单位的质量行为是否按国家相关法规和程序落到实处。二是监督检查工程实体质量，加强进场材料的监督检查，监控工程的内在质量。三是监督检查各项方案审查、材料报验、工程报验的签章登记把关情况，质量管理保证体系的落实情况，以此监控工程质量水平。四是组织经验交流会和现场观摩会，推广先进技术方法，达到互相交流，共同提高的目的。

(五)强化安全生产，为重点项目建设提供保障。在安全管理方面，坚持做到关口前移，预防为主。一是狠抓责任制和各项规章制度落实，使安全生产工作层层落实到人，确保事事有人管，件件有落实。二是加强监督检查，认真搞好专项治理。在搞好日常安全检查工作的基础上，全年开展了3次全市范围内的安全大检查，组织了3次专项治理，有效保障了大型施工机具的安全运行，减少了各类安全事故的发生。三是强化安全生产教育活动。为了提高重点项目参建单位安全生产意识，选择针对性强、易发生事故的案例光碟下发到每个项目单位，开展现场收看、现场教育，用鲜活的事例教育施工人员，并使其从案例中吸取教训，提高防范意识，自觉落实有关安全生产的规定。

(六)落实拖欠农民工工资问题，为重点项目建设保驾护航。根据郑州市解决建设领域拖欠工程款工作领导小组下发的“郑清欠[2004]5号”文件要求，分批召开督办会议，督促欠款单位制订还款计划。一是要求各参建单位必须建立用工合同，严格履行合同，及时支付各种款项。二是建立举报制度和农民工工资保障金制度。三是开展专项检查，检查资金是否筹措，落实是否到位，是否及时按合同支付，建筑施工企业劳务用工是否依法签订劳动合同，是否按合同支付民工工资。四是对出现的问题，及时协调解决，防止事态扩大。主要协调解决了法国家乐福超市、河南工业大学、郑州大学新校区和第三看守所等12个项目的拖欠民工工资3470.5万元。

【2004年度第一批重点建设项目】 郑州市2004年度第一批重点建设项目共计116项、5640813万元。

（一）投产项目（共16项）

(1)华润集团2×30万千瓦发电机组工程；

(2)郑州发祥电力公司年产7万吨铝合金生产线；

(3)荥阳煤矸石电厂2×5万千瓦发电机组工程；

(4)河南省移动通信生产指挥调度楼工程，建筑面积2.5万平方米；

(5)河南移动通信郑州分公司枢纽楼，建筑面积2万平方米；

(6)郑花路综合整治工程，北环路——迎宾路；

(7)朱屯东路工程，嵩山北路——桐柏北路长1998米、规划红线宽45米；

(8)冉屯路工程，西三环——桐柏北路长2339米、规划红线宽45米；

(9)建设西路，伏牛路——西环路长1305米、规划红线宽56米；

(10)紫荆山路，航海路——南三环长2822米、规划红线宽50米；

(11)积水点改造工程；

(12)金水河整治工程，航海路——天下路、未来大道——107国道；

(13)东西出入市口改造工程，东出口长5310米，西出口长4000米；

(14)“三河一渠”整治工程，总长20公里，疏挖护砌；

(15)郑州市骨科医院病房楼，建筑面积1.35万平方米；

(16)郑州市第四十七中学迁建工程，占地20公顷。

（二）续建项目（共29项）

(1)郑州煤炭工业集团公司白坪矿井，年产煤180万吨；

(2)登电集团2×21万千瓦机组工程；

(3)鑫旺集团自备电厂，2×13.5万千瓦发电机组；

(4)巩义市二电厂项目，2×10万千瓦发电机组；

(5)豫联工业园区，2×13.5万千瓦发电机组，2×30万千瓦发电机组，25万吨电解铝，15万吨碳素；

(6)郑州出口加工区现代工业标准厂房，建筑面积9万平方米；

(7)郑州电缆集团迁建工程，占地46.2公顷；

(8)郑州增奇新钢铁有限公司扩建炼铁、炼钢工程，新增生铁100万吨/年产、钢坯100万吨/年产；

(9)河南移动通信郑州分公司生产调度楼，建筑面积约1万平方米；

(10)马头岗泵站及污水干管工程，建泵站9座、敷设D1800——D2800污水干管9公里；

(11)巩义市污水处理厂，一期日处理污水2万吨，配套管网2.3公里；

(12)农业路穿铁路编组站立交工程，全长980米、红线宽45米；

(13)郑州市环城高速公路工程，57公里高速路加18公里连接线；

(14)107国道辅道工程，全长39公里；

(15)郑州市五龙口污水处理厂工程，日处理污水10万吨，回用水5万吨；

(16)郑州公交场站建设工程，5个停车场和6个枢纽站；

(17)中国郑州国际会展中心工程，建筑面积30万平方米；

(18)郑大护理学院高教楼，建筑面积4.4万平方米；

(19)郑州轻工业学院机电工程实验楼，建筑面积1.25万平方米；

(20)第九届中学生运动会场馆建设，6座体育馆、2个体育场、1个游泳池；

(21)郑州市环境保护监察技术信息楼，建筑面积1.2万平方米；

(22)郑州广播电视中心迁建工程，建筑面积约4.7万平方米；

(23)郑州市中级人民法院迁建，建筑面积4万平方米；

(24)新中州大学，建筑面积9万平方米；

(25)郑州师范专科学校，建筑面积约9万平方米；

(26)郑州市艺术学校迁建，建筑面积5.8万平方米；

(27)郑州市检察院技术通讯大楼配楼，建筑面积1万平方米；

(28)市直机关北家属院动迁楼，建筑面积3.15万平方米；

(29)高级知识分子安置工程：河南省科学器材供应中心，建筑面积2.85万平方米；机械工业部第六设计研究院，建筑面积5.6万平方米。

（三）新开工项目（共57项）

(1)嵩阳电力有限公司2×15.5万千瓦火力发电机组工程；

(2)河南英科石化微乳有限公司年产20万吨乳化柴油、2万吨乳化剂项目；

(3)郑州豫密药业股份有限公司治疗抑郁症纯中药项目，年产3000万盒；

(4)郑州新力电力有限公司2×20万千瓦供热机组工程；

(5)新密电厂2×30万千瓦发电机组工程；

(6)郑州市热力总公司东郊热电厂2×20万千瓦供热机组工程；

(7)中国电力投资公司燃气调峰电厂，2×30万千瓦发电机组；

(8)郑州泰祥热电股份有限公司2×12.5万千瓦热电机组；

(9)中美铝业30万吨氧化铝项目；

(10)中铝河南分公司年产70万吨氧化铝技改项目；

(11)郑少高速公路——航海路立交桥工程；

(12)南三环联络线，107辅线——市界、长7000米、规划红线宽70米；

(13)未来大道工程，航海路——金水路长4735米、规划红线宽50米；

(14)郑州市农业路工程，京广铁路——经三路长4957米、规划红线宽41米，含与文化路、花园路2座立交桥；

(15)西流湖公园,7平方公里;

(16)新密市西区给水工程,日供水5万吨;

(17)郑州长途汽车客运站项目:郑州长途汽车客运东站,建筑面积6130平方米;郑州长途汽车客运北站,建筑面积8726平方米;

(18)河南汽车贸易中心,占地33公顷,总建筑面积15万平方米,当年建设规模总建筑面积10万平方米;

(19)毛庄蔬菜批发市场,占地20公顷,总建筑面积5.45万平方米,当年建设规模2.9万平方米;

(20)世纪联华超市,建筑面积3万平方米;

(21)丹尼斯人民路2号馆项目,建筑面积2.4万平方米;

(22)郑州市东方家园建材家居连锁超市,建筑面积4万平方米;

(23)正大世纪城市广场,占地5公顷,总建筑面积10万平方米;

(24)德化街商业步行街二期工程,建筑面积6.7万平方米;

(25)法国家乐福超市,建筑面积18万平方米;

(26)郑州家世界购物广场,建筑面积4.3万平方米;

(27)世贸商城,建筑面积4万平方米;

(28)百脑汇电讯广场,建筑面积7万平方米;

(29)大上海城,总建筑面积14.2万平方米;

(30)郑州澳柯玛物流中心一期,占地40公顷;

(31)河南省进口物资公共保税中心建设,总建筑面积36.6万平方米;

(32)郑州颐和医院,建筑面积18万平方米,床位1500张;

(33)市第五人民医院病房楼(后备医院)传染病区,建筑面积2.12万平方米;

(34)市紧急救援中心,占地1.33公顷,总建筑面积3000平方米;

(35)黄河风景名胜区基础设施建设,道路6公里、停车场、入口整治等;

(36)郑州市第一商业技工学校教学楼;

(37)郑州师范专科学校培训实习基地,建筑面积4.3万平方米;

(38)河南省政法管理干部学院新校区,建筑面积25万平方米;

(39)高校教职工住宅建设,建筑面积175万平方米;

(40)河南省司法厅劳教局办公区、生活区,建筑面积6.5万平方米;

(41)河南省招生考试信息化综合楼,建筑面积1.24万平方米;

(42)河南省球类运动管理中心办公楼等,建筑面积8000平方米;

(43)省示范社区服务设施建设,共10个,其中,二七区、金水区、管城区各2个,邙山区1个,中原区3个;

(44)郑州市妇幼保健院病房楼,建筑面积1.9万平方米,床位400张;

(45)郑州一中迁建,占地22.1公顷;

(46)河南司法职业警官学院新校区,建筑面积19万平方米;

(47)河南检察官职业学院新校区,建筑面积25万平方米;

(48)郑州市广播电视大学新校区,建筑面积5万平方米;

(49)河南省地税局直属局办公楼,建筑面积1.2万平方米;

(50)武警郑州支队营房及训练场,建筑面积约8000平方米;

(51)郑州市金水区人民检察院通讯技术大楼,建筑面积1.19万平方米;

(52)泰辰IT服务大厦,建筑面积15万平方米;

(53)许昌大厦,建筑面积1.5万平方米;

(54)阳光新城,建筑面积25万平方米;

(55)省注协大厦综合楼,建筑面积6万平方米;

(56)博达花园,建筑面积7.4万平方米;

(57)郑州新一代多普勒天气雷达建设,建筑面积5000平方米。

(四)前期工作项目(共14项)

(1)中国电子科技集团公司郑州产业园,建筑面积42万平方米;

(2)中国长城铝业公司1×12.5万千瓦自备供热电厂工程;

(3)中国长城铝业公司30万吨碳素项目;

(4)锦江集团年产5万吨麦草浆甲酸工艺清洁生产示范工程;

(5)杜岭中街城中村改造工程,占地5.33公顷;

(6)西史赵都市村庄旧城改造工程,占地120公顷;

(7)河南宝泉抽水蓄能电站郑州生产调度中心,占地2.2公顷;

(8)垃圾综合处理场工程,日处理生活垃圾2200吨;

(9)郑州中国中西部纺织城,占地26.7公顷,总建筑面积20万平方米;

(10)郑州汉德公司商业设施、商住综合广场,建筑面积18万平方米;

(11)香江现代物流商贸园区,占地133.3公顷;

(12)美国76集团40万吨油库项目;

(13)郑州市城市管理行政执法局办公楼,总建筑面积5968平方米;

(14)郑州市军队离退休干部服务中心,总建筑面积1.5万平方米。

(魏　东)

【建设项目初步设计管理】 2004年,市发改委共组织审查建设项目初步设计27项,概算总投资16.37亿元。其中:(1)报省审查项目共7项,包括省道S223中牟贺岗至新郑八千段改造工程、嵩山风景名胜区G207西十里铺至清微宫旅游道路、新密市给水工程、市城市垃圾综合处理工程、郑州威科姆电子科技有限公司年产50万线VDSL宽带网络接入系统高技术产业化示范工程项目、郑州市第五人民医院(后备医院)传染病区(国债)建设项目、郑州公路主枢纽客运东站等,概算投资6.80亿元。(2)市审查项目共20项,包括市回中体育馆、马头岗污水泵站及干管工程、市一商技校教学楼、中牟县疾病控制中心检验综合楼、新郑市疾病控制中心传染病区病房楼、市妇幼保健院病房楼、市农林科学研究所农业科研项目、郑州广播电视大学新校区、市旅游学校体育馆、市七中高中部新校区、市十一中新校区、市白庙劳教所"法轮功"教育转化基地、市城市管理行政执法局办公楼、登封市人民医院传染病区项目、新密市中医院传染病区病房楼、市第五人民医院病房楼、市一商技校整体迁建一期工程、郑州新一代多普勒天气雷达站等，概算投资9.57亿元。

根据《河南省建设项目工程设计施工图设计审查暂行办法》的规定，积极在政府投资项目建设领域开展施工图设计审查工作。按照《2004年国债农村公路项目施工图设计审批指导意见》的规定，审查核准了中牟县梁家桥至黄冯公路改建工程、中牟县刘集经西徐庄至郑州界公路改建工程、巩义市杨桥至涉村公路改建工程、荥阳至新密公路改建工程、登封市嵩阳书院至徐庄乡公路改建工程、登封市唐庄乡至白沙公路改建工程、新郑市袁堡至张沟公路改建工程、新密市高沟至草庙公路改建工程、荥阳市石庄至任湾公路改建工程、新密市沙古堆至丁沟公路改建工程、新密市石坡口至关口公路改建工程等11个项目的施工图设计，改建公路228.17公里，预算投资2.03亿元。

（刘书玉）

【勘察设计招标投标】 2004年，市发改委按照国家和省、市有关勘察设计招标投标方面的规定，以及2000年国家计委3号令和2003年国家发改委2号令的规定，以条件成熟、择优定标、限额设计为工作指针，以选择一个高水平的勘察设计单位对工程投资、进度和质量进行有效控制为手段，先后组织监督了市七中外迁高中部新校区、市十一中新校区、中州大学新校区、市第五人民医院新病房楼、市中心医院病房楼、市城市管理行政执法局办公楼等17个工程项目的勘察设计招标投标工作，在具体指导和监督勘察设计招标投标活动中取得了显著成效。

（李　龙）

工商行政管理

【整顿和规范市场经济秩序】 2004年，全市工商行政管理机关按照总局和省局明确的整顿重点，全面推进流通领域商品质量监管，努力营造一流的市场环境，整顿和规范市场经济秩序工作取得了新成效。全年共查处各类经济违法、违章案件28301起，案值1.4亿元，罚没款3480万元，取缔各类窝点1199个。一是以食品安全为重点，开展系列专项整治行动。主要开展了以下专项行动：(1)食品安全专项整治行动，认真开展"六查六看"，加强日常监管，对重点区域、重点行业和重点食品进行重点管理和检查，把好食品质量市场准入关，维护人民群众的消费安全。立案查处食品安全违法案件444起，案值近900万元。(2)打击制、售假冒伪劣商品专项整治行动，查处制假、售假案件6985起，案值达2233万元，捣毁制假、售假窝点762个。(3)保护知识产权专项整治行动，查处各种商标违法案件224起，收缴消除假冒侵权商标标识39605件。(4)集中打击、取缔传销和变相传销，端掉传销窝点120个，收缴传销物品2899件，教育返乡传销人员4173人，移交司法机关128人。(5)加大对不正当竞争案件的查处力度，查处各种不正当竞争案件406起，罚没款555万元。(6)报废车辆回收拆解市场专项整治，清理检查企业商户2235户，没收报废汽车配件4700套(件)，成功追回了从青海流入新密的37辆报废汽车。(7)配合有关部门开展"扫黄打非"集中执法行动，查处违法案件257起，案值140万元，查缴非法书刊40603册、电子出版物17028盘(张)。(8)取缔无照经营集中行动，查处无照经营案件13895件，取缔无照经营户1326家，责令停业整顿2970户，督促补办营业执照3780份。二是狠抓市场监管机制体制创新。突出抓好制度建设，建立健全食品安全长效监管机制。新推行了以下几项市场监管制度：(1)流通领域食品准入制度。对与人民群众生活息息相关的生猪制品及其它畜禽类商品、食品饮料等商品实行严格的准入规定。(2)食品市场索证索票制度和食品备案制度。制定了《食品市场索证索票办法》和《流通领域食品备案操作程序规定》。已备案食品3600多份，涉及30类400多个品种。(3)商品抽检和食品快速检测制度。组织了20次全市性的商品统一抽检，抽取样品897种；购置了食品快速检测车，配备了先进的检测仪器，对抽取的样品采用购买方式免费检测。全年共出动检测车辆235台次，组织食品检测327次，抽取样品1266个，检测出不合格样品73个。(4)制定了《食品安全突发事件应急处理预案》，增强食品安全监管的主动性、前瞻性和防范性。(5)制定了辖区打假责任、投诉公示、企业信用告知、食品检测公示等8项商品质量监管制度。三是继续推进信用体系建设。进一步完善了企业信用记录系统"黑、红名单"制度；深入开展了文明诚信市场创建活动，对华中食品城等8个重点市场实行所长公开选任制、军令状承诺制和重奖重罚制。创建经验在全省工商系统推广。四是强化维权力度。通过各种渠道受理消费者咨询123415起，受理投诉16937件、举报1086件，为消费者挽回经济损失1714万元；发布消费警示6条。

【企业注册登记管理】 一是严把入口关。严格登记手续，简化办照程序，转变工作作风，努力为企业发展服务。截至年底，全市工商行政管理机关共登记内资企业26549户，注册资本(金)3907540万元；外商投资企业568户，投资总额305357万美元，注册资本177785万美元；私营企业27874户，注册资本2394402万元；个体工商户181234户，注册资本575383万元。二是加强注册登记窗口建设，为企业提供优质高效服务。制定了为重点企业提供"便利直通车"服务的23项改革措施；下放登记权限，注册资本300万元以下的企业，由所在地县(市)、区分局直接办理，对县(市)、区局登记的挂郑州市名的企业名称核准权也进行了下放；减少审批环节和审批程序，实行独立审核制；制定了窗口服务“五必须、五不准”规定；对办事大厅进行了重新改造，降低了柜台，设置了休息区，安装了等离子电视和排队叫号系统，体现人文关怀；建立了服务质量电子评价系统，提升服务层次。三是推行网上登记、网上年检。在继续完善网上并联审批的同时，积极进行网上登记、网上年检的软件开发、系统调试、人员培训等有关准备工作。

【商标和广告管理】 2004年共查处商标违法案件314件，罚没款119.34万元，没收侵权商标标识3043831套(件)；查处广告违法违章案件174件，罚没款71.71万元。一是强化商标监管，保护注册商标专用权，开展专项整治。从2004年7月下旬～12月中旬，在全市开展了3次保护注册商标专用权集中整治行动。在此项行动中，全市共出动执法人员12200人次，检查经营户17126个，检查商品交易市场274个，捣毁制假、售假窝点47个，查处商标侵权案件158件，其中：查处侵犯食品商标专用权案件48件；侵犯药品商标专用权案件9件；侵犯驰名商标专用权案件26件；查处伪造、擅自制造及销售他人注册商标标识案件26件；其他案件48件。没收侵权商标标识38890件，没收、销毁侵权商品13304件，没收、销毁专门制造侵权商品的工具214件，罚款61.59万元；移送司法机关案件2件。二是加强户外广告登记管理，有针对性地开展违法广告专项整治工作。郑州市登记注册的广告经营单位580户，从业人员6300多人，经营设置发布户外广告的单位100多户，全年登记户外广告媒体5560件(辆)，其中：户外广告牌、广告塔、霓虹灯、灯箱3400件、车体2160辆。2004年上半年结合阜阳劣质奶粉事件，在全市管辖的范围内对食品广告进行检查。配合食品安全专项治理工作，对食品广告有无虚假、误导宣传等内容进行清查。同时，结合农资市场整治，对农资广告的发布情况进行专门检查，有效制止了违法广告的发布。

【合同监管】 一是加强合同法规的宣传培训。对基层工商所管理人员培训43次，参加1447人；对辖区中小加工企业负责人培训42次，参加2140人。二是加大合同帮扶力度。全市各基层工商所发放合同帮扶调查表1916份，收集需帮扶的问题5类16个。结合省局开展的“合同帮扶工程”和市局开展的“523”工程，共确定了337家重点帮扶企业。2004年有223户企业被评为市级“守合同重信用”企业；拟报省级“守合同重信用”企业44户；对192户原省、市级“守合同重信用”企业进行了复查。三是规范合同文本。对建筑装饰、机械加工、建筑材料等5个行业的合同文本进行了检查，共检查合同文本2634份。规范了工矿产品、机械加工等4个行业的合同文本。共检查368家辖区企业《合同示范文本》的使用情况，使用率达到90%。四是严厉打击合同欺诈行为。查处合同欺诈案件4起，结案4起，罚款1.24万元。调解处理合同纠纷133起，为企业和群众挽回经济损失361.44万元。

【作风建设】 一是根据国家工商总局、省工商局的安排部署，扎实开展了“整建”和队伍教育整顿活动。突出了“三抓”和“三到位”。一抓学习宣传，促思想认识到位。认真传达学习国家总局、省局会议精神，结合实际，制定了具体的“整建”和队伍教育整顿方案，层层召开动员会进行部署。二抓查纠，促查摆问题到位。围绕五项清理和六项查纠，实行自查和他查相结合，每人都写出了自查报告书；同时，向社会发放征求意见表16800份，问卷调查表9600份，工作汇报信3000多份，召开各类座谈会583次。共清理执法案件6805起，消费者投诉19114起，行政性收费1.9亿元，举报投诉235件。通过查纠，归纳整理出4类共性问题和67个个性问题。三抓督查，促整改到位。对个性问题，逐一进行认真处理；对于共性问题，专门召开党组会进行研究，制定整改意见，并通过《郑州日报》予以公开，接受群众监督。成立了5个督查组，对各单位进行明查暗访，确保各项整改工作落到实处。在“整建”和队伍教育整顿活动中，坚持教育与惩戒相结合，硬起手腕，严惩违规违纪行为。通报批评10人，诫勉谈话5人，行政警告3人，行政记过1人，行政记大过2人，参加闭门思过学习班34人。二是加强窗口单位建设。在窗口单位广泛开展争创“文明示范窗口”、“文明示范标兵”评比竞赛活动，培养和树立执政为民的先进集体15个、“服务之星”20名、“红盾卫士”10名。三是加强法纪教育。组织法律法规知识讲座92次，结合《行政许可法》的实施，在全系统组织了《行政许可法》及相关知识的培训和考试，并通过对基层科所长和执法办案人员进行轮训、挂职学习等措施，进一步提高依法行政水平。四是认真落实执法公示和案件评审制，推行执法过程责任追究制。制定了查办案件阳光作业等规定，实行立案、调查、定性、处理四分离，收费管理实行评费、缴费、监管三分离，办理证照实行受理、审批、收费、打照、盖章五分离，完善监督制约机制，从源头上预防利用“案、费、证、照”以权谋私等问题。五是认真贯彻党政领导干部选拔任用条例，落实局班子领导干部任期和离任经济审计制度。六是对全市工商所进行改造或新建，改造新建工商所72个，努力改善基层工作条件和单位形象。对达标的工商所由市局进行了奖励。

【“服务型工商”建设】 一是深入开展便民服务活动。在全市建立了275个“12315”社区联络点，为社区居民提供维权服务；开展上门年检服务，上门年检1850户，为243家企业提供了免检服务；继续实施“523”为纳税人服务工程，与9750家企业、15420户商户建立了定点联系，为企业商户做实事、好事数千件。二是积极为下岗失业人员再就业服务。组织了多次企业招聘下岗失业人员洽谈会，通过各种渠道帮助14282名下岗失业人员重新走上了就业岗位，为从事个体私营经营的下岗失业人员减免各项费用526万元。三是下放年检权限。制定了授权工商所对辖区企业进行年检的工作方案和实施办法，所有企业可到所在辖区工商所就近年检。

（王 洋）

审计监督

【概况】 2004年，全市审计机关认真落实“依法审计、服务大局、围绕中心、突出重点、求真务实”的工作方针，全面履行审计监督职责，通过开展“三个一”精品工程活动，极大地提升了审计工作质量和水平，较好地完成了全年各项工作任务。全市共审计单位614个，比上年增长20%，查出各类违规金额26.6亿元，比上年增加176%，经过审计处理，可增加财政收入7029万元，减少财政拨款4302万元，追回被挤占挪用资金1.3亿元。同时，向纪检司法机关移送案件线索4起，建议有关部门处理案件15起。

【财政审计】 全市审计机关以财政收支真实性为基础，突出审计财政收支的合法性，强化对权力的制约与监督，促使财税部门进一步提高管理水平和资金使用效益；同时对审计中发现的带有普遍性、倾向性的问题进行深入地研究和分析，向政府及有关部门提出了切实可行的建议。郑州市局在预算执行审计中，揭露和反映了财政部门预算不够细化、部门预算刚性不足等问题，税务部门混淆入库级次、人为调节税收进度等问题，部分预算执行单位“收支两条线”政策执行不到位，挤占挪用专项资金等问题。通过对这些问题的纠正和处理，促使各部门加强了预算管理，完善了各项制度。各县（市）、区也普遍加大了预算执行的审计力度，新密市、新郑市、中牟县、管城区人大常委会对审计部门提交的工作报告给予了充分的肯定。

【重点资金审计】 按照省厅统一部署，郑州市审计机关积极参加全省粮食清查行业审计，由于组织得力，成效显著，移交案件线索、提交专题报告均名列前茅，郑州市荣获全省3个特别优秀先进单位的第二名。荥阳市、巩义市、新密市派出的审计组表现尤为突出。

固定资产投资审计通过对郑州市桐柏路拓宽改造工程项目、郑州市人防工程项目、郑东新区征地拆迁资金等一批重点建设项目和重点建设资金的审计监督，共查出违纪、违规金额11389万元，应上缴财政金额1720万元，工程项目审减投资3726万元，查出私设“小金库”2个，移交有关部门处理1人，确保了建设项目资金效益的发挥。

农业资金重点审计了农业税收灾歉减免资金、耕地开垦费和新增建设用地有偿使用费、退耕还林资金三项资金的拨付、使用及效益情况。尤其是对耕地开垦费和新增建设用地有偿使用费的审计，查出违规资金1821万元，管理不规范资金2181万元，审计情况经省厅汇总上报省政府后，王明义副省长作了重要批示。

在社会保障资金审计中，严肃查处了欠缴基本养老保险金、失业职工保险金、虚报多领再就业服务补贴、部分企业少报参保人数和工资基数有意压低失业金缴费基数、对享受低保待遇的审批把关不严等问题，进一步规范了社会保障资金的管理。

外资审计共查出有问题资金3349万元，并依法处理了项目单位配套资金不到位、虚报项目支出、挤占挪用项目资金等各类违反财经法规和项目贷款协议问题。特别是豫西农业综合开发项目反映的问题经省厅汇总上报后，引起了省财政厅的高度重视。

县（市）、区审计局都普遍加大了对重点资金的审计力度，上街区审计局主动将投资审计的监督关口前移，使问题能够得到及时发现、及时纠正，并为基建项目竣工决算奠定基础；金水区审计局全年共审计基本建设项目15个，核减工程款2712万元，审减率达15.86%，为提高财政投资资金使用效益做出了较大的贡献。

【专项审计调查】 2004年，根据审计署、省厅的工作安排，结合郑州市实际情况，市审计部门将加大审计调查力度作为开创工作新局面的突破口，作为审计工作上档次、上品位的重要标志，重点开展了财政体制改革基期年收入真实性审计调查、郑州市2003年农村中小学危房改造项目资金审计调查、2003年市政道路土地征用及迁移补偿资金专项审计调查、城镇居民最低生活保障金管理使用情况调查等。各县（市）、区都结合本地实际，开展了各具特色的审计调查。全市共完成审计调查项目31个，审计调查单位127个，审计调查金额38亿元。

【政府交办审计】 2004年，郑东新区在征地拆迁过程中出现一些矛盾，根据市委、市政府的要求，市审计局组织精干力量，深入区、乡、村各级组织，延伸调查5个乡镇、办事处，21个自然村，抽查40余户拆迁村民，共审计征迁资金22亿元，基本摸清了郑东新区拆迁、回迁中出现的各种突出矛盾，在较短的时间内撰写出专题调查报告，为市领导的决策提供了依据。

受市委、市政府委托，市局对惠济区老鸦陈办事处师家河村1995年12月至2004年7月的财务收支情况和该村群众反映的党支部书记、村委主任的经济问题进行了专项审计；完成了对新密市西大街办事处挪用农民土地补偿费问题的调查处理等多项工作。各县（市）、区审计局在正常的审计工作之外，圆满完成了大量当地党委、政府交办的任务，维护了广大群众的利益，维护了安定团结的政治局面。

【经济责任审计】 2004年，郑州市对县级领导干部任期经济责任审计在2003年进行试点的基础上全面铺开，在制度建设、审计层次、审计质量上都有了新的突破。

市局在学习外地先进经验的基础上，结合本市实际拟定了《郑州市经济责任审计试行办法》、《郑州市国有企业领导人员任期经济责任审计操作规程》、《郑州市行政事业单位领导干部任期经济责任审计操作规程》；制定了县(市)长、行政事业单位、国有及国有控股企业领导干部经济责任审计方案；初步制订了郑州市经济责任审计操作规章等，使经济责任审计初步走向规范化。受各级党委、政府委托，全市共完成经济责任审计173人(其中县级干部24人)，查出违规金额42609万元，比上年增长61%。有关部门参考审计结果，晋升8人、平调107人、免职6人。

【审计信息化建设】 2004年，市局投入100多万元，配备和更新了硬件设备，建设了标准化机房，连通了政府网、互联网，按照“金审工程”要求在全省审计系统中第一家实现了全市审计系统网络联网。同时，全市统一组织实施“金审工程”，在各级政府的大力支持下，市、县(市)、区同步联动，使全市审计系统计算机硬件设施全部配置到位，在全省第一家达到这个要求。

市审计部门在搞好硬件建设的同时，计算机辅助审计也有了实质性突破。财政处运用“审易3.0”软件筛查的审计线索，在收入基数真实性调查和税收征管审计中，两个月时间延伸审计了129家重点纳税企业，为市财政增加财力2306万元；金融处编制的金融法规查询软件，在省厅及全省11个地市的单项审计中进行了推广应用；投资处运用钢筋统计软件在国际会展中心桩基工程项目审计中，审减钢筋数量52吨；在对桐柏路拓宽改造工程、农业路立交工程、货栈街拓宽改造工程审计中，还运用自编小软件查出将无证建筑作为有证建筑物上报，多列10796平方米建筑物问题，为市财政追回投资1221万元。

(柴 华)

物价管理

【价格总水平】 2004年，郑州市居民消费价格比上年上涨5.7%。全市物价总水平出现一定幅度上涨，主要有以下几个原因：(1)宏观经济形势良好，社会需求增加，供求关系有所改善。随着我国经济进入新一轮增长周期，经济的持续快速增长，社会需求不断增加，市场物价也逐步开始恢复性回升。(2)粮食价格上涨成为推动价格总水平上涨的主要因素。2004年，全国粮食价格走出多年低水平运行的低谷，出现恢复性上涨，郑州市粮食价格同比上涨了32.7%。粮食价格的上涨带动以粮食为原料的肉禽蛋等主要副食品价格普遍上涨，全年食品类价格同比上涨了13.1%，拉动消费价格总水平上涨4.49百分点。(3)政策性调价是推动价格总水平上涨的重要因素。郑州市于2003年对托幼费价格进行了结构性调整，取消了幼儿园赞助费。受价格后翘因素影响，按统计口径计算，托幼费上涨123%。省政府调整全省污水处理费标准后，水费上涨11%。上述调价政策影响郑州市价格总水平近1个百分点。(4)投资增加，拉动生产资料价格大幅度上涨。在国民经济持续快速发展的同时，投资规模也在不断增加，并带动投资需求增长过快，拉动钢材、水泥、电解铝等生产资料价格大幅度上涨。同时，也加剧了煤、电、油、运等资源性基础产业价格上涨。生产资料价格上涨逐步传导到居住价格，2004年，郑州市居住价格累计上涨4.1%，拉动消费价格总水平上升0.5个百分点。其中，民用煤价格上涨32.2%，液化石油气价格上涨14.2%，水泥价格上涨19.2%，给人民生活带来一定的影响。(5)后翘特点明显，环比价格平稳。2004年郑州市涨幅较多的食品价格及政策性调价大多是从2003年9月份以后开始上涨的，对全市消费价格总水平的后翘作用持续到2004年9月，10月份以后，郑州市消费价格指数明显回落。从环比指数看，2004年12个月中，除5个月小幅上涨外，其余7个月均呈负增长。

【优化经济发展环境】 2004年，郑州市物价局围绕“清费治乱”工作，加大收费管理力度，着力优化经济发展环境。一是结合《行政许可法》的颁布实施，清理规范收费项目，对全市行政事业性收费项目和标准进行了认真的清理整顿。经清理，停止执行行政事业性收费项目50个；取消涉农收费项目2个，降低收费标准9个；取消不符合行政许可的收费项目22个；废止规范性文件53份。二是实行“零”收费和“零”检查制度。从价费政策上加大对外开放力度，引导民间资本投资城市基础设施建设、社会公益事业和服务业，在高新技术产业开发区、经济技术开发区和郑东新区实行“零”收费和“零”检查制度，树立郑州市招商引资新形象。三是审验和换发《收费许可证》。依据省颁发的收费目录，按照《收费许可证管理办法》的要求，在认真清理收费项目和标准的基础上，全面换发收费许可证3598个，取消了不在目录范围内的54个收费项目。四是强化收费公示工作。2004年是巩固收费公示工作的重要一年，市物价局组织各县(市)、区和各部门对公示内容重新进行了检查，并把收费公示制度作为优化经济发展环境的重要组成内容，把收费公示工作纳入政府年度表彰计划。分别在巩义市和市工商局召开了收费公示现场经验交流会，使收费公示工作步入了经常化和制度化。同时在1063家汽车维修企业全面推行收费公示制度，促进了汽车维修行业的健康发展。

【规范涉农收费行为】 2004年,围绕"三农"问题,郑州市物价局采取降低农村电价,规范农村价格收费秩序等措施,促进农民增收。一是降低农村居民生活用电价格。元月份将县城以下城乡居民用电价格由0.53元/度降至0.51元/度,又将省直供居民生活用电由0.50元/度调至0.51元/度,实现了真正意义上的城乡居民生活用电同价。二是控制农资价格上涨。2004年由于成本推动、国际价格拉动、需求增加以及运输瓶颈制约等因素影响,国内主要农资产品出现了价格上扬的局面。为控制农资产品价格过度上涨,根据市委、市政府扶持农资生产、促进农资流通、保证农资供应、稳定农资价格的政策措施,郑州市物价局下发了《加大价格监督力度努力降低农资零售价格的通知》,对企业生产的各种化肥出厂价格一律实行上线控制;对经营企业销售的化肥不分品种全部实行差率控制。通过这些干预措施,有效的遏制了农资价格上涨势头,保证了农资市场价格稳定。三是建立农村价格三级监督网络,制止农村不规范的价格行为。农村价格监督较城市薄弱,农村不规范的价格行为,已影响到农民增收和农村经济的健康发展。为加快全市农村价格监督网络建设,市物价管理部门在借鉴江浙等地工作经验的基础上,结合郑州市实际情况,提出了农村价格监督网络建设指导意见,并在巩义、新郑等地进行了试点。2004年全市共建立8个县级价格监督站,96个乡级价格监督站,聘请1394名农村价格监督员,网络覆盖率达到80%。四是开展农业生产资料价格专项检查,还实惠于农民。为进一步减轻农民负担,促进农业生产,郑州市各级物价检查部门集中时间、集中精力在全市范围内开展了为期3个多月的农业生产资料和涉农收费的专项整顿。全市共出动检查车辆90台次,出动检查人员386人次,分96个小组,对全市426家涉农收费单位、1400余家农资经营单位的价格和收费情况进行了检查。查出各类价格违法案件198起,违价金额825.21万元,实行经济制裁总金额648.7万元。其中,收缴国库192.6万元,退还农民多收价款456.1万元。真正让农民得到了好处、得到了实惠,有力地促进了农业生产。

【规范行业收费行为】 为了切实减轻企业和群众负担,2004年物价工作着力规范和整顿行业行为。一是改革物业服务收费管理办法。结合物业管理现状,在广泛征求意见的基础上,出台了《郑州市物业服务收费管理实施办法(试行)》。新的物业管理办法改革了长期以来物业服务收费的管理模式,在定价形式上更加灵活,服务收费内容更加明确,收费标准更加合理,收费行为也更加规范,基本解决了小区公共费用分摊、装饰装修管理费用、物业收费计费面积等群众反映强烈的热点、难点问题,有效遏制了乱收费现象,使广大业主的切身利益得到保护,同时也推进了物业服务市场化进程。二是促进停车业和医疗垃圾处理工作的健康发展。制定了《郑州市车辆存放服务收费管理办法》,规范车辆存放服务收费行为,保护车辆存放人的利益,促进停车业的健康发展。同时,鼓励和引进民间资本进入,按产权归属划分停车场类型,明确放开非自然垄断经营的停车场收费,实行市场调节价。为落实市委、市政府支持非公有制经济发展的意见,出台了医疗废物集中处置费标准,引导并支持民间资本进入城市进行基础设施建设。三是规范教育收费。贯彻执行新的农村义务教育收费标准,明确城市建成区和农村的执行范围,严格执行新的教材价格管理办法,规范中小学用书管理。同时认真贯彻"一费制"政策,清退学校多收费用。四是严审招标药品价格。在药品集中招标中,物价部门积极参与和跟踪药品集中招标全过程,并把招标差价的60%让利于民。全年共对1755个中标的政府定价药品进行严格审核,使招标药品平均降幅达18%,在一定程度上遏制了药品价格虚高现象。五是积极协调市区煤制气置换天然气工作。按照省、市要求,郑州市区必须在2004年10月完成市区原煤制气置换为天然气工作。为保证置换工作的顺利进行,市物价管理部门两次召开郑州燃气集团公司及煤制气用户座谈会,就置换过程中的改造费用问题进行协调。由于充分考虑了群众利益,置换工作得以顺利进行,7000多煤制气用户提前用上了清洁、廉价的天然气,得到了政府和群众的好评。

【强化价格公共服务职能】 2004年,市物价管理部门积极发挥公共服务职能,完善价格服务体系。一是全力推进价格诚信建设。在推进价格诚信活动方面,市物价局以《郑州晚报》为媒介组织开展了评选活动,实现了政府搭台,新闻造势,经营者展示诚信,消费者参与评选的新的"双信"单位评价机制。同时,根据《行政许可法》的要求,制定下发了《关于规范明码标价行为 促进价格诚信建设的意见》和《关于进一步规范明码标价管理工作的意见》,对明码标价管理职责、工作方法、检查处理程序、适用文件以及价格诚信建设活动的组织实施、活动内容、方法步骤、时间安排等提出了具体要求。并且对辖区内企业进行上门服务,规范明码标价行为,建立企业价格信用档案,全年建立企业信用档案12105户。二是逐步加强价格信息发布功能。在郑州价格信息网上,利用现有价格信息网络的价格信息发布功能,向用户提供权威的价格政策信息,为广大经营者、消费者、市民服务。为了及时了解其他省、市的价格变动,由郑州市和武汉市牵头,分别建立了黄河流域和京广线价格监测交流制度,定期交流信息,扩大了价格监测领域,提高了预测质量。三是强化成本调查工作。2004年农产品成本调查指标体系在体系结构、指标名称和涵义、指标核算方法、数据汇总方法等方面都做了重大的调整和修订，是1998年以来指标变动最大的一次。为确保新旧指标体系的平稳过渡，确保2004年度农产品成本汇总工作高质量地完成，物价管理部门在抓好学习和培训的同时，克服困难，多次到各县(市)及郊区，加强对调查户的辅导，确保原始数据的准确性，圆满完成该调查的上报工作。四是开拓价格鉴定、评估工作新领域。2003年，市物价局价格认证中心被最高人民法院确定为涉案物品价格鉴证入册单位，被海关总署确定为走私货物价格鉴证业务承办单位，2004年共办理涉案物品价格鉴证业务4547起，标的额2.06亿元，无一起申请复核案件，为司法机关、行政执法机关依法办理各类案件提供了准确可信的价格依据。自2004年4月份开始，郑州市市内道路交通事故车物损失估价鉴定工作由市价格认证中心全面接手。为了做好车损估价鉴定工作，市物价局提出了“三高两满意创一流”的工作目标，即高起点、高标准、高质量，领导满意、群众满意，创全省一流。2004年道路交通事故车物损失估价鉴定现场勘验车辆14585辆，出具估价报告14089份，估价总值5678万元。为公安交通部门依法及时处理交通事故并进行调解赔偿提供了准确的价格依据。

【价格监督检查】 2004年，物价检查工作以政府和人民群众关心的价格、收费问题为重点，主要开展了农业生产资料价格和涉农收费与电力价格的专项检查、教育收费与医疗服务和药品价格的重点检查、垄断行业价格的经常性检查工作，有效地遏制了这些行业的乱收费和乱涨价行为。全年共查处各类价格违法案件2157起，查处违价金额2450.89万元，实行经济制裁总金额1962.96万元。其中，已收缴财政1487.64万元，责令退还用户475.32万元。实行经济制裁总额、上缴财政金额和退还用户金额分别比上年度增长43.59%，57.68%和21.60%。

【投诉及举报案件办理】 2004年，全市共受理各类投诉、来访11021件，已办理结案10972件，结案率为99.56%。查处各类价格违法案件325起，实行经济制裁总金额292.97万元，其中，退还用户21.09万元，收缴国库80.88万元，较好地维护了广大消费者的合法权益。

【制度建设】 2004年，郑州市物价局建立和完善各项规章制度，提高了行政管理水平，降低了行政成本。一是坚持实行审价委员会制度。积极贯彻《郑州市物价局审价委员会工作规则》，全年集体审核定价5起。同时，聘请15位社会各界知名人士作为价格专家顾问，建立了领导、专家和群众相结合的价格决策机制，为价格科学决策提供了保证。二是积极履行和完善价格决策听证制度。2004年公布了《河南省价格听证目录》和《河南省价格听证简易程序暂行规定(试行)》，对价格决策听证制度进行完善，使价格听证工作更加科学化和制度化。依据《河南省政府价格决策听证办法实施细则》，在进行郑州市城市供水价格改革和调整时，组织社会有关方面，对价格调整的必要性和可行性进行论证，为价格调整顺利出台奠定了基础。三是修订和完善局内各项规章制度。为进一步加强全局干部职工思想作风建设，提高工作效率，分别对局内13项规章制度重新进行了修订和完善，制定并下发了文件，从而为各项工作规范化、制度化、科学化打下了良好的基础。四是严格办事大厅管理，积极推行政务公开。作为窗口单位，对前来办事或者咨询的来访者，要求每位工作人员都要做到热情接待，努力做到“一声问候，一杯茶水、一张笑脸”，坚决杜绝“门难进，脸难看，事难办”现象发生。同时规范各项价格审批工作流程，重新修订了《郑州市物价局业务办理大厅工作规范》，充实了“办件登记卡”制度，使办事大厅工作更加程序化、规范化。办事大厅添置了触摸屏和计算机，实现了办公自动化。还在“郑州市人民政府网”上设立了“郑州市物价局办事大厅网页”，为前来办事人员和群众了解物价政策提供了方便。2004年办事大厅共承接审批申请1011件，发件938件，退件73件，办结率100%，受理举报电话或咨询10500人次，树立了物价队伍良好形象。

(王　红)

质量技术监督管理

【概况】 2004年，郑州市质量技术监督局按照省局“强化三种意识、搞好两大服务”的要求和市委经济工作会议的部署，紧紧围绕服务郑州经济建设，全面落实省局109号文件和市局55号文件，坚持从源头抓质量，从源头抓打假，保障安全，服务企业，加强队伍和党风廉政建设，圆满完成了省局和市政府下达的目标任务。该局被市委、市政府评为“郑州市优化经济发展环境先进单位”、“郑州市纠正行业不正之风先进单位”和“郑州市依法治市先进单位”。19个基层单位已经全面完成创建精神文明单位工作。

【质量工作】 2004年，郑州市质量技术监督局依据《中华人民共和国产品质量法》、《河南省产品质量监督管理条例》等法律法规的要求，对全市生产领域产品质量进行了定期监督检查。全年“定检”共涉及企业2613家，14大类113种产品。共完成定期监督检验批次3768个，合格3331个批次，不合格437个批次，合格率为88.40%，合格率与上年度相比提高了0.23个百分点。“定检”产品主要包括农资、建筑材料、机械产品、食品、化工产品、轻工产品、电线电缆、工业原材料等。

【源头抓质量工作】 2004年，市质监局加大了源头抓质量的工作力度。一是开展了企业普查登记工作。为了从源头抓质量，掌握涉及人身健康安全产品的基本情况，4 月份以来，以县(市)、区为单位，开展了以食品、农资、建材三类产品生产企业为重点的企业普查登记工作，已对全市 6393 家企业建立了普查档案。其中，食品类企业 1022 家，建材类 407 家，农资类 66 家，其它类 4898 家。实行了分包企业质量责任制，要求各县(市)、区局都要对辖区的各类生产企业进行调查摸底，将所有的生产企业按照性质、规模分类，从领导到一般职工层层分包，责任到人，谁分包的企业出现质量问题就追究谁的责任。市局在新密市组织召开了建立企业质量档案经验交流会，树立了新密市局、新郑市局、荥阳市局、经济技术开发区分局 4 个典型。二是加强了对产品质量的监督抽查。全年共组织对 17 大类产品进行监督检验，检验 758 个批次，批次合格率为 94.99%(全省为 84%)，检验批次和批次合格率分别比上年同期增长23.9个百分点和3.71个百分点。三是从源头抓质量的措施进一步明确，政府的支持力度明显加大。为从源头上管住管好产品质量，市局经过研究决定，计划每年以县(市)、区局为单位，对辖区内涉及人身健康安全的生产企业产品质量组织抽查，并据此建立企业质量档案，对辖区内企业产品质量做到心中有数。年内按照计划对全市食品、建材、农资等 3 大类 2000 多个生产企业的产品进行质量监督抽查，共安排抽查计划 5880 个批次。四是组织开展了为期一个月的"三查"活动(查认识、查问题、查措施)。

【源头抓质量 7 条措施】 (1)依靠政府的力量推动源头抓质量工作的落实，让政府承担起源头抓质量的责任。(2)建立产品质量监督抽查制度。每年以县(市)、区为单位对重点产品组织不少于两次的全面监督抽查。(3)建立和完善企业质量档案。对全市的各类生产企业进行普查登记，建立企业档案，实现对企业的动态监督和管理。(4)建立产品质量公示制度。以县(市)、区为单位定期公示企业产品质量状况。(5)落实打假和特种设备安全责任制。在全市范围内实行划区划片包干的责任制度，以县(市)、区为单位，把辖区划分成若干个责任区，从领导到职工层层分包，出了问题就要追究分包人的责任。积极推动地方政府与各部门、各乡镇政府层层签订打假和特种设备安全责任书，把打假和特种设备安全责任落实到各级政府和村委会。(6)建立打假和特种设备安全快速反应机制。研究制定打假和特种设备快速反应应急预案，组建打假和特种设备安全快速反应执法队伍，提高应付突发事件的能力。(7)建立质量监督和特种设备安全监察协管员制度。把质量监督和安全监察的触角伸到乡镇、街道办、社区和农村村委会，建立完善全市的质量监督和安全监察体系。对协管员进行技能培训，承担知情、举报、协办的责任，建立健全完善的源头抓质量、抓打假、保安全的网络。

【名牌产品培育】 2004 年，郑州市的宇通牌客车、少林牌客车、金苑牌小麦粉、海嘉牌小麦粉、正星牌税控燃油加油机等 5 个产品获"中国名牌产品"称号(全省共有 14 个产品获"中国名牌产品"称号)。郑州宇通客车股份有限公司被评为全国质量管理先进单位。至此，郑州市共有 8 个企业的 10 种产品获得"中国名牌产品"称号，占全省已获得"中国名牌产品"总数的 40%，比周边省会城市武汉、济南、西安、石家庄市均多出 6 个。

在争创河南省名牌和优质产品工作中，经有关部门评比，2004 年郑州市共有新郑烟草(集团)公司、河南正龙食品有限公司、郑州金龙水泥股份有限公司、河南省七里岗水泥厂、恒运集团石油股份有限公司、河南省卫群盐业包装有限公司、郑州天方集团有限公司、郑州国华食品有限公司、河南方欣米业有限公司、河南奥克啤酒集团有限公司、郑州卷烟厂、河南信心药业集团有限公司、郑州市双凤皮鞋有限公司等 13 家企业的 14 种产品获得"河南省名牌产品"称号，占全省评出省级名牌产品总量的 19%。郑州铝业股份有限公司、郑州市郑蝶阀门有限公司、郑州振东耐磨材料有限公司、郑州一方电气有限公司、巩义市恒星金属制品有限公司、郑州三晖电气有限公司、郑州市升达电磁线有限公司、郑州华威耐火材料有限公司、郑州东方企业集团股份有限公司、郑州矿务局华鑫铝业公司、登电集团水泥有限公司、郑州市洞林水泥股份有限公司、郑州云鹤实业有限公司、河南中美纯水有限公司、郑州市森氏饮品有限公司、郑州那威高肥业有限公司、郑州华盛医疗电器有限责任公司、郑州华德永佳地毯有限公司、郑州光大纺织印染有限公司等 19 家企业的产品获得"河南省优质产品"称号。截至年底，郑州市已拥有 48 个省级名牌产品，培育河南省优质产品 39 个。

【打击假冒伪劣产品】 为了加大打假力度，2004 年 4 月份，市政府专门组织召开了全市打假治劣工作会议，并成立了由常务副市长牵头，另外 3 名副市长参加的市打假领导小组，办公室设在市质监局。全市 12 个县(市)、区政府已全部照此成立了组织。同时，市政府与各县(市)、区政府签订了打假责任书。市质监局把落实打假责任制作为抓好打假工作的关键，制定下发了《关于落实打假责任制的通知》。建立了郑州市质监系统打假工作组织机构图。要求全市系统内各单位都要按照省、市局的部署，进一步建立和完善"一案一图两手册"。在工作中要层层签订责任目标书，实行全员目标管理，建立了一级抓一级、层层抓落实的工作运行机制。全年组织开展了食品、奶粉、农资、建材、棉花专项打假活动。全市共出动执法人员 31800 人次，检查各类市场、商户、企业 9689 家，查处各类质量违法案件 2400 余起，查处假冒伪劣产品总标值 3000 多万元，销毁假冒伪劣商品总标值 132 万元，移送司法机关处理 6 人。

【劣质奶粉专项打假】 2004年,全市查处了4起劣质奶粉大案要案。一是荥阳质监局查获龙阳乳业有限公司生产劣质奶粉案。查获7吨半成品奶粉,经市检测中心检验,蛋白质含量仅为2.4%,公安部门抓捕了4名涉嫌人员。二是郑州高新技术开发区分局查获郑州市草原星乳品有限公司销售劣质奶粉案。查封4吨奶粉,8种奶粉蛋白质含量均在5%以下。三是二七区分局查获王丙根销售劣质奶粉案。现场共查获劣质奶粉1000余件,共1.4万袋,检验结果蛋白质含量仅为5%。四是二七区马寨开发区"妙可"劣质奶粉案件,查获劣质奶粉568件,1.36万袋,经检验,6个样品蛋白质含量均在1~4%之间。王文超市长、李柳身常务副市长、龚立群副市长分别在该局的报告上作了批示和表扬。

【地条钢专项打假】 2004年,市质监局对全市的地条钢生产、加工企业进行了拉网式检查,重点对荥阳、新郑、中牟等地的小钢铁厂开展"打反弹"活动,并于2月、6月和10月份开展了3次地条钢专项整治集中行动。通过一系列扎实有效的工作,郑州市地条钢和劣质钢材专项整治行动取得了很大的成绩:已全部拆除普查到的12家地条钢生产企业的炉具,共计138台,查获地条钢400余吨,查封了用于生产地条钢的模具822套,彻底捣毁劣质钢材生产线3条,已向工商部门建议吊销所有地条钢及劣质钢材生产企业的营业执照。

【行政执法十大案件】 (1)郑州诺华化工有限公司生产假冒伪劣农药案。2004年3月9日,市质监局依法查处郑州诺华化工有限公司生产假冒伪劣农药案,共查获涉嫌假冒孑虫杀、灭统杀、百虫净、氯(酯)氰菊脂等7个品种农药722件,价值约10万余元,原药(油)价值38万元。经检验,假冒农药均不合格。

(2)郑州市季丰农化有限公司制售不合格化肥案。2004年4月份,市质监局依法对郑州市季丰农化有限公司检查,现场查获被央视曝光的尿素54吨,货值5万余元;经取样送检,检验结果不合格。

(3)荥阳市龙阳乳业有限公司生产劣质奶粉案。2004年4月,安徽阜阳劣质奶粉事件被新闻媒体曝光后,荥阳市局在排查荥阳市龙阳乳业有限公司生产的产品时,经抽样检验结果显示,该公司已经生产出的7吨多"绿元"牌奶粉均为劣质奶粉,其中全脂高铁高钙奶粉和中老年无糖奶粉,蛋白质含量分别只有2.6%和2.4%。

(4)郑州市嵩山腐竹厂生产销售有害腐竹案。在食品质量监督检查工作中,质检部门对含有吊白块的"陈老黑腐竹"进行查处,查获该厂于2004年元月违规生产含吊白块腐竹15吨,货值7万余元。

(5)新郑市闽乐金属制品有限公司生产地条钢案。在地条钢专项整治集中行动中,查处了该公司于2004年2月份违规生产的国家淘汰产品地条钢25.3吨,货值5万余元。

(6)登封市宏昌烟煤矿煤炭掺渣案。2004年3月份,登封市送表乡宏昌烟煤矿在生产销售煤炭过程中存在严重掺渣行为,查处的掺渣煤炭货值3.36万元。

(7)巩义市上庄水泥厂无证生产水泥案。巩义市上庄水泥厂由于资金、债务等原因,连年来一直停产,其原有的生产许可证也未能及时申请换证。2004年3月,水泥产品的市场行情看好,上庄村民李云龙等人自筹资金50多万元使该厂重新启动,在无生产许可证的情况下开始生产水泥,至2004年4月下旬,共生产水泥300吨,价值6万余元。质监部门对其无证生产行为依法进行了查处。

(8)河南省亚太工程有限公司无证制作建筑门窗(铝合金窗)案。河南省亚太工程有限公司无生产许可证为郑州经济技术开发区等单位制作安装铝合金窗,共计2000平方米,价值50万元。

(9)河南佳亿置业有限公司安装使用未检定水电表案。河南佳亿置业有限公司开发的位于东明路"佳亿花园"所安装使用的水、电表共计283块,全部未经首次强制检定。

(10)郑州百分食品有限公司利用食品标签弄虚作假案。2004年2月29日,央视"每周质量报告"曝光温县生产劣质方便面调味包,其中涉及郑州百分食品有限公司。大队执法人员依法对该公司进行检查,发现该公司生产的酱包上标注"不含任何人工色素及防腐剂"。而其在生产过程中使用有人工色素"日落黄"及防腐剂"山梨酸钾",该行为系利用食品标签弄虚作假。

【安全监察】 一是广泛开展了特种设备安全监察宣传工作。通过各种媒体,广泛宣传贯彻《特种设备安全监察条例》和有关安全常识。市质监局在绿城广场组织开展了两次大型特种设备安全宣传活动,在郑州经济广播电台、郑州广播电台711快递、郑州有线电视台各举办了一期以"特种设备安全"为主题的"绿城对话"节目。二是开展了气瓶普查整治。共普查登记各类气瓶285548只,所有充装单位全部配备了微机,录入气瓶普查信息187014条,已普查的气瓶100%建立了档案;全市充装单位总数为65家,其中58家已取得充装许可证。通过普查整治,还查处了11家非法充装站(点),查处气站26家,罚款金额合计21万元。6月12日,郑州市气瓶普查工作通过省局验收。三是开展了压力管道普查工作。全市共核实录入管道使用单位627家,登记核实管道总长1225.087公里。其中,工业管道553.018公里,长输管道197.620公里,已全部录入微机,并画有单线图;公用管道464.819公里。还争取市政府给锅检所拨普查专款60万元,用于购买设备。四是开展安全大检查,狠抓整改,排除了一批安全隐患。组织了"双节"、五一、国庆节前安全大检查和5~7月,10~12月的安全集中整治活动。查出事故隐患3787条,下发责令整改通知书1570份,关停、拆除设备

425台。在安全检查的同时,及时向市政府上报重大事故隐患,这些隐患共涉及69个单位和村镇,735台设备,在当地政府的积极配合下隐患整改取得了明显效果。五是特种设备安全监察协管网络初步形成。市政府专门下发了《郑州市人民政府办公厅关于构建郑州市特种设备安全监察组织网络的通知》。各县(市)、区局正在统计上报街道(乡)、社区(村)及企业协管人员情况,组织培训和发证工作正在加紧进行。六是建立了特种设备安全事故应急机制。积极参与市政府组织的特大事故应急救援体系的建设,编制《郑州市特种设备特大事故应急救援预案》,组建了特大事故应急救援队伍。七是加强了特种设备注册和操作人员培训发证工作。截至11月15日,共为3315台特种设备办理了注册登记手续,其中,锅炉412台、压力容器625台、电梯633台、起重机械1170台、厂内机动车辆475台。全年培训各类设备操作人员3600名。

【标准化工作】 在工业标准化方面,市质监局全年完成企业产品标准备案321个,修订企业标准200个,认可食品标签217个。组织开展了企业产品标准质量监督抽查,共清理标准1183个,作废标准51个,修订并重新备案标准156个。开展了食品标签监督抽查,抽检企业241家,合格率为80.3%。完成企业标准体系确认3个,采标标志5个。在上街区长城铝业公司郑州分公司召开了"标准化良好行为企业"现场会,该公司被国家标准委评为"标准化良好行为企业"。

在农业标准化方面,继续实施农业标准化工程,服务农业经济发展。建立了3个省级和2个市级农业标准化示范项目;完成了4个主导农产品的标准体系建设任务;开展了农业标准化示范县创建工作,中牟县、新密市已通过省局的验收;制定并发布了3个省级农产品地方标准和10个农作物生产技术规程,印制农产品地方标准3000多册;积极组织农产品原产地域保护申报工作,新郑市的大枣已获得国家局原产地域保护标志认定,中牟县的大蒜原产地域申报工作正在进行之中。

在服务标准化方面,深入开展了服务行业分等定级工作,已完成北苑酒店发展有限公司标准体系1个,新密市花园照相馆通过省局四星级影楼评定。

全年为532家企业提供了标准化技术服务,培训农业标准化人员1872人次。

【计量工作】 2004年,市质监局帮助30家企业建立了计量管理体系。完成了40家企业的计量合格确认工作,其中,B级28家,A级12家,均已完成现场考评。全市共375家企业获得了计量合格确认证书。加强了计量器具强制检定工作,共完成强制检定工作计量器具96997台件,强制检定计量标准器具5000台件。积极开展市场计量监督,组织了"双节"计量大检查,共检查集贸市场30个,高、中档酒店10家,没收不合格计量器具80多台(件),对违法单位和个人进行了新闻曝光。深入开展了定量包装计量专项检查工作,共抽检涉及145个企业的420个批次的定量包装商品,批次合格率为78%。集中开展了3次车载计价器专项检查活动,共检查车辆500余台,对存在问题的18台计价器分别进行了处理。开展了加油站专项整治,各县(市)、区局对本辖区内的加油站进行了普查登记,检查了491家加油站的2118台加油机。继续实施"光明工程",完成等级店评定总计119家(其中,一级39家,二、三级80家)。加强对医疗卫生单位强检计量器具的监督检查,保证了广大人民群众就医安全。规范电话计时计费装置检定,维护广大消费者的合法权益,已检定包括400多家公话超市、30多家宾馆酒店的6000多部电话使用的计时计费装置,其中,首次检定时发现存在问题的大约占被检对象的50%。

(叶静洁)

安全生产监督管理

【概况】 2004年,市安全生产监督管理局和各有关部门、生产经营单位紧紧围绕"加快发展,保持稳定"这个工作重心,以贯彻安全生产法律法规和国务院《关于进一步加强安全生产工作的决定》为主线,强化宣传教育,夯实监管基础,深化专项整治,狠抓责任制落实,不断加大安全生产监管力度,努力推进安全生产监管工作全面开展。在全市经济持续快速发展的情况下,实现了安全生产事故总量大幅下降,安全生产监管工作取得了显著成绩。

【安全生产监管体制建设】 市政府在机构改革中将市安监局与市煤炭局进行分设,成立独立的煤炭管理局,专门负责煤炭行业管理工作,进一步理顺了综合监管和行业监管的关系,增强了市级安全监管力量。全市12个县(市)、区(除中牟县外)均建立了直属政府管理的独立的安全生产监督管理局;巩义、登封、新密、新郑等7个县(市)、区成立了安全生产监察大队,荥阳、登封、巩义、新郑等9个县(市)、区在乡镇设立了安监所,实施了县(市)、区政府对乡镇安全监管的派出制度;全市177个乡(镇)、街道办事处都设立了安全生产监督管理办公室;各行政村和社区设立了安全生产领导小组,明确专人负责安全生产工作,全市初步形成了市、县、乡、村、企业五级安全监管网络。尤其是基层安监所建设受到了国家安监局、省安监局的高度重视和充分肯定。另外,在社会各界聘请36000名安全生产监督员,进一步加强了安全生产的社会监督。

【安全生产目标管理】 市政府组织对上年度安全生产责任目标完成情况进行了认真考核,通报表彰了目标任务完成好的单位。对省政府下达郑州市的2004年度安全生产目标进行分解,由市政府与各县(市)、区及市直有关部门等41个单位签订目标责任书,明确了各级、各部门安全生产责任。市政府安委会进一步完善目标管理考核办法,对各单位安全责任目标运行情况实行月通报、季分析制度,加强目标运行监控和指导,促进了各项目标任务的落实。

【生产安全事故】 2004年全市共发生各类生产安全事故4954起、死亡472人、受伤3725人,与上年相比,事故起数下降54.7%、死亡人数下降24.0%、受伤人数下降24.7%。其中,一次死亡3～9人重大事故11起、死亡48人,与上年相比,事故起数下降26.7%、死亡人数下降26.2%;一次死亡10人以上特大事故1起、死亡15人,与上年相比,事故起数下降50%、死亡人数下降60.5%。在各类生产安全事故中:(1)工矿企业共发生因工伤亡事故66起、死亡104人、重伤31人,分别占各类事故总起数、死亡总人数、受伤总人数的1.3%、22.0%、0.8%。与上年相比,事故起数上升40.4%、死亡人数上升22.4%、重伤人数上升55.0%。其中,一次死亡3～9人重大事故5起、死亡28人,与上年相比,事故起数上升150.0%,死亡人数上升211.1%;一次死亡10人以上特大事故1起(5月5日,郑州市金水区陈砦冷库发生特大货架倒塌事故)、死亡15人,与上年相比,事故起数下降50%、死亡人数下降60.5%。(2)发生道路交通事故3560起,死亡362人,受伤3674人,直接经济损失1731.1万元,分别占各类事故总起数、死亡总人数、受伤总人数的71.9%、76.7%、98.6%。与上年相比,事故起数下降60.5%、死亡人数下降30.5%、受伤人数下降25.2%,直接经济损失下降43.5%。其中,一次死亡3～9人重大事故6起、死亡20人,与上年相比,事故起数下降50.0%、死亡人数下降60.0%。(3)发生火灾事故1328起,死亡6人,受伤20人,直接经济损失318.2万元,分别占各类事故总起数、死亡总人数、受伤总人数的26.8%、1.3%、0.5%。与上年相比,事故起数下降29.4%、死亡人数下降60.0%、受伤人数上升53.8%,直接经济损失上升4.1%。全年无重、特大火灾事故发生。

【安全生产专项整治】 以事故多发领域和高危行业为重点,在全市组织开展了煤矿、非煤矿山、危险化学品、道路交通、水上交通、民爆器材、烟花爆竹和人员密集场所消防以及建筑施工、特种设备、校园安全等10项安全生产专项整治。市安监局制定了工作总体方案,进行全面安排部署,定期召开会议,进行总结指导,加强综合协调,对水上交通安全整治等跨部门、跨行业的热点、难点问题,组织有关部门共同分析研究,进一步明确责任,落实任务,保证了整治工作顺利开展。安监、公安、交通、消防、煤炭、建委、国土、农业、经委、技术监督、教育等牵头部门按照统一部署,细化措施,狠抓落实。在专项整治中,共取缔、关闭非法和不符合安全生产基本条件的生产经营单位2149家,整治重大火灾隐患单位17家,整治道路安全隐患106处,查纠交通违章177813起,整改建筑施工隐患5829条、特种设备隐患3787条,强制报废船舶129艘,整治燃气管道占压300处,投入校园危房改造资金5836万元,改造校舍274处、总面积187614平方米。通过重点行业、重点领域安全生产专项整治,整改消除了一批重点安全隐患,遏制了重特大安全事故的发生。

【安全生产检查和事故隐患整改】 根据国务院、省政府和市委、市政府的安排部署,先后组织了7次全市性安全生产大检查活动,并持续不断地开展了专项安全检查和日常安全检查。同时,把安全检查的落脚点放在落实事故隐患整改上,对查出的事故隐患实行登记建档,采取限期整改、跟踪整改、停产停业整改等措施,以消除安全隐患。全市共组织检查生产经营单位5万余家,整改事故隐患3万余个,责令停产整顿单位3300余家,及时消除了事故隐患,减少了事故发生。特别是市委决定对全市排查出的112项安全生产重大事故隐患,实行市级四大班子领导分包负责,督促整改,加强了对安全生产工作的组织领导,引起了各级党委、政府对安全生产工作的高度重视,极大地促进了全市安全生产工作的顺利开展。

【事故查处和责任追究】 认真贯彻落实安全生产法律、法规和国务院302号令,坚持"四不放过"原则(即事故原因没查清不放过、责任人员没受到处理不放过、整改措施没落实不放过、有关人员没受到教育不放过),对发生的生产安全事故进行了认真调查,对事故的直接责任人和负有领导责任的人员严肃追究了责任。市安监局共调查批复生产安全事故28起,建议追究事故责任人145人。其中,建议司法查处4人,行政处分75人,党纪处分12人,其他处分54人,并对相关单位进行了通报批评和相应的经济处罚。通过调查事故,追究责任,进一步增强了各级领导和生产经营单位的安全生产责任意识和法制观念。

【安全生产应急救援体系建设】 年初,市政府作出了加强郑州市安全生产应急救援体系建设的决定,市安委会与公安、消防、安监、煤炭、交通、市政、质监、卫生、教育、建委等有关部门,结合实际,认真研究,编制了《郑州市特大生产安全事故应急救援预案》和道路交通、火灾、民用爆破器材、危险化学品、烟花爆竹、煤矿、燃气、建设工程、特种设备、水上交通、公共卫生、校园等12个应急救援专业预案。这些预案的制定,提高了郑州市生产安全事故抢险救援的组织水平。

【安全生产宣传教育和培训】 一是推进培训机构建设,强化了安全管理人员和特种作业人员培训。巩义、新密、登封、荥阳4县(市)建立了安全生产教育培训中心。郑州市和各县(市)两级安全生产培训机构共培训厂长、经理及安全管理人员1587人,培训特种作业人员4500人,提高了企业安全管理水平和特种作业人员操作技能。二是市安监局与市总工会共同组织开展了以“掌握安全生产知识,争做遵章守纪职工”为主题的“安康杯”竞赛活动。全市有934家企业、41万余名职工参加竞赛,通过活动,增强了广大职工的安全生产知识和自我防护意识。三是组织动员全市各级、各部门和生产经营单位,于6月份开展了“安全生产月”活动,通过举办大型咨询日、发放宣传材料、举行模拟抢险和小学生火灾逃生演练等多种形式,广泛深入地宣传安全生产法律法规和安全生产知识。四是利用新闻媒体广泛开展宣传。市安监局与市委宣传部联合,在《郑州日报》开办了“安全你我他”专栏,利用新闻媒体在全社会营造“关注安全,关爱生命”的氛围。

【机关作风建设】 按照市委提出的“求真务实,真抓实干”的要求,市安监局建立健全了各项工作制度和工作机制,促进了机关工作作风转变。一是建立局领导班子成员联系县(市)、区安全生产工作制度,具体规定了下基层的时间和工作内容,督促领导干部深入基层,解决实际问题。二是建立局领导班子成员每周工作例会制度、县(市)、区安监局长例会制度、安委会成员单位例会制度,及时了解、分析、研究和解决全市安全生产工作中存在的问题,科学安排全局工作。三是对市局各项工作实行目标管理。制定了各处室年度工作目标和各月工作目标,一月一考核,保证了各项工作任务落到实处。四是开展行政效能监察,实施行政差错责任追究,提高了局机关工作效率和工作质量,进一步促进了工作作风转变。五是严格落实廉政建设责任制和廉洁自律各项规定,加强廉政教育和监督,杜绝了违规违纪腐败现象的滋生。

(王新发)

国有资产监督管理

【概况】 2004年,郑州市国资委完成组建,为市政府特设机构。半年来,市国资委在市委、市政府的直接领导下,以落实好国家、省、市关于对组建国资委的指示为主线,本着“内增凝聚,外树形象,监管到位,管理上档”的基本思路,一手抓机构组建,一手抓国资监管,开展了一系列工作,取得了一定成效。

市国资委组建之初,为提高干部队伍的政策水平、业务水平,举办了为期近一个月的全委机关干部学习班,从国家政策、专业知识、法律法规知识、工作纪律等方面对干部队伍进行教育培训,提高大家对国资监管工作的理性认识,明确监管工作职责,初步形成认真学习和干事创业的氛围。完成了市国资委各处(室)与省国资委各处(室)的相互对接;市国资委各处(室)与国有资产经营单位的相互对接正在进行,进展比较顺利,促进了国资监管工作有效开展。制定了机关内部管理制度,机关各处(室)职能得到细化。

积极稳妥地推进国有企业改革。通过稳步推进全市国有企业改革,61户企业已经完成改制;按照国家和省国资委要求,组织市直13个部门和8个县(市)、区,对已改制、破产企业维护职工合法权益情况进行了督查;进行已改制企业和遗留的集体企业下放属地管理工作;配合有关单位开展国企改制涉及的信访案件处理相关工作。

【机构组建】 为深入贯彻党的十六大关于深化国有资产管理体制改革的精神,贯彻落实党的十六届四中全会精神,进一步加强郑州市国有资产的监督管理工作,市委、市政府决定组建郑州市人民政府国有资产监督管理委员会。5月10日,中共郑州市委印发“郑文[2004]101号”文,任命李柳身同志兼任郑州市人民政府国有资产监督管理委员会主任,王璋同志兼任郑州市人民政府国有资产监督管理委员会书记,同日任命李大会同志为郑州市人民政府国有资产监督管理委员会副主任、副书记。8月6日,印发《郑州市人民政府国有资产监督管理委员会职能配置内设机构和人员编制规定的通知》,确定了机关人员编制。9月27日,从市委组织部、市财政局、市经委(原经济贸易委员会)、市市政局(原市市政局、市公用事业局合并而成)、市商务局(原市外经贸局、市商业局合并而成)等机关调入的人员基本到位,11月3日,市国资委正式挂牌办公。

市国资委内设处室14个:办公室、政策法规处、规划发展处、人事教育处、统计评价和业绩考核处、企业分配处、行政资产管理处、事业资产管理处、产权管理处、集体企业资产管理处、企业改革改组处、监事会工作处、企业干部管理处、党建工作处。

市国资委下属机构3个:郑州市产权交易市场;郑州市企业改革与发展工作领导小组;郑州市国有资产经营公司(正在筹建中)。

【职责范围】 市国资委的职责范围包括:(1)根据市政府授权,依照《中华人民共和国公司法》、《企业国有资产监督管理暂行条例》等法律、法规,履行出资人职责,指导推进市属企业改革和重组;对市属企业国有资产保值增值进行监督,加强企业国有资产的管理;推进市属企业的现代企业制度建设,完善公司治理结构;推进国有经济结构和布局的战略性调整。(2)按照市人民政府要求,对市直机关、事业单位的国有资产进行监督管理,行使投资收益和处置权;依据有关规定,指导、监督集体企业资产的管理和处置。(3)负责市属国有资产营运机构的设立、变更和终止等事项,审核批准国有资产营运机构的发展规划、经营计划、收益运用计划和有关重大事项的报告;完善产权交易市场,并加强监督管理。(4)代表市人民政府向市属大中型重要企业派出监事会;审核监事会提交的监督检查报告，负责监事会的日常管理工作。(5)依据法定程序对市属企业负责人进行任免、考核，并根据考核结果对其进行奖惩；建立符合社会主义市场经济体制和现代企业制度要求的选人用人机制，完善经营者激励和约束制度。(6)通过统计、稽核等方式对市属企业国有资产和市直机关、事业单位经营性国有资产的保值、增值情况进行监管；健全和完善国有资产保值、增值考核体系，拟订考核标准；维护国有资产出资人的权益；对市直机关、事业单位使用非经营性国有资产情况进行评价，提高使用效益。(7)监缴市属企业国有资本金收益，并对其使用提出意见。(8)起草国有资产管理的地方性法规，并检查其执行情况。(9)依法对县(市)、区国有资产监督管理。(10)承担市人民政府交办的其他事项。

(冯建营)

【建章立制】 为加强郑州市国有资产监督管理，准确掌握郑州市国有资产状况，建立科学规范的国有资产统计信息体系，拟定印发了《郑州市国有资产统计报告办法》(郑国资[2004]40号)。为规范企业年度财务决算报告编制工作，全面了解和掌握企业财务状况、经营成果、资产质量，促进企业加强财务管理和规范会计核算，制定了《郑州市市属企业财务决算报告管理办法》(郑国资[2004]41号)。为规范国有企业和市直机关、企事业单位清产核资工作，制定了《郑州市国有企业清产核资办法》(郑国资[2004]42号)、《郑州市市直机关和事业单位清产核资办法》(郑国资[2004]43号)，为国有资产统计和清产核资等工作进行前期准备。组织召开了郑州市国有资产统计报表布置会，传达了省国有资产统计工作会议精神，印发了年度企业国有资产统计报表和机关、事业单位国有资产统计报表和编制说明，为履行出资人财务监督职责奠定了基础。

(张 晟 冯建营)

【人员培训】 市国资委是市政府新组建的特设机构，组建之初，国资监管工作具有新、难、实、重、急等特点。为了全面提高委机关干部职工的思想素质、政策水平和业务能力，增强相互间的了解，适应国资监管工作新特点，市国资委对全体机关干部进行了集中培训。培训从9月27日开始，10月22日结束。培训内容主要是党的十六大和十六届四中全会精神，中央和省、市关于国有资产监督管理的政策规定，国有企业资产重组、国企改革、资产评估、《行政许可法》、基本会计知识、廉洁自律有关规定等。在培训过程中，市委常委、常务副市长、市国资委主任李柳身，市委常委、组织部长、市国资委书记王璋到会作了重要讲话。培训结束后，国资委组织了培训测试，每人都撰写了学习心得，进行了大会发言。

(吴建伟 冯建营)

【组建市国有资产经营公司】 为理顺产权关系，促进国有资产的优化配置和合理使用，提高国有资产整体运营效益，确保国有资产的保值增值，市政府决定组建郑州市国有资产经营有限公司。10月13日，郑州市人民政府以"郑政文[2004]220号"文下发了《郑州市人民政府关于组建郑州市国有资产经营有限公司的通知》。该公司对市国资委负责并接受其监管。

市国有资产经营有限公司的主要职责：(1)经市国资委授权持有企业的国有资产产权。(2)开展以资本运作为主的经营活动，盘活资产存量，对国有产权、股权进行重组(包括收购、整合和出让)。(3)清收和处置国有企业中经市国资委批准的报损、报废和经市财政部门批准核销的呆坏账等不良资产。(4)管理国有企业产权改革后留存的国有股权(资产)、合资企业的中方股权和参股企业股权。(5)管理国有企业产权改革后留存在市本级管理的非经营性国有资产。(6)对所投资企业的国有资本收益进行管理，运用国有资产的收益进行再投资。(7)为市政府融资提供担保。(8)市政府和市国资委授权的其他职责。

(冯建营)

【国有企业改革情况】 2004年，全市共有61户国有企业完成了改制。其中：市直各委局完成23户，县(市)、区完成38户。61户完成改制企业中：工业完成7户，服务业完成46户，建筑业完成2户，粮食系统完成4户，其它行业完成2户。市直有关委局完成情况分别为：经委完成4户，建委2户，商务局3户，供销社1户，物产集团7户，粮食局2户，旅游局3户，安监局1户。除此之外，截至2004年底，全市还有137户企业正在改制，其中：市直79户，县(市)、区58户。市直79户正在改制的企业中，20户审计、评估正在进行，59户审计、评估基本结束。

2004年10月10日，印发了"郑改发[2004]2号"文，成立新的企业改革与发展办公室，办公室主任由市委常委、常务副市长、市国资委主任李柳身兼任，办公地点设在市国资委，由国资委负责日常工作。

(刘传华 冯建营)

【促进大企业资产重组】 一是按照市政府主要领导的指示，开展了东风汽车股份有限公司重组郑州日产公司的基础性工作，已签订协议，正在抓紧运作；二是开展香港华润(石化)集团有限公司重组郑州燃气公司的工作，先后进行了四轮谈判，9月底形成了股权转让备忘录；三是开展了中原制药厂、五龙口污水处理厂和王新庄污水处理厂的资产重组有关工作。

【企业资产清查与资金筹集】 一是按照市领导指示，组织财政、审计、工商和中介机构，对省、市领导包案的江海啤酒公司1996年两次资产评估的差额进行了详细审查和确认，为领导决策提供了依据；二是根据市政府要求，组织市直10个部门对所属国有企业开办的45户集体和劳服企业(大厂带小厂)的人员、资产、内债、外债等情况进行了摸底调查和汇总分析；三是组织力量对长庚医院落户郑州涉及的郑东新区土地价格进行评估，并上报、协调省国资委尽快确认；四是作为副组长单位，配合开展郑煤集团和郑州铁路局主辅分离资产的清查、移交工作；五是与郑州大酒店集资清查工作领导小组紧密配合，筹措第三批资金，解决集资户的兑付问题。

（冯建营）

【产权交易市场建设】 2004 年，国务院国资委和财政部 3 号令《企业国有产权转让管理暂行办法》和市政府“郑政[2004]6 号”文《关于加强产权交易管理的通知》下发，郑州市产权交易市场按照 3 号令和 6 号文的要求按程序挂牌公开交易，充分体现出产权交易的公开、公正、公平原则。3 号令和 6 号文为产权交易市场提供了绝好的发展机遇，产权市场一是利用新闻、网站等媒体，对 3 号令和 6 号文的精神进行广泛宣传，同时在企业办理产权交易、咨询业务时，对企业进行宣传，使国有企业对产权交易进入市场的工作有进一步认识。二是对产权交易各个环节的程序重新规范梳理。对需要企业提供的资料又进行了补充完善，对需要填写的相关表格进行了修改和规范。

【产权交易业务发展】 产权交易业务量有很大增加。2004 年共完成郑州第二钢厂、上街区饮食服务公司、郑州市二七建筑工程公司、新郑市第三人民医院等企业的产权交易及改制 24 户，转让资产总额2.4亿元，出具鉴证报告 50 份，同时与新密、登封、新郑、巩义、上街等县（市）、区建立业务联系。

产权交易业务范围得到拓宽。2004 年产权市场在市财政局、市工商局支持下，开展了股权登记托管、转让、过户、质押业务，探索开展投资银行业务等；积极开展拍卖业务。郑州拍卖总行 2004 年在业务量和收入上有较大的进展，主要开展了郑州小商品城、五矿土地、中院委托车辆、上街区部分资产、郑州市轮胎厂委托资产、郑州市财务开发公司委托资产等的拍卖，共举办拍卖会 10 场，拍卖资产标的 7700 万元。

做好会计咨询评估业务。2004 年主要评估项目有郑州市公安局涉案物资、惠济区人民检察院委托资产、市国税稽查局委托资产、郑州市第 25 中学委托资产、河南科达专修学院委托资产等，评估资产总额 7500 万元。

（丁小民　冯建营）

【已改制企业属地管理】 为进一步理顺对已改制的原市属企业及其职工的管理关系，充分发挥县（市）、区发展经济的积极性，提高管理和服务效率，放开搞活企业，加快全市经济发展，市政府决定对已改制企业实行属地管理。为促进和落实此项工作，市政府于 2004 年 9 月下旬成立了市属改制和集体企业移交属地管理工作领导协调小组，企业移交办公室设在市国资委。

按照市政府要求，企业移交办公室首先根据此次企业移交的指导思想、对象和范围及各工作小组的工作职能，制定了《市属改制企业移交属地管理实施方案》，对移交企业名单、资产移交范围、有关资料审核、工作程序及进度安排作了具体规定。2004 年 10 月上旬对市经委、市建委、市商务局报送的企业名单进行了统计整理，确定符合移交条件的改制企业和集体企业共 54 家。对移交企业所报的基本情况、资产评估报告书、资产调查表等资料，进行了审核，确定了拟移交属地管理的《单位改制企业移交属地管理名册》、《单位集体企业移交属地管理名册》、《被兼并、收购企业遗留党组织关系转隶于属地管理名单》。

2004 年 12 月 13 日至 21 日，移交办公室会同企业主管部门、各区政府就市属改制企业和集体企业移交工作进行了对接。对接工作中，移交企业对本单位的基本情况及存在问题作了汇报。根据移交企业基本情况，经征求企业原主管部门和接收区政府意见，对符合移交范围的郑州市水产有限公司等 23 家改制企业和集体企业实行移交属地管理（详见移交名单），并要求于 2005 年 1 月 14 日以前，按照《市属改制企业和集体企业移交工作方案》的总体要求，完成列入本次移交名单的企业移交工作。

郑州市首批移交属地管理的改制企业和集体企业名单

接收地	序号	移交企业名称	企业性质	企业主管部门
惠济区	1	郑州市水产有限公司	股份制	市商务局
高新区	2	郑州卫材药业股份有限公司	股份制	市经委
	3	郑州锅炉有限责任公司	股份制	市经委
经济技术开发区	4	郑州佳承工贸有限公司	股份制	市经委
中原区	5	郑州水晶股份有限公司	股份制	市经委
	6	郑州市医药销售站	股份制	市商务局
	7	郑州市蔬菜副食品购销公司	集　体	市商务局
二七区	8	郑州正印实业有限公司	股份制	市经委

接收地	序号	移交企业名称	企业性质	企业主管部门
二七区	9	中房(集团)郑州有限责任公司	股份制	市建委
	10	郑州市正岩建设有限公司	股份制	市建委
	11	郑州刘胡兰有限责任公司	股份制	市商务局
金水区	12	郑州花五交有限公司	股份制	市商务局
	13	郑州花园春有限公司	股份制	市商务局
	14	河南友谊旅业股份有限公司	股份制	市商务局
管城区	15	河南正兴实业发展有限公司	股份制	市经委
	16	郑州市双鹤药业有限责任公司	股份制	市商务局
	17	郑州市恒元医药有限责任公司	股份制	市商务局
	18	河南柏海同心药有限公司	股份制	市商务局
	19	河南省爱生医药有限公司	股份制	市商务局
	20	郑州敖东药业有限公司	股份制	市商务局
	21	河南天方医药有限公司	股份制	市商务局
	22	郑州市商都副食品公司	集　体	市商务局
	23	郑州市食品酿造厂	集　体	市商务局

（陈　磊　冯建营）

【行政事业单位资产管理】 市国资委严格遵守各项规章制度，规范工作程序，对行政事业单位上报的有关国有资产的报废、转让等所有事项，都严格按照资产核实程序到申报单位逐项查看实物、核对帐薄。凡是报废的，要查看是否应该报废、报废处理后的资金是否入帐；凡是转让的，都要经中介机构进行评估，根据评估的价值进行转让。2004 年，市国资委分别对市三院、郑州一中、市四十四中等 70 多家行政事业单位报废、转让的国有资产进行了实地查看、核对，对情况属实、资料齐全的报告作出了资产处置结论，然后报请领导审批。共计审批报废、转让国有资产 9107 万元，批准拆除房屋建筑物及出售房改房14.73万平方米，批准新增固定资产845.65万元。

【预算单位资产核实】 为了推进财政预算管理制度改革，提高财政资金使用效率，根据省财政厅及市政府的有关规定，市国资委对每个单位的每项盘盈、盘亏都找出原始依据进行核实，没有依据的请中介机构评估，以确保财务数据真实可靠。在以往开展核实工作的基础上，又对 61 个单位的资产进行了核实。通过此次资产核实工作，发现大部分行政事业单位财务管理规范，但个别单位财务制度不健全，资产管理上存在漏洞。下步应继续加强对行政事业单位的资产管理，加大查处力度，防止国有资产流失。

【国有企业自办中小学移交】 2004 年 9 月，按照《国务院办公厅关于妥善解决国有企业办中小学退休教师待遇问题的通知》（国办发[2004]9 号）、《国务院办公厅关于中央企业分离办社会职能试点工作有关问题的通知》（国办发[2004]22 号）、国家财政部等六部委《关于进一步推进国有企业分离办社会职能工作的意见》（国经贸企改[2002]267 号）、《河南省人民政府办公厅关于做好郑州铁路局在豫中小学校接收工作的通知》（豫政办[2004]86 号）等通知精神，郑州市分别进行了郑州铁路分局、中国石油天然气管道局和郑煤集团在郑自办的 32 所中小学校移交政府管理工作。截至年底，已经移交资产 9230 万元，土地 23.3万平方米，房屋建筑物14.7万平方米，教师 1847 人，学生 22391 人。郑煤集团自办 11 所中小学校的移交工作正在进行之中。

（宗　杰　冯建营）

食品药品监督管理

【概况】 2004 年，郑州市药品监督管理系统完成上划，其职能由药品监督管理向食品药品监督管理转变，具体负责对食品药品安全的综合监督、组织协调和依法组织查处重大事故。一年来，全系统按照河南省食品药品监督管理局的部署和要求，突出重点，狠抓落实，较好地完成了食品药品监督管理工作责任目标和党风廉政建设责任目标。

对基层工作实行责任目标管理，局党组与各县（市）、区一把手签订了药品监督管理目标责任书，制定了责任目标管理考核奖惩方案。对执业药师报名考试、政务信息和新闻宣传工作专门下发文件，开展评比活动，建立激励机制，调动基层药监工作的积极性。

对药品、医疗器械生产、使用单位

进行日常监管，2004年检查覆盖率95%以上，未发生重大案件，一般案件比上年有所降低。

【食品药品安全监管体制改革】 2004年，郑州市各级食品药品监管机构顺利挂牌。郑州市有关部门在广泛调研的基础上，结合实际制定了市、县两级食品药品安全监管体制改革方案，并由郑州市政府组织实施。9月，召开全市体制改革动员大会，明确要求各县(市)、区组建食品药品安全委员会，乡(镇)则由一名副乡(镇)长负责此项工作。10月21日，郑州市食品药品监管局暨安委会办公室挂牌成立。截至12月16日，市、县(市、区)、乡(镇)三级食品药品监管机构全部顺利挂牌，市内五区、新密矿区、开发区也成立了安委会办公室。经市编委下文确定，郑州市安委会办公室副县级领导职数1名，全供事业编制8名。市政府已拨付开办经费，并将人员工资、专项经费和车辆列入2005年政府财政预算。

严格按照政策要求，圆满完成系统内公务员考录工作。组织考核35人，录取33人。稳步推行事业单位聘用制工作，药检机构人员签订聘用合同达到100%。根据郑州市药品监管实际，组建了郑州矿区稽查队，全面开展对矿区药品市场的治理整顿和监督管理。同时，对市、县局部分干部进行调整，提拔干部5名，调整干部5名，对调动干部干事创业的积极性起到了激励作用。

【行风建设】 转变工作作风，优化经济发展环境，努力建设服务型机关。市食品药品监管局以积极的态度向人大、政协汇报工作，两次共邀请100多名新当选的政协委员视察市局和药品企业，邀请10多名本区人大代表到市局视察工作，主动向市人大主任会议汇报郑州市《药品管理法》实施情况，对人大、政协提案认真对待，及时办理回复。印制了征求意见函和民主评议表，向新一届人大代表、政协委员和相关企业邮寄征求意见信1000多封。

改进和完善办事大厅的运作程序，严格落实即时办结制和限时办结制。搬迁到新办公楼后，改善了办事大厅环境设施。全年办事大厅共接待来访8500余人次，电话咨询7300余人次，正式受理1243项，办理晚期癌症病人使用麻醉药品专用卡359张。通过加强对干部职工的执政为民、廉洁高效、依法行政教育，按照社会评议提出的问题认真整改，市食品药品管理局工作作风明显改善，社会满意度逐步提高，行风评议名次得到提升，在48个委局排名23位，取得了明显进步。

【加强依法行政】 2004年，市食品药品监督管理局认真贯彻实施《药品管理法》、《行政许可法》，不断提高依法行政能力，被评为依法治市先进单位，受到市委、市政府的表彰。

制作了《药品管理法》施行3周年工作回顾专题片；召开纪念《药品管理法》施行3周年座谈会，邀请人大代表、政协委员以及药品生产、经营企业、医疗单位的负责人和廉政监督员共120余人参加座谈，向参会人员汇报工作，虚心征求意见和评议。

组织局机关所有公务员参加市政府举办的《行政许可法》培训班；在全系统组织了辅导讲座；积极参与省会实施《行政许可法》宣传日活动。按照要求完成市局行政许可项目、法律依据和实施主体的清理工作。组织制定了市局行政许可9项制度、行政许可程序和文书等。

【执业药师管理】 完善考核评比激励机制，做好执业药师报考工作，全市报考人数再创新高达3908人。狠抓执业药师培训，把执业药师管理工作重点从抓数量转向抓质量，从抓报名转向报名、培训一起抓。共组织培训班11个，培训学员1464人，培训率37%。国家局人事教育司李军司长专程来郑调研执业药师管理工作，对郑州市的执业药师管理工作给予了充分肯定和高度评价。

（王慧琴）

【药品流通监管】 2004年，药品流通监管工作积极履行职责，认真贯彻国家有关药品及医疗器械的法律、法规、规章，坚持“以监督为中心，监、帮、促相结合”的工作方针，依法对郑州地区的药品、医疗器械流通领域实施监督管理，不断规范企业经营行为，净化药品、医疗器械流通秩序，确保人民群众用上安全、有效的药品和医疗器械。

截至年底，郑州地区共有药品经营企业1256家，其中，法人批发企业64家，已全部通过GSP认证；药品经营连锁企业25家，20家通过GSP认证；零售门店1167家，大部分已通过GSP认证。2004年提出认证的30家法人批发企业、25家零售连锁企业(987家连锁门店)、101家零售药店已通过初审并上报省局。全市持有《医疗器械经营企业许可证》的企业930家。其中，专营392家、药店兼营医疗器械475家、计生用品专业店12家、经营隐形眼镜41家、经营助听器10家、经营一次性无菌器械公司23家。从业人员岗前培训合格率达90%以上。通过GSP认证，提高了药品经营企业的管理水平，促进了医药经济的持续健康发展。

【农村药品经营“两网”建设】 根据国家局、省局和市局关于加强农村“两网”(药品供应和药品监管网络)建设工作的要求，积极探索农村药品经营新模式，努力构建多渠道的药品供应网络，把开办药店重点放在乡以下的农村，以解决农村零售药店少、分布不合理的矛盾。按GSP认证要求，一是对原有药店进行改造、整合，同时督促县(市)局大力发展农村连锁经营。二是发挥连锁经营的网络优势，积极发展与农村合法诊所的合作，争取合同配送，尽快实现对较小村庄和偏远村庄的药品供应。截至年底，六县(市)100个乡镇均完成药品供应网点建设，1141个行政村实现了药品供应配送进村(占58.3%)。全市从乡镇卫生院、计生指导站聘请1003人担任基层药品协管员和信息员,初步建立农村药品监管网络。

【药品分类管理】 按照国家局,省局关于药品分类管理要求,结合GSP认证工作以及自7月1日起对抗菌药物施行处方药管理的要求,郑州市药品监督管理部门对施行分类管理时限进行了规定,同时进一步加大宣传力度,在3月和6月进行集中宣传,共计发放药品分类管理、抗菌药实行处方管理的宣传画、宣传手册等近3万余张(册)。在对新开办药店(县城城区以上)的审查中,严格按分类管理的要求进行审查,全市所有通过GSP认证的药品零售企业均达到分类管理要求。

【药品及医疗器械经营企业日常监管】 2004年5月至6月,市药品监督管理部门配合省局稽查局对郑州市一次性使用医疗器械经营企业较为集中的大石桥地区进行一次拉网式检查,共检查企业30余家,查出5家无证经营企业,5家超范围经营企业,依法进行了处理。同时对15家经营不规范的企业下发整改通知书,进一步规范了大石桥地区医疗器械经营秩序。

全年共检查取得《医疗器械经营企业许可证》的企业379家,药品法人批发企业64家,零售连锁企业25家(含门店989家),零售药店(单体)162家,并将检查情况反馈企业,督促企业对存在问题进行整改。

经省局审批,2004年对23家零售连锁总部核发《药品经营许可证》;对136家零售连锁门店、零售药店(单体)核发《药品经营许可证》;办理《药品经营许可证》变更(包括连锁门店)769个。

【医疗器械经营企业准入审查】 为进一步规范医疗器械经营企业经营行为,提高企业合法经营、依法经营意识。药品监管部门严格按照《河南省医疗器械经营企业认证实施细则》、《河南省药品零售企业医疗器械检查验收标准》以及4月份新发布的《河南省实施〈医疗器械经营企业监督管理办法〉细则》(试行)要求,进一步严格医疗器械经营企业准入审查。全年经严格的现场审查,共上报省局申请《医疗器械经营企业许可证》企业308家,其中,医疗器械专营企业147家,医疗器械兼营企业161家。为对企业实施动态管理,建立企业档案925家。

(潘持久)

【药品及医疗器械生产企业日常监管】 根据国家局、省局的要求和郑州市的实际情况,将药品生产企业GMP认证、医疗机构制剂整顿及对医疗机构使用药品、医疗器械的监管作为监管工作的重点。药监部门通过专项检查、突击检查、有因检查、随机抽查等多种形式,加大日常监管力度和现场检查频率,力争在监管范围内不出现重大案件。变过去现场"单打一"(即对某一项工作进行检查)检查模式为包括制剂、麻醉药品、医疗器械、GMP条款等内容的全面检查模式,并做好现场检查笔录。通过现场检查,对企业存在的问题提出限期整改要求,并要求企业将整改报告书面上报市局备案。对个别问题较严重的企业整改后,还进行追踪检查,督促药品、医疗器械生产企业和药品使用单位规范行为。全市药品生产企业51家,2004年检查覆盖率100%,检查94次,建立档案51套;医疗器械生产企业98家,检查覆盖率100%,检查112次,建立档案98套。对药品生产企业含有关木通中成药品种替换情况进行督查,结果及时上报省局。

通过加大对药品、医疗器械生产和医疗机构的日常监管力度和检查频率,对于促进药品、医疗器械质量的不断提高,从源头上防止或减少药品质量事故发生;对管理相对人强化依法生产、使用药品的意识;对药品监管人员转变作风,深入基层提高监管效率,探索长效监管机制等,具有积极的意义。2004年度,药品生产、医疗器械生产、医疗机构制剂配制、药品使用、麻醉药品使用单位、二类精神药品生产企业未发生重大案件。

【医疗机构专项检查】 全年检查省、市、区级医疗机构36家,检查覆盖率100%,检查次数83次(含乡级及其以下医疗机构)。62家医疗机构建立大型医疗设备档案62套,于2004年6月30日前建立监管档案。

对医疗机构一次性使用无菌医疗器械进行专项检查,检查单位13家,未发现重大问题;对使用疫苗的医疗机构和生产疫苗的药品生产单位进行专项检查,共计检查12家,重点检查疫苗仓储条件、运输管理、使用情况及管理情况,未发现重大问题;对医疗机构已撤销的制剂批准文号进行专项检查,检查覆盖率100%;对放射性药品换发许可证进行检查,检查9家,检查覆盖率100%。

【特殊药品监管】 对特殊药品生产、经营、使用单位进行检查,其中市区内检查161家。麻黄素、咖啡因生产企业8家,检查覆盖率100%;经营二类精神药品40家,检查覆盖率100%;麻醉药品、一类精神药品使用单位246家,其中市区102家,检查覆盖率100%;开展氯胺酮经营企业专项检查,检查经营企业11家。

【制剂申报及药品注册】 通过核对药品生产企业,已发药品注册证1148种。进行医疗机构制剂整顿、申报、注册,申报阶段上报48家、1479个制剂品种。通过专家审评,省局同意对1308个品种进行注册。注册阶段上报1082种和60种要求复审资料;制剂送样3047批,送省局582个品种,已下注册批文377个品种。报送资料没有因审查不严格发生退回情况。

【建立医疗器械生产企业监管档案】 截至2004年6月30日,已建立98家医疗器械生产企业监管档案,包括许可证、注册证、基本情况登记表、变更登记表、现场检查笔录等。郑州市医疗器械生产企业列入省局重点监控1家,列入市局重点监控3家,已按要求从第二季度起每季度对重点企业检查一次,现场检查达到100%。10月30日前对建立档案的98家医疗器械生产企业现场检查1次,覆盖率100%。对不属医疗器械的注册产品进行清理登记,涉及生产企业11家、19个品种。

【药品生产企业评价性抽样检查】 对药品生产企业评价性抽样,促进药品质量的不断提高。在对药品生产企业生产管理情况进行全面监管的基础上,根据稽查部门反馈的不合格检验报告书,药监部门针对企业生产的品种或剂型,有目的、有针对性的抽样,以抽样促监管,对抽样不合格的单位进行问题剖析,追根求源,并将其列为重点监督检查对象,采取措施防止企业类似问题再度发生,从源头上确保药品质量。全年对24家药品生产企业进行评价性抽样,抽样103个品种、140批,完成全年目标100%。

全市药品评价性抽样240批,其中,制剂100批。针对性抽样完成6518批,不合格药品报告518批,全部立案查处。医疗机构制剂整顿尚未结束,制剂已停止配制,根据省局通知,2004年全省制剂抽样不再进行考核检查。

【药品不良反应监测报告】 根据卫生部、国家食品药品监督管理局《药品不良反应报告和监测管理办法》的要求,成立了郑州市药品不良反应中心,使药品不良报告和监测工作步入正常运行轨道。全年药品不良反应监测病例报告1000例,建立档案11套。药品不良反应上报病例1407例(其中,有效病例1354例,内容不全53例),占全年目标的140.7%。同时,对药品不良反应报告进行网上录入。

【制定医疗机构药品使用管理办法】 针对医疗机构药品使用中存在的问题,经过一年多时间的调查研究,多次修改,与市卫生局联合制定了《郑州市医疗机构药品使用管理办法(试行)》。《办法》是规范医疗机构药品使用的重要规范性文件,它对医疗机构的机构与人员、药品购进与验收、药品保管与养护、药品调配与使用、制剂管理、药品不良反应监测管理、特殊药品管理等内容进行了规范要求,共9章60条。上半年已下发各医疗机构。10月10日召开全市各级医疗机构负责人参加的动员大会,对《办法》进行贯彻落实。

【药品生产企业GMP认证】 2004年药监工作重点是全面监督实施GMP认证。市药监部门坚持以监督为中心,监、帮、促相结合的工作方针,指导药品生产企业实施GMP认证。同时,认真做好已备案延期认证的药品生产企业的监、帮、促工作,对其实施GMP改造进行动态监管。一是严把设计关,要求认证企业必须由具有医药设计资格的单位进行设计,全市药品生产企业在实施GMP过程中基本避免了硬件上重大缺陷。二是严把认证关。对认证企业严格按照GMP认证条款的内容,逐一对照检查。在4月份省局召开的全省安监工作会议上,郑州市《认真履行职责做好认证初审》的经验和做法得到省局领导的肯定。

截至年底,郑州市应认证的40家药品生产企业(144个剂型),已通过认证38家(136个剂型)。通过GMP认证,提高了药品生产、经营企业的管理水平,促进了医药经济的持续健康发展。

14家药品生产企业、10家药品生产企业的生产车间和制剂在7月1日前未通过GMP认证,经过现场检查,对这24家药品生产企业逐一下达停产通知书。

【药品和制剂注册】 2004年,开展了药品生产企业品种注册和医疗机构制剂整顿、申报、注册,两项药品注册工作总体进展顺利,效果明显。协助省局对药品生产企业药品注册资料进行核对,并按规定及时发放药品生产企业品种注册证;根据省局要求,2004年上半年市局两次下文,以"郑药监(2004)87号"文撤销医疗机构制剂批准文号719个,以"郑药监(2004)135号"文撤销制剂批准文号391个,两次共撤销制剂批准文号1110个。

【合理使用抗菌药物宣传活动】 2004年7月1日前,市局领导、安监、流通部门负责人邀请郑州人民广播电台、《郑州日报》记者采访,通过新闻媒体向人民群众宣传合理使用抗菌药物的政策和知识。组织在医疗机构、药品零售企业和大型超市等40家企业悬挂横幅、张贴标语向公众宣传,免费发放合理用药科普小册子近万册,介绍不合理使用抗菌药物的危害和药品不良反应知识。7月1日,组织4台宣传车在全市主要街道进行宣传,使更多的人了解合理使用抗菌药物的政策。活动期间,在全市650家药店悬挂宣传条幅14000条。宣传活动受到省局领导的高度赞扬,省、市8家新闻媒体进行了采访和宣传报导。7月1日,必须凭医师处方购买抗菌药物方案顺利出台。

(刘东方)

【药品稽查】 2004年,郑州市食品药品管理局稽查大队以开展药品放心工程为中心,认真抓好案件查处和抽验工作,结合对重点地区、重点环节、重点品种的专项整治,净化药品、医疗器械市场,确保药品、医疗器械质量,使人民群众用上放心药品和医疗器械。

【药品集贸市场专项整治】 一是印制、张贴公告,宣传法律和政策。二是依法采取劝导与强制手段,在规定的时限内取缔非法经营者。9月上旬与市工商局联合行动,连续对可能出现反弹的地区进行不间断检查,有效地防止了药品市场不良现象的反弹和出现新的药品集贸市场。药品集贸市场专项整治工作得到巩固，打击制售假劣药品违法犯罪行为工作取得成效。

【药品及医疗器械市场专项检查】 采取日常监管和集中检查相结合的方法，开展对医疗诊所、藏药、疫苗、一次性使用无菌医疗器械、中药材、中药饮片等专项整治，取得阶段性成果。10月22日至27日采取拉网检查方式，对省会药品医疗器械市场进行专项检查，查处各类违法案件192起，进一步规范了药品市场秩序。联合卫生部门开展医疗诊所用药专项检查，对省局交办的192起涉及药品、医疗器械的案件进行查处。

【打击制售假劣药品违法行为】 建立和完善了药监部门与公安部门联合打假的长效协作机制，加大执法力度，提高震慑力，严厉打击制售假劣药品违法行为。

2004年7月14日，稽查人员在金水区庙李派出所、工商所和有关新闻媒体的配合下，对金水区庙李村制售假药窝点进行查处。发现假药11个品种，以及包装材料和制假工具等。经查证，其销售假药累计金额达420多万元。两名涉案人员已移交金水公安分局处理。

2004年8月29日，稽查大队联合公安、新闻媒体端掉一制造、邮售假药的窝点。现场发现未经批准生产的药品4500多瓶，案值13万多元，另有包装箱、空心胶囊、粉碎机、胶囊抛光机等造假工具。查获药品销售清单100多张，涉案金额50多万元。因涉案金额较大，性质恶劣，已移送公安机关进行处理，拘捕2人。

至年底，市局药监系统共出动执法人员1.58万人次，出动车辆4590台次；立案1396起，结案1353起，结案率达97%；涉案金额650万元，5万元以上大要案3起，罚款到位240万元；收缴造假设备9台；移交公安部门案件2起，拘捕4人。其中，市局稽查大队立案375起，结案350起，结案率93%，罚款到位112万元。

（朱明忠）

【食品安全监督管理】 市食品药品监督管理局于2004年5月28日开始，正式介入郑州市食品安全综合监管工作。经多方努力，多次协调，食品安全监管职能得到落实，食品药品安全信用体系建设试点工作正式启动。2004年10月20日，市政府印发《郑州市2004年食品药品放心工程方案》、《郑州市食品安全专项整治方案》、《郑州市食品安全信用体系建设试点工作方案》，并于10月21日成功召开了郑州市食品安全信用体系建设试点工作动员大会，确定二七区、惠济区、巩义市、登封市为试点，工作已全面推开。充分发挥组织协调作用，配合省局圆满完成“全省食品药品安全周”活动。在二七广场等处设立5个咨询点，组织协调10家药品企业共900人参加活动。组织5所大专院校的180名青年志愿者奔赴新郑、中牟的12个行政村进行食品药品安全科普宣传。年末，根据省局的部署和要求开展了2004年食品放心工程综合自评工作，郑州市放心工程方案中的19项指标全部完成。

积极参与食品重大事故的查处工作。阜阳劣质奶粉事件发生后，该局与有关部门协调配合，对郑州市7个奶粉生产企业和1个流通单位进行了立案查处。协同省局开展了9项有关食品安全的调研工作，组织在全市开展生鲜肉、月饼质量专项集中整治活动、学校周边饮食卫生安全专项整治工作、即食食品专项整治工作以及“双节”期间食品安全专项整治工作等。

【食品安全机构建设】 2004年10月10日正式成立郑州市食品药品安全委员会，副市长胡荃任市食品药品安全委员会主任，下设食品药品安全委员会办公室，办公室设在市食品药品监管局。市食品药品安全委员会共有24个成员单位，几乎涵盖了全市涉及食品药品的所有职能部门。10月21日举行了郑州市食品药品安全委员会办公室、市食品药品管理局挂牌仪式。在食品办的督促下，郑州市各县(市)、区均已成立食品药品安全委员会。

（程红梅）

【机关行政后勤工作】 按照市委、市政府的统一部署，选派3名机关干部赴登封市君召乡水磨湾村开展驻村扶贫工作。组织开展了义诊活动；协调筹措3万元资金，用于维修进村公路；班子全体成员年底对水磨湾村的30户困难群众、12名教师以及二七区的10户贫困户进行了慰问，发放生活物品和现金7000多元。

成立工会和妇女工作委员会，建立离退休干部活动中心，组织参加郑州市老干部运动会，组织20多名老干部到青岛、烟台等沿海城市参观游览。

经多方争取资金，采取长期租用的办法，局机关于2月21日迁入建筑面积5000余平方米的新办公楼。配套设施相对完善、功能齐全、干净整洁的郑州市局办公楼极大地改善了药监形象，鼓舞了士气，提高了凝聚力。

继续做好政务信息和新闻宣传工作。市食品药品监督管理局被评为2003年度“市政务信息工作先进单位”和“新闻报道工作先进集体”。

（王慧琴）

【纪检监察工作】 按照局党组对党风廉政建设负全面领导责任的要求，把党风廉政建设纳入局全年总体工作目标。年初召开了全系统纪检监察工作会议，与基层单位一把手签订党风廉政建设责任目标，制订考核细则并于年底进行考核。局领导定期听取全局党风廉政建设工作汇报并提出具体指导意见。年底，局主要领导向机关干部职工述职述廉，班子成员就个人廉洁从政情况作出说明。

进行《党内监督条例》、《纪律处分条例》等党规政纪教育，党员受教育面达100%。领导干部廉洁自律的各项规定得到落实，行风建设明显加强，未发现吃拿卡要等现象。严格遵守规章制度和办事标准、程序，执法人员严格执行《约法五章》、《五条禁令》和《全省药品监督管理系统公务人员廉政守则》，突出监督检查的重点对象、部位、环节，未发生违规行为。群众举报、投诉和上级批办的信件得到落实。

（苏　阳）

统计工作

【统计服务】 一年来，全市统计系统坚持“以统计服务参与全市经济建设”的理念，围绕中心、服务大局、谋求发展，增强统计服务意识，拓展服务领域，创新服务形式，统计的信息、咨询、监督功能得以充分发挥。统计价值通过优质、高效、全面的服务有效回馈社会。

加强统计分析，以统计成果服务党政领导决策。全市统计工作者主动做好事前预警、事后反映、全方位服务，注重服务的准确性、前瞻性和实用性，抓规律、谋大局的能力得到提升。一批质量高、反应快、有数据、有观点、有对策、有建议的统计分析文章分别受到李克、刘新民、陈义初、王文超等省、市领导的批示和好评，得到省会主要媒体的关注和采用。2004 年，全市各级统计部门共撰写各类统计信息、分析、调查报告 634 篇。其中，市局撰写 143 篇，被省、市级领导批示 61 篇，被各类媒体采用 148 篇。如《2003 年郑州市房地产健康发展》一文得到李新民副省长批示，并被省政府以《领导批示》形式发至省委、省政府领导及郑州市政府和有关部门。王文超市长等 6 位市级领导分别对该文批示，要求有关部门认真学习和研究措施，加快房地产业发展。

开阔视野，开展深度专题研究。在以“短、平、快”的统计信息、统计分析服务于党政领导决策的同时，全市各级统计部门针对各地当前经济生活出现的新情况、新问题，充分利用大型普查和专项调查数据成果，开展深度专题研究。利用第四次全国投入产出调查结果，完善 GDP 核算，提高经济统计监测水平；利用郑州市第二次外经普查资料撰写多篇利用外资和对外贸易情况的分析报告；利用第一次物流业普查结果撰写《郑州市物流业发展报告》，得到王文超市长等领导批示。同时，省、市一批重大课题项目如《郑州市科学研究与综合技术服务业对经济发展的影响》先后完成并获得市社会科学进步一等奖等不同级别的奖项。

关注社会经济动态，灵活快速反映情况。面对国家加大宏观经济调控力度，经济社会热点焦点频出的形势，全市统计系统发挥统计调查网络健全、调查方法灵活、反映快捷准确的优势，主动出击，快速反映。如针对煤、电、油、运形势日趋紧张的情况，开展对重点行业、重点企业调查；针对钢铁、水泥、电解铝等行业投资过度等问题，加大行业监测力度；针对价格指数上涨过快的情况，对成因及全年的价格走势进行研究预测。这些研究，既有“短、平、快”的简明信息，又有“高、深、广”的分析研究，为党政领导和有关部门准确把握宏观经济运行态势，解决经济结构调整中的深层次矛盾，制定产业政策提供了可靠依据。

强化统计服务意识，丰富服务形式和内容。全市统计部门针对不同的需求对象采取灵活多样的统计服务形式，社会效益日渐显著。一是为人大、政协“两会”提供现场信息咨询，成为各级统计部门的特色服务形式，为代表、委员参政议政、民主监督发挥了积极的作用。二是通过季度经济运行分析会，发布和通报当前经济运行情况，增强社会公众对经济发展情况的知情权，是统计部门的有效服务形式。市局经济运行分析会邀请经济专家会诊点评，人大代表、政协委员献言献策，新闻媒体宣传报道，不仅提高了分析的质量，而且扩大了分析的透明度。三是及时、准确地为党委、政府、党代会、“两会”工作报告整理提供翔实的统计资料，为各级党政领导制定经济和社会发展目标提供了科学依据，成为各级统计部门服务党政领导决策的特色服务形式。四是编印《郑州统计年鉴》、《郑州农业发展报告》、《郑州统计概要》、《郑州经济动态》、《郑州工业统计快报》等专著手册，成为统计部门服务领导和社会公众的精品服务形式。各县(市)、区从本地实际出发，编印的多种统计资料成为各级领导必备的工具书。五是完善和维护统计调查名录库，成为各级统计部门服务社会各界的权威服务形式。市局全年对社会各界提供有关数据信息 1 万多条次。六是开展对市直机关单位和行业作风社会民主评议调查工作，成为各级统计部门服务经济发展环境的全新服务形式。市城调队发挥自身优势，扩大调查对象数量和调查样本数量，用统计手段服务市委、市政府优化全市经济发展环境的大局。全年对 59 个市直机关单位和行业作风进行民主评议调查，调查对象近 10 万户，得到了翔实、客观的数据。金水区在区民主评议工作中以扎实的工作和高质量的结果得到区委、区政府的肯定。

【统计法制建设】 2004 年，全市统计法制建设工作以《统计法》颁布实施 20 周年为契机，以宣传贯彻《行政许可法》为基础，按照“四五”普法要求稳步推进。各级统计部门主要开展了以下几项工作：对统计从业人员进行统计普法教育；组织统计公务人员参加《行政许可法》学习；全过程依法进行经济普查，保证了普查顺利开展；搞好行政执法“三清理、两规范”工作，抓实统计规范性文件的审查、备案；进一步规范统计执法程序。同时，认真开展全市统计执法大检查，对有关县(市)、区和企业贯彻《统计法》情况进行重点检查；加强对违法单位的重点监控和跟踪检查，建立“年度重点监控对象名录库”。对河南豫财会计师事务所有限责任公司拒报统计资料处罚一案，经两审诉讼，获得胜诉，维护了统计法律的尊严。市局获得 2004 年全国统计执法先进单位。

【统计信息建设】 一年来，全市统计系统围绕经济普查数据处理准备、统计综合数据库和统计数据处理平台建设，不断提高统计现代化水平。一是完成国家经济普查数据处理程序应用试点工作，并借此改善硬件环境，锻炼专业队伍。二是利用现代科技手段，打造综合数据处理平台。完成统计联网直报程序立项、研究与开发，并在全市推广使用，推进了统计数据收集方式的改革，规范了统计数据流程，防止了再生性差错产生。三是统计信息化不断深化。完成县、乡两级信息化资源调查以及全市统计信息网络更新升级。郑州市统计信息化建设走在了全省的前列。

【统计方法制度改革】 2004年，郑州市各级统计部门按照国家、省《国民经济核算制度》要求，进一步规范核算方法，核算水平不断提高。深化新的工业发展速度计算方法改革，用新方法计算的全市工业经济总量和发展速度与上年基本衔接，实现了新老计算方法的平稳过渡。农业发展速度计算方法季度双轨制运行顺利，基本做到了数据衔接。认真开展农村、城镇住户调查样本轮换工作。建立和完善物流业调查及非公有制经济统计调查制度，加强监测。建立民间固定资产投资统计制度，改革贸易统计，研究高新技术产业统计监测体系。

【统计基础工作】 全市统计部门高度重视统计工作规范化建设，确定了“工作管理制度化、业务运行流程化、台帐处理电子化、资料保存档案化”的工作目标。通过强化统计基础工作建设，不断提高控制和把握统计数据质量的能力。首先，加强领导，集思广益，市局制定《郑州市统计局统计工作规范化建设实施方案》。各县(市)、区及局属单位制定了符合本地、本专业实际的一系列规范化建设制度。通过夯实基础、完善制度、规范管理，以稳步提高统计数据质量。其次，规范和完善数据质量控制办法，严把统计数据初审、录入、复审“三关”，确保源头统计数据质量。市局制定了《郑州市GDP核算数据对外提供发布的规定》，对县(市)、区实行“下管一级”的核算数据认定制度，规范核算方法。有的调查队还建立“企业回访制度”和“质量检查登记卡”等，有效地保证了统计数据质量。

全市统计部门在统计基础工作方面的努力有效地提高了工作质量，得到国家、省统计局的表扬。在国家局来河南省统计巡查时，市局和新郑市的核算方法改革及新密市乡镇月度会审数据方法得到巡查组的高度评价。

【经济普查】 全国第一次经济普查是各级统计工作的重中之重，普查涉及范围广、对象多、链条长、技术难，对统计部门提出了新任务和新要求。2004年是经济普查各项准备工作全面实施的一年，全市各级普查机构精心组织，密切协作，稳步推进，各项准备工作得到国务院普查办和省普查办的肯定，为普查登记和数据开发打下了坚实基础。

(一)各县(市)、区和政府派出机构按照要求成立了经济普查领导小组和办事机构，政府主管领导亲自抓普查。全市各级普查领导小组与下属单位层层签订《经济普查目标责任书》。市普查办对各地区普查所需“机构、人员、设备、经费”四落实情况进行督促和检查。全市县、乡两级普查机构健全，经费落实、人员到位，基本满足了普查需要。

(二)合理分工，明确责任。市普查办成立职责分明的7个普查实施小组，各级成立相对应的职能机构。市、县两级普查机构反复研究、论证，制定了符合当地实际的经济普查实施方案。开展了两级普查试点工作，市级试点选择在二七区大学路办事处和新郑市薛店镇，积累了符合郑州市实际的普查经验。

(三)划分普查区域、绘制普查地图，选调全市普查人员，做好普查人力和技术准备。在市、县、乡、村四级组织广泛培训学习，使普查人员吃透精神，掌握技术，提高素质。

(四)全面做好经济普查基本单位清查工作。全市清查培训、摸底、登记、编码、汇总、审核等工作顺利结束。

(五)扎实有效地开展经济普查宣传工作。各级普查机构与当地宣传部门密切配合，制定详尽、可操作的宣传规划，针对不同对象、采取新闻宣传、社会宣传、文艺宣传等不同形式，制作《绿城对话》、《周末面对面》等电视专题访谈节目，印发法规宣传材料30多万份，发放王文超市长《致被调查对象的一封信》10多万封，同时充分利用互联网、手机短信等现代媒体做到点面结合和家喻户晓，为普查的顺利进行营造了良好的舆论氛围。

【信用建设】 建设“信用郑州”是优化郑州市经济发展环境的重要举措，2004年全市信用体系建设工作全面启动。一是做好基础准备工作，建立企业信用信息征集指标体系。拟定了《郑州市归集政府部门信用信息首批指标库》。二是推进相关信用规章建设。初步拟定了一系列包括《郑州市企业信用信息征集管理办法》及《郑州市信用信息征集整理实施意见》在内的信用规章制度。三是搭建信用信息公共平台。预计在2005年年初，集纳3000家重点企业基本信用数据信息的“郑州信用网站”将正式运行，供社会各界查询，初步实现信用信息互连、互享、互通。

(杜九利)

海关工作

【海关监管】 2004年，郑州海关创新监管手段，增强海关监管的针对性。紧密围绕“更新监管理念，创新查验机制，夯实业务基础，强化职能管理”的思路，创造性地开展工作。清理业务文件，整理《监管法规汇编》；进一步规范关区2次转关、风险信息报送、处长巡视和科长带班等规定，完善相关规章制度；对监管通关环节存在的突出问题进行梳理，查摆问题47个，逐项提出整改措施；进一步降低查验率，加大布控率，提高查获率，增强查验工作的针对性和有效性；走访首都机场、青岛、连云港、深圳等地海关，协调解决转关过程中遇到的问题。通过不断提高通关效率，尽可能为企业通关提供便利。据海关统计，2004年河南省对外贸易进出口呈现高速增长，全年共实现进出口总值66.1亿美元，比上年(下同)增长40.2%。其中，进口24.4亿美元，增长40.4%；出口41.7亿美元，增长40.1%，出口列中西部首位，在全国排名第十一位，较2003年上升了两位。全年共监管进出口货运量105万吨，下降9.8%，进出口货运总值12.1亿美元，增长5.4%；监管进出境航班653架次，增长78.9%，验放河南口岸进出境人员6.38万人次，增长95.5%；监管邮递物品21.47万件，与上年基本持平。

【税收征管】 2004年，郑州海关坚持依法治税、综合治税，不断提高税收征管水平。坚持以质为主、质量并举的原则，积极开展年初税收调研、年中税源回访和年底税收检查，准确、及时掌握关区税收动态。进一步划清海关归类、审价的部门职责分工，加强海关估价、归类、原产地和减免税管理。完善归类、审价、化验等规章制度，使税收征管工作有章可循。全年实现关税和进口环节代征税实际入库6.8亿元人民币(不含政策性退税2.4亿元)，下降51%。积极落实国家有关减免税政策及其他优惠政策，服务和促进大中型企业特别是省委、省政府关注的重点企业和重点工程项目的发展，加快减免税业务审批速度，加强政策宣传，指导企业用好政策，为河南的科技进步、结构调整和经济发展服务。全年共为河南企业审批减免税款16.62亿元人民币，增长136.31%，其中，减免关税4.29亿元，增长109.2%，减免进口环节代征税12.33亿元，增长147.5%。

【海关缉私】 2004年，郑州海关进一步加大反走私力度，努力营造良好的进出口市场环境。针对"入世"后打击走私工作面临的新形势、新任务，密切联系河南实际，强化全局意识，积极探索打击走私工作新思路。坚持"以打促税"方针，在重点办好打击价格瞒骗走私、货运渠道走私、加工贸易渠道走私案件的同时，注重开展毒品及其他非涉税案件的侦查工作，实现对非涉税案件侦办零的突破。落实《案件主办人责任制》、《案件责任追究制度》，确保侦办质量。初步建立与海关总署侦查网和地方公安信息网的联接，加强执法合作和情报交流。开展打击光盘、毒品走私等专项行动，查获走私光盘199张，查获走私非法出版物20份。与兄弟海关联合侦办特大毒品走私案1起，查扣走私毒品海洛因21.802千克，受到海关总署贺电表扬。全年刑事案件立案3起，案值4391.4万元，涉税366万元；行政案件立案24起，案值3331.6万元，涉税699.5万元。积极配合兄弟海关办理协查案件83起，抓获犯罪嫌疑人8名。

【海关统计】 2004年，郑州海关进一步加强统计工作，拓展统计服务领域。做好海关通关业务系统从H883到H2000的系统切换，认真查补缺漏，确保统计数据质量。开展统计执法评估，对海关主要行政执法活动进行动态监测分析，查找各项业务环节潜在风险。与地方政府部门建立定期联系会议制度，拓宽信息沟通渠道；加强对重点商品和大宗进出口商品调研力度，提高统计分析和政策咨询的针对性和准确性；实施跨部门、跨关区联合调研，受到有关政府部门好评。利用海关统计数据的权威性，及时准确提供统计信息和统计咨询，做好全省外贸进出口状况分析，为各级领导机关和进出口企业决策提供帮助和服务。全年分别编制《统计与分析》、《郑州海关业务统计》、《统计监督信息》各12期；撰写各类统计信息和统计分析161篇，其中，被中办、国办采用1篇，海关总署要情采用1篇，省政府信息载体采用35篇次，省级新闻媒体采用5篇，两篇专题分析获海关总署年度优秀统计分析三等奖。全年共接受统计数据咨询200人次，提供数据约60万条。

2004年郑州海关主要业务统计指标

序号	业务指标	计量单位	2004年	2003年	同比±%
1	货运量	万吨	105.0	116.4	－9.8
2	其中：进口	万吨	95.5	104.6	－8.7
3	出口	万吨	9.5	11.8	－19.5
4	货值	万美元	120734	114547	5.4
5	其中：进口	万美元	98994	90979	8.8
6	出口	万美元	21740	23568	－7.8
7	海关税收	万元	68054	139454	－51.2

序号	业务指标	计量单位	2004 年	2003 年	同比±%
8	其中：关税	万元	21964	52703	－58.3
9	代征税	万元	46090	86751	－46.9
10	审批减免税	万元	166206	70333	136.3
11	统计报关单	份	16515	15267	8.2
12	监管飞机	架次	653	365	78.9
13	监管人员	人次	63841	32654	95.5
14	缉私局立案走私罪案件	件	3	3	0.0
15	缉私局立案走私罪案值	万元	4391	730	501.5
16	缉私局结案走私罪案件	件	2	2	0.0
17	缉私局结案走私罪案值	万元	1552	748	107.5
18	缉私局立案违规案件	件	11	15	－26.7
19	缉私局立案违规案值	万元	2797	10057	－72.2
20	缉私局结案违规案件	件	14	8	75.0
21	缉私局结案违规案值	万元	3542	8454	－58.1
22	调查部门立案违规案件	件	3	9	－66.7
23	调查部门立案违规案值	万元	1703	573	197.2
24	调查部门结案违规案件	件	2	15	－86.7
25	调查部门结案违规案值	万元	1700	1139	49.3
26	罚没收入	万元	247	1593	－84.5
27	审价补税	万元	10	4	150.0
28	内销补税	万元	1348	2107	－36.0

【加工贸易和保税监管】 2004 年，郑州海关加强加工贸易和保税监管，加工贸易管理取得明显成效。年初筹备成立了加工贸易和保税监管机构，在积极做好联网监管试点工作的同时，切实加强对加工贸易的管理。加工贸易合同备案金额迅猛增长，数量稳中有升。全年共办理加工贸易合同备案 1139 份，增长 12%；备案加工贸易合同金额 111427 万美元，增长 97%；核销到期合同 1117 份，增长 12%。近 3 年备案的合同结案率均列全国海关第一位，当年备案合同结案率达到 98.55%，列全国海关第九位。郑州海关加工贸易管理提前实现跨入全国海关先进行列的目标。

【推广风险管理】 2004 年，郑州海关积极做好风险管理推广应用，推进企业管理有序开展。按照海关总署要求，制定郑州海关风险管理平台推广应用实施方案，组成专家组对平台功能、业务数据等分期测试、培训，在授权、IC 卡、读卡器安装、计算机升级等方面实现与海关总署同步。在企业管理中，与大中型企业建立联络员制度；加强对关区外贸企业风险判别；举办大中型进出口企业中层研讨班和企业高层恳谈会，为河南外贸企业开发利用国际市场，做好思想上和政策上的宣传。对河南绵羊皮行业进行贸易调查与市场调查，实现稽查补税 200 余万元。进一步完善企业信用管理制度和关企合作备忘录（MOU）制度，在 2003 年与河南安阳彩色显象管玻壳有限公司、安阳钢铁集团有限责任公司、河南粮油食品进出口集团有限公司、焦作隆丰皮草企业有限公司、河南瑞贝卡发制品股份有限公司、中国石化集团中原石油勘探局等 6 家 AA 类、A 类企业签订合作备忘录的基础上，2004 年又先后与乐凯集团第二胶片厂、河南天冠企业集团有限公司、南阳棉纺织集团有限公司、南阳市色织厂、南阳利达光电有限公司、三门峡湖滨果汁有限责任公司、河南漯河双汇实业集团有限公司等 7 家 AA 类、A 类企业签订了合作备忘录。

【科技创新】 2004 年，郑州海关大力实施科技兴关、科技强关战略。一方面实行移动化办公，同时大力加强加工贸易联网监管系统、郑州海关门户网站、河南电子口岸、关区风险管理平台和郑州海关税收综合分析系统等重点项目的技术开发；另一方面实现海关信息系统“运行网”、“管理网”、“红机网”的三网分离。积极做好技术维护，确保海关通关业务系统从H883到H2000系统的平稳过渡。完成关区IP电话及郑州海关总关至海关总署IP电话升级扩容，保障海关各项工作运行畅通。

【法制建设】 2004年，郑州海关积极推进依法行政，认真贯彻落实《行政许可法》，清理并废止与《行政许可法》冲突文件32份；建立法制工作联络员工作机制；举办《行政许可法》、《行政处罚实施条例》、知识产权海关保护讲座；参加省知识产权知识电视竞猜，获三等奖。开展知识产权保护专项行动。10月10日，首次在出口环节采取主动保护措施，查获上海某鞋业进出口公司涉嫌侵犯知识产权出口货物，这也是2004年10月全国保护知识产权专项行动开展后，内陆海关查获的案值较大的一起侵犯知识产权案件。

【干部队伍建设】 2004年，郑州海关始终把队伍建设作为海关发展的“第一要务”，坚持以人为本，实行从严治关、以德治关，全面加强思想政治建设和基层建设。一是做好干部选拔和交流工作，进一步完善干部选拔制度。通过竞争上岗，全年提拔处科级干部25人，民主推荐选拔处级干部4名。全年干部岗位交流104人，其中，处级22人，科级59人，一般干部23人。二是做好干部培训工作，鼓励干部在职学习。7月起恢复深圳轮训；全年组织133人次参加海关总署及协作区海关和省委党校组织的各类业务和政治理论培训；自行举办各类培训36次。总计参加培训干部人数达到1000人次以上。干部自学蔚然成风，全年共42人参加在职学习，其中，攻读硕士学位16人、攻读本科学历25人、大专1人。11月7日，组织河南考区“2004年报关员资格全国统一考试”。据统计，河南考区参加考试1896人，同比增长94%，经海关总署报关员资格考试委员会核准，通过考试285人，通过率为15%。

【基层单位建设】 在各基层单位和职能处室设置联络员，加强基层单位与职能部门的联系配合，强化对基层单位的组织领导，形成党组统一领导、政工部门组织协调、职能部门齐抓共管、基层单位具体执行的基层建设领导体制和工作机制。严格基层单位考核，狠抓各项基础建设，切实提高管理水平。组织关区乒乓球赛，积极参加海关总署比赛；增购近万元的图书，开放图书室，开展读书活动；参加河南省直机关第三届职工运动会，展示了郑州海关良好形象。

【党风廉政建设】 2004年，郑州海关采取多种方式，狠抓党风廉政建设和作风纪律建设，取得了较好成效。一是深入开展总结回顾海关5年历程研讨教育活动。制定详细活动方案，坚持“全员参与、个个受教育、人人有提高”原则，注重活动质量和效果。深刻开展批评和自我批评，查摆问题4大类20余项，按照“加强教育、正确引导，强化管理、提升水平”工作思路，有针对性地解决各类矛盾和问题，达到教育、提高的目的。二是积极开展两个条例学习、“6项禁令”专题教育月和“执法为民，树立新风，共建廉洁海关”主题宣传月活动。以学英模、赶先进为动力，大力开展示范教育；以《王怀忠的两面人生》等为反面教材，大力开展警示教育。《河南日报》、《郑州日报》、《国门时报》及地方新闻媒体分别对活动情况进行宣传报道。三是加大廉政监察力度。认真落实廉政建设“一岗双责”责任制；建立健全纠风工作领导小组和办事机构，实行行风监督员制度；切实加强对兼职纪检监察干部的培训工作；认真清理近年来的信访举报件，对10宗信访举报件进行认真调查处理。对关员购买使用车辆情况、处以上领导干部在企业兼职情况、领导干部配偶、子女从业规定落实情况、海关外勤工作纪律和海关人员6项禁令落实情况等10个专题，认真检查、清查和整改。郑州海关监察审计室荣获省级“反腐败抓源头先进集体”荣誉称号。四是行风整治取得明显成效。本着“标本兼治，纠建并举”的原则，自6月1日开始，在关区开展为期2个月的行风专项整治活动。进一步完善“一条龙”、“一站式”服务机制，实行政务公开，落实对外服务承诺，强化服务意识，提高服务水平，切实推进文明窗口建设。在河南省政府纠风办组织的对47个部门、10万张民主评议行风问卷调查中，对郑州海关行风满意率达81.7%，比2002年提高19.2个百分点，获总评第10名的较好成绩。2004年，郑州海关先后获得省级“文明单位”和“省直机关领导班子思想作风建设优秀单位”等荣誉称号。有1人荣获河南省“杰出青年卫士”荣誉称号、2人荣获河南省“优秀青年卫士”荣誉称号。

【海关总署领导莅郑视察工作】 6月1日，海关总署党组成员、副署长龚正到郑州检查验收河南郑州出口加工区，并到郑州海关视察指导工作。龚正副署长对郑州海关新一届党组3年来所做的工作给予充分肯定，指出当前海关系统有一个好的方针、一个好的班子、一个好的一把手、一个好的制度、一个好的威望，因此我们要倍加珍惜，抢抓机遇，加快发展。龚正副署长要求郑州海关，根据海关总署党组的工作部署，坚持与时俱进，抓好3项建设：一是抓好业务建设，坚持观念创新和制度创新。二是抓好队伍建设，坚持提高关员素质，提高工作效率。三是抓好环境建设，注重软硬环境和执法环境建设，营造一个协调的、可持续的发展环境。

【服务地方经济发展】 2004年，郑州海关服务地方发展取得明显成效。一是立足海关实际，积极为地方经济发展献计献策。积极参与中原城市群、中原国际陆港、中原崛起以及河南口岸建设的研究工作，并撰写调研报告，受到省委、省政府的高度重视与好评。二是筹建新的海关机构，为当地经济建设服务。商丘海关机构办公楼、住宅楼、监管库及附属工程已竣工，年底交付使用。周口海关机构已完成办公楼主体土建工程，进入室内装饰阶段，住宅楼进入收尾阶段，招待所工程已封顶。三是积极支持并配合地方政府开通焦作——青岛集装箱专列及建设洛阳融丰陆港。四是切实推进关务公开。结合贯彻《行政许可法》，进一步规范、完善办事程序、办事时限，公开收费标准、收费依据，并通过郑州海关门户网站于12月28日正式接入国际互联网对外发布。

【河南郑州出口加工区封关运行】 6月1日，由海关总署、国家发展改革委、财政部、国土资源部、商务部、税务总局、工商总局、质检总局、外汇局、国办秘书局等部门组成的联合验收小组对河南郑州出口加工区进行了正式验收。通过实地验收和综合评审，联合验收小组对郑州出口加工区的筹建工作给予了充分肯定，并举行了向河南郑州出口加工区颁发验收合格证书仪式。海关总署龚正副署长和河南省人民政府史济春副省长签署了《河南郑州出口加工区验收纪要》，龚正副署长向河南郑州出口加工区颁发了"验收合格证书"，该加工区正式通过验收。10月22日，郑州海关驻出口加工区办事处举行揭牌仪式，省政府口岸办和市政府有关部门领导出席揭牌仪式，河南郑州出口加工区正式封关运行。

【认真落实10件实事】 (1)调整打私职能，调查局办案职能移交缉私局。为明确职责，整合打私资源，郑州海关在全国率先将调查局的办案职能移交缉私局。6月初，根据海关总署通知精神，完成打私办职能调整及移交。为促进缉私警察和海关业务的深度融合，加大海关与缉私部门人员的交流力度，全年共对调交流14人，其中，处级4人，科级6人，一般干部4人。

(2)加强档案建设，实现文书档案数字化管理。本着"查漏补缺，便于查阅，服务全局"的原则，将1984年郑州海关筹备建关以来所有文书档案条目进行收集、整理，并全部录入计算机，同时对建关以来重要照片、录像等进行抢救性收集整理。该项工作于6月份全部完成，共整理档案案卷1068卷，录入卷内文件机读条目15455条，扫描相关文件原件4672份，扫描照片资料478张，收集、整理实物档案70余件。为档案的进一步规范管理和资源共享、深度开发应用打下良好基础，走在了全国海关前列。

(3)实行全员军训，探索准军事化管理。2003年海关系统实行衔级制度，2004年3月1日至5月28日，郑州海关分12批组织关区243人进行封闭式全员军训。在军训中，按照"一切行动听指挥；互帮互学讲团结；政治军事双丰收"3项要求，每批队员都能认真训练，组织纪律性和集体荣誉感明显增强。

(4)积极协助地方政府推动郑州出口加工区建设，实现封关运行。积极组织人员参与郑州出口加工区的规划、设计及评审工作，组织进行预验收，督促管理委员会完善海关监管各项设施。郑州出口加工区于2004年6月1日一次通过海关总署等9部委的正式验收。郑州海关驻出口加工区办事处于10月22日正式挂牌开办海关业务。

(5)推进办公自动化深度开发应用，实现移动化办公。在实现办公自动化的基础上，坚持向深度挖潜，一是建立关区虚拟电话网，于8月1日零时起正式启用。据统计，移动电话费平均降低22%，固定电话费平均降低25%。二是实现办公自动化系统GPRS移动上网，保证关员在全国各地可以登录办公自动化网络办公，确保办文办事的时效性，提高工作效率。三是完成关区短信平台开发运用，拓宽了办公自动化应用领域和移动办公使用范围，加大了对重要事项的催办、督办力度。

(6)配齐配强基层领导班子，建立关领导联系点制度。关党组成员坚持定期到基层查访制度，随时掌握基层工作动态。通过竞争上岗和民主推荐，配齐洛阳、南阳海关等隶属海关领导班子，其他基层单位的班子也得到加强，为基层建设提供有力的组织保证。

(7)进一步落实货币化分房政策，宿舍楼年内主体完工，改善员工居住条件。为把关员利益落到实处，认真做好货币化分房补贴的各项测算和货币化分配预算并及时上报。海关总署于11月初批复，并拨付了专项资金。宿舍楼建设工程年底完成主体封顶、内墙隔断、墙体粉刷与综合管线布置等。

(8)开展加工贸易联网监管试点。在广泛考察、企业自愿的基础上，会同河南省商务厅选择河南瑞贝卡发制品股份有限公司和焦作隆丰皮草企业有限公司2家有代表性的企业作为加工贸易联网监管试点。制订《郑州海关加工贸易联网监管实施方案》，成立工程组，按照方案逐步推进。于12月16日举行加工贸易联网监管新闻发布会暨签字仪式，2005年元月1日起，郑州海关将正式开始对2家企业联网监管，这标志着一种崭新的加工贸易监管方式在河南省内得到实现。

(9)推动建立河南电子口岸平台，服务河南对外开放和经济发展。郑州海关把推进河南电子口岸建设作为服务地方经济发展的一个重要步骤，加强与河南省口岸管理部门的沟通与交流。2004年已完成河南电子口岸一期工程软件系统开发，并与省政府协商电子口岸合作事宜，2005年将正式开通。

(10)加快智能关封研发进度，争取年内在关区内应用。2003年电子智能关封系统初步开发并取得成果，2004年进行系统的集成化、小型化研究，12月24日进行测试，预计2005年可正式投入使用。

（李小伟）

郑州市人民政府外事办公室

主　任　张正平

市委书记李克会见来访的美国沃尔玛公司代表，并向客人赠送代表郑州3600年文明的商鼎。

市长王文超与德国什未林市市长诺尔伯特·克劳仁在郑州签订两市缔结友好城市意向书。

中国郑州市——日本琦玉市缔结友好城市二十周年纪念活动在郑州举行，市长王文超携市外办班子成员与日本琦玉市代表团成员在友谊林前合影留念。

市外办采取多种形式，认真开展保持共产党员先进性教育活动，图为外办人员在焦裕禄烈士纪念馆参观学习。

市外办先后荣获青年文明号、党风廉政建设先进单位、省级文明单位等荣誉称号，并多次在重大外事活动中受到市政府表彰，在年度考核中多次荣获“公仆杯”奖。

郑 州 市 建

市建委主任刘本昕向市委书记李克介绍情况

市委书记李克等市领导视察城市建设情况

市委书记李克在中建二局建设工地向建筑工人拜年，感谢建设工作者为建设发展大郑州所做的贡献

市建委主任刘本昕陪同市长王文超在CBD建设工地慰问建筑工人

市委常务副书记赵建才在签字仪式上讲话

郑东新区CBD建设指挥部指挥长、郑州国际会展中心项目经理魏深义在签字仪式上讲话

全国建设系统精神文明建设

先进单位

中华人民共和国建设部

二〇〇四年二月

设 委 员 会

城市建设体制改革研讨会会场

汪光焘部长建议：根据郑州大建设、大发展的趋势，为加强对城建工作的协调管理，应考虑建立大建委工作机制，减少多头对外，提高工作效率

建设部部长汪光焘与李新民副省长、王文超市长等同志在绿云广场参观后合影

郑州市城市建设暨创建国家卫生城市工作会议

省建设厅、市政府领导参观别具特色的普法展板

研讨会会场

郑州市建设委员会

工地送别

建设部领导听取郑州城市建设规划情况汇报

建设部领导来豫调研情况反馈会会场

会场一角

经纬广场

出席中部发展论坛

郑州国际会展中心暨CBD内环建设现场全景

市民在整饰一新的环二七塔周边广场观看焰火表演

市建委办公大楼

水、路、桥立体交叉，强化了中州大道功能。

郑东新区CBD建设现场景观

郑 州 市

局 长 何建生

团结务实的领导班子

郑州人才大厦全景

局领导在扶贫现场

人 事 局

授予：郑州市人事局

博士后工作先进单位

河南省人事厅
河南省博管会办公室
二〇〇三年四月

事业单位人事制度改革工作

先进单位

河南省人事厅
二〇〇四年一月

保持共产党员先进性教育活动

市级

文明系统

WEN MING XI TONG

中共郑州市委
郑州市人民政府

人民满意的公务员集体

中共郑州市委员会　郑州市人民政府
二〇〇三年十二月

市级

文明单位标兵

WENMINGDANWEIBIAOBING

中共郑州市委
郑州市人民政府

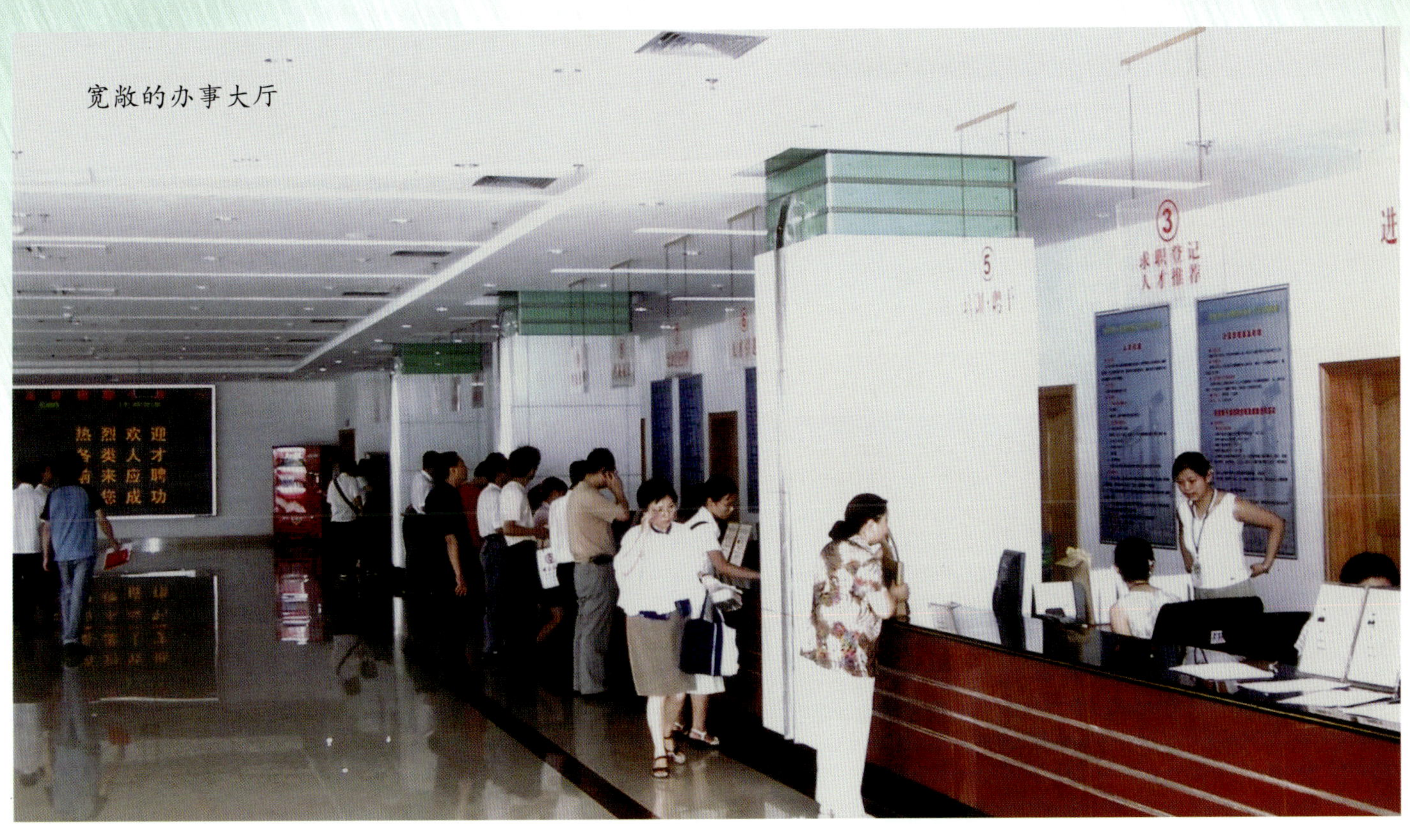

宽敞的办事大厅

郑

局　长　马耀杰

全国人大执法检查组检查郑州市土地管理情况

市领导向全国人大执法检查组汇报《土地管理法》贯彻实施情况

有关领导视察行政办事大厅

召开土地市场秩序治理整顿动员大会

国务院督查组对郑州市土地市场治理整顿工作进行督查

土 资 源 局

省市有关领导参加全国土地日宣传活动

采取多种形式宣传国土资源法律法规

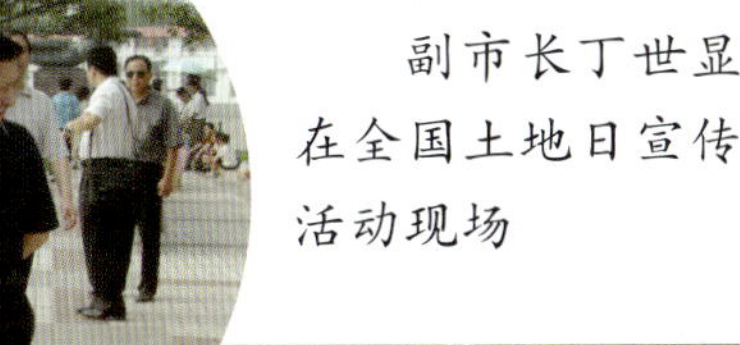

副市长丁世显在全国土地日宣传活动现场

副市长丁世显查阅土地日宣传资料

设立咨询台，认真解答群众提问

对经营性用地实行公开招标、拍卖

马耀杰局长慰问贫困群众

郑 州 市

局　长　姚待献

国务委员、公安部长周永康会见姚待献局长

防暴演习

110指挥中心大厅全景

交巡警走进校园普及交通安全知识

交巡警向小学生讲解交通安全知识

公安局

公安部纪委书记祝春林在郑州视察

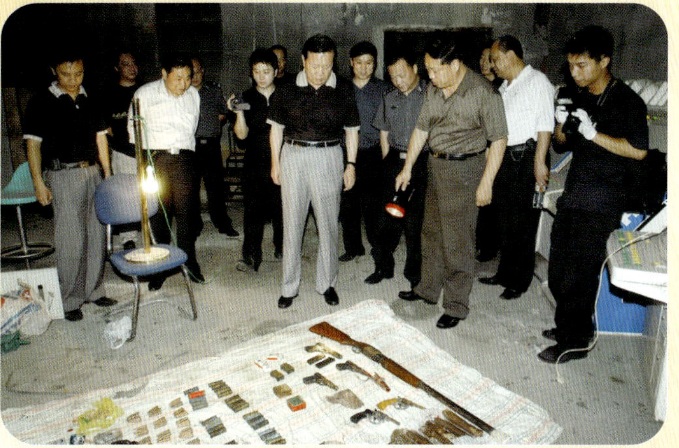

市局领导亲临一线指挥侦破特大持枪杀人案

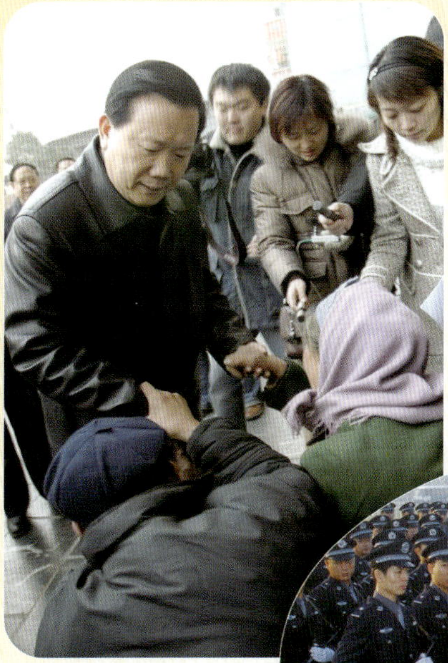

警民情深

空中巡逻

整装待命的公安民警

防暴队开展街面武装巡逻

美丽的郑州公安干校

郑州市

局长：付迎拴（中）；党委书记：郝森（左五）；党委副书记兼纪委书记：吕宗芳（右五）；副局长：郝立人（左四）；副局长：李海星（右四）；副局长：牛建中（左三）；副局长：刘树德（右三）；副局长兼总会计师：魏澄宙（右二）；副局长：卢大伟（左二）；工会主席：马天保（右一）；总工程师：王正刚（左一）

河南省电力公司总经理王中兴视察市电业局500千伏郑州变电站

现代化的郑州电力调度中心

现代化的输变电设备，与蓝天白云相映生辉

市局全体领导干部参加封闭式军训

电 业 局

市委书记李克亲切慰问春节期间坚守工作岗位的一线电力职工

市长王文超及省人大代表视察市电业局220千伏人民变电站

宽敞、明亮、整洁的客户服务中心营业厅

局长付迎拴参与河南电视台“中原焦点”访谈节目

电缆入地改造后的农业路面貌一新

参加市直机关第三届运动会并取得佳绩

职工文化艺术节文艺汇演

郑州市人民

郑州市人防办党组集体研究工作

郑州市人防办主任、党组书记赵烈江（中）带领党组成员深入登封市石道乡老庄沟村开展“双节”送温暖慰问活动

2004年9月，郑州市人防办参加全市庆祝建国55周年大合唱比赛，勇夺团体一等奖

2004年12月，郑州市人防办与河南预备役高炮师司令部联合举办学术理论研讨会

防 空 办 公 室

2004年9月18日，刘新民副省长（右三）、省军区刘孟合副司令员（右一）在省人防办副主任张太学（左一）、郑州市副市长丁世显（右四）、郑州警务区副司令员李建华（左三）、郑州市人防办主任赵烈江（左二）陪同下视察郑州市防空警报试鸣工作

2004年郑州市人民防空工作会议召开

郑州市人防系统扎实开展保持共产党员先进性教育活动

十二省市自治区人（民）防空学（协）会第四届工作座谈会在郑州召开

郑 州 市 卫 生 局

局　长　陈德宇

卫生部副部长王陇德视察郑州市卫生创建工作

副省长王菊梅在局长陈德宇陪同下视察

市委书记李克视察郑州市“五小”治理情况

郑州市商务局

局　长　岳增浦

岳增浦局长在企业调研

会展文化节开幕式

市委书记李克陪同国际展览局主席吴建民参观郑州国际会展中心

亚洲最大的列车编组站

第十八届世界客属恳亲大会

郑州市农业局

ZHENGZHOUSHINONGYEJU

市委书记李克在市委农村工作会议上

王文超市长（右二）、王林贺副市长（右一）、在陈书栋局长（右五）陪同下到登封市检查农业工作

陈书栋局长（右二）陪同市委副书记康定军（左三）出席2004年郑州市首届农业名优特新产品展示展销会

陈书栋局长（左二）陪同王林贺副市长（左一）视察郑州毛庄蔬菜批发市场

市人大常委会副主任王永道（右二）、副市长王林贺（左二）视察中牟县农村沼气建设

市政协副主席岳喜忠视察郑州市农产品质量安全市场检测工作

郑州市水利局

ZHENGZHOUSHISHUILIJU

郑州市节约用水办公室挂牌成立

全市防汛工作会议

治理后的熊耳河

全市兴建10000个集雨水窖

荥阳市索河新貌

东风渠新貌

郑州市环境保护局

刘炳辰局长主持先进性教育活动学习心得交流会并作重要讲话

省人大常委会吴全智副主任(右)、省环保局王国平局长(右二)在刘炳辰局长(左)陪同下视察金水河治理成果

刘炳辰局长(左2)到新密市牛店镇助泉寺村扶贫慰问

先进性教育进社区活动中，富有情趣的环保谜语吸引着社区的孩子们

局先进性教育活动领导小组及相关人员前往郑州师专征求意见并进行环保宣传活动。

市领导视察郑州市创模（绿色系列创建）工作开展情况

环境监测人员现场提取水样

市环保局工作人员走进市公交公司免费测尾气

郑州市物价局

ZHENGZHOUSHIWUJIAJU

团结奋进的局领导班子

常务副市长李柳身到市物价局调研

郑州市水价调整新闻发布会

受理群众咨询、投诉

“一名党员，一面旗帜”主题演讲比赛

献爱心、送温暖，局领导慰问贫困农户

保持共产党员先进性教育活动动员大会

参观焦裕禄烈士陵园，局全体党员重温入党誓词

勇于拼搏的物价队伍

加强价格诚信建设
促进郑州和谐发展

郑州市煤炭管理局

局　长　丁三友

市委书记李克在局长丁三友陪同下到新密155煤矿视察工作

局全体班子成员

省煤炭工业局局长李恩东参加郑州市煤炭行业协会成立大会

局长丁三友到煤矿检查安全生产

在绿城广场举办“6·12”安全生产日宣传活动

郑州市市直机关事务管理局

局长常绪东在“每月一课”活动中为职工讲课

“沟通、联谊、发展”对话活动

市直机关国有资产清查动员大会

开展市直机关人居环境改造，创建绿色机关和节约型机关

局长常绪东带队到对口帮扶点荥阳车厂村进行实地考察

党员、群众代表赴革命圣地延安参观学习

机关北院食堂和停车场

业务标兵到港澳地区参观

参加第三届市直机关运动会

郑州市委老干部局

市委副书记祁金立在市老干部局局长李世美的陪同下看望慰问老干部

“爱岗敬业、求实创新、无私奉献、争创一流”的老干部工作精神

“让老同志满意，让党委、政府放心”的工作队伍

落实离休干部生活待遇

组织老干部开展丰富多采的文娱活动

关爱青少年成长

郑州市国家税务局

省国税局党组书记、局长钱国玉、常务副市长李柳身在市国税局局长李和圈陪同下到12366纳税服务中心调研

市国税局12366纳税服务中心人员为纳税人解释税收政策

市国税局党组书记、局长李和圈和领导班子成员在企业调研

市国税局保持共产党员先进性教育征求纳税人意见座谈会

诚信商家荣获国税免检牌匾（左为郑州市国税局李和圈局长、右为丹尼斯百货有限公司王任生董事长）

丰富多采的文艺活动

郑州市人口与计划生育委员会

主　任　李淑荣

党组成员集体研究人口和计划生育工作

国家人口计生委主任张维庆在市委书记李克陪同下在新郑市视察

国家人口计生委纪检书记勾清明（左二）在市长王文超、市委副书记康定军陪同下在郑州市视察

国家人口计生委副主任王国强（右一）在省人口计生委主任孟宪臣（左一）、副市长王林贺陪同下视察

郑州市爱国卫生运动委员会办公室

主　任　许抗美

市委书记李克视察创建工作

市长王文超视察铁路沿线

市委副书记祁金立、副市长高建慧视察创建工作

市委副书记祁金立视察集贸市场

副市长丁世显视察“五小”整治工作

副市长高建慧视察工作

保持共产党员先进性教育活动分析评议阶段动员会

广东发展银行郑州分行

行　长　李兴智

“心系贫困地区人民，奉献一片赤诚爱心”捐款活动

保持共产党员先进性教育活动大会

闪光的奖杯，凝聚着广发人无私奉献的心血和汗水，记载了广发郑州分行辉煌的历程……

广东发展银行郑州分行办公大楼

第十五篇 财政、税务

财 政

【概况】 2004年,全市各级财政部门以"三个代表"重要思想为指导,全面落实科学发展观,紧紧围绕市委、市政府制定的全市经济社会发展目标,充分发挥财政职能作用,财政改革与发展取得了新的成绩。郑州市财政工作得到了省财政厅、市委、市政府的充分肯定,省财政厅对郑州市财政系统进行了通报表彰,市政府也向全市印发了表彰郑州市财政、国税、地税系统的通报。一是坚定不移抓收入。各级财政部门把发展作为财政工作的第一要务,积极主动运用财税杠杆支持经济发展,不断完善收入征管机制,加大征管力度,做大财政收入蛋糕,更好地履行财政职能,服务经济发展大局。二是认真负责抓落实。在农村实行税费改革、对种粮农民直接补贴和兑现退耕还林粮食补助资金,把党和政府的重大决策部署不折不扣落实到位。三是时刻关注人民群众的切身利益。在财力有限的情况下,各级财政部门从经济社会发展全局的高度把握财政工作的着力点,积极主动解决好事关人民群众切身利益的突出问题,将有限的资金真正用于群众最急需的地方,努力让更多的人分享到经济社会发展成果。

2004年,财政工作仍面临不少困难和问题。财政收支困难还没有从根本上缓解,经济社会发展薄弱环节多与资金有限的矛盾仍比较突出;财政收入的质量还不高,税收占生产总值的比重还比较低;部分乡镇供养人员过多,人员超编严重,僧多粥少;部分县(市)政府债务沉重,财政还款压力大,对财政预算执行造成了较大冲击;财政职能"越位"、"缺位"和资金不足与浪费并存,资金使用效益还有待进一步提高;财政管理制度改革还不够系统、彻底,财政监督还不到位。全市各级财政部门需要在工作中积极采取有效措施,认真加以解决。

【预算执行情况】 2004年,全市各级财政部门抓住经济快速发展的有利时机,强化收入征管,加快支出进度,财政收支双双迈上新台阶。

全年全市全口径财政收入完成202.3亿元,增长24.4%;地方财政收入完成114.8亿元,为预算的118.03%,比上年增长32.65%,其中,一般预算收入完成104.8亿元,为预算的115.9%,增长31.16%,增收24.9亿元,是完成预算进度最快、增收最多的一年。全市提前43天完成全年收入预算,县(市)、区各级收入完成情况都比较好,收入增幅超30%的县(市)、区有8个,超40%的有4个,巩义市、荥阳市、新郑市、登封市、新密市、金水区、中原区、上街区、惠济区收入实现了新突破,巩义市、荥阳市、登封市、新密市、金水区增收额超1亿元,其中巩义市增收额超2亿元。

2004年全市财政收入高速增长,主要有三个因素:一是经济发展提速。全市全年生产总值达到1375亿元,比上年增长15.5%,其中规模以上工业完成增加值402.7亿元,增长23.7%;全社会固定资产投资完成656亿元,增长30%;社会消费品零售总额558.7亿元,增长16.4%,与经济发展密切相关的增值税、营业税、企业所得税、个人所得税、城市维护建设税等主体税种收入完成67.3亿元,增收10.6亿元,增长18.68%。二是征管力度加大。全市各级财税部门逐级、逐税种、逐项目分析收入征管的薄弱环节,按照"既抱西瓜又捡芝麻"的思路,在加强重点税源监控的同时,充分挖掘各项小税种征管潜力。全市房产税、印花税、契税等小税种完成11.5亿元,增收4.3亿元,增长59.25%,其中仅契税全市完成5.1亿元,占到全省契税收入的45%,增长67.1%,增收2亿元。郑州市加强契税等小税征管的做法多次得到省财政厅领导的肯定和赞扬,各项小税的快速增长成为收入增长的新亮点。金水区不断加强税源经济体系三级网络建设,健全税收监管体系,探索市场税收委托代征的管理模式,同时建立收入考核激励机制,该区的增值税、营业税、企业所得税、个人所得税等主体税种增收9287万元,占收入增收总额的70.62%,拉动收入增长18.4个百分点;房产税、印花税、土地增值税、土地使用税等4个小税种全年完成11877万元,增长52.35%。二七区不断强化税收征管,工商税收占一般预算收入的比例在92%以上,财政收入增长的质量较高。强化非税收入征管,其中国有资产经营收益、行政性收费收入完成17.7亿元,增收8.8亿元,增长1倍。三是财政体制调整取得明显成效。适时调整完善了市对县(市)、区分税制财政体制,打破了原来按企业隶属关系和企业性质划分税收级次的做法，将适宜县(市)、区组织的收入下划县(市)、区，调动了各级政府招商引资、发展经济、培植财源、组织收入的积极性，县(市)、区财政收入增势强劲，全市15个县(市)、区(含两个开发区和郑东新区)中，收入超3亿元的县(市)、区有8个，其中：新密市、新郑市、荥阳市等3个市收入超4亿元，登封市收入超5亿元，金水区收入超6亿元，巩义市收入超8亿元。一些县(市)、区对乡镇、办事处的体制也进行了调整，管城区调整了区对办事处的财政体制，对主要税种实行利益共享，调动了区和办事处两级组织收入的积极性，促进了收入增长。

在收入保持较快增长的同时，积极争取中央和省补助，合理安排超收收入，加强现金调度，加快支出进度，支出预算完成情况在近几年来也是比较好的，财政保障能力进一步增强。2004年全市财政支出实际完成118.6亿元，为预算的90.96%，比上年增长31.37%。其中：一般预算支出完成108.3亿元，为年度预算的91.93%，增长28.65%。重点支出得到较好保障，中小学教师工资全部实现按时足额发放，支农、社会保障补助、教育、科技支出分别增长27.6%、12.9%、20.18%、18.38%，均保持较高增长，促进了全市经济和社会各项事业的发展。

近两年郑州市一般预算收入在全国27个省会城市中的排序位次不断前移，表明郑州市收入增长既是持续的，又是快速的。全市财政收入和支出均突破百亿元大关，这标志着郑州市财政实力跨上新台阶，财政保障能力提高到一个新水平。

【支持农业及农村经济发展】 2004年，郑州市各级财政把支持解决“三农”问题作为财政工作的重中之重，坚持多予少取，认真落实促进农民减负增收和增加支农投入的财政政策措施，农民更多地享受到了公共财政的阳光。

对种粮农民直接补贴和降低农业税税率政策全部落实到位。全市所有贫困村和市辖各区、巩义市免征农业税，其余县(市)农业税税率降低3个百分点，减轻农民负担9413万元；全年向市属14个县(市)、区(含两个开发区)134个乡镇的101.6万农户兑付粮食直补资金3921万元，2004年全市农民总体负担水平比上年下降81%。同时，向88307户农民发放退耕还林粮食补助资金总额3113.45万元。此外，郑州市从2004年1月1日起取消3项、免征8项、降低标准4项涉农行政事业性收费，进一步减轻了农民负担。在全市的统一组织领导下，各县(市)、区坚持政策宣传、方案审批、处理信访、督导检查四个“一竿子插到底”，实行有税抵税、无税发钱、落实到户，确保了对种粮农民直接补贴和降低农业税税率政策不折不扣的落实。

财政支农投入大幅增加。2004年，全市各级财政用于改善农村生产生活条件、农村义务教育和医疗卫生等方面的支出达12.8亿元，比上年增加3.3亿元，增长34.1%。市财政筹集1000万元支持了农村龙头企业发展，推进了农业产业化。投入农业综合开发资金2630万元，完成土地治理任务6000公顷，开展多种经营项目5个。投入扶贫资金2247万元，实施财政扶贫项目129个。筹措良种和农机具补贴资金359万元，支持扩大良种种植面积，鼓励农民和农村服务组织购置和更新大型农机具。安排资金1100万元，在西部山区增建1万个集雨节灌水窖(政府10件实事之一)，进一步改善了西部山区人畜饮水条件。加大农村劳动力技能培训投入，促进13.2万名农村劳动力转移。投资7864万元，对农村中小学危房进行改造(政府10件实事之一)，改造项目406个，竣工总面积24.6万平方米，提前一年完成建设规划。投资3105万元，建设了农村中小学现代远程教育网络。投入699万元，用于乡镇卫生院急诊科和计划免疫示范门诊建设，推进了新型农村合作医疗制度试点工作的开展。拨付疾病防治资金912万元，有效地控制了结核病、艾滋病等疾病的传播。拨付2450万元，向全市农村特困群众每人每月发放36元救助金。拨付禽流感防治经费477万元，加强了动物传染性疾病的预防与控制。

【支持工业及重要经济板块发展】 围绕建设大郑州的发展目标，积极发挥财政部门宏观调控职能和财政资金引导作用，运用财税杠杆支持经济发展，着力培育壮大财源，积极促进“五个一百”的实施，进一步做大经济、财政“蛋糕”。

一是支持国有企业改革。市级拨付改制企业挖潜改造资金5.3亿元，用于企业移地迁建、技术改造和职工分流，支付全市国有企业改制评估费用760万元，与相关部门配合完成10户国有企业改制。拨付厂矿移交学校经费2404万元，推进国有企业分离办社会职能。实施下岗人员创业小额贷款信用担保，担保余额800万元。上街区拨付企业改制调节资金500万元，投入资金3671万元用于改制企业身份转换，对维护社会稳定起到了积极作用。

二是支持工业经济发展。拨付科技三项费16536万元，安排工业发展资金，对百项重点技改项目实施贴息，对名牌企业和优秀企业给予重奖，支持郑州市优势产业发展，培育新的支柱产业，促进工业企业增收增效。金水区投入科技三项资金870万元，支持的工业类型项目累计年度收入达到39041万元，利税8610万元。

三是支持非公有制经济加快发展。为非公有制经济发展创造良好的财税环境，对全市百家重点非公有制企业实行扶优扶强。着力解决中小企业融资难的问题，鼓励和支持中小企业发展。市财政注入中小企业信用担保资金2000万元，全年为11家中小企业担保贷款金额7100万元。巩义市、金水区、上街区等也分别成立了中小企业信用担保公司。

四是支持开放型、外向型经济发展。市级拨付外贸发展及招商引资奖励资金918万元，促进招商引资，进一步扩大经济外向度。

五是支持旅游业发展。市财政安排旅游建设资金2000万元，重点用于黄河风景名胜区基础设施建设、嵩山少林寺景区环境治理、新郑黄帝故里旅游区建设等。

六是激励县域经济发展。设立专项奖励资金对区域经济发展快、财政收入质量高的县(市)、区进行奖励，加大对县(市)、区基础设施建设、各项社会事业、重点项目的补助和支持力度，壮大县域经济实力，促进区域经济协调发展。

七是加强生态环境建设。市财政投入5000万元，实施风沙源和嵩山涵养林生态治理工程，改善郑州市区的生态环境，促进可持续发展。

【支持社会事业发展】 全市各级财政部门按照统筹经济社会发展的要求，调整优化支出结构，加大对社会发展薄弱环节支持力度，促进了各项社会事业的发展。

一是增加就业再就业和社会保障支出。拨付就业、再就业资金2065万元，促进12.15万城镇求职人员就业再就业。继续做好两个“确保”和城市“低保”工作，企业离退休人员养老金、下岗职工基本生活费按时拨付发放率达100%；实施低保扩面，城区最低生活保障标准由180元提高到200元，全市4.1万名低保人员全部按时足额领到低保金。落实市政府关心困难群体生活的措施，拨付了困难企业职工补助金和企业军转干部补助资金。全市拨付630万元，用于对城市低保对象和农村特困户家庭子女上学“两免一补”及高中入学2000元、高校入学5000元的一次性补助，初步建立了城市低保和农村困难家庭子女上学补助机制。

二是增加教育、科技、卫生支出。大力贯彻科教兴郑战略，全年共安排4所高中建设资金7000万元，市属高校和高中基本建设贷款贴息2050万元，教学设备购置资金2500万元，改善了教育办学条件。市级安排科技三项费3606万元，支持101个科技项目实施，同时争取国家、省资金3047万元，支持195个技术研发和高新技术产业化项目。投入资金1000万元，进行全市医疗紧急救援网络建设，建立了市紧急医疗救援指挥中心和6县(市)、上街区分中心并购置了医疗设备(政府10件实事之一)。

三是增加文化、广电和旅游支出。拨付资金1539万元进行郑州市歌舞剧院的组建，支持郑州跻身“中国八大古都”认定活动，解决广电大厦贷款贴息，支持举办第三届市直机关运动会。筹集资金举办了首届世界传统武术大会，为招商引资创造了较好的环境。

四是增加政权建设支出。完善政法机关经费保障机制，全市公检法司支出85805万元，增长15.1%，有力地保证了公共安全支出需要，改善了办公办案条件，提高了政法机关保障水平。

五是积极支持安全生产和抗灾救灾。在煤炭生产企业实行记提安全费，初步建立了煤矿安全生产设施长效投入机制。全市自然灾害救助支出1673万元，补偿了因水毁工程和黄河分洪、黄河标准化堤防建设给农民带来的损失，进行了倒房重建，保证了受灾农民有房住、有衣穿、有饭吃，有病得到及时治疗，不因灾返贫或造成子女失学。

【支持城市建设发展】 市财政加强城建资金税费征收管理，运用财政信用，创新融资手段，扩大筹资规模，全年共筹措城建资金30.7亿元，完成城建支出48.4亿元。在保护改造中心城区方面，共投入资金17.7亿元，实施城建项目88项，其中，新修、整治城市主要道路31条，改造背街小巷133条，改造雨污水管网25.57公里，整治绿化了东风渠、熊耳河、金水河等河道，实施了夜景照明工程，新建污水处理厂一座等，还进行了城中村改造、商城遗址保护等项目建设。在开发建设郑东新区方面，为郑东新区提供建设资金8.5亿元，保证了郑东新区起步区的基础设施、公共服务设施、景观绿化建设以及郑州国际会展中心的顺利建设。城市建设既带动了相关产业的发展，又为招商引资和企业发展营造了良好的环境。

【深化财政管理体制改革】 郑州市各级财政部门按照公共财政体制要求，稳步推进各项财政体制改革，取得了初步成效。

一是深化部门预算改革。2004年12个县(市)、区全部推行了部门预算，严格部门预算执行，控制预算追加，并将部门预算支出项目编制细化到目级，对编制定额预算进行了积极探索。

二是积极稳妥推进财政国库管理制度改革。从2004年1月1日起，市本级国库管理制度改革全面实施，市直322家全供行政事业单位全部纳入集中支付管理，9个县(市)、区进行了国库集中支付制度改革，这项改革增加了财政资金使用的透明度，提高了资金拨付效率。

三是继续深化“收支两条线”管理改革。完善非税收入银行代收制度，全面实现“以票控费”，同时加强日常稽查和专项检查工作。大多数县(市)、区都基本实现了“票款分离、财政管理、银行代收”的非税收入征管模式。

四是加大政府采购工作力度。2004年全市政府采购预算7.2亿元，实际支付6.4亿元，较上年增长36%，比预算节约资金8000多万元，节约率为12%。建立了政府采购信息公开制度，对政府采购资金实行国库直接支付。逐步将工程类项目纳入政府采购，成功地实施了农村中小学危房改造工程政府采购。县(市)、区政府采购的规模进一步扩大，金水区、二七区政府采购支出占其财政总支出的比重分别达到14.12%、13.57%。高新技术开发区政府采购占比达27%。

五是加快推进“金财工程”建设。到2004年底，市与县(市)、区的财政广域网完成联接，县(市)、区财政局域网建设全面完成。部门预算编报、国库集中支付、农业税征管、非税收入征管等软件管理系统进一步完善，财税库联网管理系统开发完成并投入使用，为加强财政管理提供了技术支撑。预算执行分析质量进一步提高，提前分析时间，增加分析内容，为领导决策提供了依据。

【依法强化财政监督管理】 一是加强财政法制建设。认真贯彻《预算法》、《政府采购法》和国务院《全面推进依法行政实施纲要》等与财政改革和发展密切相关的法律法规，推进依法理财。对行政审批项目进行全面清理，规范了行政许可。

二是加强财政监督管理。坚持加强财政监督与规范财政业务管理、深化财政改革相结合，突出社会关注的重点支出监督，积极推进财政资金的有效性监督。在财政预算监督方面，财政管理部门积极接受人大及其常委会对财政预算的监督，严格贯彻执行国家、省、市关于预算监督的法律法规和条例。在财政运行监督方面，财政部门对78个单位的部门预算执行情况、专项资金使用情况和非税收入管理情况进行了专项检查。组织开展了2004年会计信息质量、市级收入检查工作。加大投资评审力度，对20个政府投资项目和修缮项目的工程预决算进行审查，送审金额13072万元，审减节约金额2118万元，审减率达到16%。

【财政队伍建设】 一是大力加强精神文明建设，提高队伍文明素质。市财政局以开展创建文明处室(单位)活动为载体，大力推进机关处室和局属单位的文明创建，继续保持了省级文明单位称号，还被市委、市政府评为2004年度省会改善人居环境工作先进单位。在市直机关第三届运动会和第二届百万妇女健身展示大赛上，市财政局都取得了好成绩。2004年新密市、新郑市、登封市财政局通过扎实的创建工作，跨入省级文明单位行列，加上保持省级文明单位称号的巩义市、金水区、上街区，全市财政系统省级文明单位数量已达到7家。

二是建设学习型机关，提高财政队伍知识水平和业务素质。不断深化事业单位人事制度改革，市财政局面向社会公开招录事业单位工作人员14人；在上海国家会计学院成功举办3期市局中层及县(市)、区局长现代管理综合知识培训班，在新密市举办了2期县(市)、区财政科长、乡镇财政所长培训班。12月11日，市财政局邀请著名财政专家、财政部科研所所长贾康作了《财政政策走向及财政体制改革问题》的报告。

三是加强党风廉政建设和党员教育，增强干部廉洁自律意识。认真落实党风廉政建设责任制，组织开展以两个《条例》为主要内容的学习教育活动，抓好领导干部廉洁自律工作。“权为民所用，利为民所谋，情为民所系”已成为全市财政系统干部职工的共识，立党为民、执政为公的意识得到了进一步的增强。

(刘　睿　张玉柱)

国家税务

【概况】 2004年，郑州市国税局认真贯彻省局“一个中心、三个重点”工作思路，按照年初确定的五项工作重点，以推行全面质量管理责任制为抓手，真抓实干、狠抓落实，税收收入实现了历史性突破，各项工作都取得了较好成绩，圆满完成了工作任务，被省国税局评为目标管理优胜单位。

全年税收收入首次突破百亿。市国税系统始终坚持以组织收入为中心，坚持“依法征税、应收尽收、坚决不收过头税”的原则，树立经济税收观，牢牢掌握组织收入主动权，实现了税收与GDP的同步增长。全年累计完成各项税收收入100.3亿元，为年奋斗目标的100.3%，比上年增长18.4%，增收15.6亿元。其中，中央级完成73.5亿元，同比增长20.8%；省级收入由于受财政体制影响，完成23.3亿元，同比减少71.4%；市本级完成10.4亿元，同比增长92.95%；县(市、区)级完成9.4亿元，同比增长21.6%。全年实现税收总量相当于1995年的4倍多，实现了历史性突破，为全省收入超400亿做出了突出贡献。一年来，市局科学分配税收计划，实行自编计划考核制，全年自编计划准确率达98%，名列全省前茅。各单位始终坚持应收尽收的原则，把完成税收收入作为一项政治任务来抓，上街、登封、新郑、新密和经济开发区等5个国税局全年收入增幅在40%以上，其中上街局增幅达57.78%，位列全市第一。通过加强重点税源调研和督导力度，全年200万以上重点税源实现税收67.6亿元，占收入总额的67.4%。强化税收分析和预测，定期组织召开收入分析会，通报宏观经济指标、收入进度、行业税负，并进行纵横分析和点评，找准问题，提出建议，加强对组织收入的督导，确保了全年收入任务的完成。

【质量管理体系建设】 为解决税收管理中的“疏于管理、淡化责任”问题，全市以信息采集为基础，以强化纳税评估为手段，以建立明晰的岗位目标责任制为抓手，量化税收管理员工作业绩评价体系，推行全面质量管理。一是在全市建立了4个质量管理评价办法和6项责任制，分别制定了机关和基层评价办法，完善了“税收管理员业务规范”，试点建立了基层领导班子责任制和领导机关责任制，并明确了具体的操作办法、质量标准和责任追究等内容；二是各基层局结合实际，分层建立了责任制，制定了工作标准，建立了追究机制。如惠济、新密、巩义局建立了“办税大厅人员岗位责任制”；稽查局建立了“绩效考核评价办法”，并实行“五度(力度、深度、额度、难度和进度)”考核；管城局建立了“两级管理考核办法”。从整体上看，全系统从机关到基层，从领导到一般同志，都纳入了全面质量管理体系。全面质量管理责任制的推行，初步实现了“三个转变”，即变“千斤重担一人挑”为“千斤重担大家挑”；变“干好干坏都一样”为“干好干坏不一样”；变“干与不干一个样”为“干多干少不一样”，充分调动了广大税务干部的积极性，营造了干事创业的工作氛围。

通过推行全面质量管理，全市税收形势出现新的变化。一是税收负担率提高。如全年煤炭采掘业比上年同期上升1.37%，商业上升0.1%；个体户均税额比上年增长40%，增长税额131元。东、西开发区局和登封、新密、新郑等5个单位比上年增长70%以上。二是零负(低)申报率降低。一般纳税人零负申报率比上年下降5.6个百分点。三是征管各主要指标提高。滞纳金加收率比上年上升23个百分点，非正常户率下降11个百分点，准期申报率、税务登记率上升5个百分点。四是稽查成果明显。全市共检查纳税人1263户，查补收入1.3亿元，查处虚开增值税专用发票案件30起，移送公安机关19起，涉及金额1114万元。

【发挥税收职能作用】 一是税收政策落实到位。全年共办理各项税收优惠、减免、退税16.3亿元。落实涉农税收优惠政策，按照省政府的要求，为3.6万户未达起征点纳税人减免退税2471万元，有力地支持了“三农”发展；落实再就业税收优惠政策，减免所得税和税务登记工本费779万元；完善退税机制，按照“老账要还、新账不欠”的原则，加快退税步伐，全年办理出口退税10.4亿元；支持非公有制经济发展，为外资企业减免税1.7亿元，民政福利企业退税1.7亿元等。二是依法行政观念增强。深入学习贯彻落实《行政许可法》，取消了57个与《行政许可法》要求不一致的审批事项；结合落实《税收征管法》，学习税收法律、法规，规范办税程序。三是依法行政能力提高。落实税收执法责任制，加强执法监督，全年发生执法过错行为同比下降93%，惠济、新郑、新密和上街局4个单位实现了执法零过错，执法行为逐步规范；全市审理了25起重大税务案件，审结了11起复议案，涉及税额2560万元，全年无一起败诉案件，初步实现了税务稽查和案件审理的规范化。

【分类控管税源】 按照精细管理的目标和要求，以分税种、分行业管理为手段，以纳税评估为重点，强化对税源的深层监控，使征管质量稳步提高。一是分税种加强管理。“两税”方面，制定了52个重点监控行业管理模式，其中25个被省局编入《流转税行业管理指南》，作为经验在全省推广；加强“四小票”管理，严厉打击违法、违规抵扣税款行为，实现了管票和管税的有机结合。所得税方面，对966户所得税纳税人实行了核定征收，核定税款1737万元；对94户企业进行了专项检查，查补税收1516万元；开展汇算清缴，审减企业财产损失90余项，涉及金额近7000万元。二是分行业加强管理。开展商贸企业排查，共查处虚开专用发票案件11起，查补收入4110万元，有力地打击了虚开行为，受到了省局的通报表扬；开展福利和资源综合利用企业整治，清查不达标福利企业42户，涉及税款287万元；取消不符合免税资格规定的废旧物资经营企业11户；对“三废”搀兑比例不达标的9户水泥企业进行整治，取消退税757万元。三是深化纳税评估。实现评估与分类管理的有机结合，规范评估的流程、方式和手段，提高评估工作针对性，对70余个行业的3563户纳税人开展评估，入库税款13464万元；新郑局评估4899万元，占全市50%，评估数额最大；金水局对省移动公司进行评估，调增应纳税所得额6463万元，补缴所得税2133万元。

【税收管理创新】 一是推行煤炭电子计量装置，实现了煤炭行业税收管理创新。在试点推行的基础上向全市推开，312户煤炭企业全部安装到位。市国税局推行煤炭电子计量装置的做法受到省、市政府领导的肯定，各级政府给予了大力支持。安装煤炭电子计量装置的小型煤炭企业税收增幅明显，同比增长223%。二是整合“三大”系统，实现了信息共享创新。在高新区和中原局试点，对CTAIS、防伪税控和出口退税三大系统进行了整合，并在全市运行。整合后的软件信息相互共享，操作方便，工作效率明显提高，受到了总局和省局领导的肯定。三是加强征管数据综合分析，实现了信息应用的创新。市局税政、征管、计统和信息中心等部门，利用CTAIS、金税工程等多系统资源，分行业、分税种、分规模加强数据分析应用，并定期通报全市，指导基层开展工作，有效提高了管理质量。四是推行行管系统，实现了行政管理手段的创新。行政管理信息系统启用并运行了37个模块，占51%，增加了行政管理的透明度。五是认真落实“六个一”工程。尝试实行“一窗一人一机”模式，设置综合职能服务窗口，实行一窗式；整合信息资源，实现信息一体化和一网式；建立电子税源档案，实现信息一户式；重组业务，实现流程“一致性”，提高了工作效率，节约了税收成本，提升了信息应用水平。

【改进纳税服务】 全市国税系统认真落实全程服务，改进服务的方式、手段，加强服务的监督和考核，使服务的水平得到提升，纳税人的满意度逐步提高。改进服务手段，以金水和二七局为试点，开展网上电子申报试运行，并逐步在全市推开，有效解决了“申报难”问题；以巩义和二七局为试点，开展国地税合作，在登记、定税、宣传和稽查等8个方面协作成功，受到了广大纳税人的肯定和欢迎。改进服务方式，利用12366纳税服务电子平台，为纳税人提供个性化服务，全年共受理咨询2.4万件；启动了包括“一窗式、一站式和限时制”的纳税服务直通车，方便了纳税人，降低了征纳成本；进行纳税辅导，召开税收政策宣讲会60余次，培训各类纳税人4000余家。突出服务质量，建立了服务质量考核体系和办税大厅服务工作标准，严格落实服务承诺。建立服务监督机制，加强对服务效率和质量的考评，并实行6项责任追究；落实定期行评问卷调查制，向纳税人发放问卷调查4.2万份。利用信息手段，实施纳税评估、约谈举证等纳税法律救济制度，把优质服务贯穿于纳税的全过程。实行文明、公开办税，规定公开程序，明确处罚标准，设立23部举报电话和32个举报箱，加强外部监督，增加了执法的透明度。简化办事程序，按照“重组业务、简化程序，提高效率”的原则，取消审批项目65项，实行备案制，下放3项，清理非法定、非增值管理环节372个，大大方便了纳税人。建立大厅岗位责任制，对大厅各窗口职责按工作量、难易程度和纳税人满意度等，设置不同分值，量化考核，有效解决了大厅例征期间排长队现象，提高了纳税服务质量和效率。

【党风廉政和队伍建设】 坚持机制管人、文化育人，从教育、制度、监督和惩戒四方面入手，加强党风廉政和队伍建设，使队伍素质明显提高，党风和行风明显好转。一是建立四种机制，实现机制管人。建立培训机制，本着干什么、培训什么的原则，对1300余人进行了全员培训，开展了45期专业培训，分批组织了两次科级干部知识培训；建立激励机制，拨付专项资金，开展了评选“三能手、一标兵”活动；建立干部管理机制，开展了争创“基层优秀领导班子”活动；建立财务管理机制，制定了机关、系统和基建3个财务管理办法，对3个基层局和两个印刷厂进行了内审。二是开展争先创优活动，实现文化育人。弘扬国税文化，广泛开展了形式多样的“学唱、教唱、大家唱”国税之歌活动；精神文明建设硕果累累，全系统有10个省级和4个市级文明单位，单独办公的58个单位中，获得34个市级和13个区(县)级文明单位称号，5人分别荣获省、市、区十大杰出(优秀)青年，3人获得“郑州市新长征突击手”等荣誉称号。三是党风廉政建设进一步加强。立足教育、着眼防范，先后开展了警示教育、法制教育和两个“条例”学习等多种活动；建立健全了财务、人事、行政、基建和执法监督等多项管理制度；进行内外监督，开展了行风自评活动，对市区六大专业市场进行了明查暗访，开展了经商办企业等“五项”清理，聘请了252名特邀监察员进行外部监督；严格案件查处，共查办信访案件20起，行政处分、处理11人。在2004年上半年行风评议中，市国税局位次前移了11位，新密局连续三年行评第一，登封、巩义、经开局在当地行评中居于第一名，树立了良好的国税形象。

【服务指导基层工作】 一是深入调研，掌握实情。局领导和机关各处室经常深入一线科所、办税服务厅和纳税人中，加强沟通交流，摸实情、求实效。二是落实“五个”减少，为基层减负松绑。取消了55个报表，减少了108个文件，210个公告，36个会议，27项165个考核点。三是实施“四个倾斜”。坚持经费、设备、人员和基本建设向一线倾斜，向基层倾斜资金2000万元，人均达1.1万元，为每个农村税务所拨付专项资金3万元，重点解决办公费、电话费和油修费等不足问题，向市区税务干部拨付医改垫底资金和发放考核奖近800万元；为征管一线配置电脑405台，补贴资金54万元；投入基本建设资金2300万元，确保了荥阳、中原、稽查等单位基建工程按期启动。四是实行每月工作讲评制。市局班子成员每月轮流进行工作讲评，月月通报工作进度，增强了上下、左右之间的纵横比较，确保了各项工作任务的完成。五是为基层办实事、好事，努力服务群众。建立了市局领导和机关分片包干制度，实行了职工定期体检、住院探望和重大疾病救济制；主动为职工协调办理房产证；活跃机关文化生活，组织建立了10个文体协会和4个工作研讨组，拨付资金45万元；组织机关老干部到港澳参观学习等。

（崔克江）

地方税务

【概况】 2004年是郑州市地方税务局建局10周年。全年累计组织各项收入53.41亿元，同比增长28.73%，增收11.92亿元。其中，税收收入50.83亿元，占全省地方税收的21.66%，同比增长29.12%，增收11.46亿元；教育费附加2.19亿元，同比增长16.06%，增收3027万元；文化事业建设费1352万元，同比增长17.98%，增收206万元。建局10年来累计组织地方税收256.6亿元，年均增长20.78%，2004年的地方税收总量比1994年机构分设之初的7.69亿元增长了5.6倍。10年来地方税收呈现出加速发展的态势，从机构分设之初的7个多亿增长到1999年的19.3亿元，用了6年时间；2000年实现税收22.6亿元，2003年完成税收达到39.3亿元，经过5年时间，2004年跨越40亿元，突破50亿元大关，实现了历史性跨越。

【税收计划管理】 一是加强计划管理，突出“三早”，即早算账预测，早分解落实，早制定目标考核办法，促进收入稳步增长，确保了税收计划从年初开始就能够落到实处。二是完善收入分析预测办法，密切监控收入进度。注意研究有关税收政策变化，完善收入报表分析系统，按月对收入进行分税种、分税目、分单位、分级次的分析，及时发现收入工作中存在的问题，找出解决的办法，促进收入增长。三是深化目标责任制，加强督导考核。实行局长包片，处室包点，人员包所的目标责任制，同奖同罚。市局领导经常带领机关处室人员有针对性地深入基层解剖麻雀，指导基层收入工作，促进了收入的稳定增长。

【税源管理】 一是进一步加强重点税源管理。扩大重点税源监控范围，对年纳税额50万元以上的重点企业实施税收监管。二是圆满完成了营业税普查工作。按照省局安排，郑州市确定全国税收资料调查户数为262户，涉及铁路运输、建筑、安装、金融、保险等行业。为完成好全国税收资料调查工作，市地税局全面贯彻省局确定的总体工作思路，定措施、抓落实，创造性地开展工作，取得了良好成效。三是加强个税管理。针对上年个人所得税重点税源管理方面存在的问题，积极采取措施，对年度内连续数月没有缴纳个人所得税的纳税人或者代扣代缴税款明显减少的扣缴义务人，一方面责成主管税务机关查明原因，另一方面，对缺乏管理意义的原“双高”重点税源进行了调整，实现管理工作与实际的紧密结合，充分发挥了对“双高”重点税源的监控作用。四是完善企业所得税核定征收管理工作，加强企业所得税管理。加大对账制不健全企业核定征收管理力度，调整企业所得税核定征收应税所得率，结合郑州市煤炭行业的实际盈利水平，将应税所得率统一调整为20%。经过对房地产企业的全面调查，全市313户房地产企业全部实行核定征收方式征收企业所得税，提高了所得税管理水平。通过做好事前培训、事中辅导、事后检查等工作，进一步规范了企业所得税汇算清缴和个人合伙、独资企业个人所得税汇算清缴工作。2004年，全市参加2003年度企业所得税汇算清缴的企业共有15100户，其中，查账征收企业11681户，核定征收企业3419户。查账征收企业中赢利企业6061户，亏损企业5620户，分别占查账征收企业的52%和48%，实现应纳所得税额70635万元(其中含减免税18532万元)，比上年增加了480万元。全市共有769户个人独资、合伙企业参加了2003年度个人所得税汇算清缴，实现个人所得税1328万元。五是做好房产税和土地使用税两税税源普查，规范各种数据指标，保证数据的真实完整，掌握了两税税源变化情况，两税征管实现了动态管理。六是加强与公安、交通、财政部门配合，密切联系，搞好车船使用税普查，并在1月1日～3月31日联合进行专项检查，全面加强了车船使用税(车船使用牌照税)的征收管理，全年共计入库车船使用税1969万元，同比增长32.33%。七是做好土地增值税征收方式鉴定工作，实行土地增值税管理情况月报制度。全年土地增值税收入大幅增长，共计入库7006万元，同比增长1216.92%。八是认真开展印花税政策执行情况专项检查工作，进一步规范和加强印花税征收管理。共安排自查114994余户，查补税收786万元，自查面100%。专项检查36000余户，查补税收273万元，检查面31.3%，处罚入库金额875594元。全年共组织印花税收入6720万元，比上年增长86.51%。

【依法治税】 一是教育税务干部把精力放在征管上，坚持依法治税。严格税款入库级次管理，采取措施切实防范转引税款、混级串库等现象的发生。二是适应财税体制变化，做好财税库联网。2004年省、市财政体制先后发生变化，根据财税体制变化，及时调整了全市基层单位的收入计划，做好与国库对账、调账工作以及税收收入的补缴和退库工作；同时积极做好涉外税收的入库工作，在调查研究的基础上，制定了涉外税收管理办法，做好涉外局与市区有关局的协调工作，理顺了涉外税收入库管理工作。同时还进一步做好财税库联网工作，实现了财政、税务、国库信息资源共享。三是全面落实税收执法责任制，对全市地税系统规范化文件和行政法制工作制度进行监督指导，认真执行重大税务案件集体审理制度，做好行政处罚、听证和行政复议工作，加强税收执法日常监督和专项检查，对税收政策执行情况、执法程序和税务人员执法行为实行了全面监督，对执法过错行为严格实行了责任追究。

【征收管理】 一是为了规范基层税务管理人员日常税源管理，提高其税源管理能力，制定下发了《郑州市地方税务局税源管理办法》，明确界定了税务管理员日常税源管理的内容，由以往的征管质量为主增改为税收计划预测准确率、征管质量、服务质量三方面并重，对税务管理员提出了更高的要求。二是针对各单位纳税评估工作开展的实际情况和存在问题，结合新税务管理信息系统中纳税评估模块的开发，从更注重操作性、实效性出发，重新制定下发了《郑州市地方税务局纳税评估管理办法》，着重对纳税评估的工作原则、评估对象的确定条件、评估方法、评估程序及处理等项内容进行了明确和规范，全市的纳税评估工作取得了良好成效。2004年，全市共评估纳税人13096户，评估补税2002万元。三是按照总局、省局关于加强纳税服务工作的指导意见要求，制定下发了《郑州市地方税务局纳税服务实施办法》，首次以管理办法的形式对纳税服务工作进行了明确。四是加强对未达到营业税起征点的纳税人资格认定和税收管理。对达不到营业税起征点的纳税人，由各主管税务机关每季度认定一次，按季发放“郑州市地方税务局未达到起征点纳税人资格证”，凭资格证免征其营业税、城建税、教育费附加，对个人所得税核定征收。税务管理员每月要对认定的未达起征点纳税人巡视一遍，核查其营业额是否达到起征点，凡发现营业额达到起征点的，及时纳入税收管理。五是因地制宜，积极推进农村税收征管改革。在新的税务管理信息系统全面上线运行的基础上，积极与银行、电信等部门协商、合作，利用网络和多元化申报等现代化手段，对农村税所原有的征管模式进行有机整合，构建了“集中管理、合署办公，税款属地征收、统一组织稽查”的农村税收征管新格局。全市183个基层征收单位减少到95个，缩短了战线，提高了效率，降低了征收成本，使农村税收征管工作逐步走上规范化、专业化、科学化的轨道。六是加强货物运输业税收征管工作。在认真落实总局“三个办法一个方案”及新出台的政策、法规的基础上，结合郑州实际，对代开票纳税人出台了按纳税人实际拥有的车辆核定税额的管理办法，逐步形成了“登记管户、以票控税、信息传递、网上比对”的管理新模式，加强了对提供货物运输劳务的单位和个人的税收监管，使得开票金额与征税依据有机结合起来，堵住税收流失的漏洞，税收收入增幅明显。全年全市共征收公路运输(含公路客运)营业税16705万元，比上年增收5816万元，增幅达53.4%。七是全面做好煤炭业税收专项检查。按照省局部署，以坚持“八清”(户数清、产量清、收入清、税负清、欠税清、重点清、程序清、目标清)为目标，新密市局、巩义市局、登封市局、荥阳市局煤炭业税收管理取得了较大的成效，郑州市381户煤炭企业2004年入库税款3.99亿元，同比增长154.09%，增收2.42亿元。

【发票管理】 一是针对当前发票工作中存在的问题积极开展调研，规范发票管理。组成调查组对郑州市的10户物业管理企业，3户拍卖企业税收管理情况和使用发票情况进行了调研，针对调研出来的问题，与市国税局、省直属局联合出台了《关于加强物业管理、拍卖行业发票管理有关问题的通知》，进一步规范了这两个行业的发票管理。为进一步规范全市停车场收费定额发票的领、用、存管理工作，对全市的停车场发票的管理现状及税款征收情况进行了调研。同时，修订完善税务机关开具发票管理办法，并突出重点，加强发票监制、发售管理工作，进一步规范了发票管理工作。2004年，“刮刮票”调拨量为3561.3万份，共印制“刮刮票”12期3925.9万份，布入奖金395.56万元，共领购发票3106.15万份，印制发票276批次、11690.8万份，同比减少31.7%。共兑付奖金191.17万元，代缴税金32.91万元，共计224.09万元。二是进一步做好发票违法违章举报案件的受理、转办和兑奖工作，加大发票打假力度。全年受理电话发票举报及咨询1600余起；受理实物举报90起，查处86起，举报不实9起，正在审理5起，罚款57266.82元，兑奖金额4789.5元。发出发票协查函9份，涉及5个分局，9个单位。认真做好发票真假的鉴别工作，共开具发票鉴定书38份、鉴定假发票319份。有效遏制了贩卖使用假发票的违法行为。三是全面做好发票换版工作，确保了新老发票交替的顺利衔接。

【稽查管理】 一是不断完善四分离稽查工作机制，加强对选案、查案两个环节的监督制约，实行税务稽查查前告知制度、约谈制度、专业化案源调查制度和案件复审制度，促使稽查工作走上专业化、规范化、程序化的轨道。二是积极组织税收专项检查工作。结合郑州市实际，3月至9月在全市范围内，有重点、有步骤地组织安排了房地产行业、汽车市场专项整治、煤炭行业税收专项检查、医药生产及购销企业专项整治以及交通运输货运发票协查，共检查769户，其中有问题户242户，查补税款1703.58万元，罚款82.32万元，滞纳金23.53万元。三是加大稽查力度，大力整顿规范税收秩序。在全市开展涉税违法犯罪专项治理工作，以整顿工作为契机，进一步强化征管，促进自觉申报和依法纳税，把征管难点转化为税收的增长点，全年共查处各类违法违规案件1616起，查补税款、罚款、滞纳金合计10248.09万元，有力地打击了偷税行为，震慑了涉税犯罪。

【信息化建设】 一是河南地方税收业务管理系统(郑州版)在全市范围内全面上线运行。在2003年新郑市局、二七区局两个试点单位上线成功的基础上，2004年6月份市地税系统全部完成了上线工作，系统运行正常。该系统包括税务登记、税源管理、批文管理、发票管理、申报征收、会计统计、票证管理、计划管理、纳税评估、绩效考核、稽核评税、档案管理、稽查管理等15个子系统，涵盖了税收业务的方方面面。该系统通过了由省科技厅组织的技术鉴定，结论认为该系统具有国内同类系统领先水平。该系统的成功运行为数据大集中及信息共享模式下的税收业务实现效率化、规范化、科学化打下了坚实的基础，税收管理水平得到提高。2004年，纳入新系统管理的纳税人共121738户，通过该系统征收收入42.72亿元。二是为适应河南地方税收业务管理系统(郑州版)的要求，制定下发了《郑州市地方税务局税收征管业务数据质量管理办法》，明确了税收征管业务数据的概念，规范了税收征管业务数据的分类、收集、处理、交换等管理事项，以求达到各种涉税业务数据保质保全的目的，尽可能的减少数据垃圾，保证新系统有效运转。三是在全市地税系统开展了“应用新系统、创出新成效”征管实践竞赛活动。通过竞赛，督促基层单位和人员运用新的税务管理信息系统，因地制宜，大胆实践，积极创造征管工作的新办法、新措施和新经验，并对完善和改进新系统提出意见和建议，从而推动全市地税系统信息化建设和征管改革的进一步发展。四是为了保证税务管理信息系统在全市各级征收单位顺利使用，在全市税务信息网络原先连接到县区一级的基础上，又在全市税源相对集中的农村税务所采用电信公司提供的网络线路进行连接。至6月全面上线前，已经完成了全部95个乡级集中征收点的网络线路连接。五是建立网络门户系统，完善增值服务手段。其一作为郑州地税局信息化建设的重要内容，继税务管理信息系统之后，为保证郑州地税的服务创新，于5月份开始规划建设郑州市地税局网络门户系统，12月16日正式上线运行。外部门户网站，面向社会公众提供完整、严谨、准确的信息与服务，建立信息交流与反馈的新渠道，实现政务公开与社会监督，通过建立网上申报数据处理中心，向纳税人提供零距离的服务；内部门户网站，面向税务机关与税务干部，提供税务机关及人员日常事务管理、税收工作任务管理、内部交流互通。充分利用数据大集中和网络的优势，将纳税服务延伸到纳税人的面前，真正实现纳税“足不出户”。其二在原先通过银行划解申报户税款和代收双定户税款的基础上，根据新税务管理系统的技术特点，重新开发了税银联网系统。全市的各类纳税人都可以通过市局数据处理中心同银行数据中心间的专线连接，完成税款的划解，而且可以满足纳税人异地纳税和网上申报后的税款划解。新税银联网系统已经在市区各单位同商业银行、光大银行间投入征收运行。巩义市局、荥阳市局实现了同农业银行的税银联网。其三为实现政府职能部门之间的信息共享，郑州地税局同市财政局、国税局、国库、银行一起，建立了“郑州市财税库银联网系统”，2003 年该系统在两个试点单位运行，2004 年 6 月底前同新税务管理信息系统一起在全市区范围内实现同步上线。

【纳税服务】 一是按照“转变服务理念，创新服务手段，优化服务方式，提升服务水平”的总体要求，将上级税务机关关于纳税服务的规定和市局以往制定的有关制度、办法整理成册，同时增订了郑州市地方税务局涉税服务环境规范、着装规范、文明用语规范、行为举止规范和服务标准规范等 5 项内容，进一步优化纳税服务环境，培育全市地税优良作风。二是逐步建立和完善 12366－2 纳税服务体系。12366 纳税服务热线开通一年来，以现代信息技术为媒介，通过高效电话语音提示和人工座席为纳税人提供了多项方便、快捷的服务，实现了税务机关的人性化服务。2004 年，共受理涉税咨询 27608 个。三是规范服务厅业务管理，进一步提高纳税服务水平。积极推行“一站式”办公、首问负责制、排队叫号、限时办结、延时服务、预约服务等服务措施，明确了例征期局长带班制度、纳税服务电话制度等多项制度。各基层单位对所有实行定期定额缴纳税款的个体工商户，均已取消了填报申报表进行纳税申报的方式，简化了申报程序。四是开展国、地税协作工作，更好地为纳税人服务。2004 年 9 月，市地税局被省局确定为河南省国地税协作的试点单位，10 月召开了郑州市国地税协作第一次联席会议，确定了 8 个方面的协作内容。作为郑州市国、地税协作的试点单位二七区局、巩义市局开展工作以来已取得初步成效，巩义市国、地税局办税服务厅同时整体进驻巩义市行政审批服务中心办公，开始实施联合办税，整合行政资源。五是认真落实税收优惠政策，服务经济发展。其一，加强政策宣传，积极落实下岗失业人员再就业税收优惠政策，全年累计实际减免税收 2474 万元。其中，下岗失业人员从事个体经营涉及 10344 人，减免税收 2139 万元；享受再就业税收优惠的新办服务型企业 40 户，涉及下岗失业人员 249 人，减免 335 万元。其二，严格营业税、企业所得税减免审批，认真落实支持国有企业改组改制、促进非公有制经济发展、企业技术创新、城镇化建设、个体户营业税起征点调整、涉农税收减免等税收优惠政策，服务经济发展。经初步审核，2004 年共受理申请减免税的企业 58 户，申请减免税 5800 余万元。其中，营业税企业 37 户，土地使用税企业 12 户，房产税企业 9 户；市局审核营业税减免企业 33 户，减免税款 530 万元。另外，申请冲减银行应收未收利息的企业 21 户，冲减利息影响营业税 600 万元。2004 年，郑州市共审批省、市、县(区)级企业所得税减免税 188 户、减免所得税 13280 万元，个人所得税减免 8268 人次、减免金额 838.6 万元，弥补亏损 149 户、补亏金额 5079.86 万元，国产设备投资抵免所得税 4 户、抵免税额 210.3 万元，计税工资上浮审批 20 户、超标准税前扣除工资 851.24 万元。

【税法宣传】 一是社会纳税意识逐步提高，税收外部环境得到进一步优化。通过新闻媒体、税收宣传栏、税法宣传到赛场、税法邮寄进百家、网上发布信息、手机短信等多种形式，分对象、分层次、分内容，全方位、多角度，扎扎实实地开展税收宣传活动，公民纳税意识不断增强。市局还把税收小常识灌制成手机彩铃进行税法宣传，为新形势下如何搞好税收宣传工作做出了有益尝试。二是深入开展“四五”普法教育，坚持举办税法知识讲座，宣传税法和税收政策。全年共组织各类税收知识讲座 100 余场，参加人数 2 万余人。三是表彰纳税先进单位和个人。常务副省长王明义等领导在“税法宣传月”期间为郑州市地方税纳税 50 强代表、个人所得税代扣代缴先进单位和个人所得税纳税先进个人代表颁发了奖牌和证书。四是因地制宜，开展多种税法宣传活动。市局组织市区各单位在绿城广场举行了“全国税法宣传咨询与您面对面”大型广场文化活动，共设置 40 余块地税 10 年成果和税法知识展板、13 个咨询台，分系列、分税种介绍地税知识，并发放宣传资料 5000 多套，此次广场文化活动被国家税务总局评为“全国税务系统税收宣传月优秀项目”；市局和《河南商报》联合举办了“话地税看发展”征文活动；市局领导走进郑州电视台“周末面对面”直播间，回答市民关心的税收问题，宣传税收知识。以纳税人关注的焦点、热点问题为宣传重点，全方位宣传地税部门在征管改革、队伍建设、优化服务、落实政策等方面取得的突出成效，以及与纳税人关系密切的税收政策法规，宣传的针对性、时效性和社会影响力进一步增强，在全社会进一步树立了地税良好形象。2004 年，全市地税系统共在各级各类媒体上发表新闻稿件 1920 篇(条)，其中，国家级 317 篇(条)，省级 1317 篇(条)，市级 286 篇(条)。

【地税调研】 一是制定详尽的税收科研计划，组织税收科研活动。划分 6 个科研小组集中力量开展税收调研工作，同时，对上报的科研论文进行专业评选，其中上报 9 篇参加省局论文评比。《浅议地税部门如何在促进县域经济发展中发挥作用》、《构造电子税务面临的困境与思考》、《税务稽查文书不修改　税务机关还要上法庭——税务稽查文书小问题引起行政诉讼大矛盾》、《业务分级培训是提高税务人员业务素质的有效途径》等4篇文章，在全省地税系统“我为地税事业发展献一策”优秀调研成果的表彰中分获一、二、三等奖，市局还获得“我为地税事业发展献一策”调研组织奖。二是围绕工作中的热点、难点，及时、深入地开展信息调研，为领导决策提供参考。全年先后撰写了《行政事业单位税收流失严重应引起重视》、《房产税、城镇土地使用税征管工作面临的问题及建议》、《纳税人办税停车难问题亟待解决》等调研材料，引起了市政府、省政府领导的高度重视，为领导决策提供了有益的参考。

【队伍建设】　一是坚持民主集中制原则，实行党组集体领导下的分工负责制，凡重大问题，坚持由党组集体研究决定，不搞一个人说了算，真正把民主落到实处；进一步提高民主生活会的质量，做好基层党组民主生活会的督促和指导工作，使基层党组民主生活会不走过场。二是严格执行《党政领导干部选拔任用工作暂行条例》，坚持民主推荐、组织考察、党组集体研究的程序，积极协助两级党组公正公开地选拔、使用干部，并坚持先呈报、后任免，严格按照编制配备和任用干部，得到了群众的普遍认可。年初，按照要求，对全系统基层领导班子及班子成员进行了年度考核，并在此基础上对部分一把手进行了调整。三是对《末位待岗管理办法》进一步细化、完善，不仅征求了全系统人事科长的意见，还先后到10多个基层单位召开由基层班子成员、科所长、一般同志、原待岗人员参加的座谈会，广泛听取意见，同时仔细对照相关法律，对原《办法》进行了修订，新的《办法》充分体现了依法办事、以人为本、注重工作实绩等原则，使末位待岗制度更具科学性和可操作性。四是拓宽思路，创新政治学习形式。突出抓好“三个代表”重要思想、十六大、十六届三中、四中全会精神的学习，并结合时代特征，根据岗位需求开展了领导科学、人力资源管理等知识的学习。采取集中学习与自学相结合，专家辅导与主题讨论相结合，请进来与走出去相结合，日常学习与考试考核相结合的形式，把指导税收实践、解决实际问题、推动地税工作作为学习贯彻“三个代表”重要思想的出发点和落脚点，全面提高地税干部队伍的政治理论水平，牢固树立“为纳税人服务”的意识。

（聂贵民）

第十六篇 教育事业

综 述

【概况】 2004年,郑州市有各级各类学校3714所,在校学生242.6万人。全市有市属高等学校5所,在校学生12.5万人。全市有普通高(完)中105所,招生50340人,比上年增加7512人,增长17.54%;在校学生131364人,比上年增加16990人,增长14.85%。全市有中等职业学校116所,毕业生52334人,招生107222人,在校生257603人。全市有小学1307所,比上年减少182所;在校学生576194人,比上年减少42103人,下降6.81%。有普通初中343所,比上年减少12所,在校学生443788人,比去年减少12800人,下降2.8%。全市有11所特殊教育学校,在校生1272人。工读学校1所,在校生83人。有独立设置的幼儿园428所,学前班1642处,入园(班)幼儿数63554人,在园(班)幼儿数132500人。全市有社会力量办小学24所,在校生14595人;普通初中31所,在校生30598人;普通高(完)中31所,在校生16716人;中等职业学校22所,在校生40147人;幼儿园245所,在园(班)幼儿数16621人。全市有各级各类职业技术培训机构1783所,在校学生683998人。其中,以实用技术培训、岗位培训为主的农村成人中、初等文化技术培训学校1657所(点)。

全市各级各类学校教职工总数达到132932人,其中专任教师96727人。普通高中专任教师6595人,学历达标率86.13%,比上年提高2.67个百分点;普通初中专任教师21610人,学历达标率94.5%,比上年提高1.93个百分点;小学专任教师29153人,学历达标率99.51%,比上年提高0.57个百分点;幼儿园(含学前班)专任教师5310人,学历达标率97.02%,比上年提高0.93个百分点;中等职业学校专任教师10011人,学历达标率74.26%;特殊教育学校专任教师223人,工读学校专任教师20人。普通初中专任教师本科以上的比率为28.14%,小学专任教师专科以上的比率为57.76%,分别比上年提高3.22个和12.23个百分点。

2004年,全市实现财政预算内教育经费拨款154257.6万元,较上年增加19890.8万元,增长14.80%;征收教育费附加23705万元,比上年增加3491.5万元,增长17.27%。其中,全市预算内国拨教育经费为152289.7万元,较上年增长15.8%;年生均国拨教育经费为1349.71元,较上年增长19.95%;国拨教育经费中的生均公用经费为201.99元,较上年增长9%。市本级教育经费投入达到56200万元,按可比口径计算,比上年增加197万元,增长0.35%。其中:国拨预算内教育经费投入已达到35881.1万元,较上年增加3292.7万元,增长10.1%。

全市各类中、初等学校校舍建筑总面积达1209.04万平方米,比上年增加66.42万平方米,增长6%。生均校舍建筑面积:普通高中17.11平方米,比上年减少1.14平方米;普通初中5.69平方米,比上年增加0.39平方米;中等职业学校12.88平方米,比上年减少0.3平方米;小学5.78平方米,比上年增加0.51平方米。幼儿园4.89平方米;特殊教育学校18.41平方米。全市中小学现有藏书2975万册。

【教育部领导视察中运会场馆建设】 3月31日下午,教育部党组副书记、常务副部长张保庆在省市领导贾连朝、王文超、孙新雷的陪同下,视察"中运会"场馆建设工作。在分别察看了郑州九中、郑州回民中学、郑州五中、郑州职教中心学校运动会场馆的规划和建设情况后,张部长对"中运会"的筹备工作表示满意,尤其是对郑州市把高中建设和运动会场馆建设结合起来统筹规划的做法表示赞赏。张部长强调,"中运会"场馆建设要按照多功能、综合性场馆建设,要以服务学校长远教学为宗旨。他指出,"中运会"是全国性的赛事,由郑州市独自承担会有较大的财政压力,教育部和省里都应该给予一定的支持。王文超市长表示,郑州市将努力克服资金短缺等方面的困难,加快建设步伐,保证工程质量,在2005年6月份之前全部完成各项建设工作,以一流的设施、一流的服务,把第九届全国中学生运动会办好。

【实施教育"满意工程"】 2004年,市教育局把推进教育"满意工程"的实施作为各项工作的主线,在教育业绩、教育活力、教育形象和精神状态四个方面让人民满意。一是在教育业绩上让人民满意。巩固义务教育管理体制改革成果,重点加强农村初中建设,加强教育扶贫帮困工作,认真解决农村进城务工人员子女就学问题;稳步发展高中段教育，全力打造优质高中，扩大职业教育的规模和效益，加大对现有一般学校改造力度；全面落实课堂素质教育，促进学生德、智、体、美、劳全面发展和各级各类教育质量的全面提高；科学整合教育资源，合理规划市区各类学校布局，年内全市现有中小学D级危房全部消除，加快落实郑州市教育信息化发展规划。二是在教育活力上让人民满意。全力推进教育人事制度改革，全面推行教师资格制度；全力推进办学体制改革，进一步明确发展民办教育的思路，规范改进对民办教育的管理；全力推进新课程改革，建立规范的运作机制、行之有效的督导机制和科学合理的评价机制。三是在教育形象上让人民满意。全面规范学校管理，改善校园环境，严格财务制度，杜绝学校乱收费；全面规范队伍管理，建立和完善师德考核、奖惩及定期表彰制度，加强师德师风建设；改革用人制度，推行校长聘任制，加强校长队伍建设；广泛开展创名校、评名师的“三名工程”，促进队伍建设。四是在精神状态上让人民满意。树立危机意识，清醒认识郑州市教育工作面临的挑战；树立拼搏意识，理清发展思路，勇敢面对、尽力化解外部困难，通过自身努力排除内部困难；树立责任意识，进一步转变作风，推动各项工作落实。

【38所企业自办学校移交地方政府管理】 随着企业改制，企业办学校的问题一度突出，为了减轻企业的负担，促进经济的发展，市政府决定将全市的38所厂矿学校移交给政府管理。2004年5月13日起，白鸽集团所辖郑州二砂实业有限公司小学正式更名为郑州市中原区特色实验小学，隶属中原区管理。至此，郑州市确定的38所企业学校全部移交政府管理，从而结束了市区厂矿办学校的历史。

【驻郑单位自办中小学移交郑州市管理】 9月30日，郑州铁路局郑州分局在郑自办的16所中小学和中国石油天然气管道三公司子弟学校移交郑州市管理签字仪式在市政府举行。市领导王文超、龚立群和郑州铁路局、郑铁分局、中国石油天然气管道局的主要领导参加了签字仪式。本次移交的17所学校分别是：中国石油天然气管道三公司子弟学校、郑铁一中、郑铁二中、郑铁四中、郑州铁路外国语学校、郑铁六中、郑铁七中、郑铁三小、郑铁四小、郑铁六小、郑铁七小、郑铁八小、郑铁九小、郑铁十小、郑铁十一小、郑铁十二小及新密铁路职工子弟小学。其中，郑州铁路一中、铁六中、铁二中是示范性高中。郑州市接收后，将对这些学校的教育资源进行重新整合，然后面向社会进行统一招生。

【加大贫困家庭子女入学资助力度】 一是不断完善贫困生助学政策，使贫困生救助工作日趋制度化、规范化。结合以往年度助学金管理工作实际操作中出现的问题，经过和市财政局、市民政局等有关部门多次积极协调，联合出台了《郑州市中小学贫困家庭子女助学实施方案》。对处于义务教育阶段的城市低保和农村特困家庭子女，加大扶助力度，实施“两免一补”。对2004年考上高中的城市低保和农村特困家庭子女，一次性补助2000元。对考上本、专科高校的学生，一次性补助5000元。义务教育阶段助学金专项经费主要由各县(市)、区财政负担；县(市)、区学校考取高中的学生，市级财政每生补助700元，县级财政负担1300元/生；县(市)、区学校考取高校的学生，市级财政每生补助1500元，县级财政负担3500元/生。截至2004年底，全市共救助中小学在校贫困生26000多人次，共发放救助金额630多万元。其中，救助本年考取高中学生176人，共发放救助金额35万余元。共为71200多人发放了免费教科书，发放教科书总金额近265万元。

【广泛开展向吴玲同志学习活动】 吴玲同志生前是郑州第二十二中学高级教师。自1977年参加教育工作至2004年7月因病去世，吴玲同志二十七年如一日，呕心沥血，勤奋工作，将毕生精力献给了党和人民的教育事业。吴玲同志去世后，郑州市教育局党委及时发出向吴玲同志学习的通知，《郑州日报》、《郑州教育电视台》、《郑州教育信息网》等进行了报道。之后，组织专人深入采访，搜集了大量的第一手材料，写出了近万字的吴玲同志先进事迹材料——《我为祖国站讲台》，在郑州教育报刊登，并发往新华社等重要媒体。9月4日，国务院总理温家宝批示：“中学教师吴玲事迹感人，应广泛宣传”，中央其他领导和省市领导也做了重要批示。教育部党组、省教育厅党组、市委市政府都发出了向吴玲同志学习的号召。为把向吴玲同志学习活动进一步推向深入，在总结学习吴玲精神的基础上，编写印制了吴玲同志学习读本两万多册，免费下发到各县(市)、区教育部门和局属各单位，并由市委宣传部发至市直各机关；组织召开了各种形式的座谈会；组建了吴玲同志先进事迹报告团，并在12个县(市)、区作巡回报告；在全市教育信息网开展了“向吴玲同志学习，办人民满意教育”大讨论活动；郑州教育电视台拍摄了多期吴玲事迹专题节目，郑州教育信息网开设了吴玲专页；与师训处共同组织了“学吴玲，做人民满意的教师”征文和演讲比赛；完成了宣传吴玲同志先进事迹及宣传教师群体的电视剧本的创作。通过一系列活动，使吴玲同志的事迹广为人知，宣传了吴玲，宣传了郑州教育。

【认真做好学校安全工作】 一是建立学校安全工作责任制和责任追究制，各学校“一把手”为第一责任人，全面负责本单位的安全工作。教育部门与学校、学校内部各部门之间、学校与教师之间都签订了安全工作责任书，责任到每个人。实行了学校安全工作“一票否决制”，对发生安全事故的学校和个人，取消年终评优评先资格；二是健全各项安全管理规章制度。各级教育行政部门和学校在已有的学校安全工作规章制度上，进一步对校舍、食品卫生、用电、治安、交通、消防、危险化学用品等，提出了全面、具体、明确的要求。制定了应对突发事件的学校安全工作应急预案，及学校安全教育制度、定期检查制度、安全保卫制度等一系列规章制度，做到了学校安全工作制度化、规范化；三是认真做好学校各类从业人员的排查。凡是不符合条件和岗位要求的在校人员，一律调离，坚决清理和杜绝不合格人员进入学校工作岗位；四是加大对不合格办学机构的清理。开展对未注册民办中小学、幼儿园办学资质普查。对不符合办学条件、没有审批手续、存在安全隐患的学校，要积极进行整改，该关闭的要关闭。

【构建学校家庭社区“三结合”教育网络】 此项活动的目的在于加强学校与家庭、社区的联系，探索学校、家庭、社区共同搞好青少年教育工作的合作模式，积极寻求学校、家庭、社区教育的“合力”，进而不断改进工作，促进郑州市教育工作的开展。构建“三结合”教育网络的具体措施包括：一是定期组织召开三方代表座谈会，探讨实现三方教育有机结合的途径和方法。二是充分利用现有教育资源，经常性地为社区办实事、办好事。学校主动利用资源优势为社区组织活动提供便利，积极将教育咨询与教育服务送进社区。三是办好家长学校，加强对家庭教育的指导，努力使家长学校成为加强与社会联系的纽带和宣传学校的阵地和窗口。四是通过教学“开放日”等活动，积极邀请家长和社区代表参加学校组织的各类活动，加强沟通与联系。学校、家庭、社区“三结合”教育网络的建立对于实现整个教育在时空上的紧密衔接，保证整个教育在方向上的高度一致，以及实现各种教育间的互补将起到积极的作用。

【全国第九届中运会筹委会挂牌成立】

12月2日，全国第九届中学生运动会筹委会揭牌及官方网站开通仪式在郑州市教育局举行。中运会筹委会副主任兼秘书长、郑州市副市长龚立群，筹委会副秘书长、郑州市政府副秘书长姜现钊，筹委会副秘书长、郑州市教育局局长司福亭出席揭牌及网站开通仪式。全国第九届中学生运动会由国家教育部、国家体育总局、团中央主办，全国中学生体育协会协办，郑州市人民政府承办，2005 年 8 月将在郑州举行。第九届中运会共设足球、篮球、排球、乒乓球、田径、游泳、武术等 7 个项目。第九届中运会是郑州市有史以来承办的规模最大的一次体育盛会，也是中运会历史上首次由地市级人民政府承办。为承办好此届盛会，筹备工作实行“市政府统筹协调，教育部门为主，各有关部门密切配合”的组织工作机制。筹委会由郑州市市长王文超担任主任，郑州市各有关部门的主要负责人担任成员，下设办公室、场馆部、宣传部、财务部、商务部、接待部、安全保卫部、大型活动部、竞赛部、学术工作部等 1 室 9 部，办公地点设在郑州市教育局。开通后的第九届中运会官方网站（www.9zyh.com）将充分利用郑州教育信息网（www.zzedu.net.cn）的资源优势，及时传递最新中运会信息，为筹办工作和参加中运会的各方嘉宾提供快捷方便的网上服务。

【郑州市中小学生维权中心挂牌成立】

12 月 17 日，郑州市中小学生维权中心在教育局挂牌成立，市委副书记康定军、市人大副主任刘春年、市关工委主任刘振中及维权中心领导小组 17 家成员单位的负责同志参加了揭牌仪式。郑州市中小学生维权中心的成立，旨在动员和组织广大法律工作者投身到中小学生法制教育，维护中小学生尤其是弱势青少年群体的合法权益，预防青少年犯罪，改变未成年人思想道德建设中出现的“德智错位、审美失衡、监管乏力、维权脆弱”的现象，充分发挥学校、家庭、社会、政法部门齐抓共管的作用，创造青少年健康成长的良好环境。其主要任务包括四个方面：一是加强中小学生法制教育。二是进一步优化青少年成长环境。三是对违法犯罪青少年开展帮扶。四是研究青少年维权工作的有关问题。

（荣建玲）

基础教育

【幼儿教育】 积极推进《幼儿园教育指导纲要》试点园工作，组织 27 所市《纲要》试点园开展教学观摩活动，召开园长座谈会专题研讨了学习过程存在的问题及策略；通过对全市 65 所幼儿园 400 名教师的调查，开展了幼儿教师心理健康与减负课题的研究；选报郑州实验幼儿园参加省厅 0—3 岁早期研究试点园工作；配合教育电脑公司对金水区部分幼儿园的 30 名保健医生进行培训；对近 30 所幼儿园进行网络管理与幼教网使用的培训；配合全国“心系好儿童”活动，免费向 30 所幼儿园发放《心系好儿童》手册、宣传画、儿童保健手册近 2 万册；鉴于中原区耿河幼儿园发生幼儿教师伤亡事故，先后 5 次在全市所有的幼儿园和学前班开展安全教育工作和专项检查。同时加强了幼儿园办学秩序的管理。督促各县（市）、区开展了幼儿园注册及年审工作；指导有关单位做好申报市一级幼儿园工作。

【三类残疾儿童义务教育】 为加快郑州市特殊教育的发展，市教育局、发展计划委员会、民政局、财政局、人事局、劳动和社会保障局、卫生局、地税局、残疾人联合会等九家单位联合出台意见，确定了郑州市特殊教育发展目标，即到 2005 年，市内 6 区和巩义市、新郑市、新密市等经济发达地区，适龄视力、听力、智力残疾儿童少年义务教育阶段入学率分别达到 95% 以上；到 2010 年，分别达到 98% 以上，使入学率和保留率分别达到或接近当地义务教育水平。登封市、荥阳市、中牟县等地区，到 2005 年，“三类残疾儿童少年”义务教育阶段入学率分别达到 80%以上，到 2010 年，分别达到 90%以上，努力使之达到或接近当地义务教育水平。另外，到 2005 年，全市将建设 5 所省示范性特殊教育学校，到 2010 年，争取在全市建设 10 所示范性特殊教育学校。为切实做好三类残疾儿童义务教育工作，意见要求，各地要积极创造条件发展残疾儿童学前康复、教育事业。积极支持幼儿教育、特殊教育机构以及社区、家庭开展 3 岁以下残疾儿童早期康复、教育活动。要选择 1—2 所特殊教育学校举办普通高中班和职业高中（中专）班，积极开展劳动技术培训和职业教育培训。特殊教育经费以地方政府投入为主，凡未设立特殊教育补助费的县（市）、区，要设立专项经费。残疾人就业保险金中要有一部分用于支持当地特殊教育学校开展残疾人职业教育。社会福利彩票所募集的福利资金也要支持特殊教育事业的发展。

【课程改革全面推进】 4 月，登封市（市区）、荥阳市（市区）、中牟县（县城）被确定为市级课改试验区。至此，郑州市六县（市）和六区全部进行了课改实验工作，全市共有 519 所小学，175 所初中参加课改实验工作。在推进新课程改革中，市教育局一是加大了宣传力度，为课改营造出了良好的外部环境。二是加强对课改工作的领导，课改实验区分别成立了课改领导小组、工作小组、教研小组；三是通过健全教研网络、发挥教师创造性、建立课改档案、组织观摩研讨等措施，促进课改工作的深入发展；三是坚持“先培训，后上岗；不培训，不上岗”的原则，加强对教师队伍培训，为实施新课程作好师资准备；四是加强与社会的联系，争取社区、家长的共同参与和积极配合，使学校、社区、家长在课改中形成合力。

【“普九”巩固提高工作】 2004 年，市教育局进一步建立了控制学生辍学的有效机制，把初中生辍学率控制到最低限度。一是建立目标责任制。实行辍学逐级上报，列为考核学校和校长的硬性指标。二是学校和家长签订义务教育合同书。三是设立特困生助学金，救助特困生；建立学困生联系卡，帮助学困生。2004 年全市小学入学率达到 100%，初中入学率达到 99.5%，小学辍学率控制为 0，初中辍学率控制在 1.5%以内，全市初中平均班额 62 人，特殊教育招生任务达到 180 人。全市脱盲任务 960 人，扫盲后继续教育达到 7000 人次。

【进城就业农民子女就学】 2004 年，市政府出台了《关于进一步做好进城务工就业农民子女义务教育工作的实施意见》。《意见》规定，从 2004 年秋季开学起，全日制公办中小学校接收进城务工就业农民子女接受义务教育，收费要与当地学生一视同仁，到当地教育行政部门安排的公办中小学校就读免收借读费。在具体措施上，一是按照就近入学的原则，充分发挥全日制公办中小学接收主渠道的作用，以公办学校为主，大量接收民工子女插班就读；二是在部分生源相对集中的区域，公办学校无法满足插班就读要求的，在相对就近的学校设置专门流动子女班；三是对学校设置“盲点”区域，由教育行政部门租用校舍，举办专门的民工子弟学校；四是对个别办学规模较大、条件较好、管理较为规范的民工子弟学校，教育行政部门督促协调其与公办学校资源共享，在师资、教学设施、教学研究、课程设置等方面给予扶持，使其尽快达到民办学校标准，将其纳入规范的教育管理体制之下。2004 年共安排 9039 名进城务工就业农民子女分别进入小学和初中一年级学习。进城务工就业农民子女在郑州市接受义务教育 74651 人，其中在公办学校就读 67348 人，达到 91%。

【普通高招考生人数创历史新高】 2004 年，全市普通高招共报名 55449 人，较上年增加 8299 人，增长17.6%，考生人数又创历史新高。在报名考生中，参加普通高招全国统一考试的考生有 38519 人，较上年增加 6056 人，增长18.66%；“专升本”考生 8611 人，较上年增加 2188 人，增长34.07%；“对口”招生的考生 8319 人，较上年增加 55 人，增长0.66%。在报名参加对口招生的考生中，按报考专业分，报考人数居前三位的分别是计算机类 2021 人、财经类 1133 人、医科类 1037 人。2004 年高考科目按照“3＋文综/理综”的方案设置，考生除语文、数学、外语为必考科目外，还需根据本人情况选考“文科综合”或“理科综合”。郑州市 2004 年选考文科综合、理科综合的考生数分别为 17623 人、20896 人，各占考生总数的45.75%和54.25%。

【学科竞赛继续保持全省领先】 2004 年，郑州市学生在全国数学、物理、化学、生物和计算机等学科竞赛中，获全国三等奖以上 26 人次。在河南省竞赛中，郑州市获得化学一等奖 35 人，数学一等奖 17 人，物理一等奖 36 人，生物一等奖 12 人，占全省一等奖总数的 70%。另外，经中国化学会选拔，郑州市学生岳衎与其他 3 位来自深圳、上海、长沙的高中同学一起被正式确定为国际化学奥林匹克竞赛中国队参赛选手。2004 年 8 月，在德国基尔举行的第 36 届国际化学奥林匹克竞赛中，郑州市岳衎同学，以理论考试排名世界第一、总分排名世界第四的优异成绩喜获金牌，从而使郑州市学科竞赛所获世界金牌总数达到 5 枚。郑州一中学生孙倩、温苗苗获全国女子奥林匹克数学竞赛二等奖。郑州市学生张耀坤连续三年获省航模比赛第一名，入选国家集训队。在全国信息技术创新与实践活动中，郑州 11 中获机器人大赛二等奖。在河南省电脑制作活动机器人比赛中，郑州十一中获高中足球、高中灭火第一名，郑铁六中获初中灭火第一名。在 2004 年河南省“晨光”体育夏令营中，郑州市获团体一等奖，男子足球初中第二名，乒乓球女子单打第四名。

【成功举办郑州市第二届中小学生体育节】 根据市教育局“三年举办一次体育节”的整体部署，郑州市第二届中小学生体育节于9月8日在省体育馆拉开帷幕。此次体育节由市教育局和体育局主办，市体育总工会、市属有关学校承办。体育节自2004年2月份开始组织筹备，共分为组织发动、基层活动、市级比赛三个阶段。整个活动到10月25日结束。此次体育节分为学校组、县(市)组、区组三个组别，共设论文评比、广播体操、田径等9个大项，95个小项，有78个代表团，382个代表队，6271名运动员参赛。经过紧张激烈的角逐，郑州八中等26个单位分别夺得了团体总分优胜奖，郑州一中等50个单位被评为优秀组织奖，郑州四中等26个单位获得体育道德风尚奖。

【德育工作】 《中共中央国务院关于加强和改进未成年人思想道德建设的若干意见》、新《守则》和《中小学生行为规范》颁布后，郑州市采取了一系列措施进行贯彻落实：一是抓好文明行为习惯的养成教育。从日常生活学习小事做起，开展了争创“郑州市中小学行为规范示范校活动”，着力培养学生良好的道德品质和文明行为习惯。二是抓好弘扬和培育民族精神的教育。组织各小学幼儿园开展第一个中小学弘扬和培育民族精神月活动，并把弘扬和培育民族精神贯穿到教育教学的全过程。三是抓好诚信教育，全面贯彻教育部《关于进一步加强中小学诚信教育的通知》，各中小学以培养“诚信师生”为目标，继续开展文明学校和诚信学校的创建活动。四是切实抓好了课堂教学主渠道建设。2005年全市小学、初中阶段起始年级全部开设了新设置的小学《品德与生活》、《品德与社会》和初中《思想品德》课，高中阶段做好《思想政治》课程的实验准备。五是初步建立了中小学网络环境下德育工作体系。充分发挥网络信息对青少年的教育功能，把文明上岗、网络安全知识列入学校德育的重要内容，提高未成年人抵御有害信息的能力；六是积极探索学校教育与社区教育、家庭教育相结合的新途径。与市妇联在全市中小学开展了评选“家长学校示范校”的活动，评选出23所“示范性家长学校”。与中国家庭教育学会、北京师范大学等部门联合举办的“公益性家庭教育”50多场。七是做好三好学生、优秀学生干部的评定奖励工作。全市有5名学生被评为省优秀学生；77名学生被评为省级三好学生、38名学生被评为省级优秀学生干部；6437名学生被评为市级三好学生、1477名学生被评为市级优秀学生干部。与此同时，市教育局还组织广大教师参加“全国中小学德育创新专题学术研讨会”，加强德育研讨和师资培训力度。进一步加强了中小学心理健康教育、预防艾滋病教育、毒品预防教育和环境教育等专题教育。

【科技教育与信息技术教育】 一是与市科协联合组织了郑州市第十届科技创新大赛，选送作品参加河南省第十八届科技创新大赛。在成都举办的全国十九届科技创新大赛，郑州市选送的13件作品均获二等奖以上奖励，15名选手已经具有高校保送生资格。二是组织评选“第五届电脑制作活动”。全市共有415件作品参评，评选出郑州市一等奖23件，二等奖42件，三等奖54件，并推荐22件作品参加省级评；三是启动“郑州市教育资源库建设”工程。搭建了城域内资源中心平台，新购了卓帆资源管理系统，开设了资源动态、zzedu资源，最新软件、最新课件等栏目。四是组织了26545名学生参加计算机表演赛，选拔出289人代表郑州市参加全国计算机表演赛决赛；组织中小学生参加河南省第十七届科技创新大赛，有42项作品获奖，获奖总数全省第一；进行了郑州市校园网示范校申报工作，20余所学校参加了申报。

(荣建玲)

职业教育

【四所中等职业学校升格为高等职业院校】 6月22日上午，郑州旅游学校、河南电气化中专、郑州机电学校、登封塔沟武校等四所学校晋升为高等职业学院授牌仪式在郑州旅游职业学院举行。市领导王文超、赵建才、尚有勇、龚立群、王薇以及省教育厅、市教育局领导李文成、司福亭、刘鹏利、葛飞等有关领导出席了授牌仪式。这四所学校自建校以来经过广大教职员工的艰苦努力，教育教学质量稳步提高，办学水平不断提升，学校综合实力日益增强，为国家和社会培养了大批适应经济社会发展的熟练技术工人和优秀合格人才，在全省乃至全国有着较大影响，已成为河南省职业教育办学的典型代表。2004年，河南省高等学校设置评议委员会对这四所中专进行评议，评议结果同意在郑州旅游学校的基础上建立郑州旅游职业学院，为公办民助性质；在河南电气化中专的基础上建立郑州电子信息专修学院，为民办性质；在郑州市机电学校的基础上建立郑州职业技术学院，为公办民助性质；在登封少林寺塔沟武术职业中专的基础上建立嵩山少林武术职业学院，为民办性质。四所学院均属专科层次的高等职业学院，在校生规模暂定为3000人，同时继续承担中等职业教育的任务。

【规范17所职业学校名称】 为了突出各市属中等职业学校的办学特色，郑州市对17所市属中等职业学校名称进行了规范：郑州市第一职业中等专业学校规范为郑州市第一中等专业学校；郑州市第二职业中等专业学校规范为郑州市经济贸易学校；郑州市第三职业中等专业学校规范为郑州市信息技术学校；郑州市第四职业中等专业学校规范为郑州市电子信息工程学校；郑州市商贸管理中等职业学校规范为郑州市商贸管理学校；郑州市金融职业中等专业学校规范为郑州市金融学校；郑州市财贸中等职业学校规范为郑州市财贸学校；郑州市国防科技中等职业学校规范为郑州市国防科技学校；郑州市二七职业中等专业学校规范为郑州市二七中等专业学校；郑州市管城回族区职业高中规范为郑州市管城区中等专业学校；郑州市商务电子中等职业学校规范为郑州市商务电子学校；河南女子职业中等专业学校规范为郑州女子中等专业学校；郑州友谊烹饪学校规范为郑州市烹饪学校；郑州黄河医学职业专业学校规范为郑州黄河医学中等专业学校；郑州白求恩卫生职业中等专业学校规范为郑州白求恩卫生中等专业学校；郑州澍青职业（成人）中等专业学校规范为郑州澍青医学中等专业学校；登封市卫生职业高中规范为登封市卫生学校。各校名称规范后，学校的性质和隶属关系不变。

【加强教育教学管理】 积极推进中等职业教育教学改革，改革中等职业学校考试考核办法，把统考课程的学生成绩划分为平时成绩和统考成绩两部分，并制定了相应的平时成绩考核方案，加强了平时教学工作的管理和考核。积极推行“双证书”制度，在职业学校毕业生中进行了职业技能鉴定工作，实现了学历证书、培训证书与职业资格证书的衔接，提高职业学校毕业生的就业适应能力。大力推广使用国家规划新教材，制定了《中等职业学校分层次教学工作指导方案》和《中等职业学校教学评估方案》。积极推进“学分制”、“宽基础，活模块”和开展现代化教学模式实验。启动了“骨干专业建设工程”，印发了《中等职业学校重点专业建设标准》，确定了 18 所学校计算机应用专业等 18 个专业为郑州市重点专业。

【加快市区职业学校布局调整步伐】 2004 年，市教育局根据《郑州市人民政府关于加快推进职业教育改革与发展的意见》，初步拟定了市区中等职业学校布局调整方案，即：通过几年的努力，重点建设 10 所规模超过 2000 人、办学条件一流的职业学校，逐步构建起以高等职业院校为龙头，以省级以上重点职业学校为骨干，以东、西、北、中四所职业学校为重点，以市区各类职业学校为基础，辐射全市城乡的、充满竞争活力的现代职业教育框架体系。2004 年 8 月，市教育局投资 4800 万元搬迁了郑州市国防科技学校，5 月又顺利完成了郑州市工读学校的迁建工作。

（荣建玲）

成人教育

【积极开展农村劳动力转移培训】 2004 年，市教育局按照《农村劳动力转移培训阳光工程项目管理办法》，坚持“政府推动，学校主办，部门监管，农民受益”的基本原则，实行规范化管理。会同农业局对全市教育培训机构的基本情况进行了调查摸底登记，并逐一进行评估认定，确定了 44 所乡镇成人学校、职业学校和民办学校为农村劳动力转移培训基地，承担农村劳动力职业技能培训工作。在搞好培训的基础上，各县（市）、区、各有关学校还建立了人才网络，根据不同企业的需求，按学员所学专业、学历、年龄和性别分类归档，建立完善的培训档案；注重再就业指导，利用信息网络开发市场用工信息，主动联系各企业用工需求，订单培养，为不同企业培训不同层次的员工。2004 年共开展农村劳动力转移培训21.8万余人，其中，引导性培训20.3万人，技能性培训1.5万人。农村劳动力经过培训就业人数为2.2万人。

【广泛开展成人职业培训】 2004 年，市教育局依托各职业学校、各乡镇成人学校和村农民文化技术学校，大力开展农村劳动力、城镇职工、下岗失业人员的各类培训工作，全年共开展农村劳动力实用技术培训 60 余万人次，城镇职工 23 万人次，下岗失业人员 2 万人次，超额完成了制定的培训目标。

【积极开展社区教育活动】 2004 年，市教育局在充分调研的基础上，制定了符合郑州实际的社区教育实施方案，拟定了全市社区教育工作意见，提出了“实验与科研并进，分区实验，以点带面，逐步展开”的社区教育工作方针和“3 年初见成效，5 年基本铺开”的工作目标。3 月在金水、中原两区进行试点的基础上，确定了金水、中原、惠济 3 区为社区教育实验区。12 月，惠济区申报国家级社区教育实验区。

（荣建玲）

地方高等教育

【确定首批高层次人才特聘岗位】 为加强市属高校、本专科民办高校教师队伍建设，吸引和遴选更多的中青年杰出人才，培养、造就一支具有较高水平的学科带头人队伍，郑州市从 2004 年起在地方高校市级以上重点专业（学科）中设立高层次人才特聘岗位。经市教育局批准，首批设立高层次人才特聘岗位的专业（学科）10 个，每个设岗专业（学科）面向全市公开招聘一名高层次人才，聘期 2 年，聘期内发给特聘津贴，专职 16000 元/年，兼职 3000 元/月。聘期内设岗高校为特聘高层次人才配备助手，并提供良好的工作和生活条件。首批设立的特聘岗位学校及专业（学科）为：中州大学装潢设计专业、旅游管理专业、秘书专业、计算机信息管理专业；郑州师范高等专科学校汉语言文学教育专业、思想政治教育专业、数学教育专业、物理教育专业；郑州广播电视大学计算机应用专业；黄河科技学院经济学学科。

【大力开展“三重”建设工程】 “三重”（市级重点专业、课程、实验室）建设工程是郑州市多年来在地方高校中实施的重点工程。为促进郑州市地方高校专业和实验室建设不断取得新突破，2004 年，郑州市在市级重点专业建设的基础上启动了市级示范性专业的建设工作。根据全市高校专业情况，制定印发了《郑州地方高校市级示范性专业标准(试行)》，并首次将此项工作的范围扩大到本专科民办高校。坚持以评促建、以评促改，评改结合、重在建设的方针，从省会重点高校聘请优秀专家组成评审组，对学校申报的15个重点专业、6个示范性专业和4个重点实验室进行了实地评审(评估)，学校在接受评审的同时，得到了有针对性的指导。

【做好师范类毕业生就业安置】 2004年，郑州市共接收师范类大中专毕业生2041人，其中研究生3人，本科生742人，专科生1281人，中师生15人。派遣到市属单位的310人，占接收毕业生总数的15.2%，12月初已有243人办理了入编手续。派遣到县(市)、区的1491人，占毕业生总数的73.1%，其他240人，占毕业生总数的11.8%。截止到年底已约1700人走上工作岗位，就业率约为83%。

(荣建玲)

民办教育

【民办教育规模不断扩大】 截至2004年底，全市民办学校在校生突破23万人，将占全市各级各类学校在校生人数的11%，与2003年相比提高1.7个百分点。突破万人的学校5所，千人以上学校25所。另外，民办学校的办学层次不断提升，2004年成功申办了2所民办高校，从而使郑州市民办高等学历教育高校达到7所。

【全市民办教育机构年度审查】 本次年审范围包括市教育局以及各县(市)、区教体局管理的高等层次民办学校(教育机构)、中等层次民办学校(教育机构)、普通中学2004年以来的办学工作。年审分自查和检查两个阶段进行。通过年审对每个学校(教育机构)做出合格、整顿、不合格认定。对合格的学校(教育机构)准予继续办学；对整顿、不合格的学校(教育机构)，限期整顿或撤销。对于在规定时间内，不向教育行政管理部门申报材料且未参加年审的民办学校(教育机构)，视为自动停办，按照有关规定办理停办的注销手续。本次年审结果将作为换发新办学许可证的依据。对办学好的或比较好的民办学校和民办教育机构，及时审核换发新的办学许可证；对达不到要求、办学条件和水平较差的民办学校或民办教育机构，要限期整顿。对办学指导思想不端正、乱招生、乱发证或存在其他违纪行为的学校或教育机构，视其性质和情节，按规定限期整顿或停止招生，直至给予取缔。经评审，市直属民办学校中有117所被确定为合格学校，25所确定为整改学校，9所确定为不合格学校取消了办学资格。

【加强对民办学校的管理】 2004年，市教育局认真贯彻落实《民办教育促进法》及《实施条例》，不断加强对民办学校的管理。根据《行政许可法》的有关规定，进一步完善了民办学校审批的程序和标准。举办了民办学校校长培训班，对83名民办学校校长进行了培训。加强了对民办学校的监督检查工作，制定了民办学校督查方案，对民办学校新学期开学情况、执行收费情况、安全工作等进行了专项督查。规范了民办学校的财务管理，出台了《郑州市民办学校会计核算暂行办法》。完善了民办学校的组织管理，协同市教育工会，逐步建立了民办学校工会组织，并召开会议，制定建立的工作的章程。积极做好了民办学校的信访稳定工作，妥善解决了郑州华士达学校、阿拉伯学校等民办学校存在的问题。

(荣建玲)

师资队伍建设

【评出全市首届“名教师”】 教师节前夕，郑州市首届“名教师”名单确定，刘长欣等101名教师被评定为郑州市首届“名教师”。市教育局举行了隆重的表彰仪式，并奖励每位名师5000元人民币的科研经费。“名教师”评选工作是郑州市自2003年开始实施的“三名工程”，即“名教师工程、名校长工程、名校(名学科)工程”中的一项。“名教师工程”分为宣传发动、审核评选、总结表彰三个阶段。从2003年开始，经过层层推荐、业绩统计、笔试、考试、说课答辩、评议考察、公示等程序，最终确定了101名“名教师”。首批命名的百名“名教师”将承担郑州市相关学科学术带头人的作用，同时还承担指导和培养优秀青年教师的任务。对评选出的“名教师”，市教育局将在学习、科研和生活条件等方面实行政策倾斜。根据“名教师”评选办法，名教师实行动态管理，每届任期3年。

【全市农村教师工资实现县级管理】 2004年，农村教师工资发放工作稳步进行，在2003年已完成6县(市)农村教师工资由县级管理的基础上，市教育局又重点加强了对郑州市内8区教师工资的上划工作。2004年4月1日起，郑州市全部实行县级管理的教师工资发放体制，全部建立了农村教师工资发放资金专户。同时，按照市政府要求，继续落实农村教师工资发放月报公布制度，每月10日前将准时将各县(市)、区的报表审核汇总，按时在《郑州日报》公布，接受全社会的监督，从机制上保障了农村教师的切身利益和教师队伍的稳定。

【全面实施“五大工程”】 一是实施“师德教育工程”。坚持从正面对广大教师进行教育，坚持以开展各种活动为载体，使广大教师树立正确的世界观、人生观、价值观，全面提升教师师德品质，并努力使师德教育工作经常化、制度化。二是实施“三名工程”。到2008年，努力培养和造就专家型的“名教师”200名，并采取措施，充分发挥“名教师”的辐射和带动作用，以带动全市教师整体水平的全面提升。三是实施“农村教师素质提高工程”。从广大农村中小学中选拔确定一批有培养前途的青年教师，由市教育局出资对其进行培训，到2008年，为广大农村教师培养2500名留得住的骨干教师。四是实施“提高学历工程”。到2008年，郑州市新增中小学教师中，小学教师具有本科学历者要达到50%，初中教师具有本科学历者要达到60%，高中教师具有硕士学位者要达到5%，并有一定数量的非师范院校毕业生进入中小学教师队伍。全市高中、初中教师要全部达到合格学历；小学教师具有专科学历者要达到65%，具有本科学历者要达到10%；初中教师具有本科学历要达到50%；高中教师具有研究生学历者要达到15%，具有研究生硕士学位者要达到5%。五是实施“继续教育工程”。认真贯彻落实教育部《基础教育课程改革纲要》精神，以教师职业道德、新课程改革、信息技术教育为培训重点，坚持集中培训与校本研修并重，面向全体，全面开展培训。树立教师与新课程改革相适应的新理念，提高教师教育教学能力，提高教师的教育科研能力，到2008年，使全体中小学及幼儿教师轮训一遍，全体中小学(幼儿园)教师要达到计算机应用能力中级或中级以上水平。

【选派10名学校领导到上海挂职锻炼】 为适应新形势对教育发展的需要，不断提高干部队伍素质，市教育局党委决定选派10名校长、书记到上海挂职锻炼。3月24日，10位校长、书记在市教育局党委书记、局长司福亭的带领下来到上海市虹口区，与虹口区教育局在虹口区教师进修学院举行了“虹口区教育局、郑州市教育局合作交流签字仪式”。仪式上，郑州市教育局党委书记、局长司福亭向接收挂职锻炼的五所学校：华东师大一附中、澄衷高级中学、鲁迅中学、海南中学、南湖职业学校的校长颁发了聘书。并对10位挂职锻炼的校长和书记提出了希望和要求。随后，虹口区教师进修学院、国家教育部中学校长培训中心副主任应俊峰教授为10位校长、书记作了《东西方课程比较研究与改革趋势》专题报告。

【全力推进教育人事制度改革】 一是中小学编制实行分级动态管理。各级教育行政部门在批准的编制总额内按照班额、生源等情况分配人员编制，并实行动态管理，从2004年起，坚持每3年依据事业发展规划、生源变化和学校布局调整情况进行一次全面的核编工作。二是继续做好乡镇教办机构改革工作。郑州市乡镇教办已基本撤销，下一步主要是落实乡镇区域内各类教育的规划、调控、协调和指导职能，落实对人、财、物、事和教育教学业务管理职能。三是搞好人员定岗、竞争上岗。按照上级要求，严格按新核定的编制合理设置岗位，通过竞争上岗确定人员。把定岗与改革结合起来，落实中小学教职工全员聘用制。岗位聘任实行双向选择、平等竞争、择优聘任。通过全员聘用制，至少达到以下目标：教师分布基本合理，教师队伍全面优化，逆向流动基本杜绝，代课教师全部清退，富余人员妥善安置。四是全面推行教师资格制度。中小学任教人员必须具备相应的教师资格，对不具备教师资格人员结合人事制度改革于2004年秋季开学前调整出教师队伍。五是严把入口，适当充实初、高中专任教师。新增教师由教育行政部门在编制范围内面向社会公开招考，吸纳优秀人才充实教师队伍。除政策性安置外，禁止非教学人员进入教师队伍。

【规范教师从教行为政策出台】 为规范教师从教行为，市教育局出台了“十项规范”和“十条惩戒”。“十项规范”即：拥护党的领导、遵守法律法规，不得有违背四项基本原则和国家法律法规的言行；依法行政，教书育人；爱岗敬业，勤奋务实；热爱学生，做学生的良师益友；为人师表，言传身教；廉洁从教，不以权谋私；端正教风，全面实施素质教育；尊重学生家长，常与家长沟通；严谨治学，端正学风；加强团结，顾全大局。“十条惩戒”的对象包括：歧视、讽刺、挖苦、侮辱学生，体罚或变相体罚学生者；训斥、侮辱、谩骂学生家长者；在考试、招生等工作中驱赶学生、限制报名，收受贿赂、徇私舞弊者；向学生、家长索要钱物、推销商品，违规收费，参与有偿补课，且造成不良影响者；加重学生课业负担，无教案上课，随意调课、旷课者；拨弄是非、拉帮结派、闹不团结，挟私诬告、打击报复，弄虚作假，骗取荣誉者；玩忽职守、管理不善，致使校园设施造成损失，设置造成人身伤害者；参加赌博、邪教、色情等违法违纪活动者；不按照教育规律办事，频繁考试、公布考试名次，随意停课，造成恶劣影响者；宣传封建迷信和一切有害学生身心健康的腐朽思想，有违背四项基本原则及党和国家教育方针政策言行者。对出现上述“十条”现象的教师，情节较轻的由学校提出批评，或责令教师本人作出书面检查，在全校予以通报，并扣除本人当年奖金，取消当年评优评先资格；情节较重、造成不良影响者，由教育行政部门给予行政处分，只至解聘，并由教师资格认定机构撤消其教师资格。同时，对于出现上述“十条”现象，问题突出且屡禁不止的学校，将追究校长责任；造成严重后果的，校长要引咎辞职或予以撤职。

【大力开展教师培训工作】 在教师培训方面，市教育局坚持做到教师职前教育与职后教育并重、集中培训与校本研修结合，以开展中小学教师岗位培训为基础，以学历提高培养为重要形式，以服务基础教育改革为立足点，以“为办人民满意的教育提供优良的师资”为动力，突出师德教育、信息技术培训和新课程师资培训，面向全体，突出骨干，倾斜农村，扎实有效地开展全市教师教育工作。2004年，共完成中小学新教师岗位培训13500人，国家及省、市级培训新课程12329人。

【做好面向社会认定教师资格工作】 7月5日至16日，市教育局通过报纸、电视台和网络等媒体以及制作宣传板面等，及时在全市进行广泛宣传动员，提供咨询服务，受理报名。随后，进行普通话水平测试和教师职业素质及技能培训报名。为保证报名人员政治和身体素质，市教育局还要求申请教师资格的人员到指定医院进行体检，由单位或办事处出具思想品德鉴定或表现。9月，根据省里统一安排，在郑州四中和十六中组织了教师职业素质和技能考试。10月，正式受理申请。11月，组织了专家审查委员会对申请教师资格的非师范类专业人员的职业技能进行了测试。2004年，全市参加教师资格认定报名3750人，其中，市教育局负责认定的三种教师资格报名1930人，县(市)、区负责认定的三种教师资格报名1820人。经体检、普通话测试、思想品德鉴定、教师职业素质和技能考试等环节，正式提交申请材料3160人。

（荣建玲）

办学条件

【规划两年内新建22所中小学】 9月28日，市政府召开常务会议，就郑州市中小学校布局规划问题进行了研究。会议决定，2004至2005年，郑州市市区将规划建设22所中小学。其中小学11所：金水区3所、二七区2所、中原区3所、管城区2所、东经济技术开发区1所；初中11所：金水区2所、二七区2所、中原区2所、管城区3所、惠济区1所、东经济技术开发区1所。据统计，郑州市区现有小学128所、初中55所。22所新建学校预算总投入5.94亿元，原则上，小学建设由各区承担，初中建设由市、区两级财政共同负担。学校建成后，将极大缓解市区入学难和大班额教学问题。

【农村中小学危房改造成效显著】 2004年，市教育局进一步加强了对危房改造工作的管理，建立了《全市危房改造工程管理台帐》，将全部危房改造工程管理责任上收到县，由县级危改办统一组织进行施工和管理。严格执行了以县为单位“统一勘查、设计，统一招标，统一工程管理，统一监理，统一资金管理，统一竣工验收”的六统一管理制度。进一步建立了危房改造工作的经费保障机制，出台了“从2004年起，县级政府把农村中小学危房改造资金纳入县级财政年度部分预算，安排专项资金用于新发生的农村中小学危房改造”的政策，从根本上建立了全市农村中小学危房改造的长效机制。2004年全市共完成农村中小学危房改造项目406个，竣工面积22.72万平方米，完成投资7864万元，超额完成了年初市政府提出的“全年改造农村中小学危房10万平方米”的目标任务。

【教育信息化试验室建设】 2004年，市教育局共投入208万元为新郑、新密、中牟、荥阳四县(市)建立了信息中心。投资370万元为市直学校新建学生多媒体计算机教室16个。完成了为一线教师配备笔记本电脑和添置教室网络终端设备的三年规划，共为一线教师配备笔记本电脑4634台，添置教室网络终端设备1548套，总投资6777万元。2004年，市本级中小学新建理化实验室33个，同时，投资172万元为县(市)12所农村初中配备了标准理化实验设备。

【治理教育乱收费工作】 加强了对治理教育乱收费的领导，完善了由市政府主管副秘书长牵头，市教育、纠风、监察、物价、财政、审计、新闻出版等部门负责同志参加的治理教育乱收费工作联席会议。牵头制定了《2004年全市治理教育乱收费工作实施方案》，并与县(市)、区教育局和局属学校分别签订了治理教育乱收费工作目标责任书，明确了治理教育乱收费的责任和目标。严格落实各项政策。2004年，全市各中小学校按照《关于在全市教育系统实行教育收费公示制度》的要求，将收费项目、收费标准、收费范围和收费依据等一一进行公示，公示率达100%；继续实行“一卡、一证、三严格、三统一、六不准、一坚持”的收费管理办法；普通公办高中招收择校生实行“三限”政策和“四统一”规定；实行乱收费一票否决制。加大了对乱收费案件的查处力度。2004年，市教育局共受理有关教育收费的群众来信72件、电话89个、来访24人次，完成上级要结果案件2件，在查案件1件；共清退各种教育乱收费87.744万元，对相关责任单位和责任人做出了处理，其中，撤职4人，党纪政纪处分20人，通报批评1人。

【党风廉政建设工作】 制发了《2004年郑州市教育局党风廉政建设责任制工作意见》，确定了党风廉政建设责任制工作目标，并将目标和工作任务分解到班子各成员及各处室，将完成情况纳入党政领导班子、领导干部目标管理，与精神文明建设和业务工作紧密结合，一起部署，一起落实，一起检查，一起考核。继续抓好领导干部廉洁自律工作。制定了《2004年郑州市教育系统领导干部廉洁自律工作意见》，对教育系统领导干部廉洁从政作出明确规定。印发了《郑州市教育局关于加强元旦春节期间领导干部廉洁自律工作的通知》，有效地促进了“双节”期间党风廉政建设工作的开展。组织新任县处级干部和局属单位新调整的校级干部填写《郑州市教育局机关及局属单位领导干部配偶、子女从业情况登记表》，并根据从业“两不准”的有关规定进行了公示，接受群众监督；下发了《中共郑州市教育局党委关于清理直属单位超标准使用小汽车的通知》，局机关各处室和局属65个单位填报了《单位车辆情况登记表》；组织局机关14名县处级干部和33名科级干部，填报《党政领导干部企业兼职清理情况统计表》。

（荣建玲）

第十七篇　科学技术

科技综述

【推进科技基础条件平台建设】 2004年，郑州市科技局全力推进科学数据资源共享平台、农村信息化服务平台、科技管理信息服务平台建设。科学数据资源共享平台已确定了首批开发7大类50多个数据库。以农村信息化平台为依托，建立起了267个农村信息化示范点，全市光彩机用户近500户，带动郊区用户1481户，辐射周边地区23000多户，累计发布实用技术信息达18627条，直接受益农民达10万多人。

【着力构建科技创新体系】 按照“突出重点，集中力量，重点突破，以点带面”的要求，已初步构建了以高等院校与科研院所为依托的知识创新体系、以产业技术创新为重点的企业技术创新体系、以促进知识技术转移为目标的科技创新服务体系、以政府投入为引导的多元化科技投入体系和以发展科技专业园区为突破口的成果转化体系。使企业真正成为技术创新投入与组织主体，不断提高其自主创新能力，推动企业广泛建立技术创新战略联盟，加强产学研结合，并以市场化运作的方式，全方位激活“科技兴郑”战略对于国民经济持续、快速、健康发展的作用。

【优化科技资源配置】 全市拥有市级以上科研机构190余家，各类专业技术人才43万余人，在郑“两院“院士8名，受聘客座两院院士31名；建成国家“863”计划转化基地1个，国家级星火技术密集区1个，国家级高新技术创业孵化中心3个，国家级工程技术研究中心6个，省、市级工程技术研究中心13个，国家、省、市级重点实验室19个，国家和省级企业技术中心35个；2004年，全市完成省级以上科技计划项目立项177项，占年度目标的107%；争取到国家、省各类项目资金支持3758.5万元，比上年增长113.6%。2004年，郑州市共投入科技三项经费3606万元，支持项目320个。

组织实施了建立6个成果转化平台，实施60个高新技术产业化项目，建立20个产学研基地的工业“2662”创新计划和实施5项农业科技示范工程，抓好农业科技服务体系建设2项重点工作，形成12个农产品品牌的农业“5212”创新计划。全市建立科技成果转化平台17个，产学研基地16家，实施高新技术产业化项目66个，建成省、市级科技示范乡（镇）50个；培育和壮大了“三全”、“花花牛”、“山盟”等一批农产品品牌，认定了现代农业科技型龙头企业8家。

围绕高新技术产业发展，以构建科技创新体系、实施科技促进工程、强化科研开发与成果转化平台的建设为载体，突出科技计划对全市科技发展的引导与带动作用的科学管理机制，优化了科技资源的配置，推行实施了《郑州市科技计划项目信用管理办法（暂行）》和《郑州市科技计划项目管理办法》，完善了项目申报程序，初步形成了科技项目申报“绿色通道”。

【不断强化技术市场功能】 2004年，郑州市对传统有形技术市场的市场组织系统和信息技术网络系统进行技术整合与创新，开通了以技术市场为主体、以自由选择与竞争机制实现网上自由买卖的郑州市技术交易网，形成了综合集成的交流平台、交易平台和资源平台。目前，郑州市技术交易网已与国家科技成果网、河南省科技成果网和郑州科技港等科技网站相链接，初步实现了科技政策宣传、科技成果管理、科技资源共享的信息化。2004年，郑州市技术贸易成交额达10.1亿元，比2003年增长145%。

通过政府科技政策的引导和科技主管部门管理机制的创新，使科技效能得以最大程度的释放。2004年，全市科技进步对国民经济增长的贡献率达到49.2%，郑州市首次跨入了全国科技进步先进市的行列，全市12个县（市）、区也全部通过了国家科技进步考核，其中，巩义市被评为国家科技进步示范市。

【推动产业结构调整和优化升级】 2004年，全市共被河南省认定高新技术产业化项目14项，占全省认定总数的31.8%，省、市、区三级配套联动给予企业的贴息资金达1273万元，项目总投资达8.1亿元，这14个项目投产后，预期新增年销售收入56.3亿元，实现利税12亿元。截至目前，全市拥有包括14项软件专项在内的高新技术产业化项目66项，其中，有35个项目通过验收，66个项目获得省、市、区贴息9472万元。

2004年，郑州市有126家高新技术企业和196项高新产品获得省科技厅评审批准，超额完成全年目标任务。截至目前，全市拥有高新技术企业642家，占全省45%；拥有高新技术产品1171项，占全省36%。

加强高新技术创业中心和生产力促进中心建设，积极引导和扶持中小型科技企业快速成长，加快新产品开发技术创新步伐，使其真正成为中小型科技企业的孵化器和助推器；并建立对销售收入超亿元的企业提供科技上门服务制度。对于年销售收入超亿元的企业，组织专门力量上门服务，为这些企业联系高层次专家，进行技术咨询和企业诊断；定期上门收集技术难题，进行难题发布和招标。到目前为止，全市共建成10家专业孵化器，在孵企业达600余家。

【加快传统产业改造步伐】 郑州市抢抓被国家科技部和河南省认定为制造业信息化重点城市和示范城市的机遇，在全市实施了制造业信息化工程，将现代信息技术植入传统产业，加快了改造传统产业的步伐。全市实施制造业信息化工程，已建立起了两个支撑体系、4个工程技术服务中心和一个制造业信息化专业网站，确定了30家示范企业。2004年邀请了10位专家对10000多人进行了网上培训。据统计，2004年，全市制造业信息化示范企业共投入信息化建设资金2.4亿元，实现销售收入232亿元，利税25.9亿元，分别比2003年增长118%、83%、153.9%。

【高新技术产业发展迅速】 将加强产学研结合、建立产学研基地作为推进科技成果向现实生产力转化的重要措施。为充分发挥科研院所、大专院校的知识、技术优势和企业的生产经营优势，迅速实现产品的更新换代，提高产品的竞争力，通过召开产学研对接会、成果发布会、网上技术交易等多种形式，促进高新技术成果的开发和转化。围绕传统优势产业和高新技术发展重点领域，建成了8个工程技术研究中心、9个重点实验室和16个产学研基地，这些科技基地对促进高新技术产业的发展发挥了积极的推动作用，并取得了巨大的成绩。2004年，全市高新技术企业共获得郑州市科技进步奖69项，其中，达到国际领先水平的项目1项，达到国际先进水平的项目9项；获省科技进步奖30项，其中一等奖3项，占河南省一等奖总数的37.5%，这些获奖成果均产生了良好的经济社会效益。

国家郑州高新技术开发区积极致力于推进高新技术产业的发展，在政策扶持、环境创造、投资服务、产品和产业发展等方面，对全市高新技术产业的发展起到了龙头带动作用。2004年，郑州市高新区共引进高科技企业18家，注册总资金10553万元；新引进国家级工程技术研究中心2个、省级工程技术研究中心5个，组织近100家企业、112个项目申报区级创新资金，共有51个项目列入支持计划，资助金额达600万元；完成专利申报18项，申报2005年度火炬计划项目26项，有18个项目被推荐申报国家级火炬计划项目；申报国家科技型中小企业技术创新基金16项、有7个项目获资金支持420万元，申报省高新技术产业化重点项目21项、有5项已获资金支持，高新技术产业化软件与信息重点项目落实11项、获资金支持285万元；全年组织完成了31项科技成果鉴定，共有15个项目获市级科技进步奖，其中，一等奖3项、二等奖10项、三等奖2项。

2004年，郑州市高新技术工业增加值达98.6亿，比上年增长32.5亿元，增幅达47%；2004年高新技术工业增加值占全市规模以上工业增加值达24.8%，比上年提高2.6个百分点。高新技术产业的快速增长，促进了郑州市产业结构调整和优化升级，推进了郑州市经济快速发展。

【提高区域科技竞争能力】 从思想上、行动上认识到了推进科技进步是贯彻落实科学发展观的重要举措，是推进经济结构调整、加快经济增长方式转变的战略选择。围绕全市机电一体化、新材料、电子信息、生物医药等四大领域，进一步实施“2662”、“5212”两项科技创新计划，不断强化对重点行业、重点企业、重点产品的分类指导、重点支持，积极培育具有竞争优势的特色高新技术产业群，并引导高新技术产业走可持续发展的路子。

【提高科技创新能力】 2004年，郑州市委、市政府制定出台了《关于加强科技创新体系建设的决定》、《郑州市人民政府关于贯彻农业科技发展纲要的实施意见》等政策，同时推出并实施了一系列科技创新举措。围绕培育一批支柱产业、壮大一批大型企业集团、树立一批知名品牌等“三个一批”，不断建立和完善以高等院校、科研院所为依托的原始创新体系、以产业技术创新为重点的企业技术创新体系、以促进知识技术转移为目标的科技创新服务体系、以制度创新和环境建设为重点的政府宏观调控体系、以政府投入为引导的多元化科技投入体系、以发展科技专业园区为突破口的成果转化体系等的郑州科技创新体系。在重点鼓励企业建立研究开发机构、增加研究开发投入的同时，使企业真正成为研究开发和科技投入主体，提高其自身拥有核心知识产权的能力，切实做到依靠科技创新带动全市经济结构的调整和经济增长方式的转变。

【提高科技服务能力】 按照“统筹规划，统一标准，资源共享，互联互通，易于扩展，安全可靠”的原则和建设服务型政府的要求，全面推进科技管理信息化工程，认真实施制造业信息化工程、农业信息化工程和科学数据资源共享工程等三大科技工程，推进科技开发与成果转化平台、科学数据资源共享平台、技术交易与科技企业孵化平台和科技信息网络等五大科技平台的建设，再造科技管理流程，搭建集在线申报、网上服务、交互式网上办公等多项功能于一体的“一站式”网络服务平台和全方位、多层次、立体化的管理与监督模式，以及“网上申报、网上受理、网上评审”的科技奖励信息网络平台，建立和完善“专家库”与“查新资源库”，提高“网上评审”的科学性、公正性和权威性。

【搞好三个创新】 一是创新科技计划管理机制。按照公开、公平、公正的市场化竞争原则，优化科技项目的筛选、评审、立项和管理体系，以信用体系建设为切入点，在立项、预算、实施、验收等环节上下功夫，强化市级科技经费的引导和带动作用，并设立项目后补助资金，力求2004年招标课题、重大项目、后补助项目占到年度经费总额的70％左右；二是创新科技成果转化模式。运用现代信息技术，整合优势、挖掘资源，构建科技成果转化的信息平台，探索“不同科技成果，不同转化平台，不同转化方式”的新路子，并打破以往科技课题一上计划就一锤定终身的做法，坚持对每项课题都进行跟踪问效，做到随时向市场需求要选题、随时向自主创新能力与充实科技储备要现代应变能力、随时向应用性基础研究分责管理竞争机制要最终科技成果的市场化高能效应；三是创新科普工作市场化运作机制与活动形式。加强计划管理与考核监督，推进集功能性、教育性、娱乐性、示范性于一体的科普基地建设，进一步探索科技下乡工作的长效机制，制订建设科技示范社区的标准和总体建设规划，在塑造一批不同档次、不同类型、不同风格的科技示范社区的同时，形成群众性科普活动的“统筹规划、组织协调，集成力量、突出重点，大众关注、社会关心”的新格局。

【搭建三个平台】 一是搭建科技信息服务平台。发挥郑州科技港的作用，加强数据资源共享工程建设，建立统筹全市、涵盖各县(市)、区科技行政管理部门的郑州市科技局科技政务信息中心，推广应用办公自动化系统，实现全市科技政务电子化和数据资源共享的现代化；二是搭建科技成果开发与转化平台。巩固和完善业已建成的重点实验室和工程技术研究中心，推动全市各类研究机构的功能化与开放式发展，促成重大关键技术协作攻关、科技成果的就地转化和新产品的自主开发与市场化、产业化、国际化；三是搭建政府推动、市场化运作的技术交易平台。切实打破部门界限，优化综合集成的交流平台、交易平台和资源平台，建立技术成果发布制度，增强技术成果的实效性，探索适应市场要求与政府职能转移的成果信息发布、宣传和交流的新形式，促进技术成果与资本、信息、劳动力等要素市场的结合。

【实施三项工程】 一是实施以农村信息化服务为切入点的科技富民工程。以直通农村基层的科技信息服务网络为纽带，以联接农村科技服务组织的互动式信息终端为桥梁，以“郑州星火计划网”与“郑州农业科技港”为主要内容，借助于电脑、机顶盒一电视机、光彩机、卫星接收机等，建设农村科技服务公共信息平台，为农民无偿提供科技知识、科技成果、产品市场需求和农村劳动力就业指导等实用信息服务；强化以各类农村科技专家大院、农村专业技术协会、龙头企业创新中心为载体的农村科技服务体系建设，做到科技富民的政府引导与市场竞争、公益性服务与经营性服务、综合性服务与专业性服务、专家试验研究与乡土人才示范推广的相结合；二是实施以产学研基地、科技孵化器和科技园区建设为切入点的科技创新工程。在新建5个专业孵化器的同时，通过建立和完善河南省大学科技园、中部软件园、郑州新材料产业园、郑州生物医药产业园、郑州光机电产业园、留学生创业园、郑州市高产奶牛示范园和郑州精细化工产业园等八大高科技园区，加大政策扶持和资金扶持力度，使其成为促进科技成果转化的孵化基地；三是实施以制造业信息化示范企业为切入点的制造业信息化工程。要围绕汽车、铝、食品、纺织四个重点行业，选择30家重点示范企业，推广应用 CAD/CAE/CAPP/CAM/PDM/ERP等信息技术，通过改造和提升传统产业，提高产品科技含量，缩短产品研发周期，实现升级换代和节能降耗，促进企业整体技术和生产制造能力提高到一个新水平，以增强企业的产品开发能力和市场竞争力，推进全市新型工业化进程。

【实现三个突破】 一是在以信息化带动工业化、发展高新技术产业、用高新技术改造并提升传统产业方面实现新的突破。2005年，全社会R&D投入要达到15亿元；年技术贸易额要达到15亿元；高新技术工业增加值要达到135亿元。按照“有所为，有所不为”的原则，在制定高新技术产业发展规划、出台扶持中小型科技企业发展的优惠政策、为高新技术产业发展营造良好环境的同时，以电子信息、新材料、生物工程及制药、机电一体化等四个高新技术领域为重点，以高新技术产业开发区、经济技术开发区的信息产业园、软件园、生物医药产业园、新材料园、光机电产业园、大学创业园、留学生创业园和国家“863”软件孵化器基地、国家火炬计划超硬材料产业基地等为载体，实施高新技术产业化重点项目建设，构筑郑州信息产业发展基地、新材料产业发展基地、生物制药产业发展基地和机电一体化产业发展基地，使高新技术产业成为郑州市信息化带动工业化发展的强大动力、产业结构调整和传统产业优化升级的技术支撑和可持续发展的技术保证；二是在加强科技基地建设、促进科技成果转化方面实现新的突破。在开发、转化、开放服务、人才引进等方面狠抓落实、狠抓成效，全方位提升重点实验室和工程技术研究中心的发展水平，促进其上档次、上水平、强服务、增效益；三是在整合及优化配置科技资源、提高科技对经济和社会发展支撑能力方面实现新的突破。围绕实现中原崛起目标，以IPV6重大科技成果产业化为重点，组织实施重大科技专项建设工程，加强科技资源集成，努力提高科技的支撑力度。

郑州市2004年获河南省科学技术进步奖项目

序号	获奖项目名称	第一完成单位	第一完成人
		一等奖	
1	HJ－650型智能网络化压机生产线	河南华晶超硬材料有限公司	郭留希
2	水刺法非织造布生产联合机	郑州纺织机械股份有限公司	薛定海
3	DVnD数字视频网络播放系统	郑州市威科姆电子科技有限公司	贾小波
		二等奖	
1	豫马铃薯系列品种脱毒快繁及产业化应用研究	郑州市蔬菜研究所	庞淑敏
2	郑州国际会展中心复杂结构体系的研究	郑州大学	童丽萍
3	郑州市生态功能区划与生态保护规划研究	郑州市环境保护监测中心站	孙金陵
4	刚玉氮化硅制品(刚玉氮仳硅浇块)	北京科技大学	孙加林
5	超级焦炉用优质硅砖(SCOE21硅砖)	登封市春胜耐火材料有限公司	冯振德
6	移动警务查录系统	郑州市公安局	常志军
7	移动式带电水冲洗装置及冲洗工艺的研究	郑州市易科电力技术有限公司	王利群
8	颈椎后路手术头架的临床应用	郑州市骨科医院	梅　伟
9	肺癌患者血清sIL－6R检测的临床研究	郑州大学第一附属医院	王　静
10	分化诱导对肿瘤细胞分化、凋亡诱导的分子机理研究	中国人民解放军第一五三中心医院	宫璀璀
11	SARS病毒快速检测技术研究	河南省生物工程技术研究中心	李振勇
		三等奖	
1	小麦、玉米品种快速检测技术和仪器研究	河南科瑞科技有限公司	崔学晨
2	优质高产早熟花生新品种郑8519－1选育与应用	郑州市农林科技研究所	杨海棠
3	优质专用小麦种子保优纯技术研究与应用	郑州市农作物品种展览中心	朱昌涛
4	大枣产业化技术研究与开发	新郑市枣树科学研究所	周柿云
5	SGJL－851M聚硫建筑接缝防水密封胶	河南永丽化工有限公司	宋余双
6	非添加甲醛啤酒酿造技术研究与应用	河南奥克啤酒实业有限公司	孙志广
7	有机硅带锈防腐漆工业化生产技术	河南省化工研究所	王宏力
8	复合蛋白高档服装面料	郑州四棉有限责任公司	伏广庆
9	神舟号火箭发射台导流槽材料的改进	郑州登峰熔料有限公司	王建亭
10	轿车发动机关键零件加工用数控机床配套高速高效CBN砂轮制造技术	郑州磨料磨具磨削研究所	刘一来
11	WFP－12H烘干型方便面生产线	郑州东方尚武食品机械有限公司	大内尚武
12	急性心肌梗死和缺血再灌注内皮血管活性物质变化及不同药物的影响	郑州市第五人民医院	刘恒亮
13	Versapulse激光仪治疗太田痣的临床研究	中国人民解放军第四六〇医院	张海水
14	重型脑出血并多脏器功能衰竭影响因素调查研究	郑州市中心医院	王润青
	HRPS数字化医院信息管理系统的研究	郑州市卫生防疫站	常战军
	市民道德状况调查及“以德治市”对策研究	郑州大学	王　东

2004年郑州市科学技术进步奖获奖项目名单

序号	项目名称	主要完成单位	主要完成人
		一等奖	
1	郑州国际会展中心复杂结构体系的研究	郑州大学	童丽萍 刘忠玉 吕红医 任俊超 宁永胜 王彦超 李英灏 李现辉 吴本英
2	豫马铃薯系列品种脱毒快繁及产业化应用研究	郑州市蔬菜研究所 郑州市农业局 河南省农科院生物技术研究所 河南省种子管理站	庞淑敏 文广轩 方贯娜 崔杏春 周建华 李文跃 吴焕章 原玉香 韩建明 时小红 石闺阁 高恒卫 朱中锋 孙立民 刘传玉
3	水刺法非织造布生产联合机	郑州纺织机械股份有限公司 东纶科技实业有限公司	薛定海 杜发祥 刘瑞彪 王跃光 李明文 周雪花 张晓飞 位迎光 彭飞云 魏　敏 张孝南 程荣辉 周国瑞 吴满菊 王意志
4	HJ－650型智能网络化压机(金刚石)生产线	河南华晶超硬材料有限公司	郭留希 张　战 黄子薇 杨晋中 赵清国 薛海红 刘金昌 徐　焱 王占勇 刘广利 李宪周 马丽莹 丁国才 薛海彬 赵忠亮
5	SARS病毒快速检测技术研究	河南省(郑州市)生物工程技术研究中心 中国疾病预防控制中心病毒病预防控制所 河南华美生物工程公司	李振勇 毕胜利 王云龙 李德新 景建洲 屈凌波 邵大晓 冯艳铭 李智涛 崔天星 浩　健 王秋旗 陈小科 路江涛 王奕江
		二等奖	
1	绿色食品大米标准化生产技术规程研究与产业化开发	河南农业大学 河南省粮油工业总公司方欣米业分公司 河南省农业广播电视学校郑州分校 郑州市农林科学研究所	赵全志 夏富恩 刘万代 李文彪 陈书明 许喜兰 徐　广 张　岚 王　晨 张　志
2	优质高产早熟花生新应用技术品种郑8159－1选育与应用	郑州市农林科学研究所 郑州市农技推广站	杨海棠 王　健 王蕊敏 李　琴 马素芹 黄长志 崔建民 李光照 陈　华 王金召
3	香椿周年采芽栽培技术研究及示范推广	郑州市农林科学研究所 郑州市二七区蔬菜办 郑州市园艺工作站	杨巧云 豆来平 冯　健 史希兵 周　华 常小兵 孟宪梅

序号	项目名称	主要完成单位	主要完成人
4	优质专用小麦种子保优保纯技术研究与应用	郑州市农作物品种展览中心 河南省农科院小麦研究所 河南省农作物品种展览中心 郑州市种子管理站	朱昌涛 赵　虹 陈长海 董　锐 赵永伟 商中奇 魏玉萍 孟国强 范志涛 梅永山
5	优质专用春棉新品种豫棉 22 选育及推广应用	郑州市农林科学研究所 河南省经济作物推广站 河南省农科院棉油所	贾新合 刘书梅 赵国栋 刘英华 王桂英 贺桂仁 吕双俊 周孟飞 刘子卓 张宗敏
6	猪附红细胞体病及并发征综合防制体系研究	河南广安生物科技股份有限公司	高天增 王全亮 李勤建 高海燕 李忠建 董继红 刘功伟 高鹏飞 付　充 白海银
7	以磷酸一铵为磷源配制 BB 肥的配方研究及推广应用	郑州市沃田配肥站 郑州市土壤肥料工作站 河南省磷酸一铵复合肥产业协会 济源市丰田肥业有限公司	吴鲁智 牛河钧 吴伟凡 王少辉 席素红 余巧兰 赵　虎 孙双喜 王志刚 孙大光
8	中华枣文化研究	新郑市枣树科学研究所 新郑市农业科学研究所	周沛云 姜玉华 刘志勇 封银曼 李占林 赵亚东 陈贻金 荆自忠 马元忠 胡秀荣
9	移动式带电水冲洗装置及冲洗工艺的研究	郑州易科电力技术有限责任公司 河南电力试验研究所	王利群 阎俊超 井广秀 吴文龙 周晓湘 王锋涛 潘　勇 卢　明 邱武斌 孙新良
10	公路施工企业信息化管理系统	郑州市公路管理局第一工程处 华北水利水电学院 郑州大学	曾建民 邱道尹 武世英 张　鹏 王战伟 赵培松 刘自干 吕志伟 朱巧玲 朱永文
11	城市供水计算机辅助调度系统	河南省安视博系统工程有限公司 安阳水务总公司	刘建国 冯国庆 王春成 耿　勇 侯　伟 平本红 王艳萍 宋　强 王　宁 孙建军
12	枣树病虫害防治智能决策支持系统	郑州轻工业学院	崔光照 金保华 裴海潮 黄微正 戈　民 柏祖进 孙文奇 张勋才 孙　林 屠新红

序号	项目名称	主要完成单位	主要完成人
13	ZHC微机核子秤	郑州同创测控技术有限公司	冷　冰　宋向军　沙增凯　马　飞　王惠斌　刘耀红　陈　鹏
14	中共河南省委组织部多媒体干部管理信息系统	河南雪城软件有限公司 河南省委组织部干部信息管理中心	刘玉华　司好信　刘志敏　孙　瀚　韩东亮　王月庆　李彩霞　路宝山　杨　军　张剑平
15	酶标仪控制及分析管理软件(中文版)	郑州博赛生物工程有限责任公司	刘　聪　苗拥军　吴学炜　王惠敏　吴　爽　王　超　杨增利　苗兰芳　朱永胜　张宪峰
16	移动警务查录系统	郑州市公安局 解放军信息工程大学电子技术学院 河南移动公司郑州分公司	常志军　常朝稳　刘世忠　蔡志强　鹤荣育　刘　新　司志强　李继华　肖青海　李小学
17	新型刮奖发票全程加密式数字印刷系统	郑州东港安全印刷有限公司	左仁杰　刘五一　唐国奇　刘玉东　杨军强　张　涛　胡建军　李业勤　夏景友　张　蓓
18	税控收款机	郑州新易电子科技有限公司	高永祥　李天祯　张克宏　李英会　刘同利　梁全根　任新平　宁占彬　朱永锋　于仲华
19	中华粮网粮食竞价交易系统	郑州华粮科技股份有限公司	傅　宏　冯志刚　刘静峰　陈　东　陈　援　胡　东　岳　勇　张怀刚　张惠娟　宁　一
20	DVnD数字视频网络播放系统	郑州威科姆电子科技有限公司	贾小波　张军奇　杨玉清　王安健　李世新　杨　平　杨　立　黄　海　邵传威　张永强
21	HRPS数字化医院信息管理系统的研究	郑州市卫生防疫站 郑州市卫生局 郑州市新益华电子技术有限公司 郑州市第五人民医院	常战军　顾建钦　王胜健　李　磊　王迎秋　李玉秦　王彩霞　陈刘生　林家瑞　顾　正
22	氧化铝气态悬浮焙烧炉自动控制系统	中国铝业股份有限公司河南分公司	王锡慧　郭顺喜　刘保正　李丰才　牛立群　杨　波　梁红兵　王炜峰　赵　冰　邹勇全

序号	项目名称	主要完成单位	主要完成人
23	连续铸造单晶铜	郑州电缆(集团)股份有限公司	周济仁 许振明 杜晓峰 赵有伟 洛 军 宋丽丽 王 丽 罗建敏 王维正 付振乾
24	复合蛋白高档服装面料	郑州四棉有限责任公司	伏广庆 李建颖 朱彩红 祁 鹏 孙丽丽 徐建枫 王全祥
25	阳离子可染涤纶棉纺新产品开发	中原工学院	崔世忠 蔡玉兰 黄东生 朱正锋 刘红义 牛建设 王军宗 亚 宁 施红星 王东伟
26	刚玉氮化硅制品(刚玉氮化硅浇注块)	北京科技大学 巩义市中原耐火材料有限公司	孙加林 李献明 洪彦若 康华荣 李大伟 祝少军 白周京 涂军波 薛文东 曲殿利
27	高炉热风炉用系列抗震低蠕变砖	巩义市第五耐火材料总厂	林彬荫 赵永安 王建军 张新玉 丁权波 校松波 李明耀 张晓雷 王丙乾 张亚非
28	非添加甲醛啤酒酿造技术的研究	河南奥克啤酒实业有限公司 江南大学生物工程学院 河南省商业科学研究所	孙志广 李 崎 李 峰 郑飞云 张 勋 郜长林 徐武林 应 凯 江艳伟 蒋淑玉
29	冻干手擀方便面	河南韦伯冻干实业有限公司	王玉川 时兴荣 郑小卫 时兴明 刘 琨 郑小东 詹从华 齐红海 郭 娜 程 静
30	鸿盛彩喷墨水	郑州鸿盛数码色彩技术有限公司	秦国胜 梁朝民 张轶红 杜秀芳 王丽辉 刘昌龄 杨佩珍
31	神舟号火箭发射台导流槽材料的改进	郑州登峰熔料有限公司 中国建筑材料科学研究院	王建亭 周季婻 王文浩 芮国安 刘 旦 王红卿 尚占奇 张坤锋 王进保 王志民
32	SGJL—851M聚硫建筑接缝防水密封胶	河南永丽化工有限公司	宋余双 王九一 杨宏生 朱天喜 刘海超 宋秋灵 朱玉梅

序号	项目名称	主要完成单位	主要完成人
33	郑州市生态功能区划与生态保护规划研究	郑州市环境保护监测中心站	孙金陵 王静斌 侯亚明 权　瑞 都小尚 张新力 丁中振 周剑锋 刘平波 范相阁
34	河南省体育中心体育场工程	河南省第一建筑工程有限责任公司	王俊海 胡伦坚 沈国强 李群虎 石小玲 张兆茗 罗有功 陈汉昌 赵　恺 赵青山
35	自动灌肠机的研制及其临床应用研究	郑州市大肠肛门病医院 郑州科瑞医疗器械贸易有限公司	宋太平 巩跃生 魏淑娥 刘劲松 郭孝然 王　勇 郑南方 张秀兰 孙遂杰 朱桂霞
36	轿车发动机关键零件加工专用数控机床配套高速高效 CBN 砂轮制造技术	郑州磨料磨具磨削研究所	刘一来 邱丽花 鲁　涛 张小富 田书跃 郭凤英 丁春生
37	ZN6452WAG 型多用途乘用车及底盘	郑州日产汽车有限公司	刘　钊 周　喻 赵全路 董玉臣 徐玉霞 普春杰 任宗现 杨河洲 郭新月 郑素君
38	牙列托盘承载自制中药糊剂治疗牙本质敏感症临床研究	郑州市中心医院	张　瑞 孙保军 赵　曼 赵少轶 刘惠莉 马冬梅 张　朋
39	自体造血干细胞移植治疗重症系统性红斑狼疮	郑州市第三人民医院 郑州市骨髓移植中心	赵晓武 符粤文 吴书一 侯天德 谷景棉 彭晓景 董秀娟
40	急性心肌梗死和缺血再灌注内皮血管活性物质变化及不同药物的影响	郑州市第五人民医院	刘恒亮 刘小如 白树鸣 姚红霞 曾建生 王浏顺 段　林 王慧贞
41	老龄大鼠脑缺血再灌注损伤细胞因子的变化及脑毒清对其影响	河南中医学院 郑州市中医院	任小巧 李建生 卢跃卿 张卫红 崔珊珊 庆　慧 刘　柯
42	小儿肾小球疾病患者脑电变化及相关因素研究	郑州市儿童医院	张迎辉 虞　婕 吴文乾 杨　萌 孔　峰 曾国光 王小稳
43	百莲安神胶囊的研制及应用	郑州市精神病防治医院 郑州市现杰医药研究所	李平安 郑淑英 李现杰 程学敏 吉顺利 曹玉媛 徐　建 黄建萍 周玉莲

序号	项目名称	主要完成单位	主要完成人
44	颈椎后路手术头架的临床应用	郑州市骨科医院	梅　伟　杨　勇　王春丽　朱耀辉　白　玉　陈长安　刘建民
45	深冻辐照大块异体骨移植治疗骨缺损的临床研究	郑州市骨科医院	连鸿凯　李国艳　海国栋　王　勤　王顺利　丁　力　李大为
46	铅作业男性生殖毒性研究	郑州市职业病防治所	李国玉　王会民　苏保军　宋新魁　王　威　薛和平
47	Versapulse 激光仪治疗太田痣的临床研究	中国人民解放军第460医院	张海水　杨　菊　蒋晓钦　李宁萍　张永香　秦军侠　卢文平
48	口外弓－Twinblock 矫治Ⅱ1类错牙合的临床研究	郑州大学 郑州市二七人民医院	李　沙　程　涛　马　钊　尚君兰　焦　静　李苏宁　刘　进　陈　勇
49	河南省农业结构调整及有关政策体系问题研究	郑州市财政局财政科学研究所 郑州市社科联中州纵横杂志社	赵　健　董桂香　窦志力　崔文卿　孙留欣　谢洲锋　李纪伟
50	论科技支撑	郑州市科学技术局	王济昌　方振乾　陈　军　靳　蕾　谢　辉　郭　岩　苗　健　薛长江　梅江鹏　王建修
51	市民道德状况调查及"以德治市"对策研究	郑州大学 中国人民政治协商会议郑州市委员会	王东虓　秦树理　王晓琍　时延春　余兴龙　刘桂英　徐惠俐　范秋菊　完颜华　张宜海
		三等奖	
1	天丝绸	郑州三棉有限责任公司	谢新梅　张惠明　俞善伟　王东涛　黄　燕　闫红彬　訾宜春
2	郑州市无公害商品猪标准化生产技术研究与开发	荥阳市畜牧兽医服务中心 郑州市农业局 河南省广安生物科技股份有限公司 郑州市二七区农业综合开发办公室	王　雨　张玉香　李　慧　李松龄　吴太谦　高天增　程明阁
3	铁路运输调度指挥管理信息系统（DMIS系统）	河南辉煌科技股份有限公司	苗卫东　杜旭升　赵海东　常　芃　郭治国　李建朝
4	小麦、玉米品种快速检测技术和仪器研究	河南科瑞科技有限公司	崔学晨　徐献军　张利群　牛淑芝　张利民　孙宪光　崔　实

序号	项目名称	主要完成单位	主要完成人
5	氧化铝厂空压站设备状态监测与故障诊断	中国铝业股份有限公司河南分公司	侯用兴 陈建斌 刘宗会 侯 建 赵镁翼 刘建忠 尹进文
6	多丝(20线)展开式化学镀铜 CO_2 气保焊丝生产线	郑州金属制品研究院	李中山 李 锋 姚宏伟 王静芳 陈红献 周孝俊 郑卓能
7	混铁炉整体浇注工艺及所用耐火材料的研制与应用	河南省耕生高温材料有限公司 河南省耕生耐火股份有限公司 济源钢铁公司炼钢厂	陈瑞金 张光普 张顺庆 毕振勇 周为民 张西超 郑为民
8	WFP—12H 烘干型方便面生产线	郑州东方尚武食品机械有限公司	大内尚武 魏明东 张志强 刘国卿 马宪营 翟志清 王宝晨
9	荧光探针定量 PCR 在诊治乙肝疗效观察中的应用研究	郑州市中心医院 中山医科大学	王现亭 史华瑞 卢金镶 高国岳 孙新宇 张 艺 何蕴韶
10	流行性感冒灭活亚单位疫苗人群安全性和免疫原性的研究	郑州市卫生防疫站	韩同武 董蒲梅 李玉秦 郑天柱 乔荣宪 贾永普 李 锋
11	人体全身血管铸型标本的研制及其应用	郑州市卫生学校	程明亮 袁耀华 侯皓天 孙培勇 周佩玲 李桂军 赵建伟
12	分化诱导剂对肿瘤细胞分化、凋亡诱导的分子机理研究	中国人民解放军第一五三中心医院 郑州大学医学院	宫璀璀 邓新国 王文丽 王红梅 郑乃刚 赵培荣 吴景兰
13	郑州市物流业供给与需求发展研究	国家统计局郑州市企业调查队	姚芸来 王传健 孙传峰 闻有虎 王晓治 沈立承 陈 斌

（陈 军）

科技活动

【科技周活动】 5月份，市科协、市科技局、市委宣传部共同主办了郑州市2004年科技活动周，主题为“科技以人为本，全面建设小康”。活动周期间，全市科协系统共组织各类科技知识及成果展览35场，展出各种宣传版面2200多块，印制张贴宣传品14600张(条)，举办科技讲座及各类技术培训班80场，开展科技下乡活动120次。并在新郑市举行了本届科技活动周启动仪式，在启动仪式现场设置了科技、农业、环保、卫生等专家咨询台，安排了以科技为主题的时装、少年航模、机器人和科幻画表演等节目。科技周期间，市科协还聘请上海市科普讲师团6名专家，为全市大、中、小学生举办科普知识系列专题讲座22场，内容涉及航天科技、生命科学、心理卫生等方面，听课学生达1万多人。

【全国科普行动日活动】 2004年是《科普法》颁布实施第二年，中国科协号召全国科协系统积极办好全国科普日活动，主题为：科学普及——你我共参与。7月4日上午，省、市科协在郑州科技馆举办了“全国科普日”河南暨郑州科普宣传活动，主题是：科学发展与中原崛起。同时举办了院士、专家座谈会，省委副书记陈全国、市委副书记祁金立以及10名院士、12名专家在座谈会上发了言。活动日上，各县(市)、区科协分别在人群集中的广场、社区举办了大型科普宣传活动。

【科普宣传活动】 为使广大人民群众

了解禽流感的科学防治知识，阻断禽流感向人群扩散，郑州市科协组织有关专家编印《禽流感防治》科普宣传小册子3000册，及时购买了科普挂图向各县(市)区发放。3月5日在全市统一开展了预防禽流感科普宣传活动。市科协制作了两套展板，同时在郑州市人大办公楼、郑州科技馆展出一个月，为预防禽流感提供了科技支持。新密市科协投资13万多元，在城区活动场面大、人员集中的西大街青屏广场东侧建成了具有较高标准的科普画廊，总长80米，面积100平方米，于6月29日揭牌。

市科协积极组织基层科协参加中国科协“工程技术与百姓生活”知识竞赛，因成绩突出，郑州市科协、金水区科协荣获优秀组织奖。

【组织专家为贫困山区服务】 按照省科技服务团要求，市科协积极组织专家服务团到郑州市贫困山区，开展技术咨询服务，现场解决生产、经营疑难问题，发放科技资料1万多册，培训农民群众2000多人(次)。根据省科技服务团安排，评选出驻村工作先进集体1个，优秀科技服务专家5名，先进个人2名，较好地完成了郑州市第三批驻村科技服务工作。

【农村科普活动】 市科协根据各县(市)、区提出的农业生产中急需解决的问题，精心组织送科技下乡活动。全年共组织农技专家下乡190多人(次)，举办实用技术培训班300期，培训农民21000多人，发放科技书籍6000余册，科技资料30000多份，播放科技录像280多场次，举办科技大集20次。10月20日至11月5日期间，市科协组织12位科技专家奔赴荥阳市王村、新郑市古城村、金水区柳林镇、巩义市西村镇开展蔬菜种植技术、养猪技术讲座、科技咨询活动，科技专家所到之处受到了农民群众的热烈欢迎。元月8日，市科协与荥阳市科协在市委宣传部的统一部署下，组织10多名种养殖专家到高阳镇参加了2004年迎新春文化科技卫生“三下乡”集中示范活动。联合展出科普展板206块，为群众免费发放科技书籍5000余册，科普资料5000余份。在活动现场设立了种植、养殖、法律法规、果树栽培与管理等5个咨询台。

在农村实用技术培训工作方面，全市各级科协组织紧紧围绕农业产业结构调整和优质高效农业发展，扎实有效地开展农村实用技术培训工作。共培训农民约23万人(次)，其中农村党员干部5.8万人(次)。如巩义市科协启动农村党员电教科技致富活动，以巩义市园艺学会(学会驻地在回郭镇)为依托，针对巩义市苹果品种老化、管理技术落后等客观现实问题，组织林果专家对农村党员干部及果农进行实用技术培训，参加人数800多人。

市科协注重农技协的发展工作，全年，各县(市)、区科协新发展农技协55个，扶持“公司＋协会＋农户”农技协30个。中原区须水镇须水村奶牛养殖协会等10个专业技术协会被评为第五届“十佳”农村专业技术协会。中牟县成立了“中牟县城关镇农产品经纪人联合会”，下设1个农产品信息服务中心和5个专业协会，共有会员608人，协会以服务为宗旨，引导、帮助农民依靠科技发展生产、改善经营，增加收入，做到依法经营、诚实守信，提高了农民从生产到流通过程中的综合素质和营销水平，增加了农民收入。

为做好省级科普示范县(市)复查验收工作，郑州市科协先后召开三次协调会，及时督促指导巩义市、荥阳市、惠济区科协按照要求做好迎检的各项准备工作。4月份，省级检查组对5个县(市)、区严格按照河南省科普示范县标准进行了检查验收，对其中，三县(市)、区科普示范县创建工作给予了很高评价。郑州市科协、新密市科协、登封市科协被评为河南省创建科普示范县先进集体。新密市、登封市、巩义市、荥阳市已被命名为国家级科普示范县。

按照省科协要求，巩义市小关镇、新密市岳村镇等5个乡镇积极申报省级科普示范乡(镇)，经过验收，全部达到省级标准。

【青少年科普活动】 (1)按照河南省科协、省教育厅文件精神，市科协、市教育局联合举办了第十届郑州市青少年科技创新大赛。本次大赛涉及内容广泛、规模宏大。共推荐申报科技创新成果竞赛项目445项，科技实践活动61项，少年儿童科幻画614幅，优秀科技教师活动方案45项，经市级评审委员会认真评审，共获科技创新成果竞赛项目一等奖68项，二等奖98项，三等奖127项；科技实践活动一等奖17项，二等奖121项，三等奖14项；科幻画一等奖60幅，二等奖117幅，三等奖139幅。

4月23～26日，第十八届河南省青少年科技创新大赛终评展示活动在南阳市举行，郑州市代表团56名学生参加比赛，占参赛学生总人数的50%，所有参赛项目全部获奖。河南省推荐14个优秀项目参加全国青少年科技创新大赛，其中郑州市占8个项目，13位高中生获全国二等奖，并取得高等院校招生保送资格。郑州市科协荣获国家、省级优秀组织奖。

在创新大赛期间，郑州科技馆举办了全国青少年科技创新大赛发明创造优秀作品展，历时一个月，吸引参观人数42000余人(次)。同时还加大了科技辅导员的培训力度，特邀请北京高级教师周又红老师、山西省科协主席关原成来郑州市做创新大赛辅导工作报告会，1800多名科技辅导员到会听了报告。

(2)市科协于3月举办了第九届全国“华杯赛”郑州赛区的预决赛。这次活动吸引了郑州地区近万名中、小学生来参加比赛，通过预赛、决赛，最后评出一等奖30名，二等奖90名，三等奖476名。并选拔出优秀学生代表郑州市参加在广东潮州举行的全国“华杯赛”总决赛，取得了五枚铜牌的好成绩。郑州市科协荣获优秀组织奖。

(3)为进一步推动郑州市青少年

科技教育工作的蓬勃发展，市人事局、市科协、市教育局，联合举办十佳青少年科技辅导员、十佳青少年科普教育学校评选活动。经过基层的选拔推荐、评委考察、评议，上街区新建小学、二七区铭功路小学、郑铁一中等十所中小学，金水区李雪玲、惠济区王金斗等十位老师荣膺十佳称号。

【企业科协开展“讲比”活动】 “讲理想、比贡献”竞赛活动是郑州市企业科协的一项经常性工作。各企业科协以新产品开发、技术攻关、提合理化建议为主要内容积极开展“讲、比”活动。白鸽集团、电缆公司集团、卷烟总厂、郑飞集团、中讯邮电咨询设计院等单位科协，紧紧围绕企业经济发展和技术进步的热点、难点问题，组织广大工程技术人员，在产品结构调整、传统企业改造、新产品开发等方面进行技术创新和技术改造，取得了显著成绩。电业局科协每年都拿出专门资金，对获奖的单位和个人进行表彰和奖励。全年共上报合理化建议和技术改进项目 950 项，其中技术论证 52 项、技术攻关 300 项，推广新技术 154 项、开发新产品 21 项。

【学术交流活动】 年初，市科协制定下发了《2004 年郑州市学会工作意见》，要求市属各学会要突出重点工作，自觉服务和服从于全市工作大局，全面履行和完成人民团体的职责与任务。全年共组织学术活动 178 次，参加活动2.4万多人；组织各种培训 328 期，培训人数 1800 多人；咨询活动 21 次，咨询人数 3800 多人。郑州市电机工程学会元月份召开了郑州市电机工程学会学术年会，根据电力系统的实际情况分研究与探讨、经验与实践、经营与管理、安全生产、入世论坛等九个方面进行了交流；郑州市涂装协会举办了第十届涂装技术交流会，来自全国各地的 60 多个单位 131 位代表参加了交流会，会议交流了 30 篇论文，其中有 16 篇论文被国内涂装专业媒体采用；郑州市城市科学研究会组织编印了《古都郑州》，在郑州商都 3600 年学术研讨会暨中国古都学会 2004 年会上受到全国古都专家的称赞，为在这次全国性学术会议上确立郑州的古都地位，发挥了重要作用，成为认可八大古都地位的主体文献之一。

【举办“协作网”第九次年会】 全国中心城市科协学会工作协作网第九次年会于 2004 年 4 月 14 日～18 日在郑州召开。市委副书记祁金立、市委副秘书长杨震武、省科协巡视员叶琳等领导同志出席本次年会开幕式并做了重要讲话。昆明、杭州、南京、深圳、珠海、成都等十四省十七个城市的 63 名代表参加了会议。

会上，各地代表重点交流和探讨了市场经济条件下学会发展的新思路、新举措；学会组织在新形势下如何更有效地开展学术交流活动，进一步开展国际间学术交流与合作的办法和经验；如何进一步完善组织制度，兴办事业实体，多渠道开辟经费来源，改善学会条件，促进学科繁荣。

【学会自身建设】 为了活跃学术思想，促进科学技术的繁荣和发展，多出成果，快出人才，进一步调动广大科技工作者在实施科技兴郑战略，促进科技与经济结合以及社会主义两个文明建设等方面的积极性，市人事局、市科技局、市科协下发了“关于征集 2003～2004 年度自然科学优秀论文的通知”，各学会、县(市)、区科协、企业科协正按通知要求开展论文征集和上报工作。

为了更好地鼓励青年科技工作者奋发进取、多出成果，进一步促进青年科技人才的健康成长，充分发挥青年科技人才在贯彻实施“十五”计划和“科教兴郑”战略中的积极作用，市委组织部、市人事局、市科协组织了郑州市第二届青年科技奖的征集、评审、表彰工作。经过各学会、协会、研究会、基层科协选拔推荐共有 49 名青年科技工作者参加评审，经初评、专家评审、考察、终审，共 22 人获得郑州市第二届青年科技奖，同时获得郑州市青年科技专家称号。

【规范对科学学会的管理】 为了更好的履行市科协作为全市自然科学学会业务主管单位的职责，进一步规范和完善学会各项管理制度，促进学会的全面改革，使学会更好地适应社会主义市场经济的新形势，在竞争中得到发展，修订和完善了学会管理方面的规章制度。一是制订《郑州市科协所属全市性学会组织工作条例》草案，经五届五次全委会审议通过后，已正式下发。二是下发了中国科协关于推进所属全国性学会改革的意见，并要求市属各学会根据自己的情况，制定出改革方案。三是制定了 2004 年学会工作管理目标考核表，经年度考核评选出了 10 佳学会。

市属各学会大胆探索和实践学会生存和发展的新途径，进一步加强自身建设和管理，按章程规定时间换届，进一步加强理事会和常务理事会制度；加强学会改革的理论研究和实践，不断提高学会干部理论指导实践的能力。郑州市整形美容协会接受了河南省高级人民法院对医疗美容司法鉴定的委托，建立了郑州市整形美容协会医疗美容司法鉴定机构。

【建设自然科学专家库】 为了充分发挥科协联系科技工作者的桥梁纽带作用，年初组织有关专家设计了《郑州市自然科学技术人才信息库》，并确定了“建库人员范围”、“信息收集内容”和“信息收集渠道”。科技人才信息库完成后，可以根据需要进行各种检索，并根据检索信息来确定解决某方面技术问题的人选，从而为工业企业、农业生产提供解决实际技术难题的中介服务。也可为科技人员提供科技成果转化的中介服务。

【发挥科技馆阵地作用】 科技馆坚持公益性办馆方向，不断加强队伍建设、作风建设。全年共接待观众 20 多万人(次)；举办 14 场科普报告会，听众

4千多人(次);维修展品1千多(件)次,保证展品完好率在98%以上。

科技馆以充分发挥科普展教功能,提高全民科学文化素质,培养青少年科学思维和科技创新能力为目的。在常设展览的基础上,积极开展以临时展览和科普宣传为重要内容的科普活动,全年共举办临时展览及其他科普活动20多次。

郑州科技馆推出的大型益智玩具展,其独特的玩法不仅吸引了大量的在校学生,还吸引了社会各层面的成年人。此次展览展出的均为中国古老的智力游戏和古典数学玩具,共250多个品种,涉及几何、图论、运筹等多门学科,西方国家将这些游戏称为"中国的难题"。为了解决这些疑难的数学问题,科技馆同时展出的还有81块展板,将具有代表性的游戏解法和思路,系统地展示给观众,使观众从中了解到中国古典玩具的博大精深,培养了观众从多角度、多渠道看待问题和事物的习惯。

在努力保证展厅展品完好率的同时,积极筹措资金研制、购置新的展品和展项,新研制的幼儿科普展品组合得到省会几家重点幼儿园的认可和赞赏。"五代共堂嵩山杯"新展项以科学的角度展示了罕见的嵩山地质变化,4D电影、高压放电、组合龄轮等12个新展品项目的增加和更新,为科技馆增添了新的亮点。

郑州科技馆是中央八部委联合命名的"全国青少年科技教育基地"。"六一儿童节"期间,打破以往在"六一"儿童节对全市少年儿童限量赠票的做法,当天对所有的少年儿童实行免票参观,共接待观众6000余人(次)。

科技馆的"科普大篷车"是国内最先进的大型科普宣传车,是一个流动的科技馆。它运用多功能的配套设施把展览教育、科普宣传等活动有机结合起来,具有灵活性、时效性的特点。大篷车不仅走到了荥阳、新郑、漯河、商丘,而且首次进入了校园——郑州市铁路第十一小学,共接待观众6万多人次。

【"金桥工程"】 金桥工程是科协工作的重要组成部分,是解决"三农"问题的有效途径。市科协从管理入手,加强对跨年度项目的指导和检查,拟定了2004年金桥工程项目的立项工作。全年在省科协立项19项,创经济效益6千多万元。新郑市科协组织实施的《无公害绿色果品标准技术示范推广》项目,发挥科技优势,与河南农业大学、郑州果树研究所合作,开发市场需求的绿色果品,对8类果品示范推广,示范规模2500亩,总产量达250万公斤,累计实现经济效益480万元。10月中旬,市科协召开了"金桥工程"现场经验交流暨表彰会,副市长龚立群同志到会并做了重要讲话。县(市)、区10个先进集体、10个先进个人受到了人事局、市科协的表彰。市科协系统年度统计决策工作获省科协先进集体奖。

【科技咨询服务与科技成果转化】 为建设多层次、多功能、专业化、网络化、社会化的科技咨询中介管理服务体系,促进科技成果向现实生产力转化,郑州市科技咨询服务中心制定并实施了"组织机构及业务合同财税工作管理办法"等6项政策性配套措施。召开了全市年度科技咨询工作会议,以政府的名义进行表彰和奖励,创全省科技咨询行业由政府部门进行表彰和奖励的先河;邀请市工商分局、市劳动局、市质量技术监督局、市科技局分别到市科技咨询中心现场办公,对科协系统所属科技企业集中进行工商营业执照、企业劳动登记证书、组织机构代码证、科技企业资格证年检、换发等方面的无偿服务;加大税收政策和财政法规的宣传力度,邀请财政、税务主管局委及驻郑高校的专家学者,联合举办专题讲座8期,共有320多个基层单位560余人(次)参加;配合税务主管部门完成对科协系统所属税收代管户进行年度企业所得税汇算和财务审计工作、企业所得税征收方式鉴定工作、企业发票购领簿换发工作。加强企业科技咨询工作在企业技术创新体系建设中的重要作用,组织郑州市厂矿企业技术中心、科协及所属咨询分支机构到外地学习调研先进地区国家级企业技术中心、科协科技咨询工作建设的经验和做法;与市经委、市质协具体组织实施全市工业企业优秀质量管理小组评审及表彰奖励工作。

全年度共办理各类技术合同认定登记499项,实现技工贸收入4498万元,其中实现技术交易额2084万元,代征上缴各类税金660万元,比上年同期递增32%,净增代征上缴各类税金213万元。

在"百千万工程"活动中,市科技咨询服务中心针对全市科协系统民营科技经济快速发展的现状,制定专项政策性措施:凡是科协系统实行税收代征的科技含量高、附加值高的科技咨询机构,均给予跟踪服务,重点帮扶。市科协系统所属的信息产业部邮电设计院老年人科协信息技术咨询中心等10家科技企业,年科工贸总产值均超过200万元大关,最高产值者达1297万元,并发展新技贸机构20家。

积极参加中原区委、区政府"贡献杯"评比活动,市科技咨询服务中心由于组织机构健全、规章制度措施得力,经济考核指标超额完成,获中原区委、区政府"经济发展突出贡献奖",政府奖励人民币10万元。

科技进修学院为充分发挥郑州市再就业培训定点机构的作用,与郑州市劳动就业培训中心联合举办下岗职工再就业培训班,全年开办家政服务、家电维修培训班5期,培训下岗、失业、待业人员和农民工共252人,培训合格率达到97%。与中原理想职业技能培训学校联合办学,全年开办美容美发、电工培训1500余人,其中13人取得高级职业资格证书,597人取得了中级职业资格证书,123人取得初级职业资格证书。同时,加强对外联系,拓宽办学、培训思路。3月学院通过对石家庄和太原市科技进修学院的考察学习,加强了学院与外省市兄弟单位之间的联系。

按照年初工作安排，进修学院9月份在举办了首期科协系统干部培训班，邀请中国科协、省科协、市党校具有丰富理论知识和实践经验的教师为36位基层科协主席、主管科协工作的乡(镇)长进行了科协工作的专业知识培训。

(王　前)

地震工作

【概况】 2004年，郑州市在防震减灾工作中坚持以人为本和科学发展观，与时俱进，开拓创新，不断探索防震减灾与经济社会和谐发展的新路子。围绕豫鲁冀交界区可能发生5级左右地震值得注意地区的震情形势，强化震情观念，加大地震监测预报、震害防御、紧急救援三大工作体系建设的力度，进一步完善地震灾害管理机制，狠抓各项工作的落实，郑州市的防震减灾事业得到长足发展。地震工作获得中国地震局综合评比三等奖。河南省地震系统综合评比第二名。

认真贯彻全国防震减灾工作会议精神，进一步做好郑州市的防震减灾工作，2004年市防震抗震指挥部副指挥长龚立群副市长两次主持召开市防震抗震指挥部会议，部署地震应急预案编制工作，传达国务院防震减灾工作精神，通报郑州市及省会圈的地震形势，要求各级要进一步加强地震短临跟踪和应急工作，牢固树立震情观念，防患于未然，以对党、对人民高度负责的态度，强化社会管理和公共服务职能，提高应对突发事件的能力；进一步提高地震前兆异常跟踪和震情分析预报的能力；完善短临跟踪方案，落实各项措施；依法推进震灾预防，加强抗震设防管理，提高城镇抗御地震灾害的能力。各级政府和市直有关部门紧密结合实际，认真贯彻，积极落实。各县(市)、区防震抗震指挥部的指挥长和主管县(市)长经常定期不定期听取地震局的工作汇报，深入基层检查落实情况，跟踪问效。2004年，根据防震抗震指挥部人员变化的情况，及时调整补充，发挥指挥机构组织协调作用。经市编委批准，12个县(市)、区在科技局增挂地震局牌子，全市新增人员21人。各县(市)、区的工作经费及专项经费都有大幅度提高，据不完全统计，巩义市投入经费10万元；中原区6.5万元；新郑市、惠济区各3万元，中牟县在财政紧张的情况下也解决了2.5万元。荥阳市、新密市、新郑市还配备了应急工作车辆。

郑州市作为地震重点监视区内的省会大城市，引起国家高度关注。中国地震局副局长岳明生、刘玉辰等领导和专家先后3次来郑州市进行防震减灾工作检查，实地察看了市地震局、市防震减灾中心、登封市的防震减灾工作情况，对郑州市的防震减灾工作给予了充分肯定。

【地震监测预报】 2004年，豫鲁冀交界(含郑州市)区继续被国家定为发生5级左右破坏性地震值得注意的地区。面对严峻的地震形势，地震系统的广大工作人员，以对党、对人民、对历史高度负责的政治责任感，进一步强化震情观念，完善监测设施，加密观测，科学判定和正确处置地震异常信息。一是市地震局完成了防震减灾指挥中心及数字化台建设改造，中心地震台纳入省地震观测网。经过一年多的运行，中心地震台的运转状况和速报质量有较大提高，基本上达到300KM范围内3.0级地震速报要求。二是加强了观测台站的管理。对惠济区和中牟县的三个断层气观测站重新选点、更换了位置。对6县(市)的电磁波台站加强了专业技术指导。5月底，在荥阳市举办了地震观测数据采集报送培训班，提高了工作人员的技术水平和数据采集报送的质量。同时，对全市57个地震宏观测报点，加大了规范管理，制定了统一的观测标准，经过实地逐一检查遴选、验收，对二七区马寨镇申河观测站等21个设置比较科学合理、建设规范的观测点进行了挂牌确认。三是进行了地震监测知识培训。不少县(市)、区的地震局能够主动组织宏观观测站的人员进行相关业务知识培训。如中原区、二七区、新密市、新郑市的单位都专门组织乡镇、街道办事处的防震减灾助理员(联络员)、信息员进行两次以上的业务培训。四是坚持震情会商，加强震情值班。市局严格落实周、月、季、半年地震会商制度。通过会商，及时判定震情趋势，努力捕捉地震前兆信息，力争做好短临预报。市防震减灾中心编写的年度《地震趋势会商报告》在全省地震系统综合评比中位居第二名。6县(市)电磁波前兆观测台、白鸽地震台做到了人不离岗，24小时值班，并及时将相关数据报送市防震减灾中心，进行综合分析。市地震局始终坚持做到领导带(值)班、工作人员值班制度，24小时处置震情、接待群众来电、来访，及时落实和处置异常情况，如元月份五龙口污水处理厂出现地裂缝，6月份陇海路轻型汽车制造厂家属院两户居民家中地面温度达70度，9月份二七区申河地震宏观观测站连续两次出现鱼跳塘，南阳路与黄河路交叉口、燕庄、北环路等数期由于压路机、旧房改造拆迁引起的地震动等异常情况，地震局都迅速派人赶赴现场，实地察看，分析原因，排除异常，消除了群众的顾虑。一年来，共接待群众来电来访达460余人次。

【震害防御】 坚持不懈地开展防震减灾宣传。通过防震减灾科普知识的宣传教育，努力提高全民防震减灾意识，不断增强全社会抗御地震灾害的能力。在3月1日《中华人民共和国防震减灾法》实施6周年和“7.28”唐山大地震纪念日等重点时间，各县(市)、区围绕防震减灾宣传进社区、农村、学校的要求，抓住时机，不断创新宣传形式和方法，开辟新的宣传途径和手段，组织了较大规模的宣传活动，利用文艺队、秧歌队、盘鼓队广造声势，扩大影响。中原区、荥阳市、二七区、金水区、登封市都走上街头，将防震减灾知识制作成图板和有奖问答试题，设置咨询台，发放宣传品，播放 VCD 科教片等形式，使广大市民、学生更加深入地了解防震减灾的法律、法规和科普知识，以及地震灾害的教训和在抗震设防领域的成功经验，提高了防震减灾知识普及率。7 月 27 日，中原区对辖区防震抗震指挥部成员单位、乡镇、办事处防震减灾助理员（联络员）；村、社区防震减灾信息员；中小学校副校长 300 余人，进行了防震减灾知识的宣传培训。7 月 28 日，在岗坡路社区又进行了较大规模的宣传活动，扩大了宣传效果。二七区也分别于“3.1”，“7.28”在辖区中小学校、建中街办事处组织防震减灾基本知识百题有奖问答。二七区、中原区的防震减灾宣传活动得到了河南省地震局领导的好评。荥阳市在向社会宣传的同时，注重对领导的宣传教育，地震局购买了《防震减灾知识读本》、《中原减灾报》、《防震减灾法》及震情信息等资料送给市四大班子领导。金水区通过“金水科技信息网”的地震知识栏目，普及防震减灾科普知识，提升宣传品味。并印发防震减灾科普书籍 4000 余册，宣传品 1500 余份。管城区进行大的宣传 5 次，展出图板 500 块，挂图 600 余幅，印发宣传材料 5000 余份。新密市印制各类宣传材料 1000 余份。上街区印发宣传材料 5000 余份，条幅图板 20 余块。惠济区印发宣传材料 5000 余份，科普知识手册 2000 本。

严格依法行政，加大抗震设防监管力度。一是认真贯彻执行《行政许可法》和防震减灾法律、法规及规章，规范郑东新区办事大厅的办事程序。依法对新建工程的抗震设防进行管理，使新建工程达到规定的抗震设防标准。对地震法律法规文件进行了清理及文本化。二是组织完成郑东新区抗震减灾规划的编制与验收。完成了“美国加州工业园区”防震减灾有关资料的编写工作。郑州市活断层普查及详探工作已完成野外施工任务，已进入室内分析、化验、测试、资料汇总。三是开展了“民居地震安全工程”试点工作。根据国务院关于“逐步实施农村民居地震安全工程”和省地震局的工作安排，郑州市在荥阳市开展了“民居地震安全工程”的试点。荥阳市地震局对此非常重视，组织了农村房屋抽样调查队，对 17 个村，6637 户和农村中小学校校舍的抗震性能进行抽样调查，摸清了底数，建立了有关数据档案，初步设计了 4 套“民居地震安全工程”房屋图纸。

【地震应急】 认真做好地震应急准备工作是取得防震减灾成效的关键。突发的 SARS 疫情，给郑州市各级政府管理社会和应对突发事件的能力提出了重大挑战，已引起各级政府的高度重视，从而把地震应急工作也纳入了重要议事日程，切实加强了领导，做到了责任明确，预案落实，准备充分，物资到位。

为充分组好郑州市地震应急工作准备，防患于未然。3 月中旬，龚立群副市长亲自主持召开地震应急预案编制工作会议，专题进行研究，提出明确要求。会后，各县（市）、区、市直机关有关部门积极行动，紧密结合实际，重新制定或修订了预案。市直有 25 家单位编制了部门“地震应急预案”。修订后的地震应急预案更加科学、实用，增强了可操作性。此外，市地震局还参加了郑州市应对突发公共事件应急预案的编制工作。根据省政府办公厅和省防震抗震指挥部要求，市“破坏性地震预案的实施细则”也正在制定之中。2004 年郑州市各级政府财政共投入经费达 40 余万元。巩义市、新密市、荥阳市、二七区的应急物资已落实到位，并且种类齐全，基本满足地震应急工作的需要。新密市、荥阳市、金水区、管城区有专用车辆。

举办了地震应急救援知识培训班，组织对县（市）、区、乡、村、办事处防震减灾助理员和信息员进行培训，学习有关防震减灾知识以及地震应急救援常识等。全市各县（市）、区共明确乡镇防震减灾助理员 176 人，村、社区防震减灾信息员 2623 人，基本形成了“横向到边、纵向到底”的群测群防网络体系。

为检验地震应急反应能力，提高全员素质、培养锻炼队伍。10 月下旬，市地震局全体人员携带应急物资器材，参加了省地震局统一组织的“新乡百泉”地震应急演练；演练中，全体人员以震情为命令，在特定的情况下，规定的时间内迅速到达指定地域，按照预案程序完成地震现场、地震监测、通讯联络、《震情快报》文书制作等应急任务。

（高　峰）

社会科学

【课题调研与课题规划】 2004 年，市社科联完成了全市 2003 年度社科调研课题的结项工作，又依据市委、市政府中心工作，面向社会公开招标 124 项社会科学调研课题并立项，截至 2004 年 4 月底，课题已全部制作完成，结项率达 100%。经郑州市社会科学优秀成果评奖委员会评定，有 98 项课题获奖，其中，“郑州市农村社会保障问题研究”、“关于加快中原城市群一体化发展的对策研究”、“关于建设大郑州有关财政政策问题的调研报告”等 19 项课题获一等奖；“关于县域经济问题研究”、“郑州市发展农民合作组织问题研究”、“郑东新区自然环境条件评价”等 32 项课题获二等奖；“可持续发展与新型工业化之路问题研究”、“关于农村养老保险的对策研究”、“郑州市民营经济发展问题研究”等 47 项课题获三等奖。这些课题紧密结合全市经济社会发展实际，具有一定的理论和应用价值。为了更好地推广和应用这些成果，市社联编辑出版了《郑州经济社会发展问题研究》〔2001～2003〕年优秀课题调研论文集（上、下册），收录课题 72 项，共计 70 万字。

落实了 2004 年度社科调研课题

的规划工作。年初，市社科联依据市委、市政府工作部署和省社科联以及市委宣传部2004年度工作要点，参考国家和省有关部门下达的社科调研课题指南，认真落实了课题的规划和申报工作。有119项课题中标，各课题组经过大量的调查研究，目前已大部分制作完成。

【社科优秀成果】 2004年元月初至3月底，市社科联面向全社会征集2003年度社科优秀成果。经申报，共征集到210项社科类优秀成果，其中，哲政类80项、文史类66项、经济类60项。经初评提交郑州市社会科学优秀成果评奖委员会评比的成果165项，评委会按照“以文论质，以质定奖，公开透明，严肃认真，客观公正”的原则认真进行评审，共有93项成果获奖。其中，“武则天与嵩山”、“2003郑州农业发展报告”、“经济法基本理论研究”等11部(篇)成果荣获一等奖；“关于构筑大中原及大郑州都市圈的研究与建议”、“根在中原”、“郑州文物考古与研究”、“小康社会建设中的社会问题研究”等20部(篇)成果荣获二等奖；“做好农村治安工作的有效途径与对策”、“打造郑州新形象”、“郑州市城市化进程中的卫星城镇发展模式”等52部(篇)成果荣获三等奖；“关于乡镇企业与小城镇结合发展的思考”、“谈行政许可法的突破性贡献”、“论中小企业融资难的原因与对策”等10部(篇)成果荣获青年奖。社科成果《电子商务与西部大开发》获河南省社科优秀成果三等奖。从获奖情况看，无论在数量和质量上都优于往年。

【理论研讨与学术交流】 紧密配合形势发展要求，通过举办理论研讨会、组织撰写理论文章与省内外兄弟城市进行学术交流等多种形式，积极开展理论研讨和学术交流活动。全年共组织研讨会2次，开展省内外学术交流活动5次。

5月10日，市社科联与市委宣传部联合召开了“省会社科界学习贯彻《中共中央关于进一步繁荣发展哲学社会科学的意见》座谈会”。来自省社科院、郑州大学、解放军信息工程大学、郑州师专、中原工学院和市委党校等单位的社科专家学者20余人参加了座谈会。大家一致认为《中共中央关于进一步繁荣发展哲学社会科学的意见》，明确了繁荣发展哲学社会科学的一系列方针、政策和措施，是社科工作的纲领性文件，为做好社科工作指明了方向，具有重大的现实意义和深远的历史意义。专家学者还紧密联系郑州市的经济社会发展实际，就如何进一步繁荣发展哲学社会科学提了很好意见和建议。市委常委、宣传部长杨丽萍、市政府副市长孙新雷出席座谈会并讲话，号召全市广大哲学社会科学工作者要认真学习和领会文件精神，按照“三个贴近”和胡锦涛总书记在全国宣传思想工作会议上提出的“哲学社会科学研究要立足国情，立足当代，以深入研究重大现实问题为主攻方面，加强马克思主义理论研究和建设，努力担负起认识世界、传承文明、创新理论、咨政育人、服务社会的职责”的要求，大力弘扬求真务实精神，大兴求真务实之风，以科学严谨的学术态度，孜孜不倦的敬业精神，紧紧围绕市委市政府的工作中心，把社科工作做深、做实、做细、做出成效。

8月26日，组织召开了“任长霞精神”理论研讨会。来自省会的专家学者和任长霞生前的战友怀着十分崇敬的心情，重点围绕“任长霞精神”，从理论上进行了深入研讨。任长霞从一名平凡的人民警察到全国公安系统一级英模，她走过了一条什么样的人生路？又是如何实现了从普通人到共和国英雄的升华？是什么精神支配着她，鼓舞着她，激励着她？与会的专家学者一致认为，是理想、信念，是事业心、责任感，是无私奉献的精神力量。在她身上体现着一种精神，其实质就是：敬业、为民、正义、奉献。正是由于这种精神的支配和激励，使她做出了常人难以做到的辉煌业绩，造就了她成为政法干警的优秀代表、忠实实践“三个代表”的模范、广大党员干部学习的榜样。会议认为，“任长霞精神”主要体现在四个方面：即牢记党的宗旨，自觉践行“三个代表”重要思想的崇高思想境界；爱民、亲民、一心为民的宗旨意识；疾恶如仇，秉公执法的职业道德；求真务实，真抓实干的工作作风。与会的专家学者表示，一定要把“任长霞精神”学习好、宣传好，推动学习任长霞活动的深入开展。

【《中州纵横》杂志】 《中州纵横》杂志是市委市政府委托市社科联主办的综合性社科理论刊物，全年共印发12期，登载社科理论文章300余篇。为配合宣传古都郑州3600年，每期都精选3～5篇介绍古都郑州历史的资料、图片，并在第十期编辑出版郑州3600年专辑，组织社科专家撰写反映郑州古都历史的专题文章，以翔实的历史人物、文化、艺术、民俗等资料，为人们了解古都郑州的历史渊源，提供了宝贵资料平台。受到社会各界人士和广大党员干部群众的好评。中宣部理论局的同志两次来函并寄来稿件，对刊物质量给予充分肯定。此外，还在《中州纵横》杂志开辟了“中州论坛”、“学习与研究”、“改革与建议”、“科学与人文”、“道德与法制”等专栏，及时宣传郑州的改革与发展成就和悠久灿烂的历史文化底蕴，产生了广泛的影响。同时，还重视抓好平时社科知识的宣传普及，为配合纪念郑州市社科联20周年，制作社科展板70块，宣传普及社科知识。

【学会工作】 全市现有市属社科一级学会(协会、研究会)74个，二级学会(协会、研究会)109个，会员达57.3万人，这些学会分布在市直机关和基层单位，专业多涉及面广，是郑州市社科工作的重要力量。

学术研讨和学术交流活动活跃。据统计，今年各社科学会共举办学术研讨会、座谈会、报告会82次。如：人民防空学会召开的“郑州市人防学术研讨会”；统战理论学会召开的“郑州市统战部长理论研讨会”；法学会召开的“非法行政罪理论与实践座谈会”；城市金融学会召开的“作息制度改革对我行影响座谈会”；心理学会举办的“网络游戏对当代未成年人教育的影响与应对报告会”；审计学会召开的“审计理论研究与发展研讨会”等。此外，学会还举办培训班、研讨班 43 期；编辑各类社科会刊 263 期。这些活动结合实际紧应用性强，具有一定的学术和实用参考价值。

“十个一竞赛”促进了学会的全面建设。“十个一竞赛”即：组织好一次有实效、有价值的理论研讨或学术活动；出一本好书；在全国统一刊号上发表一篇好文章；提一条有应用价值的合理化建议；办好一份会刊或会讯；培养一个好典型；建立一支老中青三结合的理论骨干队伍；有一个善于开拓的学会工作机构并有一套健全的学会工作制度；搞一次社科知识宣传或咨询活动；承担一项市级以上调研课题或课题被政府有关机关部门采纳。通过这一活动，量化和规范了学会的工作与管理，增强了学会开展工作的积极性、主动性和责任感，推动了学会学术活动、社科优秀成果的参评和社科课题调研的开展，促进了中青年学术骨干的成长，学会的全面建设得到了加强。在 11 月召开的“全国大中城市社科联第十五次工作会议”上，郑州市的思想政治工作研究会、法学会、人民防空学会、财政会计学会、检察学会等 5 个社科学会，被评为全国先进社科学会。

【第四次社科联代表大会】 经市委常委会议研究批准，郑州市社会科学界联合会第四次代表大会于 2004 年 12 月 15 日～17 日在嵩山饭店召开。出席会议的代表 251 人，特邀代表 68 人。

大会的指导思想和主要任务是：高举邓小平理论和“三个代表”重要思想的伟大旗帜，认真贯彻《中共中央关于进一步繁荣发展哲学社会科学的意见》和市八次党代会精神，以全面建设小康社会为目标，认真总结市社科联第三次代表大会以来的工作，研究确定今后五年郑州市哲学社会科学工作的主要任务，选举产生市社科联新一届领导班子，动员和号召全市广大哲学社会科学工作者，进一步解放思想，实事求是，与时俱进，开拓创新，努力承担起认识世界、传承文明、创新理论、咨政育人、服务社会的职责，开创我市哲学社会科学工作新局面，为建设大郑州、实现中原崛起、加快全面建设小康社会而努力奋斗。

大会的主要议程有四项：一、听取市委领导重要讲话；二、听取并审议市社科联第三届委员会工作报告；三、修改市社科联《章程》；四、选举产生市社科联第四届委员会。

会议开幕式由市委常委、宣传部部长杨丽萍主持。省委常委、市委书记李克、市委副书记、市人民政府市长王文超、市委常务副书记赵建才、省社科联党组书记、常务副主席记李新杰、市人大主任市郝建生、市委常委、宣传部部长杨丽萍、省社科联副主席万兵、市人大副主任尚有勇、市政府副市长孙新雷、市政协副主席王薇等领导同志，以及市委、市政府有关部门的负责同志、市各人民团体的负责同志，出席了开幕式。

会议听取了市社科联党组书记、主席马成高同志作的工作报告。报告回顾总结了 1997 年市社科联第三次代表大会以来的工作。七年来，市社科联团结和组织全市广大社会科学工作者，在理论研究、学术交流、社科知识普及、课题调研、学会建设等方面均取得了显著成绩。共组织完成社科成果 1311 项、重大社科调研课题 377 项，为促进郑州建设做出了积极贡献。报告提出了今后五年社会科学工作的任务，明确了努力方向。

市委常务副书记赵建才代表市委、市人大、市政府、市政协向大会的召开表示祝贺，对七年来社科联及全体社会科学工作者取得的成绩予以充分肯定和高度评价。

大会通过了新的《章程》，选举产生了新一届市社科联领导机构。

（王玉亭）

第十八篇　文化事业

社会文化

【概况】 2004年,郑州市文化系统在市委、市政府的领导下,高举邓小平理论伟大红旗,以"三个代表"重要思想为指导,坚持文艺工作"二为"方向和"双百"方针,以繁荣发展社会主义文化为中心,围绕市委、市政府的中心任务,积极开展工作,文艺创作更加繁荣,文化产品质量,文化行业管理水平和效益进一步提高,为郑州市两个文明建设做出了积极贡献。

【改造公益文化设施】 升达艺术馆位于城东路,地理位置优越,是省会郑州承办艺术展览最多的重要场所之一。由于该馆建筑体量偏小,馆内设备落后,限制了其应有作用的发挥。为使升达艺术馆成为郑州市标志性的文化艺术展览交流中心,2004年,开始对升达艺术馆进行全方位的维修改造,并已完成改造规划论证。凤凰影院的改造与旅游业结合,将其建成以戏曲为主的演艺中心;杂技馆的改造引入社会资金,将其建成以体育、健身为主,兼具杂技、演艺功能的文化活动中心。

【发挥博物馆展示及服务功能】 认真贯彻落实文物博物馆工作"三贴近"要求和中央有关部委《关于进一步加强博物馆宣传展示和社会服务工作的通知》精神,各文博单位提高素质、优化服务、美化环境、完善设施、提高接待能力,向社会公开承诺,对未成年人等社会群体免费开放。古荥冶铁博物馆、大河村博物馆、城隍庙等单位"五一"节起,已对全社会免费开放;市博物馆等单位继续完善设施,也于"七一"后对全社会免费开放。在保证基本陈列展览、活动的基础上,还先后举办了数十个临时展览和文化活动,全年全市各博物馆共计接待观众25万多人次,义务讲解1000余场次。5月13日～18日,成功举办全省讲解员讲解大赛。这是河南省有史以来参赛人数最多、规模最大、奖励级别最高的讲解比赛。同时,郑州市讲解员在大赛上取得较好成绩。在9月份举办的"雷锋杯"全国博物馆讲解员大赛上,市博物馆的谢婷夺得个人一等奖,为河南省赢得荣誉。

【专题文化宣传活动】 与市委宣传部联合主办了"商都杯"历史文化知识电视大赛,与郑州文艺台共同举办了商城历史知识专题讲座,出版了《古都郑州》专著。承办了"郑州商都3600年学术研讨会暨中国古都学会2004年年会",会议确定了郑州的古都地位,并以纪要形式向世人宣布,郑州与西安、北京、洛阳、开封、南京、安阳、杭州并称为"中国八大古都"。经过多方努力,郑州市正式加入了"世界都市联盟",为郑州市进一步走向世界,扩大在世界范围内的影响搭建了新平台。

【队伍建设与机制创新】 切实转变机关作风和行业作风,进一步深化文化企事业单位内部改革,全面整合文化系统现有人力资源,推进人事制度改革。上半年在文化系统进行了年轻干部选拔活动,一大批优秀年轻干部脱颖而出,分别走向了不同的领导岗位,大大改善了文化系统人才队伍结构。创新体制机制,以经营企业的理念经营文化产业,以生产物质产品的理念生产精神产品,从市场中发现商机,在市场中发展壮大,提高文化产品生产和文化服务的经济附加值,促使文化事业和文化产业逐步走上良性循环、健康发展的轨道。

【文艺作品创作及演出】 2004年,全市共创作大型剧本4部、小品6部。王明山同志创作的《我们村里的年轻人》已拍摄成14集电视连续剧,将在央视一套播出;创作的小品《希望》获全省一等奖。郑州市杂技团选送的节目在全国第六届杂技大赛中荣获三个铜奖。市豫剧院在登封市公安局长任长霞同志牺牲之后,迅速行动,约请省市专家创作剧本,组织主创人员投入创作,不到一个月时间就将一台大型现代豫剧《嵩山长霞》搬上舞台。该剧在国内许多省市进行了巡回演出,英模的事迹,感人的场面,催人泪下,撼人心腑,引起强烈的社会反响。刘巧珠同志创作的戏曲电视剧《霞映长天》也已完成拍摄和后期制作,正在申报播出。

在市委、市政府的领导下,市文化局本着"全新的艺术观念、明确的精品意识、一流的演艺阵容、规范的市场运作"的宗旨开始组织舞剧创作,同时着手郑州歌舞剧院的筹建。2004年,郑州歌舞剧院正式建立。郑州歌舞剧院完全采用现代企业管理模式,目标是创办中国最年轻、最具活力的歌舞团。

郑州歌舞剧院创作的大型舞剧《风中少林》，主创人员均由国内一流艺术家担纲。该剧作为“首届世界传统武术节”的重要活动内容和河南省郑汴洛文艺精品剧目，于10月17日起在省人民会堂隆重上演，受到中外来宾和社会各界的广泛好评。

【群众文化工作】 积极开展丰富多采的群众性文化活动，满足人民群众精神文化需求。先后举办了全市群众歌咏比赛、迎首届传统武术节大型广场文化活动、郑州市戏曲票友大赛、郑州市第四届青少年器乐大赛、2004年郑州市歌手大赛、庆祝建国55周年郑州市歌曲创作比赛等活动。特别是2004年2月5日在绿城广场组织的第六届民间艺术大赛俏秧歌比赛，共有40多支队伍参加，评出一等奖6个，二等奖10个，为节日的郑州营造了浓郁的喜庆气氛。积极组织群众艺术创作，举办参加各种展览赛事。全年在各级各类展览赛事中共获金、银、铜奖150多项。

市美术馆全年共举办各类艺术展览50多个，共接待观众数十万人次。8月份赴加拿大举办了郑州画院美术、书法作品展活动，展出作品102幅，充分反映了郑州美术馆专业人员的创作水平，为宣传郑州古商文化和促进对外艺术交流起到了积极作用。图书馆工作不断强化服务意识，发挥其在精神文明建设中的作用。郑州市图书馆自动化和数字化建设完成了“全国文献信息资源共享工程”卫星站建设，加盟《中国知识资源总库》，完成了“郑州文化资源数据库”建设，实现了远程服务，提高了该馆文献资源共享能力，使数字化水平进一步得到提高。继续坚持“全年365天开放，四免四服务”等服务承诺。继续采用“一卡通”借书证，开设了省内首家“读者夜间还书处”，受到了读者的欢迎和好评。10月1日正式启动了面向未成年人免费服务，集教育、学习和娱乐为一体的，公益性“绿色网络通道”工程，成为家长放心、社会认可的第二课堂，与黑网吧、违规网吧争夺小网民。目前，“绿色网络通道”已成为青少年在节假日期间通过网络学习知识、开阔视野、陶冶情操的一个好去处。

【文化市场治理整顿】 继续抓好市场经营秩序的整顿和规范工作。坚持把广大人民群众关注的热点问题作为文化市场管理重点，采取有效措施，狠抓“网吧”等互联网上网服务营业场所的整治工作，使人民群众关注的“网吧”违法接纳未成年人等热点问题得到有效遏制。还组织了演出市场的专项治理，对重点路段的桐柏路、西站路、东太康路、北二七路无证戏曲茶座和经六路、经七路等无证演艺酒吧进行了依法查处，有效地遏制了非法演出经营活动，收到了良好的效果。据统计：全年共检查文化经营场所7798家次，查处违规接纳未成年人进入的场所186家，超时经营39家，未对上网消费者核对登记身份证等有效证件的26家，暂扣电脑设备3187台，责令停业整顿27家，取缔黑网吧214家，吊销营业许可证3家，罚金101万元。认真抓好文化市场大要案查处工作。2004年，根据群众举报，在郑州市商城路10号院和自由路共端掉6个销售非法音像制品黑窝点，查获非法音像制品200万张。根据最高人民检察院法律政策研究室复函文化部市场司《关于非法经营行为界定有关问题的复函》(2002)高检研发第24号的解释和国务院《行政执法机关移送涉嫌犯罪案件的规定》，将这些案件已移送公安机关处理。

【文博工作】 贯彻“有效保护，合理利用”方针，做好文物保护工作。完成了郑州商城遗址保护及环境整治规划设计方案的修订、论证工作，委托同济大学城市建筑规划学院对大河村遗址总体发展规划进行修改，配合市规划设计院对郑东新区文物遗迹进行初步规划设计。另外，汉霸二王城的保护工作也已完成，城址继续遭受损坏的情形已得到遏止。古建筑维修和保护工作先后有10多个维修项目开始实施，投入资金达数百万元。郑州城隍庙维修完工，于9月28日举行了工程竣工典礼，并免费对社会开放，获社会各界的好评；文庙恢复建设与整修工作，先后召开了5次专家研讨会，协调有关部门完成文庙征用土地工作、建筑许可证、工程招标，大成殿整体抬升工程已先期启动。依法收回了郑州市级文物保护单位纪公庙、三益街工人夜校旧址、日本驻郑领事馆旧址等三处文物保护单位的管理权限；配合经济建设开展文物钻探、考古发掘，成绩显著。郑州市文物稽查大队3月12日成立，相继完成了建章立制、文物法规汇编、文物执法手续的办理等工作，已开始步入正常工作轨道，先后对25起文物违法违规案件进行了查处。配合基本建设共计进行文物钻探面积221多万平方米，发现(含发掘)灰坑、古墓葬等各类遗迹单位近1103个；配合基建考古发掘项目180多个，共计发掘古文化遗址22000多平方米，清理古墓葬500余座，出土文物4000多件；配合国家、省、市重点工程考古调查项目5个，如南水北调郑州段、郑州—西安高速客运专线、巩登高速公路等，调查古文化遗址及其它文物单位100余项。大师姑考古发掘项目获“2003年度全国十大考古新发现”奖，这是郑州市有史以来首次获此殊荣。

【文化产业】 2004年，市文化局召开了文化产业座谈会，摸清了文化产业家底，明确了郑州市文化产业的发展方向与目标。成立了中远文化传播有限公司，从事文艺演出、文化展览的经纪等业务，成功运作了2005年新年音乐会、绿色周末印度现代经典歌舞团访华巡演、舞剧《风中少林》商业演出的策划等。成立了中博文物艺术品交流中心，共召集经营文物、艺术品的商户20多家，已初见经济效益。

积极开拓文艺演出市场。全年3个市直艺术团体共演出632场，经营收入近200万元。影剧系统完成电影经营收入118万元，多种经营收入

373.6万元。郑州市杂技团组织演出队分赴美国、韩国、马来西亚等国进行商业演出，大获成功，既扩大了杂技艺术在海外的影响，也获得了良好的经济效益。

全年配合基本建设共计进行文物钻探面积221多万平方米，实现钻探发掘收入1285.14万元，与上年913.46万元相比增加41%；在政府没有任何投资的情况下，2004年市文化局经过大量的工作，收回了纪公庙的管理权，总面积1.47公顷，9月份开始纪公庙的重建工作，预计2005年“五一”竣工并正式开放。同时，市文化局将古荥冶铁遗址范围内地下明显存在遗物的2.53公顷土地采用租用的办法，从农民手中租过来，准备与西山古城址、汉代冶铁遗址、惠济桥、纪公祠、纪信墓等文物资源连片进行综合保护开发，建成融展现郑州悠久历史与旅游休闲为一体的文化旅游新景区。经过宣传，该项目还吸引了社会资本的介入，郑州宇通公司投资的30多万已经到位；市博物馆、市二七纪念馆、市商城遗址保护管理处、市群艺馆、艺术馆等公益性文化单位，在做好本职工作的同时，充分发挥自身优势，挖掘潜在的、边缘的商业价值，在文化产业开发方面都进行了新的尝试，初步呈现出勃勃生机。

【节庆精品文化活动】 举办首届世界传统武术节期间，市文化局承担的主要任务是负责开幕式大型文艺演出活动的策划、设计和实施，以及闭幕式专场晚会《风中少林》的演出与演职员、主创人员的接待等工作。经过全体同志夜以继日、超强度、超常规的辛勤努力和精诚合作，出色地完成了承担的各项工作任务。

首届世界传统武术节开幕式文艺晚会于10月16日晚在省体育中心如期举行，由中央电视台资深导演吴楠任总导演的晚会场面气势磅礴、艺术格调高雅大气，以武术为主要内容的节目和浑然一体的主题音乐贯穿始终，通过展示少林武术、中原文化的博大精深，满怀豪情地向世界展示中原这一古老土地上灿若星辰的文化遗存及丰厚的文化内涵。晚会明星大腕荟萃，阵容一流。童安格、张柏芝、王力宏、宋祖英、彭丽媛、戴玉强、田震、孙楠、韦唯、沙宝亮、赵薇、屠洪刚、王丽达、王莹、秦勇、吴桐等国内及华语地区的顶尖歌手的加盟，使开幕式晚会具有超强的号召力、感染力和影响力。各种艺术流派同台献艺，竞争风流，加之超一流的舞美灯光设置，使整个舞台美轮美奂，让现场观众如梦如幻。晚会自始至终高潮迭起，热闹非凡，晚会的主题被演绎得淋漓尽致。河南电视台、郑州电视台进行了现场直播，中央电视台三套、四套节目分别进行了现场转播。

大型原创舞剧《风中少林》于10月17日至10月20日在省人民大会堂连演4场，并为参加首届世界传统武术节的中外来宾举行了专场演出。国际武术联合会主席、国家体育总局副局长于再清和省市领导支树平、孔玉芳、李克、王文超、赵建才、杨丽萍等观看了演出。《风中少林》在艺术上达到了相当的高度，被专家誉为近年难得的艺术精品，在省会引起强烈反响。

（孙东亮）

新闻出版

【概况】 2004年，市新闻出版局认真贯彻实施《行政许可法》，对规范性文件进行了清理，共清理行政审批项目5项，保留1项，确保新闻出版管理部门按照法定权限和程序行使职权、履行职责。全市扫黄打非和新闻出版工作以加强出版物市场监管、深入开展扫黄打非斗争和发展新闻出版产业为重点，在实干中发展，在开拓中前进，扫黄打非工作取得了新成效，出版物市场呈现出新的繁荣，新闻出版产业整体发展态势良好。

全市新闻出版产业迅猛发展，印刷复制企业单位总量已达1647家，拥有总资产40亿元，年总产值50亿元，实现税利1.2亿元，从业人员达3万余人；新建出版物发行网点38个，建立书架645个，发行单位已达1557家，注册资本金52539.718万元，从业人员总数达6612人。全年共组织各县（市）、区及有关部门开展了4次扫黄打非集中行动和8个专项治理，出动执法人员48605人（次），检查各类出版物场所21732个（次），取缔关闭非法出版物市场、店档、摊点1429个（家）、非法印刷企业69家，共收缴非法书报刊、音像制品、电子出版物、盗版计算机软件375.97万（份、本、盒、张），为规范市场经济秩序、促进经济发展和未成年人健康成长营造了良好文化环境。

【规范印刷出版物市场秩序】 在出版物市场日常监管方面，一是抓源头治理，与各印刷复制企业签订了《不印制非法出版物责任书》，坚持每双月15日召开一次全市印刷企业工作例会，整顿规范印刷市场秩序；二是实行堵源与截流并重，积极协调工商、文化、公安、交通、邮政、铁路等部门，取缔无证经营黑户，截断非法出版物运输传递渠道；三是加大清查和监控力度，对非法出版物流动摊点比较集中、经常出没的路段和早市夜市、宾馆、车站等重点部位进行经常性巡查，出版物市场得到明显净化。

在出版物市场专项治理方面，一是严查、封堵以图书、音像制品、互联网等为载体的政治性非法出版物。二是认真贯彻落实《中共中央国务院关于加强和改进未成年人思想道德建设若干意见》的精神，对淫秽色情“口袋本”图书、有害卡通画册和游戏软件专项治理，净化郑州市青少年健康成长的社会文化环境。三是专项治理盗版教材、教辅读物和校园周边环境。四是对地图出版市场的治理。五是对城乡集贸市场非法出版物专项治理。全市共查缴政治性非法出版物73915册，查缴淫秽色情“口袋本”图书、有害卡通画册和游戏软件13897册（张、盘),收缴盗版教辅读物9435册,从而解决了郑州市出版物市场存在的较为突出的问题。全年共受理群众举报76起,立案查处案件61起,查处率达100%;依法取缔了省会38家非法记者站,取缔了5家非法编辑部,维护了省会正常的采访和出版秩序。

【抓好印刷出版物审查把关】 在印刷出版物审查把关中,一是对全市34种连续性内部资料进行严格检验,审批一次性内部资料112种,全年审读2300万字的内部资料。二是对全市1610家印刷企业和打字复印店进行了年审、换发许可证,完成了全市30家不符合资格条件的印刷企业限期整改任务,对56家未达到资格条件的印刷企业作出处理;新批设立印刷复制企业244家。三是对出版物发行单位进行了年度审验,共审验批发单位67家,审验零售单位1183家,缓验1家;受理并上报省局审批出版物发行单位48家,取消不具备登记条件的出版物发行单位398家。充实了出版物审读员队伍,加大了审读力度,提高了审读质量。

【加强新闻出版队伍建设】 2004年是新闻出版系统"三项学习教育"活动年,新闻出版系统广泛深入开展了"三个代表"重要思想、马克思主义新闻观、职业精神、职业道德学习教育活动,并结合工作实际,认真解决党员干部思想中存在的突出问题,增强了全体党员干部贯彻执行党的新闻工作方针、政策和纪律的自觉性和坚定性,增强了党员干部弘扬职业精神、恪守职业道德的自觉性;狠抓党风廉政建设责任制和廉洁自律各项规定的落实,切实转变工作作风,树立服务意识,积极为纳税人服务;以能力建设为重点,全面加强新闻出版系统党组织的思想建设、组织建设和作风建设,有效地提高了广大党员干部的领导水平、工作水平、管理水平和依法行政水平。

【服务社会工作取得新进展】 一是以"读书求知、提高素质"为宗旨,成功举办了"首届绿城读书节",促进了全市社会良好读书风气的形成和人的全面发展。二是围绕郑州建都3600周年和历史文化名城建设,市委宣传部、市新闻出版局和管城区及城市科学研究会、古都学会分别编撰出版了4套宣传郑州的图书,其中,市新闻出版局编撰出版的《古都·郑州》丛书12分册,从郑州的历史、文化、风土人情、名山大川、名诗名作等角度,全方位进行介绍和宣传郑州,为弘扬郑州市优秀文化、彰显郑州文化品位发挥了积极作用。全市各单位共向农民捐赠各类图书560349册,总码洋达296.8万元。为全面建设小康社会提供了充分智力支持。

(李喜明)

新闻宣传

【概况】 2004年,郑州市新闻宣传工作高举邓小平理论和"三个代表"重要思想伟大旗帜,认真贯彻党的十六大和十六届三中、四中全会精神,围绕市委、市政府的中心工作,坚持团结、稳定、鼓劲和正面宣传为主的方针,导向正确,基调鲜明,重点突出,引导有力,特色纷呈、形成合力,为郑州市经济社会的全面、协调、可持续发展和推进全面建设小康社会目标营造了良好的社会舆论氛围。

【政治活动宣传报道】 学习贯彻"三个代表"重要思想和十六大、十六届四中全会精神的宣传报道声势强大、深入人心。市属各新闻单位通过开设专栏、制作专题、组织讨论、推出专访、刊登理论文章等多种形式,努力在深入人心、开拓创新、力求实效上下功夫,在增强吸引力、感染力上下功夫,在深刻性、针对性、指导性、实效性上下功夫,使"三个代表"重要思想和十六大、十六届四中全会精神真正深入人心,营造了"解放思想、实事求是、与时俱进"的良好氛围。

【经济发展宣传报道】 以"五个一百"为重点的经济建设的宣传报道位置突出、广泛深入。2004年初,郑州市推出了"求真务实、加快发展"十六条措施,确定了"五个一百"的经济建设目标,市属各新闻单位按照"围绕中心、服务大局"的要求,摆上突出位置,精心策划组织,充分运用专栏、专题、专版等多种形式,图表、综述、通讯、消息、特写、评论等多种手段,围绕重点工程、重点项目投资情况和规模以上企业经济运行情况,搞好动态和深度报道,努力营造了"聚精会神搞建设、一心一意谋发展"的良好氛围。同时,从解决影响郑州市经济发展的突出问题入手,继续加大优化经济发展环境的宣传报道,切实加强舆论监督,努力营造了"亲商、安商、富商"的良好氛围。

【城市建设宣传报道】 市属各新闻单位继续把郑东新区建设和中心城区综合整治作为城建方面的宣传重点,不断加大宣传力度,力争贴近实际、形象生动。尤其是市委、市政府出台改善人居环境的文件后,各新闻单位迅速行动,加强领导,精心策划,周密部署,普遍开设了专栏、制作了专题,在全市广泛掀起了争创一流人居环境的热潮。

【安全生产宣传报道】 为深入宣传安全生产工作的重要性,普及安全常识,提高全民安全意识,营造人人"关注安全,关爱生命"的浓厚舆论氛围,市属各新闻单位积极落实市委有关指示精神,抽调骨干,固定人员,服从大局,把握导向,并积极与安全生产监督管理局衔接、协调,加强对安全生产的宣传教育。由于部署有方,报道得力,真正做到了安全生产长抓不懈,安全宣传准确及时,达到了稳定人心、促进工作的目的。

【重要节日宣传报道】 首届世界传统

武术节的宣传报道充分到位、氛围浓厚。本次武术节的宣传报道在两个方面实现了重大突破：一是参会媒体及记者的数量实现重大突破。共邀请到了境内外约110多家新闻媒体的600多名记者参会报道。二是报道的质量实现重大突破。据不完全统计，仅2004年10月16日至21日6天时间，各媒体就刊播有关武术节的消息4000多篇、图片新闻1000多幅。新华社推出了通稿，《人民日报》、中央人民广播电台、中央电视台等重点中央媒体和《河南日报》、河南电视台及其他省内外多家重点媒体都在重要时段或版面进行了报道。其中，中央电视台关于武术节的节目播出时长达490多分钟，河南电视台的播出时长也在635分钟以上。武术节前后，市属各新闻单位也都进行了精心的策划组织，《郑州日报》、《郑州晚报》共刊登武术节专版50余个，图片200余张，报道20余万字。郑州人民广播电台、郑州电视台、郑州有线电视台、郑州经济广播电台、郑州文艺广播电台则分别开设了《迎首届世界传统武术节》、《首届世界传统武术节新闻报道》等7个专栏，共播出消息351条，播出武术节专题、评论40多篇。

【专项活动宣传报道】 在开展重点宣传报道的同时，市属各新闻单位还统筹兼顾，精心安排了："郑州商都3600年"的宣传报道精彩纷呈、声势浩大；市八次党代会、市人大十二届一次会议、市政协十一届一次会议等重要会议的宣传报道有声有色、凝聚人心；防治禽流感的宣传报道启动迅速、效果明显；社会稳定的宣传报道导向正确、引导有力；再就业工作的宣传报道力度大、内容实。

【先进人物宣传报道】 策划推出了优秀公安局长任长霞、优秀教师吴玲等一批全国知名的先进典型和模范人物。在中宣部和省委宣传部的指导下，于2004年5月、9月和11月，分别组织协调了20多家中央主要新闻单位和全国知名都市类报纸、网站的几十名记者，深入任长霞、吴玲同志工作生活过的地方进行集中采访，播发了100多篇稿件，弘扬了她们大公无私、鞠躬尽瘁的精神，树立起了新时期优秀共产党员的光辉形象，同时，也提高了郑州乃至河南的知名度，使典型宣传达到了一个新的高度。

【借助高层媒体进行报道】 2004年，郑州市积极加强与上级新闻媒体的沟通，使中央及省主要媒体对郑州市的正面报道数量继续保持上升势头，尤其是报道质量有了重大提升，突出表现在深度报道、重头报道数量增多。据不完全统计，2004年《人民日报》刊发有关郑州市的正面报道93篇，其中头版头题3篇；中央电视台《新闻联播》播出52条(次)；中央人民广播电台《全国新闻联播》及《新闻和报纸摘要》节目播出94条(次)；《光明日报》刊发23篇；《经济日报》刊发37篇；《河南日报》头版刊发167篇，其中头版头题10篇；河南电视台《新闻联播》播出232条(次)。

【深化新闻宣传管理】 为继续深化新闻宣传管理工作，提高宣传报道质量和从业人员素质，新闻宣传管理部门采取了得力措施，一是在全市新闻战线广泛深入开展了以"三个代表"重要思想、马克思主义新闻观、职业精神职业道德为重点的"三项学习教育"活动。活动组织规格高，范围广，措施得力，效果显著，在河南省新闻战线"三项学习教育"座谈会上做典型发言，并荣获河南省"三项学习教育"电视知识竞赛三等奖，中宣部还向全国推荐了郑州市的做法。通过开展"三项学习教育"活动，郑州市新闻从业人员的政治素质、业务素质、职业素养都得到了较大提高，有力促进了新闻事业的健康快速发展，郑州人民广播电台《子夜枪声》荣获全国好新闻三等奖。二是进一步加强与高等院校新闻院系、新闻科研机构的合作。4月份，郑州市组织市属各新闻单位业务骨干40多名到清华大学举办为期十天的新闻策划高级研讨班，为进一步提高新闻策划水平、采编水平和媒介经营管理水平提供软平台。同期，组织召开了《绿城对话—走进直播间》栏目专家研讨会，邀请全国知名专家对节目进行点评、研讨、支招，进一步提高新闻宣传的质量和水平。三是加强对突发性事件和群体性事件宣传报道的管理，强化舆论调控功能。今年，郑州市发生多起重大突发性或群体性事件，在宣传报道中，坚持正确导向，强化舆论引导，抢占主动位置，统一宣传口径，要求市属各新闻单位严格按有关规定组织报道，积极协调中央、省级新闻媒体按上级要求做好新闻宣传，为事件的妥善处理营造了良好氛围。

(李新军)

广播电视

【概况】 2004年，郑州市广电系统全体职工高举邓小平理论伟大旗帜，认真学习贯彻党的十六届三中、四中全会精神，围绕中心，服务大局，强化目标管理，狠抓工作落实，舆论宣传导向正确，引导有力，为郑州市改革、发展、稳定和"三个文明"建设提供了强有力的舆论支持，营造了良好的舆论环境。

【重要活动宣传报道】 全面深入系统地宣传了"三个代表"重要思想、党的十六届三中、四中全会、全国和省市的人大政协会议、郑州市第八次党代会等重要会议精神，积极认真深入地宣传市委、市政府出台的"十六项政策措施"、"五个一百"和优化经济发展环境、建设中原城市群经济隆起带、国企改革、下岗职工再就业、"三农"工作、重点工程建设等方面的工作，积极认真地宣传了创建国家卫生城市、打造优良人居环境、创建文明社区和文明村镇、商城建都3600年等一系列活动，大力宣传了任长霞、常香玉和吴玲同志等先进典型人物的感人事迹，精心组织宣传报道了世界首届传统武术节和郑州商品交易会的盛况，还认真组织进行了关心外来建筑职工、防治禽流感、社会稳定、安全生产等方面的宣传报道。全年的新闻宣传做到了基调鲜明，导向正确，及时有力，扎实有效，营造了良好的舆论氛围，有力地配合了市委、市政府中心工作和各项活动的开展。

【对外宣传报道】 根据郑州市对外宣传工作的统一部署和要求，把宣传郑州，打造郑州的良好形象放到宣传工作突出位置，充分发挥自身优势，不断提高外宣工作的质量和水平。2004年局属各台在省以上媒体发稿742篇。其中，在中央人民广播电台和中国国际广播电台《新闻和报纸摘要》、《今日中国》等重要新闻节目中发稿228篇，与中央人民广播电台联合录制播出了5集系列专题节目《小康郑州》，与中国国际广播电台联办的《今日郑州》栏目共播出26期；在中央电视台《新闻联播》、《东方时空》、《新闻30分》、《晚间新闻》以及新闻频道等重要新闻时段播出106条，有35条上提要。人民台在中央台发稿量比上年增长了13.9%，连续5年居全国省会和城市电台之首。郑州电视台2004年元宵节大型焰火晚会在中央电视台新闻频道《新闻晚8:00》栏目中现场直播，实现郑州市现场直播电视节目首次与中央台联动播出。另外，局属各台注重拓宽宣传渠道，加强自身媒体网站建设，充分利用国际互联网宣传资源，搞好新闻宣传，扩大郑州影响。共发布郑州消息近万条，新闻专题千余篇。

【积极推出精品力作】 坚持“三贴近”，实施“精品工程”，不断推出群众欢迎的精品力作。在全省新闻奖政府奖的评选中，广电局有9件广播作品获奖，其中，一等奖5件；有5件电视作品获奖，其中，一等奖2件；广播电视报有4件作品，其中一等奖1件。在全国政府奖评选中，人民台有1件作品获得中国新闻奖三等奖，首次入围中国新闻奖，实现历史突破。人民台还有3件作品获得国家广电总局颁发的政府奖；电视台有1件作品获得中国电视新闻奖三等奖。郑州电视台拍摄的电视剧《越活越明白》、《快乐星球》分别在中央台黄金时段播出12集和40集，引起较大反响，深受好评。

【实施“村村通”工程】 根据2004年国家广电总局部署安排自然村“村村通”工作的有关要求，结合实际，认真调研，着力解决了郑州市目前510个行政村和4060个自然村收看不到中央七套和少儿频道、郑州一套节目的问题。全年发展有线电视用户24000户，架设光缆120公里，发展数据专线217条，个人数字用户2400户，数字电视310个，光节点110个，光、电缆200公里，明线入地30公里。抓住“数字发展年”的机遇，各台更新设备，采、编、播的数字化水平进一步提高。电视台数字移动电视试播成功，并在100多辆公交车上安装了移动接收终端。有线台大力推广和发展数字机顶盒业务，认真做好郑州市数字电视平移的准备工作。新广电中心工程一期主体工程于8月18日封顶。根据2004年广电总局和省局的工作部署，加强行业执法，集中出动行业执法200多人次，对120多家销售、安装、使用、接收、传送等单位进行了检查，取得较好成效。制定预案，采取措施，做到严防死守，有效防止了“法轮功”等邪教组织对广播电视的干扰破坏。加强设备管理和技术维护，确保了安全播出。全年广播3台共播出17805小时，停播率为10.77秒/百小时；电视6套共播出30037小时，停播率1.03秒/百小时，均符合国家广电总局规定的20秒/百小时范围要求。

【班子及队伍建设】 加强理论学习，注重思想建设，领导班子和队伍整体素质进一步提高。坚持学习贯彻党的十六届三中、四中全会精神，认真抓好思想作风建设，努力提高班子和队伍的整体素质。坚持党委中心组学习制度，请部队院校专家来局进行关于我国周边势态和台海局势的形势教育，请中国传媒大学教授作广播电视发展的形势报告，请河南省社科院研究员作关于提高党的执政能力的辅导报告，不断加深大家对邓小平理论、“三个代表”重要思想和十六届三中、四中全会精神的理解，提高坚持党的基本路线、基本理论、基本纲领的自觉性。注重思想作风建设，讲党性，树正气，党员干部的廉洁意识明显增强。2004年度被省广电局评为行风建设先进单位、“省会人居环境达标示范单位”和全市“创建国家卫生城市先进单位”。

（常东成 闫 焱）

市属媒体

【郑州日报社】 2004年，郑州日报社认真贯彻党的十六大和十六届四中全会精神，一手抓新闻宣传，一手抓报业经营，较好的完成了市委、市政府交给的各项任务，报纸的品牌优势得以提升，报社荣获全国第三届地方报社经营管理先进单位称号。

（一）新闻宣传工作

(1)搞好重大会议报道。2004，郑州市相继召开了市八次党代会、市人大十二届一次会议、市政协十一届一次会议及市委全会、工业大会等重要会议。为做好这些会议报道，两报抽调精兵强将，制定详尽的报道方案，采取多种形式进行报道，为会议的顺利召开和会议精神的贯彻落实创造了良好的社会舆论环境。

(2)突出经济建设报道。2004年，郑州市推出了“求真务实、加快发展”的十六条政策措施，确立了“五个一百”的目标，“两报”运用专栏、专版等多种形式和图表、综述等多种手段，围绕重点工程、重点项目投资情况和规模企业经济运作情况，搞好动态和深度报道。日报先后开设了“确保实现五个一百”，“百项重点工程进行时”、“走进六县市”等大型栏目，推出了一大批重量级的文章，全面反映了郑州市在工业、城市建设、投资环境等方面出现的好气象。

(3)策划系列报道。紧密配合“郑州商都3600年”活动和郑州市“八大古都”申报进行宣传报道。日报推出的“郑州记忆”系列报道，用全新的视角和语言解读郑州历史上发生过的重大事件，重要遗迹和一些杰出人物，共发文章32篇，计16万字，对郑州的历史进行了全方位的盘点。晚报用80多个版面，以“灿烂3600”为主题，推出了“商都生活系列”、“秦汉人物系列”、“古战场系列”、“巍巍少林系列”等8大系列报道，发表文章120余篇，总字数近50万字。与此同时，2004年9月，报社还承办了“全国晚报感受郑州3600年”大型活动，邀请全国80家晚报近百名记者来郑采访，实地感受郑州3600年的厚重历史文化和日新月异的现代化建设，全国各地报刊刊登了大量报道，加大了对古都郑州宣传力度，扩大了郑州在国内外的影响，为郑州成功申报“八大古都”创造了良好的舆论环境。

(4)突发事件报道。2004年，郑州市相继发生了一些重大突发事件。在这些事件的报道中，两报编辑部认真领会市委、市政府的意图，严格按照有关规定和要求组织报道，既保证了信息公开，又防止了新闻炒作，为事件的妥善处理营造了良好的氛围。在社会稳定、再就业等热点问题上，两报以促使问题解决为目的，对各种热点难点问题进行正确分析、重点引导，积极慎重地进行报道，促进了改革发展，维护了社会稳定。同时，还本着解决问题，推动工作的原则，积极开展舆论监督，收到较好的社会效果。

(5)特色栏目报道。按照“三贴近”原则，日报开辟了《记者在一线》、《记者现场报道》等栏目，鼓励记者深入基层、深入一线，采写了大量鲜活生动的现场新闻，并适时推出《回家》、《求职故事》、《高考话题》、《平安社区大家谈》等征文，吸引读者广泛参与；《郑州新闻》专版既重视抢抓动态新闻，又策划组织对读者关心的问题展开深度报道；晚报重视报纸的服务功能，积极开展“市长电话进社区”活动，配合市委、市政府的中心工作，将城市建设、劳动就业、教育、卫生等和市民生活息息相关的新闻及时传递给市民，策划报道了许多为民、便民和送温暖活动，受到了社会各界的好评。

(6)专项活动报道。精心策划组织首届世界传统武术节报道，日报在开辟专版的同时，承办了六期“首届世界传统武术节特刊”，两报共刊登武术节专版50余个，图片200余张，报道20余万字；在城市建设宣传方面，紧扣“打造一流人居环境”，对郑东新区建设和中心城区综合整治进行了大量的报道，贴近实际，形象生动；加大“中原城市群”的报道力度，日报推出9个专版，全方位介绍河南省8市发展战略，为郑州市经济社会全面发展提供可资借鉴的经验。

深入实际，宣传典型，从正面宣传郑州和河南形象，推出了优秀公安局长任长霞、优秀教师吴玲等先进典型，树立了新时期优秀共产党员的光辉形象。二是树立责任意识，还原事实真相，努力维护河南形象。晚报针对某些媒体的不实报道先后推出的《“豫花”面粉蒙冤全调查》、《质疑兰考人京城磕头、回家盖楼之追踪》等报道，对省外个别媒体歪曲事实真相，损害河南形象的报道进行重新调查采访，澄清了事实，维护了河南形象，新浪、搜狐、网易等网站对此高度关注，全文转载相关文章，又围绕“河南人形象”等问题展开讨论，在新闻界及广大读者中产生了强烈反响。

(7)做强新闻网站。中原新闻网依托本社两大主流媒体的新闻资源，做好本地新闻，在时政要闻栏目里增加本地新闻条数，又相继开设了“市县新闻”、“中原评论”、“专题报道”等频道，从而大大加强了本地新闻的条数。对两报发表的重要报道及时在网上进行发布，针对一些重大报道，进行专题综合报道，并主动与国内一些大网站合作，使郑州市产生的重大新闻和典型报道能迅速通过互联网得到广泛传播。

(二)报业经营工作

(1)加强内部管理。报社在确保两报正常出版和印刷质量的同时，对内加强管理，节能降耗，向管理要效益；对外积极参与市场竞争，跑市场、找活源，全年新增活源7报3书，外活总收入达到810万元，超额完成了报社下达的各项任务指标，纸张出纸率2004年比2003年提高0.3个百分点，创历史最高水平。辅料消耗比预算低了2个百分点。《郑州日报》印刷质量又被中国报协评为国家优质级报纸的精品级，全国排名第五位，同时还有12个品种被河南省新闻出版局评为省优质级产品，6个品种被国家新闻出版署评为署优(即国优)产品。

(2)精心策划广告。两报广告部充分发挥各自的品牌优势，在巩固老客户的同时，以策划举办各类活动带动广告市场开发，均取得了明显的成效。策划的“首届郑州放心购房节”、“房展会”、“车展会”、“河南2004IT通信新生活运动”，“郑州商业盛典”、“冰峰行动”等大型活动，都在业界起了巨大的反响。从而带动了广告收入的不断攀升。两报全年广告总收入达到1.03亿元，比去年增长27.6%。

(3)抓好报纸促销。2004年，在省会报业市场剧烈竞争的严峻形势下，发行工作在加强和扩充网络建设的同时，充分发挥报纸的品牌优势，策划开展了各种形式的促销活动。日报在抓好机关订户的基础上，组织开展党报进社区、进校园、进家庭等活动，确保2005年的发行量稳中有升。晚报一手开拓集团征订和大客户征订，一手重点突击零售市场。2005年晚报发行总量突破56万份，为报纸经营打下坚实的基础。2004年，报社各项经营业务全面发展，全年综合收入达1.43亿元，比上年增加21.6%，创历史最好水平，上缴各种税收1202万元，比上年增长48.8%。

(三)班子及队伍建设

(1)思想作风建设。2004年,报社党委带领全社干部职工认真学习党的十六大和十六届四中全会精神,以全面提高党的执政能力为重点,采取各种形式,对党员干部开展学习教育。社党委成员以身作则,严以律己,坚持中心组学习制度和民主生活会制度,不断提高党委成员的政治素质和理论修养,增强了搞好新闻宣传和媒介经营的领导能力。全社党员干部认真领会中央颁布的《中国共产党党内监督条例》、《中国共产党纪律处分条例》、《中国共产党党员权利保障条例》等重要文件,增强了党员干部的纪律意识、大局意识和责任意识,为报社全年工作的顺利开展打下了坚实的思想基础。

(2)职业道德建设。2004年报社全面开展了以"三个代表"重要思想、以马克思主义新闻观、职业精神、职业道德为主要内容的"三项学习教育活动",组织召开了各种形式的征求意见座谈会,并在两报上刊登征求意见表,广泛听取社会各个阶层的意见和建议。对全体采编人员开展警示教育,提高了全体采编人员的政策理论素质、职业道德水准和纪律观念,保证了报社的新闻宣传和报业经营工作的健康的发展。

(3)业务素质建设。2004年,报社先后投入数十万元对员工进行培训。组织20多名业务骨干,先后到北京、上海进行培训,丰富了知识、开阔了视野、转变了观念,进一步提升了新闻策划水平、采编水平和媒介经营管理水平。报社还与郑州大学工商管理学院合作开办了工商管理知识高级研修班(MBA),组织全社中层干部和部分经管业务骨干共80余人,进行7个月的培训,大家学习了工商管理知识的核心课程,扩充了大家的知识结构,全面提高了大家分析和解决实际问题的能力。

(四)2004年报社取得的荣誉和奖项

(1)荣获第三届全国地方报社经营管理先进单位。

(2)2004年上半年先后4次荣获市委市政府和市委宣传部授予的先进集体称号。

(3)新闻作品和版面先后荣获全国奖项6个,省级奖项3个。

(4)日报、晚报双双被评为2004年度省一级报纸。

(5)报社印刷厂印刷质量在全国评比中4次获得好名次;代印图书共有10个品种被省新闻出版局评为省优质产品。

(张子明)

【郑州广播电视报社】 2004年,郑州广播电视报社努力探索广播电视报新的发展方向,办出报纸特色,加大报纸发行力度,努力开拓广告市场,较好地完成2004年的各项工作任务。

积极稳妥的进行报社管理体制、人事制度改革。重新调整任命了报社中层(各部门主任)干部。实行竞争上岗,与各部门签订了责任目标,建立了相联系的分配奖励制度,使全社职工有章可循,实行工效挂钩,体现多劳多得原则,激励了全社员工的工作积极性。2004年,报社围绕市委、市政府工作中心,努力做好宣传工作:

(1)打好重大宣传战役。在2004年的重大宣传工作中,首先是全力做好首届世界传统武术节的宣传报道,抽调精兵强将,精心组织策划,结合该报特点,较好的完成了上级交给的宣传任务。二是重点做好"郑州市首届优秀广播电视节目主持人、播音员评选"活动的宣传报道和计票评选,该报先后用5期20个版面,对该活动进行详尽报道,吸引了众多读者参与,收到选票十多万张,扩大了郑州广播电视局属各台、报的影响力,收到了良好的效果。

(2)努力提高报纸质量。改革版面设置,根据宣传工作的要求和读者的需要,狠抓了报纸的可读性,贴近生活,贴近读者,取得了一定的成效。特别是下半年以后,对报纸版面进行了大幅度调整,增加了娱乐、社会生活、服务三大版块,加大了本报的舆论监督和导向作用,及时为百姓解决生活中的烦心事、困难事。使报纸版面设置更为合理,得到了读者的青睐和好评。

(3)加强职业道德建设,搞好业务培训。2004年7～10月份报社编采人员分批参加了省新闻出版局组织的上岗培训。加强职业道德建设,杜绝有偿新闻,努力打造一支政治坚定、业务熟练、作风过硬、纪律严明的新闻队伍。在采编人员中每周利用编前会点评报纸,学习编采业务,在提高新闻队伍建设方面,取得了一定成绩。

(4)建立健全规章制度。本着从严治报、以法办报的精神,报社建立健全了一系列规章制度。从11月份起恢复每周的编前例会,进行版面评比。制定了《编辑岗位职责及警示制度》、《差错认定及处理细则》、《编审及校验工作程序》等规定。从制度上对编采人员的职业道德及工作标准,提出了明确的要求,使编采人员有章可循,有规可依。

(5)严格执行广告法,杜绝违法违规广告的刊发。广告部的同志在认真做好广告经营工作地过程中,严格执行《中华人民共和国广告法》,坚持实行三审三鉴制度,做到了层层把关,层层负责,一年来没有违法广告的刊出,受到市工商监管部门的好评。

(6)提高服务质量,大力做好发行工作。郑州报业市场竞争激烈,各报都投入了巨大的人才、财力,力求扩大自己的发行量,在这种情况下,报社从提高服务质量入手,加强报纸发行管理,严格规章制度,及时准确的将报纸送到读者手中,成立郑州广播电视报读者之家,拉近读者与报社之间的距离,促进发行工作与读者的良性互动,建立稳定的读者群。同时,努力开发其它发行渠道,扩大报纸的发行量。

(席　明)

【郑州电视台】 2004年,郑州电视台高举邓小平理论的伟大旗帜,全面贯彻落实"三个代表"的重要思想,始终坚持团结稳定鼓劲和正面宣传为主的方针，坚定不移地宣传贯彻党的路线、方针、政策，宣传贯彻市委、市政府的重大工作部署，牢牢把握正确的舆论导向，为郑州市的改革开放和现代化建设创造了良好的舆论环境，促进了郑州市两个文明建设。

2004年，圆满完成了郑州市第八次党代会和人大、政协两会的报道任务，共播发新闻100多条、专题20多期。由于报道及时、充分，受到了市委主要领导的表扬。

从二月份开始，在新闻联播中开辟了《2004展望郑州》、《求真务实，加快发展》两个专栏，对郑州市优化投资环境、加快发展、扎实为民办事所做的工作及十六项改革开放新举措进行了充分地宣传。并对任长霞先进事迹、郑州市下岗工人再就业、扶贫济困送温暖、创建文明城市等工作进行广泛深入的宣传报道，取得了良好的宣传效果。其中《学习任长霞先进事迹》、《首届世界传统武术节新闻报道》、《走进非公有制经济》等系列报道受到市领导的表扬。

各类专题节目丰富多采，以满足社会各界和人民群众的文化生活需要。《共产党人》栏目围绕社区党建、驻村工作及党员教育；《人口之窗》栏目宣传计划生育政策及相关知识；法制类栏目《要案追踪》、《法庭传真》、《警界风云》对打击犯罪，弘扬正气起到了应有作用。

各类文艺晚会及文艺节目获得丰收，《党旗颂》、《金秋地税》、《祖国你好》等大型文艺晚会获得圆满成功，受到省、市领导好评，并参加了《让中原告诉世界》、《首届世界传统武术节开幕式晚会》等大型晚会的创作工作。

由郑州台与中央台合拍的12集电视连续剧《越活越明白》5月30日在央视一套黄金剧场播出，实现了郑州电视台拍摄的电视剧在央视一套播出零的突破。52集儿童电视剧《快乐星球》的播出获得良好的收视效果，30集电视连续剧《巡城御史》和《大宋传奇》已拍摄完毕进入后期制作发行阶段。

郑州电视台精心打造的大型新闻栏目《直播郑州》于7月1日正式播出以来。大多数观众来信来电说，《直播郑州》心中装着观众，镜头对准百姓，反映百姓心声。电视台提出要树立品牌意识，办出特色，办出风格，努力实践“三贴近”原则，让栏目成为观众最实用、最丰富的“新闻大餐”，为郑州市发展起到应有的作用。

2004年郑州电视台在中央电视台播发新闻106条，在省电视台播发新闻40多条。特别是2月5日晚，与中央电视台新闻频道《新闻晚8:00》栏目对郑州市举行的元宵节大型焰火晚会联动直播，时长3分多钟，首次实现了现场直播节目与中央台同步播出，使外宣工作有了新突破。节目创优工作有了新进展。在各类评比活动中，获得各种奖项60多项，其中，省级10项，全国奖11项。技术工作在科学管理，严格落实规章制度；加强培训，全面提高专业水平；精心维护，确保安全优质播出的基础上，完成各项工作任务。2004年，郑州电视台一、二套节目共安全优质播出节目12233小时，其中综合频道播出6285小时，停播率每百小时1.11秒；商都频道播出5948小时，停播率每百小时4.03秒。5月19日郑州电视台第一次实现最先进的全数字全自动化硬盘播出；6月30日数字移动电视项目试播成功。

（李　明　海志刚）

【郑州有线电视台】 2004年，有线电视台配合市委市政府的中心工作，较好的完成了“商都3600年”的宣传，任长霞先进事迹的报道任务。在首届世界传统武术节的报道上，力求把老百姓最关心、最感兴趣的事件、赛事报道好，先后创作了《首届世界传统武术节昨晚开幕》、《武术节今天举行盛大迎宾活动》。《郑州2004》、《盛会在即看筹备》、《中华武魂——少林》、《中华武魂——太极》、《武术盛会精彩回眸》、《传统习武之家》、《传统武术的“传承者”》等节目报道，总时长达80分钟，发武术节消息30多篇。

积极做好经济交流活动的报道，在新闻节目中连续播发了有关招商引资方面的消息。《武术节引来海外客商》、《武术节首个客商代表团今天抵郑》、《郑州企业青睐海外项目》、《海外客商抛“绣球”项目对接传“佳音”》等消息，对促成各项经济技术合作起到了积极作用，受到了武术节组委会和市侨办的好评。

2004年4月份，全国不少地区出现禽流感疫情。根据市里相关要求，有线电视台组织记者报道了郑州市各级政府各个行业在禽流感的防疫、流通等领域采取的措施，及时播发《荥阳：免疫消毒一点也不含糊》、《集贸市场超市：严把质量关》、《公园广场：鸟类聚集场所闭门谢客》等报道，为全市的经济和社会的稳定发挥了积极的作用。

为了贯彻郑州市关于“郑州商都3600年”的宣传要求，《郑州2004》栏目开辟了专栏，分为9集，系统介绍从史前到现代郑州市光辉灿烂的历史。

2004年8月22日是改革开放的总设计师邓小平同志诞辰100周年纪念日，为了报道一代伟人的丰功伟绩，记者大量挖掘细微的历史线索，找到了当年刘邓大军里的老战士，找到了当年与邓小平有过接触的十八里河的老农民，找到了当年邓小平同志在解放郑州战役中住过的前线指挥所，用翔实的资料再现了小平同志在郑州的历史身影。制作了专题片《邓小平和郑州》，上下两集。在8月21日和22日进行了播出。

党的十六届四中全会后，有线电视台开辟了《贯彻十六届四中全会精神，加强党的执政能力建设》专栏，每周一个相关的专题报道。为了提高全体采编人员把握全会加强执政能力建设地精神实质，该台专门召开会议集中学习了全会主要内容。在报道中有线电视台抽调业务能力强、理论功底深的记者，采写了《黄河渔家的变迁》、《探访黑沟岭》、《转移就业开创新天地》等稿件。《探访黑沟岭》报道的是巩义市涉村镇党委和政府把困难农户迁出深山，帮助农户脱贫致富，缩小贫富差距的典型事例。表现了基层党组织有效地引导当地农村经济发展，引导农民增加收入，加强执政能力地决心。

《绿城对话》栏目组紧紧围绕市委市政府的中心工作，紧贴社会的热点、焦点，制作播出了42期节目。其中：1月13日播出的“敬业奉献新风来”当中，请到市委常委、宣传部长杨丽萍与大家共谈爱岗敬业、职业道德的话题；3月23日在市八次党代会圆满结束之时“聚焦市八次党代会”；4月27日播出的“不白活一回——追忆长霞”，邀请到长霞同志的爱人以及她的同事来共同追忆长霞、缅怀长霞；9月21日播出的“你的生命如此美丽”，邀请吴玲同志的领导、同事、爱人来从各方面反映她的感人事迹。10月19日播出的“传统武术爱好者的狂欢节”，邀请副市长龚立群和加蓬共和国主席吕克·本扎，从各方面介绍郑州市首届世界传统武术节的举行。这些节目都受到领导、群众的好评，在社会和市民当中引起较大反响。

2004年，有线电视台树立精品意识，深入挖掘，采访独家新闻，使节目的质量有了新的提高。譬如：《六位民工要跳楼·原因还是讨工钱》、《金博大被“诈弹”敲诈·嫌犯26小时落网》、《遗弃男婴复明·医院呼唤真情》。尤其是10月20日，新密市大平煤矿发生瓦斯突出事故，有线电视台闻警而动，先后播发了《大平煤矿瓦斯突出一百四十八人被困井下》、《遇难矿工家属沉浸在巨大悲痛之中》、《遇难遇险矿工搜救仍在进行》等消息，用血的事实警示人们事故猛于虎。关注弱势群体。8月底9月初，正值大中小学秋季入学时期，每年都会有一些学生因家庭经济困难而面临失学，为了帮助这些学生度过难关，该台安排记者深入到社区、学校当中，了解状况，8月17～18日《郑州2004》栏目分别播出了以贫困大中学生为关注对象的节目《关注贫困大学新生入学》和《贫弱花朵谁来呵护》。节目播出后，社会反响大，宋静等贫困学生获得2万多元学习生活费用的捐助。

2004年，有线台为了丰富百姓的文化生活，在原有的基础上，又重点购进优秀剧目26部，引进的国内外经典电影共204部。其中《都市男女》、《但愿人长久》、《情感世家》、《半个月亮》、《一条道走到亮》、《追梦谷》、《超人气学员》等播出后深受观众好评。

郑州广电网络建设。公司以数字化年和产业化年为契机，以加快推进有线电视数字化为先导；进一步深化科学管理，提高了工作效率，坚持从郑州实际出发，充分发挥各方面积极性，通过大力度地发展光缆干线和光节点的覆盖密度，加强了网络明线入地的进程，加强了安全播出管理和网络技术维护，确保节目播出和网络运营安全。

（尚贵西）

【郑州人民广播电台】 2004年，郑州人民广播电台认真学习宣传党的十六大和十六届三中、四中全会精神，全面贯彻落实“三个代表”重要思想，突出体现“三贴近”的原则，坚持抓导向、抓改革、抓管理、创名牌、求发展，不断提高宣传报道水平，圆满完成了年度各项目标任务。

（一）搞好新闻宣传工作。坚持团结稳定鼓劲和正面宣传为主的方针，发挥主动性，增强前瞻性，加强对宣传报道工作的组织和管理，做好把握导向的工作。按照市委宣传部及市广电局的统一部署和要求，围绕重大主题，精心策划，精心组织，发挥优势，形成合力，使新闻宣传导向正、形式活、合力强、效果好。

一是搞好经济建设和城市建设的宣传。年初，在新闻节目中开辟《求真务实，加快发展》栏目，对郑州市2004年出台的“16项政策措施”进行了重点报道。根据市委、市政府提出的“五个一百”的奋斗目标，开辟了《郑州经济2004》栏目，与市大项目办、市中小企业局等部门联合，相继推出了“重点工程巡礼”、“确保实现五个一百，走进非公有制经济”、“对外开放”等系列报道，对郑州市的重点企业、重大项目、重点工程等进行了重点宣传。围绕郑州市“工业经济宣传月”活动，组织了《实现郑州工业经济新跨越》系列报道。同时还在新闻节目中开辟了《改善人居环境，提高生活质量》专栏，对郑州市中心城区改造的“20项重点工程”、社区人居环境建设和对郑东新区的规划论证及项目进展情况进行了报道，使经济建设报道和城市建设报道相辅相成、逐步升温。

二是搞好精神文明建设和商都3600年的报道。制定具体方案，精心策划，精心准备，组织了大型系列报道《探索郑州文明之旅》，分《商都往事》（100集）、《商都访问》（50集）两个部分播出，受到社会各界好评。同时还十分重视搞好重大典型的宣传，精心组织了任长霞、常香玉、吴玲3个全国性先进典型的宣传报道，其中关于常香玉的3集专题报道《永远的花木兰》先后两次在中央人民广播电台播出，并在中国国际广播电台播出。

三是搞好郑州市重大政治经济文化活动的宣传。提前动手，多方联系，充分准备，改变传统报道形式，分别在人大、政协会议驻地设立前方直播室，选派优秀记者和主持人组成联合报道组，开辟特设栏目，现场采访，现场制作，滚动播出，使“两会”宣传报道准确、快捷、生动，受到市人大、市政协领导和社会各界的好评。市八次党代会召开前，在新闻栏目中开辟了《辉煌五年间—迎接市八次党代会专题报道》专栏，回顾了市七次党代会以来郑州市取得的巨大成就，同时对全市各行各业迎接党代会的情况做了动态报道。会议期间，派出得力记者，精心组织会议报道，在新闻节目中开辟了《市八次党代会专题报道》专栏，围绕会议内容采制播出新闻专题《代表专访》及新闻消息共35条。会议结束后，又在新闻节目中开辟了《与时俱进求真务实—落实市八次党代会精神专题报道》栏目,及时报道了各县(市)、区和各部门贯彻落实党代会精神采取的措施。在首届世界传统武术节的报道中,与登封台联合,对4万余人参加的、线路长达18公里、时间近2小时的武术节迎宾活动进行了现场直播,受到武术节组委会和市委宣传部的赞扬。为纪念邓小平同志诞辰100周年,在"新闻综合广播"《午间新闻》和《晚间新闻》节目中推出了反映邓小平同志生平事迹的20集大型广播文献节目《伟人邓小平》,多角度展示了邓小平跌宕起伏、瑰丽多彩的一生。"都市广播"还播出了大型广播访谈节目《走近邓小平》,生动形象地展现了邓小平崇高的精神风范和独特的人格魅力。

四是搞好中原城市群经济隆起带的宣传报道。联合洛阳、开封、新乡、焦作、许昌、漯河、平顶山、济源8家电台组建了"中原城市群新闻协作网",在各自的新闻节目中设立了《中原城市群经济隆起带新闻联播》栏目,每天一次、每次10分钟播出各台提供的新闻。《中原城市群经济隆起带新闻联播》栏目的开办,充分利用省会台和各地、市台的新闻资源,打造了中原地区一档新的广播新闻品牌。此外,还根据上级要求和年度工作计划,认真做好维护社会稳定、创建文明城市、安全生产等方面的宣传报道工作,均收到良好效果。

(二)对外宣传工作。坚持内宣和外宣相结合,采取有效措施,加大外宣力度,突出对外合作,增强宣传效果,使外宣工作在上年的基础上实现了新的突破。一是狠抓稿件质量,主攻重点媒体。广大采编人员紧紧围绕市委、市政府的中心工作,瞄准中央人民广播电台的黄金时段和重点栏目,积极做策划、挖线索、搞采访、写稿件,努力多写多发有份量、有深度、有力度、有影响的稿件,力求多上能扩大郑州影响、树立郑州对外开放新形象的新闻报道。全年共在中央人民广播电台发稿238篇,连续5年居全国省会电台和城市电台之首,荣获中央人民广播电台"宣传突出贡献奖",市委宣传部为此发文予以通报表彰和嘉奖。其中有48篇在中央人民广播电台重点新闻节目《新闻和报纸摘要》和《全国新闻联播》中播出。采制的长达19分钟的特别节目《永远的花木兰——豫剧大师常香玉的人生故事》6月7日在中央台《人物春秋》节目首次播出后,应中宣部要求重播,在中国国际广播电台华语台播出后受到专家的好评。二是加强对外合作,办好联办节目。坚持同中央台及外地、市台加强联系,建立密切的合作关系,借助外力扩大郑州宣传。与中央台联合采制的5集系列专题《小康郑州》于全国"两会"期间在中央人民广播电台《新闻和报纸摘要》节目连续播出,这是继2001年和中央台联合推出系列报道《世纪初年看郑州》之后又一次大规模地宣传郑州。市委副书记赵建才对此作出批示,充分肯定了这一做法。与中国国际广播电台联办的《今日郑州》共播出26期,累计播出时间1170分钟。加强与河南人民广播电台的交流与合作,及时向省人民台传送稿件和录音报道,全年在省人民台发稿560余篇。三是重视网站建设,拓展宣传空间。充分利用国际互联网宣传资源,加强《郑州广播在线》网站建设,搞好网站宣传,扩大郑州影响。继续与全国省会城市电台合作,办好"中国城市广播新闻网"。全年通过"郑州广播在线"网站共发布郑州新闻消息1044条、新闻专题367篇,为宣传郑州做出了贡献。

(三)强化服务意识,提高宣传水平。认真落实"三贴近"的要求,突出节目策划,加大创新创优工作力度,努力提高节目质量和宣传水平。一是科学定位,坚持为民服务。根据广播专业化、对象化的发展趋势,在认真分析、反复论证的基础上,按照"凸显地域性、增强服务性、扬长避短、突出重点、量力而行"的原则,对"新闻综合广播"、"都市广播"、"音乐广播"3个频率及其节目内容进行了科学定位和合理规划。"新闻综合广播"主打新闻类、服务类和情感类节目,将每天的新闻节目时间由180分钟延长到255分钟,在新闻节目中推出了社区新闻专栏《直通社区》和县市区新闻专栏《县市区新闻联播》,使新闻节目内容更丰富、更贴近,形式更活泼,进一步增强了新闻节目的时效性、接近性和可听性。根据中老年听众的特点,把上午的《音乐广场》改版为《燃情岁月》,吸引了大批中老年听众。名牌节目《今夜不寂寞》为更好地打造频率的品牌形象,满足群众对情感的需求,从6月20日开始,延长了节目时间,提高了节目竞争力。"都市广播"主打新闻和交通信息、娱乐及服务,紧紧围绕都市生活和城市交通,积极建立信息网络,主持人到交警支队、长途运输车站、铁路部门、民航及高速路政等单位,建立联系,保证各种交通路况信息及时通过FM91.0为听众发布,方便了省会群众的出行。"音乐广播"以流行音乐为主、经典音乐为辅,开播不到一年,便以其新颖的节目理念、丰富的音乐资源、时尚的节目形态、统一的节目风格,迅速在青少年听众中引起强烈反响。二是组织活动,扩大节目影响。在精心策划、充分准备的基础上,先后举办了"听广播发短信送祝福获大奖"、"新生活·大卖场现场直播"、"《燃情岁月》大家唱"、"《燃情岁月》中老年歌手大奖赛"、"《重阳·关爱》名医进社区义诊"、"《今夜不寂寞》联谊两日游"、"第三届业余主持人大赛"、"校园K歌王"、"'联通杯'第四届校园歌手大赛"等一系列的社会活动。通过举办各类社会活动,拉近与听众的距离,实现与听众的互动,扩大节目影响,打造品牌形象,受到广泛好评。三是强化措施,促进精品生产。把创新创优工作纳入目标管理轨道,采取业务培训、季度评优评新、专题研讨、奖惩兑现等有效措施,强力推进精品工程,使创优工作和"五个一工程"创作生产取得了历史最好成绩。全年共有4件作品获5项国家政府奖,另有29件作品在全国评比中获奖;17件作品获省级政府奖,另有9件作品在全省评比中获奖；有1件作品获市“五个一工程”奖，另有19件作品在全市评比中获奖。其中，新闻专题《子夜枪声》获第十届中国新闻奖三等奖和中国广播新闻奖三等奖，实现了郑州市广播电视在中国新闻奖评比中零的突破，市委宣传部为此发文予以通报表彰嘉奖；社教专题《网络幽灵》获中国广播社教节目奖三等奖；广播剧《谎言与真情》获中国广播剧奖三等奖；录音作品《爱的悲伤》获国家广电总局广播节目技术质量奖三等奖，这是自2000年以来连续第五次获此奖励。创作了5集广播剧《爰自情真》和儿童广播剧《电话传情》，已在中央人民广播电台播出。

（四）加强队伍建设。根据市委宣传部及市广电局的要求，以邓小平理论、“三个代表”重要思想和党的十六届三中、四中全会精神为主要内容，坚持周二下午理论学习制度，合理安排内容，严格考勤登记，落实学习计划。尤其是根据《郑州市新闻战线广泛深入开展“三个代表”重要思想、马克思主义新闻观、职业精神职业道德学习教育活动实施方案》及市广电局的统一部署，高度重视，迅速行动，精心组织，注重实效，广泛深入开展“三项学习教育活动”，通过开展“三项学习教育活动”，加强队伍建设，提高队伍的整体素质。并开展了“迎新春联欢晚会”、“五四团员青年日”、“庆七一卡拉OK大赛”等活动，不断增强队伍的凝聚力。开展“三项学习教育活动”的做法，多次受到省、市督察组领导的好评。

（五）加强后勤保障建设，推进事业发展。郑州人民广播电台抓住“数字发展年”有利机遇，按照广播产业化发展的要求，依托科技进步，加大投入，积极创新，强化保障，推动事业建设持续发展。一是技术设备进一步优化。积极筹措资金，完成了发射机房、直播室、导播室的搬迁以及直播室设备数字化改造，完成了“音乐广播”在郑州市的同频覆盖系统的安装、调试，新购置了1台调频发射机、20部数字采访机和一批电脑，增加了4个音频制作终端，进一步完善了制作、播出自动化系统、文稿编审及办公自动化系统，使采、编、播及办公基本实现了网络化、智能化。二是节目播出全部达标。认真做好“元旦”、“五一”和“5.30至6.10”广播电视安全播出保证期的技术保障工作，顺利实现了预定的工作目标。无论是中波播出还是调频播出，台内停播率一直控制在每百小时5秒以内，主要设备完好率达100%。三是各种保障及时有力。坚持一手抓宣传、一手抓经营，挖掘潜力，拓宽渠道，优化结构，强化服务，狠抓质量，广告创收实现了较大幅度的增长。与郑州铁路局客运总段联合开办了“列车广播”，使广告经营出现了新的增长点，为事业的进一步发展提供了必要的资金储备。

2004年，郑州人民广播电台先后被市委、市政府授予“首届世界传统武术节筹备工作先进单位”、“2003年度扶贫开发工作先进单位”称号，被市委宣传部评为“2003年度新闻报道工作先进集体”、“2003至2004年度对外宣传先进集体”、“纪念商都3600年工作先进集体”、“文化卫生科技三下乡工作先进集体”、“2003年度全市宣传信息工作先进单位”。

（王少威）

【郑州经济广播电台】 2004年，郑州经济台全面贯彻“三个代表”重要思想，积极、全面、准确、深入地宣传党的各项精神，在新闻宣传上抓大事、抓典型、抓热点，加大舆论监督力度，打造自己的新闻品牌。在“两会”、首届世界传统武术节等重大活动宣传报道以及外宣方面均取得一定成绩，为郑州市两个文明建设创造了良好的舆论环境。

（一）紧紧围绕市委、市政府的工作中心，在重大活动、重大事件和重要专题及栏目的宣传报道上不断创新。郑州市第八次党代会召开期间，郑州经济广播电台制订宣传报道计划，提出要求，大会开幕前《早餐可乐》节目组录制播出了《立党为公执政为民》、《热烈祝贺郑州市第八次党代会召开》等4个专题。“绿城对话”节目于3月23日播出专题《聚焦郑州市第八次党代会》，回放了从开幕到闭幕的重要新闻。

市人大十二届一次会议和政协十一届一次会议召开期间，认真做好“两会”宣传报道工作。共发稿件32篇，其中，消息17篇，录音新闻7篇，录音采访7篇，评论1篇。“早餐可乐”节目组在与市人大办公厅联办的“民主与法制”节目中先后制作播出8期专题节目，邀请人大代表20余人走进直播间，通过热线电话、短信等形式与市民直接交流，8期节目共接听电话120多个，收到短信320多条，对听众反映比较集中的十几个问题，如银行街路况差、熊耳河整治速度缓慢等，代表们都以议案、建议等形式反映到市人大会上。在2004年《人大常委会工作报告》中，郑州经济台的《民主与法制》节目作为郑州市惟一一个新闻媒体节目得到了市十一届人大常委会的充分肯定。市人大主任郝建生在会议期间看望该栏目主持人时，对节目给予赞扬并对今后提出了要求和希望。

政协会议期间共发稿件29篇，其中消息13篇，录音新闻8篇，录音采访7篇，评论1篇。在每周五与市政协提案委员会联办的《我为郑州发展献良策》节目中，共播出有关两会专题9期，介绍各民主党派集体提案，开通热线，邀请政府部门领导和委员一起与群众讨论解答热点难点问题，在社会上产生较大影响，深受人民群众欢迎。该节目得到了政协常委会的充分肯定，全国政协对此也给予肯定，在《人民政协报》头版作了推介。

积极宣传市委市政府提出的两个五百工程建设规划和出台的优惠政策，在“百项重点工程巡礼”宣传活动中，共播发《雨污水管网改造工程》、《少林景区建设》、《107国道等三项工程》、《邙岭水保生态工程项目》、《风沙源生态工程》等稿件22篇。

在“改善人居环境”系列报道中播

发《省会改善人居环境工作观摩会》、《鑫苑社区：宜人的家园》、《金水区五级人大代表政协委员视察人居环境》、《省会改善人居环境将实行红、黑旗制度》以及市容设施期待美容系列报道等共计38篇，其中录音新闻8篇，录音采访8篇。

配合"纪念商都3600年"系列宣传活动，《绿城对话》栏目组把录播现场搬到汇龙城，制作一期主题为"爱我中华·保护商城"的专题节目。市委宣传部副部长王志坚、市文化局副局长任伟、省考古研究所副所长秦文生、商城遗址保护处处长宋秀兰，市政协委员张松正、市民代表沙恩泉做客栏目对话。市领导对该期节目给予高度评价。

围绕"宣传学习任长霞"活动，重点报道播出"浩歌动天地，警魂奏华章——'永恒的彩霞'大型主题歌会在登封举行"、"郑州市公安局学长霞誓师大会"、"广电局召开学习任长霞座谈会"、"《任长霞》一书郑州发赠仪式"、"30人中央记者采访团抵郑，任长霞同志先进事迹即将走向全国"、"登封市民沉痛悼念人民的好局长"、"登封公安局长任长霞因公殉职"等稿件21篇，"学长霞，见行动'长霞精神鼓舞着我们'"专题6篇。

4月27日，《绿城对话》制作了一期特别节目"不白活一回——追忆登封市公安局局长任长霞"。节目邀请任长霞的丈夫卫春晓、登封市公安局政委刘丛德、任长霞救助的登封市大冶镇西村孤儿刘春雨和告成镇庙庄村村民王松、黑恶势力受害者冯长庚等一起追忆了任长霞在工作生活中一些令人难忘的事迹。节目收到几十位听众发来的短信和留言。

认真做好首届世界传统武术节的宣传报道。从8月30日起，在"早间新闻"节目中开设"弘扬武术文化，扩大对外开放，迎接首届世界传统武术节专题报道"。重点播报武术节的筹备、工作进度和各项重大活动等情况，并随着武术节的临近逐步加大新闻报道力度，对社会各界关心、支持、参与武术节的典型事例和感人事迹做动态报道。在午间节目"午间30"开设专栏"武林风"，重点宣传介绍武术知识，前几届"中国国际少林武术节"情况和举办传统武术节的重要意义。距武术节50天开始每天播报"首届世界传统武术节倒计时"。录制9条武术节宣传口号，从8月30日起，在重要节目时段插播。广告部精心策划录制3条武术节公益广告，从8月30日起在全天节目中滚动播出。期间共发有关武术节短消息24篇，长消息14篇，录音报道12篇。"绿城对话"节目专一制作了一期特别节目——"传统武术爱好者的盛会"。邀请嘉宾——郑州市副市长龚立群、塔沟武校总教练刘海科、加蓬共和国武协主席吕克·本扎做嘉宾，畅谈世界传统武术的现状、发展和影响。

（二）狠抓节目质量，拓宽外宣思路，创名牌栏目，促创优发展。外宣工作方面，2004年共在中央台新闻报摘、13点新闻、全国经济联播发稿71篇。其中，中央人民广播电台"今日中国"16篇，"13点新闻"2篇，"小喇叭"16篇，《人民公安报》发稿1篇，"全国经济联播"发稿36篇。创优方面，2004年共有17件作品获奖。其中，专题《当官要为民做主》获省广电新闻一等奖；专题《无奈的公交候车厅》获省广播主持一等奖，在全省市级电台获此奖项的只有郑州经济广播电台一家。2003年度全国经济广播新闻作品评选中有3篇作品获奖，其中，对象性节目《sars！sars！快离开》获一等奖。此外，获市广电新闻奖11个，其中，一等奖4个，二等奖1个，三等奖6个。

（三）采取多种形式组织各类大型活动，加强节目创新，扩大栏目影响力。4月4日，"绿城对话——走进直播间"节目专家研讨会在黄河迎宾馆召开，来自人民大学、清华大学等学府，中央人民广播电台等媒体的专家教授喻国明、尹鸿、周文华、燕辉、白谦诚、王君超，市领导杨丽萍、孙新雷等参加了研讨，对该节目提出了意见和建议。

2004年，郑州经济台先后成功举办了12场街头"防艾"宣传演出活动。在这些纯公益演出活动中，演员和工作人员不收取任何报酬，让更多的人了解预防艾滋病及青春期健康的知识，录音、采访均在《月亮船》中播出，听众反响强烈。

"六一"前夕，中央电视台教育频道举办"2004年六一节全国少儿优秀节目联播"，郑州经济广播电台少儿节目《美丽的童话》作为郑州市惟一选送节目参加播出。

重视科学技术在广播领域的应用，依靠先进的广播设备，办好高质量的广播节目。更换旧短信平台，实现了移动平台和联通平台共同使用1858711为前缀地短信发送号码，提高稳定性方便性。组装调试FM88.9调音台一部并投入使用，提高了FM88.9城市之声的广播音质；架设FM88.9天线、馈管一套，为FM88.9高、保、真发射奠定了基础。完成音频工作站设备升级改造，保证节目高标准、高质量播出。购置奔驰直播车一部，为户外直播、流动直播提供保证。

（方敬毅　荣项菲）

【郑州文艺广播电台】 郑州文艺广播电台2004年紧紧围绕市委、市政府的中心工作，以经济建设为中心，以学习宣传贯彻"三个代表"和十六大精神为重点，以"三教学习"活动为动力，坚持正确的舆论导向，坚持三贴近原则，努力为郑州市的改革开放和社会发展营造良好的舆论氛围。

2004年新闻部共播发早新闻《944早新闻》355组，共5875分钟；共编播早节目《都市新闻网》331期，每期60分钟周末访谈节目39期，每期20分钟，共780分钟；编播新闻专题节目《新闻扫描》212期，每期60分钟，共12720分钟；编播《您好的士》节目331期，每期60分钟。其中，新闻中自采稿件达1472篇，通讯员稿件达759篇，录音报道448组，圆满完成了各项宣传报道，全年未出任何政治差错。

在市第十二届人民代表大会第一次会议和市政协十一届一次会议召开期间，延长新闻节目时间，在早新闻《944早新闻》开设两会专栏，参会记者和编播人员紧密配合，加班加点完成报道任务，较好地报道了两会盛况及重要意义。两会前和两会期间共播发有关报道69篇(次)，其中，消息30篇，现场录音报道8个，人物专访20个，专题2个。郑州市第八次党代会召开前后，文艺台专门成立报道小组，在新闻节目《944早新闻》和《新闻扫描》栏目中开设新闻专栏，及时、全面报道大会盛况。会前开设"迎接郑州市第八次党代会"新闻专栏，营造浓厚大会氛围，集中回顾报道郑州市第七次党代会以来所取得的成绩和变化，从3月12日至17日，共播出有关郑州市工业、消费、文化、卫生、教育发展变化等内容的新闻共五期。大会召开期间，开设"郑州市第八次党代会"新闻专栏，通过消息、人物专访、新闻侧记、评论等形式，全面及时地报道好大会，共播发新闻26篇(次)。会后，文艺台继续及时报道全市各单位学习领会党代会精神的体会和落实情况。为了深入、翔实地报道好大会，文艺台还在新闻专题《周末访谈》节目中邀请郑州市科、教、文、卫等领域的代表就"求真务实、加快发展、如何完成好郑州市十六项工作"为主题进行专访播出，长达20分钟。从5月中旬开始，在新闻节目中重点报道2004年郑州市社会各界民主评议市直机关单位和行业作风工作，及时报道各单位、行业进一步优化经济发展环境的举措和好的做法，塑造公务员廉洁高效、经营者诚信守法的良好形象。10月份，在新闻节目中开设"学习贯彻四中全会精神"专栏，详细报道郑州市各级党委组织学习贯彻四中全会精神的活动，工作进展和好的典型。共播发有关报道11篇(次)。

2004年，还重点报道了任长霞同志先进事迹和全市新闻战线"三项学习教育"。为深入做好任长霞同志先进事迹的宣传报道，文艺台发挥自身特色，精心策划，周密部署，选派得力采编人员进行采访报道，充分运用消息、评论、通讯、专题等形式，使报道丰富多采，鲜活感人共播出有关报道42篇(次)。掀起对任长霞同志先进事迹的宣传热潮，并录制由登封市创作的音乐剧《长霞飞歌》送全国市台展播。文艺台对"三项学习教育"活动的宣传报道，专门在新闻节目《944早新闻》中开设"三项学教"专栏，积极主动地及时进行宣传报道。

做好"五个一百"的宣传报道。在新闻节目中开设"确保实现五个一百、市重点工程建设巡礼"，"确保实现五个一百，走进非公有制经济"专栏，集中报道经济发展情况，营造了"聚精会神搞建设、一心一意谋发展"的浓厚氛围。第三届中国河南国际投资贸易洽谈会期间，文艺台全方位报道大会盛况和各项活动，在新闻节目中播出新闻36篇(次)。

2004年全市安全生产形势严峻，文艺台加大安全生产方面的宣传报道，营造"关注安全、关爱生命"的浓厚舆论氛围。郑州文艺台对"郑交会"期间的一系列经贸活动进行了详细、及时的宣传报道。"郑交会"期间共报道新闻11条(次)，包括消息、录音报道、专访等。文艺台重视首届世界传统武术节的宣传报道，在新闻节目中开设武术节专栏，共播发有关新闻63条(次)，包括消息、录音报道、人物专访等，社会效果显著。

继续搞好创建国家卫生城市工作和市容环境卫生整治活动，争创全国社会治安综治先进市等的宣传。对郑州市开展的"开展月评文明市民"活动、"改善城市人居环境工作"等创建工作进行大力宣传。按照市委、市政府的统一部署和安排，文艺台还继续重视未成年人思想道德建设工作的宣传报道，通过消息、专题、访谈等多种形式，积极营造有利于未成年人健康成长的良好舆论氛围。还牢牢把握正确舆论导向，切实做好帮扶困难职工、郑州市加强社会保障体系建设、双拥工作、严打工作、助残工作、禁毒工作等的宣传，促进郑州市改革发展，维护社会政治稳定。

在对外宣传创优方面，文艺台制作的春节大连播节目《根在中原》在全国20多家省会电台播出，获得全国省会市台春节展播一等奖；少儿对象性节目《丁丁的梦想》在市好新闻评比中荣获一等；歌曲《红旗颂》获得省政府文艺二等奖；外语学校管弦乐团赴法汇报演出录音剪辑获省政府三等奖；在"郑州市首届优秀播音员、主持人大赛"中，文艺台共4人入选，2名三等奖、2名优秀奖。

2004年，市文艺台对设备进行了更新，扩大发射功率，实现前端数字化。中波发射由10千瓦扩容到50千瓦，节目覆盖到周边省、市。

(洪菁华)

文学艺术

【文学创作】 2004年，全市出版各类文学作品20部(篇、集)其中：长篇小说5部，长篇传记文学2部，中篇小说4部，短篇小说3篇，小说集2部，诗集、诗文集3部，历史文化随笔集1部。6月26日，郑州市作家协会成立了小作家培训中心。培训中心成立后，举办了3期小作家培训班，培训学员127人。

【文学刊物】 2004年，《百花园》杂志社积极探索文化产业的发展之路，本着以优秀文化产品开拓市场的精神，不断拓展新种类，保持了"两刊"稳定的发行量。全年共发行《小小说选刊》500万册，《百花园》16万册。出版《小小说俱乐部报》12期，出版增刊《小小说金榜》、《小小说36星座》10余万册，编辑出版了2002年《小小说排行榜》、《小小说300篇》，取得了良好的社会效益和经济效益。

2004年文学创作出版作品一览表

作者	题目	作品种类	出版社、刊物
魏三兴	悬案的迷惘	长篇小说	文化艺术出版社
王　刚	王法	长篇小说	中国戏剧出版社
王奇峰	图书城	长篇小说	时代文艺出版社
李增道	追求	长篇传记文学	中国文联出版社
郑兢业	孤坟	长篇传记文学	大连出版社
张清献	清史丹心二十年	长篇传记文学	中央民族大学出版社
景德夫	嵩山情	诗集	内蒙古人民出版社
陈铁军	最后一枪	中篇小说	民族文学
傅爱毛	一个不肯犯错误的男人	中篇小说	长江文艺
傅爱毛	毛二姐的幸福生活	中篇小说	莽原
傅爱毛	小伙子杜太太以及一条狗	中篇小说	福建文学
傅爱毛	一条狗和一头猪的友谊	短篇小说	飞天杂志
傅爱毛	一条会挣工资的狗	短篇小说	延安文艺
傅爱毛	XT002－002	短篇小说	长城
赵富海	老郑州一商都遗梦	历史文化随笔集	河南人民出版社
李运义	阿川在红蚂蚁公园的奇遇	长篇小说	知识产权出版社
梁海潮	登封百姓写长霞	诗文集	大众文艺出版社
李贻涛	雯姑娘	小说集	天马图书公司
李贻涛	日食	小说集	天马图书公司
王林栓	青少年颂郑州	诗集	天马图书公司

2004年文艺活动一览表

时间	地点	项目
元月	森林公园城隍庙	民间工艺展览
元月	新密	送文化下乡
元月	荥阳	送文化下乡
4月	登封	6县市文学创作笔会
4月	郑州当代艺术馆	八届国画展郑州参展作品展
4月	长铝集团	合唱知识专题讲座
5月	郑州当代艺术馆	庆六一郑州儿童书法展
5月－10月	荥阳	郑氏文化节系列活动
6月－9月	郑州当代艺术馆	6县、(市)书法美术摄影展
6月	郑州	少先队辅导员风采大赛
6月	郑州市博物馆	李志鸿、吴振寰画展

时间	地点	项目
7月	郑州市广播电台	2004年优秀创作歌曲评选
7月	登封	纪念任长霞诗歌笔会
8月	郑州当代艺术馆	郑州武汉兰州3市书画展
9月	郑州	崔卫平、李爱芸学术报告会
9月	升达艺术馆	环保郑州书法美术摄影展
9月	郑州当代艺术馆	尹沧海画展
10月	省康复中心	残疾人书法美术摄影展
10月	郑州当代艺术馆	郑州市直机关书法展
10月	升达艺术馆	纪念邓小平诞辰100周年书画展
10月	郑州当代艺术馆	郑州市公务员书法展
11月	郑州人民广播电台	省会高校校园歌手大赛评选
11月	郑州人民广播电台	省会中老年歌手大赛评选
11月	荥阳	《掘突兴郑》剧本分析会
11月	荥阳	河南优秀传统戏剧调演
11月	荥阳	大河诗会
11月	郑州京古斋书画院	京古斋收藏书画展
11月	升达艺术馆	王西京画展

【文艺作品获奖情况】 戏剧、曲艺类：荣获全国第八届少儿戏曲“小梅花”金花奖2个、银花奖3个；荣获中国戏剧文学奖铜奖4个；荣获中国戏剧文学剧本奖三等奖2个；荣获全国第二届戏曲“红梅奖”金奖3个、银奖3个、铜奖1个；荣获河南省“鑫旺杯”河洛大鼓大赛一等奖4个、二等奖8个、三等奖4个、伴奏奖1个；荣获中国第二届戏剧“红梅奖”组织奖2个。书法类：在全国第八届书法篆刻展中，荣获5个全国奖。民间文艺类：民间文艺荣获河南省民间工艺博览会“金鼎奖”5个、金奖5个、银奖4个；组织奖2个。美术类：荣获全国十届美展铜奖1个。音乐类：荣获河南省歌曲创作一等奖1个。另外荣获世界历史文化名城摄影作品会展组织奖1个。

【巩义市文联】 2004年，巩义市文联共获得国家级奖项49个，省级奖项54个，在国家正式出版刊物上发表各类文学作品148篇，歌曲24首，在省级以上参展或发表书画作品66幅，出版长篇小说1部、小小说集1部、美术作品集1部、书法作品集1部、音乐作品集1部、抢救民间文化遗产书籍2部。加入国家级协会1人、加入省级协会10人；开展各类文艺活动26项；文联获得共青团中央、河南省文联和文化厅两个奖项。

巩义市2004年文艺创作成果一览表

作者	题目	作品种类	出版社
魏三兴	《悬案无结局》	长篇小说	中国戏剧出版社
侯发山	《乡里故事》	小小说集	中国文史出版社
孟广友	《穿透》	中篇小说	《延安文学》第五期
高辉军	《你究竟怕什么》	短篇小说	《牡丹》第二期
高辉军	《城》	短篇小说	《莽原》第四期
吴恩梓	《老马》	短篇小说	《雪莲》第四期

作者	题目	作品种类	出版社
吴恩梓	《虎石》	小小说	《金山》第七期
白学易	《白家大院》	小小说	《龙门阵》杂志
侯发山	78篇	小小说	《百花园》《飞天》等
郝公民	《向日葵》	散文	《中国当代文学作品集》
郭良正	《戏趣》、《呵斥与温柔下的感冒》	散文	《古风文学作品集》
贾顺星	《铁匠炉》、《钓鱼》	散文	《少年文艺》
白淑贤	《回报》	诗歌	《水泊览胜精品选》
王银柱	《相思雨》、《鹏飞》《微型诗》	诗歌	《中国当代诗选》《中原风》《中国当代精品短文作品选萃》
杨雅萍	《六弦琴》	诗歌	《水泊览胜作品选》
朱学军	《生日》	诗歌	《嵩岳警魂》
曹世忠	《写到灵魂的深处一读我们的英雄李小柱》	文学评论	《牡丹》第二期
孙永茂	《孙永茂书法作品集》	书法	国际统一出版社
李纯松	《讴歌新时代》歌曲集	音乐	中国文联出版社

【新郑市文联】 2004年，新郑市文联创作发表中篇小说1篇，创作发表散文10篇，编辑出版《咏新郑诗词书法集》一部。在"全国第八届书法篆刻展"中1人入选；在河南省第十三届群众书法展中，有23件书法作品入展；在河南省"廉政杯"书法大赛中，2人获优秀奖、6人获市级优秀奖；赵忠祥的书法作品被河南省书画院收藏；2004年有3人加入河南省书法家协会。赵广信、寇晓军的美术作品在中央美术馆、中国博物馆展出，并获得国家级荣誉证书。出版摄影作品集2部。在河南省第三届根雕艺术精品展中，荣获金奖1个、银奖3个，3人被评为高级根艺师、1人被评为根艺师。在郑州市第四届青少年器乐大赛中，荣获一等奖1个、二等奖2个；在郑州市委宣传部主办的2004年歌手大赛中，荣获一等奖1个、二等奖2个；在郑州市音协、郑州市文艺广播电台联合举办的庆祝国庆55周年优秀创作歌曲评选活动中，荣获一等奖2个、二等奖2个、三等奖4个。

【新密市文联】 新密市文联发表中、短篇小说11篇。高克勤的书法作品首次入选"全国第八届书法篆刻展"。在省级以上摄影展中入展、获奖8人次。在郑州市庆祝建国55周年歌曲创作比赛中有5首歌曲获奖。其中：一等奖1个、三等奖4个，音协获优秀组织奖，出版《青屏之歌》音乐专辑1部，出版《新密摄影》会刊2期，开展各类文艺活动9项。

【荥阳市文联】 2004年，荥阳市文联创作出版文学作品6部，在市级以上报刊发表文学艺术作品150多篇，创作剧本6部。在河南省第十三届群众书法展中有20件书法作品参展，在"全国第八届书法篆刻展"中1人获优秀奖，在全国十届"美展"河南展区分别荣获金奖和铜奖各1个，在中国音协和陕西省人民政府联合举办大的"陕西旅游歌曲大奖赛"中1人荣获二等奖。配合省民间文艺家协会和郑州市文联，成功地举办了中国、荥阳首届郑氏文化节"郑公杯"书画展和河南省首届民间传统优秀戏曲汇演。有2人加入中国摄影家协会和中国音乐家协会。

【登封市文联】 2004年，登封市文联创作出版了文学作品11部，在各类报刊上发表文学作品7篇。有9人加入郑州市作家协会。创作和发表戏剧节目15个，举办《艺苑春》戏剧晚会13场，在省曲协举办的"鑫旺杯"河洛大鼓大赛中，夺得5个奖项；张存义创作的河南坠子《深入虎穴擒色魔》荣获"新河南、新曲艺"二等奖；在《中国曲艺》杂志上发表曲艺作品3篇。在郑州市2004年歌曲征集大赛中，有20首原创歌曲获奖；韩海山在《传奇故事》、《故事会》刊物上发表民间故事10篇，在"全国第九届根石艺术博览会上荣获银奖1个；30集电视连续剧《公主出家》被国家广电局批准立项，《浪子回头》正在筹集资金，准备拍摄；焦光卿与孙恩道合作绘制的《聊斋志异连环画》入选全国十届"美展，出版发行了书法美术作品集3部；在省级以上书法展中入展25人次，获奖2人次，有6人加入郑州市书法家协会，有6人加入河南省书法家协会。举办了"登封市首届艺术摄影作品展"，协助市委宣传部编撰出版了《走进登封》大型宣传画册。

【中牟县文联】 2004年，中牟县文联在全国各类报刊杂志上发表诗歌、散文、小说、故事等作品50余篇,编辑出版《中牟诗词三百首》1部;召开了书法家协会代表大会,有4件书法作品入选"郑州市反腐倡廉书法展";在郑州市美术馆举办了郭士厂等4人漫画展;刘国江创作完成了大型现代剧本《火凤凰》和新编历史剧本《香妃》,论文《新时期戏剧的发展走向》获第三届中国戏剧文学奖。开展各类文艺活动9项。

(张文先)

档案工作

【概况】 2004年,郑州市档案局狠抓管理,在档案基础业务建设、档案信息化建设、档案法制建设等方面取得了显著成绩,实现了档案工作新突破。特别是2004年5月市局领导班子调整后,组织开展了建设"学习型、创新型、服务型机关"活动,提出了"创新工作思路、创新管理方式、创造一流业绩"的目标,各项工作呈现新局面。

全市各级综合档案馆积极配合政务公开、依法行政,建立了已公开现行文件查阅服务中心,现已收集已公开现行文件8000多份(册),为社会各界查阅利用提供了方便。新领域档案工作取得较好成效。一是在社区建档全面铺开的同时,推进社区档案的规范化管理。上街区档案局以办事处为龙头,以"六有"(即有齐全完整和符合质量要求的档案、有分管领导、有专职或兼职档案人员、有专用装具、有管理制度、有检索目录)为标准,把社区档案规范化管理列入目标,实行合格证制度,从上至下形成了齐抓共管的局面;二是积极开展非公有制企业建档工作。市档案局以100家重点非公有制企业档案管理为切入点,在监控、指导非公有制企业建档中,重点帮助建业集团及所属40多个子公司规范档案工作,为其建立档案规章制度,制定分类方案,培训业务人员。同时,还撰写了《郑州市非国有企业档案工作情况调查报告》,为非公有制企业建档提供了翔实的参考依据;三是国企档案工作得到进一步加强。为正确处置改制国有企业各门类档案的归属与流向,确保企业改制过程中形成文件材料的齐全、完整,市局以市物产集团企业改制为试点,制发了《关于做好物产集团产权制度改革企业文件材料管理的通知》,明确了改制企业档案的归档范围,为企业改制提供了操作依据。2004年,全市有6家企业的档案工作通过了目标认定,其中1家晋升为国家二级。对40多家重点工程建设项目档案进行了业务指导和监督检查,7家重点建设项目档案管理通过了竣工验收。

围绕全市重大事件、重要活动,积极开展档案服务工作。一是服务禽流感防治工作。市局与市预防禽流感指挥部联合转发了《河南省人民政府高致病性禽流感指挥部办公室、河南省档案局关于做好禽流感防治工作文件材料收集归档工作的通知》,制定了归档范围、整理办法和移交时间,并主动与有关部门协调,确保文件材料的齐全、完整;二是服务重大活动。市档案局积极参与郑州建都3600年、世界客属恳亲大会、党代会、人代会、政协会、首届世界传统武术节等重大活动,加强业务指导,并督促规范整理及时移交进馆。已接收恳亲大会文件156份、照片16张、图册7册、光盘1张、磁带1盒、门票1套入馆。

【农业农村档案工作得到加强】 各级档案部门牢固树立档案工作为"三农"服务的思想,积极争创档案管理示范乡、示范村活动,认真做好乡镇、农业科技、第二轮土地承包、退耕还林、禽流感防治和农业产业化经营等建档工作,提高了农村档案工作的整体水平。中牟县档案局制定了档案管理示范乡、示范村验收标准,召开乡镇档案工作流动现场会,推广"村档乡管"的农村档案工作管理机制。惠济区档案局开展家庭法人代表建档工作的汇报材料,在全国"三农"档案工作会上作了典型经验交流发言,并在《中国档案报》上刊登。并把持证上岗拓展到农村,村级持证上岗率达到70%。

【档案信息化建设步伐加快】 郑州市档案局组织人员考察沪、杭等地的档案信息化建设工作,与市信息办联合下发了《郑州市档案信息化建设发展规划》,规范全市档案信息建设的标准和方向。为了进一步强化信息化建设,市档案局多次与市编委协调,新增设了科技教育处。全市档案信息网站建设方面,市局、金水区的档案信息网站已经开通。巩义市档案局设立了信息室,建成了局域网,并在市里压缩编制的情况下,增配两名计算机专职人员。还开展了馆藏档案数字化工作。据统计,去年全市共输入条目近30万条,其中金水区档案局输入婚姻档案、公证档案达15万条;四是继续推广使用档案管理软件。目前,全市已有104家机关、企事业单位使用了规范、统一的档案软件。

【档案馆库建设取得新进展】 惠济区档案局抓住区委、区政府办公区搬迁的机遇,积极争取党委、政府领导的重视和支持,将档案馆建设列入办公区建设规划,投资230多万元,建成了新馆投入使用,馆库面积由原来的600平方米增加到1800平方米,并配备了必要的现代化设备,使档案馆面貌焕然一新。为增强郑州市档案馆服务功能,市档案局在档案馆建起了已公开现行文件阅览中心,并随时向社会各界开放。投资10几万元,建起了视频采集中心,确保省市重大新闻节目不漏采,并建立了郑州市档案网站,增强了郑州市档案工作的透明度。市档案馆新馆建设也正在紧锣密鼓地进行,已拨款150万元前期准备费,开建工作正在积极协调之中。登封市档案馆为开展任长霞先进事迹展,投资80多万元建立了展示厅、影视厅、报告厅等现代化设施,接待参观人数达5万人,在全省乃至全国引起了强烈的反响。

【馆藏资源不断丰富】 全市各级档案部门除正常的档案接收外，加大了档案接收和征集力度，拓宽了接收和征集的渠道市档案局制定了《郑州市名人档案管理暂行办法》，加强和规范名人档案资料的收集、管理和利用。市馆将名人档案征集作为一项创新工程来抓，通过调查摸底、制作宣传彩页、家访、配备先进征集设备等方式，征集到胡大白等25位名人的档案。管城区档案局以郑州建都3600年为切入点，收集老照片数千张，组织编写出版了近百万字的《图文老郑州》系列丛书8册。登封市“两办”下发了《关于向全市收集珍贵档案资料的通知》，并列为年度执法检查内容，使档案馆初步建立了具有地方特色的嵩山历史文化档案体系。二是扩大接收范围。全市各级档案馆收集了党委、政府重大活动档案、产权变动企业档案和撤销单位档案，拓展了档案接收范围；三是创新征集的手段。市馆视频采集系统建成后，充分发挥现代科技优势，确保省市重大信息不漏采，丰富了馆藏内容，全年累计采集信息9900余条，刻录、存储光盘210张。

【档案法制化建设】 全市各级档案部门认真贯彻《档案法》和《行政许可法》，普遍把档案行政执法检查纳入制度化、经常化和规范化的轨道。一是组织开展了档案行政执法检查。为迎接国家档案行政执法检查，市局在各级各单位自查基础上，邀请市人大、政协领导带队，由人大一位副主任、秘书长及两位人大代表，市政协三位副主席、10个委员会主任、4个正副秘书长和市政府法制局领导一起对全市有关单位的档案依法管理情况进行了重点抽查，取得了好的社会效果。10月，以国家档案局副局长杨冬权为组长的档案行政执法检查组对全市档案局、馆等多个单位进行了档案行政执法检查，检查组对郑州市贯彻落实《档案法》取得的成绩给予了充分肯定，特别是郑州市一些国有企业、民办高校、企业档案整理规范、有效利用和建立实物档案、名人档案的做法给予了高度赞扬；二是按照《行政许可法》和市里“三清理、两规范”要求，保留了档案部门的行政许可3项，处罚19项，行政登记1项，维护了档案部门的权威性；三是参加了市依法治市办组织的法律知识学习，市档案局组织全局馆职工参加考试，合格率达100%；四是组织了全市档案人员上岗培训班、归档文件整理立卷改革班、电子文件归档与管理及企业文书档案立卷改革班，培训学员300多名，提高了档案人员的业务技能。

【档案安全工作】 国家、省、市在2004年的工作任务中，把档案安全保管工作作为一项重要内容来安排，全市各级档案部门始终把档案安全放在重要议事日程，保持警钟长鸣。2004年初，市局下发了《关于切实加强档案安全工作的通知》，成立了安全检查领导小组，在各县(市)、区自查基础上，组织了抽查。通过抽查，全市各级各部门都能把档案安全工作放在首要位置。市档案局还结合郑州市实际，制发了《郑州市档案馆档案安全防范应急预案》。市馆经过多方努力，争取市财政投资40万元为库房安装了气体消防灭火系统。巩义市档案局争取数万元资金，对档案库房的防火防盗设备进行了更新，安装了密码防盗窗户，为档案安全提供了可靠的保障。

【档案学会工作】 一是健全了组织机构。学会有一名专职人员，3名兼职人员，发展团体会员50个，个人会员300多名，并对500多名新老会员制作了会员证；二是与社科联联合开展档案学优秀成果展评活动，选评出档案信息化管理、影视档案制作、文物古籍整理、著作编研和论文等五大类173项成果。并推荐49项成果参加全省档案学优秀成果评选活动，有9项获一等奖，居全省首位；三是开展档案学术交流活动。组织会员参加了影视档案工作交流会、中南六省三市档案学会工作会议、档案服务机制创新学术研讨会以及调研考察活动，交流论文14篇。

（阮享云）

地方史志工作

【概况】 2004年，全市各级、各部门史志工作者深入学习党的十六大精神，以邓小平理论和“三个代表”重要思想为指导，从加强精神文明建设和促进文化事业进步的高度，在编修第二届《郑州市志》和各县(市)、区续志工作中，坚持先进文化的前进方向，把握正确的修志方向，实施编纂目标责任制和总纂稿内部评议制度，使《郑州市志》续修工作在保证质量的前提下稳步推进；继续坚持和完善督查制度，指导县(市)、区和基层加快续志工作步伐。编辑出版的2004《郑州年鉴》在全国年鉴评比中获得中国版协颁发的“中国年鉴奖”，同时获得中国年鉴研究会颁发的综合一等奖、框架设计一等奖、装帧设计一等奖、条目编写二等奖。通过成立郑州史志协会、整校残缺旧志等手段，进一步拓宽了全市史志界的业务交流领域，并为社会各界充分利用市情信息提供了便利。

【二届《郑州市志》编纂情况】 2004年，第二届《郑州市志》步入全面总纂阶段。为保证总纂工作进度，实施了总纂责任制，即以卷为单位，将各责任编辑的年度总纂任务逐一分解、落实到人，并制作了《郑州市志》续志总纂进度表；每个责任编辑根据进度表合理安排自身工作，单位定期检查总纂任务完成情况。为保证志书质量，实行了内部评议制度，即由责任编辑按照质量标准分卷对志稿进行审核，认为符合总纂条件的，提交主编审核后，印发总纂、副总纂、各责任编辑和内容所涉及的各承编单位阅读7～10天，而后召开由地方史志办公室和各承编单位相关人员参加的本卷志稿内部评议会。为引起各承编单位对内部评议工作的重视，专门印发了《郑州市人民政府办公厅关于开展第二届郑州市志（总纂稿）内部评议工作的通知》（郑政办[2004]69号），保证了《郑州市志》总纂稿内部评议工作的顺利实施。在内部评议之后，根据评议意见和建议，属于需要补充和完善内容资料的，由承编单位负责落实；属于结构安排欠妥和文字处理不当、以及内容需要调整的，由主编和责任编辑负责修改。评议修改后的志稿，重新付印交由总纂、副总纂负责把关。尤其对个别缺少部分资料、长期催要无果而又内容不可或缺的分卷总纂稿，通过评议，使承编单位负责同志认识到补充这些资料的必要性，由不愿干到自觉干，市史志办的工作也由被动变为主动。

至2004年底，已完成精神文明、交通信息、农业水利、科学研究、环境资源、政权政协、经济管理、卫生体育、少林武术等14卷220余万字的总纂任务，还完成未成卷的总纂稿30余万字，总纂完成量占总纂任务量的60%。

【业务培训工作】 机构改革后，郑州市市直各部门和各县（市）、区更换、补充了一批新的史志工作者。为尽快提高其业务素质，面对续志工作任务紧迫、不可能拿出专门时间组织培训的现实，市史志办采取以会代训、以学代训、短时培训、辅导讲座、个别操练、结合任务讲解等方式，先后组织业务骨干对管城区、新郑市、惠济区和市人防办、经贸委、教育局、工商行政管理局、财政局等单位的史志工作者进行了业务培训，对解决续志工作中的疑难问题，促进县（市）、区和部门志的编修起到了重要作用。与此同时，市史志办各责任编辑加强与承编单位的联系，深入承编单位举办史志知识讲座或结合部门志的编修，从制订篇目、收集资料到志稿编写、语言风格等，深入进行业务指导；针对个别承编单位匆匆起草初稿后就想交差了事的单纯任务观点，市史志办责任编辑则耐心地给他们讲解初稿中存在的主要问题，同时指出正确处理这些问题的办法。市史志办组织全市各级史志业务人员参加义马、渑池、鲁山、栾川、濮阳志稿评审会和郑州市地方志组织的中牟县志、二七区民政志、金水区财政志、金水区柳林镇志等志稿评审会，通过参加外地志稿评审会，取长补短，找出自己编写志稿的不足，及时进行了补充、调整和修改，促进了志稿整体质量的提高。

【县（市）区续志进展情况】 市史志办组织力量，全年分两次对有续志任务的县（市）、区进行了督查。在听取汇报的基础上，认真查看续志进度并查阅志稿，在充分肯定续志工作成绩的同时，指出存在的问题。对贯彻落实“一纳入、五到位”较差的县（市），督查组积极与当地政府领导进行协调，在改善办公条件、增加办公经费和设施、配备电脑和车辆等方面，尽力帮助基层史志部门解决一些实际问题；对续志进度较慢的县（市），督查组要求采取措施，加大力度，尽快赶上来。督查结束后，市史志办对每个区的做法和经验进行了认真总结，先后在《郑州史志通讯》上刊登4个专期，分别介绍各区在提高志书质量、加快续志进度方面一些过硬的措施和比较成功的经验、做法，达到了相互交流、相互促进、共同提高的目的。至年底，全市12个县（市）、区，除上街区、新密市没有续志任务外，中牟县的志稿已通过省级评审，巩义市、二七区的志稿经过市级评审后正在进行修改，其他七个县（市）、区分别完成了编修任务的50～90%。

【读志用志工作】 在积极修志的同时，贯彻“修以为用、修用并举”的方针，围绕中共郑州市委、市政府提出的重塑郑州历史文化名城新形象的决策和经济建设现实，不断拓展读志用志的新领域，充分发挥地方史志的参谋咨询作用。2004年《郑州年鉴》从内容到栏目设置更加科学、合理，并以专题的形式记载了郑州市抗击非典和世界客属第十八届恳亲大会的情况，做到了资料性和可读性的统一，成为郑州市各级领导必不可少的资政案头书。

郑州市散落于社会和收藏于民间的旧志共50余部，经过全市史志工作者的共同努力，至2003年已校注40多部。在剩余尚未整理校勘的旧志中，大多属于残缺较多、漫漶不清的旧本，其中有些还十分珍贵，如清乾隆《荥泽县志》和民国《河阴县志》，详细记述了郑州历史上黄河水情资料及河防经验教训，对当今黄河防汛和黄河水利开发具有重要借鉴作用。为了在编纂社会主义新方志的同时，尽快抢救、挖掘、整理、出版有价值的旧方志，更好地为现实服务，从2004年下半年开始，市史志办组织有关专家和资历较深的史志工作者，启动了清乾隆《荥泽县志》和民国《河阴县志》的整校工作。这两部旧志在河南各图书馆保存的只有残本，分别缺页多达200页和120页，9月份，市史志办通过走访、查阅北京图书馆和电话咨询南京、上海、浙江各大图书馆，终将残页补齐，现已编辑出《清乾隆荥泽县志点校注本》，待《河阴县志》点校完毕后，一同重印出版。

【郑州市史志协会成立】 为团结全市地方史志工作者，繁荣发展郑州市地方史志事业、丰富新方志学理论，在市政府和相关部门的支持下，2004年6月18日，郑州市史志协会正式成立。其性质是郑州市地方史志工作者自愿结成的群众性学术团体，是非盈利性的社会组织，业务范围有开展史志理论研究和学术交流、开展优秀史志成果评奖、编纂地情资料和培训史志队伍。首届理事会成员包括市地方志办公室和各县（市）、区地方志办公室负责人及市直各承编单位相关人员，共设会长、常务副会长、秘书长各1人，副会长9人，常务理事27人、理事96人。史志协会的成立为全市史志工作者和爱好者提供了学习和交流的新园地，有利于全市修志队伍整体素质的提高和志书质量的提高。

（蒋晓娜）

图书发行

【概况】 截至2004年底，郑州市新华书店在职职工419人，图书发行网点9处(其中自建5处，租赁、联建4处)，主营各类中外文图书、电子音像出版物、文具，发行全市中小学生课本、大中专教材以及学生的辅助读物，同时开办新华书店读者俱乐部。郑州市新华书店坚持以“三个代表”重要思想和十六届四中全会精神为指导，以促进经营销售工作为中心，以深化“三项制度”改革为动力，坚持“为人民服务、为社会主义服务”的图书发行工作方针，按照“夯实基础、调整结构、提高素质、推进改革”的指导思想，结合自身实际，想方设法，克服困难，积极推进各项工作开展，较好完成了2004年度的工作任务，2004年完成销售9854万元，并在郑州商都3600年历史文化知识竞赛活动中被中共郑州市委宣传部授予“优秀组织奖”；被郑州市新闻出版局评为2004年度郑州市出版发行业“十佳单位”；被省出版集团评为2004年度全省新华书店出版物物流配送先进店；被省新华书店评为2004年度全省新华书店电子音像出版物先进管理店和发行先进店、全省新华书店外版处理图书先进管理店和发行先进店、全省新华书店豫版书发行先进管理店和发行先进店。

【重点图书发行】 市新华书店牢固树立政治责任意识，坚持发行工作的宣传导向作用，围绕当前全党全国工作重心，及时组织并重点宣传发行了《政府工作报告》、《宪法》、十六届四中全会相关文件、《中国共产党纪律处分条例》、《中国共产党党内监督条例(试行)》、《中共中央关于加强党的执政能力建设的决定》等政治学习读物。在《任长霞》一书的销售中，在第一时间组织货源，迅速上架，积极上门征订，送书到公共场所，有力配合了大局，满足了广大干部群众的学习需要。

【教材发行】 由于教材改版、品种增加、学制改变、“一费制”推行等因素的存在，2004年教材发行工作中不断出现新问题、新情况。面对迅速变化的市场格局和激烈的竞争态势，郑州市新华书店认真贯彻上级指示精神，建立了一把手亲自负责，分管领导具体主抓的教材工作领导机制。积极组织召开了郑州全区新华书店教材工作会议、地方教材补订会议。一方面对各级教材工作部门明确目标、落实责任，对教材工作人员强化发行纪律、服务意识；另一方面积极与各教育部门加强协调沟通，在坚持政策的基础上争取有利的发行环境，从而保证了“课前到书，人手一册”，保证了2004年教材征订发行工作的顺利完成。

【读者俱乐部建设】 2004年，全市读者俱乐部新增会员28712人，出版物借阅103.6万人次，实现了双效并举。市店读者俱乐部认真调研市场，改进促销方式，积极开展促销活动，举办了中、高招形势报告会和第二届暑期读者俱乐部少儿阅读写作大赛以及多种形式的社区共建活动，使会员明显增加。同时加大图书销售工作力度，邀请畅销书作者前来与读者见面交流，开展各种灵活的优惠活动，多进快进畅销品种和热点图书，有力推动了读者俱乐部知名度和经营业绩的提高。

【中图公司棉纺东路门市部开业】 2004年11月6日，市新华书店下属中原图书发行公司棉纺东路门市部开业。该门市部，营业面积115平方米，打折经营社科、文教、科技等类图书400余种，是市新华书店的首家折扣书店。它的开业不仅是书店在经营思路、营销方式上的大胆尝试，而且为书店今后的经营销售开创了新路子。

【举办青少年读书活动】 按照市委市政府对青少年思想道德建设工作的有关要求，为使全市青少年度过一个文明健康、积极向上、充实快乐的暑假，市新华书店在2004年暑期面向全市青少年读者开展了首届“青少年消夏阅读总动员”活动。活动的具体内容有：纪念邓小平同志诞辰100周年专题图书展销、革命传统报告会、“龙腾中国”北大清华高考状元巡回报告会、“翻开体育——我随奥运一起动”专题图书展销。总动员活动以青少年喜闻乐见的形式和内容，丰富了全市青少年读者的精神文化生活，有力推动了全市青少年思想道德建设工作。此外，在第十一届青少年爱国主义读书教育活动中，郑州全区新华书店采取多种形式，主动上门征订，及时组织货源，共送书到校69862册，保证了活动的顺利进行。

【特价书展销】 自9月30日起，市新华书店在市杂技馆开展了近半个月的“特价书展销”活动，将大批正版图书以优惠的价格奉献给广大读者，积极维护图书发行秩序，赢得读者热烈欢迎，取得良好销售业绩，在市民群众中引起了较大反响。河南电视台都市频道、大河报、郑州晚报等媒体报道了展销期间的热烈场面。这次“特价书展销”是市新华书店首次组织店外大规模特价书展，是走出店堂、适应市场、抓住机遇、扩大销售的积极尝试。

【全面推进“三项制度”改革】 为适应全省发行体制改革的需要，加快建立现代企业制度，切实转换经营机制，从2003年8月至2004年6月，市新华书店组织进行了劳动用工、人事管理、工资分配等“三项制度”的改革，以合理设置机构为前提，以定岗、定编、定责为基础，以分配制度改革为突破口，实行全员竞聘上岗，双向选择，实现经营效益与岗位绩效相结合的分配形式，建立起了竞争、激励、约束机制。全店428人签订了劳动合同，通过公开竞岗，一批善于管理、精通业务、作风扎实、年富力强的同志走上了中层领导岗位和基层管理岗位，书店随后颁布执行了绩效挂钩的工资分配新方案。经过“三项制度”改革，书店基本实现了职务能上能下，人员能进能出，收入能增能减，转变了职工思想观念，提高了队伍整体素质，增强了企业内在活力，为从传统体制下的人事、用工、分配管理模式向现代企业人力资源管理平台转换奠定了基础。

【加强职业道德建设】 市新华书店加大了对员工社会公德、职业道德、家庭美德的教育力度，特别是深入贯彻了郑州市委宣传部《关于在全市深入开展争创职业道德建设十佳单位和遵守职业道德十佳标兵活动的通知》精神，注重加强员工职业道德的教育和培训，开展了“道德规范进书店、诚实守信树形象”活动和以“礼仪、礼节、礼貌”为主要内容的文明服务行为规范竞赛活动，并在全店开展争创职业道德十佳单位和十佳个人活动。通过活动，提高了职工的文明素质，提升了书店的文明形象。2004 年 6 月 24 日下午，天降暴雨，购书中心附近一居民楼失火，居民的生命财产安全受到威胁，市店干部职工闻讯后，迅速启动消防设施投入灭火战斗，在消防队到来之前及时扑灭了火情，在社区居民中引起了强烈反响，受到了区、街党委政府的赞扬。

【服务城乡精神文明建设】 在年初高致病性禽流感袭来之际，市新华书店向全市农民捐赠防治知识和相关政策法规图书 41400 册，防治知识挂图 17200 张，有力支持了农村的防治工作。在全市 2004 年迎新春文化科技卫生“三下乡”集中示范活动中，向农民群众捐赠了价值1.26万元的图书，为广大农民学习现代科技知识，了解致富信息提供了便利条件。市新华书店积极探索图书和读者俱乐部进社区、进工厂、进学校的新路子，同时按照市、区、街道党委政府的要求，努力完成创建文明城市、卫生城市、园林城市等工作任务。

【荣获发行理论研讨奖项】 在一年一度的图书发行理论研讨工作中，市新华书店在 2003 年获得全省组织奖的基础上，2004 年又有了新的突破，郑州全区共报送论文 45 篇，其中有 36 篇参加郑州全区论文研讨会，从中选出 21 篇论文报送省新华书店，最终有 8 篇论文入选全省图书发行理论研讨会，在研讨会上引起关注，受到好评，2 篇文章获二等奖，6 篇文章获三等奖，市新华书店再次荣获全省图书发行理论研讨组织奖。

【庆祝市新华书店成立 55 周年】 2004 年 12 月 5 日是市新华书店成立 55 周年纪念日。书店以店庆为契机，紧紧围绕促进经营销售收入增长，全面提高书店员工队伍的政治业务素质，切实增强市店党委的组织凝聚力，努力扩大郑州市新华书店在省内外图书音像出版发行界的社会影响这一根本目的，从 9 月下旬起组织开展了“新华情”征文、摄影、书法、绘画比赛、岗位业务技能知识竞赛、评选“销售状元”、“服务标兵”和店庆当天的大幅优惠促销等一系列纪念活动，表彰了一批前期活动中涌现出的“销售状元”、“服务标兵”和“岗位业务技术能手”，向店龄 30 年以上、长期工作在图书发行工作第一线的离退休老同志和在职人员颁发了“特殊贡献奖”，向长期以来关心支持郑州市新华书店业务销售工作的省内外部分图书音像出版单位授予了“最佳合作伙伴”称号。店庆前夕，在中国图书商报、郑州日报等媒体发表了市店党委书记、总经理张沪生同志纪念郑州市新华书店成立 55 周年的署名文章《打造品牌树形象坚持改革促发展》。店庆当日，与中共郑州市委宣传部联合召开了《纪念郑州市新华书店成立 55 周年座谈会》和颁奖文艺晚会，中共郑州市委、市委宣传部、市人大、中国书刊发行协会、河南省出版集团、省新华书店有关领导出席了会议，市直有关局委领导、省内外近 40 家图书音像出版单位代表、省会（计划单列）城市新华书店代表、民营书商代表、读者代表参加了会议。座谈会回顾了郑州市新华书店成立 55 年的发展历程和突出成就，深入分析了新华书店在新的历史时期面临的机遇和挑战，为郑州市新华书店的发展提出了要求、指明了方向。

（路　毅）

第十九篇 卫生、体育

卫 生

【概况】 2004年,郑州市卫生工作坚持以人为本、求真务实、协调发展的科学发展观,进一步加强公共卫生体系建设;继续深化城镇医疗卫生服务体制改革;进一步完善和加强农村医疗卫生服务体系建设;不断加强卫生系统行业作风和职业道德建设,全市卫生事业继续保持了良好的发展态势。

农村医疗卫生服务体系建设和新型农村合作医疗试点工作成效显著。2003年9月巩义市被确定为河南省新型农村合作医疗试点县(市);工作正式启动以来,巩义市已有56.8万农民参加了新型农村合作医疗,参保率达87.5%。运行一年来,共有140.7万人次享受了医疗补助,补助资金达1462.5万元。对提高农民健康水平,缓解因病致贫,因病返贫问题,发挥了积极作用。

公共卫生体系建设步伐进一步加快,突发公共卫生事件医疗救治体系建设进展顺利。郑州市紧急医疗救援中心既是国债重点项目,也是2004年市委、市政府为民办的10件实事之一。该项目占地面积2.268公顷,预算总投资1320万元,其中国债720万元,目前已完成投资860万元。目前,中心大楼土建工程已基本完工,水、电、空调系统、消防工程、室内装修工程、室外配套设施建设也已接近尾声。6县市和上街区分中心已基本解决办公场地、机构、人员编制和经费问题。

招商引资工作成绩显著。积极配合市政府加大招商引资工作力度,引进外资进入省会医疗服务市场,先后与10余家外资企业进行了广泛接触,推行郑州市医疗机构参与医疗机构的体制改革。一是参加了台湾长庚医院在郑州市投资举办医院的谈判和资格审查工作,目前,长庚医院的申报材料已递交卫生部审批,项目进展顺利。二是积极参加市妇女儿童医疗保健中心的筹建工作,目前此项目已与外商初步达成合作意向。

纠风专项治理工作进一步深入,药品集中招标采购工作取得新成效。截至目前,对市直医疗机构所有临床在用共计约6300余个品种规格的药品(毒、麻、精、放类除外)及2200个品种的医用材料进行了集中招标采购,中标药品、医用材料分别约为4200和1083个品种规格,成交金额预计约达6.75亿元,中标药品价格平均降幅达15.36%,共让利患者约8700余万元。加大制止收受“红包”、“回扣”的宣传和查处力度。严格执行药品“收支两条线”管理规定,积极推广“一、二、三线”处方逐级签字制度,设立“郑州廉医581”帐户,开辟纠正医药购销和医疗服务中不正之风的新途径。

【医政工作】 2004年,突发公共卫生事件医疗救治体系建设取得显著成效。郑州市紧急医疗救援中心项目是2004年市政府为民办的10件实事之一,该项目位于郑东新区,是国债项目,占地面积2.268公顷,预算总投资1320万元。郑州市第五人民医院被确定为市传染病后备医院建设单位。该院的病房大楼项目规划床位1000张,建筑面积5.5万平方米,总投资1.8亿元,预计2004年年底开工建设。市卫生局对市区内急救中心急救站实行动态管理。3月份,组织专家对市区内25家急救站进行了年度评审,不合格的两家急救站被暂停派诊,评审成绩优秀的5家急救站被授予先进急救站称号。成立了郑州市急救专业质量控制管理委员会,举办了全市急救人员专业培训班,并着手制订急救站分级管理办法和标准。

建立了科学的医疗质量管理体系,制订了《医疗质量评估体系和标准》。开展“郑州市卫生系统医疗安全百日行动”。为促进郑州市临床科学、合理用血,9月份,组织专家对全市二级以上医疗机构和各县市供血库、部分乡镇卫生院的血液管理情况进行了大检查。加强麻醉科建设的管理。依托市中心医院成立了麻醉质控中心,并着手制订一级医院麻醉科建设标准。加大院内感染监控管理力度。坚持医院感染办主任例会制度,指导全市医院感染管理工作。委托市监督所对全市医院执行《医疗废物管理条例》情况进行检查,处罚违法者。为加强医疗安全管理,出台了关于进一步规范医疗纠纷处理的规定,强化重大医疗事故上报制度,建立医疗事故责任追究制。

规范医疗机构审批工作,加强医疗市场监管。制订了新的《郑州地区医疗机构设置规划》,对全市医疗服务体系的建设进行了5年规划,对各级各类医疗机构的发展作出指导性意见。制订医疗审批的条件、标准、程序,并在网站上进行公示,提高审批效率，规范审批行为，达到了严格准入的目的。对现有医疗机构档案进行了整理。通过整理，彻底摸清了机构底数和基本情况，为加强监管打下基础。

抓好重大传染病尤其是艾滋病的医疗救治工作，初步建立了艾滋病医疗救治体系。一是通过深入开展调研，结合郑州市的实际情况，制订出了郑州市艾滋病医疗救治工作实施方案。二是组建郑州市艾滋病医疗救治工作专家组，指导全市的医疗救治工作。同时对定点医疗机构的确定和建设、医疗救治的组织实施、技术人员的培训等做了规定。三是建立目标责任制，进一步明确了艾滋病医疗救治工作的主要责任人，建立责任追究制，确保各项救治工作顺利完成。四是加强人员培训，组织全市各级各类医院的150余人参加了省卫生厅组织的医疗救治培训班，举办了全市医疗救治知识培训班，共培训技术骨干200余人，提高了定点机构和各类医院人员的艾滋病医疗救治水平。

加强对非典和禽流感的预防力度，提高救治能力。修订救治预案，完善工作机制；开展非典和禽流感救治知识培训，提高医务人员水平；加强医院感染科建设，提高对传染病的诊断筛查能力。

【妇幼卫生】 为保证母婴保健执法监督可行有效，市卫生局对郑州市177家取得母婴保健技术的机构进行《母婴保健技术服务执业许可证》的校验。同时按照《中华人民共和国母婴保健法》和《河南省母婴保健专项技术服务许可及人员资格管理办法》的有关规定要求，对郑州市从事婚前医学检查、助产技术、结扎手术和终止妊娠手术的人员进行母婴保健技术培训考核，共有1633人报名参加培训考核。

降低孕产妇及婴儿死亡率是2004年妇幼保健工作的重点。为进一步降低两个死亡率，提高出生人口素质，制定了县级孕产妇和新生儿转诊指证、孕产妇危险因素评分表（供村级使用）。要求各县（市）、区卫生行政部门提高认识，完善妇幼保健三级网络，培训专业技术人员，切实加强孕产妇及儿童保健系统管理。进一步提高全市妇幼保健服务质量，提高散居妇女儿童和托幼机构儿童保健覆盖率和系统管理率。

为加强托幼机构卫生保健管理工作，切实保障在园儿童的身心健康和安全，对郑州市托幼机构卫生保健人员进行岗位培训，对郑州市托幼园（所）卫生保健工作等级评估实施新细则。

进一步加强妇产科、儿科建设，大力开展母乳喂养宣传活动，加大爱婴医院管理和监督力度。下发了《郑州市关于进一步加强爱婴医院质量管理的通知》，将爱婴医院质量管理与产科服务模式、产科质量以及产儿科建设紧密结合。

严格做好新版《出生医学证明》的发放管理工作，进一步规范发放程序。按照省卫生厅要求设专人、专柜管理，并定期存档。组织培训各级助产服务机构的专业人员和相关管理人员，全面掌握新版《出生医学证明》的管理和填写规范。保证《出生医学证明》法律证件的严肃性和真实性。

【社区卫生】 2004年，社区卫生工作以创建全国社区卫生服务示范区活动为中心，带动和促进全市社区卫生服务不断发展。制定下发了《郑州市社区卫生服务中心基本标准》，成立了郑州市创建全国社区卫生服务示范区活动领导小组，积极开展创建社区卫生服务示范区活动，为社区居民提供“简、便、廉、效、验”的卫生服务。

开展摸底调查，认真做好2004年社区卫生服务站的审评、验收及校验工作。为进一步优化郑州市社区卫生资源配置，加快社区卫生发展步伐，对社区卫生服务站的从业资格、人员配置、执业范围加强监管。制定出社区卫生服务站基本情况调查表，对全市社区卫生服务机构的运行情况、从业人员情况及覆盖人群情况有了一个较为详细的了解。对申报的78家社区卫生服务站进行验收和整改，对2003年批准的172家社区卫生服务站进行校验。

【农村卫生】 2004年，全市农村卫生工作以贯彻落实《中共郑州市委、郑州市人民政府关于加强我市农村卫生工作的意见》（以下简称《意见》）和全市农村卫生工作会议精神为主线，以农村卫生服务体系建设、乡村医生队伍管理、新型农村合作医疗试点为重点，积极探索农村卫生管理体制和内部运行机制改革。

完成乡镇卫生院上划县管工作。《中共中央、国务院关于进一步加强农村卫生工作的决定》中明确指出“卫生院的人员、业务、经费等划归县级卫生行政部门按职责管理”，乡镇卫生院上划县管已成为农村卫生管理体制改革的核心。市政府下发了《农村卫生管理体制改革与管理的实施意见》，并就此项工作与各县（市）、区政府签订了目标责任书。市卫生局将此项工作列入2004年卫生目标管理，作为卫生工作重点来抓。市卫生局新一届领导班子根据在登封的集中调研，对乡镇卫生院上划的进展情况、难点进行分析，并向市政府进行专题汇报。截至目前，全市除荥阳市、金水区外其它县（市）、区均完成上划县管工作，为乡镇卫生院的改革与发展提供了体制保障。

做好2004年度中心卫生院建设项目。2004，郑州市所属6县（市）共有11家乡镇卫生院被列入2004年度河南省乡镇中心卫生院建设项目单位，其中，巩义市2家，登封市2家，新密市2家，新郑市1家，荥阳市1家，中牟县3家。截至目前，11所中心卫生院建设项目，竣工6所，主体完工4所，在建1所，整体进展顺利。

加强乡镇卫生院急诊科建设，完成市政府实事。2004年，作为市政府为民办10件实事之一，决定建设郑州市医疗紧急救援指挥中心，六县（市）、上街区建立分中心，每个乡镇卫生院设立急诊科，形成覆盖全市的医疗紧急救援网络体系。通过调查摸底,制订《郑州市乡镇卫生院急诊科建设标准》。各卫生院对照标准,积极开展达标建设,使卫生院急诊科的急救能力得到较大提高。市卫生局制订了《郑州市乡镇卫生院建设标准考评细则》,认真组织检查验收。12 月中旬,为全市乡镇卫生院急诊科招标的人工呼吸机、洗胃机、吸痰器等设备配备到位。

积极稳妥地推进新型农村合作医疗试点工作。2003 年,巩义市被确定为河南省新型农村合作医疗试点县(市)。巩义市成立新型农村合作医疗管理委员会及合作医疗管理办公室,市、镇、村层层负责,齐抓共管,规范了管理,提高了效率。在坚持自愿参加的前提下,2004 年全市共筹集资金1540.5万元,其中农民交纳 531 万元、市本级补助 212 万元、省级补助318.5万元、中央补助 479 万元,截至 10 月共支出1752.5万元,滚存节余 999 万元。为加强合作医疗基金的管理,建立了合作医疗基金封闭运行制度。镇、村干部负责向农民收取资金,财政局设立合作医疗基金专户统一管理基金,市合管办人员负责审核报销单据,审核后交财政局报帐,农民的报销费用在各镇代办点由代办人员支付,使基金有序运行。2004 年 8 月,市卫生局会同市财政局通过听取汇报,查阅资料,深入定点医疗机构现场查看,随机走访调查"参合农民"等形式对巩义市新型农村合作医疗试点工作进行了检查评估。评估结果为:巩义市新型农村合作医疗试点运行平稳。

认真贯彻《乡村医生从业管理条例》,完成乡村医生考试和执业注册工作,规范乡村医生队伍。严格按照有关规定和省市统一部署做好全市约 9400 名乡村医生基本信息统计、分类并上传工作。按照分类情况对乡村医生进行注册发证。对不具备直接注册条件的乡村医生,进行了两次执业资格考试,根据成绩核发执业证书。严格卫生机构和卫生人员在农村的资格准入制度,规范对乡村医生队伍的管理。

【中医工作】 2004 年,中医工作以加强农村中医工作和专科专病为重点,保持了郑州市中医事业快速、良好的发展势头。继续以创建全国中医工作先进县及省中医工作重点县为契机,全面带动农村工作再上新台阶。中牟县在完成创建全省中医工作先进县的基础上,强化乡镇卫生院中医科建设,发挥中牟县中医院的龙头作用,充分体现中医"简、便、廉、效"的优势,中牟县被推荐到省中医管理局申请创建"全国中医工作先进县"。

积极开展"农村中医十项适宜技术"推广活动,以易学、易用、疗效确切为原则,筛选出十项中医适宜技术进行推广。共培训乡村医生 400 余人,培训的内容受到了广大乡村医生的普遍认可。

配合省中医管理局作好农村基层无学历中医药人员中专学历教育,对符合要求的基层无学历中医药人员,认真审核相关材料,建立无学历中医药人员学籍档案。截止目前,已完成第一批共 435 名农村无学历中医人员报名组织工作,大部分人员已经入校学习。

以医疗质量为核心,加大医院临床用药安全的管理,5 月下旬,组织专家对全市公办中医医院药剂的购进、储存和临床使用进行了全面检查,特别对中药饮片的购进、保存以及各项制度的建立与落实进行了认真的检查,使各医院进一步完善药剂的管理,保障了广大患者临床用药的安全。

强化综合医院及非中医专科医院的中医工作,在综合医院和非中医专科医院的中医科开展评比"示范中医科"活动,并下发"中医示范科"评审标准和实施细则,对申请验收的单位进行考核验收。

严格中医医疗广告内容的审核,加大违规广告的清查力度。完成中医医疗机构执业护士首次注册工作和 720 名护士再注册工作,对 174 名医师进行了执业注册。

【卫生监督及监测】 2004 年,卫生监督工作紧紧围绕"创建国家卫生城市"和"优化经济发展环境"工作,突出"食品卫生、医疗市场及职业卫生"三项卫生执法重点,狠抓了"五小单位"卫生集中治理和食品卫生量化分级管理、医疗市场整顿、有毒有害作业场所申报等专项整治活动,圆满完成了 2004 年卫生监督工作任务。

2004 年是卫生系统的"发展、改革、规范管理"年,市卫生局党委高度重视卫生监督体制改革工作,多次组织调研,研究改革方案,目前全市已有三个区成立了卫生监督所,监督体制改革初见成效。

食品卫生监督工作以"全面推行卫生监督量化分级管理"、"散装食品治理"为中心,通过开展"五小单位卫生集中整治活动"、"劣质奶粉集中整治"和"集贸市场专项检查"等行动,全面提升郑州市食品卫生监督管理工作水平。"五小单位"卫生集中整治是 2004 年卫生监督工作的中心任务。为保证工作取得实效,市卫生局制订了《郑州市"五小单位"综合治理整顿实施方案》,将目标量化分解,要求各级卫生监督机构按时完成"五小单位"卫生治理目标。据统计,目前郑州市各类"五小单位"共有 3749 家,全市各级卫生监督机构在集中整治工作中,共派出卫生监督人员 3100 人次,出动卫生监督车辆 780 车次,下发各类宣传材料 4700 份,制作墙报、宣传板块 1150 余块,在市级以上新闻媒体刊发新闻宣传材料 20 次(篇),书写《卫生监督意见书》2300 份,监督饭店实施卫生整改措施 3000 余家。

为认真搞好全市食品卫生监督量化分级管理工作,市卫生局编写了《郑州市食品卫生监督量化分级管理工作手册》,目前已对 90%的餐饮业、学校食堂和部分食品生产企业、食品销售单位进行了量化分级,共评出"A"级单位 131 个、"B"级单位 487 个、"C"级单位 866 个、"D"级单位 60 个。在省卫生厅组织的考核验收中,郑州市食品卫生监督量化分级管理工作在全省名列前茅。

针对全市商场、超市散装食品销售中存在的安全隐患和标识不清问题，市卫生局及时下发文件，召开卫生监督机构和食品商场(超市)负责人会议，对散装食品销售管理提出明确要求。通过治理达标活动，多数商场所销售的散装食品都增加了独立包装，并依法在包装上标注品名、原产厂名、分装名称、分装日期、保质期等内容，使郑州市散装食品市场规范化管理取得了初步成效。

据统计，2004年全市各级卫生监督机构共办理各类食品卫生许可证16404家，体检食品从业人员108759人；出动卫生监督执法人员4000余人次，车辆800余台次，监督检查43142户次；行政处罚478家；没收销毁不合格食品14365公斤；取缔无证食品生产经营单位89家。

以职业病危害项目申报为中心，全面推动职业卫生执法工作深入开展。学习宣传《职业病防治法》，开展有毒有害因素专项治理工作，对存在职业危害因素的企业进行严肃查处，指导存在职业危害隐患的企业进行认真整改，强化企业职业卫生安全意识。在对全市15个县(市)、区进行全面监督检查的基础上，市职防所依法认真做好职业卫生监测监护工作。全年对72家有毒有害作业场所进行了全面监测，共监测样品8367份，其中粉尘2212份，毒物2479份，物理因素3676份；并对上述企业中4489名一线接害工人进行了职业性健康监护，其中粉尘作业1726人，毒物作业2469人，物理因素作业294人。

严格加强对医用放射装置监督监测。2004年卫生局对全市20余家医疗单位放射装置严格进行了监测审验，监测医用X线机55台、放射性同位素设备10台，监测点数2400个，对监测中发现的不合格的单位，及时指出存在问题，并指导其认真整改，不达标准的设备坚决不得使用。

【疾病控制工作】 2004年，疾病控制工作紧紧围绕“深化改革、加强发展、规范管理”的卫生工作主线，认真落实年初工作重点和目标，突出做好非典、人禽流感、艾滋病防治工作，继续抓紧霍乱等肠道传染病、病毒性肝炎和结核病防治工作不放松，扎实做好计划免疫工作，积极推进慢性非传染性疾病防治工作的开展，加强疾病预防控制体系建设。

认真贯彻卫生工作主线，实施规范化管理。相继召开疾病控制、传染病管理、计划免疫、艾滋病防治、慢病防治等疾病预防控制工作会议，下发了一系列文件，对疾病控制各项工作进行了全面部署，并与各县(市)、区卫生局、及有关医疗卫生单位签订了目标管理责任书，制订了详细的考核标准及办法，年终按照标准严格考核，为科学、规范地开展工作打下了良好的基础。

积极做好重大疾病预防控制工作，努力保护人民群众的身体健康和生命安全。认真执行《郑州市传染性非典型肺炎防治预案》，制定了《郑州市突发人禽流感防治预案》，严格落实各项预防控制措施。成立或调整了非典和人禽流感防治领导小组，非典、人禽流感和不明原因肺炎专家诊断小组，预防控制专家组和医疗救治专家组。就非典及人禽流感防治的目标与原则、疫情监测与报告、预防与控制、医疗救治、预警与应急、保障措施与应急准备、监督管理等工作进行了部署。由于各项预防控制措施落实有力，2004年到目前为止，全市没有发生非典确诊病例或疑似病例、人禽流感病例和流感暴发疫情。

开展既往有偿供血者普查，全面澄清艾滋病病毒感染底数。市政府成立了以市长王文超为组长的郑州市艾滋病防治工作委员会，召开了全市艾滋病防治工作会议，明确各级政府、各有关部门的工作职责，为全市艾滋病防治工作的深入开展奠定了坚定的组织基础。市政府成立了普查工作领导小组和12个督导组，分赴各县(市)、区检查指导工作。市艾防办印发了《郑州市既往有偿供血者普查检测宣传提纲》，利用各种形式，宣传普查工作的意义、内容和要求，真正做到宣传到户，明白到人，形成了广大群众积极参与的局面。这次普查，全市共投入资金532.5万元，其中市本级100万元，县(市)、区级293.2万元，乡(镇、办事处)139.3万元。同时严格按照《郑州市艾滋病防治专项资金管理暂行办法》，加强经费使用的管理，做到专款专用，所有初筛试剂及一次性耗材由市里统一购置免费提供，为普查工作提供了有效的后勤保障。在此次普查中，全市共参与普查人员31933人，普查了76个乡(镇、办事处)、2786个行政村(社区、居委会)、1712581户、6381192人，普查率达100%。通过普查，彻底弄清了郑州市既往有偿供血者的底数，弄清了艾滋病病毒的感染情况、死亡情况及其配偶、子女的感染情况，为下一步的预防、控制和救治工作提供了可靠的依据。10月15日，市委、市政府对有偿供血员普查涌现出的60个先进集体和230名先进个人进行了表彰。

加快HIV抗体初筛实验室建设步伐，健全艾滋病疫情监测网络。成立了郑州市初筛实验室专家评审组，组织人员培训，下发了详细的建设标准，健全艾滋病监测哨点，开展高危人群监测及自愿咨询检测(VCT)工作。确定郑州市疾病预防控制中心建立吸毒人群(DUS)HIV监测哨点、郑州市第一人民医院建立性病门诊就诊者(STD)HIV监测哨点，中原区卫生防疫站为吸毒人群行为监测单位，各县(市)、区疾病预防控制机构、综合医院为市级监测哨点。为艾滋病预防干预提供科学依据。

在摸清感染底数的基础上，组织对全市HIV确认阳性的艾滋病现症病人实施了免费抗病毒药物治疗和免费抗机会感染措施。目前全市已累计有169人接受了免费抗病毒治疗。

加大宣传教育工作力度，使艾滋病防治知识深入人心。年初下发了《郑州市预防控制艾滋病健康教育工作方案》。向全市2339个村发放农村预防艾滋病宣传海报，并开展以“关注妇女，抗击艾滋”、“反对歧视”等主题的征文评选活动，使艾滋病防治宣传教育深入到千家万户。

3月15日，在城区正式启动了“中国结核病控制项目”。市政府下发了《郑州市人民政府政府关于在城区实施中国结核病控制项目的通告》。在县(市)逐步建立县、乡、村三级结防网络，在城区建立了市结防所、区防疫站、辖区地段医院、社区卫生服务站(卫生所)四级结防网络。2004年年初城区各防疫站成立了结防科，专人负责城区综合医院管理工作以及项目病人督导管理工作。将结核病疫情纳入传染病疫情报告网络，实施了网络直报。

做好计划免疫综合评估，不断推进计划免疫工作的深入开展。市卫生局于6月29日至7月12日分城市和农村两组对全市计划免疫工作进行了综合考核，全面检查“计免”工作。这次评估共抽查常住接种对象180名，抽查流动儿童128名，郑州市本地儿童的建证率100%，建卡率100%，四苗及乙肝疫苗单苗接种率分别为：BCG 97.2%，OPV 95.56%，DPT 95.56%，MV 95.56%，HBV 92.22%，五苗覆盖率85.56%；4岁以下流动儿童的建证率91.43%，建卡率82.86%，四苗及乙肝疫苗单苗接种率分别为：BCG 88.86%，OPV 91.43%，DPT 91.71%，MV 89.29%，HBV 91.43%，五苗覆盖率75%。

常规免疫报告系统显示郑州市计划免疫用疫苗报告接种率继续保持在较高水平，BCG应种69357人，实种69095人，接种率99.62%；OPV应种71461人，实种71092人，接种率99.48%；DPT应种66427人，实种66016人，接种率99.38%；MV应种60380人，实种59799人，接种率99.04%；HBV应种68210人，实种68076人，接种率99.80%，首针及时接种率91.74%。

加强流动人口管理。在全市实行流动儿童预防接种专项报告制度，各接种点每月随常规免疫报告一起同时上报流动儿童入保、建卡数以及接种情况，并实行“0”报告。同时，对长期居住(超过3个月)的流动儿童，按常住儿童建立正规接种档案；对居住不超过3个月的流动儿童，建立临时档案，为其提供免疫服务，取得了显著成效。

对郑州市的重点人群进行有组织、有计划的流行性脑脊髓膜炎和流行性感冒预防接种，截止到2004年10月底，共接种A群流脑疫苗30万人份，A+C群流脑疫苗21万人份，接种流感疫苗5.6万人份，接种乙脑疫苗41万人份。通过预防接种控制了流脑、流感和乙脑在郑州市的暴发和流行，为保证全市广大人民群众的身体健康做出了突出贡献。

认真做好以肠道传染病为重点的夏秋季重大传染病防治工作。年初，市卫生局制订了《郑州市重大肠道传染病防治预案》，成立了领导小组、技术指导小组，充分准备了所需预防药物、消毒药品、采样用品等，为防治工作做好了物品、技术上的准备。由于各项措施落实到位，2004年没有霍乱病例发生。

以疾控机构国债建设项目为龙头，全面加强疾病预防控制体系建设。管城区等3个区建立了疾病预防控制中心，其它县(市)、区也正在积极改革中。巩义、荥阳、新密、新郑、中牟五县(市)实施了疾控机构国债建设项目。目前，新密市、中牟县、荥阳市疾控中心国债项目已陆续完工并于近期投入使用；巩义市、新郑市疾控中心迁建项目主体工程均已封顶，进入内部粉刷和后期装饰阶段。

【地方病防治】 2004年，地方病防治工作继续坚持和完善“政府领导，部门协作，科学防治”的工作机制和“因地制宜、分类指导、综合治理、科学防治、防病治病与农村脱贫致富相结合”的方针，以农村病区为重点，全面落实各项防治措施，不断推动全市地方病防治工作深入开展，完成了各项防治任务。

多方渠道筹措资金，保证防治经费到位。2004年，郑州市共落实地方病防治经费180万元，其中，办公经费10万元，碘缺乏病及鼠疫防治30万元，布病防治经费50万元，降氟改水经费90万元。

碘缺乏病防治及碘盐监测工作。开展宣传教育，使广大群众进一步认识到碘缺乏病是严重危害人类健康的地方病，同时大力宣传食用合格碘盐对保护儿童智力发育和提高全民素质的重要意义，对孕产妇、婴幼儿等重点人群碘营养监测的必要性以及防治碘缺乏病工作任务的长期性、艰巨性。2004年对6县(市)及市内共7个盐业公司监测碘盐42批，采集样品378份，批质量合格率为100%。2004年全年市属6县(市)、6区共定量监测100个乡(镇、办事处)，397个村(居委会)，3176户居民食用盐，采集样品3176份，经检测：非碘盐率0.85%，碘盐覆盖率99.15%，碘盐合格率98.35%，合格碘盐食用率97.51%。从以上监测结果看，各项指标均达到碘缺乏病消除标准。完善了碘缺乏病防治资料。2004年，郑州市疾控中心将历年来的水碘监测资料进行整理，按统一规格录入到计算机中，建立了碘缺乏病数据资料库，使防治工作有据可依、防治效果有资料可查。

地方性氟中毒防治。2004年，郑州市确定16个行政村为省降氟改水工程点。任务下达后，市地病办积极协调财政部门落实降氟改水经费90万元，有改水任务的县(市)也积极筹集资金，选点动工。目前16个行政村的改水任务已全部完成，居民用上了安全卫生水。各工程已按要求通过验收并建立了工程档案，微机录入工作正在进行中。在全市开展地方性氟中毒病情流行病学普查工作，共调查394个自然村。调查结果显示，8～12岁儿童氟斑牙患病率≤30%的有123个自然村，患病率>30%的有271个自然村，氟斑牙流行指数<0.4的有111个，0.4～0.6之间的有121个，

0.6～1.0之间的有91个，1.0～2.0之间的有70个，2.0～3.0之间的有1个。通过本次地方性氟中毒病情普查，可以确认全市目前仍有271个地方性氟中毒病区自然村。按照《河南省2004年地方病防治工作意见》要求，完成了全市1984～2003年共计552个自然村已建降氟改水工程档案的计算机录入和上报工作。对全市所有降氟改水村情况进行了调查统计，以县(市)、区为单位制作了降氟改水工程地理平面分布图，实现了全市降氟改水工程档案的微机化管理。2004年，依据《郑州市地方性氟中毒防治效果动态监测方案》，在荥阳、登封、新郑、巩义、中牟五县(市)开展了地氟病防治效果动态监测。从监测结果看，五个监测点降氟改水工程水源水氟含量为0.25～0.6mg/L，末梢水氟含量为0.19～0.65mg/L，均在国标以内(不超过1.0mg/L)。8～12岁学生氟斑牙患病率已下降至7.0～26.08%，全市各监测点均降到非病区标准以内(30%以下)，表明只要病区群众能够坚持常年饮用低氟水，对饮水型地氟病的流行就能够得到有效控制。

布病防治。截止到2004年11月16日，全市共发生布鲁氏菌病现症病人17例，其中急性期病人16例，慢性期病人1例，全市发病率为0.24/10万。确诊的17例现症病人都及时进行了正规的治疗。按照《布鲁氏菌病全国监测点监测工作试行方案》要求，确定巩义市为固定监测市。畜间布病监测方面，巩义市2004年共检疫牲畜1246头(只)，其中检疫牛750头，琥红平板凝集试验阳性25头；检疫羊496只，琥红平板凝集试验阳性5只，对30头(只)阳性牲畜全部进行扑杀并作无害化处理。全年共免疫羊58900只，防疫密度90%，采血200份做阳转检测，平均阳转率为25.6%。其他非固定监测县(市)共防疫牲畜57.7万只，防疫密度93%。检疫牲畜5288只，琥红平板凝集试验阳性44只，扑杀44只。为摸清全市从事布病重点职业人员底数，从而有效控制布病疫情，净化疫区，2004年，采取逐村逐户登记的方法，对全市所有从事饲养、放牧和兽医等重点职业人群进行了摸底调查，据统计全市12个县(市)、区共有饲养放羊37958户，放羊人员计147731人；饲养放牛22416户，放牛人员计92131人；羊、牛混养户计6645户，羊、牛混放人员计30046人；从事兽医工作的人员共计1126人。

鼠疫防治。2004年，全市共计布放鼠笼2971具，其中室内布放1883具，室外布放1088具，共采集鼠血38份，除11月份监测所采9份血清标本正在检测中外，其余血清试验全部为阴性。2004年9月份以来，全国部分地区发生鼠间鼠疫疫情，郑州市地病办及时下发了《关于做好鼠疫防治及培训工作的通知》，印发了鼠疫培训材料，并成立了郑州市鼠疫防治专家组，要求各县(市)、区及有关医疗卫生单位高度重视鼠疫防治工作，广泛开展以灭鼠为主的群众性防治运动，提高专业技术人员的业务水平和广大人民群众的防病意识。

地方性砷中毒防治。地方性砷中毒是一种严重危害人民健康的地方病，该病的发生是由于居住在高砷地区的人群长期经饮水、空气和食物摄入过量砷所致。为了解和掌握郑州市是否存在饮水型地方性砷中毒及其分布情况，2004年对登封、荥阳、新密、中牟、新郑、巩义六县(市)计34个乡(镇)134个行政村286个自然村居民饮用水砷含量进行了抽样调查，共抽查622口水井，采样622份，调查结果首次证实郑州市存在有高砷水源，且集中分布在中牟县白沙镇，其它县(市)尚未发现有高砷水源。对水砷超标地区的水源和人群需做进一步调查，以制定切实可行的降砷措施，确保群众身体健康。

【医学科研和教学】 2004年，为进一步做好全市医疗卫生科教工作，进一步修改完善了市直14家医疗卫生单位和六县六区科教工作目标考核方案。

督导市直、县(市)、区各医疗卫生单位开展了全市在职卫生人员禽流感防治知识紧急培训。禽流感防治师资培训220人，市直医疗卫生单位培训6458人，各县(市)、区培训11531人，厂矿企事业及民办医院培训10286人。

利用2004年的科普活动周，组织全市14所医疗卫生单位，采取多种形式，开展“科技以人为本，全面建设小康”的科普宣传活动。据不完全统计，此次活动共悬挂宣传条幅64条，设科普知识宣传咨询台75个，发放科普知识宣传资料15280份，为群众义诊咨询26466人次，健康体检7220人次，受到了广大群众普遍欢迎和好评。

按照省教育厅、省卫生厅《关于开展基层无学历卫生技术人员中专医学学历教育工作的通知》要求，2004年4月，开展了基层卫生技术人员中专学历教育的报名资格审核、春季录取工作。报名审核900余人，实际录取771人(其中跨地区录取75人，郑州卫校录取695人)。

在对2003年全市各级各类医疗单位申报的专科进行认真全面考核和综合评审的基础上，择优确定了22个“郑州市临床医学重点专科”和28个“郑州市临床医学特色专科”，并发放了牌匾。

协调市人事局成立了郑州市继续医学教育委员会，并结合本市实际情况出台了《郑州市继续医学教育学分授予及登记管理办法(试行)》、《郑州市继续医学教育项目申报及认可办法》和《郑州市继续医学教育基地认可标准及管理办法》等相关文件。按照“继续医学教育实施办法”和“继续医学教育学分授予及登记管理办法”完成了4000多人次的继续教育学分审核工作。

2004年，市直医疗卫生单位立省级科技攻关项目共71项，获省、市级科技项目奖励共31项。

(张业昌　张民华)

体 育

【概况】 2004年，郑州市体育工作以郑州市承办首届世界传统武术节、举办郑州市第三届直属机关运动会为重点工作，推动社会体育、学校体育、业余训练、体育场地建设、体育产业和体育竞赛的发展。

认真贯彻《全民健身计划纲要》，以“假日体育”为重点，继续开展“百万青少年、百万农民、百万职工、百万老年人、百万妇女”健身活动。在不同年龄、不同阶层的人群中组织开展冬泳、武术、秧歌、空竹、门球、钓鱼、信鸽、三人篮球、健身街舞、无极健身球、健身健美操、毽球、羽毛球、拔河等活动。举办郑州市第二届百万妇女健身活动展示大赛、郑州市第三届直属机关运动会、郑州市第三届老年人运动会，组织开展“体育三下乡”活动，促进郑州市群众性体育活动的开展，扩大郑州市体育人口。稳妥发展社会体育指导员，继续进行国民体质监测。新批准成立民办非营利体育俱乐部13个。成功承办首届世界传统武术节比赛和“郑州杯”2003年度“世界十佳”运动员评选揭晓颁奖晚会。郑州铁路局第九届运动会、中国纺机集团第二届职工运动会、“河南送变电杯”第七届全国拔河锦标赛也在郑州举行。郑州日产帕拉丁车队参加达喀尔汽车拉力赛，创造了中国汽车拉力赛的4个第一。

按照《学校体育工作条例》，贯彻实施《学生体质健康标准》，及格率达到97.8%。组织实施郑州市第二届中小学生体育节和郑州市“晨光”体育活动，参加河南省第六届中学生“晨光”体育夏令营。郑州市举办田径、游泳、篮球、排球、足球、乒乓球、航空模型、航海模型、棋类、广播体操等郑州市中小学生单项比赛，推动学校体育工作的发展。

重视体育后备人才的培养和输送，制定了《“奥运之星”选拔办法》，全年选拔优秀运动员苗子70余人。郑州市体育运动学校对射击、游泳、自行车、篮球、重竞技五个训练管理中心实行实体化管理，调动各训练单位的训练积极性。积极备战河南省第十届运动会，完成运动员注册667人。体育传统项目学校发展有所突破，2所中小学被批准为国家级田径体育传统项目学校。国家级青少年体育俱乐部共25个，其中2004年新增4个。新成立的郑州市体育中学首期招生99人，增强了业余训练的力量。

全市共有标准体育场地和非标准体育场地4043个，辖区体育场地中，全天对外开放的占19.46%。郑州市游泳训练馆供暖改造、水循环改造工程顺利进行。郑州市钓鱼公园室内钓场全面峻工，郑州体育馆座椅改造、供电线路更换全部完工。完成第八批全民健身工程的申报和安装，在金水区马头岗村、新密市青屏广场、中牟县新世纪广场和巩义市，新建4处体彩健身园。

【竞技体育】 在雅典第28届奥运会上，郑州籍运动员孙甜甜(女)、范运杰(女)、王小燕(女)3人入选中国体育代表团，孙甜甜(与队友合作)，获网球女双冠军，这是中国网球选手在世界大赛中创造的最好成绩，实现了中国网球运动的历史性突破。在希腊第12届残奥会上，郑州籍运动员朱宏艳(女)、任桂香(女)、张岩、李满洲等4人入选中国残疾人体育代表团取得7金1银1铜的优异成绩。在航空模型、武术(散打)、残疾人乒乓球的世界比赛上，卢征(与队友合作)、张帅可、张岩(与队友合作)、李满洲(与队友合作)分别夺得冠军。首届世界传统武术节武术比赛中，郑州市代表队共10名运动员(女:3名)参加21项比赛，获17个一等奖、4个二等奖。郑州市乒乓球专业队参加全国乒乓球俱乐部乙B比赛获第二名，晋升A组。

2004年，郑州市运动员在省以上各类竞赛中共获得金牌613枚、银牌524枚、铜牌437枚。其中，世界冠军17个、亚军2个、第三名3个；国际冠军1个、亚军4个、第三名3个；亚洲冠军1个；亚太地区冠军1个；全国冠军88个、亚军59个、第三名56个。破残疾人世界纪录3项次。

【社会体育】 认真贯彻实施《全民健身计划纲要》，积极开展不同年龄、不同人群、不同形式的群众性体育活动，努力扩大体育人口。元月1日，中共郑州市委宣传部、市体育局、市直机关工委等单位联合在绿城广场举办的郑州市“奥克杯”绿色健康元旦长跑活动拉开了郑州市全民健身活动的序幕，来自郑州市机关、厂矿、企事业单位、学校、办事处、社区的89个单位1万余名群众参加长跑活动，市长王文超鸣枪发令。

农村体育蓬勃发展。国家体育总局确定2004年为“农村体育年”。春节期间是农村群众性体育活动的高潮期。为促进春节期间农村体育活动的开展，市体育局、市农业局、市农民体协联合下发《关于开展百万农民健身活动的通知》，6区、6县(市)的116个乡镇开展丰富多采的文体活动，组织不同形式的竞赛活动，有近万人次的农民参与到各项体育活动中。2月6日，郑州市在绿城广场举行迎新春全民健身表演，11支代表队表演秧歌和健身街舞、武术等，同时各县(市)、区都设立分会场，吸引群众观看。为了加快农村体育事业的发展，贯彻“三农”方针，市体育局下发《关于在全市开展“体育三下乡”活动的通知》，并于6月26日在惠济区下坡杨村举办郑州市全民健身周暨“体育三下乡”活动启动仪式。郑州市有12人(女5人)入选河南省农民体育代表团，在江西宜春市参加全国第五届农民运动会。中原区教文体局、管城回族区十八里河镇被评为河南省“千万农民健身活动”先进单位。

深入持久地开展“百万妇女”健身活动。中共郑州市委宣传部、市妇联、市体育局、市直机关工委“三八”期间举办郑州市“百万妇女”健身活动展示大赛。大赛设拔河、门球、木兰拳、无极健身球,太极拳、健身健美操、郑州俏秧歌等8个项目,分县(市)、区组和市直行业组分别进行比赛,共有48个代表团(队)、1931人参加比赛,金水区获县(市)、区组团体总分第一名,市财政局获市直行业组团体总分第一名。

老年人体育活动持续发展。市委、市政府下发《关于调整市老年人体育协会成员的通知》,调整后的市老年人体育协会领导班子提高了市老年体协的活力,增强了凝聚力和号召力。中南区老年体育协会协作区会议在登封市举行。经市政府同意,郑州市第三届老年人运动会于10月22日至28日举行。各县(市)、区、市直机关,各行业系统为迎接郑州市第三届老年人运动会普遍举办老年人运动会或单项选拔赛,比赛达200多项次,参赛人数达10余万。此外,老年妇女门球、老年夫妻门球、老年门球甲A、甲B、乙级、丙级、晋级和等级联赛等郑州市单项门球比赛活动也顺利举行。这些竞赛活动的举行,推动了郑州市"百万老年人"健身活动的开展,经常参加体育健身活动的老年人已达370892人,占郑州市老年人口总数的52%。"一年一度,相约中原",第十五届"黄河杯"全国老年人门球邀请赛在新郑市举行,来自全国的71支代表队600余人参加比赛。

"百万职工"健身活动深入进行。积极举行郑州市直属机关第三届运动会。本届市直属机关运动会设13个比赛项目,分甲、乙组进行比赛,除单项奖牌外,还设有奖牌总数奖、团体总分奖和优秀组织奖。郑州市直属机关游泳比赛于8月19日在市游泳训练馆举行,19个单位200余名职工参加比赛。郑州铁路局第九届运动会于9月20日至26日在郑州市举行。由郑州纺织机械股份有限公司承办的中国纺织集团第二届职工运动会于9月20日至26日在郑州市举行,来自全国的22个中国纺织集团的代表队参加比赛。河南送变电建设公司承办的"河南送变电杯"第七届全国拔河锦标赛于10月23日至25日在绿城广场举行。郑州日产汽车有限公司组成郑州日产帕拉丁车队参加第二十六届达喀尔汽车拉力赛,本着"重在参与"的精神,开创了国产量产车参加达喀尔汽车拉力赛的先例。

残疾人体育取得优异成绩。郑州市张岩、任桂香(女)、李满洲、朱宏艳(女)4人入选中国残疾人体育代表团,于9月17日至28日在希腊雅典参加第十二届残疾人奥运会,他们不畏强手,顽强拼搏,在游泳和乒乓球比赛中夺得7金1银1铜。7月25日至29日张岩、任桂香(女)、李满洲在开罗参加世界残疾人乒乓球公开赛(埃及站),在单打团体比赛中与队友合作共夺得金牌7枚、银牌1枚。

郑州市体育总会办公室、市网球协会、市钓鱼协会、市信鸽协会、市武术协会、市冬泳协会、市棋牌协会、市体操协会、市体育竞赛中心等组织一系列群众喜闻乐见的社会体育活动和比赛300余项次,其中主办280余项次,承办和联办31项次。"国际奥委会主席杯"全国百城市自行车赛郑州赛区比赛,在停办6年之后,冠以"捷安特杯"得以恢复。由于郑州市社会体育活动健康有序的发展,郑州市体育局获国家体育总局"全民健身周优秀组织奖",市信鸽协会被国家体育总局社会体育指导中心和中国信鸽协会评为1996～2004年"全国信鸽活动先进单位",中原区桐柏街道送变电社区被评为"第四批全国城市体育先进社区"。郑州辖区有10个单位被评为河南省体育系统先进集体,12人被评为河南省体育系统先进工作者。

【学校体育】 按照省教育厅《关于认真开展2004年度中学生"晨光"体育活动的通知》,市教育局布署郑州市的"晨光"体育活动,要求各学校高度重视,将"晨光"体育活动纳入学校工作考核目标。"晨光"体育活动开展的项目有田径、游泳、三人制篮球、软式排球、乒乓球、五人制足球项目。学校组织的比赛,每班必须组队参加,达到人人参与的目的。由于学生的喜爱,许多学校把过去只限在高二、初二两个年级开展的活动推广到全体在校生。"晨光"体育活动的项目逐渐成为体育课教学、课外文体活动的重要内容。郑州市"晨光"体育代表团,于8月5日至12日赴许昌市参加河南省第六届中学生"晨光"体育夏令营,获得团体一等奖和精神文明代表团,在三人制篮球、四人制软式排球、五人制足球、乒乓球的比赛中,获得三人制篮球高中男子组第一名(郑州十一中组队),五人制足球初中男子组第三名(郑州十六中组队)。广泛深入地开展"晨光"体育活动,使学校田径普及率达到100%,达标率达到6.9%;游泳普及率达到24%,达标率达到0.9%。在中等学校招生中,有6个项目的150余名学生取得升学加分资格。

组织实施初中毕业生体育升学体育考试和高中毕业生体质健康统测工作。按照省教育厅的要求,郑州市6区的3.7万余名初中毕业生分别在郑州五中等7个考点参加中招体育考试。初中升学体育成绩平均达到26.38分。全市的3.6万余名高中毕业生在郑州九中等3个测试点参加《学生体质健康标准》的统一测试,及格率达到98.6%。

继续抓好《学生体质健康标准》的实施。郑州市实际参加《学生体质健康标准》测试的学生数为1392675人,达到及格级以上的人数为1362036人,及格率为97.8%,其中达到良好级以上的人数为1016653人,良好率为73%,达到优秀级的人数为362096人,优秀率为26%。

体育交往。郑州市小学生男子足球队(郑上路小学组队)8月7日至16日在日本崎玉市参加第三届U-12日本崎玉国际少年足球赛。

传统项目学校。省实验中学、优胜路小学被评为田径全国体育传统项目学校。郑州市有省级体育传统项目学校28所,市级体育传统项目学校87所。

学生体育竞赛。郑州市共举办篮球、排球、足球、田径、乒乓球、武术、航空模型、游泳、航海模型、广播体操、棋类等项目的中小学生单项比赛19项次，有数万人次的中小学生参加比赛。郑州十一中田径代表队4月11日在北京参加北京国际接力马拉松比赛，获得接力男子组第七名。省实验中学学生王尧昆入选国家航空模型队，于7月4日至11日在美国印第安纳州曼西市参加世界线操纵航空模型锦标赛，获得青年组F2B项目个人第8名。郑州市中小学生还参加“希望杯”全国青少年航空模型比赛、全国青少年航空航天模型锦标赛、全国青少年航海模型比赛、第六届“我爱祖国海疆”全国青少年航海模型竞赛、全国中学生乒乓球锦标赛。在郑高等院校有28所于3月12日至17日在郑州轻工业学院参加河南省第十三届大学生田径运动会。10所高等院校于10月9日至17日在新乡市河南科技学院参加飞利浦中国大学生足球联赛（河南赛区）。12所高等院校于11月16日至20日在郑州大学西亚斯国际工商学院参加第七届CUBA大学生篮球联赛河南赛区预选赛。一批高校的运动员入选河南大学生体育代表团于8月28日至9月6日在上海市参加全国第七届大学生运动会。

【省市重奖奥运会和残奥会奖牌获得者】 8月14日至25日，郑州市运动员孙甜甜（女、网球）、范运杰（女、足球）、王晓燕（女、垒球）入选国家体育代表团，在希腊雅典参加第二十八届夏季奥运会。孙甜甜与湖北选手李婷合作，经过紧张激烈地的拼搏，夺得女子网球双打金牌。9月11日，中共河南省委、省人民政府在省人民大会堂召开庆功表彰大会，授予孙甜甜省“五一”劳动奖章、“五四”青年奖章、省“三八”红旗手荣誉称号和人民币奖金50万元。9月12日，中共郑州市委、市人民政府在嵩山饭店举行庆功颁奖仪式，省委常委、市委书记李克，市长王文超，市委常务副书记赵建才，市委副书记祁金立，市人大常委会主任郝建生，市政协主席杨惠琴，市委常委、市委秘书长白红战，副市长龚立群等领导出席颁奖仪式。庆功仪式上，王文超向孙甜甜颁发一套三室二厅住房证和住房钥匙。赵建才向孙甜甜颁发人民币10万元，并向其教练和启蒙教练张琪、宋洁（女）各颁发人民币奖金5万元。祁金立向孙甜甜颁发市“五一”劳动奖章、市“新长征”突击手标兵和“三八”红旗手证书。

9月17日至28日，郑州市残疾人朱宏艳（女、游泳）、张岩（乒乓球）、任桂香（女、乒乓球）、李满洲（乒乓球）入选国家残疾人体育代表团，在希腊雅典参加第十二届残疾人奥运会。经过激烈地角逐和顽强拼搏，朱宏艳夺得S12级女子自由游50米、100米，仰泳100米，200米个人混合泳的金牌和100米蝶泳的银牌，并破50米自由泳、100米仰泳、200米个人混合泳的世界纪录；张岩夺得TT4级男子乒乓球单打金牌，并与队友合作夺得团体铜牌；任桂香夺得TT5级女子乒乓球单打金牌，并与队友合作夺得团体金牌。11月16日，河南省人民政府在省人民会堂举行参加第十二届残奥会表彰仪式。表彰会上授予朱宏艳、张岩、任桂香省劳动模范、省“五一”劳动奖章、省“五四”青年奖章，朱宏艳、任桂香还获得省“三八”红旗手荣誉称号。对参加残奥会每人获得的第一枚金牌奖励人民币25万元，以后的每块金牌奖励人民币10万元。12月17日，中共郑州市委、市人民政府在市人民政府新闻发布厅举行参加第十二届残奥会庆功表彰大会。市长王文超，市委副书记祁金立，副市长龚立群、高建慧、市政协副主席王薇等市领导出席大会并为运动员颁奖。市政府决定对夺得残奥会金牌的3名选手，每人夺得的第一枚金牌奖励人民币10万元，以后的每块金牌奖励人民币5万元，同时授予朱宏艳、张岩、任桂香郑州市劳动模范，授予朱宏艳、张岩、任桂香残疾人市自强模范、市“五一”劳动奖章、市“新长征”突击手荣誉称号，授予朱宏艳、任桂香市十大杰出女性特别贡献奖。市残疾人联合会、市体育局也受到市人民政府通报嘉奖。

【参加全国第五届农民运动会】 全国第五届农民运动会10月18日至24日在江西省宜春市举行，由农业部、国家体育总局、中国农民体育协会主办。大会设田径、篮球、乒乓球、游泳、中国式摔跤、中国象棋、自行车载重、武术、民兵军事三项、龙舟、舞龙舞狮、毽球花毽、风筝、钓鱼等14个大项的比赛。以副省长吕德彬为团长的河南省农民体育代表团由111人组成，其中运动员76人（女24人），参加田径、钓鱼、自行车载重、武术、毽球花毽、舞龙舞狮、篮球、风筝、中国象棋、乒乓球、中国式摔跤等11个大项的比赛。郑州市有12名（女5名）运动员入选河南省农民体育代表团，参加田径、钓鱼、自行车载重、武术等4个大项的比赛，获得武术比赛二等奖2个和田径项目原地抛掷秧苗比赛第二名。钓鱼队获体育道德风尚奖运动队，陈莹获体育道德风尚奖运动员。

【第五次全国体育场地普查】 根据国家体育总局通知，郑州市人民政府办公厅于7月29日下发《关于印发郑州市第五次体育场地普查工作实施方案的通知》，成立了以副市长龚立群为组长的郑州市第五次体育场地普查工作领导小组，从7月29至9月30日对郑州市进行第五次体育场地普查。

第五次体育场地普查的范围是郑州市所辖6区、6县（市）内，除解放军、武警、铁路系统之外的体育场地。普查内容包括体育场地的基本标识、主要属性、基本状况和使用情况等。普查标准时点是2003年12月31日。普查按照属地原则，由普查员对所有体育场地实地丈量和采集数据，填报全国统一的普查登记表，由市体育局统一审核后，采用全国统一的系统软件，完成计算机数据录入和分析。

截至2003年12月31日，郑州市共有各类标准体育场地和非标准体育场地 4034 个。每万人拥有5.78个。其中标准体育场地 2633 个，每万人拥有3.77个；非标准体育场地 1401 个，每万人拥有2.01个。

郑州市各类标准体育场地和非标准体育场地共占地1129.88万平方米，人均1.62平方米；建筑面积55.38万平方米，人均0.08平方米；场地面积739.87平方米，人均1.06平方米。累计投入体育场地建设资金121621.93万元，人均174.32元。

郑州市教育系统有体育场地2977个，占总数72.56%；体育场地占地面积666.67万平方米，占总数59.00%；建筑面积14.06万平方米，占总数25.39%；场地面积565.59万平方米，占总数的76.44%。郑州市教育系统的体育场地又主要分布在中小学。郑州市中小学共有各类体育场地2273个，占教育系统的77.66%，占全部体育场地的56.35%。

郑州市共有全民健身路径(园) 204 处，其中 1996 年至 2003 年新建 199 处，占郑州市全民健身路径(园)的97.55%；投资1158.32万元，其中体育彩票公益金119.30万元。

郑州市体育场地仍以国有为主，其他经济成分所占比重明显上升。郑州市集体经济体育场地 1178 个，占全部体育场地的29.20%；外商经济和港澳台经济体育场地 38 个，占全部体育场地的 0.94%；私有经济体育场地 237 个，占全部体育场地的5.88%。

【体育产业】 郑州市体育局成立体育竞赛中心和五环公司，专业运作体育竞赛和统筹管理郑州市体育局资产。郑州市体育运动学校、郑州市体育场、省工人文化宫体育场利用假期分别培训 3500 人、800 人和 2000 人；航海体育场举办多期夏令营，有近 500 人参加。民营资本举办的跆拳道、健身健美操、太极拳、武术等项目的培训班也不断增加。郑州清华园房地产开发有限公司买断航海体育场 5 年冠名权，这是河南省大型体育场首次成功出售冠名权，对于郑州市体育产业的发展具有标志性意义。航海体育场引进高尔夫练习场的招商工作也顺利完成。中国电脑体育彩票全年共销售1.47亿元。

【市直属机关第三届运动会】 市直属机关第三届运动会于 5 月 16 日至 22 日举行。中共郑州市委、市人民政府主办。共有 77 个局委的 5200 余人参加比赛。大会共设第八套广播体操、篮球、拔河、武术(套路)、钓鱼、软式排球、乒乓球、网球、足球、健身秧歌、俏秧歌、羽毛球、台球、棋类(中国象棋、围棋)等 14 个比赛项目。比赛分甲、乙两组进行。市工商局、市政管理局等 6 个单位获得甲组团体总分、金牌总数前 6 名。郑州日报社、市总工会等 6 个单位获得乙组团体总分、金牌总数前 6 名。市工商局、市财政局等 36 个单位获优秀组织奖。市委办公厅、市人大办公厅等 38 个单位获开幕式表演奖。开幕式于 5 月 16 日在航海体育场举行。市委副书记赵建才主持，市委书记李克宣布运动会开幕，5000 余人参加开幕式表演。

【全民健身周暨“体育三下乡”】 国家体育总局把 2004 年定为“农村体育年”。郑州市全民健身活动的深入开展，切实增强了城乡群众的身体素质和健康水平。但受体制、经济、环境等因素的影响，全民健身活动在城乡之间开展不平衡，在重视程度、健身意识、设施条件等方面存在差距。为缩小这一差距，促进城乡体育同步发展，郑州市全民健身周暨“体育三下乡”活动周启动仪式于 6 月 26 日在惠济区下坡杨村举行。省体育局副局长刘世东，市委常委、宣传部长杨丽萍，市人大常委会副主任尚有勇，市政府副市长龚立群，市政协副主席王薇，市政府副秘书长姜现钊等有关领导出席大会。杨丽萍宣布郑州市全民健身活动周暨“体育三下乡”活动开幕。启动仪式上，省、市体育局向惠济区下坡杨村赠送体育器材和体育图书，并进行健身秧歌、独轮车、健美操、武术等健身表演，组织篮球队同当地农民进行友谊赛，组织优秀社会体育指导员和专业体育骨干进行武术、乒乓球等项目的现场指导，为农民免费进行体质测试等系列活动。

【评选郑州杯“世界十佳”运动员】 由国家体育总局批准的“郑州杯”“世界十佳”运动员评选活动始创于 1984 年，已成功举办 17 届。“郑州杯”2003 年度“世界十佳”运动员评选揭晓暨颁奖晚会，由中国体育报业总社、郑州市人民政府主办。北京时代豪文化有限公司、河南英协文化有限公司、河南电视台承办。于 4 月 17 日晚在河南电视台举行。这是“世界十佳”运动员评选揭晓颁奖晚会首次移至北京以外的城市举办。市长王文超，市委副书记赵建才，市委常委、宣传部长杨丽萍，副市长孙新雷及河南省有关部门领导出席晚会并为当选“世界十佳”的法国足球运动员齐达内、中国体操运动员李小鹏、中国游泳运动员罗雪娟、比利时网球运动员海宁、奥地利乒乓球运动员施拉格、南非跳高运动员克洛埃特、摩洛哥中长跑运动员奎罗伊、德国赛车运动员舒马赫、美国篮球运动员邓肯、中国乒乓球运动员王楠颁奖。出席晚会的嘉宾有中国体育报业总社社长刘猛、《新体育》杂志总编李小菲、国家体育总局体操运动管理中心主任高健、国家乒羽运动管理中心副主任蔡振华、著名长跑运动员王军霞、短道速滑名将叶乔波、前飞碟射击世界冠军巫兰英、前女足国脚温莉蓉、著名体育经济人夏松等。中央电视台、凤凰电视台、新浪网等多家新闻媒体记者出席颁奖晚会。

【航海体育场成功出售冠名权】 随着体育产业的发展，体育与市场的结合越来越紧密。航海体育场顺应市场经济的发展，多方联系，努力寻求合作伙伴，于 7 月 16 日最终与郑州清华园房地产有限公司达成出售航海体育场冠名权的协议。9 月 15 日下午，郑州航海体育场举行郑州清华园体育场冠名仪式。副市长龚立群、市政协副主席王薇出席冠名仪式。郑州清华园房地产开发有限公司出资150万元，买断航海体育场5年的冠名权，航海体育场在今后的5年内将冠名为郑州清华园体育场。这是河南省大型体育场馆首次成功出售冠名权，在郑州市体育产业进程中具有标志性意义。

【郑州体育网对外开放】 为适应时代发展的需要和公众对体育信息的需求，郑州市体育局决定建立郑州体育网，并于3月10日对外开放，网址为www.zztiyu.com。主页设有：机构设置、竞技体育、群众体育、政策法规、体育产业、少林武术、体育场馆、在线报名、网上论坛10个栏目，该网已与郑州市人民政府外网实现链接。

【15位运动员入选国家队】 2004年，郑州市共有15名运动员入选国家队，分别是，网球：孙甜甜(女)；足球：范运杰(女)；垒球：王晓燕(女)；航空模型：牛安林、郭书军、卢征、王耀坤；武术：张帅可；射击：帖昕(女)、周超(女)、张冰；游泳：朱宏艳(女)；乒乓球：张岩、李满洲、任桂香(女)。

【4位裁判被批准为国家级裁判员】 2004年，郑州市有4位裁判被批准为国家级裁判员，分别是，现代五项：苏郁(女)；网球：冯明新；航空模型：付荣郑；体育舞蹈：尤谊。

【36名运动员获一级以上运动员称号】 2004年，郑州市共有35名运动员获得一级运动员称号，分别是：拳击：邓兆刚、吕春娟、曹兰兰；航空模型：王耀坤、封博、章远驰、李蛰然；航海模型：鲍达；射击：周仲奇、曹阳、吕杰、付倩倩、李恒、张丹、朱蕾、马荣、尚安文、赵刘百合；田径：张丹、秦武花、岳森；武术(套路)：马勇、丁目；乒乓球：王泽亚；武术(散打)：张开印；网球：陈哲、阎慧君、赵文、李扬；体操：付一丹、任飞；足球：宋亚晶、贾璐、李琳；排球：孙凯。另外，皮艇运动员周吉昌获运动健将称号

(吴树林)

郑州籍运动员创、破、超、平世界、亚洲、全国纪录情况

项　目	成绩	获得者	世界	亚洲	全国	运动会名称	日期	地点
S12级女子50米自由泳	28.02秒	朱宏艳	破			第十二届残疾人奥运会	9月17日～28日	希腊雅典
S12级女子100米仰泳	1分08.89秒	朱宏艳	破					
S12级女子200米个人混合泳	2分30.09秒	朱宏艳	破					

郑州籍运动员参加国际比赛获奖牌情况

项目	成绩	名次	获得者	运动会名称	日期	地点
女子单打		2	赫　洁	国际网球巡回赛(马德拉斯)	5月1日	印度马德拉斯
女子双打		2	赫　洁			
女子双打		3	赫　洁(与队友合作)	国际网球挑战赛(内蒙)	5月23日～29日	内蒙乌兰浩特
第一站女子双打		2	徐晋妍(与队友合作)	ITF国际青少年网比赛	5月23日～6月5日	天津
第二站女子双打		3	徐晋妍(与队友合作)			
女子单打		2	赫　洁	国际网球巡回赛(韩国)	7月	韩国
女子双打		3	赫　洁(与队友合作)			
男子双打		1	李　杨(与队友合作)	ITF国际青少年网球比赛	9月13日～19日	北京

郑州籍运动员参加亚洲、亚太地区比赛获奖牌情况

项目	成绩	名次	获得者	运动会名称	日期	地点
女子飞碟双多向120靶团体	291中	1	帖　昕(与队友合作)	亚洲射击锦标赛	2月8日～18日	马来西亚
滑板街式大绝招		1	车　霖	Globe滑板亚太区决赛	11月27日～28日	香港

郑州籍运动员参加世界比赛获奖牌情况

项目	成绩	名次	获得者	运动会名称	日期	地点
F2B团体	32分	3	牛安林（与队友合作）	世界线操纵航空模型锦标赛	7月4日～11日	美国印安纳州曼西市
TT4级男团		1	张　岩（与队友合作）	世界残疾人乒乓球公开赛（埃及站）	7月25日～29日	埃及开罗
TT4级男单		1	张　岩	世界残疾人乒乓球公开赛（埃及站）	7月25日～29日	埃及开罗
TT8级男团		1	李满洲（与队友合作）	世界残疾人乒乓球公开赛（埃及站）	7月25日～29日	埃及开罗
TT8级男子单打		2	李满洲	世界残疾人乒乓球公开赛（埃及站）	7月25日～29日	埃及开罗
不分级公开赛男单		1	张岩	世界残疾人乒乓球公开赛（埃及站）	7月25日～29日	埃及开罗
TT5级女子团体		1	任桂香（与队友合作）	世界残疾人乒乓球公开赛（埃及站）	7月25日～29日	埃及开罗
TT5级女子单打		1	任桂香	世界残疾人乒乓球公开赛（埃及站）	7月25日～29日	埃及开罗
不分级公开赛女子单打		1	任桂香	世界残疾人乒乓球公开赛（埃及站）	7月25日～29日	埃及开罗
女子网球双打		1	孙甜甜（李　婷）	第二十八届奥运会	8月14日～25日	希腊雅典
S8EP团体	8547分	1	卢　征（与队友合作）	第十五届世界航天模型锦标赛	9月3日至11日	波兰都柏林
S8EP个人	3889分	3	卢　征	第十五届世界航天模型锦标赛	9月3日至11日	波兰都柏林
S12级女子50米自由泳	28.02秒	1	朱宏艳	第十二届残疾人奥运会	9月17日至28日	希腊雅典
S12级女子100米自由泳	1分01.99秒	1	朱宏艳	第十二届残疾人奥运会	9月17日至28日	希腊雅典
S12级女子100米仰泳	1分08.89秒	1	朱宏艳	第十二届残疾人奥运会	9月17日至28日	希腊雅典
S12级女子100米蝶泳	1分06.61秒	2	朱宏艳	第十二届残疾人奥运会	9月17日至28日	希腊雅典
S12级女子200米个人混合泳	2分30.09秒	1	朱宏艳	第十二届残疾人奥运会	9月17日至28日	希腊雅典
TT4级乒乓球男团		3	张　岩（与队友合作）	第十二届残疾人奥运会	9月17日至28日	希腊雅典
TT4级乒乓球男单		1	张　岩	第十二届残疾人奥运会	9月17日至28日	希腊雅典
TT5级乒乓球女团		1	任桂香（与队友合作）	第十二届残疾人奥运会	9月17日至28日	希腊雅典
TT5级乒乓球女单		1	任桂香	第十二届残疾人奥运会	9月17日至28日	希腊雅典
男子56公斤级		1	张帅可	第二届武术散打世界杯赛	11月13日～15日	广州

郑州籍运动员参加全国比赛获奖牌情况

项目	成绩	名次	获得者	运动会名称	日期	地点
围棋团体10岁组		1	郑州市棋牌协会代表队	第一届全国青少年棋院棋类大会	1月12日～18日	郑州
围棋女子个人10岁组		3	杜芸钊	第一届全国青少年棋院棋类大会	1月12日～18日	郑州
围棋女子个人14岁组		1	杨　檬	第一届全国青少年棋院棋类大会	1月12日～18日	郑州
中国象棋团体10岁组		1	郑州市棋牌协会代表队	第一届全国青少年棋院棋类大会	1月12日～18日	郑州
中国象棋团体14岁组		1	郑州市棋牌协会代表队	第一届全国青少年棋院棋类大会	1月12日～18日	郑州
中国象棋男子个人16岁组		1	陈　卓	第一届全国青少年棋院棋类大会	1月12日～18日	郑州
中国象棋男子个人16岁组		3	李闻男	第一届全国青少年棋院棋类大会	1月12日～18日	郑州
中国象棋男子个人14岁组		1	赵　明	第一届全国青少年棋院棋类大会	1月12日～18日	郑州
中国象棋男子个人14岁组		2	李晓辉	第一届全国青少年棋院棋类大会	1月12日～18日	郑州
中国象棋男子个人14岁组		3	孙文奇	第一届全国青少年棋院棋类大会	1月12日～18日	郑州
中国象棋男子个人12岁组		1	徐云鹏	第一届全国青少年棋院棋类大会	1月12日～18日	郑州
中国象棋女子个人14岁组		1	刘　欢	第一届全国青少年棋院棋类大会	1月12日～18日	郑州
中国象棋女子个人10岁组		1	宋　杨	第一届全国青少年棋院棋类大会	1月12日～18日	郑州
中国象棋女子个人10岁组		3	孙佳欣	第一届全国青少年棋院棋类大会	1月12日～18日	郑州
国际象棋团体12岁组		3	郑州市棋牌协会代表队	第一届全国青少年棋院棋类大会	1月12日～18日	郑州
国际象棋团体10岁组		1	郑州市棋牌协会代表队	第一届全国青少年棋院棋类大会	1月12日～18日	郑州
国际象棋团体8岁组		1	郑州市棋牌协会代表队	第一届全国青少年棋院棋类大会	1月12日～18日	郑州
国际象棋男子个人16岁组		1	张子洋	第一届全国青少年棋院棋类大会	1月12日～18日	郑州
国际象棋男子个人12岁组		2	张思聪	第一届全国青少年棋院棋类大会	1月12日～18日	郑州
国际象棋男子个人幼儿组		1	张博文	第一届全国青少年棋院棋类大会	1月12日～18日	郑州
国际象棋女子个人8岁组		1	王伽婷	第一届全国青少年棋院棋类大会	1月12日～18日	郑州
女团甲组		1	李　鑫　张沂星　赖　莎	第十四届全国基层小学"中国移动通信幼苗杯"乒乓球比赛	1月30日～2月4日	抚顺
女单甲组		1	张沂星	第十四届全国基层小学"中国移动通信幼苗杯"乒乓球比赛	1月30日～2月4日	抚顺
单杆最高分	127分	2	齐　亚	全国台球团体锦标赛	2月22日	上海
滑板街式		2	车　霖	"安踏杯"全国极限精英赛(广州站)	3月13日	广州

项　　目	成绩	名次	获得者	运动会名称	日期	地点
女子双打		3	贾　元（与队友合作）	全国青少年网球排名赛（16岁组）	3月16日～22日	武汉
女子60—64岁组50米蝶泳	1分05.95秒	2	李素坤	“洛铜杯”第九届全国冬泳锦标赛	3月18日	洛阳
女子50—55岁组50米自由泳	1分53.99秒	3	朱玉亭	“洛铜杯”第九届全国冬泳锦标赛	3月18日	洛阳
男子单人皮艇1000米		3	周吉昌	全国皮划艇春季冠军赛	3月21日～28日	杭州
男子单人皮艇2000米	8分26.42秒	3	周吉昌	全国皮划艇春季冠军赛	3月21日～28日	杭州
男子个人全能		2	周吉昌	全国皮划艇春季冠军赛	3月21日～28日	杭州
女子4×200米自由泳接力	8分12.58秒	2	王　丹　贺　倩（闫　哲　周　密）	“兰花杯”全国游泳冠军赛暨奥运选拔赛	3月25日～4月1日	晋城
男子移动靶标准速30+30	665.6(566+99.6)环	3	李　豪	全国射击系列赛（第一站）暨中南区赛（南宁）	3月28日～31日	南宁
女子移动靶标准速20+20	471.1(375+96.1)环	3	许　洁	全国射击系列赛（第一站）暨中南区赛（南宁）	3月28日～31日	南宁
无差别级		2	周晓刚	“SVA杯”全国男子柔道锦标赛暨奥运会第二次选拔赛	4月1日～4日	上海
男子少年组气步枪60发	583环	1	吕　杰	全国青少年射击锦标赛预赛（中南区）	4月1日～6日	长沙
男子少年组气步枪60发	582环	2	曹　阳	全国青少年射击锦标赛预赛（中南区）	4月1日～6日	长沙
男子青年组小口径自选步枪卧射60发	581环	2	田　璞	全国青少年射击锦标赛预赛（中南区）	4月1日～6日	长沙
男子青年组小口径自选步枪卧射60发	580环	3	王书争	全国青少年射击锦标赛预赛（中南区）	4月1日～6日	长沙
男子青年组小口径自选步枪3×40	1139环	1	田　璞	全国青少年射击锦标赛预赛（中南区）	4月1日～6日	长沙
男子青年组气步枪60发	591环	1	田　璞	全国青少年射击锦标赛预赛（中南区）	4月1日～6日	长沙
女子少年组气步枪40发	391环	2	赵　园	全国青少年射击锦标赛预赛（中南区）	4月1日～6日	长沙
女子少年组气步枪40发	389环	3	付倩倩	全国青少年射击锦标赛预赛（中南区）	4月1日～6日	长沙
钓鱼	12分	3	王永强	“魔力饵王杯”全国钓鱼大赛郑州赛区邀请赛	4月11日	郑州
滑板街式		1	车　霖	“日射终极强者之战”日射全国滑板精英赛	4月18日～19日	晋江
男子67公斤级		3	张少伟	全国跆拳道锦标赛暨奥运会选拔赛	4月19日～29日	海口

项　　目	成绩	名次	获得者	运动会名称	日期	地点
青少年组 F5—E级	29.4分	3	鲍　达	“河南创新物流杯” 全国帆船模型公开赛	5月2日 ～6日	郑州
青少年组 F5—5级	10.2分	2	鲍　达			
成人组 F5—E级	6.8分	1	王云飞			
成人组 F5—M级	11.8分	1	王云飞			
成人组 F5—10级	6.8分	2	王云飞			
钓鱼	8.5分	2	马明生	第二届“百合杯” 全国钓鱼大奖赛 郑州赛站	5月6日	郑州
男子飞碟多向 125靶团体	348中	1	张　冰(吕志科 赵贵生)			
男子飞碟双多 向150靶团体	388中	2	马　涛　王　浩 王　楠	全国射击系列赛 (第二站)暨团体 锦标赛(贵阳)	5月20日 ～30日	贵阳
男子飞碟双多 向150靶个人	181(132+ 44)中	2	王　楠			
雌—砂—灰	979.7806 米/分	1	高展鸽	第五届信鸽 国家竞翔	5月29日	武汉
雌—砂—寸点	972.1401 米/分	2	殷建民			
雌—黄—绛	969.2878 米/分	3	孟新合			
女子移动靶混合 速40发团体	1135环	2	许　洁(潘清清 买甜甜)	全国射击系列赛 (第二站)暨团体 锦标赛(杭州)	5月30日 ～6月7日	杭州
60公斤级		1	李亮亮	“冯了性”全国 拳击锦标赛 (佛山赛区)	6月5日 ～12日	佛山
26式自行车 人工障碍攀爬		2	阎夏炎	“安踏杯”全国极限 精英赛(总决赛)	6月11日 ～13日	北京
滑板街式		2	车　霖			
Fifa项目		1	李　君	全国首届电子 竞技运动会	6月19日～ 12月25日	陕西
钓鱼	11.5分	2	徐清华	“钓鱼郎杯”全国钓鱼 巡回赛郑州赛站	6月20日	郑州
长拳	9.40分	2	马　岚	全国女子武术 套路锦标赛	6月25日 ～27日	杭州
枪术	8.92分	2	赵阳阳			

项　　目	成绩	名次	获得者	运动会名称	日期	地点
跳马	8.875 分	3	石春晓	“李宁杯”全国少年儿童体操分区赛(第一赛区)	7 月 5 日～10 日	成都
花样规定动作	95.2 分	3	王　杰 杨　珂 陈书凯(与队友合作)	“志刚航空运动杯”全国飞机跳伞冠军赛	7 月 10 日～14 日	青岛
第一站女子单打		3	王　青	全国青少年网球排名赛(12 岁组)	7 月 12 日～25 日	廊坊
女子双打		3	徐晋妍(与队友合作)	全国青少年网球排名赛	7 月 19 日～8 月 1 日	天津
女子 8 岁组		1	王伽婷	“武安通信杯”全国国际象棋少年儿童棋校锦标赛	7 月 23 日～29 日	邯郸武安
小学女子“翼龙”遥控电动模型飞机穿越龙门	0.5 次 4.80 秒	2	张晓涵	“希望杯”全国青少年航空模型比赛	7 月 24 日～25 日	郑州
中学男子电动线操纵特技模型飞机	352 分	1	刘佳奇			
	189 分	2	辛文博			
	166 分	3	丁　辉			
中学男子“翼龙”遥控电动模型飞机穿越龙门	15 次 6.00 秒	2	杨　光			
	3 次 2.61 秒	3	陈　曦			
中学男子“火鸟一400”遥控电动模型飞机	232 分	1	刘天乐			
中学女子电动线操纵特技模型飞机	147 分	1	耿曼歌			
二级橡筋模型飞机(P1B—2)	360 分＋201 分	3	朱俊一	全国青少年航空航天模型锦标赛	7 月 25 日～31 日	郑州
遥控电动模型滑翔机(P5B—2)	1986.55 分	3	刘毅刚			
三级线操纵特技模型飞机(P2B—3)	5720 分	1	王耀坤			
二级遥控模型滑翔机(P3B—2)	2000 分	2	安鹏飞			
二级遥控特技模型飞机(P3A—2)	342.17 分	3	刘辰昊			
无线电遥控弹射模型滑翔机(P3T)	2000 分	2	安鹏飞			
带降模型火箭(S6A)	413 分	2	刘梦杨			
遥控火箭推进模型滑翔机	1080 分＋447 分	2	张兆年			

项　目	成绩	名次	获得者	运动会名称	日期	地点
第三站 女子双打		1	王　青 （与队友合作）	全国青少年网球 排名赛（12 岁组）	7 月 26 日 ～8 月 8 日	北京 大兴县
第六站男子 双打		2	李　杨 （与队友合作）	全国青少年 网球排名赛（16 岁组）	7 月 26 日 ～8 月 15 日	长春
男子 50 米小口径 自选步枪卧射 60 发	688.9（586＋102.9）环	2	刘　洋	全国重点射击 学校射击锦标赛	7 月 28 日 ～8 月 2 日	昆明
女子 10 米气 步枪 40 发	497.6（396＋101.6）环	1	马　荣			
	493.4（390＋101.4）环	3	付倩倩			
少年 42 式 太极拳	8.07 分	1	丁　目	全国青少年武术 套路锦标赛	8 月 7 日 ～12 日	温州
剑术	9.49 分	1	马　勇			
男双		3	常轶魁　孟仲祎	全国中学生乒乓 球锦标赛	8 月 9 日 ～15 日	哈尔滨
女团		3	郑州市回民 中学代表队			
女双		2	张沂星　赖　莎			
第五站女子 单打		1	王　青	全国青少年网球 排名赛（12 岁组）	8 月 9 日 ～22 日	天津
第六站女子 单打		1	王　青			
青年组团体	34 分	1	徐广新 （与队友合作）	全国青少年男子 跆拳道锦标赛	8 月 10 日 ～11 日	武鸣
青年组 63 公斤级		1	徐广新			
小男 F1 水陆 两栖快艇	147 分	3	陈若愚	第六届“我爱祖国 海疆”全国青少年 航海模型竞赛	8 月 16 日 ～21 日	深圳
棒球		3	毛琥博　杜　鹏 牛　星　乔子龙 代汉钊（与队友合作）	全国青年 棒球联赛	8 月 17 日 ～26 日	北京
男子 400 米	50.51 秒	3	王　真	全国少年 田径锦标赛	8 月 19 日 ～22 日	泉州
女子 3000 米	9 分 51.46 秒	2	李　沙			
身体素质		2	李　沙			
第二站女团		1	李　鑫　张沂星 丁海渊　杨　婷	“富山清泉杯”中国 乒乓球俱乐部 乙 B 比赛（第二站）	8 月 19 日 ～24 日	珠海
2003 年至 2004 年女团		2	李　鑫　张沂星 丁海渊　杨　婷			

项　　目	成绩	名次	获得者	运动会名称	日期	地点
FSR－V3.5级	56圈 9.11秒	3	仙云龙	全国青少年 航海模型锦标赛	8月23日 ～28日	郑州
F5－E级	1.7分	1	鲍　达			
	11.0分	3	郑　权			
F5－E级总名次	85.71分	2	鲍　达			
女子52公斤级		3	李永红	全国武术 散打冠军赛	9月7日 ～11日	连云港
女子60公斤级		3	夏瑞新			
剑术	9.40分	1	赵阳阳	全国女子武术 套路冠军赛	9月15日 ～18日	珠海
枪术	9.25分	3	赵阳阳			
女子100米 自由泳	55.96秒	1	王　丹	“体饮杯”全国夏季 游泳锦标赛	9月15日 ～21日	杭州
女子200米 自由泳	2分 00.52秒	1	王　丹			
男子100米蛙泳	1分 04.61秒	1	王大鹏			
96公斤级		3	巴彦川	全国古典式 摔跤冠军赛	9月17日 ～23日	孝感
钓鱼	9.5分	1	梁　军	“喜曼多”全国钓鱼 巡回赛郑州赛	9月19日	郑州
	10分	2	徐清华			
	10.5分	3	赵喜来			
团体总分	302分	1	郑州纺机 总部代表团	中国纺机集团 第二届职工运动会	9月20日 ～26日	郑州
男子篮球		1	郑州纺机 总部代表团			
乒乓球女团		2	郑州纺机 总部代表团			
男子青年组 100米	11.4秒	1	叶　枫			
男子青年组 200米	22.2秒	1	卢一飞			
	23.5秒	2	叶　枫			
男子青年组 400米	52.7秒	1	张　丹			
	53.1秒	2	张江浩			
男子青年组 800米	2分04.3秒	1	张　丹			

项　　目	成绩	名次	获得者	运动会名称	日期	地点
男子青年组 1500 米	4 分 06.2 秒	1	王营军	中国纺机集团 第二届职工运动会	9 月 20 日 ～26 日	郑州
男子青年组 4×100 米接力	44.9 秒	1	郑州纺机 总部代表队			
男子青年组 跳高	2.00 米	1	苏　寅			
男子青年组 跳远	6.47 米	1	苏　寅			
男子青年组 铅球(6 公斤)	14.85 米	1	王彦杰			
男子中老年组 800 米	2 分 29.6 秒	3	骆国荣			
男子中老年组 跳远	5.02 米	1	黄先锋			
男子中老年组 铅球(4 公斤)	11.21 米	1	刘呈江			
女子青年组 100 米	12.7 秒	1	曾　丽			
	14.0 秒	3	孙丽霞			
女子青年组 200 米	26.1 秒	1	曾　丽			
	28.7 秒	3	孙丽霞			
女子青年组 400 米	1 分 08.2 秒	3	赵元雪			
女子青年组 4×100 米接力	54.5 秒	1	郑州纺机 总部代表队			
女子青年组 跳高	1.45 米	1	徐彬鹤			
女子青年组 跳远	4.65 米	2	徐彬鹤			
女子青年组 (铅球 4 公斤)	10.51 米	1	陈　莹			
女子中老年 组铅球(4 公斤)	9.10 米	1	李　艳			
	8.23 米	2	杨继英			
女子移动靶 标准速	479.6(383+ 96.6)环	3	东丽君	全国射击系列赛 (第三站)暨个人 锦标赛(广州)	9 月 20 日 ～26 日	广州
国际级活塞 式发动机模型 飞机(F1C)	1320 分 +281 分	2	荆云峰	全国航空航天 模型锦标赛	9 月 22 日 ～29 日	大同
国际级牵引模型 滑翔机团体(F1A)	3201 分	2	张智勇　荆云峰 (与队友合作)			

项　目	成绩	名次	获得者	运动会名称	日期	地点
无线电遥控空投模型飞机(P3K)	2000分	1	卢　征	全国线操纵、无线电遥控航空模型锦标赛	9月22日～29日	大同
无线电遥控推进模型滑翔机(S8DP)	3797.4分	1	卢　征			
无线电遥控空投模型飞机团体(P3K)	5341分	1	卢　征			
26式自行车人工障碍		3	阎夏炎	“宏邦杯”全国BMX小轮车锦标赛	9月24日～27日	北京
滑板		1	车　霖	Gift全国滑板邀请赛	9月27日	上海
康巴斯方程式	18分	2	陈　旭	全国汽车场地锦标赛康巴斯方程式系列赛(第三站)	10月1日～3日	北京
师生组M		1	李永庆 张春荣	郑州国际标准舞全国公开赛	10月1日～3日	郑州
女子双打		2	孙甜甜 赫　洁	全国网球巡回赛总决赛	10月9日～17日	南京
混合双打		2	孙甜甜 (与队友合作)			
男子四人皮艇1000米	2分58.44秒	3	周吉昌 (与队友合作)	全国皮划艇锦标赛	10月13日～18日	广州
男子四人皮艇2000米	6分25.94秒	1	周吉昌 (与队友合作)			
男子飞碟多向125靶	143(120+23)中	1	张　冰	全国射击系列赛(第四站)暨冠军赛	10月13日～20日	郑州
女子移动靶标准速20+20	480.8(385+95.8)环	2	东丽君			
全年总积分男子飞碟多向150靶	770分	3	王　楠			
全年排名康巴斯方程式	32分	2	陈　旭	全国汽车场地锦标赛康巴斯方程式系列赛(第四站)	10月16日～17日	北京
女子原地抛掷秧苗	26.08米	2	陈　莹	中华人民共和国第五届农民运动会	10月18日～24日	宜春
单人皮艇团体		2	杜清杰 (与队友合作)	全国激流回旋锦标赛	10月20日～25日	张家界
男子680公斤级		3	河南送变电建设公司代表队	“河南送变电杯”第七届全国拔河锦标赛	10月23日～25日	郑州

项　目	成绩	名次	获得者	运动会名称	日期	地点
钓鱼	8.5分	2	王永强	“东峻杯”钓鱼比赛	10月24日	郑州
57公斤级		3	赵敏学	全国拳击冠军赛	10月30日～11月6日	南京
60公斤		3	李亮亮			
F5—5级	3.4分	1	王云飞	全国航海模型锦标赛	11月4日～9日	宁波
F5—5级总名次	100分	1	王云飞			
F5—M级	6.4分	2	王云飞			
F5—M级总排名	94分	1	王云飞			
F5—10级	3.4分	1	王云飞			
F5—10级总排名	88分	1	王云飞			
＋100公斤级		1	周晓刚	“全球通杯”全国男子柔道冠军赛	11月6日～9日	阳江
无差别级		1	周晓刚			
96公斤级		1	巴彦川	全国古典式摔跤精英赛	11月19日～22日	邯郸
男子个人特技	7.76分	2	杨　珂	“酒鬼杯”张家界全国跳伞锦标赛	11月20日～24日	张家界
花样规定动作	98.33分	2	陈书凯　杨　珂 司丽霞(与队友合作)			
花样自选动作	99.50分	1	臧春强　丁建平 张红伟　刘　玉 杨　珂　陈书凯			
4人造型	8分	1	丁建平　臧春强 张红伟　刘　玉			
26式自行车人工障碍		1	阎夏炎	全国广州极限攀爬自行车大赛	11月24日～26日	广州

第五次全国体育场地普查郑州市各类体育场地一览表

	总计	标准体育场地合计	体育场	体育馆	游泳馆	室内游泳池	室外游泳池	有固定看台灯光球场	综合房馆	田径房馆	篮球房馆	排球房馆	体操房馆	羽毛球房馆	乒乓球房馆	武术房馆	摔跤柔道房馆	自行车赛车场	赛马场	航空运动机场	室内轮滑场	室外轮滑场	高尔夫球场	攀岩场	篮球场	排球场	门球场	键身房馆	棋牌房馆	其他训练房馆	保龄球房馆	台球房馆	田径场	小运动场	足球场	室内网球场馆	室外网球场	棒垒球场	室内射击场	室外射击场	室外射箭场	汽车赛车场	卡丁车场	非标准体育场地
总计	4034	2633	24	8	2	10	7	10	15	1	8	1	3	1	26	16	2	1	1	1	3	3	1	1	1537	167	166	43	31	5	5	14	64	353	8	1	85	1	4	1	1	1	1	1401
体育系统	129	99	7	5	1	1	2	1	8	1	1				1	1	1	1		1					22	2	9		1	1			1		1	1	22	1	4	1	1			30
教育系统	2927	1962	16	1		1	3	1	5		5	1	3		8	1	1								1217	161	61	12	3	2		1	63	352	7		37							965
高等院校	382	350	6	1		1	2		2		3					1									195	64	15	3	2	2			22	6			25							32
中专中技	258	208	2						1		1	1	2		1										121	30	5	3	1				7	17	5		11							50
中小学	2273	1399	8				1	1	2		1		1		7		1								898	67	41	5					34	329	2		1							874
其他	14	5																							3			1				1												9
其他系统	978	572	1	2	1	8	2	8	2		2			1	17	14			1		3	3	1	1	298	4	96	31	27	2	5	13		1			26					1	1	406

第二十篇　社会生活

人口和计划生育

【概况】 2004年,全市人口和计划生育工作按照年初全市人口计生工作会议提出的“整体工作上水平,单项工作争一流”的要求,紧紧围绕省下达的人口计划和各项工作任务,以加强队伍建设和保障经费投入为基础,以创新考核评估机制为导向,以流动人口和性别比治理为重点,以创建优质服务先进县活动为载体,锐意进取,开拓创新,圆满完成了人口计划和各项工作任务。据人口抽样调查测算,全市人口出生率为8.3‰,比上年降低了0.68‰;自然增长率为3.8‰。

郑州市人口计生工作许多做法和经验得到了国家和省人口计生部门的肯定。国家人口计生委和省人口计生委先后在郑州市召开现场会,推广郑州市流动人口“旅栈式管理”和政务公开的经验。在“7·11世界人口日”期间,郑州作为全国的主会场举办了大型的广场纪念活动,国家人口计生委主任张维庆参加了活动,并对活动给予了高度评价。10月中上旬,省委常委、市委书记李克、副省长王菊梅、省政府副秘书长介新、省人口计生委主任孟宪臣、市长王文超等领导都分别做出重要批示,要求对郑州市人口计生工作的经验进行总结和推广。2004年,市人口计生委被评为全国人口计生系统政务信息工作先进单位;荥阳市在2003年被授予国家优质服务先进县之后,2004年再次通过了国家的复审;新郑市也被评为国家优质服务先进县;管城区、巩义市通过了国家信息化建设先进县(市)、区的验收;荥阳市计生指导站被评为全国优秀县站。毛松旺等7人先后被评为全国人口计生系统作风建设、科技工作和政务信息工作先进个人,金水区计生委主任李广超还代表河南省在全国人口计生系统作风建设大会上作了典型发言。

【强化基层基础工作】 2004年,以治理已婚育龄妇女漏档、漏检(“两漏”)为重点,深入开展了为期3个月的治理“两漏”专项整顿活动。通过整顿,全市已婚育龄妇女进档管理率提高了0.7个百分点,为完成全年人口计划指标奠定了坚实的基础。整顿二孩生育秩序,净化二孩生育环境。对二孩生育证实行总量控制,实行二孩生育证网上审批。所有二孩生育证由市人口计生委统一打印,有效制止了乱发二孩生育证的行为。重新界定了农村与城镇的范围,有127个行政村(居委会)纳入城镇管理,不再执行农村居民的生育政策,维护了生育政策的严肃性。狠抓后进乡镇的管理,促进全市人口计生工作平衡发展。2004年,全市有31个乡镇被列为计划生育重点管理乡镇。针对各地存在的不同问题,实行了市人口计生委领导包县(市)、区,县(市)、区四大班子领导包乡镇,乡镇领导包村的办法,层层压担子,级级有责任。召开了全市重点管理后进乡镇整改工作座谈会,通报了后进乡镇存在的问题,对后进乡镇转化工作做了具体安排,有力地促进了后进乡镇的转化工作。

【降低出生人口性别比】 2004年,切实加强对出生人口性别比升高问题综合治理工作的领导,强化责任,郑州市人口和计划生育领导小组先后两次召开专题会议,市委书记李克、市长王文超亲自安排部署此项工作,成立了以王林贺副市长为指挥长、各相关委局一把手为成员的出生人口性别比升高问题专项治理活动指挥部。同时,还以市人口和计划生育领导小组的名义出台了《关于综合治理出生人口性别比升高问题工作方案》等两个文件。在7月27日召开的全市人口计生工作会议上,王林贺副市长代表市政府同全市15个县(市)、区政府一把手签订了责任书,对性别比治理工作实行“单项否决”;由市人口和计划生育领导小组分别与卫生、药监等11个职能部门签订了目标管理责任书,对不能按职责分工落实责任的,追究主要负责人的责任。

深入开展“婚育新风进万家”活动和“关爱女孩行动”,努力营造有利于女孩生活成长的社会环境。2004年,全市新设置大型“关爱女孩”宣传广告牌300块,举行各种宣传活动近2000多场。郑州作为“7·11世界人口日”全国纪念活动的主会场,还以“关心母亲健康、关爱女孩成长”为主题,举办了“中国·郑州‘世界人口日’宣传活动”,进一步倡扬了婚育新风。各地还围绕“关爱女孩行动”的开展,制定了许多有利于女孩成长发展的政策。如荥阳市为城区独生女办理了“公交免费乘车卡”,中牟县资助全县所有贫困女孩完成学业,登封市规定独生女在本埠内所有旅游景点免费参观,惠济区从家庭教育、助学资金、生产发展等方面对0～7岁“独女户、双女户”家庭实施帮扶。

对全市1.4万名持二孩生育证的已婚育龄妇女实行从怀孕到出生的全程跟踪服务。开展清查活动，取缔违法开展B超检查业务、终止妊娠手术的无证诊所83家。

【计生技术服务网络建设】 2004年，全市以争创全国优质服务先进县为动力，大力加强以县站为龙头、乡所为重点、村室为基础的计划生育技术服务网络建设。同时，规范技术服务标准，不断提高技术服务人员的业务素质。全市有7个县站达到了甲级站标准。继2003年荥阳市被评为国家优质服务先进县之后，2004年，又全面组织开展了创建活动，加大了对创建工作的指导力度。经过努力，新郑市也顺利通过了国家验收，被评为国家优质服务先进县。同时，在全市积极广泛实施避孕节育服务、生殖道感染干预和出生缺陷干预“三大工程”。2004年，全市共实施出生缺陷干预1.72万例。积极开展妇科病的普查诊治，2004年全市共为已婚育龄妇女进行妇科病普查诊治50多万人次。另外，在城区和953个村民自治村推行了避孕方法知情选择。在参与艾滋病预防工作中，充分发挥计生服务网络健全的优势，广泛开展了宣传咨询和培训工作，深受群众的好评。

【宣传教育工作】 充分发挥人口学校主阵地作用，强化基础知识教育。改革人口学校教学方式，实施分类教学，变每年6次学习为每种对象每年学习一次，受到广大育龄群众的好评。聘请专家对全市乡级以上人口学校教师进行了系统培训，提高了教学质量。充分发挥新闻媒体的作用，办好电视和报纸专栏，继在郑州电视台开办《人口之窗》栏目之后，2004年市人口计生委又投资10万元，在《郑州日报》开辟了“国策园地”专栏。2004年，《人口之窗》和《国策园地》栏目已分别播出、刊登25期和24期，由于内容贴近群众生活需求，受到群众的欢迎。

【利益导向工作】 2004年，从制度建设入手，狠抓《河南省计划生育条例》规定的对计划生育家庭的各项奖励优惠政策的落实。一是狠抓对独生子女父母每月10元奖励费的落实。各县（市）、区都按照市政府的要求，以政府文件的形式对资金来源、发放渠道等进行了明确规定。普遍实行事业费专项预算、计生委登记核查、银行专户发放的办法。截至2004年底，除个体经营者外，全市独生子女父母奖励费全部得到兑现。二是从实施农村计划生育家庭小康工程着手，对计生户实行“奖、优、免、扶、补”等一系列优惠政策。2004年，全市各级共投入帮扶资金763万元，帮扶农村计生困难家庭2万多户。对年满60岁的农村独生子女父母，每年给予600元的养老扶助金。二七、荥阳、巩义等3个县（市）、区的913人享受到了此项待遇。三是各级政府根据自己的实际情况，因地制宜制定了许多奖励优惠政策。如：许多县（市）对独生子女死亡，其父母不再生育和抱养子女的，一次性奖励1万元；对农村独生子女和双女计生家庭的子女在九年义务教育期间的学杂费实行减免；对独生子女领证户的子女参加中招时，降低5分录取。2004年中招时全市共有609名独生子女享受了此项政策。由于群众从实行计划生育中得到了实惠和关爱，实行计划生育的积极性明显提高。2004年6月以来，全市新增领证独生子女家庭3373户，新增符合二孩生育条件而自愿终生只生育一个子女的夫妻99对。

【依法行政工作】 2004年，在全市计生系统推行政务公开制度，利用新闻媒体、信息网站、设立固定公开栏、建立便民服务大厅等形式向群众公开计生政策、办事程序，规范行政行为，维护了群众的知情权。截至年底，市、县两级计生委均开通了投诉电话，177个乡级计生办、2648个村和社区全部建立了计划生育政务公开栏，173个乡级计生办建立了计划生育便民服务大厅。

在全市人口计生系统开展了声势浩大的计划生育依法行政集中教育活动，提高依法行政意识，全系统参与9350多人，有效地规范了行政执法行为。通过整顿，全市人口计生干部的精神面貌发生了明显变化，提高了执法队伍的依法行政意识和能力。认真贯彻执行《行政许可法》，对不符合《行政许可法》的文件进行了清理，对有关鉴定、审批程序等进行了审核。继续与法院密切配合，用好强制执行措施。2004年，全市共办理征费案件1676起，累计征收到位率61.25%。申请法院强制执行296起，法院受理296起，2004年已执行终止90余起。截至2004年底，全市已有5个县（市）、区成立了计生法庭，计生案件的执法力度进一步加大。

【流动人口计生管理】 2004年，市人口计生委创新管理服务机制，对流动人口实施规范管理和服务，确立了流入、流出两大类和城区、城乡结合部、农村三大块分类管理的模式。

在城区，按照“属地化管理”的原则，建立办事处、社区、楼院、门栋四级管理网络。对城区流动人口的管理服务工作，推行以管城区为主探索出的以社区管理为重点的“一体化管理，市民化服务”模式。实行流动人口与常住人口一体化管理，一体化服务。一是加强社区建设，增强社区的管理服务功能。每个社区有满足管理服务工作条件的场所，配备有1～2名计划生育干部。二是配备好楼院计生宣管员，并解决好其待遇问题。三是每个楼洞明确一名义务宣管员，协助楼院宣管员工作。四是封闭性住宅小区实行物业管理与计生管理相结合的办法。五是制定有明确的工作责任制、科学的考评办法、严格的奖惩制度等一系列完善的工作保障制度和推动机制。

在城乡结合部、都市村庄，建立以村级管理为重点的管理责任制。推行以中原区大岗刘乡小岗刘村为代表的一些村创造的“旅栈式管理”模式。把每一房屋出租户作为一个旅栈，仿照旅栈业管理的规定对入住人口进行登记管理。一是强化村级管理，村设立有流动人口管理站，配备有足够的村(组)管理员。二是细化村组管理员的职责，明确管理服务工作的具体内容和要求。三是实行以房东为责任人的管理责任制，通过房东来管理流动人口。四是加强平时管理服务工作质量的监测考评，对每个村组管理员、每个房东履行职责情况进行经常性的监督检查。五是利用村规民约、奖励鼓励、惩处制约等措施来调动管理员和房东履行管理服务义务的积极性。把流动人口管理纳入《村规民约》，落实到每个家庭。已建立起一套完整的都市村庄和城乡结合部流动人口计划生育“旅栈式管理、市民化服务”的综合治理工作新机制。2004 年，全市 97 个城乡结合部和 30 个都市村庄推广了这种模式。

在集贸市场，推行“法人负责、企业化管理”的机制。集贸市场是流动人口的主要从业地。全市成建制的集贸市场现有 400 余个，约有 30 多万流动人口从业经商。一是明确责任人。按照“谁主办谁负责，谁受益谁管理”的原则，确定计划生育工作责任人。二是设立计生管理机构，大型市场成立计生办，小型市场配备专(兼)职宣管员。三是明确管理人员的职责。四是市场所在辖区的办事处(社区)与市场管理责任人签订目标责任书，并对市场管理服务工作开展情况进行经常性的检查。五是制定奖惩办法，对工作不到位或管理失控的进行惩处，督促整改。郑州市在流动人口计划生育管理服务工作上创造的经验和取得的效果，得到了国家和省人口计生委的肯定。

【计划生育村(居)民自治】 在农村，继续推行计划生育村民自治，一手抓巩固，一手抓发展。2004 年，对已开展的 954 个村民自治村，重点抓巩固、提高；对 2004 年开展计划生育村民自治的 758 个村，重点进行检查、指导。截至年底，全市共有 1706 个村成为计划生育村民自治合格村，占全市行政村总数的 75%。在城区，积极探索计划生育居民自治的新路子，制定下发了《计划生育居民自治工作意见》，并在 132 个城市社区开展了居民自治试点工作，为进一步夯实社区计生工作“网底”，2004 年还参照村组计生宣管员配备的办法，对社区楼院计生宣管员进行公开选聘，实行“区管、办事处聘、社区用”的管理机制，并确保其待遇的落实，使计生工作“村(居)为主”的新机制进一步得到了确立。

(田　磊　高坤华)

劳动和社会保障

【概况】 2004 年，全市12.15万名城镇求职人员实现就业和再就业，全市13.2万名农村劳动力实现转移就业，清理拖欠农民工工资1.46亿元，为农民增加工资性收入6.2亿元；全市1.49万名国有企业下岗职工基本生活得到了保障，18.79万名企业离退休人员的养老金得到按时足额发放；有 4841 名失地农民参加了基本生活社会保障，已发放基本生活保障金 1045 万元；社会保障体系进一步完善，全市养老保险新增扩面4.53万人，清理追缴企业往年欠费1.65亿元，参加全市企业养老保险的农民工1.38万人，纳入社会化管理的企业离退休人员达17.88万人；全市基本医疗保险参保人数38.25万人，定点医疗机构 182 家，定点零售药店 128 家。《郑州市市属企业、自收自支、差补事业单位离休干部医疗保障管理暂行办法》正式实施，建立了离休干部医药费保障机制和财政支持机制；首批 1 万张医疗保障卡已发放到参保人员手中，实现了部分参保人员持卡就医购药；市政府出台了《郑州市市属国有破产企业、困难企业退休人员大病统筹医疗保险暂行办法》，使国有破产、困难企业退休人员的医疗问题得到顺利解决。全市机关事业单位社会保险参保单位 2387 户，缴费职工14.06万人，离退休3.7万人，征缴养老保险费6.25亿元，征收失业保险费 2215 万元。

全市劳动保障监察接待群众咨询举报1.2万件。其中，立案 1276 件，结案 1209 件。受理劳动争议仲裁案件 636 件，涉及职工 5609 人，接待职工来访2.77万批、4.4万人次。其中，集体上访 274 批、5104 人次。劳动保障信访量已约占全市城市信访总量的 50%。制定了《郑州市郑东新区失地农民基本生活保障办法》和《关于郑东新区失地劳动力就业若干问题的意见》，使郑东新区失地劳动力的就业和基本生活问题得到了妥善安排。2004 年 9 月，郑州市劳动和社会保障局荣获“全国再就业工作先进单位”荣誉称号，受到国务院表彰。10 月 26 日，全国企业退休人员社会化管理服务工作经验交流会在郑州召开，郑州市做法得到劳动保障部和与会代表的好评，被誉为“郑州模式”。11 月 9 日，国务院再就业工作联合调研组来郑州市考察，对郑州市再就业工作所取得的成绩给予高度评价。12 月 10 日，郑州市家政服务业协会被授予“全国先进行业协会”称号。此外，郑州市养老保险“社保通”手机查询、社会保险网站查询系统和郑州市劳动保障公共服务信息网络、12333 劳动保障咨询电话的开通，标志着全市劳动保障工作又上了一个新台阶。

【城镇就业再就业】 2004 年，市委、市政府将“新增就业岗位 10 万个”作为“十件实事”之首向市民公开承诺。通过实施城镇新增 10 万人就业再就业计划，全市实现就业再就业的城镇求职人员 121455 人，占市目标10.5万人的115.7%(占省目标 10 万人的121.5%)。其中，下岗失业人员 57889 人，占市目标 3.2 万人的

180.9%(占省目标2.41万人的240.2%)。再就业的下岗失业人员中,"4050"人员15577人,占市目标0.7万人的222.53%(占省目标0.65万人的239.7%)。公益性岗位就业8108人,占市目标的162.1%。城镇登记失业率控制在3%以内,比市目标4%低1个百分点(比省目标4.5%低1.5个百分点)。

广开渠道,促进就业再就业。郑州市各级党委、政府及劳动保障等部门认真实施新增城镇10万人就业再就业计划,把重点放到开发和拓宽就业和再就业渠道上,着力强化"六个带动"。一是通过职业介绍带动就业。组织各级各类职业介绍机构开展职业介绍,运用市场机制配置人力资源,使22975名城镇求职人员实现就业再就业。全市职业介绍机构推荐就业再就业53032人(含所有求职人员),其中下岗失业人员21666人。市职业介绍中心所属人力资源市场推荐就业再就业27026人,其中下岗失业人员16891人。二是开发社区服务岗位带动就业。郑州市作为全国100个社区服务、10个家政服务试点城市,着力抓好社区服务岗位的开发工作,发展各类劳动就业服务企业、社区服务组织和家政服务组织,有11676人通过社区家政服务实现了再就业。2004年4月,首届全国家政服务业协会工作交流研讨会在郑州市召开,全国各大城市及香港地区家政服务业协会会长参加了会议,郑州市在会上做了经验介绍,同时在绿城广场举办了"中国·郑州首届家政文化广场"活动,全市近200家家政服务组织参加了活动,提供家政服务岗位3000余个。三是引导用人单位带动就业。各级政府及劳动保障等部门指导帮助用人单位规范用人行为,积极吸纳下岗失业人员,完善用人手续,搞好用人登记,使8865人实现了就业和再就业。四是鼓励企业挖潜、主辅分离带动就业。指导企业通过主辅分离、辅业改制、挖掘企业内部潜力,使4703名下岗、待岗人员得到妥善安置。五是鼓励自谋职业和自主创业带动就业。认真组织落实国家和省、市关于促进再就业的优惠政策,鼓励并促使59778人自谋职业,从事个体经营,有4959人以自由职业方式实现再就业。六是改善就业环境带动就业。帮助下岗失业人员多渠道、多领域实现就业,有8499人通过灵活方式实现就业。同时,全市各级各类培训机构积极开展就业和再就业培训,帮助下岗失业人员提高素质。全市再就业的下岗失业人员中,参加培训的人员达29093人。

明确责任,完善网络,扎实推进就业再就业工作。市政府下发了关于实施新增10万人就业再就业计划工作的意见和目标考核办法,明确了县(市)、区政府及市政府有关部门目标责任。市政府与县(市)、区政府签订了目标责任书。市劳动保障局将10万人就业再就业工作作为重中之重,制定下发了全市劳动保障系统实施新增城镇10万人就业再就业计划工作的意见,明确了各级劳动保障部门目标责任,初步形成了各级政府及部门目标责任体系。市委、市政府及各县(市)、区经常对计划实施情况进行研究督导,各级劳动保障部门建立了层层目标督导机制,对工作进展情况进行检查督促。2004年,先后在信息网上通报县(市)、区就业再就业工作进展情况10次,书面通报4次,市政府通报一次,并组织对10万人就业再就业工作进行了4次专项检查,在全市劳动保障系统初步形成了争先创优的良好局面。继上年全市劳动保障信息网建成开通之后,2004年,市劳动保障局组织对先期投入使用的就业再就业工作管理系统进行了多次改进和完善,目前,全市新增城镇10万人就业再就业工作已经实现网上统计、管理和考核,郑州市就业再就业计划信息管理系统投入使用在全省开了先河。组织全市各级劳动保障部门,克服信息录入量大、人员少、机器少等困难,采取多种措施,进行数据录入工作,全市已登记调查165.9万户、580.27万人,占应调查人数的87.7%(据了解,全市空挂户口人数占总人数10%还多),已录入微机125.04万户、365.8万人。全市累计发放《再就业优惠证》7.5万个,其中2004年发放24921个。2004年,全市发放小额担保贷款567人、1073.5万元。对符合条件的用人单位和自谋职业的下岗失业人员共减免税金2343.04万元,涉及人数11373人,涉及服务型企业59户;全市减免收费421.71万元,涉及人数10184人;公共就业服务免收职业介绍费93213人,发放补贴81.7万元;再就业培训免费培训50443人、发放补贴655.7万元。再就业资金全市地方财政实际到位4359.4万元,已使用4256.38万元。其中,社保补贴839.09万元,岗位补贴535.1万元,再就业培训补贴655.7万元,职业介绍补贴81.7万元,劳动力市场建设费810.7万元,其他再就业资金使用1334.1万元。

【农村劳动力转移就业】 2004年,全市认真贯彻中央1号文件精神,开展大规模农村劳动力转移就业工作。市委、市政府将"推进农民求职登记服务工作"作为"十件实事"之一向群众公开承诺。年初,市劳动保障局与市政府签订了农村劳动力转移就业10万人、转移就业前培训10万人、专业技能培训5万人的计划目标。2004年全市109个乡(镇)、2134个行政村均已建立农村劳动力转移就业管理服务机构,配备人员2461人,落实经费999万元,办公场地面积(与劳动保障事务所合署办公)29753平方米。全市共有农村劳动力243万人(其中富余劳动力48万人),有转移就业愿望的农村富余劳动力进行求职登记16.8万人,已介绍转移就业13.2万人,占年计划的132%。其中,女性4.5万人,占转移就业人数的34%;高中以上文化程度1.5万人,占转移就业人数的11%;按一、二、三产业划分,分别是0.7万人、6.4万人、6.1万人,占转移就业总数的5%、48%、47%。对农村劳动力进行引导性培训13.6万人,占年计划的136%。全市共建立各类培训机构210家，引导性培训13.6万人；专业技能培训6.6万人，占年计划的132%。全市共举办农村劳动力转移就业专场招聘会203场，发布用工信息8394条。郑州市在全国其他省市建立农村劳动力输出工作站21个，为农民增加工资性收入6.2亿元。

外来人员就业服务工作成绩显著，全年共进行用人登记备案1930家、39764人，办理外来人员就业证11.28万个；接待外来就业人员的咨询、投诉1944起，涉及人数80591人，涉及拖欠金额1.54亿元，为60677人追回1.12亿元工资。积极开展维护外来就业人员基本权益专项活动，在全市范围内开展企业拖欠民工工资执法大检查，共检查用人单位3178家，涉及外来就业人员62743人。

市委、市政府先后出台《关于加强农村劳动力转移就业求职登记服务工作的意见》(郑发[2004]7号)等文件，各县(市)、区也出台了相应的文件，进一步加强领导，建立组织，健全机构。全市各级都成立了农村劳动力转移就业工作领导小组及领导小组办公室，市及各县(市)区、乡(镇)村成立了农村劳动力转移就业管理服务机构，实现了人员、经费、场地、机构、制度、工作“六到位”。全市各级先后共投入500多万元对网络建设和基础设施建设进行改造和完善，各级党委和政府多次召开专题会议，制订工作方案，解决疑难问题，为有力地推动农村劳动力转移就业工作奠定了基础。

发挥优势，强化培训，提高技能。以乡镇党校、成人学校、农民夜校为依托，有计划、有组织地对农村劳动力进行基本权益保护等方面知识培训和劳动预备制度教育，并对培训合格人员颁发《外出务工培训合格证书》。充分发挥全市各类技工学校、职业中专的作用，积极开展各种以实际操作技能为主的职业技能培训、岗前培训和职业道德教育，帮助农村转移就业人员提高就业能力。对有创业愿望，并有一定经济实力和创业意向的农村富余劳动力进行专业技术和经营管理知识培训，达到培训一个人、催生一个经济实体、开发一批就业岗位，以培训促创业、以创业促就业，实现双赢。各显其能，多策并举，实现转移。各县(市)、区开发劳务输出重点项目，并在各大中城市设立劳务输出办事机构，全市由各级组织带头定向转移就业38批共25127人。号召本乡本土村民与有一技之长、常年在外务工的农民建立伙伴关系，发展劳务经济，增加工资收入，全市通过伙伴挑头方式组织农村劳动力转移就业共21512人。利用自身土地在第一产业内开发项目，为本地富余劳动力提供就业机会，组织有一技之长的能人带领周围乡亲脱离本土到异地从事第一产业，促进劳务输出，全市农村劳动力在第一产业内就地和异地转移就业19424人。号召广大农民加强与外地工作和务工的亲戚朋友保持联系，寻求外出就业机会。通过开展亲缘结头，转移就业15827人。此外，市劳动保障局多方筹措资金，在原有劳动保障信息系统的基础上，开发了农村劳动力转移就业信息服务系统，网络已开通到全市所有乡镇农村劳动力转移就业服务所。2004年，全市共举办了203场专场招聘会，积极开展送培训、送岗位、求职登记等服务活动。

清理和取消对农村劳动力转移就业的歧视政策和不合理收费，简化各种手续，为农民转移就业提供全方位服务。依法订立劳动合同，使农民工了解工资支付标准、支付形式、支付时间等相关内容，懂得怎样维护自身合法权益。发挥劳动监察保驾护航作用，及时查处侵犯农民工合法权益的投诉案例。指导农民工参加社会保险，明确规定了农民工的参保范围、参保办法、参保时间、缴费基数、缴费比例、个人帐户建立管理及养老待遇，使转移到郑州市的农村劳动力及时享受到与城镇就业人员同等的社会保险待遇。建立跟踪服务体系，为郑州市转移就业到外地的农村劳动力提供法律咨询、信息、社情、劳动保障等跟踪服务。

【“两个确保”】 2004年，全市国有企业下岗职工再就业服务中心有70家，在中心的下岗职工14902人。全市共筹集拨付资金10790万元。其中，财政拨付4922万元，社会筹集(失业保险拨付)3336万元，企业自筹2532万元。共发放基本生活费10790万元，下岗职工基本生活保障金拨付发放率达100%。及时对全市70家国有企业再就业服务中心的资金进行了审批，加强指导和监督检查，确保下岗职工及时、全额领到生活费。认真做好2004年“双节”期间企业下岗职工基本生活费发放工作。制定下发了《关于认真做好元旦、春节期间下岗职工基本生活费发放工作的通知》，对下岗职工基本生活费的筹集、拨付、发放提出了明确要求。制定下发了《关于认真做好2004年度下岗职工基本生活保障工作促进下岗职工再就业有关问题的通知》，对继续做好中心内下岗职工基本生活保障、再就业培训，加强对下岗职工的动态管理，扎实做好三条保障线的衔接，维护社会稳定提出了明确要求。加强监督检查，确保基本生活费的足额发放。

2004年，全市共有企业离退休人员18.79万人，应发放离退休人员养老金13.83亿元，实发13.83亿元，养老金按时足额发放率继续保持100%。全市建立了完善的市、县(市)区、街道(乡镇)、社区(行政村)四级社会化管理服务网络，成立机构690个，有专(兼)职工作人员1139人，退休人员社会化管理服务工作开展正常。到年底全市已纳入社会化管理的企业退休人员达到17.88万人，社会化管理率达97.95%。

【养老保险】 2004年，全市养老保险共有参保企业11258户，参保职工58.69万人。全市新增扩面参保职工49981人，占年计划的236%。应征养老保险费14.2亿元，实征14.7亿元，占年计划的133.82%，综合征缴率为103%。2004年初，将养老保险扩面、征缴、发放、清欠等目标进行了分解，下达到各县(市)、区,进一步加大了扩面征缴力度。全年养老保险新增参保职工5万人,清理追缴企业往年欠费16521万元,清偿破产企业养老保险费1295万元,工伤保险费6.6万元,退休人员社会化管理费132万元。

出台了《郑州市人民政府关于农村劳动力转移就业后参加我市社会养老保险工作的实施意见》、《郑州市劳动保障局关于农村劳动力转移就业后参加我市企业职工基本养老保险社会统筹实施细则》和《郑州市人民政府关于印发郑州市郑东新区失地农民基本生活保障办法(试行)的通知》,明确了在郑州市务工的农民工参加全市企业职工养老保险的各项规定。截至2004年底,参加全市企业职工基本养老保险的农民工已达1.38万人。进一步规范了城乡退管服务所(站)的建设,细化了各级退管机构的职责、服务内容、服务标准、目标考核办法。积极探索并开展了郑州市区域内跨县(市)、区居住的企业离退休人员养老金代发和异地代管工作。截至2004年底,居住在六县(市)委托代管和养老金代发的企业退休人员已达5060人。

【医疗保险】 2004年,全市参加基本医疗保险的单位3321家,参保登记人数38.25万人,占年计划的106.25%。有定点医疗机构182家,定点零售药店128家。全市参保人员住院17351人次,审批"特种病"、"慢性病"2221人次。出台了《郑州市市属国有破产企业、困难企业退休人员大病统筹医疗保险暂行办法》,对加快经济发展和维护社会稳定起到积极作用,并对全省乃至全国具有一定的指导意义;出台了《郑州市城镇职工基本医疗保险门诊规定病种门诊治疗管理暂行办法》,将门诊特种病、慢性病病种由原来的6种扩大到了15种,提高了全市参保人员的基本医疗保险待遇水平。《郑州市市属企业、自收自支、差补事业单位离休干部医疗保障管理暂行办法》已正式实施。认真完成了市委、市政府交办的困难企业军转干部参加医疗保险工作,使军转干部按时享受到基本医疗保险待遇。加大扩面征缴力度,在抓好国有企业参加医保的同时,突出抓好混合所有制企业和非公有制经济组织从业人员参保工作,2004年共组织三批灵活就业人员2500多人参加医疗保险。加大基金征缴力度,2004年医疗保险基金征收率达到98%以上。2004年10月底,首批1万张医疗保障卡发放到参保人员手中,实现了参保人员持卡就医购药。2004年,全市参加生育保险人数达到10.73万人。其中,市本级7.1万人,县(市)参保人数为3.63万人。

【失业保险】 2004年,全市参加失业保险的用人单位6608家,参保职工78.6万人,占年计划的100.13%。新接收失业人员1.51万人,正在领取失业保险金的失业人员2.02万人。征收失业保险费1.74亿元(清欠往年1929.56万元),占年计划的128%,共支出失业保险基金11579.8万元。扩大失业保险覆盖面,加大征缴、清欠工作力度,完善和落实失业保险工作目标管理责任制和目标奖励办法,制订切实可行的扩面征缴实施方案,加大失业保险稽核工作力度,规范失业人员管理,力促失业人员再就业。失业人员登记、接收、失业保险待遇标准的核定发放等都严格按照失业保险政策规定程序操作。同时,把失业人员全部资料输入微机,实现微机联网,实行了失业人员微机化管理,此项工作走在了全省失业保险工作的前列。加强对失业人员的培训,以市劳动就业训练中心为依托,以社会力量办学为补充,采取职前培训和技能培训相结合的方法,增强培训的针对性、实用性和有效性,提高失业人员的就业能力、创业能力和适应职业变化的能力。全市失业人员中共有7397人实现了再就业,再就业率为51.9%。

【工伤保险】 2004年,全市参加工伤保险单位5684家,参保职工35.2万人,占年计划的106.67%。实征工伤保险费1870万元,完成全年任务的124.8%。积极落实《工伤保险条例》,出台了《郑州市贯彻实施〈工伤保险条例〉实施意见》,进一步完善了工伤保险计算机管理程序。全年认定工伤421人,法定结案率为100%。对348人进行了工伤评残,对95名离休干部进行了护理等级鉴定。

【机关事业单位社会保险】 2004年,全市机关事业单位社会保险参保单位2387户,缴费职工14.06万人,离退休人员3.7万人。全市征缴养老保险费6.25亿元,综合征缴率102%。全市征收失业保险费2215万元,综合征缴率100%。发放养老金5.68亿元,发放失业金21万元,养老金和失业金发放率均为100%。全市共办理在职参保人员增加1280人次,减少686人次;离退休参保人员增加390人次,减少181人次,按时完成编制征拨计划。完善社保体系,理顺征拨关系。将地方补贴纳入2003年以前的征缴基数,实行同征同拨;2003年以后由各单位从原财政渠道自行解决,较好地解决了因征缴基数不足造成的收支倒挂问题。实现了与企业社会统筹接轨,市政府出台了《郑州市人民政府批转市劳动和社会保障局市财政局关于调整郑州市机关事业单位社会保险基金征拨基数的意见的通知》(郑政文[2004]131号文),将过去的机关事业单位社会保险征缴双基数变为单基数,全市机关事业单位征拨基数和征集比例调整工作已于7月底完成。成立了"郑州市机关事业单位社会保险协会",为推进全市机关事业单位养老保险工作健康有序发展起到了桥梁和纽带的作用。

【职业技能开发】 2004年,全市共开展职业技能培训13.51万人,占年计划的135.1%。其中,培训下岗失业人员2.9万人,占年计划的130.44%;培训新增劳动力7.15万人,占年计划的143%;培训在职职工3.46万人,占年计划的124.63%。有31642人取得相应的国家职业资格证书。其中,高级2991人,中级23989人,初级3759人,技师865人,高级技师38人。

以新技师培养计划为龙头,推动技能人才队伍整体建设,带动各类高、中、初级实用人才梯次发展。下发了《关于贯彻落实市委市政府〈关于进一步加强技能人才和实用人才工作的意见〉的实施意见》等文件,会同市总工会组织开展市级技能人才评选表彰,开展了17个工种597名选手参加的职业技能竞赛和赛前技能培训,其中17名选手获得省级"技术能手"称号。设立了33个社会报名点、8个技师定点培训机构、5家技师定点考评机构,全市技师报名、培训、考评工作体系初步形成。加大了企业在职职工培训的力度,共培训职工34283人次,其中市本级培训17614人。在培训的34283人次中,培训高级工3825人,有3168名职工参加了技能鉴定,取得高级职业资格证书2997人。开展了后备技能人才学制培养工作。全市高级技工学校和技师学院开办5年制4年制高级技工班27个,培养高级技工1638人。严格职业技能鉴定机构审批资格条件,新批职业技能鉴定所(站)19所,全市职业技能鉴定所(站)达到43所,并且首次在大中专院校、民办学校及县(市)、区建立鉴定机构,扩大了全市职业技能鉴定的覆盖面。下发了《关于加强职业技能所(站)规范化建设的意见》和《郑州市职业技能鉴定收费管理暂行办法》等文件,促进了鉴定所(站)向规范化方向发展。

对2003年6月30日以前成立的51所民办职业培训机构进行了年检。其中,合格学校29所,限期整改学校9所,取消办学资格学校12所。对各校的教学管理、教学条件、生源情况、在校生规模及学员就业安置等方面进行了摸底统计,为进一步提高民办职业培训机构管理水平提供了决策依据。严格民办职业培训机构审批条件,引导其规范有序发展,2004年新批准成立民办职业培训机构14所。全市各级各类民办职业培训机构共培训新生劳动力49787人,民办职业培训机构初步呈现出快速、健康的发展态势。

2004年,全市30所技工学校招收新生13788人(其中高级工1638人),共开设专业149个。进一步加强技工学校师资队伍建设,实施教师资格证书制度和职业培训教师上岗资格制度。举办了"行为引导型教学法师资培训班",来自全市18所技校的91名骨干教师参加了培训。开展应届毕业生技能鉴定,全面推行毕业生"双证书"制度,全市共有5028名技工学校毕业生参加了职业技能鉴定,有5003人取得了相应的职业资格证书。加强毕业生就业指导,做好7789名应届毕业生就业岗位预分统计和就业手续办理工作。开展了对局属9所技工学校资源整合和改革发展的可行性论证,提出了合并成立4所高级技工学校的意见,已经市政府第七次常务会议通过。

【劳动保障监察】 2004年,全市劳动保障监察机构共检查各类用人单位9380户,涉及劳动者30.13万人;接待群众咨询举报13586件(其中立案1372件,结案1321件),结案率96.3%。共年检用人单位5115户,涉及劳动者45.6万人。参与处理突发事件313件,涉及劳动者2.35万人。追发劳动者工资等4571.5万元,涉及劳动者3.6万人。清退童工111人,补签劳动合同8.12万份,取缔非法职介机构52户。督促缴纳社会保险费103.35万元。接到社会保险经办机构移送的强制执行案件4件,执行标的64.57万元,已执行到位58.65万元。督促社会保险登记853户,涉及劳动者1.05万人。开展了劳动保障年检工作,对用人单位的用工、劳动合同、工作时间、工资支付、社会保险、持证上岗等情况进行了检查,共检查5115户,涉及劳动者45.61万人。

针对"春节"前拖欠劳动者工资案件高发情况,组织开展了为期两个月以"追薪维权"为主题的职工工资支付专项检查活动,各级劳动保障监察机构参与处理突发事件69起,查处拖欠克扣工资的用人单位431户,追回拖欠工资1280.31万元;行政处罚5件,处罚金额10.48万元。针对"春节"和"麦收"后大量农民来郑州市求职,因缺乏法律常识易受骗的情况,在全市范围内组织开展了清理整顿职业介绍机构活动。共检查职业介绍机构100家,取缔非法职介机构43家,责令30户违规开展职业介绍活动的机构进行限期整改,清退非法收取求职人员中介费7843元,警告2户,处以罚款200元。在全市范围内组织开展主题为"认真贯彻《劳动法》,切实维护农民工合法权益"的农民工劳动权益保护专项检查活动,共发放宣传资料3.9万份,开展咨询1870人次,责令583户用人单位进行整改,责令支付工资350.9万元,行政处罚3.4万元,提请工商行政管理部门取缔无照经营8件,吊销营业执照4件,提请公安部门予以治安管理处罚3件。根据用工实际,对全市砖瓦窑场、石灰(料)场、小型煤矿及职业介绍机构进行检查,共检查用人单位1084户,涉及劳动者4.08万人,下达整改指令书234份,责令企业与9863人签订了劳动合同,提请工商行政管理部门取缔无照经营48件,提请公安部门予以治安管理处罚4件。在全市范围内组织开展了为期一个月的国务院《禁止使用童工规定》贯彻落实情况专项检查活动,共清退童工42人,行政处罚26.57万元,补签劳动合同书3.06万份,清退抵押金1万元。

【劳动争议仲裁、信访】 2004年,接到劳动争议申诉1071件,符合立案条件受理636件,涉及职工5609人。与上年同期的582件、6221人相比,件数增长9.2%,人数下降9.8%。其中,集体劳动争议51件,涉及职工4998人。加上上年接转的55件,共审结642件,结案率92.9%。法定期限内结案率100%。在结案方式上,仲裁调解结案234件，占总结案的36.4%；仲裁裁决结案318件，占总结案的49.5%；其他方式结案90件，占总结案的14.1%。此外，通过案外调解、劳动信访协调方式处理劳动争议317件，为当事人挽回经济损失7712.16万元，有效地维护了劳动者和用人单位的合法权益。坚持“三方”办案原则，工会、经贸委参与办案207件，占受案数的32.5%。同时，对重大案件进行仲裁委员会会审7次。

2004年共接待职工来访27747批、43880人次，与上年同期的25962批、39039人次相比，批数增长6.8%、人数增长12.4%。其中，集体上访274批、5104人次，与上年同期的248批、2932人次相比，批数增长10.48%、人数增长74.07%。处理职工来信154件，比上年的155件下降0.06%，法定时间内结案率100%。积极做好涉及劳动保障方面的群体性突发事件，2004年共处理突发事件27件次，涉及职工3200人，为维护全市的社会稳定发挥了积极作用。

2004年，全市两级劳动仲裁机构对2847户企业6万余名职工签订的12.07万份劳动合同进行了鉴证。审定用人单位自制的劳动合同书46份，纠正违法无效条款358条，劳动合同鉴证合格率达98%以上。对602家企业837份解除劳动合同文件和236份终止劳动合同文件进行备案，分别涉及职工9981人和4767人。

【劳动工资】 2004年，劳动合同制度和集体合同制度在全市基本建立，全市国有、集体企业和当年新建企业全部实行了劳动合同制度。非公有制企业也已基本实行了劳动合同制度。其中，私营企业8.7万人签订劳动合同，占其总数的96%；乡镇企业18.8万人签订劳动合同，占其总数的98%。劳动合同管理工作进一步加强，全市1298户国有、集体企业建立了劳动合同管理台帐。2004年，全市共签订劳动合同22317人。集体协商、签订集体合同工作稳步开展，全市集体合同备案企业241个，涉及职工17.86万人。企业改制工作力度加大，2004年全市改制企业10户，涉及职工5188人，涉及离、退休职工1849人。其中，破产立案4户，涉及职工8863人，涉及离、退休职工2733人；兼并、重组企业6户，涉及职工17891，涉及离、退休职工5920人。对全市517家企业113个职业(工种)职工工资收入进行了抽样调查，形成了全市部分职业(工种)的劳动力市场工资指导价位和企业各学历各专业技术人员、技术工种的劳动力市场工资指导价位，6月向全市发布。

企业内部分配制度改革稳步进行，完成了对2003年度8个企业经营者年薪制试点单位的各项经济效益指标完成情况的审计和考核工作，推行经营者年薪制。开展了企业拖欠职工工资调查和企业落实最低工资保障制度情况的检查工作，参与调查的企业1026户，涉及职工24.6万人，欠发工资企业197户，欠发工资金额15177万元，人均欠发工资3859元。2004年共办理招工备案11735人，办理调动手续826人，为41户企业办理了综合计算和不定时工作制的审批，为63名职工进行了工龄认证。

【社会保险基金监督】 2004年，制定了郑州市加强基金监督管理的若干措施，有针对性地开展社会保险基金银行开户情况核查工作，规范基金银行开户行为，纠正违规开户。加强基金管理监督核查，对部分县(市)医疗保险基金违规违纪问题进行重点核查，督促整改。建立完善报表制度，每月定期收集汇总全市养老、失业、工伤等保险基金收支、管理有关数据，了解和掌握社保基金运行情况。建立通报制度，定期通报全市社会保险情况，对2003年度及2004年各季度全市“两个确保”和社会保险费征缴情况、欠缴各种社会保险费超过500万元单位进行通报，促进全市“两个确保”工作和社会保险费征缴工作。建立清欠工作进度月报告制度，加强对欠缴社会保险费超过500万元以上企业清欠工作的监控。开展企业年金清理检查工作，摸清了全市企业年金托管企业和职工人数规模，以及年金基金总量、投资分布状况、财务管理及投资方式和资产损益情况。

【职业介绍与服务】 2004年，市职业介绍中心组织全市职业介绍机构介绍城镇人员就业53032人，完成年计划的106%。其中，下岗失业人员29954人，完成年计划的150%。市职业介绍中心两个人力资源市场介绍城镇人员就业27206人，完成年计划的109%。其中，下岗失业人员16891人，完成年计划的169%。完成了对全市职介机构的年审工作，严厉打击非法职介，组织大规模清理整顿活动两次。以两个人力资源市场为依托，努力办好招聘洽谈会，坚持每周二、周日在中心市场，每周三、周六在分市场定期举办招工招聘洽谈会。同时，联合社会各界力量适时组织专场招聘洽谈会，先后组织了外来务工人员、餐饮服务业、家政服务业、“中原英才”、营销专业、商超百货、迎“七一”送岗位民营企业招聘下岗失业人员等11场专场招聘洽谈会，共接待参会单位782家，提供空岗15987个，涉及商业、服务业、工程技术、计算机、金融保险、房地产、家政服务、餐饮服务、物业管理、医药等多个行业，吸引了3万多名求职者参加，初步达成就业意向9135人次。认真办好下岗失业人员再就业专柜，每天保持空岗信息800个左右，2004年经再就业专柜实现再就业的下岗失业人员有3721人。

积极拓展劳务派遣业务，进一步规范各项服务。先后和市行政执法局合作开发了城市管理协管员，和市公安局合作开发了交通协管员等公益性岗位500多个，全部安排持有《再就业优惠证》的下岗失业人员，尤其是优先安排“4050”人员。与中国建设银行的5家分支机构、中国农业银行的2家分支机构、河南送变电建设公司、重庆长安郑州分公司、郑州市石油公司等

39家单位签订了劳务派遣协议，派遣员工2245人。

提高劳动保障事务代理服务水平，完善劳动保障事务代理服务流程，及时为存档人员提供有关养老保险的接续、退休手续的办理及相关服务。2004年接续代理人员的社会保险手续8317份，缴纳养老保险3700多万元，办理退休512人。

（孟庆春）

人民生活

【城镇居民收入渠道多元化】 随着郑州市国民经济持续快速健康发展，城镇居民的收入进一步提高。2004年郑州市城镇居民人均可支配收入达到9364元，比上年增长11.8%。其中，市区城镇居民可支配收入为9667元，增长11.8%。收入增长的主要原因是：

（一）工薪收入仍是城镇居民家庭收入的主体。2004年，由于行政机关、事业单位增加工资，城镇居民家庭人均工薪收入达到5553元，比上年增长12.3%，占城镇居民可支配收入的57.4%，比上年提高0.3个百分点。其中，人均工资及补贴收入为5396元，比上年增长12.6%；其他劳动收入增长2.6%。

（二）个体经营收入大幅度增长。随着郑州市投资环境的不断优化和政府出台的各项优惠政策逐步落实，居民的就业观念也在发生变化，人们不再盯着国营、集体单位，而是积极自寻门路，自主经营者增多，经营性收入增长较快。2004年人均经营性收入383元，比上年增长22.2%。

（三）居民投资意识增强，居民财产性收入增长迅猛。主要表现在股息及红利收入的增长，其次是由于郑州市房地产价格逐步走高，带动了房屋租赁价格的攀升。2004年财产性收入人均达到205元，比上年增长95.0%。其中，居民家庭的住房出租收入为79元，比上年增长57.9%；股息与红利收入为112元，增长2.5倍。

（四）转移性收入平稳增长。2004年城镇居民人均转移性收入为4048元，比上年增长7.9%。由于各项社会保障制度的不断完善和离退休人员收入的增加，养老金或离退休金人均达3491元，比上年增长12.1%；捐赠收入人均262元，增长18.4%。

分季度看，一季度人均可支配收入为2583元，比上年同季增长17.6%；二季度为2321元，增长13.7%；三季度为2397元，增长7.3%；四季度为2366元，增长8.7%。

【消费性支出平稳增长】 2004年，郑州市消费品市场繁荣活跃，商品供应充裕，随着居民收入水平的进一步提高，居民消费支出平稳增长。2004年郑州市城镇居民人均消费性支出为6619元，比上年增长8.0%。增幅低于收入3.8个百分点。城市居民消费呈现三大特点：

（一）食品、衣着支出大幅增长，而消费量下降。2004年郑州市城市居民家庭人均购买食品支出2296元，比上年增长12.6%，扣除物价上涨因素与上年基本持平，城镇居民恩格尔系数为34.7%。由于市场价格上涨较快，城镇居民出现了支出大幅增长，而消费量下降的状况。主要表现为：(1)粮食消费量比上年下降1.2%；肉、禽、蛋、水产品类消费量分别比上年下降7.6%、6.0%、5.2%和11.5%；鲜瓜和鲜乳品消费量分别比上年下降7.3%和3.6%；鲜菜和油类消费量分别比上年增长6.6%和6.4%。(2)随着生活节奏的加快，居民追求方便的倾向越来越明显，在外用餐越来越普遍，2004年人均饮食服务支出295元，比上年增长31.4%。

2004年城镇居民衣着的消费观念在改变，服装消费趋向成衣化、时尚化。激烈的市场竞争使城镇居民从中得到实惠，商家利用节假日让利打折销售，同时收入提高后居民的购买力也得到了提高。2004年城镇居民人均衣着支出为645元，比上年增长9.9%；人均服装消费量为6.75件，比上年下降6.8%。其中，男士服装和女士服装分别比上年下降7.7%和1.2%。衣着材料比上年下降8.5%。

（二）家庭设备支出增长缓慢，医疗保健、居住支出下降。由于全市城镇居民家庭的冰箱、洗衣机、空调等大件耐用品日趋饱和，居民消费热点转移，家庭设备用品支出增长缓慢。2004年城镇居民人均家庭设备用品购买及服务支出为412元，比上年增长3.0%。人均医疗保健支出为652元，比上年下降6.2%。导致下降的原因，主要是2003年正值非典期间，居民购买药品较多。人均居住支出为805元，比上年下降2.7%。

（三）交通与通讯支出平稳增长、娱乐教育及文化服务消费大幅增加。随着交通与通讯快速发展，用于交通通讯方面支出平稳增长。2004年城镇居民人均交通与通讯支出642元，比上年增长6.8%。其中，交通方面支出为134元，比上年增长7.5%，主要是由于交通费增长过快所致，人均交通费支出为85元，比上年增长20.6%；人均通讯方面支出为507元，比上年增长6.6%，其中通讯工具方面支出为60元，比上年增长7.6%；通信服务人均消费为447.23元，比上年增长6.5%。

在精神文化方面，现代家庭更加重视对子女的全面发展和素质提高，除接受正规学校教育外，踊跃参加各种技能培训和补习班，教育费用逐年增长。2004年城镇居民人均用于娱乐教育及文化服务方面的支出为966元，比上年增长20.4%。其中，文化娱乐用品支出人均231元，增长12.3%，主要是购买彩色电视机、家用电脑、摄像机等大件耐用品；人均文化娱乐服务支出为178元，比上年增长34.3%。现在居民家庭收入逐年增加，假日延长，人们的生活习惯和消费观念也在转变，假日经济带动家庭旅游升温，使旅游消费成为热点。2004年人均参观旅游和团体旅游支出分别比上年增长49.4%和48.7%。参加各类成人教育以及各种培训班学习的人数明显增多。人均用于教育支出为557元,比上年增长20.1%。培训班费和成人教育费分别比上年增长43.7%和38.2%。

(黄 飞)

【农民人均纯收入突破4000元】

2004年,全市认真贯彻落实中央1号文件精神,高度重视"三农"工作,切实加大投入力度,农村经济呈现出多年未见的良好发展态势,农民收入快速增长,农民人均纯收入突破4000元,达到4183元,比上年增长15.2%,增速自1997年以来首次达到两位数。主要特点有:

(一)工资性收入增长对促进农民收入增长贡献较大。随着市场经济发展的逐步深入,农民的思想观念、增收欲望增强,外出务工的农民越来越多。特别是2004年农民工居多的采掘业发展迅猛,农民工资性收入随之快速增加,与纯收入保持了同步的增速。2004年农民工资性收入人均1678元,比上年增加224元,增长15.4%,占纯收入的比重为40.1%,比上年提高0.1个百分点;在纯收入增长额中,工资性收入的贡献率达40.6%,影响农民人均纯收入增长6.2个百分点。在工资性收入中,从非企业组织中劳动得到的收入人均208元,比上年增加19元,增长10.1%;在本乡地域劳动得到的收入人均1201元,增加184元,增长18.1%;外出从业得到的收入人均269元,增加21元,增长8.5%。

(二)家庭经营收入稳步增长。农民家庭经营纯收入人均1943元,比上年增加184元,增长10.5%。对农民人均纯收入增长的贡献率达到33.3%,影响农民人均纯收入增长5.1个百分点。其中,第一产业纯收入人均1229元,比上年增加135元,增长12.3%,主要是农产品涨价对增加农民第一产业纯收入作用明显,价格因素影响人均增收超过200元。从农民家庭经营行业看,在第一产业纯收入中,畜牧业人均纯收入增加最为显著。2004年农民畜牧业人均纯收入为92元,比上年增加67元,增长22.8%,占第一产业纯收入的比重为29.4%,比上年增加了2.5个百分点。畜牧业收入增长对促进农民第一产业收入增加的贡献率达50%。

农民从事二、三产业家庭经营,也是实现农民增收的一个积极因素,并有较大的发展空间,但就目前来看其总量不大,对促进农民增收影响较小。2004年全市农民来自二、三产业的经营性纯收入人均714元,占全部农民纯收入的17.1%,比上年增长7.4%。由于农民家庭经营中二、三产业收入增加,影响农民人均纯收入增长1.3个百分点。

第二产业纯收入人均291元,占全部农民人均纯收入的7.0%,比上年增加29元,增长11.1%。其中工业纯收入人均257元,比上年增加24元,增长10.3%;建筑业纯收入人均34元,比上年增加5元,增长17.2%。

第三产业纯收入人均423元,占全部农民人均纯收入的10.1%,比上年增加20元,增长5.0%。第三产业纯收入增加主要因素来源于运输业收入的增加,运输业纯收入人均为195元,比上年增加32元,增长19.6%。

(三)财产性纯收入高速增长。随着城市化进程的加快,农民的财产性收入高速增长,并对农民增收特别是实现城郊农民增收产生积极的作用。2004年财产性收入增长主要集中于租金收入和土地征用补偿收入的增长。财产性收入增长对增加农民纯收入的贡献率达20.3%,影响农民人均纯收入增长3.1个百分点。2004年财产性纯收入人均为433元,比上年增加112元,增长34.9%,占纯收入的比重为10.4%,比上年提高了1.6个百分点。其中,租金收入人均为128元,比上年增加58元,增长82.9%;土地征用补偿收入人均为180元,比上年增加26元,增长16.9%。

(四)转移性纯收入迅速增加。由于2003年非典疫情的影响,当年农民的转移性收入大幅下降,这为2004年农民转移性收入恢复性增长埋下伏笔。加之2004年中央为稳定粮食生产而出台了粮食政策,使农民转移性收入出现高速增长。2004年一季度以后,农民转移性收入开始有所增加,并逐季攀高,全年人均为129元,比上年增加32元,增长33.0%。其中,粮食直补收入人均增加8元,充分体现了政府政策的贯彻落实。

(五)减免税赋促进农民增收。2004年,郑州市率先大幅减免农民的农业税,使农民直接受益。全市农民第一产业税人均17元,比上年减少18元,减幅51.4%,由于减免税赋而影响农民增加收入0.5个百分点。

(陈 旭)

【农村居民生产、生活消费支出特点】

2004年,郑州市各级党委政府认真贯彻落实中央1号文件精神,出台多项具体措施解决"三农"问题,不仅实现了农民增收的预期目标,而且极大促进了农民生产投入的积极性,提升了农民生活消费水平,活跃了农村市场。2004年农民人均总支出4344元,比上年增加587元,增长15.5%。其中,家庭经营费用支出为1506元,增长27.2%;生活消费支出为2421元,增长6.5%。

(一)农民家庭经营费用支出增加。农民家庭经营费用支出人均1506元,比上年增加322元,增长27.2%。从分项看,农民第一产业生产费用人均支出889元,增加158元,增长21.7%。其中,农业生产费用支出增加104元,增长45.6%;林业生产费用支出9.4元,增长67.2%;牧业生产费用支出467元,增长9%;渔业生产费用支出81元,增长18.2%。第二产业生产费用人均支出343元,增加123元,增长55.9%。其中,工业生产资料人均支出311元,增长54.2%。第三产业生产费用人均支出273元,增长17.4%。

(二)生产性固定资产投入增加。2004年,农村居民购买生产性固定资产人均支出228元，比上年增加104元，增长83.8%。从分项看，主要是以购买农林牧渔机械、工业机械和其它生产性固定资产，三项分别增长18.1%、610.6%、276.1%。数据表明，农民特别看好工业投资回报的预期。从生产性固定资产支出构成看，在继续保持第一产业投入增加的同时，加大了第二产业的投入力度，2004年工业机械支出所占比重为28.5%，比上年提高了21.2个百分点。

（三）农民生活消费日益趋旺。2004年农民家庭人均生活消费支出2421元，比上年增加147元，增长6.5%。在生活消费支出中，交通通讯消费最能体现农民现代生活品位。2004年农民交通通讯支出再创新高，增长幅度位居生活消费各项支出之首。农民交通通讯人均支出291元，增加102元，增长54.1%；与此同时，农民在食品、衣着、家庭设备用品消费支出、医疗保健服务消费支出、其他商品和服务支出方面均有不同程度的增长。其中，食品人均消费支出828元，比上年增长20.6%；衣着人均消费支出209元，比上年增长6.5%；家庭设备用品人均消费支出107元，增长3%；医疗保健服务人均消费支出166元，增长2.6%。

由于“一费制”的贯彻落实及各级党委、政府加大对农村贫困家庭学生“两免一补”政策的落实，农民在文化教育方面的支出出现下降。全年农民文化教育人均消费支出261元，比上年下降5.4%。其中，幼儿园赞助费、入学赞助费分别下降95.4%、67.2%。

（四）农民消费水平明显提高。从消费绝对额排序看，依次为食品、居住、交通通讯、文教娱乐用品及服务、衣着、医疗保健、家庭设备用品及服务、其他商品和服务。其特点表现为：一是农民自产自给消费逐步减少，更多的趋向购买；二是消费水平和消费层次越来越高，肉、蛋、奶、烟、酒、茶、高档家用设备及用品消费量明显增多。2004年农村居民购买谷物、薯类、豆类、肉禽蛋奶、烟酒、茶饮料分别比上年增长20.3%、38.1%、24.3%、21.9%、19.3%、90.8%；主要耐用消费品每百户拥有量：洗衣机90台、电冰箱37台、空调机19台、摩托车56辆、移动电话62部、彩色电视机98台、影碟机39台、家用汽车3辆、家用计算机6部。其购买量比上年均有不同程度的增加，其中家用汽车、家用计算机、移动电话、空调机、影碟机分别增长200%、100%、72.2%、26.7%、18.2%。

（耿　雯）

民政工作

【婚姻登记管理】 2004年，市民政局认真贯彻新《婚姻登记条例》，坚持以人为本，不断改进工作作风，改革服务方式，改善办公条件，完善服务功能，为群众提供了热情周到的服务。2004年全市办理婚姻登记51589对（其中离婚9168对，涉港、澳、台婚姻84对），登记合格率达100%，金水区婚姻登记处被评为全国先进婚姻登记机关。积极探索行业协会监督管理婚介组织新模式，婚介市场进一步净化。

（司红军）

2004年郑州市婚姻登记情况

单位：对

县(市)区 \ 项目	结婚	其中复婚	离婚	涉港、澳、台婚姻
郑州高新技术产业开放区	1150	1	110	
郑州经济技术开发区	135	2	8	
郑州矿区	541	2	68	
中原区	5574	78	1242	
二七区	4636	162	1309	
管城回族区	3401	35	570	
金水区	10062	162	1949	
上街区	950	13	184	
惠济区	1656	18	182	
中牟县	3174	24	425	
巩义市	4607	32	826	
荥阳市	4207	11	441	
新密市	3705	33	921	
新郑市	3651	20	511	
登封市	4140	31	422	
合计	51589	624	9168	84

【城市低保和农村特困户救助】 2004年,郑州市初步建立了以最低生活保障为基础,以住房、医疗、教育、养老、就业等救助为辅助,与灾害救助、优抚保障、社会帮扶、流浪人员救助、临时救济和慈善工作相结合的社会救助制度,基本形成了覆盖城乡的社会救助体系,城市低保和农村特困户救助工作统筹发展。

(一)城市低保标准按时提高。从2004年1月1日起,郑州市市区低保标准已由180元提高到200元,各县(市)也相应调整了标准,平均提高20元,分别为140元至160元。截至12月底,全市累计享受城市低保20282户、51244人,月发放低保金378.8万元,人均月补差91.3元。全年累计发放低保金4305.6万元,做到了应保尽保。

(二)所有符合条件的农村特困户全部实行救助。全市享受农村特困户救助35100户、74157人,每人每月发放救助金36元,2004年全市累计发放救助金2968万元。

(三)落实了住房、教育、医疗、就业、临时救助等配套政策。2004年,有368户低保家庭住上了廉租住房,帮助1621户农村特困户重建因灾塌房;为1300多名义务教育阶段低保和农村特困对象子女减免费用200余万元,对101名考入大学和40名考入高中的低保和农村特困对象子女分别实施每人一次性救助5000元和2000元;为4595人次的低保对象优惠医疗费用52.7万元,为13507名农村特困对象缴纳合作医疗金13.5万元,为38户农村特困户发放大病医疗救助金6.3万元;有2771个低保对象实现再就业;2004年,临时救助城乡困难群众236人次,发放临时救助资金33.7万元。

(四)积极争取加大社会救助资金投入。2004年,在认真测算的基础上,全市共安排救助资金1.33亿元。其中,城市低保资金6000万元,农村特困户救助资金3000万元,教育救助资金1700万元,医疗救助资金1500万元,廉租住房资金200万元,农村特困户建房资金300万元,临时救助资金600万元。同时,加强资金监管,设立救助资金专户,做到专款专用,安全运行。

(五)建立工作机制,加大宣传力度。建立评议、公示制度,由城乡基层有关人员组成评审小组,对提出申请的城市低保对象和农村特困户,进行入户调查、初审评议,并实行三次公示,保证了公正、公开。实施社会化发放,在实现低保金社会化发放的基础上,将社会化发放延伸到农村特困户救助工作中,在巩义市、新郑市完成了试点工作。加快信息化建设步伐,加强对低保工作人员微机操作技能的培训,提高操作水平,为全面启动低保信息软件系统做好充分准备。

加大宣传力度,开通了热线电话,及时解答市民提出的相关问题。利用广播、电视、报纸等新闻媒体,现场办工,接待群众咨询,向社会公布救助内容,广泛宣传各项救助政策。

【救灾救济】 2004年,郑州市多次遭受洪涝、风雹等自然灾害,有65个乡(镇)、494313人受灾。其中,死亡12人,伤病32人,农作物受灾面积19029公顷,倒塌房屋1901间,造成直接经济损失7847.1万元。其中,农业经济损失6194.13万元。为做好救灾救济工作,全面开展了春荒救济和灾民塌房重建工作。认真排查核实,澄清了春荒救助底数,筹措救灾资金668万元,发放春荒救济粮685.6吨、救济款206.5万元,救助灾民98004人。到5月底,全市建房6520间,2003年因灾塌房重建任务顺利完成。

各项救灾准备充分。出台了《郑州市自然灾害救助应急预案》,组织在登封白沙水库进行防汛救灾联合演练,争取市政府拨款200万元,支持救灾仓储中心建设,为开展救灾工作提供了保障。认真做好查灾、核灾、报灾工作,积极争取资金,及时下拨救灾款物,妥善安排灾民生活。先后下拨救灾款716万元,用于灾民塌房重建和生活救济。采取多种形式,重点抓好塌房重建,确保了灾民安全过冬。截至2004年底,因灾塌房2336间中,需政府帮建的1705间,已全部完成。

【全面落实优抚政策】 2004年,根据国家有关政策规定,建立了优抚对象抚恤、补助标准的自然增长机制,使各类优抚对象的生活水平和生活质量不断提高。各类优抚对象(除在职伤残军人外)在国家和地方抚恤、补助标准的基础上,每人每年增加补助240元。对复员军人,每人每月发放最低126元、最高157元的定期补助。对"三属"(烈士、因公牺牲、病故军人遗属),定期抚恤金达到城镇每人每月最高275元,农村最低195元。

解决重点优抚对象生活难、住房难、医疗难问题,将符合城市低保和农村特困户救助条件的优抚对象纳入低保和救助范围。对农村生活困难的"三老"(老烈属、老复员军人、老伤残军人)实行敬老院、光荣院集中供养。对优抚对象中的特困户有住房困难的,一次性补助2000元维修或建房。实行重点优抚对象优诊卡制度。对已开展新型农村合作医疗的县(市)区,交纳"三老"优抚对象个人应负担的全部资金,参加当地合作医疗。对尚未开展农村新型合作医疗的县(市)区,"三老"优抚对象因患大病负担医疗费过高,影响基本生活的,给予每人每年不超过5000元医疗补助。

【城市流浪乞讨人员救助管理】 2004年,结合实际,出台了地方性文件,规范了工作程序。市政府先后下发了《关于做好城市生活无着的流浪乞讨人员救助工作的通知》、《城市生活无着的流浪乞讨人员病人的医疗救治及救助实施办法》等文件,明确有关部门职责,规范救助程序,为做好工作提供了支持。建立街头救助服务点,继在流动人口密集的郑州火车站地区建立了国内第一个全天候救助服务亭后,又在二七广场、紫荆广场、金博大商场附近建立了三个固定救助点,使遭遇临时困难的群众能够得到及时救助。

加大宣传力度，充分利用省会新闻媒体、流动救助车等方式，广泛宣传各项救助政策。开展街头救助，组建街头救助服务队，每天出动3台流动救助专用车，不间断地在火车站地区、繁华商业区、市区主要交通干道及重要部位开展救助服务，给流浪乞讨人员发放食物、饮用水及衣服等物品，并进行劝阻、现场救助和政策解释工作。加强进站管理，对进救助管理站求助的流浪乞讨人员，坚持24小时值班，严格履行各项接送手续，制定、实施了流浪乞讨人员进出站制度、一日生活制度、卫生制度、消毒制度、巡视制度等，确保给予各类受助人员以及危重病人、精神病人、传染病人及时救助。2004年，救济救助流浪乞讨人员16700人。其中，进站救助9140人，街头现场救助7560人。在救助人员中，提供乘车凭证救济返乡9117人，护送返乡539人，救治急(危)重病人、精神病人、传染病人513人；提供食宿、通讯联系、医疗服务等10721人。城市流浪乞讨人员救助取得了明显的社会效益，与联合国儿童基金会合作开展的流浪少年儿童救助项目类家庭、家庭寄养、全天候救助、跟踪回访、社工合作等，被民政部誉为“郑州模式”，受到充分肯定。

【慈善事业】 2004年，慈善事业快速发展，加强慈善总会建设，在人力、物力、财力各方面给予全力支持，为慈善事业的发展提供了保障。市政府转发了《关于加强和规范慈善工作的意见》，推动了全市慈善工作的开展。广泛宣传，营造了全社会关心支持慈善事业的良好氛围。抓住时机，组织活动，筹集善款。2004年3月以来，已联合50多家单位，在全市举办了32场(次)、10多万名社会热心人士参与的“慈善一日捐”、“献爱心千名失学、特困生专项捐助”等各类捐赠活动，收到捐款捐物价值108.72万元，向城乡困难群体救助款物60多万元，救助1.7万余人。慈善事业安老、抚孤、助学、济困的作用得到了充分发挥。

【五保供养】 2004年，五保供养工作进一步推进，组织摸底排查，摸清了底数。全市有五保对象10256户、11486人，乡(镇)敬老院114个，平均入住15人，床位数3212张。积极筹措资金80万元，用于补助五保老人的基本生活。同时，下发福利彩票公益金补助款370万元，重点维修改造全市26个敬老院，改善了全市敬老院五保老人的居住条件。

【“双拥“工作】 2004年1月，郑州市举行了隆重的荣获“全国双拥模范城”四连冠挂牌仪式，掀起了新的“双拥”热潮。在市级媒体开设了“双拥”专栏，宣传“双拥”工作成绩。结合居委会主任培训，宣传“双拥”政策法规，交流了“三个光荣”活动经验，“三个光荣”活动不断深化。完善城市社区居民委员会和农村村民委员会“双拥”活动设施，利用板报、宣传栏、广播等新闻媒体做好“双拥”宣传工作，营造了浓厚的“双拥”氛围。

组织开展全市“双拥”工作检查。采取听取“双拥”工作汇报、召开军地有关人员座谈会和乡镇优抚对象座谈会、查阅档案帐表等形式，对各县(市)区“双拥”工作进行了全面检查，促进了全市“双拥”工作的深入开展。召开全市“双拥”工作会议，传达贯彻全国“双拥”工作会议精神，部署“双拥”工作任务，为争创“全国双拥模范城”五连冠奠定了基础。组织开展走访活动，帮助部队解决实际困难和问题。市领导深入走访空军驻郑某部，现场办公，协调解决了部队的实际困难。组织全市各县(市)区，慰问驻军部队240余次，慰问各类优抚对象3.1万人次，赠送慰问品12.2万件，价值330余万元，召开优抚对象座谈会672场，密切了军政军民关系。举办随军家属电脑培训班，提高了87名未就业随军家属职业技能。两次发放未就业随军家属生活困难补助，2004年发放未就业随军家属生活困难补助796人次、58万元。

【退伍退休接收安置】 2004年，退伍退休接收安置基本完成。全市共接收退伍军人5123人，其中应在城镇安置的义务兵2930人、转业士官458人，全市已有2857人得到安置，占城镇应安置人数的97.5%，发放退役士兵待分配期间生活补助费85.8万元，自谋职业640人，发放一次性补助费710万元。2004年全市接收军休干部51人，接收无军籍退休退职职工39人。调整了军休干部生活费标准，发放了军粮补贴，接收安置政策全面落实。

【基层政权与社区建设】 2004年，社区建设不断强化，开展了居委会干部上岗培训工作，社区正、副主任培训面达到65%，提高了社区干部队伍素质。对照社区建设“示范区”和“示范街道”标准，查漏补缺，组织开展了社区建设示范活动，二七区、管城回族区及金水区花园路办事处等11个单位受到了省民政厅表彰。以全市改善人居环境活动为契机，继续抓好社区居委会办公用房和社区服务设施建设，一批管理有序、文明祥和的新型现代化社区逐步形成。

召开了农村村民自治情况分析会，研究分析全市农村村委会建设和村务公开民主管理工作的实际情况，金水区马头岗村、巩义市北山口村依法建立健全村民代表会议制度和村务公开民主管理制度的做法在全市得到推广。

【专项社会事务管理】 认真做好民间组织登记管理和年度检查工作，2004年核准登记社会团体20家，变更登记19家；民办非企业单位94家，变更登记23家，登记合格率100%。对市本级256家社会团体、264家民办非企业单位进行了年检，年检合格率100%。农村专业经济协会试点工作圆满结束。全市发展农村专业经济协会132个。

区划地名工作围绕实施建设大郑

州、发展大郑州战略，完成了上街区扩大行政区域面积、惠济区镇改办、金水区行政区划调整等内容的考察上报工作，全市行政区划调整规划编制初步方案已经完成。针对原《郑州市地名管理规定》废止后，全市地名管理工作混乱的情况，对市内五区地名管理工作进行调研，结合实际，起草了《郑州市地名管理办法》(草案)，已报至市人大。勘界管理依法开展，市勘界办荣获"全国勘界工作先进集体"称号。

加大了老龄工作机构建设，除荥阳市外，其它县(市)区都已经健全了工作机构。加强了市区基层老年协会建设。按期建成了第三批"星光计划"项目并投入使用。继续抓好敬老优惠、优待政策的落实，为17000多名60岁以上老年人办理了老年优待证。

【殡葬改革】 2004年，加大了《郑州市殡葬管理条例》宣传力度，在全市农村开展了殡改工作问卷调查，为强力推进殡葬改革做好准备。召开全市殡葬改革动员会，在全市全面推行火化工作。6月25日，市政府召开全市殡葬改革工作会议，王文超市长与各县(市)区长签订了殡改工作目标责任书。对六县(市)及上街区贯彻会议精神及殡改工作开展情况进行了重点督导。各县(市)区按照市政府的要求，召开了相应的会议，对当地殡葬改革工作进行了动员安排，层层签订了目标责任书。充分发挥职能作用，为党委、政府当好参谋，组织开展殡葬改革工作，协调有关部门解决殡葬改革工作中遇到的实际问题。为解决五县(市)殡仪专用车辆少的问题，筹措资金28万元，购买了5台殡仪专用车，分别资助荥阳2台、登封、中牟、新郑各1台，缓解了殡仪专用车不足带来的矛盾，有力地推动了全市殡葬改革工作的开展。2004年全市火化尸体18257具，火化率为60%，比上年增加21个百分点。同时，平坟扩耕，依法取缔土葬用品，制止丧事大操大办等，文明简办丧事的新风正在形成。

【福利彩票销售】 2004年，郑州市积极做好市区和各县(市)福利彩票即开票和电脑票销售工作，提高销售量。全市共销售福利彩票2.08亿元，销售量首次突破2亿元大关。其中，电脑票销售1.96亿元(含双色球)，即开票销售1092万元，中福在线票110万元，比上年增长25%，超额完成了2004年彩票销售任务。

(司红军)

残疾人事业

【概况】 2004年，全市共为16214名残疾人实施康复服务与训练。其中，完成3200例白内障复明手术；为91名低视力者配带助视器并进行视功能训练，培训低视力患者家长20名；新收训聋儿98名，培训聋儿家长98名；为95名肢残者安装骨骼式普及型假肢；完成1900件用品用具供应和50例矫形器装配任务；完成肢体康复训练104名，脑瘫儿童训练16名，0～14岁智残儿童康复训练80名；对12569名重症精神病患者进行了防治。2004年，全市共举办康复知识培训班6期，组织康复专家对基层康复人员进行业务培训；社区康复工作新增4个试点社区，市残联积极争取省康复办的支持，为每个社区配备了15000元的康复训练器材。9～10月，市残联与市红十字会、市扶贫办联合开展了"为贫困山区白内障患者送光明"活动，免费为260名贫困白内障患者进行了手术，同时，再次组派"视觉第一中国行动"医疗队，为白内障患者进行了复明手术。

【节日专题助残活动】 2004年，全市组织了一系列大型的康复知识宣传和助残活动，呼吁社会各界广泛关注、关爱残疾人。3月3日"全国爱耳日"，围绕"防聋走进社区"的主题，省、市残联与市卫生局联合在郑棉四厂社区举行了大型宣传、义诊活动。省残联党组书记、理事长陈砚秋、省政协副主席郭国三、副市长高建慧等参加活动，并为10名贫困聋儿免费配戴了助听器，看望了贫困残疾儿童。第十四次"全国助残日"期间，市残联与市中医院博爱眼科联合开展了为残疾儿童"献爱心、送光明"活动，免费为5名贫困盲童进行了手术，并联合市第五人民医院卓美眼科，为100名贫困白内障患者减免了手术费。6月6日"全国爱眼日"，市各大医院、部分眼镜店和各县(市)区纷纷开展了宣传咨询和为贫困患者免手术费、检查费等活动。

【残疾人教育培训工作】 继续实施"扶残助学、长江新里程盲童入学项目"，并争取17.4万元的"彩票公益金助学项目款"，资助残疾学生150名，每人每年1000元。各级残联也多方筹集资金，资助200多名残疾学生入学。此外，市残联还建立了残疾人特殊培训学校；与河南绿业电脑学校联合成立了绿业残疾人电脑培训学校，长期免费对残疾人进行电脑培训；与市广播电视大学联合申办的中央电大特教学院郑州教学点也进入招生阶段。2004年对近6000多人次的残疾人进行了职业技能、实用技术培训，提高了其就业和脱贫致富的能力。

【残疾人就业再就业工作】 市残联参与组织夏、秋两次残疾人就业再就业供需见面会，到会用人单位近300家，残疾人与用人单位签订就业意向1200多人次。2004年依法收缴残疾人就业保障金1000多万元，通过按比例就业、集中就业、个体就业等多种形式，使4570多名残疾人实现了就业，还为330多名残疾人办理了个体从业优惠证。全市按比例安排残疾人就业覆盖面达到90%以上。

【展示残疾人风采活动】 第十四次"全国助残日"期间，市残联与市教育局、市广电局联合举办了"残疾人——我的兄弟姐妹"专题晚会，100名盲、聋哑、智残和肢残演员表演了精彩的文艺节目。在“春天的事业——纪念邓小平同志诞辰100周年”演讲比赛中，盲人古灏代表郑州市在全省残联系统演讲比赛中获二等奖。举办了第六届残疾人书画摄影大赛，全市120名残疾人创作的160幅（件）作品参加了展出，是郑州市历届残疾人书画展中规模最大、范围最广、作品最多的一次。在河南省第四届特教学校学生文艺汇演中，获3个一等奖、2个二等奖、2个三等奖，并获全国特教学校学生文艺汇演三等奖。在第十二届雅典残奥会上，郑州市运动员朱宏艳、任桂香、张岩共夺得七金一银一铜，金牌数在全国同类城市中名列第一，并打破了两项世界纪录。在第三届世界轮椅大赛上，张岩、任桂香获7枚金牌。

【建立“手语岛”】 2004年9月25日，市残联在人民公园湖心岛建立了“手语岛”。省残联理事长陈砚秋、省聋协主席刘兆仁、市委副书记祁金立、市政协副主席武国瑞等省市相关部门的领导，中州大学特教学院、郑州师范学校特教系和市聋哑学校等单位及社会各界朋友200多人参加了揭牌仪式。“手语岛”的建立，让郑州市11.7万名聋人朋友和市民有了一个学习、推广手语的固定场所。每周日上午9时～11时，聘请专业教师，组织手语讲座、研讨、学习等活动。此举在全国尚属首例。

（李　敏）

民族与宗教

【概况】 2004年，郑州市全面贯彻党的民族宗教政策，加强民族宗教基层基础工作和抵御境外宗教渗透工作，依法管理民族宗教事务，努力维护全市民族宗教领域的稳定。

2004年市、县两级共举办各类培训班104期，培训人员6784人次。6月和9月，市民委（宗教局）分别举办了民族宗教基层干部及市、县两级宗教团体负责人培训班，参训人员120多人。市宗教局每季度还组织召开了市级宗教团体负责人学习例会。按照省宗教局的部署，结合宗教活动场所年检，郑州市进行了历时达5个月的抵御宗教渗透宣传教育活动，共举办宗教政策法规培训班、学习班30多期，印发宣传手册10000多份，直接受教育群众达20000多人次，取得了显著成效。

为认真贯彻落实省委、省政府关于加强民族工作的指示精神，充分调动各方面的积极因素，共同推进全市民族团结进步事业的发展，经筹备，郑州市民族事务委员会第一次全体委员会议于2004年5月25日成功召开。会议确定了全市与民族工作有密切联系的22个单位为委员单位。

6月11日，市委、市政府召开了全市宗教工作座谈会，会议传达贯彻了全国、全省宗教工作座谈会精神，深入分析了当前宗教工作面临的形势，对今后一个时期的宗教工作尤其是进一步提高对宗教工作重要性的认识，以及抵御境外利用宗教进行渗透工作进行了部署。同时，积极推动各县（市）区的学习贯彻工作。各县（市）区都召开了宗教工作座谈会，深入学习领会三级宗教工作座谈会精神，努力提高思想认识，对本地抵御境外利用宗教进行渗透工作进行了安排，认真解决宗教工作中存在的突出问题，取得了新的成效。

【民族团结与社会稳定】 2004年，组织开展了形式多样的民族团结进步活动，加强民族团结教育和法制教育。按照全市统一部署，各县（市）区都开展了民族团结进步宣传教育活动，共举办宣传月（周）20次。各地采取行之有效的方法，在当地报纸上开辟专栏，依托办事处、社区、清真寺召开座谈会、政策报告会，办宣传栏（墙报），开展了创建“民族团结进步文明示范村”和评比“民族团结进步发展经济双文明户”等活动。在少数民族比较集中的乡（镇）、街道办事处、行政村，建立了“民族团结进步促进会”和“民族政策法规监督站”。2004年9月，管城回族区人民政府等6个单位和10名个人分别被省政府授予“民族团结进步模范集体”和“模范个人”荣誉称号。

建立健全基层工作网络，认真排查化解民族宗教方面的不稳定因素。按照省、市有关规定，应建立民族宗教工作领导小组的12个县（市）区、164个乡镇（街道办事处）已经全部建立，民族宗教工作任务较重的811个村建立了村管小组，明确了领导小组和村管小组的职责，加强了对基层民族宗教工作的领导，使一些地方民族宗教工作棚架的问题初步得到了解决。坚持不稳定因素排查制度和信息反馈制度，定期排查，超前分析，积极预防和减少因民族宗教问题引发的影响社会稳定的事件发生。

坚决贯彻“属地管理”原则，认真解决民族宗教方面的重点、难点问题。实行市民委领导干部联系县（市）、区民族宗教领域团结稳定工作责任制。各位领导定期深入联系单位调查研究，及时掌握情况，督促有关政策措施的落实，帮助协调解决民族宗教领域存在的影响团结稳定的问题。10月22日，市民委主要领导还带队赴中牟调研，就加强对民族宗教工作的领导、建立健全工作机构、加大教育培训力度、采取措施解决不稳定问题提出了指导性意见。积极做好郑州穆光阿语学校违规办学问题的处理工作，市委、市政府专门成立了领导小组和工作组，深入开展调查研究，积极稳妥地予以处理。市宗教局领导多次做该校主要负责人的思想工作，11月27日，市教育局宣布吊销该校办学证照的决定。经过有关方面的积极努力，该校的善后处理工作稳步进行，12月底学生全部离开了学校。对违规审批宗教活动场所、违规引资建寺庙教堂、私设宗教活动点问题进行了摸底调查和清理，共查处非法宗教活动点20多处。

2004年，全市没有发生一起因民族宗教问题引起的赴京、赴省、到市集体上访和突发事件。对因经济利益、民事纠纷和治安案件引发的涉及少数民族和信教群众参与的事件，市民委在市委、市政府的领导下，会同有关部门做了大量协调处理工作。在处理突发事件中，民族宗教工作部门站在讲政治的高度，做到“三个到位”。第一认识到位，不论事件是什么原因引发的，只要涉及少数民族和信教群众参与，民族宗教工作部门就责无旁贷。第二措施到位，一方面及时向市委、市政府和省民委报告，向有关部门通报信息，沟通情况，向各县(市)区民族宗教工作部门布置任务；另一方面，由主要领导带队，第一时间赶赴现场开展工作，充分发挥与少数民族群众有密切联系的优势，疏导教育，化解矛盾。第三工作到位，准确把握事件的实质，确定事件的性质，为领导当好参谋；相信和依靠基层，发挥民族、宗教界人士的作用，在宣传政策的同时，坚持依法处理，受到了市委、市政府和各界的高度评价。市民委还及时召开专门会议，举一反三，认真总结经验教训，积极探索在新形势下加强民族团结、维护社会稳定的方法和途径，以防止类似事件再次发生。

【民族经济和社会事业】 民族工作的关键在于发展，加快少数民族聚居地区的发展，是全面建设小康社会的必然要求。2004 年，市民委始终坚持以发展为中心，大力帮助少数民族发展经济和各项社会事业。

认真落实豫办〔2001〕43 号文件精神，积极争取各类扶持资金。开展了民族经济、民族企业、民族聚居村基础设施情况的专门调查，建立了民族经济项目库，筛选上报扶持少数民族经济发展项目 26 个。帮助 7 个少数民族企业协调贷款 120 万元。帮助少数民族贫困户 704 户，协调解决小额贷款 1030 万元。向省、市有关部门争取扶持少数民族经济发展项目 18 个，扶持资金 180 万元，帮助少数民族群众解决了一些实际困难，增加了农民收入。

帮助少数民族群众解放思想，更新观念，依靠科技脱贫致富奔小康。市民委坚持从帮助少数民族群众转变思想观念入手，引导民族村和民族企业负责人进一步解放思想，更新观念，充分发挥自身优势，搞好特色经营，大力发展民族经济。市民委还拨出专款，举办了 12 期养殖、种植、园艺、机修、烹饪等实用技术培训班，为少数民族群众提供科技信息和实用技术，有力地促进了民族经济的发展。

帮助少数民族企业争取优惠政策。经市民委推荐，郑州哈桑穆斯林食品有限公司、郑州天方集团有限公司和郑州刘胡兰有限责任公司被国家民委、财政部及中国人民银行等部委确定为“十五”期间第二批少数民族特需用品定点生产企业，享受国家优惠利率和利息补贴，为促进企业发展创造了条件。

帮助少数民族发展文化、教育和社会福利事业。对全市民族中小学、幼儿园的危房情况进行了调查，并及时向有关部门反映情况。截至 2004 年底，全市 20 多所民族中小学已基本消除危房，仅有 1 所学校存在危房问题。充分尊重少数民族群众的丧葬习俗，搞好回族殡葬服务工作。继续加强市回民公墓的基础设施建设和公墓的管理工作，不断提高服务质量，完善服务设施，受到了回族群众的好评。认真做好回族古籍整理工作，发掘了一批有价值的文化古籍。

【清真食品管理】 2004 年，积极推进清真食品立法工作，会同市法制局成立了《清真食品管理条例》起草小组，结合全市实际，形成了《条例(草案)》。在充分征求各方面意见后，经市政府常务会议审议通过，郑州市人大常委会于 9 月 23 日对《清真食品管理条例(草案)》进行了一审。此项工作正在按法定程序向前推进。

依法加强对清真食品的管理。根据《郑州市清真食品管理办法》的规定，2004 年 4～6 月，市民委组织对全市 1218 家清真食品生产经营网点进行了年审和执法检查，取缔不符合规定的网点 18 家，进一步净化了清真食品市场。指导县(市)区建立了清真食品义务监督员制度，收缴各种自制、仿制的牌证，使清真食品的管理逐步走上了正常有序的轨道，全年没有因为清真食品问题引发影响民族团结和社会稳定的事件。协助县(市)区举办了两期清真食品生产经营单位管理人员培训班，培训人员 300 多人，进一步提高了他们贯彻执行清真食品管理政策法规的自觉性。

【民族宗教事务管理】 2004 年，按照市宗教局的统一部署，对全市 421 处宗教活动场所进行了年检。其中，合格 411 处，不合格 10 处，合格率达 97.6%。同时，对各县(市)区宗教活动场所年检工作情况进行了抽查验收。通过宗教活动场所年检，增强了宗教界人士和信教群众的政策法制观念，提高了各宗教活动场所的自我管理水平，查处了各种非法违法活动。年检结束后，对成绩突出的先进单位进行了表彰。

做好有计划有组织的朝觐工作，制止零散朝觐。市政府专门召开了全市朝觐工作会议，11 月，按照省宗教局要求，圆满完成了朝觐人员的上报工作。

切实加强对宗教团体的管理工作，推进宗教团体和宗教界人士的思想建设，对市级宗教团体近年来财务收支情况进行了检查，帮助各宗教团体完善了财务制度，加强了财务管理。帮助宗教团体搞好“复活节”、“圣纪”、“圣诞节”、“开斋节”等宗教节日的庆祝慰问活动。指导、协助市基督教“两会”顺利完成了换届工作，进行了市伊斯兰教协会换届筹备工作。

为积极引导宗教与社会主义社会相适应，11 月 30 日，市人事局、市宗教局联合召开了市宗教界“爱国、守法、致富、奉献”活动经验交流暨表彰会。对成绩突出的 5 个宗教团体、15 个宗教活动场所和 41 位宗教界人士及信教群众进行了表彰，对宗教界为郑州市全面建设小康社会做贡献起到了有力的推动作用。

【少数民族干部培养选拔工作】 2004年，为认真贯彻落实省委组织部等部门《关于进一步做好培养选拔少数民族干部工作的意见》(豫族[2001]43号)精神，积极配合市委组织部做好有关县(市)区和乡镇(街道办事处)党政领导班子中少数民族干部配备工作。截至2004年底，全市5个少数民族万人以上的县(市)区已全部配备了少数民族干部；48个少数民族千人以上的乡(镇)、街道办事处已有43个配备了少数民族干部。

12月13日，由市委组织部、市委统战部、市民委联合举办的郑州市第一期少数民族科级干部培训班在市委党校开班，50名少数民族优秀科级干部参加了为期一个多月的培训。

(谢元艳)

社会治安

【概况】 2004年，紧紧围绕“建设平安郑州，争创全国综治工作先进城市”的奋斗目标，深入开展“严打”整治斗争，大力加强社会治安防范，不断推进社会治安防控体系建设，全面落实社会治安综合治理的各项措施，有效地维护了全市社会治安大局的持续稳定，为郑州市经济发展和社会全面进步提供了良好的治安环境。省综治委组织的民意调查显示，各界人民群众对郑州社会治安的满意度明显提高。2004年10月，中央综治检查组对郑州市的社会治安综合治理情况进行了检查考核，对郑州市社会治安综合治理工作取得的成绩给予了高度评价和充分肯定。

市委、市政府始终把综合治理作为一项重要工作来抓，多次召开政法综治工作会议，市委书记李克、市长王文超都亲自参加，并作重要讲话。市委副书记康定军，市委常委、政法委书记姚待献，副市长高建慧都把主要精力投入到维护社会稳定和综合治理工作中，亲自部署、协调，亲自督查、落实。全市形成了党政领导高度重视，有关部门各司其职，广大群众积极参与，全社会齐抓共管的局面，为全市综治工作的开展和“争创”目标的实现奠定了坚实的基础。

为了提高全社会的参与意识，营造良好的综治工作舆论氛围，市综治委和市委宣传部联合制定下发了《关于做好争创“全国综治先进市”宣传工作的意见》和《关于开展社会治安综合治理暨争创全国综治工作先进城市宣传月活动的意见》等文件，开办了《争创全国综治先进市简报》、《郑州政法动态》等专刊，郑州市综治工作的成效多次被《人民日报》、中央电视台、《长安》杂志、《法制日报》等中央级新闻媒体报道。3月19日，全省综治宣传工作现场会在郑州召开，数万余名群众参加了集中宣传活动。9月初，在绿城广场组织了两场以宣传社会治安综合治理工作为主要内容的“平安郑州”文艺汇演，数万名群众观看，取得了良好的社会效果。

年初，成立了由市委书记李克、市长王文超亲自挂帅和主管领导康定军、姚待献、高建慧具体负责的争创工作领导小组，落实了组织保障，各县(市)区和市综治委成员单位也成立了争创工作机构，全市上下真正形成了“一把手”抓创建的局面。为增强综治工作力量，不断提高综治干部队伍素质，建立了培训制度，每年由市、县(市)区分级对全体综治专干培训一遍。4月，制定出台了《关于进一步加强公安派出所、司法所和人民法庭建设的意见》，明确了人员配置、经费保障、职级待遇等，要求建制镇派出所不少于10人，建制乡派出所不少于8人；司法所编制单列，每所2～3人；基层法庭至少有5名以上审判员，2名以上书记员。公安派出所长、司法所长和人民法庭庭长按副科级配备。

2004年2月16日，市委、市政府下发了《关于建设平安郑州，争创全国社会治安综合治理先进城市的意见》(郑发[2004]6号)，决定从2004年起市财政3年内每年拿出经费800万元，专门用于全市“争创全国综治先进城市”和治安防控体系建设。同时，设立大要案准备金2000万元，用于大要案的侦破工作。各县(市)、区也纷纷行动，截至年底，已落实争创和防控建设经费2200万元、大要案准备金1100万元。另外，2004年市政府还出资35万元，为社区治安巡防队员购买了人身伤害保险，根据工作年限为巡防队员增加了工资。明确新建派出所由政府征地，由财政出资建房；新建司法所按每所10万元的标准由财政拨付；基层法庭基础建设经费由财政拨付，要达到500～1000平方米。

【开展“严打”整治斗争】 2004年，全市各级政法部门充分发挥主力军作用，各负其责，通力合作，密切配合，突出打击有组织犯罪、严重暴力犯罪和影响群众安全感的多发性犯罪，沉重打击了犯罪分子的嚣张气焰，始终保持了对刑事犯罪的高压态势，有效遏止了刑事案件高发的势头。2004年，全市共破获各类刑事案件10524起，抓获各类违法犯罪人员40822人。其中，逮捕6761人，劳教734人，收容教育162人，有力地震慑了犯罪。

确立“命案必破，挂牌全破”的目标，努力开展破案攻坚，破获了一大批大案要案，有力地打击和震慑了犯罪，受到了广大群众和社会各界的普遍赞誉。2004年，全市共发生杀人案件211起，截至年底，已破获196起，破案率为92.89%。公安机关相继侦破了二七“9·10”、管城“2·13”等一批影响面广、领导关注、群众反映强烈的特大凶杀案。对未破案件均建立了破案攻坚机制，由市公安局班子成员分包案件，责任到人，在人员、经费、车辆上给予强有力的支持，力争在最短的时间内破获案件。

禁毒工作方面，集中整治公共娱乐场所，加强对易制毒化学品和精神、麻醉药品的管理，加大强戒力度，压缩毒品消费市场，2004 年，全市共整顿各类场所 3971 家，强制戒毒 988 人，缴获毒品 2000 多克。12 月 10 日，中原分局经缜密侦查，接连打掉两个贩毒团伙，抓获毒贩 4 人，缴获毒品 1200 克。12 月 24 日，市公安局禁毒支队在“开来大酒店”和“金色年华”迪厅摧毁一个贩毒吸毒团伙，抓获毒贩 3 人、吸毒人员 34 人，缴获摇头丸 249 粒、k 粉 25 克。

按照河南省公安厅的要求，从 2004 年 2 月开始，在全市范围内开展了旨在严厉打击黑恶势力的“春雷”行动。郑州市公安局统一部署，周密安排，广泛发动群众，采取各种有效手段，在全市范围内共打掉犯罪团伙 331 个，抓获团伙成员 1445 人，破获刑事案件 1332 起。

组织开展“两严一创”冬季打防战役。为确保冬季郑州市社会治安大局平稳，从 2004 年 11 月 25 日起，在全市范围内组织开展以严厉打击刑事犯罪、严密社会治安防范和创建平安郑州为主要内容的冬季打防战役。截至 2004 年 12 月 31 日，全市共破获刑事案件 979 起。其中，抢劫案件 66 起，抢夺案件 32 起，入室盗窃 408 起，盗窃电动自行车 38 起。打击处理违法犯罪人员 3244 人。其中，刑事拘留 849 人，逮捕 569 人。

2004 年以来，为维护郑州市经济市场秩序，市公安机关重点开展了打击制假贩假、假冒注册商标专项行动，打击涉税专项行动和打击传销专项行动三个专项斗争，全力侦破经济犯罪案件。1～12 月，全市共破获各类经济犯罪案件 104 起，抓获处理犯罪嫌疑人 221 名。其中，刑拘 178 人，逮捕 89 人，取保候审 71 人，监视居住 21 人，移送起诉 46 案 75 人。挽回经济损失3.5亿余元。成功破获了省公安厅督办的工商银行郑州华建支行被骗 1.3亿元特大票据诈骗案，河南华建置业有限公司诈骗诚信大厦 4933 万元合同诈骗案，公安部、国家质量技术监督局联合督办的诺华公司生产销售假农药案等一批全国全省有影响的大要案件，为郑州市社会经济的平稳发展提供了保障。

【社会治安防范】 2004 年，郑州市全面落实社会治安综合治理各项措施，社会治安基层基础工作扎实开展，社会治安防范水平整体提高。

深入贯彻中央综治委[2003]20 号文件和豫综治委[2004]17 号文件精神，加强基层综治机构组织建设。市综治委与市编办联合下发了《关于加强乡镇、街道办事处社会治安综合治理基层组织建设的若干意见》，对乡镇、街道办事处社会治安综合治理委员会的组成、职能进行了明确规定和要求。要求乡镇、街道办事处社会治安综合治理委员会主任由乡镇、街道办事处党(工)委书记担任，综治办主任由党(工)委分管政法工作的副书记担任，乡镇(街道办事处)配备 1 名专职综治办副主任(享受副科级待遇)，具体负责综治办工作，配备综治专干 2 名以上，确保这项工作有人抓、有人管。截至年底，全市 176 个乡(镇)、街道办事处专职综治办副主任已全部到位。

在强化社区警务建设，组建社区治安巡防队的基础上，进一步加强社区治安防范，开展了创建“无毒社区”、“无毒乡村”活动和楼院“封闭”活动，进一步加强了社区治安防范。对已戒毒人员进行跟踪控制教育，严厉打击制贩毒品活动，加强对吸毒人员的管控和帮教，杜绝新滋生吸毒人员，涉毒犯罪案件比上年有所降低。在全市 2453 个未封闭的居民楼院开展封闭活动，年底已实现全市楼院封闭率 80%，有效地预防和减少了居民楼院可防性案件的发生。

建立专职巡防队伍，农村治安防范能力得到提高。2004 年，郑州市 110 个乡镇组建乡镇专职巡防队，大大提高了基层乡镇治安防范能力。截至年底，全市已成立专职巡防队 510 支，有专职巡防队员 5821 人。其中，社区 382 支，乡镇 110 支，乡镇城区 18 支。在巩义市组织召开了全市农村社会治安综合治理现场会，总结交流各县(市)、区开展农村社会治安综合治理的经验，部署集中整治农村社会治安工作。推广在农村社会治安防范工作中涌现出来的“须水模式”、“北山口模式”、“徐庄模式”、“郭庄模式”，推动了广大农村地区因地制宜将专职巡防队巡逻与村民义务治安巡逻相结合、设立村级 110、实行治安有偿承包责任制等项工作的开展，郑州市农村治安形势明显好转。

针对城中村治安乱、管理难的特点，郑州市综治委于 2004 年 3 月 31 日在金水区召开全市城中村治安防范工作现场会，进一步推广金水区胜岗村以“警务入村、双向责任、模式管理、优质服务”为核心的治安防范工作经验。2004 年底，各县(市)区推广金水区胜岗村治安防范管理模式已达到 80%，改变了“城中村”的治安面貌。

加强重点要害部门防范工作。全市 1400 个金融营业网点全部安装了防弹玻璃、制式缓冲门、报警喇叭、闭路监视器，报警系统均与 110 实现联网(乡村网点与派出所联网)。市公安局和市人行对金融员工进行了安全防范培训，并指导金融单位制定应急处置预案，每年进行两次以上的演练。组建了金融武装押运专业队伍，各警种协同作战，确保了金融部门的运营安全。在强化金融系统防范的同时，开展了争创“安全单位”活动。对关系国计民生的单位和党政军机关进行统计后，确定要害部位 6757 处，投资 3000 多万元，新增、维修、更换了防护设施。

【治安巡防】 2004 年 5 月，郑州市成立了社区治安巡防队管理办公室，具体负责对巡防工作的管理。制订下发了《关于在社区治安巡防队中开展“严明纪律树形象、强化素质保平安”教育整顿活动的工作方案》，在全市巡防队中开展了一次教育整顿活动，取得了良好的效果。2004 年，全市巡防队员共现场抓获并扭送违法犯罪嫌疑人 1823 名，协破各类刑事案件 407 起，发现和扭送散发“法轮功”传单、光盘人员29名，调解民事纠纷2601起，为群众做好事9124件，在维护社会治安秩序上发挥了重要作用，受到了各级领导的充分肯定和人民群众的广泛赞誉。召开全市社区治安巡防工作总结表彰大会，通报表彰了“十佳”社区治安巡防队、“十佳”社区治安巡防队员和优秀社区治安巡防队员。

【法制宣传教育】 2004年，全市深入开展了以“法入农村、法入企业、法入校园、法入社区、法入市场”为主要内容的“法律五入”活动，已有938名县处级领导干部到基层为群众讲了法制课。在全市实施了农村基层干部法律知识三年培训工程，举办培训班87班次，5709名农村干部参加了法律知识学习培训。在全市2068所中、小学校普遍开设了法制课。2004年开展了进城务工农民法律知识学习培训工作，向全市农村免费发放了5000册《农民进城务工法律知识问答》。全市各级、各单位、各行业采取多种形式，广泛开展了《宪法》修正案、《行政许可法》、《道路交通安全法》等法律法规的学习宣传活动。以优化经济发展环境为目标，开展了区域、行业和基层依法治理活动，解决了群众关注的一些热点、难点问题。在城市居民中继续开展了“法律进万家”活动，在农村开展了“民主法制建设示范村”创建工作，取得了显著成效。

【排查化解矛盾纠纷】 2004年，市委、市政府加大矛盾纠纷排查调处工作力度，新出台了《关于进一步加强矛盾纠纷排查调处工作的意见》，进一步明确了矛盾纠纷排查调处工作的机构、职责、工作原则、工作机制等。截至年底，全市2853个村(社区)都成立了人民调解委员会，85%以上的乡镇、街道办事处成立了调委会，形成了县(市)区、乡镇(街道)、村(居)三级调解网络。加大了对人民调解工作的制度化、规范化建设，逐步建立健全了各项规章制度，认真抓好人民调解文书的规范使用，对人民调解员进行了岗前培训和在岗培训，实行人民调解员持证上岗制度。积极探索企事业单位调解组织建设新路子，开展了大学生法律服务志愿者下乡活动和组建农村法律服务工作站试点工作。2004年，全市各级调委会调解各种民间纠纷4.15万起，调成4.12万起，调成率达99.2%；排查出矛盾纠纷4051起，调解3767起，移交有关部门处理284起；制止群众性械斗71起，劝止集体上访案件265起。

【铁路护路工作】 2004年初，市铁路护路领导小组组长姚待献与各有关县(市)区护路领导小组负责人签订了铁路护路联防目标责任书。各有关县(市)区与乡镇(街道办事处)、乡镇(街道办事处)与村(单位)也层层签订责任书，分解任务，落实责任。对护路联防进行广泛宣传，加大了护路巡逻密度，做到了护村、护厂、护校与护路相结合，专职护路与义务护路相结合，铁路职工巡线防范与地方护路相结合。2004年，共破获破坏铁路设施、盗抢铁路物资的案件57起，对99名犯罪分子进行了公开宣判，追回价值23万元的被抢盗物资，排查消除影响铁路安全因素51起，调处涉铁路纠纷43起，防止破坏铁路设施案件45起，制止卧轨事件8起。两年来郑州市辖区内铁路未发生一起重大案事件。

【预防青少年违法犯罪】 2004年，制定和完善了《郑州市教育行政部门行政处罚简易程序操作规程》、《郑州市教委法制工作规程》、《教师申诉办法》等规章制度，构筑学校、家庭、社会三位一体的青少年学生法制教育网络。在各中小学校普遍开设了法制课，做到教材、教师、课时、大纲四落实。普遍成立了家长学校，定期组织家长到学校开家长会，传授子女教育的科学方法，交流沟通学生在校情况。建立了青少年法制教育基地，组织青少年学生到法院旁听审判，到监狱、劳教所听违法犯罪人员现身说法。通过努力，有效地预防了青少年违法犯罪。郑州市预防青少年犯罪的做法，在2004年全省预防青少年违法犯罪工作会议上进行了经验介绍。

【治理学校周边环境】 2004年，郑州市在成立整治校园周边治安秩序领导小组的基础上，建立了联席会议制度、即时联动机制、限期治理承诺制、媒体参与监督机制等一套行之有效的制度和机制。各成员单位依据各自的职能，密切配合，形成合力，市公安局严厉打击校园周边侵害师生人身和财产安全的违法犯罪活动，团市委积极开展“少年儿童平安回家”活动及青少年维权工作，市行政执法局加强对学校周边占道经营的治理，市新闻出版局加大对校园周边黄昏夜市和早市的检查力度，市教育局不断完善全方位的学校安全工作制度。通过治理，郑州市大中小学校的校园及周边治安环境有了明显改观，师生的安全感明显增强。2004年6月，全省学校及周边治安综合治理工作会议在郑州召开，郑州市在会上进行了经验介绍。

(廖　原)

爱国卫生

【概况】 2004年，郑州市爱国卫生工作在市委、市政府的正确领导下，以十六大精神和邓小平理论、“三个代表”重要思想为指针，围绕优化人居环境、改善城市形象、促进经济发展的总体思路，以迎接全国中西部省、市、区创建国家卫生镇现场经验交流会为契机，从开展爱国卫生运动，保障人民身体健康，改善城乡卫生环境状况，提高生活质量入手，集中力量狠抓农村卫生环境集中整治、城区市容环境卫生集中整治等各项创建和爱国卫生工作。全年共创建省级卫生镇2个、省级卫生先进单位33个，市级卫生镇1个、市级卫生先进单位58个，市级无烟单位16个。在卫生镇创建工作中，由于成绩突出，郑州市爱卫办及新郑市、巩义市、二七区爱卫办受到河南省爱国卫生运动委员会的通报表彰。巩义市爱卫办主任张清海和巩义市小关镇、二七区马寨镇、新郑市薛店镇的党政主要领导等7人被市政府记个人三等功一次。

【创建国家卫生城市】 2004年,郑州市创建国家卫生城市工作,本着“以人为本、完善功能、优化环境、提升品位”的原则,以集中整治市容环境卫生和中心城区综合整治为重点,在城区巩固基本达标成果的基础上,城市卫生基础设施建设和市容卫生管理水平又有了新的提高和发展。

广泛宣传,调动方方面面参与创建和爱卫活动的积极性。各级、各部门在层层召开动员会宣传创建国家卫生城市、开展爱国卫生工作重要意义的同时,一是利用新闻媒体宣传市委、市政府的要求,曝光创建和爱卫工作中存在的问题和不足,反映市民群众对开展爱国卫生工作、整治市容环境、创建卫生城市、改善人居环境的迫切要求;二是利用各级、各部门的电子屏幕、宣传栏和文明学校等阵地,宣传创建及爱卫工作活动内容、标准和要求。举办了创建及爱国卫生专业知识培训,对各县(市)、区、市直有关部门的专业人员进行了业务培训。三是广泛开展健康教育活动,普及卫生科学知识,提高市民素质。据统计,仅在集中整治市容环境卫生活动中,市内各区就设置大型公益宣传广告20块,制作墙体宣传标语1800余条,印发各种宣传材料和卫生整治标语10万余份,在公共场所设置卫生宣传咨询站130余个次,出动宣传车38台次,在单位居民区新增卫生宣传栏1300余个。另外,市创建办还在《郑州晚报》专门开辟了“改善人居环境、创建卫生城市”专栏。与此同时,动员市内各区、市直有关部门在主要道路繁华路段利用固定广告栏和文明墙,增设宣传教育广告;在各居民社区利用健康教育专栏或增设新的健康教育栏开展创建和卫生知识宣传。宣传发动的广泛深入,充分调动了各行各业和全市人民参与创建和爱卫工作的积极性。

强化督导,保证创建及爱卫工作的顺利开展。市长王文超、副市长丁世显坚持周末带领市直有关部门和市内各区的领导对特殊行业、重点地区的创建及爱卫工作进行检查督导,发现问题,现场解决。副市长、市爱卫会主任高建慧带领卫生等部门的领导以“五小”整治为重点,对市内各区的活动开展情况进行督导。在市容卫生环境整治活动中,市创建办成立的6个督导组和市卫生局等有关部门成立的督导组都坚持以六大项内容(都市村庄、集贸市场、城乡结合部、散居居民区、中小饭店、背街小巷)和“五小”(小饭店、小理发店、小副食品店、小冷饮店、小熟食店)为重点组织经常性暗查暗访,并采用录像的方式,深入到分包区和基层单位帮助找问题、寻原因、理思路、促整改。与此同时,市创建办还坚持对省、市16个系统进行督导,对市容环境卫生坚持“早上、上午、中午、下午、晚上”5个时段的经常性市容督查。在集中整治城乡卫生环境活动中,由市创建办、文明办、农业局、卫生局抽调人员组成3个督导组,在对12个县(市)、区进行的3次督查活动中,深入乡(镇)近800个村。市内各区、各乡(镇)、街道办事处、区直有关部门在市里的影响带动下,除党政一把手亲自带队对整治活动进行安排部署和具体督导外,也纷纷从有关部门抽调精兵强将,采取拉网式检查的办法,逐单位、逐街道、逐社区对市容综合整治工作进行督查。在层层组织督促检查的同时,由市创建办组织各区以“五小”、6个方面为重点,开展了互查互评,由市卫生局、市执法局、市市政局、市环保局分别以“五小”督查、占道经营取缔、背街小巷清扫保洁、燃煤大灶取缔等为内容,对各区的活动开展情况进行检查评比,并由市创建办统一在市属新闻媒体上排名公布互查评比和检查评比成绩。市、区、街道办事处三级领导高度重视、认真负责,市直有关部门积极配合,不仅在全市形成了横到边、纵到底的三级督查网络,而且通过检查督导,有力地保证了整治活动的正常开展。据统计,活动中,仅市、区两级创建办就成立督导组54个,在一个多月的活动中,共下发督办查办通知书400余份,编发整治活动简报200余期。通报表彰先进单位200余个次,通报批评后进单位30余个次,下发卫生黑旗10面、黄旗4面。通过采取一系列有效的措施,创建国家卫生城市工作取得了新的突破。特别是在迎接全国中西部省、市、区创建国家卫生镇现场经验交流会和首届世界传统武术节等活动中,郑州市的城市卫生管理水平都给中外客人留下了美好印象。巩义市、荥阳市、新密市、中牟县已按照要求通过了省爱卫办组织的省级卫生城市(县城)届满复核;登封市卢店镇、新郑市龙湖镇通过了考核验收,顺利跨入省级卫生镇行列;巩义市站街镇通过考核验收成为市级卫生镇。

加大投入,中心城区综合整治成效显著。2004年是省会中心城区实施“三年大变”规划的第二年,也是郑东新区“三年出形象,五年成规模”的第二年。按照“保护改造中心城区、规划建设郑东新区”的总体工作思路,成立22个专项整治指挥部,各指挥部分工协作,各司其职,市内各区、市直各有关部门紧密配合,扎实工作,使中心城区综合整治工作进展顺利,成效显著。全年共完成投资50多亿元,拆迁各类建筑物193.4万平方米,新修、整治道路31条、总长129公里;郑东新区建设稳步推进,全年完成投资58亿元,新开工项目35个,续建和新建道路59条(段)、总长138.3公里,新开工建设桥梁12座,“三河一渠”工程基本完工,房屋建成面积286万平方米。城市绿化水平进一步提高,全年新增绿地面积510万平方米,新建花园式单位50个。

【市容卫生环境集中整治】 7月中旬到9月上旬,城区以刹回潮、防反弹为重点,以全面提高城市建设和管理水平,努力创建国家卫生城市为目标,本着以人为本的原则，结合改善人居环境和中心城区综合整治工作，开展了为期一个多月的市容卫生环境集中整治活动，不仅使郑州市创建工作的薄弱环节得到了有效治理，而且优化了人居环境，维护了城市形象。活动中，各区严格督导狠抓落实。金水区在组织开展互查互评活动的同时，对工作不力致使辖区占道问题严重的区行政执法局和经八路办事处等单位的4名分管领导采取了免职处理的组织措施。在层层督促检查的同时，二七区实行了风险抵押金制度，即由承担整治任务的委局和办事处（乡、镇）的主要领导向区政府交纳2000元风险抵押金，活动结束后，任务完成好的返还抵押金并奖励，差的没收抵押金并通报批评。中原区采取分级承包责任制的办法，由38名县（处）级领导干部分包各乡（镇）、办事处，由48个区直部门科级领导干部分包城中村和社区，并实行区领导和部门领导与被包单位同奖同罚的办法，使全区上下人人有责任，个个有压力。检查督促办法和奖惩措施的认真实施兑现，有力保证了整治活动的顺利开展。

【“五小”整治】 为了搞好小饭店、小理发店、小熟食店、小副食店、小冷饮店等“五小”的卫生问题，各区、各部门围绕落实餐具和用具消毒制度，健全卫生基础设施，改善环境卫生等工作，采取统一行动、联合执法的办法，全面开展“五小”集中整治活动。据统计，活动中，市内各区共取缔不符合卫生条件的“五小”经营户158户次，督促整改不达标的“五小”经营单位2750户次，取缔不具备基本开业条件的早、夜市44处，补办从业人员健康证近万人，补发经营卫生许可证3000余户。

【集贸市场整治】 市工商局、市卫生局联合印发了集贸市场卫生整治工作方案，在进一步明确任务、落实责任的同时，由各区、各部门从加强集贸市场的卫生管理入手，通过健全组织，完善制度，强化督促检查，不仅使纬四路集贸市场、刘砦集贸市场、陇海路集贸市场等集贸市场基本达到了整治要求，而且使全市102个集贸市场的卫生状况均有不同程度的改善。据统计，在集贸市场整治活动中，全市共依法清理集贸市场内占道经营5000余处，取缔非法集贸市场4个，清理违章屠宰家畜家禽6户，取缔燃煤大灶4500余户，没收烧烤炉具90余套，新增卫生保洁员107名，新建公厕27座、垃圾房132个，新增垃圾箱308个、果皮箱225个、保洁桶10780个，收缴不合格食品、副食品350余公斤。管城区在依法取缔布厂街花园村的马路市场中，共拆除违章建房11间、约250平方米；为从根本上解决北顺城街牛羊肉市场的占道经营问题，计划新建3000余平方米的牛羊肉市场；在陇海路市场改造中，共筹资20余万元，购买新型封闭式塑钢货架130余个。

【市容卫生整治】 各区、各部门以清理取缔占道经营、露天烧烤、软体条幅广告和清理卫生死角为重点。市、区城市管理行政执法局对违章乱挂的软体广告和宣传条幅，发现一个摘除一个，从而基本杜绝了城区的软体广告，净化了城市空间，使市容卫生状况有了进一步好转。据统计，活动中全市共清理取缔各种违章占道经营摊贩57000余户次，取缔燃煤大灶5100余户次，清除卫生死角40000余个，清理各种小广告23000余处。在城中村、城乡结合部、集贸市场、沟河渠两侧清理积存垃圾近10万立方米，取缔城区内的废品收购站点246个，没收三轮车238辆，拆除违章搭建25460平方米，硬化路面49500平方米。高新技术开发区对丁香里临秦庄路段的垃圾一条街进行了清理；二七区齐礼阎乡为加大市容卫生管理力度，新聘用市容卫生协管员20余名；火车站地区管理委员会为火车站广场更新果皮箱100个；惠济区在搞好城区卫生的同时，组织力量清理环道外大河路、开元路、天河路、英才路两侧积存的垃圾，并按城区道路卫生管理标准加强了清扫保洁工作。

【创建国家卫生镇现场经验交流会】 7月6日至7月9日，全国中西部省、市、区创建国家卫生镇现场经验交流会在郑州市召开。来自全国24个省、市、区和河南省17个地、市，郑州市及市属12个县（市）、区的150多名代表参加了会议。此次会议的主要目的是推广郑州市创建国家卫生镇的成功做法，交流总结各省、市、区创建国家卫生镇的先进经验，进一步明确创建国家卫生镇的工作任务。全国爱卫办副司长冯月菊，省卫生厅副厅长秦省，郑州市副市长、爱卫会主任高建慧出席了会议开幕式。冯月菊副司长对郑州市创建国家卫生镇工作给予了充分肯定；郑州市农村大力开展垃圾规范化管理和卫生环境集中整治，广泛开展爱国卫生运动，建成国家卫生镇5个、省级卫生镇2个、市级卫生镇17个，冯月菊副司长对郑州市取得的显著成绩提出了表扬。

与会代表现场参观了郑州市市容市貌、夜景照明工程和二七区马寨镇、巩义市小关镇及竹林镇等3个国家卫生镇。

【健康教育】 广泛开展健康教育活动，普及卫生科学知识，提高市民素质。据统计，仅在集中整治市容环境卫生活动中，市内各区就设置大型公益宣传广告20块，制作墙体宣传标语1800余条，印发各种宣传材料和卫生整治标语10万余份，在公共场所设置卫生宣传咨询站130余个次，出动宣传车38台次，在单位居民区新增卫生宣传栏1300余个。与此同时，动员市内各区、市直有关部门在主要道路繁华路段利用固定广告栏和文明墙，增设了一定数量的宣传教育广告；在各居民社区利用健康教育专栏或增设新的健康教育栏开展创建和卫生知识宣传。通过实地察看、问卷调查的方式，对市区开展健康教育情况、健康教育组织建设情况进行了调查。数据显示全市居民卫生知识知晓率和健康行为形成率均有显著提高。

组织开展“爱国卫生月”活动和“世界卫生日”、“世界无烟日”宣传活动。4月7日，是第55个“世界卫生日”。当日，通过组织机关和公共单位干部职工开展义务劳动，进行卫生知识宣传，掀起了以整治卫生环境、提高市民素质为重点的“爱国卫生月”活动高潮。据统计，仅市区就组织65000多人参加“世界卫生日”义务劳动，共清理垃圾4000余吨，设置宣传板面(条幅)1180多块(条)，发放宣传资料9万余份。5月31日是“世界无烟日”，为了积极引导市民远离烟草，当日上午，在绿城广场举行了声势浩大的控烟宣传活动。各区精心制作了图文并茂的宣传版面，控烟咨询站的医务工作者为市民回答各种有关控烟的问题，免费检查身体，发放宣传材料。据统计，在绿城广场共展出宣传版面130块，设咨询站25个，组织锣鼓队和秧歌队11支。市第五十七中学、市第十九中学均通过演讲、小品、相声、音乐剧、朗诵、知识问答等形式组织了“远离香烟，珍爱生命”、“拒吸第一支烟，做文明青少年”主题班会。

【除“四害”】 除“四害”活动不断开展，坚持冬、春季开展灭鼠，夏、秋季开展灭蚊蝇，有效控制了“四害”密度，经监测，“四害”密度均保持在《国家卫生城市标准》之内，为保障城乡居民的身体健康做出了贡献。3～4月份在全市开展了统一灭蟑螂活动。市爱卫办投入近10万元给各区及街道办事处配发灭蟑螂药物和器械。在城区开展了蟑螂普查普治工作，在广泛发动群众基础上，充分做好环境防治工作，铲除蟑螂孳生环境，深入搞好本底调查，采取物理、化学、环境综合防治法，从根本上控制蟑螂密度，消除蟑螂危害。此次普查共组织蟑螂普查队伍18848人，对全市411个社区，3730个居民楼院，17413幢楼房，696520个住户，5422个特殊场所(其中，宾馆260个，饭店3358个，浴池310个，医院144个，商场、超市437个，糕点加工点283个，单位职工食堂336个，学校食堂255个，食品、饮料、肉类加工厂27个，水产市场12个)以及11452个沿街一般单位进行了本底调查，确认513个单位为有蟑螂侵害单位。全市各级共组织灭蟑螂业务培训461次，市、区、办事处(乡、镇)、社区、单位形成了一个灭蟑网络，组建灭蟑小组4086个，组建灭蟑队伍人数18848人。在环境防治的基础上，开展化学防治，使蟑螂密度下降51.94%。

【农村卫生环境集中整治】 2004年，郑州市集中整治农村卫生环境工作，以清垃圾、改厕所、扫庭院、除陋习为内容，通过“三抓、三促”，即：抓宣传发动，促认识的提高；抓制度建设，促卫生习惯的养成；抓检查督导，促整治进度的落实，农村卫生面貌大为改观，集中整治农村卫生环境工作取得了显著成绩。

为了使农村卫生整治工作家喻户晓，人人皆知，营造良好的工作氛围。活动中，全市122个乡(镇)和3020个村委会共出动宣传车3679台次，制作宣传板报3795块，悬挂宣传条幅5355条，张贴标语20398条，印发宣传材料87万份，粉刷墙体标语9529条，县(市、区)、乡(镇、办)两级组织召开现场会673次，经验交流会136次，举办各种改厕培训班311次，培训技术骨干10628人。

由市创建办、文明办、农业局、卫生局抽调人员组成的3个督导组，在对12个县(市)、区进行的3次督查活动中，深入各乡(镇)近800个村，督导农村卫生整治工作。巩义市采用签订《承诺书》的办法立军令状，由70个市直单位进行一对一的包村扶持，并按照“镇、村、户合理分担费用，专业队伍与个人施工相结合”的原则，全面开展整治工作。登封市成立由市委书记、市长任指挥长，市四大班子领导任副指挥长的“登封市集中整治农村卫生环境工作指挥部”，由市委组织部从市直单位和部分街道办事处抽调副科级后备干部35人组成办公室，具体负责各项工作的督导落实；在安排53个市直委局抽调人员对53个行政村给予技术指导、督促工作的同时，由各部门筹措资金帮助解决整治工作中的实际困难。巩义市建立了每日联合督查、领导定期督查及内部督查等督查机制，为保证督查活动正常开展，从建管、交警、园林等部门抽调专职人员16人，并新购督查车3部大力开展督查工作，同时坚持每次都将督查结果在新闻媒体上公示，在《督查通报》上通报。中原区在副县级领导分包到村的同时，由乡(镇)领导和村组干部分包到户，指导、督促、协调活动的开展；明确48个区直部门分包到自然村，全过程帮助指导。二七区侯寨乡共为183个村民组配备垃圾运输三轮车280多辆，配编清扫保洁员201名，实现了条条道路有人扫，2000多个垃圾箱个个有人清的卫生管理局面。中牟县将整治工作列入政府督办工作的重点，由政府办公室督查科每月进行一次督查；同时，积极推广“一池三改”工作，即将兴建沼气池，解决清洁能源，与改厕、改圈、改环境结合起来，采用以奖代补的办法发放专项资金800余万元，新建成水压式沼气池6045座。农村卫生整治工作初步形成了横到边、纵到底，各司其职，齐抓共管的层层负责网络。

通过各级各单位的积极工作，农村卫生环境集中整治取得了明显实效。活动中，各县(市)、区共投入专项资金4.2亿元，农户自筹资金1.15亿元，出动48.8万人次，车辆2.4万台次，清运垃圾93万立方米，改建、新建公(校)厕647座，修建户厕5万座，改建户厕6.4万座，对300个村的主要道路进行了硬化，对1037个村进行了绿化，新修建垃圾房(池)4150个，新建沼气池6850个，共创建垃圾规范化管理村798个。经县(市)、区考核验收，已有300个村达到了整治标准，有44个村达到了市级卫生村标准。全年共新增改水点21处，饮用自来水的农民新增1万人，全市有40个水厂达标。

(张中建 阎奇峰)

第二十一篇 开发区建设

郑东新区

【概况】 郑东新区位于市区东部,主要由CBD(中央商务区)、城市生态区(龙湖区)、龙子湖区、商住办公物流区、科技园区和工业园区(经济技术开发区)组成。

郑东新区管理委员会成立于2001年12月,是郑州市委、市政府的派出机构,统一负责郑东新区开发建设和管理工作。下设办公室、计划财政局、人事劳动局、招商局、建设局、土地规划局。郑东新区公安分局、郑东新区行政执法分局、郑东新区房管分局为垂直部门,受其主管单位和郑东新区管委会双重领导。

2004年,在省委、省政府的高度重视和市委、市政府的正确领导下,在省市有关部门和金水区、管城回族区的大力支持配合下,郑东新区按照"三年出形象,五年成规模"的目标要求,坚持以科学发展观为指导,突出CBD建设重点,同时抓好基础设施建设和龙湖南区、商住物流区、龙子湖区项目建设,全力掀起开发建设高潮,各项工作稳步推进。

截至2004年底,累计开工项目75个,计划投资122.3亿元,其中2004年开工35个。续建和新建道路59条(段),138.3公里;累计开工建设桥梁20座,2004年开工12座;"三河一渠"工程基本完工,治理长度19.6公里;房屋开发面积累计达490万平方米,2004年开发面积286万平方米,比上年增长169.8%;固定资产投入累计完成114.8亿元,2004年完成58亿元,超过上年的55亿元。

【中央商务区建设进展顺利】 2004年,郑东新区中央商务区建设进展顺利,形象初步显现。中央商务区入驻项目43个,其中40个已开工。内、外环60栋高层开工36栋。内环30栋全部开工,其中19栋结顶,7栋进行了内外装修。郑州国际会展中心主体工程基本完工,累计完成投资13.93亿元。河南艺术中心地下工程全部完成,完成投资2.6亿元。CBD中心湖及南北运河已经开挖。郑州47中二期土建工程已全部完工。CBD主要道路绿化亮化工程基本完工。连接CBD的金水路立交桥基本贯通。

【入驻项目建设】 龙湖南区、商住物流区成为投资热点,入驻项目建设稳步推进。2004年,龙湖南区入驻项目14个,5个已开工建设。商住物流区入驻项目54个,24个已开工建设,郑东置业一期等5个项目主体已经结顶。

龙子湖区、科技园区建设稳步推进。2004年,龙子湖区6所高校已开工建设,完成投资5.7亿元。科技园区内电子27所项目计划投资4亿元,已完成征地拆迁工作,具备开工条件。

龙湖水系开挖工程前期准备工作进展顺利;龙湖水环境保护和龙湖主要规划等专项研究、编制工作正在进行。

【基础设施建设】 2004年,基础设施建设步伐明显加快,郑东新区建设高潮初步形成。在监理、施工单位中开展"争红旗、亮黄牌"活动,对进度快,管理好的表彰奖励,对进度慢,质量和管理差的通报处罚,已评比两次,共评议出12个受奖单位和10个受处罚单位。通过开展"争红旗、亮黄牌"活动,进一步加快了基础设施建设步伐。

2004年续建道路35条(段),新开工24条(段),完成投资10亿元,34条(段)已具备通车条件。起步区共规划桥(涵)34座,新开工12座,2004年完成投资2.3亿元,已开工建设的20座中有11座具备通车条件。基础配套设施逐步完善,随道路施工敷设的热力、燃气、自来水、雨水、污水、通信等各种管线,共完成投资4.11亿元。黄河东路花坛绿化、"三河一渠"临时绿化工程已完成;郑汴路、金水东路、107辅道绿化工程正在施工。黄河东路CBD段、CBD内环、郑汴路、金水东路亮化工程已完成。

【土地收购征用及出让工作】 土地收购、征用、出让工作稳妥进行,2003年下半年上报的3个批次、564公顷土地,1个批次2004年省政府已批准。2004年以招标、挂牌和拍卖方式出让土地144.2公顷,出让金10.7亿元。以协议、划拨方式出让土地111.8公顷,出让金4.12亿元。清理项目75个,追缴土地欠款超过12亿元,收回无实力开发的项目用地133.33公顷。累计收购国有土地152.01公顷,2004年收购33.6公顷;累计征用集体土地2050.46公顷,支付资金24亿元(包括向两区借款5.2亿元),2004年征用420.67公顷,支付资金7.1亿元。拆迁各类建筑

130 万平方米，涉及 4682 户、17901 人。

【拆迁安置】 2004 年，拆迁安置工作扎实有效。共规划安置小区 5 个，金水区十里铺安置小区、庙张安置小区、姚桥安置小区和管城区东周安置小区基本完工或正在加紧建设。截至年底，496 栋已开工，建筑面积约206.5万平方米（金水区157.7万平方米，管城区48.8万平方米），1.7万多名农民可以实现安置。金水区化庄组团 16 栋楼已交付使用，166 户、621 名群众已回迁；管城区分房工作已完成，753 户人住手续已办理完毕。同时，加强就业和社会保障工作。市有关部门和单位提供月工资不低于 500 元的就业岗位 11632 个，有 869 名被征地农民在政府扶持下上岗就业。其中，郑东新区管委会提供就业岗位 653 个，安排被征地农民 118 人。另外，在原征地补偿基础上每亩新增加 10000 元作为被征地农民基本生活保障专项资金。金水区有 1700 多人参加了基本生活保障。

【加强规划和管理】 2004 年，完成了 6 个河渠(段)、27 条道路景观方案设计、起步区植物景观设计导则、龙子湖湖滨景观设计委托、16 座桥梁初步设计、150 平方公里模型制作；组织编制了郑东新区 115 平方公里抗震防灾等 9 个专项规划、起步区道路工程管线综合规划、郑东新区“如意形”夜景照明规划、金水东路、中央大道等城市主干道两侧的城市设计；完成了 40 多个项目的选址和建设用地规划许可证的核发工作，以及 10 多个项目的建设工程规划许可证的核发工作。同时，组织了 20 多个项目规划设计方案的评审工作。另外，还协调办理《国有土地使用证》50 多宗。

【招商引资】 2004 年，招商引资工作取得新突破，融资后劲明显增强。2004 年共引进项目 50 个，预计总投资超过 160 亿元。天津顺驰、上海绿地、浙江亨哈、浙江国泰、澳大利亚 L. J. HOOKER 公司、意大利 CLAM. SRL 公司、澳门宝龙集团、德国麦德龙等国内外知名品牌企业纷纷抢滩郑东新区。取得了 3000 万美元以下的非限制类外商投资项目审批权限，引进外资企业 5 家，合同利用外资 2325 万美元，实际利用 881 万美元，利用外资“三项指标”实现零突破。会展宾馆项目与美国 RQSI 投资基金管理集团等公司初步达成了合作意向。

2004 年共返还到期银行贷款 13.65亿元，取得银行还旧借新资金 11.95亿元。积极与金融及融资中介机构联系，与国家开发银行等金融投资机构初步达成了合作协议，积极探索运用 BT 模式进行基础设施建设，为今后的筹融资工作奠定了基础。

【施工环境治理】 2004 年，施工环境治理成效显著，建设环境明显改观。成立了施工环境治理领导小组，从金水区、管城回族区和郑东新区公安分局及管委会抽调专人实行 24 小时值班，随时处理强买强卖、强揽工程、阻挠施工、非法取土等影响施工环境的事(案)件。组织开展施工环境集中整治行动，出动 3 台宣传车深入各村、各建设工地宣传政策，发放、张贴宣传材料 20000 余份；严厉打击个别无理取闹，严重干扰、阻挠施工的不法分子，处置影响建设施工环境事件 240 余起、群体性堵路事件 9 次，治安拘留 9 人，警告 27 人，告诫性谈话 34 人。通过打击与教育并举，郑东新区施工环境明显改善。建立施工环境治理长效机制，金水区、管城回族区分别成立了优化环境办公室，各派出所实行重点项目民警联系制，建立民警工作室 22 个，基本构建了郑东新区施工环境治理网络。

【加强协调，完善制度】 2004 年，在原有 CBD 和龙子湖区建设指挥部的基础上，又新成立了项目协调管理指挥部、龙湖建设指挥部、龙湖南区建设指挥部、商住物流区建设指挥部、基础设施建设指挥部、科技园区建设指挥部、拆迁指挥部等七个指挥部，把郑东新区各功能区项目建设纳入指挥部工作范围。

建立完善了郑东新区建设领导小组会制度、管委会党政联席会制度、指挥长联席会制度、业主单位联席会制度、市直部门郑东新区集中办公制度、郑东新区施工环境综合整治领导小组例会制度等各项会议制度，完善了郑东新区的议事规则。坚持项目手续周二集中办理制和限时办结制，规范了郑东新区各项审批流程，优化了服务环境。

切实转变工作作风，实行二分之一工作法。一半人员深入到项目单位、把一半精力用到施工现场，对项目进行全程服务、动态管理。

公安分局深入开展严打整治斗争，共立刑事案件 545 起，破案 90 起，有力地维护了新区的治安环境。执法分局加大了行政执法力度，先后制止、拆除违章建房 112 处，拆除违章广告牌 86 处，实施行政处罚 6 起。房管分局切实履行职责，办理开发资质 6 家，开发规模130.07万平方米；办理预售许可证 20 个，预售面积97.32万平方米，为郑东新区房产开发建设提供了有力的保障。军队协调工作成效明显，先后协助完成了民航雷达站、部队油库等 10 余项土地移交、置换和拆迁任务。

（孙思含）

郑州高新技术产业开发区

【概况】 郑州高新技术产业开发区始建于 1988 年 10 月，总体规划面积为 67.7平方公里，1991 年 3 月被国务院批准为国家高新技术产业开发区，1993 年被国家科委评为 10 家先进高新技术产业开发区之一，2001 年被国家科技部、外经贸部批准为国家级高新技术产品出口基地。

2004 年，郑州高新区大力实施

"2499"工程，真抓实干，狠抓落实，主要经济指标增长达到或超过了30%，道路建设投资和里程创历史记录，招商引资项目数大幅度增长，国家级河南省大学科技园通过科技部和教育部的验收，国家"863"中部软件产业基地开工奠基。2004年实现生产总值59亿元，比上年增长35%。实现工业总产值196亿元，比上年增长34.5%；实现工业增加值51.7亿元，增长34.3%。实现财税收入7.3亿元，比上年增长20.9%；实现本级财政收入2.85亿元，增长37%。出口创汇3280万美元，比上年增长24%。实际利用外资2280万美元，比上年增长33.6%。完成固定资产投资18亿元，比上年增长76.4%。郑州高新区建区16年来，累计批准企业1518家，实现工业总产值815.5亿元，完成税收34.73亿元，实际利用外资2.768亿美元，出口创汇3.955亿美元，初步形成河南省环境最优、服务最好、发展最快的区域。

【基础设施建设】 2004年建设道路26条，道路总长度达到32公里，是高新区历史上投资最多、里程最长的一年。完成了西南区供电工程建设任务，解决了西南区项目建设及企业生产用电问题。共铺设电缆线路8公里，建成了冬青、梧桐、红叶等3个公用配和三面环网柜。供电容量达11万千伏的瑞达变电站主体工程完工。建成给排水管网13.84公里，道路配套雨水管网建设39.5公里，路灯建设2公里。完成了6条道路的绿化，种植草坪3万平方米。完成了国槐街路面维修和银屏路等5条道路人行道改造，金梭路等6处广场建设，以及科学大道沿线硬化、绿化景观建设。创业中心2号基地三期工程主体完工，总建筑面积4.4万平方米，完成投资3700万元。光机电产业基地建成并投入使用，总面积达到5.3万平方米，完成投资4000万元；国家863软件孵化产业基地已开工。初步完善了高新物流园区规划手续，编制了物流园区分期建设规划。拆迁安置过渡小区建设试点已经启动；鑫港大厦及省市重点工程建设完工，并将投入使用；郑州燃气电站已经开工建设。2004年新开工建筑面积39万平方米，工程竣工验收28万平方米，新建工程质量监督率达到100%。

【招商引资】 2004年，高新区建立和完善了投资办事大厅值班长制度等10余项制度措施，实现了"一站式"办公，建立了投资服务快速反应机制。以"高、大、外"项目为牵动点，积极实施"走出去、请进来"战略，制定出台了《高新区引进总部基地优惠政策》，不断探索和创新招商思路和措施。在上海、广州分别设立招商办事处，初步收到搭建桥梁、建立窗口、收集信息、扩大宣传的效果。积极深入经济发达地区走访，并与当地台办、商会建立联系，同时与驻豫商会及省内行业协会建立了广泛合作关系。重点对省内大型知名企业拜访，有针对性地对国企改制项目进行跟踪。着手设立河南省高新技术企业总部基地，建立新的招商平台。经常性地开展招商培训和招商经验交流，选择参加各种会展、会议，广泛收集项目信息，对招引外资企业加大了主动出击力度。2004年共引进工商注册企业1005家，办理税务登记证的企业764家；引进外资企业21家。引进企业注册资金31.3亿元。其中，上亿元的项目17个；5000万元～1亿元项目27个。

【园区建设】 高新区共有9家专业园区，2004年创业中心新增孵化企业131家，成功举办了"中南六省区孵化器网络成立大会暨第一届年会"。海外创业园建设取得实质性突破，"中澳科技企业孵化器有限公司"已经列入国家科技部海外科技创业园试点工作范围；大学科技园通过国家科技部、教育部验收。经省政府同意，省教育厅、科技厅、郑州市人民政府《关于促进河南省国家大学科技园发展的若干意见》出台。争取省财政支持资金2400万元，已落实1400万元。

认真落实大学生创业园建设计划，指导有科技成果转化项目的硕士、博士入园创业。枫华、地学园林、海尔思等20家留学人员企业相继入驻；中部软件园组织企业进行"双高"、"双软"认定，申报各级各类项目计划，金惠计算机公司获得国家发改委重大软件专项资助，11家企业获得省级软件专项支持。12家企业获得省级计划项目支持，园区企业郑州信源公司等单位合作开发的电力客户服务技术支持系统获得省信息产业科技进步一等奖。新材料产业园大力培植骨干企业，积极引导企业对外合作，新引进国内最大的金属结合剂专业生产企业，极大地丰富了超硬材料产业基地产业链条，基地已形成原辅材料、制品、设备等较为完善的产品体系。光机电产业园在加紧基地硬件建设的同时，结合高新区制造业发展的现状及特点，积极筹划建设制造业工业园，并有步骤地开始实施建设。郑州印刷包装工业园已初步完成选址，招商工作正在进行，部分企业开始申请立项，征地建设前的准备工作已经开始。生物医药园积极引进代理公司，建设技术支撑服务平台，不断提高专业化服务水平。通过国家GMP认证的生物医药企业已达到18家，占郑州市的80%以上。河南省种子产业发展基地发展态势良好，已入驻种子企业50多家，集聚了省内30%左右的重点种子企业。

【科技创新】 2004年，高新区不断构筑科技创新体系，提升企业创新能力。全年共有213个项目列入国家、省、市科技和产业发展计划，其中113个项目获得资金支持，资金总额达到4669万元。全年落实市科技三项费用900万元，引进国家级、省级工程技术中心7个，其中引进国家级工程中心2个。全年共有84家企业被认定为高新技术企业，122个产品被认定为高新技术产品。截至2004年底，高新区经省科技厅认定的高新技术企业达到412家，占全省认定总数的30%，占郑州市总数的72%。拥有高新技术产品

663种，占全省认定总数的21%，占郑州市总数的61%。累计实施火炬计划项目191项。其中，国家级火炬项目91项。初步形成了软件和信息、生物医药、光机电一体化、新材料产业四大支柱产业，形成的年产值占全区总量的80%。2004年共有19个项目获得省、市科技进步奖。其中，省科技进步一等奖3项。

【产业培植】 威科姆公司、思达软件公司、信源公司、雪城软件公司等4家企业通过了2003年度国家火炬计划软件产业基地骨干企业审核。河南方正信德软件有限公司等30家企业及40个产品通过了"双软"认定。2004年，区内规模以上企业运行质量良好，对全区经济总量起到了引领作用。全年有8家企业通过ISO9000质量体系认证，区内总数达到40家。1家企业产品获得"中国名牌产品"称号，1家企业产品获得"河南省名牌产品"称号，区内总数达到6家。2004年共批准、登记自营进出口企业15家，高新区自营进出口内资企业已达到80家。

【人才队伍建设】 2004年，干部人事、机构编制管理工作步入规范化轨道，完成了在事业单位中推行聘用制工作。加强机关事业单位管理，对部分人员工作岗位进行了调整。加大引进人才力度，2004年共引进人才521名。其中，硕士61名；高级以上职称人员52名。建立高新区人才库，2004年人才入库共521人。加强了人才培训和干部培训工作，全年共举办各类培训班7次，培训2000余人次。截至2004年底，高新区共有从业人员53249人。其中，博士100人，硕士500人；拥有高级职称的专业技术人员2208人，拥有中级职称的专业技术人员5650人。

【土地开发和规划】 2004年，完成了土地市场秩序治理整顿检查验收工作，以及西部起步区8.8平方公里的用地置换工作。全年共出让土地232公顷，实现土地出让金收入23040万元。新报征土地56.67公顷，新征用土地483.33公顷，为项目建设提供了用地保障。完成了郑州高新区扩区总体规划的编制工作和沟赵、秦庄等9个村庄的拆迁改造规划，编制了村庄改造建设意见。完成了科学大道景观规划和施工图设计。截至2004年底，已开发土地18.6平方公里，已建成面积12平方公里，协议出让土地面积10.2平方公里。

【社会事业】 2004年，高新区新成立了金色嘉园社区居委会，并正式运行，瑞达社区居委会荣获"郑州市示范社区"称号。对各类娱乐场所进行了治理整顿，进一步净化了高新区文化市场。积极开展各项体育活动，组织参加市直机关第三届运动会，取得了优异成绩。教育水平不断提高，认真落实"以县为主"的农村义务教育管理体制，完成了全区农村4所初中和26所小学现代远程教育试点工程前期准备工作。加强教育教学研究，逐步推进新课程改革，教育教学质量全面提高。在教科研论文、教学成果评比中，全区有25人次获国家级奖励，有123人次获省、市级奖励。

【党建与精神文明建设】 2004年，成立23个基层党支部，发展新党员58人，预备党员转正15人。组织了1次入党积极分子培训，4次基层党支部书记会议。组织召开了高新区党委班子成员民主生活会，并整理制订出整改方案。全区举办了3期"三个代表"重要思想学习班。加强"三会一课"制度和"上党课、听党课"制度，督促、指导基层党支部以不同形式组织会议、学习155次，组织召开了高新区党委班子成员民主生活会。

深入贯彻落实《公民道德建设实施纲要》和中央文明委《关于深入贯彻党的十六大精神，进一步加强公民道德建设的意见》，围绕"三个争创"开展基层单位创建工作，各级各单位以"三讲一树"为主题，以培养"四有"公民为目标，进一步把群众性精神文明创建活动引向深入。2004年，高新区创建省级文明单位1个，市级文明单位2个，区级文明单位5个。全年共在国家、省、市级媒体发稿674篇。分别与河南电视台公共频道联合拍摄制作了庆祝建区16周年的专题片《创业报告》，与郑州人民广播电台新闻部合作了《走进高新区》专栏，对全区的建设发展集中报道，提高了高新区的知名度，扩大了影响力。

（刘　洁）

郑州经济技术开发区

【概况】 郑州经济技术开发区成立于1993年4月，位于郑州市东南部，规划面积12.49平方公里，2000年2月被国务院批准为国家级经济技术开发区。2003年9月对区内和周边的17个行政村实行代管，辖区面积55平方公里，常住人口56000人。

截至2004年底，全区开发面积近10平方公里，累计引进各类项目1026个，其中，工业项目210个，投资上亿元项目34个，规模以上企业70家。累计完成固定资产投资82.6亿元，其中，基础设施投资14.3亿元，建成区内实现了"七通一平"。荷兰飞利浦、韩国LG、德国MAN、日本东芝、台湾台塑等世界500强企业，希望集团、安彩集团、郑州日产、宇通客车、海尔集团、天冰冷饮等国内知名企业先后入区兴业，初步形成了电子信息、电力器材、印刷包装、食品加工等四个主导产业。以河南郑州出口加工区、河南留学人员创业园、科技创业园、汽车工业园、信息产业园、安彩工业园为主体的"一区多园"发展格局日益清晰，产业平台开始初现。

2004年，全区实现国内生产总值31.1亿元，比上年增长31%。实现工业总产值48亿元，比上年增长53%；实现工业增加值15亿元，增长36%。实现财税收入3.9亿元，比上年增长

39%；实现财政收入1.3亿元，增长36%。规模以上企业由原来43家增至70家，实现工业总产值25亿元，比上年增长53%，其中安飞公司产值达到11亿元。

【招商引资】 2004年，通过加强招商引资力量配置，将项目招商和产业招商有机结合，全区招商引资出现了前所未有的良好势头，一批高科技、高效益、高税收项目开始向开发区聚集，招商引资由项目数量开始向项目质量转变。通过组织参加厦洽会、高交会、河南经贸项目推介洽谈会等40多个专业招商活动，美巢荣欣等一批项目落户经济开发区；通过利用区内现有企业以商招商，吸引社会资本与开发区企业相结合，保税中心与中海物流等成功实现了项目嫁接。2004年，全区新引进各类项目372个，协议投资总额70亿元。其中，工业项目144个，协议投资总额38亿元。新引进项目中，博赛生物等投资上亿元项目15个。安达生物（台湾独资）、思藤高新技术（加拿大独资）、哈里斯配件（英国独资）等外资项目30个，合同利用外资2.08亿美元，比上年增长6倍，实际利用外资4481万美元，比上年增长9倍，受到省商务厅贺信嘉奖。

【项目开工】 2004年，全区以项目开工为重点，成立了项目开工领导小组，对项目实行分包，加强领导，层层落实责任。同时，建立了项目开工及建设推进联席办公会议制度，每周六定期召开项目开工协调会，及时研究和解决项目开工中遇到的有关问题，督促进度，强力推进。公共保税中心、裕华紫光、卫华包装二期、西屋电气、九州通电子商务、森源电气、十一中学、科力化工、新利达创新大厦、三晖电气、省基础教育教研室、省新华书店物流中心、天明商务、省信息大厦、丹尼斯物流等21个项目开工建设。围绕项目开工，公安、行政执法、办事处、规划建设局等部门采取联合行动，严厉打击强揽工程、强装强卸、强买强卖、阻挠施工等不法行为，为项目顺利施工创造了条件，进一步优化了发展环境。

【基础设施建设】 在国家紧缩银根、开发区资金紧张的情况下，财政、土地、办事处等部门克服困难，创造性开展工作，先后完成了土地出让、拆迁补偿、土地平整等前期工作。依托建投公司融资平台，积极筹措资金，不断加大基础设施投资力度，2004年累计完成基础设施投资1.95亿元，比上年增长52%，是开发区基础设施资金投入较多的一年。2004年新建道路14条，道路总长6.9公里，10条路段建成通车，4条路段“三水”完工，3条道路路灯安装完毕，航海路西入口至第三大街段完成路面复浇，5条道路进行了绿化，累计绿化面积70000平方米，投入资金920万元。水、电、路、气、暖管网逐步延伸，覆盖面积进一步扩大，项目承载能力日益增强。

【园区建设】 2004年，按照“以项目带动园区开发，以板块搭建产业平台”的思路，通过调整发展战略，加强园区干部和招商人员配置，充分发挥留学人员创业园、高新技术创业中心两个国家级政策园区优势，加快信息产业园、汽车工业园两个产业园区的启动发展，强化安彩工业园的招商服务功能，以政策园区和产业园区为主体的“一区多园”发展格局日益清晰，产业平台开始初现。出口加工区于6月1日正式封关运行，按照边建设、边招商的工作思路，先后引进出口加工企业18个，引进资金约3.2亿元，合同利用外资约1000万美元。留学人员创业园新注册项目33个，引进留学回国人员45名，注册资金超过2亿元。留学人员创业园孵化基地已完成规划设计，将于近期开工建设。汽车工业园新规划11.67公顷起步区，已完成平面规划设计，申报“全国汽车零部件生产基地”工作正抓紧进行。信息产业园完成产业规划，围绕产业招商，英泰芯片、中信税控机等项目正在积极推进，建筑面积达36000平方米的河南省信息产业大厦已开工建设。科技创业园新引进科技企业65家，累计实现技工贸总收入15亿元，实现财税收入2500万元。安彩工业园在液晶玻璃等项目的招商服务上做了大量工作，取得显著成效。

【资源整合】 2004年初，开发区对全区17个行政村7071个农户开展了附属物普查工作，共登记住宅面积272.91万平方米，非住宅面积51.09万平方米，仓储厂房面积86.92万平方米。对有关附属物进行了汇总、分类，纳入计算机管理，为今后开发建设和科学决策提供了重要依据。对辖区土地和历年来土地欠款全面进行汇算，澄清底数，登记造册，签订补偿协议，使区、村和农民对欠费额度、还款进度都做到心中有数。

由企业服务中心牵头，加大闲置土地、停建项目清理力度，行政服务中心停止审批新的房地产项目，引导原来批复的房地产项目转入工业、综合用地和公用事业配套项目开发，依法收回18宗项目用地，收回土地53.33公顷，追缴土地款8000多万元。将未来都市15.33公顷土地改建为学校，将新利达4公顷土地改建为创业中心孵化大厦。通过变更用地性质，将有限的土地资源尽可能多的配置到开发区发展需要的项目上。追缴资金集中用于征地和附属物补偿，收缴土地优先安排汉威中显、西屋电气、丹尼斯物流等20多个高科技、高效益、高税收项目入区，对缓解土地供需矛盾起到了积极作用。同时，开发区管委投资200多万元，填平了第五大街以西沙坑，新安排了旭威汽车零配件等3个项目入区。利用高新技术创业中心政策优势，引导新利达、天明、国安等企业参与合作，规划建设10万平方米高科技孵化器，创业中心2号楼合作建设工作已经启动。

（李中灿）

第二十二篇 县(市)区概况

巩义市

【概况】 总面积1041平方公里,其中耕地面积33770公顷。辖16个镇、5个街道办事处,292个村民委员会。总人口791708人,其中农业人口653202人。2004年人口出生率为9.45‰,死亡率为5.58‰,自然增长率为3.87‰。

2004年,全市生产总值完成191.2亿元,比上年增长20.1%。其中,第一产业增加值3.9亿元,增长9.1%;第二产业增加值146.2亿元,增长24.6%;第三产业增加值41.1亿元,增长11.4%。非公有制经济完成增加值128.7亿元,比上年增长27.5%,占全市生产总值比重为67.3%,比上年提高3.5个百分点。实现地方财政收入8.21亿元,比上年增长53.6%。财政支出10.48亿元,比上年增长45.4%。全社会固定资产投资完成71.7亿元,比上年增长41.0%,创历史最高水平。社会消费品零售总额50.8亿元,比上年增长16.8%。金融机构年末各项存款余额79.3亿元,比年初增长7.1%。城乡居民储蓄存款余额64.4亿元,比年初增长8.5%。城镇居民人均可支配收入8112元,比上年增长15%。农民人均纯收入4777元,比上年增长15.3%。提前一年完成"十五"计划主要指标。在最新公布的全国百强县(市)排名中,巩义位居第59位,比上届前进2个位次。

2004年,全市完成工业增加值134.1亿元,比上年增长23.8%。其中,国有和年销售收入500万元以上的非国有工业企业(简称规模工业企业,下同)完成工业增加值88.4亿元,比上年增长30.6%;限额以上和个体工业企业完成工业增加值45.7亿元,比上年增长10.7%。民营经济快速发展,民营企业工业增加值比上年增长32%。全市工业产品产销率97.1%。规模工业企业实现产品销售收入285.35亿元,比上年增长46.5%;实现利税总额24.42亿元,增长34.2%。民营工业企业销售收入比上年增长33.7%,利税总额增长12%。其中,明泰铝业销售收入超20亿元,竹林集团超10亿元。

2004年,全市粮食总产量16.9亿吨,比上年增长4.8%。2004年经济作物总面积为7104公顷。其中,棉花产量852吨,比上年增长126.0%。2004年肉类产量19413吨,比上年增长4.7%,其中猪牛羊肉产量16309吨,增长2.0%;禽蛋产量12535吨,比上年减少1.5%;奶类总产量4000吨,比上年增长25.3%;水产品产量1138吨,比上年减少9.0%。2004年成片造林面积为1733公顷,成林抚育作业面积7529公顷;幼林抚育作业面积10261公顷/次,比上年增加282公顷/次;新育苗面积160.6公顷,四旁植树81.6万株。农田有效灌溉面积15403公顷,比上年增加208公顷;旱涝保收田12692公顷,比上年增加181公顷。2004年,巩义市全面实施农村税费改革试点工作,在全省率先全部减免农业税,农民减负1400万元,粮食直补全面实施,发放补贴363万元。

2004年,实际利用外资5058万美元,比上年增长2.2倍;全年出口总值7820万美元,比上年增长1.4倍。2004年旅游业持续发展,景区景点共接待国内游客75万人次,实现旅游收入4050万元。

2004年,在全国优秀政府门户网站调查活动中,巩义市政府网站名列第一,并获得"2004年中国优秀政府门户网站"称号。2004年,市定10件实事工程,除老城广场因政策原因暂停外,其余9件全部完成。

【机构与领导】 市委:书记穆为民;副书记乔建宏、姜现钊(5月免)、李喜安(3月任)、赵明恩、王富松、李杰(6月任)、张春阳(6月任);市委常委穆为民、乔建宏、姜现钊(5月免)、李喜安(3月任)、赵明恩、王富松、李杰(6月任)、张春阳(6月任)、王根宪、姚朝社(6月免)、潘新红(女)、谈得胜、肖国俊(6月免)、韩石头、李国强、乔耷(6月任)、葛震远(6月任)、李占龙(6月任)。

市委工作部门:市委办公室主任李国强;组织部长肖国俊(6月免)、葛震远(6月任);宣传部长潘新红(女);统战部长韩石头;政法委书记王根宪;市直工委书记袁现桃(女);信访局长赵宗礼;党史办主任刘林周;老干部局长刘满长;报社总编辑袁玉通(8月免);新闻宣传中心主任袁玉通(8月任);党校校长姜现钊(5月免)、李喜安(7月任);档案局长崔新茹(女);目标考评办主任崔丙伟。

市三届人大常委会:主任刘公林;副主任王香典(女)、郜万华、平超斌、焦占保、吴松福、王恒修、李书永。

市人大常委会工作部门:市人大办公室主任席新渠;选工委主任马秀石;财经工委主任孙国宪;法工委主任韩钦;教科文卫工委主任康敬修;农工委主任赵太顺。

市人民政府:市长乔建宏;副市长乔耸(6月任)、姚朝社(6月免)、刘振修、刘宗才(5月免)、陈新、许广佑、黄红霞(女)、张国宏、李明桢、武拥军、蒋德军(5月任)、刘啸峰(6月任)、杨彦峰(6月任)、卢书选(6月任)、王彬彬(6月免)。

市政府工作部门:市政府办公室主任常成军(8月免)、孙现升(8月任);发改委主任张复兴(8月免)、梁险峰(8月任);经贸委主任孙丙栓;教育体育局长赵延森(8月免)、常成军(8月任);科技局长刘嘉滨;公安局长武志亮;人口和计生委主任李钦周;民政局长乔万章;财政局长焦振福;人劳和社保局长曹克强;审计局长白玉琳;监察局长张廷献(8月免)、范志武(8月任);国土资源局长张治安;建设管理局长赵宗仁;环保局长马学红;交通局长薄长水;卫生局长陈廷栋;文化局长李小亭;农业局长祖振坤;水利局长张文江;统计局长崔丙伟;司法局长路宏杰(8月免)、张文超(8月任);煤炭局长王宏生;林业局长张文超(8月免)、赵延森(8月任);粮食局长白晓虎;民族宗教局长曹守年。

政协市三届委员会:主席魏新潮;副主席许文洲、李建国、王志恩、徐鸿钊、焦天伟、冯元光。

市政协工作部门:市政协办公室主任徐会昌(2月任);经济科技委主任赵玲春;提案委主任王虎报;民主法制委主任张长军;文教卫生委主任王金僚;文史委主任曲复振。

中共市纪律检查委员会书记:李喜安(3月任)。

市人民武装部部长:谈得胜;政委:赵培丰。

市人民法院院长:周建峡。

市人民检察院检察长:范全生。

市群团工作部门:工会主席孙国世;妇联主席吴喜玲(女);团委书记杨晓贤;科协主席杨秀芬(女);文联主席冯德宏;工商联会长王宏生;残联主席庞丙耀(8月免)、张复兴(8月任)。

街道办事处、镇机关:新华街道办书记李根兴、主任李立新;孝义街道办书记李占龙、主任焦平安;永安街道办书记王竹潭、主任马录克;杜甫街道办书记韩利民、主任贾孟杰;紫荆街道办书记韩建鹏、主任贾国庆;米河镇书记张全忠(8月免)、阎红涛(8月任)、镇长阎红涛(8月免)、陈晓辉(8月任);新中镇书记翟巧枝(8月免)、张庆福(8月任)、镇长张庆福(8月免)、景秀香(8月任);小关镇书记孙现升(8月免)、李太平(8月任)、镇长李太平(8月免)、袁海昌(8月任);竹林镇书记赵明恩、镇长李淑转;大峪沟镇书记任程伟、镇长刘冠勋;河洛镇书记王志建(2月免)、魏文红(2月任)、镇长魏文红(2月免)、牛自力(2月任);站街镇书记贺传伟、镇长王继锋;南河渡镇书记赵现才、镇长肖现军;康店镇书记范志武(8月免)、赵寿涛(8月任)、镇长赵寿涛(8月免)、王延涛(8月任);北山口镇书记钟西军、镇长王元洪;西村镇书记梁险峰(8月免)、张亚晓(8月任)、镇长张亚晓(8月免)、张金旗(8月任);回郭镇书记李颖军、镇长李小虎(8月任);芝田镇书记郑占国、镇长姜占元;夹津口镇书记吴建禄(2月任)、镇长李易(2月任);涉村镇书记马少军(8月免)、镇长雷俊卿(8月免)、杨红卫(8月任)。

【项目建设】 2004年,项目建设成效显著。全市投资100万元以上的项目达到541项,总投资126亿元,年度完成投资60亿元,占投资目标的128%。其中,全市重点工程100项,明泰铝业15万吨铝板带、顺源铝业5万吨铝板带、五耐2万吨硅砖、朝阳钢铁一期、矸石电厂等一批重点项目已竣工投产;豫联集团2×30万千瓦机组、二电厂扩建、鑫旺电厂、恒星公司2.5万吨钢帘线等项目进展顺利;东五镇供水工程已投入使用;进入中国民营企业500强的星月集团投资房地产开发、巩义东西两个22万伏变电站建设等项目顺利实施。

【城镇化进程】 2004年,城镇化进程加快,完成东区北6平方公里控制性详细规划及城市交通网络布局等规划。14个镇修编完成了城镇总体规划,240个行政村编制了村庄总体规划。行政审批服务中心、信息中心投入使用,行政中心综合办公大楼如期完工,成功学院一期、残疾人康教中心、东西高速路口绿化、孝沙园、杜甫文化园等工程顺利完工,瑞康医院、疾病控制中心、石河道生态园、新华路街景改造等工程进展顺利。紫荆南路、城东路、永新路建设和人民路、嵩洛路改造、310国道小关段大修等工程竣工,孝站路改造、新兴东路建设接近尾声,310国道回郭镇段、白河至南山口段改线、山化至207国道改建等基本完工。2004年,全市公开出让土地19宗,实现收益1.69亿元。

【社会事业】 2004年末,全市国有企事业单位共有各类专业技术人员13000人。2004年科技三项费用支出1357万元,比上年增长73.3%。2004年共取得科技进步成果奖27项。其中,省级1项,郑州市级3项。2004年共实施科技项目44项。其中,国家火炬项目1项,省级8项,郑州市级31项。2004年新批省级高新技术企业4家,高新技术产品8项,河南省高新技术产业化项目1项。已挂牌运作的产学研基地28家。2004年,巩义市被评为首批全国科技进步示范市和全国科普示范市。

2004年全市共有普通高中13所,在校学生16599人,比上年增加1258人;普通初中49所,在校学生60742人,初中入学率99.9%;小学137所,在校学生66651人,小学入学率达100%;幼儿园在园幼儿13628人;全市共有成人技术培训学校309所,2004年有2000人参加实用技术上岗培训。2004年,全市向大中专院校输送学生4120人。2004年,全面推行教育收费"一费制",在全省率先实行农村中小学公用经费统一拨付,贫困学生"两免一补"全部到位;投入资金1400多万元,改造中小学危房3.7万平方米,三年任务一年完成。2004年9月,河南财经学院成功学院在巩义市落成并顺利招生。成功学院由台湾广兴文教基金会投资建设,是巩义市历史上第一所大学。

2004年,农村合作医疗全面铺开,53.1万人进入互助共济、协约抗险医疗保障体系,参加人数占农民总人数的81.8%。2004年,全市共组织群众性体育竞赛18次,其中大型比赛6次。全民健身活动普遍开展,有96.7%以上的在校学生达到了国家体育锻炼标准。全市向上级输送体育人才12人。环保执法力度继续加大,全市共完成限期治理项目152个,治理污染企业70家,有70家企业实现达标排放。建成烟控区1个,面积126平方公里,建成噪声达标区6.33平方公里。

就业再就业工作成效显著,2004年实现城镇就业10564人,农村劳动力转移就业33442人。社会保障体系进一步健全,2004年全市职工基本养老保险人数达31175人,离退休费社会统筹人数8908人,参加企事业单位失业保险人数49000人,医疗保险人数30980人。全年发放城市低保金597万元,6151人得到救助。农村特困户享受社会救助15069人。根据上级要求,2004年10月16日零时起,巩义市全面实施殡葬改革,正式实行火葬,杜绝土葬,改革千年丧葬习俗,倡树健康文明的殡葬新风。

【改革开放】 2004年,全市完成和基本完成改制企业100家,盘活存量资产4亿多元,对破产企业耐材总厂、钢厂进行资产拍卖,职工逐步得到安置。成立上市办,加大了企业上市工作的协调服务力度。永通特钢近期有望在香港上市。事业单位改革、人事制度改革、粮食流通体制改革、农村信用社改革和殡葬改革顺利推进。成立了非公有制经济维权服务中心和中小企业担保公司,促进民营经济健康发展。成立招商局并设立4个驻外办事处,成功举办了北京投融资项目洽谈会,组团参加了第三届河南国际投资贸易洽谈会、第八届国际投资贸易洽谈会和武汉同乡联谊会、西安同乡联谊会。2004年招商引资41亿元,新批外商投资企业8家,直接出口7000万美元,比上年增长117%。利用外资、引进内资、外贸出口均创历史新高,2004年巩义市被河南省授予"对外开放重点县市先进市"称号。

(曹淑玮)

新密市

【概况】 总面积1001平方公里,其中耕地面积47047.74公顷。辖11个镇、3个乡、3个街道办事处,303个行政村、27个居委会。户籍总人口755788人,其中农业人口647173人。2004年人口出生率为8.13‰,死亡率为5.06‰,自然增长率为3.07‰。

2004年,全市生产总值完成111亿元,比上年增长14.6%。完成规模工业增加值42.5亿元,比上年增长26.5%。地方财政收入43767万元,比上年增长32.9%。全社会固定资产投资34.4亿元,比上年增长17.2%。城镇居民人均可支配收入7646元,比上年增长15.5%。农民人均纯收入3953元,比上年增长16%。城乡居民储蓄存款余额达到84.7亿元,比年初增长22.8%。

2004年,新密市确定了对全市经济发展具有重要带动作用的"五个五十"工程,作为经济工作的重点,全方位加快结构调整步伐,促进传统产业升级换代,加快新兴产业发展。50家扶优扶强企业完成增加值13.2亿元,实现销售收入44.1亿元,实现税金2.2亿元,对全市经济发展的支撑拉动作用进一步凸现。50家重点非公有制企业完成增加值7.3亿元,实现销售收入19.3亿元,在全市经济总量中所占份额明显增加。50个重点建设项目完成投资14.3亿元。50个重点技改项目完成投资11.8亿元。50家煤炭企业结构调整完成新上非煤项目20个。

积极发展文化旅游产业,黄帝宫景区一期建设工程如期完工,神仙洞景区改造效果显著,接待游客数量明显增多。农村信用社改革稳步推进,增资扩股计划圆满完成。年初确定的实现7000人就业和再就业、完善社会救助制度、建设疾病控制中心、贫困山区移民、改造中小学危房、发展集雨节灌、改造自来水管网和城区电网、公路建设"双百"工程、开通城市道路、改造背街小巷等十件实事均已完成或超额完成预定目标,人民群众得到了更多实惠。

【机构与领导】 市委:书记刘焕成;副书记赵新中、李刚良、张永国、黄卿(6月免)、董焕德(6月任)、吴忠华(6月任);市委常委刘焕成、赵新中、黄卿(6月免)、李刚良、张永国、董焕德、吴忠华(6月任)、卢国旗、王玉枝(7月免)、岳振杰(6月免)、赵惠玲(女)、秦耀堂、郃松章、薛晓军(6月任)、朱河顺(6月任)、刘超峰(6月任)、许广佑(7月任)。

市委工作部门:市委办公室主任岳振杰(6月免)、朱河顺(6月任);组织部长郃松章;宣传部长卢国旗;政法委书记董焕德(6月免)、薛晓军(6月任);统战部长赵惠玲(女);史志办主任吴欣甫(6月任);市直党工委书记陈铁山;保密局长陈永申;党校常务副校长段连成;信访局长张冠军(3月免)、张银灿(3月任);老干部局长李凤云(女,6月免)、杨彦秋(6月任);档案局长钱垠知(3月免)、薛文敏(3月任);机要局长张海俊(8月免)、梁书灿(8月任);编办主任张瑞亭;事业单位登记局长王战伟。

市二届人大常委会:主任周兵森;副主任张定国、慎廷超、王栓正、裴永亮、王书欣、裴树立。

市人大常委会工作部门:市人大办公室主任苏修辰(5月免)、李宏伟(5月任);法工委主任王留成;代表工委主任王清璞;财工委主任杨有辰(5月免)、马爱荣(女,5月任);教工委主任侯丽君(女);农工委主任楚世国;城建工委主任陈铁建。

市人民政府:市长赵新中(3月任);副市长王玉枝(7月免)、许广佑(7月任)、王明安、宋书杰(6月免)、王爱辉(女)、赵高翔、刘和平、徐操志、王微、桑萌莉(女,6月任)、郭占鳌(6月任)。

市政府工作部门:市政府办公室主任高永森;发改委主任苏建忠(3月免)、陈中建(3月任);经委主任苏莹玺(3月免)、陈贺平(3月任);工农办主任陈福灿(6月免)、周建凯(6月任);物价局长王留金;市场发展中心主任张建伟;人口计生委主任张玉姣(女);教体局长杨元朝;宗教局长马伟东(3月免)、虎伟东(3月任);安监局长钱永亮(8月免)、刘惠峰(8月任);科技局长魏金山;民政局长方万义(5月免)、孙保德(5月任);财政局长屈学敏;国资公司经理常智业;财校校长陈建军;人劳局长朱建勋;社保局长冯胜利;人力中心主任郑化君;审计局长刘保立(3月免)、张冠军(3月任);国土局长崔留森;建设局长梁建忠;房管中心主任李保宪;环保局长周文升(3月免)、刘保立(3月任);交通局长桑德才;卫生局长陈米朝;爱卫办主任张德才;文化旅游局长冯书森(3月免)、吕新中(3月任);煤炭局长郭占鳌(8月免)、杨春杰(8月任);统计局长马学才;行政执法局长郭满建;创建办主任张德才;拆迁办主任尚文法;农开办主任刘建军;农业局长赵进才;林业局长高峻锋(6月免)、魏瑛洋(6月任);水利局长冯长来;粮食局长施少英(3月免)、范福卿(3月任);农机局长王建彬;气象局长阎立荣;商务局长屈国强;行政服务中心主任苏松杰(3月免)、周文升(3月任);广电局长王卓民;机关事务局长陈祥生;接待办主任路福有;供销社主任张自强;商业局长徐桂林;物资局长李炎有;外贸局长张延祥;盐业局长徐桂林;新华书店经理王光华;反贪局长邵占福;公安局长宋朝军;矿区公安分局长杨鸿光;司法局长杨松坡;国税局长赵东;地税局长杨武明;工商局长韩成德;质监局长徐流锋;电业局长王金海(11月免)、吴建敏(11月任);烟草局长刘国栋;食品药品监管局长申俊杰;邮政局长李文亮(5月免)、张好河(5月任);通信公司经理任喜亭;移动公司经理赵海龙;人民银行行长郭晓东;工商银行行长李长有;农业银行行长张青峰;建设银行行长向建洲(7月免)、高万选(7月任);中国银行行长郝景涛(5月免)、蔡加强(5月任);农业发展银行行长吕超敏;农村信用社主任李建儒;财险公司经理白宝国;寿险公司经理孟友奎;袁庄扶贫开发区主任刘建军(6月免)、王伟东(6月任);曲梁科技产业园主任刘星光;黄帝宫景区管委会主任刘海法;尖山风景区管委会主任张成斌。

政协市二届委员会:主席朱永森;副主席刘挺枝、曹智富、杨元朝、桑德才、王敬梅(女)、刘春喜。

市政协工作部门:市政协办公室主任田建勋;经济委主任曲树森;农村委主任孙德功;学习文史委主任王留喜;社会法制委主任吴永伟(6月免)、高峻锋(6月任);提案联络委主任张新化;教科文卫委主任孟晓红(女)。

中共市纪律检查委员会书记:张永国。

市人民武装部部长:王东风;政委:秦耀堂。

市人民法院院长:靳凤英(女)。

市人民检察院检察长:司长宪(3月任)。

市群团工作部门:总工会主席桑萌莉(女,7月免)、申惠萍(女,7月任);团委书记冯伟东(3月免)、李建华(3月任);妇联主席李淑萍(女,6月免)、朱丽华(女,6月任);科协主席李桂兰(女);工商联主席刘春喜;文联主席程小五(3月免)、王金保(3月任);残联理事长薛文敏(3月免)、张建军(3月任)。

街道办事处、乡镇机关:西大街办事处书记刘超峰、主任陈中建(3月免)、魏健朝(3月任);青屏街办事处书记尚建华、主任王建峰(3月免)、祖君(女,3月任);新华路办事处书记陈贺平(3月免)、李霞(女,3月任)、主任李霞(女,3月免)、申宏恩(3月任);尖山乡书记尚学振(8月免)、王宗福(8月任)、乡长申宏恩(3月免)、桑洪涛(3月任);袁庄乡书记李毅民、乡长王旭康(3月免)、孙宏伟(女,3月任);牛店镇书记郭金明(3月免)、刘建锋(3月任)、镇长刘进宝(4月免)、刘永平(4月任);平陌镇书记白天运、镇长杨春杰(8月免)、卢长水(8月任);超化镇书记邓国锋、镇长王建锋(6月任);大隗镇书记丁国仁、镇长樊瑞辉(3月任);苟堂镇书记聂观昕、镇长虎伟东(3月免)、马伟东(3月任);关口镇书记苏遂陆、镇长杨喜朝;刘寨镇书记孙新定、镇长尤国军;曲梁乡书记李富安(3月免)、苏莹玺(3月任)、乡长王树森(8月免)、宋为民(8月任);白寨镇书记张丙彦、镇长徐绍敏;岳村镇书记王万松(8月免)、张平(8月任)、镇长张平(8月免)、冯伟东(8月任);来集镇书记王铁良、镇长王宗福(8月免)、崔皓哲(8月任);城关镇书记于建国、镇长刘建锋(3月免)、王旭康(3月任)。

【农业与农村经济】 2004年,全市完成农业增加值4.48亿元。严格按照标准落实种粮农民直补资金427万元,降低农业税率3个百分点,免征贫困村农业税,实行农机购置和良种补贴,农民负担大幅度降低。积极推进农业种植结构调整,经济作物种植面积达到1.03万公顷,订单种植面积达到6666.67公顷,万亩优质粮、千亩杂果等生产基地建设进一步加快,农业科技示范场、益民面粉厂等龙头企业的示范带动作用进一步显现。围绕“生态新密”建设,大力实施荒山绿化和绿色通道工程,完成植树造林750多万株。加快农业基础设施建设,完成五星水库除险加固工程;大鸿山、破荆山集雨节灌工程进展顺利,建成水窖3500个,新增有效灌溉面积466.67公顷;继续推进屋顶接水改造,解决吃水困难人口2.2万人。加快袁庄综合扶贫开发区建设,二期6幢移民住宅楼如期交付使用,新入住贫困户144户,三期10幢移民住宅楼全面开工建设,截至年底已建成5幢。

【招商引资】 抓住被确定为全省扩权县市和对外开放重点县市的机遇,制定了一系列促进对外开放的政策措施,招商引资成效显著。2004年,全市完成国内引资12.5亿元;实际利用外资850万美元,比上年增长69.6%;争取国债及上级专项资金8657万元。对外贸易和合作进一步扩大,新设立外商投资企业8家,办理自营进出口经营权登记企业11家;完成直接出口650万美元,比上年增长85.8%。

【安全生产】 始终把安全生产摆在突出位置,连续开展了多次安全生产集中检查和煤矿治理整顿,安全生产形势有所好转。深入细致做好郑煤集团采煤搬陷区群众安置工作,全市3602户受损户全部签订包赔协议,已到位补偿金近亿元,建成新宅1860户、临时过渡房504户,取得了阶段性成效。

【社会事业】 坚持"科技兴市"战略,不断完善科技创新体系,2004年申报立项郑州市级以上科技项目20个,其中省级4个,科技对经济增长的贡献率不断提高,荣获"全国科普示范县(市)"称号。教育投入力度加大,新增校舍面积7万多平方米,改造农村中小学危房3.1万平方米,人大附中郑州分校一期工程顺利建成,教学条件和办学档次明显提高。卫生事业快速发展,市疾病控制中心建成投用,既往有偿供血人员普查工作扎实开展,艾滋病等重大传染病的监测和预防力度加大,争创省级"全国亿万农民健康促进行动"示范县(市)工作顺利通过验收,公共卫生体系建设得到加强。城乡环境卫生面貌明显改观,顺利通过省级卫生城市复检考核。

【项目建设】 坚持投资拉动战略,项目建设取得新进展。2004年初确定的107个重点考核项目,年内完成投资14.7亿元。投入建设的99个项目中,已有57个投入生产或使用。总投资5.3亿元的盛润电厂2×5万千瓦机组已投产发电;总投资24.7亿元的裕中电厂一期2×30万千瓦机组工程,已完成投资2.4亿元,厂区"五通一平"已完成,部分配套设备已到位组装,基建工程正在进行;总投资1.8亿元的安彩耐材公司已完成投资1.1亿元,3条高档耐材熔铸生产线已正式投产;安耐克、真金、长龙、华威等30多个投资在2000万元以上的耐材技改扩建项目,大部分已按期竣工;投资在2000万元以上的恒丰公司彩印生产线和文明纸业铜板纸生产线等造纸行业新建项目,均已建成投产。

【城市化进程】 加强基础设施建设,按照"东区抓改造,净绿亮美;西区抓开发,拉大框架"的思路,强力推进城市建设,采取市场运作方式,2004年筹集资金2亿多元,实施了城市建设和综合整治十大工程,投资力度和建设标准创历史之最。投资8200万元的未来大道和青屏街西段、长安路建设工程竣工通车,成为拉大西区框架的城市主干道;投资1750万元的东大街桥涵工程,已具备通车条件;投资960万元的青屏街东段街景综合整治工程顺利完成;新建游园绿地8处,完成20条街道路灯安装改造;西区供水工程进展顺利,天然气一期工程已投入运营,污水处理厂动工兴建,背街小巷改造实现预定目标,城市功能进一步完善。超化、大隗、刘寨中心城镇完成了规划修编,小城镇建设步伐明显加快。投资1.2亿元,新修和改造王超路、密新路、东柿路、槐下路、南环路、荥密路和郑少高速公路东引线等省道、县道及乡村道路220公里,城乡道路交通状况明显改观。投资6900万元,完成了8个变电站迁建增容和城网改造年度任务,城乡供电能力进一步提高。

【非公有制企业党建工作】 结合非公有制企业党建工作实际,顺应企业管理逐步职业化的趋势,2004年,新密市把党务工作作为企业经营管理体系中的一个专职岗位来抓,通过选配专职党务工作者,不仅实现了企业党务工作有人干、干得好,而且促进了企业的快速健康发展,扩大了党务工作的覆盖面,巩固了党的执政基础。

针对非公有制企业党建工作的特点,新密市委下发了一系列文件,对专职党务工作进行了"素质专业化、职责明细化、工作规范化"的科学界定,明确了企业党务工作者"善党务、懂经济、会协调、敢监督"的"十二字"标准。市、乡、企业按照标准分别建立了党务人才信息库。对于企业内部有成熟人选的,指导企业按照有关程序规定,将其选配到党组织书记岗位上来;企业内部没有成熟人选的,根据企业需要,由党组织从党务工作者人才库中推介,采用"双向选择,聘任上岗"的办法产生。市四大班子领导及有关部门经常深入企业,从工作上给予指导。对于业绩突出、表现特别优秀的党务工作者,优先推荐为各级党代表、人大代表或政协委员,让他们参政议政,从组织上给予保证。同时,要求非公有制企业保证党务工作者工资、福利,从待遇上给予落实。通过开办《旗帜》专栏、创办《非公有制企业党建》双月刊、举办文艺晚会等活动,宣传表彰优秀党务工作者的先进事迹,从舆论上给予支持。还制定出台了《非公有制企业党务工作者职责》、《非公有制企业党务工作者职业道德》等规章制度,开办了非公有制企业党务工作者培训班,出台了非公有制企业党务工作者年度目标考评方案,企业与党务工作者签订了《目标管理责任书》和《聘用合同书》,把专职党务工作者的管理纳入了规范化轨道。

通过大力推行非公有制企业党务工作者职业化，新密市非公有制企业党务工作者队伍的结构得到了优化，素质有了较大提高，非公有制企业党组织的作用和活力明显增强，促进了党的路线、方针、政策在非公有制企业中的贯彻落实，推动了全市的改革、发展、稳定。

【打造生态新密】　2004年，新密市把“打造生态新密”作为一项重要工作来抓。确立了绿色通道、平原绿化高级达标、青屏山绿化、嵩山山脉水源涵养林、黄帝宫绿化等五大工程。实行工程目标责任制，在全市掀起了全民动手，全社会参与，层层抓落实的植树造林高潮。为了打造精品工程，实行公开招标造林，既提高了造林质量，又降低了造林成本，节约了国家资金。通过切实转变荒山的造林机制、经营机制和管护机制，实现责权利的有机统一，真正使无主荒山变为有主荒山。

2004年，全市共投资3000余万元，植树累计达到750万株，完成工程造林2800公顷。其中，风沙源生态治理工程766.67公顷，淮防林工程666.67公顷，退耕还林工程466.67公顷，名优经济林133.33公顷。完成通道绿化763公里。其中，省道102公里，县乡道路213公里，村级和生产道路448公里。林业大田育苗完成500公顷，其中容器育苗完成800万袋，占郑州市总任务的80%，壮苗率达98%以上，超额完成上级下达的年度林业育苗任务。平原绿化高级达标工程全市共完成沟河路渠绿化212公里，新建农田林网8066.67公顷，完善林网面积1.15万公顷，四荒绿化完成1133.33公顷，精品率达100%。“生态新密”建设取得了良好的生态效益、经济效益和社会效益。

【构建社会治安防控体系】　推进治安防控体系建设，提高人民群众的安全感是构建和谐社会的首要保证。2004年，新密市治安巡防工作按照“边巡逻、边建设、边规范”的指导思想，推行“一二三四五”勤务模式，即树立一个意识、开好两个会议、发挥三个优势、突出四个重点、抓好五个结合。市政府出资成立了40人的专职巡防队，各乡镇、街道办事处也相应成立了10～15人不等的专职巡防队，同时要求各村结合本村实际，组建专兼职巡逻队。截至年底，全市共有专职巡防队18个，义务巡逻队260余支，巡防队员15000余名。

为造就忠实履行职责，具有坚强战斗力，能让党和政府放心，群众满意的高素质的巡防队伍，制定了巡防队员管理办法，对巡防队员的巡逻、培训、聘用、辞退进行了明确规定。在全市巡防队员中开展了“严明纪律树形象，强化素质保平安”整顿活动，使巡防队员的思想素质、业务能力有了明显提高，依法巡防、文明执勤的意识不断增强。为加强对治安巡防工作的管理，综治部门将巡防工作责任化，明确了各巡防队的巡防区域。市巡防管理办公室成立督查组，定期不定期对各巡防中队的巡逻情况进行明查暗访，并把督查情况作为年终考核的一项重要内容，从而保证了巡防队员严格遵章守规、正确履行职责和巡防工作的正常高效运转。

2004年，全市巡防队员在开展治安巡逻过程中，共抓获违法犯罪嫌疑人198名，协助公安机关破获刑事案件106起，缴获被盗机动车40余辆，解决群众纠纷62起，为辖区群众办好事348件，有力地维护了社会治安大局的稳定。

【设立“五一劳动奖”】　为进一步激发、调动广大职工投身改革开放和现代化建设的积极性，为“打造工业强市，实现经济腾飞”建功立业，新密市从2004年起设立“五一劳动奖状”、“五一劳动奖章”奖项。评选对象为在各个行业、各条战线上做出突出贡献的工人、教育工作者、科技人员、管理人员、机关工作人员及其他劳动者。评选中特别注重从生产一线的职工、女职工及从事苦、脏、累、险工作人员中优先评选，同时兼顾少数民族、民主党派中的先进人物。整个评选活动，采取自下而上民主推荐的办法。各单位的“五一劳动奖章”候选人，经职工代表大会讨论通过，由所在单位班子成员初审。各部门推荐的候选人经市总工会审核公示，并报请市委、市政府同意后予以表彰。经过层层推荐评选，2004年共有10个单位荣获“五一劳动奖状”，50名先进人物荣获“五一劳动奖章”。

【新砦遗址考古新发现】　由中国社会科学院考古所与郑州市文物考古所联合发掘的新砦遗址考古发掘研究取得重要收获，初步确定新砦遗址是一处设有外壕、城壕和内壕共三重防御设施、中心区建有大型建筑的大型城址，整个城址总面积逾100万平方米。它不仅是河南省迄今发现的面积最大的一处龙山文化城址，也是近年来中原地区龙山时代和夏代考古的又一重大突破。

新砦城址位于河南省新密市东南18.6公里的刘寨镇新砦村。整座城址均掩埋在今地表以下，经考古人员的钻探和局部解剖得知，城址平面基本成方形，南以洧水河为自然屏障，现存东、北、西三面城墙及贴近城墙下部的护城河。在现存的三面城墙及其护城河位置上共发掘5个探沟，均发现了相同的地层叠压关系：龙山文化晚期城墙打破龙山文化晚期文化层，新砦期城墙叠压龙山文化晚期城墙又被二里头文化时期的壕沟所打破。其中，龙山文化晚期地层和城墙，出土有龙山文化常见的薄胎方唇夹砂深腹罐、唇沿带凹槽的泥质灰陶钵和碗等陶器残片；新砦期城墙和护城河内，发现有折壁器盖、厚胎钵等新砦期常见陶片；二里头文化时期的灰沟内，出土有花边罐口沿残片等。此外，还在城址中心区清理出铜容器残片、类似二里头文化青铜牌饰图案的器盖、刻有夔龙纹的陶器圈足等高规格遗物，显示出该区为贵族显要人物的住处。

考古界越来越多的学者认为二里

头文化主体为夏文化,早于二里头文化的新砦遗存和嵩山周围龙山文化晚期偏晚阶段的文化遗存,应是比二里头文化更早的夏文化。新砦城址历经龙山文化晚期和新砦期两个时期,其规模宏大,拥有内外三重城壕和大型建筑,而且出土有众多重要遗物,应当是夏文化早期的大型城址。这一重大发现,打破了多年来众多二里头文化遗存不曾发现城墙的沉寂局面。对于重新认识夏文化早期的聚落形态、确定夏文化的上限、探索夏文明的诞生等一系列重大学术问题,均具有重要的学术意义。

【世界郑氏拜祖暨郑庄公陵园奠基】 2004年9月4日,海内外500余位郑氏后裔,汇聚新密市溱洧交汇处的郑庄公墓前,隆重纪念郑氏第三代宗族郑庄公诞辰2760年,并举行了盛大的郑庄公陵园建设奠基仪式。

郑国第三代国君郑庄公(公元前757年～公元前701年),在位43年。他励精图治,平息内乱,开创了郑国的鼎盛时期,成为春秋霸主之一。郑庄公陵墓位于新密市曲梁乡郑伯岭上,具茨、大隗二山屏其前,梅、泰二山环其后,溱水、洧水环绕左右。港台及新加坡郑氏后裔为纪念郑庄公,曾多次到新密拜祖。2004年8月8日,在郑州市举办的“华夏郑氏历史渊源研讨会”上,经过考古、历史等专家论证,对郑氏来龙去脉、繁衍发展、分支演变等作出了权威性结论:新密是郑氏历史文化的发祥地。现在保存完好的郑庄公墓、郑昭公墓、古郑国城墙和大量古郑国文化遗址,就是一项很好的例证。

建设郑庄公陵园,是华夏郑氏子孙民心所向,在新密市政府的大力支持和新密市郑氏文化研究会的积极运作下最终得以奠基。中国郑氏宗亲总会主席郑世进捐资80万元,来自北京、浙江、香港、台湾等地的郑氏宗亲代表团纷纷慷慨解囊,共捐资120余万元。建成后的郑庄公陵园依照明清风格,坐北向南,南北长431米,东西宽123米,占地5.33公顷,总投资1379万元,主要建筑有山门、阁楼、牌坊、祭坛、大殿、祭殿、陵墓区、始祖塔等。陵园的建设,对弘扬郑文化,继承先祖传统美德,凝聚民族感情,促进祖国统一都具有重要的作用。同时,对发展旅游经济,带动新密发展,亦具有重要重义。

【统战工作】 2004年7月,中央统战部决定在全国范围内开展“树统战干部形象、建党外人士之家”集中学习教育活动,新密市被郑州市委统战部确定为县(市)“学教”活动试点单位。新密市委高度重视,结合实际,在全市75个学教单位、121名学教对象中,按照“统一部署、分级实施、上下联动、共同提高”的方式,探索地开展工作。通过召开动员会,举办专题讲座,印发宣传手册,制作流动版面、宣传栏及编发“学教”活动简报等形式,使全社会对统战工作有了新认识。全市各乡镇、办事处也都设立了统战工作办公室,配备了专职统战干事,建立和完善了基层统战工作制度,构建了统战工作平台,推进了基层统战工作的规范化建设。广大统战干部、统战成员积极学习统战理论、统战知识,达到学有笔记、学有心得、学有讲义。并通过下乡调研、发放调查问卷、开门评议等形式,广泛征求统战成员的意见和建议,充分调动广大统战成员参政议政的积极性和主动性。同时,在全市组织开展了以“帮助弱势群体,构建和谐社会”为主题的“阳光计划”爱心捐助活动,在全市各乡镇、办事处和各工商联分会的共同努力下,广大民营企业家和社会各界踊跃参与,共捐款20多万元,为260多户贫困台属、贫困少数民族群众、贫困下岗职工、贫困复退军人、贫困学生、贫困儿童等六大类贫困对象捐赠了三轮车、多功能播种机、致富书籍、部分学费和学习用品。

通过“学教”活动的开展,抓服务、强工作,为非公有制经济人士、台胞、台属、台商等广大统一战线成员搞好服务的氛围更加浓厚,增强了统战工作在社会的影响力,展现了新时期统战干部执政为民、求真务实、为民办事的新形象。

【全省第一支合同制消防队成立】 改革开放以来,新密的经济建设迅速发展,新的形势给消防工作提供了良好的发展机遇。同时,随着城市化建设速度加快和经济建设的发展,用水、用电、用油、用气量明显增加,生产和使用易燃易爆危险品明显增多,火灾发生的起数、损失和因火灾造成的人员伤亡数也逐年上升。随着日趋严峻的形势,2004年新密市委、市政府把建设一支用工合理、管理体制规范、经费保障渠道通畅的合同制消防队伍提到了重要的议事日程,从实际出发,积极采取措施,大胆尝试,全面推行合同制消防队建设,探索出了建立地方消防队伍的新路子,组建了全省第一支合同制消防队。

在合同制消防队建设中,市委、市政府亲知亲为,及时研究解决疑难问题,从人力、物力、财力上给予重点支持。为解决合同制消防队的营房和库室场所问题,市政府协调有关部门,解决用房问题,为合同制消防队配备了车辆等器材装备和消防队员的个人防护装备,并将每年的消防队建设经费正式纳入市财政预算。在消防队员的用工形式上,采取“借用”劳动派遣机构的劳动者的方式,劳动派遣机构作为用工主体与合同制消防队员签订劳动合同,消防队支付劳动派遣机构定额资金。对人员的招聘,按照“统一招收,集中培训,择优录取,严格把关”的原则,在当年消防部队或其它部队退伍士兵中招收,保证了队员的素质。在合同制消防队的建设和管理上,明确了市政府统一领导下的逐级负责制,同时加大业务基本功训练力度,制定实施了科学的练兵计划,并将业务训练与队员的工资待遇直接挂钩,调动了队员的积极性。一系列行之有效的措施,使合同制消防队实现了“有符合规范化管理要求的营房设施,有列入财政预算的经费渠道,有科学的企业用工机制,有符合配备标准的车辆装备"的建队目标。

(路 源)

登封市

【概况】 总面积1220平方公里，其中耕地面积3.32万公顷。辖6个乡、6个镇、1个区、3个街道办事处和1个矿区委员会，298个行政村，20个居民委员会，2532个村民小组。总人口624777人，其中农业人口560892人。2004年人口出生率为8.7‰，死亡率为5.2‰，自然增长率为3.5‰。

2004年，全市生产总值完成85.2亿元，比上年增长15.8%。财政收入5.1亿元，比上年增长57.4%，居全省县(市)第二位。国、地两税入库税金共计9.35亿元，比上年增长58.7%。金融机构各项存款余额60.9亿元，比年初增长27.8%。居民储蓄存款余额达到47亿元，比年初增长24.8%。城镇居民人均可支配收入6598元，比上年增长16.6%。全市消费品零售总额36.5亿元，比上年增长17%。主要经济指标均位居郑州市前列。

2004年，高效经济作物种植面积达2.53万公顷，比上年增长8.6%。粮食总产15.3万吨，比上年增长5.5%，农业基础地位进一步稳固。扎实做好禽流感防治等动物防疫工作，畜牧养殖业快速发展，肉、蛋总产分别达到3.9万吨、2.7万吨。农田水利基本建设和农业生态建设得到加强，新增有效灌溉面积233.33公顷、节水灌溉面积666.67公顷，完成农业综合开发333.33公顷、退耕还林2200公顷、嵩山水源涵养林2866.67公顷。农村税费改革成效显著，全市共减免农业税981.1万元，农民人均减负66%；支农力度明显加大，各级支农投入超过6500万元。农民人均纯收入达到3340元，比上年增长15.7%，近7年来首次实现两位数增长。

2004年，主要工业产品产量大幅提高，原煤产量1595万吨，比上年增长28%；铝及铝制品产量9.5万吨，增长15.4%；发电量48亿千瓦时，增长47%。规模以上工业企业新增25家，达到189家；规模以上工业增加值完成38.4亿元，比上年增长30.6%，增速居郑州六县(市)第一位；实现销售收入89.8亿元，增长55%；实现利税14亿元，增长46.7%。工业经济效益综合指数173.6，比上年提高24.9个百分点。全市销售收入超亿元工业企业达到13家，其中登电集团销售收入近20亿元。

2004年，全市新建500万元以上非公有制工业项目38个，总投资16.4亿元，35个项目已建成投产。2004年全市非公有制经济完成增加值47亿元，比上年增长31%，占全市经济总量的55%。非公有制经济组织达到1.7万个，新增2000个，从业人员达到13万人。

2004年，全市重点项目社会固定资产投资完成50.7亿元，比上年增长36.8%；有21个项目被列入国债建设项目，共争取资金2.2亿元。2004年确定的28项重点工程，完成年度投资42.8亿元。华润2×30万千瓦大电、登电2×21万千瓦热电1号机组、发祥铝业等一批重点工程项目建成投产，登封铁路一期工程、国道207、省道316、237、县道槐下公路改造等工程相继竣工通车，为登封经济快速发展奠定了坚实的基础。年初确定的十件实事，中小学危房改造、新增就业岗位等7件圆满完成，污水处理厂扩建等3件完成年度建设任务。

【机构与领导】 市委：书记张学军；副书记陈松林、吴聚财、李书良、郑友军(5月免)、张曼如(3月免)、樊福太、马万里、魏诗礼(6月任)、朱是西(6月任)、傅静(6月任)；市委常委张学军、陈松林、吴聚财、李书良、郑友军(5月免)、张曼如(3月免)、樊福太、马万里、魏诗礼(6月任)、朱是西(6月任)、傅静(6月任)、刘安杰(6月免)、陈哲(5月免)、刘万峰(7月免)、丁三友(6月免)、吴万通、李书峰(6月免)、杨昆峰(6月任)、崔世英(6月任)、余遂盈(6月任)、李长义(6月任)、王效光(6月任)、裴松宪(6月任)、张明新(11月任)。

市委工作部门：市委办公室主任李书峰(6月免)、王效光(6月任)；组织部长朱是西(6月免)、杨昆峰(6月任)；宣传部长刘安杰(6月免)、崔世英(6月任)；统战部长吴万通；政法委书记丁三友(6月免)、李长义(6月任)；信访局长董喜年；机关事务管理局长郑凤鸣；党校常务副校长郭年凯；市直工委书记赵梅玲；老干部局长王玉存；档案局长景克俊。

市二届人大常委会：主任李书良；副主任刘圈、吕汝江、赵永正、申巧珍、谢奇、阎新生。

市人大常委会工作部门：市人大办公室主任李洪林；财经工委主任曹玉国；农工委主任孙晓光；人事任免工委主任李清宪；代表联络信访工委主任王洪波；教科文卫工委主任刘汉林；法工委主任孙晓玲。

市人民政府：市长陈松林；副市长吴聚财、陈哲(5月免)、余遂盈、张明新(11月任)、王书军、何宏波(6月免)、翟晓宾、孙黎、苏建设、徐建林、白宇宙(6月任)、杨戌超(6月任)、刘万峰(11月任)。

市政府工作部门：市政府办公室主任张宏伟；嵩管委主任吴聚财；监察局长王春玉；人防办主任高成杰；法制局长刘国栋；市志办主任吕宏军；外侨办主任张少伟；农开办主任王建平；发展计划委主任于孟凡；物价局长乔庭瑞；粮食局长王国顺；经贸委主任范新杰；安监局长何一峰；计生委主任李建欣；财政局长李慧军；公安局长任长霞(4月免)、马会强(12月任)；民政局长卢胜利；人事劳动与社会保障局长冯玉安；建设局长郑光荣；环保局长杨治淮；农业局长王二国；林业局长李建功；水利局长刘建社；国土资源局长弋群立；煤炭局长王少宗(8月免)、陈怀信(9月任)；交通局长常兴文；文化局长崔光远；教育局长刘松；文物局长靳银东；体育局长张俊卿；卫生局长陈湛业;爱卫办主任李荆良;科技局长胡进京;统计局长王殿生;审计局长孟占江;司法局长耿建中;广电局长范新江;宗教局长郭更西;旅游局长钱桂玲;门票处主任刘爱芳;林场场长刘长西;农机服务中心主任郝新节;商贸公司经理李松乾;轻工总公司经理曲振伟;经济技术开发总公司经理宋振华;供销社主任冯承俊;医药公司经理冉永套。

政协市二届委员会:主席李松坤;副主席秦文川、吴顺卿、孙顺来、王章武、马爱琴、释印松。

市政协工作部门:市政协办公室主任郑友红;提案委主任陈天焕;经济科技委主任赵占敏;学习文史委主任孙建敏(代);文教卫体委主任孙建敏;社会法制委主任李松岙;台港澳侨联络委主任王丽。

中共市纪律检查委员会书记:郑友军(5月免)、魏诗礼(6月任)。

市人民武装部部长:杨勇;政委:刘万峰(7月免)、邵春雨(7月任)。

市人民法院院长:李玉杰。

市人民检察院检察长:宁建海。

市群团工作部门:总工会主席张书凯;团委书记杨国臣;妇联主席吴桂荣;侨联主席晋新民;文联主席刘白雪;工商联主席王文浩;科协主席燕英超。

乡镇、办事处、区工委机关:颍阳镇书记高宏伟、镇长刘超杰;君召乡书记杨予昆、乡长王向民;石道乡书记李成林、乡长陈再文;大金店镇书记张春杰、镇长焦春生;东金店乡书记贾川、乡长段国群;白坪乡书记姜献勇、乡长程彦宏;卢店镇书记杨戌超、镇长曹红斌;唐庄乡书记秦卫东、乡长李发敏;告成镇书记唐怀党、镇长郭朝宏;徐庄乡书记李献武、乡长王学杰;大冶镇书记裴松宪、镇长魏松建;宣化镇书记杨占省、镇长李云峰;嵩阳办事处书记赵华敏、主任荣二平;少林办事处书记曹红伟、主任徐臣仪;中岳办事处书记景雪萍、主任阎文定;阳城区书记王志敏、主任杨国臣;送表矿区管委书记许耀森、主任耿颖强。

【改革开放】 企业产权制度改革迈出新步伐,2004年完成改制企业19家。干部人事制度改革进一步深化,全市394个事业单位全面推行了聘用制。公共财政体制改革不断深入,市直51个部门494个预算单位全部纳入部门预算管理,实现了财政国库集中支付和会计集中核算。行政审批制度改革强力推进,行政服务中心投入运行,33个职能部门350项审批事项进入中心集中公开办理。首届世界传统武术节期间,发布招商项目104个,签约13个,签约资金130亿元。新增自营进出口权企业3家,全市出口创汇836万美元。2004年合同利用外资9.45亿元,实际利用外资7.74亿元,其中境外资金3831万美元,居郑州六县(市)第一位。2004年,登封被确定为全省35个扩权县(市)之一,被评为省对外开放重点县(市)先进单位。

【城镇建设】 2004年,累计投入资金1亿元,改造了嵩阳公园、滨河公园和东西入市口,新建了峰乐园、怡中园和武林园3个游园,打通了崇福北路、少室南路和北环路西段,修铺了部分路段慢车道、人行道,完成了市区30条道路路灯工程和城区电网改造一期工程建设,扮靓了市区,方便了群众。同时,建立健全城市管理长效机制,所有道路实行全日保洁,城市秩序明显改观,环境质量明显提高。修编完成了新一轮城市总体规划和城镇体系规划,卢店镇、大冶镇总体规划修编工作顺利完成。2004年乡镇基础设施建设投资超过6000万元,16个行政村被评为郑州市小康建设示范村,卢店镇被命名为全国小城镇建设重点镇和省级卫生镇。

【精神文明与法制建设】 2004年,全市大力弘扬"长霞精神",广泛开展向任长霞同志学习活动,大型情景剧《长霞飞歌》在省内外演出,"任长霞先进事迹报告团"在全国15个省、市巡回报告,引起强烈反响。"聚焦登封"电视大赛获得圆满成功,10余家省级电视台对登封进行了全方位宣传报道。深入开展"四文明一形象"、"月评文明市民"等精神文明创建活动,12名市民被评为郑州市文明市民,市民素质和全社会文明程度有了新的提高。认真贯彻实施《行政许可法》,加强政府法制工作,强化执法监督,2004年纠正、规范各类行政行为144起,促进了依法行政。

【社会稳定】 2004年,登封市高度重视安全生产,以煤矿安全生产工作为重点,不断加大安全投入,着力完善安全监管长效机制,扎实开展专项整治,严格实施责任追究,安全生产形势稳定好转。2004年全市安全事故万人死亡率为0.6,煤矿百万吨死亡率为0.56,远低于郑州市下达的控制指标,创历史最好水平。严格落实信访工作责任制和领导分包责任制,充分发挥处理信访突出问题及群众性事件联席会议制度的作用,成立7个专项工作组,对信访突出问题及群众性事件进行大排查、大整改、大调处,帮助群众解决了大量实际困难和问题,信访形势持续好转。深入开展"两严一创"活动,全面加强社会治安综合治理,严厉打击社会危害大、群众反映强烈的严重刑事犯罪活动,有力维护了社会大局的稳定。2004年,登封市被评为全省社会治安综合治理工作先进县(市)。

【社会事业】 2004年,积极落实就业、再就业扶持政策,开发公益性就业岗位203个,3700名城镇求职人员实现就业再就业。社会保障体系进一步完善,医疗保险、失业保险参保率不断提高,养老金按时足额发放。城市低保和农村特困户救助工作扎实开展,累计发放城市低保金475万元、农村特困户救助金649万元。积极救助贫困学生,发放救助金136万元,资助贫困学生14924人。不断加大科技投入,成功举办了"登封国家高新技术暨国际投融资项目对接洽谈会",签订合资、合作意向88项。科普活动广泛开展,登封市被命名为“全国科普示范县(市)”。教育体制改革继续深化,基础教育和素质教育不断加强,教育教学质量稳步提高。投资1843万元,对中小学危房进行改造,办学条件明显改善。体育事业蓬勃发展,参加国际国内各类体育赛事20次,获金牌191枚。公共卫生体系不断完善,地方病、职业病防治和重大疾病控制工作得到加强。完成4所乡镇卫生院改造和100家村级定点卫生室建设,农村医疗卫生条件进一步改善。认真落实计划生育优先优惠政策,深入开展集中服务活动,加大投入力度,制定出台“双十条”规定,严格责任追究,圆满完成年度人口计划。环境保护工作再上新台阶,登封被批准为“全国生态示范县(市)”创建单位。

【旅游业】 2004年,少林景区拆迁整治一期工程基本完工。总投资1.8亿元,完成了少林景区入口处建设、一期绿化和少林寺常住院整修,景区面貌根本改观,景区品位显著提升。成功举办了首届世界传统武术节登封迎宾式,提高了登封的知名度,扩大了少林武术的影响力。嵩山首批入选世界地质公园,实现了登封市世界级品牌“零”的突破。2004年,嵩阳书院景区被命名为国家4A级景区。旅游宣传力度进一步加大,“嵩山少林”被列入全国假日旅游信息预报系统;10集大型电视文化专题片《嵩山》在中央电视台播出,充分展示了嵩山丰厚的历史文化和独特魅力。2004年,全市接待中外游客238万人次,创历史新高。旅游业的迅猛发展带动了第三产业的快速增长,2004年完成增加值24.6亿元,比上年增长13.8%。

【少林景区建设】 少林景区拆迁建设是一项浩大的工程,仅用一个月时间,就基本完成了主要搬迁任务。少林景区入口处建设工程自2004年1月开工,按照“把少林景区入口处建成世界一流的精品工程、示范工程”的总体目标,抽调精兵强将,组织先进设备,全力搞好工程建设。武术节举办前夕,景区停车场、公交停车场、电瓶车停车场及游客管理服务中心、电瓶车道路先后建成投用。与此同时,少林景区核心区绿化工程同步跟进。通过招标,选定专业单位承包,签订包栽、包活合同,制订相关养护方案,倒排工程,抢时间、争速度、抓质量,严格按规范施工,确保了工程按期完成。通过努力,少林景区“深山藏古寺,碧溪锁少林”的幽美意境已初步显现。

为落实吴仪副总理的指示精神,按照省委书记李克强提出的“文物要加强保护,景区要焕然一新”的总体要求,投资5000多万元,以保护寺院文物建筑和满足旅游活动、宗教活动及僧侣生活基本需要为目标,对少林寺常住院有碍观瞻、年久失修和不符合古建要求的建筑,进行高起点、高标准、高质量的拆除改建、维修保护及环境整治。自开工以来,在时间紧、任务重的情况下,先后搬迁、拆除并改建建筑面积5000平方米。并在整修工程开始之前,聘请文物和古建专家对少林寺常住院进行了实地勘察和论证,高标准规划编制了《登封少林寺常住院建筑与环境整修方案》,由清华大学建筑学院设计制订了《嵩山少林寺常住院改扩建设计方案》和《少林寺整治扩建规划设计》,并邀请13名著名文物专家对整修方案进行了论证,从而确定了少林寺整修“五大”工程,即:寺院地面道路整修工程,殿堂维修和改拆建工程,殿堂前月台、台明、须弥座整修工程,殿堂油漆彩绘工程,墙壁粉饰及壁画保护工程。从2004年2月开始,多支专业施工队,倒排进度,加班加点,昼夜施工,克服各种不利因素,于武术节之前,圆满完成了少林寺院整修工程,使千年古刹少林寺恢复了昔日的风采。

【武术节大型迎宾表演】 由国际武术联合会和中国武术协会主办,郑州市人民政府和河南省体育局承办的首届世界传统武术节于2004年10月16日~20日隆重举行。作为本届武术节的重要活动场所,为筹备好登封大型迎宾表演活动,登封市委、市政府高度重视,专门成立了武术节指挥部,于10月17日组织了大型迎宾表演,并特邀中央电视台著名导演来执导这一盛会。大型迎宾表演——《龙腾少林》,从市标开始,沿环山路、北环路、207国道至少林寺,在全长18公里的公路沿线两侧,83所武校的4.1万名武术队员和5000名其他演出人员组成的530多个表演方阵,按照依山就势、错落有致、跌宕起伏的表现手法,以世界上规模最大的武术表演阵势,充分展示了少林武术的博大精深,展示了少林武术发祥地良好的群众基础和精神风貌,得到了中央和省、郑州市等各级领导的高度评价和充分肯定,受到了中外来宾的交口称赞。

(吕宏军)

新郑市

【概况】 总面积873平方公里,其中耕地面积47878公顷。辖9个镇、4个乡、3个街道办事处和1个港区管委会,325个行政村、27个居委会。总人口631253人,其中农业人口471071人。2004年人口出生率为9.20‰,死亡率为5.20‰,自然增长率为4.00‰。

2004年,全市生产总值完成118亿元,比上年增长13%。其中,一、二、三产业增加值分别为8.0亿元、75.0亿元、35.0亿元,比上年分别增长4.5%、14.0%、12.6%。财政收入41369万元,比上年增长19.66%。金融机构存款余额475770万元,比上年增长10.7%。城乡居民储蓄存款余额362902万元,比上年增长11.9%。社会消费品零售总额446187万元,比上年增长17.2%。城镇居民人均可支配收入7655元,比上年增长16.1%。农民人均纯收入4172元,比上年增长16.7%。

【机构与领导】 市委:书记赵武安;副书记白虎林、陈莉(女)、刘国正、张杰、谢霜云、刘仲利(8月任);市委常委赵武安、白虎林、陈莉(女)、刘国正、张杰、谢霜云、刘仲利(8月任)、陈爱萍(6月免)、张石磙、吴忠华(6月免)、申任玉(6月免)、李玉卿、马占军、王东亮、马国亮(6月任)、李书锋(6月任)、万永生(6月任)、孙淑芳(6月任)。

市委工作部门:市委办公室主任陈爱萍(6月免)、马国亮(6月任);组织部长王东亮;宣传部长申任玉(6月免)、万永生(6月任);统战部长张石磙;政法委书记李玉卿;老干部局长马正夫;信访局长赵向东;档案局长郭秀荣(女);党校书记张全民。

市二届人大常委会:主任高林华(女);副主任李德明、侯松平(女)、冯书义、郭连召、冯西乾。

市人大常委会工作部门:市人大办公室主任李富谦;法工委主任徐向红(女);农工委主任马宏超;财经工委主任申明杰;信访室主任鲍彦周;老干部科长赵洪彬(4月免)、白春芳(4月任);教科文工委主任连和群(4月免)、刘宏战(4月任);人事科长黄建业。

市人民政府:市长白虎林;副市长吴忠华(6月免)、李书锋(6月任)、马国亮(6月免)、郑灏东、高建军、孙阔、付桂荣(女)、刘五一、李建伟(6月任)、赵新民(6月任)、李志强(6月任)。

市政府工作部门:市政府办公室主任杨彦峰(6月免)、秦洪源(6月任);机关事务局长乔全欣;市志办主任贾晓建(4月免)、荆勇杰(4月任);法制局长史敏;技术监督局长王拥军;建设管理局长高留赞(4月免)、王军生(4月任);城管行政执法局长张金岭(4月免)、田延辉(4月任);经贸委主任张社合(4月免)、郭喜军(4月任);交通局长郭国强;农业局长郭喜军(4月免)、楚瑞民(4月任);农机局长刘辉(4月免)、马明超(4月任);林业局长路钟敏;水利局长申宝林(4月免)、郭淼成(4月任);商贸公司总经理刘建中;粮食局长李留柱(4月免)、张书谦(4月任);财政局长王宏伟;工商局长吴建伟;审计局长刘秀举;供销社主任岳新峰;计生委主任范爱民(4月免)、李建国(4月任);文化局长李长恒;文物管理局长寇玉海;教育体育局长朱德民;广电局长李中俊(4月免)、李留建(4月任);卫生局长张浩;旅游局长陈开林;计委主任李长安;招商办主任刘仁政;物价局长郭淼成(4月免)、张全周(4月任);统计局长贾俊峰;国土资源局长李发灿;人劳和社保局长高志敏(4月免)、左建新(4月任);编办主任左建新(4月免)、郭建岭(4月任);公安局长黄开展(8月免)、赵建武(12月任);司法局长郑幸福;民政局长陈中良(4月免)、彭德成(4月任);科技局长陈恭恩;气象局长阎伟杰;邮政局长王谷;烟草局长李留民;安监局长邱学峰;轻工公司经理李炎海;供电公司经理王广斌(11月免)、李新友(11月任);药监局长耿金安;物资公司经理苗松发(10月免)、安新春(10月任);外贸公司经理李俊鹏(4月免)、许发民(4月任)。

政协市二届委员会:主席陈莉(女);副主席白新治、李栓柱、靳瑞生、苏铁林、王海民。

市政协工作部门:市政协办公室主任贾全臣(4月免)、刘德铭(4月任);提案委主任孟鹏;科经委主任杨宏超(10月免)、苗松发(10月任);宣教委主任赵国喜;文史委主任岳晓丽(女);老干部科长王子臣;社会法制委主任吕献宝。

中共市纪律检查委员会书记:刘国正。

市人民武装部部长:李青海;政委:马占军。

市人民法院院长:赵培伟。

市人民检察院检察长:李志。

市群团工作部门:工会主席戴宇林;妇联主席郑全珍(女,4月免)、陈玲莉(女,4月任);团委书记李军(4月免)、王健霞(女,4月任);工商联会长侯松平(女)。

街道办事处、乡镇机关:新建路办事处书记靳林中、主任王宏坤;新烟街道办事处书记李留建(4月免)、王金灿(4月任)、主任唐宏伟;新华路办事处书记张书谦(4月免)、王秀业(4月任)、主任刘彤彬(4月免)、连合群(4月任);航空港商贸区管委会主任、书记赵新民;城关乡书记周宏超(4月免)、李芳(女,4月任)、乡长李芳(女,4月免)、赵根旺(4月任);辛店镇书记孙淑芳(女)、镇长付志宏(4月免)、周书明(4月任);千户寨乡书记范宏亮、乡长荆勇杰(4月免)、李军(4月任);观音寺镇书记秦洪源(6月免)、赵志新(6月任)、镇长马明超(4月免)、李俊鹏(4月任);梨河镇书记王建民、镇长贾桂芬(女,4月免)、贾晓建(4月任);和庄镇书记楚瑞民(4月免)、孙亚东(4月任)、镇长林俊伟(8月免)、乔建伟(8月任);八千乡书记赵志新(6月免)、林俊伟(8月任)、乡长李甲喜;龙王乡书记孙春环、乡长马书强;薛店镇书记王保军、镇长赵金离;孟庄镇书记刘彤标、镇长乔建伟(8月免)、吴顺祥(8月任);龙湖镇书记李香梅(女,2月免)、连书平(2月任)、镇长周建中(4月免)、杨春峰(4月任);郭店镇书记张顺安、镇长朱秋国;新村镇书记敬跃离、镇长赵根旺(4月免)、马忠杰(4月任)。

【工业经济】 2004年,全市规模以上工业企业新增28家,达到160家。实现主要工业增加值35亿元,完成销售收入93.4亿元,分别比上年增长23.8%和21.3%,是6年来的最高增速。项目建设取得突破性进展,全市新开工及续建项目91个,新投产和试产项目104个,是近年来开工建设和投产项目最多的一年。统一企业饮料生产线、科氏沥青、羚锐制药、金升电碳、麦滋尔淀粉糖等项目的建成投产,进一步增强了经济发展后劲。出台扶优扶强政策,加大对重点工业企业的扶持力度,全市30强企业新上、技改、扩建项目18个,总投资11亿元。年设计生产能力300万吨的赵家寨煤矿和年设计生产能力180万吨的王行庄煤矿已开工建设,完成投资2.5亿元。2004年非公有制经济发展迅速,完成增加值76亿元,比上年增长30.3%。

【农业与农村经济】 2004年,全市农民人均纯收入4172元,比上年增长16.7%,7年来首次实现两位数增长。农业结构进一步优化,2004年新发展油料作物3666.67公顷、大枣1333.33公顷、小杂果733.33公顷。畜牧业发展迅速,畜禽养殖总量达1880万头(只)。加大对农业龙头企业的扶持力度,奥星公司、雏鹰公司等企业的辐射带动能力进一步增强。农村劳动力转移就业工作实现新突破,2004年培训农村劳动力2.29万人,转移就业1.73万人。认真落实农村税费改革政策,全市减免农业税、兑现粮食直补款共计2025万元,农民人均负担减轻41.4元。农业基础设施建设不断加强,农田水利基本建设再次夺得省"红旗渠精神杯"和郑州市"中州杯"。

【城乡建设】 按照城市建设总体规划,建成了新港大道、人民东路、神州路和中华北路,进一步拉大了城市框架。拓宽改造了新烟大桥,完成了第二垃圾填埋场一期工程和3座联体公厕垃圾中转站建设,对金城路、洧水路等街道路灯和10条背街小巷进行了整修改造,城市基础设施日趋完善。城区新植丰花月季42.5万株,新增公共绿地3处,城市的绿化美化水平不断提高,顺利通过了省级园林城市的复查验收。积极开发房地产市场,巩固完善旅游市场,促进了第三产业发展,2004年实现社会消费品零售总额43.8亿元,比上年增长15.1%。完成了新孟路续建工程和溱关路拓宽改造工程,整修乡村道路61.8公里,进一步改善了农村交通条件。小城镇建设步伐加快,全市城镇化率达到41.3%。

【社会事业】 按照建设"平安新郑"的要求,狠抓社会治安综合治理,坚持开展安全生产专项整治,认真落实领导干部信访接待日、集中下访和重大不稳定因素领导包案制度,深入开展"千名干部到一线,千名干警到基层"活动,社会大局保持稳定。以"共铸诚信形象,建设信用新郑"为目标,深入开展信用企业、信用商户和文明市民评选活动,广大市民的诚信意识明显增强。围绕建设"文化新郑",成立了新郑历史文化研究会,积极推进文物资源的保护和开发利用工作,荣获"全国文物保护工作先进县(市)"称号。文化事业繁荣发展,顺利通过了全国文化先进县(市)的复查验收。积极推进"生态新郑"建设,全市新植各类树木400万株,森林覆盖率达到23.6%,被评为河南省平原绿化高级达标先进县(市)。环境保护工作不断加强,城市环境综合整治定量考核成绩继续位居全省各县(市)之首。

【被评为省对外开放重点县(市)】 近年来,新郑市坚定不移地实施以招商引资为重点的开放带动战略,有力地促进了全市经济社会的全面、协调、可持续发展。搞好项目策划,先后策划包装了300多个符合国家产业政策、事关经济发展后劲的项目,充实和完善了招商项目库。积极实施蹲点招商、委托招商、以商招商,增强了招商引资的实效性。先后制订并严格落实了《招商引资优惠办法》、《工业经济发展意见》等一系列政策性文件,推行了重大项目建设告知等制度,营造了亲商、安商、富商的良好环境。坚持办好炎黄文化节,积极参加各类经贸洽谈活动,定期召开市情发布会、乡友联谊会,大力宣传新郑,广泛推介项目,不断提高新郑知名度。设立招商引资专项奖励基金,对招商引资第一引荐人进行公开表彰奖励,激发了社会各界参与招商的积极性。2004年,全市新招项目106个,到位资金19.8亿元,比上年增长32.6%。实际利用外资3052.9万美元,比上年增长238.9%。完成进出口总额1793万美元。其中,进口总额856万美元,比上年同期下降28.07%;出口总额937万美元,比上年增长43.9%。2004年6月,全省部分县(市)对外开放工作经验交流会在新郑召开,新郑市被确定为全省对外开放重点县(市)。

【被评为全国农村科技信息"村村通"工程先进单位】 为满足广大群众对科技信息的需求,构建科技资源和信息服务网络平台,促进农业增效、农民增收,自2003年起,新郑市就在全市启动了农村科技信息"村村通"工程。截至2004年底,已免费为农户安装光彩农信机500台。该系统通过网络将科技信息、市场信息、专家信息、用户信息和联系方式传输到全国各地农村终端信息机上,广大农民足不出户就能通过操作简便的信息机及时了解各类信息,并根据市场行情进行种养结构调整、信息下载发布和网上业务洽谈,直接与各地的农产品市场和供需商进行对接,实现了信息、技术与农民生产经营的有机结合。新郑市的做法得到了国家科技部和信息产业部的充分肯定。2004年6月,全国农村科技信息"村村通"工程推广实施工作经验交流会在新郑市召开,新郑被评为全国农村科技信息"村村通"工程先进单位。

【成为全国文物保护先进单位】 新郑市境内登记在册并纳入管理的各类文物保护单位共有125处。其中,国家级重点文物保护单位3处,省级8处,市级7处,县级58处。近年来,新郑市委、市政府高度重视文物保护工作,在全省县级市中率先成立了文物管理局,并建立了县、乡、村三级文物保护网络,形成了全民参与、共同保护的工作格局。邀请同济大学规划专家,高起点制定了《新郑市历史文化名城保护规划》和《新郑市文物资源总体保护利用实施意见》,所有的基本建设工程,在项目建设之前,必须经过文物部门的勘探、批准。市级以上文物保护单位落实了"四有"措施,即建有文物保护单位档案,设置有保护标志,树有保护区的界桩,成立有保护组织。馆藏三级品以上的文物一律建账、建卡、建档,实行定位管理;一般文物也按照三级品以上的管理要求进行管理。对未公布的文物保护单位进行统计、登记,纳入文物日常化管理。对黄帝故里、欧阳修陵园、郑韩故城、郑国贵族墓地等文物古迹进行整修,增强了文物古迹的景观效应。由于成绩突出,新郑市荣获"全国文物保护先进单位"称号。

【成为全国计划生育工作优质服务先进县(市)】 新郑市委、市政府把开展计划生育优质服务工作作为稳定低生育水平的"带动工程"、提高干部素质的"文明工程"、维护育龄群众合法权益的"民心工程",依照国家计划生育优质服务"六好"要求和33条工作标准,开展了以维护人民群众合法权益和满足群众日益增长的计划生育需求为目标的计划生育优质服务活动,全市逐步形成了党政牵头、部门配合、群众参与、管理规范、服务优质的人口和计划生育工作新格局。积极探索和实践了"依法管理、村(居)民自治、优质服务、政策推动、综合治理"的计划生育工作新机制,重塑了计划生育的良好社会形象,拓宽了服务项目,维护了群众的合法权益,促进了群众婚育观念转变,稳定了低生育水平。近年来,新郑人口出生率一直稳定在10‰以内,政策生育率达到95%以上,出生婴儿性别比逐渐趋于正常,为构建和谐社会创造了良好的人口环境。新郑市连续12年保持河南省计划生育一类县(市)位次,2004年获得"全国计划生育优质服务先进县(市)"称号。

【成为全国生态农业建设先进县(市)】 近几年来,新郑市紧紧围绕可持续发展这个主题,按照"立足示范、着眼推广、注重基础、讲求效益"的原则,不断加大对生态农业建设的组织管理、技术指导、资金投入和工程建设力度,全面完成了《新郑市生态农业建设总体规划》工程建设任务,全市生态农业建设有了长足的发展。实施环境综合治理工程,生态环境质量得到提高。始祖山绿化面积达到1080公顷,全市13个乡镇平原绿化都实现了高级达标,新植树木50万株。实施以节水为主的农业生态工程,全市共新打配套机井1140眼,节水灌溉面积达到2.3万公顷。加快无公害产业生态基地建设,共新建无公害大枣基地2800公顷,无公害蔬菜基地3333.33公顷,郑风牌莲藕、始祖山牌柴鸡蛋、新郑鸡心枣和新郑灰枣被国家认证为绿色食品。大力发展以农副产品的加工储藏、保鲜、运输和销售为主的农村二、三产业,全市有各类农业企业200家,规模较大、带动能力较强的企业达32家,有6个被认定为郑州市龙头企业,有3个被认定为河南省农业龙头企业。大力推广秸秆还田综合利用,秸秆还田总面积1.53万公顷,机械直接还田1.2万公顷。积极发展生态旅游,连年成功举办枣乡风情游,提高了生态农业的经济效益。2004年,新郑市被命名为全国生态农业建设先进县(市)。

(齐光辉　岳振凯　王　鹏)

荥阳市

【概况】 总面积908平方公里,其中耕地面积42258公顷。2004年5月,峡窝镇整体划归郑州市上街区管辖。辖9个镇、4个乡、2个街道办事处、1个风景名胜区,282个村民委员会,2290个村民组。总人口595884人,其中农业人口490906人。2004年人口出生率为8.9‰,死亡率为5.7‰,自然增长率为3.2‰。

2004年,全市生产总值突破百亿元,达到107.6亿元,比上年增长15.7%。其中第一产业增加值8.6亿元,增长5.6%;第二产业增加值69亿元,增长18.4%;第三产业增加值30亿元,增长13.2%。财政收入4.02亿元,比上年增长49%;财政支出55420元,增长34.7%。金融机构各项存款余额49.6亿元,比上年增长9.9%;各项贷款余额17.6亿元,下降24.5%。社会消费品零售总额完成43.1亿元,比上年增长18%。城镇居民人均可支配收入和农民人均纯收入分别为7646元和3875元,分别比上年增长15.7%和17.1%。

2004年,新增有效灌溉面积293.8公顷、旱涝保收田333.33公顷、节水灌溉面积668.67公顷。年末全市农业机械总动力72.3万千瓦,比上年增长1.3%;农用拖拉机5516台,增长1.3%;农用运输车28589辆,增长7.7%。全年农村用电量27110万千瓦小时,比上年增长13%。粮食总产量24.64万吨,比上年增长6.6%;油料总产量1.5万吨,增长4.4%;棉花总产量700吨,增长17.6%;蔬菜总产量42.8万吨,增长2.3%。粮经比例进一步优化,达到65∶35。畜牧养殖业发展加快,2004年肉类总产量4.3万吨,比上年增长18.4%;禽蛋产量5.0万吨,增长8.7%;牛奶产量2.2万吨,增长57.1%;水产品产量1805吨,增长36.2%。完成了刘河环镇公路修铺、乔卢公路荥丁段改造,城乡交通条件持续改善。成立市农业信息服务中心,完善壮大农业专业协会、农民经纪人队伍,农村社会化服务体系更加巩固。认真落实"三补一减"政策,全市农民实际减负增收1880.5万元。加强对农民工的就业服务,转移就业农村劳动力18288人。农民人均纯收入增幅首次超过城镇居民人均可支配收入。

2004年,全部工业增加值61.5亿元,比上年增长18.2%。规模以上工业增加值35.4亿元,比上年增长25.4%。其中国有企业增加值2.6亿元,增长11.6%;集体企业增加值8.5亿元,增长21.4%;股份制企业增加值15.9亿元,增长26%;外商及港澳台商投资企业增加值5.2亿元,增长25.3%。主要能源原材料生产快速增长,2004年铝材产量9841吨,比上年增长4.1倍;粗钢产量6.7万吨,增长1.4倍;水泥产量126万吨,增长57.1%;原煤产量222.1万吨,增长

25.7%;钢材产量34.9万吨,增长16.8%。工业企业经济效益大幅度提高,2004年全部国有及年产品销售收入500万元以上的非国有工业企业综合经济效益指数187.7%,比上年提高25.1个百分点;产品销售收入104亿元,比上年增长45.5%;实现利税8.4亿元,增长38.3%;实现利润5亿元,增长42.5%。工业品产销衔接良好,2004年工业产品销售率97%,比上年提高0.6个百分点。

2004年,全社会固定资产投资累计完成43.5亿元,比上年增长52%,增幅居郑州六县(市)前列。年初确定的138项投资100万元以上的项目进展顺利,龙泰电力、中原铝业铝板带箔一期工程等一批大项目相继竣工投产。非公有制经济发展势头强劲,2004年新增非公有制经济单位482个,全市非公有制经济完成增加值45.5亿元,比上年增长20.8%。

【机构与领导】 市委:书记丁福浩;副书记魏治功(2月免)、史秉锐(2月免)、杨福平、李建东、张亮(6月任)、赵君、孟永瑞(6月任)、张淑霞(女,6月任);市委常委丁福浩、魏治功(2月免)、史秉锐(2月免)、杨福平、李建东、张亮(6月任)、赵君、孟永瑞、张淑霞(女,6月任)、任元仓(9月免)、程新建、姚金领、付东菊(女)、王双圈、付建峰、蒿铁群(6月任)、车建伟(6月任)、王伟(9月任)。

市委工作部门:市委办公室主任孟永瑞(6月免)、蒿铁群(6月任);组织部长程新建;宣传部长付东菊(女);统战部长付建峰;政法委书记王双圈;目标办主任马朝阳;老干部局长孙改花(女);市直机关工委书记王世增;党校常务副校长袁松华;档案局长韩光明(2月免)、任春林(4月任);党史研究室主任何醒民;信访局长王明俊。

市二届人大常委会:主任武今明;副主任张志安、崔振江、王金章、刘秋梅(女)、刘大成、王振东。

市人大常委会工作部门:市人大办公室主任张金海(4月免)、黑东亮(4月任);法工委主任吕世杰;代表联络人事工委主任张聪枝(女);教科文工委主任杜志民;农工委主任赵福六;财工委主任苏静(女)。

市人民政府:市长魏治功(2月免)、杨福平(2月代,3月任);副市长姚金领、赵真强(11月免)、路红卫、蒿铁群(6月免)、李金勇、刘月楼(女)、李文岭、张建军(6月任)、翟巧枝(女,6月任)、杨郑安(6月任)、任元仓(11月任)。

市政府工作部门:市政府办公室主任郑喜四(4月免)、范胜利(4月任);农办副主任孙德林;计委(8月改组为发展改革委)主任曹西岭(4月任);经贸委(8月撤,组建经委)主任许广兴(4月免)、郑顺举(4月任);统计局长李振宇(4月免)、郑芙英(女,4月任);交通局长李三刚;电业局长张建波;轻工联社主任刘国强;煤炭管理局长张保才(4月任);财政局长邓宝山;国税局长杨勇;地税局长李恒;工商局长朱金松;市场发展服务中心主任曹桂英(女);供销社主任马新林;商业总公司经理李本栋;物资总公司经理赵玉顺;外贸总公司经理张松昌;粮食局长马高升;审计局长吴喜林;国资中心主任王晓哲;人事劳动和社会保障局长王海林;建设管理局长宋金贵;国土资源局长陈子明(4月免)、许其明(4月任);环保局长王保平(4月免)、李振宇(4月任);民族宗教事务局长张大仓;民政局长柴长海(4月免)、张金海(4月任);外经贸办(8月撤,组建商务局)主任王相山;旅游局长李连山;农业局长孙保国;林业局长李伟;水利局长郭子铭;畜牧中心主任王雨;农机站长董建庚;气象局长秦福生(7月免)、张永录(7月任);烟草局长王建民;科技局长楚爱凤(女);技术监督局长刘国全;教育体育局长张国增;文化局长张顺林;卫生局长李芬菊(女);计生委(8月改名为人口计生委)主任王慧荣(女);广电局长张夫荷;药监局(8月组建为食品药品监督管理局)局长李福明;行政审批服务中心主任靳景兰(女);公安局长张武清;司法局长安保兴(4月免)、孙建勋(4月任);监察局长谢天然。

政协市二届委员会:主席杨福平(2月免)、李建东(3月任);副主席阎红举、邢长春、郭超凡、郑宝贵、韦庆华、赵炎利、王和祥。

市政协工作部门:市政协办公室主任李贻涛;民主法制委主任朱明杰;提案委主任陈建勇(8月任);文教卫生委主任周致远;经济科技委主任张金斗;学习文史委主任鲁淑青(女)。

中共市纪律检查委员会书记:李建东(6月免)、张淑霞(女,6月任)。

市人民武装部部长:任元仓(4月免)、燕建华(7月任);政委:王伟。

市人民法院院长:马建克。

市人民检察院检察长:苏长明。

市群团工作部门:总工会主席白宇宙(6月免)、王志远(6月任);团委书记吴新勇(4月免)、李慧芳(女,4月任);妇联主席周淑敏(女,4月免)、郭玉霞(女,4月任);文联主席许满长;科协主席陈天祥;工商联主委王和祥;侨联主席刘阳。

街道办事处、乡镇机关:索河办事处书记张振海(4月免)、杨赵莉(女,4月任)、主任王文铎(4月免)、王超峰(4月任);京城路办事处书记时永奇、主任许培荣(女);城关乡书记朱天柱、乡长王桂林;乔楼镇书记徐世英、镇长李为民;豫龙镇书记王智明、镇长张宗文;广武镇书记王志远(6月免)、袁斌(6月任)、镇长李武(4月免)、周淑敏(女,4月任);高村乡书记黑东亮(4月免)、陈春梅(女,4月任)、乡长陈春梅(女,4月免)、李伟(4月任);北邙乡书记张骅(6月免)、赵国君(6月任)、乡长赵国君(6月免)、徐建慈(女,6月任);王村镇书记车建伟、镇长王友伦;汜水镇书记王建峰(11月免)、镇长袁斌(6月免)、陈耀宗(6月任);高阳镇书记吴仲信(4月免)、周进良(4月任)、镇长周进良(4月免)、任延华(6月任);峡窝镇书记许其明(4月免)、吴新勇(4月任)、镇长杨赵莉(女,4月免)、李伟(4月任);刘河镇书记马新民、镇长王志中;环翠峪风景名胜区书记陈新力、主任樊宏斌;崔庙镇书记刘建峰、镇长宋成胜;贾峪镇书记郑顺举(4月免)、李武(4月任)、镇长吴吉昌(4月任);金寨回族乡书记苏金和(4月任)、乡长苏金和(4月免)、巴建勋(4月任)。

【对外开放】 2004年,荥阳市坚持发展开放型经济,先后在昆山、萧山、东莞、福州、温州设立了招商联络处,组团参加了广交会、厦洽会、深圳招商会、东莞招商会等国内一系列大型经贸洽谈活动,扩大了对外交流。2004年,共引进郑州市以外资金12.5亿元,实际利用外资700万美元,出口创汇2264万美元,比上年增长1.6倍。成功举办了首届郑氏文化节,文化节期间,共签订合同项目40个,合同资金达到17.68亿元;奠基项目10个,投资额达到11.5亿元。

【城区建设】 2004年,荥阳市积极实施"东引东进"战略,加快融入郑州的步伐,高标准规划并启动实施了荥东新区建设。索河路、建设路东延工程,康泰路、唐王路建设工程,郑上路市区段改造工程等均顺利完工,中原西路西延工程已全线开工。索滨公园三期、市区18条人行道改造、出入市口美化、市区主干道亮化等14项创建重点工程全部完工,新建游园10处、公厕14座、垃圾中转站8座,建成了郑氏三公像、体育场等一批文化和市政设施,创建国家卫生城市工作顺利通过省级验收。

【各项改革】 强力推进企业产权制度改革,完成企业改制12家,企业内部活力进一步增强。深化粮食流通体制改革,20户粮食购销企业中有7户进入了改制的实施阶段。事业单位改革步伐加快,市人民医院、公路段、地方道路管理所、殡仪馆等10家事业单位通过"改制转企",盘活存量国有资产4651万元。农村信用社改革稳步推进,资产质量进一步优化。

【依法治市】 以建设诚信荥阳、培育"四有"公民为目标,积极开展各种精神文明建设创建活动,有效提升了全市人民群众的思想觉悟、道德水平和文明素质。积极引入社会力量办学,教育体制改革取得新突破,高考综合成绩位居郑州市前列。全面推进人口与计划生育工作,巩固了国家计生优质服务先进县(市)地位。城乡环境质量进一步改善,城市环境综合整治定量考核工作连续5年保持全省第三名的好成绩。殡葬改革力度加大,火化率达到100%。认真贯彻落实《行政许可法》,坚持依法行政,自觉接受市人大的法律监督和市政协的民主监督,共办理人大代表建议49件、政协委员提案128件,办结率均达100%。严厉打击制售假冒伪劣产品和经济欺诈行为,深入开展整顿和规范市场经济秩序活动,2004年查处关系人民群众生活和安全生产的食品、药品、农资等方面案件434起,涉案金额320多万元,并对劣质奶粉事件的有关责任人给予了公开处理。强化安全生产管理,严厉打击非法生产行为,公开处理安全生产事故责任人55人,形成了齐抓共管的安全生产氛围。积极化解调处人民内部矛盾,集中解决了一批信访突出问题。认真落实社会治安综合治理措施,依法打击各种刑事犯罪和黑恶势力,惩处各类违法犯罪分子1749人,保持了社会大局稳定。

【成为全国科技进步先进县(市)】 近5年来,全市累计投入科技三项费用1176万元,支持科技项目73个。承担国家和省、郑州市级科技计划项目66项,获省、市级科技成果32项,开发科技新产品635项,创建河南省高新技术企业5家,郑州市技术新试点(示范)企业11家。申请专利304件,获得授权172件,专利实施率为45%,专利产品创产值26.8亿元,利税8.46亿元。发展民营科技企业41家,实现技术贸易成交额16716万元,全市科技成果转化率达65%以上。创建省级科技示范乡镇1个、郑州市级示范乡镇4个,发展科技示范村40个、科技示范户506个。累计推广农业新技术、新成果153项,实施农业科技项目76项,全市农业先进适用技术覆盖面达95%,农作物良种覆盖率达98%以上。培训星火人才1832名,引进各类人才816名,全市拥有各类科技人才15000多名。截至2003年底,全市科技进步对经济增长的贡献率达到46.75%。大力推进科技创新,实施名牌战略,2004年完成省科技立项12项,开发新产品58项,少林牌大中型客车荣获"中国名牌产品"称号。2004年,先后被国家科技部和省知识产权局批准为全国科技进步先进县(市)和河南省第一批知识产权试点县(市)。

【农村计划生育家庭小康工程】 2004年,荥阳市把农村计划生育家庭小康工程作为全面建立计划生育导向机制的助推器,建立了奖励、优惠、减免、扶助、保障、救助"六位一体"的奖励体系,使广大群众更深层次更多方面享受到计划生育优惠政策。准确把握政策,制定可行措施,共发放各类奖励资金37.4万元,有216个计生户老人、66户双女结扎户等得到了资金帮扶。建立直通车,畅通资金发放渠道,全市282个行政村全部建立了农村计划生育家庭小康工程档案及"绿色通道",共为12191户独生子女领证户和5643户双女户家庭发放了《优惠证》。各部门积极参与,农业、防疫、保健、教体及市直各局委分别对计生户进行了不同形式的帮扶。自实施计划生育小康工程以来,领取《独生子女父母光荣证》户数在第三季度增加了400多人。

【举办中国·荥阳首届郑氏文化节】 2004年10月29日～31日,荥阳市举办了中国·荥阳首届郑氏文化节,来自15个国家和地区、国内26个省、自治区、直辖市的113个代表团的1400多位郑氏宗亲,以及来自国家、河南省、郑州市的890多名特邀嘉宾参加了文化节活动。文化节的主题是"寻根、联谊、交流、发展"。文化节举办的主要活动有首届郑氏文化节开幕式及“情系荥阳”大型文艺晚会、郑氏三公像揭幕仪式、经贸产品成果展、民间文艺汇演等。文化节期间,举行了经贸项目发布暨签约仪式,推介发布20个合作项目,与国内外客商签订合同项目40个,合同资金17.68亿元,意向项目5个,意向资金14.5亿元,合同、意向资金共计32.18亿元。来宾们参观了郑国古城、郑氏名人苑和郑成功纪念馆,祭拜了郑氏祖茔。举行了郑氏产业园奠基仪式,有5家企业奠基,总投资额5.1亿元。文化节期间,还举行了《郑氏族系大典》首发式、荥阳经济发展战略及郑氏文化研讨会等。

【煤矸石电厂并网发电】 郑州龙泰电力有限公司荥阳市煤矸石电厂是中外合资企业、郑州市百项重点工业项目和荥阳市2004年度重点建设项目。项目占地33.2公顷,总投资13.5亿元人民币,一期工程规划容量14.5MW,总投资5.5亿元人民币,计划安装两台6万千瓦、一台2.5万千瓦机组和两台锅炉,利用郑州区域内的煤矸石和劣质煤资源为燃料发电,粉煤灰实现综合利用,每年可消化煤矸石和劣质煤55万吨,年发电量可达10亿度,三台机组全部投产后,将新增销售收入2.5亿元,实现利税7000万元,环境效益、社会效益和经济效益十分显著。二期工程计划安装一台15.5万千瓦机组,投资约8亿元人民币,正着手前期准备工作。一期工程于2003年7月开工建设,到2004年已完成投资3.2亿元,厂区土建主体工程完成95%,输煤系统土建、安装已完毕,并投入使用;1号冷却塔、锅炉、汽轮机均已投入使用,2号冷却塔筒体施工完毕,2号锅炉主体安装基本完成,2号汽轮机下汽缸和发电机定子已就位。1号汽轮发电机组已于10月1日投入试运行,按临时上网方案一次并网成功。截至2004年底发电8600万度,销售收入1700多万元,实现税收200多万元。

【为民办好“10件实事”】 2004年初市政府承诺为人民群众办好的“10件实事”至年底已基本完成。(1)搞好14个贫困村的基础设施建设,解决8000人的行路难和5000人的饮水难问题。截至2004年底,在10个贫困村新修道路27.9公里,新修路坝、桥梁各一座,解决了9500人的行路难问题;投资120万元,打配机井11眼,建饮水工程2处、水窖50个,解决了北邙等4个乡镇5671人的饮水难问题。(2)年内基本实现农村“村村通班车”工程。截至2004年底,8个乡镇行政村通班车率达到100%,汜水、金寨两个乡镇实现了“村村通公交”,4个乡镇行政村通班车率达到90%。(3)为城镇居民提供2500个就业岗位。2004年,先后召开促进农民就业工作动员大会和100多家企业参加的专场农民工招聘会,提供空岗4000多个,当场达成招聘意向2230个,签订合同80多份。共为全市城镇居民提供各种就业岗位4042个,占年计划的162%。(4)搞好农民就业服务网络和农业信息服务网络建设。2004年,成立了“荥阳市促进农民就业工作领导小组”,并以荥阳市农民就业管理服务中心为主,在16个乡镇、办事处成立了“农民咨询服务中心”,建立了4个驻外办事处劳务工作站、5个农民就业培训基地,形成了较为完善的农民就业服务体系。共输出外出务工人员1700多人,完成农村劳动力转移就业18288人。2004年3月,农业信息服务中心正式成立后,信息覆盖面积为900平方公里,开通了24小时专家服务热线,共发布各类信息1.3万条,其中涉农技术信息7000条,接听群众热线电话5000余次,解答农业疑难问题4000多个,10个中转平台辐射周边农户,经济效益比上年人均增加17%,在2004年中国农业网络100强评比活动中名列第61名。(5)完成市区万山南路及广武路以东所有道路的绿化和人行道的硬化,完成郑上路的慢车道配套工程及两侧美化绿化。截至2004年底,市区万山南路及广武路以东所有道路的绿化工作,市区索河路、万山路等4条主干道和工业路、成皋路等14条次干道的人行道改造工程均已全部完成,完成绿化面积2.8万平方米,改造总面积16.52万平方米。郑上路慢车道绿化完成9.8公里,其余4.56公里因资金问题暂时停滞,配套工程已近尾声,尚余2.8公里,沿线标志属郑州市公路局统一安排,尚未进行。(6)完成索滨公园三期建设。截至2004年底,共投入资金620万元,完成护坡垒砌3000米,安装仿汉白玉栏杆3000米,建花池80个,治理上游河道500米,建溢流坝、三拱桥各1座,改建排污管2处,于8月9日通水,提高了索河防洪能力,更成为人们休闲娱乐的好去处。(7)建成荥阳市疾病预防控制中心检测楼并投入使用。该工程于2月22日正式开工,总投资180万元,其中国债资金100万元,地方财政配套资金80万元,截至2004年底已竣工并通过验收。(8)完成3133.33公顷风沙源治理二期工程。截至2004年底,该工程共投入资金1810万元,共新打井配套20眼,建设蓄水池49个,井房20座,新铺设地埋管3万余米,共计完成造林3166.67公顷,栽植各类树木321万株,超额完成全年任务。(9)改造维护老城道路、演武路东段、兴华路、友谊路和建设西路,改善市区路况。截至2004年底,对市区索河路、万山路等4条主干道和工业路、成皋路等14条次干道进行了补坑和复摊,面积达1万平方米;对市区兴华路、通站路、演武路、友谊路等道路进行了改造,全长3.2公里,有效改善了市区路况。(10)在市区内新建14个公厕、2个垃圾中转站和5个小游园,大力整治城区卫生。截至2004年底,共建成7个公厕、5个垃圾中转站,共投资164万元新建游园10处,面积达4.1万平方米。积极整治城区卫生,对市区70多条主次干道、背街小巷卫生实行分工负责制,由市直各单位进行治理,“路长工程”组进行监督,各街道卫生有较大改观,乱贴、乱画、乱停、乱放等十乱现象得到遏制，垃圾堆积等现象基本得到根治，全市主干道实现了白天12小时保洁。

（李建民）

中牟县

【概况】 总面积1416.7平方公里，其中耕地面积6.2万公顷。辖8个乡、11个镇，431个行政村，697个自然村。总人口682896人，其中城镇人口123912人。2004年人口出生率为9.25‰，死亡率为5.5‰，自然增长率为3.75‰。

2004年，全县生产总值达到70.0亿元，比上年增长15.7%。其中，第一产业增加值完成17.9亿元，增长10.4%；第二产业增加值完成29.7亿元，增长21.1%；第三产业增加值完成22.4亿元，增长12.9%。非公有制经济完成增加值36.4亿元，占全县生产总值的52%，比上年增长19.7%。地方财政收入19660万元，比上年增长30.8%。财政支出43537万元，比上年增长25.2%。年末金融机构各项存款余额304061万元，当年新增51949万元；各项贷款余额177940万元，当年新增8707万元。全社会固定资产投资246250万元，比上年增长55.7%。社会消费品零售总额269448万元，比上年增长16.8%。城镇居民人均可支配收入6084元，比上年增长15.8%。农民人均纯收入3499元，比上年增长16.8%。

【机构与领导】 县委：书记陈西川(6月免)、崔绍营(6月任)；副书记崔绍营(6月免)、黄卿(6月任)、王根成、王竹强(6月任)、秦土旺(6月任)、王霄鹂(女，6月免)、李民生；县委常委：崔绍营、黄卿(6月任)、王根成、王竹强(6月任)、秦土旺(6月任)、王霄鹂(女，6月免)、李民生、魏诗礼(6月免)、穆瑞卿、王兴林(4月免)、周亚民、张永宪、刘玉玲(女，12月任)、郭明启(6月任)、樊惠林(6月任)、段占青(6月任)、李延中(6月任)、李幸福(6月免)。

县委工作部门：县委办公室主任李幸福(6月免)、樊惠林(6月任)；组织部长刘玉玲(女)；宣传部长张永宪；统战部长穆瑞卿；政法委书记魏诗礼(6月免)、段占青(6月任)；目标考评办主任骆照顺；保密局长阎志强；机要局长马国彦(4月免)、马爱国(4月任)；老干部局长赵华；县直机关工委书记孙玉霞；信访局长南书海；党史办主任聂松山；党校常务副校长韩明欣。

县十一届人大常委会：主任董文焕；副主任张凤枝(女)、骆国印、冯政忠、张锡铖。

县人大常委会工作部门：县人大办公室主任赵振奇；人事工委主任王凤军；财工委主任蒋振礼；法工委主任王文胜；教工委主任董云岭；农工委主任吴海法。

县人民政府：县长崔绍营(6月免)；副县长黄卿(代县长，6月任)、周亚民、杨润池、邓书安(6月免)、高照良、李雪生、徐相锋、马斐颖(女)、崔平、张书勤(6月任)、王兴林(11月任)、杜设亮(6月免)。

县政府工作部门：县政府办公室主任李鸿欣；人防办主任冀新富；法制局长郑建军；外事侨办主任张伍发；科技局长张林栋；建设局长白由祥；环保局长樊国军；计生委主任黄德鑫；教体局长刘海燕；交通局长耿鲜明；文化局长魏定奇；卫生局长白建林；广电局长王占军；粮食局长韩聚山；司法局长李占良；公安局长王晓军；计委主任郭连喜；农办主任李明立；农业局长陈庆；林业局长朱怀召；水利局长韩发旺；畜牧局长唐传俊；农机局长陈建中；财政局长郭礼印；人劳局长张书勤(7月免)、申宏尧(7月任)；民政局长李五群；民族宗教局长郝军献；机关事务局长高林照；经贸委主任曹顺国；审计局长朱贵聚；旅游局长王继跃；物价局长石宝贵；供销社主任王献科；爱卫办主任肖广奇；蚕业公司经理鲁书选；商业总公司总经理赵希彬；外贸公司经理孔新柳(女，12月任)；医药公司经理贾守民；市场中心主任李双林；物资公司经理法小四；反贪局长袁胜麦；统计局长孙玉平(女)；监察局长石小书；档案局长潘海枝(女)；工商局长李建伟；国税局长鲁沛涛；地税局长张喜；电业局长左雁章(11月免)、钱永森(11任)；烟草局长王保军；气象局长李敏(女)；质监局长马占坡；药监局长张全义；邮政局长罗健。

政协县七届委员会：主席杨保立；副主席宋海群、衡新春、万培坤、冯富军、黄卫中。

县政协工作部门：县政协办公室主任赵立星；文教卫体委主任王明真(女)；学习文史委主任刘瑞菊(女)；提案委主任王文胜；经济科技委主任马振坤；台港澳侨联络委主任朱光明；社会法制委主任王瑞芳(女)。

中共县纪律检查委员会书记：王霄鹂(女，6月免)、王竹强(6月任)。

县人民武装部部长：王兴林(4月免)、杨书立(4月任)；政委：郭明启。

县人民法院院长：段占青。

县人民检察院检察长：梁平。

县群团工作部门：总工会主席李志强(6月免)、马少军(6月任)；团委书记李晓莉(女)；妇联主席王红梅(女，10月免)、姬素萍(女，10月任)；科协主席陈运昌(5月免)、李春增(5月任)；文联主席王银玲(女)；残联理事长李振。

乡镇机关：城关镇书记兼镇长李延中；韩寺镇书记兼镇长乔琳；白沙镇书记兼镇长朱麦囤；官渡镇书记兼镇长田金锁；东漳乡(7月撤)、雁鸣湖乡(7月设)书记兼乡长黄刘建；狼城岗镇书记兼镇长张胜利；万滩镇书记兼镇长李书立；张庄镇书记兼镇长尚德祥；八岗乡书记兼乡长李庆中；刁家乡书记兼乡长李虎群；刘集乡书记兼乡长芦志刚；大孟乡书记兼乡长周志敏；谢庄镇书记兼镇长曹西平；芦医庙乡书记兼乡长段长兴；黄店镇书记兼镇长李季扬；郑庵镇书记兼镇长芦彦学(10月免)、魏凤林(10月任)；三官庙乡书记兼乡长任文利；冯堂乡书记兼乡长魏凤林(10月免)；姚家乡书记兼乡长刘卫国。

【农业与农村经济】 认真落实中央农税降点、种粮直补、退耕还林等惠农政策,2004年完成农业总产值34.5亿元,比上年增长11.5%。其中,农业产值21.6亿元,增长11.1%;畜牧业产值10.2亿元,增长8.7%;渔业产值2.2亿元,增长25.0%。2004年粮食总产量324697吨,肉类总产量64587吨,比上年增长10.2%。禽蛋产量23290吨,比上年增长11.5%。水产品产量32362吨,比上年增长24.4%。大力发展效益农业,建成"富硒"绿色西瓜生产基地666.67公顷,新发展名优果林866.67公顷、优质牧草1466.67公顷,建成奶牛养殖小区15个。西瓜、大蒜、大米通过国家无公害农产品认证,西瓜、梨、大枣3个标准化生产示范基地和无公害水产品生产基地通过省级认证,"五洲绿源"牌西瓜被评定为省级名牌农产品。黄河标准化堤防建设按时竣工。水利建设成效显著,农田水利基本建设连续14年夺取河南省"红旗渠精神杯",2004年有效灌溉面积达到57.78千公顷。

【工业经济】 2004年,全县全部工业增加值为25.6亿元,比上年增长19.0%。其中,规模以上工业(全部国有和年产品销售收入在500万元以上的非国有工业企业)实现增加值13.1亿元,比上年增长9.3%。在规模以上工业(下同)中,轻工业增加值1.9亿元,比上年增长55.5%;重工业增加值11.2亿元,比上年增长3.7%。工业生产产销衔接良好,2004年规模以上工业企业产品销售率达到99.2%,比上年提高了1个百分点。工业企业实现产品销售收入514717万元,比上年增长11.7%。全县销售收入超亿元企业达到4家。丰越玻璃、郑州玻璃、振华钢结构等一批工业项目陆续建成投产,工业群体有效扩张,工业经济增长支撑能力有所增强。2004年,规模以上工业企业中高技术产业实现增加值5515万元,比上年增长67.1%。建筑业生产全面增长,2004年实现增加值4.1亿元,比上年增长36.7%。2004年全县具有资质等级的建筑企业完成施工产值47424万元;竣工面积60950平方米,比上年增长370%。

【旅游业】 雁鸣湖风景区总体规划通过专家评审,基础设施不断完善,景区功能得到提升。东湖度假村成为新的旅游亮点。省高新农业示范园成为全国首批农业旅游示范景区之一。"五一"、"十一"黄金周全县共接待游客26.5万人次,旅游综合收入达到2578万元。2004年,批发零售贸易餐饮业增加值为5.7亿元,比上年增长3.5%。

【招商引资】 2004年,全县招商引资签约项目145个,协议投资21.5亿元,实际到位资金5.4亿元。实现外贸出口总值650万美元,比上年增长37.6%。全县非公有制经济组织达到20082个,实现增加值36.4亿元,比上年增长19.7%。

【为民办实事】 2004年初确定的10件实事目标,共26个项目,已全部完成,部分项目超额完成任务。(1)实现就业再就业3896人,劳务输出17178人,分别占任务的144.3%和171.8%。(2)建成"县长电话"网络和电子政务网络并投入运行,建成农村有线电视示范村77个,发展农村有线电视用户5662户,分别占任务的128.3%和113.2%。(3)建成县疾病控制中心并投入使用,改造了三官庙和刘集两个卫生院。(4)改造中小学危房34870平方米。(5)省道223线和梁冯公路建设工程完成年度任务,刘郑公路全线通车,新修改造乡村公路105公里,修补乡村公路180公里。(6)完成农网改造三期工程。(7)整修改造了城区解放路、建设路、官渡大街,修补了青年路等5条主次干道,完成尼桑大道绿化、北环路"亮化"工程,新建城市花园1处,免费开放潘安故里游乐园和县城公厕,建成垃圾中转站和公厕3座。(8)新发展沼气用户5276户,占任务的175.9%,建成农村环境整治示范村30个。(9)累计为5418名城镇居民、21099名农村特困群众实施最低保障和社会救助,对1574名特困家庭中小学生实施"两免一补",为9052名贫困学生免费发放教科书。建成社保服务大厅并投入使用,开发了"五保合一"相关软件。(10)建成老干部活动中心并投入使用。

【城镇化进程】 2004年,城镇化进程明显加快,人居环境进一步改善。县城建设与管理得到加强,县城东区市政设施建设改造力度加大,城市功能进一步完善。县城西区开发完成建筑面积10.3万平方米,新修道路7条、排水工程11项,翠鸣园景区二期工程基本完工,龙苑、府佑等房地产开发项目进展顺利。增设了市政消防设施。新开通两条公交线路。进一步强化县城东西区管理,深入开展爱国卫生运动,集中治理环境卫生,美化市容市貌,顺利通过省级卫生县城复核验收。

2004年,小城镇建设成效明显。城关镇被评定为全国重点镇和全国信息化建设示范镇,农民公寓和标准化住宅区已初具规模。雁鸣湖乡总体规划通过专家评审,已开始实施。白沙、芦医庙以工业化带动城镇化,城镇功能逐步完善。其他乡镇也不同程度地加大了小城镇建设力度。开展创建农村环境整治示范村活动,有5个村被评定为"河南省康居示范村"。

【社会事业】 2004年,全县新建校舍面积12.8万平方米,共拥有各类学校440所(包括157个教学点)。普通高中在校生10533人,比上年增长5.6%;普通初中在校生53543人,比上年下降4.0%;职业高中在校生28160人,比上年下降16.4%;小学在校生66806人,比上年下降10.3%,适龄儿童入学率100%。2004年共升入各类专科以上院校学生2969人。高考成绩取得新突破,普通高招、对口招生本科分别上线852人、34人,分别居全市第二名和第一名。体育事业成绩显著,2004 年,在县外重大体育赛事中共获得金牌 8 枚、银牌 6 枚、铜牌 11 枚。

2004 年末,全县共拥有各类技术人才 11770 人,全年列入市以上各类科技计划项目 13 项,共组织获奖重大科技成果 1 项,其中,省级奖 1 项。

医疗卫生条件明显改善,卫生事业稳步发展。2004 年末,全县共拥有卫生机构 26 个,床位 1390 张,卫生机构人员 2014 人(其中卫生技术人员 1584 人)。农村普遍建立了合作医疗卫生点,医疗条件显著改观。建成"120 指挥中心",完善了应急救援和疾病防控体系。环保工作进一步加强,2004 年,关闭污染严重的工业企业 2 家。16166 户农户安装使用了有线电视,全县 90%的行政村具备了收看有线电视的条件。

继续实施"温暖工程",为 234 户群众建房 693 间。殡葬改革全面推开,火化率达到 100%。社会保障事业稳步发展,全县参加失业保险职工人数为 24503 人,月平均领取失业保险金人数为 901 人;2004 年共发放城镇居民最低生活保障金378.5万元,享受最低生活保障人数为 4921 人。2004 年,全县拥有各类社会福利机构 20 个,床位 466 张,收养 365 人。"双拥"共建扎实推进,实现市级"双拥模范县"五连冠。广泛开展安全生产大检查,随时消除安全隐患,全县各类安全事故起数、死亡人数、经济损失同比均下降 35%以上,全年无重大安全事故发生。

【中牟县第一中学】 中牟县第一高级中学是中牟县惟一一所重点高中,占地面积 188676 平方米,建筑面积 81800 平方米。有教学楼 4 幢,办公楼 3 幢,学生宿舍楼 4 幢。田径场环形 400m 跑道 2 个,标准篮球场 20 个,排球场 4 个,羽毛球场 4 个,乒乓球台 160 张。图书馆 2 座,阅览室 2 个,面积 2000 平方米,藏书11.6万册。专业实验室 15 个,微机室 4 个。学校现有教职工 283 人,专任教师 202 人。专任教师中,本科学历 179 人(含研究生 5 人),专科学历 13 人,取得专业合格证的 10 人。学校现有 68 个教学班,学生 3611 人。2004 年,上本科线考生 607 人,上重点线考生 188 人。教育教学质量跨入省市先进行列。学校连续 7 年被郑州市命名为"教育教学先进单位",还先后被命名为"郑州市文明单位"、"郑州市示范性高中"、"郑州市依法治理工作示范学校"、"郑州市职业道德建设十佳单位"、"郑州市深入建设职工之家红旗单位"。

【帕拉丁汽车】 郑州日产汽车有限公司生产区设在中牟县。该公司所产帕拉丁(PALADIN)汽车是日本日产汽车公司专门为亚洲和中国市场设计的一款集乘用性、越野性和多功能性为一体的运动型多功能车(SUV),属轻型越野车范畴。在国内汽车市场是最新款、主导车型。该车采用前卫的 4WD 车身设计,分为 XE 和 SE 两个级别,共 3 种型号,市场售价均在 30 万元以下,车色有金、银、白、红及黑 5 种可供选择。XE 级别的型号有 KA24DE 发动机、5 档手动(M/T),两轮驱动或四轮驱动供选择;SE 级别的型号有 VG33E 发动机、4 档自动(A/T)及四轮驱动供选择。2002 年 9 月～11 月,开始进行批量试生产,并通过日产公司 VES 评价;2002 年 11 月,在中国汽车技术研究中心(天津)国家碰撞试验室通过国家碰撞实验;2003 年 2 月 18 日,XE 级 4WD 正式下线;2003 年 2 月 28 日,XE 级 4WD 正式上市;2003 年 4 月,荣膺第十届上海国际车展全场"最引领时尚车型"大奖;2003 年 5 月,XE 级 2WD 正式上市;2003 年 7 月,SE 级 V64WD 正式上市。2004 年销售 1 万多台,占同档次 SUV47%市场份额。作为中牟乃至省会郑州支柱产业的优势产品,帕拉丁在增加地方财政收入,促进地方经济发展方面,起到了积极作用,打造了省会汽车制造业又一个崭新的品牌形象。

【富硒西瓜】 针对我国居民传统以素食为主,主、副食中硒营养元素普遍低于标准含量硒0.1ppm,以及黄河故道地区土壤环境中硒元素不足、西瓜市场售价低、瓜农卖瓜难和科技含量低等现象,中牟县引进有机硒肥配施和葫芦根砧嫁接技术、不同生育期硒肥施入技术、有机硒肥和农药混施技术等项关键技术,通过土壤根施固体硒肥和叶面喷施高效有机硒液体复合肥的途径,给西瓜补充硒元素,进而转化为有机硒,确保硒含量达到"富硒"(超过标准含量硒0.1ppm,西瓜为 80 微克/公斤)水平,生产出具有高科技含量的保健性富硒西瓜,为人体健康提供基础性保障。人通过食用富硒西瓜,可以达到对硒的有效吸收,从而调节人体机能,提高人体免疫功能,增强体力和体质。开发绿色富硒西瓜,是中牟县发挥自然与社会资源,特别是传统市场优势,发展区域特色农业,增加农民收入的一项重要举措。通过综合试验示范,2003 年,中牟县已经发展富硒西瓜66.67公顷,建成优质绿色富硒西瓜生产示范园和富硒西瓜产业化基地。2004 年,全县种植富硒西瓜 1333.33公顷,并正在着手发展有机锌西瓜、有机硒大米等绿色农业。

(单纪谦)

金水区

【概况】 金水区是河南省综合改革试点城区。总面积242.2平方公里,其中城区面积 48 平方公里。辖 12 个街道办事处、3 个镇、1 个乡,144 个社区居民委员会、64 个行政村。总人口 98.45万人,其中非农业人口66.39万人。2004 年人口出生率为7.27‰,死亡率为2.49‰,自然增长率为4.78‰。

2004 年,全区生产总值(非地域统计口径)36.57亿元,比上年增长 16.9%。其中,第一产业完成增加值 1.7亿元,下降2.6%;第二产业完成增加值18.77亿元,增长23.1%;第三产业完成增加值16.1亿元,增长13.1%。财政收入6.37亿元,比上年增长26%。城镇居民人均可支配收入11362元,比上年增长14.2%。农村居民人均纯收入7143元,比上年增长15.2%。

【机构与领导】 区委:书记倪豫州(2月免)、路宏建(2月任);副书记周建(2月任)、张灿森(2月免)、白云(女,6月免)、王铁良(2月任)、刘旭光、薛燕(6月任)、王克勤(6月任)、牛延平(6月任);区委常委倪豫州(2月免)、路宏建、周建(2月任)、张灿森(2月免)、白云(女,6月免)、王铁良(2月任)、刘旭光、薛燕(6月任)、王克勤(6月任)、牛延平(6月任)、李俊超、李贻忠、张华、贾成义(6月免)、李建政、高峰、牛晓萌(6月任)、丁胜全(6月任)。

区委工作部门:区委办公室主任李贻忠(6月免)、牛晓萌(6月任);组织部长贾成义(6月免)、李贻忠(6月任);宣传部长高峰;统战部长李建政;政法委书记王克勤;老干部局长李广平;党校校长白云(女,6月免)、薛燕(6月任)。

区十届人大常委会:主任张灿森;副主任刘西省、弓章宝、王钊、连三才、贾刚。

区人大常委会工作部门:区人大办公室主任刘军(9月免)、田琦(女,9月任);教科文卫工委主任王银枝(女);财经工委主任轩友立(9月免)、鲁老斗(9月任);城乡建设工委主任陈耀伟;法制工委主任周刚;代表联络工委主任刘道俊。

区人民政府:区长路宏建(2月免)、周建(2月任);副区长李俊超、翟政(6月任)、刘安、张胜利、姚实(6月免)、贾有林、王红梅(女)、高振强、徐雄、李峰(6月任)、郑长林(10月任)。

区政府工作部门:区政府办公室主任孙鲜龙;法制局长王丽(女);外事侨务办主任李婷(女);人防办主任窦立增;地方史志办主任许银欣(9月任);行政审批服务中心主任王培胜(9月免)、王珺(9月任);重点项目办主任陈世勇(11月任);经贸委(12月13日更名为经济委员会)主任弓福央;人事劳动和社会保障局长王庆豪;财政局长徐工;教文体局长吴学军;农经委主任韩景忠(9月免)、梁新生(9月任);粮食局长朱广献;国库集中收付中心、财会结算服务中心主任刘长顺;计划统计局(12月13日更名为发展改革和统计局)局长毛国安(9月免)、王培胜(9月任);物价局长张淑琴(女);计生委(12月13日更名为人口和计生委)主任李广超;监察局长许元青;民政局长赵海叶(女);卫生局长单敬坤(9月免)、訾宏伟(9月任);爱卫办主任陈木法;交通局长张和平;市政局长胡影;科技局长郭国平;审计局长罗力平(女);建设局长薛文平;国土资源局长刘凌云(女);司法局长漆和平(9月免)、常超美(9月任);宗教局长巴姝靖(女);城市管理行政执法局长郭明礼(9月免)、张双喜(9月任);房管局长张石柱;机关事务管理局长王珂(9月免)、单敬坤(9月任);拆迁办主任訾宏伟(9月免)、周玉梅(9月任);科技市场管委办主任李光军;建设综合开发总公司经理张建民;安监局长于珊(9月任);项目建设开发办主任杨晓学;区招商局(12月13日由招商引资与外来投资办更名)局长张恩忠;档案局长屠长林(9月免)、王宝昫(9月任);采购中心主任刘琴(11月任)。

政协区六届委员会:主席刘建峰;副主席张清芳、左进军(女)、刘云(女)、李永福、赵淑芳(女)。

区政协工作部门:区政协办公室主任朱天昌;提案委主任胡新苹(女);文教卫生委主任宋秋菊(女,9月免)、李淑敏(9月任);民主法制委主任李仁军;港澳台侨委主任刘占泉;经济科技委主任李洪书(9月免)、韩景中(9月任)

中共区纪律检查委员会书记:刘旭光。

区人民武装部部长:许贵舟;政委:张华。

区人民法院院长:孙郑生。

区人民检察院检察长:李百建。

区群团工作部门:妇联主席王萍(女,9月免)、张沛(9月任);总工会主席李劲松(女);团委书记刘飞(9月免)、史启新(9月任);工商联主席张怀武;科协主席司喜英(女);残联理事长靳朝燕(女)。

街道办事处、乡镇机关:经八路办事处书记杜保民、主任桂海钦;文化路办事处书记常超美(9月免)、段庆洲(9月任)、主任段庆洲(9月免)、李正(9月任);人民路办事处书记闵武杰、主任何守华(11月免);花园路办事处书记王浩(女)、主任郭文博;杜岭办事处书记方本选、主任齐智慧;南阳路办事处书记王宝昫(9月免)、李刚(9月任)、主任韩晓峰(女,9月免)、江涛(9月任);大石桥办事处书记王宝立、主任李刚(9月免)、刘飞(9月任);南阳新村办事处书记郁青凤(女)、主任朱洪斌;丰产路办事处书记崔巍(9月免)、陈少峰(9月任)、主任陈少峰(9月免)、原学岭(9月任);未来路办事处书记张士先(9月免)、王珂(9月任)、主任庞剑锋;东风路办事处书记王恒(11月免)、何守华(11月任)、主任许忠(11月免)、史战胜(11月任);北林路办事处书记竟新宇、主任王双(女);柳林镇书记丁胜全(8月免)、刘中选(8月任)、镇长刘中选(9月免)、刘健(9月任);祭城镇书记丁战勇、镇长冯虎林;庙李镇书记鲁老斗(8月免)、丁胜全(8月任)、镇长杨遂辛(9月免)、毛国安(9月任);姚桥乡书记赵长青、乡长杨金泉。

【农业及农村经济】 农业结构调整步伐加快,以绿化苗木、水产、畜牧、蔬菜为主的四大支柱产业得到稳步发展。2004年共发展绿化苗木种植240公顷,新增蔬菜面积153.33公顷,新增名特优养殖水面80公顷,奶牛集中养殖区达到7个,全区奶牛存栏总量达到7011头。观光休闲农业发展势头良好,已形成以陈砦花卉市场为中心的花卉观赏区和以黄河渔场为中心的渔业生态休闲区。科技兴农战略成效显著,引进苗木、花卉、蔬菜新品种32项,培养农业技术人员和实用技术人才12000人。农产品质量安全体系建设进一步完善,加强对无公害蔬菜农药残留的检测,对猪肉实行市场准入制度,全力做好高致病性禽流感的控制工作。重点实施贾鲁支河下游分流工程、新京珠高速公路防护林和黄河滩地风沙源治理工程,农业基础设施和生态环境建设得到加强。农村集体经济股份制试点工作稳步开展,全部免除农业税,实现了农民零负担。

【工业经济】 工业对经济的支撑带动作用日益凸现,重点企业、科技型企业比重进一步提高。2004年,完成技改项目29项,一批高科技项目相继投入建设,其中力嘉科技、文华印务已经竣工,新易科技土建主体结顶,永丽化工、鑫莱特光电项目已开工建设。开发新产品50种,"金苑牌"面粉被评为中国名牌产品,"奥克牌"啤酒被评为国家绿色食品。2004年,全区规模以上企业完成增加值10.71亿元,比上年增长27.8%;累计实现工业销售收入39.66亿元,比上年增长45.7%,实现利税1.86亿元,比上年增长50%,产销率达到98.6%。工业对全区经济的贡献率为45.8%,拉动经济增长7.74个百分点。

【第三产业】 第三产业快速发展。在全区83个商品交易市场建立健全了各项制度。大力发展会展经济,先后组织召开了"2004年第三届中国郑州春季农资交易会"、"郑州春季种子交易会"。加强了旅游配套设施的建设,开展了假日旅游活动,重点开发观光旅游业,培育了新的经济增长点。新开工建设商品房205万平方米,比上年增长40%。一批现代商贸物流项目如中环百货、南阳路家世界、百脑汇数码资讯广场、华丽灯饰广场、外运发展大厦、凤凰城建材物流园投入运营。2004年全区社会消费品零售总额完成54.04亿元,比上年增长16.6%。

【招商引资】 招商引资质量明显提高,积极引进科技含量高和现代服务业的大项目,大力发展总部经济、楼宇经济、区域经济,引进国内外大型企业和经济组织到金水区设立总部或办事机构,以此带动相关产业的发展,提高区域经济的辐射力和影响力。2004年全区合同利用外资9148万美元。实际利用外资3230万美元,比上年增长32.6%;完成出口创汇9854万美元,增长107.3%;新批三资企业21家。

【固定资产投资】 2004年全社会固定资产投资累计完成44.6亿元,比上年增长35.1%。重点项目建设顺利推进,39项重点建设项目全部开工,2004年度投资18.2亿元,其中完工项目14个。

【社会事业】 2004年,金水区再次被评为全国科技进步先进区,辖区科技企业达到247家,被省科技厅认定的高新技术企业和高新技术产品分别达到21家、37个。2004年新增科技企业52家,技工贸总收入7.1亿元,技术贸易额5400万元。科技对经济增长的贡献率达到53.4%,"科技兴区"战略得到进一步落实。教育改革继续深化,教研工作得到教育部的充分肯定,300多个课例在省级以上优质课评比中获奖。克服各种困难安置适龄儿童入学11200人,基本解决了农民工子女入学问题,免除了全区城市低保户和农村特困户子女中小学义务教育杂费。竞技体育成绩喜人,辖区选手朱宏艳、任桂香、张岩在希腊残疾人奥运会上勇夺七金一银一铜。

【劳动和社会保障】 积极开展人才普查,通过人才的引进,进一步充实和提高了全区干部队伍素质,2004年共引进北大、清华、复旦等重点院校硕士生8名、本科生34名。社会保障体系不断完善,通过有效落实"两个确保"及"三项保障"等措施,实现下岗失业人员及其它人员就业再就业27378人。2004年新开发就业岗位58000个,培训各类劳动力17000人。建立了区、乡、村三级农村劳动力转移就业管理服务网络,为65326名农村劳动力建立了个人档案,完成农村劳动力转移就业10737人。全区各类社会保险基金滚存结余总额1.5亿元。辖区企业离退休人员全部纳入社会化管理。城市低保月供标准提高至200元/月,2004年享受低保的居民达3913人,实现了"应保尽保"。

【城市建设】 城市基础设施建设进一步加强,杨槐至小金庄公路建设基本竣工。建成城市小游园8个、公厕15座,新增绿地42万平方米,改造支路背街小巷49条,完成了东风路等17条主次干道街景市容综合整治和北环综合整治,取缔了2个市场,规范了其余的81个市场。先后取缔燃煤大锅炉37台,拆除小锅炉16台;完成了建设0.5平方公里无燃煤区的选址、范围确定等有关工作。"绿色社区(小区)"的创建工作有序推进,12个列入改造计划的城中村已完成前期调查工作,清洁生产审核和ISO14000认证工作也已启动。

【人口与家庭】 人口和计划生育基层基础工作得到强化,住宅小区和流动人口计生管理经验在全省推广。农村计生家庭养老保障工程顺利启动,6个试点村已参保72户,区、乡镇两级财政投入资金32.46万元。老龄工作成绩喜人。金水区与福建省泉州市龙头山粮油发展有限公司联合举行了为辖区老年人做一件好事、实事的"敬老助老"活动。利用重阳节开展了为期22天的"老年文化节"活动,并在节日当天举行了颁奖典礼暨文艺汇演,为16个"敬老爱老模范家庭"和32个"健康老人"颁发了奖牌和医疗优诊卡,郑州电视台、《郑州晚报》进行了专题报道,并被省老龄委评为"老龄工作"先进区。婚姻登记实施了"两个改善,一个坚持",投资15万元改建、扩建了300平方米的办证大厅,改善了婚姻登记硬环境。坚持以人为本,积极主动开展文明服务、预约服务和特色服务,被评为"全国先进婚姻登记机关"。

【民主法制建设】 2004年,如期办复人大代表建议批评意见83件、议案1件,办复政协委员提案88件。对区政协课题组6项调研建议案进行了认真研究、回复和采纳,进一步促进了政府决策的民主化和科学化。

基层民主法制建设进一步加强。"以法律进社区"为主要载体,健全完善社区普法教育、社区居民自治、社区治安管理、社区法律服务、社区民主法制建设组织保障等五大体系,开展社区普法教育巡回展。在全区农村开展了"民主法制示范村"创建活动,为全区64个行政村配发了法制培训教材,举办农民法律知识培训班8期30个班,受教育群众达5000余人。柳林镇马头岗村被国家司法部、民政部评为"全国民主法制建设示范村"。

【安全生产】 金水区认真汲取"陈砦冷库5.5事故"教训,将安全生产监督管理职能从区经贸委分离出来,于2004年5月成立了区安全生产监督管理局,进一步健全区、乡镇(街道)、社区(村组)、生产经营单位为一体的安全生产监督管理网络体系,建立了安全生产责任制、目标管理考核机制、安全生产检查监督机制、安全生产工作协商机制、安全生产动态管理机制、重大危险源和危险化学品安全生产预警机制、安全生产例会和定期通报反馈制度等安全生产管理长效机制,积极开展安全生产"五进"(安全进社区、安全进楼院、安全进家庭、安全进企业、安全进校园)、"三争"(争创"安全生产示范社区、安全生产先进企业、安全生产先进学校")活动和宣传教育培训工作,并适时开展安全生产应急演练。通过努力,大大降低了全区安全事故发生的几率,为经济建设的良性发展提供了可靠的安全网。

【社区建设】 2004年,全区以创建示范社区、"特色社区"为重点,全面提升社区建设的质量和水平。城区91个社区、553个单位和庭院、1082个居民楼院通过人居环境建设达标验收,建成了花园路、经八路、丰产路3个省级社区建设示范街道。建立了鑫苑社区、省建社区、天下城社区等一批新的特色社区,共78个,其中学习型社区7个,服务型社区18个,诚信型社区6个,文化型社区14个,平安型社区12个,生态型社区12个,综合性社区9个。

完善社区服务设施,积极探索社区服务的产业化、网络化之路。2004年全区已建成12个社区服务中心,144个社区服务站,715个便民利民服务网点。筹建了社区服务信息网络平台。开展了家政服务、就业信息咨询、月子护理、心理咨询、房屋中介等多层次全方位的系列化服务。

【郑东新区拆迁安置工作】 郑东新区征地拆迁安置工作稳步推进,2004年共完成53个项目410.47公顷土地的征用。拆迁农户231户784人、商户1277户,拆迁面积达41.3万平方米。安置小区第一批139栋5749套57万平方米安置住宅已经交付使用,第二批160栋6552套66万平方米安置住宅已经建成。配套设施建设顺利进行,东点小学、南点小学、白庄小学如期建成。就业和社会保障工作进展迅速,2004年累计实现失地农民就业1819人,2296名失地农民参加并开始享受基本生活保障。

【优化经济发展环境】 2004年,全区积极推行机关效能建设,建立优化经济发展环境长效机制。实行机关工作人员行政过错责任追究制,建立健全岗位责任制、服务承诺制、限时办结制等制度。组成联合督查组进行明察暗访,对34名不在状态的干部进行了组织纪律处分。立案查处危害经济发展环境方面案件7起,纪律处分10人,对1个单位和17名机关干部实施效能告诫,对2个单位发出了效能告诫提醒书。举办领导干部基层法制讲座99场,对2658名机关工作人员进行了《行政许可法》专项培训。加大对非法出版物的打击力度,查缴非法图书29000余册、非法音像制品和电子出版物25500余件,进一步净化了辖区文化市场。整治企业周边环境,治理"四乱"行为,营造了守法诚信的经营环境。

进一步深化财税体制改革,适时调整了乡镇、街道办事处财政体制。加强财政监督和国有资产管理,深入推进国库集中收付、部门预算等改革,对教育设施配备、小游园建设等15个项目实施了政府招标采购。加强对财政预决算、城市基础设施建设、救灾救济等25个重点项目、重点领域的审计,核减节约资金2695万元。

深化行政审批制度改革,强化政府公共服务职能。深化并联审批制度,采取上门办证、跟踪服务、特事特办、急件急办等措施延伸服务领域,完善服务功能。依据《行政许可法》将行政许可项目核准至150项、服务项目82项。按照"清理一个、办理一个、规范一个"的原则,对区属行政事业性收费项目及标准重新进行了清理核对,取消了16项收费项目。强化对重点企业、重点项目的服务,建立了新建企业"绿色通道",辖区发展环境进一步优化。

(许银欣　张　戈)

二七区

【概况】 总面积156.2平方公里,其中城区面积29.5平方公里。辖10个街道办事处,79个社区居民委员会;2个乡、1个镇,52个村民委员会,211个自然村。总人口610262人,其中非农业人口405702人。2004年人口出生率为7.71‰,死亡率为3‰,自然增长率为4.71‰。

2004年,全区生产总值完成

283395万元,比上年增长20%。其中,第一产业增加值7935万元,增长5.3%;第二产业增加值163866万元,增长27.3%;第三产业增加值111594万元,增长13.4%。全社会固定资产投资累计完成275679万元,比上年增长35%。财政收入完成37222万元,比上年增长18.3%。

2004年,全区工业总产值完成383889万元,比上年增长45.3%;规模以上工业增加值完成9.9亿元,增长26%;重点工业技改项目完成投资5735万元。社会消费品零售总额完成512641万元,比上年增长16.7%。非公有制经济增加值完成18.7亿元,比上年增长30.7%。生态农业稳步发展,完成生态工程造林733.33公顷,栽植生态林和经济林150多万株。全区农业总产值完成14978万元,比上年增长5.3%。农村税费改革进一步深化,为农民减免农业税91万元,发放直补金48.5万元。全区农民人均纯收入4793元,比上年增长15%。城镇居民人均可支配收入9043元,比上年增长14%。

【机构与领导】 区委:书记岳喜忠(2月免)、王新生(2月任);副书记王新生(2月免)、史秉锐(2月任)、杨传文(6月免)、王凤枝(6月任)、于广志、薛燕(女,6月免)、李章坤(6月任)、姚朝社(6月任);区委常委岳喜忠(2月免)、王新生、史秉锐(2月任)、杨传文(6月免)、王凤枝(6月任)、于广志、薛燕(女,6月免)、李章坤(6月任)、姚朝社(6月任)、张伟岭、林海、李元中、程广民、法建强(2月免)、陈庭新(6月任)、张春阳(6月免)、常新河(6月任)、蔡玉奇(6月免)、陈爱萍(6月任)、彭立(6月任)。

区委工作部门:区委办公室主任程广民;组织部长蔡玉奇(6月免)、陈爱萍(6月任);宣传部长张伟岭;统战部长李元中;政法委书记法建强(2月免)、陈庭新(6月任);机关党工委书记苏炳振;区委、区政府联合督查室主任孔忠民;党校常务副校长冯晶丽(女);老干部局长张莉(女);档案局长王宪梅(女)。

区十三届人大常委会:主任赵炳林;副主任赵成林、王存法、范武成、赵田、万荃贞(女)。

区人大常委会工作部门:区人大办公室主任马建;教科文卫工委主任李学义;代表联络工委主任魏锡魁;法制工委主任张爱云(女);财经工委主任徐笑康;城建城管工委主任王云。

区人民政府:区长王新生(2月免)、史秉锐(2月任);副区长张春阳(6月免)、常新河(6月任)、刘炜东、姚友谊、牛瑞华、楚惠东、傅静(女,6月免)、曲连文、张魁伟(4月免)、郭鹏(4月任)、姚实(6月任)、王鲁明(7月任)、王启树(12月任)。

区政府工作部门:区政府办公室主任李刚;经贸委主任牛军领;农经委主任高发林;科技局长潘丽霞(女);计生委主任任书庆;教文体局长李东亮;民政局长吴书文;财政局长郭穆顺;人劳局长周国建;监察局长李鹏飞(设在区纪委);社保管理局长曲岭波;计统局长王森;卫生局长吴景瑜;审计局长李新亮;市政局长赵国玺;宗教局长海兵舰;建设和环保局长张菊焕;交通局长牛武锤;城管行政执法局长张家齐;司法局长王淑真(女);国土资源局长师建宾;信访局长张新云(女);社会治安综治办主任马建民(与政法委合署办公);人防办主任苏连成;物价局长李春凤(女);粮食局长阎宗汉;区属机关事务局长李振央;拆迁办主任韩军;房管局长翟振峰;创建办主任袁建设;爱卫办主任袁建设(兼);建设综合开发公司经理逯石山。

政协区六届委员会:主席汪爱英(女);副主席唐洪玉、王福源、吴福久、谢林(女)、李琳、徐家善。

区政协工作部门:区政协办公室主任王忠新;提案委主任刘康乐;宣传文卫体委主任吉中玉;港澳台侨委主任张占军;社会法制委副主任胡桂霞(女);经济科技委主任邓界平。

中共区纪律检查委员会书记:于广志。

区人民武装部部长:林海;政委:王启树。

区人民法院院长:马梅岚(女)。

区人民检察院检察长:苏志广。

区群团工作部门:工会主席张忠民;团委书记汤孝轩;妇联主席郭凤琴(女);科协主席潘丽霞(女);工商联会长徐家善。

街道办事处、乡镇机关:五里堡办事处书记张好义、主任李国立;蜜蜂张办事处书记黄卫红(女)、主任张建森;大学路办事处书记赵阳、主任谭清录;建中街办事处书记刘建生、主任王玉卿;淮河路办事处书记张富强、主任高武汉;福华街办事处书记司文一、主任张军;一马路办事处书记李明、主任任随意;铭功路办事处书记袁新生、主任吕锋卫;解放路办事处书记辛绍河、主任李华民;德化街办事处书记尚红(女)、主任汪艳玲(女);齐礼阎乡书记朱广善、乡长杨郑安(6月免);侯寨乡书记彭立、乡长张文奇;马寨镇书记刘增杰、镇长王玉红(女,6月免)。

【招商引资】 2004年,坚持把招商引资作为加快发展的重要举措,不断创新招商引资方法,实行了领导带队招商、小分队外出招商等措施,还聘请20名招商大使和招商顾问、选派11名干部赴广州、上海等地开展自主招商。与上海闸北区彭浦新村街道办事处、开封市南关区结为友好单位,拓宽了对外交流与合作的渠道,有力推动了全区招商引资工作。2004年,共组织和参与大型对外招商活动30多次,先后有86批、480多家企业、900余人来二七区考察。2004年引进协议项目103个。其中,投资超亿元项目19个、超千万元项目41个。引进协议资金40亿元,到位资金18.5亿元。合同利用外资2500万美元,实际利用外资1200万美元。出口创汇700万美元,比上年增长133%。

【优化经济发展环境】 经济发展环境进一步优化,取消行政审批事项174项,精简36.6%。积极创新服务方式,实行了行政审批“预约服务”和企业生产经营25天安静日制度。深入开展民主评议活动,参与评议的40家单位满意率提高10.5个百分点。对全区59家单位的收费情况进行检查,对个别违规收费的单位进行了严厉查处。大力整顿和规范市场经济秩序,积极推进诚信体系建设,在生产经营单位、政府职能部门、执法部门中层以上干部中建立了诚信档案,全区诚信意识进一步增强。

【重点项目建设】 坚持实施投资拉动战略,狠抓重点工程项目建设,推动了全区经济的快速发展。2004年,投资3.5亿元的沃尔玛旗舰店项目,已到位资金5250万元,拆迁工作已近尾声;投资2亿元的沃尔玛社区店项目已到位前期资金1000万元。投资1.5亿元的家乐福超市项目,已投入7570万元,完成工程量65%。投资1.2亿元的嵩山路家世界购物广场项目已基本竣工,将于2005年初开业。投资3.6亿元的德化风情购物公园项目,完成投资2.7亿元,商铺已开盘销售。投资2.5亿元的恒泰服饰广场项目,投入资金2.2亿元,主体工程已封顶。投资1.2亿元的世贸商城项目,投入资金6620万元,四层正在建设。投资2亿元的长江路家世界购物广场项目,已到位前期资金1000万元,正在办理相关手续。投资2亿元的兰亭名苑项目、投资1.7亿元的金旺角小商品广场和铭都国际广场项目已经签约。2004年,新开工项目39个,续建项目15个,共完成投资227752万元。

【城乡建设与管理】 2004年,辖区人居环境明显改善,城区形象进一步提升。坚持统筹城乡建设和发展,多方投入3亿多元,用于道路建设、城区综合整治和人居环境改善,打通了长江路、天下路等5条道路,改造背街小巷44条,新建游园9个,新建改造公厕30座,完成了12条道路的街景综合整治和26栋楼体的夜景照明工程,整治各类建筑329栋。坚持点线面结合、整体推进,大力改善城区人居环境,整治社区20个、小区楼院190个、单位庭院40个,新增绿地60万平方米,硬化道路96.3万平方米,粉饰小区楼体267万平方米。深入开展农村环境卫生综合整治活动,强化农村基础设施建设,新建大修乡村公路30公里,投资1300万元、全长4.7公里的马寨排污工程正在施工。

城区规划和市容管理进一步加强。成立了二七规划分局,协助市政府编制了中心商贸区发展规划、火车站西出站口建设规划,完成了南部城区路网调整规划、新建中小学选址规划和部分城中村改造规划,老城区改造规划正在进行。不断深化城区管理体制改革,率先在全市推出了行政处罚“多方听证”制度,划定了13条市容严管街,成立了乡镇行政执法中队和环卫所,初步确立了农村环卫管理体制,辖区环境面貌发生显著变化。二七区市容管理工作继续保持市内五区第一,再次夺得郑州市“环卫优胜杯”。

【社会事业】 积极落实就业再就业优惠政策,大力开发就业岗位,2004年实现就业再就业19426人,占市下达任务的110%。建立农民外出务工服务体系,认真做好农村劳动力转移就业工作,转移农村劳动力5399人,占年目标的150%。社保工作进一步加强,征缴企业养老保险费2500万元,发放1353万元,社会化发放率100%。建立了离退休人员档案管理中心,全区27610名企业离退休人员实现了社会化管理。认真做好城市低保和农村特困户救助工作,发放低保金530.9万元、救助金59.3万元。

进一步加强未成年人思想道德建设,在全区70个社区和50个行政村建立了家长学校,构建了学校、家庭、社会三位一体的教育网络,得到了国家文明委和省、市领导以及广大群众的充分肯定。积极推进科技服务体系建设,大力开展科普宣传活动,成立了农村妇女科技培训中心,加快了科技专家大院建设,二七区“无公害香椿科技专家大院”项目获得科技部批准。2004年拨付科技三项费用557万元,比上年增长23.8%。公开征集科技项目57项,其中列入省市级项目42项。鼓励和支持科技企业发展,新增民营科技企业18家。继续深化教育教学体制改革,推行了城乡教师交流和校级领导轮岗制度,十三中恢复办学,城区62所中小学、幼儿园实现了信息网络校校通,农村中小学教师工资实行了区级发放,民办教育进一步发展。2004年拨付教育经费5068万元,占财政支出的14.7%。成功举办了全区首届综合运动会,群众文化体育活动蓬勃开展。

不断完善公共卫生服务体系,组建了区卫生监督所和疾病控制中心。对乡镇卫生院和村级卫生所实行了专项经费补助,拨付资金63.2万元。设立了农民定点医院,为1540余名农民和贫困户患者减免费用7.7万元。继续发展便民医疗协会,强化医德医风建设,医疗卫生服务质量不断提高。率先在全省实施了农村计划生育家庭养老奖励扶助工程,首批奖励了298家计生户,受到省计生委的高度评价,并在全省推广。坚持实行计划生育政务公开,38个行政村和27个社区实行了计划生育工作村民、居民自治,圆满完成了年度人口控制计划。2004年4月,二七区在全市率先推出婚姻预约登记服务,区婚姻登记处被授予市“五一文明岗”称号。

【社区建设】 继1999年被评为省居民委员会建设示范区后,2004年,二七区不断探索,大胆改革,以“充分体现民主管理、民主自治,逐步形成党委领导、政府主导、社会各界支持、社区单位和居民参与的新型社区管理体制”为指导思想,不断加强社区建设。

科学整合社区,建立健全社区组织网络。将全区79个社区划分为文化、科技、商贸、封闭住宅、散户居民区、单位管辖区等六种类型。进一步完善了社区的组织体系,形成了居民小组长、楼(院)长、门洞长三级组织网络。提高社区工作人员待遇,面向社会公开选贤纳才,使社区工作人员实现了知识化、年轻化。全区400多名社区干部平均年龄38岁,大专以上学历占总人数的一半以上。改善社区办公条件,将办公用房进行合理配置,规划出办公室、文体活动室及图书室、居民学校、社区服务中心等,投入资金为部分社区配备微机,安装空调、热水器等办公用具。在各社区建立健全社区党总支、党支部和团支部,完善各项组织制度,积极开展争创"五好"党支部、优秀党员活动,使党员在社区建设中的先锋模范作用得到进一步体现。

2004年,二七区把开展示范社区创建活动作为加强社区建设的基础性工作来抓,坚持社区服务、社区文化、社区医疗、社区环境、社区教育、社区治安"六位一体"整体推进。以全区27个集托老养老、休闲娱乐为一体的"星光计划"服务场所为依托,充分发挥"三个一工程"(一个60平方米的社区居民活动中心,一个80平方米的社区卫生服务站,一个30平方米的警务室)的作用,不断加强社区基础设施建设。全区已有社区服务中心11个、社区服务站83个。全区79个社区居民委员会共建立文化广场32个,建立腰鼓队、盘鼓队、扇子舞队、文艺宣传队等社区文体组织150多个,并且配备了健身器材、服装道具、音响等各种文化设施。全区共有社区医疗服务站和医疗服务诊所110多个,医护人员达1000多人。组织近80支志愿者队伍,开展创建"绿色社区"活动。多方筹措资金,进一步硬化绿化美化社区,实现绿化面积15000多平方米、硬化面积25000平方米。全区共举办社区管理知识讲座、青少年辅导站、下岗再就业培训、外来人口教育等各类培训班300多次,先后有10多万人次受到教育和培训。全区共创建成326个文明单位、113个文明楼院、2630户"五好家庭"。区政府每年投入300多万元,用于招聘社区治安巡防队员。实行一区(社区)一警(片警),完善了以专业治安防范人员为骨干、广大居民积极参与的基层治安联防体系和快速反应机制。共封闭楼院454个,封闭面达80%以上。先后树立了苗圃花园社区、陇海路社区等先进典型,带动了全区社区建设的发展。

通过努力,社区逐步达到了"八个一"(一个文化广场、一所市民学校、一个社区服务中心站、一个老年人娱乐活动室、一处健身房或室外健身设施、一个社区医疗服务站、一个图书阅览室和一支党员、青年志愿者队伍)标准,居民群众参与社区建设意识得到了进一步增强,社区的自我管理、自我服务、自我教育职能得到充分发挥。中央电视台《焦点访谈》栏目、《中国社会报》、河南电视台、《郑州日报》等新闻媒体多次报道了二七区社区建设工作。国家、团中央和省、市各级领导及全国、省、市人大代表、政协委员分别到二七区调研,对二七区的社区建设工作给予了较高的评价。

2004年6月,二七区被省民政厅授予"河南省社区建设示范区"称号。

【社会稳定】 2004年办理人大代表建议和政协委员提案221件,办结率100%。抽调169名干部驻村开展帮扶工作。进一步建立健全了矛盾排查调处机制,实行每月稳定例会、每周三领导接访、每月15日领导下访制度,积极开展预防和处理群体性事件活动,有效化解了各种不稳定因素。建立了四级安全生产监管网络,聘请安全监督员1800名,建立安全档案6000余份,积极开展安全知识教育培训,认真整改安全隐患,有力维护了社会大局稳定。2004年3月,成立了二七区军队离退休干部管理所,11月该所被评为省民政系统行风建设先进集体。2004年4月,二七区被评为市"双拥模范区"、市社会治安综合治理先进单位。

(余淑霞)

管城回族区

【概况】 总面积163.2平方公里,其中城区面积18平方公里。辖9个街道办事处,64个社区居委会;1个镇、2个乡,41个行政村。总人口334452人,其中回族人口21499人,占全区总人口6.4%。2004年人口出生率为14.8‰,死亡率为4.8‰,自然增长率为10‰。

2004年,全区生产总值完成15.99亿元,比上年增长15.2%。其中,第一产业增加值0.98亿元,下降9.5%;第二产业增加值8.98亿元,增长18.7%;第三产业增加值6.03亿元,增长14.3%。财政收入2.84亿元,比上年增长34.4%。城镇居民人均可支配收入8655元,比上年增长14%。农民人均纯收入5480元,比上年增长16.9%,高出全市农民收入增幅1.7个百分点。

【机构与领导】 区委:书记姚进忠(回族,3月免)、魏治功(3月任);副书记王贵欣(12月免)、法建强(回族,3月任)、李刚(3月免)、郭桂琴(女)、高蕊芳(女)、郑福林(3月任);区委常委姚进忠(回族,3月免)、魏治功(3月任)、王贵欣(12月免)、法建强(回族,3月任)、郭桂琴(女)、高蕊芳(女)、郑福林、武建民、牛延平(6月免)、刘卫光(6月免)、袁三军(6月免)、徐西平、刘世清、宋洁(女)、宋书杰(6月任)、周顺杰(回族,6月任)、张平安(6月任)、高天翼(11月任)。

区委工作部门:区委办公室主任徐西平(6月免)、宋书杰(6月任);组织部长牛延平(6月免)、徐西平(6月任);宣传部长宋洁(女);统战部长刘卫光(6月免)、高天翼(11月任);政法委书记吴建民(6月免)、周顺杰(回族,6月任);信访局长马军;机关党委书记李凤英(女);党校副校长王云霞(女);老干部局长刘郑发;档案局长蔡豫(女)。

区十四届人大常委会:主任姚辉;副主任赵毓贤、李刚(3月任)、杨信梅(女)、董法刚、王宪周、何洲萍、肖存兴。

区人大常委会工作部门:区人大办公室主任王开凡;教科文卫工委主任申国均;财经工委主任王霞(女);城建农村工委主任于海生;法工委主任赵建中;代表民族工委主任曹广凤(女);信访工作室主任李全荣(女,3月任)。

区人民政府:区长王贵欣(12月免)、法建强(回族,12月任);副区长袁三军(6月免)、武建民(6月任)、舒安娜(女,土家族,6月免)、杜敏生(回族)、孙小培、郭万全、程广平、王永言、魏建国(6月任)、刘守斌。

区政府工作部门:区政府办公室主任陈兵;人劳局长宋贵平;财政局长阎德本;建设局长杨军;人防办主任高福德;司法局长郭国军;监察局长郭宝生;工商局长沙庆祥;卫生局长邢允玲(女);教文体局长赵金锁;爱卫办主任王少君;技术监督局长史广慧;科技局长耿新华(女);物资有限公司总经理李中方;市政局长陈彦军;民政局长姚文学;物价局长马安荣(女);计生委主任兰维娜(女);经贸委主任李老砖;国税局长李秀民;地税局长杨建民;房管局长黄乐武;审计局长鲁华贵;统计局长韩宏伟;宗教局长巴晓娟(女,回族);国土资源局长柯当学;农经委主任卢明立;粮食局长耿景安;公安局长阎三离;机关事务局长李健(1月任);开发公司总经理朱占通;拆迁办主任李志强;交通局长王富民;外资办主任侯合亭;行政执法局长高宝林;编办主任刘栓(1月任);社保局长马晓红(女);防疫站长王垂佑;文化馆长刘子明;安监局长齐仲勉。

政协区七届委员会:主席于秀兰(女);副主席王松范、马绍学、武玉江、阎西有、张玺钧、韩宏伟、李蝴蝶(女)。

区政协工作部门:区政协办公室主任刘祥忠;民族宗教港澳台侨委主任沙玉田;科教文卫委主任毕淑珍(女);农村委主任王振锁(7月任);提案委主任陈瑞兰(女);学习宣传经济委主任马新爱(女);城建社会法制委主任孙立强。

中共区纪律检查委员会书记:高蕊芳(女)。

区人民武装部部长:高和平;政委:刘世清。

区人民法院院长:吴景禹(满族)。

区人民检察院检察长:张惠云(女)。

区群团工作部门:工会主席白福来(回族);妇联主席魏金英(女,1月任);团委书记姚志刚;科协主席袁成林;残联理事长李世欣(女)。

街道办事处、乡镇机关:北下街办事处书记、主任杨爱玲(女,7月任书记);南关办事处书记马耀轩、主任谷龙亮;陇海马路办事处书记龚广臣、主任杨爱荣(女);二里岗办事处书记马春梅(女,回族)、主任郑向阳;城东路办事处书记张平安、主任赵晨阳;西大街办事处书记刘剑辉、主任郭剑锋;东大街办事处书记高祥灿、主任孙梅(女);紫荆山南路办事处书记、主任杨胜军(4月任书记);航海东路办事处书记徐长发、主任虎强(4月任);十八里河镇书记王发彦、镇长巴忠义;南曹乡书记解国强、乡长樊淑玲(女);圃田乡书记马欢、乡长谷合群(4月任)。

【农业与农村经济】 2004年,全区农业向二、三产业转移的步伐加快,占全区经济的比重进一步下降。由于道路、郑东新区等项目占地和农业结构调整,粮食种植面积继续减少,减幅达10.5%,农业占全区经济总量的比重下降到6.1%。“三园一基地”现代农业示范园一期工程全部完工,园区面积已经发展到266.67公顷。畜牧养殖向规模化发展,河南德弘养猪公司2004年向上海供应优质生猪6000头。生态郑州建设有新发展,完成风沙源治理工程753.33公顷,建设平原林网1666.67公顷,建设绿色通道13.5公里,植树造林98万棵。进一步加大对农业的扶持力度,2004年区财政共安排支农资金654万元,比上年增长11.4%。取消对农民征收农业税288.8万元,发放种粮补贴74.9万元,仅此两项增加农民收入人均50.14元。高致病性禽流感防治工作成效显著,实现了“无一起病情发生,无一人感染”的目标任务。

【企业改制】 2004年,全区加大对改制企业的指导,抽调机关干部,组成7个工作组帮助企业进行改制。30家区管企业进入改制程序,其中7家企业已完成改制。“宇通客车”、“神象面粉”被评为中国名牌产品,“黄金叶香烟”、“方欣大米”被评为河南名牌产品,“云鹤速冻食品”、“中美纯水”被评为河南优质产品。工业企业进一步发展,河南一德电气有限公司一期工程建成投产;金星集团郑州公司罐装啤酒生产线和纯生啤改扩建项目顺利完成,集团继续实施扩张战略,组建南京、成都分公司。2004年,全区工业增加值完成5.79亿元,比上年增长23.9%,其中15家年销售收入500万元以上的企业完成增加值5.29亿元,增速为20%,产销率为99.4%。

【市场建设】 2004年,全区充分利用地理优势,加快市场建设,新建扩建商场和批发市场12家。全区各类商品交易市场已达44家,年交易额超亿元的大型市场达18家,形成了以家电、服装、家具、建材、汽配为主的五大市场群区。2004年商业销售额完成110亿元,比上年增长13.4%。社会消费品零售总额完成49.93亿元,比上年增长16.9%。餐饮业快速发展,2004年完成营业额5.61亿元,比上年增长24.5%。2004年,全社会固定资产投资完成24.74亿元,比上年增长31.5%。

【非公有制经济与对外开放】 2004年,全区非公有制经济快速发展,新增个体私营单位1.19万户,新增个体私营注册资本金3.38亿元,完成增加值10.72亿元,分别比上年增长10%、110%、28.1%,非公有制经济占全区经济总量的比重提高到67%。2004年共引进项目10个,引进内资8.3亿元。实际利用外资987.4万美元,比上年增长8%,外贸出口完成2512万美元,比上年增长3倍。

【社会稳定】 坚持社会治安综合治理,深入开展"严打"斗争,命案破案率100%,荣获"河南省社会治安综合治理先进区"称号。中央政法委、中央严打办和省、市有关领导先后到中博集团视察市场治安防范工作,并给予高度评价。有两个派出所荣立集体二等功,9人荣立个人三等功。区检察院检察长张惠云被评为市十大杰出女性,副检察长付慧敏被评为"全国优秀青少年维权岗先进个人",区法院孙富春被评为全国法院系统"执行工作先进个人",区公安分局陈艳芳被评为全国公安系统"巾帼建功"标兵。2004年,管城回族区荣获市"双拥模范城区"四连冠。

社会保障能力进一步增强,2004年累计保障5730人,发放低保金577万元。超额完成城镇就业再就业和农村劳动力转移目标,城镇实现就业再就业9878人,农村劳动力转移就业2258人,发放《再就业优惠证》1891人,登记失业率为2.9%。加大环境保护工作力度,在全区进行违法排污企业清理整顿,查处环境违法单位13家,拆除大锅炉10台。全面落实党的民族宗教政策,2004年未发生一起民族纠纷和突发事件,管城回族区政府被评为"河南省民族团结进步模范集体"。

【社会事业】 2004年,组织开展商都3600年宣传教育活动20多场次,编印《中华第一都》、《图文老郑州》丛书及发放《古都郑州》等宣传资料3万多册。群众性精神文明创建活动不断深化,文明市民爱心热线、未成年人思想道德建设先后5次被中央电视台《新闻联播》报道。2004年,市首家社区服务中心、市首家社区综治办在管城回族区建成。基层文化建设扎实推进,陇海马路办事处陇东一社区被评为"全国群众文化先进社区"。2004年,北下街办事处被评为"全国人民满意的公务员集体"。

进一步加强科研开发和技术创新工作,2004年组织认定省高新技术企业1家,高新技术产品2个。申报科技攻关项目44项,其中重大重点项目16个。4家企业分别获得省、市科技进步二等奖和三等奖。大力实施"星火富民工程",构建农村信息化公共服务平台,科技企业孵化器引进企业13家。加大科技投入,2004年科技三项经费支出480万元,实施"数字管城"工程,南曹乡被定为省科普示范点。

教育事业迅速发展,农村教师工资由区财政统一发放,完成了东关小学二期工程、外国语小学教学楼、管城教育中心、青少年活动中心的建设。在教学等各项比赛中,分别获国家、省、市级奖励32人次、105人次、505人次。积极开展全民健身活动,被评为"河南省全民健身周先进单位"。

【为民办成10件实事】 (1)建成区农产品质量安全检测中心。管城区农产品质量检测中心于2004年11月初建成投入使用,配备气象色谱仪、分光光度计、农药残毒监测仪等现代化进口检测仪器13台,专业监测人员8人。检测人员每天对全区集贸市场农产品进行随机抽查检测。(2)复浇、改造背街小巷20条;整修十八里河村至贾寨村、河沟王村至圃田村、南曹军仓路等农村道路。截至2004年底,超额完成背街小巷改造任务,共复浇、改造背街小巷25条。3条农村道路全部改造完毕,共计6公里,均于11月前通车。(3)新建游园14个。2004年,受国家宏观调控政策影响,管城区新建小游园计划调整为6个。经多方筹资,2004年共建成6个小游园,另有2个游园正在建设中。(4)搞好商城遗址保护与整治工作,拆除部分城墙两侧20～50米的建筑,并按照规划进行绿化美化。2004年5月初完成了商城遗址前期摸底调查工作。拆迁范围西起南顺城街、东至城东路,全长约2000米,需拆迁总面积40316平方米,总户数462户。(5)新建现代化垃圾中转站2座,新配果皮箱1000个;新建公厕7座、环保公厕4座,升级公厕39座。截至2004年底,新建成2座垃圾中转站,并投入资金108万元对18座垃圾中转站进行了维修改造。2004年共更换果皮箱1200个,新建成11座公厕,完成升级公厕29座,建成环保公厕4座。(6)投资200万元,免费开放辖区内100座收费公厕。2004年初,管城区对辖区内符合条件的市政管理公厕全部进行了免费开放,共计开放公厕107座。(7)确保全年新增8450个就业岗位,解决8450人就业问题;按比例安排残疾人就业工作面达到90%以上。2004年7月,公开选拔98名社会保障员充实到各乡(镇)、街道办事处。截至2004年底,实现就业再就业9974名,完成计划的118%;按比例安排残疾人就业25人,按比例就业面已达到98%。(8)提高城区最低生活保障标准,完善农村特困户救助制度,扩大低保覆盖面,做到应保尽保。2004年初,低保标准按市政府要求由180元提高到200元,对符合条件的农村特困户全部实行救助,做到了应保尽保。截至2004年底,城市低保累计保障2302户5800人,发放低保金576.8万元,月人均补差98.4元;农村特困户救助制度得到全面落实,3个乡(镇)累计保障1305户2662人,累计支出资金293652元。(9)新建港湾路小学,东关小学扩建二期工程、回族幼儿园教学综合楼、外国语小学教学楼、管城教育中心、青少年活动中心及郑东新区起步区中小学建成并投入使用,完成区管中小学危房改造任务,消除区管中小学危房现象。截至2004年底,东关小学改扩建二期工程、外国语小学教学楼、管城教育中心、青少年活动中心及郑东新区起步区小学已建成并投入使用,郑东新区起步区中学已建成等配套设施完备后投入使用。对南曹乡魏河小学346平方米的危房进行了改造,区属中学已消除了危房现象。港湾路小学建设用地因受土地征用政策的影响,改建到美景天城小学,主体工程已建成。(10)全区有线电视网络覆盖面达到100%。经区政府与郑州市广电中心共同努力,截至2004年底,郑州广播电视有线网络已延伸至全区38个行政村,覆盖面达100%。

【北下街办事处】 管城回族区北下街办事处位于城区中心位置,辖区面积约1.2平方公里,常住人口3万余人,其中少数民族占30%。北下街办事处先后获得"全国民族团结进步先进集体"、"中国街道之星"、"全国先进文化站"、"省先进街道办事处"、"省级文明单位"、"省先进基层党组织"和"郑州市人民满意的公务员集体"等多项荣誉。2004年,被评为"全国人民满意的公务员集体"。

从群众最忧虑的事抓起,强化"爱民"之心。辖区70多岁的退休工人李金录,患有慢性病,老伴也长期卧病在床,儿子媳妇双双下岗,一家4口生活十分艰难。办事处副主任巴姝芳了解情况后,主动与李金录结成"穷亲",经常从自己并不宽裕的工资中拿出一部分周济老人,并及时为老人办了低保,还帮助李金录的儿子到一家市场当了保安。李金录主动来到社区,强烈要求退出低保,要为政府分忧。此事在全市引起很大反响,《郑州日报》、《大河报》均对此进行了报道。在郑州市"一年六万就业计划"中,北下街办事处安置下岗职工889人,办理《再就业优惠证》348个,超额完成了上级下达的各项指标。

管城区地处郑州老城区,拆迁工作相对繁重,拆迁面广,涉及的问题多。城市建设拆迁涉及到西昌小区"两劳"服刑人员王某的房屋,其母亲怕儿子回来找麻烦,不敢签字。办事处了解到情况后,约定时间会同派出所、拆迁办、社区及王某家属一同前往监狱,把拆迁政策、补偿标准、拆迁时间等相关事宜告知王某,以求得他的支持理解。看到自己服刑期间办事处还这么尊重自己,王某当场同意其家属签字,确保了工程按期施工。

北下街办事处以整治居住环境为突破口,专门请来专家设计美化、绿化方案,并自筹资金修建辖区内年久失修、坑洼不平的北柴货市街、北下街等道路,解决了居民的行路难问题。在中心城区综合整治工作中,办事处率先完成3个区级小游园建设任务,全面完成了人民路、商城路、紫荆山路、管城街等景观路综合改造工程,赢得了各级领导和辖区居民的称赞。

街道办事处先后争取财政专项资金100余万元,在全面整治违章搭建、占道经营的同时,大力整治背街小巷。2004年,辖区新增绿地8000余平方米,达到了无裸露黄土的目标,为居民创造了优美、整洁、舒适的居住环境。北下街办事处以社区文化活动为纽带,倡导新型邻里关系,中央电视台《新闻联播》节目曾以"邻里关系"为主题进行了相关报道。在全体干部职工的共同努力下,北下街办事处已成为管城区乃至郑州市的一面旗帜。建成了郑州市首家"三个一"工程——代书胡同社区;建立了郑州市首家街道社会保障服务所;省"法律进社区"启动仪式在北下街办事处举行;省综合治理现场会、市文明社区建设现场会、市中心城区综合整治现场会都相继在北下街召开;国务院六部委联合检查组、中央综治委、全国妇联也都将北下街街道办事处列为现场会示范点。省、市领导李清林、李克、张世军、李志斌、王文超等也先后到北下街办事处检查指导工作。

【全国残疾人康复工作先进个人李世欣】 1999年,管城区残联与区民政局脱离单列。4月,李世欣担任管城回族区残联理事长,面对机构分设后人员少、条件差的困难,她以坚强的意志勇挑重担,以一颗赤诚之心报效残疾人事业。在她就任之初,如何把管城区残联建设成行为规范、运转协调、公正透明、廉洁高效的行政管理体制,是摆在她面前的首要课题。她带领全体工作人员,在统领全局、统一大家思想的基础上,逐步建立健全了办事机构,明确了责任目标,并且采取各项制度和责任目标明示上墙的办法,时时予以提醒每位工作人员恪尽职守、踏实工作。继而结合单位的实际,建立了九项规章制度。在制度建立后,李世欣带头模范执行,凡要求同志们做到的,她自己首先做到。在她的带领下,区残联全体工作人员积极向上、爱岗敬业、乐于奉献,为全区残疾人事业奠定了坚实的组织基础,李世欣带出了一支过得硬的战斗群体。他们想残疾人之所想,急残疾人之所急,帮残疾人之所需,为残疾人康复、就业、解困做了大量工作。尤其2003～2004年两年间,他们以百倍努力在全省残联系统开创了五个第一,极大地改变了残疾人的康复、就业和生活状况,圆了残疾人千百次梦想。

李世欣担任区残联理事长五年以来,在管城区委、区政府的正确领导和上级业务部门的精心指导下,她认真实践"邓小平理论"和"三个代表"重要思想,积极探索、勇于创新、开拓进取、艰苦创业。通过她的努力和充分发挥她所领导的这个战斗集体的聪明才智,在短短的几年时间里,各项工作都取得了长足的进步,在平凡的岗位上做出了不平凡的业绩。为此,单位和她个人都获得了一个又一个的荣誉。几年来,管城区残联连年荣获郑州市残疾人工作红旗单位,2001年获"全国按比例安排残疾人就业先进单位",2003年8月,被中残联命名为全国社区残疾人工作示范区,并荣获全国"残疾人之家"荣誉称号;2004年5月,被评为全省扶残助残先进区;2004年6月,管城区残联代表全省出席全国康复工作会并作典型发言;2004年7月,被中残联定为专门协会试点单位。她个人也多次被评为区优秀共产党员,全市残疾人工作先进个人,助残工作先进个人;2002年8月,被国务院残工委、国家卫生部、国家民政部、国家财政部、国家公安部、国家教育部、国家残联七部委命名为"全国助残康复工作先进个人”;同年10月,被评为“全省残疾人工作先进工作者”;2003年2月,获郑州市“三八”红旗手荣誉称号;2003年9月,被中华爱国工程委员会评为“公益之星”;2004年5月,获全省残疾人工作先进工作者;2004年8月,被评为“郑州市文明市民”;2004年12月,获郑州市“十大杰出女性特别奖”。

(周遂枝　王　忠)

中原区

【概况】 总面积97.1平方公里,其中城区面积24.37平方公里。辖8个街道办事处,70个社区;3个乡(镇),46个行政村,243个村民小组。总人口55.5万人,其中城市人口44.9万人。2004年人口出生率为7.69‰,死亡率为3.99‰,自然增长率为3.7‰。

2004年,全区生产总值完成18.96亿元,比上年增长15.2%。其中,第一产业增加值0.7亿元,增长4%;第二产业增加值10.06亿元,增长19.1%;第三产业增加值8.2亿元,增长19.4%。全社会固定资产投资完成9.9亿元,比上年增长39.4%。社会消费品零售总额完成37.1亿元,比上年增长16.7%。城镇居民人均可支配收入8732元,比上年增长12.9%。农民人均纯收入4839元,比上年增长14.2%。财政收入3.25亿元,比上年增长34.3%,其中税收占财政收入的94.6%。

【机构与领导】 区委:书记雷志(2月免)、张建国(2月任);副书记张俊峰(12月免)、王贵欣(12月代)、乔秀花(女)、陈纪忠、李树生(6月免)、贾成义(6月任)、肖国俊(6月任);区委常委雷志(2月免)、张建国(2月任)、张俊峰(12月免)、王贵欣(12月任)、乔秀花(女)、陈纪忠、李树生(6月免)、贾成义(6月任)、李杰(6月免)、李幸福(6月任)、冯西亮、周海立、王泰峰、李章坤(6月免)、冯明杰(6月任)、乔耸(6月免)、李金鹏(6月任)、孙武、肖国俊(6月任)、袁聚平(6月任)。

区委工作部门:区委办公室主任乔耸(6月免)、李金鹏(6月任);组织部长李章坤;宣传部长冯西亮;统战部长周海立;政法委书记孙武;文明办主任李峰(6月免)、综治办主任李文智;稳定办主任徐卫东;610办公室主任陈蕾(女);老干部局长李社灿;党校常务副校长吴建国;机关党委书记杨文毅;机要局长赵正洪;档案局长林陆。

区十三届人大常委会:主任毛玉发;副主任杨秀芬(女)、王成明、何进平、杨嵩岭、姚清泉、李喜安。

区人大常委会工作部门:区人大办公室主任赵改英(女);法制工委主任刘银先;城建工委主任赵玉凤(女);财经工委主任张国林;代表联络工委主任张群;教科文卫工委主任李景斋。

区人民政府:区长张俊峰(12月免)、王贵欣(12月代);副区长李杰(6月免)、李幸福(6月任)、王水龙、李瑛(女)、李金鹏(6月免)、高天翼(12月免)、陈宏伟、姚金玉、杨洁(女)、钟文明(2月任)、吴铁路(6月任)、崔巍(6月任)、成小波(6月任)、曲峰庚。

区政府工作部门:区政府办公室主任乔宏伟;信访办主任秦俊福;目标办主任李景志;行政执法局长王建业;宗教局长王振华(女);机关事务管理局长刘俊峰;人事劳动社保局长靳爱菊;科技局长王国民;计统局长潘伟杰;招商局长潘伟杰(兼);经贸委主任徐晓孬;卫生局长马德岭;农经委主任郭福庆;人防办主任王友凡;司法局长杨省丽(女);民政局长吴宝山;残联主席陈金智;市政局长张建华;计生委主任李福枝(女);财政局长苏振文;审计局长刘岚(女);爱卫会主任孔祥福;粮食局长杨盘山;国土资源局长张遂亮;监察局长黑书亮;优化经济发展环境局长张建民;建设环保局长刘季科;交通局长张超;技术监督局长樊长兴;房管局长黄克继;教文体局长李国政;物价局长郝方娣(女);拆迁办主任刘新生;安监局长崔保民;工商分局长范长松;公安局长王建中;国税局长刘维佳;地税局长连炜;地方志主任阎爱云(女)。

政协区六届委员会:主席乔秀花(女);副主席武金明、程珺、朱增昌、韩根有、张遂亮、韩世昉(女)、钟波。

区政协工作部门:区政协办公室主任王彩云(女);经济科技委主任周胜辉;社会法制委主任徐进兴;宣教文卫体委主任易会华;提案委主任熊国津(女);港澳台侨民族宗教委副主任李默涵。

中共区纪律检查委员会书记:陈纪忠。

区人民武装部部长:钟文明(2月免)、王宏军(2月任);政委:王海亮。

区人民法院院长:李广湖。

区人民检察院检察长:李伟杰。

区群团工作部门:工会主席庄华(女);团委书记樊立伟;妇联主席刘淑霞(女);科协主席韩保亮。

街道办事处、乡镇机关:桐柏路办事处书记李文哲(6月免)、主任陈守正;绿东村办事处书记樊宇中、主任李景川;棉纺路办事处书记王鸣明(女)、主任张宏伟;三官庙办事处书记李斌、主任孟金池;汝河路办事处书记孙玉中、主任王伟宏;秦岭路办事处书记张智勇、主任焦健;林山寨办事处书记王晓武、主任齐永先;建设路办事处书记李艳玲(女)、主任余国成;中原乡书记卢建军、乡长李争(女);大岗刘乡书记郭明立、乡长张冠军;须水镇书记袁聚平(兼)、镇长宋文广。

【农业及农村经济】 加大农业结构调整力度,加快农业和农村经济发展。大力发展花卉苗木业,2004年全区花卉苗木种植面积在原有426.67公顷的基础上,发展到680公顷。无公害蔬菜生产面积达343.07公顷,总产量5.3万吨,比上年增长4.7%。大力扶持须水奶牛养殖小区、郑州中原种猪场等龙头养殖企业,推进畜牧业生产向集约化、规模化方向发展,全区有千头以上养猪场4个、200只以上养羊场1个、10头以上养牛户49个、1000只以上蛋禽户17户、3000只以上肉鸡户23户、奶牛养殖小区2个,奶牛存栏1465头,比上年增长23.5%。2004年肉类总产2702吨,禽蛋产量742吨,牛奶产量5033吨,分别比上年增长26%、21.6%、36.7%。全区优质专用小麦种植面积1440公顷。制定以奖代补办法,调动广大干群参与农田水利基本建设的积极性,2004年新增有效灌溉面积26.67公顷,新增旱涝保收田26.67公顷,新增地埋管1.32万米,新打配机井8眼,更新改造机井9眼,完成小流域综合治理面积6平方公里,坡耕地改造面积35.33公顷。积极协调配合省南水北调中线工程总干渠实物调查工作组,完成了南水北调中线工程总干渠中原区段实物调查工作。切实减轻农民负担,全区46个行政村免征农业税及取消农业特产税,2004年免征农业税101万元。共向18510户种粮农民提供粮食直接补贴45万元。全年未发生因农民负担引发的上访事件和恶性案件。

【增加农民收入】 2004年,中原区积极调整经济结构,大力发展都市型农业,坚持市场引导和因地制宜相结合的原则,确定"西三环以内不种粮食,西三环与西四环之间一般不种粮食,西四环以外不种一般粮食"的调整思路,大力发展具有中原区特色的花卉苗木、绿色奶业、无公害蔬菜、优质林果、休闲观光农业五大主导产业,推动全区农业发展。发展花卉苗木业。采取"党员干部带头,群众自愿入股;土地有偿使用,公司化运作"的方式,逐步实现花卉苗木生产的规模化、产业化,全区花卉苗木种植面积在原有426.67公顷的基础上,2004年发展到680公顷。发展无公害蔬菜。全区无公害蔬菜生产面积达到343.07公顷,蔬菜产量达到6900万公斤,蔬菜市场安全检测合格率达到95%以上,产品优质率稳步上升。同时,区财政专门拨出300万元专款,设立农业结构调整资金,对为发展花卉苗木、无公害蔬菜、奶牛养殖、农业产业化等做出突出贡献的先进集体和个人进行奖励或补贴。坚持"多予、少取、放活"的方针,2004年全部免征农业税,进一步减轻农民负担。在各乡镇建立劳动就业服务中心,实行农民求职登记制度,为农民提供信息、咨询和培训服务,有组织地加强农村劳动力转移。全区共建立区、乡镇、行政村三级农村劳动力转移就业服务管理机构50家,并在46个行政村的266个村民组设立工作联络员,形成了区、乡、村、组四级管理网络。采取就业状况调查、求职登记,建立技能培训基地,举办职业技能演示会,召开农民工专场招聘会等多项措施,农村劳动力转移就业1894人,提前5个月超额完成目标任务。2004年,全区免征农业税101万元,粮食直补45万元,农民人均纯收入4839元,比上年增长14.2%。

【工业经济】 工业经济实施扶优扶强战略,2004年,新上项目39个,投入资金18651万元,开发新产品32个。工业企业共完成增加值7.5亿元,比上年增长16.1%。其中,规模以上工业企业完成增加值4亿元,增长24%,产销率达98%。实现销售收入12.5亿元,比上年增长27%。实现利税0.8亿元,比上年增长30%。出口创汇1750万美元,比上年增长17.1%。限额以下工业企业及个体工业完成增加值3.5亿元,比上年增长8.8%。企业改制稳妥推进,共批复挂靠企业脱钩75家,完成国有集体企业改制14家。

【第三产业】 第三产业蓬勃发展,天成商场、世纪联华超市等相继开业。房地产业快速发展,2004年完成投资2.9亿元,比上年增长106%,开发面积38万平方米。雪佛莱、悦达起亚等汽车连锁店入驻中原西路两侧,进一步扩大了中原西路汽贸一条街的行业优势。非公有制经济发展迅猛,2004年销售收入超500万元的非公有制企业达到60家。

【教育工作】 普及九年义务教育,全区适龄儿童入学率达100%,巩固率为100%,确保全区小学生毕业率100%,小学生辍学率为零;初中适龄少年入学率达99.21%以上,初中学生巩固率、毕业率均达99%以上。农村初中学生辍学率控制在1.5%左右,适龄残疾儿童、少年(丧失学习能力者除外)入学率达89.3%以上。引进先进教育理念,分期分批选派中小学校长赴上海市闸北区挂职锻炼,首批选派6名中小学校长进行挂职锻炼。与深圳市宝安区教育局建立了友好协作关系,派4名年轻教导主任前往学习。经过公开报名、笔试、面试、民主测评、体检、组织考察、区教文体局党委研究并公示等程序,有19名德才兼备的优秀教师充实到机关中层领导岗位和各科室,26人走上了校级领导岗位,121人被选拔为学校中层干部。

【科技卫生工作】 2004年,引进和推广新技术40项,完成列入省、市、区各类科技计划和鉴定请奖项目35项,新发展民营科技企业和技术贸易机构14家,完成技术合同成交额2253.95万元,科工贸总产值3892.14万元,科工贸总收入3955.67万元,合同登记额128万元。加强传染病报告管理,正式启动《中国疾病预防控制管理信息系统》,11家综合医院开通了传染病疫情网络直报,全区未发生甲类传染病,发生乙类传染病9种2660例,发病率为548.37/10万。开展大规模既往有偿供血人员普查工作,共入户调查144519户、既往有偿供血人员685人,采集血清577份,HIV抗体检测全部阴性,既往有偿供血者覆盖率100%,有偿供血者HIV抗体检测率100%。

【城市建设与管理】 加强中心城区综合整治,建成纱嫚绿色长廊等11个小游园;对中原路、嵩山路、建设路3条精品街,桐柏路、工人路、伊河路3条重点景观示范路进行了高标准整治。新建公厕6座,升级改造垃圾中转站

3座,安装新废弃物箱514个,市容设施明显改善。改造汝河西路等支路背街小巷36条。高质量完成了中原西路、防汛路西延工程。积极配合市重点工程建设,长江路、天下路、朱屯东路拆迁工作圆满完成,桐柏路拓宽拆迁任务已完成90%。

【劳动和社会保障】 积极推动农村劳动力转移就业,全区农村劳动力转移就业1894人。健全社会保障服务体系,企业养老保险参保职工10761人,年征收养老保险费1220万元。加强城乡居民最低生活保障,2004年累计发放城市最低保障资金558万元,发放农村特困户救助资金28万元,基本实现动态下的应保尽保。

【10件目标实事】 (1)政府信息中心建设进展顺利,机关信息网实现了与市政府网对接。(2)2004年实现新增城镇居民就业再就业21085人,其中帮助10978名下岗职工实现再就业,分别占年度目标任务的119.3%和163.8%。(3)机关干部住房条件进一步改善,伊河路家属楼已交付使用,金桐小区5栋住宅楼土建工程基本竣工。(4)三十六中新校区已完成施工招标,七十三中二期工程正在完善设计方案。(5)朱屯西路等6条背街小巷已全部完成改造。受国家宏观调控政策影响,市政府暂停暂缓了秦岭路等12条道路的打通拓宽,以及航海路、化工路2个立交桥的建设。(6)新增绿地54万平方米,新建小游园11个,公厕建设任务已全部完成。(7)积极改善社区、乡(镇)、街道办事处的办公条件,秦岭路街道办事处新办公楼即将竣工投入使用。(8)中原区青少年校外活动中心和老年活动中心已完成主体工程。(9)按照"五个一"标准,对农村卫生环境进行了集中整治。"五个一"标准是每个自然村建设一个规范性的垃圾收集房、一个0.067公顷以上的绿地小游园、一个1000平方米以上的健身活动场地、一支专业清扫保洁队伍和一套完善的管理制度。全区101个自然村均制定了卫生管理制度,配备了保洁人员,建设了垃圾收集房,80%的自然村建设了游园绿地和健身场所。(10)全面开展创建优美庭院、舒适小区、绿色社区活动,各街道办事处分别新建了2个以上优美庭院和舒适小区。

【改善人居环境】 中原区共有8个街道办事处70个社区,462个小区楼院,227个公共单位,城区面积近30平方公里,人口近60万人。区改善人居环境工作领导小组和指挥部定期召开会议,研究解决全区改善人居环境工作中存在的问题。全区70个社区,分别由30多位副县级领导和区直40多个部门相对应分包,层层建立主要领导挂帅、班子成员分工协作、工作人员驻社区责任制。专门组织由人大代表、政协委员、区直有关部门专业人员组成的检查组,每月对各街道工作进行一次奖评,分包社区的局委与社区同奖、同罚、同追究。5月底,组织机关干部近千人到城乡结合部开展义务劳动,影响和带动全区居民群众自己动手、美化家园。各街道办事处也经常组织工作人员到社区开展义务劳动,打扫卫生、拆除违章建筑、平整路面、补栽绿篱、清理乱贴乱画等,全民参与掀起了改善人居环境工作的高潮。指挥部工作人员对辖区70个社区逐一调查摸底,对照省会改善人居环境示范社区标准,将辖区70个社区分为一、二、三类3个等次,提出一类社区抓达标,二类社区抓升级,三类社区变面貌的工作思路。在社区实施"六进六心工程",提升社区品味。(1)环境整治进社区,让居民舒心。全区绝大部分社区基本上实现了地绿、花艳、路平、灯明、水通、安全、卫生的良好面貌。(2)科教文化进社区,让居民欢心。为35个社区统一配备图书、书架,每个社区1000册图书,受到了社区群众的欢迎,为创建学习型社区打下坚实的基础。(3)文体活动进社区,让居民开心。全区共投入160多万元,添置945件健身器材,平均每个社区健身器材超过10件。全区100多支文艺队伍在社区开展了丰富多彩的社区文化活动。(4)医疗服务进社区,让居民称心。各社区普遍加强医疗服务站建设,使居民足不出户,就可享受到基本的医疗服务。(5)治安防范进社区,让居民放心。对每个居民楼院进行了封闭,在每个社区建立警务室,巡防队员24小时巡防,有效地杜绝了社区内治安刑事案件的发生。(6)文明创建进社区,让居民顺心。在社区内广泛开展了文明家庭、文明市民、社区好少年等系列评比活动。截至2004年底,全区共有文明家庭472个、文明市民236个。

对全区70个社区分类开展环境整治,共投入资金1.2亿元,新建游园15万平方米,增加绿地21.2万平方米,硬化路面21.9万平方米,粉刷墙面42.2万平方米,清洗楼体13.3万平方米,拆除违章建筑7.53万平方米,增添健身器材945件,增加分类垃圾箱2113个,新增宣传版面1042个,增加图书35000册,社区面貌发生了明显变化,居民的文明卫生意识明显提高。全区70个社区有28个社区达到一类社区标准,316个小区(楼院)达到一类小区(楼院)标准,156个单位(庭院)达到一类单位(庭院)标准。

【加强治安防范】 2004年,中原区委、区政府提出了"打造平安中原,争创全市最安全城区"的总体目标,全面落实社会治安综合治理各项措施,有力地维护了全区社会治安大局的稳定。

在社会治安综合治理工作中,中原区建立了八大体系,完善治安网络。(1)矛盾纠纷排查调处体系。各乡镇(街道办事处)建立矛盾纠纷排查调处中心,实行"三会一查"制度。即:村(社区)每周一次矛盾纠纷排查会,乡镇(街道办事处)每半月一次矛盾纠纷化解会,区每月一次矛盾纠纷协调处理会,严格落实责任查究制。(2)社会治安信息网络体系。全区建立一支619人的治安、稳定信息员队伍。(3)

社会面治安防控体系。各乡镇建立专职治安巡逻队伍,把防范力量尽可能地摆在社会面上。(4)社区治安防控体系。落实一区一警(社区民警)、一区一员(综合治理特派员)、一区一地(青少年法制教育基地)、一区多队(社区巡防队伍、低保人员义务巡逻队、夕阳红治安志愿者服务队)、一区一会(业主委员会)制度,形成静动互补、交叉呼应的小区治安防控体系。小区民警每周召开一次居民见面会,每月召开一次单元长会,每季度召开一次治安情况通报会,年终再召开一次总评会,加深了警民关系、邻里关系,达到相互认识、相互了解、相互帮助、相互关照,使小区真正成为了一个大家庭。(5)城中村治安防控体系。全面推广小岗刘"居民自治式"管理经验,大力加强"城中村社区化、出租房屋旅栈化、暂住人口常住化、治安防范自治化"的"四化"管理。(6)农村治安防控体系。大力推广"镇有联防队、村有治保会、组有巡逻队、家有巡逻员,警民联动、十户联防、义务巡逻"的"须水模式"。(7)内部单位治安防控体系。实行内部单位治安防范责任行为经济赔偿和整改保证金制度,将内部单位治安防范纳入社会治安综合治理工作的统一政策之中,在沿街门店实行"十店联防"机制。(8)特殊行业、重点部位防控体系。加强金融部门、信托寄卖行、金银珠宝行、大型商场、公共娱乐场所、商业文化活动场所、石油、化工、煤炭、交通及关系国计民生的水、电、气等部门的安全防范,大力开展创建安全文明铁路线活动,集中整治校园周边环境。

通过构筑"打、防、控"一体化的治安防范体系,提高了基层预防、控制违法犯罪的能力,使中原区"四无"村(无重大刑事案件,无吸毒、制毒、贩毒现象,无集体上访,无法轮功等邪教组织非法活动)、社区、单位达到了50%以上。中原区计生委和小岗刘社区与所在地派出所相结合,探索出用"四化"管理都市村庄流动人口的新模式,受到国家人口计生委有关人员高度评价,并在全省推广。

【"三票制"选任科级干部】 2004年,中原区面向各乡镇、街道办事处、区直机关单位及各人民团体,采取群众推荐票、素能测评票、差额表决票"三票制"的方法,选拔任用了一批科级干部,共33名。这是中原区看德才论政绩公开公平选干部的新举措。

成立了以区委书记张建国任组长,区领导张俊峰、乔秀花、陈纪忠、贾成义、肖国俊、毛玉发、冯明杰任副组长的"三票制"选任工作领导小组。严格按照报名、资格审查、群众推荐、素能测评、组织考察、差额表决、任前公示和确定岗位等程序进行。群众推荐,由推荐对象所在单位召开群众推荐会,以无记名方式对推荐对象进行推荐。素能测评,分为笔试和面试两个阶段,按照《党政领导干部公开选拔和竞争上岗考试大纲》规定内容进行。由笔试进入面试的人选,按拟任职位1:2的比例确定(最后一名出现并列同时进入面试)。笔试成绩占40%、面试成绩占60%计算总分进入考察阶段。组织考察,按拟任职位1:1.2的比例确定考察对象,由区委组织部组织差额考察。差额表决,对选拔任用职位人选的确定,实行差额表决制,由区委常委对通过考察的人选采取无记名投票方式进行差额表决。任前公示,常委会表决后,对表决结果进行公示,公示期为7天。确定岗位,经公示没有影响任职问题的,区委组织部根据干部任用原则,依据岗位要求和人选情况,提出任职岗位意见,由常委会研究决定。经选拔任用,33名干部走上了乡(镇)、街道办事处党工委委员、工会主席和综合治理办公室副主任(享受副科级待遇)以及区直单位(设有党委)工会主席岗位。

【招商引资】 2004年,中原区采取多种措施,加大招商力度,增强经济发展后劲。(1)解决好规划问题。中原西路、郑上路、西三环、西四环和西流湖,简称"四路一湖",是规划的重点。中原西路以文教卫生、科研单位、行政办公为主,郑上路两侧以企业、物流为主,西三环以一些关系国计民生的产业带为主,西四环至荥阳段以工业经济为主,西流湖周边以高档住宅、休闲观光、商务旅游为重点。(2)充实招商队伍。通过定点委托招商、网上招商、以商招商、专业招商等多种形式,全方位开展招商引资活动。从机关干部中选调23名专业招商人员,赴沿海地区开展招商工作。(3)搞好项目库建设。各级各有关部门充分挖掘本辖区和本行业资源优势,精心策划、论证、筛选一批大项目、好项目,纳入全区招商引资项目库。区招商局定期调整项目库,不断提升储备项目质量。(4)加大协调服务力度,加快项目建设进度。区行政审批中心全面推行"一站式"办公服务,按照"有事即办,急事快办,特事特办,难事帮办"的原则,方便快捷、优质地为客商办理各种审批手续。项目落地后,由区优化局和项目占地单位全面协调项目建设有关事宜,实行"零距离、全方位"服务,直至项目开业。(5)强化招商引资责任制。继续实行招商引资责任制,层层分解招商任务。(6)落实政策,严格奖惩,项目开办奖和落地奖及时兑现。

2004年,全区引进新项目115个,已建成项目74个,落地开工项目35个,立项未动工项目6个。引进内资6.8亿元。瑞普生物实业公司、太可思服饰有限公司、元通纺织城等项目在中原区落户,化亚广场、原科技大厦等项目重新启动。

【与市商业银行达成合作协议】 2004年8月12日,区政府与郑州市商业银行签订了《中原区政府与郑州市商业银行共赢发展合作框架协议》和《贷款授信协议》,确定了双方互赢的合作模式:中原区政府将在资金上支持市商业银行,帮助商行扩大存款规模和培育优质客户群体;郑州市商业银行将资金进行有效统筹和整合,提供及时、充足的资金支持,发展中原区经济建设。双方在共同合作中,按照"双集中、双支持”的合作模式，一方面区政府充分利用辖区内的地理、经济、商贸优势，帮助商行开发优质客户与优质项目，支持商行拓宽存款渠道，引导社会资金壮大商行资金规模；另一方面商行将区政府帮助吸收的资金集中调配，按照一定的比例投放到中原区，优先支持中原区的重点项目、重点企业、基础设施建设和科教文卫事业，以及人居环境的改善，为中原区提供有力的金融支撑。

（赵志平）

惠济区

【概况】 总面积232.75平方公里，其中耕地总资源9.39千公倾。辖5个街道办事处、3个镇，4个社区居民委员会、54个行政村。总人口17.1万人，其中农业人口12.7万人。2004年人口出生率为9.41‰，死亡率为4.82‰，自然增长率为4.59‰。

2004年，全区生产总值完成154791万元，比上年增长15.1%。其中，第一产业增加值完成19240万元，下降1.5%；第二产业增加值完成92199万元，增长20.4%；第三产业增加值完成43352万元，增长13.2%。社会消费品零售总额131291万元，比上年增长16.2%。全社会固定资产投资完成221670万元，比上年增长17.3%。财政收入21889万元，比上年增长26.4%。城镇居民人均可支配收入7100元，比上年增长9.4%。农民人均纯收入5600元，比上年增长10.8%。

【机构与领导】 区委：书记冯刘成（2月免）、刘炳辰（2月任，11月免）、张俊峰（12月任）；副书记刘炳辰（2月免）、张曼如（女，2月任）、王凤枝（女，6月免）、刘国勤、岳希荣（女，6月任）、梁守海、禹舜、蔡玉奇（6月任）、赵福军（6月免）；区委常委张俊峰、张曼如（女）、刘国勤、岳希荣（女）、梁守海、禹舜、蔡玉奇、张丽英（女，6月任）、乔俐、魏建民、陈红民、高春声、王正轩、申仁玉、王雅伟。

区委工作部门：区委办公室主任陈红民；组织部长秦土旺（6月免）、张丽英（女，6月任）；宣传部长张丽英（女，6月免）、申仁玉（6月任）；政法委书记乔俐（女）；统战部长魏建民；老干部局长周国增；机关工委书记李瑞；党校常务副校长李学林；档案局长黄瑜；信访局长贺政华（女）。

区五届人大常委会：主任龚世学；副主任阎世旺、秦保元、魏兆贞、刘修然、姜玲（女）、王小申。

区人大常委会工作部门：区人大办公室主任周可军（4月免）、刘勇（4月任）；教科文卫科长魏永强；经济工委主任宋书民；代表联络工委主任王保群；老干部科长侯永革；法制工委主任弓永光。

区人民政府：区长刘炳辰（2月免）、张曼如（女，2月任）；副区长李武建（6月免）、王正轩（6月任）、周新萍（女）、李凌江、杨智威、张卫民、魏开锋、李文哲（6月任）、陈建峰。

区政府工作部门：区政府办公室主任谢和平；人事劳动和社会保障局长王卫东（4月免）、刘满仓（4月任，7月免）；财政局长张领军；国土资源局长梁建军；司法局长郑毛文；经贸委主任王二红；卫生局长张春香（女）；教文体局长梁国强；行政执法局长阎学林；市政局长张三喜（4月免）、马书喜（4月任）；交通局长刘正春；民政局长薛杰；旅游局长李振江；计生委主任李新生（4月免）、王宝玲（4月任）；房管局长刘勇（4月免）、吴俊杰（4月任）；审计局长冯艳霞；计统科技局长李睿彬；农经委主任宋金堂；城建环保局长马志勇；招商局长刘殿军；机关事务管理局长宋国良；监察局长金秋贵（4月免）、李新生（4月任）；高新农业试验区管委会主任刘国勤；养殖开发总公司经理李新安；绿化管理局长刘群；行政审批服务中心主任杨军；投资北区主任何景强；创建办主任赵登义（4月免）、弓永超（4月任）；安监局长青华山；公安分局长司占中；国税分局长曹宏春；地税分局长孙春良；技术监督局长杨西廷；工商分局长贾松林。

政协区五届委员会：主席常万智；副主席刘永安、杨桂花（女）、毛长福、赵景春、李新安。

区政协工作部门：区政协办公室主任孙平安；提案委主任张迅；经济委主任王铁良；教文卫体委负责人王辉军；社会和法制委负责人赵合龙；老干部科长宋平力。

中共区纪律检查委员会书记：梁守海。

区人民武装部部长：高春声；政委：陈建峰。

区人民法院院长：王晋嵩。

区人民检察院检察长：康天果。

区群团工作部门：工会主席劳建新；妇联主席王宝玲（女，4月免）、杨敏（女，4月任）；团委书记王鸿勋（7月免）、罗黎明（7月任）；科协主席姜玲（女）；工商联执行会长陈国忠。

街道办事处、乡镇机关：刘寨办事处书记王雅伟、主任周卫国（7月免）、王鸿勋（7月任）；老鸦陈办事处书记周可军（7月免）、刘满仓（7月任）、主任孟庆亮（4月任）；迎宾路办事处（桥南新区管委）书记孙学文（4月免）、张根旺（7月任）、主任张根旺（4月免）、赵登义（4月任）；长兴路办事处书记贾朝斌、主任付清澄；新城办事处书记王珂、主任贾新杰；古荥镇书记李国俊（4月免）、郑建明（4月任）、镇长郑建明（4月免）、温学生（4月任）；花园口镇书记张春豫（4月免）、金秋贵（4月任）、镇长吴俊杰（4月免）、李献民（4月任）；毛庄镇书记马书喜（4月免）、李国俊（4月任）、镇长申慧。

【农业与农村经济】 农业产业结构不断优化，粮经比例进一步调整，2004年建成苗木花卉基地866.67公顷，新建肉牛、奶牛养殖小区4个，奶站2个。全区粮、肉、蛋、菜、鱼产量与上年基本持平。2004年奶类产量突破1万吨，比上年增长2.6%。新增旱涝保收田73.33公顷、节水灌溉面积106.67

公顷,治理水土流失面积5.2平方公里,农业生产条件进一步改善。

【工业经济】 工业经济规模和效益平稳提高。2004年主要工业增加值完成48833万元,比上年增长20.9%。重点企业核心竞争力进一步增强,"三全"食品公司实现销售产值55663万元,比上年增长8.3%,速冻食品市场占有量居全国第一;"三全"食品、毛庄印刷厂、天一热能等技改项目全部完成。

【第三产业】 第三产业经济总量进一步提升。以批发市场为龙头的商品流通行业发展兴旺,全区各类专业批发市场达到24家,交易额突破30亿元,比上年增长20%,实现税收3600万元。旅游产业发展迅速,富景生态游乐世界、丰乐农庄成为周末市民游览休闲的热点;农家乐、渔家乐项目初具规模,游客数量、门票收入大幅增长,"黄河文化风情一日游"旅游产业格局初步形成。

【非公有制经济】 非公有制经济进一步壮大。新增非公有制企业318家,新增个体工商户703户,全区各类非公有制经济单位总数达到9086家,2004年完成税收10151万元,占区级税收总数的98.3%,成为全区经济发展的主力。

【招商引资】 2004年全区共引进各类投资项目53个,其中上亿元项目4个,上千万元项目18个,累计完成投资3.56亿元。对外贸易大幅增长,直接出口总值达到208.8万美元,比上年增长235.4%。引进非工业纳税项目101个,注册资本4.47亿元。

【城市建设与管理】 以区直机关迁入新区为标志,掀开了全区经济社会发展新的一页。委托华南理工大学进行的"郑州市北部组团(惠济区)生态发展战略研究"概念性规划已完成。协调资金2500万元,建设了2.4公里的文化北路。107辅道完工通车,修复周边11条16.5公里的村级道路;投资936万元,改建扩建了27.5公里的地方道路;生态经济示范带(原投资北区)内的绿源路西段、丰业街先后完工,基本具备了项目入驻条件。

城市居民社区建设平稳推进。总投资约3.3亿元的惠弘园、西湖花苑等8个社区近30栋楼主体完工,80栋楼正加紧建设。北城、惠城、王砦等社区部分楼宇居民陆续入住,惠济区被省建设厅、国土资源厅分别确定为全省"城乡一体化建设试点"和"土地综合利用试验区"。12月7日,全省城乡一体化建设试点现场会在惠济区召开,省、市领导对该区撤村并点建社区工作给予充分肯定,其做法和经验正在向全省推广。

城市管理水平进一步提高。城区综合整治工作进展顺利,共投入专项资金8700万元,银河路、刘寨路等4条支路小巷整治基本完成。新建8座公厕和1座垃圾中转站,配置了5辆垃圾压缩运输车。小杜庄改造方案通过市规划局审批,新城、贾河两个游园建成并通过市政府验收,秀竹游园正在建设中,市容设施整治、夜景照明工程先后受到市政府通报表扬。郑州市整治市容环境卫生现场会和集中整治农村卫生环境工作经验交流会分别在惠济区召开,在全市农村卫生环境集中整治和市容环境综合整治评比中惠济区均位居全市第一。

【撤村并点建社区】 2001年,惠济区开始探索以村为单位实施花园式新村建设,采取农民自建独体或连体别墅的方式,经过两年的努力,形成了青寨、下坡杨、贾河等一批典型。2003年,随着郑州市城市框架的拉大和区政府的北移,全区由原来的四镇变成现在的三镇五办,城区面积由原来的1.5平方公里增扩为48.8平方公里。为配合全区的城市化发展,避免形成新的城中村,合理膨胀全区人口,在原来花园新村建设的基础上,提出了撤村并点建社区的构想。决定在310高速路以南的7个行政村以村为单位建社区,以北的47个行政村合理合并建18个社区,每个社区远期规划1.5万人左右。并结合外地经验和当时实际情况,提出了"区政府宏观指导、镇办组织实施、公司化运作"的工作机制,配套形成了由各镇办成立公司负责本辖区社区建设工作,以多层建筑为主,先建后拆,社区新房以成本价安置群众,旧房拆迁按郑州市144号文合理补偿,人均安置面积不低于50平方米,镇办通过吸引社会资金、民间资金、贷款、土地开发收益措施筹措资金等相关政策。力争在3年时间内完成全区社区建设,此项工作得到了省建设厅和市政府的肯定。2004年2月,省建设厅在惠济区召开了全省城乡一体化建设现场会。12月,惠济区社区建设被省国土资源厅确定为全省的试点。

截至2004年底,中心城区的7个社区已经开工建设。其中,长兴路办事处西湖花苑社区占地10.67公顷的一期工程45幢楼房、共计1080套,总建筑面积15.6万平方米,主体已全部完工;已有800余户交纳了一期社区住房50%的预付款,筹集资金近4000万元。王砦村东区45个单元(540套)已入住,西区10幢楼房(456套)正在建设中。老鸦陈北城花园社区二期6幢七层(350套)已完工。迎宾路办事处惠弘园社区首期开工7幢楼,主要安置杨庄、王岗和木马村的部分拆迁户。新城办事处惠文社区一期建设的9幢楼房,共计324套、5.7万平方米,主体已全部完工,主要安置毛庄村拆迁户;惠泽园社区(东赵)首期开工建设13幢楼,2幢三层基本完工;惠城社区(弓寨)第一、二期开工建设的12幢楼(324套)主体已完工,三期开工6幢楼(186套)正在建设中;惠龙社区首期开工4幢楼(192套)正在建设中。花园口镇花园口社区15幢楼(450套)桩基已打好,主要安置南月堤村拆迁户和花园口村急需建房户。

【改善生态环境】 建成了长13公里宽500米的黄河防沙林带，栽植树木103万株，造林面积600公顷，树木成活率达90%以上。邙岭水土保持工程完成投资1120万元，植树46万株，绿化面积180公顷，修建小型淤地坝16座。完成了京广铁路两侧10公里绿色通道建设和花园口镇平原绿化高级达标任务。城市园林绿化再上新台阶，新增绿地9.39万平方米，惠济区被国家环保总局确定为“全国生态示范区建设一类试点”。

【社会事业】 2004年，全区共完成就业再就业任务3996人，其中下岗失业人员和“4050”人员实现就业再就业1120人。进行农村劳动力转移就业前培训1741人，完成转移就业2907人，超额完成了市下达就业和再就业工作目标。社会保障体系逐步健全，机关事业单位和企业养老保险到位率100%；城市居民最低生活保障金、农村特困户社会救助金、企业离退休人员基本养老金按时足额发放。加速电子政务建设，区政府门户网站和办公自动化局域网投入运行。率先推行了省、市审批事项的全程免费代理服务。办学质量稳步提高，二十中高考升学率达96.6%。投资800多万元，全部完成了东风路小学等8所中小学的危房改造。人口与计划生育工作圆满完成了省、市下达的目标，继续位居全省先进行列。公共卫生应急处理能力进一步加强，区、镇、村(社区)三级疾病控制网络进一步完善。拥军优属工作进一步加强，再次荣获“郑州市双拥模范区”称号。殡葬改革工作始终走在全市前列，火化率继续保持100%。

【依法治区】 2004年办理人大代表议案、建议和政协委员提案194件，办结率100%，满意率90%。全面开展了村务、政务和财务“三公开”，基层组织建设得到加强。大力开展社会治安综合治理，治安大局基本稳定；消防及安全生产监督管理全面加强，全年无重大火灾和安全事故发生。

【富景生态游乐世界】 富景生态游乐世界是台商富景集团在郑州市花园口镇东北部严重沙化的黄河荒滩上，用母亲河历史人文的亲和力及自然风光的资源条件，按照生态可持续发展的原则，投资1.8亿元兴建的集教育培训、运动休闲、游赏娱乐于一体的综合性的自然生态游乐园。2003年7月开始建造，截至2004年底，第一期已投入6000万元人民币，建成有万亩自然生态湿地保护区等。保护区有天然野生的柳林和野生的大草原，原始的植物类七八百种，是内陆候鸟迁徙中的重要驿站和常栖野生动物繁衍的温床。随着湿地面积的不断扩大，在此越冬、栖息的水禽种群不断增加，现共有水禽64种，夏候鸟约26种，走兽20余种，爬虫和两栖动物10余种和不计类种的昆虫，是探幽寻奇和野外科考的理想营地。

建成有40公顷大绿洲人工湖——日月湖，湖岸曲折，双层护坡植柳如林。湖中自然放养各种黄河特产鱼达50万尾，符合自然野生生态，不投喂任何人工饲料，并设垂钓场、浑水摸鱼场。还建有郑州市惟一的人工沙滩游泳场，另有沙滩足球场、排球场、沙滩越野车场等。

富景生态游乐世界自2004年5月1日开业，已接待游客10万余人次，组办了多种大型公益、教育、趣味及运动竞赛等活动。如：“珍惜生命、关爱生命”大型放生活动、富景生态秋收狂欢节、万名白领丰收赛、第一届“富景杯”全省马术俱乐部中原马王争霸赛、百人竹筏对抗赛、中秋月夜千人共放许愿灯等活动。

(王玉莲)

上街区

【概况】 按照郑州市政府《关于调整郑州市上街区和荥阳市行政区划》(郑政文[2004]160号)的通知精神，原荥阳市峡窝镇整体划归上街区管辖。2004年底全区总面积64.7平方公里，其中城区面积13.2平方公里。辖1个镇、5个街道办事处，17个社区居民委员会、30个村民委员会。总人口117187人，其中农业人口40312人。2004年人口出生率为8.07‰，死亡率为3.67‰，自然增长率为4.39‰。

2004年，全区实现地区生产总值46.3亿元，比上年增长18.1%。其中，第一产业完成增加值0.5亿元，下降4.6%；第二、第三产业分别完成增加值35.2亿元、10.6亿元，分别增长20.7%、12%。财政收入12.8亿元，比上年增长56.7%，其中区级财政收入2.17亿元，增长30.2%。城镇居民人均可支配收入11633元，比上年增长13.2%。农民人均纯收入4174元，比上年增长7.6%。

【机构与领导】 区委：书记周长松(2月免)、库凤霞(女，2月任)；副书记库凤霞(女，2月免)、赵书贤、张德印、巨宝志、刘霞(女，2月任)；区委常委周长松(2月免)、库凤霞(女)、赵书贤、张德印、巨宝志、刘霞(女)、宫银峰(6月免)、阎玉明、常新河(6月免)、冯明杰(6月免)、樊惠林(6月免)、李华道(3月免)、王光辉(3月任)、赵凤军(3月任)、邓书安(6月任)、朱巨亚(6月任)、王彬彬(6月任)、张全金(6月任)、张旭华(6月任)。

区委工作部门：区委办公室主任樊惠林(6月免)、邓书安(6月任)；组织部长冯明杰(6月免)、王彬彬(6月任)；宣传部长宫银峰(6月免)、张全金(6月任)；统战部长阎玉明；政法委书记刘霞(3月免)、王光辉(3月任)；保密局长李杰(12月任)；机要局长平相乾(12月免)、张元桓(12月任)；机关工委书记吕现洲；目标办主任魏杰(12月免)、阎光甫(12月任)；档案局长时永莲(女)；老干部局长倪金政(12月免)、李国玉(12月任)；党校常务副校长孙荣先(女)；信访局长杜爱功(12月免)、李金保(12月任)。

区十届人大常委会：主任张德印；副主任张书和、蔡兴旺、张振威、邢艳丽(女)、高自廷、冯文生、钟明(10月任)。

区人大常委会工作部门:区人大办公室主任周伟杰;代表联络信访工委主任刘一江(12月任);人事任免科长马丽平(女,12月任);财经工委主任王彦玲(女,12月免)、郭秀萍(女,12月任);城建工委主任王振宇;教科文卫工委主任边金銮(女);法工委主任魏志强(12月任)。

区人民政府:区长库凤霞(女,2月免)、赵书贤(2月任);副区长常新河(6月免)、朱巨亚、徐凤言、吴铁路(6月免)、安惠萍(女)、宋双兴、张全金(6月免)、赵冀韬、周卫国(6月任)、王玉红(女,6月任)、李华道(10月任)。

区政府工作部门:区政府办公室主任王晓(12月免)、赵敏(12月任);公安局长杨郑强;人事劳动和社会保障局长时长菊(女);财政局长雷爱玲(女);招商局长王晓(12月任);教文体局长赵敏(12月免)、郝斌(12月任);民政局长刘来喜;司法局长王保中;建设局长武家寅;交通局长梁红松;监察局长何乃玲(女,12月免)、付书章(12月任);市政局长袁家伟;综合执法局长张保成;环保局长郭小国;卫生局长石卫军;审计局长牛志甫;人口与计生委主任李春发(12月免)、何乃玲(女,12月任);土地房产管理局长付书章(12月免)、禹秉臻(12月任);广电中心主任薛振杰(12月免)、冯立新(12月任);商务局长岳斌;发改局长李春发(12月任);农经委主任张永志(12月任);接待办主任姚德欣;法制局长乔文轩(12月免)、张光斌(12月任);侨办主任徐英(女);机关事务管理中心主任李超(12月免)、倪金政(12月任);人防办主任申明安;外事办主任王琳宝(12月免)、张广舟(12月免)、安宏学(12月任);民族宗教局长郭老虎;外宣办主任王沈西(女);文明办主任杨晓东(12月任);综治办主任张富贵;电信局长张元成;邮政局长张英奇;电业局长刘发展;国税局长何伟;地税局长刘志松;工商局长徐成立;药监局长张英信;烟草局长邓子阳;技术监督局长樊长兴;安监局长邢永桥;粮食局长高国桢;经委主任张广舟(12月任);科技局长魏杰(12月任);地震局长赵志强(12月任);移动公司经理刘文杰;自来水公司经理祝光;燃气公司经理薛金良;地产公司经理朱志刚(12月任);市场发展中心主任谢大力;土地储备中心主任张立宏(12月任)。

政协区六届委员会:主席张福祥;副主席郭志昭、陈东、黄国民、王金河、奚亮(女)、卢裕华(女)、薛景霞(女)。

区政协工作部门:区政协办公室主任禹秉臻(12月免)、杨满坡(12月任);专门委主任董项森(12月免)、杨宝军(12月任);学习文史委主任杨宝军(12月兼);提案委主任王焕(女,12月免)、何奇志(女,12月任);经济委主任王淑琴(女);社会和法制委主任陈俊杰(12月任);祖国统一委主任杨宝军(12月免)、王松波(12月任)。

中共区纪律检查委员会书记:赵书贤(2月免)、刘霞(女,2月任)。

区人民武装部部长:赵凤军;政委:李华道(3月免)、袁春明(3月任)。

区人民法院院长:王家伦。

区人民检察院检察长:程振胜。

区群团工作部门:工会主席陈炜;妇联主席苏建华(女);团委书记房玉雯(女);科协主席刘雷音;侨联主席奚亮(女,12月免)、李长新(12月任);工商联会长薛景霞(女);残联理事长郑鲁民(12月免)、王敬群(女,12月任)。

街道办事处、乡镇机关:济源路办事处书记张富永、主任李新廷(12月免)、王继正(12月任);新安西路办事处书记朱书民、主任杨满坡(12月免)、李新廷(12月任);中心路办事处书记张旭华、主任马松宝;工业路办事处书记郝斌(12免)、平相乾(12月任)、主任孙喜中;矿山办事处书记赵全来、主任李怀超(12月免)、冯晖强(12月任);峡窝镇书记吴新勇、主任李立。

【农业与农村经济】 坚持"多予、少取、放活"的发展方针,初步调整优化了农业经济结构。全区夏粮、秋粮喜获丰收。夏粮总产9292吨,秋粮总产10655吨,蔬菜总产975万公斤,其中食用菌产量50万公斤。引进粮食、园艺、畜牧等新品种6个。新品种示范试种面积200公顷,推广林地套种中药材、林地养殖等新技术3项,优良品种普及率98%以上。新增规模养殖户30户,新发展禽鸡3万只、猪2000余头,猪、鸡、奶牛存栏分别达到4500头、42万只、150头,2004年完成肉产量575吨、蛋2630吨、奶110吨。实行奖补政策,积极推广免耕播种、秸杆还田新技术,秸杆综合利用率达98%以上,秸杆青贮1200吨,基本杜绝了秸杆焚烧现象,受到郑州市委、市政府表彰。2004年新打或配套机井15眼,建成280平方米蓄水池一座,建水塔一座,铺设地埋管1.15万米,解决饮水难问题2000人,新增和改善灌溉面积40公顷,全区机井"六有"率保持在90%以上。农业税全部免除,减轻农民负担110万元,对种粮农民直补资金37万元全部按时足额发放到位。制定了扶贫开发工作规划,实行领导包村责任制,初步搭建了对口帮扶体系。2004年争取市级扶贫资金15万元,区级配套资金15万元也已拨付到位。确立了村财镇(办)监的农村财务管理新模式,举办农业、园艺、农村财务、农机、畜牧养殖、防疫技术培训班9期,培训2000人次,实现农村富裕劳动力向非农产业转移就业4267人。初步制定了农业和农村经济发展规划。成功举办了首届上街区农村发展论坛。

【工业经济】 按照年初"签约一批、开工一批、投产一批"的工作目标,成立项目推进服务领导小组,加大对中铝郑州企业的支持服务力度,大项目引进建设进展顺利。70万吨氧化铝扩建项目和第六批国债氧化铝技改项目分别完成投资12.4亿元、3.9亿元,2004年氧化铝产量达到147.5万吨,占国内市场份额30%左右;铝酸盐水泥生产项目完成公司注册,已实际到位外资400万美元;15万吨碳素项目正式签订协议;中铝股份河南分公司自备电厂项目正在积极筹备中。项目带动投资、投资拉动增长的积极效应初步显现。通过建立和落实"企业经营情况监测报告、重大事项预警报告、企业分析例会"三项制度,对规模以上工业企业及重点项目实施运行监测与重点服务等措施,全区规模以上工业企业经济效益实现快速增长,2004年度主要工业经济效益综合指数为297.1%,比上年提高了70.5个百分点;主要工业增加值完成26.4亿元,比上年增长23%;实现利税总额27.3亿元,比上年增长63.8%。

2004年12月,创建国家生态工业示范园区规划顺利通过了河南省环保局的评审。

【城市建设与管理】 2004年,区城市建设重点工程"七路六园一渠"工程总投资3000多万元,12月底相继竣工并投入使用。煤制气道北主管网基本铺设到位。城市总体规划修编工作顺利完成,国家生态工业示范园区规划已报送国家环保总局评审。进一步推广使用清洁能源,新安装10个居民小区,共1493户,商业用户8家,督导轻研院、长铝公司06锅炉站完成了燃气锅炉的安装和使用。2004年共审批各类建筑项目82项,面积20.6万平方米,工程管线9项,总长6.35公里。查处各类违章建设行为49起,拆除违章建筑7处。创省级文明工地10处,市级安全文明标准化工地10处,区安全达标优良工地38处。对铝城公园进一步实施了拆墙透绿改造,共拆除公园门面房28间,改造绿地面积6000平方米。全年新栽各种乔木3941株、花灌木647735株,新增公共绿地面积8.4公顷、庭院单位附属绿地3.49公顷。围绕"干干净净、亮亮堂堂、舒舒适适、漂漂亮亮"的目标,对中心路和济源路沿街单位、社区庭院进行了集中整治和美化、亮化改造,建成一类社区3个、一类单位和庭院48个、一类小区楼院30个。

【为民办实事】 在区十届人大二次会议上,区政府承诺要为民办好9件实事,到2004年底,除34街坊绿化改造因受大环境影响,暂缓进行外,其他8件基本完成。(1)长垣路、新郑路中段、新安路东段、洛宁路南段已经打通。(2)2004年新提供就业岗位2390个,完成1700人的职业技能培训。(3)郑州诚信中小企业担保有限公司正式揭牌运营,筹集资金1000万元。(4)道北煤制气主干网基本铺设完毕。(5)建成了道北泄洪渠。(6)区医疗紧急救援指挥中心投入运行。(7)为居委会改善办公用房工作已有3个投入使用,5个即将开工建设。(8)区内公交车12月1日正式开通。

【各项改革】 2004年,商贸系统26家国有企业成功实现改制,1378名职工得到妥善安置。8家粮食系统企业和9家城镇集体企业职工身份全部置换到位。上花漂炼厂、金鑫公司等3家企业基本破产终结。区园艺场改制工作顺利结束。电厂、铝厂、电机厂、水泥厂等几个历史遗留的"老大难"问题逐步得到解决。财政体制改革进一步深化,建立了郑州诚信资产经营有限公司和国库集中收付中心。机构改革进展顺利,新组建成立了招商局、发展改革和统计局、商务局、科技局,撤并了供销社等单位。

【招商引资】 加大招商引资工作力度,选派20名优秀科级干部到项目聚集地、经济发达地区长期从事招商活动,并在京沪杭等地设立对外经济联络处,初步形成专业化、职业化的招商格局。2004年新引进项目7个,总投资达10.63亿元。外贸出口不断扩大,新增外贸出口权企业7家,实现直接出口4071万美元,比上年增长67%。

【社会事业】 2004年,广泛开展群众性精神文明创建活动,全区共有3家单位申报国家级文明单位,13家申报省级文明单位,10家申报市级文明单位。分批对全区干部进行了培训,引进了5名硕士研究生和14名本科毕业生,聘请了12名知名专家学者担任政府顾问,为加快区域发展提供了有力的智力保障。巩固提高"普九"成果,小学生辍学率为零,适龄儿童入学率为100%,初中生入学率为99.6%。先后投资100余万元,改善了各薄弱中小学校办学条件。强化学校管理,深化教学改革,继续走"英语特色"办学思路,教育教学质量稳步提高,2004年高考全区本科上线113名,取得历史性突破。完善公共卫生突发事件应急救援预案,成立上街区紧急医疗救援指挥中心,组建艾滋病筛查实验室和食品认证实验室,有效保证了群众的身体健康。对规范性文件和全区所有收费项目进一步清理规范,开展行风评议活动,建立中小企业担保公司,成立了科技企业孵化器,全区发展环境更加优化。积极履行审计监督职责,2004年共完成审计项目11个,审计查出违规金额370万元,管理不规范金额1285万元。第一次经济普查的各项准备工作全部到位并通过市级验收。健全社保网络,按时足额发放社会保险金150万元。"双拥"工作荣获市级"六连冠"。

【依法治区】 2004年,自觉接受区人大、区政协的民主监督,办理人大代表建议、政协委员提案211件,已全部办结,办理满意率达到99%。建立健全集中处理突出信访问题及群体性事件联席会议制度,抽调60名科级干部包片下访,全面开展矛盾纠纷排查调处,对排查出的36起重大不稳定因素分别由县处级领导干部进行包案。至2004年底,已结案17起。围绕争创"全市综治工作先进区"的目标,组织开展"命案必破攻坚战"、"两联一创"活动和"利剑行动",破获了一批重大案件,社会治安形势明显好转。2004年被市委、市政府授予"社会治安综合治理先进区"称号。建立健全事故隐患档案管理和责任追究制度,广泛开展全区性安全生产大检查,2004年共检查各类生产经营场所27632家次,发现各类事故隐患3934项,现场整改2379项,下发限期整改通知书806份,有效杜绝了重大事故的发生。

(黄文跃)

郑州矿区

【概况】 郑州矿区是国家重点建设矿区,地跨新密、登封、新郑等县(市),原煤储量70亿吨,辐射面积150平方公里,人口10万余人。2004年,煤炭产量达900多万吨。人口出生率为5.17‰,死亡率为5‰,自然增长率为3.6‰。

郑州矿区以煤为主,电力、建材、旅游、餐饮、铁路运输、机械制造、卫生医药、农林牧、金融保险服务等行业门类齐全。

2004年,矿区实现生产总值31.54亿元,比上年增长31.1%。调整后煤炭产量982万吨,完成计划的109%,比上年减少29万吨。煤产品销售收入29.71亿元,比上年增加5.85亿元,增长40.94%。城镇居民人均可支配收入为13106元,比上年增长15.9%。

【机构与领导】 中共郑州市委郑州矿区工作委员会是郑州市委的派出机构,郑州市人民政府郑州矿区管理委员会是郑州市人民政府的派出机构。

中共郑州市委郑州矿区工作委员会书记:李文敬;副书记:朱希孟、丁建国;委员:李国昌、桑富强、王素梅。

郑州市人民政府郑州矿区管理委员会主任:朱希孟;副主任:桑富强。

中共郑州矿区工委纪律检查委员会书记:李国昌。

【企业经济发展】 2004年,郑煤集团公司按照“以资源整合为主线,推动企业跨越式发展,努力构建大集团框架”的总体思路,狠抓安全生产和结构调整、产权制度改革三件大事,保持了企业改革发展稳定的局面。在产权制度改革方面,同凯迪电力公司签署债转股回购出让合作备忘录,将与中国信达资产管理公司、中国华融资产管理公司通过股权置换,实现集团公司层面的产权多元化。大力开展资源整合工作,对郑州矿区四大煤田及煤矿生产分布状况进行调研后,与巩义市金龙煤矿等21家煤矿签订了合作协议,整合资源1.5亿吨,整合能力289万吨/年,通过改扩建,近期生产能力可达600万吨/年。充分依托资源优势,开展招商引资,内引外联,走煤电一体化发展道路。与香港华润电力集团签订战略合作协议,联合开发偃龙煤田及登封煤电项目;与国电集团、郑州宝翔电力公司共同投资180亿元,联合开发荥巩煤田,建设年产800万吨煤炭项目和6×600MW电源项目,极大增强了资源整合实力。不断强化安全生产意识,抓好安全质量标准化工作,推进企业安全文化建设,2004年前9个月百万吨死亡率控制在0.128。

2004年,矿区非煤产业取得新进展,全年完成发电量8.4亿千瓦时;生产铝锭21830吨,实现产值2.95亿元。白坪煤矿和赵家寨两对大型矿井开工建设,在建规模达到480万吨。

【矿区社会稳定】 2004年,矿区工、管委将稳定工作作为各项工作的重中之重来抓。全面落实信访稳定工作责任制,坚持一级抓一级,层层抓落实。组织、领导、协调全区所有单位,按照“分级负责、归口管理”的原则,认真落实党政领导保一方平安责任制。坚持防范在前,克服公安机关被撤销等实际困难,充分发挥基层居委会和治安巡防组织的职能作用,充实完善群防群治网络。实行关口前移,变“上访”为“下访”,抽调政法、综治、信访、稳定等部门负责人深入基层一线,对影响矿区全局性的六大类问题进行专题调研,并予以限时解决到位。加强基层防范,积极消除治安隐患,正确运用经济、行政和法律手段,妥善处理人民内部矛盾,特别是涉及群众切身利益的矛盾,真正把矛盾解决在基层,解决在萌芽状态。

全面加强社会治安综合治理,按照“打防结合、以防为主”的工作方针,不断加大基层基础建设力度,大力开展创建无毒社区、楼院封闭等基层安全创建活动。加强对三类重点人员(流动人员、刑释解教人员、青少年)管理,促进综治各项措施的落实。强化治安责任,落实《郑州市治安防范不作为实行经济赔偿试行办法》,推动社区、内部单位,特别是金融网点安全防范措施的有效落实,并对在第二季度发生重大刑事案件的郑煤集团公司裴沟矿进行了查究。

加强企业军转干部的政策落实工作,对辖区163名企业军转干部和52名复退战士(其中,21基地人员12名)的基本情况及政策落实情况逐个摸底,在认真登记汇总后打印成册,建立完备的企业军转干部数据信息库。筹措专项资金,专门用于帮扶家庭生活困难的企业军转干部。及时做好重大节日期间对企业军转干部的慰问和探望工作,通过多种方式,不断加强与企业军转干部的沟通联系,确保全矿区的社会稳定。

【优化经济发展环境】 2004年,通过“清理行政执法主体、清理行政执法依据、清理具体行政行为,规范行政执法程序、规范行政执法文书”等工作,对矿区13个行政执法主体的520多个行政行为找到了依据并逐一公布于众。面向社会公布便民、为民服务热线,公开受理企业和群众的投诉和举报;继续组织所有行政执法单位面向社会进行公开承诺,并将其职能履行情况和人民群众满意度纳入部门绩效考核的重要内容。深入开展各类专项整治和综合治理行动,为企业的发展提供了良好的外部环境,增强了政府的公信力。

切实转变政府职能,优化企业生产经营环境。2004年,将“优化煤炭市场环境,服务地方经济建设”作为优化经济发展环境的突破口,开展了一系列专项整治活动。先后查获煤炭掺假案件10多起,出动执法人员60多人次,对其中6人采取强制措施,对当事人经济处罚27万元。7月,根据群众举报,辖区煤矿周边个别村民非法滥挖碴山,并将煤矸石粉碎后掺入原煤,出售后牟取暴利,严重扰乱了矿区的煤炭经济秩序。为此,组织矿区工商、质监、公安、安监等部门采取联合行动,集中整治,严厉打击,割掉了煤炭制假售假"毒瘤",优化了矿区的煤炭经济环境和秩序。

矿区"10·20大平矿难"后,积极配合上级政府做好善后工作,立即成立工作组,做好遇难矿工家属的思想工作。深入到基层及时摸清家属基本情况,对能享受郑州市最低生活保障的家属及时审批,对确有困难的及时做好救助,确保了矿区的社会稳定。

【社会事业】 社会保障工作进一步加强,2004年,对符合条件的262户698人累计发放低保金73万多元。切实做好优抚对象慰问工作,对13户伤残军人、30户伤残军属走访慰问,发放慰问金2万元。为贫困对象发放救助救济资金近10万元。社会福利事业取得突破,辖区残疾人就业、上岗率达100%,福利企业实现产值837万元,销售收入累计796万元。特殊群体的政策落实基本到位,复退军人安置率达99%,国家关于复转到企业人员的政策性福利全部落到实处,群众满意率达100%。2004年度征收失业保险金1100余万元,发放480余万元。社会保险体系进一步完善,理顺了机关离退休人员的养老金发放渠道,做到了足额发放。

再就业工作稳步推进。实施"社区公益岗位开发计划",努力帮助困难群体尽快实现再就业。全面落实小额贷款、税费减免和各项补贴优惠政策,对所有《再就业优惠证》持有人员再就业实施跟踪服务。深入开展企业内部挖潜、分流安置下岗失业人员,确保下岗人员能够再就业,2004年实现就业再就业1377人,完成计划的101.2%。入户调查录入微机8000多户,统计2.4万人;落实再就业优惠政策,办理失业下岗人员《再就业优惠证》288个。

通过文艺演出等多种形式广泛宣传计生政策,及时为广大育龄妇女提供计生保健服务,筹措资金为矿区无业独生子女户发放奖励费用。出生人口统计准确率为98.85%,出生人口性别比为91.7,政策生育率为99.7%,流出人口办证率为95%,流入人口计划生育管理率为96%,信访结案率为100%。在年度行风评议中,计生工作群众满意率为90%。民政系统在婚姻登记工作中,一方面改善硬件条件,更新现代化办公设备,全部实行微机录入办证;一方面规范服务行为,建立服务便捷窗口,为广大群众提供了高效便捷的服务。

【各项管理】 2004年,粮食系统深化粮食流通体制改革和企业改制,开展多种经营,确保储粮安全,全年实现粮油销售收入520万元。加强对矿区各单位、各企业、各商业网点的安全监督管理,强化安全意识和消防意识。先后于"5·5陈砦冷库事故"和"10·20大平矿难"发生后,组织安监、工商、质监、公安等部门,在矿区范围内开展了两次大规模的拉网式安全大检查活动,通过下达整改通知书和限期整改,累计排除地面以上各种不安全隐患500多处。通过检查,使存在多年的郑煤集团中心炸药库重大不安全隐患在几天内得以彻底解决。

加大规范化治理力度,依法执行社会监督管理职能,有效保障企业及人民群众的生产生活安全。卫生部门重点加强对与人民群众生活关系密切的食品批零、保健食品销售、公共场所、餐饮业卫生等方面的监督管理。成立生活饮用水监测中心,加强城市居民饮用水的日常监督与定期监测。开通24小时卫生监督举报电话,确保矿区未发生食物中毒事件,五病调离率为100%。加大力度对矿区投资700多万元的房屋基本建设项目实施监管,按照规定程序办理审批事项,安全和质量监督贯穿始终,施工现场安全达标全部合格。

严格规范收费行为,对所属各部门行政事业性收费项目及标准、依据重新进行认真清理核对,保留了6个部门60项行政事业性收费项目。

【城区建设】 由于矿区具有特殊的区位特点,复杂的周边环境,而矿区又没有一级财政,建设经费十分紧张,导致城区基础设施建设举步维艰。为了切实改善城镇居民生存生活环境,经多方筹措资金,2004年,矿区三项大的路面整修工作得以落实:一是投资对长年失修的矿区龙潭路进行了整修;二是针对群众反映强烈的矿区中心城区环境脏乱和道路狭窄、路面坑洼不平、占道经营等问题,经多方协调统一规划后,投资对西街进行了拓宽改造;三是投资对矿区新华路北段进行了全面改造。

【创建工作】 2004年,按照"巩固、提高、辐射、延伸"的要求,深入开展"礼仪、礼节、礼貌"教育和"月评文明市民"活动,对乱倒垃圾、随地吐痰、践踏绿地等不文明行为进行劝阻和监督,加大了文明创建力度。各单位深入基层开展"服务面对面"活动,变管理者为服务者,加大管理力度,涌现出了一批"诚信单位"和文明单位。加强社区基层组织建设,辖区18个社区居委会新建了基层组织。城区卫生创建工作坚持"标本兼治,以治为主",创建国家标准的卫生达标示范单位2个,省级卫生先进单位22个,市级卫生先进单位12个,郑州市无烟单位11个。2004年,矿区申报国家级文明单位2个,省级文明单位8个,市级文明单位2个,营造了浓厚的文明创建氛围。

(谢英丽)

第二十三篇　专题介绍

首届世界传统武术节

【概况】 2004年10月16日～20日，由国际武术联合会和中国武术协会主办，河南省体育局和郑州市人民政府承办的首届世界传统武术节在河南省郑州市举行。该项活动是国际武术联合会牵头主办的第一次传统武术盛会，也是迄今为止世界范围内规模最大的一次武术赛事。举办首届世界传统武术节，其首要目的是以武会友，共同进步，弘扬传统武术，推动武术在全世界的普及，促进武术运动早日进入奥运会。其次，将通过“武术搭台、经贸唱戏”，扩大对外开放，促进世界各个国家和地区间的经济文化交流与合作。再者，作为主要承办方的郑州市人民政府，还将籍此提升全市旅游产业和招商引资水平，加快郑州区域性中心城市建设和全面建设小康社会步伐，为中原崛起做出贡献。首届世界传统武术节的主要活动有开幕式暨大型文艺晚会、登封迎宾活动、武术冠军表演和群体健身展演、武术竞赛、论文报告会、闭幕式等。

【荣获首届活动举办权】 举办首届世界传统武术节引起世界各方广泛关注，不少国家和地区纷纷向国际武术联合会提出承办申请，国内一些城市也积极谋取承办权。作为少林武术发源地且已成功举办过七届国际少林武术节的郑州市，更是倍感机会珍贵。2001年9月，郑州市向国家体育总局武术运动管理中心和国际武术联合会提出承办申请。经过主办单位和有关方面认真考察、评审，郑州市以其深厚的文化底蕴尤其是浓厚的武术文化内涵，以及武术运动的广泛群众基础和多次成功举办大型武术赛事的经验，从众多申办单位中脱颖而出，于2003年成功获得首届世界传统武术节的举办权。

【组织机构及成员】 首届世界传统武术节组委会由中华全国体育总会主席、国际武术联合会名誉主席李志坚任名誉主任；国家体育总局副局长、国际奥委会执委、国际武术联合会主席于再清，河南省委常委、郑州市委书记李克，河南省人民政府副省长王菊梅任顾问；国际武术联合会秘书长、国家体育总局武术运动管理中心主任、中国武术协会主席王筱麟，河南省体育局局长张振河，郑州市市长王文超任主任；郑州市委常委、副书记赵建才，国家体育总局办公厅副主任王路生，国家体育总局外联司副司长温文，国家体育总局武术运动管理中心副主任黄凌梅、王玉龙，河南省体育局副局长韩时英，郑州市委常委、常务副市长李柳身，郑州市委常委、宣传部长杨丽萍，郑州市委常委、政法委书记、市公安局长姚待献，郑州市人民政府副市长孙新雷、龚立群、丁世显、高建慧及郑州市政府市长助理、市建委主任刘本昕任副主任。组委会下设办公室、竞赛部、文艺部、宣传部、财务部、市容工程部、安全保卫部、联络接待部、旅游部、商务部、科研学术部、登封迎宾指挥部等12个办事机构。

【会徽和吉祥物】 首届世界传统武术节会徽设计经大会组委会创意，由国际武术联合会会徽和中国武术协会会徽演变而来。会徽将中国书法笔意与武术运动特征有机结合，经过适当的艺术处理，蕴涵着浓郁的中国文化韵味。作为会徽主体表现形式的“武”字，恰当地点明了传统武术节这个主题，并且“武”字从文字演变为会徽，使中外人士均可一目了然其传达的信息。会徽颜色采用红、绿、蓝三色，红色是中国传统的喜庆色彩，绿色隐喻郑州素有“绿城”之称和当今全球共有的环保意识，蓝色代表首届世界传统武术节的全球性以及与奥运承接之意。

首届世界传统武术节吉祥物仍沿用郑州国际少林武术节的吉祥物。该吉祥物为腰扎红带、身着黄色练功服的小象“壮壮”。河南古称“豫州”，与象有密切关系。作为现今陆地上体格最大的一种动物，象体魄健壮、性格温顺，深受人们喜爱。以茁壮成长的小象“壮壮”作为吉祥物，寓意古老而又年轻的郑州有着广阔美好的发展前景。

【参加国际武联代表会】 2003年11月2日～8日，国际武术联合会代表大会在澳门召开，郑州市人民政府副市长孙新雷率团参加了会议。会议期间，郑州市与会人员向有关国家的代表发放了首届世界传统武术节的邀请函、宣传品和竞赛日程，播放了反映郑州风貌及历届国际少林武术节盛况的电视宣传片。副市长孙新雷在会上发表了演讲，并拜会了国际武术联合会的官员和知名人士，进一步扩大了郑州市举办首届世界传统武术节的影响力和感染力。

【举办新闻发布会】 2004年9月9日，首届世界传统武术节筹委会在国务院新闻办新闻大厅举行新闻发布会。国家体育总局党组书记、国际武术联合会名誉主席李志坚，国际武术联合会秘书长、国家武术运动管理中心主任、中国武术协会主席王筱麟等领导和来自国内外100多家新闻媒体的记者参加了新闻发布会。发布会上，中国武术协会副主席王玉龙向新闻界通报了首届世界传统武术节的筹备情况；首届世界传统武术节筹委会主任、郑州市市长王文超介绍了郑州市情，并向世界各国朋友发出参加首届世界传统武术节的邀请。

【市委市政府专题部署】 为迎接首届世界传统武术节在郑州举行，郑州市委、市政府多次召开会议落实有关工作。省委常委、郑州市委书记李克，市委副书记、市长王文超等领导多次研究解决有关问题。李克书记在省会庆祝国庆55周年迎接世界武术盛会动员大会上，号召全市上下行动起来，集中力量和时间积极开展各项活动，全力以赴，办好这次盛会，向世界全面展示郑州良好的城市风貌。王文超市长在首届世界传统武术节筹备工作委员会扩大会议上，要求各单位高度重视武术节的宣传工作，掀起人人关心武术节的热潮，努力扩大传统武术节的影响，让世界了解郑州，让郑州走向世界，并对安全保卫、市容市貌的整洁美化等各项工作进行了具体部署。

【交通及消防安全】 首届世界传统武术节期间，郑州市先后动用警力1.2万人次，投入交通秩序保障和安全保卫等方面的工作。市公安局抽调4000多名民警，对部分地区和道路实行交通管制；市交巡警支队在省体育中心周围开辟停车位7000个，预防演出现场车辆拥挤；郑少高速公路管理部门在各收费站点开辟“绿色通道”，确保高速公路畅通。市消防支队抽调114名消防队员和多台消防车辆，确保大型活动现场和与会人员驻地消防安全。

【美化市容环境】 市政局组织5000余名绿化职工，动用200余台次车辆，在全市主要道路、广场和宾馆门口摆放各类鲜花120万(株)。其中，制作立体花坛18个，摆放花钵208个，大型鲜花景区50处。为确保市区灯明、路净、夜景美，市电力部门安排专人24小时值班，环卫工人延长了工作时间。

【服务质量百日竞赛】 市旅游局组织全市旅行社开展“服务质量百日竞赛”活动，制作并发放《郑州旅游》宣传折页4万余册。还举办了郑州旅游推介会，邀请国内外65家旅行社组团参加武术节，并与18家境内外旅行社签订近50项旅游合作意向。全市各大商场、宾馆、饭店、车站、机场等窗口行业和部门，积极开展“当好东道主，热情迎嘉宾”优质服务活动。担负外事接待任务的宾馆酒店，为让外宾有“家”的感觉，积极开展英语培训，并根据宾客的宗教信仰、饮食习惯等特点进行特色服务，有的还安排了丰富多彩的业余文化活动。

气象部门从10月1日开始，每天向武术节筹委会上报最新气象信息。南航河南分公司飞行部专门制定了《武术节期间飞行安全措施》，提供24小时定票服务，确保旅客一小时内即可拿到机票。

卫生监督部门对全市食品卫生进行细致检查，并对19个代表驻地的酒店卫生进行拉网式检查，还派出17名监督人员进驻与会代表下榻酒店，对食品卫生安全进行全程监督。

【宣传报道及文体活动】 筹委会宣传新闻中心制作发放《武术节宣传折页》10万册、宣传画4万张，会徽、吉祥物10万套。国内外110家新闻单位的600多名记者对武术节进行了集中采访和报道。为扩大影响，武术节开幕式及大型文艺晚会由中央电视台国际、体育等3个频道同时向海内外直播，省、市几家电视台也参与了现场直播。

市文化部门在省人民会堂组织了专场文艺演出。由专业文艺工作者演出的《风中少林》是“郑汴洛文艺精品工程”中的力作，也是河南省艺术史上的第一部舞剧。该剧以千年古刹少林寺为主要场景，以中原风情为文化底蕴，将武术、舞蹈、音乐完美地融合在一起，向观看演出的各国运动员和海内外宾朋演绎了一个禅武合一、御敌报国的传奇故事，感人至深。紫荆山公园、碧沙岗公园、绿城广场等公共场所推出的千人功夫扇舞、千人太极拳、太极剑等群体性表演，生动体现了郑州市全民健身和群众习武的魅力，为首届世界传统武术节的举办营造了浓郁的节日氛围。

【倒记时集中宣传日】 为在全市营造“人人都是东道主，热情友好迎嘉宾”的良好氛围，动员全市人民关心、支持、参与首届世界传统武术节，郑州市举办了迎接世界传统武术节30天倒计时集中宣传日活动。活动仪式上，连续获得第六届、第七届郑州国际少林武术节少林拳冠军的赵长安先生，代表郑州市民宣读了倡仪书。活动仪式结束后，杨丽萍、李保山、龚立群等市领导和市民一道参加了迎接首届世界传统武术节万人签名活动，并观看了太极拳、武术、俏秧歌、抖空竹、中国功夫扇、健身街舞等项目表演。设在各县(市)、区的分会场，也组织当地群众举行了声势浩大的宣传活动。宣传日活动中，全市共发放武术节宣传手册及会徽、吉祥物5万余份。

【开幕式暨大型文艺晚会】 10月16日晚，首届世界传统武术节开幕式暨开幕式文艺晚会在河南省体育中心举行，来自世界62个国家和地区的169个代表团的2100多名运动员，以及国内外贵宾和观众31000多人参加了开幕式。

出席开幕式的国家及部委领导有：国务委员陈至立，全国政协副主席郝建秀，国家体育总局党组书记、中华全国体育总会主席、国际武术联合会名誉主席李志坚，国际武术联合会主席、国际奥委会执委、国家体育总局副局长于再清，国务院副秘书长焦焕成。省党政军领导李克强、李成玉、支树平、陈全国、范钦臣、李克、王明义、叶冬松、张世军、王有杰、李长铎、李志斌、张以祥、李中央、史济春、刘新民、张洪华、郭国三、张汉英、曹维新、袁家新，郑州市四大班子的领导也出席了开幕式。

19时30分，首届世界传统武术节组委会主任、河南省体育局局长张振河宣布开幕式开始。踏着欢快的节律，2100多名世界各国运动员依次入场。入场式结束后，郑州市市长王文超和河南省省长李成玉分别致辞，热情欢迎各国武术运动员和海内外佳宾莅郑参加盛会。国家体育总局副局长、国际奥委会执委、国际武术联合会主席于再清在讲话中强调，首届世界传统武术节是在北京即将举办2008年奥运会和中华武术积极申请进入奥运会的背景下举办的，将对推进武术进奥运和促进世界武术运动的发展产生深远影响。领导讲话后，运动员代表和裁判员代表分别宣誓。20时10分，国务委员陈至立女士宣布：首届世界传统武术节开幕！开幕式大型文艺晚会开始。

开幕式文艺晚会由中央电视台整体运作，并由该台著名导演吴楠执导。晚会以少林武术为主线，通过展现中原地区众多的文化遗存和深厚的文化底蕴，加深郑州与世界各地的友谊，促进郑州改革开放和现代化建设步伐。整台晚会由四大板块组成：第一板块少林雄风，以全新的表演方式凸现少林武术的奇、绝、险、美；第二板块天地英雄，主要展示中原武者的英雄气概；第三板块书剑春秋，展示武术深厚的文化底蕴；第四板块中华武术魂，画龙点睛，突出主题。为体现中原文化的地域特点，晚会特意推出了太极拳、少林武术、中原盘鼓和狮舞龙舞等中原地方文化精华。

晚会的突出特点：一是明星大腕荟萃，阵容一流。不仅邀请到国内及境外华语地区的顶尖歌手加盟表演，还邀请到知名的戏曲大腕和影视明星登台献艺，使晚会体现出非凡的感染力。二是舞美灯光科技含量高，设计新颖大气。晚会舞台宽130米、进深70米，以嵩山八大山峰为背景组成，巍峨险峻；舞台内部结构复杂，科技含量高，有升降舞台、旋转舞台等。著名舞美设计师周秉昆策划的晚会舞美创意新颖，堪称一流。三是晚会所需资金采用市场化运作模式，许多企业对晚会给予了赞助。

【登封迎宾活动】 10月17日上午，首届世界传统武术节大型迎宾活动在少林武术发源地登封市隆重举行。国家体育总局党组书记、中华全国体育总会主席、国际武术联合会名誉主席李志坚，国际武术联合会主席、国际奥委会执委、国家体育总局副局长于再清，国际武联秘书长、国家体育局武管中心主任、中国武术协会主席王筱麟，省市领导李克、李中央、刘新民、王文超、赵建才、祁金立、康定军、杨惠琴、葛合元、白红战、王璋、杨丽萍、姚待献、李秀奇等参加了迎宾活动。香港奥委会委员霍震霆、加拿大武术团体联合会全国执行会长、国际武联执行委员邓华等嘉宾也出席了迎宾活动。来自世界各国的武术运动员和中外嘉宾一起观看了迎宾表演。

迎宾表演取名《龙腾少林》，是首届世界传统武术节六大活动之一。整个迎宾活动从登封市区的市标开始，沿环山北环路经207国道至少林寺，全长18公里。在18公里的表演区域内，以嵩山为背景，公路旁、山坡上、沟壑间、丛林里共有83所武校的40000多名武术队员和5000多名其他演出人员参加了迎宾表演。整个表演活动以一条线（登封市标至少林寺山门）、六个精彩区（迎宾阁演武区、嵩阳公园演武区、武术城前演武区、旅游道路和207国道交叉口附近两侧丛林演武区、少林寺广场演武区、山门前广场演武区）为布局方式。其中，在少林石坊处组织了一个外籍习武团队进行表演；在少林石坊至少林寺山门道路两侧，1000名武术队员扮成小沙弥，手敲木鱼，表现少林功夫禅武合一的文化。当来宾聚集到少林寺山门前时，寺内响起悠悠钟声。山门开处，80名少林武僧冲出山门，再展武功绝技。少林寺方丈率众僧将各国贵宾迎入少林寺，迎宾活动达到高潮。

登封迎宾活动中，40000余名武术运动员通过精彩的武术表演，向来宾展示了少林拳法和枪、刀、剑、棍、鞭等18般兵器以及各种少林绝技。整个迎宾活动场面恢弘，表演精湛，风格新奇，展示了少林武术的博大精深和嵩山三教合一的文化精髓，展示了郑州市武术活动的群众基础以及少林武术发祥地的人文景观与精神面貌。其规模之大、参加人数之多、表演距离之长均创世界之最，有关方面正在申报吉尼斯世界纪录。

【武术冠军表演及健身方法展演】 10月17日，首届世界传统武术节世界冠军表演及武术健身方法展示活动在郑大体育馆举行。在第七届世界武术锦标赛中获得冠军的9名优秀运动员，为现场观众进行了精彩的武术表演。世界冠军表演之前，224名武术运动员登场，先后展示了龟鹤养生操等8种武术健身方法。这些健身方法集科学性、群众性和观赏性于一体，具有祛病强身、自卫防身、陶冶情操、自娱娱人等多种功能，是在全国范围内挖掘整理并组织武术专家筛选出来的。中国武术协会副主席王玉龙表示，这些健身方法是中国传统武术文化的一个组成部分，相信会受到国内外朋友的喜爱，希望这些健身方法能够传播开去，给世界各国和地区的人民带来健康和幸福。

【武术竞赛】 10月18日～20日，首届世界传统武术节武术竞赛在郑州市体育馆和郑州大学体育馆展开。参加竞赛的单位为国际武术联合会会员协会及其认可国家或地区的武术团体，以及非国际武术联合会会员协会国家或地区的武术团体。参赛人员来自世界62个国家和地区的169个团队，共2100多人，其中境外选手1600多名。选手中年龄最大的86岁，最小的仅8岁。

首届世界传统武术节武术竞赛呈现规模大、项目多、赛事活动集中的特点。按照国际武术联合会制定的《首届世界传统武术节规程》，竞赛项目设拳术、器械、对练、集体项目4类，包括少林拳、洪拳、南拳、形意拳、陈氏太极拳、吴氏太极拳、棍术、枪术等项目的比赛。每类按男女分6个年龄组：A组为16周岁以下(含16周岁)；B组为17岁～29周岁；C组为30～44周岁；D组为45～55周岁；E组为56～65周岁；F组为66周岁以上(含66周岁)。另外，报名不足5人的组别，并入上一组别。每组分别设一、二、三等奖。

由于参赛选手大多来自世界各地的民间武术团体，属于业余武术运动员的范畴，为了便于在世界范围内推广武术运动，本次比赛将国际武术联合会1999年审定的简便可行、判罚尺度宽松的《国际武术竞赛规则》作为裁判规则，而没有采用中国国家体育总局新制定的2004年武术(套路)竞赛规则。整个武术竞赛共3天，10月18日的武术比赛主要是拳术等徒手项目；19日主要进行器械类项目比赛；20日的比赛以集体和对练项目为主。经过激烈角逐，共有39个国家和地区的代表队获得一等奖。在决出的595项一等奖中，境内武术团队获得200项，境外选手获得395项。东道主郑州市代表队共有10名队员组成，参加了21个小项的比赛，共获得17个一等奖和4个二等奖，展现了武术故乡的武术风采，为全市人民争得了荣誉。

【招商引资活动】 举办首届世界传统武术节，为志在河南和郑州投资兴业的海内外客商提供了机遇。首届世界传统武术节举办期间，来自美国、德国、荷兰、瑞典、匈牙利、比利时、日本、韩国、泰国、印度尼西亚以及港澳台等20多个国家和地区的230多位重要客商云集郑州。这些客商主要有三类：第一类是日本丸红株式会社、三菱重工安达公司、法国拉法基铝酸盐公司、泰国正大集团、日本住友集团等世界500强企业和上海赛洋集团、德力西集团、大印象集团、法派西服等中国500强企业；第二类是郑州市聘请的首批高级招商顾问、招商大使和具有明确在郑投资意向的全国工商联知名人士、港澳台知名企业家和知名华人华侨；第三类是通过各县(市)、区邀请参会的国内外知名企业家。

武术节期间，郑州市有关部门组织举办了“郑州市情说明暨项目签约仪式”、“经济技术合作项目推介洽谈会”、“境内企业海外融资洽谈会”等多个招商引资活动，发布招商项目104个、总投资200余亿元，并签订项目14个，签约金额100余亿元，涉及工业、农业、旅游、文教卫生、市政建设等行业。此外，还与客商洽谈了120多个经济合作项目(涉及工业、农业、基础设施、教育卫生、文化旅游、第三产业等六大类)，签订合作协议20个。其中，与境外合作项目10个，项目投资9.3亿美元，合同利用外资3.9亿美元；国内合作项目10个，项目总投资40.4亿元人民币。

武术节期间，有10位知名人士被聘为郑州市第二批招商顾问和招商大使，分别是：世界华侨华人社团联合总会秘书长任兴亮，德国MCG管理集团总裁克劳斯·格吕茨马赫，郑州市侨办驻洛杉矶招商顾问殷铁良，世界华侨华人社团联合会副会长刘海燕，美国亚裔联盟总会主席江志成，上海祥龙国际投资集团董事长孙赓祥，香港投资商会名誉会长胡荣强，浙江佳友领带有限公司董事长邢承林，泰国工商总会顾问付学军，上海华侨商会副会长卢国富等。

【武术论文报告会】 10月18日～19日，由国家体育科学学会武术分会和国家体育总局武术研究院主办的首届世界传统武术节论文报告会在郑州市中州快捷假日酒店举行。论文报告会的主题是“武术传统的过去、现在、未来”，86位来自世界各地的武术界代表、评委参加了报告会。报告会共收集论文98篇，入选87篇，其中12篇论文获得一等奖，29篇论文获得二等奖，35篇论文获得三等奖。此次论文报告会历时两天，共举行四场，取得了丰硕的成果。与会论文对传统武术的过去、现在和未来进行了深入、细致、具体的研究，肯定了传统武术中值得传承和发扬的优点，也针对传统武术在现代社会中的境遇提出了一些具体、科学的意见和建议，大大丰富了传统武术理论，为传统武术的发展提供了必要的理论指导。同时，这次论文报告会作为首届世界传统武术节的六大重要活动之一，也为海内外专家、学者和武术爱好者提供了一个互相学习、交流的机会，在全世界范围内提高了武术的知名度，为弘扬传统武术的精髓和把武术早日推进奥运会起到了不可低估的作用。

【闭幕式】 10月20日晚，首届世界传统武术节闭幕式在郑州市裕达国贸酒店以冷餐酒会形式举行。国家体育总局武术运动管理中心主任、中国武术协会主席王筱麟，国际武联副主席吴廷贵，国际武联执委邓华，国际武联传统委员会、技术委员会的各位委员等国际武术联合会官员出席了闭幕式。出席闭幕式的省市领导有李克、秦玉海、王文超、赵建才、马懿、祁金立、郝建生、杨惠琴、白红战、孙新雷、龚立群等，其他出席人员有武术节组委会各成员，各武术团队团长，部分国际知名企业家及友好团体负责人。市长王文超，国家体育总局武术运动管理中心主任、中国武术协会主席王筱麟先后致辞。闭幕式上，国际武术联合会、中国武术协会向河南省体育局和郑州市人民政府赠送了礼品，雅典市政府也与郑州市政府互赠了礼品。闭幕式结束时，来自菲律宾的乐队奏起了《友谊地久天长》，海内外宾朋期待下一次再相逢。在闭幕式举行之时，武术节组委会在各运动员、来宾驻地同时举行了盛大酒会，热烈庆祝首届世界传统武术节胜利闭幕。

（董建山　殷纪新）

第十届郑州全国商品交易会

【概况】 2004年10月15日～17日，由国家商务部重点支持、河南省人民政府主办、郑州市人民政府与河南省商务厅共同承办的第十届郑州全国商品交易会在郑州中原国际博览中心隆重举行。

郑州全国商品交易会是与“上海交易会”、“天津交易会”比肩并列的三大全国性国内贸易活动之一。1995年以来，该交易会已在郑州市成功举办九届，对促进郑州乃至河南经济发展起到了重要作用。第十届“郑交会”重点突出产品展示、贸易订货和投资洽谈，辅以相关节庆活动，为广大参展商、采购商打造了一个全新的商品展示、信息交流及经贸洽谈平台。此外，将“郑交会”安排在“十一”黄金周之后举办，并拉长会展周期，也为郑州市民营造了一个休闲、娱乐及购物的好环境。

【交易会创意】 第十届“郑交会”的筹备及举办，贯穿求新、求变、求长远的办会思想及创新精神，以“开拓无极，发展无限”为理念，采取市场化运作方式，将多个专业展览以主题形式融入其中，形成了“大博览”的交易会模式。丰富的会展内容，不仅实现了专业性与综合性的有机结合，也使众多参会者各取所需，进而吸引更多地区、更多行业的人员前来参会，有效提升了“郑交会”在国内外的知名度和影响力，为郑州经济社会发展注入了强劲活力。新的办会模式及理念，不但为交易会的成功举办奠定了基础，也受到国家商务部的首肯。

【交易会组织】 第十届“郑交会”组委会由河南省副省长史济春任主任；郑州市市长王文超、河南省政府副秘书长王春生、河南省商务厅厅长李清树任常务副主任；中共郑州市委副书记祁金立、郑州市副市长孙新雷、河南省商务厅副厅长苗永清、曲安民、中国贸促会河南省分会常务副会长谢增福任副主任。组委会下设办公室、秘书部、业务部、广告部、宣传部、财务部、安全保卫部、接待部等组织机构。

【开幕式】 第十届郑州全国商品交易会于2004年10月15日上午9时在郑州市中原国际博览中心开幕。省、市领导支树平、李克、张以祥、史济春、张洪华、王文超、赵建才、杨惠琴、孙新雷等出席开幕式。王文超市长和史济春副省长先后致词。李成玉省长宣布第十届郑州全国商品交易会开幕。来自国内外的1200多名客商和20000多名参会人员出席了开幕式。

【展览规模及活动】 参加第十届“郑交会”的生产及流通企事业单位共1000多家，其中省外企业占35%。“郑交会”期间，莅临郑州市的各地参会客商达16万人。第十届“郑交会”共设11个分会，其中4个分会先期举行，剩余7个展会的展出场地统一设在中原国际博览中心4个展厅、406个标准展位以及2600平方米室外展场，还有5000平方米室外展厅。展览内容包括：高新技术产业开发区及工业园区发展成就展暨成果交易会、河南著名企业风采展、中原书市暨文化教育图书博览会、郑州电力电工装备及电气自动化展览会、2004年中原国际城市建设博览会、首届中原国际非公务汽车博览会等。非公务汽车博览会举办了“重庆长安”新车上市推介会，该品牌汽车在全国各地的200多家一级代理商全部到会，3天成交额就达3.44亿元。除专业会展外，还安排了一系列专项活动。其中，家庭创业梦想项目活动，为众多胸怀创业梦想的年轻人和下岗职工带来了希望。

【交易会特点】 第十届“郑交会”不仅设有产品展位，还有一定数量的形象展位，实现了商品交易与形象展示的有机结合。参展企业在进行商品交易的同时，形象展示成为主要参展目的之一。与会各开发区突破以往以单个企业展示形象的方式，改为以整体形象出现在交易会上，全面展示开发区的发展成就、技术成果、发展规划及招商引资政策和合作项目等。体现“郑交会”主题展项的高新技术及工业园区发展成就展暨成果交易会，在整个展示活动中的表现尤为突出。

第十届“郑交会”改变以往完全依靠行政手段招商的做法，而是充分利用社会上的展览中介机构，运用市场化运作方式进行招商活动，并根据各中介机构的优势，确定参展各部门分展会的主题。在本届“郑交会”的专业展会中，由会展中介机构承办的就有7个。其中筹办中原书市暨文化教育图书博览会的河南省国际会展中心有限公司，采取上门邀请、组织大型推介会、邮寄、电子邮件等多种方式，进行了卓有成效的招商活动，使全国多家图书出版和发行经销单位参会参展。中介机构的参与及运作能力的提升，对加快郑州会展人才的培养，进而推动郑州会展经济的发展将产生积极的影响。

（李永辉　殷纪新）

换发第二代居民身份证

【概况】 因第一代居民身份证科技含量低、防伪性能差、检验手段滞后，极易变造和伪造，直接危害社会治安秩序，不利于保护公民的合法权益，根据《中华人民共和国居民身份证法》和公安部《关于认真做好全国换发第二代居民身份工作的通知》要求，郑州市从2004年8月开始启动全市16周岁以上公民二代身份证换发工作。其中，2004年年底前，完成全市人口信息管理系统升级改造、户口核对和清理纠错工作；2005年1月，全面启动全市集中换发二代居民身份证工作，同时停止制发第一代居民身份证；2008年年底前，基本完成全市换发二代居民身份证工作。

尚未开始换发二代居民身份证的地区的公民，或已经开始换发二代居民身份证的地区但尚未申领二代证的公民，其所持有的第一代居民身份证在有效期限内仍然可以继续使用。第一代居民身份证的废止时间将视二代居民身份证的换发周期另行规定。

【换证工作组织领导】 为搞好换证工作，市政府成立了换发二代居民身份证工作领导小组，副市长高建慧任组长，并从宣传部、公安局、人口和计划生育委员会、财政局、统计局、民政局等单位抽调人员，组成了换证工作办公室。在专题动员大会上，市政府要求换发二代居民身份证必须公开办理依据、办理时限、办理程序和收费标准，自觉接受群众监督。严禁借换发二代证之机乱收费，收取的工本费要全额上缴国库。

【设计及制作特征】 二代居民身份证是由多层聚酯材料复合而成的单项卡式证件，采用非接触式IC卡技术制作。证件的正面印有国徽图案、长城图案、彩色花纹以及证件名称、签发机关和有效期限等项目；证件背面设计有姓名、性别、民族、出生日期、常住户口所在地住址、公民身份证号码和本人照片等7个登记项目，并印有彩色花纹。二代居民身份证具有视读和机读两种功能，机读内容除包括上述登记项目外，还包括公民常住户口所在地住址变动情况和换领、补领身份证情况的记载。

二代居民身份证的图案底纹为彩虹扭索花纹，这一技术被称为文字微缩技术，具有高度防伪性能。如果用放大镜观察彩虹扭索花纹，可从中看到身份证所有者的相关信息。由于二代居民身份证采用了先进的证卡技术和安全防伪措施，防伪性能大幅度提高，便于检验和联网查询。再者，由于采用彩色照片，使人像信息更加清晰，同时，二代证还彻底避免了居民身份证重号现象。

【换发对象】 依照《中华人民共和国居民身份证法》的规定，具有郑州市常住户口的应发证和需换证人员均属第二代居民身份证换发对象。具体包括：年满16周岁首次申领居民身份的人员；一代身份证污损、损坏需换证人员和外地迁入郑州市持一代身份证需换证的人员；更改姓名、民族等主要户口登记项目需要换证的人员；证件丢失需补发居民身份证的人员；一代身份证完好无损但需在2008年年底前换证的人员。

未满16周岁的公民自愿申请领取居民身份证的，由监护人代为申请领取；在办证期间急需使用居民身份证的，可以申请领取临时居民身份证。

【有效期限】 二代身份证有效期限分为10年、20年和长期三种。其中：16周岁～25周岁的公民，发给有效期限10年的居民身份证；26周岁～45周岁的公民，发给有效期限20年的居民身份证；46周岁以上的公民，发给长期有效的居民身份证；未满16周岁的公民，自愿申领居民身份证的，发给有效期限5年的居民身份证。

【办理时限及要求】 居民在接到办证通知后，应由本人在规定的时间内到辖区派出所或指定的地点办理申领、换领或补领手续。长期外出人员在规定时间内办证有困难的，可以采取由本人或亲友与常住户口所在地公安机关预约的方式联系确定具体办理时间。办证公安机关应在居民提交“居民身份证申领登记表”之日起60日内发放居民身份证；交通不变的地区，办理时间可适当延长，但延长时间不得超过30日。

公民前往换证时，应携带第一代居民身份证、户口簿和两张标准彩色照片（也可在现场采集照片）；换证过程中，要认真填写《居民身份证申领登记表》，并准确核对居民身份证登记项目。领取二代证后，要仔细核对证件视读和机读信息是否与本人一致，并予签名确认。换证人员在领取新证时要交回旧证，并缴纳工本费。

【照片采集】 按照二代居民身份证及升级后的人口信息管理系统的要求，市公安局在全市相关企业和照相行业中进行公开招标工作。中标企业按要求协助完成照片拍摄及其他相关工作。二代身份证采用居民本人近期彩色照片，且照片必须是近期正面免冠彩色头像，头部占照片尺寸的2/3，白色背景无边框，人像清晰，层次丰富，神态自然，无明显畸变，照片尺寸为32mm×26mm。为方便居民拍照和做好人像信息采集工作，有两种方式供换证居民选择：一是居民到指定的照相馆拍照，在办证时提供符合标准的彩色照片；二是居民到办证点选用数码相机拍照，直接采集符合标准的图像信息。

【收费标准】 经国家发改委、财政部批准，对申领、换发第二代居民身份证的居民收取工本费每证20元；对丢失补领或损坏换领第二代居民身份证的居民收取工本费每证40元；办理临时居民身份证的收费标准为每证10元。公安机关收取的居民身份证工本费，全额上缴国库。

【户口核对】 户口核对工作主要由公安派出所组织开展，乡（镇）、街道办事处做好组织协调工作。户口核对部门必须做到：澄清人口底数，核实、核准公民身份证登记项目，全面纠正居民身份证编码重号、错号，实现常住人口登记表、居民户口簿、居民身份证、居民身份证号码顺序码登记表和计算机人口信息资料与本人实际情况相一致，确保人口信息数据的准确性。解决人户分离、超计划生育、非婚生育、弃婴、户口待定人员等突出的户口问题。

接受户口核对工作的居民应注意：家中有人外出时，可准备其身份证复印件待查；本人实际情况与登记情况不符时，应提供相关证明、证件，以便核对人员按有关程序予以更正；有亲朋好友挂靠户口时，户主应通知挂靠人员到公安机关接受户口核对；人户分离的居民，应尽快将本人的户口迁入实际居住地；家中有未落户人员或无户口人员时，应向当地公安机关如实申报，以便按政策补办相关手续。

出生、迁移、退出现役、回国、刑满释放、解除劳动教养等未登记常住户口的人员，应携带相关户口手续或证明到当地公安机关申报入户。公安机关将依据有关法律、法规和政策，及时解决入户问题。户口手续、证件丢失或多年无户口等其他户口待定人员，应持相关证件、材料，到当地公安机关申报入户登记手续。公安机关将根据有关政策规定，区别不同情况，认真加以解决。

（马炳林　殷纪新）

城市道路“畅通工程”

【概况】 2004年，郑州市继续贯彻国家公安部、建设部实施“畅通工程”的部署，城市道路建设和交通管理工作跨上一个新台阶。在强化交通安全管理方面，成立了交通安全委员会，负责全市交通安全工作的协调、督促、检查。交通安全委员会由副市长高建慧任主任，成员单位包括规划、建设、市政、交通、公安等部门。交通安全委员会成立后，持续开展道路交通综合整治，推动了城市交通管理水平的提升。在改善城市交通设施方面，围绕“拉大城市框架，建设区域性中心城市”的总体目标，按照“中心辐射，内外有环，道路成网”的交通网络布局，加大了投资和建设力度。据统计，2004年郑州市共投资39.8亿元，继续完善路网建设、打通断头路、方便群众出行。市委、市政府的重视，相关部门的通力协作，投资、建设及管理力度的加大，使郑州市的城市交通管理水平有了新的提升，树立了城市新形象，为经济建设和人民群众服务的能力持续增强。

【农业路立交桥竣工通车】 2004年10月，投资2.1亿元，被确定为郑州市重点工程的农业路铁路立交正式建成通车。农业路下穿铁路编组站立交桥全长1.6公里，此工程由桐柏路至西环道道路及引坡工程，农业路铁路立交立体工程，东引坡、沙口路跨农业路立交和人行天桥及匝道工程3个部分组成。农业路立交桥建成并通车，不仅改善了周围区域的通行能力，而且该工程与桐柏路、经三路、紫荆山路、航海路衔接，形成了郑州市的新二环路。新二环的形成和畅通，使郑州城区交通网络进一步优化，城区道路通行压力显著缓解。

【主干道改造力度加大】 2004年初，市政府把36条城市道路的改造作为市政建设重点工程，其中打通断头路15条，新修和改造道路21条。年末，农业路、经三路、黄河路、纬五路等主干道改造工程全部完工，极大地提升了城区道路的通行能力。为改善市区东部交通条件，市委、市政府果断决策，新修了全长39公里的107国道黄河公路大桥至城东绕城公路路段。2004年8月，该段107国道竣工通车后，原107国道穿越市区东部路段卸去国道功能、承担起市区道路功能，从而大大缓解了市区东部的交通压力。

【路面通行条件持续改善】 2004年，郑州市对市区道路路面进行大面积“复浇”改造，共“复浇”主次干道30余条、152万平方米；改造人行道板50万平方米。在提高主次干道路面质量的同时，为落实替群众办实事的承诺，各级政府和市政部门在2003年改造139条城市背街小巷的基础上，2004年又多方筹措资金，对57条市区支路、47条背街小巷进行了标准路面“复浇”、人行道板铺设平整、污雨水管道改造对接等项目施工。这些工程竣工后，有效地改善了城市支路和背街小巷的路面状况，充分利用了道路资源，使城区的支路密度更加合理，市民的生活环境显著改善。

【重要交通枢纽通行能力提升】 紫荆山立交桥、大石桥立交桥、金水路京广铁路立交桥是贯穿市区东西与南北方向的重要交通枢纽。出行高峰时段，这些区域的交通流量急剧上升，道路“瓶颈”现象突出，严重影响市区道路安全畅通。为改善通行状况，市长王文超深入这些地域现场察看，要求有关部门密切配合，切实解决交通拥堵问题。2004年3月14日，体现道路“渠化”管理理念的改造工程顺利完工，三个交通枢纽处的通行秩序明显改观。据测算，紫荆山立交桥区域通行能力提高了15%，大石桥立交桥东进口处通行能力提高了30%，金水路京广铁路立交桥高峰时段车速提高了100%。

【论证推出20条单行道路】 2004年，为继续缓解城市交通拥堵现象，解决行车难问题，在前几年实施火车站地区、二七广场、文化路以西区域36条道路机动车单向行驶的基础上，市交巡警支队第四次在市区范围内实行道路单向通行。为体现以人为本、科学管理的理念，市政府邀请清华大学、中国人民公安大学、北京工业大学、省交通厅、省公安厅等单位的十几名专家进行了实地查看和专题论证。此次新推出的单行道共20条，其中金水区区域内18条，中原区区域内2条。

金水区区域内的18条单行道行驶方法是：(1)由西向东单行的3条：纬一路；丰产路(文化路至东明路段)；任砦北街(文化路至经八路段)。(2)

由东向西单行的2条:纬三路;红旗路(卫生路至东明路段);(3)由南向北单行的6条:经二路;经四路;经六路;经七路;政六街;东三街(黄河路至红专路段)。(4)由北向南单行的6条:经一路;经五路;经八路;政七街;卫生路(红旗路至黄河路段);黄河北街(红专路至黄河路段)。(5)政四街上经四路至经三路段由西向东单行,东明路至经三路段由东向西单行。

中原区区域内的2条单行道的行驶方法是:(1)工人路(陇海路至建设路段)由南向北单行;(2)文化宫路(中原路至陇海路段)由北向南单行。

【更新中心城区市容设施】 针对郑州市城区公交站牌、出租车停靠站、报亭、电话亭等市容设施陈旧和规划设置不合理等问题,市政府把市容设施综合整治纳入中心城区综合管理范围,并组织有关专家对整治方案进行评审,确保整治效果。据统计,全年共拆除影响交通和市容的各类灯型广告1973处,安装新路牌1025块,规划新公交站牌499块。旧市容设施的拆除及新市容设施的设立,增强了城市服务功能,完善了中心城区服务环境。

【科学设置交通引导标志】 为规范和引导交通行为,相关部门科学设置道路通行引导标线和物理隔离设施,合理配置通行信号灯,使每位通行者都能获取安全通行指示。在标识市区主要道路中心分隔线时,采用了震荡标线技术,增强了车辆压线超车时的颠簸感,减少了机动车违法越黄线超车现象。在全省范围内率先采用了太阳能可移动信号灯,有效地弥补了普通信号灯的一些缺陷,提高了城区路口管控效能。2004年,市区内共施划震荡标线8000平方米、其它标线10余万平方米;增设可移动信号灯37处;更新各类通行标志2400块。

【完善交通管理软件系统】 2004年,郑州市取消交通违章工商银行时差收费制度,通过电子警察收费等手段将机动车违章和非机动车违章纳入实时收费范围,使交通违章罚款交纳程序更加合理。此外,对移动警务查询系统进行了重大改造,升级了相关微机、电台等网络系统中的所有代码,并重新开发了处理程序。还研制开发了中小学生交通管理系统,该系统经安装测试后正式投入使用。经专家评审,郑州市移动警务查询系统获得河南省信息产业厅科技一等奖和郑州市科学技术成果奖。

【多途径降低交通事故发生率】 2004年3月1日～31日,郑州市开展了为期一个月的机动车驾驶员严重交通违章整顿活动。通过严格纠正各种交通违章行为,全市交通秩序明显好转,严重交通违章现象明显减少,交通事故大幅度下降。集中整顿月中,全市共纠正各类交通违章17783起,吊扣驾驶证1819个,拘留严重违章司机4989人。与此同时,大力开展公路交叉口预防交通事故减速行动。通过在主要干道路口铺设减速带、施划减速及让行标线、安装交通信号灯等措施,有效降低了机动车通过主要路口时的行车速度,行人安全感明显增强,交通事故发生率大幅度下降。为消除交通事故多发点段的安全隐患,市道路安全委员会组织相关部门,并邀请公路设计、交通安全、汽车工程等方面的专家,参与事故多发点段安全隐患的排查和整治工作,使整治方案更加科学合理,整治效果更加显著。

【协管行人和非机动车交通秩序】 为创造和谐交通环境,加大对行人和非机动车的管理力度,市政府拨出专项资金,在下岗职工中录用并组建了一支400人的交通协管员队伍。交通协管员在路口协助执勤民警管理行人和非机动车交通秩序,既扩大了就业岗位,又缓解了警力不足及由此导致的交通秩序混乱问题,使市区交通秩序明显好转,和谐交通环境凸现。

【规范非法占道行为】 市交巡警支队开展了机动车停车秩序集中整治和停放场所合理规范活动,重点对26条主干道和停车乱点、难点区域进行治理。针对违法停放机动车驾驶员经常不在停车现场问题,执勤民警使用数码相机对违法停放车辆进行拍照,并将《道路交通安全违法停车行为通知书》粘贴在车辆前挡风玻璃上,告知违法驾驶员限期到辖区交巡警大队接受处理。对不接受处理的,交巡警部门在审验该机动车辆时,不予核发检验合格标志。据统计,全年共出具《道路交通安全违法停车行为通知书》32600余份,已接受处理的31800辆次,处理率达到97.5%。为发挥合力,行政执法局也加大了对道路两旁乱停乱放车辆的查处力度,全年共处理违法停放机动车23560辆次。在治理机动车乱停乱放的同时,对违法占道摊贩和违法搭建占道行为进行了取缔,共清理取缔早市和夜市60多处,拆除违法搭建的建筑物90万平方米,有效提高了道路利用率和通畅性。

【多层面宣传交通安全知识】 为提高人民群众的交通安全意识,相关部门以宣传《道路交通安全法》为契机,以"关爱生命,安全出行"为主题,多层面、多渠道宣传普及交通安全知识,提升城市交通文明水平。在社区和家庭层面,市交巡警部门每月组织一次"交通安全社区"评比活动,每月为社区居民上一堂安全课,每周向社区各位居民发放一份《交通安全常识须知》,使社区内形成了自觉学法守法的良好氛围。全市共创建交通安全社区156个,其中省级35个,市级53个。在企事业单位层面,市交巡警部门配合这些单位的管理人员,召开交通安全方面的座谈会200余次,签订《交通安全责任书》700余份,使广大企事业单位的干部职工树立了良好的交通安全意识。在学校和师生层面,市交巡警部门配合教育主管部门,在全市范围内多次开展形式新颖、内容丰富的宣传活动,共印发各类宣传资料30万份,开设道路交通安全课1000余课时，使广大师生不断增强交通安全自律意识。在城郊农村层面，市交巡警部门配合乡镇和村组干部，深入开展“交通安全村”活动，共组织村组干部和群众召开座谈会40场460人次，赠送通俗易懂的交通安全宣传图片及资料20余万份，播放交通安全宣传片120余场次，大大提高了城区周边群众的交通安全意识。

（马炳林　殷纪新）

查处“三读”公司非法集资案

【“三读”公司非法吸储】 1987年3月，张少鸿等人注册成立了郑州市金水区读来读去读书社。1994年7月，该社变更注册为河南省读来读去读书社。1996年5月，再次变更注册为河南省读来读去读书社股份有限公司，并成立了若干个子公司，经济性质为股份制企业。河南省读来读去读书社股份有限公司(以下简称“三读”公司)的经营范围是文化娱乐、交流、咨询、服务、综合研究、文化用品销售以及书刊发行和书刊借阅。公司法人代表张少鸿兼任董事长和总经理，张少鸿的亲属张辉任财务主管、张光华任读者服务部大厅负责人，系典型的“家族式”企业。“三读”公司的前身及“三读”公司成立之初，尚能按照注册登记的经营范围从事合法经营活动，对郑州文化事业的发展和文化市场的繁荣做出了一定贡献。但是，随着经营活动的拓展，张少鸿等人不再满足于合法经营带来的利润，而是奢求走捷径暴富，于是就超出工商行政管理部门核准的经营范围，并在未经中国人民银行批准的情况下，擅自以“读者押金奖读金”的形式向社会公众吸收存款，严重扰乱了金融和经济秩序。1997年1月，中国人民银行原河南省分行和河南省工商行政管理局组成联合调查组，对“三读”公司非法集资行为进行调查，并在查清有关事实的基础上，责令“三读”公司停止非法集资行为、退还非法筹集资金，并处以相应罚款。但“三读”公司有关人员不思悔改，在张少鸿的策划组织及有关人员的直接参与下，又从1997年9月26日起，再次以“读者押金奖读金”和“理财委托书”的形式变相向社会公众吸收存款，并承诺向集资群众兑付15%至20%的高额年息。在高利率的诱惑下，许多群众纷纷到“三读”公司存款，案发时，“三读”公司共向社会不特定对象吸收集资存款5.8亿余元。由于兑付利率过高，加之张少鸿等人将群众集资款用于高风险投资且无回报，致使“三读”公司根本无法偿还集资群众的债务，只有利用后人的存款支付前人的利息或本金。

【司法部门立案查处】 由于“三读”公司非法吸收公众存款数额巨大，且将大部分吸储资金用于期货、股票等高风险投资而无预期回报，迅速在社会上形成无力支付众多集资人本金及利息的重大事件，涉案群众强烈要求政府及公安部门立案查处。为平息社会风波、维护金融秩序、减轻集资群众损失，省政府将“三读”公司非法吸储案件作为全省打击经济犯罪重要案件之一，下达郑州市人民政府立案查处。

根据省政府要求，郑州市政府迅速成立了河南“三读”公司非法集资专案指挥部，并从公安、检察、法院、司法、工商、审计、信访、银行等部门抽调工作人员，组成侦查追脏、审理判决、债务登记、资产清理、信访接待、审计6个工作组，对案件展开全方位清查处理工作，并要求：(1)公安机关迅速立案侦查并将主要涉案人员抓捕归案；司法机关依法对主要犯罪嫌疑人进行刑事判决。(2)依法冻结“三读”公司在银行账户结存的现金，追缴赃款、赃物和股权资金，并对固定资产进行折价变现。(3)对“三读”公司债务登记及资产进行清理审计。

【吸储罪犯受到严惩】 “三读”公司非法集资数额巨大，参与集资的群众损失较重。为尽力挽回损失，2001年7月27日，市公安局根据《中国人民银行郑州中心支行关于提请公安机关对河南省读来读去读书社股份有限公司变相吸收公众存款立案侦查的函》(郑银函〔2000〕17号)和有关群众举报，依法对“三读”公司涉嫌非法集资立案侦查，并迅速抓获犯罪嫌疑人。2004年10月，郑州市金水区人民法院依法对“三读”公司非法集资案做出一审判决：以非法吸收公众存款罪，判处主犯张少鸿有期徒刑10年，并处罚金40万元；同案犯张辉、张光华分别被判处有期徒刑4年和3年，并处罚金20万元和10万元。三被告不服判决，上诉至郑州市中级人民法院。郑州市中级人民法院经过审理，决定依法维持原判。

【兑付方案最终确定】 在查清“三读”公司非法吸储事实之后，有关方面及时发布了《河南省“三读”股份有限公司债务兑付公告》，决定将追缴的房产、汽车等固定资产变现，并与追回的投资款、冻结的股票及银行结存资金一道，依法发还给在“三读”公司集资的群众。同时，对债务兑付中的有关事项做出规定。

兑付对象：(1)在“三读”公司进行集资债权人个人登记，并经“郑州市河南三读、隆丰公司资产清理清算小组”审计认定的个人债权人为“三读”公司债务合法兑付对象。(2)未经“三读”公司进行集资债权人个人登记和申报不实的债权不予兑付。

兑付原则：(1)严格按照国家有关法律、法规进行债务兑付。(2)将“三读”公司应当兑付的债务金额，可用于兑付的资金总额和兑付的对象、方法、时间等有关事项公告于众；凡符合债务兑付条件的同类债权人具有同等的权利。(3)将公安机关依法追缴、冻结的“三读”公司非法资金和股票全部兑付和发还给集资群众。

兑付方法：(1)按比例兑付。即现金部分的兑付按照“三读”公司债务总额、立案前已支付的本金数额和追缴归集用于兑付的资金总额计算出兑付比例;股票部分的兑付按照冻结股票总额和实际债务总额计算出每股股票折合的资金数额。再按照集资者本人实际债权金额(减去已领取本金)乘以现金兑付比例,计算出本人应兑付的现金数额;以本人其余债权金额除以每股股票折合金额,计算出本人应分得的股票数。(2)按单位组织兑付。即按照"三读"公司债务登记渠道,由负责"三读"公司债务登记的各区及乡(镇)、办事处负责相关集资者的债务兑付工作。

【集资清偿圆满结束】 据查,"三读"公司登记集资总额为531892175元,登记参与集资群众27955人、65765人次。立案前,集资债权人已从"三读"公司领取本金总额77070179元,"三读"公司实际拖欠集资群众个人债务454821996元。经有关办案部门通力合作,实际追缴归集的可用于债务兑付的现金总额为37583912元,可用于兑付的"深发展A"股票为15297380股。

2004年7月19日,"三读"公司集资债务集中兑付工作如期开始。根据计算出的现金兑付比例,集资群众领到了本人应该得到的现金。根据计算出的每29.73206元折合1股的比例,集资群众分得了本人应该得到的股票。

为搞好股票所有权转换工作,"郑州市河南三读、隆丰公司资产清理清算小组"依照司法机关的裁决,委托中原证券股份有限公司,将"三读"公司在5家证券机构结存的"深发展A"股票发还给集资群众。对个人债权金额计算不足1股的尾数,按照"三读"公司债务兑付"记帐日"的股票市值兑付相应的现金。

2004年7月29日,"三读"公司债务集中兑付任务基本完成。在市委、市政府的重视支持下,经过全市各级、各有关部门及专案组工作人员的艰苦努力,"三读"公司非法集资清查处理工作圆满结束。

(许福亮 殷纪新)

第二十四篇　先进人物及先进单位选介

先进人物

2004年全国“五一劳动奖章”获得者

刘钊，男，1968年6月出生，广西贺州人，汉族，大学文化程度，1996年3月加入中国共产党，1989年6月参加工作，现任郑州日产汽车有限公司技术中心主任、工程师。

刘钊是郑州日产汽车有限公司技术中心的一名工程技术人员，郑州日产汽车有限公司是中国信托投资总公司和日本日产自动车株式会社的合资公司，主导产品是日产D22皮卡车和运动型多功能车PALADIN。刘钊主要负责产品导入、技术引进、零部件国产化和生产技术准备工作，2003年郑州日产以高性能和高质量著称的D22和PALADIN销售分别占据了50%的市场份额，在国内高档皮卡车和高档运动型多功能车市场都位居领跑地位，使郑州日产成为国内高档皮卡车生产的龙头企业。

自参加工作以来，刘钊一直从事汽车产品的设计开发工作，通过15年的工作、学习、实践，从一名普通的大学生成长为技术精湛的专业技术工作者、年轻的学科技术带头人，先后承担并完成了河南省和郑州市重大科技攻关项目6项，完成了百余种汽车新产品的设计开发及技术引进项目，先后荣获省、市科技进步奖15项，2003年被授予郑州市“劳动模范”称号。2003年主持PALADIN车型导入和国产化消化吸收工作，创产值37亿元，利润3亿余元，当年投产当年见效，不仅为企业创造了可观的经济效益，而且产生了良好的社会效益，为推动郑州市工业经济的发展做出了突出贡献。

倪林莺，女，1956年3月出生，江苏省盱眙县人，汉族，高中文化，1986年10月加入中国共产党，1974年3月参加工作，现任郑州四棉有限责任公司布机分厂教练员、技师。

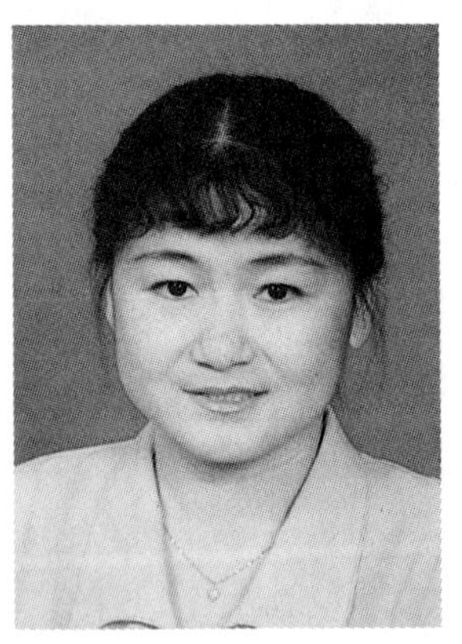

倪林莺19岁到郑棉四厂布机丙班任摆梭工，仅仅两个月后，就学习挡车。1976年，倪林莺以出色的操作技术代表郑州四棉参加市级操作比武，并被评为中南五省操作大赛能手。

1983年，倪林莺被选为轮班教练员，她尽心竭力地培训新工，培养选拔业务尖子，把自己的操作经验毫无保留地传授给新工。由于新工流动快，农民协议工文化素质较低，倪林莺就耐心地再三讲解、示范，成绩差的还把她们留下来单独指导、操练，早上班晚下班，从不计报酬，任劳任怨。10

余年间，通过传、帮、带，倪林莺培养青年骨干近1000人。

1996年，倪林莺调入常日班，不久担任了织布技师，专门负责布机分厂的全面质量管理，包括品种翻改、质量攻关、新品种试织、培训学员等。2003年，郑州四棉公司试织双经双纬横条呢，初期布面出现稀密不匀、波浪纹等横档疵点。倪林莺和伙伴们经过反复试验、比较，总结出以开车为重点的4条改进措施，创造出双经双纬横条呢纬向操作法，先后在70″、75″和54″织机上生产8个品种，创产值200多万元，利税30多万元，在同行业中处领先位置。为此，倪林莺的操作法被河南省总工会、省经贸委、省科技厅等联合授予“河南省职工先进操作法”，并获河南省“五一劳动奖章”。

王国锋，男，1962年8月出生，河南上蔡县人，汉族，高中文化，1986年9月加入中国共产党，1979年2月参加工作，河南第一新华印刷厂工人。

王国锋是河南第一新华印刷厂胶印书刊车间带班长。十几年来，他兢兢业业，埋头苦干，在生产中当先锋、挑重担，为企业经济建设和出版印刷事业做出了显著贡献。王国锋连续多年被评为厂、局先进工作者，1998年获郑州市“劳动模范”称号，1999年获河南省“劳动模范”称号。

1996年，企业为适应提高中小学教材印刷质量水平的社会需求，从国外购进了海德堡八色胶印轮转机，经过车间严格选拔和考核，王国锋以扎实的业务素质和顽强的工作作风，担任八色机工段工段长。他肩负重任，带领大家顽强拼搏，出色地完成了生产任务。王国锋在工作上不仅有一股拼劲，更有一股钻劲。他常说：“干一行，要爱一行，精一业”，作为一名生产工人，就要练就一身过硬的专业技术。他每到一个新岗位都坚持刻苦学习，积极探索业务知识，很快成为业务上的尖子，车间生产的骨干。王国锋走上带班长管理岗位后，积极学习，全面提高自己的专业技术知识，很快掌握了车间各种机型的生产工艺技术标准。在班组内

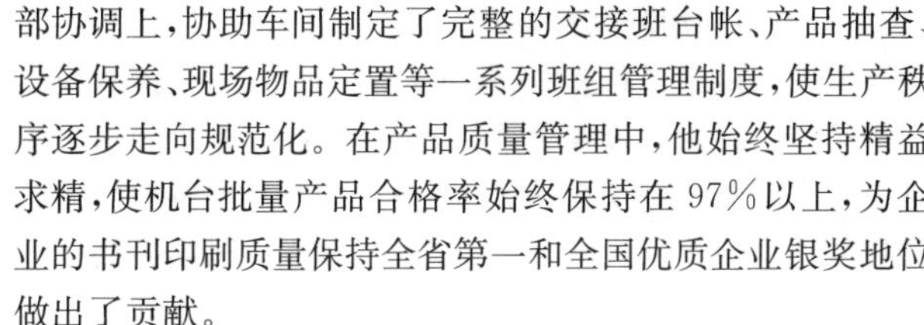

部协调上，协助车间制定了完整的交接班台帐、产品抽查、设备保养、现场物品定置等一系列班组管理制度，使生产秩序逐步走向规范化。在产品质量管理中，他始终坚持精益求精，使机台批量产品合格率始终保持在97%以上，为企业的书刊印刷质量保持全省第一和全国优质企业银奖地位做出了贡献。

王国锋在平凡的工作岗位上，十几年如一日，默默奉献着，用自己严谨踏实的做人态度，顽强实干的工作作风，朴实高尚的人格精神，凝聚和团结着班组职工朝着企业所确立的工作目标，同心协力，不断创新。他在为企业努力创造“两个效益”，为社会提供优良印刷技术服务的过程中，一步一步地实践着自己的人生理想。

王建亭，男，1945年6月出生，河南登封人，高中文化，1965年8月参加工作，现任郑熔耐火材料研究所所长、高级经济师。

郑熔耐火材料研究所于1992年由王建亭创建，主要从事耐火材料的研究和开发。经过10多年的艰苦创业，已建设成为一个研究领域广、综合实力强、具有承担重大攻关任务和解决复杂技术难题能力的综合性实体，各项综合技术指标始终保持国内同行业领先水平，成为中国耐火材料行业的“排头兵”，多次受到河南省人民政府、河南省科学技术委员会、河南省科学技术协会及郑州市人民政府的表彰。王建亭凭着对事业的高度责任感和执着的钻研精神，成为一名令全国同行折服的“土专家”，先后获“科技兴郑先进工作者”、“河南省科技进步奖”、“河南省劳动模范”、“郑州市专业技术拔尖人才”等荣誉，并当选为河南省九届、十届人大代表。1994年～2003年，郑熔耐火材料研究所先后多次为西昌、酒泉卫星发射中心研制并提供了大量火箭发射用耐火砼，在使用中均取得了良好效果，被解放军总装备部工程设计研究总院列为军工产品。我国首次载人航天飞船发

射圆满成功,郑熔耐火材料研究所作为协作单位之一,再次为飞船发射提供了高技术、高品质的耐火砼,为河南人民赢得了荣誉。在为航天事业做贡献的同时,耐材所全体员工在王建亭所长的带领下,依靠科技创新,先后研制开发了我国铝酸盐水泥第二代和第三代产品,填补了国内无高标号铝酸盐水泥的空白,并形成了生产一代,开发一代,预研一代的良性循环机制,使耐材所在持续发展的高科技产业和激烈的市场竞争中站稳了脚根。

范国泰,男,1949 年 1 月出生,河南新密市人,汉族,大专文化,1986 年 12 月加入中国共产党,1968 年 12 月参加工作,现任新密市恒泰煤业有限责任公司党委书记、工程师。

范国泰作为党委书记,在上级党委的正确领导下,努力实践“三个代表”重要思想,紧紧围绕公司的改革和生产经营活动,抓好党的建设。他坚持抓学习、树正气,抓党风、促矿风,抓党员、带员工,抓党建、促经济,企业两个文明建设都取得了突出成绩,成为新密市煤炭行业中发展快、效益好、实力强的国有控股企业。自 1996 年以来,始终保持部级“质量标准化矿井”称号,1998 年获郑州市“文明单位标兵”称号,并先后获河南省模范职工之家、河南省管理达标单位、新密市利税大户等 20 多项荣誉。企业党组织连年被上级评为优秀党组织、“五好班子”。由于成绩突出,范国泰先后被郑州市政府、河南省政府授予“劳动模范”光荣称号,公司连年被河南省评为“安康杯竞赛活动先进单位”。他在做好党务工作的同时,兼管安全技术工作。在安全管理方面,他主要做了以下几项工作:

1.加大职工安全技术培训力度,提高职工整体安全技术素质。制定了一整套过硬的安全技术培训计划,对入矿新工人和关键岗位工作人员进行重点培训,坚持亲自背课、授课,把培训计划落到实处,2003 年全员培训 1356 人次,关键岗位培训 960 人次,经考核合格率达 96%。

2.加大安全装备投入力度,增强矿井抗灾能力。2003 年在他的建议和直接运作下,共投入安全资金 178 万元,用于安全设施装备,购制瓦斯检测仪、改造矿井高、低压供电线路,并进行其它方面的安全改造,提高了矿井的抗灾能力和抵御自然灾害的能力。

3.制定严格的安全管理制度,坚持科学规范化管理。他亲自起草,建立健全了各种安全管理制度,制定了《安全目标管理考核办法》、《安全生产奖罚规定》、《事故责任处理规定》、《安全调度会议制度》、《领导值班制度》等。他带头执行并严格按制度办事,实现了安全管理的规范化、科学化。

汪朔,男,1960 年 4 月出生,安徽绩溪县人,汉族,大学本科文化,1978 年 8 月参加工作,现为郑州市第十一中学物理高级教师。

汪朔积极要求进步,为人正派,平等待人,工作一贯踏踏实实,任劳任怨,注重教育理论学习,善于思考,大胆改革,课堂教学深受学生喜爱,所教班级在高考、学科竞赛和全省会考中均取得了突出成绩。

在教育科研方面,2000 年 6 月参加教育部研究课题《高中物理课程方案》的子课题研究,同年 9 月参加市物理教研室高一新课程方案指导研讨组,2001 年在全省教师新教材培训大会上做有关“高中物理课题研究的意义与实施办法”的专题报告,报告全文在人民教育出版社主办的《中小学教材教学》杂志上发表,2001 年开始代表省教育厅高招办参加全国高考评卷“质检组”工作,为省招办的招生年报撰写了试卷分析文章,自己研制的计算机辅助教学软件和自制的教学实验仪器多次在全国和省、市评比中获奖。近年来为十几家出版社编写了 30 余种、近百万字的教学辅导材料,并有多篇教学论文在《物理教学》、《物理教学探讨》、《中学生学习报》等国家级、省级刊物上发表。

在学科竞赛辅导方面，近年来所教学生有 12 人在第十五、十六、十九、二十届全国中学生物理奥林匹克竞赛中获河南省一等奖，并有 3 人进入全省前十名（其中潘昆峰、李文博同学被北京大学免试录取），有 26 人获省二等奖，汪朔也连续多年被评为省级优秀辅导员。

刘敏珊，女，1943 年 1 月出生，河南商丘市人，汉族，大学本科学历，九三学社社员，1965 年 8 月参加工作，现任郑州大学教授、博士生导师。

多年来，刘敏珊教授先后主持国家"八五"、"九五"、"十五"重大科技攻关项目、省部级科技攻关项目和自然科学基金项目、横向协作项目共 30 余项，15 项成果分别通过国家、省部级鉴定，9 项横向协作项目全部完成。获专利 3 项，发表论文 80 余篇，专著 3 部。1993 年获国家科技进步三等奖 1 项，2001 年获国家科技进步二等奖 1 项，并先后

获河南省科技进步二等奖 5 项，河南省科技进步三等奖 2 项，北京国际发明展览会银奖 1 项等 19 项奖励。成果"新型高效节能换热器系列"1992 年被列入"国家级重点新产品"，1993 年被列入"全国化工十大适用新技术"，1995 年被列入"九五国家级科技成果重点推广计划"。她主持的"九五"国家重点科技攻关项目"热力系统换热设备 CAD 技术开发与应用"已通过了国家科技部验收。所研制的新型高效换热器已形成系列产品，成果基础理论扎实、结构新颖，具有高效、节能、传热效果好、重量轻等优点，属国内首创，其主要技术指标达到国际先进水平。该新型高效换热器的 3 个系列 30 余种规格的产品，已在河南、北京、上海、广东、山东、江苏、四川、湖北、河北、山西、陕西等 20 余个省市 100 多家炼油厂、热电厂、化肥厂、化工厂应用，已产生上亿元的经济效益。随着推广应用工作的不断发展，将在节电、节材、节能、环保等方面做出更大贡献。

刘敏珊教授十分注重科研成果的推广和转化工作，近 20 年来，几乎放弃了所有的寒暑假和节假日休息，无论是盛夏酷暑，还是三九严寒，都能坚持带领研究生、青年教师，深入工厂企业，进行现场实验和解决现场问题，多年来足迹遍布全国 20 余个省市的 40 多个厂家，受到企业的一致好评。她所领导的郑州大学热能工程研究中心于 2002 年被评为郑州市科技创新先进集体。

刘敏珊教授忠诚党的教育事业，积极进取，默默奉献。多年来一直从事本科生、硕士生、博士生的教学和指导工作，治学严谨，教书育人，每年均超额完成工作量，教学成果显著，多年来先后为国家培养了硕士生 32 名，博士生 9 名。由于教学和科研成果显著，刘敏珊教授 1993 年起享受政府特殊津贴。1995 年出席第四次世界妇女大会，并受到联合国第四次世界妇女大会中国组委会的嘉奖。1995 年被授予河南省"巾帼建功标兵"和河南省"三八红旗手"称号，1996 年被授予全国"巾帼建功标兵"和全国"三八红旗手"称号，1999 年被选为河南省十大科技女杰，2001 年被评为河南省文明教师，2002 年被评为河南省"三育人"先进个人。1994 年和 2001 年两次赴京参加国家科技奖励大会，受到江泽民主席、胡锦涛主席等党和国家领导人的亲切接见。

任长霞，女，河南睢县人，1964 年出生，中共党员，研究生学历，原河南登封市公安局长。

任长霞始终牢记"人民公安为人民"的根本宗旨，在任郑州市技侦支队支队长期间，先后打掉了郑州市"二七鞋城"等 5 个涉黑团伙，抓获杀人、抢劫等重特大犯罪嫌疑人 370 名。任登封市公安局长 3 年来，她坚持从严治警方针，始终保持对严重刑事犯罪的严打高压态势，查破各类刑事案件 3420 起，命案 30 余起，打掉涉黑团伙 20 个。登封市公安局先后被评为"河南省文明单位"、"河南省严打整治先

进单位”、“河南省人民满意政法先进单位”。任长霞同志先后被评为“全国优秀人民警察”、“河南省优秀人民警察”等。2004年4月14日，任长霞在办案途中遭遇车祸牺牲。中共中央总书记、国家主席胡锦涛，中共中央政治局常委、国务院总理温家宝，中共中央政治局常委李长春，中共中央政治局常委、中央政法委书记罗干等党和国家领导人就学习任长霞同志先进事迹做出重要指示。中共中央宣传部、公安部、全国妇联联合在人民大会堂隆重举行了任长霞同志先进事迹报告会。中共中央政治局常委、中央政法委书记罗干会见了任长霞同志先进事迹报告团成员并讲话。

（华　颖）

2004年河南省劳动模范(先进工作者)

省劳模及先进工作者(之一)

姓名	性别	出生年月	文化程度	民族	政治面貌	工作单位
王香红	女	1974.9	初中	汉	中共党员	郑州一棉有限责任公司
郭春霞	女	1973.5	中专	汉	中共党员	郑州市紫荆山百货大楼
杨丽君	女	1954.3	大专	汉	中共党员	河南嵩岳集团郑州豫丰纺织有限公司
刘海涛	男	1964.11	研究生	汉	中共党员	郑州纺织机械股份有限公司
孙卫政	男	1969.12	本科	汉		郑州海嘉食品有限公司
王东涛	男	1966.4	大学	汉	中共党员	郑州三棉有限责任公司
冯　琳	男	1955.12	大专	汉	中共党员	郑州市城市公共交通客运管理处
赵俊贤	女	1949.8	中专	汉	中共党员	郑州热力总公司
常宗贤	男	1959.9	研究生	汉	中共党员	郑州燃气集团有限公司
马春英	女	1961.2	研究生	汉	中共党员	郑州市绿城广场管理处
李德岭	男	1943.1	高中	汉	中共党员	郑州市自来水总公司
张子亮	男	1960.1	本科	汉	中共党员	郑州市绿化工程处
王　乐	女	1967.6	大学	汉	中共党员	郑州市公路管理局
苏来兴	男	1952.2	本科	汉	中共党员	河南新郑烟草集团新郑烟厂
杨自业	男	1965.12	硕士	汉	中共党员	郑州卷烟总厂
焦敬功	男	1956.1	高中	汉		河南开普集团有限公司
李俊峰	男	1968.1	本科	汉	中共党员	沙隆达郑州农药有限公司
汪来庆	男	1971.4	大专	汉	中共党员	中国石油天然气管道三公司安装五处
谷俊峰	男	1973.7	本科	汉	中共党员	郑州水晶股份有限公司
吴木林	男	1944.12	本科	汉	民盟盟员	郑州工业贸易学校
王家祥	男	1958.4	本科(在读博士)	汉	中共党员	郑州大学第一附属医院
赵文霞	女	1956.9	本科	汉	中共党员	河南中医学院第一附属医院
邵华磊	女	1963.1	本科	汉	中共党员	郑州市颈肩腰腿痛医院
陈绍春	男	1944.12	博士	汉	中共党员	郑州大学数学系
周林坡	男	1957.11	硕士	汉	中共党员	郑州大学新校区建设办公室
李郁鸿	男	1967.12	本科	汉	中共党员	郑州大学一附院新病房大楼基建处
尹　钧	男					河南农业大学教授
王现超	男	1961.8	本科	汉	中共党员	郑州市回民中学

姓名	性别	出生年月	文化程度	民族	政治面貌	工作单位
巴振东	男	1956.1	本科	汉	中共党员	郑州市公共交通总公司
许　巍	男	1962.7	本科	汉		河南省第一建筑工程有限责任公司
王永恩	男	1955.12	中专	汉	中共党员	郑州市第二建筑工程公司
周尚德	男	1953.5	大学	汉	中共党员	河南省通信公司郑州市分公司
张遂生	男	1950.1	大专	汉	中共党员	郑州交通运输集团公司
田超巍	男	1973.6	大学	汉		中国联通郑州分公司
王福廷	男	1958.6	大专	汉	中共党员	中建七局供销公司
蔡志强	男	1960.4	研究生	汉	中共党员	河南移动通信有限责任公司郑州分公司
郭胜利	男	1952.8	本科	汉	中共党员	中信中原汽车有限公司
邬勇雄	男	1966.11	中专	汉	中共党员	郑州白云机电装备股份有限公司
聂玉栋	男	1966.12	大学	汉	中共党员	中国有色第六冶金建设公司
赵干生	男	1964.8	大学	汉	中共党员	白鸽集团有限责任公司
石真光	男	1957.6	高中	汉	中共党员	河南送变电建设公司博大实业公司塑料制品厂
刘可迎	男	1964.1	本科	汉	中共党员	郑州市电业局
张俊田	男	1948.2	本科	汉	中共党员	郑州电缆集团有限责任公司
姜　涛	男	1972.4	本科	汉		郑州市商业银行科技开发部
王海超	男	1967.8	大专	汉	中共党员	农行河南省分行营业部郊区支行长兴路分理处
薛丙志	男	1957.8	大专	汉	中共党员	郑州市公安局刑侦支队
邢泽田	男	1954	大学	汉	中共党员	河南竹林众生制药股份有限公司
吴项林	男	1966.2	大学	汉	中共党员	郑州宇通客车股份有限公司
张朝平	男	1967.4	大学	汉		河南思达高科技股份有限公司
姜　明	男	1966.8	硕士	汉		河南天明集团有限公司
张　凯	男	1968.6	大专	汉	中共党员	河南省宏光天地实业有限公司
张明剑	男	1962.11	大学	汉	中共党员	郑煤集团公司裴沟煤矿
任胜岳	男	1962.7	研究生	汉	中共党员	郑煤集团煤炭运销公司
路　广	男	1971.3	本科	汉	中共党员	郑煤集团超化煤矿
陈武营	男	1959.8	研究生	汉	中共党员	郑煤集团公司供电处
王锡慧	男	1956	硕士	汉	中共党员	中铝河南分公司
李天庚	男	1958	博士	汉	中共党员	中国长城铝业公司工学院
张延松	男	1957	高中	汉	中共党员	中铝河南分公司氧化铝厂三车间
江学铜	男	1964.6	初中	汉	中共党员	郑州市二七城肥管理队
靳景爱	女	1956.5	初中	汉		金水区清洁服务总公司
宋太平	男	1963.1	本科	汉	中共党员	郑州市大肠肛门病医院
房四平	男	1952.8	大专	汉	无党派人士	郑州市蝶阀厂
娄喜莲	女	1961.6	初中	汉		中原区垃圾清运公司
王遂喜	男	1956.11	大专	汉	中共党员	郑州黄河鲤鱼良种场
张桂芳	女	1963.5	本科	汉	中共党员	郑州矿区殡葬管理所

省劳模及先进工作者(之二)

姓名	性别	出生年月	文化程度	民族	政治面貌	工作单位
霍国正	男	1945.11	大专	汉	中共党员	河南省巩义市第二电厂
周松占	男	1961.3	大专	汉	中共党员	郑州市大峪沟矿务局
马路平	男	1956.12	大专	汉	中共党员	豫联铝电扩建指挥部
马双智	男	1963.1	大专	汉	中共党员	河南省新华书店中牟县店
张玉才	男	1945.5	本科	汉	中共党员	中牟县第一高级中学
魏国钊	男	1956.5	大专	汉	中共党员	新密市超化镇
屈保财	男	1951.12	大专	汉	中共党员	郑州金鑫机械制造公司
赵三岭	男	1963.5	高中	汉	中共党员	新郑市龙湖镇粮管所
于兆堂	男	1958.1	高中	汉	中共党员	河南省地方铁路局新郑分局
李光宇	男	1963.7	大学	汉	中共党员	北京大学附属中学河南分校
吴剑英	男	1961.6	本科	汉	中共党员	中国银行新郑市支行
王晋杰	男	1963.6	本科	汉	中共党员	河南省通讯公司新郑市分公司
韩建正	男	1955.9	大专	汉	中共党员	登电集团自备电厂
景夫德	男	1953.1	大专	汉	中共党员	登封市宣化镇岳爻煤矿
秦江旦	男	1963.9	大专	汉	中共党员	郑州新登企业集团有限公司
楚　翔	男	1963.11	研究生	汉	中共党员	郑州荥锦绿色环保能源有限公司
赵振峰	男	1955.4	大专	汉		河南华宸工程建设有限公司
王印明	男	1959.7	高中	汉		河南印明实业有限公司
赵中祥	男	1958.8	在职研究生	汉	中共党员	郑州市工商行政管理局
杨　楠	男	1953.8	本科	汉	中共党员	郑州市地方税务局
张建玉	女	1955.11	大专	汉	中共党员	郑州市农业综合开发(扶贫开发)领导小组办公室
刘桂英	女	1949.2	大学	汉	中共党员	郑州市政协办公厅
李英杰	女	1956.5	研究生	汉	中共党员	郑州市卫生局
赵兴斌	男	1957.8	大专	汉	中共党员	郑州市信访局
弋群立	男	1961.1	研究生	汉	中共党员	登封市国土资源局
靳爱菊	女	1958.3	大专	汉	中共党员	中原区人事劳动和社会保障局
张玉娇	女	1954.9	大专	汉	中共党员	新密市计划生育委员会
尹宏府	男	1963.9	本科	汉	中共党员	郑州市委办公厅文电处
王小梅	女	1959.1	本科	汉	中共党员	郑州市市政管理局市容环卫处
李兰娣	女	1954.2	大专	汉	中共党员	郑州市商业局畜禽屠宰管理处
张慧云	女	1962.1	硕士	汉		郑州市交通局计划处
张茂森	男	1954.1	大专	汉	中共党员	巩义市财政局预算科
魏建国	男	1957.8	本科	汉	中共党员	管城区北下街办事处党工委
鲁老斗	男	1951.1	本科	汉	中共党员	金水区庙李镇
潘　山	男	1952.12	大学	汉	中共党员	郑州市第二中学

姓名	性别	出生年月	文化程度	民族	政治面貌	工作单位
辛松梅	女	1955.2	大学	汉	中共党员	郑州市经济贸易委员会
王群思	女	1950.7	本科	汉	中共党员	郑州市儿童医院
李　红	女	1967.6	本科	汉		郑州市体育运动学校
宫惠立	男	1966.6	大专	汉	中共党员	荥阳市公安局
余树青	男	1960.2	本科	汉	中共党员	郑州市检察院
宋丰强	男	1964.1	硕士	汉	中共党员	郑州丰乐园大酒店
侯建芳	男	1966.1	高中	汉	中共党员	新郑市雏鹰禽业发展公司
王　智	男	1963.11	研究生	汉	中共党员	河南金星啤酒有限公司
侯振东	男	1952.7	高中	汉	中共党员	郑州振东耐磨材料有限公司
周可义	男	1952.2	本科	汉	中共党员	郑州市农林科学研究所
文广轩	男	1964.4	本科	汉	中共党员	郑州市蔬菜研究所
王均安	男	1954.1	本科	汉	中共党员	郑州市农机局
岗战峰	男	1970.3	大学	汉	中共党员	郑州市护林防火指挥部办公室
李蝴蝶	女	1964.1	本科	汉	民盟盟员	管城区农业技术推广站
董　锐	男	1963.3	研究生	汉	中共党员	郑州市种子管理站
刘　华	女	1957.2	研究生	汉	中共党员	郑州市畜牧局
阴建怀	女	1957.11	研究生	汉	中共党员	郑州市引黄淤灌处
董　波	男	1964.3	硕士	汉	中共党员	郑州光明山盟乳业有限公司
花二军	男	1967.12	大专	汉	中共党员	金水区柳林镇马头岗村
朱天福	男	1956.2	大专	汉	中共党员	惠济区迎宾路街道办事处西黄刘村
崔秋德	男	1948.8	中专	汉	中共党员	惠济区新城街道办事处
李国民	男	1956.4	高中	汉	中共党员	中原区须水镇三王庄村
李武华	男	1956.5	初中	汉	中共党员	二七区齐礼阎乡刘砦村
李有宏	男	1943.6	大专	汉	中共党员	荥阳市高阳镇高山村
鲁百顺	男	1948.8	大专	汉	中共党员	荥阳市养猪协会
许广新	男	1952.11	初中	汉	中共党员	中牟县官渡镇许村
宋留志	男	1962.4	大专	汉	中共党员	中牟县姚家乡罗宋村
景战盈	男	1962.2	大专	汉	中共党员	登封市大冶镇周山村
李朝欣	男	1961.6	高中	汉	中共党员	登封市阳城区铝庄村
梁　炉	男	1949.6	高中	汉	中共党员	登封市白坪乡西白坪村
于杰石	男	1956.12	大专	汉	中共党员	新密市青屏办事处青峰社区居委会
马天成	男	1956.7	高中	汉	中共党员	新密市刘寨镇宋寨村西头村民组
常保胜	男	1958.5	高中	汉		巩义市站街镇小黄冶村
张丰喜	男	1964.1	高中	汉	中共党员	巩义市南河渡镇祭沟村
张志亮	男	1961.4	高中	汉	中共党员	巩义市新中镇温堂村
石聚彬	男	1961.9	大专	汉	中共党员	新郑市孟庄镇小石庄村

姓名	性别	出生年月	文化程度	民族	政治面貌	工作单位
张书民	男	1963.4	大专	汉	中共党员	新郑市八千乡八千村
豆来平	男	1971.1	大学	汉	中共党员	二七区农村经济委员会
李瑞华	女	1959.1	大专	汉	中共党员	荥阳市植保植检站
张云旺	男	1951.11	大专	汉	中共党员	郑州市供销合作社
刘永跃	男	1968.6	大专	汉	中共党员	郑州新村国家粮食储备库
郭福庆	男	1952.8	本科	汉	中共党员	中原区农村经济委员会
潘和平	男	1951.11	大专	汉	中共党员	中牟县种子公司
张冬梅	女	1954.1	大专	汉		荥阳市扶贫开发领导小组办公室

（华　颖）

第十一届郑州市十大杰出青年

白东升，男，汉族，1972 年 10 月生，中共党员，大专学历，河南省润达国贸投资有限公司董事长。

10 年前，身为河南省赛艇队队员的白东升，凭着敢拼、敢闯，不肯服输的进取精神，在亚洲、全国赛艇比赛中做出突出贡献。后来，他毅然放弃了留队当教练的国家优厚待遇，投入商海，创造新的冠军梦想。经过 10 余年顽强拼搏，经营规模逐渐扩大，经营领域也从单一的汽车销售服务发展为集汽车销售、出租、维修、餐饮、地产开发、国际贸易为一体的经营网络，年营业额突破两亿元，累计上缴利税千万余元。

通过他的不懈努力，现已发展为下辖 6 家子公司，员工 600 多人。近几年，他的企业为社会提供了 2000 多个工作岗位，先后安排下岗、待业人员 1000 多名。他以企业和个人的名义向灾区、贫困地区、希望工程等社会公益事业无偿捐献钱物近 20 万元。白东升多次受到政府的嘉奖，得到社会各界的高度评价。

冯少军，男，汉族，37 岁，中共党员，大专文化程度，登封市告成镇蒋庄村党支部书记、登封市宏鑫煤矿矿长。

1998 年，他千方百计自筹资金 50 万元，在告成镇苇园沟村兴办一座小型煤矿。他狠抓安全，管理到位，经营有方，从 1998 年办矿到 2004 年底，宏鑫煤矿累计生产原煤 30 多万吨，上缴国家税金 1000 多万元。

2003 年 11 月，冯少军担任蒋庄村党支部书记。上任伊始，他就把发展经济作为第一要务，想方设法增加群众收入。他先把蒋庄村近 50 名富裕劳动力组织起来，安排到宏鑫煤矿务工。接着又筹措资金 20 多万元，帮助有能力搞运输的家庭搞起运输，并介绍他们到附近煤矿拉煤或到铝石井拉铝石，以增加其收入。2004 年，他投资 300 多万元，在蒋庄村办起一个硅铁厂；引进资金 1000 多万元，办起一个特种耐材厂；依托资源优势，新上两家铝石井；帮助蒋庄村两家停产煤矿恢复生产。经过努力，蒋庄村基本达到了人人有活干，天天有钱赚，家家都富裕。冯少军热心公益事业，凡是蒋庄村修路、建校、建饮水工程、救助老弱病残等公益事业，他都慷慨解囊、无私奉献。宏鑫煤矿在告成镇苇园沟村与王爻村交界处，每年他都为这两个村各解决资金 3 万元，另外这两个村开办的公益事业，他都给予财力支持。2004 年，冯少军拿出 50 万元，新修了豫 31 线至蒋庄段公路。筹资 75 万元，新筑颍河河坝 1900 米；筹资 80 万元，解决了蒋庄村的饮水问题；筹资 30 万元，新建了蒋庄小学；筹资 25 万元，新建了村支部办公场所。

孙国杰，男，1980 年 5 月出生，汉族，中共党员，大专文化，郑州市公安局管城分局刑侦大队大案一队侦查员。

2005 年 1 月 21 日夜，郑州市公安局管城分局专案组对“1·9”特大系列持枪抢劫、杀人案件的主要犯罪嫌疑人荆志刚实施抓捕。荆志刚持枪拒捕，与警方对峙。面对急迫而凶险的局面，孙国杰挺身而出，果敢迎战，第一个扑向歹徒。在左胸中弹情况下，孙国杰顽强迎击，有力地震慑和牵制了犯罪嫌疑人，为战友们合力围捕赢得了宝贵的战机，犯罪嫌疑人被成功抓获。后来，医生从孙国杰体内取出 17 枚铅弹，其中 1 枚铅弹距心脏仅0.1厘米。

孙国杰自 2004 年 4 月参加公安工作以来，共参与侦破各类刑事案件上百起，其中重特大案件 26 起，为维护社会治安稳定做出了积极的贡献。

张文华，男，汉族，1968 年 3 月出生，中共党员，本科学历，郑州飞机设备公司弹射技术研究所强度与仿真研究室主任、研究员级高级工程师。

张文华事业心强，善于创新。先后完成现役飞机、下一代主战飞机、预研飞机等飞机配套的数十个武器悬挂发射装置的研制工作，解决了大量设计试验技术问题，保证了产品的顺利研制和生产。张文华注重跟踪国内外计算机仿真技术的发展趋势，潜心研究武器悬挂发射装置的发展方向、技术需求，2000 年他引进建立了投资 200 多万元的公司仿真系统，实现了公司的强度设计由工程算法向计算机仿真的质的飞跃。他大胆应用新技术，把数字化设计技术应用到粮食机械中，有效解决了粮食机械高方平筛的疲劳寿命问题，为提升郑州市制造业水平做出了贡献。张文华还参加了国家“863”计划某项目的研究，他与西北工业大学、中国运载火箭技术研究院等单位协作，完成了某项产品的初样设计。1996年张文华荣立中国航空工业总公司个人三等功，2002年获中国航空工业第二集团公司技术进步二等奖，2003年获河南省机械工业技术进步二等奖，同年获郑州市职工合理化建议优秀成果三等奖，2004年获河南省“张玮式创新能手”称号。

李孟圈，男，39岁，郑州大学第一附属医院乳腺外科副教授、副主任医师、硕士生导师，现任乳腺外科主任、外总实验室主任，兼任河南省抗癌协会乳腺癌专业委员会副主任委员。

在临床工作中，李孟圈主要从事乳腺外科的医疗、教学和科研工作，牢固掌握本专业及相关专业的理论知识，善于了解和掌握本专业及相关专业的国内外信息，及时开展新技术、新术式。对本专业的常见病、多发病及危重疑难病能及时做出正确诊断与处理，能熟练操作本专业大中小及疑难复杂手术。积极开展乳腺红外线扫描检查、乳腺癌术后乳房成形术、晚期乳腺癌综合根治术等新技术，因成绩突出、疗效显著，多次被《健康报》及《郑州晚报》等多家媒体报道。平时在工作中，李孟圈不仅重视临床，同时大胆创新，对临床教学内容及实验动物的使用大胆进行改革，提出了“动物重复利用，教学内容交叉进行”的教学模式，即解决了教学经费不足，又保证了教学质量。李孟圈所承担的《常温下长时间阻断入肝血供和选择性阻断肝静脉的实验与临床研究》、《脊髓脊膜膨出术后大小便失禁的外科治疗的研究》及《晚期乳腺癌综合治疗的临床研究》等课题，分别获得省科委科技进步奖二、三等奖各1项，省教委及卫生厅科技成果奖5项，省教委教学成果奖2项。李孟圈曾在国家级及省级杂志上发表论文22篇，出版专著及教材6本，获得国家专利2项。他还多次被评为医院及校级先进个人，2003年被评为郑州市优秀教师。

李嘉琛，男，汉族，1971年3月出生，中国人民大学研究生毕业，现任郑州中原专修学院院长、郑州一中分校董事长。

1993年，李嘉琛大学毕业后，先后从事行政管理和企业管理工作，1997年开始投身民办教育，并大胆进行新时期民办教育的实践探索和理论研究。1999年到中国人民大学攻读MBA研究生，毕业后再次回到民办教育战线，开始新的探索。

李嘉琛热心民办教育，先后投资郑州中原专修学院、郑州卫生学校西区、郑州一中分校等教育项目，使民办教育和公办教育资源实现了有效整合。他所领导的郑州中原专修学院成立于1980年，是河南省创办最早的民办高校之一。著名美籍华人学者赵浩生担任学校名誉校长，宋任穷、费孝通等老一辈领导人曾为学校题词。《人民日报》、《经济日报》、《光明日报》、《河南日报》等曾先后对该校进行了报道。李嘉琛始终把整合教育资源，为中原建设培养优秀人才放在首位。他率先将企业管理的先进管理理念引入教育领域，并率先在民办学校初步建立了现代学校管理制度。他倡导“教育即服务”的教育理念，确立了“以人为本，德育为首”的办学理念，坚持“学会学习，学会做人，学会生存，学会创造”的育人目标和“专家治校，教师治校，家长治校”的治校方针，在寻求民办教育的可持续发展上进行了一系列有益的尝试。

作为投资人，他还热衷于公益事业，经常参与社会各界组织的公益活动。曾为河南省宋庆龄基金会捐赠物品，由于非典期间有突出贡献，还受到民政部等有关部门表彰。

周可祥，男，38岁，汉族，毕业于河南财经学院，中共预备党员，郑州泰祥实业有限公司董事长。

1988年，周可祥在郑州市毛巾床单厂工作。1996年他辞去公职下海经商，在洛阳创建了洛阳新解放汽配供应站。1998年回到郑州，创建了河南汽车配件城。2003年周可祥成功启动了郑州轮胎汽配交易市场，2004年又投资兴建了河南汽车(配件)物流贸易园。

企业发展的同时，周可祥主动参与社会公益事业。1998年夏天，向南方洪涝灾区捐款10万余元。2001年10月，慷慨解囊赞助七里河学校10万元。2003年非典期间，组织商户捐款4000多元。2004年4月及10月，周可祥两次共出资60万元，组织河南汽配城商户参加全国汽配交易会，为河南汽配业的交流发展及招商引资做出了突出贡献。由于成绩突出，他先后获“郑州市文明市民”、管城区“优秀政协委员”、管城区社会公益事业“光彩杯”先进个人、管城区“十大杰出青年”等荣誉，并当选为全国汽配市场联合会常务理事、郑州市工商联汽摩配商会副会长、河南省法人代表权益保护中心副理事长、河南省汽车(摩托车)服务业商会会长等。

周毅敏，男，1965年9月出生，中共党员，大专文化，郑州市工商行政管理局专业分局特种行业管理所所长。

周毅敏始终坚持全心全意为人民服务的宗旨，模范地履行市场监管和行政执法职能，不断强化网吧、娱乐场所等特种行业监管力度，大力开展打击黑网吧、不法电子游戏厅、“扫黄打非”等专项治理，努力开拓创新监管方式方法。2002年，特行所被河南省人事厅、省新闻出版局评为“扫黄打非”先进集体，2003年被评为市“五好工商所”，2004年被评为郑州市“青少年维权岗”优秀单位。2001年～2002年周毅敏被郑州市政府评为“助残”先进个人，2003年被郑州市委、市政府评为“抗击非典”先进个人,同年被河南省工商行政管理局评为“人民满意的工商行政管理干部”,2004年被郑州市委、市政府评为全市十佳职业道德标兵。

杨楠,女,1975年1月出生,大学学历,河南建业足球俱乐部总经理,中国足协联赛委员会常委。

杨楠自担任河南建业足球俱乐部副总经理以来,兢兢业业,勤勤恳恳。她奔波于全国各个足球俱乐部之间,率先完成了股份制改造,使建业足球俱乐部成为中国首家股份制足球俱乐部。杨楠积极开拓创新,2003年,她把体育和文娱巧妙结合在一起,使得3万人的航海体育中心座无虚席。建业足球队在这个赛季一路高歌猛进,先是史无前例地闯入足协杯八强,并作为惟一一支闯入八强的中甲俱乐部获得当年中国足协颁发的“黑马奖”,后又奇迹般地夺得联赛亚军。此外,杨楠还热心公益事业,2004年,球队将价值400余万元的副冠名权无偿捐献给了“中国性病艾滋病防治协会”,称为“河南建业红丝带队”,也成为全国首支以公益事业冠名的运动队。此项义举,得到了亚足联主席维拉潘的盛赞,他专程接见了杨楠,并对杨楠给予高度评价。

常文杰,男,38岁,汉族,本科学历,新郑市万佳实业有限公司法人代表、董事长,新郑市工商联常委,新郑市新华路办事处工商联副会长。

他善于思考,勇于拼搏,于2001年5月白手起家创建万佳实业有限公司,下属万佳量贩是新郑市规模最大的综合超市。常文杰以超前的营销理念,先进的营运模式,使万佳的优质服务赢得了全市人民的广泛赞誉,市场销量节节攀升,规模不断扩大。继万佳量贩总店之后,又先后创建了5个连锁店,总营业面积为7500平方米,提供了450个就业岗位。2002年3月被新郑市工商局定为“免检企业”,2002年10月被共青团新郑市委评为“青年文明号”。2003年3月万佳超市连锁店被新郑市质量技术监督局评为“食品行业放心店”,2003年8月被新郑市政府定为“旅游定点购物单位”。常文杰在实现自身价值的同时,关注社会,奉献社会,多次为社会公益事业、扶贫赈灾等捐资。

(张　华)

先进单位

郑州市国土资源局

2004年,郑州市国土资源局认真贯彻落实党中央国务院和市委、市政府部署和要求,会同监察、计划、建设、农业、审计等部门,从维护群众利益入手,顺利完成了土地市场治理整顿工作。一是认真清理开发区用地。全市共清查8个开发区,撤销整合4个,占开发区总数的50%。退回土地528.9公顷,核减规划面积2300公顷,占开发区总规划面积的41%。二是开展了新上建设项目的清理,共清理新上项目1078宗,有57宗被暂停并进行整顿或取消立项。三是严肃查处国土资源违法案件,全年共立案1067宗,结案1031宗,结案率97%。“6.25”全国土地日前夕,市政府召开新闻发布会,对14起土地违法案件公开曝光。同时,对一批重大土地违法案件进行了严肃处理,并依法追究了有关人员的责任。其中,党政纪处分15人,刑事移送9人,刑事处罚7人。四是经营性用地招拍挂出让制度全面落实。全年组织实施经营性用地招拍挂30宗,面积197.5公顷,土地总收益突破20亿元,是预算收入的200%,创历史最好水平。五是注重维护人民群众切身利益,土地市场治理整顿以来,联同有关部门清理并纠正拖欠、截留、挪用征地补偿费1.7亿元,已全部兑现给了农民。认真贯彻“以人为本,预防为主,防治结合,重点治理”的方针,于2004年8月颁布实施《郑州市地质灾害防治规划》。和市气象局联合启动全市汛期地质灾害气象预警预报机制,投入380多万元,治理地质灾害隐患点8个,全年共发生地质灾害4起,同比下降94.6%,财产损失200多万元,同比下降90%。为解决群众上访问题,按照市处理信访突出问题及群体性事件联席会议的要求,市局牵头成立了农村土地征用问题专项工作小组,由局长分片包干,抽骨干力量和省下访小组一起实地进行督查,解决了83起中央、省、市交办的土地信访重点案件,使一批长期得不到解决的上访积案得到了解决,被省联席办评为先进单位。2004年共受理信访案件679起,处理率为91%,为历年最多。其中,中央交办33件,结案32件,结案率97%;省、市领导批示及新闻媒体关注的94件,全部得到处理。由于各项工作成绩显著,2004年底,郑州市国土资源局被国家人事部、国土资源部授予全国国土资源管理系统先进集体。

局长:马耀杰

从保护资源就是最好的保护群众利益入手，坚持科学发展观，完善制度，强化廉政，从源头上加大防腐力度，有效地保护了群众利益，保护了资源，保障了全市经济建设对资源的需求。一是认真实行党风廉政建设责任制，抓好廉洁自律工作。通过贯彻落实国土资源行政为民“十项措施”和工作人员“五条禁令”，严格执行廉政建设“四大纪律八项要求”。从建章立制入手，抓防范，从源头防止腐败。完善了领导干部任前廉政谈话制度，诫勉谈话制度，落实领导干部民主生活会制度和定期述职述廉制度。同时，把廉政建设与业务管理紧密结合起来，对土地出让转让、建设用地审批报批等各类行政审批实行会审制度，进行全程监督，重大事项实行集体决策。二是管好资源，保障经济发展，从根本上维护群众利益。为解决郑州市人多地少，经济发展势头快，用地大量增加的矛盾，克服各种困难，全年上报建设用地35 批次，面积 1178 公顷，其中市本级批次用地 13 个，面积630 公顷。通过大力推进“空心村”、砖瓦窑场和工矿弃地的整治，申请折抵置换用地指标 1207 公顷，使用 417 公顷；清查出闲置土地 105 宗，面积480.5公顷，其中政府收回 20 宗，面积108.3公顷，督促开工 33 宗，面积164.3公顷，有效缓解了郑州市建设用地的紧张状况。全国人大《土地管理法》检查组、国务院土地问题专项督查组、基本农田检查验收组和国务院七部委治理整顿验收组都对郑州集约用地的做法给予充分肯定。

全市住房用地登记发证工作取得较大进展，全年发证近 12 万本，全面开展农村集体土地所有权登记发证工作，外业任务全部完成，发证超过 50%。同时，在地籍与测绘管理、土地利用、土地规划、耕地保护、矿业监察、矿产开发、地质勘查与储量管理、保护地质环境等方面也做了大量卓有成效的工作，得到各级领导的肯定和好评。

（王玉学）

郑州市商业银行

郑州市商业银行成立 5 年来，其发展得到了省市政府、银监局、人民银行及郑州市社会各界的充分关注和大力支持。在多方的精心培育下，郑州商行逐步彰显出现代化管理模式下商业银行的强劲实力。

该行秉承“扩大规模，防范风险，提高质量，优化结构，增强效益”的经营方略，以“服务市民、支持地方、打造精品、实现规模效益”为指导，确立“服务地方经济、服务中小企业、服务城市居民”的市场定位，依照现代商业银行的经营管理规范运作，引入全新的经营服务理念，应用高科技手段迎接市场挑战。成立五年来保持持续快速稳健的攀升势头，业务发展迅猛，经营规模逐步扩大，各项指标全面优化，风险控制得力，产品服务功能日益完善，进而树立了全新、健康的企业形象。截至年底，郑州市商业银行存款余额已达130.88亿元，同比增长16.94亿元；贷款发放余额达88.75亿元，同比增加8.49亿元，新发放贷款22.6亿元，贷款服务全力支持了郑州市的城市经济建设和市民生活改善，主要投放在城市基础建设、地方财政、优秀民营企业建设以及科教文卫事业上；通过对贷款的严格管理，建立科学审批制，5年来该行贷款本息收回率平均为98.6%，较成立初增长79.2%；同时，该行注重对银行卡的推广，完善世纪卡的服务功能，实现了银行卡在国内、港澳地区及部分海外国家跨行取现和 POS 消费，并且免收年费和中间手续费用，充分照顾了广大市民的理财需要，促进了世纪卡在市民生活中

董事长：刘花果

的广泛使用，给城市居民的外出活动带来了方便和实惠。截至年底，世纪卡发卡达76.3万张，卡内存款余额15.1亿元，较 2000 年增长70.8万张，卡内存款余额增长13.3亿元；此外，还相继推出代收行政事业性收费及罚没收入、代缴自来水费、代收燃气费、代交地税、代发工资、代扣水电费、代理保险业务、代交网通话费和联通话费、公交卡充值、代交有线电视费、移动支付等 10 多项代理业务品种，内容涉及居民生活的方方面面；同时，该行还通过发展货币市场和票据业务来实现盈利增长，该行 2004 年共办理货币市场业务141.8亿元，办理票据业务27.6亿元，办理差额承兑汇票 33亿元。2004 年，该行正常经营盈利达 8000 多万元。

面对未来的发展课题，郑州商行提出以“客户为中心、利润为中心、以人为中心”的发展指导方针，确定“扩大规模，防范风险，提高质量，优化结构，增强效益，用三年时间再造一个商行”的经营方略，强化“利益清晰、权责明确、平衡制约、管理科学、运作规范、和谐高效”的管理体制，建立风险防范与控制的长效机制，实现规模、质量、效益的协调发展。郑州市商业银行确定的目标是：面向市民做大零售业务，做面向市政建设和中小型企业的大公司业务，面向社会服务做中间业务——做到大零售业务一站式经营，大公司业务一条龙服务，大中间业务一揽子送配，将郑州商行真

正塑造成为一个多功能、市民化、集约化经营现代商业银行。

（吴　华）

广东发展银行郑州分行

2004年，广东发展银行郑州分行（下简称“广发郑州分行”）在省委、省政府和总行的正确领导及社会各界的大力支持下，紧紧围绕年初确定的指导思想和工作目标，深入贯彻十六届三中全会精神和总行工作会议精神，学习宣传三大银行法，继续贯彻“四大理念”，以利润为目标，以质量为中心，以规范为主线，稳步发展，积极创新，调整结构，强化管理，提高质量，建设队伍，积极有效地组织推进各项工作的顺利进行，各项业务稳步发展。截至年底，全行本外币存款规模达到217.22亿元，较年初增长2.06亿元。其中，人民币一般性存款余额达208.98亿元，较年初增加1.52亿元，完成全年计划的88.75%。全行本外币贷款余额达158.09亿元，较上年底增加0.33亿元，其中，人民币贷款余额为153.04亿元，外汇贷款余额为6113万美元；累计办理贴现41亿元，余额为2.86亿元。全行国际业务稳步发展，个人业务增效明显，资产处置盘活成效卓著，经营效益也有所提高。

行长：李兴智

（一）调整思路，科学决策，以理性的发展观促稳健经营

进入2004年，面对国家全面实施趋紧的宏观调控政策，社会资金面趋紧和企业资金链条绷紧的形势，分行领导班子审时度势，以科学的发展观作指导，以夯实基础为目标，在元旦过后的务虚工作会上即提出了“稳步发展，积极创新，调整结构，强化管理，提高质量，建设队伍”的二十四字工作方针，把全行的业务发展方向定在“稳步”二字上，以盘整业务和夯实基础为工作重点。围绕二十四字方针，推动各项工作顺利开展，业务发展稳中有升，管理更加严格规范。至年底，分行本外币存、贷款分别较上年有小量的攀升，实现经营效益3.6亿元，基本上实现了稳步发展的目标。

（二）积极盘整业务，促进业务结构的调整和优化

负债业务方面，采取多种措施，规范存款业务，优化负债结构。适当降低票据业务带动的负债业务，提高了非授信存款的占比。

在资产结构调整方面，首先紧密结合年内全国票据市场都在进行整顿、规范的大形势，郑州分行及时压缩商业票据业务，夯实业务基础，对票据结构进行了有效调整。截至年底，分行商业票据业务压缩至2.86亿元，比上年末压缩37.35亿元，商业票据规模的大幅度下降，有效地规范了票据业务，降低了风险。分行还通过调整客户结构来调整资产结构，注重抓优质客户群建设，努力提高优质客户群比重，重点支持符合国家产业政策的能源交通、基础设施建设等项目，控制、压缩国家限制的“五大行业”的授信总量。并有效地压缩了中长期贷款和前10户授信大户的授信量。同时，对私业务已逐步成为郑州分行较为稳定和持续发展的主要业务。至年底，个贷余额较年初增加3.1亿元，有效地优化了资产结构。

（三）积极组织营销，加强银行与客户的沟通，树立广发的品牌

2004年，分行以产品营销、理念营销、服务营销获得了客户的信赖，赢得了广泛的赞誉。3月8日，邀请省内500余名白领丽人举办了以“时尚之春”为主题的“广发真情卡”宣传活动；8月1日，与河南省发展和改革委员会联合举办了“支持全省重点项目（企业）资金供求对接洽谈会”；10月22日，与总行公司银行部联合举办了主题为“回顾过去，展望未来，扩大合作，共谋发展”的全国汽车行业经销商VIP峰会；11月21日，与河南省政府食品办联合举办了全省食品行业VIP银企洽谈会。这些营销活动对于扩大银企合作和树立广发行品牌产生了良好的影响。分行还注重抓好柜台服务营销。在2004年11月中旬进行的年度规范化服务检查中，郑州分行的所有网点以饱满的精神、细致的服务接受了总行的检查，全部达到了总行要求的标兵单位标准。与此同时，分行不断对原有市场进行深度发掘，相继推出物流银行业务、企业财务顾问、网上银行、流动资金循环贷款、公路收费权质押、法人按揭贷款、项目融资等十多项支持中小企业的融资新产品，2004年还为逐步实现业务转型做了一些有益的尝试，先后推出了长期理财产品利＋利、江南证券信托计划、市政一期信托计划、中原恒益证券信托等。推行了总行的短期理财产品“薪＋薪”、珠三角民营企业信托计划等。

（四）狠抓规范管理，建立全方位多层次的内控管理体系

一是对以前制定的制度做了进一步改进、健全和梳理完善。在2003年开展“规范管理年”活动的基础上，以总行2004年开展“规范管理深化年”活动为契机，积极贯彻总行“以人为本、突出内控、巩固成果、根本好转”的指导方针，进

一步强化风险管理，规范信用业务管理流程，设立了权力上相互制衡、业务上相互促进的资产负债管理、信用审查等专门工作委员会，于年初将信贷审查部、信贷管理部进行分设。同时不断建立健全各项规章制度。下半年陆续出台了《广东发展银行郑州分行内部控制检查、监督条例》、《关于实施重要财务事项集中管理的通知》、《客户经理信贷业务职责界定和操作规程》、《广发郑州分行客户经理违反对客户服务行为规范“十不准”处罚办法》、《广东发展银行郑州分行营业部经理、副经理(会计主管)委派管理办法》、《关于加强对一线操作人员上岗资格及主管卡管理的通知》、《广东发展银行郑州分行银行承兑汇票业务出帐管理规定》、《广发郑州分行支行主管风险副行长(行长助理)工作职责》、《广东发展银行郑州分行支行行政公章管理办法》等数十项制度措施，进一步强化和细化了管理，把分行的规范管理引向了深入。二是为进一步将规章制度落到实处，郑州分行年内不断以检查促整改，以处罚促执行，开展了一系列会计、信贷、票据、财务以及档案、保密等方面的检查。3～8月份，分行在进行全行会计业务检查的基础上，开展了支行对帐业务专项检查、结算帐户开户合规情况专项检查、网银业务专项检查和空白银行承兑汇票管理专项检查，并督促支行进行了整改。对违规、违章行为严格按照《广东发展银行员工违规行为处罚暂行办法》进行处罚，各支行都根据检查情况进行了有效的整改。下半年分行信贷管理部对全辖支行存量信贷业务进行了全面自查。共检查16个支行，调阅档案3480多份，会计凭证2000多份，提出合理化建议近520条，汇总报告16份。三是在完善制度、强化检查的基础上，还加大了以处罚促执行的力度，加大对违规行为的责任追究力度。在上半年召开的“反违规、反腐败、防风险、防案件”教育活动大会上，通报处理了一段时期以来全行发生的几起违规事件、差错事故，并对相关责任人作了严肃处理。12月份又召开了“强化内控 规范管理”座谈会，对下半年来的一些违规事件提出初步处理意见，以有错必纠、有错必罚的制度规范大家的行为，使员工树立起足够的责任意识、风险意识、规范意识，真正做到防患于未然。

(五)以人为本，加强教育，建设一支优秀的队伍

一是上半年，分行在队伍建设、行员管理等方面实施大胆改革，出台一些新的政策。首先是对总(行)助理级以上的管理级行员实行双向选择聘用制。其二是从第一季度开始实施管理级员工年度期薪制，将工效工资与全年的业绩考核挂起钩来，并推行了一、二线行员之间的行内交流制度。二是先后组织了新学员培训班、清华金融理财规划师高级课程班、北大管理培训班以及有针对性地对资金、票据、信贷基础业务、理财业务、国际业务、资产管理业务等开展了岗前培训、专业培训、专题培训和管理级员工培训，提升了员工的整体素质。三是为强化对员工道德风险的防范，有针对性地组织了一系列警示教育活动，2004年4月份召开“反违规、反腐败、防风险、防案件”系列教育活动大会，6月份组织分行各部室、同城各支行全体员工到郑州监狱进行参观，并于8月份聘请多年从事金融会计研究的金融犯罪侦察专家在河南金融管理学院举办了全行会计管理人员票据业务风险防范培训班。

(常　罡)

郑州市建筑企业管理办公室

郑州市建筑企业管理办公室成立于1983年，隶属于郑州市建设委员会，国有事业单位。下设综合室、财务室、企业资质管理室、项目经理管理室、统计室、郑州建设教育培训中心。自1995年以来，连续9年被郑州市建设委员会授予“郑州建设公仆杯”，2000年至2004年，连续5年被建委评为“先进基层党组织”，2002年被省建设厅评为“全省工程建设与建筑业管理先进单位”，2003年、2004年连续两年被省建设厅评为“建筑业行业统计先进单位”，2002年被省建设教育协会评为“建设教育先进单位”，2003年、2004年连续两年被建委评为“优化经济发展环境工作先进单位”。

主任：牛合顺

2004年，在省建设厅、市建委的领导下，市建管办立足于内强素质，外树形象，一手抓干部职工素质的提高，一手抓各项工作任务的落实，围绕建筑业企业资质管理、工程建设监理企业资质管理、劳务企业资质管理、建筑施工企业项目经理资质管理、建筑业施工统计和建设教育培训等工作，狠抓年度工作任务和目标的落实，较好地完成了2004年度的管理目标和各项工作任务，为郑州市建设事业的发展起到了积极地推动作用。

(一)建筑业企业资质管理工作

一是完成了新成立企业的初审和资质申报工作。2004年，分季度受理新成立企业150家，使新成立企业有序地进入建设市场，较好地把住了建筑企业市场“准入关”。二是

组织完成了建筑业企业资质年检。2004年上半年，按照建设厅统一部署和要求，组织对全市348家建筑企业资质进行了年检，同时对132家资质变更企业资料进行了认真的审核，按要求对升级企业资料严格把关后上报省厅。对违规违法企业进行及时地整治，较好地规范了建设市场秩序。

（二）工程建设监理企业资质管理工作

一是完成了新成立监理企业资质的受理和申报工作。2004年新成立监理企业5家，有效地把住了监理企业市场准入关。二是组织完成了2004年的监理企业资质年检和就位工作。2004年4月份，对98家监理企业进行了复检，及时掌握企业有关情况的变化，并做好企业等级的变更工作。2004年升级企业17家，其中，乙升甲6家，丙升乙11家，资质增项21家，及时完善管理措施，规范市场管理。三是完成了监理工程师注册工作。2004年，全市新注册监理工程师467名，注册变更59名，使全市监理企业的人才结构得到了较好地改善。四是深化监理企业专项治理工作。2004年，专项治理参检企业共95家，参检工程400余项，有效地规范了工程建设监理行为，进一步整顿和规范了建筑市场的秩序，提高了工程建设监理的整体水平。

（三）劳务企业资质管理工作

一是完成了新成立劳务企业的申报工作。2004年，受理新成立劳务企业50家，使新成立的劳务企业有序地进入建设市场。二是完成了劳务企业资质年检。2004年，对拥有资质的52家劳务企业进行了资质年检，加大了对劳务企业队伍的管理力度，有效地规范了劳务分包市场。三是组织了劳务分包企业调研。2004年7～8月份，配合省建设厅完成了对相关企业的调研工作，共调研企业18家，其中总承包企业5家、专业承包企业5家、劳务企业8家，广泛听取企业和农民工意见，对企业用工形式、劳动合同、工资支付、劳务管理、拖欠民工工资、劳务分包等情况进行了认真的研究和探索，初步形成了对劳务企业管理的方法和措施，对2004年的劳务企业发展起到了积极的推动作用。

（四）建筑施工企业项目经理资质管理工作

一是完成了一级项目经理资质核准工作。2月份，对部分专业企业一级项目经理进行了审核，核准项目经理11种专业，合计253人。二是完成了项目经理资质复检和变更工作。2004年参加项目经理年审共2094人，其中合格2045人（含一级项目经理335人，二级项目经理914人，三级项目经理791人，四级项目经理5人）；不在岗49人（含一级项目经理1人，二级项目经理14人，三级项目经理34人）。项目经理变更447人，其中工民建一级38人，专业一级19人；工民建二级149人，专业二级72人；工民建三级125人，专业三级44人。项目经理换证234人，现已发证222人。三是完成了建造师的申报工作。2004年4月份，经郑州市整理上报一级建造师300余名，经建设部、人事部共同审查核准121名，占全省已核准一级建造师总数约40%。下半年，申报二级建造师1500余人，经审查，731人符合申报条件，已上报省建设厅和人事厅组成的二级建造师考核认证领导小组。

（五）建筑业施工统计工作

一是建立了统计员报送报表考核卡制度。使统计员增强了工作责任心，统计报表的及时性和准确性有了很大提高。二是自编了统计工作计算机程序。采用了Excel功能，按照市建委业务报表内容设计了简便快捷的操作程序，使企业报送报表的时间明显加快。三是完成了年度建筑业施工情况的统计工作。截至2004年年底，预计全市（含六县市）建筑业总产值为200亿元，在建施工工程4200个，施工房屋建筑面积为2700万m^2。其中，住宅工程3000个，1700万m^2；新开工工程1720个，1050万m^2；竣工工程550个，280万m^2。

（六）建设教育培训工作

培训中心紧紧围绕建委领导提出的“以管理促鉴定，以鉴定促培训，以培训促劳动者素质提高，以高素质的队伍推动建筑市场的规范和工程建设质量安全水平的提升”的指示精神，在建委培训工作领导小组的指导下，逐步完善机构设置，进一步明确岗位职责，初步形成了一个高效、科学、合理的管理机制。

加强了培训中心内部人员的管理。建立了班主任带班、职工值班、领导听课、查课评课等制度，对培训中心教职员工形成了有利的管控，增加了培训工作的透明度，拓宽了建设教育培训工作的渠道。为了广泛开拓培训渠道、拓宽培训项目，培训中心对外与省建设教育培训中心、省五建教育培训中心、河南省建校、郑州市安全局培训中心、平顶山工学院等单位实行纵横联合，以各种形式组织完成不同层次的培训任务。对内按照市建委“四个统一”的要求，积极协调内部各行业培训任务的开展，市建委所属质监站、安检站、造价办、招标办、交易中心等各单位的培训任务都得到了较好的落实，同时高标准完成了年度建设教育培训工作的目标。2004年，培训中心主要进行了“一法四条例”培训、建造师培训、项目经理继续教育及合格证教育、关键人员岗位培训及继续教育、资料员培训、见证员培训及继续教育、土建和安装预算员培训及继续教育、招标代理从业人员培训、评标专家培训、安全条例及“三类人员”培训，共计13个种类、65期，报名接受培训人员16063人。技术工种共报名8470人，理论培训考核3516人，实际操作鉴定5568人，发证6253人。此外，还进行了成人大专学历教育报名考试工作，共招收学员330人。

（李延平）

郑州市建设工程造价管理办公室

郑州市建设工程造价管理办公室成立于1981年，原名郑州市基本建设定额管理站，1993年9月，经市编制委员会批准，更名为郑州市建设工程造价管理办公室，是郑州市建设工程造价管理机构，为隶属于郑州市建设委员会的行政单位。该办现下设6个部门，工作人员25人，其中具有中高级职称的占80%。

主任：吴松格

郑州市造价办具体负责贯彻执行国家有关工程造价管理方面的方针政策、规定，并结合本市情况制定补充规定和实施细则；负责本市各类定额及计价依据中出现的疑难问题解释和管理工作，并负责编制定额缺项子目和一次性补充定额的审批；负责收缴定额测定费；负责测算发布各类材料价格调整系数和材料价格信息，收集、整理已完工程造价资料，建立工程造价数据库；负责监督检查本市工程造价依据执行情况，并对工程造价纠纷进行调解处理和鉴定；负责办理本市概预算人员资格证的认证申请、颁证、变更及年审工作；负责对本市工程造价咨询单位的资质等级进行审查确认，并实行管理；负责办理造价工程师的考试报名、颁证和变更工作；负责建设工程标准化管理工作。

该办自创建至今，牢固树立服务一流的思想，紧紧围绕工程造价管理和计价制度改革的工作重心，真抓实干，不断改革，并始终坚持与时俱进的原则，积极开展各项工作，取得了很大成绩，始终保持造价管理工作走在全省前列。逐步对报批一次性补充定额的程序、所需资料、时限等做出了明确规定，为贴近市场，服务市场，对建设工程计价依据的管理从最初的政府定价为主导的管理模式逐步向"控制量、指导价、竞争费"、"量价分离"、"以市场形成价格"的管理方式过渡。

新世纪初始，郑州市造价办切实结合建设部工程量清单推广实施的精神，采取一系列有效的措施，以市政工程为突破口，进行清单试点工作，从实践中找出清单推广的可行性办法，并出台一系列配套措施配合清单的推广实施。同时，为了规范工程造价市场行为，该办对工程价格信息工作做了大幅度的调整，加大了信息发布的频率，完善了材料价格信息发布的网络系统化、会员服务化功能，以求准确、及时、高效的服务市场。

该办建办20年来，牢固树立为纳税人服务的意识，与时俱进，开拓进取，在改革中求发展，取得了优良的成果。曾连续6年被评为河南省工程造价管理先进单位，2002年该办被评为"全国建设标准定额工作先进集体"，受到了市政府和省、市建设厅行政主管部门的一致肯定，也得到了社会各界的赞誉。

（毛英姿）

郑州市建设工程招标投标办公室

2004年，招标办不断加大宣传和贯彻《招标投标法》、《河南省实施招标投标法办法》及相关法律法规的力度，做好推行工程量清单招标和规范招投标活动当事人行为的工作；重点清理、纠正招投标流于形式、评标定标违规、排斥潜在投标人等重点环节存在的问题，解决当前建筑市场中的规避招标、假招标等不规范现象；不断规范招标代理中介组织行为，严禁超资质、超范围承担招标代理业务。对在招标、投标、开标、定标过程中弄虚作假、行贿受贿，违反招投标程序的不规范行为，依法进行查处。对有悖于法律法规

主任：南成来

和政策的招投标监督程序和做法进行了纠正和清理，修订了《建设工程招标投标监督规程》，制定了《招标工程备案须知》、《开标、评标、定标须知》等制度，使招投标活动得以程序化、规范化运行，保护了国家利益、社会公共利益和招标投标活动当事人的合法权益。同时，严格按照《行政许可法》的合法、公开、公平、公正原则以及便民原则、救济原则、信赖保护原则行政，努力更新观念，积极转变行政职能，优化经济发展环境，简化审批项目，减少办事环节，公开办事程序，公开社会服务承诺，做到依法公正，不直接参与评标、

定标和不干预招标人组织的正常的招投标活动。

在优化经济发展环境工作中，继续做好两核准(核准招标人资格；核准招标方式)、三备案工作(招标文件备案；招标投标情况书面报告备案；工程合同备案)。保持三个转变：由微观管理向宏观管理转变；由管制型向服务型转变；由审批管理向监督管理转变。

在招标投标监督过程中，严把评标专家资格预审关，坚持评标专家随机产生的原则。做好招投标情况书面报告备案和工程承发包合同备案工作。不断加大执法查处力度，严肃查处压级、压价和阴阳合同。不断提高经济效益，保证项目质量，保护国家利益、社会公共利益和招标投标活动当事人的合法权益。

按照对招投标评标专家和代理机构进行培训的要求，先后举办评标专家培训班2期，发展评标专家共332人；培训招标代理1期，共185人。开展全市“一法四条例”宣传活动，印发《招标投标法》及相关法律法规宣传资料300多份，展出宣传板11张。全年保持应招标的工程招标率100%；应公开招标的工程招标率100%。

(郭贵宇)

郑州市公共交通总公司

1954年到2004年，郑州公交走过了50年的历程。2004年7月21日，郑州市公交总公司在市青少年宫举行了隆重的司庆盛典。1954年2月1日，第一辆公交车从二七广场始发站驶出，开始了郑州公共交通的新纪元，当时郑州公交有17名员工、3辆车、3条线。改革开放以来，公交事业发展进一步加快。1979年，开通无轨电车线路，丰富了公交的服务形式，增强了公交的服务能力。1984年7月，汽、电车两种运营形式并为一体，为统一规划、合理布局公交线路提供了有利条件。1995年，为适应改革发展的需要，郑州市公交公司更名为郑州市公共交通总公司。进入新世纪，郑州公交坚持改革、创新、发展之路，以新思维、新思路重构企业发展模式，实现了跨越式发展。经过50年的艰苦创业，郑州公交的企业规模和综合实力从小到大，由弱到强，已发展为以城市客运主业为依托，集公共汽车、电车、出租车、汽车修理、汽车销售、汽车租赁、旅游、广告、信息服务为一体的大型公交企业，成为城市客运的主导力量。

总经理：巴振东

2004年，郑州市公共交通总公司全体职工以“三个代表”重要思想为指导，开拓创新，全面发展，取得了较好的经济效益和社会效益，完成了2004年的各项任务，进一步巩固了公交总公司在城市客运中的主导地位。截至2004年底，总公司在册职工人数6893人，离退休职工1115人，拥有运营车辆2727台，运营线路143条，线路长度2152.75公里，企业资产总值7.35亿元。全年客运总量5.5亿人次，同比增长27.02%；运营里程1.5亿公里，同比增长11.54%；运营收入36064.1万元，同比增长24.13%；车厢服务合格率96.37%；车辆整洁合格率95.99%；车辆(设备)完好率98.60%；工作车率96.23%；行车责任事故频率0.66次/百万公里；新开线路28条；新增车辆431台；改造天然气车辆414台；IC卡发卡总量112万张。

加大公交投入，改善市民乘车环境，全面提升公交服务能力，全年投资1.2亿元购置新颖、美观、舒适的公交车431台，投入到运营生产一线。新开线路28条，调整、整合城区公交线路38条，延长20条公交线路的早晚收发车时间。与此同时，还采取了整顿线路运营秩序，通过实行早晚高峰时间车辆加密，检查车辆间隔等措施，降低车辆满载率，进一步改善了市民乘车环境。加快场站设施建设速度，确保运营高效快捷。在市政府的高度重视和市政管理局等局委的大力支持下，公交场站建设项目部积极开展工作，场站建设取得重大进展，开工建设12个公交场站，其中位于高新技术开发区腊梅路和石化路等5个停车场站已交付使用，其他公交场站已陆续开工建设。

积极推进信息化建设进程。组建办公自动化网络，实现了重要数据短信化发送；提高了报表查询速度，实现了公司内部的互联互通；公交网站的开设，成为宣传企业文化、了解企业理念的窗口，增进了市民与公交的相互交流；完成了IC卡系统的软、硬件和运营报表结构升级，电子车票发售量增至112万张，流动量95万张；实现了网上线路查询，方便了乘客出行。

适应市场需要，改善公司内部运行机制。总公司内部经营机制改革进一步深化，按照法人管理形式，授予基层单位经营者法人管理权限；不断完善以运营为核算中心的运、修、供、后勤保障等单位间的相互独立、业务关联的内部市场经济关系，使各基层单位成为企业内部的独立经营主体和经济核算主体。基层各单位独立经营、自主核算的主体地位已经确立，单位相互间的市场关系、结算关系已经形成,正朝着完善、协调、健康的方向发展。

加强职工教育和培训工作,提高员工素质。相继开办了各种职业技能培训班 11 个,培训人员 1339 名,并全部参加职业资格鉴定,合格率在 95%以上。近几年郑州公交处于高速发展时期,由于车辆增加,对驾驶人员的需求相应增加,为此,2004 年度开办新训、增驾驾驶员培训 3 期,储备驾驶员 630 人。

2004 年郑州公交作为全国惟一的一家公交企业被授予"中国用户满意鼎",104 路线荣获"全国用户满意服务明星班组",公司荣获"中国诚信企业示范单位"、"河南省春运工作先进单位"、河南省"道德规范进万家,诚实守信树新风"活动先进单位、河南省"安全营运文明服务"竞赛先进单位、"郑州市职工素质教育培训基地"、"郑州市重点工程建设先进单位"等荣誉。

(窦晓君)

郑州市自来水总公司

郑州市自来水总公司成立于 1953 年,历经 50 多年的发展,由初建时的日供水能力仅 3000 立方米,发展成为综合日供水能力 107 万立方米,供水面积 212 平方公里,管网总长度 1400 多公里,职工 3900 多名,总资产 19 亿元的国有大型供水企业。

总经理:张天全

多年来,总公司始终坚持"解放思想,开拓创新,与时俱进,追求最佳"的经营理念,在保证社会效益的前提下,努力提高经济效益。以安全生产、优质服务为中心,通过加强管理,深化改革;加快技术进步和技术改造;加强企业党的建设和思想政治工作;开展形式多样的主题活动等,有力地促进了双文明建设水平的不断提高。特别是近年来,在全国供水行业遇到前所未有困难的形势下,总公司克服水源短缺、源水污染严重、设备老化、制水成本提高、售水量减少、水费回收困难等诸多不利因素,经受住了市场风雨的洗礼,保持了良好的发展态势。总公司先后被评为"全国模范职工之家","河南省思想政治工作先进单位",省"五一劳动奖状",省、市级"优秀思想政治工作企业"、"职业道德建设先进单位",省级"军民共建先进单位","省级文明单位","省城市供水优秀企业","国家一级计量单位","省安全生产先进单位",在社会上树立了良好的企业形象。

为适应郑州市改革开放和现代化建设的需要,总公司投入数亿元资金,进行技术改造和工艺完善,实现了供水生产调度、水质检测、营业收费等的计算机网络管理;先后在各制水厂兴建了活性炭投加系统,实现了水厂加氯消毒自动化,出厂水、余氯、浑浊度等指标自动监测,有效提高水处理能力、保证了水质;以"政府放心、市民满意、用户方便、社会称赞为目标,提高优质服务水平,设立了 24 小时值班的供水热线服务中心,并与管网抢修、水表抢修、二次供水抢修等热线完成了微机联网;实行用户报装一站式服务,实现水费交纳银行代收,建立管网抢修快速反应机制,购进先进的管网检漏设备,有效地缩短了抢修时间,提高了管网抢修质量。同时,为保证管网抢修时用户生活用水的基本要求,总公司还购买了送水车,无偿为用户送去"救急水"。总公司多方筹集资金,完成了邙山输水干渠的改造,有效地解决了郑州市西区原水污染问题,提高了柿园水厂的出厂水水质。郑东新区直饮水工程正在实施,这将首开郑州城市供水直饮水先河,将使郑东新区的供水与国际化大都市的城市供水相媲美。

郑州市自来水总公司全体职工发扬"团结奋斗,创新进取,服务奉献,勇争一流"的企业精神的"辛苦我一人,幸福千万家"的职业风尚,紧紧抓住郑州城市化进程的不断推进和公用事业深化改革的大好机遇,按照"满足需求,保证供给;提高水质,确保安全;奉献社会,提高服务;加强教育,提高素质;加强管理,提高效益;开拓市场,促进发展"的工作方针,通过观念创新、技术创新、体制创新、管理创新,进一步加大投资引资力度,完善制水工艺和改造市区输配水管网,拓展供水规模和供水区域,进一步加快企业改革、改制步伐,打造产权多元化,经营市场化,服务优良、管理科学的大型供水企业集团,为郑州城市建设和经济社会发展做出了新的更大的贡献。

2004 年,郑州市自来水总公司先后获国家统计局"全国投入产出调查先进单位"和"全国 5000 家工业企业联网直报先进单位",河南省建设教育协会工作先进单位;总公司石佛水厂获省级文明单位和郑州市精神文明建设活动先进单位;河南省供水行业职业技能鉴定站获省建设系统供水行业职业技能鉴定先进单位;总公司营业处获河南省经济贸易委员会、河南省总工会经济技术创新示范岗、河南省诚信中原活动组委会 2003～2004 年度诚信单位,2003 年度郑州市职业道德建设十佳单位和郑州市总工会“五一”文明岗。

（张富贵）

新密市公安局

2004年，新密市公安局在市委、市政府和上级公安机关领导下，以“三个代表”重要思想为指针，以“发案少，秩序好，群众满意，社会稳定”为目标，紧紧围绕市委、市政府“打造工业强市、创造平安新密”的中心工作，抓重点、攻难点、举亮点，求真务实，开拓创新，为构建和谐社会，维护新密社会大局稳定做出了积极贡献。

新密市位于河南省会郑州西南40公里处，辖区1001平方公里，总人口82万人，地理位置优越，交通通讯便利，矿产资源丰富，经济比较发达。面对新形势、新要求，新密市公安局党委对照先进找差距，统一思想谋发展，不断推出新举措，不但实现公安工作跨越式的发展，而且实现重点工作的突破，取得了优异的成绩。一是积极探索组建了河南省第一支公安合同制消防队，河南省政府召开现场会予以推广，副省长秦玉海到会并给予充分肯定。二是连续三年实现“无赴京上访、无赴省集访、无控申积案”的“三无”目标和“法轮功”人员“零聚集、零进京、零插播”的“三零”目标，受到省市有关部门的表彰。三是看守所、拘留所正规化建设突飞猛进，投巨资安装了全方位监控设施，并通过国家级验收，两所实现10年无安全事故的记录。四是实行警力合理配置，建立起“一警多能，一警多用，综合执法，全天候控制”的交通治安管理模式；积极配合综治部门组建治安巡防大队，组建17支乡镇巡防中队，组织开展为期两个月的声势浩大的“蓝光行动”，全警参战，全民参与搞防范，建立起打防控一体化大防范格局，可防性案件明显下降。五是按照“命案必破、挂牌全破”的要求，组织开展声势浩大“春蕾行动”、“利剑”追逃行动和命案会战，相继侦破了“2.21”民康路重大杀人案、牛店“4.19”特大杀人案、“9.21”城区抢劫杀人案、“10.31”超化抢劫杀人案等一批重特大命案，取得现行命案发15起破13起的好成绩，破案率创历史新高。6月29日，郑州市公安局在新密召开命案必破追逃现场会，奖励新密市公安局现金30000元。六是深入开展“两严一创”战役，开辟严打、严防、宣传三大战场，历经两个月的奋战，取得了辉煌的战果，在郑州市郊县、市评比中获得严打工作第一名，重点部位防范第一名，获现金奖励20万元，受到各级党委政府和社会各界的一致好评。据统计，2004年共立各类刑事案件2668起，破获各类刑事案件1179起；打击处理各类违法犯罪人员3804人，其中逮捕460人；抓捕各类网上通缉逃犯174名，其中抓捕命案逃犯16名；打掉团伙21个，挽回经济损失3000余万元，严厉打击了刑事犯罪。七是铁腕抓队伍，坚定不移地贯彻落实公安部“五条禁令”和周永康部长“四句话”精神，强力推行警务规范化管理；强化窗口单位建设，建起了全国公安系统首家“阳光警务网”；实行机关、基层双向评议考核机制和奖惩机制，每月评出十大警种100名优秀民警予以表彰奖励，建立以月评月奖为核心的等级化管理长效机制；深入开展全员岗位练兵，民警的政治素质、业务素质明显提高；先后两次精减机关业务科室，充实一线，充实基层，实现小机关、大基层、高效率的工作格局。

通过全局上下不懈努力，队伍建设取得了丰硕成果，2个单位进入全国先进行列，5个单位被评为全省先进单位，11个单位被评为郑州市先进单位，65人次受到省市记功奖励。该局先后被省公安厅评为全省控申工作、派出所装备达标工作、档案管理工作先进单位；被郑州市评为人民满意的政法单位、郑州市级文明单位、防范和处理邪教先进单位、公安系统法制练兵、派出所民警练兵比武团体第三名，被评为新密市“公仆杯”铜奖，在2004年全市开展的行风评议中，名列19个执法单位序列第六名，群众对公安工作满意率达81.3%，取得了历年来行评最好成绩，受到各级党委政府和人民群众的一致好评。

（魏　伟）

新密市超化镇

河南省新密市超化镇位于郑州市西南40公里处，全镇24个行政村，285个村民组，7.2万人，2800公顷土地，总面积70平方公里。

超化山川秀丽，风光宜人。有建于隋开皇元年（公元581年）的超化寺，有巍巍壮观的超化寨，有叠峦起伏的九里山，有蜿蜒多姿的双洎河，有历史悠久的莪沟裴李岗文化遗址等自然人文景观，可谓物华天宝、人杰地灵。

超化物产丰富，交通便利。境内矿产资源储量大、品位高。铝矾土储量达5000万吨，氧化铝含量在80%以上；原煤储量2.1亿吨，发热量达6500～7000大卡；硅石储量2.5亿吨，二氧化硅含量98%以上；石灰石储量达4亿吨。北邻汴洛高速，东距新郑国际机场京珠高速公路40公里。宋大、杞密两条铁路和省道323线横贯东西，建有火车站台6座，村镇公路四通八达。

工业经济发展迅猛。按照“工业立镇、工业强镇”的发展思路，围绕“打造全国耐火材料专业镇”的目标，大力发展工业经济，初步形成了耐材、煤炭为支柱，食品、化工、建材多业并举的经济格局，靠工业的快速发展带动了经济的全面振兴。全镇现有各类乡镇企业1600多家，工业企业300多家，其中耐火材料企业250余家。总生产能力70万吨，10万吨以上的企业2家，5万吨以上的3家，1万吨以上的16家，全镇共有各类隧道窑22条，倒焰窑近800座。有8家企业通过了ISO9002国际质量体系认证，4家企业具有进出口经营权，耐火材料工业从业人员1万多人，技术人员1420人，其中中高级职务占20%，聘请外来专家60余人。主要产品有铝硅系列、硅质系列、模质系列、含炭质系列、轻质保温系列、熔铸系列及不定型耐火材料，产品销往全国31个省、市、自治区，并出口韩国、朝鲜、日本、印尼、印度、俄罗斯、突尼斯等国家。

农业生产基础雄厚。主要粮食作物有小麦、玉米、大豆等。以郑州实验挂面厂、郑州益民面粉厂为龙头的优质小麦基地已通过"国家小麦工程中心优质小麦加工实验基地"验收，现已发展优质专用小麦1万余亩。湖地金凤凰养殖集团已发展成为融技术培训、饲料供应、产品销售、疫病防治于一体的多元化养殖集团。特产超化大蒜辛辣甘甜，隔夜不馊，闻名中州，畅销各地。自古有"东店萝卜超化蒜，王村大麻赛丝线"之说。

小城镇建设发展迅速。1991年被批准为建制镇，1994年被国家建设部列为小城镇改革试点镇，2000年被河南省确定为重点镇。现镇区面积7平方公里，4.1万口人。已初步形成了以镇区大道为中心，行政区、商贸区、文化教育区布局合理、有现代化气息的小城镇。

精神文明建设不断加强。镇党委、政府在全镇掀起了《公民道德实施纲要》的学习高潮。各村成立了文化大院，定期举行文艺汇演；建设了有线电视网络，成立了农民图书馆。大搞农村科技培训，完善科技推广网络；实施科教兴镇战略，加大教育投入，改善办学条件，提高教学质量；积极推进婚育新风进万家活动。举行送文化下乡活动，创建了文化室、活动室、图书室，极大地丰富了群众的业余文化生活。

综合实力明显增强。2004年，全镇完成国内生产总值16.6亿元，同比增长20.39%；各项税收完成8702万元，同比增长64.6%；财政收入完成2628万元，同比增长88.3%；规模工业增加值完成5.4亿元，同比增长34.8%；农民人均纯收入完成4692元，同比增长16.2%。曾先后获得"中国乡镇之星"、"全国乡镇综合实力三百强"、"河南省综合改革试点镇"、"河南省十佳乡镇"等荣誉称号。

（刘红伟）

管城回族区残疾人联合会

2004年是实现残疾人事业"十五"计划的关键一年，管城回族区残联在省、市残联的精心指导下，在管城回族区委、区政府的高度重视和全力支持下，按照省残疾人工作总体要求，本着"立党为公，执政为民"的指导思想，以残疾人为本，把残疾人满意不满意、答应不答应、赞成不赞成作为一切工作的出发点和落脚点，精诚团结、开拓创新、锐意进取，为残疾人康复、教育、就业、培训、扶贫等与残疾人生活息息相关的工作做出了一定的成绩。2月23日，召开全省残联理事长会议，与会的300余名领导、理事长现场参观了管城区综合服务设置及残疾人集中就业市场。3月8日，中国残联常务副理事长吕世明到河南调研残疾人工作，在省残联理事长陈砚秋、副市长高建慧的陪同下参观了管城区综合服务中心及残疾人集中就业市场，对管城区为残疾人服务的意识、做法赞不绝口；6月，全国康复工作会议在沈阳召开，管城区残联作为全国惟一的区级单位光荣出席

理事长：李世欣

了这次会议，并作了大会发言。7月，管城区的专门协会工作被中残联定为专门协会试点单位。11月，中国残联杂志社专程在管城区采访3天。12月16日，中国残联康复部部长胡向阳、中国残联社区康复办主任赵悌尊专程视察了残疾人综合服务中心和社区康复工作。管城回族区残联在获得"全国按比例安排残疾人就业先进单位"、"全国社区残疾人工作示范区"、全国"残疾人之家"荣誉称号后，2004年被评为全省扶残助残先进区、中残联定位的专门协会试点单位。

强化组织建设，确保各项工作稳步发展。为切实加强职业道德建设，引导广大干部职工切实转变工作作风，牢固树立"全心全意为人民服务"的意识，在机关内部开展了事业心、责任心、爱心"三心"教育活动，努力提高全体人员"真情为残疾人服务"的思想觉悟。为确保全年工作的圆满完成，激发全体工作人员的斗志，3月初，召开了全区残疾人工作会议，明确了全年残疾人工作总体思路的十六字目标：巩固提高、扎实服务、整体推进、重点突破。为充分发挥专门协会的桥梁作用，安排一名负责人专门协调各协会与各部门的业务关系，对专门协会组织的较大型活动，积极发动志愿者参与。

全面开展残疾人康复工作，圆满完成康复训练服务。依托社会资源，广泛开展康复服务活动。本着做好残疾人康复工作，增强其参与社会活动能力，依托各种资源，发挥各种医疗机构和残疾人家庭作用，开展残疾人康复工作的指导思想，充分发挥区残疾人综合服务中心的作用，积极示

范指导残疾人康复训练。在中心，分别设置了上下肢康复训练室及智残儿童康复训练室，对每一个到中心进行康复训练的人员建档立卡、评估，并根据评估结果制定切实可行的训练计划，及时掌握情况，修改计划，指导残疾人开展康复训练。一年来，共有30多位偏瘫患者、病残患者在这里进行补偿功能训练，患者之间交流康复心得，增强了恢复功能的信心，收到良好的康复效果和社会效果。另一方面，充分利用阅览室的各种书籍，开展心理疏导等康复服务，树立残疾人的康复信心。充分发挥社区康复指导站的作用。针对社区康复指导站资源紧张的情况，为全区的35个社区配备了康复器材。特别是经过努力，争取到中残联彩票公益基金的支持，为管城区的南顺城街社区、陇海南里社区配备了康复器材，为残疾人就近、就便、集中训练提供了很好的机遇和场地。在社区设置了宣传橱窗，开辟社区康复宣传栏，宣传康复训练方法和残疾预防知识，向有康复潜能的残疾人传授康复训练技术，指导他们正确使用康复器具。大胆探索，充分发挥残疾人家庭训练点作用。经过广泛的调查摸底，针对辖区残疾人实际情况，花费7万余元制作了700余件楔形垫、平衡木、分指板、上螺母、木钉板等简便实用的康复器材，发放到残疾人家中，手把手教他们使用方法，使他们足不出户进行家庭康复训练。另外，还针对残疾人的不同需求，对康复器材实行相互转借、互通有无的灵活使用方法，这样不但减轻了残联的经济压力，而且使残疾人增加了沟通交流康复训练心得的机会，大大拓宽了他们原有狭小的生活空间，使康复效果更加明显。扎实工作，大力开展康复救助工程。为更好地组织实施白内障复明手术，依托12个乡(镇)、街道办事处对辖区所有白内障患者进行全面摸底调查。据统计，全区共有341名白内障患者，其中男性101名，女性240名，50岁以下15人。全面开展普及型假肢需求调查，对全区44名截肢患者进行调查登记，为11人安装了12例普及型假肢，补助资金2800元。

加强职业培训，多渠道安置残疾人就业。针对全区2186名残疾人培训需求，一是积极配合省、市残联，推荐26名残疾人报名参加市电大学习班及市残联组织的盲人按摩、电脑、服装裁剪等各种培训班。二是依托残疾人综合服务中心，聘请郑州三职专、飞达电脑学校的老师举办了4期电脑知识、平面设计等市场需求量大，又适合残疾人特点的培训班，共培训残疾人78人。三是举办农村残疾人实用技术培训班，结合乡(镇)农机站的科技人员开展果树种植、鱼鸭混养等6期种植业、养殖业培训班，参加培训人数共计302人。四是依托社会力量举办盲人按摩、保洁、家政等培训班，共培训各类残疾人132人。采取多种形式、多渠道安排残疾人就业，积极协调西大街街道办事处在南学街菜市场闹市区创办了全省第一个残疾人集中就业市场，为20名有技能无摊位的残疾人解决了就业问题。一方面采取分片包干的方式，实行一把手与主管副职签订目标责任书，主管副职与就业办工作人员签订目标责任书，将工作任务分解到每个工作人员身上，要求每人承包3个街道办事处，与办事处工作人员一起深入辖区用工单位开展工作。另一方面，采取一年审、二安排、三征收的方式，先由工作人员统一向全区用工单位送发年审通知书，用工单位按通知要求到年审大厅年审单位在职职工、在职残疾职工情况。对未达到规定比例的用工单位尽量做工作安排残疾人，对安排残疾人确实有困难的则依法征收残疾人就业保障金。经过工作人员全身心的投人，对未达到规定比例的43家用工单位依法收缴残疾人就业保障金19万元，按比例安排残疾人就业41人，按比例就业工作落实面达到90%，集中就业103人，个体从业207人。

有效开展残疾人扶贫、教育工作。变输血型扶贫为造血型扶贫，开创扶贫新路子，针对农村贫困残疾人中有一部分具有一定的劳动能力，但由于缺乏资金，不会选择项目，至今仍在贫困线徘徊的情况，在经济紧张的情况，想方设法筹集资金2万元，为14名农村贫困残疾人购买了猪、牛、羊等牲畜，变输血为造血，从根本上帮助残疾人摆脱贫困。为了保证捐赠项目的顺利实施，还专门与残疾人养殖户签订了不得变卖或变相出售的养殖协议，并聘请农机站的技术人员当场向他们讲授了养殖技术。多方筹措资金，圆残疾人子女大学梦，认真贯彻“残疾人义务教育条例”，与区教体局积极协调，对全区79名残疾少年儿童、残疾人子女减免学费、杂费、书作费14908元，确保残疾少年儿童义务教育入学率达93%以上，拿出23000余元资助13名残疾人子女和残疾少年儿童接受进一步教育。

积极创造条件，丰富活跃残疾人文化生活。充分利用“助残日”、“国际残疾人日”“元旦”、“春节”等重大节日，组织辖区残疾人及其亲属举办文艺联欢会、茶话会，开展猜谜语、打扑克、下象棋等活动。在市残联组织的电视演讲大赛中获得优秀组织奖。在郑州市举办的“第六届残疾人美术、书法、摄影大赛”中获得一等奖1个，三等奖2个。

维护残疾人合法权益，增强残疾人维权意识。在注重提高、改善残疾人生活的同时，建立了残疾人法律服务中心，各乡(镇)、街道建立了残疾人维权站，各社区设立了残疾人维权岗，为残疾人提供法律援助及法律咨询服务。同时积极协调区法院针对残疾人案件的审理，确立了4项优惠措施，确实保障残疾人合法权益，一年来共提供义务法律咨询和司法建议357次。

(周遂枝　王　忠)

第二十五篇 大事记

2004 年郑州大事记

1月

5 日

△省委书记、省人大常委会主任李克强深入郑州市困难企业、建筑工地、敬老院、特困职工和农村困难群众家中走访慰问,送上党和政府的关怀。

7 日

△海南省委副书记罗保铭一行莅郑,进行为期两天的参观考察。省委常委、省委秘书长李柏拴,市委副书记祁金立等陪同考察。

10 日

△郑州市举行荣膺“全国双拥模范城”挂牌仪式。市党政军领导李克、王文超等及驻军首长出席了仪式。

△全国旅游工作会议在郑闭幕。来自全国各省、自治区、直辖市及 45 个中国优秀旅游城市、57 个 4A 级旅游区的 270 多名代表参加了会议,国家旅游总局副局长孙钢在会上对旅游工作提出要求。

12 日

△市委、市政府召开中心城区综合整治 20 个指挥部、项目部负责人及各区、各有关部门负责人联席会,市领导李克、王文超出席会议。

△市委书记李克先后到河南嵩岳集团郑州豫丰纺织有限公司、十八里河镇站马屯村,看望慰问特困职工和贫困农户。

△王文超市长到郑州大学,专程慰问在此工作的各位中科院院士,认真倾听了院士的建议。

14 日

△省委常委、组织部长张纪南到巩义市部分困难党员家中慰问,为他们送去慰问品和慰问金。

△副省长、省公安厅厅长秦玉海看望慰问郑州市公安烈士家属及英模。

15 日

△省市领导李清林、贾连朝、王文超,郑州军分区司令员李文忠等到解放军信息工程大学和郑州防空兵学院走访慰问。

△省政协副主席陈义初对郑州市的重点工程进行调研,要求科学地建设好立交桥和道路,进一步提升郑州的通行能力。

16 日

△来自广西的民族音画“八桂大歌”在郑州艺术宫举行首场演出,省委宣传部部长孔玉芳、市委书记李克等省市领导和省会 1000 多名观众一起观看了演出。

△济南军区空军副司令员胡怀乾、副政委龚德宏带领有关人员到郑州市走访慰问。市领导李克、王文超与济空部队首长进行座谈。

△王文超市长察看国道 107 辅道建设工程,要求在保证质量的同时,加快进度,确保工程在 6 月底前竣工。

17 日

△省市领导袁祖亮、贾连朝、陈义初、刘振中到郑州四中,给藏班学生送去节日的问候并和孩子们联欢。

△刘新民副省长看望郑州市特殊岗位工作人员,指出要探索建立新机制,开创收养救助工作新局面。

△副省长、省公安厅厅长秦玉海检查郑州市公众聚集场所消防安全工作。

△省政协副主席陈义初率部分政协委员和人大代表到郑州市调研综合执法工作。

18 日

△郑东新区 CBD 景观深化设计方案进行专家审定。市领导李克、王文超听取了有关专家的汇报。

19 日

△由市委、市政府批准成立的郑州中小企业担保有限公司正式挂牌。市领导赵建才出席挂牌仪式。

20 日

△省市领导贾连朝、孙新雷检查郑州市旅游市场。贾连朝强调,各景点要搞好节日旅游安排,吸引本地市民。

21 日

△中共中央政治局常委、国务院总理温家宝在河南省委书记李克强、省长李成玉等陪同下,到郑州农村、工厂、机关和电力、铁路等部门,看望慰问农民、工人、公安干警和消防队员。在郑州市花园口镇大庙村,温家宝详细了解了土地使用及补偿情况。温家宝又来到郑州市陈砦花卉交易市场、金博大购物中心与售货员和顾客进行交谈。还专门看望了节日期间坚守岗位的铁路运输和电力调度部门的职工。

22 日

△市领导李克、王文超等到国道 107 辅道工程、郑东新区 CBD 会展中心、市广电中心等建设工地,给建设者们拜年。

△史济春副省长、胡荃副市长到郑州矿务局裴沟煤矿，察看节日安全工作。

26 日

△省军区政委祁正祥带领机关有关人员到登封市人武部，检查战备值班情况。

30 日

△由市政府和省文物局共同主办的少林寺整修方案论证会举行。市领导李克、王文超出席论证会。包括中国文物学会会长、国家文物局古建筑专家组组长罗哲文在内的全国著名的规划、古建筑保护、佛教、旅游等方面的专家，在少林寺实地考察后，对整修方案给予肯定，并提出了一些建议。

2 月

2 日

△省会造林绿化动员大会召开，王文超市长向社会各界发出绿化省会动员令。

△全市高致病性禽流感防治工作会议召开，王文超市长要求全市各级各有关部门要层层落实责任制，切实做好高致病性禽流感的防治工作。

3 日

△河南陆军预备役高炮师党委一届六次全体(扩大)会议在郑州召开。省委常委、郑州市委书记、预备役高炮师第一政委李克指出，要深入学习“三个代表”重要思想，大力加强预备役部队建设。

△史济春副省长、胡荃副市长会见从 2004 年达喀尔拉力赛上载誉归来的车手卢宁军。

△王文超市长、丁世显副市长现场察看郑州市二环道上部分在建重点工程，王文超要求，要高质量建好二环路沿线的立交，确保 10 月全线通车。

△市领导王文超等到宇通重工、郑州托普等企业进行调研。王文超指出，要把企业做大做强，为郑州市的经济发展再做贡献。

4 日

△省综治委 2004 年第一次全体(扩大)会议在郑召开。省委副书记、省综治委主任李清林，省委常委、政法委书记、省综治委常务副主任张世军，省综治委副主任李志斌、秦玉海、郭国三等参加了会议。会上，郑州市被评为 2003 年度社会治安综合治理“完成目标先进市”，获奖桑塔纳轿车一部。

△市委书记李克在巩义、中牟调研。首先到河南豫联集团，察看了正在建设中的 2×30 万千瓦机组的施工工地、电厂机控室。又深入河南明泰铝业有限公司车间察看生产情况，还到位于中牟县的郑州日产汽车有限公司，察看了解了企业的生产经营情况，指出郑州日产必须加大营销，加快发展。

5 日

△全市高致病性禽流感防治紧急工作会议召开。王文超市长要求，全市各级各有关部门要切实把各项防治措施落到实处，真正把这件关系国计民生的大事抓紧抓好。

6 日

△全市信访工作会议召开。市委书记李克指出，信访工作非常重要，要高度重视，切实抓好，为郑州市加快发展营造一个稳定的环境。

△郑州航空工业管理学院、河南教育学院、河南广播电视大学在郑东新区奠基开工，拉开了龙子湖高校园区建设的序幕。省市领导贾连朝、李新民、王文超参加了奠基仪式。

13 日

△全市环境保护工作会议召开。王文超市长指出，郑州市将全力争创国家环保模范城市，为此，要在增加森林植被、提高水面湿润度、提高大气质量及污水处理能力上下大工夫。

△市领导王文超等会见了香港世界贸易中心协会主席伍淑清一行。香港客人此次来郑，将与有关方面商讨在郑设立香港世贸中心协会分会事宜。

14 日

△以农业部副部长范小建为组长的国务院督查组来郑，对高致病性禽流感防治工作进行检查。

△郑州市与中国民(私)营经济研究会共同举办中国郑州非公有制经济发展高层论坛。国务院发展研究中心党组书记、副主任陈清泰，中国经济体制改革研究会会长高尚全，中国民(私)营经济研究会会长保育钧，国家发改委中小企业司司长苏波等著名经济学家，市领导王文超等以及市直机关、县(市)区和部分非公有制企业的负责人参加了为期一天的论坛。

△国务院发展研究中心党组书记、副主任陈清泰，中国经济体制改革研究会会长高尚全到郑州宇通公司参观，对宇通的发展给予高度评价。

17 日

△台湾台塑集团长庚纪念医院行政中心主任龚文华等一行 4 人抵郑进行考察。市领导李克等会见了代表团成员，并介绍了郑州市的基本情况。

△中共郑州市纪律检查委员会第七次会议召开，市委书记李克作重要讲话。

18 日

△市委召开全市宣传思想工作会议，市领导李克作重要讲话。

△市人大常委会主任岳修武察看高致病性禽流感防治工作，要求全市各级各部门要高度重视，一手抓防治，一手抓发展。

19 日

△市政法工作会议召开。王文超市长强调，要充分认识治安与稳定工作的重要性，市委书记李克指出，政法工作要统筹兼顾，突出重点，抓住关键。

△省委常委、常务副省长王明义在郑调研，指出粮食加工企业要创立知名品牌，努力打造全省乃至全国粮食加工业的航空母舰。

△市十一届人大常委会第 44 次会议举行，决定接受姚待献辞去郑州市人民政府副市长职务，任命高建慧、王庆海为郑州市人民政府副市长。

20 日

△市委、市政府召开全市人民满意的公务员表彰大会，市领导王文超

等出席会议。

21日

△副省长、公安厅厅长秦玉海带领省消防总队负责人，采取事前不打招呼、不定单位的方式，对郑州市消防安全情况进行突击检查。秦玉海指出，各级政府、各有关部门、各单位要结合消防安全大检查，下大力气整改火灾隐患，坚决防止大的火灾事故的发生。

22日

△王文超市长带领公安、规划、市政和公用事业等部门主要负责人，徒步实地察看紫荆山立交桥周边影响交通的"瓶颈"。王文超同意市公安局制订的改造方案，同时，对金桥宾馆门前交通堵塞问题提出了具体的整改建议。

△零时33分，新密市妇幼保健院突然发生剧烈爆炸，炸伤3人，炸毁房屋30余间，经查，系人为恶意报复性爆炸。郑州警方迅速出击，仅用72小时，成功抓获犯罪嫌疑人白风辰。

24日

△王文超市长等带领相关部门负责人，到郑州纺织机械股份有限公司调研，指出郑纺机要成为装备机械制造业的骨干企业。市政府将对郑纺机在政策上予以优惠、措施上予以支持，帮助企业实现做强做大的发展目标。

△郑州市召开外经贸工作会议，王文超市长指出，要在利用外资总量、出口创汇、对外经济技术合作上扩大规模，引进先进的制造业、现代化的农业和第三产业。

25日

△省交通厅厅长安惠元、市长王文超深入107辅道建设现场，了解工程进度。

△王文超市长察看巩义市东五镇供水工程，强调积极筹措资金，精心建设供水工程，努力解决群众的生活、生产用水。

26日

△郑州市召开计划生育领导小组全体成员会议，市领导王文超等及各成员单位负责人参加会议。

27日

△全市领导干部会议召开，出台了《关于"求真务实、加快发展"的若干意见(16项)》，市委副书记、市长王文超代表市委、市政府对16项意见的落实问题分五个方面进行部署。市委书记李克作重要讲话。

28日

△河南省最大的煤田——新郑赵家寨煤田正式开工建设。副省长史济春、省政协副主席陈义初等出席开工仪式。煤田位于新郑市西部的辛店镇，煤田总面积49平方公里，煤炭地质储量4.7亿吨，年设计生产能力300万吨。

△市政府组织建委、规划、财政、电业、国土资源、水利、计委等多个部门，在郑东新区召开现场办公会，协调解决新区建设进程中遇到的实际问题，市领导王文超等出席会议。

△国家质检总局党组书记李传卿来郑调研，省市领导史济春、龚立群等陪同调研。

△王文超市长会见来访的美国亚洲协会主席蒋一成、新加坡爱国华侨知名人士关英才先生一行，向客人简要介绍了郑州市市情。

29日

△王文超市长察看郑少高速公路绿化和嵩山山脉水源涵养林工程建设及少林寺景区综合整治工程进展情况，现场协调解决有关问题。

3月

1日

△政府廉政暨纠风工作会议召开，王文超市长要求把纠正和查处严重损害群众利益的不正之风作为工作重点，性质严重的将追究"一把手"责任。

3日

△市委书记李克等到新郑、荥阳，深入企业，与当地领导座谈，督促新出台的"求真务实，加快发展"16项措施尽快落实。

4日

△市委书记李克到巩义市、登封市调研。在巩义市，李克一行先后察看了郑州华强现代建筑有限公司、同发(郑州)无纺布制品有限公司、世源无纺科技(郑州)有限公司、小关镇农村劳动力求职服务中心和豫联集团。在登封市，李克一行察看了少林景区建设和少林寺整修工程。

△副省长、省公安厅厅长秦玉海到郑州市公安系统一线进行调研。

5日

△市委、市政府召开"郑州市狂飙行动表彰暨从严治警执法为民教育整顿动员大会"，市委书记李克等出席会议。

△史济春副省长到郑州市调研部分企业的发展状况，要求各级政府要转变观念，为企业搞好服务。

9日

△市委书记李克先后察看郑州铝业股份有限公司和郑州拓普轧制技术有限公司正在进行中的技术改造项目，指出，要拉长郑州市工业短腿，现有企业要抓紧进行技术改造，不断增强企业竞争力。

△市委书记李克到丹尼斯百货和河南省豫鑫交通发展有限责任公司，察看零售业和现代物流业发展情况。

△史济春副省长到驻郑部分国防军工企业调研，了解生产科研情况。

10日

△市委书记李克带领教育、规划、市政、财政等部门负责人，到中州大学和郑州师范高等专科学校进行调研。

11日

△省市领导王全书、陈全国、张建中、孔玉芳、李克等到惠济区邙岭生态园参加植树活动。

12日

△市委农村工作会议召开，出台了《中共郑州市委、郑州市人民政府关于促进农民增收的意见》，决定从政策、资金、科技、教育等方面加大对农业的投入，县(市)、区分别减、免农业税，推进农业产业化，切实增加农民收入。市委书记李克到会讲话。

△市领导李克等到紫荆社区、省

供销社社区，察看改善人居环境工作。

16日

△位于郑东新区龙子湖高校园区的河南中医学院新校址奠基。省市领导王全书、夏清成、张洪华、王庆海出席奠基仪式。

17日

△省市领导李克强、李成玉、李柏拴、李克、王文超等到郑州国家森林公园参加植树活动。

△李新民副省长全线察看107辅道的建设情况，要求一定要加快进度，保证质量，确保6月30日建成通车。

18日

△李成玉省长到省交通重点工程——新乡至郑州高速公路建设工地检查工作，要求严把质量关，使新乡至郑州高速及黄河二桥成为河南的一道亮丽风景。

20日

△中国·嵩山2004世界地质公园旅游与发展研讨会在登封开幕。国土资源部、国家旅游局有关领导，省市领导李中央、王文超等出席研讨会。

21日

△中共郑州市第八次代表大会闭幕。选举产生了市委新一届领导班子，李克为市委书记，王文超、赵建才、马懿、祁金立、康定军为副书记。

△市人大常委会主任岳修武等会见欧洲议会对华关系代表团一行9人。

22日

△郑州国际车城可行性论证会举行，全国工商联汽摩配商会有关负责人、全国汽车工业著名企业的老总和相关专家、学者参加了论证会，并提出诸多建设性意见。市长王文超、市委副书记祁金立分别会见了与会的专家、学者。

△李新民副省长全线察看郑少高速公路通行情况和后续工程建设情况，要求加快施工进度，确保续建工程如期完工。

23日

△以全国政协常委、经济委员会副主任程安东为组长的全国政协经济委员会"沿黄河地区全面小康建设"专题组莅郑，考察了惠济区八堡村、黄河滩区开发项目、中荷奶业示范中心、花园口、丰乐农庄等地，并听取了有关负责人的汇报。

△吕德彬副省长在郑州调研农业扶贫开发工作，指出，有关部门要继续完善移民搬迁扶贫开发模式，确保贫困群众搬得出、留得稳、能致富。

△市委书记李克到河南金星啤酒集团有限公司和中原制药厂进行调研，指出，金星集团要以嫁接的方式增强竞争力，做大做强；中原制药厂要通过企业重组寻找出路，摆脱困境。

24日

△市委书记李克、市长王文超到郑东新区建设现场，察看了解工程进展情况。

26日

△广西崇左市市委书记、市人大常委会主任罗殿龙带领崇左市考察团来郑，对城市规划和建设工作进行参观考察，市领导李克、赵建才等陪同。

△王文超市长等带领市直有关部门负责人，到出口加工区和经济技术开发区现场办公，指出，加工区管委会要加快工程进度，积极做好封关运行前的各项筹备工作。

27日

△郑州市召开水污染防治紧急电视电话会议，王文超市长指出，要坚决查处、关停违规排放企业，各市（县）、区、部门"一把手"要彻底治理污染问题，治理不力者将追究相关责任。

28日

△王文超市长等带领有关部门负责人，到荥阳、惠济、金水、中牟检查春季植树造林情况。

29日

△省政协副主席毛增华带领部分省政协委员，对郑州市县域经济发展进行为期一周的专题视察。

△市领导王文超等先后到郑州工程学院、光机电园产业基地、机械研究所工地、郑州烟草研究院以及威科姆公司考察，要求规划、环保、交通、国土资源等部门，认真研究高新区在发展中遇到的困难，并帮助协调解决。

30日

△王文超市长带领市环保局、经贸委等有关部门负责人对双洎河水污染治理情况进行监督检查，要求坚决关停不达标排放的企业。

△科技部副部长尚勇来郑，就科技如何带领农民致富进行实地调研。

△王文超市长在郑州安彩耐火材料有限公司调研，要求政府各有关部门一定要为企业创造宽松良好的外部环境，全力支持企业发展。

31日

△教育部党组副书记、常务副部长张保庆在省市领导贾连朝、王文超等陪同下，视察郑州市全国九届中运会场馆建设工程。

△由全国人大环境资源保护委员会副主任委员叶如棠率领的执法检查组，对郑州市进行检查，先后视察了郑东新区、郑州污水处理厂和新密市造纸企业，检查了双洎河的治理情况。

4月

1日

△李新民副省长带领省政府办公厅、省国土资源厅、省教育厅等省直部门相关负责人，前往郑东新区现场办公，协调解决郑东新区龙子湖高校园区建设进程中遇到的问题。

△省十届人大常委会第八次会议通过决议，批准《郑州市人大常委会关于废止〈郑州市文化市场管理条例（试行）〉的决定》，至此，试行多年的《郑州市文化市场管理条例（试行）》被正式废止。

2日

△市领导王文超、胡荃会见来郑进行商务考察的世界跨国企业集团驻京高管人员。世界跨国企业集团包括多家世界500强企业，此次来郑考察的有美国亚洲铝业集团、壳牌公司、东芝公司、威力雅水务集团、达尔凯国际集团、阿尔卡特公司、韩国株式会社等多家知名企业的代表。

△全市劳动和社会保障工作会议

召开，郑州市在确保完成10万人就业计划的同时，还将确保完成全市农村劳动力转移就业10万人工作目标。市领导王文超等出席会议。

5日

△李成玉省长在荥阳市对县域经济尤其是工业企业发展进行调研，强调郑州市要充分发挥中原城市群的龙头作用，优化产业布局，促进周边县(市)加快发展。

6日

△应省政府邀请，以州长季托夫为团长的俄罗斯萨马拉州政府代表团一行12人，对郑州市进行友好访问。市领导王文超、李柳身会见并宴请了代表团一行。

7日

△市委书记李克就劳动保障和社区再就业工作到中原区进行调研，指出各级党委和政府必须千方百计做好就业和再就业工作，充分发挥社区在社会保障和促进劳动就业中的重要作用，创新工作思路，扩展就业空间。

△王文超市长率中心城区综合整治有关指挥部、项目部负责人，到部分积水点改造现场察看工程进展情况。

8日

△中共中央政治局委员、书记处书记、国务委员、公安部部长周永康到河南考察公安队伍建设和社会稳定工作，为期五天。周永康一行到郑州市公安局110指挥中心、郑州人民警察培训学校等公安基层单位，与一线民警亲切交谈，观看了学员们的实战训练后，周永康指出，郑州市的公安队伍是一支有战斗力的队伍，为确保郑州的社会政治稳定做出了很大的贡献。

10日

△王文超市长会见前来参加第三届中国河南国际投资贸易洽谈会的海峡两岸商务协调会全体成员。

11日

△全国政协副主席、中国工程院院长徐匡迪率领的由两院院士和专家组成的“中原城市群院士行”考察团抵郑。

△以地委书记侯长安为团长的阿克苏地区党政考察团来郑，就大型工业企业、农业产业化龙头企业、高科技成果及市政建设情况等进行参观考察。市委书记李克向考察团介绍了郑州市的基本情况。

12日

△王文超市长会见参加投洽会的新加坡腾飞私人有限公司董事长吴多深一行。腾飞公司是新加坡著名工业开发集团裕廊集团的全资子公司，此次腾飞公司有意与郑州经济开发区建立长期战略伙伴园区关系。

13日

△“中原城市群院士行”考察团在省领导李克强、范钦臣的陪同下，分别到107国道郑州段、金水大道、二七广场和绿城广场，考察了郑州市市容市貌和城市建设，并听取了市委书记李克的汇报。

△市政府邀请参加第三届中国河南国际投资贸易洽谈会的客商到裕达国贸酒店，就郑州市投资情况举行专场说明会，同时发布合作项目，并就已达成的合作项目举行签约仪式。市领导王文超、赵建才等出席会议。

14日

△国务院参事室党组书记、主任崔占福，国务院参事室副主任、参事蒋明麟一行对郑州市进行考察。

15日

△政协郑州市第十一届委员会第一次会议开幕。

△王文超市长会见以台湾新竹工业会理事长徐得馨为团长的投资考察团成员，希望考察团在郑州市考察取得圆满成果，双方加强合作，实现双赢。

16日

△国家统计局局长李德水来郑考察。副省长李新民，市委常委、常务副市长李柳身陪同考察。

△市领导李克、王文超会见民生银行行长董文标一行。民生银行于1996年1月12日在北京正式成立，是我国首家主要由非公有制企业入股的全国性股份制商业银行。

△由美国安海斯—布希公司总裁兼首席执行官帕特里克·斯多克斯先生率领的高级代表团一行抵郑访问，市领导李克、王文超等会见代表团一行。世界啤酒业巨头安海斯——布希公司是世界500强企业之一，该公司生产的百威啤酒扬名世界。

17日

△李志斌、吴全智、康定军等省市领导与14万群众一起，挥泪送别因公牺牲的登封市公安局长任长霞同志。公安部派驻河南督察组组长、公安部装备局副局长吕扬受中共中央政治局委员、书记处书记、国务委员、公安部部长周永康委托，对任长霞不幸牺牲表示沉痛哀悼，有关领导宣读了公安部、全国总工会、全国妇联的唁电，向任长霞同志的家属转授了全国“五一劳动奖章”、证书和慰问金。

19日

△市领导李克在郑东新区会见前来考察的民生银行行长董文标一行，希望民生银行大力支持郑州的未来发展，欢迎他们在郑东新区投资兴业。

20日

△市政协十一届一次会议闭幕。杨惠琴当选为市政协主席，武国瑞、田涛、薛定海、李西海、岳喜忠、王薇、张万一、朱专兴、舒安娜、邓庆洲当选为市政协副主席。

21日

△市十二届人大一次会议举行第四次全体会议。郝建生当选为市人大常委会主任；王文超当选为市人民政府市长；李保山、主永道、王福成、刘春年、王平、栗培青、魏深义、尚有勇当选为市人大常委会副主任；李柳身、孙新雷、龚立群、丁世显、胡荃、王林贺、高建慧、王庆海当选为市人民政府副市长。

△甲申年公拜始祖轩辕黄帝大典在新郑隆重举行。来自海内外的炎黄子孙1000多人陈设香案，缅怀始祖功德，弘扬黄帝文化，凝聚民族力量，开创中华伟业，祝福祖国永远繁荣富强。中央国家机关工委原常务副书记刘正威，省领导吴全智、陈义初，中华炎黄文化研究会、中国艺术研究院、华夏文

化促进会等单位的嘉宾和海内外知名企业家、客商参加了拜祖大典。

△中共郑州市委、郑州市人民政府作出《关于向立警为公执法为民的楷模任长霞学习的决定》，在全市广泛深入地开展向立警为公、执法为民的楷模任长霞同志学习活动。

22日

△市十二届人大一次会议闭幕，通过了市十二届人大一次会议关于市人民政府工作报告的决议、关于郑州市2003年国民经济和社会发展计划执行情况与2004年计划及其报告的决议、关于郑州市2003年财政预算执行情况和2004年财政预算及其报告的决议、关于郑州市人民代表大会常务委员会工作报告的决议、关于郑州市中级人民法院工作报告的决议、关于郑州市人民检察院工作报告的决议。

23日

△建设部部长汪光焘莅郑调研城建工作，王文超市长作情况介绍，省市领导刘新民、魏深义陪同调研。

△李成玉省长在省委常委、郑州市委书记李克和省市教育主管部门负责人陪同下，到黄河科技学院调研。李成玉指出，要深刻认识社会力量办学的重要性，大力发展民办高等教育。

24日

△郑州市举行青少年历史文化火炬传递仪式，市委书记李克亲自点燃主火炬，并交到传递手郑州工程学院学生朱历平手中。

27日

△全市扶贫开发工作会议召开，市委书记李克主持会议，市领导王文超等参加会议。

△郑州市召开安全生产会议，王文超市长要求各部门党政负责人、安全生产工作负责人一定要增强责任意识，采取有效措施减少安全事故的发生。

28日

△郑州市庆祝"五一"国际劳动节暨表彰大会举行，72名来自全市各条战线的全国、省、市"五一劳动奖章"获得者受到表彰，市领导李克、王文超等向受表彰的先进模范工作者代表颁奖。

△李成玉省长带领省发改委、省政府发展研究中心、省建设厅等有关部门负责人赴新密市，对县域经济特别是工业企业发展进行调研。

△市委常委、常务副市长李柳身会见美国著名经济专家乔治·彼得森等世界银行CDS项目第五批专家组成员。

29日

△市委书记李克带领市直相关部门负责人到郑州祥丰实业有限公司，看望慰问困难职工，现场解决问题。

△王文超市长带领市法院、经济开发区、郑东新区、教育局等有关部门负责人，到市工商联温州商会、台州商会及市台资企业协会调研并现场办公。

30日

△王文超市长带领应邀参加"2004中国南京世界历史文化名城博览会"的郑州代表团抵达南京。

5月

6日

△全市安全生产紧急会议举行。针对发生在陈砦蔬菜批发市场的"5·5冷库倒塌事故"所暴露的问题，会议决定，立即开展全市安全生产大检查。市委书记李克要求，抓紧调查事故，分清责任，依法处理。市长王文超就下一步的工作作出具体部署。

7日

△王文超市长带领消防等相关部门负责人，对存在安全隐患的3个商场进行了消防安全突击大检查。

8日

△香港工商界人士考察团一行26人在郑考察投资环境，王文超市长宴请了考察团成员。

△中南地区最大的商贸物流批发中心——南方香江·郑东建材家居城奠基。该项目坐落于郑东新区起步区、郑汴路与七里河路交叉口处，占地133.33公顷，计划总投资20亿元。全国政协副主席、全国工商联主席黄孟复，省市领导支树平、李克、王明义、王文超等出席奠基仪式。

11日

△宇通公司凭借综合实力，在全国医疗巡回车招标中一举中标238台客车。此次医疗巡回车招标是建国以来首次实施的大规模农村医疗建设项目。

12日

△中共内蒙古自治区党委书记、人大常委会主任储波，中共内蒙古自治区党委副书记、内蒙古自治区主席杨晶，中共内蒙古自治区党委副书记杨利民等莅郑参观考察。河南省委书记、省人大常委会主任李克强，省委副书记李清林，郑州市市长王文超等陪同考察。

△科技部部长徐冠华在副省长贾连朝等陪同下，到郑州市科技局视察工作。

△由全国人大常委会委员、全国人大环资委副主任委员徐永清率领的执法检查组，在郑州市检查《土地管理法》贯彻执行情况，听取了王文超市长关于郑州市土地管理情况的汇报。

13日

△第27次全国中心城市经济运行工作会议在郑州召开。国家发改委副主任欧新黔到会作重要讲话，副省长史济春、市委副书记赵建才分别介绍了省情和市情。

18日

△中共中央政治局常委、全国政协主席贾庆林在河南调研，在河南省委书记李克强、省长李成玉等陪同下，贾庆林到郑州宇通公司试乘了宇通客车。

△京珠高速公路新乡至郑州段上的关键工程——黄河二桥主体工程完工。黄河二桥全长9846.16米，双向8车道，是迄今为止黄河上规模最大的桥梁。

19日

△市委书记李克带领市交通、林业、规划、环保等部门以及相关县

(市)、区负责人,到郑少高速公路现场办公,对工程后期建设的组织实施进行了部署。

△全市防汛工作会议召开,市防汛抗旱指挥部指挥长、市长王文超指出,防汛工作要早动手、早安排、早部署,全面做好各项准备。

△王文超市长、高建慧副市长对郑州市劳动和社会保障工作进行视察。

△全国党建研究会会长、原中组部部长张全景在郑调研党建工作,市委书记李克汇报了郑州市的党建工作。

20日

△王文超市长带领有关部门负责人,察看107辅道工程的进展情况,并当场协调解决有关问题。

21日

△王文超市长在郑州师专和中州大学调研,指出,郑州师专和中州大学合并升本科志在必得,各方面一定要全力支持学校的建设和发展。

△市委书记李克带领市直相关部门负责人,深入重点部位和施工现场检查,指出,抓好安全生产,重在把各项措施真正落实到位。

22日

△中宣部已正式将任长霞列入"全国精神文明建设重大典型",由中央主要新闻媒体记者组成的采访团来郑采访。

23日

△郑州大学西亚斯国际学院举行5周年校庆,省市领导袁祖亮、贾连朝、祁金立等出席庆祝活动。

△"河南移动杯——聚焦新河南"全国电视新闻记者采访团抵郑,就经济发展、人才战略等内容展开为期两天的参观采访。王文超市长向采访团介绍了郑州市的有关情况。

25日

△省长、黄河防汛总指挥李成玉带领省直有关部门负责人,考察郑州黄河标准化堤防建设,要求,不仅要把大堤建成确保黄河安澜的坚固长城,而且还要将之打造为一道美丽的绿色屏障,支撑起开发黄河经济带的"骨架"。

26日

△市委书记李克深入部分企业调研,首先到郑煤机集团公司,随后又到正在建设中的五龙口污水处理厂工程施工现场,察看了工程进展情况。

28日

△"省人口和计划生育政务公开便民服务现场会"召开,管城区"政务公开,阳光操作"的经验得到肯定和推广。市长王文超、市委副书记康定军参加了现场会。

29日

△王文超市长赴中牟县察看三夏生产情况,要求各级政府和有关部门切实为农民解决三夏生产中的实际问题,促进农民增收。

30日

△教育部批准的第一所民办本科普通高校——黄河科技学院举行20周年校庆。原全国人大常委会副委员长铁木尔·达瓦买提、教育部民族司司长夏铸从北京赶来祝贺,省市领导李中央、吴全智、吕德彬、张汉英、陈义初、祁金立等和来自海内外的专家、校友共同出席了庆典活动。

△以华润集团副董事长、总经理宁高宁为首的代表团,考察华润电力登封有限公司。王文超市长对宁高宁一行的到来表示欢迎,希望华润集团立足郑州,放眼中原,使双方在互利双赢的基础上,在更广阔的领域开展更高层次的长期合作。

△中日青年郑州高村乡生态绿化林正式揭牌,由中日双方青年代表共同参与的"共建黄河生态林"行动正式启动。全国青联副秘书长、国际项目合作中心主任汤本渊,副市长王林贺,以及以铃木重郎为团长的日本日中友好协会代表团一行108人参加了仪式。

6月

1日

△河南郑州出口加工区通过了海关总署、发改委、财政部、国土资源部、商务部、税务总局、工商总局、质检总局、外汇局等国家九部委的验收,具备了正式运营条件。

△省委书记、省人大常委会主任李克强按响开市铃声,经中国证监会批准的棉花期货合约在郑州商品交易所上市交易。这是期货市场经过多年清理整顿后首个上市交易的新品种。

△郑州市人民政府和华润(集团)有限公司全面战略合作框架协议签署,市长王文超和华润集团副董事长宁高宁共同在协议书上签字。

2日

△省委政法委召开任长霞同志先进事迹报告会。省市领导李清林、张世军、秦玉海、李民庆等与3000余人一起,聆听了任长霞同志的英雄事迹。

△上午10时左右,位于荥阳贾峪镇东南部的宏兴煤矿发生重大透水事故,8名矿工被困井下。市领导王文超、祁金立、胡荃及省、市安监、煤矿管理部门有关人员迅速赶赴现场,制订营救工作方案。

3日

△人民艺术家、著名豫剧大师、优秀共产党员常香玉同志遗体告别仪式在郑州举行。中共中央总书记胡锦涛委托有关部门表示深切哀悼,吴邦国、温家宝、贾庆林、曾庆红、黄菊、吴官正、李长春、罗干等中央领导纷纷发唁电、送花圈以不同方式表示哀悼。省委书记、省人大常委会主任李克强专程到殡仪馆悼念,李成玉省长对常香玉同志逝世表示沉痛哀悼,并向其家属表示亲切慰问。

△王文超市长带领水利、农业、林业等有关部门负责人,赴新密、登封察看郑州市中小水库防汛准备工作。

△王文超市长先后到长江西路、桐柏路、农业路立交等施工现场,察看郑州市部分在建市政重点工程的进展情况。

8日

△中共中央总书记、国家主席胡锦涛,中共中央政治局常委、国务院总理温家宝,中共中央政治局常委李长春,中共中央政治局常委、中央政法委

书记罗干就学习任长霞同志先进事迹做出重要指示。中央宣传部、公安部、全国妇联在人民大会堂联合召开任长霞同志先进事迹报告会。中共中央政治局常委、中央政法委书记罗干会见了任长霞同志先进事迹报告团成员并讲话。

△由国家开发银行副行长刘克崮率领的考察团一行10人在郑考察。在王文超市长陪同下，考察团一行先后考察了郑东新区等重点工程建设，并与省政府有关部门达成了多项合作协议。

△王文超市长对郑州市部分道路街景市容整治工作进行检查，要求确保9月底前完成。

9日

△卫生部副部长蒋作君对郑州市社区卫生服务工作进行调研。

10日

△市领导李克、王文超带领相关部门负责人到郑州铁路局现场办公，协调解决具体问题。

△王文超市长带领市财政、劳动、房管等部门负责人，到郑州白鸽集团和郑州电缆集团现场办公，协调解决企业发展过程中遇到的问题和困难。

11日

△省委副书记支树平深入新郑市、中牟县的企业、学校和农村，着重调研对外开放工作。

△河南省部分县(市)对外开放工作经验交流会在新郑市召开，会议公布了全省第二批12个对外开放重点县(市)，郑州市的新密市、新郑市名列其中。至此，郑州市已有5个省对外开放重点县(市)。

12日

△联盟新城在郑东新区奠基。市领导李克、王文超及该项目的设计者黑川纪章等出席奠基仪式。联盟新城占地53.33公顷，总规模超过50万平方米，位于龙湖南区居住区。

13日

△一条具有国际先进水平的水刺无纺布生产线在郑州铭泰非织造材料有限公司建成投产。这条生产线设备全部由郑纺机生产，也是河南省目前惟一一条生产设备实现国产化的无纺布生产线。

14日

△防空兵指挥学院在郑州举行成立大会。中国人民解放军副总参谋长张黎中将，省市领导支树平、李克、刘新民、王文超等出席成立大会。

15日

△刘新民副省长到登封调研党的宗教政策贯彻落实及宗教场所管理建设情况。

△王文超市长带领市政府办公厅、市经委负责人赴新郑市，对郑州市“五个一百”工程进行调研、现场办公。

16日

△全国总工会副主席、书记处书记徐德明在郑检查工作，省人大常委会副主任、省总工会主席李志斌，市委副书记祁金立陪同检查。

△郑州市召开煤炭安全生产紧急会议，王文超市长强调，各县(市)区尤其是产煤的县(市)区负责安全生产的各级负责人，要本着对党和人民生命财产高度负责的态度，认真抓好煤炭安全生产。

17日

△市委书记李克到郑州卷烟总厂和郑州商业储运公司调研，要求在前一阶段向任长霞同志学习的基础上，全市各行各业、各个单位要进一步广泛而深入地学习、宣传任长霞同志先进事迹，推进全市各项工作，确保全市经济既快又好地发展。

△李新民副省长带领省发改委、国土厅、水利厅、教育厅、文化厅等有关部门负责人，到郑东新区现场办公，具体解决郑东新区当前建设中急需解决的问题。

19日

△王文超市长会见澳大利亚GREEN X国际能源投资股份有限公司中国区主席李野先生一行。

22日

△王文超市长与韩国晋州市市长郑永锡共同为“晋州丝绸特别展示洽谈会”揭幕，郑州和晋州两个友好城市之间首次开展经济合作活动。

△省市领导李新民、丁世显、王庆海等对已进入扫尾工程的107辅道进行全线察看。

△郑州市新设四所高等职业院校举行挂牌仪式，市领导王文超等出席。四所高等职业学院是：郑州旅游职业学院、郑州职业技术学院、郑州电子信息职业技术学院、嵩山少林武术职业学院。

△由中宣部新闻局，公安部宣传局，郑州市委、市政府和中央电视台专门策划推出的一部以“颂扬长霞精神，追忆长霞事迹”为主题的大型歌会——《永恒的彩霞》在登封举行。省市领导张世军、赵建才等与3万余名各界群众、千余名民警观看了演出。

23日

△市委书记李克在市内五区察看改善人居环境工作，要求各级党委、政府要进一步提高认识，强化措施，确保人居环境有显著改善。

△王文超市长深入新密、登封，对煤矿安全生产进行监督检查。

24日

△市委书记李克在巩义市调研。首先来到正在建设中的河南财经学院成功学院工地，详细了解工程进展情况。随后，来到河南恒星科技股份有限公司，察看工艺流程，询问生产经营情况。

△王文超市长带领市直有关部门负责人到郑东新区现场办公，察看了郑东新区项目建设进展情况。

25日

△从7月10日起，在郑州市行政区域内的亡故者遗体一律火化(少数民族除外)，严禁土葬。全市殡葬改革工作会议召开，决定在全市依法强力推进以火化为重点的殡葬改革。市领导王文超等出席会议。

26日

△王文超市长带领市爱卫会、市政、行政执法、公安、交通等部门及各区负责人，重点察看了鞋城、航海东路、银基商贸城、310国道等路段市容环境。

28 日

△郑州市紧急救援中心在郑东新区奠基。市急救中心是国家投入国债资金建设的重要工程，也是 2004 年市政府承诺的“十件实事”之一。急救中心建筑面积 3000 平方米，占地 2.28 公顷，总投资 860 万元。

30 日

△嵩山世界地质公园举行揭碑开园盛典。联合国科教文组织地学部官员冯杰瑞·帕姿克和国土资源部、省政府、省国土资源厅有关领导，以及市长王文超、副市长丁世显出席了揭碑开园盛典。

7 月

2 日

△王文超市长带领市创建办、爱卫会、市政局、财政局及各区负责人，实地察看了二环路拆迁遗留问题、道路改造进展及燕凤路等处的卫生情况。

△省委书记、省人大常委会主任李克强带领省直有关部门负责人，到郑州高新技术开发区，考察了郑州天诚信息工程有限公司、郑州威科姆电子科技有限公司和河南华晶超硬材料有限公司等 3 家高科技企业及郑州煤矿机械集团有限责任公司。

8 日

△零时 8 分，新密市牛店镇牛店村发生爆炸事件。已造成 6 人死亡、5 人受伤，村中 3 户村民的房屋全部倒塌，另有 3 户村民的房屋严重受损，村中其他民宅不同程度受损。市领导李克、王文超等赶赴现场，指挥抢救工作，并到医院看望受伤人员。

△市领导王文超、祁金立带领相关局委负责人到嵩山少林景区现场办公。

9 日

△湖南省委常委、长沙市委书记梅克保带领长沙市党政考察团一行 11 人到郑，重点对郑州市城市建设工作进行考察。市领导李克、赵建才等接待了考察团成员。

△王文超市长察看市容环境和城市建设，先后察看了桐淮游园、京广路积水点改造工程、未来大道航海路至货栈街打通工程、紫荆山路熊耳河桥绿化工程、红旗路支路背街小巷改造工程和东风渠、郑花路综合整治工程。

△北京大学校长许智宏、郑州大学校长申长雨在合作办学协议书上郑重签字，郑州大学与北京大学合作办学工作将全面展开。教育部副部长张保庆、河南省副省长贾连朝参加了在北京举行的签字仪式。

10 日

△市领导王文超、丁世显带领环保、工商等相关部门负责人冒雨到新密市大隗镇，现场指挥关闭新密市物资润发造纸厂。

11 日

△“中国·郑州‘7·11’世界人口日”大型宣传活动启动仪式在绿城广场举行。郑州六县(市)的分会场同步举办宣传活动。国家人口和计划生育委员会主任张维庆，省委副书记支树平，省委常委、市委书记李克，副省长王菊梅等出席了宣传活动启动仪式。

13 日

△省委常委、市委书记李克，市长王文超带领郑东新区、金水区及相关局委负责人到空军驻郑某部走访，协调解决具体问题。

14 日

△王文超市长带领市规划局、市政局、中心城区综合整治有关指挥部和金水区负责人，深入金水区部分路段，认真察看了污雨水管网改造、背街小巷改造工程。

△王文超市长在郑东新区现场办公，要求克服当前遇到的困难，千方百计加快工程进度，确保 2005 年出形象任务的完成。

19 日

△市委书记李克看望、慰问任长霞的父母，转达了中央军委主席江泽民及省委书记李克强的问候。

20 日

△王文超市长全线察看 107 辅道工程进展情况。

22 日

△由省委常委、市委书记李克和市委副书记、市长王文超率领的郑州市党政考察团到洛阳市，重点考察学习该市的工业经济、旅游文化、城市建设等工作。

25 日

△中国侨联海外顾问河南行考察团一行 20 余人莅郑参观考察。王文超市长会见并宴请了考察团成员。

27 日

△国务院在北京人民大会堂隆重举行追授仪式，授予常香玉同志“人民艺术家”荣誉称号，对常香玉同志的艺术人生给予了充分肯定和高度褒奖。

28 日

△市加快旅游业发展工作会议召开。市委书记李克指出，旅游业是郑州市经济发展中的优势产业和支柱产业，全市上下要统一认识，加快旅游业发展。会议由市长王文超主持。

29 日

△全国人大教科文卫委员会副主任、信息产业部原部长吴基传一行，到河南省通信公司郑州分公司调研。

△省委常委、常务副省长王明义到郑州市调研煤炭、铝土矿资源整合工作情况。

△市委书记李克察看国道 107 新道建设工程，要求抓紧进行工程收尾工作。

8 月

1 日

△省十届人大常委会第十次会议批准了《郑州市机动车维修市场管理条例》。该《条例》将于 2004 年 9 月 1 日起施行。

5 日

△市委书记李克察看背街小巷改造工程，要求背街小巷改造要坚持质量第一，抓细抓实，下决心解决好。

△省委副书记支树平在巩义市就县域经济发展进行专题调研，考察了不同类型的企业，察看了学校和行政审批服务中心。

9日

△中共郑州市第八届委员会第三次全体会议召开。李克作重要讲话，会议审议通过了《中共郑州市委关于市级领导干部和市直机关带头真抓实干狠抓落实的意见》。

11日

△市委书记李克到所分工包干的重点项目——河南安飞电子玻璃有限公司和郑州宇通客车股份有限公司进行察看，检查企业生产经营情况，协调解决遇到的具体问题和困难。

△市委书记李克带领规划、市政等有关部门负责人，对郑州市正在实施的夜景照明工程进行详细察看。

12日

△吕德彬副省长到郑州市就水产养殖业进行专题调研，先后到省水产研究所、惠济区花园口镇石桥水产专业村、黄河渔场和省水产技术推广站引进育种中心进行了察看。

13日

△市十二届人大常委会第四次会议举行，决定免去李民庆的郑州市公安局局长职务，任命姚待献为郑州市公安局局长。

△市十二届人大常委会第四次会议通过决议，设立“18岁成人节”。从2004年起，每年的郑州解放纪念日——10月22日，本市年满18岁的青年都将在这一天度过“成人庆典”。

△省委书记、省人大常委会主任李克强在中牟县调研，察看了波尔山羊、夏洛来肉用绵羊养殖场和牧区。又到郑州康立制药有限公司，深入生产车间仔细了解产品品种、质量和销售情况。

18日

△史济春副省长在郑调研，考察了河南鸽瑞复合材料股份有限公司、位于新郑台商投资区的郑州统一企业有限公司、正龙食品有限公司和爱厨公司。

19日

△副省长、省公安厅厅长秦玉海检查郑州市消防工作。对银基商贸城，秦玉海要求严格论证、坚决整改。

22日

△郑州姑娘孙甜甜和队友李婷在第28届雅典奥运会网球女子双打决赛中获得冠军。

24日

△市委书记李克带领教育、财政、规划、建委、发改委和人事等部门负责人，先后到文化路第一小学、纬五路第一小学和郑州市第八中学实地察看，详细了解校园规模、教学班数量、学生和教师人数、师资队伍建设等情况。

△市委书记李克亲切接见了孙甜甜的家人。市委、市政府决定奖励孙甜甜一套三室一厅住房。

25日

△市委书记李克对郑州市部分市政工程进行察看，要求确保11月底市区二环全线贯通；高标准、严要求地做好东风渠景观整治。

26日

△市委书记李克暗访了新密市来集镇来集村部分村民反映的煤矿开采造成房屋开裂问题，要求有关部门想方设法在入冬之前解决好群众的住房问题。

△市委常务副书记赵建才会见德国MAN公司总裁哈肯·萨缪尔森一行。

27日

△省委副书记支树平在郑调研人大工作，强调要努力探索新形势下做好人大工作的途径和方式，使全省社会主义民主法制建设迈上新台阶。

29日

△中共中央组织部、中共中央宣传部、中央文明办、人事部联合发出表彰决定：追授任长霞同志“人民满意的公务员”荣誉称号。

30日

△王文超市长带领建委、市政局、环保局及中心城区综合整治各指挥部负责人，先后察看了二环路、农业路下穿铁路立交、王新庄污水处理厂、郑花路等部分市政重点工程。

31日

△由全国政协副主席张思卿率领的全国政协常委视察团一行29人，重点对郑州市的城镇化建设情况进行了为期两天的视察。

9月

1日

△王文超市长带领土地、规划、财政、房管、市政、电业等部门和各区主要负责人，在郑东新区管委会现场办公，为新区建设排忧解难。

2日

△郑州市召开创建工作大会，要求市内各部门、各区认真落实责任，迅速在全市掀起创建工作新高潮。市领导王文超出席会议并作重要讲话。

△市委书记李克深入巩义市部分企业进行调研，察看了河南中州特钢制品有限公司热轧窄带钢项目建设工地、河南省耕生耐火股份有限公司耐火材料研究所、预制块生产车间和建设中的万吨炮泥车间，还了解了孝站路升级改造工程情况。

6日

△国家环保总局副局长汪纪戎一行，对郑州市辖淮河流域水污染防治情况进行调研。

7日

△省政协主席范钦臣、副主席曹策问率领省政协视察团在郑州就新型工业化发展情况进行视察。

8日

△郑州市举行教师节庆祝大会。72名省级优秀教师、优秀教育工作者受到表彰，首届百名“名教师”分别获得科研经费奖励5000元。市领导李克等为优秀教师、优秀教育工作者代表颁奖。

△省、市领导王全书、贾连朝、赵建才亲切看望已故优秀教师吴玲同志的亲属。

△中共郑州市委、郑州市人民政府作出《关于开展向吴玲同志学习的决定》。

△以美国派森斯公司副总裁鲍勃·史密斯为团长的考察团抵达郑州市，就美国加州工业城的选址事宜进

行考察。市领导王文超等会见考察团成员。

10 日

△王文超市长在二七区检查煤矿安全生产，先后察看了三李振兴煤矿和梨园河煤矿。

12 日

△市委、市政府为奥运冠军孙甜甜举行庆功颁奖仪式。市领导李克、王文超等参加了庆功颁奖仪式。在第28届雅典奥运会上，郑州市姑娘孙甜甜和队友李婷合作，荣获女双网球冠军，实现了中国网球运动的历史性突破。

13 日

△国家开发银行河南省分行与市政府签订了总额度为134.74亿元的开发性金融合作协议。市领导王文超等参加了签字仪式。

15 日

△受中共中央政治局常委李长春，中共中央政治局委员、中宣部部长刘云山的委托，省委常委、宣传部部长孔玉芳看望了吴玲老师的亲属。

△郑州市与广州市正式签订友好城市关系协议，签字仪式在广州大厦会展厅举行。

17 日

△王文超市长对精品街的街景市容整治进行了检查，要求进一步提高整治标准，突出解决街道两侧的视觉污染问题。

△省委副书记陈全国，省委常委、组织部长叶冬松一行先后到新密市、登封市，分别就非公有制企业党的建设工作和干部人事制度改革工作进行调研。

19 日

△以内蒙古自治区副主席郝益东为团长，以呼和浩特、包头、通辽、赤峰、乌兰察布等市领导为成员的内蒙古城市建设考察团，对郑州市进行为期一天的考察访问。

20 日

△郑州市庆祝人民政协成立55周年文艺晚会——《携手向辉煌》在市艺术宫举行。省市领导李克、郭国三、赵建才等出席晚会。

22 日

△全市进一步加强和改进未成年人思想道德建设工作会议召开。市委书记李克指出，要高度重视，加强领导，进一步做好郑州市未成年人思想道德建设工作。

△市委书记李克带领市建委、规划、市政、公安等部门负责人，对郑州市在建的市政重点工程进行认真察看，先后察看了改造中的郑花路、经三路和黄河路。

23 日

△市十二届人大常委会第五次会议结束，通过了“关于废止《郑州市商品交易市场监督管理条例》的决定”，“关于批准郑州市2003年财政决算的决议”以及“代表资格审查委员会关于代表变化情况及补选郑州市十二届人大代表的代表资格审查报告”。

△22时40分，新密市苟堂镇小刘寨煤矿主井西大巷二上山发生瓦斯爆炸，7人被困井下。王文超市长赶赴现场指挥抢险，要求以最快的速度，尽最大可能，抢救遇险矿工。

24 日

△李成玉省长在新郑市就县域经济发展进行专题调研，并在新郑市主持召开了部分县(市)负责人座谈会。李成玉考察了统一企业新郑公司、天津药业集团新郑公司建设工地、新郑电力集团、西亚斯国际学院、始祖山景区、郑王陵博物馆等。

25 日

△王文超市长带领创建、市政、执法、公安等部门及各区负责人，检查了郑州市市容环境卫生状况。

27 日

△王文超市长察看少林寺景区整治情况，要求确保质量，加快进度，把最精彩的亮点奉献给海内外嘉宾。

28 日

△省、市领导张世军、秦玉海、姚待献等亲切看望了任长霞的家属，并代表公安部向任长霞家属颁发了全国首届“我最喜爱的十大人民警察”证书和奖金。在中央电视台和公安部联合举行的首届“我最喜爱的十大人民警察”评选活动中，任长霞以最高票数当选。

30 日

△李成玉省长在郑对就业再就业工作和城市最低生活保障制度落实情况进行调研。首先来到郑州纺织机械股份有限公司，了解企业技术改造、生产经营等方面的情况。随后，又冒雨到刘寨街道办事处同乐社区进行了考察。

△郑州铁路局郑州分局在郑自办的16所中小学和中国石油天然气管道三公司子弟学校交由郑州市管理，移交签字仪式在市政府举行。市领导王文超、龚立群和郑州铁路局、郑铁分局、中国石油天然气管道局的主要领导参加了签字仪式。

10 月

8 日

△市委书记李克带领市体育、旅游等部门负责人到登封，详细了解武术节迎宾活动的筹备情况，并实地察看少林景区整治工作。

△随着107新道的正式通车，老107国道纳入郑州市市区道路管理。市委书记李克沿老107国道实地察看交通分流情况。

10 日

△公安部纪委书记祝春林到郑州市视察公安工作。

△全国十五城市政协工作研讨会暨政府经济合作第十九届年会在郑开幕。市委书记李克发表讲话，市长王文超介绍郑州市情。

12 日

△市委、市政府召开省会争创全国社会治安综合治理先进市再动员大会，王文超市长要求各部门和单位要进一步加大争创工作力度，努力实现争创全国社会治安综合治理先进市的目标。

△中共中央政治局常委、国家副主席曾庆红莅豫考察时，在郑考察了安飞公司、宇通客车公司等企业，同工人亲切

交谈。在马头岗村、龙泉村、耿庄村，他同农民群众促膝谈心，问寒问暖。

15日

△第十届郑州全国商品交易会在中原国际博览中心开幕。省、市领导李成玉、支树平、李克、张以祥、史济春、张洪华、王文超等出席开幕式。

△郑州日产股权转让协议签字仪式举行。通过协议，东风汽车股份有限公司收购中信集团公司持有的郑州日产股权，成为郑州日产的控股股东。这标志着郑州日产正式融入日产东风体系。省市领导李成玉、李克、王文超等出席签字仪式。

16日

△首届世界传统武术节在郑州开幕。国务委员陈至立宣布武术节开幕，全国政协副主席郝建秀出席仪式，出席开幕式的还有国家体育总局党组书记、中华全国体育总会主席、国际武联名誉主席李志坚，国际武联主席、国际奥委会执委、国家体育总局副局长于再清，国务院副秘书长焦焕成，以及省市领导李克强、李成玉、李克、王文超等。

17日

△第十届郑州全国商品交易会闭幕。参加本届郑交会的生产、流通企业共1000多家，其中省外企业占35%，参会客商16万人次。

△首届世界传统武术节大型迎宾活动在登封举行。国家体育总局党组书记、中华全国体育总会主席、国际武术联合会名誉主席李志坚，国际武术联合会主席、国际奥委会执委、国家体育总局副局长于再清，国际武联秘书长、国家体育总局武管中心主任、中国武术协会主席王筱麟，省市领导李克、李中央、刘新民、王文超等，以及香港国际奥委会委员霍震霆，加拿大武术团体联合总会全国执行会长、国际武联执行委员郑华等，与来自世界各国的武术运动员一起观看了迎宾表演。

18日

△王文超市长在裕达国贸会见日本大信株式会社董事长中泽俊夫、方新民、多古够·萨马兰奇夫妇、日本住友集团及法国拉法基铝酸盐公司亚太地区总经理富登等客商。双方就经贸合作等进行了深入交谈。

△省委常委、政法委书记张世军视察郑州市公安工作。

19日

△市委书记李克、市长王文超到郑东新区现场办公，详细了解工程进度，解决工程建设中存在的有关问题。

20日

△首届世界传统武术节以冷餐酒会的形式举行盛大闭幕式。省市领导李克、秦玉海、王文超等以及国际武联副主席吴廷贵、国际武联执委郑华等出席。闭幕式上，国际武术联合会、中国武术协会向河南省体育局、郑州市人民政府赠送了礼品，雅典市政府还与郑州市人民政府互赠了礼品。

△王文超市长会见来郑访问的东风汽车有限公司总裁兼首席执行官中村克己先生一行。

△王文超市长会见纳米比亚玛林塔尔市政府友好访问团一行。玛林塔尔市政府友好访问团以新任市长卢卡斯·卡图阿尼尼为团长，此行旨在进一步加强与郑州市的友好往来和在经贸、文化、教育等方面的交流与合作。

△22时10分，郑煤集团公司大平煤矿突发岩巷特大瓦斯事故。截至晚23时18分，已有62人遇难，86名矿工生死不明。事故发生后，郑煤集团立即启动了重特大事故应急救援预案，迅速调集12个救护小队，123名队员全力投入井下抢险救灾。省委书记李克强、省长李成玉、副省长史济春连夜赶赴事故现场，省委副书记支树平，省委常委、郑州市委书记李克等也及时赶到，组织事故抢险工作，并到医院看望受伤人员。

21日

△郑煤集团大平煤矿发生的岩巷瓦斯突发事故引起党中央、国务院领导同志高度重视。胡锦涛、温家宝、黄菊等党和国家领导人分别作出重要指示，要求千方百计全力抢救井下被困人员，认真查明事故原因，做好善后工作。

△以国务委员、国务院秘书长华建敏为组长的国务院工作组中午紧急由北京赶赴大平煤矿，指导抢险工作。

22日

△国家安全生产监督管理局局长王显政、副局长赵铁锤一行，在郑煤集团大平煤矿事故现场检查指挥抢救工作。

23日

△国务院郑州煤业集团公司大平煤矿“10·20”特大瓦斯爆炸事故调查组成立会议在郑州召开。事故调查组的工作由此启动。

24日

△国务院南水北调工程建设委员会专家委员会一行30人，在国调办副主任宁远及7位院士的带领下，对经过新郑、荥阳的南水北调中线工程总干渠线路进行实地考察。

25日

△由中央综治办、中央编办、公安部、文化部等部门组成的中央综合治理工作考核检查组结束在郑考核检查，对郑州市的社会治安综合治理工作给予充分肯定。

△全国关工委副主任闵振环一行在郑州视察工作，先后在金水区退休教师王金民自办的革命传统教育展览馆和鑫苑社区进行了视察，并听取了市关工委等有关单位的工作汇报。

26日

△由全国政协港澳台侨委员会、河南省政协主办，郑州市政协、洛阳市政协、河南省社会科学院、洛阳师范学院承办的第四届河洛文化国际研讨会在郑州开幕。来自全国各地及日本、韩国、新加坡等国的150余名专家学者出席了会议。全国政协副主席罗豪才出席会议并发表重要讲话。

△市委书记李克到新密、登封检查安全生产情况，到新密市一五五煤矿、登封市供销社烟花爆竹仓库进行了检查。

27日

△王文超市长带领市电业、土地、供热、财政等部门负责人，到河南郑州

出口加工区现场办公，协调解决加工区存在的供电、供热、生活配套设施等问题。

28日

△中国侨联副主席李本钧、文化交流部副部长任梦云一行，到荥阳调研侨联工作。

29日

△为期三天的中国·荥阳首届郑氏文化节在郑氏祖地荥阳市开幕。26个国内代表团以及15个国家和地区代表团的1400名郑氏宗亲参加了活动。

△郑州火车站建站百年。1904年3月，郑县站即郑州站建成。郑州火车站从建站当初的4条股道、每天发送旅客百余人，发展到现在每天接送旅客列车229列，发送旅客15万人，旅客、行包中转量居全国铁路之首，拥有64个售票窗口、22个车票代售点。

△李新民副省长到建设中的郑东新区，察看各项工程进展情况。

11月

2日

△郑州商都3600年学术研讨会暨中国古都学会2004年年会开幕。来自北京、南京、西安、苏州、广州、安阳、太原等地的专家学者150多人参加了会议。

4日

△省委副书记陈全国深入中牟县企业、农村调研，到郑州日产汽车有限公司的生产车间、刘集乡徐庄村、城关镇大潘庄村进行了考察。

△市委书记李克到中牟察看部分工业企业生产经营情况。

5日

△由郑州市人民政府与中国古都学会联合举办的郑州商都3600年学术研讨会暨中国古都学会2004年年会结束。中国古都学会会长朱士光宣布，古都郑州可与西安、北京、洛阳、开封、南京、杭州、安阳七大古都一起并称为“中国八大古都”，这一成果是近年来中国古都学与考古学、先秦史学等多学科联合研究所取得的，是中国古都学发展史上的一个重要学术成果。

△王文超市长在部分汽车生产企业调研，到河南红宇机械厂郑州分厂、郑州轻型汽车制造厂的车间厂房进行了实地察看。

△王文超市长带领有关部门负责人到经济技术开发区现场办公，要求有关部门采取有效措施，切实保障中信集团投资20亿元建IT基地项目的顺利实施。

6日

△国家发展与改革委员会社会发展司司长李守信到郑，就农村计划生育、医疗卫生和文化事业发展状况进行调研。

7日

△王文超市长在郑东新区现场办公，察看了CBD的桥梁、道路、路灯、绿化等基础设施建设情况和金水区与管城区的拆迁农民安置小区，以及联盟新城、上海绿地等入驻项目。

9日

△中共中央政治局委员、书记处书记、中宣部部长刘云山在河南考察宣传思想工作和精神文明建设情况。刘云山一行到郑州大学、金水区柳林镇马头岗村进行了考察。

△国务院再就业联合调研组到郑，就再就业工作及政策落实过程中存在的问题进行专题调研。王文超市长向调研组汇报了郑州市就业再就业工作情况。

10日

△王文超市长督察中心城区综合整治工作，先后到整治中的科学大道、西北环、郑花路、东风渠施工现场进行了察看。

△世界商业零售巨头麦德龙与澳柯玛郑州国际物流园区签约。至此，继沃尔玛、家乐福后，世界商业零售前三名的企业全部入驻郑州。

△王文超市长会见麦德龙中国公司总裁杜哲思先生一行，希望麦德龙在郑州发展顺利，进一步扩大合作领域，推进郑州的商贸业发展。

11日

△市委书记李克专程到市热力总公司进行察看，要求高度重视，做好充分准备，确保正常供暖。

13日

△王文超市长带领消防、公安及市直有关部门负责人到银基商贸城现场办公，要求银基的消防隐患整改要抓紧落实，3个月内基本消除火灾隐患。

15日

△国家发展与改革委员会常务副主任王春正、副主任朱之鑫在郑调研龙头企业发展现状。

△王文超市长对郑州市供暖情况进行调研，先后到郑州新力电力有限公司郑州热电厂、兴隆铺热电厂、郑州热力总公司东明路供热分公司等单位，认真察看了热源及供暖车间的运行情况。

16日

△省委、省政府在省人民会堂隆重集会，表彰全省在第12届残奥会上取得优异成绩的运动员。金牌得主郑州运动员朱宏艳、任桂香、张岩获省“劳动模范”称号。

△市委书记李克到郑州经济技术开发区调研，察看了建设中的百姓数据网站。

17日

△郑州警备区组建大会举行。省委常委、市委书记兼郑州警备区党委第一书记李克、省军区司令员袁家新少将、市长王文超，以及省军区参谋长李其明大校、郑州警备区领导李文忠、许书欣等参加会议。市委常委、警备区政委葛合元主持会议。

△国家发改委副主任、国务院第一次全国经济普查领导小组副组长朱之鑫一行，深入郑州市企事业单位督察经济普查工作。

18日

△市委书记李克到金水区，重点检查改善人居环境工作，考察了工人新村社区、煤炭社区、轻院社区。

△市委书记李克、市长王文超到

中国铝业河南分公司进行调研，察看公司正在抓紧施工的年产规模70万吨氧化铝建设项目。

△王文超市长察看郑州市重点工程项目建设情况。仔细察看了正在抓紧建设的中国电力投资公司郑州燃气调峰电厂、郑州宇通发展有限公司汽车零部件工业园及郑州昌煜实业有限公司建设项目。

△王文超市长在郑州纺织机械股份有限公司调研，要求进一步理清发展思路，提高经营水平，不断将企业做大做强。

19日

△市委书记李克在管城区对就业再就业和社会保障工作进行调研，到北顺城街社区、南顺城街社区进行了考察。

23日

△省委书记、省人大常委会主任李克强在郑州市调研，深入郑东新区建设工地和街道社区，考察新区建设情况，检查城市社会保障、就业和再就业工作。

25日

△全市人才工作会议召开。市委书记李克要求，要充分认识实施人才强市战略的重要性和紧迫性，为加快推进全面建设小康社会提供人才保证和智力支持。市长王文超主持会议。

27日

△郑州市首次工业大会召开。市长王文超作主题报告，省委常委、市委书记李克，副省长史济春作重要讲话。

30日

△国家人口和计划生育委员会副主任王国强等到郑视察工作。

12月

3日

△郑州市妇女第十四次代表大会召开。市领导李克、王文超等出席了大会开幕式，省妇联主席杨云应邀出席了大会。

8日

△市委书记李克到巩义市调研，察看了企业生产经营情况，并与该市领导班子进行了座谈。

△王文超市长察看新建学校、地方高校、第九届中运会场馆及4所高中建设情况，要求全力推进各项建设工程。王文超实地察看了拟建的兴华小学、嵩山中学、文化绿城小学、金水二中，以及郑州一中、郑州十一中新校区和中州大学等学校的规划、建设情况，听取了各项建设工作的汇报。

9日

△王文超市长带领市经委、财政、国税、地税和土地部门负责人，深入部分工业企业调研。

10日

△市委书记李克到荥阳市调研，到河南中原铝业有限公司、荥阳通达纺织机械有限公司进行了考察。

△省委常委、常务副省长王明义就农村信用社改革和煤炭资源整合工作在郑调研。

14日

△河南省委书记徐光春到中州名镇——巩义市竹林镇、郑州威科姆电子科技有限公司、郑州宇通企业集团、河南安飞电子玻璃有限公司进行了考察。

△贾连朝副省长到位于郑州高新区的河南省国家大学科技园，察看了部分入园企业，并就大学科技园的未来发展和目前存在的问题同有关人员进行了座谈。

15日

△王文超市长在登封市、巩义市调研工业企业，先后到登封市中岳电力公司、登封电厂集团，巩义市顺源铝业公司、永安铝电集团和豫联能源集团进行了考察。

16日

△郑州市社会科学界联合会第四次代表大会开幕。市领导李克、王文超等出席开幕式，省社联党组书记、常务副主席李新杰，副主席万兵到会祝贺。

17日

△市委、市政府召开郑州市运动员参加第12届残奥会庆功表彰大会，表彰朱宏艳、张岩、任桂香、李满州4位奥运健儿。郑州市共有4名运动员参加了游泳、乒乓球两个项目的比赛，夺得7金、1银、1铜的优异成绩，并打破了三项世界记录，取得了郑州市选手在残奥会上的最好成绩。此次比赛，全省所获金牌被郑州市运动员包揽，金牌总数位居全国第三。

22日

△2004海外学人回国创业郑州行活动拉开帷幕，来自14个国家和地区的海外学人汇聚郑州，共寻创业机遇，共话中原崛起大业。团中央统战部副部长倪邦文，省市领导王全书、王文超等出席了开幕式。

△市十二届人大常委会第七次会议结束，通过了《郑州市失业保险条例》。

29日

△省委书记徐光春深入纬四路农贸市场、金博大购物中心视察省会“双节”商品供应情况。

30日

△省会郑州创建国家园林城市、国家卫生城市、国家环保模范城市、全国文明城市动员大会举行。省市领导李克、李新民、王文超等出席会议。市长王文超对郑州市的城市建设和创建工作进行了部署。省委常委、市委书记李克要求全市上下统一认识，高度重视，确保“四城联创”目标的实现。

（西　风）

第二十六篇 附 录

统 计 资 料

国民经济和社会发展总量及速度指标

指 标	单位	1990	1995	2000	2002	2003	2004	2004比上年度±%
人口与面积								
人口	万人	557.8	600.3	665.9	687.7	697.7	708.2	1.5
建城区面积	平方公里	112.0	108.3	133.2	156.4	212.4	243.3	14.5
就业								
年末从业人员	万人	317.8	309.9	356.4	377.5	388.9	398.9	2.6
#城镇从业人员	万人	87.3	118.5	112.7	135.8	150.0	151.2	0.8
城镇失业人数	万人			2.2	3.0	4.2	4.4	4.7
宏观经济								
国民经济核算								
国内生产总值	亿元	116.4	389.9	738.0	928.3	1102.3	1377.9	15.7
第一产业	亿元	14.4	28.5	42.4	47.3	49.3	63.1	5.7
第二产业	亿元	62.5	208.4	363.1	453.7	571.5	738.0	18.0
第三产业	亿元	39.5	153.0	332.5	427.3	481.5	576.8	14.1
固定资产投资								
全社会固定资产投资额	亿元	26.9	165.6	258.4	340.7	500.4	650.3	30.0
#国有单位	亿元	15.5	83.8	93.5	105.7	188.0	218.6	16.3
集体单位	亿元	3.4	34.1	71.4	77.9	10.8	25.5	135.4
财政								
地方财政收入	亿元	10.5	17.1	46.0	58.3	72.5	114.8	32.7
地方财政支出	亿元	6.5	17.8	51.1	75.8	90.3	118.6	31.4
价格总指数								
商品零售价格指数	以上年为100	100.8	110.4	99.1	98.8	101.5	105.6	5.6
居民消费价格指数	以上年为100	101.8	114.5	99.0	100.1	102.0	105.7	5.7
外商投资								
利用外资								
合同利用外资	万美元	1132	21086	12860	21498	48422	63211	30.5
实际利用外资额	万美元	768	15020	9211	9156	15742	24202	53.8
产业								
农业								
耕地面积	千公顷	474.4	300.6	292.1	299.6	296.5	296.0	−0.2
农林牧渔业总产值	亿元	24.6	51.5	73.2	82.4	86.2	110.2	5.7
粮食总产量	万吨	154.2	140.1	158.7	139.9	143.7	148.3	3.2
工业								

续表 1

指　标	单位	1990	1995	2000	2002	2003	2004	2004比上年度±%
工业总产值	亿元	174.4	647.9	1005.3	1212.3	1480.9	1878.9	18.3
工业增加值	亿元	56.5	171.4	309.9	378.6	455.7	588.4	19.1
规模以上工业								
资产	亿元	142.3	470.3	749.8	900.5	1035.8	1205.9	15.8
流动资产平均余额	亿元	60.7	204.2	318.9	397.6	469.5	542.4	14.9
负债	亿元	89.6	328.6	477.5	564.6	666.4	769.9	15.5
销售收入	亿元	104.6	307.8	530.9	682.1	876.5	1189.6	35.0
利税总额	亿元	18.7	37.9	67.2	84.5	109.7	142.5	31.5
建筑业								
建筑业总产值	亿元	12.7	45.5	106.0	242.9	173.6	227.2	30.9
施工房屋面积	万平方米	325	805	1217	1782	2070	2190	5.8
竣工房屋面积	万平方米	148	306	440	714	553	706	27.7
交通运输								
旅客周转量	万人公里	692608	919575	1251110	1485872	1398365	1658681	18.6
# 铁路	万人公里	459610	530312	600322	624480	591180	743332	25.7
公路	万人公里	232998	320990	563182	677296	719288	789130	9.7
航空	万人公里	10160	68273	87606	184096	87897	126219	43.6
货物周转量	万吨公里	1962388	2129167	2265025	2668047	2519050	2706518	7.4
# 铁路	万吨公里	1815643	1818869	1562387	1887870	1673526	1779330	6.3
公路	万吨公里	146745	308831	701350	777660	844376	925605	9.6
航空	万吨公里	150	574	1281	2506	1134	1567	38.2
邮电通讯								
邮电业务总量	万元			423689	449389	566859	818364	44.4
电话交换机部数	万门	5.6	51.2	204.1	223.0	268.0	370.0	38.1
国内商业								
社会消费品零售总额	亿元	47.4	164.1	345.6	430.9	479.9	558.7	16.4
批零贸易企业销售额	亿元	44.9	401.0	437.4	518.1	650.1	848.6	29.7
对外贸易和旅游								

续表 2

指　　标	单位	1990	1995	2000	2002	2003	2004	2004 比上年度±%
直接进出口总值	万美元		16129	19216	26712	42445	78029	83.8
#直接出口总值	万美元	1119	13072	12313	18017	24251	46084	90.0
旅游外汇收入	万美元			4653	5400	2900	5570	92.1
金融								
金融机构各项存款	亿元	86.3	464.4	1215.4	1971.1	2434.1	2724.8	11.9
金融机构各项贷款	亿元	87.0	373.7	881.9	1552.1	1981.8	2231.3	12.6
教育								
在校学生数	万人	84.4	114.9	139.7	161.5	171.7	177.4	3.3
专任教师数	人	62221	58969	71350	80806	90007	96981	7.7
人民生活								
城市居民人均可支配收入	元	1496	4535	6458	7772	8647	9667	11.8
农村居民人均纯收入	元	692	1555	2912	3377	3631	4183	15.2
城市居民人均居住建筑面积	平方米			19.8	22.0	22.4	22.6	增加 0.2 平方米
农村居民人均居住面积	平方米	21.5	23.8	35.4	36.9	39.7	42.7	增加 3.0 平方米
城乡居民储蓄余额	亿元	56.1	254.2	565.8	849.6	1048.5	1211.1	15.5
工资								
在岗职工年平均工资	元			9017	11966	13537	15024	11.0
卫生								
医疗机构数	个	935	879	688	677	1221	1648	35.0
卫生技术人员	个	28410	30590	31137	30463	34475	35666	3.5
医疗床位数	张	20937	22122	24472	27377	28094	29422	4.7
市政建设								
自来水供水量	万吨	23037	32506	28783	25539	25639	24034	－6.3
城市集中供热面积	万平方米		851	1383	1509	1544	1192	－22.8
用气人口	万人	59.5	107.9	149.2	198.0	206.0	222.7	8.1
城市道路长度	公里	428	563	684	816	847	907	7.1
公共汽(电)车总数	[illegible]	404	728	1342	2050	2426	2727	12.4

注：1. 1990 年城市居[illegible]替；2. 直接进出口总值、直接出口总值统计范围不包括国家部委及省属进出口公司[illegible]5 年、1990 年为业务统计数；3、2001 年邮电业务总量按 2000 年可比价格计算，200[illegible]

人口基本情况

（2004 年底）

县(市)区	总户数(户)	总人口(人)			
		合　计	# 女　性	# 非农业人口	# 城镇人口
总　计	1995116	7082248	3428563	2572021	4104391
市辖区	917103	2950879	1426595	1889854	2877038
中原区	208258	676839	327133	483263	676839
二七区	193120	610262	291766	405702	610262
管城区	116495	391422	192629	216809	391422
金水区	307674	984557	472806	663903	984557
上街区	39541	117187	57422	76875	117187
惠济区	52015	170612	84839	43302	96771
县(市)	1078013	4115032	2001968	682167	1227353
中牟县	169134	682896	328677	75553	123912
巩义市	204952	791708	393407	138506	284953
荥阳市	168660	595884	293057	104978	177812
新密市	202666	798503	384799	127760	226615
新郑市	170805	614898	296996	156019	253953
登封市	161796	631143	305032	79351	160108

注：1. 新密市总人口中含郑州矿区 40144 人；2. 经济技术开发区数据含在管城区；3. 高新技术开发区数据含在中原区。

人口自然变动情况

（2004 年）

县(市)区	年平均人口(人)	出生人口(人)	死亡人口(人)	出生率(‰)	死亡率(‰)	自然增长率(‰)
总　计	7029401	60807	31378	8.66	4.47	4.19
市辖区	2905347	22431	9565	7.72	3.29	4.43
中原区	662705	5099	2644	7.69	3.99	3.70
二七区	604217	4659	1831	7.71	3.03	4.68
管城区	382247	3250	1342	8.50	3.51	4.99
金水区	972550	7070	2422	7.27	2.49	4.78
上街区	116610	782	521	6.71	4.47	2.24
邙山区	167018	1571	805	9.41	4.82	4.59
县(市)	4115886	38376	21813	9.32	5.30	4.02
中牟县	682556	6313	3754	9.25	5.50	3.75
巩义市	790179	7453	4574	9.43	5.79	3.64
荥阳市	595062	5290	3368	8.89	5.66	3.23
新密市	796555	7018	3505	8.81	4.40	4.41
新郑市	621761	6106	3115	9.82	5.01	4.81
登封市	629773	6196	3497	9.84	5.55	4.29

注：1. 郑州矿区数据含在新密市；2. 经济技术开发区数据含在管城区；3. 高新技术开发区数据含在中原区。

农村基本情况及从业人员

（2004年底）

项　　目	单位	总计	中原区	二七区	管城区	金水区	上街区	惠济区
农村基层组织情况								
乡镇个数	个	108	3	3	3	4		3
#镇个数	个	73	1	1	1	3		3
村民委员会个数	个	2296	46	52	41	64	7	54
乡村人口从业人员								
乡村户数	万户	106.97	2.22	2.9	2.19	3.03	0.37	3.24
乡村人口数	万人	412.22	7.8	10.15	7.86	11.06	1.05	12.22
乡村从业人员数	万人	226.31	3.61	5.51	3.79	6.48	0.54	6.71
按性别分								
#男劳动力	万人	121.05	1.74	2.77	2.03	3.41	0.27	3.45
女劳动力	万人	105.26	1.87	2.74	1.76	3.07	0.27	3.26
按行业分								
农业从业人员	万人	131.2	1.59	2.85	2.05	3.46	0.25	4.4
工业从业人员	万人	41.46	0.74	0.76	0.45	0.57	0.15	0.88
建筑业从业人员	万人	15.42	0.31	0.35	0.21	0.59	0.03	0.46
交通仓储邮电运输业人员	万人	10.96	0.16	0.36	0.23	0.4	0.02	0.21
信息传输计算机软件业	万人	0.87		0.02	0.08	0.11	0.02	0.02
批发零售业从业人员	万人	11.31	0.3	0.33	0.23	0.52	0.03	0.34
住宿餐饮业从业人员	万人	4.54	0.06	0.2	0.17	0.21	0.01	0.11
其它行业从业人员	万人	10.55	0.45	0.64	0.37	0.62	0.03	0.29

注:2004年8月,峡窝镇从荥阳市划入上街区,2004年农村统计年报仍由荥阳市统计。

续表

项　　目	单位	中牟县	巩义市	荥阳市	新密市	新郑市	登封市	经济技术开发区	高新技术开发区
农村基层组织情况									
乡镇个数	个	19	16	15	14	13	13		2
#镇个数	个	10	16	10	10	9	6		1
村民委员会个数	个	431	292	305	317	325	307	16	39
乡村人口从业人员									
乡村户数	万户	14.73	17.03	15.21	16.23	13.35	14.44		2.03
乡村人口数	万人	59.5	66.27	55.6	64.7	51.6	54.55	2.36	7.5
乡村从业人员数	万人	35.12	30.56	32.69	33.23	32.25	30.76	1.21	3.85
按性别分									
#男劳动力	万人	18.48	16.65	17.11	18.38	17.34	16.78	0.65	1.99
女劳动力	万人	16.64	13.91	15.58	14.85	14.91	13.98	0.56	1.86
按行业分									
农业从业人员	万人	29.01	13.03	18.38	14.54	19.99	18.89	0.74	2.02
工业从业人员	万人	1.26	9.98	5.57	9.74	4.3	6.38	0.09	0.59
建筑业从业人员	万人	1.75	2.11	2.86	1.94	2.9	1.4	0.12	0.39
交通仓储邮电运输业人员	万人	0.59	1.72	1.52	2.4	1.8	1.17	0.13	0.25
信息传输计算机软件业	万人	0.08	0.08	0.03	0.22	0.06	0.14		0.01
批发零售业从业人员	万人	1.17	1.51	1.9	1.86	1.51	1.39	0.02	0.2
住宿餐饮业从业人员	万人	0.28	0.71	0.76	0.84	0.54	0.5	0.05	0.1
其它行业从业人员	万人	0.98	1.42	1.67	1.69	1.15	0.89	0.06	0.29

耕地面积变动情况

(2004 年)

单位：千公顷

项　　目	全　市	中原区	二七区	管城区	金水区	上街区	惠济区	中牟县	巩义市	荥阳市	新密市	新郑市	登封市
年初耕地总资源	330.55	7.45	6.54	6.52	6.46	0.29	9.46	69.33	41.71	49.97	47.05	47.88	37.89
年内增加耕地资源	4.27	0.51	0.03		0.04		0.09	0.38	0.87	0.27	1.2	0.74	0.14
# 新开荒地面积	2.54		0.02					0.27	0.64	0.16	1.06	0.28	0.11
年内减少耕地资源	4.68	0.33	0.17	0.17	0.23	0.02	0.16	0.28	0.73	0.69	1.09	0.79	0.02
# 国家基建占地	2.75		0.04	0.1	0.01	0.01	0.03	0.15	0.31	0.51	1	0.57	0.02
其它基建占地	1.17	0.26	0.13	0.01	0.21		0.12	0.02	0.18	0.17	0.05	0.02	
年未耕地总资源	330.14	7.63	6.4	6.35	6.27	0.27	9.39	69.43	41.85	49.55	47.16	47.83	38.01
常用耕地	296.04	6.97	6.2	6.1	5.11	0.21	8.25	61.44	33.77	44.38	45.52	42.01	36.08
临时性耕地	34.09	0.66	0.2	0.25	1.16	0.06	1.14	7.98	8.08	5.17	1.64	5.82	1.93
# 25 度以上坡耕地	0.99						0.01		0.49	0.24	0.21	0.03	0.01

林业生产情况

(2004 年)

单位：公顷

	当年造林面积	用材林	经济林	四旁植树(万株)	育苗面积	幼林抚育实际面积	成林抚育面积
总　计	10090	1869	2058	1406	1838.6	19495	18794
中原区				30	579.6		
二七区	33	13	20	30	3		
管城区	33	33		17	47		
金水区				16	40		
上街区				10			1265
惠济区	200	200			99		
中牟县	1467	90	815	183	185	7862	
巩义市	1733	133	76	82	160	5100	7529
荥阳市	909	361	414	210	133		
新密市	1200			98	379	533	
新郑市	1982	959	680	470		6000	10000
登封市	2533	80	53	260	95		
其　它					118		

牧业主要产品产量

（2004 年）

项　　目	单位	全市	中原区	二七区	管城区	金水区	上街区	惠济区	中牟县	巩义市	荥阳市	新密市	新郑市	登封市	经济技术开发区	高新技术开发区
猪当年出栏头数	万头	215.92	2.23	3	4.86	6.51	0.55	2.58	53.84	18.68	39.72	23.23	32.05	24.08	2.86	1.73
牛当年出栏头数	万头	17.88	0.08	0.1	0.47	0.16		0.13	5.9	1.9	2.4	1.24	0.22	4.97	0.27	0.04
羊当年出栏只数	万只	106.02	0.28	0.37	1.04	0.58	0.12	0.55	51.56	7.14	20.19	9.54	6.5	7.63	0.38	0.14
禽当年出栏只数	万只	3282.28	54.18	65.74	44.31	29.64	8.43	255.32	496.57	205.97	600.43	283.63	973.35	214.8	16.5	33.41
肉类总产量	吨	248530	2702	3404	4986	5764	580	5241	62134	19213	45936	24226	36925	32719	2684	1716
# 猪肉产量	吨	165331	1827	2366	3984	5098	451	1705	40380	13166	32040	17583	23115	20310	2086	1220
牛肉产量	吨	21952	111	102	279	200		154	7147	2321	2938	1487	1241	5554	365	53
羊肉产量	吨	12638	33	48	123	73	15	63	6256	822	2354	1050	756	986	43	16
禽肉产量	吨	42131	731	886	598	391	114	3319	6455	2700	7723	3687	11497	3415	190	425
兔肉产量	吨	1931		1	2	2			268	146	750	305	147	309		1
奶类总产量	吨	153612	5043	3209	2316	25400	110	10003	30729	4000	48000	6323	15075	1350	1537	5517
# 牛奶产量	吨	120980	5033	2666	2120	25400	110	8550	30729	3327	23700	6122	14500	1350	1537	5485
山羊毛产量	吨	222				50				37		45	43	47		
绵羊毛产量	吨	418							90	52	20	166	18	72		
蜂蜜产量	吨	5677			3000			8	239	62	163	146	43	2016		
禽蛋产量	吨	177963	742	6543	2229	2328	630	7180	23290	12535	53792	18537	32157	16812	429	759

农 林 牧

(2004 年)

指　　标	全　市	中原区	二七区	管城区	金水区	上街区
农林牧渔业总产值	1102005	12680	15507	17242	39628	10900
农业	562325	7025	6861	8890	10062	3788
谷物及其他作物	306411	2870	2621	3062	5612	2404
谷物	193668	2290	1783	2115	4529	2116
#小麦	111675	1342	870	1303	2513	1273
#稻谷	4082			21	269	
#玉米	76011	948	908	791	1748	761
薯类	21855	9	74	176	23	101
油料	55186	557	664	751	97	155
#花生	49015	417	466	686	56	89
#油菜籽	4713	137	162	65	34	42
豆类	10321	11	100	20	865	32
棉花	9062	3			98	
烟叶	6727					
其他农作物	9592					
蔬菜园艺作物	202663	3736	3113	4703	3699	1131
蔬菜(含菜用瓜)	199952	3736	3113	4677	2929	1129
花卉	2711			26	770	2
水果、坚果、饮料和香料作物	51649	418	1127	1125	250	253
水果、坚果	51649	418	1127	1125	250	253
#苹果	4491	33	33	55	60	88
#梨	861	1	43	27	73	46
中药材	1602				500	
林业	24617	278	81	169	845	293
林木的培育和种植	9174	266	56	108	845	112
竹木采运	13399	12	16	61		15
林产品	2044		8			116
牧业	452396	4839	8009	7834	15844	6351
牲畜饲养	108859	1523	1077	1311	8133	1306
牛的饲养	39744	201	184	505	398	235
羊的饲养	23270	61	88	227	135	396
其他牲畜饲养	7445		2			77
奶产品	38400	1261	802	579	7600	598
猪的饲养	201124	2219	2873	4837	6191	2746
家禽饲养	128598	1097	4058	1682	1520	2283
肉禽	42553	739	895	604	395	625
禽蛋	86045	359	3164	1078	1126	1658
狩猎和捕捉动物	1280					
其他畜牧业	14886		5	4	350	16
渔业	45857	85	136	199	12677	
鱼类	45385	85	136	199	12677	
虾蟹类	107					
其他	361					
农林牧渔服务业	16810	453	420	150	200	468

渔业总产值

单位：万元

惠济区	中牟县	巩义市	荥阳市	新密市	新郑市	登封市	经济技术开发区	高新技术开发区
38917	344673	75779	178153	91075	153429	102953	5578	10486
19454	215587	37236	84743	39599	85655	42128	1547	7018
3772	88123	29161	43436	33450	51692	33035	1104	4154
3105	39501	23034	33474	26895	32794	18350	732	4056
1735	21905	13584	17717	15380	18999	11073	600	2431
382	2967		366				3	46
988	14600	8761	12105	11187	13706	7055	129	1578
66	8721	1520	2495	1934	2574	4114	50	
354	28294	1973	4997	2568	12706	1684	254	79
315	26497	1223	3842	1909	11732	1232	236	71
25	1644	340	585	492	803	327	19	4
206	3522	685	670	1272	611	1935	67	19
41	6635	1149	944	72	123	607		
	1450			309	324	4645		
		800	856	400	2560	1700		
15245	105395	5624	35816	4113	19068	5613	148	2445
15214	105395	5453	34135	4113	19038	5606	148	2445
31		171	1681		30	7		
437	22069	2398	3791	1736	14565	3480	295	419
437	22069	2398	3791	1736	14565	3480	295	419
43	1048	1041	551	236	483	794	21	3
20	319	51	53	52	120	37	17	
		53	1700	300	330			
338	3590	3213	1355	3413	2581	7744		
305	1312	1889	615	1572	2313	968		
33	2278	712	432	1117	233	6399		
		612	308	724	35	377		
11314	101949	33256	88981	45531	62892	51322	3971	3030
2950	34859	7184	20169	6487	6893	13047	1038	752
333	12940	4202	5084	2691	2247	10055	574	96
116	11404	1513	3992	1841	1392	1578	80	26
	2725	504	155	150	314	985		1
2501	7682	832	10920	1581	2894	343	384	629
1932	49033	15986	36508	21351	28068	24662	2533	1482
6425	17781	8988	31385	12687	27160	11578	400	796
2954	6520	2928	7311	3724	11612	3449	192	430
3472	11261	6060	24074	8963	15548	8129	207	367
		180	220					
8	266	913	701	4933	1100	1636	205	
7511	22127	774	1024	432	281	459		138
7469	21947	729	993	279	281	450		138
	71	24	1	1		9		
42	105	21	30	152				
300	1420	1300	2050	2100	2020	1300	60	300

全部工业总产出、总产值及增加值

（2004 年）

项　　目	单位数（个）	工业总产出（万元）	工业总产值（万元）	工业增加值（万元）
总　　计	50121	20498683	18788506	5884400
按轻重工业分				
轻工业	16523	4698004	4355337	1333437
重工业	33598	15800679	14433169	4550964
按登记注册类型分				
国有及国有控股	304	3840483	3324293	1234905
集体工业	2214	3041955	2779359	958017
城乡个体工业	41815	4199844	4199844	1159470
其他各种经济类型	5788	9416401	8485010	2532008
国有及年产品销售收入 500 万元以上非国有工业	1802	14078031	12367854	4027122
按轻重工业分				
轻工业	532	3113060	2770393	899704
重工业	1270	10964971	9597461	3127418
按登记注册类型分				
国有及国有控股	244	3822567	3306377	1229792
集体工业	467	2388435	2125839	730240
其他各种经济类型	1091	7867029	6935638	2067090
年产品销售收入 500 万元以下非国有工业	48319	6420652	6420652	1857278
按轻重工业分				
轻工业	15991	1584944	1584944	433733
重工业	32328	4835708	4835708	1423546
按登记注册类型分				
国有及国有控股	60	17916	17916	5113
集体工业	1747	653520	653520	227777
城乡个体工业	41815	4199844	4199844	1159470
其他各种经济类型	4697	1549372	1549372	464918

注：本表工业总产出、总产值、增加值按当年价格计算。

邮 电 业 务

(2004 年)

指 标	单 位	全 市	#市区
邮电业务总量(2000 不变价)	万元	818364	536723
#邮政	万元	46643	32429
电信	万元	771721	504294
函件	万件	8122	6785
包件	万件	92.6	78.2
特快专递	万件	168.8	149.9
汇票	万张	100.8	80.7
邮政储蓄余额	万元	750158	389633
集邮	万枚	2690	1982
订销报纸累计份数	万份	13832	8761
订销杂志累计份数	万份	1148	1005
报刊流转额	万元	12826	9860
长途电话	万张	21085	18537
市话通话量	万张	592229	448007
邮电局(所)数	处	416	170
邮路总长度	公里	50302	48986
#航空邮路	公里	32539	32539
订销报纸期发份数	万份	67.9	49.2
订销杂志期发份数	万份	77.7	68.7
长话电路数	路	100110	100110
市话总容量	万门	370	210
移动电话用户期末数	万户	284	172.5
固定电话期末到达户数	万户	206.7	123.9
#住宅电话	万户	128	81.1
公用电话	万户	24.2	18.9
互联网用户期末数	万户	45.2	

全社会固定资产投资

(2004 年)

单位:万元、万平方米

指　　标	总　计	城镇投资	房地产开发	农村投资	农户投资	非农户投资
总　计	6502774	4983642	1217797	1519132	483647	1035485
#不含铁路局黄委会系统	6373597	4854465	1217797	1519132	483647	1035485
住宅投资	1513999	1174811	949848	339188	275583	63605
按经济类型分						
内资	5390718	4400966	1006777	989752		989752
国有经济	2186339	2090807	154696	95532		95532
集体经济	254902	98412	14526	156490		156490
股份合作	119926	97596	6996	22330		22330
国有联营						
集体联营	1931	55		1876		1876
国有与集体联营	8632	8632				
其他联营	870			870		870
国有独资	224074	224074	13547			
其他有限责任公司	1097954	901208	518859	196746		196746
股份有限公司	560607	494354	65482	66253		66253
私营	756391	410683	231164	345708		345708
其他内资	179092	75145	1507	103947		103947
港澳台商投资	245058	230636	86091	14422		14422
合资经营	136439	136439	34281			
合作经营	764	764	764			
独　资	93133	93133	51046			
股份有限	300	300				
外商投资	322054	316004	121829	6050		6050
合资经营	186431	186431	61859			
合作经营	6260	6260	6260			
独　资	112963	112963	45510			
股份有限	10350	10350	8200			
个体经营	544944	36036	3100	508905	483647	25261
本年新增固定资产	3558345	2301872	526734	1256473	464041	782532
本年施工房屋面积	4927.4	2919.2	1555.6	2008.2	1434.9	573.3
#住宅	2738.3	1676.8	1360.2	1061.5	963.9	97.6
本年竣工房屋面积	2331.7	696.8	309.1	1634.9	1292.2	342.7
#住宅	1455.2	451.2	279.4	1004	963.9	40.1
本年竣工房屋价值	1227476	709903	356027	517573	326962	190611
#住宅	731813	432324	309887	299489	275411	24078

城市建设用地

单位:平方公里

指　　标	2003 年	2004 年
城市市区面积	1010.3	1010.3
建成区面积	212.4	243.3
#城市建设用地面积	149.38	153.15
#工业	24.09	28.7
仓库	8.39	9.52
对外交通	15.14	15.62
居住	39.72	43.94
公共设施	25.69	26.89
道路广场	17.13	20.06
市政公共设施	5.68	6.03
绿地	11.69	1.69
特殊用地	1.85	0.7
本年征用土地面积	41.6	4.51

市政设施及公共交通

指　　标	计量单位	2003 年	2004 年
实有铺装道路长度	公里	846.8	929.33
实有铺装道路面积	万平方米	1831	2136.4
人行道面积	万平方米	501	501.3
实有桥梁数	座	111	113
#立交桥	座	21	23
路灯盏数	盏	52857	53000
排水管道长度	公里	1417	1472.65
污水年排放量	万立方米	20431	19425
污水处理厂	座	2	2
处理能力	万立方米/日	40	40
污水年处理量	万立方米	11085	10703
防洪堤长度	公里	56.7	56.7
公共汽、电车运营车数	辆	2426	2757
公共汽车数	辆	2342	2668
#小公共	辆	273	249
无轨电车数	辆	84	89
标准运营车数	标台	2532	2989
运营线路网长度	公里	475	508
全年客运总量	万人次	42065	55647
公共汽车	万人次	39748	52899
#小公共	万人次	1788	2344
无轨电车	万人次	2317	2748
实有出租汽车数	辆	10757	10757

城市供水、供电情况

指　　标	计量单位	2003 年	2004 年
供水			
水厂数	个	6	6
自来水综合生产能力	万立方米/日	114.1	116
#地下水	万立方米/日	35.6	7.5
供水管道长度	公里	1406	1498.9
全年供水总量	万立方米	25639	24034
#生产用水	万立方米	6806	5876
生活用水	万立方米	15533	14763
#家庭用量	万立方米	11879	7256
用水人口	万人	240	249.96
节约用水			
计划用水量	万立方米	19615	18107
取水量	万立方米	17355	16016
生产用水重复利用量	万立方米	77236	80347
节约用水量	万立方米	2260	2091
供电			
公用配电线路长度	公里	9692	9702
全年销售总量	亿千瓦时	115.8	128.5
#生活用电	亿千瓦时	18.2	21.1
售给居民每千度电售价	元	407.1	414.8

城市燃气及供热

指　　标	计量单位	2003 年	2004 年
液化石油气			
储气能力	吨	4595	4595
外购气量	吨	27595	9479
供气总量	吨	27595	9479
#家庭用量	吨	18995	4041
用气家庭户数	户	151321	105183
用气人口数	万人	48	38
天然气			
储气能力	万立方米	20	20
供气总量	万立方米	15604	19864
#家庭用量	万立方米	6833	7607
用气家庭户数	户	450460	509425
用气人口数	万人	158	184.7
输送管道长度	公里	1615	1897
供热能力			
蒸汽	吨/小时	943	1036
热水	兆瓦	694	685
供热总量			
蒸汽	万吨	573	264
热水	万百万千焦	622	460
管道长度			
蒸汽	公里	181	203
热水	公里	617	651
集中供热面积	万平方米	1544	1717
#住宅	万平方米	995	1045

社会消费品零售总额

（2004年）

单位：万元

	合 计	贸易餐饮企业	贸易餐饮个体	其 他
社会消费品零售总额	5586942	1903963	3496858	186121
按销售地区分				
市的零售额	3874661	1773576	2010979	90106
县的零售额	260330	10650	223797	25883
县以下的零售额	1451951	119737	1262082	70132
按行业分				
批发和零售贸易业	4598971	1751014	2847957	
餐饮业	801850	152949	648901	
其他	186121			186121

全市直接进出口总值

单位：万美元

项 目	2003年	2004年	2004年比2003年±%
直接进出口总值	141086	171671	21.7
#直接出口总值	87192	107936	23.8
市属及以下直接进出口总值	42445	78029	83.8
#直接出口总值	24251	46084	90.0
#国内企业	18750	38966	82.3
外资企业	5501	7118	29.4

金融机构信贷收支

（2004 年底）

单位：万元

项　　目	合　计	比年初±%	市　区	中牟县	巩义市	荥阳市	新密市	新郑市	登封市	上街区
各项存款合计	27248165	11.94	23172491	304061	798239	495707	940731	475770	609232	451934
企业存款	8976081	2.65	8397443	34596	84819	42655	90153	83855	107890	134670
财政存款	322007	10.62	296436	1177	6748	1522	2782	1868	11313	161
机关团体存款	831906	23.44	780799	295	10029	18279	12739	3154	5692	919
储蓄存款	12110885	15.51	8792851	257094	643507	426146	847265	362902	471534	309586
农业存款	272186	−2.49	212790	9395	26846	2607	108	11140	8934	366
信托存款	24872	−26.29	24872							
委托存款	292341	−5.52	311702	12	−1926	−1353	−13580	−1367	−1101	−46
其他存款	4417887	25.30	4355600	1492	28215	5851	1264	14218	4969	6278
各项贷款合计	22313328	11.49	20504977	177940	486817	175651	272784	292595	341315	61249
短期贷款	10734761	6.96	9295984	158593	438518	142183	206418	274083	196956	22026
工业贷款	4555430	8.75	4091791	8103	181114	28016	62653	116122	57905	9726
商业贷款	1851616	6.72	1665344	47949	15954	26667	15957	58510	21038	197
建筑业贷款	140079	−12.54	137063		1			3015		
农业贷款	794435	17.80	390744	83595	73025	49733	73992	54785	58168	10393
乡镇企业贷款	509649	−0.11	242059	11999	138880	26618	36960	20736	32397	
三资企业贷款	212022	7.66	203223	60	1180	7000	404	155		
私营企业及个体贷款	19935	−6.10	12705		10	8	5	7107	10	90
其他短期贷款	2651595	4.00	2553055	6887	28354	4141	16447	13653	27438	1620
中期流动资金贷款	1649950	−6.91	1631719	975		1425	1700	500	12000	1631
中长期贷款	7531907	19.85	7252478	15633	18726	29152	39188	16507	124642	35581
基本建设贷款	3694126	19.94	3550745	10110	7386	17978	16182	5185	86400	140
技术改造贷款	133222	31.32	121972		7250				1000	3000
其他中长期贷款	3704560	19.39	3579762	5523	4090	11174	23006	11322	37242	32441
信托贷款	37431	5.18	37431							
融资租赁	361		361							
委托贷款	21827	−31.88	21827							
票据融资	2237824	23.19	2166511	2739	29093	2843	25478	1505	7644	2011
各项垫款	99266	170.41	98665		479	48			74	

金融机构现金收支

（2004 年底）

单位：万元

项　　目	合　计	比上年±%	市　区	中牟县	巩义市	荥阳市	新密市	新郑市	登封市	上街区
收入合计	72797067	30.27	56808925	1004250	3064693	2184998	4107352	2008767	2362161	1255921
商品销售收入	7926300	18.69	7066092	53375	187191	162679	127405	143143	99114	87301
服务业收入	2334612	16.89	1719581	54228	127240	62654	202249	78324	62028	28308
税款收入	286018	19.32	98625	9673	23457	18836	65951	25242	38548	5686
城乡个体经营收入	2365519	18.65	1552093	31619	115606	76686	63589	468057	40899	16970
储蓄存款收入	55568807	38.08	43265975	769673	2351181	1709147	3273173	1209273	1918018	1072367
其他金融机构收入	369526	11.65	298675	1352	11799	7087	18864	26181	4948	620
居民归还贷款收入	611245	14.38	254840	54874	84916	44843	67218	31443	69416	3695
汇兑收入	478874	64.05	454822	3934	5335	6647	820	3882	2209	1225
有价证券收入	110391	11.90	99376	4895	2082	774	1091	270	500	1403
其他收入	2745774	－20.95	1991577	27895	155886	95645	286992	22952	126481	38346
支出合计	69661351	30.80	52760089	1037189	3405867	2252189	4339546	2063428	2424979	1378064
工资性支出	2522725	10.54	1834911	27343	50539	69660	212096	71577	173565	83034
农副产品采购支出	981497	12.62	719458	32211	27951	44545	19217	120318	10946	6851
工矿及其他产品采购支出	1023517	34.16	740437	12329	63845	43561	59898	29056	25625	48766
行政企事业管理费支出	3703396	21.16	2751590	46172	354288	91565	296221	68894	47116	47550
城乡个体经营支出	3005322	34.12	1920795	30094	368753	108225	102888	359838	75254	39475
储蓄存款支出	54021271	35.15	42342643	234812	2335400	1738642	3117418	1284964	1863633	1103759
其他金融机构支出	472251	14.03	315818	2764	44986	12734	27321	58939	7557	2132
居民提取贷款支出	805025	16.78	453545	62233	70916	47365	68766	28565	72227	1408
汇兑支出	122229	－16.67	106317	5979	2201	4316	402	1234	1017	763
有价证券支出	82399	46.94	75858	3212		2659	3	425	42	200
其他支出	2921718	5.53	2042717	36040	86989	88917	435315	39618	147996	44126
投放(＋)回笼(－)	－3135716	19.50	－4044569	28671	341175	67191	232194	54661	62818	122143

国有独资商业银行信贷收支

（2004年底）

单位：万元

项　　　目	合　计	比年初±%	市　区	中牟县	巩义市	荥阳市	新密市	新郑市	登封市	上街区
各项存款合计	12359640	9.78	9516729	150421	586197	346440	696091	337205	401060	325497
企业存款	3170940	3.49	2695630	27646	75905	40752	73231	71437	98328	88011
机关团体存款	648708	20.55	610966	295	6560	18158	3132	3154	5684	759
储蓄存款	7521570	13.92	5252093	120470	473250	281837	618661	249692	292155	233412
农业存款	12848	-2.66	9519	527	2313	63	108	266	28	24
其他存款	1005574	-3.42	948522	1483	28168	5630	959	12656	4865	3291
各项贷款合计	11486730	13.28	10635632	37142	223112	78360	111710	154330	213480	32964
短期贷款	3413082	-6.03	2856343	19424	188669	50064	73562	145363	75746	3911
工业贷款	1689039	-5.08	1233122	8103	181114	28016	62653	116122	57905	2004
商业贷款	711616	-10.74	683573	8723	3560	4134	1658	7019	2752	197
建筑业贷款	63599	-43.03	60583		1			3015		
农业贷款	90238	-6.07	86052	315		3507	256		108	
乡镇企业贷款	181246	-3.33	165415		1000	4433	4878	2094	3426	
三资企业贷款	179308	12.31	170509	60	1180	7000	404	155		
私营企业及个体贷款	6920	-21.06	3282		10	8	5	3515	10	90
其他短期贷款	491116	-0.12	453807	2223	1804	2966	3708	13443	11545	1620
中期流动资金贷款	1021194	-16.76	1003969	975		1425	1700	500	12000	625
中长期贷款	5332519	22.85	5105315	14004	16359	23980	19793	8294	118357	26417
基本建设贷款	3060556	24.16	2917175	10110	7386	17978	16182	5185	86400	140
技术改造贷款	119437	39.24	108187		7250				1000	3000
其他中长期贷款	2152526	20.25	2079953	3894	1723	6002	3611	3109	30957	23277
票据融资	1686171	84.93	1636843	2739	17604	2843	16655	173	7303	2011
各项垫款	33764	16.14	33163		479	48			74	

财 政

（2004 年）

预算科目	全市	市本级	高新开发区	经济开发区	郑东新区	巩义市	荥阳市
地方预算内财政收入	1147596	621173	19167	13153	9874	82094	40236
财政一般预算收入	1048232	554178	19114	13097	7873	70111	37214
增值税	121529	45342	3711	1882	16	15152	5780
国有企业增值税	18794	9115	74	7		1575	712
集体企业增值税	10543	1234	110	10		1600	935
股份制企业增值税	81276	31677	3189	1112	16	8396	2763
联营企业增值税	281	5				256	1
港澳台和外商投资企业增值税	17215	7489	505	969		2091	1245
私营企业增值税	3097	322	13			1309	64
其他增值税	9577	2857	11	2		603	452
增值税税款滞纳金、罚款收入	660	238	9	6		101	14
福利企业增值税退税	−4149	−596	−7			−661	−193
软件集成电路增值税退税	−562	−281	−98	−172			
三线搬迁增值税退税	−128	−35	−2				
宣传文化单位增值税退税	−1561	−811				−10	−14
森工综合利用增值税退税	−44	−22					
其他增值税退税	−1029	−568	−7			−105	
免抵调增增值税	3031	1457	228	24		562	139
出口货物退增值税	−15472	−6739	−314	−76		−565	−338
出口货物退增值税	−12441	−5282	−86	−52		−3	−199
免抵调减增值税	−3031	−1457	−228	−24		−562	−139
营业税	322673	194730	4917	3883	2283	7147	5627
金融保险营业税(地方)	70489	67363				756	258
一般营业税	251548	127084	4911	3874	2283	6363	5368
营业税税款滞纳金、罚款收入	636	283	6	9		28	1
企业所得税	109899	68289	1535	2052	201	5845	2540
个人所得税	58850	36670	843	268	19	2405	1317
资源税	5078			1		727	658
固定资产投资方向调节税	503						
城市维护建设税	59551	14867	2588	1045	331	2952	1353
房产税	28257	6804	1197	342		478	387
印花税	9397	2924	487	278	53	395	108
其他印花税	9318	2921	486	276	53	392	107
印花税税款滞纳金、罚没收入	79	3	1	2		3	1
城镇土地使用税	11935	2958	541	752		465	314
土地增值税	7716	338	598	523	278	50	68
车船使用和牌照税	1969	1435	3			96	116
农业税	7766		139	47		724	1225
农业特产税	764						
耕地占用税	7985	40				1248	990
契税	50625	40076	729	1394	4572	930	787
国有资产经营收益	113042	66666	500	166		24129	8730
国有企业计划亏损补贴	−5290	−5290					
行政性收费收入	63841	43353	259		8	2398	4460
烟草行政性收费收入	31	13				3	2
国土行政性收费收入	17255	13056				878	1029
建设行政性收费收入	2415	2119				43	
公安行政性收费收入	11358	9610				449	103
司法行政性收费收入	1233	909				16	237
卫生行政性收费收入	1425	286				18	10
民政行政性收费收入	55	2				8	4
农业行政性收费收入	515	331				7	
水利行政性收费收入	496	14				62	28
劳动保障行政性收费收入	59	59					
信息产业行政性收费收入	97	97					
人口和计划生育行政性收费收入	3791	12	108			290	55
林业行政性收费收入	918	649				89	23
环保行政性收费收入	220	12				74	34

收 入

单位:万元

中牟县	新郑市	登封市	新密市	二七区	金水区	中原区	管城区	上街区	惠济区
19660	41369	51016	43767	37975	63679	32486	28393	21665	21889
18080	36233	47324	40219	37874	63313	32441	28365	20925	21871
857	4303	11969	14831	3473	1386	4862	4677	2104	1184
337	713	890	1530	509	890	1842	383	89	128
32	435	2084	2761	257	294	292	197	236	66
234	2983	6756	10431	1928	4479	2612	3216	1187	297
		13	2		1	3			
167	401	2795	85	91	325	343	278	31	400
41	55	211	284	28	13	65	11	493	188
151	321	1108	1087	1000	738	227	740	148	132
3	57	30	53	36	46	20	41	4	2
−7	−558	−311	−1146	−260	−137	−114	−53	−82	−24
					−10	−1			
−56	−3			−31		−1			
−10	−7	−8	−17		−671	−13			
					−22				
			−238	−8	−43	−57	−3		
7	7	15	93	29	22	384	47	15	2
−42	−101	−1614	−94	−106	−4539	−740	−180	−17	−7
−35	−94	−1599	−1	−77	−4517	−356	−133	−2	−5
−7	−7	−15	−93	−29	−22	−384	−47	−15	−2
6459	5512	6269	4904	15149	31993	13052	7460	5291	7997
230	518	744	518					102	
6221	4949	5524	4385	15137	31930	13023	7406	5134	7956
8	45	1	1	12	63	29	54	55	41
274	1753	8654	3762	2840	5032	3087	2170	913	952
904	1553	2011	2140	2293	2498	1645	2072	1578	634
73	110	2057	1298	154					
	503								
388	7567	1754	2370	3807	7375	3039	3434	5147	1534
263	693	310	568	4237	6505	2286	2387	1214	586
81	135	217	187	761	1885	766	425	486	209
79	135	213	177	753	1872	758	420	473	203
2		4	10	8	13	8	5	13	6
178	715	92	106	1280	1572	1004	1091	209	658
5	924	50	35	883	1915	936	456	31	626
55	72	46	106					40	
1994	1416	666	803	96	163	84	136	67	206
198	94	432	40						
1078	3034	205	265	715	161	44	173	3	29
624	535	318	309					351	
469	1257	2826	13			10	1800	6	6470
2360	1634	1755	2229	1373	1612	601	818	641	340
3	3	3	4						
480	560	396	180	327	93	72	15	115	54
95	28	40	6	20	14			50	
125	283	272	397					119	
8		8	2				53		
122	28	169	128	254	122	12	165	85	26
2	4	4	5	6	8	6	4	1	1
19	29	44	60	13		1	3		8
	1	145	246						
1327	420	379	612	172	265	33	32	14	72
49	27	12	37		19		13		
3	7	11	79						

13-5 续表 （2004 年）

预算科目	全市	市本级	高新开发区	经济开发区	郑东新区	巩义市	荥阳市
法院行政性收费收入	8197	3967	151			458	
人事行政性收费收入	539	537					
质量监督检验检疫行政性收费收入	28						
财政行政性收费收入	276	230					
人防行政性收费收入	9659	9473			4		
教育行政性收费收入	4						
其他行政性收费收入	5270	1977			4	3	2935
罚没收入	23287	8094	11	6	19	2073	1365
交通罚没收入	698	199				142	71
物价罚没收入	906	406				62	31
公安罚没收入	10742	4656				784	580
检察院罚没收入	2025	454				114	231
法院罚没收入	344	1				53	30
卫生罚没收入	228	72					3
烟草罚没收入	75					3	
税务部门其它罚没收入	319	11	9	6			1
药品监督罚没收入	10					1	
其他罚没收入	7940	2295	2		19	914	418
海域场地矿区使用费收入	624	83					
专项收入	41942	22019	1045	451		2864	1353
排污费收入	7007	2987		6		987	508
城市水资源费收入	2432	1912				92	62
教育费附加收入	25689	13754	1045	445		1646	723
矿产资源补偿费收入	563	52				30	60
探矿权采矿权使用费及价款收入	5506	3314				109	
公路运输管理费收入	745						
其他收入	6289	4780	11	7	93	33	36
利息收入	3897	3555	11	7	13	33	14
国库存款利息收入	898	679	11	7	13	24	14
其他利息收入	2999	2876				9	
捐赠收入	258						
其他收入	2134	1225			80		22
财政基金预算收入	99364	66995	53	56	2001	11983	3022
工业交通部门基金收入	9995	9718				52	69
养路费收入	7161	7161					
散装水泥专项资金收入	496	407				24	26
墙体材料专项基金收入	2338	2150				28	43
文教部门基金收入	1352	618	47	56	1	15	8
文化事业建设费收入	1352	618	47	56	1	15	8
农业部门基金收入	666	141				16	103
育林基金收入	459	141				16	32
地方水利建设基金收入	137						71
地方其他水利建设基金收入	137						71
森林植被恢复费收入	70						
土地有偿使用收入	72396	43620	6		2000	11738	2517
国有土地使用权有偿使用收入	72072	43466	6		2000	11738	2517
土地收益金或土地增值费	3033	2408	6				
用于农业土地开发的土地出让金	41058	41058					
其他土地出让金	27981				2000	11738	2517
新增建设用地土地有偿使用费收入	324	154					
政府住房基金收入	2830	2830					
上缴管理费用	540	540					
其他收入	2290	2290					
其他部门基金收入	1161	1013				64	
残疾人就业保障金收入	1007	859				64	
其他基金收入	154	154					
地方财政税费附加收入	10964	9055				98	325
城镇公用事业附加收入	10964	9055				98	325

单位：万元

中牟县	新郑市	登封市	新密市	二七区	金水区	中原区	管城区	上街区	惠济区
108	116	249	466	505	1091	461	402	64	159
2									
								28	
	20	19						7	
9				75			51	47	
			4						
8	108	4	3	1		16	80	111	20
713	938	2328	3040	710	1060	952	1246	291	441
30	20	81	4	19	1	43	18	3	67
41	35	29	67	29	8	60	101	9	28
258	588	1517	2173					186	
7	37	156	110	122	125	440	127	50	52
	17	41	26	54		20	88	7	7
4	13	2		14	78		32	3	7
12	13	29	16					2	
5	2	11	24	19	111	74	20	1	25
3			6						
353	213	462	614	453	737	315	860	30	255
		541							
434	3137	4697	3197	29	136	32	12	2536	
97	401	445	1064	29	136	32	12	303	
55	293							18	
282	2423	1491	1665					2215	
	20	246	155						
		2023	60						
		492	253						
673	348	127	16	74	20	41	8	17	5
8	15	68	16	74	20	33	8	17	5
8	10	44	16	11	20	11	8	17	5
	5	24		63		22			
	258								
665	75	59				8			
1580	5136	3692	3548	101	366	45	28	740	18
	20	125	11						
		37	2						
	20	88	9						
9	14	16	13	101	365	45	28	5	11
9	14	16	13	101	365	45	28	5	11
80	68	164	86		1				7
80	63	33	86		1				7
		66							
		66							
	5	65							
1407	4885	3171	2745					307	
1407	4885	3171	2575					307	
129	309	17	145					19	
1278	4576	3154	2430					288	
			170						
15	49	15						5	
15	49	15						5	
69	100	201	693					423	
69	100	201	693					423	

财　政

（2004 年）

预算科目	全市	市本级	高新开发区	经济开发区	郑东新区	巩义市	荥阳市
地方预算内财政支出	1186338	530173	26372	14879	9946	104867	55430
财政一般预算支出	1083048	467551	26319	14879	7946	93766	51216
基本建设支出	118523	51029	4905	3615	3794	16230	1394
企业挖潜改造资金	97749	93572	78	326		824	808
科技三项费用	16536	6653	721	2665		1357	544
农业支出	29249	13365	69			1886	1984
行业管理	14478	5133	69			1314	828
推广与培训	4850	1483				317	383
病虫害防治	375	265				12	
检疫检测	674	272				79	
农产品加工与营销服务	23						
农业信息服务	14	2					
农产品质量安全	641	502					20
农村公益事业	511					188	56
执法监管	1045	95				17	
干部培训	102	68				28	
其他	6243	2446	69			673	369
自然灾害救助	225	106					
种子	72	5					
农机具	19	15					
饲料	5	5					
牲畜	10	5					
其他	119	76					
农业生产资料补贴	776	336				50	20
良种	142	27				15	
农机具	275	176				35	20
肥料	46	15					
农用油	30	30					
饲料	5	5					
其他	278	83					
农业资源和环境保护	225	101					3
物种资源保护	9						3
耕地地力保护	107	55					
草原草场保护	5	5					
其他	104	41					
土地管理支出	7412	6311				501	
土地利用规划	10					10	
建设用地管理	6297	6297					
其他	1105	14				491	
农业综合开发	2778	518				17	847
土地治理	459	178					
多种经营	370	80					
科技示范	5						
贷款贴息	17					17	
其他	1927	260					847
其他农业支出	3355	860				4	286
林业支出	13988	3203	26		90	1782	683
行业管理	2038	425	26		90	211	173
林场、苗圃、工作站	376	233					120
推广与培训	943	70				167	
森林公安	30	30					
自然保护区和动植物保护	24	24					
湿地保护	10	10					
其他	655	58	26		90	44	53
森林救灾	181	92				24	
森林防火	111	30				18	
森林病虫害防治	70	62				6	
天然林保护	9					5	4

支 出

单位：万元

中牟县	新郑市	登封市	新密市	二七区	金水区	中原区	管城区	上街区	惠济区
43537	54655	69898	59456	36043	60431	34100	30251	21518	34782
41205	50596	64981	54949	34510	59868	34051	29028	20743	31440
2855	5212	9924	2018	900	10850	213	580	369	4635
	192		865	100	409	7		568	
423	344	355	324	557	870	443	480	278	522
981	1704	1653	1554	729	2057	391	496	71	2309
787	1148	1072	853	246	1098	196	316	71	1347
128	945	374	853	124	89	114			40
67		2			15			9	5
45	50	106		22	40	20		40	
		23							
						12			
30					24	4		11	50
80	153	30			4				
7					926				
6									
424		537		100		46	316	11	1252
10	64	12	28	5					
3	64								
4									
				5					
3		12	28						
6	144	220							
	100								
6	13	25							
	31								
		195							
3		52	3		28				35
3			3						
		52							
					28				35
			195			147			258
			195			147			258
107	60	60	399	185	348				237
44	52	15		130	40				
	8	9		55	218				
		5							
63		31	399		90				237
68	288	237	76	293	583	48	180		432
1234	2083	1963	1715	200	383	29	34	36	527
229	260	183	236	65	40	19	15	2	64
	5	18							
	255	165	236	31		19			
229				34	40		15	2	64
10		45	5		3		2		
10		45	5		3				
							2		

续表 1

（2004 年）

	全市	市本级	高新开发区	经济开发区	郑东新区	巩义市	荥阳市
森林管护	5					5	
其他	4						4
退耕还林	7185	76				1228	451
退耕现金	5132					1218	451
其他	2053	76				10	
森林生态效益	13	5					
其他护管	13	5					
造林	1958	1058				314	
造林	1567	878				312	
种苗	191	180				2	
抚育	200						
防沙治沙	329	35					
沙漠化防治	50						
其他	279	35					
其他林业支出	2275	1512					55
水利和气象支出	11854	3914	28			949	900
水利行业管理	3311	1331	28			236	213
推广与培训	1038	110				182	80
业务管理	50	50					
信息管理	20	20					
研究咨询	20	20					
水政执法监督	84	60					24
干部培训	20	20					
其他	2079	1051	28			54	109
防汛岁修抗旱	2368	1456				80	85
防汛	1349	1070				50	
抗旱	245	180				18	
岁修	659	206				12	85
特大防汛抗旱	115						
水文土质水土水资源管理	739	215				15	
水文测报	10	10					
水质监测	10						
水土保持	440	125				15	
水资源管理	279	80					
水利建设	4910	491				587	592
水利前期工作	276	200					
小型农田水利	2666	6				74	532
水利设施	993	30				496	50
其他	975	255				17	10
气象支出	526	421				31	10
气象机构	13						
气象探测	102	100					
其他气象支出	411	321				31	10
工业交通等部门的事业费	5234	2211				867	188
干部训练费	125						
其他工业事业费	5109	2211				867	188
流通部门事业费	937	247					29
其他事业费	937	247					29
文体广播事业费	25987	8885	198	2		2354	2048
文化事业费	5454	3864	23			306	211
艺术表演团体经费	379	250				42	
艺术表演场所经费	61	41				1	
图书馆经费	144					27	
群众文化经费	452	169				57	
干部训练费	41						
其他文化事业费	4377	3404	23			179	211
出版事业费	31	31					
出版经费	31	31					
文物事业费	1132	719				206	20
博物馆经费	623	551				72	

单位:万元

中牟县	新郑市	登封市	新密市	二七区	金水区	中原区	管城区	上街区	惠济区
880	1630	1229	1413	4				24	250
880		1229	1345					3	6
	1630		68	4				21	244
	8								
	8								
15	21	475		40	10		12		13
15	21	266		40	10		12		13
		9							
		200							
50	40				194	10			
50									
	40				194	10			
50	124	31	61	91	136		5	10	200
1137	699	1229	1407	418	310	182	124	9	548
358	324	159	302	65	71	34	24	2	164
	324	8	302	13		19			
358		151		52	71	15	24	2	164
237	85	188	80	14	35	93		2	13
10	20	52	10	14	20	88		2	13
7		15	20		5				
165	65	91	20		10	5			
55		30	30						
10	12	165	238	54		5	5		20
			10						
10	12	86	113	54			5		20
		79	115			5			
518	252	704	776	285	204	50	95	5	351
	8					50			18
248	210	694	485	285	94		8		30
255	7		50		100			5	
15	27	10	241		10		87		303
14	26	13	11						
		13							
2									
12	26		11						
	182	306	552	354	80	175	162	32	125
									125
	182	306	552	354	80	175	162	32	
	80	139	131	94	59	78		29	51
	80	139	131	94	59	78		29	51
2335	2156	1729	1663	725	1385	691	587	464	765
82	255	103	146	125	131	33	29	84	62
12	56		19						
	19								
15	43	16	14				29		
29	40	29	27		14	23		30	34
					41				
26	97	58	86	125	76	10		54	28
11	51	118	7						

续表 2

（2004 年）

	全市	市本级	高新开发区	经济开发区	郑东新区	巩义市	荥阳市
文物事业机构经费	356	140				134	20
文物保护费	28	28					
其他文物事业费	125						
体育事业费	1086	720				41	77
体育竞赛费	5						
体育场馆补助费	142	142					
其他体育事业费	939	578				41	77
档案事业费	466	149					34
档案馆经费	372	149					34
其他档案事业费	94						
地震事业费	171	142				10	4
地震机构经费	84	83					
地震监测预报经费	2						
群测群防费	59	59					
其他地震事业费	26					10	4
广播电影电视事业费	2133	1157	26			197	94
广播电台经费	534	408				70	
电视台经费	815	523				100	17
县广播站经费	134						38
其他广播电影电视事业费	650	226	26			27	39
计划生育事业费	13291	693	149			1386	1514
手术减免经费	526		5			110	53
避孕药具经费	4						
基层计划生育专干经费	1582		31			158	374
独生子女父母奖励费	540		8			17	74
宣传经费	919		2			1	140
服务站经费	897					83	90
流动人口计划生育事业费	322						
干部训练费	107						65
其他计划生育事业费	8394	693	103			1017	718
党政群干部训练事业费	1991	1410				58	92
党校事业费	1417	868				58	92
政府机关干部训练事业费	17						
公检法部门干部训练事业费	542	542					
党派团体干部训练事业费	15						
其他文体广播事业费	232			2		150	2
教育事业费	133980	39918	2095	50		13217	8497
普通教育	113055	23888	2095	50		12326	7799
学前教育	2512	387				128	133
小学教育	47514	214	1161	50		5258	3758
初中教育	42383	12248	924			5070	3083
高中教育	15177	7636				1311	825
高等教育	3403	3403					
其他	2066		10			559	
职业教育	12366	9315				613	464
初等职业教育	69						
中专教育	4792	4019				613	
技校教育	1732	1732					
职业高中教育	5723	3518					464
高等职业教育	1						
其他	49	46					
成人教育	121	51					
成人初等教育	1						
成人中等教育	58						
其他	62	51					
广播电视教育	334	334					
广播电视学校	334	334					
特殊教育	810	422				5	32
特殊学校教育	711	330					32
工读学校教育	92	92					

单位：万元

中牟县	新郑市	登封市	新密市	二七区	金水区	中原区	管城区	上街区	惠济区
11	51								
		118	7						
	42	26	12	25	5	28	85	20	5
					5				
	42	26	12	25		28	85	20	5
14	41	53			32	15	32	10	86
14	41					15	32	1	86
		53			32			9	
	2		5	2	1	3			2
					1				
	2								
			5	2		3			2
56	201	78	110	37	47	38		52	40
53	3								
	165	10							
				24		34			38
3	33	68	110	13	47	4		52	2
2121	1481	1268	1308	533	1114	560	406	257	501
51	64	169		13	36		11	4	10
								4	
	352	41	288	9	50		277		2
142	55	64		33	84		17	7	39
317	44	133		112	91			31	48
472	158	15			67				12
166	14			30	100		5	2	5
	21			5	13				3
973	773	846	1020	331	673	560	96	209	382
51	81	70	63		28	12	22	38	66
51	81	70	63		28	2	22	31	51
						10		7	
									15
	2	13	12	3	27	2	13	3	3
8865	8369	10854	10337	5483	8702	7002	4381	1857	4353
8452	7516	10331	9537	5426	8505	6950	4243	1751	4186
173	121	141	107	120	231	672	210	89	
4184	3311	5374	4394	3210	6874	4589	2879	711	1547
2792	3285	3389	4253	1325	1203	1549	750	508	2004
1011	799	1071	783	671	147	140	91	316	376
292		356		100	50		313	127	259
284	641	256	447	18	61	1	91	106	69
									69
6		154							
278	641	100	447	18	60		91	106	
					1				
		2				1			
1	6	5							58
1									
									58
	6	5							
41	67	52	44	39	59	2	47		
41	67	52	44	39	59		47		

续表 3 （2004 年）

	全市	市本级	高新开发区	经济开发区	郑东新区	巩义市	荥阳市
其他	7					5	
教师进修及干部教育	661					73	72
教师进修	572					73	72
干部教育	89						
其他	6633	5908				200	130
科学支出	2238	1457				241	46
自然科学	1358	882				180	
自然科学基金	100						
其他	1258	882				180	
社会科学	129	127					
社会科学管理机构经费	87	87					
其他	42	40					
科学技术普及	688	448				61	26
科学普及活动	228	108					26
科技馆站	340	340					
其他	120					61	
其他	63						20
医疗卫生支出	45184	23648	228			3248	1974
卫生	14784	7418	79			1844	406
医院	5950	5201				52	
城市社区卫生服务中心	139						
乡镇卫生院	840					187	2
防治防疫	2366	959				144	42
妇幼保健	659	219				106	
干部培训	105					45	
农民医疗	700					700	
其他	4025	1039	79			610	362
中医	951	714				18	33
医院	910	714				18	
其他	41						33
药品监督管理事业费	26	15					
食品、药品检验	6						
其他	20	15					
行政事业单位医疗	29423	15501	149			1386	1535
行政单位医疗	5911	112	100			772	451
事业单位医疗	7341	598	49			614	673
公务员医疗	627						
其他	15544	14791					411
其他部门的事业费	42821	12139	893	5	2020	4534	2187
税务事业费	83					25	58
统计经费	1139	221				87	116
统计业务费	85	38				1	
抽样调查队经费	70					2	
普查专项经费	134					5	
统计事业费	850	183				79	116
财政事业费	5562	1510	1			111	1473
审计经费	864						173
审计机构经费	501						
审计业务费	264						173
其他审计经费	99						
工商管理经费	194						34
基层工商管理机构经费	14						
工商管理业务费	180						34
国有资产管理事业费	40						
旅游事业费	1523	79					108
其他旅游事业费	1523	79					108
华侨事业费	11						11
其他华侨事业费	11						11
劳动保障事业费	952	488					39
劳动监察费	120	102					

单位:万元

中牟县	新郑市	登封市	新密市	二七区	金水区	中原区	管城区	上街区	惠济区
						2			
87	62	92	186			49			40
87	62	92	97			49			40
			89						
	77	118	123		77				
11	133	48	29	14	50	46	47	107	9
10	127	8	10	8		33		100	
								100	
10	127	8	10	8		33			
							2		
							2		
1	6	40	19	6	11	13	41	7	9
	6		19	1	11		41	7	9
1		40		5		13			
					39		4		
917	1628	1699	1725	1821	2543	1954	1784	849	1166
317	647	757	599	556	763	251	355	265	527
25	3	89	33	53	106	12	22	40	314
	129		6		4				
114		154	175	45	45	49	21	3	45
118	59	133	209	178	331	19	8	94	72
1	5	67	23	27	44	14	8	128	17
		60							
59	451	254	153	253	233	157	296		79
55		27	13	20			51	20	
55		27	13	20			43	20	
							8		
			6					5	
			6						
								5	
545	981	915	1107	1245	1780	1703	1378	559	639
545	244	104	671	355	869	198	847	353	290
	543	486	436	460	911	1505	531	186	349
	194			430				3	
		325						17	
650	3507	2365	2737	1879	2106	2072	2506	1813	1408
	97	64	72		151	67	118	63	83
	1				28			17	
	63							5	
	33				70			26	
		64	72		53	67	118	15	83
3		657	146	224	595	440	234	168	
	138	82	208		88	85		31	59
	138		208		88			8	59
						85		6	
		82						17	
42	24	44	50						
	14								
42	10	44	50						
		5	20			15			
17	143	1114							62
17	143	1114							62
	51		110	10	127	12	3	15	97
							3	15	

续表 4 （2004 年）

	全市	市本级	高新开发区	经济开发区	郑东新区	巩义市	荥阳市
社会保险事业费	5						
其他劳动保险事业费	827	386					39
监察纪检经费	190	100					
监察纪检事业费	190	100					
农业综合开发事业费	126	99					
行政机关事业费	17257	7149				3674	
党派团体事业补助费	642	112				160	5
其他部门事业费	14238	2381	892	5	2020	477	170
抚恤和社会福利救济费	24242	8900	159	24		2369	1765
抚恤	3975	295	77	4		413	451
牺牲病故抚恤	573	91				58	
伤残抚恤费	654	23		4		86	57
烈军属复员退伍军人生活补助	2248		77			255	373
优抚事业单位	500	181				14	21
安置	5135	3631	5			100	40
退伍军人安置	775	550				31	
军队移交地方安置的离退休人员	3852	2717	5			65	30
离退休干部管理机构	508	364				4	10
城市居民最低生活保障	4483	1645	5			736	254
农村及其他社会救济	3603	37	55			826	313
农村社会救济	3241					808	293
精简退职老弱残职工救济	104					4	20
流浪乞讨人员求助机构	17						
其他	241	37	55			14	
社会福利	2560	2308				35	
殡葬	101					15	
社会福利事业单位	2459	2308				20	
其他民政	2476	609				99	584
干部训练	13						5
老龄机构	39	15					3
拥军优属慰问	305	90				3	60
民间组织管理	5						2
行政区划和地名管理	154	18					1
其他民政事业	1960	486				96	513
残疾人事业费	567	199				38	57
康复	37						
就业培训	2						
事业单位	364	199					35
其他	164					38	22
自然灾害生活救助	1443	176	17	20		122	66
一般自然灾害救济	676	176	17			107	
特大自然灾害救济	470			20		14	9
特大自然灾害后重建	297					1	57
行政事业单位离退休支出	63579	22995	188			4851	4703
行政单位离退休	16328	6089	125			804	1176
公检法司机关离退休	5808	4031				316	175
事业单位离退休	40363	12875	63			3731	3352
农业等事业单位离退休经费	2135	589	8			213	152
教育事业单位离退休经费	27196	5641	55			2938	2865
科学事业单位离退休经费	223	133				7	12
其它事业单位离退休经费	10809	6512				573	323
离退休人员管理机构经费	167						
行政单位离退休人员管理机构	163						
公检法司机关离退休人员管理机构	4						
其他	913						
社会保障补助支出	59803	39586	132		25	11126	1220
社会保险基金补助	31230	26549	132			1161	
基本养老保险基金	29325	25311	53			1161	
失业保险基金	1256	1238					
基本医疗保险基金	41						

单位:万元

中牟县	新郑市	登封市	新密市	二七区	金水区	中原区	管城区	上街区	惠济区
					5				
	51		110	10	122	12			97
			90						
			90						
	15	4		3					5
	20		1788	1514	150	897	114	1310	641
	18				126			221	
588	3001	395	253	128	869	556	2037	5	461
1499	1487	1962	2030	911	1234	642	592	242	426
516	441	348	728	96	239	97	65	41	164
101	100	33	90	22	52	7	12	7	
51	86	47	53	39	98	76	18	16	
259	233	236	518	35	67	14	35	18	128
105	22	32	67		22				36
32	80	28	172	312	427	170	97	36	5
11	33		115					33	2
17	40	18	57	232	412	165	88	3	3
4	7	10		80	15	5	9		
276	217	476	251	120	120	175	186	20	2
255	415	766	557	153	74	41	28	31	52
245	382	739	523	86	52	34	28	28	23
10	6	20	22	17	4			1	
	5	7	5						
	22		7	50	18	7		2	29
50	6	17	31	78		8		27	
40	6	1	20			8		11	
10		16	11	78				16	
91	140	126	130	33	310	92	82	61	119
				3		5			
2			3	2	7	4	3		
5	21	10	40	18	10	21	12	5	10
				2				1	
	6		23	2	35	6	8	30	25
84	113	116	64	6	258	56	59	25	84
17	26	46	20	30	28	14	64	5	23
1	8	13			10	5			
						2			
	18	33	20		7		47	5	
16				30	11	7	17		23
262	162	155	141	89	36	45	70	21	61
35	40	85	67	89	10	45	5		
219	93				26		7	21	61
8	29	70	74				58		
2337	4722	3938	4183	2958	3546	3413	2494	1295	1956
662	1392	831	1122	714	962	761	552	578	560
124	255	103	166	108	124	122	100	108	76
1493	3075	2648	2402	2106	2404	2530	1842	603	1239
10	351	165	357	65	78	48	24	4	71
1417	2448	1931	2010	1577	1725	1953	1287	435	914
	25						46		
66	251	552	35	464	601	529	485	164	254
		80		30	56			1	
		80		30	52			1	
					4				
58		276	493					5	81
591	875	1849	1042	777	907	480	484	322	387
357	508	524	591	445	185	91	276	220	191
357	508	14	591	445	185	91	261	171	177
							15		3
								30	11

续表 5 （2004 年）

	全市	市本级	高新开发区	经济开发区	郑东新区	巩义市	荥阳市
其他社会保险基金	608		79				
就业补助	9452	7904				8	100
劳动力市场建设	8208	7904				3	
再就业培训补贴	175						
职业介绍补贴	20						
社会保险补贴	3						
岗位补贴	5						
小额贷款担保贴息	100						100
其他	941					5	
国有企业下岗职工补助	2527	1000				950	482
下岗职工基本生活补助	2527	1000				950	482
社会保险经办机构	1962					270	577
其他	14632	4133			25	8737	61
行政管理费	140050	31870	2377	4714	1812	9023	9755
人大经费	4570	1520				292	372
政府机关经费	101794	20617	2377	4714	1812	6508	4932
政协经费	3567	1225				253	293
共产党机关经费	26127	7530				1888	2149
民主党派机关经费	425	239				46	
社会团体机关经费	3567	739				36	2009
公检法司支出	85805	51922	524		85	4935	3939
公安支出	56024	38321			30	3459	2388
公安机关经费	44511	29259			30	3090	1549
公安业务费	9181	7868				29	619
公安特别业务费	433	433					
拘押收教场所经费	919	761					107
其他经费	980					340	113
检察院支出	9421	2766	271		55	650	656
检察院机关经费	9216	2766	271			650	656
检察院业务费	130						
其他经费	75				55		
法院支出	13920	5838	253			690	734
法院机关经费	13707	5838	253			689	571
法院业务费	193						163
其他经费	20					1	
司法支出	3266	1823				136	161
司法机关经费	3111	1823				125	161
司法业务费	8					8	
其他经费	147					3	
监狱支出	1044	1044					
监狱警察经费	721	721					
罪犯改造经费	185	185					
狱政设施维修经费	65	65					
其他经费	73	73					
劳教支出	2130	2130					
劳教警察经费	1566	1566					
劳动教养人员教育经费	305	305					
所政设备维修经费	160	160					
其他经费	99	99					
城市维护费	54635	18742	5038	515		2722	836
政策性补贴支出	958	139				342	260
粮食风险基金	30						
国家储备粮油利息费用补贴	104					25	
其他政策性补贴	824	139				317	260
其他政策性补贴	824	139				317	260
支援不发达地区支出	1742	94				132	266
财政扶贫资金	1737	94				132	266
基础设施建设资金	576						
生产发展资金	488						
科技推广及培训资金	205	94					

单位：万元

中牟县	新郑市	登封市	新密市	二七区	金水区	中原区	管城区	上街区	惠济区
		510						19	
38	97	276	94	110	428	182	110	37	68
		100			60	132		1	8
38		7	70			30		30	
						20			
		3							
		5							
	97	161	24	110	368		110	6	60
			95						
			95						
147	91	114	127	135	106	139	91	44	121
49	179	935	135	87	188	68	7	21	7
11222	5827	12022	7920	6713	12136	7640	7021	2308	7690
132	261	303	206	266	351	321	208	142	196
9344	3998	8884	6990	4536	9656	5786	4970	1511	5159
120	231	139	161	200	202	234	242	123	144
1606	1337	2596	460	1543	1821	1241	1450	438	2068
		10	50	7			7	18	48
20		90	53	161	106	58	144	76	75
2334	3933	4484	4196	1314	1614	1918	1618	1998	991
1657	2783	2965	2975	116				1330	
1049	2148	2965	2975	116				1330	
30	635								
51									
527									
302	429	650	439	524	716	874	512	266	311
152	429	650	439	524	716	874	512	266	311
130									
20									
295	602	752	715	610	780	977	964	320	390
246	602	752	715	610	780	977	964	320	390
30									
19									
80	119	117	67	64	118	67	142	82	290
75	119	117	67	64	104	67	142	82	165
5					14				125
354	1078	819	3225	5065	3820	3612	2994	4100	1715
48	13	30	32	12	32		50		
		30							
35				12	32				
13	13		32				50		
13	13		32				50		
130	145	417	428	60				30	40
130	145	412	428	60				30	40
125	135	286						30	
			428	60					
5	10	96							

续表 6 （2004 年）

	全市	市本级	高新开发区	经济开发区	郑东新区	巩义市	荥阳市
社会发展资金	30						
其他财政扶贫资金	438					132	266
民族工作经费	5						
海域开发建设和场地使用费支出	580	39					
港澳台和外商投资企业场地使用费支出	580	39					
车辆税费支出	28	28					
老旧汽车更新补助	28	28					
债务利息支出	4379		4379				
国内债务付息	4379		4379				
专项支出	36454	13045	1045	451		2831	1799
排污费支出	5323	1499		6		991	551
城市水资源费支出	2642	2165				92	49
教育费附加支出	25457	9270	1045	445		1646	1163
矿产资源补偿费支出	423	86				18	36
探矿权采矿权使用费及价款支出	1909	25				84	
公路运输管理费支出	700						
其他支出	66513	19950	3236	2512	120	7946	5391
兵役征集费	132					2	10
人民防空费	5216	5099				21	
防空地下室易地建设费支出	5195	5099					
其他	21					21	
补助村民委员会支出	5101		112			1300	102
国家赔偿费用支出	1						
住房改革支出	7660	3906	93		8	558	
住房公积金	7653	3906	93		8	558	
购房补贴	7						
中小企业发展专项资金	85	45				15	
其他	85	45				15	
其他支出	48318	10900	3031	2512	112	6050	5279
军队供应站经费	290	290					
其他杂项支出	48028	10610	3031	2512	112	6050	5279
财政基金预算支出	103290	62622	53		2000	11101	4214
工业交通部门基金支出	10833	9355				66	135
养路费支出	7858	6830				31	64
公路客货运附加费支出	240						
散装水泥专项资金支出	452	397				2	26
墙体材料专项基金支出	2283	2128				33	45
文教部门基金支出	760	60	47			30	
农村教育附加费支出	14					14	
文化事业建设费支出	746	60	47			16	
农业部门基金支出	1442	296				346	164
育林基金支出	330	98					32
地方水利建设基金支出	836					346	132
其他水利基本建设支出	836					346	132
森林植被恢复支出	276	198					
土地有偿使用支出	75067	39623	6		2000	10558	3599
城市土地开发建设支出	73599	38600	6		2000	10553	3599
耕地开发专项支出	1468	1023				5	
政府住房基金支出	2729	2729					
住房补贴支出	2249	2249					
管理费用支出	464	464					
其他支出	16	16					
其他部门基金支出	976	823				101	
残疾人就业保障金支出	880	727				101	
其他基金支出	96	96					
地方财政税费附加支出	11483	9736					316
城镇公用事业附加支出	11483	9736					316

单位:万元

中牟县	新郑市	登封市	新密市	二七区	金水区	中原区	管城区	上街区	惠济区
		30							
									40
		5							
		541							
		541							
392	3128	4180	3213	754	1338	906	638	1995	739
87	401	264	1038	49	102	32		303	
49	273							14	
256	2422	1468	1872	705	1236	874	638	1678	739
	32	156	95						
		1800							
		492	208						
2890	3099	2475	3623	2672	5437	2157	1956	1971	1078
14	19	7	27		15	10		3	25
				38				58	
				38				58	
686	542	834	386	141	161	185	271	78	303
	1								
				559	853	581	498	117	487
				559	853	581	491	117	487
							7		
	25								
	25								
2190	2512	1634	3210	1934	4408	1381	1187	1715	263
2190	2512	1634	3210	1934	4408	1381	1187	1715	263
2332	4059	4917	4507	1533	563	49	1223	775	3342
143	309	510	79	11	65	5	25	40	90
143	303	183	73	11	65	5	25	35	90
		240							
		26	1						
	6	61	5					5	
	2	23	7	86	455	39			11
	2	23	7	86	455	39			11
143	87	154	177	15	43	5			12
44	47	33	69						7
81	40	76	108	5	38	5			5
81	40	76	108	5	38	5			5
18		45		10	5				
1977	3614	4030	3505	1421			1198	307	3229
1883	3601	3771	3431	1421			1198	307	3229
94	13	259	74						
	47							5	
	47							5	
69		200	739					423	
69		200	739					423	

教育事业主要综合指标

(2004年)

单位:所、人

指　　标	数　值	指　　标	数　值
平均每万人拥有各类学校数	2.79	适龄儿童入学率(%)	100.00
普通高等学校	0.07	五年保留率(%)	106.48
普通中等职业学校	0.17	小学生毕业率(%)	100.00
技工学校	0.04	三年保留率(%)	95.37
普通中学	0.64	初中毕业班毕业率(%)	99.77
小学校	1.86	平均每万人各类学校教职工数	187.61
平均每万人各类学校在校生数	2527.17	#专任教师	138.15
普通高等学校	473.01	#普通高等学校	54.20
普通中等学校	366.96	普通中等职业学校	22.35
技工学校	45.17	技工学校	3.60
普通中学	819.30	普通中学	49.07
小学校	820.79	小学校	44.52

卫生事业基本情况

（2004 年）

指标	机构数（个）	床位数（个）	人员数（人）	#卫生技术人员	执业医师	执业助理医师	注册护士	药剂人员	检验人员	其他	其他技术人员	管理人员	工勤人员
总　计	1648	29422	44620	35666	12688	1662	12009	2729	1816	4762	2032	2727	4195
市区	910	20573	29613	23579	9449	693	8801	1677	1159	1800	1224	1774	3036
六县（市）	738	8849	15007	12087	3239	969	3208	1052	657	2962	808	953	1159
中牟县	55	1272	2016	1577	418	169	421	145	101	323	183	134	122
巩义市	67	1594	2875	2140	657	172	652	231	128	300	179	218	338
荥阳市	26	889	1799	1447	351	197	339	131	91	338	110	74	168
新密市	67	2465	3707	3029	877	180	907	291	159	615	128	287	263
新郑市	73	1174	1888	1498	447	132	428	115	82	294	138	103	149
登封市	450	1455	2722	2396	489	119	461	139	96	1092	70	137	119
医院	158	24488	30963	24041	8544	736	9380	1913	1141	2327	1385	2097	3440
综合医院	106	16668	21767	17075	6034	456	6911	1291	834	1549	863	1263	2566
中医医院	29	4962	5704	4355	1574	187	1391	451	187	565	350	441	558
专科医院	23	2858	3492	2611	936	93	1078	171	120	213	172	393	316
口腔医院	3	47	294	225	122	21	47	11	5	19	24	20	25
眼科医院	1	60	43	38	12	5	6	7	2	6	1	2	2
肿瘤医院	1	759	674	517	200		229	30	18	40	58	68	31
心血管病医院	1	20	20	16	6		3	2	1	4	2	2	
胸科医院	1	337	434	297	107	2	138	15	20	15	15	42	80
妇产（科）医院	1	30	80	59	22	3	28	4	2		3	4	14
儿童医院	1	340	550	480	156	4	248	32	25	15	6	21	43
精神病医院	2	510	282	197	49	6	73	16	6	47	7	46	32
传染病医院	1	40	65	35	7	4	10	6	4	4	10	9	11
皮肤病医院	1	30	36	19	5	2	3	4	2	3	7	3	7
骨科医院	4	500	748	553	189	21	240	35	26	42	12	143	40
康复医院	1	45	77	51	25	13	9	2	2		15	9	2
美容医院	1	50	95	62	14	6	25	3	3	11	7	10	16
其他专科医院	4	90	94	62	22	6	19	4	4	7	5	14	13
疗养院	1	100	89	36	11		16	4	2	3	4	12	37
卫生院	109	3122	4489	3697	866	533	813	360	217	908	280	255	257
门诊部	20	346	585	474	237	28	95	40	34	40	13	40	58
采供血机构	1		15	13	6		4	1	1	1		2	
妇幼保健院（所、站）	13	773	1258	996	346	63	363	65	60	99	60	78	124
专科疾病防治院（所、站）	4	146	241	181	70	5	45	6	28	27	9	38	13
疾病预防控制中心（防疫站）	17		1729	1240	588	99	44	34	254	221	186	129	174
卫生监督所	2		105	74	8					66	4	27	
医学科学研究机构	5	387	463	344	137	1	89	19	5	93	48	22	49
医学在职培训机构	5	30	234	151	61	18	26	19	11	16	31	16	36
健康教育所（站、中心）	2		15	9	5					4	2	1	3
其他卫生机构	3	30	98	74	23	5	19	6	8	13	10	10	4

全市及县(市)城镇居民家庭基本情况

(2004年)

项　　目	单位	全市	市区	中牟县	巩义市	荥阳市	新密市	新郑市	登封市
调查户数	户	710.00	410.00	50.00	50.00	50.00	50.00	50.00	50.00
平均每户家庭人口数	人	2.94	2.89	3.31	3.38	3.07	3.24	3.30	3.77
平均每户就业人口数	人	1.33	1.28	1.63	1.75	1.87	1.93	1.81	1.64
平均每一就业者负担人数	人	2.20	2.26	2.03	1.94	1.65	1.68	1.82	2.30
平均每人全年家庭总收入	元	9875.79	10189.67	6591.77	8639.57	8077.98	8000.48	7918.87	7166.00
#可支配收入	元	9363.66	9667.09	6084.29	8112.19	7648.32	7645.57	7655.31	6597.58
平均每人全年家庭总支出	元	8002.05	8103.78	6085.80	8685.89	9998.62	5999.52	7008.53	6043.58
#消费性支出	元	6462.89	6618.54	4818.78	5603.18	6820.48	5323.59	5819.24	4251.09
#服务性消费支出	元	1713.05	1744.51	1337.90	1552.66	1792.08	1695.85	1455.93	1175.78
恩格尔系数	%	34.23	34.69	31.66	28.88	28.02	30.25	32.38	33.99
旅游人次	次/百人	27.60	28.56	32.64	29.64	16.32	18.48	13.32	8.52
旅游花费	元/百人	14520.00	14975.40	10048.08	12777.00	14584.68	13254.36	6175.92	12283.56
现住房总建筑面积	平方米/人	27.17	24.87	29.22	30.77	41.74	37.69	56.28	64.36
现住房屋总使用面积	平方米/人	20.95	19.28	22.68	23.41	31.17	28.72	41.90	48.54

注:可支配收入=家庭总收入-个人所得税-个人交纳的社会保障支出-记账补贴。

重要文件目录

中共郑州市委

关于全面建设小康社会的决议
郑发[2004]1号
2004年1月6日

关于召开第八次党代会的决议
郑发[2004]3号
2004年1月6日

关于印发《郑州市全面建设小康社会规划纲要》的通知
郑发[2004]5号
2004年1月30日

关于建立平安郑州争创全国社会治安综合治理先进城市的意见
郑发[2004]6号
2004年2月1日

关于印发《关于"求真务实、加快发展"的若干意见(16项)》的通知
郑发[2004]7号
2004年2月25日

关于进一步加强表彰奖励管理工作的通知
郑发[2004]8号
2004年3月22日

关于加强体育工作的意见
郑发[2004]9号
2004年3月9日

关于促进农民增收的意见
郑发[2004]10号
2004年3月10日

关于做好新时期人口与计划生育工作的意见
郑发[2004]12号
2004年3月10日

关于七届市委工作报告的决议
郑发[2004]13号
2004年3月22日

关于市纪检委工作报告的决议
郑发[2004]14号
2004年3月22日

关于2004年优化经济发展环境的意见
郑发[2004]16号
2004年4月7日

关于向任长霞同志学习的决定
郑发[2004]17号
2004年4月23日

关于加强民兵基层建设的意见
郑发[2004]19号
2004年6月10日

关于强化煤矿安全生产的意见
郑发[2004]21号
2004年7月1日

关于加强维护稳定工作推行"三会一查究"制度的意见
郑发[2004]22号
2004年7月12日

关于进一步加强双拥工作争创"五连冠"的决定
郑发[2004]24号
2004年7月21日

关于市级领导干部和市直机关带头真抓实干狠抓落实的意见
郑发[2004]25号
2004年8月24日

关于印发《李克强同志在中牟调研时的讲话》的通知
郑发[2004]26号
2004年8月25日

关于进一步加强和改进未成年人思想道德建设的实施意见
郑发[2004]27号
2004年9月17日

关于认真学习贯彻党的十六届四中全会精神的通知
郑发[2004]28号
2004年9月29日

关于加强和改进对外宣传工作的意见
郑发[2004]29号
2004年10月25日

关于建设学习型城市的意见
郑发[2004]30号
2004年10月25日

关于进一步加快工业化进程的通知
郑发[2004]31号
2004年11月26日

关于进一步加强人才工作的意见
郑发[2004]32号
2004年12月22日

(吴志强　李伟革　易　攀)

郑州市人大常委会

郑州市人民代表大会常务委员会关于郑州市人民代表大会换届选举时间的决定
郑人常[2004]1号
2004年1月13日

郑州市人民代表大会常务委员会关于郑州市与广州市缔结友好城市的决定
郑人常[2004]2号
2004年2月16日

郑州市人民代表大会常务委员会关于召开郑州市第十二届人民代表大会第一次会议的决定
郑人常[2004]5号
2004年4月6日

郑州市人大常委会2004年工作要点
郑人常[2004]7号
2004年4月30日

郑州市人民代表大会常务委员会关于深入学习和贯彻实施《中华人民共和国宪法》决议
郑人常[2004]13号
2004年5月24日

郑州市人民代表大会常务委员会关于依法任命的国家机关工作人员实行就职宣誓的决定
郑人常[2004]14号
2004年5月24日

郑州市人民代表大会常务委员会关于郑州市第十二届人大常委会工作机构设置的决定
郑人常[2004]15号
2004年5月24日

郑州市十二届人大常委会第三次会议对市政府《关于〈郑州市政府投资项目

管理条例〉贯彻执行情况汇报》的审议意见

郑人常[2004]22 号
2004 年 7 月 15 日

郑州市十二届人大常委会第三次会议对市政府《关于我市贯彻执行〈郑州市建设项目审计条例〉的情况汇报》的审议意见

郑人常[2004]23 号
2004 年 7 月 15 日

郑州市十二届人大常委会第三次会议对市政府《关于停缓建工程整治工作的情况汇报》的审议意见

郑人常[2004]24 号
2004 年 7 月 15 日

郑州市十二届人大常委会第四次会议对市政府《关于我市对外开放和招商引资工作情况的汇报》的审议意见

郑人常[2004]28 号
2004 年 9 月 2 日

郑州市人民代表大会常务委员会关于批准郑州市 2003 年财政决算的决议

郑人常[2004]31 号
2004 年 9 月 29 日

郑州市十二届人大常委会第五次会议对市政府《关于我市上半年国民经济和社会发展计划执行情况的报告》的审议意见

郑人常[2004]32 号
2004 年 9 月 30 日

郑州市十二届人大常委会第五次会议对市政府《关于 2003 年财政决算和 2004 年上半年财政预算执行情况的报告》的审议意见

郑人常[2004]33 号
2004 年 9 月 30 日

郑州市十二届人大常委会第五次会议对市政府《关于 2003 年度市本级财政预算执行和其他财政收支的审计工作报告》的审议意见

郑人常[2004]34 号
2004 年 9 月 30 日

郑州市十二届人大常委会第五次会议对市政府《开展“一法四条例”执法检查和贯彻执行“一法四条例”情况汇报》的审议意见

郑人常[2004]35 号
2004 年 9 月 30 日

郑州市十二届人大常委会第六次会议对市“一府两院”关于市十二届人大一次会议以来代表议案和建议、批评、意见办理情况的汇报的审议意见

郑人常[2004]39 号
2004 年 11 月 5 日

郑州市十二届人大常委会第六次会议对市政府《关于农产品市场准入制度实施情况汇报》的审议意见

郑人常[2004]40 号
2004 年 11 月 8 日

郑州市十二届人大常委会第六次会议对市政府《我市贯彻实施义务教育法实施情况的汇报》的审议意见

郑人常[2004]41 号
2004 年 11 月 8 日

郑州市十二届人大常委会第六次会议对市政府《关于 2003 年度及 2004 年 1～9月份非税收入收支执行情况的报告》的审议意见

郑人常[2004]42 号
2004 年 11 月 8 日

郑州市十二届人大常委会第六次会议对市政府《关于我市扶优扶强百家重点企业，促进非公有制经济快速发展工作情况的汇报》的审议意见

郑人常[2004]43 号
2004 年 11 月 8 日

郑州市人民代表大会常务委员会关于开展 18 岁成人仪式教育活动决议

郑人常[2004]57 号
2004 年 12 月 20 日

郑州市人民代表大会常务委员会关于召开郑州市第十二届人民代表大会第二次会议的决定

郑人常[2004]58 号
2004 年 12 月 24 日

郑州市十二届人大常委会第七次会议对市政府《关于 2004 年停缓建工程整治工作情况汇报》的审议意见

郑人常[2004]59 号
2004 年 12 月 27 日

郑州市十二届人大常委会第七次会议对市政府《关于我市新阶段扶贫开发工作情况的汇报》的审议意见

郑人常[2004]60 号
2004 年 12 月 27 日

（柴清玉　吴运浦
李永祥　牛志熳）

郑州市人民政府

郑州市人民政府关于下达 2004 年度郑州市第一批重点建设项目的通知

郑政[2004]1 号
2004 年 1 月 8 日

郑州市人民政府关于促进房地产市场持续健康发展的通知

郑政[2004]2 号
2004 年 1 月 9 日

郑州市人民政府关于印发郑州市人民政府应诉规则的通知

郑政[2004]3 号
2004 年 1 月 12 日

郑州市人民政府关于印发郑州市外地驻郑办事机构联络服务办法的通知

郑政[2004]4 号
2004 年 1 月 12 日

郑州市人民政府关于加强产权交易管理的通知

郑政[2004]6 号
2004 年 1 月 21 日

郑州市人民政府关于协议出让国有土地使用权土地出让金征收标准有关问题的通知

郑政[2004]7 号
2004 年 1 月 30 日

郑州市人民政府关于印发 2004 年郑州市中心城区综合整治任务计划的通知

郑政[2004]8 号
2004 年 1 月 20 日

郑州市人民政府批转市绿化委员会办公室关于郑州市 2004 年全民义务植树及造林绿化工作方案的通知

郑政[2004]9 号
2004 年 1 月 30 日

郑州市人民政府关于印发郑州市城市房屋拆迁补偿安置评估规则的通知

郑政[2004]10 号
2004 年 2 月 12 日

郑州市人民政府关于印发郑州市市区

应急供水方案的通知

郑政[2004]12号

2004年2月13日

郑州市人民政府关于印发郑州市电子政务2004年建设计划的通知

郑政[2004]13号

2004年2月18日

郑州市人民政府关于对停缓建工程进行整治的通知

郑政[2004]15号

2004年2月23日

郑州市人民政府关于加强郑州市2004年重点外商投资项目推进工作的通知

郑政[2004]16号

2004年2月24日

郑州市人民政府关于印发郑州市委托招商办法的通知

郑政[2004]17号

2004年2月24日

郑州市人民政府关于贯彻落实《国务院关于进一步加强安全生产工作决定的通知》

郑政[2004]18号

2004年2月25日

郑州市人民政府关于做好我市第一次经济普查工作的通知

郑政[2004]19号

2004年3月8日

郑州市人民政府关于农村劳动力转移就业后参加我市社会养老保险工作的实施意见

郑政[2004]20号

2004年3月9日

郑州市人民政府关于对开发区有关问题的处理意见

郑政[2004]21号

2004年3月10日

郑州市人民政府关于印发2004年百项重点工程建设目标考核办法的通知

郑政[2004]23号

2004年3月11日

郑州市人民政府关于印发2004年百项重点工业技改项目目标考核办法的通知

郑政[2004]25号

2004年3月16日

郑州市人民政府关于对开发企业擅自改变经济适用住房用地性质的处罚意见

郑政[2004]26号

2004年3月18日

郑州市人民政府关于做好城市生活无着的流浪乞讨人员救助工作的通知

郑政[2004]28号

2004年3月24日

郑州市人民政府关于印发西北环综合整治征地拆迁补偿办法的通知

郑政[2004]29号

2004年3月24日

郑州市人民政府关于进一步加强安全生产工作的决定

郑政[2004]30号

2004年3月25日

郑州市人民政府关于印发郑州市生产安全事故及重特大事故隐患举报奖励办法的通知

郑政[2004]31号

2004年3月24日

郑州市人民政府关于印发郑州市推广使用车用乙醇汽油实施方案的通知

郑政[2004]32号

2004年3月23日

郑州市人民政府关于2004年实施新增城镇10万人就业再就业计划工作问题的通知

郑政[2004]33号

2004年3月31日

郑州市人民政府关于印发行政复议程序规则的通知

郑政[2004]34号

2004年3月30日

郑州市人民政府关于印发郑州市城中村改造规划土地拆迁管理实施办法(试行)的通知

郑政[2004]35号

2004年4月5日

郑州市人民政府关于加强跨区域居住企业退休人员异地管理和实行企业退休人员养老金异地发放的通知

郑政[2004]36号

2004年4月5日

郑州市人民政府关于印发2004年郑州市打假治劣工作实施方案的通知

郑政[2004]37号

2004年4月6日

郑州市人民政府关于印发郑州市对种粮农民直接补贴实施方案的通知

郑政[2004]38号

2004年4月19日

郑州市人民政府关于印发郑州市政府投资项目工程签证管理暂行办法的通知

郑政[2004]40号

2004年4月30日

郑州市人民政府关于省对市调整财政管理体制后相应调整县(市)区财政管理体制有关问题的通知

郑政[2004]41号

2004年5月10日

郑州市人民政府关于印发郑州市政府投资工程项目资金管理暂行办法的通知

郑政[2004]42号

2004年5月19日

郑州市人民政府关于印发郑州市2004年度地质灾害防灾预案的通知

郑政[2004]43号

2004年5月17日

郑州市人民政府关于印发《郑州市人民政府工作规则》的通知

郑政[2004]45号

2004年5月19日

郑州市人民政府关于印发《郑州市全面推进依法行政五年规划(2004～2008)》的通知

郑政[2004]46号

2004年5月19日

郑州市人民政府关于印发郑州市城镇最低收入家庭廉租住房管理办法的通知

郑政[2004]47号

2004年5月20日

郑州市人民政府关于印发郑州市整治违法排污企业保障群众健康环保专项行动实施方案的通知

郑政[2004]48号

2004年5月20日

郑州市人民政府关于进一步加强民政工作的决定

郑政[2004]49号

2004 年 5 月 21 日

郑州市人民政府关于批转市财政局等部门郑州市整顿统一着装工作实施方案的通知

郑政[2004]50 号

2004 年 5 月 24 日

郑州市人民政府关于印发郑州市 2004 年国民经济和社会发展计划的通知

郑政[2004]51 号

2004 年 6 月 9 日

郑州市人民政府关于全面推行粮食购销市场化改革的实施意见

郑政[2004]52 号

2004 年 6 月 15 日

郑州市人民政府关于第一批取消行政许可项目的决定

郑政[2004]54 号

2004 年 6 月 21 日

郑州市人民政府关于进一步加强煤矿安全生产工作的决定

郑政[2004]55 号

2004 年 6 月 22 日

郑州市人民政府关于公布郑州市行政许可实施机关(第一批)的决定

郑政[2004]56 号

2004 年 6 月 24 日

郑州市人民政府关于建立和完善行政许可实施相关制度的通知

郑政[2004]57 号

2004 年 6 月 25 日

郑州市人民政府关于印发郑州市 2004～2005 年城市环境综合整治计划的通知

郑政[2004]58 号

2004 年 6 月 30 日

郑州市人民政府关于进一步加快国有粮食企业改革与发展工作的意见

郑政[2004]59 号

2004 年 7 月 14 日

郑州市人民政府关于建立政府新闻发言人制度的意见

郑政[2004]60 号

2004 年 7 月 19 日

郑州市人民政府关于印发郑州市加快旅游业发展实施办法(试行)的通知

郑政[2004]61 号

2004 年 7 月 27 日

郑州市人民政府关于下达 2004 年度第二批重点建设项目和对部分重点建设项目进行调整的通知

郑政[2004]62 号

2004 年 8 月 5 日

郑州市人民政府关于印发郑州市土地储备资金财务管理暂行办法的通知

郑政[2004]63 号

2004 年 8 月 27 日

郑州市人民政府关于贯彻农业科技发展纲要(2001～2010 年)的实施意见

郑政[2004]64 号

2004 年 9 月 1 日

郑州市人民政府关于印发郑州市郑东新区失地农民基本生活保障办法(试行)的通知

郑政[2004]65 号

2004 年 9 月 2 日

郑州市人民政府关于印发郑州市地质灾害防治规划(2003～2015 年)的通知

郑政[2004]66 号

2004 年 9 月 2 日

郑州市人民政府关于解决郑东新区失地劳动力就业问题的意见

郑政[2004]68 号

2004 年 9 月 20 日

郑州市人民政府关于印发郑州市市区段铁路环境综合治理若干规定的通知

郑政[2004]69 号

2004 年 10 月 9 日

郑州市人民政府关于印发郑州市矿产资源规划的通知

郑政[2004]70 号

2004 年 9 月 30 日

郑州市人民政府关于印发郑州市食品安全信用体系建设试点工作方案的通知

郑政[2004]71 号

2004 年 10 月 20 日

郑州市人民政府关于印发郑州市实施《工伤保险条例》暂行办法的通知

郑政[2004]72 号

2004 年 11 月 4 日

郑州市人民政府批转市林业局等部门关于加快林业产业发展意见的通知

郑政[2004]73 号

2004 年 11 月 15 日

郑州市人民政府关于印发郑州市市属国有破产企业和市属国有困难企业退休人员大病统筹医疗保险暂行办法的通知

郑政[2004]75 号

2004 年 11 月 26 日

郑州市人民政府关于郑州市“十一五”规划编制工作的实施意见

郑政[2004]76 号

2004 年 12 月 7 日

郑州市人民政府关于印发郑州市国土资源管理体制改革实施方案的通知

郑政[2004]77 号

2004 年 12 月 16 日

郑州市人民政府关于批转市国资委郑州市市直机关和企事业单位国有资产清产核资工作方案的通知

郑政[2004]78 号

2004 年 12 月 28 日

郑州市人民政府关于对县级政府教育工作进行督导评估的意见

郑政[2004]79 号

2004 年 12 月 31 日

(张朝峰)

重 要 文 献

政府工作报告

——2004年4月16日在郑州市第十二届人民代表大会第一次会议上

市 长 王文超

各位代表：

现在，我代表市人民政府，向大会作工作报告，请予审议，并请各位政协委员提出意见。

一、过去五年的工作回顾

市第十一届人民代表大会第一次会议以来，全市人民在市委的领导下，坚持以邓小平理论和“三个代表”重要思想为指导，抓住机遇，开拓创新，加快发展，圆满完成了“九五”计划，提前实现了现代化建设的第二步战略目标，胜利完成了本届政府的各项任务。

（一）经济发展步入新阶段，综合实力迈上新台阶

五年来，我们始终坚持以经济建设为中心，克服世界经济波动，特别是东南亚金融危机带来的不利影响，国民经济持续快速健康发展，经济实力显著增强。全市生产总值年均增长11.3%，2003年首次突破千亿元大关，达到1102.1亿元，比上年增长14.7%，人均生产总值达到1917美元，标志着我市经济进入了新的发展阶段；地方财政收入由1998年的34.2亿元增加到72.5亿元，年均增长18.7%；金融机构年末存款余额由833.9亿元增加到2434.1亿元，年均增长23.9%；社会消费品零售总额由285.7亿元增加到479.9亿元，年均增长10.9%。城市综合竞争力有较大幅度提升。

（二）经济结构调整成效显著，农业、工业和商贸服务业协调发展

五年来，我们坚持不懈地进行经济结构的战略性调整，三次产业结构由6.3∶53.7∶40调整为4.4∶52.1∶43.5。

农业和农村经济结构逐步优化，畜牧养殖、林果、高效经济作物和优质专用农作物的比重进一步提高。无公害农产品基地和特色农产品示范区建设步伐加快。耕地总量保持动态平衡。五年来，全市农林牧渔业增加值由38.8亿元增加到48.8亿元；造林77.7万亩；农田水利基本建设和扶贫开发成效显著，先后解决32万人吃水问题，使10.5万人脱贫。

工业经济快速发展，优势产业规模日益扩大。积极调整工业经济结构和产业布局，以高新技术改造传统产业，着力培育大企业大集团，工业经济增长势头强劲，总量不断增加。2003年全市规模以上工业完成增加值297.4亿元，年均增长11.7%；规模以上工业企业年销售收入874.9亿元，年均增长12.3%；实现利税首次突破百亿，达到107.3亿元。煤电铝、汽车、食品等优势产业规模日益扩大，电子信息、生物工程与制药、新材料等新兴产业方兴未艾。年销售收入10亿元以上的企业由3户增加到11户。五年技改投入159.7亿元，各级企业技术中心由4户发展到43户。氧化铝、公路客车、速冻食品、纺织机械、耐火材料、阀门等产品在全国市场占有较大份额。三全、思念、金星啤酒3家企业的5种产品获得中国名牌。

第三产业蓬勃发展，商贸城建设步伐加快。批发零售、餐饮和房地产等传统服务业巩固壮大，物流、会展和旅游等现代服务业发展势头良好。新型业态发展迅速，连锁、超市、专业店由250家发展到800多家，3家商业零售企业进入全国百强。商品交易市场辐射力增强，有10多家市场进入全国前列。易初莲花、麦当劳、肯德基以及丹尼斯、上海联华、北京华联等一大批国内外知名商业企业抢滩郑州。二七广场改造竣工，德化商业步行街投入使用，二七商圈购物环境明显改善。房地产业蓬勃发展，五年累计开发商品房1420万平方米。会展经济在探索中不断壮大，多次成功举办了郑州全国商品交易会和糖酒交易会。物流业建设取得进展，联邦等世界四大快递公司以及香江、东方等物流企业入驻郑州。假日经济屡创新高。旅游业快速发展，年旅游总收入由45.2亿元增加到104.9亿元，年均增长18.3%。

(三)投资力度不断加大，经济发展后劲明显增强

实施投资拉动战略，一批重点项目竣工投产，对经济发展的拉动作用明显增强。五年来，全社会固定资产投资由295.4亿元增加到502.3亿元，累计完成1635.7亿元，年均递增13.2%，仅2003年就新增160多亿元。五年累计完成基建投资602亿元，房地产投资249.4亿元。一些重点项目，如中铝河南分公司国债项目、宇通豪华客车生产线、登电供热机组、永通合金钢生产线、邙山干渠、郑少高速等相继竣工投产。五年新增原煤产量684万吨、发电量31亿千瓦时、氧化铝产量65万吨、汽车产量1.72万辆、污水处理能力40万吨、高速公路53.2公里、地方铁路61公里。

(四)市场经济体系初步建立，对外开放水平进一步提高

坚持在发展中推进国有企业改革。完成中央提出的国企改革和脱困"三年两大目标"，解决了一些比较突出的企业历史遗留问题。按照现代企业制度的要求，积极推进300余户国有大中型企业改革和股份制改造。"郑州燃气"在港上市成功，上市公司达到8家。完成了白鸽、百文、豫联、宇通、新烟、郑烟等企业集团的改制重组。非公有制经济发展迅速，占全市经济总量的比重达到45.1%。市政府部门由49个减少到42个，事业单位初步实行了聘用制，行政审批事项由1200多项减少到317项。农村税费改革取得成效，农民负担减轻34.6%。推行部门预算，实行国库集中支付制度，公共财政体系初步建立。市场体系建设全面展开，经济秩序得到改善。社会保障体系框架基本形成。投融资体制改革深化，融资渠道不断拓宽。狠抓土地市场秩序的治理整顿，经营性用地基本实现了公开出让。户籍制度改革进展顺利。

投资环境显著改善，对外开放步伐加快。五年来，我们一直坚持大力整治经营环境，规范市场秩序，进一步简化了办事程序，设立了办事大厅，完善了便民措施，城市环境、政策环境、体制环境、法制环境得到明显改善。在世界银行《2003年中国投资环境报告》排序中，我市投资环境位居前列；"中国质量万里行"评价郑州整体服务质量为"优秀"。招商引资质量明显提高，在我市投资的世界500强企业已达15家。成功举办了国际少林武术节、两次"芝麻网"年会和世界客属第十八届恳亲大会，提高了郑州在国内外的知名度。累计批准设立外商投资企业371家，外商直接投资6.14亿美元。直接进出口由8亿美元增至14.1亿美元，年均增长12%。对外经济合作逐步扩大。高新技术产业开发区连续三次被评为全国先进开发区，经济技术开发区升格为国家级开发区，出口加工区正在加紧建设。对外交往日益活跃，新结国际友好城市5个。旅游环境显著改善，被评为全国首批优秀旅游城市。

(五)城市建设步伐加快，城市面貌明显改观

坚持高起点编制、高标准实施城市规划。首次采用国际招标方式，完成郑东新区起步区规划方案，各项专项规划基本完成。编制了中心城区12个方面专项规划，并严格按照规划实施。

按照省委、省政府提出的"三年出形象，五年成规模"的要求，强力推进郑东新区建设，近两年累计投入资金达55亿元。起步区和龙子湖区内29条道路基本竣工。中央商务区建设已安排项目35个，国际会展中心完成投资6.2亿元，内外环高层建筑有27栋开工建设。"三河一渠"治理全线开工。批准入驻高校10所，有5所已经开工。对中心城区实施综合整治，市区面貌日益净、绿、亮、美。环卫基础设施日益完善，王新庄污水处理厂已竣工投产，市区旱厕全部改造，创新了保洁机制，道路清扫、保洁水平进一步提高，国家卫生城市已通过省级验收。共建成6个公园、15个绿化广场、80个街头游园，改造背街小巷319条，对出入市口和东风渠、熊耳河进行了综合整治绿化，人均公共绿地面积由4.23平方米增加到6.8平方米，被命名为全国园林绿化先进城市和省级园林城市。基本实现了市区路灯全覆盖，夜景照明成效显著。不断加强和完善基础设施建设，水、电、气、热、通信等供应和保障能力提高。完成了郑州军用机场搬迁，建设、改造了环城快速路、紫荆山路、东西大街、金水路、中原西路等，缓解了市区交通压力。城市框架不断拉大，按新口径统计，建成区面积增加到212.4平方公里，常住人口达到322万人，全市城镇化率达到57%。

大力推进城市管理体制改革，长效管理机制初步形成。建立完善了“两级政府、三级管理、四级网络”新体制。推行城市管理综合执法，初步解决了多头管理、重复执罚等问题，脏乱差现象得到有效治理。公交、客运出租运营秩序明显改善。环境保护实现“一控双达标”，城市环境综合整治考核连续9年在全省排名第一。

（六）就业再就业工作力度加大，社会保障体系进一步完善

五年来，通过改善就业环境、创造就业条件、建立就业服务网络、开发就业岗位，累计培训下岗失业人员13.2万人，27.2万人实现就业和再就业，城镇登记失业率控制在3.5%以内。

社会保障体系初步建立，保障网络逐步完善。认真落实“两个确保”，养老金和下岗职工基本生活保障金发放率均保持100%。建立健全了退休人员社会化服务网络，16.6万名企业离退休人员实现了社会化管理。失业、工伤、医疗保险顺利推进。城市居民最低生活保障实现了应保尽保，在就业、住房、医疗、教育等方面出台了低保配套政策。在全省率先实行了农村特困家庭救助制度。农村新型合作医疗试点进展顺利。

（七）民主与法制建设得到加强，社会秩序安全稳定

自觉接受人民代表大会及其常委会监督，接受人民政协的民主监督，认真听取民主党派、工商联、无党派人士、各人民团体的意见。初步建立了公众参与、专家论证和政府决策相结合的决策机制，提高了决策的民主化、科学化水平。五年共办复人大代表议案、建议和政协委员提案3467件。坚持依法治市，五年来共制定地方性法规36件、政府规章50件。廉政建设进一步加强。推进村民自治，政务、村务公开逐步规范化、制度化。加强社区建设，组织实施了“三个一”工程。社区居委会换届直选比例在全国领先。普法教育逐步深入，公民法律意识进一步提高。

加强社会治安综合治理，依法打击各种犯罪活动，社会治安保持稳定。与“法轮功”邪教组织斗争取得胜利。成功侦破抢劫银行等一系列大案要案，严厉打击了带有黑社会性质的犯罪活动。成功化解了郑州合行、农村合作基金会等金融风险，果断处理了一批非法集资案件。狠抓安全生产整治，安全生产形势整体趋向好转。认真搞好人民内部矛盾纠纷排查调处工作，解决群众反映强烈的热点问题，确保了省会政治稳定和社会安定。

（八）各项社会事业全面进步，人民生活质量明显改善

五年来，积极实施“2662”工业技术创新计划和“5212”农业技术创新计划，科技进步对国民经济增长的贡献率由42%提高到48.3%。实施素质教育，基础教育质量不断提高，高中教育规模扩大，高等教育面向社会大众发展。办学体制改革稳步推进，民办教育发展迅速。文化事业进一步繁荣，群众性文化活动丰富多彩，文化市场管理和扫黄打非斗争受到上级表彰。医疗卫生体制改革不断深化，医疗基础设施进一步改善，突发公共卫生事件疾病控制与救治能力提高。特别是去年，全市上下众志成城，取得了抗击非典的阶段性重大胜利，实现了“不发生一例非典确诊病例、不漏治一名非典疑似患者、不使一名医护人员倒下”的目标。市体育代表团在省以上运动会上取得优异成绩，群众性体育活动蓬勃开展。市科技馆、博物馆、艺术宫、杂技馆、航海体育场等一批文化、体育设施工程竣工投入使用。人口和计划生育各项工作稳步推进，人口出生率下降2.49个千分点。国防教育、民兵、征兵、优抚安置工作顺利开展，军政军民关系更加密切，连续四次荣获“全国双拥模范城”称号。

全市广大干部群众深入学习邓小平理论和“三个代表”重要思想，深入开展“三讲”教育活动，普遍进行了社会主义道德教育、民主法制教育和纪律教育。先后抽调7331名机关干部，分三批下乡开展驻村工作。精神文明建设取得新进展。在创建活动中荣获“全国文明城市创建工作先进单位”称号。

我们始终把逐步提高人民生活水平作为政府工作的出发点和落脚点，努力提高城乡人民收入，改善生活质量。市区城镇居民人均可支配收入由5721元增加到8647元，年均增长9.7%；农民人均纯收入由2530元增加到3631元，年均增长7.5%。城市居民人均住房面积达到22.4平方米，五年增长31%；农民人均住房面积39.7平方米，增长49.8%。围绕群众生活，连续5年向社会承诺办好十件实事，坚持实行60岁以上老人免费乘坐公交车，公园和公厕免费对公众开放。人民生活水平显著提高。

新闻出版、广播电视、人事、统计、审计、物价、侨务、对台事务、民族宗教、社会科学、地方志、档案管理、气象、人防等工作都取得了新的成绩。

各位代表，过去的五年，是我市经济实力增长较快的五年，是城市面貌变化较大的五年，是人民群众得到实惠较多的五年。这些成绩的取得，是省委、省政府和市委正确领导的结果，是全市人民共同奋斗的结果，是市人大、政协监督支持的结果，是驻郑人民解放军、武警官兵、中央驻郑单位和省直厅局、各民主党派、工商联、各人民团体、离退休老同志和海内外各界人士共同努力、鼎力支持的结果。在此，我代表市人民政府，向给予政府工作大力支持的人大代表和政协委员，向全市广大工人、农民、知识分子、干部、离退休老同志、驻郑人民解放军、武警官兵、公安干警、各民主党派、工商联、人民团体以及各界人士，表示崇高的敬意！向关心和支持郑州建设的港澳台同胞、海外侨胞、国际友人，表示衷心的感谢！

五年来，政府的各项工作虽然取得显著成绩，但还存在不少困难和问题，群众还有一些不满意的地方：一是经济实力和辐射带动能力不强，在全省的首位度不高，与省会城市地位不相称。二是产业结构不尽合理，支柱产业缺乏规模优势，总量偏小，在全国知名的大企业大集团太少。三是对外开放的体制、机制创新任务还很艰巨，利用外资规模过小，经济外向度较低，不适应经济全球化和日益激烈的城市竞争。四是农民增收缓慢，城乡不少低收入居民生活还比较困难。五是就业岗位不能充分满足就业需求，就业压力仍然很大。六是资源保护、环境治理与生态建设任务繁重，城市管理的长效机制有待巩固和完善。七是一些严重刑事犯罪案件屡有发生，重大安全事件接连出现，给人民群众生命财产造成严重损失。八是群众关注的一些热点难点问题没有得到及时有效解决。九是部分工作人员存在形式主义和官僚主义作风，政府自身建设和反腐败任务还很重。所有这些，都需要我们在今后的工作中切实加以改进和解决。

二、今后五年的目标任务

各位代表，今后五年我们面临着不可多得的发展机遇。从国际环境看，和平与发展依然是当今时代两大主题，世界经济形势趋向好转，国际产业转移加快，有利于我们进一步扩大对外开放和加快产业结构调整。从国内看，全面建设小康社会的热潮已经兴起，举国上下百舸争流，周边城市竞相发展，沿海地区产业和资本向内地转移，有利于促进我市消费结构和产业结构的升级。特别是最近国家提出了“促进中部地区崛起”的战略，省委、省政府要求郑州提高首位度，增强对中原城市群的带动作用，为我市加快发展提供了契机。同时，我市生产总值已突破千亿大关，综合经济实力和发展后劲明显增强，具备了发展全面提速、再上新台阶的基础和条件。但是，我们还应清醒地看到，当今世界局势还有许多不确定因素，在国内新一轮发展热潮中，全国大中城市，特别是周边城市发展势头迅猛，形势逼人，时不我待。我们要树立强烈的忧患意识，抢抓机遇，迎难而上，以更大的气魄和胆略，推进建设大郑州、建设国家区域性中心城市，无愧地担负起中原城市群经济隆起带核心城市的重任。

今后五年政府工作的总体要求是：以邓小平理论和“三个代表”重要思想为指导，全面贯彻党的十六大和十六届三中全会精神，坚持以人为本的科学发展观，不断深化改革，扩大开放，加快先进制造业基地、现代服务业中心、现代农业示范区建设，加强民主法制建设和精神文明建设，创建生态郑州、平安郑州、信用郑州，促进经济社会全面协调可持续发展，为实现中原崛起和全面建设小康社会目标奠定坚实的基础。

主要预期发展目标是：

——综合实力再上新台阶。生产总值保持年均13%左右的增长速度，到2008年突破2000亿元大关；人均生产总值达到3000美元；地方财政收入达到180亿元。

——经济结构进一步优化。到2008年,三次产业的比例预期为3.0∶51.1∶45.9,工业、农业产业结构进一步优化,非公有制经济比例达到60%以上,城乡经济协调发展,现代服务业水平有大幅度提高。

——城市建设和管理再上新台阶。到2008年,建成区面积力争达到255平方公里;全市城镇化率达到62%以上;管理水平进一步提高,创建国家卫生城市、园林城市、环保模范城市和文明城市,建成国内最适合创业发展和生活居住的城市之一。

——开放带动更具新活力。经济管理体制逐步与国际规则接轨,利用外资规模进一步扩大,对外开放提高到一个新水平。

——市场经济体制更加完善。经济发展环境明显改善,民营经济迅速壮大;国有资产管理体制进一步理顺,现代企业制度基本建立;农村改革进一步深化,农村经济体制逐步完善;统一、开放、竞争、有序的市场体系基本形成,市场经济秩序不断好转。政府的经济调节、市场监督、社会管理和公共服务职能显著增强。

——各项社会事业全面发展。科技、教育、文化、卫生、体育、计划生育等各项社会事业进一步发展,人口健康水平大幅度提高,市民多元化的物质和精神需求逐步得到满足。

——人民生活水平明显提升。社会保障体系日益健全,就业问题得到较好解决,生活质量进一步改善。城镇居民人均可支配收入和农民人均纯收入年均增长8%以上。

——依法治市水平进一步提高。民主法制建设更加完善,政府依法行政水平明显提高,市民法律意识显著增强,建设“平安郑州”,实现社会安全稳定、治安秩序良好、人民安居乐业。

——精神文明建设取得新进展。思想道德教育深入人心,城市意识、省会意识不断增强,艰苦创业、团结奋进、敢为人先的精神得到弘扬,社会信用体系建设逐步完善。

完成上述目标任务,必须坚持以下几点:

一是坚持解放思想,实事求是,与时俱进。要从国际化和城市竞争的大格局中,探求建设现代化大郑州的新路子。立足创大业、干大事、干实事,建设大郑州;按照“发展要有新思路,改革要有新突破,开放要有新局面,各项工作要有新举措”的要求,依靠全市人民的智慧和力量,把省会现代化建设不断推向前进。

二是坚持把发展作为第一要务,聚精会神搞建设,一心一意谋发展。坚持在发展中解决前进道路上的困难和问题,不断壮大经济实力,增创发展新优势。紧紧围绕发展生产力这一中心,用发展的思路和办法,积极应对各种挑战,破解各种矛盾和问题,特别是长期困扰我市发展的城市建设资金不足、工业发展滞后、就业形势严峻、城乡二元化矛盾突出等问题。

三是坚持深化改革,扩大对外开放。坚持依靠体制创新,完善市场经济体制,依靠科技创新,推动经济结构调整,依靠对外开放,拓展发展空间,努力提高经济运行质量。在改革开放中,勇于探索,开拓创新,加快产业结构优化升级,促进传统产业、高新技术产业和服务业协调发展。按照开放型、现代化大郑州的建设标准,搞好城市规划建设管理,提高综合竞争力。

四是坚持以人为本、执政为民,切实为人民群众办实事、办好事。努力践行全心全意为人民服务的宗旨,维护和发展人民群众的根本利益,把执政为民、求真务实体现在具体工作中,千方百计解决人民群众普遍关注的热点和难点问题,在不断发展经济的基础上,不断提高人民生活水平,改善生活质量。

五是坚持科学的发展观,正确处理各方面矛盾和关系。按照十六届三中全会统筹发展的精神,正确处理改革发展与稳定的关系,城乡经济协调发展的关系,工业经济和商贸经济发展的关系,老城区保护改造和新区开发建设的关系,物质文明、政治文明和精神文明建设的关系,人口、资源、环境之间的关系,实现郑州经济社会全面、协调、可持续发展。

三、2004年的工作建议

2004年是我市实施全面建设小康社会规划的开局之年,做好今年的工作,对于保持经济社会发展的良好势头,具有十分重要的意义。主要预期目标是:生产总值增长13%左右;全社会固定资产投资增长35%;社会消费品零售总额增长11%;地方财政收入增长14.5%;外贸出口增长12%,实际利用外资增长30%左右;居民消费价格总水平上涨2%左右;城镇居民人均可支配收入增长8%,农民人均纯收入增长7%;人口自然增长率6‰;城镇登记失业率3.5%。同时,要努力实现以下工作目标:新增就业再就业10万人;工业技改投资100亿元;新增非公有制经济增加值100亿元;地方财政收入100亿元;新设立外资企业100家;规模以上工业销售收入1000亿元。

为确保完成上述目标任务,应重点抓好以下工作:

(一)壮大工业经济规模,加快工业化进程

围绕把郑州建成先进制造业基地的目标,进一步壮大工业经济规模,做强做大支柱产业,重点抓好100家工业企业增收增效。以中铝河南分公司、郑煤、郑铝、登电、豫联等企业为主体,加快大型铝工业项目和能源项目建设,拉长煤电铝产业链条,促进铝产品结构升级。以宇通、日产、少林、红宇等企业为主体,促进汽车工业升级换代、做强做大。加大技术引进、合资合作力度,提高汽车工业零部件配套能力。加快新烟、郑烟集团和三全、思念等龙头企业的发展,尽快建成国内重要的食品生产加工基地。以郑纺机、郑煤机等优势企业为主导,整合装备制造业。以开发高附加值产品为方向,对纺织工业实施调整升级,加快纺纱、织布、印染、服装生产基地建设,拉长纺织工业链条。

积极培育以电子信息、生物工程和制药、新材料等为代表的高新技术产业,争取尽快形成新的支柱产业。依托国家863软件孵化基地、安飞集团,建设芯片、软件等一批电子信息产业项目;依托省生物医药产业孵化基地,扶持竹林众生、新郑制药等企业,加快制药、生物工程、基因治疗等关键技术的研发;依托省超硬材料基地,扶持华晶超硬材料产业园,加快新材料企业上规模。

狠抓工业投入,实施名牌战略,培育拳头产品,推进产业结构优化升级。抓好100项重点工业技改项目,积极争取国家和省技改资金,加快我市传统工业的技术改造,推进新技术、新工艺的开发和应用,提高工业经济运行质量。

加快集群经济和区域经济发展,引导大型项目和高科技企业向园区集中。加快高新区技术创新和高新技术产业化基地建设,以及经济技术开发区外向型经济基地建设,努力把出口加工区建成全省重要的出口加工基地。努力打造郑汴洛郑州段工业走廊,发展各县市区有优势特色的工业群区,促进县域经济发展。

搞好重点企业跟踪服务,推进资源整合。继续实行领导联系重点企业制度,对重点企业和增量大户在资金、技术、能源、交通等方面给予大力支持,坚持向重点企业派驻联络员制度,及时解决企业发展中遇到的困难和问题。加强安全生产工作,加快应急救援体系建设,遏制各类特别是重特大生产安全事故发生。

(二)推动新兴服务业发展,提升服务业现代化水平

加快现代化商贸城建设。发挥现有商业资源优势,加大整合力度,积极发展连锁经营、物流配送、电子商务等新型业态。在引进大型商贸企业的同时,积极利用外资嫁接改造国有商业企业。加快大上海城、家世界购物广场等在建项目的建设进度,积极做好沃尔玛等项目建设前期工作。进一步整合商品交易市场,加快15个交易园区建设。大力推进现代物流业发展,加快圃田物流园区建设,进一步做好郑州现代物流中心等项目建设过程中的协调工作;培育豫新、长通、思达、邮政等物流配送中心,逐步形成一批具有现代化经营能力的物流企业。继续抓好会展中心建设,搞好郑交会等会展活动,繁荣会展经济。

整合旅游资源,组建旅游集团。发挥财政性资金的引导作用,吸引社会资金投资旅游景区建设。抓好嵩山、黄河、轩辕故里等风景区特别是少林景区的建设、改造。办好旅游节庆活动,形成一批具有中原文化特色的旅游观光项目,提升我市旅游业整体形象和水平。

搞好房产开发和经济适用房建设。进一步放宽公房出售政策。继续推进和落实住房货币化补贴政策。加强和规范住房公积金、维修基金管理。搞活住房二级市场。规范物业管理,优化和改善居住环境。

积极发展信托、票据、拆借、证券、期货等金融市场;创造条件,吸引国外金融投资机构,参与金融企业重组。完善金融服务体系,鼓励发展金融担保业和信息、会计、法律、咨询等中介服务业,努力把郑州建成中西部地区重要的金融服务中心城市。

(三)切实解决"三农问题",坚持农业基础地位不动摇

切实把解决好农业、农村、农民问题作为全部工作的重中之重。按照建设都市型、近郊型和远郊型农业圈层的思路进行区域布局调整。大力发展优质、高产、高效、生态、安全农业，提高农产品质量和竞争力。积极发展绿色名特优新农副产品和品牌农业，提高农业的比较效益。推进农业产业化经营，力争建成全省一流的现代农业示范区。继续搞好绿化工程建设，完成造林28万亩。发展畜牧业规模养殖，加快奶牛养殖小区和黄河滩区绿色奶牛养殖带建设步伐。发展优质、高效水产业。逐步扩大农产品市场准入范围，让群众吃上“放心菜”、“放心肉”。大力发展农产品加工业，积极发展农产品批发市场和农民专业合作经济组织，完善农产品市场信息服务体系建设。

坚持“多予、少取、放活”的方针，加快农村经济发展，促进农民增收。完善开发式扶贫机制，加快移民脱贫步伐。加大扶贫投入力度，市财政安排1000万元用于扶贫开发。全市所有贫困村免征农业税，全市农业税税率平均降低3个百分点，五年内逐步取消农业税。稳步推进农用地承包经营权流转，逐步发展规模经营。实行严格的耕地保护制度，依法加强耕地管理，完善土地征用办法和补偿机制。实行农民求职登记制度，加强职业技能培训，加快农村剩余劳动力的转移。加大农民工工资清欠力度，努力保障按时足额支付。落实种粮直接补贴政策。加强农资价格监管，严厉打击坑农、害农等行为。

进一步加大农业投入力度，加强农业和农村基础设施建设。搞好节水灌溉等“六小工程”和农田水利建设，新增灌溉面积2万亩。推广应用先进实用农机具。搞好农村水电路等基础设施建设，改善农民生产生活条件。

（四）抓好重点项目建设，继续保持良好的投资势头

继续坚持投资拉动，抓好100项重点项目工程。开工建设南三环联接线、郑少高速与航海路立交、中电燃气调峰电厂2×30万千瓦供电、新力电力2×20万千瓦供热、赵家寨煤矿、中美铝业30万吨氧化铝、澳柯玛物流一期、家乐福超市、郑州一中迁建、五院和颐和医院工程等57个项目。加快绕城高速、农业路铁路立交、登电、豫联、五龙口污水处理厂等29个在建项目进度，107辅道建成通车。郑花路综合整治、华润发电机组、47中迁建等16个项目年内完工。做好中电产业园、香江现代物流商贸园区等14个项目的前期工作，并尽快开工建设。

对重点项目实行领导联系制度，及时协调解决项目建设中遇到的困难和问题，确保按进度顺利推进。实行严格的质量管理制度，全面落实项目法人责任制、招投标制、建设监理制、竣工验收制、工程质量终身负责制。

（五）进一步加快城市化进程，促进城乡协调发展

以中央商务区为重点，进一步加快郑东新区建设。第一、二批进入中央商务区的高层建筑基本竣工，第三批进入的8个住宅楼和国际会展中心主体工程基本完成；省艺术中心主体框架基本形成；会展宾馆和商业步行街争取年内开工建设。认真搞好管网和道路系统建设。加快龙子湖高校园区和物流园区建设进度。着手森林公园和生态功能区建设。按规划搞好中央商务区景观绿化。力争实现“三年出形象”的预期目标。

按照“一年一小变，三年一大变”的建设要求，继续加大中心城区保护改造力度。完善市区路网结构，新修和打通二环路、文化北路、沙口路等主次干道，开工建设农业路与花园路立交及经三路、城东路与金水路立交等工程，改造部分支路和背街小巷。继续抓好道路街景整治，建成一批街景整治示范街、精品街，行道树景观和夜景照明示范街。抓好熊耳河、金水河、东风渠和出入市口及铁路沿线等的绿化整治。重点改造关虎屯、燕庄等18个城中村。完善市区公共服务设施建设。进一步加强清扫保洁工作。力争年内基本达到国家卫生城市、园林城市的标准要求。

加快五市一县基础设施和环境建设，高品位、高起点建设20个重点镇，搞好乡村规划，实现中心城区、卫星城、小城镇在规划上衔接、功能上联接、产业上对接。

完善“两级政府、三级管理、四级网络”城市管理体制，建管并重，进一步提高城市管理水平。规范国土资源管理，清理闲置国有土地，整治停缓建工程。加强水资源管理，搞好城市节水。优化交通安全管理，确保市区道路畅通。以创建环保模范城市为载体，加大环境综合整治力度，推进垃圾“三化”处理，推广乙醇汽油，为市民创造舒适、安全、优美的生活居住环境。

坚决维护城市规划的严肃性，各项建设必须

符合总体规划要求。市、区都要发挥规划的调控作用，严格按详细规划实施。充分发挥省会规划委员会的作用，确保省会规划的集中统一管理。

（六）继续深化各项改革，加快非公有制经济发展

进一步加大国有企业改革力度，实行一企一策，基本完成工业、商业以及其他国有及国有控股企业改革任务。推进已改制企业在完善法人治理结构、促进资产多元化、建立内部“三项制度”等方面深化提高。加快投融资体制改革，支持新组建的建投、路桥、地产等政府投资主体按照市场机制运作。进一步推进城市公用事业改革，开放市政公用行业市场。不断推进行政审批制度改革，完善办事大厅服务功能。巩固农村税费改革成果。深化财政国库管理和财政预算管理制度改革。完善各项配套措施，解决户籍改革中遇到的问题。深化政府机构和事业单位人事制度改革。

大力发展和积极引导非公有制经济。进一步清理和修订不利于非公有制经济发展的法规和政策，放宽市场准入条件，鼓励民营企业投资基础产业和基础设施建设。重点抓好100家非公有制企业，支持科技型、外向型、农业型、扶贫型和劳动密集型民营企业发展。加强中小企业创业服务体系建设，引导民营企业技术创新和制度创新，走规模化、集约化道路。

（七）进一步扩大对外开放，大力发展开放型经济

加大招商引资工作力度，力争利用外资有新的突破。支持引导外资参与企业改革，放宽外商投资领域，吸引外资参与社会事业和旧城改造。完善招商引资项目库，加强项目推介，抓好项目跟踪落实。组织参加厦洽会、高交会等经贸活动，利用举办首届世界传统武术节的机遇，发挥郑东新区、高新区、经济开发区和出口加工区对外开放的主窗口作用，扩大招商引资，实现新设立外商投资企业100家的目标。

进一步扩大对外贸易和经济技术合作。加强出口企业队伍建设，力争全市拥有进出口经营权的企业达到1000家。大力拓展欧美市场，开拓俄罗斯、非洲、南美等新兴市场。鼓励支持企业走出去承包工程、投资办厂，带动技术设备和劳务出口。

继续实施“东引西进”战略，积极开拓国内市场，扩大对内开放。加强与上海、广东、香港及江浙等城市和地区的经贸合作。积极参与西部大开发，实现产业和市场的拓展。

（八）做好财税金融工作，充分发挥财政、金融对经济社会发展的支持作用

抓住中央继续实施积极的财政政策的机遇，尽可能多地争取国债资金，支持经济发展，重点加大对我市农业和农村基础设施的投入力度。加大科技投入，支持科技研发和高新技术产业化。积极支持非公有制经济发展，营造公平竞争的财税环境。坚持依法治税，强化税收征管，努力使财政收入规模与经济发展相适应。加强支出管理，强化监督，提高财政资金使用效益。今年省与市、市与区财政体制进行了调整，要认真搞好衔接，确保平稳运行。

发挥金融对拉动投资和消费的支持作用。加强银企沟通与合作，争取金融机构不断增加在我市的贷款投放。发挥中小企业信用担保机构作用，解决中小企业贷款难问题。规范发展各类消费信贷业务，增强对消费需求的信贷支持。争取和支持国内外各类商业银行、证券公司、保险公司在我市组建法人机构或分支机构。扩大上市公司规模，做好上市公司资产重组和再融资工作。

（九）切实做好就业和社会保障工作，提高人民生活水平

进一步落实再就业的各项政策，完善各项服务措施。重视发展劳动密集型产业，扶持中小企业、民营经济，大力开发公益性就业岗位，用足用好促进再就业的各项政策和资金，引导下岗失业人员通过自谋职业、自主创业和合伙经营实现再就业，确保全年新增10万人就业再就业目标的实现。切实做好大中专毕业生的就业指导和服务工作，为高校毕业生自主创业提供政策支持。

继续做好“两个确保”和城市“低保”工作，切实落实“三条保障线”。进一步加大社会保险扩面征缴力度，确保基金征缴率达到90%以上，确保养老金足额和社会化发放率100%。加大财政资金投入力度，完善城乡社保和社会救济体系，做到城市“低保”资金足额、及时到位，符合条件的农村特困家庭全部纳入救助范围。稳步扩大医疗保险、工伤保险覆盖面，认真做好国有破产企业、困难企业退休人员和农村特困户社会医疗救助工作。进一步完善廉租房制度，努力满足“双困”家庭住房需求。

(十)坚持依法治市,努力建设平安郑州

加大依法治市力度,加强治安防控体系建设,争创“全国社会治安综合治理工作先进市”。严格落实社区一警一室,进一步提高快速反应能力。广泛开展警民联防、军警联防、企地联防和安全院、楼、村活动,构筑群防群治体系。加大对都市村庄综合治理力度,加强对流动人口的管理和服务工作。坚决扫除“黄赌毒”等社会丑恶现象,创建无毒社区、无毒乡村。保持严打高压态势,严厉打击各种刑事犯罪。高度重视人民群众来信来访,解决好涉法信访问题。强化不稳定因素排查调处责任制,完善矛盾纠纷调处体系,积极预防、妥善处置突发性群体事件。依法惩治“法轮功”等邪教组织。加大反恐怖斗争力度。完善基层司法所和法律服务网络建设,推进司法公正,提高司法效率,树立司法权威,营造长期和谐的社会环境和公正高效的法制环境。

(十一)坚持科教兴郑战略,加快文化卫生体育等各项社会事业发展

进一步加大科技投入,大力推进科技进步与创新。抓好制造业信息化、农村信息化和科学数据资源共享三大工程建设,加快实施“2662”工业技术创新计划和“5212”农业技术创新计划,促进和提升产业竞争力。加强人才资源开发,加强与科研院所和高校的合作,支持省大学科技园建设,加快科技成果转化和产业化。力争今年科技进步对经济增长的贡献率达到50%。

加强基础教育、职业教育、素质教育和爱国主义教育。加快发展优质基础教育,完善市区中小学的布局规划,加快建设4所高中,70%以上乡镇建成中心幼儿园。整合中等职业教育资源,扩大规模,招生达到2.5万人。推进市属高校布局和学科专业调整,各类高校在校生达到5.5万人。完善农村教师工资保障机制。

大力发展社会主义先进文化。实施文化精品工程,进一步繁荣文艺创作,以文化艺术的形式宣传郑州,推介郑州。深化文化新闻产业改革,建好郑州歌舞剧院。加强文化市场管理,继续开展扫黄打非。加强商城遗址、文庙、城隍庙等文物的保护、管理和利用工作。大力开展读书活动,建设学习型城市。

进一步加强公共卫生基础设施建设,提高应对突发性公共卫生事件的应急能力。加强全市疾病预防控制、突发公共卫生事件医疗救治、重大疫情信息网络三个体系建设,尽快建立郑州市紧急救援指挥中心。加强乡镇卫生院建设,完善农村三级预防保健网络和新型合作医疗制度。继续做好社区卫生服务工作。

广泛开展全民健身活动,不断提高体育竞技水平。抓好第九届全国中运会6个场馆建设和各项筹备工作。

高度重视人口和计划生育工作。坚持一把手亲自抓、负总责,切实做到责任、措施、投入到位,人口自然增长率控制在6‰以内。建立完善综合治理、利益导向和养老保障机制,对满60岁的农村独生子女父母每年给予600元补助。切实解决二孩率偏高、流动人口管理薄弱等突出问题。加强老龄工作,认真解决离退休人员生活、就医问题。

加强国防教育,做好复转军人和随军家属安置工作,落实军休干部待遇,深入开展双拥活动,再创全国“双拥”模范城。继续做好统计、审计、民族、宗教、民政、民兵等各项工作。

各位代表,办好直接关系群众生活的实事,是市政府解决人民群众实际问题的有效途径。今年,通过征求社会各界意见,确定的10件实事是:一、新增城镇就业岗位10万个,推进农民求职登记服务工作。二、城市居民最低生活保障标准由180元提高到200元,符合低保条件的城市低保对象应保尽保,符合条件的农村特困户全部实行救助。三、加大中心城区保护改造投资,重点对断头路、积水点、街头游园等基础设施进行改造,开工建设西流湖公园。四、净化市区大气环境,新增燃气用户2.3万户,空气质量二级以上天数达到65%以上。五、西部缺水山区建设集雨节灌水窖1万个。六、改造、新建农村公路100公里。七、完成中小学危房改造10万平方米。八、建设郑州市医疗紧急救援指挥中心,六县(市)、上街区建立分中心,每个乡镇卫生院设立急诊科,形成覆盖全市的医疗紧急求救网络体系。九、向社会提供经济适用房40万平方米;“双困”家庭实行廉租住房制度。十、完成沿黄风沙源生态治理造林10万亩。上述10件实事,我们将明确责任,保证投入,确保年底实现。

四、努力建设服务型政府

全面完成今后五年政府工作的各项目标任

务，必须坚持依法行政，不断推进服务型政府建设，全面提高行政效率和管理水平。

（一）全面推行依法行政，提高依法行政水平

要按照法定权限和程序行使权力、履行职责，依法处理经济、社会事务。贯彻执行《中华人民共和国行政许可法》，抓紧清理与之相悖的规章和规范性文件。深化行政审批制度改革。进一步推进相对集中行政处罚权工作，确保行政执法的合法、公正、文明、规范。进一步强化行政监督和行政复议工作，建立和完善行政机关及其工作人员行政责任追究制度。

（二）加快行政管理体制改革，切实转变政府职能

按照国家和省统一部署，搞好新一轮政府机构改革，严格控制机构、编制和人员。进一步转变政府经济管理职能，注重运用经济和法律手段管理经济，真正把政府经济管理职能转到主要为市场主体服务和创造良好的发展环境上来。提高服务效率，建立便民服务机制。创新政府管理方式，推进电子政务建设，加大信息资源开发力度，优化行政流程，全面提高行政运转效能。继续整顿规范市场经济秩序，严厉打击各种经济犯罪。政府带头加强诚信体系建设，建设诚信郑州，建立以道德为支撑、产权为基础、法律为保障的社会信用制度，营造良好的发展环境。

（三）完善科学民主决策机制，推进民主政治建设

各级政府要坚决贯彻人大及其常委会决议，坚持重大事项报告制度，自觉接受人大及其常委会监督。认真接受政协的民主监督，广泛听取各民主党派、工商联、无党派人士、社会团体的意见和建议，把政治协商纳入政府决策程序，为民主监督和参政议政创造良好条件。完善科学民主决策机制，推行政务公开，建立健全决策论证、专家咨询、社会听证、社情民意反映、人民建议征集等制度。对重大决策，要进行反复比较论证，确保决策的科学性。

（四）弘扬求真务实精神，切实转变政府工作作风

加强公务员队伍建设，全面提高公务员素质。政府全体工作人员特别是各级领导干部，要树立正确的政绩观，不搞脱离实际、劳民伤财的“形象工程”和“政绩工程”。按照执政为民的根本要求，强化群众观念，弘扬求真务实精神，扑下身子，真抓实干，做好涉及人民群众利益的每一项工作，多为群众办实事、办好事，真正做到“权为民所用，情为民所系，利为民所谋”。

坚持从严治政，推进勤政廉政建设。加大行政监察和政风、行风整顿力度，继续搞好为纳税人服务和社会各界民主评议活动，切实纠正部门和行业不正之风。努力建设一支廉洁奉公、勤政为民、业务精通、作风优良的政府公务员队伍。

各位代表，郑州是充满生机和活力的城市，展望未来，郑州的明天将更加美好。让我们紧密团结在以胡锦涛为总书记的党中央周围，高举邓小平理论和“三个代表”重要思想伟大旗帜，认真贯彻党的十六大和十六届三中全会精神，在省委、省政府和市委的领导下，紧紧依靠全市人民，求真务实，团结奋进，抓住机遇，加快发展，为实现中原崛起和全面建设小康社会的宏伟目标而努力奋斗！

索　　引

说明：

本索引为综合性主题索引。索引标目按汉语拼音音序排列。标目后数字为页码，页码后 a、b、c 分别表示为该页的左、中、右栏。

H

J

K

L

M

N

O

P

Q

R

S

X

Y

Z

郑州市建筑企业管理办公室

GUANLIBANGONGSHI

主　任　牛合顺

领导班子

全体干部职工

郑州市建筑企业管理办公室

建设教育培训课堂

建筑业人员培训考试现场

郑州建设教育培训中心全体干部职工

郑州建筑工程公司财经技校工地培训点

建设教育培训中心实际操作培训点

郑州市建筑企业管理办公室

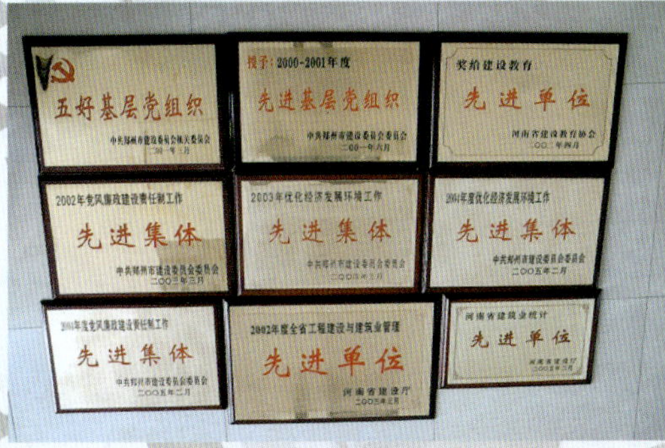

奖牌

郑州建设教育培训中心特种作业人员培训班

郑州建设教育培训中心河南航建职业技能岗位培训点

奖杯

郑州建设教育培训中心锦城山庄工地培训点

郑州市商

董事长　刘花果

行　长　焦金荣

积极建设学习型职工队伍

焦金荣行长接受媒体采访

定期组织举办“助民理财”咨询服务，工作人员耐心为市民讲解人民币常识

业 银 行

开放办公模式

雅致、舒适的客户接待（休息）区

宽敞明亮的营业大厅

改建网点，优化环境，配备100多台先进自助服务设备

郑州市商业银行大厦夜景

郑 州 市 建 设

支队长 安 涛

团结奋进的支队领导班子

支队领导在执法现场接受省市媒体采访

市建委领导深入调研市场违法动因

聘请行风监督员开展行风评议

监察支队

维护建筑市场秩序，对违法建设行为予以曝光

有关领导在普法宣传现场

大力开展普法宣传

党建活动丰富多采

郑州市建设工程

主　任　吴松格

造价办全体工作人员

市建委主任刘本昕在造价办调研

市建委书记郭庆宽在郑州市工程量清单计价规范宣贯会议上

造价管理办公室

郑州市实施工程量清单计价规范宣贯工作会议

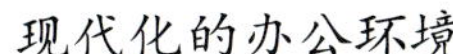

现代化的办公环境

多次荣获奖杯

郑　州　自　来

总经理　张天全

开展广场优质服务活动

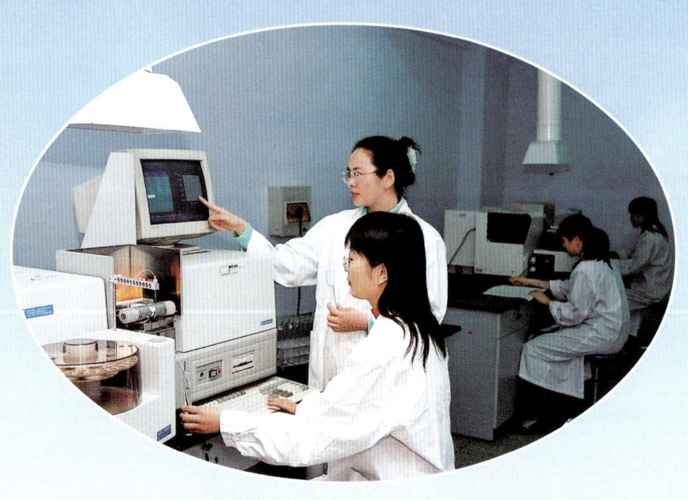

总公司水质监测中心人员进行水质化验分析

总公司供水热线服务中心人员接听用户来电

水厂沉淀池

水　总　公　司

对管理、服务人员进行计算机知识培训

供水管网抢修人员对爆管处进行焊接

停水抢修期间，应急送水车为市民送水

错落有致的石佛水厂清水池小景

郑 州 公 交

总经理　巴振东

领导班子

公司成立50周年庆祝活动

公交停车场

总 公 司

鼎级服务

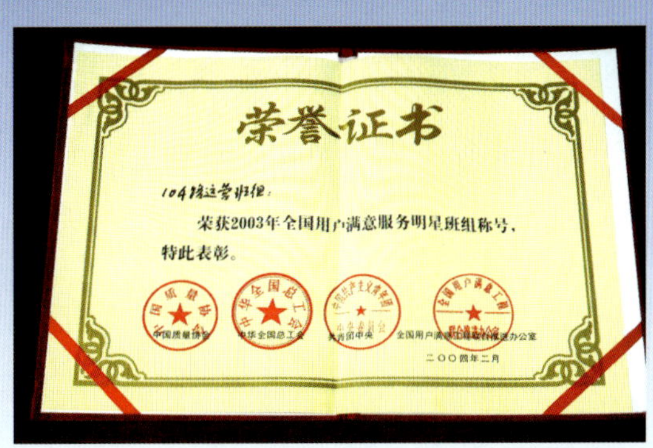

荣誉证书

104线运营班组：

荣获2003年全国用户满意服务明星班组称号，特此表彰。

二〇〇四年二月

鼎级荣誉

航空服务着陆公交

外语进车厢

上街公交开业

公司办公大楼

管城回族区残疾人联合会

GUANCHENGHUIZUQUCANJIRENLIANHEHUI

区残联理事长　李世欣

区残联理事长李世欣出席中残联第四次代表大会、第三次全国自强模范暨扶残先进集体和个人表彰大会

中残联主席邓朴方在郑州市管城回族区南关街道办事处调研残疾人工作。

李世欣 同志 在"九五"残疾人康复工作中，热心为残疾人服务，成绩突出，特授予"全国残疾人康复工作先进个人"称号

二〇〇二年八月

全国社区残疾人工作

示范区

中国残疾人联合会

二〇〇三年十一月

荣获全国社区残疾人工作示范区称号

中残联理事长郭建模（左一）在郑州市管城回族区调研基层残疾人工作。

中残联党组书记王新宪（中）在郑州市管城回族区检查残疾人就业"十五"计划中期落实情况。

副省长刘新民在省残联理事长陈砚秋的陪同下到管城回族区看望全国残运会金牌获得者聋人游泳运动员陈润峰

中残联常务副理事长吕世明在副市长高建慧陪同下视察管城回族区残疾人工作

中残联康复部部长胡向阳到管城回族区视察残疾人康复工作

荣誉证书

郑州市管城回族区残疾人联合会代表残疾人的共同利益，维护残疾人的合法权益，为残疾人服务，做出显著成绩，特授予残疾人之家称号，以资鼓励。

国务院残疾人工作协调委员会
二〇〇三年九月

荣誉证书

郑州市管城区残疾人联合会：
被评为全国残疾人按比例就业工作先进单位。

中国残疾人联合会
2001年7月31日

新密市超化

镇党委书记　邓国峰

中科院钟香崇院士在超化镇考察

超化镇政府办公楼

超化镇耐材工业科技园

环境优美的工厂

镇 人 民 政 府

镇 长 王建锋

新密市超化镇老龄公寓

整洁有序的住宅小区

超化寺塔

风景如画的老樟窝水库

宽阔的镇区大道

郑州物产集团

团结务实的领导班子

钢材市场

木材市场

万吨储油罐

物流仓库

鄭州日報社

郑州日报首届读者节

郑州晚报“56 万日”活动庆典

采编大厅

发行推介活动

报社大厦

中石油河南郑州石油分公司

经　理　于海平

书　记　杨海池

中国石油化工股份有限公司河南郑州石油分公司（以下简称郑州石油分公司）为国有控股股份制企业，系中国石化在郑州地区的石油销售分支机构，也是河南省石油销售系统最大的国有股份制企业。公司拥有2000多名职工，资产总额达4.5亿元，占地千亩以上。

郑州石油分公司是郑州地区乙醇汽油的独家批发单位。公司的销售网络遍布郑州市区及所辖六县（市），拥有加油站200余座，大中型油库2座。主要经营汽油、柴油、煤油、润滑油等石化产品。2002年销售量达30万吨，2003年销售成品油40余万吨，实现利润近亿元。公司所属油库总容量达12万立方米，年吞吐量达80多万吨，汽车发油日最高可达3000吨。此外，公司还开展石油化工产品、石油设备经营和安装维修、油品质量检测、技术咨询和技术服务等业务。自2002年以来，郑州石油分公司着眼于更好地为广大客户提供优质服务，在全公司系统实施了以“精品油品，精品环境，精品服务，精品员工”为主要内容的“精品营销”战略，努力树立独具特色的石油销售主渠道企业形象。全力开拓零售网点，不断加快企业发展步伐，在社会各界同仁的关怀和帮助下，公司正迅速向“管理科学化，服务一流化，效益最大化”的一流石油销售企业的战略目标迈进。

副市长孙新雷到郑州石油公司视察工作

花园路加油站

省公司领导孙久勤、万德泉亲切慰问加油站职工

中国网通郑州分公司

总经理　张国贤

中国网通集团公司于2004年在纽约、香港成功上市。郑州市网通公司（简称“郑州网通”）成为郑州市规模最大、实力最强、发展最快的境外通信上市公司

中国网通集团公司总裁张春江视察郑州网通。图为张总裁与郑州网通总经理张国贤亲切交谈

作为郑州市信息化建设的主力军，郑州网通一直致力于郑州市的信息化建设。图为河南省副省长史济春（左二）视察郑州网通

市长王文超在郑州网通视察工作

2004年郑州网通被评为“地方税收五十强”。图为公司总经理张国贤（右），郑州市地税局长楚新民（左）

富有朝气的工作人员

营销活动进校园

公司大楼

河南移动通信有限责任公司郑州分公司

蔡志强总经理（中）深入营业厅征询意见

保先教育活动

丰富多采的文娱活动

献爱心促销活动

青年团员参加植树活动

郑州移动公司生产楼

郑州市建设工程招标投标办公室

主　任　南成来

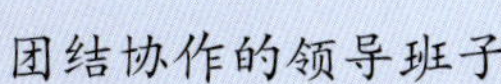

团结协作的领导班子

内容丰富的宣传栏

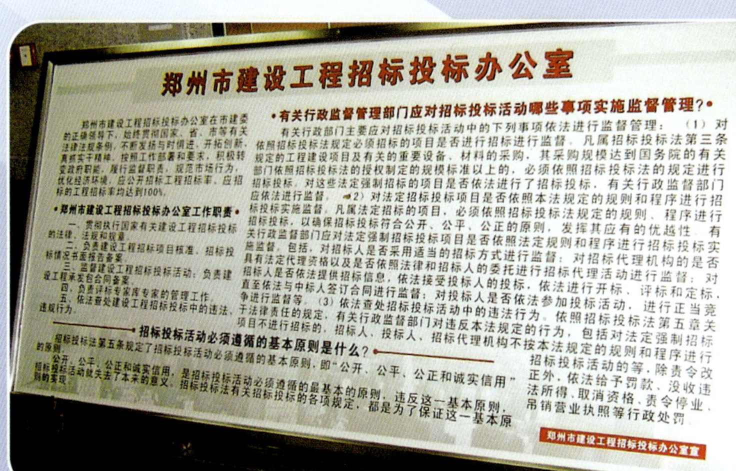

荣获“公仆杯”金杯和省建筑市场管理先进单位称号

郑州市绿化工程管理处

王文超市长陪同建设部领导查看月季公园

2004年以来，郑州市绿化工程管理处以争创国家园林城市，构建生态郑州，营造优美的人居环境为目标，以绿化管理为基础，以建设富有中原文化内涵和特色的道路绿化景观为突破口，更新观念，锐意进取，真抓实干，出色地完成了长江路、文化北路等30余条（段）新修道路绿化种植任务，建设了郑州月季公园、郑东新区CBD道路绿化、东风渠绿化等10余项大型园林绿化景观工程，为全市新建游园20个，新增绿地120万平方米，共栽植乔灌木360万株（其中乔木3.5万株，月季65万株），铺栽草坪等地被植物 80万平方米，为郑州市争创国家园林城市奠定了坚实基础，先后被授予“2004年度全民义务植树暨造林绿化先进单位”、“2004年郑州市市政重点工程建设先进单位”、“2004年度郑州市城市园林绿化先进单位”、“2004年城市防汛工作先进集体”、“2004年创建国家卫生城市工作先进单位”等荣誉称号。

管理处薛永卿书记查看工作

郑汴路绿化带

中原路节日街景

郑东新区道路

绿化工程管理处承建的月季公园

郑州市中小企业担保有限公司

总经理　刘树森

英姿勃发的公司员工

郑州市永通市政工程有限公司总经理邵振中陪同担保公司和商业银行员工在其公司承建的道路施工现场考察

办公机具现代化的工作环境

郑州市环境保护监测中心

站　长　权　瑞

党支部书记　丁中振

团结奋进的领导班子

领导班子成员在空气质量测报中心机房检查工作

班子主要成员在中心实验室听取离子色谱分析工作汇报

技术人员正在进行样品分析

新 密 市 公 安 局

局长宋朝军认真接待来访群众

副省长、省公安厅厅长秦玉海与省消防总队领导视察新密市组建的河南第一支合同制消防队

郑州市政法委书记、市公安局长姚待献到新密市公安局牛店派出所调研

新密市委书记刘焕成、市长赵新中在三台合一的110指挥中心调研

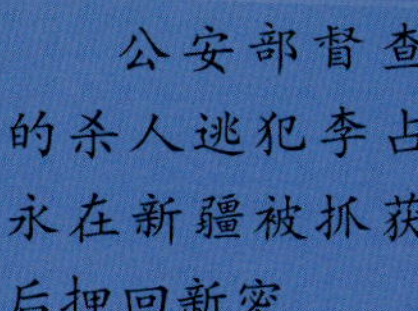

公安部督查的杀人逃犯李占永在新疆被抓获后押回新密

局长宋朝军（右一）、政委王庆丰（右三）及刑侦副局长岳浩杰（右二）在云梦山水库“1·13”抢劫杀人案现场研究工作

新密市公安局在郑州市开展的“两严一创”活动中取得严打、严防第一名。图为副局长岳浩杰在领奖台上（前排左一）

郑州市中医院

ZHENGZHOUSHIZHONGYIYUAN

团结务实的领导班子

现代化的pacs系统

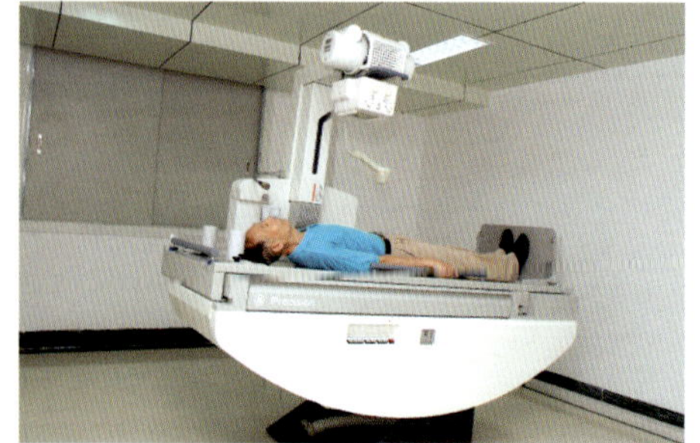

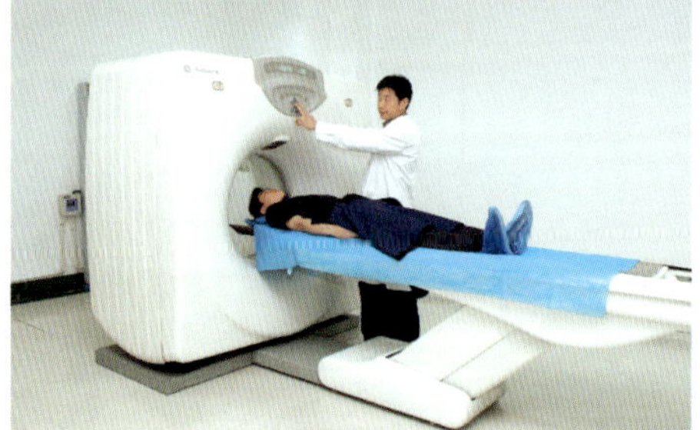

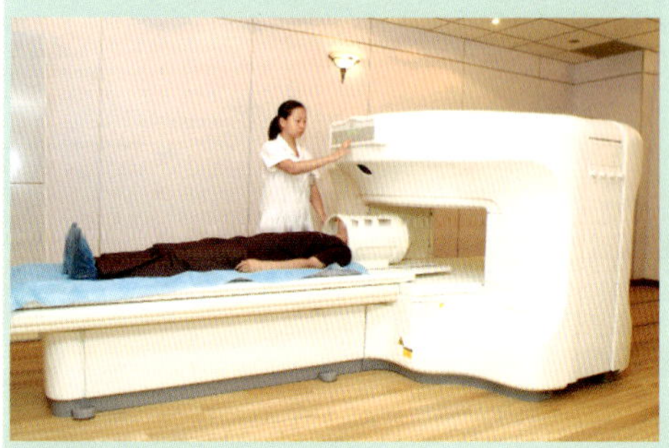

引进美国通用电器的数字胃肠机、CT机、核磁共振机

宽敞、舒适的现代化门诊大厅

郑州烈士陵园

主　任　刘世强

市委副书记康定军在清明节祭扫活动上讲话

向革命烈士敬献花圈

省委副书记王全书，副省长刘新民、李志斌在郑州烈士陵园视察

革命烈士纪念碑

陵园大门

二七纪念塔

黄河公路二桥

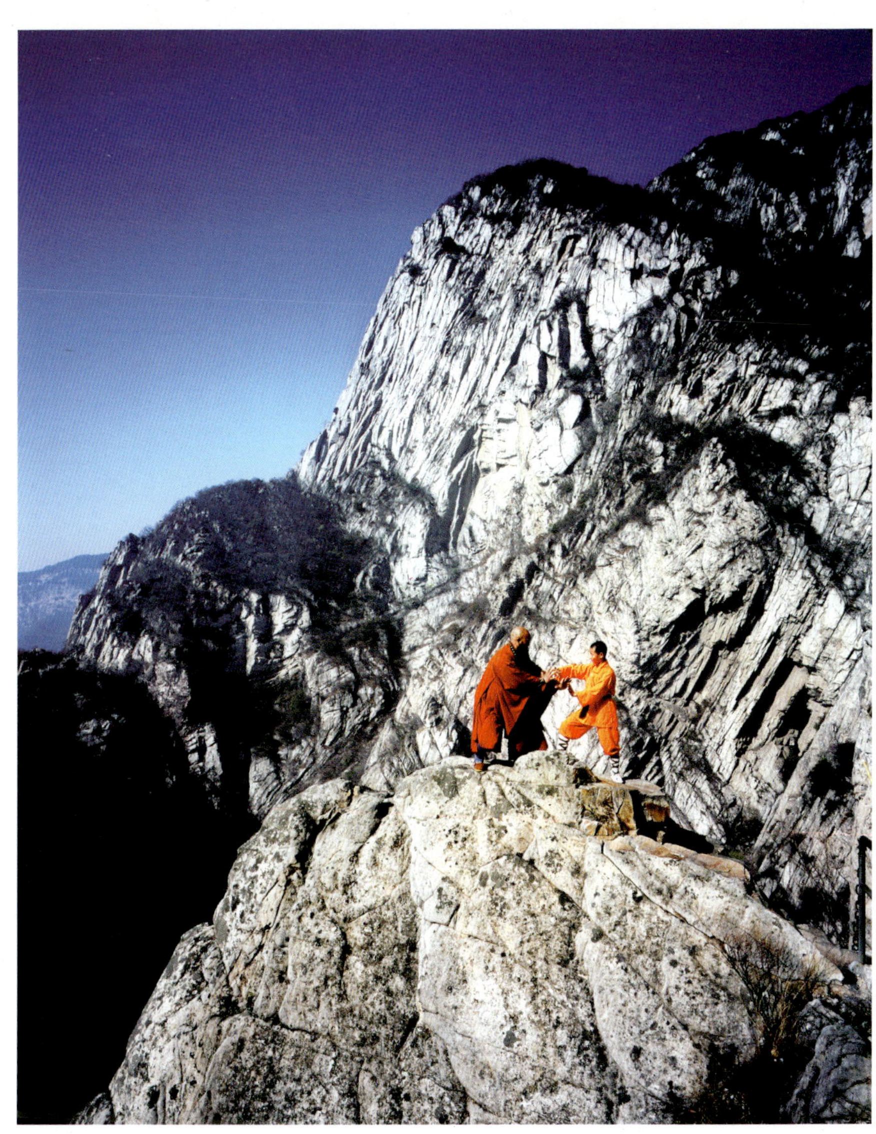

少林武僧

邙山极目阁

图书在版编目(CIP)数据

郑州年鉴.2005卷/《郑州年鉴》编辑部编.—郑州:
中州古籍出版社,2005.9
ISBN 7-5348-2573-3

Ⅰ.郑... Ⅱ.郑... Ⅲ.郑州市—2005—年鉴 Ⅳ.Z526.11

中国版本图书馆CIP数据核字(2005)第103388号

郑 州 年 鉴（2005）

郑州年鉴编辑部编

责任编辑 张燕萍
责任校对 范鹏飞
中州古籍出版社出版发行 （郑州市经五路66号）
河南第二新华印刷厂印刷
889×1194毫米 16开本 38印张 1200千字
2005年9月第1版 2005年9月第1次印刷
印数:1—2000册

ISBN7—5348—2573—3/K·987 定价:150.00元

普通话口语实训教程

PUTONGHUA KOUYU SHIXUN JIAOCHENG

主编 赵瑾

河南人民出版社

通话口语实训教程

主编 赵瑾

河南人民出版社

口语实训教程

UA KOUYU SHIXUN JIAOCHENG

ISBN7-215-05794-1
定价：28.00元